교회사전집 1
사도적 기독교

Philip Schaff

교회사전집
HISTORY OF THE CHRISTIAN CHURCH

1

사도적 기독교

크리스찬
다이제스트

† 초판 서문

필자는 본인의 「사도 교회사」(*History of the Apostolic Church*)가 호의적인 반응을 얻은 데 힘입어 다시 초대 교회사를 내놓는다. 그리스도의 나심부터 콘스탄티누스(Constantine)의 재위까지 다룬 이 책은 자체로 독립 완성본인 동시에, 기독교 통사의 첫권이기도 하다. 주께서 힘을 주시사 내친 김에 현대까지 다루게 되기를 앙망한다.

처음 3세기 곧 니케아 이전 시대의 교회는 교단을 초월하여 모든 그리스도인들이 각별한 관심을 갖고 있으며, 에우세비우스(Eusebius), 모스하임(Mosheim), 밀먼(Milman), 케이(Kaye), 바우어(Bauer), 하겐바흐(Hagenbach) 등 저명한 사가들이 종종 개별적으로 다루어 왔다. 그 시기의 교회는 사도적 기독교의 딸로서, 자체 역사의 처음이자 가장 중요한 장을 차지하며, 가톨릭권 및 프로테스탄트권과 상당히 다르면서도 둘 모두에게 공동의 어머니로 서 있다.

세속 권력과 접촉하여 더럽혀지지 않은 초대의 단순하고 순결한 상태를 드러냄과 아울러, 새로운 이름과 새로운 양상으로 심심치 않게 재등장하되 하나님의 총괄적인 섭리하에 꼼짝없이 진리와 의를 증진시키고마는 이단과 부패의 근본적 형태들을 제시하기도 한다. 이 시대는 교회의 영웅적인 시대로서, 옛 유대교와 이교가 손잡고 이뤄내는 미신과 정책과 지혜에 맞서 우리의 거룩한 종교가 지적·도덕적 투쟁을 벌이는 지극히 장엄한 광경을 연출한다. 이 거룩한 종교는 박해 속에서 자라고, 죽어 가면서 정복하고, 모진 시련 속에서 오늘날도 여전히 더욱 성숙한 형태로 기독교 세계의 큰 부분을 지배하는 원칙들과 제도들을 이루어낸다.

나는 이 책으로 여러 선배들의 공적을 흐려 놓을 생각이 조금도 없다. 오히려 그중 여러분에게 큰 빚을 지고 있다는 느낌이 들며, 모쪼록 고대 기독교를 역사적으로 재현하려는 이 새로운 시도가 정신과 방법 면에서 우리 신학계의 모자라는 부분을 채워주고, 자극제가 되며, 미국의 학생들에게 최근 독일과 영어권에서 이루어진 연구 결과를 충분히 알리게 되었으면 한다. 나는 어느 교파를 옹호하려는 생각을 접어둔 채 증인의 역할을 제대로 하려고 노력했다. 진리를 말하되 온전한 진리를, 오직 진리만을 말하려고 했다.

하지만 항시 잊지 않은 것은 역사가 몸뿐 아니라 영혼도 갖고 있다는 것과, 사실(史實)과 연대 못지않게 지배 이념들(ideas)과 보편 원칙들(general principles)도 담아내야 한다는 것이었다. 그리스도의 생애 없이 분량만 방대한 교회사는 잘해봐야 겉으로는 웅장하지만 속은 텅 비고 황량한 신전을, 기도하는 자세에 왕관을 쓰고 있으나 바짝 마르고 불결한 미라를 정적으로 그릴 수 있을 뿐이다. 그런 교회사라면 굳이 쓰거나 읽느라 수고할 가치가 없다. 시신은 죽은 자들더러 묻게 내버려 두자. 우리는 산 자들 틈에서 사는 게 좋다. 겉껍데기, 하찮은 사건과 역사의 일시적 가설물에 안주하거나, 그리스도께서 멸하러 오신 사탄과 그의 극악한 족속이 하는 짓들을 그리 부각시키기보다는 자기 백성들 안에 영원히 살아 있는 그리스도의 사고와 행위를 기록하는 게 좋다.

사도 시대의 기록은, 역사라는 전체 구조물에 신인적(the divine-human) 기초가 되고, 혹은 끊임없이 흐르는 교회라는 강에 늘 솟아오르는 수원(水源)이 되지만, 여기서는 오로지 이것만 다룰 수도 없는 일이므로 간략히 다룰 수밖에 없다. 그러나 사도 시대를 그냥 요약만 하지는 않고, 새로운 측면에서 주제를 바라보기도 한다. 제1권의 내용에 해당하는 제2기의 역사에 관해서는 이그나티우스(Ignatius)의 시리아어본과 아르메니아어본, 그리고 특히 히폴리투스(Hippolytus)의 「필로소푸메나」(*Philosophumena*) 같이 최근에야 비로소 빛을 보게 된 새로운 정보 자료들을 많이 사용했다.

사도 시대와 속사도 시대 문헌에 가해진 현대 독일 사가들의 대담하고 치밀한 비평은 그 결과가 독단적이고 성립할 수 없는 경우가 많긴 하지만, 그럼에도 불구하고 해묵은 편견들을 일소하고, 많은 점들을 새롭게 조명하고, 고대 기독교 교회가 그 독특한 성격을 지닌 채 사도 시대 이전과 차후의 가톨릭 교회와 프로테스탄트 교회 시대와의 통일성과 상이성을 유지하면서 생명력을 발휘하여 점진적으로 자라온 과정을 포괄적이고 유기적으로 조망함으로써 유익한 역할도 해왔다.

그리고 이제 나는 교회의 머리되신 크신 주님께 이 책을 헌정하면서, 주께서 이 책에 복을 주사 주님의 하늘 왕국에 관한 바른 지식을 땅 위에 전파하고, 그 나라의 역사를 생명의 책으로, 지혜와 경건의 곳간으로, 주께서 자기 백성에게 친히 하신 약속 — "볼지어다 내가 세상 끝날까지 너희와 항상 함께 있으리라" — 의 가장 확실한 보증으로 제시할 수 있게 해주시기를 기도한다.

필립 샤프
펜실베이니아 머서스버그 신학교
1858년 11월 8일

† 제2판 서문

내 교회사를 새로 다듬어 대중 앞에 나가자니 어려움과 책임감이 전보다 더 크게 다가온다. 실로 이것은 평생의 시간과 정력을 바칠 값어치가 있는 일이요 그 자체로도 풍성한 보상이 따르는 일이다. 진정한 기독교 사가는 차후에 등장할 것이다. 그러나 이만한 정도로 나의 이상을 보잘것없게 내놓긴 했으나 나로서는 최선을 다했고, 내 노력이 다른 사가들로 하여금 더 낫고 항구적인 작업을 해내도록 자극할 수 있다면 그것으로도 기뻐할 일이다.

무릇 역사란 친구와 대적이 만들어낸 원 사료(史料)를 가지고 진리와 사랑의 정신으로, "분노도 과욕도 없이"(sine ira et studio), "아무에게도 악의를 품지 않고 모든 이에게 선의를 품고", 분명하고 신선하고 살아 있는 문체로, 겨자씨와 누룩의 쌍둥이 비유의 인도를 받아, 교훈하고 바로잡고 격려하는 생명의 책으로, 최고의 기독교 해설서요 변증서로 써야 마땅하다. "교회사의 아버지"인 위대하고 선한 네안더(Neander) — 처음에는 메시야를 꾸밈없이 소망한 이스라엘인이었다가 자신의 이상적 의(義)의 실현을 갈망하던 플라톤주의자가 되었고, 마지막에는 머리와 마음으로 그리스도인이 된 — 는 그러한 역사를 쓰기 위해서 평생을 바쳤으나, 종교개혁 부분에 이르기 전에 병에 걸려 펜을 놓은 뒤 신실한 자기 누이에게 "한헨(Hannchen), 난 몹시 지쳤어요. 본향에 갑시다. 잘 자요!" 하고 말했다. 그리고는 역사의 모든 문제가 해결되는 나라에서 깨어나기 위해서 아이처럼 온순하게 잠들었다.

초판을 펴내고서 가르치고 집필하는 데 전념하느라 오랜 시간을 보낸 뒤에 젊었을 때부터 좋아하던 연구로 돌아왔을 때, 나는 그 다음 시대 역사를 계속해서 쓰기 전에 첫 권을 철저히 개정하여 현재의 연구 수준으로 끌어올려야겠다는 필요를 절실히 느꼈다. 우리는 발견과 비평과 재건의 격동기를 살고 있다. 내가

「사도 교회사」(*History of the Apostolic Church*)를 펴낸 이래 30년이 흐르는 동안 이 분야에서는 비평학의 본산인 독일에서 뿐 아니라 다른 모든 프로테스탄트권 국가들에서까지 부단한 활동이 있어 왔다. 이전에 역사 문제들을 해결하는 데에 아무도 들어본 적이 없는 정도의 학식과 통찰력과 재능으로 거의 한 뼘의 땅을 놓고도 논쟁과 변호가 가해졌다.

이 재건 과정에서 첫 권은 부피가 배 이상 늘어나 두 권으로 나뉠 정도가 되었다. 첫째 권은 사도 시대를, 둘째 권은 속사도 시대 혹은 니케아 이전 시대 기독교를 다룬다. 첫 권에 해당하는 이 책은 개별적으로 펴낸 「사도 교회사」보다 부피가 크지만, 이 책이 주로 신학과 문학에 치중하는 데 비해, 「사도 교회사」는 그 시기의 선교 사역과 영적 생활에 치중한다는 점에서 서로 다르다. 될 수 있는 대로 반복을 피하려고 노력했고, 여간해서는 먼젓번 책을 참조하지 않았다.

두 가지 점에서 견해를 수정했다. 하나는 바울의 2차 로마 투옥이고(목회 서신들을 존중하여 그 점을 인정하고 싶다), 다른 하나는 계시록의 저작 연대이다(이제는 대다수 현대 비평학자들과 같은 시각에서 이전의 95년 대신 68년 혹은 69년으로 잡는다).

내 친구 에즈라 애보트 박사(Dr. Ezra Abbot)에게 깊은 감사를 드린다. 남다른 학식과 섬세한 정확성이 뛰어난 그는 내 글을 읽어주고 여러 개선점을 조언하는 등 친절하고 유익한 지원을 아끼지 않았다.

제1권과 마찬가지로 철저한 개정과 부분적인 개작을 거친 제2권은 지금 인쇄 과정에 있다. 제3권은 별로 수정할 것이 없다. 그 밖의 두 권, 즉 중세 기독교사와 종교개혁사(베스트팔렌 조약과 웨스트민스터 회의〈1648년〉까지)에 관한 두 권은 준비 작업이 상당히 진척되어 있다.

이 개정판이 초판과 마찬가지로 친절하고 열성적인 독자들을 만나게 되었으면 한다. 회의주의가 판을 치는 이 시대에 내게 가장 큰 바람이 있다면 그것은 신앙을 기독교의 요동할 수 없는 역사적 기초에 굳게 세우고, 세상을 이기도록 강하게 지지하는 것이다.

필립 샤프

뉴욕 유니온 신학교

1882년 10월

† 제3판 서문

내 교회사에 대한 독자들의 끊임없는 성원 앞에서 이 책을 시대에 뒤지지 않도록 유지하는 즐거운 의무감을 느끼게 된다. 그런 이유에서 이 권과 다른 권들(특히 제2권)을 또 한 차례 개정했고 참고문헌을 현실화했다. 독자들은 원문 2, 35, 45, 51-53, 193, 411, 484, 569, 570쪽 등에서 그러한 흔적을 볼 수 있을 것이다. 부피를 늘이지 않은 채 생략과 압축으로 변화를 꾀했다. 제2권은 현재 5판 작업 과정에 있으며, 다른 권들도 곧 수정을 거칠 것이다.

이것이 필자의 마지막 개정판이다. 내 생시에 더 개선할 점이 생긴다면 별책 부록으로 첨가할 생각이다.

이 작업을 완성할 수 있도록 힘이 되어 준 독자 여러분들께 큰 의무감을 느낀다. 교회사에 대한 관심은 현 세대 신학교들과 차세대 신학자들 사이에 꾸준히 증가하고 있어서 우리의 공동의 기독교의 증진을 위해 좋은 결과를 기약하고 있다.

저자
1890년 1월, 뉴욕

제1기
사도적 기독교
그리스도의 탄생부터 사도 요한의 죽음까지 A.D. 1-100

제1장　유대교와 이교 세계의 역사에서 기독교를 위해 이루어져 온 준비 67

1. 교회사의 본질

역사는 신적인 측면과 인간적인 측면이라는 양면성을 가지고 있다. 하나님의 편에서 보자면, 역사란 (창조가 공간의 질서 안에서의 신적인 계시인 것처럼) 시간의 질서 안에서의 신적인 계시이며, 하나님 스스로의 영광과 인간의 영원한 행복을 지향하는 무한한 신적 지혜, 정의, 그리고 자비의 계획이 연속적으로 전개되는 과정이다. 인간의 편에서 보자면, 역사란 인류의 전기이며, 영원한 보상과 형벌이라는 최후의 심판에서 정점에 도달하는 인류의 육체적 · 정신적 · 도덕적 힘들의 점진적인 발달 과정이다. 이러한 발달 과정은 물론 정상적인 것뿐만 아니라 비정상적인 것도 포함한다.

보편사(universal history)라는 이념은 하나님의 통일성과 인류의 통일성, 그리고 인류의 공통된 운명에 대한 기독교적 이념을 전제하는 것으로, 고대 그리스와 로마에는 알려져 있지 않았던 것이다. 역사 안에 작용하고 있는 신적 요소를 간과하거나 경시하는 역사관은 유신론으로부터 시작해서 일관성있게 무신론을 향해 치닫게 된다. 그러한 반면에 자유로운 도덕적 행위자로서의 인간, 그리고 인간의 도덕적 책임과 죄의 문제를 간과해 버리는 역사관은 본질적으로 숙명론적이거나 범신론적인 것이다.

도덕적 행위의 주체로서의 인간으로부터 우리는 인류의 역사에 침투해 들어온 제삼의 세력, 즉 사탄적인 것을 구별할 수 있다. 낙원에서 아담이 겪었던 유혹에서, 광야에서 그리스도가 겪었던 유혹에서, 또는 역사의 중대한 매 시대마다 사탄은 하나님의 적대자로 등장하며, 자기의 계획을 위해 연약하고 사악한 인간들을 이용하여 하나님의 구속의 계획과 그리스도의 왕국의 진보를 좌절시키고자 획책한다. 그렇지만 사탄은 항상 마지막에는 더 우월한 하나님의 지혜에 의해 패배당한다.

보편사의 중심적 흐름과 궁극적 목적은 예수 그리스도에 의해 확립된 하나님의 나라이다. 하나님의 나라는 인류만큼이나 광대하고 영원만큼이나 지속적인 것으로, 세상에서 가장 웅장하고 포괄적인 제도(institution)이다. 다른 모든 제도들은 이것에 예속되며, 온 세상은 이것을 위하여 다스려진다. 그것은 하나님의 뒤늦은 궁리(after-thought)가 아니며, 창조의 계획에 대한 차후의 수정도 아니고, 도리어 영원 전의 계획이며, 하나님의 모든 방식과 사역에 있어서 지배적 이념이고, 시작이며, 중심이고, 목적이다. 첫 아담은 두번째 아담의 모형이다. 창조는 그 문제들의 해결로서 구속을 지향한다.

세속사가 거룩한 역사를 지배하는 것이 아니라 도리어 그 반대이며, 거룩한 역사가 지향하는 목적을 위해 직접적 간접적으로 공헌해야만 한다. 그리고 세속사는 기독교의 진리와 구원의 계획이라는 중심적 빛 안에서만 온전하게 이해될 수 있다. 세상의 역사를 주관하고 계시는 아버지는 만물을 "아들에게로 이끄시며," 교회의 역사를 다스리시는 아들은 "하나님께서 모든 것 중의 모든 것이 되시도록" 다시 만물을 아버지께로 인도하신다. 성 바울은 "만물이 그리스도를 통하여 그리고 그리스도에게로 창조되었고, 그는 만물보다 먼저 계셨고, 만물이 그 안에 함께 섰느니라. 그는 몸인 교회의 머리라, 그가 근본이요 죽은 자들 가운데서 먼저 나신 자니 이는 친히 만물의 으뜸이 되려 하심이니라"(골 1:16-18)고 말하고 있다.

뮐러(John von Mueller)는 역사에 대한 자신의 필생에 걸친 최종적 연구 결과를 마무리하면서 다음과 같이 말한다: "복음은 모든 희망의 성취이며, 모든 철학의 완성이고, 모든 혁명들에 대한 해석이며, 겉보기에는 모순처럼 보이는 모든 물리적 · 도덕적 세계의 열쇠이다; 그것은 생명이다. 그것은 불멸이다."

교회의 역사는 하나님의 영광과 세상의 구원을 위하여 땅 위에 하늘의 왕국이 세워지고 진보해 가는 역사이다. 그것은 아담의 창조와 더불어, 또한 뱀의 머리를 상하게 할 분에 대한 약속과 더불어 시작한다. 이 약속은 장차 이루어질 죄의 저주로부터의 구속에 대한 희망을 통하여 무죄의 낙원을 상실하게 된 것을 치유해 주었다. 하나님의 나라는 족장들, 모세, 그리고 선지자들 아래서의 예비적 계시를 거쳐, 자신의 제자들에게 세상 죄를 지고 갈 하나님의 어린양을 가리켰던 구세주 직전의 선구자 세례 요한에게까지 이른다. 그러나 이것은 단지 서론에 불과하다. 하나님의 나라의 진정한 출발점은 영원하신 말씀의 성육신이다. 그분은 우리 가운데 사시면서 자신의 영광을 나타내셨는 바, 그것은 은혜와 진리가 충만한 아버지의 독생자로서의 영광이었다.

성육신 다음에는 첫번째 오순절의 기적이 있다. 오순절은 영화롭게 되신 구속주의 영으로 채워지고 모든 족속들을 그리스도에게로 돌이킬 사명을 걸머진 교회가 기독교적 제도로서 역사 속에 자리를 잡게 된 때이다. 신인(God-Man)이시고 세상의 구주이신 예수 그리스도는 새로운 창조의 주인이시며, 교회의 영혼과 머리가 되신다. 교회는 그의 몸이고 신부이다. 그리스도의 인격과 사역 안에는 신성의 모든 충만과 새로워진 인성(humanity)이, 구속의 모든 계획이, 그리고 하나님의 형상을 따른 인간의 창조로부터 영원한 생명으로의 육체의 부활에 이르기까지의 전 역사에 대한 열쇠가 놓여져 있다.

이것이 교회사에 대한 객관적 개념이다.

신학적 측면에서 고려하자면 그 주관적 의미에 있어서 교회사는 이러한 하나님의 나라의 기원과 진보에 대한 충실하고 생생한 서술(敍述)인 것이다. 그것은 현재까지 이르는 하나님의 나라의 내적인 그리고 외적인 발전을 사상 속에서 재생산하고 언어를 통해 구체화시키는 것을 목표로 한다. 그것은 주님께서 말씀해주신 겨자씨 비유와 누룩 비유에 대한 끊임없는 주석이기도 하다. 그것은 기독교가 어떻게 전 세계에 전파되었는지 뿐만 아니라, 어떻게 기독교가 각 개인과 사회적 삶의 모든 부분과 제도에 침투하고 그것들을 변화시켰는지를 보여준다.

그리하여 교회사는 기독교의 외적인 운명뿐만 아니라, 보다 특별히는 기독교의 내적인 체험, 그 종교적 삶, 그 정신적·도덕적 활동, 불신 세상과의 갈등, 그 슬픔과 고통, 그 기쁨과, 죄와 오류에 대한 승리 등을 포괄한다. 교회사는 "나라들을 이기기도 하며, 의를 행하기도 하며, 약속을 받기도 하며, 사자들의 입을 막기도 하며, 불의 세력을 멸하기도 하며, 칼날을 피하기도 하며, 연약한 가운데서 강하게 되기도 하며, 전쟁에 용감하게 되어 이방 사람들의 진을 물리치기도 한" 믿음의 영웅들의 행적을 다룬다.

예수 그리스도께서 육체 가운데 자기를 나타내 보이신 이후, 그분으로부터 끊이지 않는 신적 빛과 생명이 줄기차게 흘러 나왔고, 지금도 흘러 나오고 있으며, 점점 더 불어나면서 타락한 인류의 황무지를 거쳐 흘러 나오게 될 것이다. 그리고 교회사의 연대기에 있어서 진정으로 위대하고 선하고 거룩한 모든 것은 궁극적으로는 그리스도의 영의 영감에 기인하는 것이다. 예수 그리스도는 세상의 진보에 있어서 속도 조절 바퀴이다. 그렇지만 그분은 죄악되고 오류를 범할 수 있는 인간들을 통해 세상에 역사하신다. 인간들은 자의식을 가진 자유로운 도덕적 행위의 주체로서 자신들의 행위에 대해 책임을 지지만, 여전히 원하건 원하지 않건 간에 하나님의 위대한 목적에 봉사하게 되는 것이다.

그리스도께서 육체에 계시는 동안 미움받고 조롱받고 십자가에 못 박혔던 것처럼, 그의 교회 또한 어둠의 권세들에 의해 공격받고 핍박받는다. 그렇기 때문에 기독교의 역사는 적그리스도(Anti-christ)의 역사를 포함한다. 구원하는 능력의 역사가 끊임없이 이어지고 신적인 진리와 거룩함이 지속적으로 현시(顯示)되면서, 교회사는 또한 가공할 만한 타락과 오류덩어리를 들추어 낸다. 지상의 전투적 교회는 그 본질상 세상과, 육체와, 마귀와 끊임없는 전쟁을 치르지 않으면 안 된다. 이러한 적들은 교회의 외부뿐만 아니라 내부에도 있다. 가롯 유다가 사도들 가운데 앉아 있었던 것처럼, 하나님의 성전 안에는 "죄악의 사람"도 또한 있는 법이다. 비록 나중에 몹시 통곡하고 자신의 거룩한 직무를 회복하기는 했지만, 심지어는 베드로까지도 주님을 부인하지 않았던가? 그러한 것처럼, 모든 시대의 많은 제자들이 실제로 그 말과 행위에 있어서 주님을 부인하는 것이다.

그러나 다른 한편에서 보자면, 교회사는 하나님이 사탄보다 훨씬 더 강하다는 것을, 그리고 그분의 빛의 왕국이 어둠의 왕국을 수치스럽게 만들어 버린다는 것을 보여준다. 유다 족속의 사자가 뱀의 머리를 짓밟아 버렸다. 그리스도의 십자가 처형과 더불어 그의 부활 또한 지상의 교회의 역사 속에서 항상 새롭게 반복된다. 또한 교회의 역사에는 만물을 자신의 거룩한 뜻에 따라 다스리시는 그리스도의 현존과 능력을 증거하지 않는 날이란 지금까지 단 하루도 없었다. 왜냐하면 그리스도께서는 자신의 백성을 위하여 하늘과 땅에 있는 모든 권세를 받으셨고, 그 하늘의 보좌로부터 심지어는 자신의 적들까지도 통치하시기 때문이다. 우리의 경험에 의해 확증되는 변개(變改)될 수 없는 하나님의 약속의 말씀은 모든 타락, 이단들, 분파들까지도 신적인 지혜와 사랑의 인도하심 가운데 진리와 거룩함과 평화에 봉사하지 않을 수 없다는 것을 우리에게 확신시켜 준다. 최후의 심판 때에 그리스도는 대적자들로 발등상을 만들고, 의심의 여지 없이 공의와 평화의 홀(sceptre)로 다스릴 것이며, 그리스도의 교회는 "모든 것을 충만케 하시는 그분의 충만"으로서 교회의 이념과 운명을 실현하게 될 것이다.

그러고 나면 투쟁하고 변화무쌍한 발전 과정으로서의 현재와 같은 형태의 역사는 완성에 도달하게 되고, 시간의 흐름은 영원의 대양 속에서 안식을 찾게 될 것이다. 그렇지만 이러한 안식이야말로 하나님 안에서의 그리고 하나님을 위한 생명과 활동의 최고의 형태일 것이다.

2. 교회사의 분야들

그리스도의 왕국은 그 원리와 목적에 있어서 인류만큼이나 포괄적이다. 그것은 참으로 보편적이다. 그것은 모든 나라와 시대에, 모든 권세들과 모든 사회 계층들에 연관되어 있는 것이다. 그것은 정신과 마음과 의지에 더 고차적이고 영적인 생명을 불어넣으며, 가족, 국가, 학문, 문학, 예술, 그리고 상업에 거룩한 목적을 부여해 준다. 하나님께서 마침내 모든 것의 모든 것이 되실 때까지 말이다. 심지어는 우리의 육체와, 썩어짐의 종노릇한 데서 해방되어 하나님의 자녀들의 영광의 자유에 이르기를 갈망하고 있는 모든 가시적 창조물까지도 이러한 보편적인 변화에 참여하게 될 것이다. 우리는 육체의 부활과, 정의가 지배하는 새로운 땅을 기다리고 있기 때문이다. 그렇지만 하나님의 나라는 가시적 교회 또는 교회들과 동일시되어서는 안 된다. 교회는 단지 하나님의 나라의 한시적인 그리고 다소간 부적절한 기관이나 제도일 따름인 반면, 하나님의 나라 그 자체는 포괄적이고 또한 영원히 존속할 것이기 때문이다.

그렇기 때문에 교회사에는 세속적 역사, 그리고 자연적 삶의 다양한 영역들에 상응하는 여러 분야들이 있다. 주요한 분야들을 본다면 다음과 같다.

1. 선교의 역사, 즉 야만족이건 문명화된 종족이건 간에 믿지 않는 국가들에 기독교가 확장되어간 역사를 다루는 분야. 이러한 사역은 "이방인의 충만한 숫자가 들어오고" "이스라엘이 구원을 받게 될" 때까지 계속되어야만 한다. 선교 사역의 확장 법칙은 겨자씨가 큰 나무로 성장하는, 그리고 누룩이 점차적으로 온 덩어리에 퍼지는 두 비유에서 잘 드러나고 있다. 겨자씨의 비유는 기독교의 외적인 확장을, 누룩의 비유는 모든 것에 침투하고 그것들을 변화시키는 기독교의 힘을 생생히 보여준다. 한 민족을 신앙으로 돌이키기는 쉽지 않다. 그 민족을 복음의 더 높은 수준으로 훈련시키는 것은 더 어렵다. 죽은 상태에 있거나 또는 배교한 교회를 부흥시키고 개혁한다는 것은 참으로 어렵다.

기독교는 해외 선교 사역을 통해 세 가지의 위대한 정복을 이루었다. 첫째는,

유대인들 중에서 선택된 남은 자들의 회심과, 첫 3세기 동안의 문명화된 그리스인과 로마인들의 회심이다. 그 다음으로는, 유럽 북부와 서부의 야만인들의 회심이다. 그리고 마지막으로는 우리 시대에 아메리카, 아프리카, 그리고 오스트레일리아의 야만족들과, 동 아시아의 반 문명화된 나라들의 회심을 위한 교회와 사회의 연합된 노력을 들 수 있다. 회교권을 제외한 모든 미전도 세계는 지금 선교적 사역에 개방되어 있으며, 회교권 역시 멀지 않은 미래에 그 문이 열리게 될 것이다.

국내 선교 사역은, 신앙의 역사가 오래된 나라들에서는 교회의 타락하거나 영적으로 태만한 부분들을 기독교적 삶으로 부흥시키는 것, 신앙의 역사가 짧은 나라들에서는 특사(特赦)의 수단으로 이주민들을 정착시키는 것, 대도시의 반(半) 이교적인 주민들 사이에서의 사역 등을 포함한다. 여기서 우리는 팔레스타인의 생명력을 잃어버린 소종파들에 좀 더 순수한 형태의 기독교를 이식하는 것, Gustavus Adolphus Society, Inner Mission of Germany, 서부의 주들과 영토들에 대한 American Home Missionary Societies, 그리고 런던, 뉴욕, 또한 급성장하고 있는 다른 도시들에서의 City Mission Societies 등을 언급할 수 있다.

2. 적대적 세력들에 의한 박해의 역사. 유대교에 의한, 그리고 첫 3세기 동안 이교에 의한 박해와, 중세에 이슬람교에 의한 박해의 역사를 들 수 있다. 교회에 대한 이러한 외적인 탄압은 교회를 정화시키는 과정임이 드러났고, 순교라는 도덕적 영웅주의를 불러일으켰으며, 결과적으로는 기독교의 전파와 확립에 기여하게 되었다. "순교자들의 피는 교회의 씨앗이다."[1] 그렇지만 이슬람의 전제(專制) 치하에서의 팔레스타인, 이집트, 북부 아프리카의 경우에서 보듯이, 조직적이고 지속적인 박해에 의해 교회가 분쇄되어 버리거나 단지 형해만 남아 있는 경우도 있다.

선교와 마찬가지로 박해 역시 외부적인 것과 내부적인 것이 있다. 그릇된 종교의 신봉자들에 의해 외부로부터 가해지는 공격 외에도, 교회는 또한 내부의 전쟁과 폭력으로 고통을 당하기도 한다. 프랑스, 네덜란드, 영국에서의 종교 전

---

1) 박해의 와중에서 살았던 테르툴리아누스의 유명한 발언. 아랍의 속담은 순교를 사뭇 달리 평가한다. "학자의 잉크가 순교자의 피보다 더욱 소중하다." 공정한 평가는 학자의 질과 순교자의 질, 그리고 전자가 살고 후자가 죽는 대의명분에 달려 있다.

쟁들과, 독일의 30년 전쟁을 생각해 보라. 이것들은 모두 개신교의 종교개혁과 교황권의 반동에서 비롯된 것들이다. 알비파(Albigenses)와 발도파(Waldenses)에 대한 대박해, 스페인 종교재판의 공포, 위그노들에 대한 대학살, 루이 14세에 의한 대대적 박해, 보헤미아, 벨기에, 남부 유럽에서의 종교개혁의 분쇄 등을 들 수 있다. 그렇지만 개신교 측에서는 재세례파에 대한 박해, 제네바에서의 세르베투스의 화형, 엘리자베스 치하에서의 가톨릭과 비국교도인 청교도들에 대한 형벌의 법제화, 뉴잉글랜드에서의 마녀들과 퀘이커교도들의 교수형 등도 있다. 이교도들과 이슬람교도들에 의해서보다 더 많은 피가 기독교도들에 의해 흘려졌던 것이다.

기독교인에 의한 기독교인의 박해는 교회의 역사에서 사탄의 장(章)들을, 잔혹하기 그지없는 암흑의 광경을 연출해 낸다. 그렇지만 이것은 또한 종교적 관용과 자유라는 진정한 기독교적 정신으로의 점진적인 진보를 보여주는 것이기도 하다. 박해는 결국은 관용으로 끝나며, 관용은 자유를 향한 발걸음인 것이다. 애국자들의 피는 시민적 자유의 대가이며, 순교자들의 피는 종교적 자유의 대가이다. 정복은 값비싸고, 진보는 느리고 가끔은 방해를 받기도 하지만, 꾸준하고 거스를 수 없는 성질의 것이다.

오늘날 불관용의 원칙은 기독교 세계에서는 단지 교황권 지상주의자들(ultramontane Romanism)을 제외하고는(이들은 1864년 교황의 교서에서 그것을 간접적으로 다시 언급하고 있다) 거의 보편적으로 부정되고 있다. 그렇지만 국가와 연합해 있는 지배적 위치의 교회는 이기적인 인간 본성의 영향 아래, 그리고 진리의 힘보다는 세상의 힘에 의존하여 자기들과 의견을 달리하는 소종파들에 대해 부당한 제재를 가하거나 그러한 상태 아래 두고자 하는 유혹을 항상 받고 있다.

미국에서는 모든 기독교 교단들과 종파들이 법 앞에서의 평등이라는 기초 위에 서 있다. 그리고 재산이나 공적 예배의 권리를 동등하게 정부에 의해 보호받으면서도, 자율성을 누리고 있다. 거꾸로 이러한 교단들이나 종파들은 신실하고 덕성스러운 시민들을 양육시킴으로 사회의 도덕적 기초를 강화시키는데 일조를 하게 된다. 종교의 자유는 양도할 수 없는 인간의 천부 인권의 하나로 인정되어야만 한다. 이러한 권리는 신성한 양심의 영역에 놓여져 있어서, 정치 권력이 제한하거나 통제할 수 없다. 도리어 정부는 다른 기본권들과 마찬가지로 종교의 자유를 보호해 주어야만 하는 것이다. 자유는 잘못 사용하기 쉽고, 이러한 오용은 처벌될 수 있다. 그렇지만 기독교는 그 자체가 죄악과 오류의 속박으로부터의 진정한 자유의 후원자이며, 자유의 최상의 보호자요 감시자인 것이다.

3. 교회 정치와 권징의 역사. 교회는 성도들의 불가시적인 교제일 뿐만 아니라 동시에 가시적인 조직이기도 하다. 교회는 그 활동을 통제하기 위하여 여러 기관과 법과 형태를 필요로 한다. 교회사의 이러한 분야에는 교회 정치의 여러 형태들이 해당된다: 사도적 체제, 원시 감독 체제, 대주교 체제, 교황 체제, 협의회 체제, 장로 체제, 회중 체제 등. 또한 교회법과 권징의 역사, 이러한 다양한 체제들 아래서의 국가와 교회의 관계의 역사를 다루는 분야도 이에 포함된다.

4. 교회가 하나님과의 교제를 축하하고, 새롭게 하고, 강화하는 수단인 예배의 역사. 예배의 역사는 다시 설교의 역사, 요리문답의 역사, 예전의 역사, 각종 예식들의 역사, 종교 예술의 역사, 특별히 거룩한 시가(詩歌)와 음악의 역사 등으로 다시 세분할 수 있다.

교회 정치의 역사와 예배의 역사는 종종 교회의 고대적 풍습과 제도(Ecclesiastical Antiquities) 또는 교회 고고학(Archaeology)이라는 명칭으로 통합되기도 하며, 보통은 교부 시대에 국한된다. 교회의 대부분의 보편적 제도들과 관례들은 이 교부 시대에 비롯된 것들이다. 그렇지만 이 분야의 역사는 개신교 형성기까지도 확장되어 다루어질 수도 물론 있다.

5. 기독교적 삶, 다시 말해 실제적인 도덕성과 종교의 역사. 매 시대마다 나타나는 그 시대의 특별한 덕들과 악덕들, 기독교적 인류애의 발전, 가정 생활의 갱신, 노예 제도와 다른 사회적 악들의 점진적인 폐지, 전쟁의 공포의 약화, 정부와 시민법의 개혁, 시민적 종교적 자유의 확대, 문명의 전체적 진보 등이 기독교의 영향 아래 어떻게 이루어져 왔는지를 살펴보는 분야이다.

6. 신학의 역사, 즉 기독교 학문과 문헌의 역사. 신학의 각 분야 — 주석, 교리, 윤리, 역사, 실천 — 들은 나름대로의 역사를 가지고 있다.

교리 혹은 교의(dogma)의 역사는 여기서 가장 중요한 분야이다. 그렇기 때문에 종종 독자적으로 다루어 지기도 한다. 교리사 연구의 목적은 교회의 정신이 어떻게 점진적으로 계시된 신적 진리를 이해하고 표명하게 되었는지, 성경의 가르침이 어떻게 교리로 다듬어지고 형성되었는지, 그리고 신조와 신앙고백들로, 또는 공적인 권위를 가진 교리적 체계로 발전하게 되었는지를 밝히는 것이다.

교회가 하나님의 불가오류적인 말씀에 대한 지식 안에서 자라나는 이러한 과정은 오류와 잘못된 믿음과 불신앙에 대한 끊임없는 투쟁의 과정이다. 또한 이단들의 역사가 교리사 연구에 있어서는 본질적인 부분을 형성한다.

교회에 의해서 지금 고백되는 모든 중대한 교리는 오류와의 진지한 투쟁의 결과이다. 예를 들자면, 삼위일체의 교리는 처음부터 믿어지기는 했지만, 니케아 이전 시대의 준비 작업들 외에도, 당대의 가장 지적인 신학자들이 모두 참여하여 마침내 니케아 콘스탄티노플 신조로 표명되기까지, 50년 간의 논쟁을 요구했던 것이다. 기독론 논쟁 역시 마찬가지로 칼케돈 공의회에서 해결될 때까지 길고도 치열한 과정을 거쳤다. 16세기의 종교개혁은 교황 교회와의 끊임없는 투쟁이었다. 사도신경으로부터 시작하여 도르트(Dort)와 웨스트민스터(Westminster), 그리고 좀 더 최근의 신앙고백에 이르기까지 다양한 교회들의 신조들은 전투적 교회의 신학적 투쟁의 결과를 구체적으로 보여주는 것들이다.

교회사의 다양한 분야들은 서로 간에 외적이고 기계적인 관계만을 갖고 있는 것이 아니라, 유기적 관계를 가지고 살아있는 전체를 형성한다. 그리고 역사가는 바로 이러한 유기적 관계를 보여주어야만 한다. 또한 각 시대는 그 특징에 따라 특별한 배열 형식을 가지고 다루어진다. 시대마다 수, 순서, 범위에 있어서 하부 분야들이 다르게 나누어지는 것은 그 시대의 실제적 중요성에 의해서 결정되어야만 한다.

3. 교회사의 원자료들

우리가 의존하게 되는 교회사의 원자료들은 부분적으로는 신적이고, 부분적으로는 인간적인 것들이다. 창조로부터 사도 시대의 종결까지의 하나님 나라의 역사를 위해서는 우리는 구약과 신약의 영감된 문헌들에 의존한다. 그러나 사도들의 죽음 이후의 시대부터는 단지 인간적 권위만을 가진 자료들이 있을 뿐이다. 이러한 자료들은 당연히 불가오류성을 주장할 수 없다. 이러한 인간적 자료들은 부분적으로 문서화된 것들이 있고, 부분적으로는 문서화되지 않은 것들이 있다.

1. 문서화된 자료들은 다음과 같은 것들을 포함한다:

(a) 교회 당국이나 세속 당국의 공식적 문서들: 공의회나 지역 교회회의의 결정사항들, 신앙고백들, 예전들, 교회법들, 교황, 대주교, 주교, 또는 어떤 임무를 위한 대표단의 공식적 서한들.

(b) 역사 속에서 활동한 사람들의 개인적인 저술들: 처음의 6세기 동안에는 교부들, 이단자들, 이교 문인들의 저술들; 중세기에는 선교사들, 학자들, 신비주의자들의 저술들; 16세기를 위해서는 개혁자들과 그 적대자들의 저술들. 이러한 문헌들은 역사가를 위해서는 가장 풍요로운 광맥이다. 이러한 문헌들이 역사를 탄생시키고 실제로 움직여 간다. 그러나 이러한 문헌들은 주의 깊게 가려지고 평가되어야만 한다. 특별히 정통이건 이단이건 간에 논쟁적 문헌들은 일반적으로 사실과 당파적 입장이 다소간 뒤섞이게 되기 때문에 더욱더 주의해야만 한다.

(c) 우호적 입장이건 반대적 입장이건 자신들이 서술하는 것의 목격자인 연대기 저자들과 역사가들의 이야기들. 이러한 문헌들의 가치는 물론 저자의 능력과 신뢰성에 의존하지만, 주의 깊은 비판에 의해 결정되어야만 한다. 차후의 역사가들은 신뢰할 수 있는 당대의 문헌들로부터 인용하고 있는 경우에 한해서만 직접적 자료들로 여겨질 수 있다. 이러한 문헌들은 콘스탄티누스 이전 시대의 것으로 에우세비우스가 언급하고 있는 많은 문헌들과 같이 전적으로 또는 부분적으로 유실되었을 수도 있고, 교황의 목록표(regesta)나 바티칸 도서관의 다른 문헌들과 같이 일반적으로 역사가들이 접근할 수 없는 것들도 있다.

(d) 비문들, 특별히 박해 시대에 기독교인들의 신앙과 희망을 드러내 보여주는 무덤이나 카타콤의 비문들. 이집트나 바빌로니아의 폐허들 속에서 모든 도서관들이 발굴되어 판독되었다. 이러한 도서관에는 신화적·종교적 기록들, 왕의 칙령들, 역사적·천문학적·시적인 산문들 등이 포함되어 있는데, 이것들은 소멸되어 버린 문명을 드러내 보여주고, 구약 성경 역사의 어떤 부분들에 빛을 비추는 것들이다.

2. 문서화되지 않은 자료들은 훨씬 더 적다: 교회 건축물들, 조각 작품이나 회화들, 다른 기념물들, 종교적 관습들과 예식들 등이 있는데, 이러한 것들은 예배의 역사와 교회미술의 역사를 위해 대단히 중요한 것들이고, 그 시대의 정신을 이해하는 데 꼭 필요한 것들이다.

예술 작품들은 기독교의 다양한 형태들이 상징적으로 구현된 것들이다. 카타콤의 단순한 상징들과 조야한 조각들은 박해 시대에 걸맞는다. 바실리카들은 니케아 시대와, 비잔틴 교회들은 비잔틴의 국가교회주의(state-churchism)의 성격과, 고딕풍의 성당들은 중세기의 로마-게르만적(Romano-Germanic) 가톨릭 신앙과, 그리고 르네상스 스타일은 문예의 부흥과 밀접한 관계를 갖고 있다.

좀 더 근대로 내려 오자면, 로마 교회의 정신은 로마, 이탈리아, 스페인의 없어지거나 아직도 존재하는 기념물들 사이에서 가장 잘 이해될 수 있다. 루터교는 비텐베르크, 북부 독일, 스칸디나비아 반도에서 연구되어야만 한다. 칼빈주의는 제네바, 프랑스, 네덜란드, 그리고 스코틀랜드에서; 성공회는 옥스퍼드, 케임브리지, 그리고 런던에서; 장로교는 스코틀랜드와 미국에서; 회중 교회는 영국과 뉴잉글랜드에서 연구되어야 할 것이다. 왜냐하면 이러한 교파들이 생겨난 나라들에서 일반적으로 우리는 가장 큰 규모의 인쇄된 자료들이나 수고(手稿) 자료들을 발견할 수 있을 뿐만 아니라, 건축물, 조각물, 무덤들, 다른 기념적인 유물들, 자연적인 모임들, 구전들, 그리고 아직도 살아서 과거를 그대로 보여주고 있는 사람들을 발견할 수 있기 때문이다. 특히 이러한 사람들은 비록 선조들의 신앙으로부터 이탈했다 하더라도, 여전히 자기 민족의 성격과 사회적 조건, 습관, 관습들을 보여준다. 종종 이러한 사람들이 분량있는 책들보다 훨씬 더 도움이 되는 방식으로 그러한 것들을 보여주기도 한다.

4. 교회사의 시대 구분

비록 박식한 학자 바로니우스(Baronius)와 그의 계승자들에 의해 추구된 방법이기는 하지만, 순수하게 연대기적인 교회사 서술 방식은 이제는 일반적으로 포기되고 있다. 이러한 방식은 사건들의 자연적 흐름을 단절시키고, 함께 속해 있는 일들을 분리시키며, 역사를 단순한 연대기의 차원으로 전락시킨다.

플라키우스(Flacius)로부터 모스하임(Mosheim)에 이르는 동안 지배적이었던 백년 단위의 서술 방식(centurial plan)은 좀 더 개량된 것이다. 이러한 방식은 사건들의 발전과 연관성에 대해 훨씬 더 나은 관점을 허락해 준다. 그렇지만 이것도 여전히 역사에 강요된 기계적 배열을 부과하고자 한다. 왜냐하면 특별한 사건들이나 시대들이 우리들의 백년 단위의 범위와 잘 들어맞는 경우란 별로 없기 때문이다. 예를 들자면, 교회와 국가의 결합과 더불어 콘스탄티누스의 흥기(興起)는 311년부터 시작된다. 힐데브란트(Hildebrand)의 절대적 교황권에 대한 주장은 1049년부터 시작된다. 종교개혁은 1517년부터 시작되며, 베스트팔렌(Westphalia) 평화조약은 1648년에, 청교도들이 뉴잉글랜드에 상륙한 것은 1620년에, 미국 노예 해방은 1776년에, 프랑스 혁명은 1789년에, 독일에서 종교적 삶의 부흥은 1817년에 시작되었던 것이다.

진정한 시대 구분은 역사 그 자체의 실제적 과정으로부터 비롯되어야 하며, 역사 발전의 다른 단계들이나 역사적 삶의 다른 국면들을 제시해야만 한다. 이러한 것들을 우리는 시기 또는 시대라고 부른다. 새로운 시대의 시작은 신기원(epoch), 즉 정지와 출발점이라고 불린다.

이러한 시대들의 수와 길이에 대해서는 실제적으로 통일된 입장이 없다. 특별히 16세기 이후로는 서로 다른 관점을 제시하는 다양한 교파적 차이점들 때문에 더욱 그러하다. 예를 들자면, 종교개혁은 로마 가톨릭 교회에 있어서는 개신교보다 그 중요성이 덜하며, 정교회에 있어서는 거의 중요성을 갖지 못한다. 낭트(Nantes) 칙령이 프랑스의 개신교 역사에 있어서, 그리고 베스트팔렌 조약이 독일의 개신교 역사에 있어서는 휴지점(resting-place)을 형성하지만, 이것들 중의 어떤 것도 영국 개신교에 있어서는 엘리자베스 여왕의 등극이나, 크롬웰(Cromwell)의 등장, 스튜어트 왕가의 복고, 또는 1688년의 혁명 등과 견줄 만한 중요성을 갖지는 않는 것이다.

그렇지만 세부적인 것들에 있어서 모든 혼란과 어려움들에도 불구하고 기독교의 역사를 세 시대로 구분하는 것에 대해서는 일반적인 동의가 이루어져 있다. 즉 고대, 중세, 그리고 근현대의 시대 구분이다. 물론 이러한 시대 안에서 다시 시대를 나누는 것, 또는 작은 시대들의 출발점이나 종결점 등에 대해서는 이러한 동의가 이루어져 있지 않다.

I. 고대 기독교의 역사, 즉 그리스도의 탄생으로부터 대(大) 그레고리우스까지.

A.D. 1-590.

이 시대는 그리스-라틴 교회의 시대, 또는 교부들의 시대이다. 그 지리적 영역은 고대 로마 제국과 이교권의 중심 무대인 지중해 주변의 국가들 — 서부 아시아, 북부 아프리카, 남부 유럽 — 이다. 이 시대는 교리와 교회 정치와 예배에 있어서 후대의 모든 역사를 위해 기초를 놓는 시대이다. 이 시대는 또한 모든 다양한 신앙고백들의 공통된 모태이기도 하다.

그리스도의 생애와 사도적 교회는 단연코 가장 중요한 부분들이고, 별도로 다루어지지 않으면 안 된다. 이 양자는 교회의 신인(神人)적 대작(grandwork)을 이루는 것이며, 차후의 모든 시대들을 고무하고, 통제하고, 교정한다.

그러고 나면 4세기 초에 최초의 기독교인 황제인 콘스탄티누스가 등극하면서 결정적 전환점을 이루게 된다. 기독교는 박해받던 소종파로부터 그리스-로마 제국의 지배적 종교로 부상하게 된다. 교리사의 입장에서 보자면, 콘스탄티누스의 통치 중간에 해당하는 325년의 최초의 니케아 공의회는 탁월한 신기원을 형성한다.

여기서 우리는 첫 시대 또는 교부 시대를 다시 세 시기로 구별할 수 있다. 그것은 사도들의 시대, 순교자들의 시대, 그리고 기독교인 황제들과 주교들의 시대이다.

II. 중세 기독교, 즉 대 그레고리우스로부터 종교개혁까지.
A.D.590-1517.

중세기의 시작은 다양하게 계산된다. 306년 또는 311년의 콘스탄티누스로부터, 476년 서로마 제국의 멸망으로부터, 590년 대(大) 그레고리우스로부터, 또는 800년의 샤를마뉴로부터 계산하기도 한다. 그렇지만 중세가 끝나는 시점에 대해서는 매우 일반적인 동의가 이루어져 있다. 그것은 중세는 16세기 초에, 좀 더 정확하게 말하자면, 1517년 종교개혁의 시작과 더불어 종결된다는 것이다. 대 그레고리우스는 교회사의 시대를 구별하는 가장 적절한 계기를 제공하는 인물로 여겨진다. 그는 앵글로 색슨족에 대한 선교를 시작한 인물이며, 마지막 교부이고, 진정한 최초의 교황이다. 그와 더불어 진지하게 야만족들의 회심이 시작되었고, 또 그것은 결정적인 성공을 거두었다. 또한 동시에 그와 더불어 절대적 교황 제도가 시작되었고, 동·서방교회간의 소외가 시작되었다.

이것은 중세기의 독특한 성격을 나타내 준다. 교회의 중심이 아시아와 아프리카로부터 중부와 서부의 유럽으로, 그리스-로마 민족으로부터 게르만, 켈트, 슬라브 민족에게로, 그리고 고대의 고전적 문화로부터 근대의 문명으로 옮겨지게 되었다는 것을 보여준다. 중세기 교회의 큰 업적은 이교 야만족들을 회심시키고 교육시킨 것이었다. 야만족들은 로마 제국을 정복하고 파괴시켰지만, 기독교에 의해 그들 스스로가 정복당하고 변화되었던 것이다. 이러한 작업은 로마의 주교에게서 정점에 이르는 확고한 계층 구조적 제도 하에서, 주로는 라틴 교회에 의해 수행되었다. 그리스 교회는 동부 유럽의 슬라브 민족들 사이에서, 특별히 러시아 제국에서(그 이후부터 러시아는 매우 중요한 국가로 성장하게 된다) 선교의 열매를 거두기는 했지만, 거꾸로 원시 기독교의 바로 발상지였던 아시아와 아프리카에서 이슬람교에 의해 심각하게 압박받고 그 영향력도 축소되었다. 마침내는 콘스탄티노플까지도 이슬람교에 정복되고 말았다. 교리와 예배와 조직에 있어서 그리스 교회는 공의회들과 5세기의 주교 체제에서 머무르게 되었다.

중세기에는 교회 내 계층 구조의 발전이 가장 두드러져, 교부들의 고대 교회, 또는 종교개혁자들의 근대 교회와는 구별되는 교황 교회라고 부를 수 있게 되었다.

로마 교회의 계층 구조의 발전과 쇠퇴에 있어서 세 시기의 대표자로 세 교황을 들 수 있다. 그레고리우스 1세 또는 대 그레고리우스(590)는 절대적 교황 제도의 신기원을 이루는 인물이다. 그레고리우스 7세 또는 힐데브란트(1049)는 그 정점을 이루는 인물이다. 그리고 보니파키우스 8세(1294)는 그 쇠퇴를 말해주는 인물이다. 이에 따라 우리는 중세 교회의 역사를 다시 세 시기로 구별할 수 있다. 간략하게 그 시기들을 가톨릭 교회의 선교적(Missionary), 교황적(Papal), 그리고 선(先) 또는 전(前) 종교개혁적(Reformatory)[2] 시대들이라고 간략하게 명명할 수 있을 것이다.

III. 16세기의 종교개혁으로부터 지금까지 이르는 근대 기독교. A.D. 1517~1880.

---

2) 이 단어는 'ante-Nicene'(니케아 이전)에서 유추하고, 독일어 'vor-reformatorisch'(종교개혁 이전)를 본따 만든 것으로서, 종교개혁의 선구자들 혹은 종교개혁 이전의 개혁자들 ― Ullmann은 그런 사람들을 위클리프, 후스, 사보나롤라, 베셀 등으로 열거한다 ― 의 시대를 가리킨다. 이 용어는 보니파키우스 8세부터 루터에 이르는 시기에 대해 한 가지 견해만을 소개한다. 그러나 어떤 단일 용어를 선정하더라도 상황은 마찬가지이다.

근대 역사는 주로 유럽 국가들 안에서 이루어졌지만, 17세기부터는 북 아메리카에서 광대한 새로운 무대를 발견하게 되었다. 서유럽의 기독교는 이제 두 적대적인 진영으로 분열되었다. 한 진영은 옛 길에 머물러 있고, 다른 진영은 전적으로 새로운 길을 주장한다. 그 반면에 동방 교회는 역사의 무대로부터 훨씬 더 멀리 물러나고, 근대의 러시아와 그리스만을 제외한다면, 거의 전혀 움직임이 없는 정체 상태를 보여주고 있다. 근대 교회사는 개신교와 로마 가톨릭 교회의 투쟁의 시대이다. 또한 종교적 자유와 독립의 원리가 권위와 후견(tutelage)의 원리와, 그리고 개인적이고 인격적인 기독교가 객관적이고 전통적인 교회 제도와 갈등하는 시대이다.

여기서 우리는 다시 세 다른 시대들을 구별해 볼 수 있다. 이 시대들은 간략하게 종교개혁(Reformation), 혁명(Revolution), 그리고 부흥(Revival)이라는 용어들로 특징지어질 수 있을 것이다.

교회사에 있어서 사도 시대 다음으로 가장 열매가 많고 흥미로운 시대인 16세기는 교회의 복음주의적 갱신과 교황의 반동 종교개혁의 시대이다. 16세기는 모든 개신교 교파들과 소종파들, 그리고 근대 가톨릭 교회의 요람이다.

17세기는 스콜라주의적 정통주의, 논쟁적 고백주의, 그리고 상대적인 정체로 특징지어지는 시기이다. 대륙에서는 개혁 운동이 멈추었지만, 영국에서는 청교도들의 강력한 투쟁이 진행되고 있었으며, 아메리카 식민지들의 원시림에까지도 개혁 운동이 확장되고 있었다. 17세기는 영국 교회사에 있어서는 가장 풍성한 열매를 맺은 시기이며, 다양한 비국교도, 또는 입장을 달리하는 교파들이 형성된 시기이다. 이러한 교파들은 북 아메리카에 이식되어, 역사적 의미를 가진 옛 교회들보다 훨씬 더 성장하기도 하였다. 그러고 나서 18세기가 되면, 죽은 정통주의와 융통성 없는 형식주의에 대항하여 실제적 종교를 주장하는 경건주의와 감리교의 부흥 운동이 나타난다. 로마 교회 내부에서는 예수회(Jesuitism)가 지배적이지만, 반(半) 복음주의적 얀센주의(Jansenism)와 자율성을 주장하는 갈리아주의(Gallicanism)의 저항에 부딪히게 된다.

18세기 후반부에는 전통적인 이념들과 제도들의 광범위한 전복(顚覆)이 시작되어, 국가에서는 혁명으로, 교회에서는 불신앙으로 이끌게 되는데, 특별히 로마 가톨릭 교회의 프랑스와 개신교의 독일에서 그러했다. 영국의 이신론(Deism), 프랑스의 무신론, 독일의 합리주의 등은 정통 신조들로부터 근대의 다양한 정도의 그러나 커다란 이탈을 명백히 보여주는 사조들이다.

19세기에는 이러한 부정적이고 파괴적인 경향들이 부분적으로 더욱더 발전되는 양상을 보여준다. 그렇지만 또한 이와 더불어 기독교 신앙과 교회적 삶의 부흥, 그리고 영원한 복음에 의한 새로운 창조의 시작을 보여준다. 부흥 운동은 종교개혁의 300년 기념해인 1817년부터 시작되는 것으로 볼 수 있다.

같은 시기에, 그 지배적 성격에서 보자면 영어를 사용하는 개신교권인 북 아메리카가 구 세계의 모든 나라들과 교회들과 종파들에게 피난처를 제공하면서, 세속적 권력과 영적 권력을 평화로운 방법으로 분리시키면서, 활력과 장래성이 넘치는 젊은 거인처럼 세계사의 무대에 모습을 나타냈다.

이리하여 우리는 다음과 같이 교회사를 아홉 시대로 구별해 볼 수 있다:

첫번째 시대:
그리스도의 생애와 사도적 교회.
성육신으로부터 성 요한의 죽음까지. A.D. 1-100.

두번째 시대:
로마 제국하에서 박해받는 기독교.
성 요한의 죽음으로부터 최초의 기독교인 황제인 콘스탄티누스까지.
A.D. 100-311.

세번째 시대:
그리스-로마 제국과 결합한, 그리고 민족 대이동의 와중에 위치한 기독교.
콘스탄티누스 대제로부터 교황 그레고리우스 1세까지. A.D. 311-590.

네번째 시대:
튜턴족, 켈트족, 슬라브족 국가들에 이식된 기독교.
그레고리우스 1세로부터 힐데브란트, 그레고리우스 7세까지.
A.D. 590-1049.

다섯번째 시대:
교황 제도와 스콜라주의 신학 아래의 교회.

그레고리우스 7세로부터 보니파키우스 8세까지. A.D. 1049-1294.

여섯번째 시대:
중세 가톨릭교의 쇠퇴와 종교개혁의 예비적 운동들.
보니파키우스 8세로부터 루터까지. A.D. 1294-1517.

일곱번째 시대:
복음주의적 종교개혁과 로마 가톨릭 교회의 반동.
루터로부터 베스트팔렌 조약까지. A.D. 1517-1648.

여덟번째 시대:
논쟁적 정통주의와 배타적 고백주의의 시대. 반동적 그리고 진보적 운동들이 혼재함.
베스트팔렌 조약으로부터 프랑스 혁명까지. A.D. 1648-1790.

아홉번째 시대:
유럽과 아메리카에서 불신앙의 확장, 또한 기독교의 부흥. 전 세계를 포괄하는 선교 사역.
프랑스 혁명으로부터 현재까지. A.D. 1790-1880.

이처럼 기독교는 이 지상적 삶에 있어서 다양한 단계들을 거쳐왔지만, 아직 예수 그리스도 안에서 충분한 성인(成人)의 시기에는 이르지 못했다. 이러한 오랜 역사를 통하여 기독교는 예루살렘의 멸망, 로마 제국의 해체, 외부로부터의 격렬한 박해, 내부로부터의 이단적인 부패, 야만족들의 침입, 암흑 시대의 혼란, 교황 체제의 독재, 불신의 충격, 혁명으로 말미암은 파괴, 대적자들의 공격과 우호적인 자들의 오류, 교만한 왕국들, 제국들, 공화국들의 흥기와 멸망, 철학적 체계들과 사회적 조직체들 등 헤아릴 수 없는 많은 것들을 헤쳐 지나왔다.

그리고 보라! 기독교는 지금도 살아있고, 그것도 그 어느 때보다도 더 활력에 넘치고 더 광범위한 모습으로 살아있는 것이다. 기독교는 문명의 진보와 세계의 운명을 조절한다. 인간적 지혜와 어리석음의 잔재들을 밟고 넘어 행진해 간다.

언제나 앞을 향하여 계속하여 말이다. 기독교는 모든 세대, 모든 나라에, 그리고 땅 끝까지 이르도록 하늘의 축복을 말없이 확장시켜 준다. 기독교는 결코 죽을 수 없다. 기독교는 오래 된다고 해서 노쇠해지는 일이 없을 것이다. 기독교는 스스로를 새롭게 하는 젊음의 시들지 않는 신선함과 성년의 불굴의 활력을 가지고 시간의 마지막까지 살아 남을 것이고, 그리고는 시간 그 자체보다도 더 오래 존재하게 될 것이다.

개개의 교파들과 종파, 교리와 교회 정치, 그리고 예배의 인간적인 형태들은 그 목적을 다한 다음에는 마침내 사라지고 모든 육체가 가는 길을 갈 수도 있다. 그러나 그리스도의 보편적 교회는 그 신적 생명과 존재에 있어서 지옥의 권세가 정복하기에는 너무나 강하다. 교회는 단지 이 지상의 옷을 어린양의 신부가 입는 축제복으로 바꾸어 입을 뿐이고, 비하(卑下)의 상태에서 승귀(昇貴)와 영광의 상태로 올라서게 될 것이다. 그리스도께서 오시는 그때에 교회는 역사의 최종적 수확을 거두게 될 것이며, 천상에 있는 승리하는 교회로서 거룩함과 평화의 영원한 안식을 축하하고 누리게 될 것이다. 이것이야말로 창조의 사역을 마치신 후에, 하나님께서 거룩한 안식의 과정을 이미 시작하신 데서 예시되어지는 것처럼, 역사의 끝이 없는 끝이 될 것이다.

5. 교회사의 용도

교회사는 구약과 신약의 거룩한 역사를 포함하는 참으로 광범위한, 그리고 신학의 여러 분야들 중에서 가장 중요한 분야이다. 그것은 신학이 기댈 수 있는 중추(中樞)이며, 또한 신학이 끊임없이 공급받을 수 있는 저장고이기도 하다. 그것은 기독교 그 자체에 대한 모든 측면에서 최선의 주석(註釋)이다. 강물의 충일함은 그것이 흘러 나오는 샘의 영광인 것이다.

교회사는 무엇보다도 교육받은 모든 사람들의 일반적인 흥미를 끈다. 교회사가 인류의 도덕적·종교적 발전과 구속에 대한 신적 계획의 점진적 시행을 보여 주기 때문이다.

교회사는 또한 신학자들과 복음 사역자들에게 특별한 가치를 갖는다. 왜냐하면 교회사는 기독교의 현재의 상태에 대한 열쇠이고, 기독교가 지향하는 목적을 향한 성공적 노력의 인도자이기 때문이다. 현재는 과거의 열매이고 미래의 맹아(萌芽)이다. 어떤 사역도 당대의 실제적 필요로부터 비롯되지 않고 또한 역사의 토양 속에 깊이 뿌리를 박지 않고는 이루어질 수 없다.

지난 세대의 권리를 유린한 사람은 그 누구도 다음 세대의 호의와 존경을 요구할 수 없는 것이다. 교회사는 결코 흥미를 끄는 골동품 가게에 불과할 수는 없다. 교회사의 사실들은 마른 뼈들이 아니라, 바로 우리들의 지침과 행위를 위해 일반적인 원리 법칙, 그리고 살아있는 실재를 구현해 주는 것이다. 교회사를 공부하는 사람은 모든 국면에 있어서의 기독교 그 자체를 연구하는 것이며, 또한 기독교의 영향 아래 있는 인간의 본성을 연구하는 것이다. 인간의 본성은 현재도 그렇고, 미래에도 시간의 마지막까지 기독교의 영향 아래 있을 것이기 때문이다.

마지막으로, 교회사는 모든 기독교인들에게 실제적 가치를 가진다. 교회사는 경고와 격려, 위로와 조언의 저장고이기 때문이다. 교회사는 사실들의 철학이고, 살아있는 사례들 안에 있는 기독교이다. 키케로가 설파한 것처럼, 일반 역사가 "시간의 시금석, 진리의 빛, 그리고 생명의 인도자"라면, 또는 디오도루스(Diodorus)가 말한 것처럼, "섭리의 하녀, 진리의 여사제, 그리고 지혜의 어머니"라면, 하늘 왕국의 역사는 최고의 정도에서 이 모든 것들이다. 성경은 그 자체가 역사이고 또한 신적 계시의 수탁자인 바, 성경 다음으로 그리스도의 왕국의 역사보다 그리스도께서 자기 백성과 항상 함께 계신다는 것에 대한 더 강력한 증거, 기독교에 대한 더 철저한 옹호, 영적 지혜와 경험에 대한 더 풍부한 자료, 덕과 경건에 대한 더 큰 자극은 없다. 모든 시대는 하나님께서 인간에게 주시는 메시지를 가지고 있으며, 이것이야말로 인간이 이해해야 할 가장 중요한 것이다.

히브리서는 기독교인들을 격려하기 위해 구약의 역사로부터 구름과 같은 증인들을 심금을 울리는 웅변적 어투로 묘사하고 있다. 동일한 목적을 위해 우리는 그리스도의 오심 이후의 매 시대의 그리고 각양 언어의 더 많은 구름 같은 사도들, 복음 전도자들, 순교자들, 고백자들, 교부들, 개혁자들, 그리고 성인들을 열거할 수 있다. 그들은 기독교 신앙과 사랑의 영웅들, 그리스도의 살아있는 편지, 이 땅의 소금, 인류의 은인이고 영광이기도 하다. 그들의 사상과 행위, 삶과 죽음을 연구하다 보면 우리는 반드시 그들의 거룩한 본을 따르도록 고양되고, 교화되고, 위로받고, 격려받지 않을 수 없다. 그리하여 우리는 마침내 하나님의 은혜로 그들과의 교제 속으로 받아들여지며, 그들이 체험했던 그 동일하신 하나님, 그 동일하신 구세주를 찬양하고 즐거워하는 축복된 영원을 그들과 함께 누리게 되는 것이다.

6. 역사가의 의무

다른 모든 것을 포괄하는 역사가의 첫번째 의무는 신실성(fidelity)과 공평(justice)이다. 그는 역사 그 자체를 재생산하여야 하며, 자신의 재생산 속에서 다시금 살아 있도록 만들어야 한다. 그의 지고(至高)의 그리고 유일한 목적은 증인과 마찬가지로 진리를 말하는 것이다. 온전한 진리, 오직 진리만을 말해야 하며, 재판관처럼, 자신의 법원에 나아오는 모든 사람들과 사건들을 오로지 공정하게 대하는 것이다.

이처럼 신실하고 공정하기 위해서는 세 가지의 자격 요건이 필요한 바, 그것은 학문적(scientific), 예술적(artistic), 그리고 종교적(religious) 요건이다.

1. 역사가는 먼저 자료들을 다스릴 수 있는 대가(大家)여야 한다. 자신의 목적을 이룰 수 있기 위해서는 그는 먼저 교회 언어학(특별히 대부분의 초기 문헌들이 씌어진 헬라어와 라틴어), 세속 역사, 지리학, 그리고 연대기와 같은 보조적 학문들에 정통하여야 한다. 그러고 나서는 이러한 자료들을 이용함에 있어서 그는 철저하게 그리고 불편부당하게 이것들의 진정성, 온전성(integrity), 신뢰성과 증언의 능력 정도를 따져 보아야 한다. 오직 그렇게 해서만 그는 허구와 사실, 오류와 진리를 구분할 수 있는 것이다.

일반 역사의 자료들은 너무나 방대하고 무서운 속도로 증가하고 있기 때문에, 짧은 생애 동안 이 모든 것들을 읽고 소화해 낸다고 하는 것은 물론 불가능하다. 모든 역사가는 그 전 역사가들의 어깨 위에 올라 앉아 있다. 역사가는 가장 양심적인 탐구 후에조차도 어떤 것들은 신뢰하고 받아들일 수밖에 없으며, 자신이 일차 자료들을 자세하게 연구할 수 없는 경우에는, 문헌 수집물들, 요약된 자료들, 풍부한 색인들, 철저한 논문들을 이용해야만 한다. 그러한 사람만이 항상 자신의 전거(典據)들을 주의깊게 제시할 수 있고, 사실들과 날짜들과 인용문들을 확증할 수 있다. 정확성이 결여되었다는 것은 역사학적 저술로서는 그 평판에 치명적인 것이다.

2. 그 다음으로는 작문(composition)이 따른다. 이것은 예술이다. 그것은 사건들을 단지 자세하게 열거하는 것이어서는 안 되며, 살아있는 과정 속에 있는 교회의 발전을 재생산해 내야 한다. 역사는 뼈다귀들의 집합이 아니라, 이성적 영혼에 의해 채워지고 지배되는 유기체인 까닭이다.

여기서 가장 큰 어려움들 중의 하나는 자료들의 배열에 관한 것이다. 최선의 방법은 연대기적인 구분 원리와 주제별 구분 원리를 현명하게 결합시키는 것이다. 연속적인 사건들과 또한 이와 더불어 여러 병행적인(그리고 실제에 있어서는 서로 얽혀 있는) 역사의 분야들을 적절한 비율로 제시하는 것이다. 그렇기 때문에 우리는 먼저 전체 역사를 시대별로 구분하되, 자의적으로가 아니라 사건들의 실제적 과정에 의해 결정되는 방식으로 나누어야 한다. 그러고 나면 각 시대들을 다시 자료들 자체가 요구하는 만큼의 병행적 시기들과 중요 사건들로 세분하여 제시해야 한다. 한 시대를 어느 정도의 시기들로 세분해야 하는가, 또는 중요 사건들을 어떻게 배열해야 하는가에 대해서는 실상 상충되는 의견들이 존재하며, 우리의 원리를 적용하자면, 전체 역사의 제시에 있어서와 마찬가지로 우리는 단지 완전을 향해 접근할 수만 있을 뿐이다. 그럼에도 불구하고 위에서 제시한 원리 그 자체는 유일하게 참된 것이다.

고대의 고전적 역사가들, 그리고 영국과 프랑스의 대부분의 역사가들은 일반적으로 자신들의 주제를 일련의 책들이나 장(章)들 안에서 주제별 구분 없이 하나의 동질적인 형식으로 제시한다. 이러한 방법은 역사의 모든 시점에 있어서 그 살아있는 통일성과 다양성을 더 잘 드러내 보이는 것으로 여겨질 수도 있다. 그렇지만 실제로는 그렇지 못하다. 연필이나 끌과 달리 언어는 단지 시간적 연속성을 보여줄 수 있을 뿐이며, 공간적 병발성(倂發性)은 보여주지 못한다. 그렇기 때문에 이러한 방법을 융통성 없이 추구하게 되면, 결코 어떤 하나의 주제나 교리, 예배, 또는 실제적 삶의 완전한 모습을 얻을 수 없게 되는 것이다. 이러한 방법은 끊임없이 다양한 주제들을 뒤섞고, 다른 주제를 드러내기 위해 기존의 주제로부터 이탈해야만 한다. 주제를 바꾸는 것이 다할 때까지, 심지어는 아주 갑작스런 주제 전환이 이루어지기도 한다.

독일식의 연대적이면서도 주제별 배열 방식은 학생들에게 시간의 순서는 물론 주제의 순서를 제시해 주는 데도 커다란 실제적 유익을 제공해 준다. 그렇지만 「마그데부르크 세기사(史)」(*Magdeburg Centuries*)나 많은 연후의 저술들에서 그러했던 것처럼, 역사를 획일적이고 단조로운 곡조로 만들어 버려서는 안 된다. 왜냐하면 역사는 주제나 시간에 있어서 물론 순서를 가지고 있지만, 그럼에도 불구하고 모든 생명이 그러한 것처럼, 다양성으로 가득 차 있기 때문이다. 종교개혁의 시대는 중세기와는 상당히 다른 자료 배열을 요구한다. 그리고 근대사에 있어서는 주제별 구분이 신앙고백들과 국가들의 구분과 결합되고 또 이러한 구분에 종속되어야 한다. 독일, 프랑스, 영국, 그리고 미국의 로마 가톨릭, 루터교, 개혁파 교회를 보여주기 위해서라면 말이다.

그렇다면 역사가는 역사의 통일성과 다양성 모두를 다시 드러내 보여주는 것을 목표로 해야 한다. 역사가는 서로 다른 주제들의 유기적 연관성을 간과하지 않으면서도, 각각의 주제들을 그 독립된 완전성 속에서 제시하고자 노력해야 한다. 이러한 틀은 자의적으로 만들어져서는 안 되며, 프로크루스테스의 침대처럼 (폭력으로 규준에 맞추는), 역사에 현학적으로 적용되어서도 안 되는 것이다. 도리어 이러한 틀은 역사 그 자체로부터 도출되어야 하며, 사실들의 요구에 의해 바뀌어야 하는 것이다.

자료들의 배열보다 훨씬 더 큰 또 다른 어려움은 간결성과 상세함의 결합 문제이다. 일반적인 교회사는 그 모든 분야에 있어서 그리스도의 왕국의 진보를 온전하게 제시해 주어야 한다. 그렇지만 자료는 너무나 방대하고 끊임없이 증대하고 있어서, 실제로 역사의 본류를 형성하는 중요한 사건들에 대한 현명한 취사선택에 의해 최고도의 응축 방법이 연구되어야 한다. 읽히지 않는다면 책을 쓴다는 것은 소용없는 일이다. 그렇지만 이 바쁜 시대에 누가 바로니우스와 그의 후계자들이 쓴 2절판으로 된 40권짜리 책이나, 플라키우스가 쓴 2절판 13권짜리 책, 또는 쉬렉크(Schroeckh)의 8절판 45권짜리 책을 읽으면서 녹초가 될 정도로 시간이 있겠는가?

교회사를 공부하는 학생은 (Hase의 감탄할 만한 개론서와 같은) 축소형 사진만이 아니라, 등신대(等身大)의 초상화를 원한다는 것은 사실이다. 그렇지만 과정들이나 비본질적인 세세한 것들을 생략해 버림으로써 많은 공간을 절약할 수 있다. 그리고 그러한 것들은 단행본이나 특별한 논문들에 맡겨 버릴 수 있는 것이다. 간결성이란 역사가에 있어서는 미덕이다. 그것이 역사가를 불명료하고 불가해하게 만들지만 않는다면 말이다.

뿐만 아니라 역사가는 자신의 저술이 읽히도록, 또한 진실을 침해하지 않으면서 흥미있도록 만들어야 한다. 역사의 어떤 부분들은 무미건조하고 지루하다. 그러나 전체적으로 보자면, 역사의 진실은 "소설보다 기묘하다." 그것은 하나님 자신의 서사시이다. 그것은 미화(美化)가 필요하지 않다. 역사는 우리가 진지하고 활력있고 신선하게 말한다면, 스스로 입을 여는 법이다. 유감스럽게도 극소수를 제외하고는 교회사가들은 문체의 관점에서 본다면 위대한 세속 사가들에게 뒤져 있다. 대부분의 교회사가들이 과거를 흥미가 넘치는 살아있고 움직이는 힘으로서가 아니라 죽은 시체로 제시하기 때문이다. 그렇기 때문에 교회사는 전문적인 집단 바깥에서는 거의 읽히지 않는다.

3. 학문적 탐구와 예술적 제시 양자는 모두 건전하고 도덕적이고 종교적인, 다시 말하면 참된 기독교적 정신에 의해 인도되어야만 한다. 세속 사가는 인간에 대한 보편적 공감으로 채워져야 하지만, 교회사가는 보편적인 기독교적 공감으로 채워져야 하는 것이다. 전자의 신조가 "Homo sum, nihil humani a me alienum puto"(나는 인간이다. 인간에 관한 어떤 것도 나에게는 낯설지 않다)라면, 후자의 신조는 "Christianus sum, nihil Christiani a me alienum puto"(나는 그리스도인이다. 그리스도인에 관한 어떤 것도 나에게는 낯설지 않다)이다.

역사가는 먼저 모든 편견과 당파적 열심을 제쳐두고, 오직 진리를 향한 순수한 사랑 안에서 나아가야 한다. 그가 백지(tabula rasa) 상태가 되어야 한다는 것은 아니다. 그 어떤 사람도 오늘의 자신을 있게 한 교육적 영향들을 완전히 떨쳐버릴 수는 없고, 또 그렇게 시도해서도 안 된다. 그렇지만 그리스도의 교회의 역사가는 모든 일에서 객관적 사실에 가능한 한 "분노나 당파심 없이"(sine ira et studio) 진실되어야 한다. 모든 사람과 사건들을 공평하게 대해야 한다. 교회사가는 기독교의 중심에 서 있어야 한다. 그곳으로부터 그는 주변의 모든 것들을, 모든 개개의 사람들과 사건들을, 모든 신앙고백들과 교파들과 종파들을, 서로에 대한 또한 영광스러운 전체와의 참된 관계 속에서 바라볼 수 있는 것이다.

보편적 진리의 유명한 삼중의 시금석 — 시간의(semper), 장소의(ubique), 그리고 수의(ab omnibus) 보편성 — 은 그 문자적 의미로 본다면 실제로는 진실이 아니며 또한 적용 불가능하다. 그럼에도 불구하고 세상에 공통의 인간성이 존재하는 것처럼, 교회에는 공통의 기독교가 존재한다. 기독교인이라면 그것을 무시해 버렸을 때 비난을 받지 않을 수 없다. 그리스도는 불협화음을 내는 모든 인간적인 신조들과 종파들의 신적인 조화이다. 그리스도의 제자들의 각양각색의 인상들 안에서 그리스도의 형상을 추적하는 것, 그리고 그의 왕국의 서로 다른 부분들 사이에서 조정자의 역할을 하는 것은 교회사가의 의무이자 특권인 것이다.

그렇다면 교회사가는 자신의 주제에 철저하게 공감하고 있어야 하고, 열정적으로 그 주제에 몰두해야만 한다. 시적인 감성과 심미안 없이는 어떤 사람도 시를 해석할 수 없는 것처럼, 또는 철학자가 사변적인 재능 없이는 철학을 할 수 없는 것처럼, 그 어떤 사람도 기독교적 정신 없이는 기독교의 역사를 올바로 이해하고 드러낼 수 없는 것이다. 기독교 신앙이 없는 사람은 단지 반발심어린 풍자화나, 또는 기껏해야 생명이 없는 조각상을 만들어 낼 수 있을 뿐이다. 교회사가가 기독교의 토대 위에 더 높게 서 있으면 서 있을수록, 그의 시야는 그만큼 더 넓어지며, 아래의 한 지역 한 지역에 대해 더 완전하고 명확한 상을 얻을 수 있으며, 또한 그것들의 상호 관계에 대해서도 마찬가지이다. 심지어는 오류까지도 진리의 관점으로부터만 공정하게 보여질 수 있는 것이다. "진리는 진리와 허위의 시금석이다"(Verum est index sui et falsi). 기독교는 스스로를 드러내면서 모든 어두운 것들을 밝게 비추는 태양과 같은 절대적 진리이다. 성경과 마찬가지로 교회사는 그 자체의 가장 좋은 해석자이다.

역사가가 이 세 가지 요건들을 결합시킨다면, 그는 자신의 직무를 완수하는 것이다. 물론 이 지상에서의 삶에서 우리는 학문의 이런저런 분야들에 있어서 단지 먼 거리를 두고 완전에 접근해 갈 수 있을 뿐이다. 완전한 성공은 오류불가능성(infallibility)을 요구할 것이다. 그렇지만 이러한 것은 필멸적(mortal) 존재인 인간에게는 허용되지 않는 것이다. 시작부터 마지막까지를 관통하여 보고, 사건들을 그 모든 측면들과 그 모든 관계들 속에서 볼 수 있다는 것은 신적 정신만이 누릴 수 있는 특권이다. 그 반면에 인간의 정신은 사물들을 시간의 순서에 따라서 볼 수밖에 없으며, 또한 그것들을 부분적으로나 단편적으로만 이해할 수 있는 것이다.

역사의 신비에 대한 완전한 해결은 우리가 더 이상 어두운 안경을 통해서가 아니라 얼굴과 얼굴을 마주 대하게 될, 그리고 영원의 고지로부터 시간의 발전을 바라보게 될 천상의 상태에 도달할 때를 위해 보류해 두어야 한다. 성 아우구스티누스가 구약과 신약의 상호 관계에 대해 매우 적절하게 표현한 "신약은 구약 속에 숨어 있고(latet), 구약은 신약 속에 드러나 있다(patet)"는 말이 지금 이 세상과 장차 올 세상 사이의 관계에 대해서도 또한 적용될 수 있을 것이다. 전투적 교회의 역사는 바로 하늘의 승리하는 하나님의 왕국의 모형이요, 예언인 바, 이 예언은 그 성취의 빛으로부터만 완전하게 이해될 수 있을 것이다.

7. 교회사의 문헌들

STÄUDLIN : *Geschichte u. Literatur der K. Geschichte.* Hann. 1827

J. G. DOWLING : *An Introduction to the Critical Study of Eccles. History.* London, 1838. Quoted p.1. 이 작품은 주로는 교회사가들에 대한 설명이다. pp.1-212.

F.C.BAUR : *Die Epochen der kirchlichen Geschichtschreibung.* Tüb. 1852.

PHILIP SCHAFF : *Introduction to History of the Apost. Church*(N. York, 1853), pp. 51-134.

ENGELHARDT : *Uebersicht der kirchengeschichtlichen Literatur vom Jahre* 1825-1850. In Niedner's "Zeitschrift für historische Theologie," 1851.

G. UHLHORN : *Die kirchenhist. Arbeiten von* 1851-1860. In Niedner's "Zeitschrift für histor. Theologie," for 1866, Gotha, pp. 3-160. The same: *Die ältere Kirchengesch. in ihren neuren Darstellungen.* In "Jahrbücher für deutsche Theol." Vol. II. 648 sqq.

BRIEGER'S "Zeitschrift für Kirchengeschichte"(begun in 1877 and published in Gotha)는 최근의 문헌들에 대한 AD. HARNACK, MÖLLER, 그리고 다른 이들의 참고문헌들에 대한 논문을 싣고 있다.

CH. K. ADAMS : *A Manual of Historical Literature.* N.York, 3d ed. 1888.

다른 모든 학문이나 예술과 마찬가지로, 교회 역사 편찬 역시 진정한 완성을 향한 발전의 역사를 갖고 있다. 이러한 발전사는 자료의 지속적인 증대뿐만이 아니라, 방법에 있어서의 점진적인 진보를 또한 보여준다. 때때로 이러한 진보가 오랫동안 방해를 받기도 했지만 말이다. 기독교 연대기 저자는 처음에는 단지 이름들과 날짜들을 수집했을 뿐이었다. 이러한 것으로부터 비판적 탐구와 분별, 목적과 동기에 대한 실용적인 언급, 자료들에 대한 과학적 통제, 철학적 일반화, 그리고 실제 역사 그 자체에 대한 예술적 재생산으로까지 발전하게 된 것이다. 이러한 발전에는 또한 기독교의 다양한 신앙고백적 또는 교파적 단계들이 명시되어진다. 이러한 것들은 다른 관점을 제시하고, 따라서 결과적으로 기독교의 몇몇 시대들이나 그 분열에 대해 다른 이해들과 묘사들을 제시하게 된다. 그렇기 때문에 교회 그 자체의 발전은 교회 역사 편찬의 발전 속에 반영되고 있는 것이다.

우리는 여기에서 단지 교회사 분야의 발전에 있어서 그 연속적인 시대들을 특징짓는 대표적 저술들만 언급할 수 있을 뿐이다.

I. 사도적 교회

교회사에 관한 최초의 저술들은 보편적 교회의 신인적(神人的) 머리가 되시는 예수 그리스도에 대한 영감된 전기적 회상인 마태, 마가, 누가, 그리고 요한 복음 정경이 있다.

이것들 다음으로는 누가의 사도행전이 있는데, 이 책은 사도들 특별히 베드로와 바울의 노력에 의해 유대인들과 이방인들 사이에서 예루살렘으로부터 로마까지 기독교가 전파되는 과정을 기술하고 있다.

II. 그리스 교회사가들

신학 문헌들의 다른 모든 분야들에서 실제로 그러한 것과 마찬가지로, 교회사에 대한 최초의 사도 이후 시대의 저술은 그리스 교회 안에서 시작되었다.

팔레스타인의 가이사랴 출신이고 콘스탄티누스 대제와 동시대인인 에우세비우스는 10권으로 된 교회사를(Ἐκκλησιαστικὴ ἱστορία, 로고스의 성육신으로부터 324년까지) 저술했다. 이로써 그는 교회사의 아버지, 또는 기독교인 헤로도토스라는 칭호를 얻게 되었다. 비판력이나 분별력이 있다고는 결코 말할 수 없고 또한 문학적 재주나 솜씨에 있어서 위대한 고전적 역사가들의 저술에 비해 크게 뒤떨어지기는 하지만, 니케아 이전의 이 교회사는 학식과 중용과 진리를 향한 사랑 때문에 참으로 귀중한 것이다. 또한 그 이후로는 전적으로 또는 부분적으로 유실되어버린 자료들을 사용하고 있기 때문에, 그리고 교회에 대한 최후의 박해와 비잔틴 제국에서의 교회의 확립 사이의 개인적 관찰이라는 흥미있는 입장 때문에 이 저술은 소중하기도 하다.

동일한 계획과 비슷한 정신을 가지고 에우세비우스의 뒤를 이은 사람들은 5세기의 소크라테스(Socrates), 소조멘(Sozomen), 그리고 테오도레투스(Theodoret), 6세기의 테오도루스(Theodorus)와 에바그리우스(Evagrius)이다. 이들은 각각 자기의 전임자들이 중단했던 곳에서부터 이야기의 실마리를 풀어가면서, 또는 부분적으로는 동일한 부분들을 다루기도 하면서, 콘스탄티누스 대제로부터 5세기 중반까지의 교회사를 서술하고 있다.

7세기부터 15세기에 이르는 후기의 헬라 역사가들, 소위 "비잔틴 저술가들"(Scriptores Byzantini) 중에서 니케포루스 칼리스티(Nicephorus Callisti, Callistus의 아들, 약 A.D. 1333)는 특별한 관심을 받을 만하다. 그의 「교회사」(*Ecclesiastical History*)는 콘스탄티노플에 있는 성 소피아 대성당의 도서관 장서들을 사용하여 씌어졌는데, 그는 이 책을 안드로니쿠스 팔레올로구스(Andronicus Palaeologus, 1327년 사망)에게 헌정하고 있다. 이 책은 18권으로 이루어졌는데(각 권은 자신의 이름의 철자와 더불어 시작한다), 그리스도의 탄생부터 A.D. 610년 포카스(Phocas)의 죽음까지를 다루고 있다. 서문에 보면 계획 중인 다섯권의 책에 대한 요약이 실려 있는데, 이 책들이 만일 완성되었더라면 911년까지 다루게 되었을 것이다. 그는 열심있고 웅변적인 저술가였지만, 무비판적이고 미신적인 성향을 갖고 있었다.

III. 중세의 라틴 교회 역사가들

종교개혁 이전의 라틴 교회는, 다른 모든 신학적 연구에서와 마찬가지로, 교회사에 있어서도 처음에는 전적으로 그리스 역사가들에게 의존했으며, 오랫동안 에우세비우스와 그의 후계자들의 단순한 번역이나 초록(草綠)에 만족했었다.

이러한 것들 중에서 가장 대중적인 것은 카시오도루스(Cassiodorus)가 쓴 *Historia Tripartita* 이다. 그는 테오도릭(Theodoric) 왕의 재상이었고, 나중에는 칼라브리아(Calabria)에 있는 수도원의 원장이 된 인물이다. 이 책은 소크라테스, 소조멘, 그리고 테오도레투스의 역사 이야기들을 편집한 것으로, 그것들을 요약하거나 조화시키면서 — 루피누스(Rufinus)에 의한 에우세비우스의 번역과 더불어 — 몇 세기에 걸친 서방 고대 교회의 운명을 추가하고 있다.

중세는 중요성이 있는 일반 교회 역사를 산출하지 못하고, 많은 연대기들과, 특별한 국가들이나 수도원들, 유명한 교황들, 주교들, 선교사들, 성인들의 역사를 많이 산출했다. 이러한 것들은 역사서로서는 별로 많은 가치를 지니지 못하지만, 면밀한 연구를 통해 사실과 전설적 허구가 구별된다면, 자료로서 매우 커다란 가치를 갖게 된다.

중요한 중세 역사가로서는 프랑크족의 교회사를 쓴 투르의 그레고리우스(Gregory of Tours, 595년 사망), 영국 교회사의 아버지인 존자(尊者) 비드(Venerable Bede, 735년 사망), 롬바르드족 역사가인 파울루스 디아코누스(Paulus Diaconus, 799년 사망), A.D. 788-1072년의 스칸디나비아 교회 역사를 위해 주된 전거가 되는 브레멘의 아담(Adam of Bremen), 첫 4세기의 역사를 10권의 책(*Historiae Sacrae Epitome*)으로 쓴 ― 대개는 루피누스로부터 인용하고 있지만 ― 하이모(Haimo, 또는 Haymo나 Aimo, 풀다의 수도사였고 나중에 할버슈타트의 주교가 됨. 853년 사망), 스테펜 VI세(891년 사망)까지의 교황들의 전기인 *Liber Pontificalis* 의 부분 저자인 아나스타시우스(Anastasius, 872년 경 사망), 그리스도로부터 A.D. 1312년 까지의 일반 교회 역사를 서술한 루카의 바르톨로매우스(Bartholomaeus of Lucca, 1312년 경 사망), 그리고 창조로부터 A.D. 1457년까지의 세속사와 거룩한 역사에 관한 가장 방대한 중세 작품(*Summa Historialis*)의 저자인 피렌체의 대주교 성 안토니누스(St. Antoninus: Antonio Pierozzi, 1459년 사망) 등을 들 수 있다.

역사적 비평학은 르네상스와 더불어 시작되었으며, 콘스탄티누스의 증여(donation of Contantine)나 이시도르 칙령(Isidorian Decretals), 또는 다른 허위 문헌들의 진정성에 대한 라우렌티우스 발라(Laurentius Valla, 1457년 사망)와 니콜라우스 쿠사(Nicolaus of Cusa, 1464년 사망)의 의심에서 최초로 빛을 보게 되었다. 이러한 문헌들은 한때는 보편적으로 받아들여졌지만, 이제는 그 진정성이 보편적으로 부정되고 있다.

IV. 로마 가톨릭 역사가들

로마 가톨릭 교회는 16세기의 종교개혁의 자극에 의해 교회사나 또는 신학의 다른 분야들에 있어서 활발한 활동을 펼치게 되었으며, 방대한 학식과 고문헌 연구를 거친 일부 저술들을 산출했다. 그러나 일반적으로 이러한 저술들은 순수하게 역사적인 정신에 의해서보다는 교황제를 옹호하고 개신교를 반대하는 열심에 의해 특징지어진다. 로마 가톨릭 교회의 가장 훌륭한 역사가들은 그 정신에 있어서 교황 지상주의자(ultramontane)인 이탈리아 사람들이거나, 또는 대개는 좀 더 자유로우면서 갈리아주의(Gallicanism)에 대해서는 좀 덜 철저한 프랑스 사람들이다.

(a) 이탈리아 가톨릭 역사가들

첫번째로 거명할 수 있는 사람은 추기경 카이사르 바로니우스(Caesar Baronius, 1607년 사망)이다. 그는 30년 동안의 지칠 줄 모르는 연구 끝에 2절판 12권짜리 책 *Annales Ecclesiastici*(Rom. 1588 sqq.)을 썼다. 이 책은 1198년까지만 다루고 있으나, (1565년까지) 레이날디(Raynaldi), (1571년까지) 라데르치(Laderchi), 그리고 (1584년까지) 테이너(Theiner)에 의해 계승되었다.

진정 방대하고 기념비적인 이 작품은 바티칸 도서관과 다른 문헌 보관소들에 보존되어 오늘날까지도 참으로 귀중한 정보의 저장고 역할을 하고 있으며, 항상 전문적 학자들에 의해서 조회될 것이다. 이 책은 건조하고, 항상 단속적(斷續的)이고 읽기 어려운 문체로 씌어져 있으며, 많은 허위 문헌들을 포함하고 있다. 이 책은 전적으로 절대적 교황제의 입장에서 씌어졌으며, 「마그데부르크 세기사(史)」에 대한 적극적 논박을 목적으로 하고 있다. 비록 이 책에서는 짐짓 무시해 버리는 것처럼 그것들을 직접적으로 언급하지는 않고 있지만 말이다. 이 책은 로마 가톨릭교의 목적에 엄청난 도움과 조력을 주었으며, 종종 여러 언어들로 초록(草綠)되어 일반에 널리 보급되기도 했다. 그렇지만 이 책은 또한 통렬하게 비판받고 부분적으로는 논박되기도 했는데, 카사우본(Casaubon), 슈판하임(Spanheim), 그리고 사무엘 바스나쥬(Samuel Basnage) 등과 같은 개신교 학자들에 의해서 뿐만 아니라, 로마 가톨릭측 학자들, 특별히 프랑스의 두 프란체스코 수도사인 앙투안과 프랑수아 파기(Antoine & Francois Pagi)에 의해 논박되었는데, 이들은 이 책의 연대표를 교정했다.

바로니우스의 연대기보다 훨씬 덜 알려져 있고 또 덜 사용되는 책은 카스파르 사카렐리(Caspar Sacharelli)의 *Historia Ecclesiastica*인데, 1185년까지 다루고 있고, 1771-1796년에 4절판 25권짜리로 로마에서 출판되었다.

다른 이탈리아 학자들, 예를 들면 무라토리(Muratori), 차카그니(Zaccagni), 차카리아(Zaccaria), 만시(Mansi), 갈란디(Gallandi), 파올로 사르피(Paolo Sarpi), 팔라비키니(Pallavicini)(나중 두 사람은 트렌트 공의회에 관해), 세 사람의 아세마니(Assemani), 그리고 안젤로 마이(Angelo Mai) 등은 역사적 수집과 특별한 연구에 매우 소중한 공헌을 하였다.

(b) 프랑스 가톨릭 역사가들

도미니쿠스 교단의 교수요 관구장(Provincial)인 나탈리스 알렉산더(Natalis Alexander, 1274년 사망)는 1600년까지에 이르는 *Historia Ecclesiastica Veteris et Nova Testamenti*(Paris, 1676, 2d ed. 1699 sqq. 8 vols. fol.)를 썼다. 그는 갈리아주의(프랑스 왕과 교회가 로마교황권에 대적하는 조류 — 역주)의 정신을 가지고 박학하게, 그러나 건조한 학문적 문체로 이 책을 썼다. 인노켄티우스 XI 세는 이 책을 금서목록(Index, 1684)에 포함시켰다. 이것을 계기로 수정판이 나오게 되었다.

대수도원장 클로드 플류리(Claude Fleury, 1723년 사망)는 그의 책 *Histoire ecclesiastique*(Par. 1691-1720, 4절판 20권짜리로 1414년까지 다룸. 확고한 갈리아주의자인 Claude Fabre에 의해 1595년까지 확장됨)로 훨씬 더 대중적인 저술을 선보였다. 이 책은 그 정신의 온후함과 문체의 유려함이 돋보이며, 가르치는 것을 위해서 뿐만 아니라 교화를 위해서도 유용하다. 이 책은 상세하고, 전체적으로 보자면, 사건들이 발생한 그대로의 과정에 대한 정확한 진술이지만, 체계와 철학적 일반화가 없어서 장황하고 지루하다. 플류리는 왜 그토록이나 많은 부끄러운 사실들로 자신의 저술을 불필요하게 어둡게 채색했는가 하는 물음을 받았을 때, 교수들이나 설교자들의 악덕과 죄악에도 불구하고 기독교가 살아남고 진보했다는 것이 그 신적 기원에 대한 최상의 증거라고 적절하게 대답했다.

모(Meaux)의 특출한 주교 자크 베니네 보쉬에(Jacques Benigne Bossuet, 1704년 사망)는 한편으로는 개신교에 반대하여 로마 가톨릭의 옹호자이며, 다른 한편으로는 교황지상주의에 반대하여 갈리아주의의 옹호자인데, 뛰어난 설득력과 보편 교회의 정신을 가지고 대중적인 효과를 위하여 굵직한 필치로 보편 역사를 서술하였다. 이러한 작업은 독일어권에서는 개신교인 크라머(Cramer)에 의해 계승되었는데, 우아함은 떨어지지만 그 철저성은 보다 뛰어나며, 중세의 교리사를 특별히 다루고 있다.

프랑스 귀족이며 사제인 세바스티앙 르 나인 드 티이몽(Sebastien le Nain de Tillemont, 1698년 사망)은 — 얀센주의자들의 제자이며 친구이고, 갈리아주의에 대해 부분적으로 공감했다 — 직분 없이 오직 연구와 기도에만 몰두한 사람인데, 첫 6세기에 대해(513년까지) 매우 박식하고 유용한 역사를 저술하였다. 이 책은 일련의 상세한 전기들로 이루어져 있는데, 대단한 기술과 양심을 갖고 씌어져서, 대개 원전들로부터 전적으로 축자적으로 인용되고 있으며, 이것을 자기 자신의 첨가와 주의 깊게 구별하고 있다. 고대 교회에 관한 한, 이 책은 로마 가톨릭 학자의 근면과 학문에 의해 산출된 가장 가치있는 교회사이다.

티이몽과 동시대의 프랑스 사람인 엘리에 뒤팽(L. Ellies Dupin, 1719년 사망)은 17세기까지의 인물들과 서지(書誌)들 중심의 교회사를 제시하고 있다. 레미 세일리에(Remi Ceillier, 1761 년 사망)도 뒤이어 유사한 저술을 남겼는데, 더욱더 완전하고 정확하다는 장점을 가지고 있다.

17세기와 18세기의 성 마우르(St. Maur)의 프랑스 베네딕투스 교단 총회는 교부들에 대한 가장 뛰어난 비판적 편집판들과 방대한 고고학적 저술들로 역사 신학에 엄청난 공헌을 하였다. 우리는 단지 마비옹(Mabillon), 마쉬에(Massuet), 몽포콘(Manfaucon), 다셰리(D'Achery), 루이나르트(Ruinart), 마르텐(Martene), 뒤랑(Durand) 등을 거명할 수 있을 뿐이다. 예수회원들 중에는 시르몽드(Sirmond)와 페토(Petau)가 탁월한 위치를 차지한다.

대수도원장 로르바셰(Rohrbacher, Nancy의 교회사 교수, 1856년 사망)는 방대한 구약의 역사를 포함하여 1848년까지에 이르는 방대한 *Universal History of the Church*를 썼다. 이 책은 17세기의 위대한 갈리아주의자 저술가들보다는 덜 자유스럽지만, 독일 문헌들에 정통함을 보여준다.

(c) 독일 가톨릭 역사가들

주목할 만한 근대 독일 가톨릭 역사가들의 선구자는 시인이고 원래는 개신교인이었던 레오폴트 폰 슈톨베르크(Leopold von Stolberg, 1819년 사망) 백작이다. 개종자의 정직하고 고상하고 독실한, 그러나 또한 쉽사리 믿어 버리는 열심을 가지고 그는 1806년 대단히 본격적인 *Geschichte der Religion Jesu Christi*를 저술하기 시작하여, 430년까지를 15권의 책으로 써냈다. 이 작업은 케르츠(Kerz, vols.16-45. 1192년까지)와 브리샤르(J. N. Brischar, vols.45-53. 1245년까지)에 의해 계승되었다.

카터캄프(Theod. Katerkamp, 1834년 사망)는 1153년까지에 이르는 교회사를 썼다. 1073년까지에 이르는 로허러(Locherer, 1837년 사망)의 작품과 마찬가지로 이 책 역시 미완성인 채로 남아 있다.

헤펠레(Hefele) 주교의 *History of the Councils*(*Conciliengeschichte*, 1855-86; 개정 증보판 1873 sqq.)은 트렌트 공의회까지의 교리와 치리의 역사에 대한 대단히 가치있는 공헌이다.

독일 가톨릭 사학자의 펜으로부터 비롯된 가장 간명한 역사는 본(Bonn)과 나중에는 브레슬라우(Breslau) 대학의 교수였던 리터(Jos. Ign. Ritter, 1857년 사망), 처음에는 튀빙겐 대학의 교수였다가 나중에는 뮌헨 대학의 교수가 되었고 유명한 *Symbolik*의 저자인 묄러(Joh. Adam Möhler, 1838년 사망), 알초그(Joh. Alzog, 1878년 사망), 브뤽크(H. Brück, Mayence, 2d ed., 1877), 크라우스(F. X. Kraus, Treves, 1873; 3d ed., 1882), 추기경 헤르겐뢰터(Hergenröther, Freiburg, 3d ed., 1886, 3 vols.), 그리고 풍크(F. X. Funk, Tübingen, 1886; 2d ed., 1890) 등에 의해 산출되었다.

그프뢰러(A. F. Gfrörer, 1861년 사망)는 자신의 박학한 *General Church History*를 개신교인으로서, 아니 차라리 합리주의자로서(1841-46, 4 vols., 1056년까지) 시작했다가, 그레고리우스 VII세 이후부터 다시 쓰기 시작했을 때는 (1859-61) 가톨릭 신자였다.

로마 가톨릭 교회의 19세기의 가장 박학한 역사가인 될링거(John Ignatius Döllinger, 뮌헨 대학의 교수, 1799년 출생)는 교황제로부터 반(反) 교황제로의 반대 과정을 걸었다. 그는 *Handbook of Christian Church History*(Landshut, 1833, 2 vols.)를 주후 680년까지 썼지만, 결국 완성시키지는 못했으며, 15세기까지 그리고 부분적으로는 1517년까지를 다루는 *Manual of Church History*(1836, 2d ed., 1843, 2 vols.)를 썼다. 그는 또한 종교개혁을 반대하여 박학한 저술(*Die Reformation*, 1846-48, 3 vols.), *Hippolytus and Callistus*(1853), 또한 기독교의 예비에 대한 저술(*Heidenthum und Judenthum*, 1857), *Christianity and the Church in the time of its Founding*(1860), *The Church and the Churches*(1862), *Papal Fables of the Middle Age*(1865), *The Pope and the Council*("Janus"라는 필명으로 1869) 등을 썼다.

1870년의 바티칸 공의회 때 그는 로마와의 관계를 단절하고, 구 가톨릭(Old Catholic) 탈퇴의 신학적 지도자가 되었으며, 1871년 4월 17일 "공개적이고도 명백한 이단"의 혐의로 뮌헨 대주교에 의해 파문되었다. 그는 교황 무류설을 믿기에는 교회의 역사를 너무나 잘 알고 있었던 것이다. 그는 "기독교인으로서, 신학자로서, 역사가로서, 그리고 시민으로서" 바티칸 공의회의 칙령을 받아들일 수 없다고 엄숙하게 선언하였다(1871년 3월 28일). 왜냐하면 그것은 복음의 정신이나 교회의 진정한 전통과 상충되며, 만일 교황 무류설이 그대로 수행되어진다면, 국가와 교회, 성직자들과 평신도들을 화해할 수 없는 갈등으로 몰아 넣을 것임이 분명하기 때문이라는 것이었다.

V. 개신교 교회사가들

16세기의 종교개혁은 용어의 본래적 의미에 있어서 학문으로서 그리고 예술로서의 교회사의 모태가 되었다. 종교개혁은 신앙과 행위의 유일한 규범으로서의 성경으로 직접 돌아감으로써, 처음에는 과거로부터 떨어져 나와 교회의 역사를 평가절하하는 것처럼, 특별히 가톨릭 중세를 사도적 교리와 치리로부터의 점진적 타락으로 여기며 매우 부정적인 시각을 갖고 있는 것으로 보였다. 그러나 다른 한편 종교개혁은 원시 기독교를 찬양하면서, 사도적 교회의 정신과 제도를 부활시키고자 하는 정열적인 노력과 더불어 그 교회의 모든 문헌들에 대한 새롭고 열정적인 흥미를 불러일으켰다. 종교개혁은 기독교의 원시적 역사적 토대에 굳게 서서, 실제로는 고대의 전통을 옹호하여 후대의 전통을 거절했을 뿐이었다.

그리고는 로마와의 논쟁 과정에서 개신교는 다시 로마 가톨릭으로부터 성경적 논증뿐만이 아니라 역사적 논증까지도 박탈해 버리는 것, 그리고 그것을 가능한 한 복음주의적 목적에 합치하도록 이용하는 것이 바람직하고 필요하다는 것을 발견하게 되었다. 왜냐하면 개신교인들은 그리스도의 참된 교회가 반석 위에 세워져 있으며, 영원토록 파괴되지 않으리라는 약속을 가지고 있다는 것을 부정할 수 없었기 때문이다. 결과적으로 종교개혁은 인간의 정신을 교회의 전제적(專制的) 권위라는 멍에로부터 해방시켜 직접적 또는 간접적으로 모든 분야에 있어서 자유로운 탐구를 위한 전적으로 새로운 자극을 주었다. 그리하여 사실로부터 허구의 첨가를 제거하고 진실만을 밝히고자 하는 역사적 비평학을 산출하게 되었다. 역사의 전체적 진실, 오직 진실만을 말이다.

물론 역사적 비평학은 사도들과 그리스도 그 자신의 권위에도 반대하는 이성주의와 회의주의의 극단으로 치달을 수도 있다. 실제로 한동안 특별히 독일에서 그러했던 것처럼 말이다. 그렇지만 자유로운 탐구의 오용(誤用)이 이러한 방법의 올바른 사용까지도 논박하는 것은 아니다. 그것은 일시적 탈선으로 여겨져야 하며, 모든 건전한 정신은 역사에 대한 올바른 평가로 되돌아오게 될 것이다. 역사는 결국 구속의 계획의 진정한 이성적 전개이며, 만유를 통치하시는 하나님의 섭리와 기독교의 신적 성격에 대한 지속적인 증언인 것이다.

(a) 독일, 스위스, 화란 역사가들

개신교 내의 교회 역사학은 지금까지 대부분 독일 토양에서 흥성(興盛)하였다. 생산을 위해 원료를 캐내는 채광과 같은 연구 작업에 있어서 독일 학자들은 인내심 있고 수고로운 근면과, 진리와 정의를 향한 양심적 사랑으로 특징지어진다. 반면에 프랑스와 영국의 역사가들은 이러한 자료를 어떻게 하면 일반 독자들을 위해 이용하고 대중화시킬 것인가를 매우 잘 알고 있다.

이하는 주된 저술들이다:

일리리쿠스(Illyricus)라는 필명을 가진 **마티아스 플라키우스**(Matthias Flacius)는 열정적인 루터교 추종자이고, 교황주의자, 칼빈주의자 그리고 멜란히톤주의자에 대해서는 가차없는 반대자인 바, 일반적으로 *Centuriae Magdeburgenses* (Basle, 1560–74)라고 불리는 그의 대 저술 *Ecclesiastica Historia Novi Testamenti* 는 2절판 13권짜리 분량에 처음 13세기 동안의 기독교회사를 포괄하고 있다. 개신교 역사가 그룹의 첫머리에는 플라키우스가 위치한다. 그는 이 저술을 자신과 비슷한 정신과 열정을 지닌 열 명의 다른 학자들과 연계하여 마그데부르크에서 시작하였다. 이 작업은 헤아릴 수 없는 어려움들에 부딪혔지만, 교황주의의 부패와 오류들을 폭로하고, 루터파 종교개혁의 정통 교리들을 "진리의 증인들"에 의해 모든 시대에 입증하고자 하는 목적으로 관철되었다. 그렇기 때문에 그 어조는 철저하게 논쟁적이고, 교황 측에 서 있는 바로니우스의 연대기만큼이나 당파적 성향이 매우 강하다. 문체는 무미건조하고 거칠지만, 참을성 있는 노력의 분량, 비록 충분히 소화되거나 잘 통제되지는 못했지만 방대한 분량의 자료, 대담한 비판 등은 놀랍고 인상적이다.

*Centuriae*는 자유로운 역사적 연구의 길을 닦았으며, 이러한 평가를 받을 만한 최초의 일반 교회 역사이다. 이 책은 또한 새로운 방법론을 도입했다. 자료들

을 세기 별로 나누고, 각각의 세기는 최소한 16개의 통일된 획일적인 주제들로 나누어졌다: "교회의 상태와 확장," "교회의 박해와 평온," "교리," "이단들," "예전," "교회 정치," "분파들," "공의회," "감독들의 생애," "이단자들," "순교자들," "이적과 기사," "유대인들의 풍습," "다른 종교들," "정치적 변화." 이러한 계획은 모든 균형을 깨뜨려 버리고, 때로는 진절머리가 날 정도로 산만하고 또 반복되는 느낌을 준다. 그렇지만 그러한 기계적 통일성과 융통성없는 딱딱함에도 불구하고, 이러한 방식은 연대기적인 방식보다는 더 과학적이다. 그리고 이러한 방식은 자료들의 향상과 주제들의 대폭적 간소화와 더불어 오늘날까지도 유지되고 있는 것이다.

스위스인 **호팅어**(J. H. Hottinger, 1667년 사망)는 그의 *Historia Ecclesiastica N. Testamenti*(Zurich, 1655–67, 2절판 9권)를 통해 플라키우스의 *Centuriae Magdeburgenses*에 상응하는 개혁파의 교회사를 제시하였다. 이 책은 덜 독창적이고 덜 열정적이지만, 좀 더 냉정하고 온건하다. 이 책은 16세기까지를 다루고 있는데, 16세기에 대해서는 5권에 걸쳐 상술하고 있다.

네덜란드인 **프레드 슈판하임**(Fred Spanheim, 1649년 사망)의 *Summa Historiae Ecclesiastica*(Lugd. Bat. 1689)는 16세기까지를 다룬다. 이 책은 자료들에 대한 철저하고 비판적인 지식에 기초하고 있으며, 동시에 바로니우스에 대한 논박의 기능을 한다.

고트프리트 아르놀트(Gottfried Arnold, 1714년 사망)는 A.D. 1688년에 이르는 그의 저서 *Impartial History of the Church and Heretics*를 통해 새로운 길을 개척했다. 그는 경건주의적이고 신비적인 학파의 역사가였다. 그는 주관적 경건을 참된 신앙의 시금석으로 삼았으며, 박해받았던 소종파들이 참된 기독교의 주된 통로라고 생각했다. 반면에 콘스탄티누스 이후로부터 지배적 위치에 있는 교회, 즉 가톨릭뿐만 아니라 정통 루터파까지도 점차적인 배교를, 부패와 가증한 것들로 가득한 바벨론을 대표한다고 아르놀트는 믿었다. 이러한 방식으로 그는 대담하고 효과적으로 교회의 배타성과 완고성의 벽을 허물어 뜨렸다. 그러나 동시에 그는 자신의 의도와 관계없이 역사를 이성주의적으로 그리고 회의주의적으로 다루는 길을 열게 되었다. 불편부당성과 개인적 경건에 대한 열정을 가지고 가능한 모든 이단들과 종파들을 공정하게 다루고자 노력했지만, 아르놀트는 정통주의와 교회의 질서의 지지자들은 매우 공정하게 다루지 못하고 말았다. 그는 또한 학문적인 역사학에 있어서 라틴어 대신에 독일어를 사용한 최초의 인물이 기도 하다. 그렇지만 그의 문체는 무미건조하고 맥이 빠져 있다.

모스하임(J. L. von Mosheim, 괴팅겐 대학의 총장, 1755년 사망)은 온건하고 치우치지 않는 루터파였는데, 교회 역사학을 예술로 정립시킨 아버지라고 할 수 있다. 만일 우리가 이러한 공로를 보쉬에에게로 돌리지만 않는다면 말이다. 노련한 구성, 기계적이고 단조롭기는 하지만 분명한 배열, 비판적인 총명성, 실용적인 결합, 거의 냉정한 무관심주의에 가까운 초연성, 쉽고 우미(優美)한 라틴어 문체 등에 있어서 그는 앞선 모든 사람들을 능가한다. 잘 알려진 그의 *Institutiones Historiae Ecclesiasticae antiquae et recentioris*(Helmstädt, 1755)는 플라키우스의 세기별 분류 방식을 따르고 있지만, 그 형태는 좀 더 단순하다. 맥클레인(Maclaine)과 머독(Murdock)에 의해 번역되고 보충된 이 책은 영국과 미국에서는 아직도 교과서로 광범위하게 사용되고 있다.

모스하임의 제자인 **쉬렉크**(J. M. Schroeckh, 1808년 사망)는 제믈러(Semler, 1791년 사망)가 독일의 역사신학에 도입한 신교의(新敎義) 정신에 이미 접하고 있었는데, 지칠 줄 모르는 열심을 가지고 「마그데부르크 세기사」(*Centuriae Magdeburgenses*) 이후 가장 방대한 개신교 교회사를 저술하였다. 그는 모스하임이 여전히 따르고 있던 세기별 분류 방식을 매우 적절하게 포기하고, 주기별(periodic) 분류 방식을 채택했다. 45권으로 된 그의 *Christian Church History*는 18세기 후반까지를 다루고 있다. 이 책은 자료들에 대한 신뢰할 만한 지식을 가지고, 약간 산만하기는 하지만 명백하고 쉬운 문체와 부드럽고 솔직한 정신을 가지고 씌어졌다. 이 책은 아직도 역사 자료의 풍부한 저장고이다.

화란 개혁파 목사인 **베네마**(H. Venema, 1787년 사망)에 의해 씌어진 대단히 학문적인 *Institutiones Historiae Ecclesiasticae V. et N. Testamenti*는 16세기 말까지의 유대교와 기독교의 교회사를 포괄하고 있다(Lugd. Bat. 1777–83, 7부).

헹케(H. P. C. Henke, 1809년 사망)는 역사에서 그리스도를 무시하는 이성주의적 교회 역사학의 주도적인 대표자이다. 재기와 활력이 넘치는 그의 *Allgemeine Geschichte der christlichen Kirche*는 파터(Vater)에 의해 계속되었는데(Braunschweig, 1788–1820. 9권), 이 책에서 교회는 지상에 있는 하나님의 성전이 아니라, 커다란 병원과 정신병원으로 나타나고 있다.

아우구스트 네안더(August Neander: Berlin 대학의 교회사 교수, 1850년 사망)

는 "근대 교회사의 아버지"이다. 그는 정신에 있어서는 순수한 어린아이였고, 학문에 있어서는 거인이었으며, 경건에 있어서는 성자였다. 그는 역사 연구를 합리주의의 메마른 난로로부터 그리스도 안에 있는 신적 생명의 신선한 샘으로 되돌려 놓았으며, 모든 교파의 독자들에게 지식은 물론 도덕적 교화를 위한 웅장한 근원으로 만들어 놓았다. 그의 *General History of the Christian Religion and Church*는 사도 시대 이후부터(사도 시대에 대해서는 독립된 저술에서 다룸) 1430년의 바젤 공의회까지를 다루고 있다. 죽음으로 인해 그의 작업은 여기서 중단되었다. 이 책은 자료들에 대한 철저하고 양심적인 사용, 비판적 연구, 재능있는 결합, 진리와 공의에 대한 부드러운 사랑, 복음적 보편성, 진실된 경건, 그리고 교리 체계들과 지난 시대 하나님의 사람들의 주관적인 기독교적 삶에 대한 대가적(大家的) 분석으로 인해 탁월한 작품이다.

이 책의 교화적 성격은 외부로부터 도입된 것이 아니라, 그의 교회사 이해로부터 자연적으로 비롯된 것이다. 네안더에게 있어서 교회사는 인류 안에 드러나는 그리스도의 현존과 능력의 끊임없는 계시이고, 점차적으로 전 누룩에 퍼져서 그것을 변화시키는 누룩의 비유의 실증이었다. 정치적 예술적 영역, 역사의 외적인 제도 등은 네안더의 겸손하고 정직한 단순성에는 처음부터 맞지가 않았다. 그의 문체는 단조롭고, 혼란스럽고 산만하지만, 꾸밈이 없고 자연스러우며, 그의 공감과 열정의 온화함으로 인해 따뜻한 느낌을 준다. 그의 모토(motto)를 보여주는 것은 "신학자를 만드는 것은 가슴이다"(Pectus est quod theologum facit)라는 말이다.

토리(Torrey)의 탁월한 번역(Rose는 단지 첫 삼 세기만을 번역함)에 의해 이 책은 보스턴, 에든버러, 런던에서 출판되었는데, 네안더의 불후의 이 명작은 정작 독일에서보다 영국과 미국에서 훨씬 더 광범위하게 읽히게 되었다.

이러한 일반 역사 외에도 네안더의 지칠 줄 모르는 열심은 그리스도의 생애에 관한(1837, 4판 1845), 사도 시대에 관한(1832, 4판 1842, J. E. Ryland에 의해 1842년 Edinburgh에서, 다시 E. G. Robinson에 의해 1865년 New York에서 번역 출판됨) 특별한 저술들과, 그리스도인의 삶에 관한 수상록(1823; 3판 1845, 3권), 영지주의 이단들(1818)에 관한 저술, 그리고 배교자 율리아누스(1812), 성 베르나르(1813; 2판 1848), 성 크리소스토무스(1822; 3판 1848), 그리고 테르툴리아누스(1825; 2판 1849)와 같은 특출한 인물들의 전기를 산출해 내었다. 그의 교리사는 그의 죽음 후에 야코비(Jacobi)에 의해 출판되었고(1855), 라이랜드 (Ryland, London, 1858)에 의해 번역되었다.[3]

기젤러(J. C. L. Gieseler, 괴팅겐 대학의 교회사 교수, 1854년 사망)는 심오한 학식과 더불어, 명민하고, 평온하고, 불편부당하고, 양심적인 정신을 갖춘, 그러나 차갑고 무미건조한 학자였던 바, 그는 그리스도의 탄생으로부터 1854년에 이르는 *Textbook of Church History*를 썼다. 그는 자료의 말들을 그대로 인용하여 역사를 쓰는 티이몽의 방법을 취했는데, 본문만 그러한 것이 아니라 각주까지도 그러했다. 이 가치있고 불가결한 작품의 주된 탁월성은 1648년까지(그가 직접 작품을 편집할 수 있었던 시기) 원전들로부터 주의 깊게 선택되고 비판적으로 주해된 초록(抄錄)에 놓여 있다. 뼈와 같은 원문은 실제로 주도적 사실들을 명백하고 간명하게 제시해 주지만, 그리스도의 교회의 내적 삶과 영적 정수(精髓)에는 도달하지 못한다. 기젤러의 신학적 관점은 벡샤이더(Wegscheider)의 황량한 합리주의를 거의 넘어서지 못하고 있는데, 그는 벡샤이더에게 책의 일부를 헌정했다. 또한 불편부당성을 향한 그의 모든 노력에도 불구하고 기독교에 대한 합리주의적 관념의 부정적 여파를 완전히 숨기지는 못했다. 이러한 것은 그의 역사 서술에 싸늘한 냉기와 같이 작용하며, 살아있는 유기체를 말라버린 뼈들로 대체해 버리고 말았다.

네안더와 기젤러는 서로 존경하고 우호스러운 경쟁 관계 속에서 각자의 작품들을 완숙시켰다. 이들이 동시에 활동했던 30년은 느리지만, 견고하고 지속적인 성장을 보여주는 기간이었다. 네안더는 철저하게 주관적이며, 끊임없는 따뜻함과 공감적인 서술 속에서 원전들을 재생산해 냈는데, 이것은 동시에 저자의 마음과 정신을 반영해 주는 것이었다. 기젤러는 철저하게 객관적이며, 외부 관망자의 무관심을 가지고 원자료들의 육성(肉聲, ipsissima verba)을 통해서만 말한다. 말하자면 원자료들은 주(註)로 배열되어 있고 단지 가느다란 이야기의 실마리를 통해서만 함께 연결되어 있는 것이다. 네안더는 생명과 가르침으로 가득

---

3) 필자는 존경하는 스승 네안더의 생애와 저서들을 필자의 글 "Kirchenfreund"(1851, pp. 20 sqq., 283 sqq.)와 *Aug. Neander, Erinnerungen*(Gotha, 1886, 76pp.)에 자세히 소개했다. 하르낙(Harnack)이 네안더 탄생 100주년을 기념하여 행한 연설(Berlin, Jan. 17, 1889)과 A. Wiegand의 *Aug. Neander*(Erfurt, 1889)를 아울러 참조하라.

한, 이미 만들어져 있는 역사를 제시하지만, 기젤러는 자료들을 제공하면서 그것들에 생명을 불어넣고 이용하는 것은 독자들 스스로에게 맡겨 둔다. 네안더에게는 본문이 모든 것이지만, 기젤러에게는 주가 모든 것이다. 그렇지만 이 두 사람은 놀라울 정도로 서로를 보완하며, 19세기 전반의 일반 교회사에 있어서 함께 가장 완숙한 독일 학문의 결실을 보여준다.

바우어(Ferdinand Christian Baur, 괴팅겐 대학의 교회사 교수, 1860년 사망)는 네안더, 기젤러와 함께 독일 교회사학자들의 첫 머리에 거명되어야 할 사람이다. 그는 독자적이고 철저한 학문 정신에 있어서는 양자와 대등하고, 건설적 비평이나 철학적 일반화에 있어서는 이들보다 우월하지만, 잘 균형잡힌 판단이나 확고한 장점에 있어서는 이들에게 뒤떨어진다. 그는 이론과 경향을 과대평가했으며, 사람과 사실을 과소평가했다. 그는 지칠 줄 모르는 연구자였고, 대담한 혁신가였다. 그는 사도 시대와 사도 이후 시대의 기독교를 완전히 혁명적으로 재해석했으며, 신앙과 사랑에 충만한 초대 교회의 풍부한 영성을 상충되는 경향들의 순수하게 사변적인 과정으로 해소시켜 버렸다. 바우어에 따르면, 초대 교회는 베드로주의(Petrinism)와 바울주의(Paulinism)의 대립에서 시작하여 궁극적으로는 고대 가톨릭 교회의 타협에서 화해에 이르게 된다. 그는 날카로운 비판적 분석에 의해 원시 교회의 깊은 지적 동요를 온전히 드러내 보여주었지만, 그것으로부터 초자연적이고 기적적인 요소들은 제거해 버렸다. 그럼에도 불구하고 정직하고 진지한 회의주의자로서 그는 성 바울의 회심 속에서 마침내 심리적 기적을 고백하지 않을 수 없었으며, 그리스도의 부활이라는 더 큰 기적 앞에서 고개를 숙이지 않을 수 없었다. 그리스도의 부활이 없이는 바울의 회심은 설명할 수 없는 수수께끼가 되고 마는 것이다. 그의 비판적 연구와 사변은 초대 교회에 대한 전통적인 입장의 재고와 수정에 강력한 자극제가 되었다.

그의 포괄적인 *History of the Christian Church*(1853-63)는 5권으로 되어 있는데, 이중 세 권은 그의 죽음 후에 출판되었으며, 첫 6세기를 다루고 있는 첫 두 권에 비해 독창성과 주의깊은 마무리가 결여되어 있다. 그의 다산적(多産的)인 문필로부터 우리는 이 외에도 그의 아들(1865-67, 3권)에 의해 출판된 *Lectures on Christian Doctrine History* (*Dogmengeschichte*)와, 자신이 직접 편집한 간명한 *Lehrbuch der Dogmengeschichte*(1847; 2판 1858)를 얻을 수 있다. 더욱더 귀중한 것들은 그의 단행본들인 바, 비록 네 통의 서신만을 진정한 것으로 인정하긴 했지만 그가 깊은 존경심을 가지고 있었던 성 바울에 관한 저술(1845; 2판은 E. Zeller 편집으로 1867년 2권으로 출판되었고, 영어 번역은 1875년), 그가 강한 정신적 친근성을 느끼고 있었던 영지주의에 관한 저술(*Die christiliche Gnosis, oder die christliche Religionsphilosophie*, 1835), 대속의 교리의 역사에 관한 저술(1838, 1권), 삼위일체와 성육신에 관한 저술(1841-43, 3권), 그리고 묄러의 *Symbolik*에 반대하여 개신교를 훌륭하게 옹호한 저술(2판, 1836) 등이 있다.

하겐바흐(Karl Rudolph Hagenbach, 바젤 대학의 교회사 교수, 1874년 사망)는 네안더의 온건하고 불편부당한 정신, 시적 취향과 훌륭한 판단, 유쾌하고 대중적인 필치 등을 가지고 일곱 권으로 된 포괄적인 *History of the Christian Church*(4판, 1868-72)와, 두 권으로 된 *History of Christian Doctrine*(1841, 4판 1857)을 썼다.

독일 개신교는 학생들이 사용하기에는 다른 어떤 나라보다도 교회사 입문서나 요약본이 풍부하다. 엥겔하르트(Engelhardt, 1834), 니트너(Niedner, *Geschichte der christ. Kirche*, 1846, *Lehrbuch*, 1866), 하제(Hase, 11판 1886), 귀리케(Guericke, 9판 1866, 3권), 린트너(Lindner, 1848-54), 야코비(Jacobi, 1850, 미완성), 프리케(Fricke, 1850), 쿠르츠(Kurtz, 10판 1887, 2권, 더 방대한 *Handbuch* 미완성), 하쎄(Hasse: Köhler에 의해 편집되어 1864, 작은 3권), 쾰너(Köllner, 1864), 에브라르트(Ebrard, 1866, 2권), 로테(Rothe: Weingarten에 의해 편집된 강의, 1875, 2권), 헤르초크(Herzog, 1876-82, 3권), 슈미트(H. Schmid, 1881, 2권) 등을 언급할 수 있다. 니트너의 *Lehrbuch*(1866)은 독립적이고 철저한 학문성에 있어서는 으뜸이지만, 따분하게 느껴진다. 하제의 개론서는 요약본으로서는 그 간명성, 위트, 요지, 그리고 예술적 취향에 있어서 어느 것에도 뒤떨어지지 않는다. 헤르초크의 *Abriss*는 지나치게 방대하지도 않고 지나치게 간결하지도 않은 그 중간을 택하고 있으며, 솔직한 기독교적 정신을 가지고 씌어졌다. 쿠르츠는 선명하고, 간결하고, 복음주의적이다. 새로운 입문서가 1889년 묄러에 의해 시작되었다.

교리사 분야에 있어서 가장 좋은 저술들은 뮌셔(Münscher), 기젤러, 네안더, 바우어, 하겐바흐, 토마시우스(Thomasius), 슈미트, 니취(Nitzsch), 그리고 하르낙(1887) 등에 의한 것들이다.

독일 개신교가 특별히 교회사 분야에 끼친 방대한 공헌을 공정하게 여기서 평가한다는 것은 불가능한 일이다. 대부분의 교부들, 교황들, 학자들, 개혁자들과 기독교의 주요한 교리들이 상세하고 철저한 역사적 연구의 주제로 다루어졌다. 우리는 이미 네안더와 바우어의 단행본들을 언급했지만, 이것들에 필적할 만한 대가적이고 항구적인 저술들로는 로테의 *Beginnings of the Christian Church*, 울만(Ullmann)의 *Reformers before the Reformation*, 하쎄의 *Anselm of Canterbury*, 그리고 도르너(Dorner)의 *History of Christology* 등을 들 수 있다.

(b) 불어 저술들

에티엔느 샤스텔(Dr. Etienne L.Chastel, 제네바 국교회의 교회사 교수, 1886년 사망)은 완성된 *Histoire du Christianisme*(Paris, 1881–85, 5권)을 썼다.

멀르 도비네(Dr. Merle D'Aubigné, 제네바의 독립 개혁파 신학교 교회사 교수, 1872년 사망)는 우아하고 웅변적인 불어로 복음주의적 열정과 극적인 활력을 가지고 루터파와 칼빈파 종교개혁의 광범위한 역사를 재생산해 냈다. 이러한 요소들 때문에 그의 책은 영국과 미국에서(대륙에서보다 훨씬 더) 참으로 광범위하게 읽히게 되었으며, 그러한 중요한 시기에 가장 대중적인 작품이 되었다. 그렇지만 역사 저술로서 이 책의 가치는 그 논쟁적인 편견과 가끔씩 드러나는 정확성의 결여로 인해 어느 정도 감소된다. 멀르 박사는 독일 종교개혁 300주년인 1817년 기념 행사 중 아이제나흐(Eisenach)의 바르트부르크(Wartburg)에서 자신의 저술을 구상하게 되었다. 이곳은 루터가 신약 성경을 독일어로 번역하고, 잉크대를 사탄에게 던졌다는 곳이다. 그는 죽을 때까지 자신의 저술에 몰두했다.

드 프레상세(Dr. Edmund de Pressensé, 파리의 자유교회의 목사, 국민회의 의원, 나중에는 상원의원)는 멀르 박사와 같은 복음주의적 개신교도의 확신을 가진 유능한 학자인 바, 르낭(Renan)에 반대하여 그리스도의 생애에 관한 저술과 고대 기독교의 역사에 관한 저술을 남겼는데, 두 권 다 모두 영어로 번역되었다.

널리 알려진 동양학자이고 프랑스 학술회원이었던 에르네스트 르낭(Ernest Renan)은 회의적 비평주의라는, 프레상세와는 정반대의 관점에서, 역사와 연애소설(romance)을 섞어서 그렇지만 화려하고 매혹적인 문체로, 그리스도의 생애와, 기독교의 시작으로부터 2세기 중반에 이르는 역사를 서술하였다.

(c) 영국 저술들

영국 저술들은 고대기독교, 영국 교회사, 그리고 다른 특별한 분야들에 있어서는 풍부하지만, 기독교의 일반 역사에 대해서는 빈약하다.

영국 사학자들 중에서 아마도 첫 손가락에 꼽힐 수 있는 사람은 에드워드 기번(Edward Gibbon, 1794년 사망)일 것이다. 그의 기념비적인 「로마제국 쇠망사」(*History of the Decline and Fall of the Roman Empire*)(20년 간의 노력 끝에 1787년 6월 27일 완성됨. Lausanne)에서 기번은 기독교의 시작으로부터 십자군 원정과 콘스탄티노플의 함락(1453)에 이르기까지의 교회사를 주된 사건들을 중심으로 철저하게 파악하고 있다. 주된 자료들에 대한 정확한 지식, 글을 쓰는 데에 대가로서의 손색없는 노련함, 때때로 아타나시우스나 크리소스토무스와 같은 영웅적 인물들에게 바쳐지는 찬사, 그렇지만 기독교인들의 단점들과 가시적 교회의 불완전성에 대한 보다 예리한 시각을 가지고, 그러나 유감스럽게도 황금의 실처럼 어두운 시대들까지도 관통하고 있는 기독교 정신에 대한 이해와 공감이 없이 이 책은 씌어졌다. 그는 교황이 주재하고 있는 로마에서, 옛날 유피테르 신전의 폐허들 사이에서 이 대작을 구상하게 되었다. 그는 스스로 "인류 역사상 가장 위대하고, 아마도 가장 공포스러운 장면"이라고 불렀던 로마제국의 점진적인 쇠락과 멸망을 추적하면서, 자신도 모르게 이 십자가의 종교의 점차적인 성장과 승리의 증인이 되고 말았다. 기독교에 대해서는 미래의 어떤 역사가도 쇠락과 멸망을 기록하지는 못할 것이다. 비록 어떤 "뉴질랜드 출신의 외로운 나그네"가 성 안젤로(St. Angelo) 다리의 "무너진 아치" 위에 서서 성 베드로 성당의 폐허를 스케치할지는 모르지만 말이다.[4]

조셉 밀너(Joseph Milner, Hull의 교구목사, 1797년 사망)는 대중적 교화를 목

---

4) 추기경 뉴먼(Newman)은 옥스퍼드 소책자 운동을 탈퇴하여 로마교로 개종하기 직전에 이렇게 단언했다. "불신자 기번(Gibbon)은 영국에서 교회사가로 평가받을 자격을 가진 대표적인 아마 유일한 저자일 것이다"(*Development of Christian Doctrine*<1845>라는 논문에서). 그러나 이 말은 더 이상 사실이 아니다. 맥도널드 박사(Dr. McDonald)는 "기번은 불신자였는가?"("Was Gibbon an infidel?" "Bibliotheca Sarca"<July, 1868, Andover, Mass.>에 실림)라는 논문에서 그가 불신자였다는 비판을 불식시키려고 노력한다. 그러나 기번은 흄(Hume)과 볼테르(Voltaire)에게 깊은 영향을 받은 이신론자였음에 틀림없다. 그는 옥스퍼드에서 보낸 학창 시절에 보쉬에(Bossuet)의 *Variations of Protestantism*을 읽고서 로마교로 개종했고, 그뒤 불멸에 대해서는 한줌 소망도 없이, 다만 명예에 대한 소망만을 지

적으로 *History of the Church of Christ*를 썼다. 그는 복음주의적 정통과 신앙이라는 자신의 기준에 가장 잘 들어맞는 자료들만을 선택하고 있다. "그리스도의 왕국에 속하는 것이라고 나에게 여겨지는 것들 외에는 어떤 것도 용납되지 않을 것이다. 진정한 경건이야말로 내가 경하하고자 하는 유일한 것이다"라고 그는 서문에서 말하고 있다. 그는 영국의 아르놀트라고 불릴 수 있을 것이다. 학문은 덜 하지만, 독일의 경건주의자 아르놀트보다는 훨씬 더 읽기 쉽고 유용하며, 논쟁의 색채가 없다. 그의 저술은 형제인 아이작 밀너(Isaac Milner, 1820년 사망), 토머스 그랜덤(Thomas Grantham), 그리고 스테빙 박사(Dr. Stebbing)에 의해 교정되고 계승되었다.

워딩턴 박사(Dr. Waddington, Durham 학장)는 종교개혁 이전의 교회사를 세 권의 책으로(1835), 대륙의 종교개혁을 또한 세 권의 책으로(1841) 펴냈다.

캔터베리의 로버트슨(James C. Robertson, King's College의 교회사 교수, 1882년 사망)은 자신의 *History of the Christian Church*에서 사도 시대로부터 종교개혁까지를(A.D. 64-1517) 다루고 있다. 이 책은 처음에는 8절판 4권으로(1854 sqq.) 출판되었다가, 다음에는 12절판 8권으로(London 1874) 출판되었으며, 감독교인에 의해 씌어진 일반 교회사로서는 가장 훌륭한 그리고 가장 최신의 저술이다.

찰스 하드윅(Charles Hardwick, Ely의 대부제, 1859년 사망)은 *Middle Age*(1853; W. Stubbs 교수에 의해 1872년 3판)를 통해 중세 교회사에 대한, 또한 *Reformation*(1856; W. Stubbs에 의해 1873년 런던에서 3판)을 통해 종교개혁사에 대한 유용한 개론서를 제공해 주고 있다. 그의 영국 교회 신조사에 대한 저술(1859)은 영국 교회사에 매우 귀중한 공헌이다.

더블린의 대주교 트렌치 박사(Dr. Trench)는 런던의 퀸스 칼리지(Queen's College)의 여학생들 앞에서 강연한 것을 *Lectures on Medieval History*(London, 1877)라는 이름으로 출판하였다. 이 책은 경건한 교회의 신앙이라는 정신으로

닌 채 무신론으로 돌아섰다. 그의 *Autobiography*(8장)와 그가 1793년 4월 27일 쉐필드 경(Lord Sheffield)에게 보낸 편지를 참조하라. 거기서 그는 죽음과 인생의 시련들 앞에서 '친구가 곁에 있어 주는 것'이 자기에게 유일한 '위안'이었다고 말한다. W. Smith 판이 기번의 저서에 대한 가장 탁월한 편집본이다.

표현되고, 사려깊은 반성으로 중간 중간 장식되어 있다.

필립 스미스(Philip Smith)의 *History of the Christian Church during the First Ten Centuries*(1879)와 *History of the Christian Church during the Middle Ages*(1885)는 2권으로 되어 있는데, 학생들을 위해서 노련하게 씌어지고 유용한 입문서이다.

영어 또는 이외의 다른 언어권에 속한 가장 대중적이고 성공적인 현대 교회사가들로는 성 바울 대성당의 수석사제 밀먼(Henry Hart Milman, 1868년 사망), 웨스트민스터 사원의 수석사제 스탠리(Arthur Penrhyn Stanley, 1881년 사망), 웨스트민스터의 대부제 파러(Frederic W. Farrar, 1831년 출생) 등을 들 수 있다. 이들은 영국 국교회의 광교회파에 속하고, 대륙의 학문적 성취에 정통하며, 자신들의 주제를 우아하고 웅변적이고 생생한 문체로 매력적으로 장식할 줄 아는 사람들이다. 밀먼은 기번의 이교주의의 쇠락과 멸망의 대응으로 고대 라틴 기독교의 발생과 진보를 서술하고 있는데, 특별히 문명의 진보와 기독교의 관계를 다루고 있다. 스탠리는 유대 신정주의(theocracy)의 위대한 인물들과 사건들을 아브라함으로부터 그리스도 때까지, 또한 그리스 교회에 있어서 위대한 인물들과 사건들을 콘스탄티누스 대제로부터 피터 대제까지 다루고 있다. 파러는 고전 시대와 랍비 시대의 학문을 조명하고 있으며, 그리스도의 생애와, 위대한 이방인들의 사도의 생애, 그리고 기독교 초기 시대를 화려한 수사로 그려내고 있다.

(d) 미국 저술들

미국 학계는 아직은 그 연륜이 짧지만, 지식의 모든 분야에 있어서 빠른 속도로 성장하고 있다. 프레스코트(Prescott), 워싱톤 어빙(Washington Irving), 모틀리(Motley), 그리고 밴크로프트(Bancroft) 등은 스페인, 네덜란드, 그리고 미국의 역사에 있어서 흥미로운 부분들을 밝혀 내었으며, 영어권에 있어서 고전적 역사가로서의 위치를 차지하게 되었다.

교회사 분야에 있어서 미국 학자들은 지금까지는 당연히 대부분 배우는 자의, 또 번역하는 자의 태도를 가지고 있었지만, 창조적인 생산자가 될 충분한 소지를 갖고 있다. 이미 언급한 것처럼, 이들은 모스하임, 네안더, 그리고 기젤러의 저술들을 영어로 훌륭하게 번역하였다.

헨리 스미스(Henry B. Smith, 뉴욕 유니온 신학교의 작고 교수, 1877년 사망)

는 교회사의 최상의 연대기를 제시하였다. 이 연대기는 병행하는 란에 기독교의 내적 외적 사건들이 함께 실려 있는데, 1858년까지에 이르는 미국 교회 역사와 더불어, 공의회, 교황, 총대주교, 대주교, 주교, 공의회의 의장들의 목록이 실려 있다.

쉐드(W. G. T. Shedd, 동일 학교의 교수, 1820년 출생)는 정통 칼빈주의의 관점에서 탁월하고 쉽게 읽을 수 있는 *History of Christian Doctrine*(N.York, 1863, 2권)을 선명하고 신선하고 활력에 넘치는 영어로 저술하였다. 그는 주로 신론, 인간론, 그리고 구원론을 상세하게 저술하고, 종말론은 간략하게 언급했으나, 교회론과 성례론은 이와 관련된 논쟁들과 더불어 완전히 생략해 버렸다.

필립 샤프(Philip Schaff)는 영어와 독일어로 씌어진 *History of the Apostolic Church*(N.York, 1853; Leipzig, 1854), *History of the Creeds of Christendom*(N.York, 4판, 1884, 3권, 원전 및 번역된 문헌들 수록되어 있음), 그리고 *History of the Christian Church*(N.York & Edinburgh, 1859–67, 3권; 독일어판 Leipzig 1867; 수정 증보판 N.Y. & Edinb., 1882–88; 3 개정판, 1889, 5권)를 썼다.

조지 피셔(George P. Fisher, New Haven의 교수, 1827년 출생)는 영어로 된 최상의 개론서를 썼다: *History of the Christian Church, with Maps*(N.York, 1887). 그는 또한 *History of the Reformation*(1873)을 저술하였으며, 그 외에도 *Beginnings of Christianity*(1877)와 *Outlines of Universal History*(1885)를 남겼는데, 평온하고 상냥하고 현명한 정신으로, 그리고 선명하고 고상한 문체로 이 모든 작품들을 썼다.

개신교의 역사에 있어서 흥미로운 부분들에 대한 공헌은 다양하다. **질러트**(Dr. E. H. Gillert, 1875년 사망)는 John Hus(N.York, 1864, 2권), *History of the Presbyterian Church in the United States of America*(Philad. 1864, 2권), 그리고 자연 신학의 역사에 관한 책(*God in Human Thought*, N.York, 1874, 2권)을 썼다. **스티븐스**(Dr. Abel Stevens)는 18세기의 위대한 부흥 운동인 감리교의 역사를 100주년 기념해인 1839년까지 *History of Methodism*(N.York, 1858–61, 3권)과 *History of the Methodist Episcopal Church in the United States*(1864–67, 4권)를 남겼다. 또한 **헨리 베어드**(Henry M. Baird)는 *History of the Rise and Progress of the Huguenots in France*(N.York, 1879, 2권)와 *The Huguenots and*

Henry of Navarre(1886, 2권)를 저술하였다.

미국 기독교의 교파적 · 종파적 분열은 넓은 도량의 보편교회적 정신을 요구하는 일반 교회사의 연구와 장려에는 별 도움이 되지 못한 것처럼 보인다. 그러나 다른 면에서 보자면, 완전한 자유와 법 앞에서의 평등이라는 토대 위에서, 다양한 교리와 치리의 배경을 가진 교회 제도와 기관들이 사회적 민족적으로 다양하게 구성되어 있는 상황은 지평을 넓혀 주고, 일치 속의 다양성과 다양성 속의 일치에 대한 비교와 평가를 더욱 용이하게 해주는 측면이 있다. 자조(自助)와 자치(自治)의 원리에 근거한 교회들의 성장과 발전은 미래에 대한 희망찬 전망을 가능하게 해 준다. 미국은 유럽 기독교와 문명의 모든 부(富)를 상속받았고, 구세계에서 그리스도의 왕국이 거쳐온 전 과정을 신세계의 신앙과 자유로 적절한 시기에 재평가하고 재생산할 수 있는 좋은 위치에 있다.

(e) 마지막으로, 우리는 교회사에 대한 많은 귀중한 공헌들을 담고 있는, 이 시대의 주도적 학자들에 의해 씌어진 **성서 및 교회사 백과사전**(Encyclopaedia)를 언급하지 않을 수 없다.

1. *Bible Dictionaries* 는 비너(Winer, 1820, 3판, 1847, 2권), 쉥켈(Schenkel, Leipzig, 1869–75, 5권), 림(Riehm, Leipzig, 1877 sqq.), 키토(Kitto, Edinb., 1845, 3개정판, W. L. Alexander, 1862–65, 3권), 스미스(Wm. Smith, London, 1860–64, 3권; H. Hackett & E. Abbot에 의해 편집된 확대 개정된 미국판, N.York, 1870, 4권), 샤프(Ph. Schaff, Philadelphia, 1880, 지도와 삽화, 4판 개정판, 1887) 등의 것이 있다.

2. *Biblical and Historical Dictionaries*는 헤르초크(Herzog, *Real-Encyclopaedie für Protestantische Theologie und Kirche*, Gotha, 1854–1868, 22권, Herzog, Pritt 그리고 Hauck에 의해 새로 편집되고 완전히 개정된 판, Leipzig, 1877–88, 18권); 샤프-헤르초크(Schaff-Herzog, *Religious Encyclopaedia*, 헤르초크 판에 의존하고 있으나, 응축되고 증보되고, 영어권 학생들에게 맞추어진 것으로, Philip Schaff가 Samuel M. Jackson과 D. S. Schaff와 합동으로 N.York & Edinburgh에서 출판, 개정판 1887년 3권, 개정판에는 Living Divines and Christian Workers 가 증보되어 있음, 1887); 베처와 벨테(Wetzer and Welte, 로마 가톨릭의 *Kirchenlexicon*, Freiburg i. Breisgau, 1847–60, 12권;

2판은 Joseph Hergenröther와 Dr. Franz Kaulen에 의해 새롭게 작업됨. 1880 sqq., 10권 예정); 리히텐베르거(Lichtenberger, *Encyclopedie des sciences religieuses*, Paris, 1877-82, 13권, 부록 있음); 맥클린톡과 스트롱(McClintock & Strong, *Cyclopaedia of Biblical, Theological, and Ecclesiastical Literature*, N.York, 1867-81, 10권, 2권 부록 첨가, 1885년과 1887년 많은 삽화 첨가) 등의 것이 있으며, *Encyclopaedia Britannica*(9판, 1889년 25권으로 완성됨) 역시 성경과 교회사의 중요한 주제들에 대해 많은 역작의 논문들이 실려 있다.

3. 고대 교회로부터 샤를마뉴까지는 스미스와 치트햄(Smith & Cheetham)의 *Dictionary of Christian Antiquities* (London & Boston, 1875년 2권), 스미스와 웨이스(Smith & Wace)의 *Dictionary of Christian Biography, Literature, Sects and Doctrines during the first eight centuries* (London & Boston, 1877-87, 4권) 등이 있다. 이 두 작품들에 실린 논문들은 대개는 영국 교회의 학자들에 의해 씌어진 것들이며, 그 정보의 방대성과 정확성 때문에 매우 가치있는 것들이다.

제1기

사도적 기독교

그리스도의 탄생부터 사도 요한의 죽음까지
A.D. 1–100

제 1 장

유대교와 이교 세계의 역사에서
기독교를 위해 이루어져 온 준비

8. 세계사의 중심에 계신 그리스도

기독교가 이전의 인류 역사와 맺고 있는 관계를 명쾌히 이해하고, 이후의 모든 세대에 끼친 방대한 영향을 평가하기 위해서는 먼저 우리 구주의 강림을 위해 세계의 정치적·도덕적·종교적 상황에 어떤 준비가 이루어졌는가를 대충 훑어보아야만 한다.

종교란 인간의 가장 깊고 거룩한 관심사이므로 기독교가 역사에 들어온 것은 지극히 중대한 사건이다. 옛 세계를 마감하고 새 세계를 출범시킨 사건이다. 우리 시대(era)의 시작을 우리 구주의 나심에서부터 잡은 것은 '소' 디오니시우스(the Little Dionysius)의 위대한 발상이었다. 예수 그리스도는 신인(神人), 선지자, 제사장, 인류의 왕으로서, 연대기뿐 아니라 모든 역사의 축(軸)이자 전환점이시고, 그 안에 담긴 온갖 신비들을 푸는 열쇠이시다. 도덕적 우주의 태양이신 그분을 축으로 하여 세계 모든 종교에서 일어나는 모든 민족들과 모든 중요한 사건들이 저마다 거리를 둔 채 동심원을 그리며 회전한다. 그리고 그 모든 것이 직접이든 간접이든, 의식으로든 무의식으로든 그분의 이름을 영화롭게 하고 그 대의(大義)를 전진시키는 데 기여하지 않을 도리가 없다. 그리스도 탄생 전의 인류 역사는 그분의 오심을 위한 준비로 봐야 하고, 탄생 후의 역사는 그분의 정신이 점차 확산되고 그 나라가 전진하는 과정으로 봐야 한다. "만물이 다 그로 말미암고 그를 위하여" 창조되었다. 그분은 "만물의 으뜸"이시다. "때가 차매"(갈 4:4;

막 1:15), 즉 준비 과정이 완료되고 세상이 구속되어야 할 필요가 확연히 드러났을 때 그분은 오셨다.

기독교를 위한 이러한 준비는 엄밀히 말해서 사람이 창조된 순간부터 시작되었다. 사람은 하나님의 형상으로 지음을 받았고, 그 영원하신 아들을 통해서 하나님과 사귐을 갖도록 되어 있었으며, 하나님께서 우리 시조(始祖)에게 하신 구원의 약속, 즉 죄와 오류의 흑암 속에서 그들을 인도하시겠다는 별과 같은 찬란한 소망을 받았다(참조. 창 3:15). 낙원과 타락에 대한 희미한 기억과, 미래 구속의 소망이 이교 종교들에까지 남아 있다.

그리스도가 나시기 약 1900년 전쯤, 인류의 종교는 아브라함과 더불어 각기 독립되고 반경도 상당히 다른 유대교와 이교라는 두 개의 지류로 갈라져 흐른다. 이 둘은 마침내 공동의 구주이자 고대 세계의 온갖 표상과 예언과 소원과 대망의 성취자이신 그리스도 안에서 서로 만나 통일된다. 그 과정에서 양 지류의 거룩하지 못한 요소들도 서로 동맹을 맺어 그리스도를 대적하고, 그로써 만물을 정복하시는 그분의 진리와 사랑의 능력이 온전히 드러나게 만든다.

기독교는 예수 그리스도 안에서 하나님과 사람이 화목하고 연합함으로써 태어났기 때문에 그 전에 당연히 사람에 대한 하나님의 접근과 하나님께 대한 사람의 접근이라는 이중의 준비 과정이 있어야 했다. 유대교는 그 준비가 위에서 아래로 진행되어 결국 메시야의 탄생으로 끝나는 직접적이고도 긍정적인 것이었다. 이교는 아래에서 위로 진행되어 결국 구속을 바라는 인류의 절망적인 외침으로 끝나는 간접적이고 대체로 — 전부가 다 그렇지는 않았지만 — 부정적인 것이었다.

유대교에는 유일하고 참되신 하나님이 말씀과 행위로 하신 특별 계시가 있다. 이 특별 계시는 세월이 흐르면서 더욱 밝고 분명해지다가 마침내 신적 로고스가 인간의 본성을 입고 오셨을 때 하나님이 친히 말씀하시는 경지에 도달한다. 반면에 이교권에서는 사람들이 하나님의 일반 섭리의 인도를 받고 로고스의 빛이 어둠 속에서 어렴풋이 비춰긴 하였으나(참조. 요 1:5; 롬 1:19, 20; 2:14, 15), 직접적인 계시의 도움은 받지 못했고 "자기의 길들을 다니게" 묵인되었으며(참조. 행 14:16), 혹시 하나님을 더듬어 찾아 발견할까 하여 애써 찾아야 했다(참조. 행 17:26, 27).

유대교에서는 참 종교가 사람을 위해 준비되는 반면에, 이교에서는 사람이 참 종교를 위해서 준비된다. 전자에서는 신적 실체(substance)가 잉태되는 반면에, 후자에서는 그것을 받기 위해 인간의 형상들이 주조된다. 전자는 두 아들 비유에서 아버지의 집에 남아 있던 맏아들과 같고, 후자는 자기 분깃을 탕진하고서 마침내 입을 벌린 지옥의 심연 앞에서 두려워 떨다가 회개하고 돌아와 연민의 사랑을 베푸는 아버지의 품에 안긴다(참조. 눅 15:11-32).

이교는 어둠과 두려움으로 충일하지만 신비스러운 전조도 비치는, 낮빛을 향한 애타는 기다림으로 가득한 밤하늘이다. 유대교는 떠오르는 태양에 대한 신선한 소망과 약속으로 충만한 새벽이다. 둘다 기독교라는 햇빛에 제 모습을 잃으며, 기독교가 인류를 위해 유일하게 참되고 완전한 종교임을 증거한다.

또한 이교권의 준비는 지적이고 문학적이기도 하며, 정치적이고 사회적이기도 하다. 전자는 그리스인들에게서, 후자는 로마인들에게서 나타난다.

기독교의 탄생으로 막을 내린 그 준비의 역사에서는 거룩한 도시 예루살렘과 문화의 도시 아테네와 권력의 도시 로마가 세 가지 요인들을 대표한다고 볼 수 있다.

세계사에서 "알지 못하는 신"을 향한 이교의 더듬거림과 유대교의 내적 평안, 율법적인 투쟁, 위로의 소망으로 이루어진 이 구속을 위한 준비 과정은 신자 개개인에게서 반복된다. 사람은 그리스도를 위해 창조되었고, 그의 마음은 그리스도 안에서 안식할 때까지 평안을 얻지 못하기 때문이다.

9. 유대교

"구원이 유대인에게서 남이니라"(요 4:22). 불붙은 떨기나무가 상징으로 제격인 이 놀라운 민족은 우상 숭배를 일삼는 주변 민족 한복판에서 유일하시고 참되신 하나님에 대한 지식과 그분의 거룩한 율법과 벅찬 약속을 증거하는 자들로 섰고, 그로써 메시야의 요람이 되도록 주권적 은혜에 의해 선택되었다. 이 민족은 여호와께서 아브라함을 부르시고 가나안 땅에서 그와 언약을 맺으셨을 때 시작하여 속박의 땅 애굽에서 민족으로 성장했고, 거기서 해방되어 광야에서 모세가 전해 준 시내 산 율법을 기초로 신정 국가(神政國家)로 조직되었고, 여호수아의 인도로 팔레스타인으로 되돌아갔고, 사사 시대를 지난 뒤 왕조 국가가 되어 다윗과 솔로몬 때에 전성기를 맞이하였고, 적대적인 두 왕국으로 분열되었다가 내부 분열과 점증하는 우상 숭배에 대한 징벌로 이교 정복자들에게 포로로 끌려갔고, 70년간 굴욕을 당하다가 조상의 땅으로 돌아왔으나 다시 이교 원수국들의 멍에를 메게 되었으며, 그러나 가장 깊은 나락으로 떨어졌을 때 세상의 구주를 낳음으로써 가장 지고한 민족 사명을 성취했다.

에발트(Ewald)는 이렇게 말한다. "히브리 민족의 역사는 그 시초부터 참 종교의 역사로서, 온갖 국면을 거쳐서 진보하다가 완성에 도달했다. 그 종교는 민족이라는 좁은 영역에서 온갖 투쟁을 감내하며 전진하여 지고한 승리를 쟁취하고, 마침내 아무도 거역할 수 없는 힘에 의해 외국으로 뻗어나가서 결코 사라지지 않고 오히려 온 민족의 영원한 유산과 복이 될 정도로 온전한 영광과 능력을 드러낸다. 고대의 온 세계가 참 종교를 추구하기 위해 나름대로 대상을 두었지만, 오로지 이 민족만 참 종교 안에서 자기들의 존재 이유와 영예를 발견하고, 그런 식으로 역사 무대에 들어온다."

유대교는 우상을 숭배하던 고대 민족들과는 사뭇 달리 사막의 오아시스 같았다. 경계가 뚜렷하고 격리되었으며, 엄격한 도덕법과 의식법으로 구별되고 봉쇄되었다. 성지 자체도 비록 고대 세계 세 대륙의 한복판에 자리잡고 고대의 위대한 문화 민족들에 둘러싸이긴 했으나, 남쪽과 동쪽으로는 사막으로, 서쪽으로는 바다로, 북쪽으로는 산으로 그들로부터 분리되었다. 이로써 밖으로부터 유해한 영향을 받지 않은 채 모세의 종교를 자유롭게 펼치고 그 대업을 이룰 수 있었다. 이스라엘은 시초부터 원대한 약속을 품었다. 그것은 아브라함의 씨를 통해서 땅의 모든 민족이 복을 받으리라는 약속이었다. 신자들의 조상 아브라함, 율법 전수자 모세, 위대한 왕이자 경건한 시편 저자 다윗, 선지자들 중에서 전도자 이사야, 변화산에서 예수께 경의를 표하기 위해서 모세와 함께 다시 나타난 디셉 사람 엘리야, 구약성경 전체를 구현한 인물인 세례 요한이 고대 계시라는 황금 줄에서 가장 두드러지는 고리들이다.

그리스도가 나실 때 바깥 세계의 정세와 유대인들의 도덕적·종교적 상태는 얼른 보면 그들의 신적 운명과 너무나 판이한 모순이 아닌가 하는 인상을 준다. 그러나 첫째로, 그들의 심각한 타락상은 하나님의 도움이 필요함을 입증했다. 둘째로, 그들의 타락상과는 대조적으로 그리스도로 말미암은 구속이 하나님의 일종의 창조 행위로서, 큰 영광 가운데 나타났다. 마지막으로, 부패가 만연한 가운데서도 아브라함의 참 자녀들이 대를 끊기지 않고 나옴으로써 일종의 방부제 역할을 했다. 이스라엘의 구원을 갈망해온 이들은 나사렛 예수를 약속된 메시야이자 세상의 구주로 영접할 준비가 되어 있었다.

주전 63년 폼페이우스(Pompey)가 예루살렘을 정복한 이래로(주전 63년은 키케로〈Cicero〉가 집정관이 되고, 카틸리나〈Catiline〉의 내란 음모 사건이 일어나고, 카이사르 아우구스투스〈Caesar Augustus〉가 탄생한 해로 기억할 만하다), 유대인들은 이교 로마인들의 통치하에 들어갔는데, 로마인들은 먼저 이두매 사람 헤롯과 그의 아들들을 내세워서, 다음에는 총독들을 세워서 유대인들을 무자비하게 다스렸다. 이 혐오스러운 멍에하에서 유대인들 사이에는 메시야 대망이 강력하게 솟아났으나, 그 대망은 현세적으로 심하게 왜곡되었다. 그들은 주로 다윗의 현세적 통치를 훨씬 더 찬란한 규모로 회복시킬 정치적 해방자를 갈망했다. 따라서 예수께서 종의 형태를 취하시고 영적인 나라를 전파하셨을 때 그들은 몹시 감정이 상했다. 그들의 도덕 수준은 겉으로는 이교도들보다 훨씬 나았으나, 율법 엄수라는 그들의 겉옷 속에는 썩을 대로 썩은 본성이 감춰져 있었다. 신약성경에서 그들은 목이 곧은 백성, 배은망덕하고 회개할 줄 모르는 족속, 마귀의 자녀, 독사의 자식으로 표현된다. 유대인으로서 제사장이자 역사가였던 요세푸스(Josephus)는 동족을 헬라인들과 로마인들에게 대체로 호의적인 시각에서 소개하려고 노력했는데, 그 당시에 관해서는 유대인들이 타락하고 악한 사람들로서 예루살렘의 멸망이라는 참담한 징벌을 받아 마땅했다고 기록한다.

신앙의 면에서 유대인들은 특히 바벨론 유수 이후에는 율법 조문과 자기들의 유전과 의식(儀式)에 철저히 집착했으나, 성경의 정신과 능력에는 무지했다. 이교도들에 대한 고질적인 공포감이 있었고, 따라서 뛰어난 판단력과 근면과 기지로 로마 제국의 모든 대도시들에서 부(富)와 명성을 얻으면서도 이교도들에게 염세적인 민족으로 멸시와 혐오를 받았다.

마카베오 시대(주전 150) 이후에 그들은 상호 적대적인 세 분파 또는 당파로 갈라졌는데, 각각 형식주의(formalism), 회의주의(skepticism), 신비주의(mysticism)를 대표하는 이 분파들은 한결같이 옛 종교의 해체와 임박한 새 종교의 동틈을 가리켰다. 이 분파들은 스토아 학파, 에피쿠로스 학파, 플라톤 학파라는 헬라 철학의 유명한 세 학파와, 이슬람교의 전통주의파인 수니파(the Sunnis), 코란에 집착하는 시아파(the Sheas), "내면의 신 체험"에서 참종교를 추구하는 신비주의파인 수피파(the Sufis)와 비교할 만하다.

1. 바리새파. "구별된 자들"로서, 굳이 말하자면 유대인 스토아 학파에 해당했다. 이들은 정통신앙과 엄격한 형식주의, 율법주의적 자기의와 유대교에 대한 광적인 엄수를 내세웠다. 대중과 여성들에게 가장 큰 영향력을 행사했고, 공예배를 관장했다. 이들은 경건과 이론적 정통신앙을 혼동했다. 성경에 장로의 유전을 덧붙여 성경을 "효력 없게" 만들었다. 모세 율법을 해석하다가 그 본의를 죽여 버렸고, 살아 있는 법전을 미로와 같은 결의론(決疑論, casuistry)으로 대체했다. 무겁고 괴로운 짐을 사람들에게 지우고도 자기들은 그 짐에 손가락 하나 대지 않았다(참조. 눅 11:46). 신약성경에서 이들은 특히 위선 때문에 질책을 당한다. 물론 니고데모와 가말리엘과 사도 바울 같이 현저히 예외적인 인물들도 있긴 했다.

2. 사두개파. 바리새파에 비해 규모가 적었고, 사고 방식이 회의적이고 합리주의적이고 세상적이었다. 유대교에서 이들이 차지한 지위는 그리스·로마 이교 세계에서 에피쿠로스 학파와 신아카데미 추종자들의 지위에 해당했다. 이들은 문자 성경(특히 모세오경)을 받아들였지만, 구전 전승은 배척했고, 육체 부활과 영혼 불멸, 천사들과 영들의 존재, 그리고 만유를 지배하는 섭리에 관한 교리를 부정했다. 부유층 사람들이 많았고, 한동안 대제사장 직을 독점했다. 가야바가 이 분파 소속이었다.

바리새파와 사두개파의 차이는 정통파와 자유파 또는 합리파로 나뉘어 있는 현대 유대인들 사이에서 다시 나타난다.

3. 에세네파(이들에 관해서는 필로〈Philo〉와 요세푸스〈Josephus〉를 통해서밖에 알 길이 없다). 이들은 정치 단체가 아니라 신비주의적이고 금욕주의적인 수도회 내지 형제단이었고, 주로 촌락들과 사해 연안의 엔게디 사막에서 은둔 생활을 했다. 규모는 4,000명쯤 되었다. 이들은 구약성경을 독단적이고 알레고리적으로 해석한 데다 외국의 신지학적(theosophic) 요소들을 일부 가미했는데, 그 요소들은 신피타고라스 학파와 플라톤 학파의 교리들과 대단히 흡사하지만, 아마 (영지주의와 마니교의 이론들과 마찬가지로) 동방 종교들, 특히 파르시교(Parsism)에서 유래한 듯싶다. 이들은 재산을 공유했고, 흰 겉옷을 입었고, 육식과 피 흘리는 제사와 맹세와 노예 제도와 결혼(거의 예외 없이)을 배격했고, 극히 간소하게 살았으며, 이런 생활 방식으로 더 높은 성결에 도달하기를 바랐다.

기독교 수도원 제도의 선구자들이었다.

에세네 분파가 사도들이 이끈 기독교와 접촉한 사례는 골로새에 퍼진 이설의 형태로 접촉한 것을 제외하고는 거의 혹은 전혀 없었다. 그러나 바리새파와 사두개파, 그중에서도 특히 바리새파는 복음서들 곳곳에서 예수님의 철저한 대적들로 등장하는데, 평소에는 적대지간이던 이들이 예수님을 십자가에 못 박을 때는 손을 잡는다. 하지만 그 십자가의 죽음은 영광스러운 부활로 결말이 났고, 유대인들뿐 아니라 믿는 이방인들에게 영적 생활의 토대가 되었다.

10. 율법과 예언

유대인들 대다수가 부패하고 타락했어도 구약의 경륜(economy)은 그리스도의 구속을 준비하기 위해서 하나님이 마련해 두신 제도였다. 따라서 그리스도와 사도들은 구약의 경륜을 존중하는 한편, 그 대표자로 자임하고 있던 무자격자들을 매섭게 책망하여 회개시키려고 했다. 따라서 구약은 그 가르침에 순복하고 모세와 선지자들이 전한 성경을 힘써 배우는 자들에게 구원의 효과를 잃지 않았다.

율법과 예언은 유대교를 구성하는 두 가지 큰 요소로서, 유대교를 곧장 기독교의 도입부로 삼는다. "광야에서 외치는 자의 소리가 있어 가로되 너희는 주의 길을 예비하라. 그의 첩경을 평탄케 하라."

1. 모세 율법은 그리스도의 강림 전에 하나님의 성의(聖意)를 가장 명확히 표현했다. 십계명은 경이로운 고대의 법률이며, 그 두 서판에는 모든 참 경건과 도덕의 총합과 실체 — 하나님께 대한 숭고한 사랑과 이웃 사랑 — 가 실려 있다. 모세 율법은 이상적인 의가 무엇인지 제시했고, 따라서 인간이 그 의에서 크게 벗어났다는 의식, 즉 죄와 죄책에 대한 지식을 일깨우기에 가장 적합했다(참조. 롬 3:20). 사람들을 그리스도께 인도하여 믿음으로 의롭다 함을 얻을 수 있게 하는, 몽학선생 같은 역할을 했다(참조. 갈 3:24).

바로 그러한 죄책감과 화목에 대한 필요를 구약 백성에게 항상 생생하게 일깨워준 것이 있었다. 하나는 매일의 제사로서, 처음에는 성막에서 다음에는 성전에서 드렸다. 다른 하나는 의식법이었는데, 이것은 예표(types, 모형)와 그림자로 이루어진 아주 훌륭한 체계로서, 새 언약의 실재들, 특히 그리스도께서 십자가에서 단번에 모두를 구속하실 희생을 항상 가리켰다.

공의로우신 하나님은 생명의 약속과 죽음의 형벌을 제시해 놓고서 절대 순종과 마음의 청결을 요구하신다. 하지만 사람을 가지고 장난을 치는 잔인한 일은 하실 수 없다. 진실하시고 성실하시고 자비로우신 하나님이시다. 그러므로 마치 조개 껍질 안에 연한 살이 있듯이, 도덕법과 의식법 안에는 유쾌한 약속이 들어 있다. 그것은 하나님께서 장차 이상적인 의(義)를 살아 있는 형태로 나타내시고, 참회하는 죄인에게 그 모든 범과를 사죄하시고 율법을 지킬 수 있는 능력을 주실 것이라는 약속이다. 그런 확약이 없다면 율법은 가혹한 아이러니였을 것이다.

율법에 관한 한 유대교는 회개의 종교였다.

2. 그러나 이미 암시한 대로, 율법은 하나님의 구속 약속의 매체이기도 했고, 그런 점에서 유대교는 소망의 종교였다. 그리스인들과 로마인들은 황금기를 과거에 두었지만, 유대인들은 미래에 두었다. 유대인의 역사와 종교 · 정치 · 사회 제도와 관습이 모두 메시야가 오셔서 지상에 자기 왕국을 수립할 일을 가리켰다.

율법 언약하의 복음이었던 예언은 사실상 율법보다 더 오래되었고, 세월과 함께 살이 붙었으며, 약속과 성취, 죄와 구속, 질병과 치유 사이에 왔다. 예언은 낙원에서 타락 직후에 뱀의 머리를 상하게 하리라는 약속으로 시작한다. 예언은 족장 시대, 특히 아브라함의 생애에 두드러지는데, 아브라함의 경건에는 예언에 상응하는 신뢰와 믿음이 있었다. 모세는 율법 전수자인 동시에 백성에게 더 위대한 후계자를 가리킨 선지자이기도 했다(참조. 신 18:15).

메시야 약속의 위로가 없었다면 율법은 아무리 근실한 사람이라도 절망으로 몰고갔을 것이다. 사무엘 시대 이전에는 산발적으로 임하던 예언은 그뒤로 그리스도 오실 때까지 열한 세기 동안 항구적인 선지자직과 위계라는 조직된 형태를 띠었다. 이런 형태로 레위 계열의 제사장 제도와 다윗 왕조와 나란히 바벨론 유수 때까지 공존했고, 이 재앙 뒤에도 살아남아 민족의 귀환과 성전 재건을 주도했다. 선지자들은 율법을 해석하고 적용했고, 교회와 국가의 부패상을 질책했고, 두려운 심판과 하나님의 구속 은혜를 예고했고, 경고와 징벌, 위로와 격려를 베풀었으며, 장차 세상에 오사 이스라엘과 세상을 죄와 비참에서 구속하고 지상에 평화와 의의 왕국을 세우실 메시야를 갈수록 더 명확하게 가리켰다.

다윗의 정복과 솔로몬의 평화로운 통치는 이사야와 그의 후계자들에게 훨씬 더 영광스러운 미래를 예언할 수 있는 역사적 예표적 기반을 제공해 주었다. 그런 예언은 과거의 생생한 기억과 현실 상황을 마음에 깊이 담아두지 않고서는 도무지 이해할 수 없었다. 그뒤에 닥친 재앙과 포로기의 수난은 메시야가 백성의 죄를 구속하고 고난을 통해 영광으로 들어간다는 사상을 발전시켰다.

선지자직은 정규 세습 제사장직을 보완도 하고 바로잡기도 하여 제사장직이 단조로운 형식주의로 경직되는 것을 막고 항상 생명력 있게 수행되도록 만든 특수한 직위였다. 선지자들은, 의문(儀文)과 전통적 제의(祭儀)로써 중재를 맡은 사역자들과는 달리 영혼이 하나님과 직접 사귐을 갖도록 중재한 사역자들이었다. 말하자면 옛 언약하의 프로테스탄트들이었던 셈이다.

정경의 예언들이 쏟아져 나온 시기는 이스라엘이 앗수르의 압제로 들어갈 때인 주전 8세기부터 시작하여 약 일곱 세기 동안 지속되었다. 포로기 전인 이 시기에 이사야('하나님의 구원')가 등장하였다. 웃시야 왕 재위 말년이자 로마 건국 약 10년 전에 등장한 그는 이스라엘을 주도한 인물이었다. 그를 중심으로 유다 왕국에서 미가, 요엘, 오바댜가, 이스라엘 왕국에서 호세아, 아모스, 요나가 그룹을 형성했다. 가장 높은 예언의 경지에 도달한 이사야는 장면마다 메시야의 상을 계시한다. 메시야는 다윗 가(家)에서 나서 가난한 자에게 좋은 소식을 전하고, 심령이 상한 자를 치유하고, 소경의 눈을 뜨게 하고, 포로된 자에게 자유를 선포하고, 도살자에게 자신을 어린양으로 내놓고, 백성의 죄를 짊어지고, 불의한 자들을 위해서 의인의 죽음을 죽고, 죽음을 정복하고 평강의 왕으로 만방을 다스린다. 이것은 한 사람, 오직 한 분 나사렛 예수 안에서 온전히 성취된 상(像)이다. 이사야는 누구보다도 십자가에 근접하며, 그의 책은 구약의 복음서이다.

바벨론 유수 때에는 예레미야(즉, '주께서 흩으시다')가 우뚝 선다. 그는 비애의 선지자이지만, 그럼에도 불구하고 성령의 새 언약을 선포한다. 제사장들과 거짓 선지자들을 비판하고, 예루살렘을 바라보며 울고, 거룩한 슬픔을 품고, 모진 박해를 받은 점에서 그는 그리스도의 사명과 생애를 많이 닮았다. 그는 선조들의 땅에 남아서 예루살렘 멸망을 애도했다. 반면에 에스겔은 그발 강가에서 포로로 끌려간 동족들에게 거짓 선지자들과 현세적인 희망을 주의하라고 경고하면서 회개를 촉구했고, 새 예루살렘을 묘사했고, 하나님의 숨결로 백성의 마른 뼈가 되살아날 것을 묘사했다. 다니엘은 바벨론의 느부갓네살 궁전에서 성령의 감화로 네 제국의 등장과 인자(the Son of Man)의 최종적인 승리를 보았다. 회복기의 선지자들은 학개, 스가랴, 말라기이다. 느헤미야 시대에 활동한 말라기와 더불어 구약의 예언은 그쳤고, 이스라엘은 4백년간 방치되었으며, 이 대망의 기간에 그 풍부한 계시를 소화하면서 임박한 구속을 위한 터전을 예비하였다.

3. 메시야의 강림 직전에 구약성경 전체 곧 모세와 이사야로 대표되는 율법과 선지자가 잠시 세례 요한 안에 구현된 채 다시 나타났다가, 아침 햇살에 새벽 노을 사라지듯 찬란한 새 언약이 솟아오르자 지극히 겸손한 자태로 사라졌다. 광야에서 나무 뿌리에 도끼가 놓였다고 경고하면서 진지하게 회개를 선포하면서 예언으로 위로하고, 구속자로 오시는 하나님의 어린양을 가리킨 이 범상치 않은 인물은 실로 신약 경륜의 선구자요 천상의 신랑의 절친한 친구로서 여인에게서 난 자들 가운데 가장 큰 자였다. 이렇게 공적 지위로는 예비에 의미를 둔 옛 경륜의 대표자이지만, 과거의 모든 예표와 그림자보다 무한히 영광스러운 그리스도의 왕국에서는 가장 낮은 자보다도 밑에 위치해 있다.

이것이 유대 민족의 종교이다. 신적 계시의 샘을 넘쳐 흐른 이 종교는 참 이스라엘 곧 아브라함의 영적 자녀들 속에서, 세례 요한과 그 부모와 제자들 속에서, 예수님의 모친과 그 형제들과 친구들 속에서, 가경자(可敬者) 시므온과 여선지자 안나 속에서, 나사로와 경건한 그 누이들 속에서, 그리고 누구보다도 나사렛 예수를 율법과 선지자의 완성으로 하나님의 아들이자 세상의 구주로 영접한 기독교 교회의 첫 열매들인 사도들과 첫 제자들 속에서 살아 약동했다.

11. 이교(異敎)

이교(heathenism)는 본래의 신(神)에 대한 본연의 의식이 어두워지고, 이성적이고 비이성적인 피조물을 신격화하고, 그 결과 도덕 의식이 부패하여 자연스러운 악들과 순리를 거스르는 악들을 종교로 승인하게 된, 타락한 인간 본성의 토양에서 제멋대로 자라난 종교이다(참조. 롬 1:19-32).

인위적인 상상의 산물로서 미(美)의 종교라는 일리있는 평가를 받아온 그리스

종교조차 이러한 도덕적 부패 때문에 추하게 된다. 이 종교에서는 죄에 대한 바른 개념을 전혀 찾아볼 수 없고, 따라서 거룩에 대한 바른 개념도 찾아볼 수 없다. 죄를 의지의 타락이자 신들에 대한 모욕으로 간주하지 않고 이해의 우둔과 인간들에 대한 모욕으로 간주하며, 심지어 신들조차 종종 죄를 짓는다고 본다.

'홀림'(Infatuation) 또는 도덕적 맹목(Moral Blindness, 아테⟨"Aτη⟩)은 "제우스의 딸"이자 여신이면서도 올림포스에서 추방되고 지상의 모든 재난의 근원이 된다. 호메로스(Homer)는 마귀를 모르지만 자기가 묘사하는 신들 속에 마귀적인 요소를 집어넣는다. 그리스 신들과 그 신들을 본딴 로마 신들은 단순히 남자들과 여자들로서, 호메로스와 민간 신앙은 그들 속에 그리스인 특유의 덕성뿐 아니라 약점과 악폐가 극대화해 있는 것을 보면서도 그들을 숭배했다. 신들은 태어나지만 죽는 법이 없다. 육체와 감각을 갖고 있는 점에서 필멸의 인간들과 다를 바 없지만, 다만 그 규모가 인간들에 비할 수 없을 정도로 거대하다. 자기들만의 음료와 음식을 먹긴 하지만 인간들처럼 먹고 마신다. 아침에 일어나 밤에 잔다. 여행도 하지만 그 속도는 생각만 하면 어디든 갈 정도로 신속하다. 전투에 가담한다. 인간들과 동거하여 영웅들 곧 반신반인들(demigods)을 낳는다. 시간과 공간의 제약을 받는다. 때로는 전능과 전지의 속성으로 존경을 받기도 하고, 거룩하고 공의롭다고 일컬어지면서도, 냉혹한 운명(Moira)에 예속되고, 기만을 당하고, 서로를 미련하고 사악하다고 비난한다. 그들이 천상에서 누리는 행복은 지상에서 당하는 온갖 고통들로 방해를 받는다.

올림포스 가문의 족장인 제우스(또는 유피테르)조차 자기 누이이자 아내 헤라(유노)에게 지음을 받았고, 그뒤 헤라에게 도둑 장가를 들어 3백 년씩이나 숨기고 살다가 비로소 헤라가 자기 배우자이자 신들의 여왕임을 공포했으며, 트로이 전쟁 전야의 사건들을 까맣게 모르기도 한다. 동료들을 구타와 죽음으로 위협하고, 화가 치밀어 자물쇠들을 흔들어 올림포스 전체를 공포의 도가니로 몰아 넣는다. 점잖은 아프로디테(또는 비너스)는 손가락이 창끝에 찔려 피를 흘린다. 군신(軍神, Mars)은 디오메데스가 던진 돌에 맞아 쓰러진다. 넵튠(바다의 신)과 아폴로는 보수를 얻으려고 부득이 고용살이를 하다가 기만을 당한다. 헤파이스토스는 절뚝걸이다가 한바탕 폭소를 자아낸다. 신들은 결혼 문제로 끊임없이 질투와 분쟁에 휘말린다. 시기와 분노, 미움과 욕망이 가득하고, 사람들을 부추겨 범죄케 하고, 서로 거짓말과 잔혹과 위증과 간음을 하도록 자극한다.

헬레니즘이 낳은 가장 위대한 서사시 「일리아드와 오딧세이」(*the Iliad and Odyssey*)는 신들의 추문록(chronique scandaleuse)이다. 그래서 플라톤은 자신의 이상적인 공화국에서 신들을 몰아냈다. 물론 핀다로스(Pindar), 아이스킬로스 (Aeschylos), 소포클레스(Sophocles) 같이 신들에 관해 좀 더 고상한 사상을 피력 하고 좀 더 순결한 도덕적 분위기를 자아낸 작가들도 있었지만, 이들이 소수의 예외적인 신조를 반영한 데 반해서, 호메로스는 대중 신앙을 표현했다. 실로 우 리는 실러(Schiller)가 그랬듯이, "그리스 신들"의 귀환을 갈망할 하등의 이유가 없지만, 다만 그 시인의 다음과 같은 감사에는 동참할 만하다:

> "전체 중 하나를 부요케 하기 위해
> 이 신들의 세계는 사라지는게 당연했다."

이교는 이렇게 진리와 거룩에서 철저히 이탈하긴 했어도 "알지 못하는 신"을 더듬어 찾는 종교였다. 이교는 우상 숭배를 가지고 믿음의 필요를 저버렸다. 이 교의 다신론은 희미한 유일신론적 배경에 근거했다. 모든 신을 제우스에게 종속 시켰고, 제우스 자신도 미지의 운명에 종속되었다. 그 기저에 더 높은 권력에 대 한 의존감과 신적인 것들에 대한 경외가 깔려 있었다. 황금기와 타락에 대한 기 억이 간직되어 있었다. 양심의 소리와 지각과 비록 흐리긴 하지만 죄책감이 있 었다. 신과 화해할 필요를 느꼈고, 기도와 참회와 제사로 화해를 추구했다. 이교 의 많은 종교 전승과 관습은 최초의 종교의 희미한 메아리였다. 인간들과 동거 하는 신들, 반신반인들(demigods), 절망적인 고통에서 헤라클레스에게 건짐을 받는 프로메테우스 등에 대한 신화적 꿈들은 기독교 진리들에 대한 무의식적 예 언이자 육체적 기대이다.

이 정도만으로도 이교도들이 왜 유대인들을 부끄럽게 만들 정도로 복음을 흔 쾌히 받아들였는지 그 이유가 설명된다(비교. 마 8:10).

이교 세계에 두루 흩어진 영적 이스라엘이 있었다. 이들은 육체의 할례를 받 지 않고, 임의로 부는 바람 같으신 성령께서 마음에 행하시는 보이지 않는 할례 를 받았으며, 어떠한 인간적 율법과 통례에도 구속되지 않았다. 구약성경은 유 대인 교회와의 가시적인 친교 밖에서도 참 신앙을 드러낸 예들을 많이 제공한 다. 아브라함의 친구이자 왕 같은 제사장이자 그리스도의 표상인 멜기세덱, 미디안 제사장 이드로, 가나안 여성으로서 여호수아와 갈렙을 영접한 라합, 모압 여성으로서 우리 구주의 조상이 된 룻, 다윗의 친구 히람 왕, 솔로몬의 지혜를 사모하여 찾아온 시바 여왕, 시리아 사람 나아만, 그리고 특히 처절한 고통 속에서 구속자를 소망한 욥이 그런 예에 속한다.

고대 이교 세계에 두루 흩어져 있던 진리와 도덕성과 경건의 요소들은 그 근원을 세 가지로 짚어볼 수 있다. 첫째, 사람은 타락한 지위에서도 하나님 형상의 부분적인 흔적, 대단히 미약하긴 하지만 하나님에 관한 지식(참조. 롬 1:19), 도덕적 지각 곧 양심(참조. 롬 2:14,15), 하나님과의 연합과 진리와 의에 대한 갈망(비교. 행 17:23, 27, 28)을 유지하고 있다. 이런 점에서 우리는 테르툴리아누스(Tertullian)의 견해에 동조하여 소크라테스, 플라톤, 아리스토텔레스, 핀다로스, 소포클레스, 키케로, 베르길리우스, 세네카, 플루타르크의 아름답고 진실한 문장들을 일컬어 "영혼이 선천적으로 기독교적이었다는" — 자연이 기독교를 위해 예정되었다는 — "증거들"이라고 할 수 있다.

둘째, 전승들과 회상들 — 아무리 희미할지라도 — 이 아담과 노아에게 내린 시초의 일반 계시들에서 유래했다는 점을 지적하지 않을 수 없다. 그러나 이교가 진리를 기대하게 된 셋째이자 가장 중요한 근원은 자신의 증거자나 증거 자료를 남겨 놓지 않으신 적이 없는 하나님의 전능하신 섭리이다. 특히 고려해야 할 점은 고대 그리스 교부들의 주장대로 신적 로고스가 성육신하시기 전에 끼치신 영향이다. 로고스는 성육신 전에도 인류의 교사였고, 어둠을 밝혀 모든 사람에게 비춘 본래의 이성의 빛이었고, 이교 세계라는 밭에 진(眞)·선(善)·미(美)의 씨앗을 뿌린 농부였다(비교. 요 1:4, 5, 9, 10).

여기서 우리가 관심을 가지고 보는 이교의 꽃은 그리스와 로마라는 위대한 두 고전 민족에게서 피었다. 사도들은 바로 그들의 언어와 윤리와 문학과 종교를 가지고 직접 그들에게 다가갔고, 교회는 첫 세대 내내 이 두 민족을 터로 삼아 행진했다. 이들은 유대 민족과 더불어 고대 세계의 선택된 민족들로서 땅을 공유했다. 유대인들은 영원한 것을 위해서, 참 종교의 성소를 지키도록 선택되었다. 그리스인들은 자연 문화의 요소들과 과학과 예술의 요소들을 교회가 쓸 수 있도록 준비했다. 로마인들은 법 사상을 발전시켰고, 하나의 보편적인 제국으로 문명 세계를 조직하였으며, 그로써 복음의 영적 보편성에 이바지할 준비를 했다. 그리스인들과 로마인들 모두 무의식적으로 "알지 못하는 신" 곧 예수 그리스도의 종들이었다.

이 세 민족은 본성으로는 서로 적대시했으나 십자가의 명패 안에서 서로 손을 잡았다. 구주의 거룩한 이름과 왕의 칭호가 적힌 그 명패는 이교도 빌라도의 지시로 "히브리와 로마와 헬라 말로"(요 19:20) 기록되었던 것이다.

12. 그리스 문학과 로마 제국

고대 그리스 문학과 로마의 보편적 제국은 세계가 기독교를 향해 준비해 가는 데 모세 종교 다음으로 중요한 동인이었다. 그 둘은 유대인 신정 정치의 품에서 철저히 준비되어 온 복음의 신적 실체를 인간적 형태로 빚어냈다. 천상 왕국의 초자연적 건물을 위한 자연적 기초를 놓았다. 하나님은 그리스인들과 로마인들에게 지극히 풍성한 자연적 은사들을 베푸사 기독교의 도움 없이 도달할 수 있는 최상의 문화에 도달케 하시고, 그로써 인간의 과학, 예술, 법률이라는 도구를 교회의 용도에 맞게 내놓게 하셨으나, 동시에 그것만으로는 세상을 복주고 구원하는 데 철저히 무능하다는 것을 드러내게 하셨다.

그리스인들은 유대인들처럼 인구는 적었으나 역사적 중요도로는 거대한 인구를 지닌 아시아 제국들과 비교할 수 없이 우월했던 민족으로서, 청명한 하늘 아래 맑은 정신으로 한편으로는 인간이 가지고 있는 선천적인 활력과 아름다움을, 다른 한편으로는 선천적인 불완전함을 나타내는 고귀한 임무를 부여받았다. 이들은 과학과 예술의 원칙들을 개발했고, 인간 정신을 자연의 어둠의 세력들과 동방 신비주의의 음울한 분위기에서 해방시켰다. 인간을 명쾌하고 자유롭게 인식했고, 자연의 법칙과 정신의 법칙에 과감히 투자했으며, 모든 종류의 예술 형태로 미(美)의 관념을 표현했다. 시와 조각과 건축과 회화와 철학과 수사학과 역사학에서 걸작들을 남겨 오늘날까지 형식과 취향의 모델로서 경탄과 연구의 대상이 되고 있다.

이 모든 과업들은 결국 기독교 교회의 수중에 들어갔고, 교회의 손에 들릴 때에야 비로소 가치있고 유용하게 되었다. 그리스인들은 사도들에게 복음의 신적 진리를 표현할 가장 풍부하고 아름다운 언어를 제공했고, 하나님은 그 언어가 온 세계에 보급되어 문화와 국제 교류의 매체가 되도록 오래 전부터 정치의 흐름을 섭리로 정해 두셨다. 이를테면 중세의 라틴 제국과 18세기의 프랑스와 19세기의 영국이 그렇게 쓰임을 받았다. 키케로(Cicero)는 말하기를, "그리스어는 거의 모든 나라들에서 읽히지만, 라틴어는 그 좁은 영토 안에만 한정되어 있다"고 한다. 그리스의 교사들과 예술가들은 승승장구하던 로마 군단을 뒤따라 갈리아와 스페인으로 갔다. 젊은 영웅 알렉산더 대제는 태생으로는 마케도냐 사람이었지만 호메로스를 열렬히 존경했고, 아킬레스(Achilles)의 경쟁자였고, 철학으로 세계를 정복한 아리스토텔레스의 제자였으며, 따라서 당대의 가장 진정한 그리스인이라고 할 만한 인물로서, 바벨론을 그리스 세계 제국의 좌소로 삼으려는 원대한 생각을 품었다. 비록 일찍 죽는 바람에 제국이 여러 갈래로 찢기고 말았지만, 이미 그리스어는 인도의 변방에까지 보급되었고, 모든 문화 민족들의 공동의 자산이 되었다. 알렉산더가 시작한 일을 율리우스 카이사르(Julius Caesar)가 완성했다. 사도들은 로마법의 보호하에 각처를 두루 다니면서 로마령에 속한 모든 도시들에서 그리스어를 사용하여 자기들의 뜻을 전달할 수 있었다.

그리스 철학, 그중에서도 특히 플라톤과 아리스토텔레스의 체계는 과학적 신학을 위한 자연적 기초를 형성했다. 그리스의 웅변은 기독교 수사학에, 그리스의 예술은 기독교 교회 예술에 자연적 기초가 되었다. 실제로 적지 않은 고전의 사상과 공리가 계시의 문턱을 넘으며, 기독교 진리의 예언과 같은 소리를 낸다. 특히 플라톤의 영적 비약, 플루타르크의 깊은 종교적 사색,[1] 그리고 때때로 바울과 맥락을 같이 하는 세네카의 도덕 교훈이 그러하다. 그리스 철학은 순교자 유스티누스(Justin Martyr), 알렉산드리아의 클레멘스(Clement of Alexandria), 오리게네스(Origen) 같은 대교부들과 심지어 어느 정도만큼은 아우구스티누스에게까지 기독교 신앙으로 잇는 교량 역할과 그리스도께 인도하는 학문적 교사 역할을 했다. 오히려 고대 그리스 교회는 그리스어와 민족성의 기반 위에 섰고, 그 기반을 빼놓고는 설명할 수가 없다.

바로 여기에 오늘날까지 고전 문학이 기독교 세계 전역에서 인문 교육의 기초가 된 진짜 이유가 있다. 청년들은 초보 단계의 과학과 예술, 문체가 명쾌하고

---

1) 그의 탁월한 논문 *De sera numinis vindicta*에서 엿볼 수 있다. 도덕적 정조(sentiment)가 기독교와 가장 가까웠던 이 철학자가 기독교를 전혀 언급하지 않은 것은 이상하다. 에픽테토스와 마르쿠스 아우렐리우스는 기독교를 언급하지만, 단 한 번만 언급한다.

그윽한 작품, 그리고 지적·예술적 문화의 절정기에 발휘된 인간성을 배우면서 그리스·로마 문화가 전성기에 도달한 뒤 쇠퇴의 길에 접어든 때 등장한 기독교 신앙을 과학적으로 이해하도록 훈련을 받는다. 그리스어와 라틴어는 산스크리트어와 히브리어처럼 청년기에 운명한 뒤 불후의 고전 작품들 안에 미라로 보존되었다. 그런 형식으로 오늘날도 모든 학문과 예술 분야 및 새로운 발명에 최고의 과학적 용어를 제공한다. 기독교의 초창기 기록들은 살아 있는 언어의 항시적인 변화에 따른 해석의 불확실성을 미연에 방지하게끔 보호되었다.

그러나 그리스 문학의 항구적 가치를 제쳐두고 생각할 때, 그리스도의 탄생 무렵 그리스 본토의 영광은 이미 돌아올 수 없을 만큼 떠나 있었다. 국가의 자유와 독립은 내부 분열과 부패로 이미 무너져 있었다. 철학은 회의주의와 세련된 물질주의로 전락했다. 예술은 변덕과 호색의 봉사자로 전락했다. 불륜이나 미신이 건실한 종교 정서를 대체했다. 지위 고하를 막론하고 부정직과 방종이 판을 쳤다.

이런 절망적인 상태에서 좀 더 진지하고 고상한 영혼들은 과학과 예술이라는 게 공허하기 짝이 없고 이 자연적 문화가 마음의 깊은 욕구를 충족시키기에 턱없이 부족하다는 인상을 받지 않을 수 없었다. 그런 사람들로서는 틀림없이 새로운 종교를 갈망했을 것이다.

로마인들은 실질적이고 정치적인 유서깊은 민족이었다. 그들의 소명은 국가 사상과 민법 사상을 실현하고, 세계의 여러 민족들을 통합하여 유프라테스 강에서부터 대서양에 이르고, 리비아 사막에서부터 라인 강에 이르는 대제국을 건설하는 것이었다. 이 제국은 아시아와 아프리카와 유럽의 가장 비옥하고 문명화한 나라들을 끌어안았는데, 그 인구는 기독교가 소개될 당시에 인류 전체 인구의 3분의 1에 해당하는 1억 명 가량 되었다.[2] 이런 외적인 판도에 걸맞게 그 역사적 의미도 지대했다. 니버(Niebuhr)에 따르면, 모든 근대 국가의 역사가 로마사에서 시작하듯이 모든 고대 국가의 역사도 로마사로 끝난다고 한다. 따라서 로마

---

2) Chrales Merivale은 그의 책 *History of the Romans under the Empire* (Lond. 1856, vol. iv. p. 450, 451)에서 아우구스투스 시대의 로마 제국 인구를 8천 5백만 명으로, 즉 유럽에 4천만 명, 아시아에 2천8백만 명, 아프리카에 1천7백만 명이 살고 있는 것으로 추산한다. 하지만 그는 팔레스타인은 포함시키지 않는다. Greswell과 그 밖의 학자들은 전체 인구를 1억2천만 명으로 추산한다.

사는 보편적인 관심사가 된다. 로마사는 고대의 유산들이 보관되어 있는 거대한 곳간이다. 그리스인들이 모든 민족들 중에서 가장 깊은 정신을 갖고 있었고 문학으로 심지어 그 정복자들까지도 다스렸다고 한다면, 로마인들은 가장 강인한 성품을 갖고 있었고 바깥 세계를 지배하기 위해서 태어났다. 이런 방향 차이는 두 민족의 도덕적·종교적 삶에까지 미쳤다. 그리스 신화가 예술적 환상으로 빚어낸 작품이자 시(詩)의 종교였다고 한다면, 로마는 국가 목적들에 맞춘 계산의 작품으로서, 정치적이고 실용적이면서도 엄숙하고 진지하고 활기찼다. "로마인들은 그리스인들만큼 아름다움을 사랑하지 않았다. 게르만인들만큼 자연과 교감을 누리지 않았다. 그들의 한 가지 사상은 로마였다 — 고대의 전설적이고 시적인 로마가 아니라, 전쟁하고 정복하는 로마 말이다(orbis terrarum domina). 그들의 문학에는 거의 빠짐없이 S. P. Q. R.(로마의 원로원과 민중들)이란 글귀가 새겨져 있다."

로마인들은 처음부터 자기들이 세계를 지배하도록 부르심을 받았다고 믿었다. 문화 민족임을 자부하던 그리스인들은 외국인들을 야만족으로 간주했으나, 로마인들은 모든 외국인들을 정복하여 노예로 삼아야 할 원수들로 간주했다. 전쟁과 승리를 인간이 누릴 수 있는 가장 큰 영광과 행복으로 여겼다.

"너 로마인이여, 황제의 권세로써 인민을 통치하기를 잊지 말라!"가 사실상 베르길리우스(Virgil)가 그런 문구로 표현하기 오래 전부터 그들의 좌우명이었다. 영원한 도시(urbs aeterna)란 이름과 그 건국에 얽힌 독특한 전설이 그 미래를 예언했다. 로마인들의 가장 큰 특징은 한순간도 연방을 단념해 본 적이 없다는 것이다. 그들은 막대한 정력과 심오한 정치와 흔들림 없는 일관성과 늑대와 같은 탐욕으로 야심찬 계획을 추구했고, 실제로 주인들이 되었을 뿐 아니라, 그들이 배출한 가장 위대한 역사가 타키투스(Tacitus)의 말대로 만족을 모르는 세계의 강도들이 되었다.

칼로 세계를 정복한 그들은 법률로 세계를 조직하여 모든 사람이 법의 위엄 앞에 복종하지 않을 수 없게 했고, 평화의 예술로 세계를 아름답게 꾸몄다. 공화국의 해가 기울고 제국의 해가 떠오르면서 철학, 웅변, 역사, 시가 황금기를 누렸고, 그 문명의 영향력을 변경의 야만족들에게 널리 퍼뜨렸다. 로마의 작가들은 문학과 순수 예술에서 독창적이지는 못했지만, 그리스 철학자, 웅변가, 역사가, 시인들을 훌륭하게 모방했다.

로마는 아우구스투스(Augustus)에 의해서 벽돌집 도시에서 대리석 궁전의 도시로 탈바꿈하였다. 그리스에서 최고의 그림과 조각들을 수입했고, 공공 장소에 개선문들과 주랑(柱廊)들을 세웠으며, 세계 각처에서 가져온 보화들로 제국 수도의 긍지와 아름다움과 사치를 한껏 뽐내었다. 속주(屬州)들은 진보 정신에 휩싸였고, 대도시들이 우후죽순처럼 생겼으며, 예루살렘에도 야욕에 눈먼 헤롯의 사치로 웅장한 성전이 재건되었다. 인권과 재산권이 제대로 보호를 받았다. 정복당한 민족들은 속주 총독들의 탐욕을 자주 불평하긴 했지만, 대체로는 내란과 외침에 휘말리지 않고 안전을 누렸고, 편안한 사회 생활을 했으며, 문화 수준도 한층 더 발전했다. 세심히 건설한 도로들에 힘입어 제국 어디서든 군사적 · 상업적 · 문서적 의사 소통이 원활하게 이루어졌다.

그때 건설한 도로들의 흔적이 지금까지도 시리아와 알프스 산맥과 라인 강 제방에 남아 있다. 카이사르의 재위 때는 그때부터 19세기 이전까지의 그 어느 시기보다 여행하기가 쉽고 안전했다. 다섯 개의 주요 도로가 로마에서 시작하여 제국의 변방들로 이어졌고, 다시 항구들로 이어져 해상 교역로와 연결되었다. 로마의 어느 저자는 말하기를, "우리는 언제든 여행할 수 있고, 동쪽에서 서쪽으로 항해할 수 있다"고 했다. 상인들은 동쪽에서는 다이아몬드를, 발틱 해안에서는 호박(琥珀)을, 스페인에서는 귀금속을, 아프리카에서는 야생 동물을, 그리스에서는 예술품을, 그리고 각처에서 온갖 사치품을 가져다가 티베르 강변의 시장에 진열해 놓았다. 마치 19세기에 상인들이 템스 강변에 시장을 만들었듯이 말이다.

계시록 저자는 세계의 정부(情婦)인 제국의 멸망을 회화적으로 예언하면서 그 방대한 상권(商圈)을 부각시킨다: "땅의 상인들이 그를 위하여 울고 애통하는 것은 다시 그들의 상품을 사는 자가 없음이라. 그 상품은 금과 은과 보석과 진주와 세마포와 자주 옷감과 비단과 붉은 옷감이요 각종 향목과 각종 상아 그릇이요 값진 나무와 구리와 철과 대리석으로 만든 각종 그릇이요 계피와 향료와 향과 향유와 유향과 포도주와 감람유와 고운 밀가루와 밀이요 소와 양과 말과 수레와 종들과 사람의 영혼들이라. 바벨론아 네 영혼이 탐하던 과실이 네게서 떠났으며 맛있는 것들과 빛난 것들이 다 없어졌으니 사람들이 결코 이것들을 다시 보지 못하리로다"(계 18:11-14).

이교 제국 로마는 이 예언 후에도 상당 세월 수를 누렸으나, 멸망의 원인들은 이미 1세기에 작용하고 있었다. 제국의 판도가 광활하게 팽창하고 외적으로 번성하면서 초기에 로마인들을 그리스인들보다 우월하게 부각시켰던 애국적이고 시민적인 덕성들이 차츰 사라져 갔다. 애국자들과 구조자들로 이루어진 민족, 쟁기질을 하다가 공직을 맡고는 다시 겸손히 쟁기를 잡거나 부엌으로 돌아가던 민족의 기질이 차츰 소멸해 갔다. 그들의 덕성의 뿌리였던 제신(諸神) 숭배도 사제(司祭)들이 길에서 마주칠 때 서로 맞대놓고 비아냥거릴 정도로 단순한 형식으로 가라앉아서 지극히 부패한 미신으로 전락하거나 불신앙에 자리를 내주었다. 모든 극단은 서로 통한다는 격언도 있듯이, 한 사람이 불신앙과 미신을 겸비하고 있는 경우를 우리는 심심치 않게 발견한다. 사람은 하나님을 경배하든 마귀를 숭배하든 반드시 무엇이든 믿게 되어 있는 존재이다.[3]

로마에도 마술사들과 강신술사들이 흘러 넘쳤고, 후한 대접을 받았다. 고대의 단순 소박과 자족이 바닥없는 탐욕과 방탕에 자리를 내주었다. 여신 베스타(Vesta)의 집안 살림으로 아름답게 상징되던 도덕성과 정절이 자취를 감추고 사악과 방탕이 판을 쳤다. 맹수들과 검투사들의 야만적인 싸움에서 쾌락을 추구하는 지경이 되어 불과 한 달만에 2만 명의 사람을 희생시키는 경우가 예사였다. 하층민들은 고귀한 정서는 모조리 상실한 채 오로지 '빵과 서커스'(panem et circenses)에만 탐닉했고, 티베르 강변의 고고한 제국 수도는 노예들의 노예가 되었다.

티베리우스(Tiberius, 디베료)와 네로(Nero) 치하의 거대한 제국은 영혼이 없는 거대한 몸집일 뿐이어서 최종 해체를 향해 더디지만 확실한 수순을 밟고 있었다. 황제들 가운데 더러는 잔인무도한 폭군에다 죄악의 화신이었다. 그런데도 그런 자들이 원로원의 투표로 신들의 반열에 올랐고, 그들을 숭배하기 위해 제단들과 신전들이 건립되었다. 이 독특한 관습은 카이사르에게서 비롯되었는데, 그는 심지어 생시에도 탁월한 전과(戰果)로 '신 율리우스'(Divus Julius)로 존경을 받았다. 물론 그런 전과를 기록하느라 백만 명 이상이 전사하고 백만 명 이상이

---

3) "불신앙과 미신은 동일 현상의 다른 외형으로서, 로마 세계에서 나란히 진행했고, 양자를 다 구비한 개인들이 적지 않았다. 그들은 에피쿠로스 편에 서서 신들을 부정하면서도, 모든 성소 앞에서 기도하고 제사를 드렸다"(Theod. Mommsen, *History of Rome*, transl. by Dickson, Lond. 1867, vol. iv. p. 560).

포로와 노예가 되었지만 말이다.[4]

사도 바울이 로마인들에게 쓴 편지에서 당시의 이교에 관해서 묘사한 어두운 상(像)은 세네카, 타키투스, 유베날리스(Juvenal), 페르시우스(Persius), 그리고 당시의 이교 저자들도 확인하는 것으로서, 구속(救贖)의 절대적 필요성을 여실히 보여준다. 세네카는 유명한 단락에서 이렇게 말한다. "세상은 범죄와 악으로 가득하다. 폭행의 빈도수가 치유 한도를 넘어선다. 죄악을 저지르기 위해 치열하게 경쟁한다. 범죄를 더 이상 감추지 않고 만인이 보는 앞에서 저지른다. 순결은 희귀할 뿐 아니라 아무데서도 찾을 수 없다."

그 정도로 부정적이었다. 반면에 로마라는 세계 제국은 복음이라는 세계 제국을 위한 긍정적인 터전이기도 했다. 고대 민족들과 종교들의 모든 모순과 양립 불가능한 독특성들을 녹여 새로운 창조를 위한 혼돈으로 만들어 내는 도가니 역할을 했다. 로마 군단들은 민족들 사이에 버티고 서 있던 해묵은 담장을 허물고, 문명 세계와 겨우 문명에 눈을 뜬 세계간의 자유로운 교류를 촉진했고, 공통된 언어와 문화, 공통된 법률과 관습이라는 띠로 동서남북을 하나로 통일했다. 이로써 믿음과 사랑이라는 영적인 띠로 모든 민족을 하나님의 한 가족으로 연합하는 그 종교가 급속히 보편적으로 확산될 수 있는 길을 비록 무의식적이긴 했지만 현저하게 열어 주었다.

---

4) "로마 원로원의 카이사르 숭배는 도가 지나쳐 퀴리누스 신전에 그의 상(像)을 세우고 거기에 데오스 아니케토스(무적 불굴의 신)라는 글귀를 새기고 싶어할 정도였다. 그들은 금의자들, 금박 전차들, 개선 예복들, 월계수로 장식된 집정관 표장(標章)과 월계관을 함께 수집했다. 그의 생일을 항구적인 축일로 제정했고, 퀸크틸리스(Quinctilis) 월(月)도 그를 기념하여 줄라이(July)로 개칭했다. 그의 관용을 기리기 위해 화합의 신전을 건축할 계획을 세웠다. 그의 인격을 신성하다고 공포했고, 그의 인격을 말이나 행동으로 손상하는 행위는 신성모독으로 간주하겠다고 했다. 카이사르의 행운을 비는 글귀가 헌법상의 서약에 도입했고, 원로원은 그의 행위들을 신성하게 보존하겠다고 엄숙히 맹세했다. 마지막으로, 원로원은 카이사르가 인간이 아니라는 결론을 내렸다. 카이사르는 더 이상 카이우스 율리우스가 아니라 신(神) 혹은 신의 아들인 신(神) 율리우스라고 했다. 또 하나의 퀴리누스로서의 카이사르를 위해 신전이 건축할 계획을 세웠고, 안토니우스가 그의 사제가 되기로 했다"(J. A. Froude, *Caesar*, 1878, ch. XXVI, p. 491). 이런 아첨들의 부정직성은 원로원의 음모 직전에 나왔다는 점에서 더욱 두드러진다. "어느 원로원 의원은 로마의 모든 여성을 카이사르가 마음대로 차지하도록 해야 한다는 아부성 제안을 했다"(*Ibid.*, p. 492).

인종과 사회와 교육의 모든 독특성들의 기저를 이루는 하나의 공통된 인류라는 사상이 이교 세계의 정신에 동트기 시작했는데, 테렌티우스(Terentius)는 그 사상을 다음과 같은 유명한 시구로 표현하여 극장에서 갈채를 받았다: "나는 인간이다. 인간에 관한 어떤 것도 내게 낯설게 느껴지지 않는다"(Homo sum: humani nihil a me alienum puto).

이러한 인류의 정신이 키케로와 베르길리우스에게서 숨쉰다. 그렇기 때문에 베르길리우스의 서사시 「아이네이드」(*Aeneid*)는 교부들에게 그리고 중세 내내 존경을 받았다. 아우구스티누스(Augustine)는 베르길리우스를 가리켜 가장 고상한 시인이라고 하고, 단테(Dante)는 "다른 시인들의 영광이요 빛"이자 자신을 지옥과 연옥을 거쳐 낙원의 문까지 인도한 "자신의 스승"이라고 한다. 그가 네번째 목가시(Eclogue)에서 그리스도의 강림을 예언했었다고들 믿었다. 이 해석은 그릇된 것이긴 하지만, 어느 유력한 학자는 이렇게 말한다. "베르길리우스에게는 그리스든 로마든 고대의 여느 시인에게서 발견할 수 있는 것보다 더 경건하고 더 고아하고 기독교와 더 유사한 사상과 정조의 혈관이 흐른다. 그는 스스로는 의식하지 못했지만 장차 계시될 더 나은 것을 위해 준비되어 기다리던 정신이었다."

로마법과 제도들, 그리고 거대한 행정 체제도 기독교 교회의 외적 조직에 지대한 공헌을 했다. 그리스 교회가 그리스의 민족성을 기반으로 일어났듯이, 라틴 교회도 고대 로마의 기반 위에서 일어나서 그 장점과 단점을 더 고도의 형태로 재현했다. 로마 가톨릭 신앙은 세례받은 이교 로마, 즉 일곱 언덕이 있는 도시에 좌소를 둔 세계 제국에 대한 기독교의 재현이다.

13. 유대교와 이교의 접촉

로마 제국은 직접적으로는 외적인 정치적 통일을 이루었지만, 간접적으로는 유대인들과 이방인들, 즉 장차 그리스도의 십자가라는 초자연적 권능으로 하나님의 한 형제로 화해하게 될 두 세력의 상호 적대적인 종교간의 지적·도덕적 접촉을 촉진했다.

1. 유대인들은 바벨론 유수 이래로 온 세계에 흩어졌다. 이들은 오늘날 기독교

세계 도처에 흩어져 있듯이, 1세기 로마 제국에서도 그러했다. 요세푸스(Josephus)와 스트라보(Strabo)에 따르면 그들이 인구의 일부분을 차지하지 않은 나라가 없었다고 한다.[5] 오순절의 기적을 목격한 증인들 가운데는 "천하 각국으로부터 온" 유대인들이 있었는데, 그들을 자세히 소개하자면 이와 같다. "바대인과 메대인과 엘람인과 또 메소보다미아, 유대와 갑바도기아, 본도와 아시아, 브루기아와 밤빌리아, 애굽과 및 구레네에 가까운 리비야 여러 지방에 사는 사람들과 로마로부터 온 나그네 곧 유대인과 유대교에 들어온 사람들과 그레데인과 아라비아인들"(행 2:5, 9-11).

이들은 이방인들의 반감에도 불구하고 특유의 재능과 근면으로 부와 영향력과 명성을 얻었고, 로마 제국의 모든 상업 도시들에 회당을 세웠다. 폼페이우스는 상당수의 유대인들을 예루살렘에서 제국의 수도로 포로로 잡아와서(주전 63년) 티베르 강 오른쪽 둑(Trastevere)에 정착시켰다. 이 공동체를 세움으로써 자기도 모르는 사이에 로마 교회를 위해 큰 자원을 제공한 셈이 되었다. 율리우스 카이사르는 유대인들을 각별히 보호했다. 이에 대한 보답으로 유대인들은 그의 암살당한 시신이 장작더미에 얹혀져 화장된 광장에 운집하여 여러 날 밤을 지새며 애도를 표했다. 카이사르는 그들에게 정식으로 예배를 드릴 수 있는 자유를 부여했고, 그로써 종교 집단으로서의 법적 지위를 주었다.

아우구스투스는 그런 특권들을 재확인했다. 그의 재위 때 로마에 거주하는 유대인 수는 이미 수천 명을 헤아렸다. 자연히 반작용도 뒤따라서 티베리우스와 클라우디우스(Claudius, 글라우디오)가 그들을 로마에서 추방하는 일이 있었지

---

5) Jos., *Bell. Jud.*, VII. c. 3, 3: "유대 민족이 거주 가능한 모든 땅에 두루 퍼져 있듯이." *Antiqu.*, XIV. 7, 2: "우리의 성전에 이처럼 막대한 부가 축적된 것은 하나도 이상할 것이 없다. 거주 가능한 모든 땅에 흩어져 살면서 하나님을 경배하는 모든 유대인들, 심지어 아시아와 유럽에 사는 이들까지도 성전에 헌금을 보냈기 때문이다." 그런 뒤 요세푸스는 스트라보의 글을 인용하면서 이렇게 말한다. "이 유대인들은 이미 모든 도시들에 뿌리를 내렸고, 거주 가능한 땅에서 이 종족에게 영주권을 허용하지 않은 지역과, 그들에 의해 장악되지 않은 지역을 한 군데라도 발견하기 어렵다. 이집트와 키레네(구레네)……와 허다한 민족들은 유대인들의 생활 방식을 모방하기에 이르렀고, 이 유대인의 거대한 집단들을 독특한 방식으로 존속시키면서, 그들과 더불어 경제를 더 발전시키며, 아울러 그 민족의 율법과 비슷한 법들을 사용한다."

만, 그들은 곧 되돌아와 자기들의 의식과 관습을 자유롭게 시행할 수 있는 지위를 되찾았다. 그들에게 빈번하게 가해진 풍자적 언급들은 그들이 로마인들에게 혐오와 경멸을 받았을 뿐 아니라 영향력도 행사했음을 입증한다. 유대인들의 탄원이 네로의 아내 포파이아(Poppaea)를 통해서 네로의 귀에 들어간 일도 있는데, 포파이아는 유대인들의 신앙에 기울어져 있었던 것 같다. 그들이 배출한 가장 걸출한 학자 요세푸스는 세 황제 — 베스파시아누스(Vespasian), 티투스(Titus), 도미티아누스(Domitian) — 의 총애를 받았다. 세네카의 말을 빌자면(아우구스티누스가 인용), "정복당한 유대인들은 자기들의 로마 정복자들에게 법률을 주었다."

이렇게 유대인이 흩어짐에 따라 참 하나님에 관한 지식과 메시야 대망의 씨앗이 우상을 숭배하던 세상의 밭에 뿌려졌다. 그리스도가 오시기 두 세기 전에 구약성경이 그리스어로 번역되었고, 모든 이들에게 문이 열렸던 하나님께 대한 공예배에서 낭독되고 해석되었다. 모든 회당은 유일신론의 선교 기지였고, 사도들에게 예수 그리스도를 율법과 선지자의 완성자로 전파할 수 있는 훌륭한 장소와 자연스런 출발지가 되어 주었다.

당시 이방 종교들이 회의론적인 철학과 불신앙으로 절망적인 상태에 빠져 있던 상황에서 많은 근실한 이방인들, 특히 허다한 여성들이 전체로든 부분적으로든 유대교에 가입했다. '의의 개종자들'(proselytes of righteousness)라고 불리던 철저한 개종자들은 대개 혈통적 유대인들보다 더 외곬이고 광적이었다. '문의 개종자'(proselytes of the gate, 참조. 신 5:14) 또는 '하나님을 경외하는 자들'(fearers of God)인 절반 개종자들은 유대인들의 유일신론, 중요한 도덕법, 메시야 대망만 받아들이고 할례는 받지 않은 사람들로서, 신약성경에서는 복음을 가장 귀담아 듣던 청중이었고 여러 초대 교회에서 중추적인 구성원이 되었다. 이들 중에는 가버나움의 백부장, 가이사랴의 고넬료, 빌립보의 루디아, 디모데, 그 밖의 여러 유력한 제자들이 있었다.

2. 반면에 그리스 · 로마 세계의 이교는 그 언어와 철학과 문학을 통해서도 유대인들 가운데 더 고등하고 세련된 계층의 열정을 가라앉히는 데 그다지 힘을 발휘하지 못했다. 일반적으로 각처에 흩어진 유대인들은 헬라어를 사용하는 이른바 "헬라파"로서, 모국어를 지킨 "히브리파" 또는 팔레스타인 유대인들보다 훨씬 더 진보적이었다. 이 점은 예루살렘에 있던 그리스도인들과는 대조적으로

구브로의 바나바와 다소의 바울 같은 이방 선교사들과 안디옥 교회 전체에서 분명히 드러난다. 기독교의 헬레니즘적 형태는 이방인들에게 자연스럽게 이어지는 교량이었다.

유대교의 요소와 이교의 요소가 — 비록 환상적이고 영지주의적인 색채를 띠긴 하지만 — 과도기적으로 결합된 가장 현저한 예는 이집트의 메트로폴리스 알렉산드리아에서 살던 지식인 계층과 필로(Philo)의 사상 체계였다. 필로는 주전 20년에 태어나 주후 40년까지 살았지만 그리스도나 사도들과 접촉한 적이 없었다. 이 유대교 성직자는 구약성경에 대한 독창적이되 인위적인 알레고리적 해석에 힘입어 모세 종교와 플라톤 철학을 조화시키려고 노력했다. 그는 잠언과 지혜서에서 요한복음과 너무나 흡사한 로고스 교리를 연역해 냈기 때문에, 많은 해석가들은 사도 요한이 필로의 저서들을 익히 알았거나 적어도 용어만큼은 알고 있었으리라고 생각한다. 그러나 필로의 사색과 사도의 "육신이 된 말씀"의 관계는 그림자와 육체 또는 꿈과 현실의 관계와 같다. 필로는 성육신에 아무런 여지를 남기지 않지만, 그의 사색과 그 위대한 사실이 일치한다는 것은 매우 주목할 만한 일이다.

테라퓨타이파(the Therapeutae), 즉 경배자들(Worshippers)은 유대의 에세네파와 비슷한 이집트의 신비주의·금욕주의적 분파로서, 이 플라톤적 유대교를 구체적인 삶으로 실천했다. 그러나 이들도 두 종교를 살아 있고 항구적인 방식으로 결합하는 데는 역시 성공을 거두지 못했다. 그런 결합은 하늘로서 계시된 새로운 종교에 의해서만 이루어질 수 있었다.

알렉산드리아의 철학적 유대인들과는 사뭇 다른 사마리아인들(the Samaritans)이 있었다. 혼합 인종이었던 이들은 비록 방식은 다르지만 유대교의 요소와 이방 종교의 요소를 결합했다.[6] 이들의 기원은 유대인들의 유배 기간으로 거슬러 올라간다. 이들은 모세오경과 할례와 현세적 메시야 대망을 고수했지

---

6) 오늘날도 140명 가량의 사마리아인들이 고대 세겜의 터인 나블루스에서 살고 있다. 이들은 특별 구역에서 자기들만의 회당과 아주 오래된 모세오경 사본을 한 부 갖고 있으며, 해마다 그리심 산 봉우리에서 유대인의 유월절, 오순절, 장막절을 지킨다. 출애굽기 12장에 기록된 모세의 규정대로 유월절 제사를 지속하는 곳은 지상에서 이곳뿐이다. 참조. Schaff, *Through Bible Lands* (N. York and Lond. 1878), pp. 314 sqq.; and Hausrath, *l.c.* I. 17 sqq.

만, 그리심 산에 독자적인 성전을 갖고 있었고, 유대인들을 철저히 혐오했다. 예수께서 사마리아 여인과 면담을 하신 일과 빌립이 전도를 한 일에서 나타나듯이 이들은 기독교를 쉽게 받아들였지만, 에세네파와 테라퓨타이파와 마찬가지로 쉽게 이단적인 형태로 떨어졌다. 예를 들어, 초기 기독교 저자들은 시몬 마구스(Simon Magus)와 그외 사마리아의 몇몇 주요 이단들을 영지주의의 주요 창시자들로 지목한다.

3. 이로써 기독교를 위한 길은 모든 면에서, 즉 긍정적으로 부정적으로, 직접적으로 간접적으로, 이론과 실제로, 진리와 오류로, 거짓 신앙과 불신앙 — 떨어져서 살 수 없으면서도 적대적인 동족들의 — 에 의해서, 유대교에 의해서, 그리스 문화에 의해서, 로마의 정복에 의해서, 수포로 돌아간 유대교 사상과 이교 사상의 결합 시도에 의해서, 노출된 자연적 문화·철학·예술·정치 권력의 무능에 의해서, 옛 종교들의 쇠퇴에 의해서, 그 세대의 보편적 혼란과 절망적 곤궁에 의해서, 구원의 종교를 향한 진지하고 고상한 영혼들의 갈망에 의해서 준비되었다.

"때가 차매", 즉 과학과 예술의 가장 아름다운 꽃이 시들고 세상이 절망의 가장자리에 섰을 때 '그 동정녀의 아들'이 인류의 병을 고치려고 태어나셨다. 그리스도께서는 새롭고 멸하지 않는 생명의 창조주로서 죽어가는 세상에 들어오셨다.

제 2 장

예수 그리스도

14. 자료와 참고문헌

A. 자료

그리스도께서는 아무것도 직접 쓰시지 않았지만, 감사와 찬미의 책들과 노래들을 위한 끝없는 자료를 제공하셨다. 구속받은 자들의 살아 있는 교회가 그분의 책이다. 그분은 모세 율법 같은 기록된 법전의 종교가 아닌 살아 있는 정신의 종교를 세우셨다. (그리스도가 에뎃사 왕 아브가루스에게 보냈다고 하는 편지 ⟨in Euseb. *Hist. Eccl.*, I. 13⟩는 무가치한 날조이다.) 그럼에도 불구하고 그리스도의 언행은 펜을 들어 기록으로 남긴 증인들 가운데 가장 정직하고 신뢰할 만한 사람들에 의해 기록되었다.

I. 권위 있는 기독교 자료

(1) **네 권의 정경 복음서들**. 이 책들은 기원과 연대와 상관 없이 그리스도의 신인적(神人的) 생애와 성품을 기본적으로 동일하게 소개한다. 그 내용은 외경 복음서들이 묘사하는 허구적인 그리스도와 사뭇 다르며, 무학(無學)한 갈릴리인들이 꾸며냈을 가능성은 조금도 없다. 그들은 주님께 영감을 받지 않았더라면 책을 집필할 생각조차 하지 못했을 것이다.

(2) **사도행전, 사도의 서신서들, 요한계시록**. 이 책들은 기록된 복음서들과는 별개로 복음 역사에서 발생한 주요 사실들, 특히 십자가와 부활을 전제로 삼으며, 이 사실들에 대한 언급이 풍부하다. 바울 서신서들 가운데 네 권(로마서, 고린도전후서, 갈라디아서)은 가장 극단적인 자유주의 비평가들(바우어⟨Bauer⟩와

튀빙겐 학파〈the Tübingen School〉)에 의해 정본으로 인정을 받는데, 그 네 권만 가지고도 그리스도의 생애의 대부분을 재구성할 수 있다. (카임〈Keim〉이 인정한 점들을 참조하라〈*Gesch. Jesu v. Naz.*, I. 35 이하〉

II. 외경

외경 복음서들은 종류가 매우 많은데(50권 가량 됨), 더러는 제목으로만 알려지고, 더러는 단편만 남아 있으며, 저작 시기는 2세기 이후이다. 실제 역사를 이단(영지주의와 에비온파)적인 관점으로 왜곡하거나 삭제한 책들이 있는가 하면, 그리스도의 친척, 유년기, 말년에 관한 호기심을 충족시키고 마리아 숭배를 장려할 목적으로 그리스도의 전기 중에서 연결이 껄끄러운 시기들을 매끄럽게 연결시키려고 상상이나 종교적 허구를 순수히 삽입한 책들도 있다. 이 책들은 네 부류로 분류할 수 있다: (1) 이단적 복음서들(예, *Evangelium Cerinthi, Ev. Marcionis, Ev. Judae Ischariotae, Ev. secundum Hebraeos* 등); (2) 요셉과 마리아와 그리스도의 탄생에 관한 복음서들(*Protevangelium Jacobi, Evang. Psedo-Mathaei sive liber de Ortu Beatae Mariae et Infantia Salvatoris, Evang. de Nativitate Mariae, Historia Josephi Fabri lignarii*, 등); (3) 예수께서 애굽으로 피신할 때부터 여덟살이나 열두살이 될 때까지 유년기에 관한 복음서들(*Evang. Thomae.* 영지주의에서 유래한 책으로는, *Evang. Infantiae Arabicum*, 등); (4) 수난과 지옥에서 보낸 신비한 사흘에 관한 복음서들(*Evang. Nicodemi, Gesta* 또는 *Acta Pilati, Descensus ad Inferos, Epistola Pilati*〈그리스도의 수난에 관해서 황제 티베리우스에게 보낸 보고서〉, *Paradosis Pilati, Epistolae Herodis ad Pilatum, Pilati ad Herodem, Responsum Tiberii ad Pilatum, Narratio Josephi Arimathiesis*, 등). 빌라도가 로마에 있는 자기 상관에게 예수의 재판과 십자가 처형에 관한 기록을 보냈을 개연성은 매우 높지만, 그의 이름을 표방한 다양한 문서들은 분명히 날조된 것들이다. 그중 하나가 Geo. Sluter가 최근에 출판한 것(*The Acta Pilati*, Shelbyville, Ind. 1879)으로서, 그는 바티칸 도서관에 소장된 그 라틴어 사본을 번역했다고 공언한다.

이 외경 복음서들은 역사적인 가치는 전혀 없지만 변증적인 가치는 상당하다. 이 책들은 마치 그림자가 빛을 상정하고, 위조 화폐가 진짜 화폐를 상정하고, 그림이 실물을 상정하듯이, 정경 복음서들과 대조를 이룸으로써 복음서 저자들의 역사적 진실성을 아주 부정적인 측면에서 입증해 주기 때문이다. 외경 복음서들은 주로 중세 예술(예를 들면, 예수 탄생 그림에서 황소와 나귀)과 그리스와 로마 교회의 전통적 마리아론 및 마리아 숭배에 이바지했고, 마호메트에게 빈약하나마 예수와 마리아에 관한 지식을 제공해 주었다.

참조. 외경 복음서들의 모음집. Fabricius, *Codex Apocryphus Novi Testamenti*(Hamburg, 1703, 2nd ed. 1719); Thilo, *Cod. Apocr. N. Ti.*(Lips. 1832); Tischendorf, *Evangelia Apocrypha*(Lips. 1853); W. Wright(*Contributions to the Apocr. Lit. of the N. T. from Syrian MSS. in the British Museum*, London. 1865); B. Harris Cowper(*The Apocryphal Gospels*, translated, London, 1867); Alex. Walker(Engl. transl. in Roberts & Donaldson's "Ante-Nicene Library," vol. xvi., Edinb. 1870; vol. viii. of Am. ed., N. Y. 1886).

참조. 학위 논문들. Tischendorf, *De Evang. apocr. origine et usu*(Hagae, 1851) and *Pilati circa Christum judicio quid lucis offeratur ex Actis Pilati* (Lips. 1855); Rud. Hofmann, *Das Leben Jesu nach den Apokryphen*(Leipz. 1851), and his art., *Apokryphen des N. T.*(in Herzog & Plitt, "R. Encykl.," vol. i, 1877, p. 511); G. Brunet, *Les évangiles apocryphes*(Paris, 1863); Michel Nicholas, *Études sur lesévangiles apocryphes*(Paris, 1866); Lipsius, *Die Pilatus-Acten*(Kiel, 1871); *Die edessenische Abgar-Sage*(1880); *Gospels, Apocr.*, in Smith & Wace, I. 700 이하; Holtzmann, *Einl. in's N. T.*(pp. 534-'54).

III. 유대교 자료

구약성경은 예표와 예언을 통해 그리스도를 예비한 역사로서, "율법과 선지자를 완성하기 위해서" 오신 그리스도 안에서만 온전히 이해할 수 있다.

기독교 이후의 유대인 외경 저서들은 그리스도께서 활동하시던 사회와 종교의 외적 틀을 충분히 볼 수 있게 해주며, 이런 방법으로 복음 기사들을 예시하고 확증한다.

IV. 유대인 역사가 요세푸스(주후 103년 이후에 사망)의 유명한 증언은 특별히 고려할 가치가 있다. 그는 「고대사」(*Antique. Jud.*, I. xviii. cap. 3, 3)에서 예수의 생애를 다음과 같이 인상적으로 요약한다:

"한편 이 무렵에 예수가 등장했다. 그를 가리켜 인간이라고 해도 괜찮다면 그는 현
자(賢者)였다. 기사(奇事)들을 행한 사람이고, 사람들에게 진리를 기쁨으로 받게 하는
교사였기 때문이다. 그는 많은 유대인들과 헬라인들을 동반하고 다녔다. 그는 그리
스도였다. 빌라도가 우리 유대인들 가운데 유력 인사들의 조언을 받아들여 그를 십
자가에 달아 처형한 뒤에도 그의 첫 추종자들은 그를 버리지 않았다. 이는 그가 제3
일에 다시 살아나 그들에게 나타났기 때문이다. 이런 일들과 그에 관한 그 밖의 수
많은 놀라운 일들에 관해서 선지자들이 이미 예언해 놓았다. 그 뒤로 오늘날까지 그
리스도인들이라 는 그 집단은 소멸되지 않고 있다.

이 증언은 최초로 에우세비우스(Eusebius)가 아무런 의심도 받지 않은 채 두
번 인용했고(*Hist. Eccl.*, I. 11; and *Demonstr. Evang.*, III. 5), 16세기까지 진짜
로 간주되었지만, 그 뒤로는 늘 논란이 되었다.

다음은 그 증언의 진실성을 지지하는 주장들이다:

(1) 그 증언은 요세푸스의 모든 사본들에서 발견된다.

(그러나 이 사본들은 모두 그리스도인들이 작성했고, 11세기 이전의 사본은
현존하지 않는다.)

(2) 그 증언은 요세푸스의 문체와 일치한다.

(3) 요세푸스가 주후 66년까지의 유대인 역사를 집필하면서 예수를 무시하고
넘어갔을 가능성은 극히 희박하다. 그가 세례 요한(*Antiqu.*, XVIII. 5, 2)과 "그
리스도라 하는 예수의 동생" 야고보의 순교(*Antiqu.*, XX. 9, 1)를 호의적으로 언
급한다는 점에서 더욱 그렇게 생각할 수 있다. τοῦ λεγομένου Χριστοῦ라는
구절이 삽입이 아닐 경우 두 단락은 일반적으로 그 진실성을 인정받는다.

이런 주장들과는 반대로 요세푸스가 기독교 자체를 아예 무시할 만한 충분한
이유가 있었다는 주장도 가능하다.

진실성을 비판하는 주장들:

(1) 그 단락은 흐름이 매끄럽지 못하다.

(그러나 반드시 그런 것만은 아니다. 요세푸스는 방금 앞에서 본디오 빌라도
가 폭동을 구실로 유대인들에게 내린 참화를 기록했는데, 예수의 십자가형을 부
가적인 참화로 간주했을 가능성이 있다. 그는 그 다음에 계속해서(4, 5) 유대인
들이 티베리우스의 명령으로 로마에서 추방된 또 다른 참화를 기록한다.)

(2) 그 단락은 그리스도인이 집필한 것임이 은연 중 드러나며, 요세푸스의 알려진 직위 곧 바리새파 소속 유대인 제사장에 전혀 걸맞지 않는다. 오히려 요세푸스가 예수를 사기꾼이나 광신자로 표현했을 것이라고 기대하는 게 낫다.

(반면에 요세푸스가 문학적 기량은 뛰어났지만 허황되고 무원칙한 사람으로, 자기 민족을 칭송했다가 배반한 변절자와 아첨꾼으로도 알려졌다는 것을 지적할 수 있다. 그는 유대인이 로마에 반란을 일으킬 때 반란군의 장군이었다가 생포된 다음에는 로마 정복자들에게 아첨을 하여 풍부한 보상을 받았다. 역사는 이와 비슷한 모순된 사례들을 많이 제공한다. 본디오 빌라도가 그리스도를 무죄하다고 간주했으면서도 사형을 언도한 일과, 루소(Rousseau)와 나폴레옹 1세가 그리스도의 신성에 관해서 행한 놀라운 증언들, 그리고 르낭(Renan)이 자기 지위와 모순되게 한 양보를 기억하라.)

(3) 그 증언이 순교자 유스티누스, 알렉산드리아의 클레멘스, 테르툴리아누스, 또는 에우세비우스(340년 죽음) 이전의 다른 저자, 특히 세례 요한과 야고보에 관한 요세푸스의 단락들을 뚜렷이 언급한 오리게네스(*Contra Cels.*, I. 35, 47)에 의해서 인용되지 않은 것은 이상하다. 크리소스토무스(407년 죽음)조차도 요세푸스를 거듭 언급하면서도 이 증언에 대해서는 무시한 듯하다.

이런 상충된 견해들을 고려한 다른 견해들도 있다:

(1) 그 단락은 철저히 진실하다. 다음과 같은 사람들이 이 옛 견해를 옹호한다: Hauteville, Oberthür, Bretschneider, Böhmert, Whiston, Schoedel(1840), Böttger(*Das Zeugniss des Jos.*, Dresden, 1863).

(2) 그것은 전부 그리스도인의 손에 의해 삽입되었다. Bekker(그의 요세푸스판〈1855〉에서), Hase(1865와 1876), Keim(1867), Schürer(1874).

(3) 그것은 부분적으로는 진짜이고 부분적으로는 가짜이다. 요세푸스가 Χριστὸς οὖτος ἐλέγετο라는 구절을 썼을 가능성은 있지만(야고보에 관한 단락에서처럼) ἦν은 썼을 가능성이 없으며, 기독교 색채를 띤 다른 모든 문장들은 에우세비우스 이전에 필사자가 변증에 목적을 두고 첨가했다. 이렇게 주장하는 사람들은 다음과 같다: Paulus, Heinichen, Gieseler(I. 24, p. 81, 4th Germ. ed.), Weizsäcker, Renan, Farrar.

(4) 그 단락은 유대인의 비방에서 현재의 기독교적 형태로 철저히 바뀌었다.

요세푸스는 원래 예수를 거짓 메시야, 마술사, 백성의 미혹자로서 십자가에서 정당한 죽음을 죽었다고 썼다. 이렇게 주장한 사람은 Paret과 Ewald(*Gesch. Christus'*, p. 183, 3d ed.)이다.

요세푸스가 유대인 역사에서 가장 큰 사건을 어느 정도는 틀림없이 알고 있었다(그가 세례 요한과 야고보를 알았듯이)는 결론과, 하지만 그의 진술 — 중립적이든 적대적이든 — 이 그리스도인의 손에 의해 교묘하게 확대 또는 변경되었고, 그로써 사료로서의 가치를 상실했다는 결론을 뿌리치기가 어렵다.

하지만 다른 점들에서 요세푸스의 저서는 간접적으로 복음 역사의 진실성에 대단히 가치 있는 증언을 한다. 그의 「유대 전쟁사」(*History of the Jewish War*)는 본인의 의도와는 상관없이 우리 구주의 예언들, 이를테면 예루살렘 성과 성전의 멸망, 당시 유대인들의 참혹한 고통과 좌절, 가뭄과 역병과 지진, 거짓 선지자들과 협잡꾼들의 등장, 이런 참화가 닥쳐올 때 피한 제자들 같은 예언들에 대한 놀라운 주석이다. 학식이 풍부한 라드너 박사(Dr. Lardner)는 이 모든 동시 발생들을 다음 저서에서 충분히 추적했다: *Collection of Ancient Jewish and Heathen Testimonies to the Truth of the Christian Religion*(초판, 1764–67); *Works*(ed. by Kippis, Lond. 1838, vol. vi).

V. 이교권의 증언은 분량도 희박하고 내용도 미약하다. 이 점은 그리스도의 생애와 사역이 그만큼 기원도 신비롭고 기간도 짧고 성격도 비현세적이었다는 점으로 설명해야 한다. 그리스도께서는 하늘 나라를 위해서 전 생애를 바치시되, 한적한 시골에서 교만한 그리스인들과 로마인들이 경멸하던 백성 사이에서 활동하셨던 것이다.

이교권에서 가장 오래된 증언은 아마도 철학자 마라(Mara)가 주후 74년경에 아들 세라피온(Serapion)에게 시리아어로 써 보낸 편지일 것이다. 이 편지는 Cureton이 *Spicilegium Syriacum*(London, 1855)이란 제목으로 최초로 출판했고, Pratten이 "Ante-Nicene Library"(Edinb. vol. xxiv, 1872, 104–114)에서 번역했다. 여기서 그는 그리스도를 소크라테스와 피타고라스에 비견하며, 정당한 형벌을 받은 "유대인들의 지혜로운 왕"으로 일컫는다. Ewald(l.c. p. 180)는 이 증언을 "그 고대성뿐 아니라 단순성과 독창성으로도 매우 뛰어난" 것이라고 한다.

1–2세기 로마의 저자들은 그리스도를 기독교라는 종교의 창시자로서 티베리

우스 재위 때 본디오 빌라도에게 십자가형을 당했다는 점을 간단히 우발적으로 언급한다. 타키투스(*Annales*, I, xv. cap. 44)는 로마의 대화재와 네로의 박해와 연관지어 그리스도를 언급한다. 그리고 기독교를 미신이라고 한다. 그가 유대인들에 대해서도 경멸조로 곡해한 내용과 비교하라(*Hist.*, v. e. 3-5). 다음 저자들도 그리스도와 기독교에 관해 언급한다: Suetonius, *Vita Claudii*, c. 25; *Vita Neronis*, c. 16; Plinius, jun., *Epist.*, X. 97, 98; Lucian, *De morte Peregr.*, c. 11; Lampridius, *Vita Alexandri Severi*, c. 29, 43.

기독교를 적대시한 이교도들, 이를테면 루키아노스(Lucian), 켈수스(Celsus), 포르피리오스(Porphyry), 배교자 율리아누스(Julian the Apostate) 같은 사람들은 복음 역사의 주된 사실들과, 심지어 예수의 기적들까지도 인정을 하지만, 유대인 대적들과 마찬가지로 그것을 악령들에게서 나온 것으로 폄하한다. 비교. 필자의 저서 「그리스도의 위격」(*Person of Christ*, 부록)과 라드너 박사(Dr. Nath. Lardner)의 「신빙성」(*Credibility*)과 「증언 모음」(*Collection of Testimonies*).

B. 전기와 비평서

복음서 대조서들은 타티아누스(Tatian)의 「디아테사론」(τὸ διά τεσσάρων. 이에 대해서 4세기에 Ephraem Syrus가 주석을 썼고, 1876년 베네치아 소재 아르메니아 수도원에서 아르메니아어 판에 기초한 라틴어 판이 출판되었다)을 필두로 이미 주후 170년부터 나오기 시작했다. 초기의 그리스도 전기들은 금욕적이거나 시적이었고, 전설적인 요소도 있었다. 참조. Hase, *Leben Jesu*, 17-19. 비평의 시기는 Reimarus, Bahrdt, Venturini의 불신앙적이고 파렴치한 공격과 Hess, Herder, Reinhard의 고상한 변증서들로 시작되었다. 그러나 훨씬 더 본격적인 비평은 Strauss(*Leben Jesu*, 1835)에 의해서, 그리고 다시 Renan(*Vie de Jésu*, 1863)에 의해서 촉진되었다.

J. J. Hess(취리히의 Antistes, d. 1828): *Lebensgeschichte Jésu.* Zürich, 1774. 8th ed. 1823, 3 vols. 네덜란드어와 덴마크어로 번역됨. 그는 심리학적이고 실용주의적인 방법을 도입했다.

F. V. Reinhard(d. 1812): *Versuch über den Plan Jesu.* Wittenberg, 1781; 5th ed. by Heubner, 1830. 영역, N. York, 1831. Reinhard는 과거 인류의 현자들과 은인들에 비해서 그리스도의 계획이 독창적이고 뛰어난 것이었음을 입증했다.

J. G. Herder(d. 1803): *Vom Erlöser der Menschen nach unsern 3 ersten Evang.* Riga, 1796; *Von Gottes Sohn, der Welt Heiland, nach Joh. Evang.* Riga, 1797.

H. E. G. Paulus(Prof in Heidelberg, d.1851): *Leben Jesu als Grundlage einer reinen Geschichte des Urchristenthums.* Heidelb. 1828, 2 vols. '통속적' 민족주의를 반영함. 훗날 Strauss의 사변적 민족주의로 대체됨.

C. Ullmann(d.165): *Die Sündlosigkeit Jesu.* Hamb. 1828; 7th ed. 1864. 영역(7판에 대한), Sophia Taylor, Edinb. 1870. 예수의 무죄성에 관한 최고의 저서. 비교, Strauss를 비판한 그의 논문, *Historische oder Mythisch?* Gotha, 1838.

Karl Hase: *Das Leben Jesu.* Leipz. 1829; 5th ed. 1865; *Geschichte Jesu.* Leipz. 1876.

Schleiermacher(d. 1834); *Vorlesungen über des Leben Jesu, herausgeg. von Rütenik.* Berin, 1864. 이 강의들은 1832에 행해졌으며, 미완성 강의록을 토대로 "Eine Stimme aus vergangenen Tagen"이란 제목으로 출판되었다. 비교. D. F. Strauss가 다음 책에서 가한 비판: *Der Christus des Glaubens und der Jesus der Geschichte.* Berlin, 1865.

D. F. Strauss(d. 1874): *Das Leben Jesu kritisch bearbeitet.* Tübingen, 1835-36; 4th ed. 1840, 2 vols. 프랑스어역, by Emile Littré, Par. 1856(2nd ed.); 영역, by Miss Marian Evans(George Eliot라는 가명으로 더 유명함), Lond. 1846, in 3 vols., republ. in N. York, 1850; *Das Leben Jesu für das deutsche Volk bearbeitet.* Leipz. 1864; 3rd ed. 1875. Strauss는 이 두 권에서 신화론을 주장한다. 이 이론은 Oort and Hooykaas가 영역한 *The Bible for Learners*(Boston ed. 1879)의 제3권으로 널리 알려졌다.

A. Neander(d. 1850): *Das Leben Jesu.* Hamb. 1837; 5th ed. 1852. Strauss에 대한 단호한 논박. 영역, by McClintock and Blumenthal(N. York, 1848).

Joh. Nep. Sepp(R. C.): *Das Leben Jesu Christi.* Regensb. 1843 sqq.; 2d ed. 1865, 6 vols. 전설적인 내용에 치중함.

Jordan Bucher(R. C.): *Das Leben Jesu Christi.* Stuttgart, 1859.

A. Ebrard: *Wissenschaftliche Kritik der evangelischen Geschichte.* Erl. 1842; 3rd ed. 1868. Strauss와 Bruno Bauer 등에 대한 논박. 압축 영역, Edinb. 1869.

J. P. Lange: *Das Leben Jesu.* Heidelb. 1844-47, 3 parts in 5 vols. 영역, by Marcus Dods 외, 6 vols., Edinb. 1864. 내용이 풍성하고 암시하는 바가 많음.

J. J. van Oosterzee: *Leben van Jesus.* 초판, 1846-51, 3 vols.; 2d ed. 1863-65. 비교. 그의 책, *Christologie, Rotterdam,* 1855-61, 3 vols. 성육신 이전의 하나님의 아들, 육체를 입으신 하나님의 아들, 영광을 입으신 하나님의 아들을 묘사한다. 제3부는 F. Meyering에 의해서 독일어로 번역되었다: *Das Bild Christi nach der Schrift,* Hamburg, 1864.

Chr. Fr. Schmid: *Biblische Theologie des N. Testaments.* Ed. by Weizsäcker. Stuttgart, 1853(3rd ed. 1854), 2 vols. 제1권은 그리스도의 생애와 교훈을 다룬다. G. H. Venables(Edinb. 1870)의 영역은 축약판이다.

H. Ewald, *Geschichte Christus' und seiner Zeit.* Gött. 1854; 3rd ed. 1867(vol. v. 그의 *Hist. of Israel* 중에서). 영역, O. Glover, Cambridge, 1865.

J. Young: *The Christ of History.* Lond. and N. York, 1855, 5th ed., 1868.

P. Lichtenstein: *Lebensgeschichte Zeus in chronolog. Uebersicht.* Erlangen. 1856.

C. J. Riggenbach: *Vorlesungen über das Leben Jesu.* Basel, 1858.

M. Baumgarten: *Die Geschichte Jesu für das Verständniss der Geenwart.* Braunschweig, 1859.

W. F. Gess: *Christi Person und Werk nach Christi Selbstzeugniss und den Zeugnissen der Apostel.* Basel, 1878, in several parts. (이 책은 그가 같은 주제로 펴낸 첫권⟨1856⟩을 능가한다.)

Horace Bushnell(d. 1878): *The Character of Jesu: forbidding his possible classification with men.* N. York, 1861. (그의 책 제10장 "Nature and the Supernatural" ⟨N. York, 1859⟩의 재인쇄.)

C. J. Ellicott (Bishop): *Historical Lectures on the Life of our Lord Jesus Christ, being the Hulsean Lect. for 1859.* 5th ed. Lond. 1869; republ. in Boston, 1862.

Samuel J. Andrews: *The Life of our Lord upon the earth, considered in its historical, chronological, and geographical relations.* N. York, 1863, 4th ed. 1879.

Ernst Renan: *Vie de Jesu.* Par. 1863. 그 이후로 재판을 거듭하고(1867년에 제

13판) 여러 언어로 번역됨. 대중화하고 프랑스화한 Strauss. 전설론. 웅변적이고 매력적이고 피상적이고 모순적임.

Daniel Schenkel: *Das Charakterbild Jesu*. Wiesbaden, 1864; 4th ed. revised 1873. 영역, W. H. Furness. Boston, 1867, 2 vols; *Das Christusbild der Apostel und der nachapostolichen Zeit*. Leipz. 1879. 참조. 그의 논문, *Jesus Christus*, in Schenkel's "Bibel-Lexikon," III 257 이하. 반(半)신화론. 비교. 다음 책에 실린 스트라우스에 대한 예리한 비판: Characterbild: *Die Halben und die Ganzen*. *Berlin*, 1865.

Philip Schaff: *The Person of Christ: the Perfection of his Humanity viewed as a Proof of his Divinity. With a Collection of Impartial Testimonies*. Boston and N. York, 1865; 12th ed., revised, New York, 1882. The same work in German, Gotha, 1865; revised ed., N. York (Am. Tract Soc.), 1871; in Dutch by Cordes, with an introduction by J. J. van Oosterzee, Groningen, 1866; in French by Prof. Sardinoux, Toulouse, 1866, and in other languages. By the same: *Die Christusfrage*. N. York and Berlin, 1871.

Ecce Homo: A Survey of the Life and Work of Jesus Christ. [By Prof. J. R. Seeley, of Cambridge.] Lond. 1864, and several editions and translations. 이 책에 대한 반응으로 *Eccde Deus, Ecce Deus Homo*에 대한 여러 책들을 비롯하여 숱한 서평과 논문(한 편은 Gladstone이 씀)이 나왔다.

Charles Hardwick(d. 1859): *Christ and other Masters*. Lond., 4th ed., 1875. (Reinhard의 책에 대한 부연; 동방 종교들의 창시자들과 그리스도를 비교함.)

E. H. Plumptre, *Christ and Christendom*. Boyle Lectures. Lond. 1866.

E. de Pressensé: *Jésus Christ, son temps, sa vie, son oeuvre*. Paris, 1866. (Renan에 대한 논박.); 영역, Annie Harwood (Lond., 7th ed. 1879); 독일어역, Fabarius (Halle, 1866).

F. Delitzsch: *Jesus and Hillel*. Erlangen, 1867; 3rd ed. revised, 1879.

Theod. Keim(Prof. in Zürich, and then in Giessen, d. 1879); *Geschichts Jesu von Nazara*. Zürich, 1867-72, 3 vols. 한 권으로도 축약함(1873, 2d ed. 1875). (제2판에는 중요한 추가 부분들, 특히 비평적 부록이 수록되었다.) 확대판은 Geldart와 Ransom에 의해서 영역되었다(Williams & Norgate, 1873-82, 6 vols.).

동일 저자: *Der geschichtliche Christus*. Zürich, 3d ed. 1866. Keim은 공관복음서, 특히 마태복음에서(하지만 요한복음은 배제한 채) 역사적 그리스도를 재구성한다.

Wm. Hanna: *The Life of our Lord*. Edinb. 1868–69, 6 vols.

Bishop Dupanloup(R. C.): *Historie de notre Sauveur Jésus Christi*. Paris, 1870.

Fr. W. Farrar(Canon of Westminster): *The Life of Christ*. Lond. and N. York, 1874, 2 vols. (in many editions, one with illustrations)

C. Geikie: *The Life and Works of Christ*. Lond. and N. York, 1878, 2 vols. (Illustrated. Several editions.)

Bernhard Weiss(Prof. in Berlin): *Das Leben Jesu*. Berlin, 1882, 2 vols., 3d ed. 1888. 영역, Edinb. 1885, 3 vols.

Alfred Edersheim: *The Life and Times of Jesus the Messiah*. London and N. Y. 1884, 2 vols. 대단히 정통적임. 랍비들의 예화를 참조하기에 유익함.

W. Beyschlag: *Das Leben Jesu*. Halle, 1885–86, 2 vols.; 2d ed. 1888. Paulus, Strauss, Renan(또한 *Jésus Christ et sa doctrine*⟨Par. 1838⟩의 저자이자 프랑스의 유대인 지식인 Joshep Salvador)은 다양한 국면의 합리주의와 파괴적인 비평주의를 대표하지만, 방대하고 가치있는 변증서들이 나오도록 자극도 했다. 참조. Hase의 *Leben Jesu*⟨5th ed. p. 44 이하⟩에 실린 참고문헌과 그의 저서 *Geschichte Jesu*, p. 124 이하. Schleiermacher, Gfrörer, Weisse, Ewald, Schenkel, Hase, Keim은 다양한 정도와 많은 차이점을 가지고 중간 입장을 견지한다. 대학자 Schleiermacher는 회의론의 바다에서 거의 빠져 죽을 뻔하다가, 베드로처럼 자기에게 내미신 예수의 구원의 팔을 붙잡았다(참조. 마 14:30, 31). Hase는 참고문헌과 암시적인 묘사에서, Ewald와 Keim은 Josephus와 그 시대 역사에 대한 독자적인 조사와 세심한 사용에서 매우 가치가 있다. Keim은 요한복음의 권위를 배척하고, Ewald는 시인한다. 하지만 두 사람 다 예수의 무죄한 완전성을 시인하는데, Keim은 순전히 비평적이고 공관복음적인 시각에서 다음과 같이 말하는 데까지 나간다(Vol. iii. 662). 즉, 그리스도가 자기 세대와 차후 세대들 위에 크게 뛰어남으로써 "신비스런 고독, 초인적 기적, 신적 창조의 인상을 준다"고 한다. Weiss와 Beyschlag는 한 걸음 더 나가 요한복음의 진실성을 당당하게 변호하지

만, 사소한 점들에서는 비평에 양보를 한다.

C. 연대기

Kepler: *De Jesu Christi Servatoris nostri vero anno natalicio.* Frankf. 1606. *De vero anno quo aeternus Dei Filius humanam naturam in utero benedictoe Virginis Marioe assumpsit.* Frcf. 1614.

J. A. Bengel: *Ordo Temporum.* Stuttgart, 1741, and 1770.

Henr. Sanclemente: *De Vulgaris Aeroe Emendatione libri quatuor.*

C. Ideler: *Handbuch der Chronologie.* Berlin, 1825–26, 2 vols. By the same: *Lehrbuch der Chronologie,* 1831.

Fr. Münter: *Der Stern der Weissen.* Kopenhagen, 1827.

K. Wieseler: *Chronolog. Synopse der vier Evangelien.* Hamb. 1843. Eng. trans. by Venables, 2d ed., 1877. Supplemented by his *Beiträge zur richtigen Würdigung der Evangelien.* Gotha, 1869.

Henry Browne: *Ordo Soeclorum.* London, 1844. 비교. 그의 논문 *Chronology,* in the 3d ed. of Kitto's "Cycl. of Bib. Lit."

Sam F. Jarvis(historiographer of the Prot. Episc. Ch. in the U. S., d. 1851): *A Chronological Introduction to the History of the Church.* N. York, 1845.

G. Seyffarth: *Chronologia sacra, Untersuchungen über das Geburtsjahr des Herrn.* Leipzig, 1846.

Rud. Anger: *Der Stern der Weisen und das Geburtsjahr Christi.* Leipz. 1847; *Zur Chronologie des Lehramtes Christi,* Leipz. 1848.

Henry F. Clinton: *Fasti Romani.* Oxford, 1845–50, 2 vols.

Thomas Lewin: *Essay on the Chronology of the New Testament.* Oxford, 1854; *Fasti Sacri* (from B.C. 70 to A.D. 70). Lond. 1865.

F. Piper: *Das Datum der Geburt Christi,* in his "Evangel. Kalender" for 1856, pp. 41 이하.

Henri Lutteroth: *Le recensement de Quirinius en Judée.* Paris, 1865 (134 pp.).

Gust. Rösch: *Zum Geburtsjahr Jesu,* in the "Jahrbücher für Deutsche Theol." Gotha, 1866, pp. 3–48.

Ch. Ed. Caspari: *Chronologische-Geographische Einleitung in das Leben J. C.* Hamb. 1869 (263 pp.). 영역, M. J. Evans. Edinburgh (T. Clark), 1876.

Francis W. Upham: *The Wise Men.* N. York, 1869 (ch. viii, 145, on Kepler's Discovery). *Star of Our Lord*, 동일 저자, N. Y., 1873.

A. W. Zumpt: *Das Geburtsjahr Christi.* Leipz. 1869 (306 pp.). 그는 누가복음 2:2에 나오는 구레뇨의 이중 총독직을 중시한다. 비교. Pres. Woolsey in *Bibl. Sacra*, April, 1870.

Herm. Sevin: *Chronologie des Lebens Jesu.* Tübingen, 2d. ed., 1874.

Florian Riess(Jesuit): *Das Geburtsjahr Christi.* Freiburg i, Br. 1880.

Peter Schegg(R. C.): *Das Todesjahr des Königs Herodes und das Todesjahr Jesu Christi.* Riess에 대한 논박. München, 1882.

Florian Riess: *Nochmals das Geburtsjahr Jesu Christi.* Schegg에 대한 답변. Freib. im Br. 1883.

Bernhard Matthias: *Die römische Grunsteuer und das Vectigalrecht.* Erlangen, 1882.

H. Lecoultre: *De censu Quiriniano et anno nativitatis Christi secundum Lucam evangelistam Dissertatio.* Lausanne, 1883.

15. 기독교의 설립자

"때가 차매" 하나님이 세상을 죄의 저주에서 구속하시고 그의 독생자의 이름을 믿는 모든 자들을 위해 영원한 진리와 사랑과 평화의 나라를 세우시고자 '만국의 소망'인 자기 독생자를 보내셨다.

신적인 동시에 인간적인 예비의 역사는 예수 그리스도 안에서 종결된다. 그 안에서 과거에 유대인들과 이방인들에게 내렸던 모든 계시가 절정에 달한다. 그 안에서 이방인들과 유대인들이 구속을 향해 저마다 지녀온 강렬한 소원과 노력이 성취된다. 사도 요한에 따르면, 그리스도는 신성으로는 로고스로서 성부의 영원한 아들이요, 세계 창조와 보존과 성육신으로 완성된 하나님의 모든 예비적 계시의 집행자이다. 인성으로는 나사렛 예수로서 인류의 종교적 성장의 난숙한 열매요 땅의 조상을 두고 계신다. 그 조상은, 마태(이스라엘을 위해 펜을 든 복음서 저자)에 따르면, 유대인의 족장 아브라함에게 거슬러 올라가고, 누가(이방인을 위해 펜을 든 복음서 저자)에 따르면, 온 인류의 아버지 아담에게 거슬러 올라간다. 그 안에는 신성의 모든 충만이 육체로 거하시고, 아울러 그 안에서 인간의 덕과 경건의 이상이 실현된다. 그는 영원한 진리요 개인적으로 우리의 본성과 결합한 신적 생명 자체이시다. 우리 주, 우리 하나님이시다. 그런데도 동시에 우리 살 중의 살이요 뼈 중의 뼈이시다. 그 안에서 종교의 문제가 해결되고, 인간이 하나님과 화목하고 사귐에 들어간다. 그 안에서 이미 보증되고 실현된 것보다 더 밝은 하나님에 대한 계시를 바라서도 안 되고, 인간의 더 높은 종교적 달성을 바라서도 안 된다.

그러나 예수 그리스도는 이처럼 과거의 모든 역사를 마감하시면서, 다른 한편으로는 무궁한 미래가 시작되게 하신다. 그는 새로운 피조물의 창조자, 둘째 아담, 거듭난 인류의 아버지, 교회 곧 "그의 몸 … 만물 안에서 만물을 충만케 하시는 자의 충만"이시다. 빛과 생명을 흘러 보내는 정결한 샘이시다. 그 샘의 물은 민족들과 세대들을 통해서 한 번도 끊기지 않고 흘러 왔고, 장래에도 계속 흐르기를 땅이 찬미로 가득 차고 모든 혀가 그를 주로 고백하여 성부 하나님이 영광을 받으실 때까지 할 것이다. 온 우주에 충일한 채 전권을 장악하고 있는 그리스도의 영과 생명은 인류의 완결과 역사의 종결과 영광스러운 영원의 시작이 될 것이다.

예수의 전기 작가로서는 그분이 어떻게 특정 백성, 세대, 나라의 상황 속에서 외면과 내면의 발전에 의해 본래 되기로 작정된 바대로 되셨는지, 그리고 기독교 세계의 신앙대로 신인(神人)이자 세상의 구주인 지위를 어떻게 지속해 가실지를 나타내는 게 크고 어려운 과제이다. 그분은 영원부터 하나님이시므로 하나님이 되려고 굳이 노력하실 필요가 없었다. 하지만 인간으로 오셔서는 인간의 생명 법칙과 점진적인 성장에 종속되셨다. "예수는 그 지혜와 그 키가 자라가며 하나님과 사람에게 더 사랑스러워 가시더라"(눅 2:52). 비록 하나님의 아들이셨으나 "아들이시라도 받으신 고난으로 순종함을 배워서 온전하게 되었은즉 자기를 순종하는 모든 자에게 영원한 구원의 근원이" 되셨다(히 5:8, 9). 나사렛의 역사적 예수와 믿음의 이상형인 그리스도 사이에는 아무런 모순이 없다. 그의 참된 생명, 즉 이전과 이후의 모든 사람들 위에 뛰어나고 철저히 완전해지신 그 생명을 온전히 이해하면 그가 자신의 신성에 관해서 친히 하신 증거를 인정하지 않을 수 없게 된다.

예수 그리스도는 로마의 초대 황제 가이사 아구스도 치하의 세상에 들어오셨다. 헤롯 대왕이 죽기 전으로서, 오늘날 우리가 사용하는 디오니시우스 력(Dionysian aera)의 전통적 연대보다 4년 앞선 해였다. 나신 곳은 유대 베들레헴이었고, 다윗 왕의 계보를 따라 '정혼한 동정녀 어머니' 마리아에게서 나셨다. 세상은 평화로웠고, 로마 역사에서 야누스의 문들이 두번째로 닫혔다(로마의 여러 의례용〈儀禮用〉 출입구로서, 전시에는 열리고 평시에는 닫혀 있었는데, 폼필리우스〈주전 7세기〉 시대와 아우구스투스〈주전 1세기〉 시대 사이의 긴 기간 중 두 번만 닫혀 있었다고 함 — 역주). 이러한 절묘한 상황에는 시적으로 도덕적으로 적합한 점이 있었다. 자칫하면 전쟁의 격정과 군대의 함성에 함몰되었을지도 모를 평화, 그 평화에 관한 온유한 메시지가 선포될 수 있는 상황이었다. 하늘에서 온 천사들이 찬송으로써 그리스도가 나셨다는 좋은 소식을 선포했다. 유대의 목자들이 인근 들판에서, 이교의 현자들이 멀고 먼 동방에서 찾아와 갓 태어난 왕이요 구주께 믿는 마음으로 절했다. 하늘과 땅이 아기 그리스도를 둘러서서 즐거이 경배하고, 이 사건으로 인한 복이 문명화한 세계 전역에서 귀천과 빈부와 노소를 가리지 않고 대대로 새로이 임한다.

무죄하고 거룩하면서도 참 인간이자 자연스러운 완전한 유년기에 대한 생각은 이전의 어느 시인도 어느 역사가도 생각해 본 적이 없었다. 전설적인 상상으로 써내려간 외경 복음서들은 복음서 저자들의 정숙한 침묵을 메꾸려고 하다가 들짐승과 나무와 벙어리 우상이 아이에게 절하고, 아이는 소꿉 친구들을 즐겁게 해주려고 진흙덩이로 새를 만들어 날려 보내는 비자연적인 비범함을 그렸다.

예수님의 청소년기는 신비에 가려져 있다. 우리가 아는 것은 대단히 중요한 단 한 가지 사실뿐이다. 열두 살 소년일 때 예수님은 성전에서 박사들과 대화를 하시면서 건방지거나 때이른 지혜로 그들을 배척하지 않으시고 질문과 대답으로 그들을 깜짝 놀라게 하셨고, 하늘 아버지의 일에 몰두하시는 모습으로 부모에게 경외심을 일으키셨으며, 그러면서도 매사에 부모에게 종속되고 순종하셨다. 이 점에서도 역사의 초자연적 기적과 외경의 허구가 그려낸 비자연적 비범 사이의 뚜렷한 구분선이 있다. 외경은 소년 예수가 천문학, 의학, 물리학, 형이상학, 초물리학(hyperphysics)에 관해서 박사들이 던지는 어려운 질문들에 대단히 박식한 대답을 하는 모습을 그린다.

청소년기의 외적 상황과 환경은 공생애의 놀라운 결과와 예리하게 대조된다. 예수님은 속담에서조차 미미하게 취급받던 한적한 갈릴리 산골에서 주목을 받지 않은 채 조용히 자라셨다. 가난한 목수집 아들이셨고, 예루살렘과 학교와 도서관과는 인연이 없으셨고, 교육이라곤 가난한 유대인에게 열려 있던 것, 즉 경건한 부모의 관심과 자연의 아름다움과 회당 예배와 하나님과 더불은 영혼의 은밀한 교제, 그리고 예표와 예언으로 자신의 인격과 사명을 기록해놓은 구약성경이 전부였다.

예수님의 사상 연원을 기존의 학파와 분파에서 찾으려는 시도가 많았으나, 성과를 거둔 것은 하나도 없었다. 예수님은 장로의 유전을 그것에 대해 비판할 때를 제외하고는 언급조차 하지 않으셨다. 바리새인과 사두개인과도 달랐고, 그들에게 철저한 반감을 사셨다. 에세네파와는 접촉하신 일조차 없었다. 인간의 지식과 학문, 학파와 분당과 무관하셨다. 세상에 아무것도 빚진 것이 없는 분으로서 세상을 가르치셨다. 하늘로서 오셔서 크신 여호와와 친밀히 나누신 교제의 그 풍성함을 가지고 말씀하셨다. 학자도 예술가도 웅변가도 아니셨다. 그러면서도 모든 현자들보다 지혜로우셨고, 사람이 말해본 적이 없는 방식으로 말씀하셨으며, 당대와 장차 올 모든 세대에 어떠한 사람도 주지 않았고 줄 수도 없었던 인상을 주셨다. 따라서 마을 사람들이 놀라면서 "이 사람이 어디서 이런 것을 얻었느뇨"(막 6:2, 3) — "배운 적이 없는 이 사람이 어떻게 글을 안단 말이냐?" — 라고 물은 것은 당연하다.

예수님은 서른 살에 요한의 세례로 메시야 직에 오르신 뒤에, 그리고 광야에서 메시야로서 시험 — 첫 아담이 낙원에서 받은 시험에 대칭되는 — 을 받으신 뒤에 공사역을 시작하셨다. 사역은 3년밖에 지속되지 않았다. 하지만 이 3년 안에는 종교사의 가장 깊은 의미가 응축되어 있었다. 어떠한 위대한 생애도 그처럼 신속히, 그처럼 조용히, 그처럼 겸손히, 그처럼 세상의 소란과 동요에서 멀리 떨어진 채 지나간 적이 없었다. 그리고 어떠한 생애도 그처럼 생애를 마친 뒤에 보편적이고도 지속적인 관심을 불러일으킨 적이 없었다. 예수님은 이러한 차이를 잘 알고 계셨다. 자기가 십자가에 달려 죽기까지 굴욕을 당하실 일과, 이 십자가가 매일 그 이름이 전파되는 곳마다 발휘할 불가항력적인 힘을 예고하셨다. "내가 땅에서 들리면 모든 사람을 내게로 이끌겠노라"(요 12:32)고 당당히 말씀하신 그분은 이전과 이후의 모든 현자들과 입법가들보다 역사의 진로와 인간의 마음을 더 잘 아셨다.

예수님은 유대인들을 위해 열두 사도를, 이방인들을 위해 칠십 제자를 택하시되, 학자들과 지도자들 가운데서 택하지 않으시고 무학한 갈릴리 어부들 가운데서 택하셨다. 집도 재산도, 힘있고 부유한 친구도 없으셨다. 소수의 경건한 여성들이 이따금씩 지갑을 채워 드렸다. 그런데 이 지갑을 도둑이자 배반자가 관리했다. 예수님은 세리들과 죄인들하고 친하게 지내셨고, 그들을 더 높고 고상한 삶으로 끌어 올리셨고, 하층민 가운데서 개혁을 시작하셨는데, 당대의 거만한 고위 성직자들은 이런 일들을 경멸하고 업신여겼다. 예수님은 권력자들에게 환심을 사려고 노력하지 않으셨고, 오히려 미움과 박해를 당하셨다. 당대의 온갖 편견에 아첨하지 않으셨고, 소경들의 눈먼 지도자들과 모세의 자리에 앉아 의로운 체하는 위선자들에게 신랄한 비판을 쏟아 부으시는 등 귀천을 막론하고 사람들의 죄와 악을 질타하셨다. 민중의 현세적 메시야 대망에 편승하지 않으시고 오히려 민중이 자기를 왕으로 삼으려 할 때 그들을 떠나셨으며, 로마 제국의 대표자 앞에서 자기의 왕국이 이 세상에 속하지 않았다고 선언하셨다. 제자들에게 자신의 순교를 고지하셨고, 그들로서도 이생에서는 오로지 동일한 피의 세례밖에 받을 게 없다고 약속하셨다. 팔레스타인을 두루 다니시면서 종종 여로에 지치셨으나, 사람들의 영혼과 몸에 선을 행하시고 영과 생명의 말씀을 전하시고 권능과 자비의 기적을 행하시는 등 사랑의 사역에는 조금도 지치지 않으셨다.

하늘 아버지께로서 직접 받은 가장 순결한 교훈을 베푸시되, 자신의 직관과 경험을 가지고, 그리고 무조건적인 신뢰와 순종을 요구하는 권능과 권위를 가지고 베푸셨다. 당파와 분파의 편견들과 당대 그 민족의 미신들에서 초연히 벗어나 계셨다. 사람들의 벌거벗은 마음에 대고 말씀하셨고, 양심의 민감한 곳을 건드리셨다. 영적인 나라의 설립을 고지하시면서, 그 나라는 지극히 작은 씨앗에서 거대한 나무로 자랄 것이고, 누룩처럼 속에서 작용할 것이고, 점차 모든 민족과 나라들로 편만하게 퍼질 것이라고 하셨다. 일찍이 사람의 상상에 들어와 본 적이 없는 이 원대한 사상을 가장 참담한 굴욕의 시간에조차, 즉 유대인 대제사장과 로마 총독의 법정에 설 때와 죄수처럼 십자가에 달릴 때조차 견고하게 붙드셨다. 이 사상이 얼마나 옳았나 하는 것은 교회사의 모든 페이지와 지상의 모든 선교회가 여실히 예증한다.

예수님의 교훈에 따른 기적 혹은 표적은 인간과 자연에 대한 권능을 초자연적으로 — 하지만 비자연적이지 않게 — 증시하신 것이었다. 법칙을 어기신 게 아니라 더 높은 법칙을 나타내신 것이고, 물질보다 정신이 우월함을 보이신 것이고, 정신보다 영혼이 우월함을 보이신 것이며, 인간 본성보다 신적 은혜가 우월함을 보이신 것이다. 그 모든 기적이 지극히 도덕적이고 깊은 상징적 의미를 갖고 있다. 모두가 사람들에게 유익을 끼치려는 순결한 자비에서 나온 것들로서, 마술사의 눈속임 기사와 외경의 무익하고 허황된 기적과는 사뭇 달랐다. 조금도 허세가 없이 이루어졌고, 그냥 그의 '일들'(works)이라고 부를 만큼 단순하고 편안하게 이루어졌다. 그 기적들은 예수님의 교훈을 뒷받침하는 실제적인 증거였고 그 놀라운 인격의 자연스런 반영이었다. 그런 놀라운 인물에게 놀라운 일들이 일어나지 않았다면 그게 더 놀라운 일이었을 것이다.

예수님의 교훈과 기적은 지극히 순결하고 거룩한 사생활과 공생활로 보증되었다. 따라서 자신을 맹렬하게 공격하는 대적들에게 "너희 중에 누가 나를 죄로 책잡겠느냐?"(요 8:46)라고 도전하실 수 있었다. 그들이 단 한 가지도 지적할 수 없다는 것을 잘 아시고서 말이다.

마지막에는 하나님의 거룩한 뜻에 즐거이 복종하여 수동적으로 고난을 참으심으로써 적극적인 순종을 완료하셨다. 유대인 고위 성직자들에게 미움과 박해를 받으시고, 유다의 손에 팔려 그들에게 넘어가시고, 거짓 증인들에게 고소를 당하시고, 산헤드린에 의해 정죄를 당하시고, 백성에게 버림을 당하시고, 베드로에게 부인을 당하셨지만, 로마의 법과 정의를 대표하는 자에 의해 무죄 선고를 받으시고, 눈물 흘리는 어머니와 신실한 제자들에게 옹위를 받으시고, 그 참담한 시간에 말씀과 침묵으로 어린양의 온유와 하나님다운 위엄을 드러내시고, 자기를 해하는 자들을 위해 기도하시고, 회개하는 도적에게 낙원의 한 자리를 베푸시고, 자기 영혼을 하늘 아버지께 의뢰하신 다음 "다 이루었다"고 외치고서 돌아가셨다.

남성으로서 인생의 전성기에 도달하기도 전에 돌아가셨다. 한 청년이 세상의 구주였다! 십자가의 부끄러운 죽음을 죽으셨고, 의로운 자로서 불의한 자들을 위해서, 무죄한 자로서 죄인들을 위해서, 무한한 사랑으로 값없는 희생의 죽음을 죽으셨다. 세상을 하나님과 화목시키기 위해서였다. 적지에서 죄와 사망을 정복하셨고, 그로써 자신의 은덕을 받아들이고 자기를 따르려는 모든 자들을 구속하시고 거룩케 하셨다. 자신의 죽음에 대한 기억과 죄를 씻고 사하는 보혈의 능력을 종말까지 항상 남아 있게 하시려고 주의 만찬을 제정하셨다.

제삼일에 무덤에서 일어나사 죽음과 지옥의 정복자요, 생명과 부활의 왕이 되셨다. 제자들에게 거듭해서 나타나셨고, 그들에게 부활의 복음을 만민에게 전하라는 사명을 주셨다. 하늘 보좌에 임하시고 성령을 부어 주심으로써 교회를 세우신 다음 줄곧 보호하시고 양육하시고 위로하셨으며, 장차 영광 가운데 다시 오사 산 자와 죽은 자를 심판하실 때까지 교회와 함께 계시겠다고 약속하셨다.

이것이 복음서 저자들이 지극히 단순한 필치로 전해 주는 이야기의 빈약한 개략이지만, 그럼에도 불구하고 그 효력은 여느 역사 기술법으로 내놓을 수 있는 것보다 더 보편적이고 지속적이다. 복음서 저자들이 "우리가 그 영광을 보니 아버지의 독생자의 영광이요 은혜와 진리가 충만하더라"고 한 그 스승의 말과 행동의 기록에 자기들의 인상을 첨가하지 않았다.

예수님의 도덕적 성품을 기술하는 과업 앞에서 위축되지 않을 사람이 어디 있고, 그 과업에 착수했더라도 그 결과에 불만족을 표시하지 않을 사람이 어디 있겠는가? 누가 감히 양동이 하나로 대양을 퍼낼 수 있겠는가? (라바터⟨Lavater⟩의 표현을 빌자면) 누가 감히 "목탄으로 떠오르는 태양의 영광을 그릴 수" 있겠는가? 아무리 포부가 큰 미술가라도 이런 경우에는 이상이 현실을 따라올 수 없다. 사람은 선량하고 거룩할수록 사죄받을 필요를 더 크게 느끼는 법이다. 탁월함에 관한 한 스스로 정한 불완전한 표준에도 턱없이 못 미치는 게 사람이다.

그러나 예수님은 우리와 똑같은 성정을 갖고 우리와 한결같은 시험을 받으셨지만 시험에 굴복하지 않으셨다. 생각과 말과 행동에 조금이라도 후회할 거리가 없으셨다. 사죄하거나 회개하거나 개혁할 필요가 없으셨다. 하늘 아버지와의 조화로운 상태에서 떨어진 적이 없었다. 그분의 삶은 전체가 하나님의 영광과 동료 인간의 영원한 복지에 드린, 조금도 단절이 없는 하나의 행동이었다. 그분의 장점과 미덕을 목록으로 만든다면 아무리 완벽하게 만들지라도 구태의연한 단편에 지나지 않을 것이다. 그것은 친구와 원수가 다 같이 인정한 한 점 흠없고 무죄한 성품이다. 그것은 모든 미덕, 하나님께 대한 사랑과 사람에 대한 사랑, 위엄과 겸손, 힘과 온유, 위대함과 단순함, 자제와 복종, 적극적인 덕성과 수동적인 덕성이 조화와 대칭을 이룬 성품이다. 한 마디로, 그것은 그분의 성품을 여느 인간이 도달할 수 없게 우뚝 세워 놓고, 보편 법칙의 한 가지 예외이자 역사상의 도덕적 기적으로 만드는 절대 완전이다. 고대인이든 현대인이든 성인들과 현자들을 예수님과 비교한다는 건 부질없는 짓이다. 불신자 루소(Rousseau)조차 "소크라테스가 현자처럼 살다가 죽었다고 한다면 예수는 하나님처럼 살다가 죽었다"고 외치지 않을 수 없었다. 우리 위에 있는 별빛 화려한 밤하늘과 우리 안에 있는 도덕법 — 칸트의 영혼을 시들지 않는 존경과 경외로 가득 채운 — 을 능가하는 분이 여기 계시다. 인류의 지성소이자 천국의 문이 바로 여기 계시다.

이렇게 그리스도의 인간적 완전을 인정하는 데서 — 역사가가 어찌 달리할 수 있겠는가? — 우리는 한 걸음 더 나아가 그분의 놀라운 주장들을 수긍하는 데로 이끌린다. 그 주장들은 사실이든 사실이 아니든 그분이 보편적으로 받고 계신 존경과 경외의 모든 터전을 반드시 무너뜨린다. 그리스도의 생애는 그 초자연적이고 기적적인 성격을 인정하지 않는 한 제대로 구성할 수 없다.

그리스도의 신성과 구속자로서의 사명은 믿음의 조항이며, 따라서 논리적 또는 수학적 증명의 범위를 넘어선다. 성육신 곧 무한한 신성과 유한한 인성이 한 인격으로 연합한 일은 실로 신비 중에 신비이다. "무엇이 하나님보다 더 영광스러울 수 있는가? 무엇이 육체보다 더 악할 수 있는가?"(아우구스티누스). 역사가란 자기 지방 바깥에서 발생한 일을 교리화하기가 십상이지만, 그리스도의 신성은 사려깊은 사람과 역사의 구도자에게 거역할 수 없이 받아들이게 만드는 자증력이 있다. 그리스도의 신성을 부정하면 그 인격은 풀 수 없는 수수께끼가 되고 만다.

공관복음서들과 요한복음 사이에 약간의 차이가 있긴 하지만, 모든 복음서에 나타나는 대로 그리스도의 신성은 자신에 관해서 분명히 하신 증거와 뗄 수 없다. 그저 곰곰이 생각해 보라! 그리스도는 오래 전에 약속된 메시야라고 주장하신다. 율법과 선지자를 완성하시고, 새롭고 보편적인 나라의 설립자요 입법자이시고, 세상의 빛이시고, 모든 민족 모든 세대의 교사이시고, 그 이상의 권위가 없는 메시야라고 말이다. 세상을 죄에서 구원하려고 이 세상에 오셨다고 주장하신다. 그것은 인간으로서는 도저히 할 수 없는 일이다. 땅에서 죄를 사할 권세를 주장하신다. 그 권세를 자주 사용하셨고, 친히 피를 흘리신 이유도 예언대로 인류의 죄를 속하기 위해서였다. 만민에게 자기를 따라오라고 하시고, 자기를 믿는 모든 사람에게 평안과 영생을 약속하신다. 아브라함과 세상이 있기 전에 계셨다고 주장하며, 신적인 이름들과 속성들과 예배를 주장하신다. 십자가에 달린 상태에서도 낙원의 자리를 배정하신다. 제자들에게 모든 민족을 대상으로 세례를 주라고 지시하시면서 자신의 이름을 영원하신 아버지와 성령과 동렬에 두시며, 세상 끝날까지 그들과 함께 계실 것과 만민의 재판장으로서 영광 중에 다시 오실 것을 약속하신다. 지극히 겸손하고 온유하신 분이 이렇게 쉽고 자연스런 방법으로 이렇게 엄청난 주장을 하신다. 머뭇거리거나 정정하거나 부연 설명을 하시지 않는다. 다만 자명한 진리들로 선포하신다. 그런 말씀을 거듭해서 읽어도 어색한 느낌이 들지 않고, 거만하고 주제넘다는 생각도 들지 않는다.

그렇지만 만약 이 증거가 참이 아니라면 그것은 노골적인 신성모독이나 미친 짓임에 틀림없다. 참이 아니라는 가설은, 모든 언행에 나타나고 보편적인 동의로 인정을 받은 예수님의 도덕적 순결과 위엄 앞에서 한순간도 버틸 수 없다. 그렇게 중요한 문제를 놓고 그렇게 모든 점에서 명쾌하고 견고한 지성을 가지고 자기 기만을 당했다는 것도 말이 되지 않는다. 정신의 균형조차 잃어본 적이 없는 분이, 구름 위에 떠 있는 해처럼 모든 고통과 박해의 대해에서도 고요하게 항해하신 분이, 꼬투리를 잡으려는 질문에 항상 지혜로운 대답을 하신 분이, 자기가 십자가에 달릴 것과 사흘만에 부활할 것과 성령이 부어질 것과 자신의 교회가 설 것과 예루살렘이 멸망할 것 — 모두 다 문자 그대로 성취된 예언들임 — 을 조용하고 신중하게 예고하신 분이 어찌 광신자나 광인이실 수 있었겠는가? 그처럼 독창적이고 철저하고 일관되고 완벽하고 인간적이면서도 인간의 모든 위대함을 뛰어넘는 분이 사기꾼이나 허구일 수가 없다. 누군가 잘 말해 놓았듯이, 이 점에서는 영웅보다는 시인이 위대할 것이다. 예수라는 인물을 창안해 내려면 예수보다 뛰어난 인물이 필요한 것이다.

그렇다면 우리는 입을 다물고 그리스도의 신성을 시인해야 한다. "나와 아버지는 하나이니라"는 엄청난 말씀 앞에서 우리 이성은 침묵과 경외로 절해야 하고, 의심 많은 도마처럼 "나의 주시며 나의 하나님이시니이다"라고 말해야 한다.

이 결론은 단순히 인간적인 모든 재능과 능력을 훨씬 초월하는, 예수님의 자기 현시의 결과들로 확증된다. 세상에서 과거나 현재에 알려진 것보다 더 고상하고 순결한 진리와 사랑의 삶의 열매들이 헤아릴 수 없이 가득한 기독교 역사는 그리스도의 생애에 대한 지속적인 주석으로서, 면면이 그 거룩한 모범에서 비롯된 감화력을 증거한다. 그리스도의 권능은 주일마다 수많은 강단에서, 왕궁에서, 걸인의 거적집에서, 대학교에서, 산상수훈이 읽혀지는 모든 학교에서, 감옥에서, 양로원에서, 고아원에서, 행복한 가정에서, 유식한 저서와 쉬운 소책자에서 다 느낄 수 있다. 이러한 우리의 역사가 조금이라도 가치가 있다면, 그것은 그리스도가 타락한 세상의 빛과 생명이시라는 새로운 증거이다.

그리고 그리스도의 권능이 쇠잔하고 있다는 징후가 없다. 그분의 나라는 이전보다 더 널리 확장되고 있으며, 지상에서 최후 승리를 거둘 가능성이 지극히 크다. 나폴레옹은 세인트 헬레나에서 — 지금 수백만 명이 사랑으로 영적인 제국을 건설한, 십자가에 달려 죽은 나사렛 사람을 위해 죽을 준비가 되어 있는 반면에 — 무력으로 일시적인 제국을 건설한 알렉산더나 카이사르나 자신을 위해서 죽을 사람은 단 한 명도 없다는 것을 불현듯 생각하고는 충격을 받았다고 한다. 그는 이런 대조에서 그리스도의 신성을 뒷받침하는 확고한 증거를 보고서 이렇게 말했다. "나는 사람들은 안다. 하지만 분명히 말하건대 그리스도는 단순한 사람이 아니셨다. 그리스도에 관한 모든 것이 나를 놀라게 한다. 그분의 영이 나를 엄몰하고 어리둥절하게 한다. 그분은 다른 존재와 비견할 수 없다. 오로지 홀로서 계신다."[1]

---

1) 나폴레옹이 그리스도의 신성을 증거한 일에 대해서는 필자의 *Person of Christ*(1882) 제12판 부록에 실린 Bersier와 Lutterroth의 편지들을 보라(p. 284, pp. 219 sqq.). 나폴레옹은 에르푸르트 의회 회기 중 바이마르에서 열린 궁정 무도회에서 시인 빌란트(Wieland)에게 예수가 지상에 살다간 것을 의심하느냐고 물었다고 한다. 그 질문에 빌란트는 즉각 힘주어서 부정조로 대답하면서, 천년 뒤에는 사람들이 똑같은 권리로 나폴레옹과 예나 전투의 존재를 부정할 수 있다고 덧붙였다. 황제는 빙그레 웃으면서 과연 그렇다고 말했다. 그 질문은 의심을 표시하기 위해서가 아니라 시인의 믿음을 떠보기 위해서 던진 것이었다. 하제(Hase) 박사도 곁에서 그 대화를 들은 수상 뮐러(Müller)의 입을 빌어 그 이야기를 전한다 (*Geschichte Jesu*, p. 9).

　성격이 사뭇 달랐지만 나폴레옹과 마찬가지로 종교에 대한 편견으로 의심받은 적이 없었던 또 다른 천재 괴테(Goethe)는 말년에 역사의 광활한 벌판을 바라보면서 "신이 지상에 나타난 적이 있다면 그것은 그리스도라는 인물 안에서였다"고 하면서 "인간 정신은 다른 모든 분야에서는 아무리 진보를 했을지라도 복음서들에서 밝게 빛나는 기독교의 고상하고 도덕적인 문화를 뛰어넘지 못할 것이다"고 고백하지 않을 수 없었다.

　합리주의의 터에서 그리스도를 신화적이고 전설적으로 생각하는 사람들은 그리스도의 생애를 순전히 인간적이고 자연적인 토대에서 설명하려고 하며, 기적의 요소들을 흔한 사건들이나 악의 없는 허구들로 치부하여 그리스도의 성품과 증거라는 바위를 둘로 쪼개려고 한다. 불신자 가운데 유력한 예수의 전기 작가들은 그분의 성품에 관해서는 깊은 존경을 표하고 그를 지상에 나타난 가장 위대한 현자와 성인으로 칭송한다. 하지만 예수께서 자신의 신적 기원과 사명에 관해서 증거하신 바를 배척함으로써 그분을 거짓말쟁이로 만든다. 그리고 부활의 기적을 부정함으로써 기독교의 위대한 사실을 근원이 없는 시냇물이요 기초 없는 집이요 원인 없는 결과로 만든다. 물리적인 기적을 부정하면서도 사람들더러 그것보다 더 위대한 심리적 기적을 믿으라고 한다. 그렇다. 그들은 역사에 일어난 초자연적 기적을 비자연적인 불가사의와 믿기 어려운 불합리로 대체한다. 그것으로 만족하지 못하고 서로 논박하고 폄하한다. 19세기에 진행된 오류의 역사는 자기 기만의 역사이다. 한 가지 가설이 채 무르익기도 전에 다른 가설이 창안되고 앞의 가설을 대체했다가 결국 똑같은 운명을 맞이했다. 반면에 기독교의 옛 진리와 신앙은 흔들림 없이 남아 있고, 죄와 오류를 평화롭게 정복하는 일에 매진하고 있다.

　실로 예수 그리스도, 복음서들의 그리스도, 역사의 그리스도, 십자가에 달렸다가 다시 사신 그리스도, 신인(神人)이신 그리스도는 가장 참되시고, 가장 확실하시고, 가장 복되시다. 바로 이 사실이 교회에 편만한 채 세상을 정복하는, 항존하면서 점차 성장하는 능력이요, 마치 하늘에서 해가 비취듯이 스스로를 가장 잘 입증하는 증거이다. 이 사실이 죄와 죽음이라는 참혹한 신비를 푸는 유일한 해결책이요, 하나님과 사람을 사랑하는 거룩한 생활을 하게 하는 유일한 영감이요, 행복과 평안으로 인도하는 유일한 안내자이다. 인간의 지혜 체계들은 왔다가고 나라들과 제국들은 일어났다가 무너지지만, 그리스도는 영원 무궁히 "길과 진리와 생명"으로 남으실 것이다.

16. 그리스도의 생애 연표

그리스도의 생애에 대한 연대기적 자료를 간략히 살펴 보자.

I. 탄생 연대

이 주제에 관해서는 확실하고 일치된 전승이 없기 때문에 역사적 · 연대기적 조사로 확인해야 한다. 제6세기에 로마의 대수도원장 디오니시우스 엑시구스(Dionysius Exiguus)에 의해 도입되고 2세기 뒤 샤를마뉴의 재위 때 보편적으로 쓰이게 된 기독교력은 그리스도의 탄생 연대를 아노 우르비스(anno urbis) 곧 로마 시 건설을 원년으로 하여 754년 12월 25일로 잡는다.[2] 거의 모든 연대기 저자들이 이 연대가 적어도 4년의 편차를 낸다는 데 동의한다. 따라서 그리스도는 A.U. 750년(즉, 주전 4년) — 물론 그 이전은 아니지만 — 에 태어나셨다는 게 보편적인 견해이다.

이것은 복음서들의 연대적인 암시들을 요세푸스와 그 시대 저자들, 그리고 천문학적 계산과 비교, 확인해 보면 분명해진다.

헤롯의 죽음

(1) 마태복음 2:1(비교. 눅 1:5, 26)에 따르면 그리스도는 "유대 왕 헤롯 때에" 나셨다고 한다. 이 헤롯은 1세 즉 헤롯 대왕으로서, 요세푸스에 따르면 A.U. 750년 유월절 직전에 37년의 통치를 마감하고 칠십이 다 된 나이에 여리고에서 죽었다고 한다.[3] 이 연대는 월식(月食)에 대한 천문학적 계산으로 입증되었는데, 헤

---

2) 교부들은 탄생(γένεσις, 마 1:18)과 성육신(σάρκωσις)을 구분하며, 성육신을 잉태 혹은 수태고지와 동일시한다. 샤를마뉴 시대 이래로 두 용어는 같은 뜻으로 쓰인 듯하다. 참조. Ideler, *Chronol.*, ii. 383, and Gieseler, i, 70 (4th Germ. ed.).

3) Jos., *Antique.*, xvii. 8, 1; "헤롯은 안티고노스의 살해를 사주한 때[A.U. 717 곧 B.C. 37]를 기준으로 하면 34년을 다스리다가 죽었지만, 로마인들에게 왕으로 인정을 받은 때[A.U. 714 곧 B.C. 40]를 기준으로 하면 37년을 다스렸다." 비교. *Bell. Jud.*, i. 33, 8과 다른

롯이 죽기 며칠 전인 A.U. 750년 3월 13일에 월식이 생겼다.[4] 그리스도가 나신 때와 헤롯이 무고한 아기들을 살해한 때 사이에 두 달 남짓한 기간을 상정한다면 예수 탄생은 적어도 A.U. 750년(즉, 주전 4년) 2월이나 1월 — 비록 그 이전은 아니더라도 — 로 잡아야 한다.

더러는 베들레헴의 남자 아기들이 "두살부터 그 아래로"(마 2:16) 살육을 당한 사건을 놓고서 다음과 같이 추론한다. 즉, 그리스도는 헤롯이 죽기 두 해 전에 나셨음에 분명하다. 그러나 헤롯은 박사들이 처음 별을 본 때로부터 계산하여 (2:7) 자신의 공격 목표를 정확히 알고 싶어했다. 헤롯이 그랬다는 사실 자체를 의심할 정당한 이유가 없고, 성(聖) 가족이 애굽으로 피신한 것은 그 사실과 틀림 없이 관련되었다. 요세푸스는 그 참혹한 행위를 간과했지만, 그럴지라도 익히 잘 알려진 헤롯의 잔인성을 감안하면 그것은 얼마든지 가능한 일이었기 때문이다. 그는 사랑하는 아내 마리암네(Mariamne)의 조부 히르카누스(Hyrcanus)를 시기심 때문에 살해한 다음 자기가 그렇게 사랑하던 마리암네와 두 아들 알렉산더(Alexander)와 아리스토불루스(Aristobulus)를 살해했고, 자기가 죽기 불과 닷새 전에는 장남 안티파테르(Antipater)를 죽였다. 게다가 임종할 순간에는 모든 귀족들을 처형하여 자신의 죽음을 온 나라가 애도하게 만들 속셈으로 그 귀족들에게 소집령을 내렸다.

이런 극악무도한 자에게 작은 마을의 아기 십내지 이십 명을 죽인다는 건 지극히 사소한 일인지라 쉽게 간과되었을 것이고, 아니면 메시야와 관련된 사건이라는 이유로 그 유대인 사가가 의도적으로 빠뜨렸을 가능성도 있다. 그러나 그 사건에 대한 혼동스러운 기억이 마크로비우스(Macrobius; 주후 410년 경의 로마 문법학자로서, 이교도로 추정됨)가 전하는 일화에 보존되어 있다. 그에 따르면 아우구스투스(아구스도)는 헤롯이 "두살 이하의 남자 아이들"과 자기 아들을 죽였다는 말을 듣고는 "헤롯의 아들로 태어날 바에야 차라리 그의 집 돼지로 태어나는 게 나을 뻔했다"고 한다. 헤롯의 잔인한 박해와 성 가족의 애굽 피신은 초

단락들에 실린 동일한 진술.

4) 요세푸스(*Antiqu.*, xvii. 6, 4)에 따르면 이와 같다. "그리고 그날 밤에 월식이 있었다." 이것은 요세푸스가 다른 책에서는 월식이나 일식을 언급하지 않는 점에 비추어 볼 때 주목할 만한 진술이다.

기 교회가 당할 일의 중요한 예표였고, 순교가 발생하는 시기마다 위로의 근원이 되었다.

박사들의 별

(2) 마태복음 2:1-4, 9에 담긴 — 천문학으로 입증된 — 또 다른 연대기적 암시는 박사들이 보고 찾아온 별이다. 헤롯이 죽기 전에 나타난 이 별은 유대인들 사이에 대왕이 임할 것이라는 기대와 맞물려서 동방의 점성가들로부터 자연히 관심을 끌었을 것이다. 그런 신앙은 "한 별이 야곱에게서 나오며"(민 24:17)라는 발람의 예언과, 유대인들이 흩어진 이래로 동방에 널리 퍼진 이사야와 다니엘의 메시야 예언들에서 자연스럽게 생겼다.[5]

그 별에 대한 옛 해석은 그 별을 지나가는 유성이나 아니면 기적 현상 — 천문학적으로 계산할 수 없고 아마 박사들에게만 보였을 — 으로 간주했다. 그러나 하나님은 대개 자연의 대리인들을 통해서 역사하시는데, 그 하나님께서 이 경우에 그렇게 하셨다는 것이 천문학의 주목할 만한 발견으로 매우 개연성 있는 일이 되었다. 독실한 신자였던 석학 케플러(Kepler)는 1603년과 1604년에 금성과 토성이 겹친 데다 1604년 3월에는 화성이 가세하여 훨씬 더 진기하고 밝은 빛을 내는 것을 관측했다. 같은 해 가을(10월 10일)에 그는 토성과 금성과 화성 곁에

---

5) Tacitus(*Hist.*, v. 13)와 Suetonius(*Vespas.*, c. 4)는 유대인 전쟁 당시와 이전에 그런 유의 기대가 널리 퍼져 있었다고 말하지만(Suetonius는 그것을 vetus et constans opinio라고 부른다), 그것을 로마 황제들은 베스파시아누스와 티투스에게 잘못 적용한다. 이 점에서 그 이교 사가들은 요세푸스를 따랐다. 그는 자기 백성의 메시야 대망을 잘 알고 있었고 믿었지만(참조. *Ant.*, iv. 6, 5; x. 10, 4; 11, 7), 그러면서도 다음과 같은 말로써 그 대망을 저급하게 배반하고 곡해하기를 부끄러워하지 않았다(*Bell. Jud.*, vi. 5, 4): "이 전쟁에 가담한 유대인들에게 가장 사기를 북돋운 것은 그들의 경전에서도 발견되는 모호한 계시로서, 그 내용은 '그때에 그들의 나라에서 한 사람이 일어나 온 땅의 치리자가 되리라' 는 것이었다. 유대인들은 이 예언이 정확히 자기들에게 해당된다고 해석했고, 많은 지식인들이 그 해석에 미혹되었다. 그러나 이 계시는 틀림없이 베스파시아누스 — 유대에서 황제로 임명된 — 의 통치를 가리켰다." 비교. Hausrath, *N. T. Ztgesch.*, I. 173. 메시야 대망은 예루살렘 멸망 뒤에도 오래 지속되었다. 하드리아누스 때(주후 135년) 반란을 일으킨 거짓 메시야는 자칭 바르 코크바 곧 '별의 아들' 이라 했고, 별이 새겨진 주화를 발행했는데, 아마 민수기 24:17을 염두에 둔 것 같다. 그의 정체가 드러났을 때 그의 이름은 바르 코치바 곧 '거짓의 아들' 로 바뀌었다.

대단히 밝은 새 별이 고정되어 있는 것을 관측했다. 그 별은 "당당한 위세로 마치 전능에 가까운 권력을 지닌 군주가 자기 영토의 대도시를 순시하는 자태로" 나타났다. 그 별은 "강풍이 불 때 가장 아름답고 영광스럽게 타오르는 횃불처럼" 환히 타올랐고, 마치 "신묘막측한 하나님의 솜씨"인 듯했다. 그 순간 번득이는 기지로 이 현상을 그리스도의 탄생 연대 산정 거점으로 삼아야 한다고 파악한 케플러는 정교한 계산에 의거하여 다음과 같은 결론을 내렸다. 즉, 위와 비슷하게 금성과 토성이 결합하고, 그뒤 화성과 어떤 비범한 별이 가세한 일이 A.U. 747년과 748년에 물고기자리 모습으로 거듭 발생했다고 결론 내렸다.

지금도 유대인 점성가들이 금성과 토성의 물고기자리 모양의 결합에 특별한 의미를 부여하고 그것을 메시야의 강림과 관련짓는다는 것은 주목할 가치가 있다.[6]

케플러의 발견은 거의 잊혀 있다가 19세기가 되어서야 비로소 페테르부르크의 슈베르트(Schubert of Petersburg), 베를린의 이델러(Ideler)와 엔케(Encke), 런던의 프리처드(Pritchard) 같은 여러 저명한 천문학자들 개개인에 의해 확증되었다. 프리처드는 그 발견을 가리켜 "고대의 어느 천체 현상만큼 확실하다"고 공언했다. 이런 정황을 알면 박사들이 예루살렘과 베들레헴을 순례한 이유를 더욱 쉽게 수긍할 수 있다. "이로써 점성술의 별이 연대기의 횃불"(이델러의 말대로)과, 첫 복음서의 진실성을 뒷받침하는 논증이 되었다.

한편 마태가 별들의 결합(ἀστέρ)보다는 하나의 별(ἄστρον. 참조. 9절)을 뜻한 것 같다는 반론도 제기된다. 이런 반론을 근거로 비젤러 박사(Dr. Wieseler)는, 중국의 천궁도에 따르면 A.U. 750년 2월에서 4월까지 나타난 단일 혜성 ─ 핑그레(Pingré)와 훔볼트(Humboldt)는 이 혜성의 역사적 실체를 인정한다 ─ 의 도움을 받을 것을 요청함으로써 케플러와 이델러의 계산을 보충한다. 그러나 이 주장은 다소 억지스럽고 꼭 필요하지도 않다. 왜냐하면 케플러가 묘사한 그 독특한 별이나 가장 밝게 빛날 때의 금성이 프리처드의 표현대로 그렇게 아주 인상

---

6) 박학한 유대인 랍비 Abarbanel은 케플러의 계산이 발표된 때보다 50년 이상 앞선 1547년에 출판된 그의 다니엘서 주석(*Ma 'jne hajeshuah* 곧 '구원의 우물들' <사 12:3>이란 제목을 붙임)에서 말하기를, 그런 추정은 모세의 탄생 3년 전(A.M. 2365)에 발생했고, 메시야 탄생(A.M. 5224 곧 주후 1463) 전에 다시 나타날 것이라고 한다. Ideler와 Wieseler는 이 점성술적 신념이 그리스도 당시에 이미 유대인들 사이에 존재했을 것으로 추정한다.

적인 결합을 한다면 마태가 묘사한 하나의 별에 대한 충분한 대답이 될 것이기 때문이다. 마태가 그 별을 묘사한 글귀를 너무 문자적으로만 받아들여서는 안 된다. 성경이 천체에 대해서 쓰는 언어는 과학적이라기보다는 현상적이고 대중적이기 때문이다. 하나님은 박사들의 점성술적 신념을 용인하셨고, 아마 별의 출현을 전후하여 그들에게 내적인 계시도 해주셨을 것이다(참조. 2:12).

천문학자들의 이 계산 결과를 받아들인다면 예수의 탄생 연대는 두 해, 즉 A.U. 748년(케플러)과 750년(비젤러) 사이로 좁혀진다. 물론 그 차이는 박사들이 언제 길을 나서서 얼마동안 여행했는지 확실치 않은 데서 생긴다.

디베료 제15년

(3) 누가복음 3:1, 23은 세례 요한과 그리스도가 공사역을 시작하신 때 ─ 레위 법의 관습에 따라 서른 살에 시작하심 ─ 에 누가 권좌에 앉았었는지를 알려주는 중요하고 매우 자세한 자료이다(참조. 민 4:3, 35, 39, 43, 47). 세례 요한은 "디베료 가이사가 위에 있은지 열 다섯 해"에 사역을 시작했고, 요한보다 불과 여섯 달 연하인(참조. 눅 1:5, 26) 예수님은 "삼십세쯤" 되셨을 때 세례를 받고 가르치기 시작하셨다.

디베료(티베리우스)는 A.U. 764년(혹은 아무리 늦더라도 765년 초) 아구스도(아우구스투스)와 '공동 황제'로 연합 통치를 시작하다가 A.U. 767년(주후 14) 8월 19일에 독자적으로 통치를 했다. 따라서 그의 재위 15년은 그의 공동 재위 때부터 계산해서 A.U. 779년이든가(누가는 μοναρχία 혹은 βασιλεία보다 더 일반적인 용어인 ἡγεμονία를 사용한 점으로 미루어 아마 그 연대를 염두에 둔 듯하다), 아니면 독자적인 재위 때부터 계산해서 782년일 것이다(그것이 로마의 일상적인 방식이었다).[7]

---

7) 초기 로마 황제들과 헤롯 1세에 대한 여러 가지 연대 계산법은 그리 드물지 않다(참조. Zumpt, *l.c.* 282 sqq., and Andrews, p. 27). Suetonius(*Tib.*, 23)와 Tacitus(*Annal.*, vi. 51)는 디베료가 재위 23년에 죽었다고 말하면서 그의 단일 통치를 암시한다. 그러나 디베료의 적극적인 황제로서의 권위가 로마에서보다 더 강하게 느껴졌던 이집트와 속주들에서는 다른 계산법이 있었다는 암시들도 있다. 시리아 안디옥에서는 A.U. 765년에 발행된 주화들이 발굴되었는데, 주화들에는 디베료의 초상과 Καισαρ. Σεβαστος(Augustus)라는 글귀가 새겨져 있다. 공동 재위를 근거한 계산법을 지지하는 학자는 Usser, Bengel, Lardner,

이제 A.U. 779년 혹은 782년에서 30년을 거슬러 올라가 계산하면 그리스도보다 6개월 먼저 태어난 세례 요한의 탄생 연대를 A.U. 749년 혹은 752년으로 잡게 된다. 하지만 앞의 연대(749)가 더 타당한 듯하며, 그리스도가 헤롯 치하에서 나셨다는 누가 자신의 진술과도 일치한다(1:5, 26).[8]

디오니시우스는 아마 티베리우스의 독자적인 재위 때부터 계산했던 것 같다. 하지만 그럴지라도 754년이라는 결론은 나오지 않으며, 그 연대가 도출된다면 누가는 자신뿐 아니라 마태와도 모순될 것이다.

누가복음 3:1의 다른 연대들도 대체로 이 결론과 일치하지만 일치의 정확도는 떨어진다. 본디오 빌라도는 주후 26년부터 36년까지 10년간 유대 총독을 지냈다. 헤롯 안디바(안티파스)는 주후 39년 칼리굴라(Caligula)에 의해 폐위되었다. 그의 동생 빌립은 주후 34년에 죽었다. 따라서 만약 그리스도의 공생애 기간을 3년으로 인정한다면 그리스도는 주후 34년 이전에 서른세살의 나이로 죽으셨음에 틀림없다.

구레뇨의 인구 조사

(4) 구레뇨(퀴리니우스〈Quirinius〉)의 인구 조사는 누가복음 2:2에 언급된다. 가이사 아구스도가 명령하고 "구레뇨가 시리아 총독 되었을 때에 첫번 한 것[호

Greswell, Andrews, Zumpt, Wieseler, McClellan이고, 단독 재위를 근거한 계산법을 지지하는 학자는 Lightfoot, Ewald, Browne이다. Wieseler는 그 전에 누가가 요한의 사역 시작이 아닌 투옥을 언급하고 있다고 주장했다가 견해를 수정했다; 참조. Herzog's, "Encykl." (xxi. 547)에 그가 집필한 항목.

8) Andrews(*l. c. p.* 28)는 이 점에 대한 자신의 조사 결과를 이렇게 요약한다. "우리는 누가의 진술들에서 생기는 연대기상의 난제들에 대한 세 가지 해결책을 발견한다. 첫째, 디베료 15년은 아우구스투스가 죽은 해로부터 계산해야 하며, 따라서 781년 8월부터 782년 8월로 확대된다. 얼마 전에 사역을 시작했던 세례 요한은 그해에 투옥되었다. 그러나 주님의 사역은 780년에, 그러니까 요한의 투옥 전에, 그분이 서른살쯤 되셨을 때 시작되었다. 둘째, 그 15년은 아우구스투스가 죽던 해로부터 계산해야 하지만, 주께서 서른살쯤 되셨다는 진술은 광의의 의미로 받아들여야 하며, 주께서 사역을 시작하신 때는 서른살에서 서른다섯살 중 어느 해였을 것이다. 그 15년은 디베료가 제국에서 아우구스투스와 연관되던 해, 그러니까 779년으로부터 계산해야 한다. 이 경우에 '삼십세쯤 되시니라'는 말씀은 문자 그대로 받아들일 수 있고, '하나님의 말씀이 … 요한에게 임한지라'는 말씀은 그의 사역의 시작을 가리킬 수 있다."

적]"인 그 인구 조사 또는 호적 때에 그리스도가 나셨다는 중요한 언급으로 누가는 또 다른 연대기 자료를 제공한다. 누가는 이 사실을 요셉과 마리아가 베들레헴으로 여행하게 된 이유로 언급한다. 마리아가 여행한 점은 별로 어려운 문제를 일으키지 않는다. 이는 모든 여성(노예를 포함하여)이 12살부터 65살까지 로마 제국의 인두세 대상이었기 때문이다(남성은 14살 이상). 이스라엘이 역사의 대제국 로마의 속국이 되어 아주 굴욕적인 상태에 있을 때 그 시점에 이스라엘 왕이 나신 데에는 중대한 의미가 있다.

그러나 누가의 진술은 구레뇨가 총독이 되어 인구 조사를 한 것이 주후 6년, 그러니까 그리스도가 나신 지 10년 뒤에 시작되었다는 사실과 직접 상충되는 듯하다.[9] 이런 이유로 인위적인 해석들이 많이 제기되었다. 그러나 오늘날은 이 난제가 신학과는 무관하게 이루어진 고고학적 문헌학적 조사로 비록 완전히 해결되지는 않았더라도 적어도 상당 부분 해결되었다. 베르그만(Bergmann), 몸젠(Mommsen), 그리고 특히 춤프트(Zumpt)는 구레뇨가 시리아 총독직을 두 번 — 첫번은 A.U. 750-753년, 즉 주전 4-1년(공교롭게도 현존하는 시리아 총독 목록에는 그 기간이 공백으로 비어 있다)과 A.U. 760-765년(주후 6-11년) — 역임했음을 거의 사실로 입증했다. 이 이중 재직설은 타키투스의 글(*Annal.* iii)에 기초하고, 하드리아누스 저택(the Villa Hadriani)과 티부르티나 가도(the Via Tiburtina) 중간 지점에서 발견된 기념비로 확증된다. 따라서 누가가 그리스도께서 나실 무렵에 시행된 인구 조사를 두번째이자 더 잘 알려진 인구 조사와 구분하기 위해서 '첫번'이라 불렀을 가능성이 매우 높다. 누가는 두번째 인구 조사에 대해서는 기독교의 기원사를 다룬 두번째 저서에서 언급한다(행 5:37). 구레뇨는 첫번째 인구 조사를 총괄했던 실무 경험 때문에 두번째 인구 조사 때도 시리아 총독으로 파견된 듯하다.

그러나 여전히 세 가지 점이 쉽게 풀리지 않은 채 남아 있다: (a) 구레뇨는 헤

---

9) Josephus, *Antiqu.*, xvii. 13, 5; xviii. 1, 1. 여기서 언급된 인구조사는 누가가 사도행전 5:37에서 뜻하는 것과 동일한 게 분명하다: "그 후 호적할 때에 갈릴리 유다가 일어나 백성을 꾀어 좇게 하다가." 요세푸스는 그가 가울라니티스(골란) 저지대의 가말라 시(市) 출신이라는 이유로 '가울라니티스 사람 유다'라고 부르지만, *Ant.*(xx. 5, 2)와 *Bell. Jud.*(ii. 8)에서는 갈릴리인이라고 부른다. 그렇다면 누가의 진술은 정확한 셈이며, 누가처럼 정확한 정보를 갖고 있던 저자가 10년 간격으로 치러진 호적을 혼동했을 가능성은 극히 적다.

롯이 죽은 지 여러 달 뒤(헤롯은 750년 3월에 죽었다), 따라서 그리스도가 나신 뒤인 A.U. 750년(주전 4년) 이전에 시리아 총독이 되었을 가능성이 없다. 현존하는 주화들을 보면 퀸틸리우스 바루스(Quintilius Varus)가 A.U. 748-750년(주전 6-4년)에 총독을 지냈고 헤롯이 죽은 뒤에 총독직을 그만 두었음을 알 수 있기 때문이다. (b) 구레뇨의 첫번째 총독 재위 때 행한 인구 조사는 누가복음을 제외하고는 어디에도 언급되지 않는다. (c) 헤롯이 살아 있을 때는 유대가 로마 속주가 되기 전이기 때문에(유대는 A.U. 759년에 로마의 속주가 되었다) 시리아 총독이 유대에서 자유롭게 인구 조사를 할 수 없었다.

이 세 가지 반론에 대해서는 이렇게 답변할 수 있다: (a) 누가는 정확한 연대보다는 대략적인 연대를 기술하는 데 뜻을 두었고, 인구 조사를 완료한 사람이 구레뇨였기 때문에 비록 그 사건이 전임 행정관 밑에서 시작되었을지라도 잘 알려진 구레뇨의 이름과 관련지었을 것이다. (b) 아구스도는 부분적으로는 조세적인 목적으로 부분적으로는 군사적 통계적 목적으로 A.U. 726년과 767년 사이에 켄수스 포풀리(census populi, 인구 조사)를 여러 차례 명했다. 유능한 정치가이자 재정가였던 그는 직접 라티오나리움(rationarium) 혹은 브레비아리움 토티우스 임페리(breviarium totius imperii), 즉 제국의 모든 재원 목록을 작성했고, 이 목록은 그가 죽은 뒤 원로원에서 낭독되었다. (c) 헤롯은 조공을 바치는 왕(rex socius)에 불과했고, 따라서 황제로부터 권위를 부여받지 않고서는 어떠한 주권적 행위도 할 수 없었다. 유대는 폼페이우스 때부터 로마의 조공국이었는데, 헤롯이 즉위했다고 해서 그 지위를 면했을 것 같지 않다. 더구나 헤롯은 말년으로 갈수록 아구스도의 신망을 잃었다. 아구스도는 헤롯에 대해 분기어린 어조로 "옛날에는 그를 친구로 대해 주었지만, 이제는 신하로 부려야겠다"고 썼다.

요세푸스나 로마 역사가들의 직접적인 증언으로 아구스도가 모든 속주를 대상으로 보편적 인구 조사를 명했다는 것("천하로" — 즉, 로마 세계로 — "호적하라." 눅 2:1)을 증명할 수는 없지만, 그 자체가 개연성 없는 일은 전혀 아니며, 브레비아리움 토티우스 임페리를 작성하려면 반드시 필요한 일이었다.[10] 그 작

---

10) Suetonius와 Tacitus의 글에는 그런 칙령이 자주 추론된다. 요세푸스의 침묵은 설명하기 그리 어렵지 않다. 그는 제국의 역사를 진술하겠다고 공언하지 않으며, A.U. 750-760년의 시기에 대해서 거의 함구하며, 누가처럼 공정하고 신뢰할 만한 역사가도 아니기 때문이

업의 성격상 칙령이 실행되는 데는 여러 해가 걸렸을 것이고, 속주들에서 실행할 때도 민족의 관습에 따라 방법도 수정되었을 것이다. 츔프트는 A.U. 746년에 시리아 총독으로 파견되었다가 749년(주전 6년)까지 그곳에 남아 있었던 센티우스 사투르니누스(Sentius Saturninus)가 과거에 생산물에 부과하던 조공 대신 인두세를 도입할 목적으로 유대에서 인구 조사를 시작했고, 그의 후임자 퀸틸리우스 바루스(주후 6-4년 재위)가 그 작업을 지속했으며, 퀴리니우스(구레뇨, 주후 4년)가 완료했을 것이라고 추정한다. 이 추정대로라면 테르툴리아누스의 확고한 진술 — 그는 신빙성 있는 자료를 토대로 이 진술을 했음에 틀림없다 — 즉, 호적이 센티우스 퀴리니우스에 의해 유대 땅에서 시행되었다는 진술이 자연스럽게 설명된다.

가능성은 좀 덜하지만 또 다른 견해는 구레뇨가 전임 총독의 재위 때 인구 조사를 위해 동방에 특사로 파견되었다는 견해이다. 어느 경우든 누가는 구레뇨가 인두세를 위해서 혹은 유대인 호적 관습에 따른 호적 정리를 위해서 인구 조사를 완료했다는 점과, 훗날 그가 단독으로 로마 방식에 따른 재산세 부과를 위한 제2차 인구 조사를 시행했다는 점을 고려하고서 구레뇨 때의 인구 조사를 "첫번"이라 불렀을 가능성이 있다.

그렇다고 해서 문제가 말끔하게 해결되는 것은 아니다. 하지만 구레뇨가 예수 탄생 당시 동방의 로마 정부와 주로 관련되었다는 분명한 사실은 해결을 위한 중대한 발걸음이며, 장래에 더 나은 해결책이 나오리라는 희망을 준다.

헤롯 성전 건축에 소요된 46년

다. Cassiodorus(*Variarum*, iii. 52)와 Suidas(*s. v.*, apografh)는 전체 인구조사의 사실성을 뚜렷이 주장하며, 누가의 글에 없는 여러 사항들을 덧붙인다. 예를 들어, Suidas는 아우구스투스가 20명의 고위 사절들을 선출하고 그들을 제국 전역에 파견하여 인구뿐 아니라 재산상의 통계 자료들을 수집, 보고하도록 했다고 한다. Huschke, Wieseler, Zumpt, Plumptre, McClellan은 그들의 증언을 역사적으로 정확한 것으로 받아들인다. Wieseler는 안디옥의 역사가 John Malala의 글도 인용하는데, Malala는 아마 이전의 권위 있는 문헌에 근거하여 "아우구스투스는 자신의 재위 39년 10월[즉, 주전 5년 혹은 6년]에 제국 전역에 대한 호적을 명했다." 율리우스 카이사르는 제국 전역에 대한 통계 조사를 시작했고, 아우구스투스는 그것을 완료했다.

(5) 요한복음 2:20은 그리스도가 사역을 시작한 첫해에 유대인들이 한 말을 인용하면서 연대 하나를 제공한다. "이 성전은 사십육 년 동안에 지었거늘 네가 삼 일 동안에 일으키겠느뇨."

요세푸스에 따르면 헤롯은 재위 18년에 예루살렘에서 성전 재건을 시작했다고 한다. 그의 재위 18년은 그가 로마 황제에게 임명을 받은 연대(A.U. 714년)로 계산하면 A.U. 732년이고, 안티고노스(Antigonos)의 죽음과 예루살렘 정복(717년)으로 계산하면 A.U. 735년이다. 후자가 정확한 시각이다. 그렇지 않다면 요세푸스는 어긋난 진술을 하고 있는 셈이 된다. 왜냐하면 다른 단락에서는 성전 건축 착수 연대를 헤롯의 재위 15년으로 잡기 때문이다. 46년에 735년을 더하면 그리스도의 사역 첫해에 해당하는 A.U. 781년(주후 27년)을 얻게 된다. 그리고 781년에서 30년 반이나 30년 3분의 1을 빼면 그리스도의 탄생 연대에 해당하는 A.U. 750년(주전 4년)으로 거슬러 올라가게 된다.

십자가에 달리신 때

(6) 그리스도는 두 게미누스(C. Rubellius Geminus와 C. Fufius Geminus)가 시리아 총독으로 재직할 때 십자가에 달려 돌아가셨다. 이들은 A.U. 782-783년(주후 28-29년)에 총독을 지냈다. 이 진술은 테르툴리아누스이 다니엘의 일곱 이레를 기초로 그리스도의 탄생과 수난의 연대를 자세히 계산한 결과와 관련지어서 한 것이다. 테르툴리아누스은 로마의 공기록에서 그것을 인용했을 것이다. 그는 그리스도께서 수난을 당하신 해와 사역 첫 해(디베료 재위 15년, 눅 3:1)를 동일시하는 오류를 범했다. 그리스도의 공사역 기간을 2-3년으로 잡고 그분의 일생을 33년으로 잡으면 탄생 연대가 A.U. 750년 또는 749년이라는 결론에 도달하게 된다.

따라서 세 복음서 저자의 위와 같은 다양한 부수적 언급들과 테르툴리아누스의 진술을 토대로 삼으면 본질상 동일한 결론에 도달하게 된다. 그 결론은 신화설을 배격하고 복음 역사의 신빙성을 확립하는 데 일조한다. 그럼에도 불구하고 정확한 연대의 부재와 계산의 불확실한 점들 때문에 그리스도의 탄생 연대에 대해 가장 빠르게는 A.U. 747년(주전 7년), 가장 늦게는 A.U. 750년(주전 4년)이라는 견해차가 존재할 여지가 여전히 있다. 프랑스 베네딕투스회, 산클레멘테(Sanclemente), 뮌터(Münter), 부룸(Wurum), 에브라르트(Ebrard), 자비스

(Jarvis), 알포드(Alford), 알렉산더(Jos. A. Alexander), 춤프트(Zumpt), 카임 (Keim)은 A.U. 747년을 택한다. 케플러(Kepler. 금성과 토성과 화성이 같은 해에 겹치는 현상을 가지고 판단함), 라르드너(Lardner), 이델러(Ideler), 에발트 (Ewald)는 748년을 택한다. 페타비우스(Petabius), 어셔(Ussher), 티이몽 (Tillemont), 브라운(Browne), 앙구스(Angus), 로빈슨(Robinson), 앤드류스 (Andrews), 맥클레란(McClellan)은 749년을 택한다. 벵겔(Bengel), 비젤러 (Wieseler), 랑게(Lange), 리히텐슈타인(Lichtenstein), 앙거(Anger), 그레스웰 (Greswell), 엘리코트(Ellicott), 플럼트리(Plumtre), 메리베일(Merivale)은 750년을 택한다.

II. 탄생일

우리 구주의 탄생 계절을 추론할 수 있는 유일한 단서는 목자들이 들판에서 양떼를 지키고 있었다는 사실이다(눅 2:8). 이 사실은 겨울이 아닌 다른 계절을 가리키며, 따라서 전통적인 탄생일에 대해서 전혀 틀렸다고 하지는 않더라도 호 의적이지는 않다. 팔레스타인에는 계절이 건기와 우기, 즉 여름과 겨울밖에 없 는데, 목축의 시기는 탈무드 저자에 따르면 3월에 시작하여 11월까지 지속되고, 11월쯤 되면 가축들을 들판에서 철수시켜 이듬해 2월말까지 우리에서 키운다고 한다. 그러나 이것은 주로 도시와 촌락에서 멀리 떨어진 광야의 초지(草地)에 해 당하며, 도시에 인접한 지역에서는 계절의 특성에 따라 예외가 많았음을 시인한 다. 12월에서 1월까지 맑은 날이 이어지는 현상은 서양 여러 나라들에서처럼 동 방에서도 자주 일어난다. 성지 여행 전문가 토블러(Tobler)는 성탄절 무렵 베들 레헴의 기후는 가축을 치기에 매우 좋으며 종종 매우 아름답다고 한다. 반면에 4 월에는 강하고 차가운 바람이 자주 불며, 요한복음 18:18에 언급된 불에 설명이 된다.

요셉과 마리아가 베들레헴과 애굽을 다녀간 일에서는 어떤 결론도 도출할 수 없다. 박사들이 다녀간 일에서도 마찬가지이다. 대체로 2월은 애굽을 여행하기 에 최적기이고, 3월은 시내 반도를 여행하기에 최적기이며, 4월과 5월, 그리고 가을은 팔레스타인을 여행하기에 최적기이다. 하지만 필요 앞에서는 최적기가 소용이 없다.

고대의 전승은 4세기까지 내려오면서 가지가 많이 생겼기 때문에 여기서는 별로 중요하지 않다. 알렉산드리아의 클레멘스(Clement)는 예수 탄생일을 파콘(Pachon) 25일(즉, 5월 20일)로 간주하는 이들도 있고, 파르무티(Pharmuti) 24일이나 25일(4월 19일이나 20일)로 간주하는 이들도 있다고 언급한다.

(1) 전통적인 12월 25일은 제롬(Jerome), 크리소스토무스(Chrysostom), 바로니우스(Baronius), 라미(Lamy), 어셔(Ussher), 페타비우스(Petavius), 벵겔(Bengel⟨Ideler⟩), 세이파스(Seyfarth), 자비스(Jarvis)가 옹호한다. 이 날짜는 4세기 로마에서 기존의 여러 로마 축제들에 기초하여 성탄절 축제가 처음 소개되기(주후 360년 이전) 이전에는 아무런 역사적 권위가 없다. 성탄절 축제의 기초가 된 축제들은 사투르날리아(Saturnalia, 농신제⟨農神祭⟩), 시길랄리아(Sigillaria. 사투르날리아 축제의 마지막 날에 거행하는 축제), 유베날리아(Juvenalia, 젊음의 축제), 브루말리아(Brumalia, 겨울 축제), 디에스 나탈리스 인빅티 솔리스(Dies natalis Invicti Solis, 정복되지 않는 태양신 탄생 축제)로서, 자유와 평등의 황금 시대를 기념하고 동지(冬至)에 새로 태어나 봄을 정복하기 시작하는 태양을 기리기 위해 12월 후반에 거행되었다. 이 자연 현상이 죄와 오류의 기나긴 밤을 몰아낸 의의 태양(the Sun of Righteousness)의 출현에 적절한 상징으로 간주되었다. 같은 이유에서 훗날 하지(夏至. 6월 24일)도 세례 요한의 축일로 선정되었는데, 이는 그가 그리스도는 흥하고 자기는 쇠해야 한다고 자신을 겸손하게 평가한 일(참조. 요 3:30)을 기념하는 데 하지가 가장 적절한 날이었기 때문이다. 그에 따라 3월 25일은 동정녀 마리아의 수태고지(the Annunciation) 기념일로, 9월 24일은 엘리사벳의 수태 기념일로 선정되었다.

(2) 1월 6일은 나름대로 오랜 전승을 갖고 있으며(에피파니우스⟨Epiphanius⟩와 카시아누스⟨Cassianus⟩에 따르면), 이 사실은 에우세비우스에 의해 확인된다. 이 날은 3세기부터 동방에서 그리스도의 탄생과 세례, 그리고 훗날에는 이방인들(동방 박사들이 대표한)에게 나타내신 일을 기리는 주현절(the Epiphany, 主顯節)로 기념했다.

(3) 다른 저자들은 그리스도의 탄생일을 2월(Hug, Wieseler, Ellicott), 3월(Paulus, Winer), 4월(Greswell), 8월(Lewin), 9월(Lightfoot. 그는 연대기를 근거로 그리스도가 유월절에 죽으시고 오순절에 성령을 보내셨으므로 장막절에 태어나셨다고 주장한다), 10월(Newcome)로 지적한다. 라드너(Lardner)는 탄생일을 8월 중순에서 11월 중순 사이로 잡는다. 브라운은 12월 8일로, 리히텐슈타인

은 여름으로 잡는 반면, 로빈슨은 불확실한 채로 남겨 둔다.

III. 그리스도의 생애 기간

오늘날 이것은 대개 32년이나 33년으로 고정된다. 한두 해 차이가 나는 이유는 공사역 기간에 대한 견해차 때문이다. 그리스도는 한창 나이에 죽었다가 다시 사셨고, 그와 같이 교회의 기억에 계속해서 살아 계시다. 노년의 쇠퇴와 연약은 인류의 회복자이자 구주이신 그분의 지위와 어울리지 않는다.

이레나이우스(Irenaeus)는 그리스도가 40살이나 45살이라는 원숙한 나이까지 사셨고, 10년 넘게 가르치셨으며(30살부터 시작하여), 그로써 "유아와 어린이와 소년과 청년"뿐 아니라 "노인"도 구원하고 거룩케 하시기 위해서 인생의 모든 단계들을 두루 겪으셨다는 근거 없는 주장을 하는데, 만약 이런 주장을 하지 않았더라면 사도 요한의 제자인 폴리카르푸스(Polycarp)의 제자라는 신분에 걸맞게 교부들 가운데 사도 전승에 관한 가장 신뢰성 있는 증인이 되었을 것이다. 그는 위와 같은 주장의 근거로 사도 요한에게서 유래한 전승을 내세우며, 아브라함이 나기 전에 계셨다고 하신 예수님의 말씀에 놀란 유대인들의 "네가 아직 오십도 못 되었는데 아브라함을 보았느냐"(요 8:57)라는 억측성 질문에서 이끌어낸 근거 없는 추론으로 그 주장을 뒷받침한다. 그리스도가 성전을 가리켜 자기 몸이라고 하시자 유대인들이 헤롯 성전이 건축된 지 "사십육 년"이 되었다고 말한 다른 단락(요 2:20)에서 끌어낸 비슷한 추론은 물론 무게가 훨씬 덜하다.

IV. 그리스도의 공사역 기간

그리스도의 공사역은 요한에게 세례를 받으실 때 시작하여 십자가에 달리실 때 끝났다. 그 기간의 길이에 관해서는 (이레나이우스의 독자적이고 대단히 그릇된 견해를 제외하면) 세 가지 설이 있는데, 각각 1년, 2년, 3년 몇 개월로 산정하며, 유월절 수에 따라 두 유월절 설, 세 유월절 설, 네 유월절 설로 불린다. 공관복음 저자들은 우리 주님의 공사역 중 십자가에 달리신 마지막 유월절만 언급하지만, 주님이 유대에 한 번 이상 가셨음을 암시한다(참조. 마 4:12; 23:37; 막 1:14; 눅 4:14; 10:38; 13:34). 요한은 확실하게 세 번의 유월절을 언급하는데, 그리스도는 그중 두 번(첫째와 셋째) 유월절에 참여하셨고, 아마 넷째 유월절에도 참여하신 듯하다(참조. 요 5:1).

(1) 두 유월절 설은 공사역을 1년 몇 주 혹은 몇 달로 한정한다. 이것은 발렌티누스파(the Valentinians)라는 영지주의 분파가 최초로 주장했고(그들은 이 기간을 자신들의 30아이온(aeon)에 관한 환상과 결부시킨다), 알렉산드리아의 클레멘스와 테르툴리아누스, 그리고 아마 오리게네스와 아우구스티누스(Augustine) 같은 여러 교부들이 주장했다(나중 두 사람은 이 주장에 의문의 여지를 남겨 놓았다). 교부들과 그들을 따르는 4복음서 대조자들(harmonists)의 주된 논지는 그리스도께서 인용하신 "주의 은혜의 해"에 관한 예언(사 61:2; 비교. 눅 4:14)과 일년 된 것으로서 흠이 없어야 하는 유월절 어린양의 전형적 의미(출 12:5)에서 이끌어낸 것이다. 훨씬 더 중요한 논지는 현대의 몇몇 비평가들이 다른 유월절들에 관해서 공관복음 저자들이 침묵하는 데서 이끌어낸 것이다. 그러나 이 침묵은 그 자체가 단서가 되지 못하며, 요한의 적극적인 증거에 귀속시켜야 하는데, 그의 증거는 두 유월절 설과 부합할 수 없다. 더욱이 열두 제자를 훈련시키고 유대인들의 적대감이 차차 발전하는 등 그리스도의 생애에서 발생한 복잡한 사건들이 1년이라는 짧은 기간에 다 발생했을 가능성은 희박하다.

(2) 그러므로 세 유월절 설과 네 유월절 설 가운데서 택일해야 한다. 이때의 주된 단서는 요한복음 5:1의 "유대인의 명절"이라는 막연한 표현을 유월절로 해석할 것인가 다른 절기로 해석할 것인가 하는 데 달려 있다. 이것은 다시 '그 명절'로 읽을 것인가, 그냥 '명절'로 읽을 것인가 하는 독법의 차이에도 크게(비록 절대적이지는 않지만) 좌우된다. 유대인을 겨냥한 열매 맺지 못한 무화과나무의 비유는 3년의 사역을 뒷받침하는 논거로 사용되었다: "내가 삼 년을 와서 이 무화과나무에 실과를 구하되 얻지 못하니"(눅 13:6-9). 여기서 말씀하신 3년은 틀림없이 의미심장하다. 하지만 유대인의 계산법대로라면 2년 반도 3년이라고 부를 수 있다.

좀 더 멀리 떨어져 있는 언급은 다니엘 9:27의 예언적 선언이다: "그가 장차 많은 사람으로 더불어 한 이레 동안의 언약을 굳게 정하겠고 그가 그 이레의 절반에 제사와 예물을 금지할 것이며." 세 유월절 설은 공관복음서들과 좀 더 쉽게 조화를 이루는 반면에, 네 유월절 설은 우리 주님의 강론들과 기적들을 배열하는 데 더 많은 여지를 남기며, 대다수 4복음서 대조자들에 의해서 채택되었다.

그러나 설혹 공사역을 3년으로 늘려잡는다 할지라도 시기와 사역 결과 사이에는 역사상 비류가 없는, 순전히 자연적인 토대 위에서는 도무지 이해할 수 없는 괴리가 있다. 공정한 역사가의 말을 빌자면 이와 같다. "3년이란 짧은 기간의 적극적인 삶을 기록해 놓은 단순한 글이 철학자들의 온갖 논문과 윤리가들의 온갖 훈계보다 인류를 거듭나게 하고 순화하는 데 더 큰 일을 해왔다. 이 기록은 참으로 그리스도인의 삶에서 무엇이든 훌륭하고 순결한 것의 샘이 되어 왔다."

V. 주께서 죽으신 날짜

그리스도께서 십자가에서 고난을 당하신 날은 유대력의 음력 열두 달 중 첫달이자 춘분이 끼여 있는 니산 월 유월절 주간의 금요일이었다. 그러나 문제는 이 금요일이 니산 월 14일인가 15일인가, 다시 말해서 한 주간 동안 계속되는 그 절기의 전날인가 첫날인가 하는 것이다. 공관복음서들은 분명하게 15일로 밝힌다. 모두가 우리 주께서 "무교절의 첫날" — 즉, 14일 저녁 곧 15일이 시작되는 때 — 이라 부른 법적 일자에 유월절 만찬을 드셨다고 이구동성으로 말하기 때문이다 (유월절 양은 "두 저녁 사이에"〈한글개역성경, "해질 때에." 출 12:6; 레 23:5; 민 9:3, 5〉, 즉 14일 일몰 전과 일몰 후 사이인 오후 3시와 5시 사이에 잡았다).[11] 반면에 요한은 얼른 보기에 14일을 가리키는 듯하며, 그로써 우리 주님의 죽은 시간이 유월절 양을 잡는 시간과 매우 일치하는 듯한 인상을 준다(참조. 요 13:1; 13:29; 18:28; 19:14).

그러나 그런 방향에서 바라본 서너 단락은 자세히 검토해 보면 공관복음의 진술과 일치시킬 수 있고, 또한 일치하는 게 틀림없으며, 이것은 오로지 한 가지 자연스런 해석만 허용한다.[12] 실제로 유대인 제사장들이 엄숙한 유월절 밤에 피

---

11) 만약 "두 저녁 사이에"라는 구절을 니산 월 14일 저녁과 15일 저녁 사이라는 뜻으로 받아들일 수 있다면, 유월절 양을 잡아 먹는 데 24시간이 할당된 셈이며, 요한복음과 공관복음 간의 난제가 한꺼번에 사라지게 된다. 그렇다면 요세푸스의 기록에 따르면 희생 제물로 잡아야 했던 어린양 270,000 마리라는 막대한 수도 한결 수월하게 이해할 수 있다. 그러나 그 해석은 동일한 표현이 그날 저녁 희생에 관한 규율(출 29:39, 41; 민 28:4)에 사용된다는 사실로써 배제된다.

12) "유월절 전에"(요 13:1)는 하루 전을 뜻하지 않고(만약 그랬다면 그렇게 명시되었을 것이다. 비교. 12:1) 몇 시간 전을 뜻하며, 니산 월 15일의 시작을 가리킨다. 13:29("명절에 우리의 쓸 물건을 사라 하시는지")은 예수께서 유월절의 제시간이 되기 전에 제자들과 함께 앉으셨고(13:1), 따라서 아직 물건을 살 시간이 있었다는 점을 기억하면 아무런 문제도 일으

흘릴 계획을 세우고 대절기에 십자가형을 요구했다는 게 이상해 보이긴 하지만, 그것은 그들의 범죄를 이용하려 한 사탄의 악계와 일치한다.[13] 더 나아가 그들이 백성과 함께 14일 오후 늦게까지 십자가 곁에 남아 있었다는 것도 설명하기 어렵기는 마찬가지이다. 율법대로라면 그 시간은 그들이 그곳에 있을 때가 아니라

키지 않는다. 그 절은 오히려 요한이 묘사한 만찬이 유월절 하루 전에 치러졌다는 추정에 대한 강력한 반증을 제시한다. 만약 꼭 하루 전이었다면 예수께서 유다에게 "네 하는 일을 속히 하라"(13:27)고 하셨을 때 사도들이 이해한 대로 물건을 급히 구입할 필요가 없었을 것이기 때문이다. 요한복음 18:28은 유대인들이 "더럽힘을 받지 아니하고 유월절 잔치를 먹고자 하여" 이교도 빌라도의 관정에 들어가지 않았다고 한다. 그러나 이 말은 성내에서 유월절 정규 식사가 아직 끝나지 않을 때인 오전 3시라는 이른 새벽에 한 것은 아니다. 다른 이들은 여기서 '유월절 잔치'라는 단어를 유월절 기간 중, 특히 니산 월 15일에 드리는 감사 예물(chagigah)을 포함할 만큼 특이한 의미로 받아들인다(비교. 대하 30:22). 어쨌든 그것은 니산 월 15일 저녁의 유월절 만찬에 적용할 수는 없다. 더럽힘은 일몰 뒤에는 그쳤을 것이고, 따라서 유월절 만찬을 먹는 데 아무런 장애도 없었을 것이기 때문이다(레 15:1-18; 22:1-7). "유월절의 예비일"(19:14)은 유월절 하루 전날(유월절 전야)이 아니라, 31절과 42절에 명시된 대로 유월절 주간의 예비일 곧 유월절 주간의 금요일이다. 파라스큐에는 안식일의 예비일인 금요일 곧 안식일 전날(prosabbaton)을 가리키는 기술적 용어이다(막 15:42). Lightfoot, Wiesseler, Lichtenstein, Hengstenberg, Ebrard, Lange, Kirchner, Keil, Robinson, Andrews, Milligan, Plumptre, McClellan이 그런 견해를 취한다. 반면에 Lücke, Bleek, DeWette, Meyer, Ewald, Stier, Beyschlag, Greswell, Ellicott, Farrar, Mansel, Westcott는 그리스도께서 니산 월 14일에 십자가에 못 박히셨다고 주장하는데, 이들은 요한복음과 공관복음간의 모순을 지적하거나, 아니면 그리스도의 유월절 만찬을 율법과 관습에 위배되게 전 날로 옮긴다. 요한 자신은 "유월절에" 죄수를 풀어주는 관습을 빌라도가 주께서 십자가에 달리신 날에 허용했다고 보고함으로써 주께서 십자가에 달리신 날이 니산 월 15일이었음을 분명히 지적한다(18:39, 40). 예리하고 사려깊은 Robinson 박사는 이렇게 말한다(*Harmony*, p. 222): "몇 번이고 냉정하고 생각해 보아도 요한의 글이나 주변 상황에는 주님의 사랑을 받은 제자가 마태, 마가, 누가의 명백한 증언을 바로잡으려 했거나 실제로 바로잡았거나 모순되게 만들었다고 믿도록 요구하거나 허용하는 것이 하나도 없다는 분명한 확신이 든다."

13) 미쉬나(the Mishna)는 "안식일과 절기일들에는 재판이나 언도를 해서는 안 된다"고 규정한다. 그러나 미쉬나는 안식일에 있을 산헤드린의 모임과 행위에 대한 지침과 규례를 싣고 있으며, 백성에게 강력한 시범을 보이기 위해 죄수 처형을 의도적으로 대절기들에 집행하도록 했다. 본문에서 산헤드린은 십자가 처형일 다음 날 곧 안식일('큰 날')에 빌라도에게 무덤을 지키고 인봉하도록 요청했다(마 27:62 이하).

유월절 양을 잡아 유월절을 준비해야 할 때였다. 니고데모와 아리마대 요셉이 경건한 여인들과 함께 예수님의 시신을 장사지내어 그 엄숙한 시간을 더럽혔다는 것도 설명하기가 어렵다.

필자가 옹호하고자 하는 견해는 천문학적 계산에 의해 뒷받침된다. 그 계산에 따르면, 십자가 사건이 있었던 것으로 추정되는 주후 30년 니산 월 15일은 금요일에 해당한다(4월 7일). 이런 경우란 아마 주후 33년을 제외하고는 주후 28년부터 36년까지 단 한 번밖에 없었다. 따라서 그리스도는 주후 30년에 십자가에 달리셨음에 틀림없다.

이상의 여러 가지 결과들을 종합하자면, 아래의 도식이 우리 주님의 지상 생애를 알려주는 가장 근사한 연대인 듯하다:

탄생	A.U. 750(1월?) 혹은 749(12월?)	주전 4년이나 5년
세례	A.U. 780(1월?)	주전 27년
공사역 기간		
(3년과 3–4개 월).	A.U. 780–783	주전 27–30년
십자가	A.U. 783(니산 월 15일)	주전 30년(4월 7일)

17. 땅과 백성

복음서 저자들이 기록한 우리 주님의 생애와 당대 저자들에 의해 알려지고 현대의 발굴과 조사에 의해 확증된 그분의 지리적·역사적 환경 사이에는 놀라울 만큼 큰 조화가 있다. 이 조화는 복음 역사의 신빙성에 적지 않게 기여한다. 예수께서 사시던 시대와 나라를 더 많이 이해할수록 복음서들을 읽을 때 하늘에서 임한 최상의 계시로 조명된 참 역사의 견고한 땅을 디디고 있다는 느낌이 더욱 든다. 정경 복음서들의 시(詩) — 산문이지만 영적인 아름다움에서 모든 시를 능가하므로 시라 부를 수 있다면 — 는 외경 복음서들처럼 인간 허구의 시가 아니다. 어떤 우화도, 신화적 전승도, 방랑시인과 선견자의 꿈도 없다. 계시된 진리의 시요, 숭고한 사실들을 다룬 시요, 하나님의 무한한 지혜와 사랑의 시다. 이 지혜와 사랑은 예전에는 인간의 상상에 들어온 적이 없지만, 나사렛 예수 안에서 살과 피를 입고 그의 생애와 사역을 통해서 인간 존재의 가장 깊은 문제를 해결했다.

동양 나라들과 민족들의 변치 않는 성격에 힘입어 우리는 그들의 현재 모습과 상태에서 2천 년 전이 어떠했는지를 추론할 수 있다. 이 점에서 우리는 심지어 돌과 미라조차 과거의 증거물로 만드는 허다한 발굴 자료에 도움을 받는다. 기념비적 증거는 감각에 호소하며, 불신적인 회의론에서 비롯된 비판적 추론과 상상 — 아무리 독창적이고 정교할지라도 — 을 제압한다. 파라오의 역사를 로마의 건국과 모세와 이스라엘의 출애굽보다 더 거슬러 올라가는 피라미드와 스핑크스에서, 신전과 바위 무덤 유적지에서, 상형문자 비명(碑銘)과 파피루스 두루마리에서 읽을 수 있는 판국에 누가 감히 그 역사를 의심하겠는가? 바벨론 시와 니느웨 시가 수세기 뒤에 무덤에서 일어나 땅을 헤집고 나온 설형문자 비명과 날개 달린 독수리와 인간 머리가 달린 황소와 신전과 궁전의 옛터를 통해서 자기들의 이야기를 하고 난 지금 누가 그 두 시(市)에 대한 성경의 기록을 부인하겠는가? 그것을 부인한다면 차라리 구약과 신약을 역사에서 삭제하고 그것을 공허한 신화와 전설로 해체한 다음 팔레스타인을 지도에서 말끔히 지우고 동화의 나라로 옮겨 놓는 편이 나을 것이다.

땅

예수님은 팔레스타인에서 생애를 보내셨다. 팔레스타인은 크기가 메릴랜드 주(州)만 하고, 스위스보다는 작고 스코틀랜드의 절반도 안 되지만, 기후가 온화하고 전경이 아름다우며 토양도 아주 다양하고 비옥하여 눈내리는 북쪽 지방부터 열대 지방에 이르기까지 모든 지방의 과실을 재배할 수 있는 천혜의 혜택을 누리는 땅이다. 다른 나라들과는 사막과 산과 바다로 고립되어 있으면서도 세 개의 대륙이 만나는 동반구의 중심에 자리잡고 고대의 역사적 민족들을 잇는 지중해변의 대로를 끼고 있으므로써, 섭리라고 해도 과언이 아닐 정도로 유대교의 배타주의와 기독교의 보편주의가 발전하기에 아주 적합했던 곳이다.

세계는 조그마한 페니키아(뵈니게)로부터 알파벳을 얻어냈고, 작은 그리스로부터 철학과 예술을 얻어냈으며, 작은 팔레스타인으로부터 가장 좋은 것 — 참종교와 전세계적인 성경 — 을 얻어냈다. 예수님이 세상에 태어나려고 하실 때,

유대교와 그리스 문화와 로마의 통치가 완숙의 경지에 도달한 가이사 아구스도의 재위 때보다 더 적절한 때가 없었고, 고전적 계시의 토양인 팔레스타인보다 더 적절한 땅이 없었으며, 메시야의 오실 일과 율법과 선지자가 성취될 일을 예비하기 위해 수세기 전에 예정되고 교육을 받은 유대인들보다 더 적절한 민족이 없었다. 예수님은 아기의 몸으로 헤롯의 진노를 피해 광야를 지나 애굽으로 가셨다가 다시 돌아오셨다(아마 지중해 연안으로 난 지름길을 이용하셨을 것이다). 예수님의 모친은 예수님이 어렸을 때 종종 온 식구가 "종 되었던 땅"에 잠시 체류했던 일을 들려 주면서, 여호와께서 모세의 능한 손을 쓰셔서 자기 백성을 그 땅에서 건져내서 홍해를 건너고 "크고 두려운 광야"를 지나 약속의 땅으로 인도하셨던 일을 이야기해 주었을 것이다. 예수님은 "광야에서" 40일간 금식하시는 동안 시내 산에 오르사 모세와 엘리야와 정신적인 교감을 나누시고, 무섭도록 정적이 감도는 그 지대에서 인류의 시험자와 직접 맞설 일과 팔복 산에서 해방의 새 법을 내리실 일을 준비하셨다. 그러므로 이스라엘의 요람이었던 애굽과 학교이자 운동장이었던 광야와 최종적으로 정착한 집인 가나안이라는 성경의 세 땅은 "18세기 전에 우리를 위해 참혹한 십자가에 못 박히신 그 거룩하신 발"에 접촉되어 거룩하게 되었다.

예수님은 유대, 사마리아, 갈릴리, 베뢰아를 두루 다니시며 사랑을 전하셨다. 북쪽으로는 헬몬 산까지 가셨고, 한번은 이스라엘의 경계선을 넘어 뵈니게 접경으로 들어가사 그곳 이교도 여인의 귀신들린 딸을 고쳐 주시면서 "여자야 네 믿음이 크도다. 네 소원대로 되리라"고 말씀하셨다.

우리는 그분을 따라 쉽게 이곳저곳을 가볼 수 있다. 그분을 따라가면서 걷든가 나귀를 타고서 하루에 30-50km의 거리를 푸른 들판과 황무지 돌짝밭을 지나고 산과 골짜기를 넘고 꽃길과 가시덤불 사이로 감람나무와 무화과나무 밑으로 지나며, 한밤의 안식을 위해 텐트를 치고, 현대 문화가 주는 안락을 무시하고 하나님이 지으신 자연의 시들지 않는 아름다움으로 기뻐하며, 발길이 닿는 곳마다 그분이 자기 백성을 얼마나 훌륭하게 대하셨는지를 기억하면서 그분의 옛 종들이 지은 시편을 노래할 수 있다.

그분이 나셨던 베들레헴의 구유 앞에 이르면 무릎을 꿇을 심정이 생길는지 모른다. 이곳은 야곱이 사랑하는 아내 라헬을 묻고 돌기둥을 세워 놓은 — 오늘날은 흰색 이슬람교 사원이 서 있다 — 유대의 마을이다. 이곳은 룻이 지극한 효성으로 상급을 받은 곳으로서, 룻이 보아스의 들판에서 그랬듯이, 오늘날도 여전히 아이들이 들판에서 추수꾼의 뒤를 따라가며 떨어진 알곡을 줍고 있을지 모른다. 이곳에서 예수님의 조상인 시인(詩人) 왕이 태어나 예수님의 아버지의 양 떼 가운데서 부름을 받고 이스라엘의 권좌에 앉았다. 이곳에서 목자들은, 천군천사가 나타나 하나님께는 영광과 땅에서는 사람들에게 그 기쁘신 뜻대로 평화를 선포하는 하늘의 찬송으로 마음을 전율케 하던 그 숙연한 밤처럼 여전히 양 떼를 지키고 있다. 이곳에서 먼 동방에서 온 현자들이 후세대의 이교 회심자들의 이름으로 예물을 드렸다.

이곳에서 그리스도인들은 감사의 마음으로 기독교에서 가장 오래된 '탄생 교회'(Church of the Nativity)라는 예배당을 짓고 '성 무덤'(Holy Crypt)의 단단한 암벽에 은글씨로 간단하지만 함축성 있는 비명(碑銘)을 새겨 놓았다: "이곳에 동정녀 마리아의 아들 예수 그리스도가 계시다"(Hic de Virgine Maria Jesus Christus natus est). 모든 정황들이 성경 기사와 일치하는 상황에서 전통적인 탄생 동굴이 본래의 지점인가 하는 것은 그다지 중요한 문제가 아니다. 물론 그런 전승은 이미 2세기 중엽에 나온 것이긴 하지만 말이다.

우리는 예수님을 따라 베들레헴에서 사흘 길을 걸어 그분의 고향 나사렛으로 간다. 이곳에서 예수님은 삼십 년을 조용히 보내시면서 경건한 자기 부모를 제외하고는 이웃과 심지어 가족들에게까지 자신의 신성을 드러내시지 않은 채(요 7:5) 공사역을 준비하셨다. 오늘날도 나사렛은 여전히 고적하되 정겨운 산지 마을의 자태를 유지하고 있다. 길은 곱고 구부러지고 더럽고, 돌로 얼기설기 쌓은 집에서 사람과 나귀와 낙타가 함께 부대끼며 살고, 마을 주변에는 선인장 울타리와 포도, 올리브, 무화과, 석류가 자라는 과수원이 두르고 있으며, 마을 사람들이 근면하고 성실하고 여성들이 아름다운 점에서 오늘날 팔레스타인의 초라한 마을들과 사뭇 비교가 된다. 마르는 법이 없는 "동정녀의 샘", 예수님이 매일 물 길으러 오시는 어머니를 따라 종종 찾아오셨을 이 샘은 여전히 그 자리에 있고, 샘 곁에는 그리스 정교회에 속한 수태고지 교회(the Greek Church of the Annunciation)가 서 있고, 저녁이 되면 은전을 엮어 이마를 장식한 아낙네들과 처녀들이 저마다 물동이를 이거나 어깨에 메고서 샘가로 나온다. 마을 뒤에는 여전히 연분홍 히스와 사향초 향기가 진동하는 동산이 솟아 있다.

예수님은 가끔 이 산에 올라 동쪽으로 요나단이 쓰러진 길보아 산과 원뿔 같은 우아한 다볼 산 — 팔레스타인의 리기(Righi) — 을, 북쪽으로 높다란 헬몬 산 — 팔레스타인의 몽블랑 — 을, 남쪽으로 비옥한 에스드렐론 평야 — 이스라엘의 고전적인 격전지 — 를, 서쪽으로 갈멜 산 등줄기와 두로와 시돈 해안 그리고 지중해의 비취빛 바다 — 인류에게 주시는 자신의 평화의 복음이 장차 뻗어나갈 대로 — 를 바라보셨을 것이다. 이곳에서 다윗과 요나단, 엘리야와 엘리사의 풍부한 기억에 한껏 젖으시고 지혜로운 교훈을 위한 아름다운 이미지들을 차곡차곡 쌓아두셨을 것이다.

나사렛에 설치된 미신적인 시설들을 보고 우리는 웃음을 머금을 수 있다. 라틴 교회가 세운 수태고지 교회(the Latin Church of Annunciation) 밑의 동정녀 마리아의 부엌이 그렇고, 마리아가 천사의 계시를 받았다고 하는 공중에 매달린 기둥이 그렇고, 요셉과 예수의 목공소, 예수께서 주의 은혜의 해에 설교하신 회당, 제자들과 함께 식사하신 돌 식탁, 3km 남짓 떨어져 있는 추락산(the Mount of Precipitation), 천사들이 마리아의 거처를 공중으로 들어올려 바다 건너 이탈리아의 로레토(Loretto)로 옮겼다는 기괴한 전설이 그렇다. 이런 것들은 유치한 우화로서 복음서들의 겸손한 침묵과 사뭇 대조되며, 그리스 정교회와 라틴 교회의 수사들의 상반된 전승들로 중화된다. 그러나 자연은 예수께서 바라보시고 그 비류없는 비유들로 해석하실 때와 똑같이 아름다운 자태로 남아 있다. 그 비유들은 자연을 가지고 자연의 하나님을 가리키고, 보이는 상징들을 가지고 영원한 진리들을 가리킨다.

예수님은 급하게 흐르는 요단 강에서 세례를 받으심으로써 옛 언약과 새 언약을 연결시키는 공사역을 시작하셨다. 여리고에서 몇 km 떨어진 전통적인 그 지점은 예나 지금이나 부활절이 되면 세계 각처에서 찾아온 수많은 기독교 순례객들의 방문을 받는다. 이들은 그 옛날 "예루살렘과 온 유대와 요단 강 사방에서" 찾아온 사람들이 세례 요한에게 자기 죄를 자복하고 회개의 물 세례를 받은 일을 기억하고서 요한의 군중 세례의 장관을 반복한다.

야곱의 우물 유적지는 예수께서 여행에 지친 몸을 — 그러나 자비의 사역은 지치지 않았다 — 잠시 쉬러 앉으셨다가 사마리아의 가난한 여인에게 생명수 우물을 열어 주시고 하나님께 대한 참되고 신령한 예배를 깨우쳐 주시던 바로 그 자리에 서 있다. 그리고 주변에 펼쳐져 있는 그리심 산과 에벨 산, 세겜 성, 희어져 추수하게 된 들판은 모두 요한복음 4장에 실린 기사를 예증하고 확증한다. 반

면에 나블루스(오늘날의 세겜)에 있는 사마리아인들의 낡은 유적지는 모세 율법
에 따른 유월절 제사와 유대인들에 대한 사마리아인들의 해묵은 반감을 여전히
기억하게 한다.

우리는 북쪽으로 진행하여 갈릴리로 간다. 이곳은 예수께서 공생애 중 가장
큰 인기를 받으시면서 기이한 표정으로 주목하는 군중에게 영원히 쇠하지 않는
지혜와 사랑의 말씀을 많이 해주시던 곳이다. 이 지방은 한때 숲과 경작된 들판
과 여러 기후대의 식물과 나무와 넉넉한 마을들과 부지런한 사람들로 북적댔었
다. 그뒤 메시야를 배척하고 이슬람의 침공을 받아 그 자연의 낙원이 황량한 광
야로 변한 채 오랜 세월 방치되어 왔지만, 그럼에도 불구하고 복음 역사의 신성
한 기억과 사례들마저 지워버릴 수는 없었다.

이곳에는 맑고 파란 호수가 있다. 이 호수는 한때 맞은편 연안을 오가는 배들
로 가득했고 로마 군대와 유대인들이 해전을 벌인 무대였지만, 지금은 철저히
잊혀져 있다. 그래도 여전히 고기가 많이 놀고, 예수께서 잠잠하라고 명하셨던
갑작스런 풍랑도 심심치 않게 인다. 예수께서 하나님 나라의 대헌장(마그나 카
르타)인 산상수훈을 베푸시던, 그리고 종종 기도하러 홀로 오르시던 산들이 있
다. 서쪽 해안에는 게네사렛 평지가 있는데, 가시덤불과 엉겅퀴와 그 위에 밝고
붉은 목련이 울창하게 자라서 본래 그 땅의 비옥함을 여전히 드러내고 있다. 헤
롯 안티파스가 건설한 지저분한 도시 디베리아스가 있다. 이곳에서는 지금도 유
대인 랍비들이 성경을 면밀히 상고하면서도 그 안에서 그리스도는 발견하지 못
하고 있다.

메젤(Medjel)이라고 하는 초라한 이슬람풍의 가옥 몇 채가, 참회의 눈물과 부
활의 기쁨을 기독교 세계의 값진 유산으로 남긴 막달라 마리아의 출생지임을 가
리키고 있다. 가버나움, 벳새다, 고라신은 "예수께서 권능을 가장 많이 베푸신
고을들"이었지만 지상에서 완전히 자취를 감추었고, 그 정확한 터가 학자들간에
쟁점으로 남아 있으며, 그로써 인자의 두려운 예언(마 11:20-24; 눅 10:13-15)을
문자 그대로 입증하고 있다. 반면에 텔 훔(Tel Hum)과 케라제(Kerazeh)의 폐허
들은 특권을 소홀히 한 데에 대한 하나님의 심판을 웅변으로 증거하며, 텔 훔에
있는 부러진 원주들과 만나 단지가 담긴 소벽(小壁)들은 로마의 선한 백부장이
가버나움 사람들을 위해 지어 준 회당 — 이곳에서 그리스도께서 하늘로서 내려
온 생명의 떡에 관한 놀라운 강론을 하셨다 — 의 유적인 듯하다.

지금은 바니아스(또는 파네아스, 파네이온. 이교 성소 판⟨Pan⟩에서 유래)라고 하는 가이사랴 빌립보는 헬몬 산 기슭에 자리잡고 있으며, 성지와 주님의 여행로의 북단이자 유대인들과 이방인들의 경계선을 이룬다. 요단 강 수원이 신선하게 끊임없이 솟아오르는 정경이 한눈에 보이고, 흰눈의 왕관을 쓰고 바위의 보좌에 좌정한 시리아 산맥의 제왕(헬몬 산)의 발 아래에 팔레스타인에서 가장 아름답고 스위스와 흡사하게 펼쳐져 있는 장엄한 경치는 교회의 기초가 된 베드로의 신앙고백과 자신의 보편의 교회를 자신의 영원한 신성이라는 움직일 수 없는 바위 위에 세우시겠다는 그리스도의 예언에 또 다른 힘을 주는 듯하다.

우리 주님의 지상 생애가 마감되고 천상 생애가 시작된 무대는 예루살렘과 인근 지역들에 배설된다. 이곳은 발길이 닿는 곳마다 이 세상에서 발생했고 또 발생할 수 있는 가장 중요한 사건들을 기억하게 한다. 포위와 파괴를 숱하게 당하고 종종 "자기 무더기 위에(한글개역성경, 산에)" 재건된 예루살렘은 실제로는 더 이상 헤롯 시대의 예루살렘이 아니다. 헤롯 시대의 예루살렘은 수세기 동안 두껍게 쌓인 오물과 찌꺼기 밑에 묻혀 있다. 골고다의 터도 논란이 되며, 미신 때문에 역사적 정황이 대단히 모호하게 흐려졌다. "그[그리스도]가 여기 계시지 않고 … 살아나셨느니라"(마 28:6). 세상에서 예루살렘의 현재 몰골보다 더 슬픔을 자아내는 광경이 없다. 예전의 영광도 어디론지 다 사라졌고, 서양 도시들의 풍족한 생활상도 찾아볼 길이 없다. 그런데도 거룩한 기억들이 주변에 산재하면서 향기를 진동하기 때문에 심지어 로마조차도 십자가형과 부활을 목격한 그 도시에 관심을 가지지 않을 수 없었다. 모리아 산에 서 있던 헤롯 성전은 한때는 땅의 모든 곳에서 경건한 유대인들을 불러 모으던 곳으로서 정복자들의 탐욕을 발동시킨 금은 보화가 가득했지만, "돌 하나도 돌 위에 남지 않고 다 무너뜨리우리라"(마 24:2)는 그리스도의 예언이 문자 그대로 성취될 만큼 흔적도 없이 사라져 버렸다. 그러나 성전 둘레에 자리잡은 솔로몬 성전의 거대한 터전은 여전히 페니키아 노동자들의 표지를 지니고 있다.

'통곡의 벽'은 매주 금요일에 조상들의 죄와 불행을 애도하기 위해 그곳에 모이는 유대인들의 눈물로 젖는다. 감람산에서 모리아 산과 이슬람교의 바위 사원(the Moslem Dome of the Rock)을 내려다 보면 이 도시는 지금도 지상에서 가장 인상적이고 감동적인 자태를 간직하고 있다. 예수께서 마지막 유월절을 지키시고 그 숙연한 밤에 건너신 기드론 시대와 유구한 세월을 지켜 온 감람나무들과 고난의 기억들, 예수께서 승천하신 감람산이 여전히 그 자리에 있고, 그 뒤로는 예수께서 십자가에 달리시기 직전에 며칠 밤을 묵으신, 평화롭고 거룩한 친구들의 집이 있던 베다니의 옛 자취가 보인다.

그 산에 서서 발 아래로 내려다 보이는 장엄한 광경을 바라보면, 여리고와 베다니에서 오는 도로의 갈림길에 서면, 모리아 산과 그 거룩한 성을 내려다 보면, 구주께서 왜 눈물을 흘리시며 다음과 같이 탄식하셨는지 충분히 공감이 갈 것이다. "예루살렘아 예루살렘아 선지자들을 죽이고 네게 파송된 자들을 돌로 치는 자여, 암탉이 그 새끼를 날개 아래 모음 같이 내가 네 자녀를 모으려 한 일이 몇 번이냐. 그러나 너희가 원치 아니하였도다. 보라 너희 집이 황폐하여 버린 바 되리라."

이와 같이 성지와 성경은 서로를 예증하고 확증한다. 성경은 문명 세계에서 여전히 충만한 생명력으로 편재해 있다. 반면에 성지는 마치 사막의 열풍처럼 행동하는 "이루 말할 수 없는" 투르크 족의 개혁 불가능한 지배하에 신음하고 있다. 팔레스타인은 하나님의 저주 아래 있다. 기껏해야 "쇠패한 것의 몹시 애절한 아름다움"이 돋보이는 폐허일 뿐이다. 그럼에도 불구하고 장차 하나님이 작정하신 때에 있을 부활에 대한 소망이 없는 것은 아니다. 하지만 성지는 그 황폐한 자태로 성경이 참되다는 증거를 제공한다. 바위에 새겨진 '제5복음서'인 셈이다.

사람

유대인들만큼 기독교를 훌륭히 논증해 주는 사람들이 또 있을까? 역사상 셈족의 강렬하고 불변한 민족성과 그에 못지 않은 종교성보다 더 현저하고 완고한 사실이 있을까? 광야에서 꺼지지 않고 타오르는 가시덤불이 그것을 제대로 상징하지 않는가? 느부갓네살, 안티오쿠스 에피파네스(Antiochus Epiphanes), 티투스(Titus), 하드리아누스(Hadrian)는 전제 권력을 휘둘러 유대인들을 말살하려고 했다. 하드리아누스는 유대교의 할례와 그 밖의 모든 종교 의식들을 금지하라는 칙령을 내렸다. 기독교 군주들도 유대인들에 대해서 대대로 불관용 정책을 펴서 마치 유대인 하나하나가 개인적으로 예수님을 십자가에 달아 죽인 책임을 지고 있는 양 잔인하게 대했다. 그런데, 보라! 이 민족은 민족의 특성이 조금도 변하지 않은 채 기독교 세계 도처에서 예전과 다름없이 끈기있게 살고 있는 것이다. 오랜 세월을 지낸 이 마당에도 상업·정치·문학계에서 좋게든 나쁘게든 큰 영향력을 행사하는 걸출한 인물들을 배출해 내고 있다. 그것은 스피노자(Spinoza), 로스차일드(Rothschild), 디즈레일리(Disraeli), 멘델스존(Mendelsshon), 하이네(Heine), 네안더(Neander) 같은 이름만 기억해도 금방 확인되는 사실이다.

티베르 강 건너 불결한 지대에 살던 유대인들에 관해서 로마 제국의 사가들과 풍자가들이 쓴 글을 읽으면 그들이 현대의 로마, 프랑크푸르트, 뉴욕의 유대인 거주지에 사는 그들의 후손들과 어쩌면 그렇게 똑같은지 충격을 받게 된다. 당시 유대인들도 오늘날 유대인들과 다를 바 없이 세상의 경멸과 경탄을 함께 받았다. 당시 유대인들은 지적인 아름다움과 꾀죄죄한 외모, 지독한 가난과 막대한 부 사이의 대조로 유명했다. 양파와 마늘을 좋아했고, 낡은 옷과 깨진 잔, 유황 성냥을 팔고 다녔지만, 가난에서 빠져나와 부와 권세로 들어가는 방법을 알았다. 엄격한 유일신론자들이었고 빈틈없는 율법주의자들이었지만, 하루살이는 걸러내고 낙타는 삼키는 식이었다. 지금도 그렇지만 당시에도 온건하고 냉철하고 근면하고 가족간의 위계가 철저하면서도 정이 있고, 자녀의 신앙 교육에 마음을 썼다. 지금도 그렇지만 당시에도 대다수가 장자권을 가로챈 야곱의 혈육이요, 하나님의 벗이자 신자들의 조상 아브라함의 작은 영적 자손이었다. 이 특출한 민족에서 예수님 시대와 그뒤 간헐적으로 기독교의 철천지 원수들도 나왔고 아주 따뜻한 친구들도 나왔다.

이 독특한 민족 틈에서 예수님은 지상 생애를 보내셨다. 그분은 유대인 중 유대인이셨지만, 가장 숭고한 의미에서 인자요 둘째 아담이요 온 인류의 머리이자 그들을 거듭나게 하는 분이셨다. 조용히 준비하신 30년 세월 동안 자신의 신적 영광을 감추시고 선한 일을 하고 싶은 의욕을 자제하시면서, 유대 광야에서 요단 강 둑에서 수세기의 침묵을 깨고 하나님 나라의 도래를 외치는 예언의 소리가 들릴 때까지, 회개하라는 경고로 백성의 양심이 놀랄 때까지 조용히 기다리셨다. 그런 뒤 3년간 종족들과 자유롭게 뒤섞이셨다. 때로는 갈릴리에서 많은 수를 이루고 살던 이방인들까지도 만나 고쳐 주셨다. 이스라엘 가운데서는 이 만한 믿음을 찾아보지 못했다고 하시면서 그들의 믿음을 칭찬해 주셨고, 많은 사람들이 동서로부터 와서 하늘 나라에서 아브라함과 이삭과 야곱과 함께 앉되 그 나라의 본 자손은 바깥 어두운 데로 쫓겨날 것이라고 예언하셨다(참조. 마 8:5-

13; 15:21-28; 눅 7:1-9). 사마리아 여인과 숭고한 주제를 놓고 대화를 나누셔서 제자들을 놀라게 하셨고, 착한 사마리아인을 귀감으로 소개하시어 유대인들의 민족적 편견을 책망하셨다(참조. 요 4:5-42; 눅 10:30-37). 십자가로써 만민을 이끄시겠다는 중대한 예언을 하신 때는 십자가에 달리시기 직전에 '헬라인' 몇의 방문을 받으신 때였다(요 12:20-32). 그러나 이런 것은 예외적인 경우들이었다. 부활 전까지 예수님의 사명은 이스라엘의 길 잃은 양들을 찾아가는 것이었다(참조. 마 10:5,6; 15:14).

예수님은 유대인 사회의 모든 계층 사람들을 사귀시면서 착한 이들을 끌어모으고 나쁜 이들을 배척하시고, 악을 질책하시고 곤궁을 구제하셨지만, 대부분의 시간은 그 민족의 골격과 근육을 이루었던 중간 계층들, 곧 갈릴리의 농부들과 노동자들 틈에서 보내셨다. 이들은 부지런하고 용감하고 당찬 사람들로서, 정치적 저항 운동을 여러 번 주도하고 예루살렘을 수호할 때는 최후의 순간까지 버텼던 사람들로 전해진다. 동시에 이들은 유대 땅의 엄수파 유대인들에게는 반(牛)이교도이자 반야만인들로 간주되었다. "나사렛에서 무슨 선한 것이 날 수 있느냐"(요 1:46), "갈릴리에서는 선지자가 나지 못하느니라"(요 7:52)라는 말은 그래서 나왔다(참조. 마 4:16). 예수님은 평범하고 정직하고 털털한 어부들 사이에서 사도들을 선택하셨고, 그들은 사람을 낚는 어부이자 후시대의 스승이 되었다. 유대 땅에서는 종교 지도자들과 접촉하셨는데, 그 민족의 심장부에서 사역을 마감하고 자기 교회를 세우시는 것이 당연한 일이었다.

예수님은 랍비('나의 주') 곧 스승으로서 사람들 틈에서 활동하셨고, 대개 그 칭호로 불리셨다. 랍비들은 그 민족의 지적·도덕적 지도자, 신학자, 법률가, 설교자, 율법 해석자, 양심 수호자, 일상 생활과 행동의 단속자들이었다. 모세와 선지자들과 동질의 사람들로 분류되었고 동등한 존경을 받았다. 개인의 공적보다 출생으로 직위를 세습하는 제사장들보다 더 높은 지위를 누렸다. 회당과 연회의 상석을 탐했고, 장터에서 인사 받기를 좋아했으며, 사람들이 "랍비님, 랍비님" 하고 불러 주는 것을 좋아했다. 그렇기 때문에 우리 주님은 이렇게 경고하셨다. "그러나 너희는 랍비라 칭함을 받지 말라. 너희 선생은 하나요 너희는 다 형제니라"(마 23:8; 비교. 막 12:38, 39; 눅 11:43; 20:46). 그들은 성전에서 회당에서 학교(베스-하미드라쉬〈Beth-hamidrash〉)에서 가르쳤고, 마룻바닥에 앉은 학생들에게 질문을 던지고 대답하는 방식으로 유대교 결의론(casuistry)의 복잡한 체계로 인도했다. 그러면서 훗날 유대인의 지혜와 우매를 모은 거대한 보고 (寶庫) 탈무드(the Talmud)로 구현된 그 구전 전승들을 축적했다. 무보수로 공직을 수행했다. 손수 일해서 번 돈이나 학생들이 자진해서 주는 선물로 생활을 하거나 부유한 가문에 장가를 들어 생계를 해결했다.

랍비 힐렐(Hillel)은 면류관(율법의)으로 경제적 이득을 얻는 것을 경고하면서도, 아울러 "일(trade, 직업)에 너무 치중하는 사람은 지혜로운 사람이 되지 못한다"는 말로 과다한 노동도 경고했다. 「시락의 아들 예수」(*Jesus Son of Sirach*, 주전 200년경의 저술)라는 책에서 노동은 학생과 교사의 소명과 양립할 수 없는 것으로 비쳐지지만, 그리스도 당시의 일반적인 정조는 지적·육체적 노동의 조화를 건강과 인격에 유익하다 하여 선호했다. 위에 언급한 책은 하루의 3분의 1은 공부에, 3분의 1은 기도에, 3분의 1은 노동에 할애해야 한다고 쓴다. "육체 노동을 사랑하라"는 것이 힐렐의 스승 쉐마야(Shemaja)의 좌우명이었다. "아들에게 노동을 가르치지 않는 것은 강도짓을 가르치는 것과 다름없다"고 랍비 예후다 (Jehuda)는 말했다. 탈무드는 이렇게 말한다. "하지 않아도 될 노동[직업]이란 없다. 하지만 부모에게서 좀 더 고상한 종류의 노동을 보고 배우는 사람은 행복하다."

예수님도 목수의 아들이셨을 뿐 아니라, 청년 시절에는 직접 그 일을 직업 삼아 하셨다(막 6:3; 마 13:55). 공생애에 들어가실 때는 하나님의 집에 대한 열심에 시간과 힘을 모두 들이셨고, 그분 은혜에 감사하는 갈릴리 출신 제자 몇몇이 생계를 뒷받침해 주었으나 워낙 검소하게 사신지라 오히려 가난한 자들에게 돌아갈 것이 있었다(참조. 눅 8:3; 마 27:55; 막 15:41; 요 13:29). 사도 바울은 장막 짓는 기술을 배웠고(그것은 고향 길리기아의 환경에 적합했다), 사도가 된 뒤에도 회중의 부담을 덜어주고 고결히 독립을 유지하기 위해서 그 기술로 생계를 유지했다(참조. 행 18:3; 20:33-35; 살전 2:9; 살후 3:8; 고후 11:7-9).

예수님은 당시에 공교육이 이루어지던 회당과 성전을 활용하셨지만, 들판과 산과 해변 등 청중이 말씀을 들으러 모인 곳이면 어디서든 설교하셨다. "내가 드러내 놓고 세상에 말하였노라. 모든 유대인들 모이는 회당과 성전에서 항상 가르쳤고 은밀하게는 아무것도 말하지 아니하였노라"(요 18:20). 바울도 선교 여행을 하면서 기회가 생길 때마다 회당에서 가르쳤다(참조. 행 13:14-16; 16:13; 17:2, 3). 당시의 일반적인 교수법은 논박, 율법의 난제들에 대한 문답, 기억에 쉽게 자리잡는 비유와 교훈을 사용했다. 랍비는 의자에 앉고 학생은 바닥에 서거나 앉았다. 유대인이면 누구나 하나님의 율법에 대해 일반적인 지식이 있었고 그것을 가장 중요한 소유로 여겼다. 자기 이름보다 계명들을 더 잘 기억했다. 자녀 교육은 아이가 아주 어릴 때부터 가정에서 시행하다가 나중에는 학교와 회당에서도 시행했다. 디모데는 어머니와 할머니의 무릎에서 성경을 배웠다(딤후 1:5; 3:15; 비교. 엡 6:4). 요세푸스(Josephus)는 자기가 불과 14살에 대제사장과 예루살렘의 유력 인사들에게 자문 요청을 받을 정도로 정확한 율법 지식을 갖고 있었다고 자랑한다. 성읍마다 교사들이 임명되었고, 어린이들은 여섯살이나 일곱살 때 읽기를 배웠으나 쓰기는 어지간해서는 배우지 못했던 것 같다.

유대인의 신앙과 사회 생활에서 회당은 지역 중심지였고, 성전은 민족 중심지였다. 회당은 안식일마다 모임이 있었고(월요일과 목요일에도), 성전은 유월절을 비롯한 연례 절기들에 모임이 있었다. 성읍마다 회당이 있었는데, 대도시들 특히 알렉산드리아와 예루살렘에는 여러 개가 있었다(참조. 행 6:9). 예배식은 매우 간단했다. 기도와 찬송에 이어 히브리 성경 율법과 선지서의 몇 단락이 낭독되었고, 아람 방언으로 주석과 설교가 이루어졌다. 예언 행위에 어느 정도 자유가 있었는데, 특히 예루살렘 바깥에서는 더 그러했다. 나이든 유대인이면 누구나 회당장의 요청으로 성경을 낭독하고 강해할 수 있었다. 이러한 관습은 예수께 공사역을 시작하는 가장 자연스러운 방법을 제공해 주었다.

예수님은 세례를 받으시고 나사렛으로 돌아오신 뒤 "안식일에 늘 하시던 대로 회당에 들어가사 성경을 읽으려고 서시매 선지자 이사야의 글을 드리거늘 책을 펴서 이렇게 기록된 데를 찾으시니 곧 '주의 성령이 내게 임하셨으니 이는 가난한 자에게 복음을 전하게 하시려고 내게 기름을 부으시고 나를 보내사 포로된 자에게 자유를, 눈먼 자에게 다시 보게 함을 전파하며 눌린 자를 자유롭게 하고 주의 은혜의 해를 전파하게 하려 하심이라' 하였더라. 책을 덮어 그 맡은 자에게 주시고 앉으시니 회당에 있는 자들이 다 주목하여 보더라. 이에 예수께서 그들에게 말씀하시되 이 글이 오늘 너희 귀에 응하였느니라 하시니 그들이 다 그를 증거하고 그 입으로 나오는 바 은혜로운 말을 놀랍게 여겨 가로되 이 사람이 요셉의 아들이 아니냐"(눅 4:16-22).

예수님은 열두 살부터 대절기에는 유대교가 그 모든 광휘와 매력을 드러내던 민족의 수도를 방문하셨다. 큰 대상(隊商)들이 낙타와 노새에 곡물과 성전에 드릴 예물을 잔뜩 싣고서 동서남북에서 온 세계의 즐거움인(참조. 시 48:2) 그 성도(聖都)를 향해서 왁자지껄 줄줄이 몰려들었다. 아름다운 순례 시편(시 120-134장, 성전에 올라가는 노래)을 부르면서 이루어지는 이 연중 순례들은 마치 이슬람교의 메카 순례가 이슬람교의 삶을 유지하는 데 기여하듯이 이스라엘의 공동의 신앙을 보존하고 증진하는 데 크게 기여하였다. 요세푸스에 따르면, 유월절 한 절기만 해도 예루살렘의 방문객과 거주민의 수가 2,700,000명이었고, 도살당한 어린양의 수가 256,500마리였다고 하는데, 이 엄청난 숫자를 크게 줄여 잡더라도 행사가 얼마나 방대하고 엄숙했는지를 넉넉히 짐작할 수 있다.

초라하기 짝이 없는 오늘날에도 예루살렘은 (다른 동방의 도시들과 마찬가지로) 부활절이 되면 서쪽 끝에서 온 기독교 순례자들이 아랍·터키·그리스·스페인·폴란드계 등 여러 피부색을 지닌 유대인들과 뒤섞이며 성묘 교회(the Church of the Holy Sepulchre)를 가득 메우는 등 장관을 연출한다. 하물며 그 옛날 수 놓은 통옷에 고운 삼베 띠를 띠고 눈부시게 흰 터번을 쓴 제사장들(요세푸스는 그들의 수를 20,000명으로 잡는다)과, 푸른색과 자색과 주홍색 에봇을 입고 흉배를 붙이고 관을 쓴 대제사장들과, 끝이 뾰족한 두건을 쓴 레위인들과, 술이 달린 옷에 넓은 경문(經文)을 두른 바리새인들과, 흰옷을 입고 예언자적 풍모를 한 에세네파와, 당당한 로마 군인들과, 동양인 특유의 거만함을 뽐내는 헤롯의 궁정인들과, 이들과는 사뭇 달리 누더기를 걸친 거지들과 불구자들이 거리를 메우던 때에는 이 범세계적인 광경이 얼마나 더 장관을 이루었겠으며, 더 나아가 제국 각처에서 구름처럼 몰려 온 유대인과 개종자 순례객들, 곧 "바대인과 메대인과 엘람인과 또 메소보다미아, 유대와 갑바도기아, 본도와 아시아, 브루기아와 밤빌리아, 애굽과 및 구레네에 가까운 리비야 여러 지방에 사는 사람들과 로마로부터 온 나그네 곧 유대인과 유대교에 들어 온 사람들과 그레데인과 아라비아인들"(행 2:8-12)이 저마다 본국의 의상을 입고 바벨탑 사건을 연상시키는 방언들을 하면서 거리를 잔뜩 메운 채 모리아 산으로 물결치며 올라가던 때에는 얼마나 더 장관을 이루었겠는가?

"멀리서 석고 산처럼 보이고 꼭대기에 황금 첨탑을 세운 성전이 그 말뚝을 박은" 그 모리아 산에서는 신년 첫달 열나흘이 되면 속박의 땅에서 구속된 큰 역사적 사건을 기념하고 죄와 사망의 노예 상태로부터 얻을 더욱 큰 구속을 예표적으로 상징하느라 수만 마리의 유월절 양을 태운 제사의 연기가 열을 지어 피어

올랐다(비교. 요시아 왕이 지킨 유월절, 대하 35:1-19).

당시 외부 구경꾼들의 눈에 유대인들은 지상에서 가장 종교적인 민족이었고, 어떤 의미에서는 지금도 그렇다. 하나님의 기록된 말씀에 그토록 지배를 받은 민족은 없었다. 그 거룩한 책을 그토록 주의 깊고 면밀하게 공부하고 제사장들과 교사들을 그토록 존경한 민족은 없었다. 그 민족의 지도자들은 할례받지 않은 부정한 이방인들을 혐오와 경멸의 눈으로 바라보았고, 백성들에게 긍지와 자부심을 심어 주었다. 로마인들이 유대인들에게 혐오감을 주는 인종(odium generis humani)이라고 비난한 것이 하나도 이상한 일이 아니다.

그럼에도 불구하고 이 강렬한 종교성은 참 종교의 그림자에 지나지 않았다. 살아있는 신체라기보다 기도하는 시체였다. 슬프게도 어느 시대 어느 지역의 기독교 교회도 본연의 능력은 상실한 채 거짓 경건의 형태로 과거 유대교와 같은 장관을 연출한다. 랍비의 학문과 경건을 하나님의 살아 있는 계시와 비교하자면, 공교한 스콜라 신학과 성경 신학의 관계와 같고, 예수회의 결의론과 기독교 윤리의 관계와 같다. 랍비들은 율법에 아무도 들어갈 수 없도록 "담장을 치는 데" 모든 정력을 허비했다. 율법을 분석하다가 그 본의를 다 죽이고 말았다. 율법을 아주 시시콜콜하게 구분하고 다듬은 나머지 나무는 보되 숲은 보지 못하고, 기와는 보되 지붕은 보지 못하고, 속은 보되 껍질은 보지 못하게 만들었다. 이렇게 해서 인간의 유전으로 하나님의 말씀을 공허하게 만들었다. 노예적인 형식주의(formalism)와 기계적인 의식주의(ritualism)가 영적인 경건을 대체했고, 경건한 체하는 외식이 인격의 경건을 대체했고, 빈틈없는 결의론이 진지한 도덕성을 대체했고, 죽이는 의문(儀文)이 살리는 영을 대체했으며, 하나님의 성전이 장사꾼의 소굴로 바뀌었다.

영적인 것이 현세적인 것으로, 내적인 것이 외적인 것으로 왜곡되고 도치되는 현상이 심지어 이스라엘 종교의 지성소라 할 수 있는 메시야 약속과 소망, 곧 실낙원에서의 원시 복음에서부터 하나님의 어린양을 가리킨 세례 요한의 음성에 이르기까지 금실타래처럼 면면히 이어져온 그 약속과 소망에까지 침투하였다. 뱀의 머리를 밟고 이스라엘을 죄의 속박에서 구속할 영적 메시야 사상이, 예루살렘에 다윗의 보좌를 다시 수립하고 거기서 땅끝까지 이방을 다스릴 정치적 해방자 개념으로 변하였다. 그 당시 유대인들은 자기들이 메시야라고 부르던 다윗의 아들을 다윗의 칼, 홀, 왕관과 구분하지 못했다. 사도들조차 이런 그릇된 개념에 영향을 받고서 대혁명 때에 높은 자리를 차지할 꿈을 꾸었다. 따라서 주님이 임박한 수난과 죽음을 말씀하실 때 그 뜻을 이해하지 못했다(참조. 마 16:21-23; 막 8:31-33; 눅 9:22, 44, 45; 18:34; 24:21; 요 12:34).

메시야 대망에 대해서 복음서에 나타난 일반 대중의 이해 정도는 전대와 당대의 유대인 문학으로 충분히 확증된다. 그 예를 들자면 「시빌의 서」(*the Sibylline Books*, 주전 140년경), 탁월한 「에녹서」(*the Book of Enoch*. 연대 미상. 주전 130-30년으로 추정됨), 「솔로몬 시편」(*the Psalter of Solomon*, 주전 63-48), 「모세 승천기」(*the Assumption of Moses*), 필로(Philo)와 요세푸스(Josephus)의 저작들, 「바룩 묵시록」(*the Apocalypse of Baruch*), 「에스드라 4서」(*the Fourth Book of Esdras*) 등이다. 이런 저작들에서는 한결같이 메시야 왕국 곧 하나님의 나라가 유대인의 지상 낙원으로, 예루살렘을 수도로 삼는 현세의 왕국으로 묘사된다. 사탄이 광야에서 예수께 천하 만국을 보여주면서 시험할 때 무기로 쓴 것이 바로 이러한 거짓 메시야라는 대중적인 우상이었다. 사탄은 예수를 이 현세적 신앙으로 돌려 놓고 자기 만족과 허세와 세속 야망을 위해 기적의 능력을 남용하도록 꾈 수만 있다면 구속 계획에 가장 효과적인 타격을 입힐 수 있다는 것을 잘 알고 있었다. 바로 그런 정치적 야심이 강한 지렛대가 되어 훗날 유대인들은 로마의 멍에를 벗기 위해 반란을 일으켰다가 예루살렘의 멸망과 더불어 진압되었다. 그런 야심은 바르 코크바(Bar-Cochba)의 반란으로 다시 분출되었다가 똑같은 재앙으로 끝나고 말았다.

이런 것이 그리스도 당시의 유대교였다. 이스라엘에서 외식의 가면을 헤집고 부패한 마음을 꿰뚫어 본 분은 그리스도뿐이었다. 어떠한 대랍비도, 힐렐(Hillel)도 샴마이(Shammai)도 가말리엘(Gamaliel)도 개혁을 시도하지 않았고 개혁의 뜻조차 품지 않았다. 정반대로 그들은 전승 위에 전승을 쌓아올렸고, 열두 권에 2,947쪽이라는 방대한 탈무드류의 잡동사니를 축적했다. 화석같이 굳은 유대교의 반(反)기독교적 태도가 그 표면에 나타나 있다. 반면에 네 복음서는 인류를 중생시켜 왔고, 오늘날까지 문명 세계의 생명과 빛으로 남아 있다.

예수님은 당대 유대교의 울타리 안에서 활동하셨지만, 그 울타리를 훨씬 초월해 계셨고, 새로운 관념의 세계를 계시하셨다. 하나님의 율법을 존중하셨지만, 그 깊은 영적 의미를 밝히고 가르침과 본으로 그것을 성취하시는 방식으로 존중하셨다. 그 자신이 랍비로서 여느 서기관들과는 달리 하나님께 직접 권위를 받은 분으로서 가르치셨다. 모세의 자리에 앉은 외식자들을 단호히 책망하셨다. 눈먼 채 소경을 인도한다고 나선 자들, 사람들에게 무거운 짐을 잔뜩 지우고 자기는 그 짐에 손가락 하나 까딱하지 않는 자들, 하나님 나라의 문을 닫고 사람들이 들어가지 못하도록 막으면서 자기들도 들어가려 하지 않는 자들, 박하와 회향과 근채의 십일조는 드리면서도 율법의 더 중요한 문제인 의(義)와 인(仁)과 신(信)은 외면하는 자들, 하루살이는 걸러내고 낙타는 삼키는 자들, 회칠한 무덤 같아서 겉으로는 참 아름답게 보이나 속에는 송장의 뼈와 온갖 불결한 것으로 꽉 찬 자들을 심하게 질책하셨다. 이렇게 지도자들의 교만은 후려치면서도 겸손하고 낮은 자들은 격려하고 끌어올리셨다. 어린아이들을 축복하셨고, 가난한 자들을 격려하셨고, 상심한 자들을 찾아가셨고, 주린 자들을 먹이셨고, 병든 자들을 고치셨고, 세리와 죄인들을 회개케 하셨고, 하나님의 가없는 사랑으로 새 사회와 새 인류를 위한 기초를 튼튼하고도 깊게 놓으셨다.

예수님의 생애에서 대단히 숭고하고도 사랑스러운 순간이 있었다. 제자들이 나아와 천국에서 누가 가장 크냐고 물었을 때, 예수님은 어린아이 하나를 불러 그들 중간에 두시고는 이렇게 말씀하셨다. "진실로 너희에게 이르노니 너희가 돌이켜 어린아이들과 같이 되지 아니하면 결단코 천국에 들어가지 못하리라. 그러므로 누구든지 이 어린아이와 같이 자기를 낮추는 그이가 천국에서 큰 자니라. 또 누구든지 내 이름으로 이런 어린아이 하나를 영접하면 곧 나를 영접함이니"(마 18:1-5). 그런 순간이 또 한 번 있었다. 예수께서는 천국의 비밀을 지혜로운 자들에게는 숨기시고 어린 아이들에게는 나타내심을 천부께 감사드리신 다음, 수고하고 무거운 짐진 자들에게 다 자기에게 와서 쉬라고 초대하셨다(참조. 마 11:25-30).

예수님은 처음부터 자기가 하나님의 메시야이고 이스라엘의 왕이라는 사실을 아셨다. 이 의식이 성숙의 경지에 도달한 것은 세례를 받으시면서 성령을 한량없이 받으실 때였다(요 1:32-34; 비교. 3:34). 이 확신에 대해서 조금도 흔들리지 않으셨다. 심지어 유다가 자신을 배반하고, 신앙고백자이자 바위와 같은 사도인 베드로가 자신을 부인하고, 모두가 자신을 버리는 등 줄곧 견지해 오신 대의가 완연한 실패로 끝난 듯한 암울한 시간에도 그 확신은 흔들리지 않았다. 유대인 대제사장의 법정에서 자신이 메시야임을 엄숙하게 선언하셨다. 로마 제국의 이교도 총독 앞에서 자신이 왕이라는 사실을 ― 비록 이 세상 나라의 왕은 아니지만 — 주지시켰고, 십자가에 달리셨을 때는 죽어가는 강도에게 자기 나라의 한 자리를 주셨다(참조. 마 26:64; 요 18:37; 눅 23:43).

그러나 그러기 전, 그러니까 가장 큰 인기를 누리실 때에는 혹시 민간에 퍼져 있던 정치적 메시야 사상을 자극하여 민란이 일어날까 우려하시고서 자신의 메시야 신분을 공포하고 과시하는 일을 의도적으로 피하셨다. 메시야의 칭호 중에서 우리 인간의 공동 운명에 함께 참여하심을 뜻하는 가장 겸손한 칭호를 취하셨다. 하지만 그 칭호에는 인류를 대표하는 머리로서, 이상적이고 완전하고 우주적이고 원형적인 인간으로서의 독특한 지위가 함축되어 있다. 그분은 자신을 습관적으로 '인자'(the Son of Man)라고 부르신다. 그는 "머리 둘 곳"도 없고, "섬김을 받으려 함이 아니라 도리어 섬기려 하고 자기 목숨을 많은 사람의 대속물로 주려"고 오셨고, "땅에서 죄를 사하는 권세가" 있으시며, "잃어버린 자를 찾아 구원하러" 오셨다(참조. 눅 9:58; 19:10; 마 18:11; 20:17, 28; 막 2:10, 28; 요 1:51; 6:53).

가이사랴 빌립보에서 베드로가 위대한 신앙고백을 하였을 때 그리스도는 그것을 인정하셨지만, 곧 자신의 임박한 수난과 죽음에 관해서 그에게 경고하셨고, 그 경고를 듣고서 베드로는 크게 실망하고 위축되었다(마 16:20-23). 예수님은 자기가 십자가에 달릴 것을 분명히 아시고, 하지만 아울러 제삼일에 당당히 부활할 것도 아시고서 조용하고도 지극히 의연하게 예루살렘을 향한 마지막 여행에 오르셨다. 예로부터 선지자들을 죽이고 예수님마저 거짓 메시야와 신성모독자로 단죄하여 십자가에 못 박을 그 도성으로 말이다. 그러나 하나님의 무한한 지혜와 자비로 역사상 가장 큰 범죄가 인류에게 가장 큰 복으로 바뀌었다.

그렇다면 그리스도의 생애와 사역이 그 시대와 백성의 정황과 필요를 잘 감안하여 이루어졌고 당시 환경으로부터 예증과 확증을 받긴 했지만, 당대나 전대의 지적·도덕적 자료들을 가지고 설명할 수 없다는 결론을 내리지 않을 수 없다. 예수님은 인간 교사들로부터 아무것도 배우지 않으셨다. 그분의 지혜는 이 세상의 것이 아니었다. 선지자와 사도처럼 이상과 계시가 필요하지 않았다. 하늘에 계신 크신 아버지께로서 직접 오셨고, 하늘에 관해서 말씀하실 때는 정든 고향에 관해서 말씀하셨다. 자기 안에 내주하시는 하나님의 충만하심에 힘입어 말씀하셨다. 그리고 그 말씀은 행위로 검증되었다. 가르침보다 본이 더욱 강력했다. 아무리 지혜로운 말도 살아 있는 인격으로 구현되지 않으면 힘을 발휘하지 못한다. 그분의 가르침은 사람들의 빛인 생명이다. 교리의 순결과 인격의 성결이 완전한 조화를 이룬 상태에서 예수님은 책 잡힌 일도 책잡힐 일도 없이 홀로 서 계신다. 부활하신 이래로 지금까지 하늘에서 신선한 생명을 불어 내쉬고 계신다. 그분은 새로운 도덕적 창조의 주체이시다.

특주

예수님과 힐렐(Hillel)

그리스도가 그 시대와 민족에 비할 수 없이 뛰어나신 분이고, 바리새인들과 서기관들과 사뭇 다르셨다는 것은 너무나 자명하므로 예수님을 힐렐 혹은 여느 랍비와 비교하는 것 자체가 불합리하게 보인다. 그럼에도 불구하고 Geiger, Grätz, Friedländer 같은 몇몇 현대 유대교 랍비들이 이런 시도를 했는데, 이들은 일말의 역사적 증거도 없이 예수께서 바리새인이었고, 힐렐의 제자였으며, 자신의 지고의 도덕 원칙들을 힐렐에게서 얻었다고 과감히 주장한다. 이런 애매모호한 찬사로 그분의 독창성을 격하하려는 뜻이 그들의 주장에 담겨 있다. 그럴지라도 그들이 증거로 제시한 사례들을 살펴본다는 건 흥미로운 일이다.

힐렐과 샴마이(Shammai)는 유대교 랍비들 한가운데 우뚝 서 있는 사람들이다. 이들은 같은 시대에 상호 대립적인 랍비 학파를 설립했다(토마스 아퀴나스와 둔스 스코투스가 대립적인 스콜라 학파들을 이끈 것과 같다). 요세푸스가 이들을 거론하지 않는 것은 이상하다. 그는 다만 사메아스(Sameas)와 폴리온(Pollion)이라는 헬라화한 이름을 거론하는데, 이 이름들은 힐렐과 샴마이가 길러낸 유명한 바리새인들인 세마야(Shemaja)와 압탈리온(Abtalion)에게 더 잘 들어맞는다. 더욱이 요세푸스는 사메아스를 폴리온의 제자라고 지칭한다(참조. Ewald, v. 22-26; Schürer, p, 455). 탈무드 전승은 그들의 역사를 여러 가지 우화로 윤색하여 모호하게 흐려놓았다.

힐렐 1세(Hillel I) 곧 대 힐렐(Hillel the Great)은 다윗 왕가의 후손으로서 바벨론에서 태어났다. 심한 가난에 허덕이다가 예루살렘으로 이주했고, 그곳에서 주후 10년경에 죽었다. 전하는 바로는 모세처럼 120년을 살았는데, 40년은 무학하게, 40년은 학생으로, 40년은 교사로 지냈다고 한다. 현자(賢者) 가말리엘

(Gamaliel)의 조부로서, 그의 가문은 산헤드린의 의장직을 여러 대에 걸쳐 세습했다. 지식에 대한 뜨거운 열정과, 순수하고 점잖고 붙임성 있는 성품으로 큰 명성을 얻었다. 전하는 바로는 모든 언어들을 알아들었다고 하는데, 심지어 산악, 고개, 골짜기, 나무, 들짐승, 가축, 귀신의 말까지 알아들었다고 한다. "점잖고 거룩한 에스라와 같은 학자"라 불렸다. "사람은 항상 힐렐처럼 온순하되 삼마이처럼 불끈해서는 안 된다"는 격언이 있었다. 그는 율법을 온건히 해석한 점에서 랍비 삼마이와 달랐지만, 안식일에 낳은 달걀을 먹는 게 옳으냐 그르냐 하는 난처한 질문 같은 몇몇 문제에 대해서는 삼마이보다 더 엄격한 견해를 취했다. 어떤 탈무드류의 소책자는 이 유명한 논쟁을 따서 「베자, 달걀」(*Beza, The Egg*)이라고 불린다. "안식일은 사람을 위하여 있는 것이요 사람이 안식일을 위하여 있는 것이 아니니 이러므로 인자는 안식일에도 주인이니라"고 말씀하신 분과 얼마나 거리가 있는가!

수많은 지혜 어록들이 비록 모호하기도 하고 해석에 의심이 가긴 하나 Pirke Aboth라는 소책자에서 그것들은 힐렐의 것으로 돌려진다(미쉬나에 실린 이 글은 1장에서 모세 시대부터 예루살렘 멸망 때까지 전해 내려온 율법 전승들의 기둥들을 열거한다). 다음은 대표적인 어록을 선별한 것이다.

"평화를 사랑하고 평화를 조성하는 아론의 제자가 되어라. 사람들을 사랑하고 그들을 율법으로 인도하라."

"좋은 이름을 남용하는 자는(혹은 자기 이름을 크게 내세우려고 하는 자는) 그것을 망치게 된다."

"지식이란 계속 쌓지 않으면 줄어든다."

"회중에게서 떨어져 나오지 말고, 죽는 날까지 자기에게 확신을 두지 말라."

"내가 내 영혼을 보살피지 않으면 누가 내 대신 보살펴 주겠는가? 내가 내 영혼만 보살핀다면 그 얼마나 치졸한 일인가? 지금 하지 않으면 언제 하겠는가?"

"이웃의 처지에 서 보기 전에는 이웃을 판단하지 말라."

"시간이 나면 회개하지요 하고 말하지 말라. 시간이 영 오지 않을 수도 있으니까."

"성격이 급한 사람은 교사가 되지 못한다."

"사람이 없는 곳에서 사람이 되어라."

그럼에도 불구하고 그의 거만한 바리새주의가 다음과 같은 발언에 잘 나타난다. "사람은 배우지 못하면 죄를 쉽게 피하지 못한다. 평범한 사람치고 경건한 사람은 없다." 산헤드린 공회에서 그리스도의 원수들도 비슷한 말을 했다(요 7:49): "율법을 알지 못하는 이 무리는 저주를 받은 자로다." 그의 교훈들 중 더러는 도덕성에 의심을 불러일으킨다. 이를테면 그는 신명기 24:1의 모호한 표현에 대해서 "아내가 저녁 식탁을 형편없이 차려도" 남자가 아내를 버릴 수 있다고 판단했다. 그러나 이런 면은 현대 랍비들에 의해 "아내가 그의 가정에 불명예를 끼친다면"이란 뜻으로 완화되었다.

한 이교도가 랍비 샴마이를 찾아와 만약 자기가 한 다리로 서 있는 동안 온 율법을 다 가르쳐 준다면 유대교로 개종하겠다고 약속했다. 화가 치민 샴마이는 지팡이를 휘둘러 그를 쫓아버렸다. 그 이교도는 랍비 힐렐을 찾아가 똑같은 질문을 했는데, 힐렐은 표정 하나 변하지 않은 채 정중히 그를 맞아들이고는 그가 한 다리로 서 있는 동안 다음과 같은 효과적인 대답을 해주었다.

"선생 자신에게 불쾌한 일을 이웃에게 하려고 하지 마시오. 이것이 온 율법이오. 나머지는 그에 대한 주석이오. 가서 그 일을 행하시오"(참조. Delitzsch, p. 17; Ewald, V. 31, 비교. IV. 270).

이것이 힐렐이 남긴 가장 지혜로운 말이며, 후세가 그를 예수님과 비교하게 된 이유이다. 그러나 다음 사항들을 유념해야 한다.

1. 그것은 "네 이웃을 네 몸과 같이 사랑하라"는 복음의 적극적 계명과 "무엇이든지 남에게 대접을 받고자 하는 대로 너희도 남을 대접하라"는 황금률(마 7:12; 눅 6:31)에 대한 부정적인 표현일 뿐이다. 해를 끼치지 않는 것과 선을 행하는 것 사이에는 현저한 차이가 있다. 전자는 이웃을 해치지 않는 이기심과 각종 죄와 모순되지 않는다. 구주께서는 하나님의 호의를 의무의 지침으로 제시하심으로써(마 7:11) 이웃에게 최선을 다해 선을 행하도록 지도하시고, 자기 목숨을 죄인들을 위해 희생하심으로써 자기를 부정하는 사랑이 어떤 것인지 가장 훌륭한 본을 친히 보여주신다.

2. 그것은 하나님을 사랑하라는 더 큰 법과 연결되어 있지 않은데, 하나님 사랑 없이는 참된 이웃 사랑도 불가능하다. 서로 뗄 수 없이 연결된 "이 두 계명이 온 율법과 선지자의 강령이니라"(마 22:37-40).

3. 비슷한 어록들이 힐렐보다 오래 전 문헌에서 발견된다. 모세오경과 토빗서(4:15, "네가 미워하는 일을 사람에게 행하지 말라")뿐 아니라, 사실상 이교도들(공자, 부처, 헤로도토스, 이소크라테스, 세네카, 퀸틸리아누스)의 글에서도 발견되는데, 한결같이 부정적인 형태를 띠거나 특정 경우나 특정 계층과 연관된다. 예

를 들면, Isocrates, *Ad Demonic*. c. 4: "자식이 여러분에게 해주기를 바라는 대로 여러분도 부모에게 행하시오"; *In Aeginet*. c. 23: "여러분 자신을 위해 구하려고 하는 그런 법관들이 여러분은 내게 되어 줄 것이오." 참조. 마 7:12에 대한 Westein의 해설(*Nov. Test*. I. 341 sq.). Lightfoot, Grotius, Wetstein, Deutsch, Spiess, Ramage는 이런 어록과 그 밖의 성경과 유사한 격언들을 탈무드와 그 밖의 고전들에서 상당수 수집했다. 그러나 산상수훈과 비교할 때 보잘것없는 것들이다. 랍비들의 비슷한 어록들에 대해서 우리가 유념할 점은 그 어록들이 기록의 형태를 띤 것은 2세기 이후이며, Delitzsch의 말대로(*Ein Tag in Capernaum*, p. 137) "그리스도의 어록 중 적지 않은 내용이 유대 그리스도인들에 의해서 유포되었고, 탈무드와 미드라쉬에 익명으로 혹은 다른 사람의 이름으로 재등장했다."

4. 예수님의 어록에서 끌어낸 아무리 많은 지혜의 어록도 유기적 윤리 체계를 이루지 못한다. 그것은 마치 대리석 조각더미가 왕궁이나 신전을 이루지 못하는 것과 같다. 유기적 체계가 없다면 아무리 좋은 윤리 체계도 거룩한 생활을 낳지 못하고, 따라서 무가치하다.

힐렐이 "바리새인을 통틀어 가장 위대한 인물"(Ewald)이라는 점을 우리도 주저하지 않고 인정할 수 있으나, 그는 세례 요한보다 훨씬 열등한 사람이었고, 그와 그리스도를 비교하는 것은 우매무지의 소치이다. Ewald는 그러한 비교를 가리켜 "몰상식한 짓"이라 부른다(*grundverkehrt*, v. 48). Farrar는 힐렐과 예수님과의 거리가 "측량 불가능한 거리요, 그의 교훈이 예수님의 교훈과 닮은 정도는 반딧불이 태양과 닮은 정도이다"라고 한다(II. 455). Delitzsch(p. 23)는 이렇게 말한다: "예수님과 힐렐의 근본 성향은 천지차이이다. 힐렐의 성향은 율법주의적이고 결의론적(casuistic)이고 민족주의적인데 반해, 예수님의 성향은 보편 종교적이고 도덕적이고 인간적이다. 힐렐은 보이는 것으로 살고 행동하지만, 예수님은 율법의 정신으로 살고 행동하신다."

예수님을 단순한 인간 교사로 보더라도, 그분의 절대 독특성은 다음과 같은 점에 있다: "그분 말씀은 모든 시대 모든 사람들의 마음을 감동시켰고, 세계의 도덕 생활을 거듭나게 했다"(Farrar, II. 454). 그러나 예수님은 랍비, 현자, 성인, 종교 개혁자, 박애자보다 훨씬 크신 분이다. 참 종교를 세운 분이고, 선지자, 제사장, 왕, 혁신가, 인간의 구주요, 인류만큼 방대하고 영원만큼 장구한 영적 왕국의 설립자이시다.

18. 외경의 전승들

그리스도의 역사에 관련하여 복음서들에 실린, 유일하게 권위 있는 기록들 바깥에서 작은 관심을 끄는 몇 가지 자료들을 첨부한다.

I. 외경에 나타난 우리 주님의 어록

정경 복음서들은 훨씬 더 많은 내용을 수록할 수도 있었지만(요 20:30; 21:25), 현재의 분량으로도 우리 주님의 말씀과 행동에 관해서 우리가 알아야 할 내용은 모두 담고 있다. 복음서들이 일찍이 기록되어 교회에서 인정을 받았다는 점에서 구전 전승이 복음서들과 동일한 인정을 받으며 병존했을 가능성은 배제된다. 성경 외에 실린 우리 주님의 어록은 단편적인 것들로서 수효도 지극히 적고, 한 가지 경우를 제외하고는 중요하지 않거나 변형에 불과하다.

그런 어록들은 다음 책들에 수록되어 있다: Fabricius, *Codex Apocr. N. T.*, I. pp. 321–335; Grabe, *Spicilegium SS. Patrum*, ed. alt. I. 12 sqq., 326 sq.; Koerner, *De sermonibus Christi* ἀγράφοις (Lips. 1776); Routh, *Reliq. Sacrae*, vol. I. 9–12, etc.; Rud. Hofmann, *Das Leben Jesu nach den Apokryphen* (Leipz. 1851, 75, pp. 317–334); Bunsen, *Anal. ante-Nic.* I. 29 sqq.; Anger, *Synops. Evang.* (1852); Westcott, *Introd. to the Study of the Gospels*, Append. C. (pp. 446 sqq. of the Boston ed. by Hackett); Plumptre, in Ellicott's *Com. for English Readers*, I. p. xxxiii.; J. T. Dodd, *Sayings ascribed to our Lord by the Fathers* (1874); E. B. Nicholson, *The Gospel according to the Hebrews* (Lond. 1879, pp. 143–162). 비교. essay of Ewald in his "Jahrbücher der Bibl. Wissenschaft," VI. 40 and 54 sqq., and *Geschichte Christus*, p. 288. 우리는 주로 Hofmann, Westcott, Plumtre, Nicholson의 모음집들을 사용한다.

(1) "주는 것이 받는 것보다 복이 있다." 바울이 사도행전 20:35에서 인용. 비교. 눅 6:30, 31; 로마의 클레멘스(Clement of Rome), *Ad Cor.* c. 2, ἥδιον διδόντες ἤ λαμβάνοντες, "받는 것보다 주는 것을 더 기뻐하라." 이것은 의심할 여지 없이 권위 있고 의미가 풍부하며, 마치 외롭게 떠있는 별처럼 더욱 밝게 빛난다. 이것은 지극히 고상한 하나님과 그리스도의 의미에 비추어 볼 때 참

되다. 플루타르크가 인용하는 아리스토텔레스, 세네카, 에피쿠로스의 다소 비슷한 문장들(참조. 사도행전 20:35에 대한 Wetstein의 단락들)은 귀족적 교만의 분위기를 풍기며, "주는 자는 어리석고 받는 자는 행복하다"라는 저급한 이기심에 관한 상반된 이교의 격언에 의해 상쇄된다. 셰익스피어는 Portia의 입에 황금과 같은 단어들을 넣어줄 때 그 문장을 염두에 두었는지도 모른다:

"자비의 덕은 아무리 써도 다함이 없다.
마치 하늘에서 밑의 대지를 적시며 내리는
유순한 비와 같다. 이것은 두 가지로 복되다.
주는 자와 받는 자에게 복을 준다.
이것이 강한 것 중의 강한 것이요,
왕관의 가치로 비교할 수 없는 훌륭한 군주가 된다."

(2) "그날에 예수께서 안식일에 기술을 사용하여 일하는 사람을 보시고서 이렇게 말씀하셨다. '남자여, 만약 네가 무슨 일을 하고 있는지를 안다면 너는 복되다. 하지만 모른다면 저주를 받은 자요 율법을 범한 자이다.'" D사본(Codex D) 혹은 베자 사본(Codex Bezae. 케임브리지 대학교 도서관 소장)의 누가복음 6:4에 대한 첨가로서, 이 사본에는 주목할 만한 첨가들이 여럿 있다. 참조. Tischendorf, ed. VIII. Luc. 6:4; Scrivener, *Introd. to Criticism of the N. T.* p. 8. ἐπικατάρα는 요한복음 7:49(text. rec.)에서 바리새인들이 율법을 모르는 사람들에 대해서 사용된다(갈라디아서 3:10, 13에도 구약을 인용하는 방식으로 나온다); παραβάτης τοῦ νόμου는 바울(롬 2:25, 27; 갈 2:18)과 야고보(2:9, 11)가 사용한다. Plumtre는 그 기사를 권위 있는 것으로 간주하면서 이렇게 언급한다. "그 기사는 여전히 구속력이 인정된 율법에 대한 자의적인 범과(犯過)와, 하위 율법을 대체하는 상위 율법에 대한 주장을 매우 설득력 있게 구분한다." 비교. Hofmann의 언급(*l.c.* p. 318).

(3) "그러나 너희는 작은 자로서 큰 자가 되기만 힘쓰지 큰 자로서 작은 자가 되기를 힘쓰지 (않는다)(혹은 명령형으로 '힘쓰라' ⟨ζητεῖτε⟩)." D 사본에 실린 마태복음 20:28에 대한 첨가. 참조. Tischendorf. 비교. 눅 14:11; 요 5:44. Westcott는 이것을 원본에 속한 단편으로 간주한다. Nicholson은 Curetonian

Syriac, D와 같은 노선에 서서 "않는다"를 삽입하는 반면에, 다른 권위자들은 모두 삭제한다. Juvencus는 자신의 시적인 *Hist. Evang*(III. 613 sqq.)에 그 단락을 첨가했다(Hofmann, p. 319에 인용).

(4) "너희는 신용있는 환전상 혹은 은행가가 되어라"(τραπζῖται δόκιμοι); 즉, 진짜 화폐와 위조 화폐를 구분하는 전문가가 되라는 뜻. 알렉산드리아의 클레멘스(여러 번), 오리게네스(in *Joann*. xix), 에우세비우스, 에피파니우스(Epiphanius), 알렉산드리아의 키릴(Cyril), 그 밖의 여러 사람이 인용. 비교. 살전 5:21: "범사에 헤아려 좋은 것을 취하고"; 마태복음 25:27의 달란트 비유. 다른 많은 학자들과 함께 이 격언을 원본에 속한 것으로 간주하는 Delitzsch는 그것을 다음과 같이 해석한다: 가치가 작은 것을 큰 것과 바꾸고, 성스러운 동전을 평범한 동전보다 더 존귀히 여기고, 무엇보다도 복음이라는 값진 진주를 존귀히 여기라(*Ein Tag in Capernaum*, p. 136). Renan도 그것을 역사적인 것으로 받아들이지만, 에비온주의와 수도원주의적인 노선에서 자발적인 가난에 대한 권고로 설명한다. "좋은 은행가가 되어라(soyez de bons banquiers). 즉, 옛 잠언대로 소유를 가난한 자들에게 줌으로써 하나님 나라에 투자하라: '가난한 자를 불쌍히 여기는 것은 여호와께 꾸이는 것이니 그 선행을 갚아 주시리라' (잠 19:17)"(*Vie de Jésus*, ch. XI. p. 180, 5th Par. ed.).

[(5) "하나님의 아들이 가라사대, (?) '모든 죄악을 뿌리치고 가증히 여기자.'" 「바나바 서신」(*the Epistle of Barnabas*, c. 4)에서. 이 서신은 시내 사본(the Codex Sinaiticus)에 들어있긴 하지만, 사도 바나바의 저작은 아닌 듯싶다. Westcott과 Plumptre는 라틴어 역본에서 그 단락을 인용하는데, 그 문장은 이렇게 시작한다: sicut dicit Filius Dei. 그러나 이것은 sicut decet filios('하나님의 아들들답게')를 잘못 기록한 것인 듯하다. 헬라어 원문(시내 사본의 발견으로 빛을 보게 된)을 보면 분명해지는데, 거기서는 ὡς πρέπει υἱοῖς θεοῦ로 되어 있으며, 이 구절을 앞 문장과 연결한다. 참조. the edition of *Barnabae Epistula* by Gebhardt and Harnack in *Patr. Apost. Op*. I. 14. 그 의미에 대해서는 다음과 비교하라. 딤후 2:19: ἀποστήτω ἀπò ἀδικίας, 약 4:7: ἀντίστητε τῷ διαβόλῳ, 시 119:163: ἀδικίαγ ἐμίσησα.]

(6) "나를 보고 내 나라를 붙들고 싶으면 고난과 고통으로 나를 영접해야 한다." 「바나바 서신」(c. 7)에서 인용. 거기서는 "그러므로 그가[예수께서] 가라사

대"(φησίν)라는 구절 뒤에 나온다. 그러나 위 언급의 의도가 인용문인지, 아니면 앞의 언급에 대한 결론이자 여러 단락에 대한 전반적인 정리인지는 분명하지 않다. 비교. 마 16:24; 20:23; 행 14:22: "우리가 하나님 나라에 들어가려면 많은 환난을 겪어야 할 것이라."

(7) "놀라는 자[ὁ θαυμάσας. 경건한 믿음에서 우러나온 경이감으로]가 다스릴 것이요, 다스리는 자는 안식을 얻으리라." 알렉산드리아의 클레멘스가 '히브리 복음서'(Gospel of the Hebrews)에서 인용(Strom. II. 9, 45). 알렉산드리아 성직자들은 — Plumptre가 잘 지적하듯이 — 이 문장과 다음 문장을 "플라톤의 교훈에서와 마찬가지로 그리스도의 교훈에서도 경이(驚異)가 지식의 시작이자 마침이다"는 것을 보이려고 인용한다.

(8) "네 앞에 있는 것들을 경이를 가지고 바라보라(θαυμασον τὰ παρόντα)." 알렉산드리아의 클레멘스의 글에서 인용(Strom. II. 9, 45).

(9) "나는 제사를 폐하러 왔으며, 너희가 제사를 그치지 않으면 진노[하나님의]가 너희에게 그치지 않을 것이다." 에피파니우스가 「에비온파의 복음서」(the Gospel of the Ebionites. 혹은 오히려 에세네파 유대주의자들〈Essaen Judaisers〉의 복음서)에서 인용(Hoer. xxx. 16). 비교. 마 9:13, "내가 긍휼을 원하고 제사를 원치 아니하노라."

(10) "큰 일들을 구하라. 그러면 작은 일들을 너희에게 더하시리라. 하늘의 것들을 구하라. 땅의 것들을 너희에게 더하시리라." 알렉산드리아의 클레멘스(Strom. I. 24, 154; 비교. IV. 6 34)와 오리게네스(de Oratione, c. 2)가 약간씩 다르게 인용. 비교. 마 6:33. 위의 어록은 이 구절을 기억을 통해 느슨하게 인용한 것인 듯하다.

(11) "너희가 내 앞에서 행한 일들을 가지고 내가 너희를 심판하리라." 순교자 유스티누스(Justin Martyr, Dial. c. Tryph. c. 47)와 알렉산드리아의 클레멘스(Quis dives, 40)가 인용. 닐루스(Nilus)는 조금 다르게 인용한다: "내가 너희를 발견한 그대로 너희를 심판하리라고 주께서 말씀하셨다." 에스겔 7:3, 8; 18:30; 24:14; 33:20의 병행 단락들은 이 문장을 설명하기에 충분하지 않다. 아마 외경 복음서에서 인용한 것인 듯하다. 참조. Hofmann, p. 323.

(12) "내게 가까운 자는 불에 가깝지만, 내게서 먼 자는 그 나라에서도 멀다." 오리게네스(Comm. in Jer. III. p. 778)와 알렉산드리아의 디디무스(Didymus, in

Ps. 88:8)에서 인용. 비교. 눅 12:49. 이그나티우스(Ignatius, *Ad Smyrn.* c. 4)도 비슷한 말을 하지만 인용한 것은 아니다: "검에 가까운 자는 하나님께 가까이 있다"(ἐγγὺς μαχαίρας ἐγγὺς θεοῦ)

(13) "너희가 작은 것을 지키지 않으면 누가 너희에게 큰 것을 맡기겠느냐? 너희에게 이르노니 지극히 적은 것에 충성된 자가 많은 것에도 충성되다." 로마의 위(僞)클레멘스(Pseudo-Clement of Rome)의 설교에서 인용(ch. 8). 비교. 눅 16:10-12과 마 25:21, 23.

(14) "우리(너희)가 영생을 얻도록 육체를 순결하게 지키고, 인(印, 세례를 가리키는 듯함)이 얼룩지지 않게 하라." 위(僞)클레멘스 설교집에서 인용(ch. 8). 그러나 이 말은 ἄρα οὖν τοῦτο λέγει란 구절에 의해서 앞 문장과 연결되어 있기 때문에, 구별된 인용이 아니라 단순한 설명("무슨 뜻인가 하면")인 듯하다. 참조. Lightfoot, *St. Clement of Rome*, pp. 200 and 201; *Appendix containing the newly recovered Portions*, p. 384. 그 의미에 대해서는 다음을 참조하라. 딤후 2:19; 롬 4:11; 엡 1:13; 4:30.

(15) 우리 주님은 살로메에게서, 그의 왕국이 언제 임하고 말씀하신 바가 언제 성취되느냐고 질문을 받으셨을 때 이렇게 대답하셨다: "그 둘이 하나가 될 때, 즉 안과 밖이 여일하고, 남자 따로 여자 따로가 아닌 남자와 여자가 하나가 될 때이니라." 알렉산드리아의 클레멘스가 「애굽인들의 복음서」(*the Gospel according to the Egyptians*)로 출처를 밝힌 것(*Strom.* III. 13, 92)과 로마의 위(僞)클레멘스의 설교(ch. 12)에서 인용. 비교. 마 22:30; 갈 3:28; 고전 7:29. 이 문장은 원복음서들에는 낯선 신비스런 색깔을 가지고 있으나 영지주의의 취향에는 적합하다.

(16) "약한 자들을 위해서 내가 약한 자가 되었고, 주린 자들을 위해서 내가 주렸고, 목마른 자들을 위해서 내가 목말랐다." 오리게네스(in *Matt.* xiii. 2)에서 인용. 비교. 마 25:35, 36; 고전 9:20-22.

(17) "너희 형제가 사랑 안에 거하는 것을 보기 전에는 기뻐하지 말라." 제롬(Jerome, 히에로니무스)이 인용한 「히브리 복음서」(*the Hebrew Gospel*)에서 인용(*in Eph.* v. 3).

(18) "나를 붙잡고 만져서 내가 육체 없는 귀신[즉, 영]이 아닌 줄을 알라." 이그나티우스(*Ad Smyrn.* c. 3)와 제롬에게서 인용. 제롬은 이 말을 「나사렛 복음

서」(*the Nazarene Gospel*)에서 인용한다(*De viris illustr.* 16). 부활 후 베드로와 사도들에게 하신 말처럼 되어 있다. 비교. 눅 24:39; 요 20:27.

(19) "선(善)은 반드시 오게 마련이지만, 선이 오도록 하는 데 매체가 되는 사람은 복이 있다; 마찬가지로 악도 오게 마련이지만, 악이 오는 데 매체가 되는 사람에게는 화가 있다." 「클레멘스 설교집」(*Clementine Homilies*, xii. 29)에서 인용. 둘째 구절은 마태복음 18:7과 누가복음 17:1과 비교하라.

(20) "내 비밀은 나를 위한 것이고, 내 집의 아들들을 위한 것이다." 알렉산드리아의 클레멘스(*Strom.* V. 10, 64), 클레멘스 설교집(xix. 20), 알렉산드리아의 알렉산더(Alexander, *Ep. ad Alex.* c. 5, 여기서는 성부〈聖父〉께서 하신 말씀으로 인용된다)에서 인용. 비교. 사 24:16(70인역); 마 13:11; 막 4:11.

(21) "너희 저급한 것을 높이 세우고 너희 굽은 것을 곧게 하지 않으면 내 나라에 들어오지 못하리라." Tischendorf의 저서(*Acta Apost. Apocr.*, p. 90)에 실린 *Acta Philippi*에서 Ewald가 인용(*Gesch. Christus'*, p. 288). 그는 이 말을 더 탁월한 어록의 희미한 메아리라고 부른다.

(22) "나는 이들을 내 것으로 택할 것이다. 하늘에 계신 내 아버지께서 내게 주신 자들은 아주 뛰어난 자들이다." 에우세비우스(*Theophan*, iv. 13)가 인용한 「히브리 복음서」(*the Hebrew Gospel*)에서 인용.

(23) "주께서 자기 나라에 관해서 말씀하시면서 이렇게 말씀하셨다. '포도나무들이 솟아날 날이 올 것이다. 그 나무들은 한 그루에 천 개의 줄기가 뻗고, 줄기마다 천 개의 가지가 뻗고, 가지마다 천 개의 잎사귀가 나고, 잎사귀마다 천 개의 송이가 달리고, 송이마다 천 개의 포도알이 맺히고, 포도알 하나를 짜면 포도즙이 5-20통 나온다. 어느 성인(聖人)이 손을 내밀어 송이 하나를 따려고 하면 다른 송이가, '내가 더 좋은 송이니까 나를 따세요. 나를 통해서 주께 영광을 돌리세요' 하고 외칠 것이다.' 또한 [주께서] 말씀하시되, '밀알 하나가 이삭 천 개를 맺을 것이고, 이삭 하나가 고운 가루 한 부대를 낼 것이다. 다른 모든 열매와 씨앗과 식물도 제 특성대로 그러할 것이다. 모든 동물도 땅에서 얻는 양식에 힘입어 사람에게 철저히 복종하면서 서로 평화와 조화를 이루며 살 것이다.'" 이 글에 파피아스(Papias)는 다음과 같이 덧붙인다: "이것은 믿는 자들에게는 신뢰할 만한 내용이다. 배반자 유다가 믿지 못하고서 '어찌 주께로부터 그런 산물들이 나오겠나이까?' 하고 묻자 주께서는 '이때에 내게 오는 자들을 그들이 볼 것

이다' 하고 말씀하셨다." "마음이 연약한"(weak-minded) 파피아스에게서 인용(이레나이우스〈*Adv. Hoe.* V. 33, 3〉가 인용). 비교. 사 11:6-9.

이것은 천년왕국을 매우 회화적으로 묘사한 글이다. Westcott는 이 글이 실제 대화에 입각한 것이라고 생각하지만, 내 생각에는 우화처럼 들리며, 비슷한 단락이 있는 「바룩의 묵시서」(*the Apocalypse of Baruch*)에서 빌어온 것 같다(cap. 29, first published in *Monumenta Sacra Profana opera Collegii Doctorum Bibliothecoe Ambrosianoe*, Tom. I. Fasc. II. Mediol. 1866, p. 80, and then in Fritzsche's ed. of Libri Apocryphi Veteris Test. Lips. 1871, p. 666).

Westcott는 11개의 다른 묵시적 어록을 인용하는데, 모두 그리스도의 말씀을 느슨하게 인용한 것이나 곡해한 것들로서, 생략해도 무방하다. Nicholson은 「히브리인들의 복음서」(*the Gospel according to the Hebrews*)의 단편들로 추정되는 것들을 모아 놓았는데, 정경 복음서들의 단락들과 다소 상통한다.

이슬람교 전승은 「코란」(*the Koran*)과 다른 저서들에 그리스도의 인상적인 여러 말씀을 보존해 왔는데, Hofmann은 그것을 수집했다(*l.c.* pp. 327-329). 그중 가장 나은 것을 아래에 소개한다:"마리아의 아들 예수께서 이렇게 말씀하셨다. '부자가 되기를 갈망하는 자는 바닷물을 마시는 자와 같다. 그것은 마시면 마실수록 갈증이 더 심해지고, 마시기를 그치지 않다가 결국 죽고 만다.'"

II. 예수님의 용모

어느 복음서 저자도, 심지어 예수의 품에 기대어 누웠던 사랑하시는 제자까지도 예수님의 용모와 신장 혹은 음성과 태도와 즐겨 드시던 음식과 복장과 일상 생활 형태를 조금도 암시하지 않는다. 이 점에서 우리의 자연적인 본능은 제대로 통제를 받아 왔다. 만인의 구주시요 만인의 완벽한 본이신 그분을 어느 인종의 독특한 용모나 민족성이나 아름다움과 동일시해서는 안 된다. 육체로 계신 그리스도보다 영과 영광 안에 계신 그리스도를 의지해야 한다. 사도 바울도 그렇게 생각했다(고후 5:16; 비교. 벧전 1:8). 그리스도는 비록 보이지는 않지만 온 인류를 초월하여 사랑을 받으신다.

> "주의 모습을 볼 수 없고 주의 음성을 들을 수 없으나
> 주는 나와 종종 함께 계시는 분입니다;

제가 주를 만날 때만큼
세상에 그처럼 고귀한 곳이 없습니다."

예수님은 틀림없이 당대의 관습과 사람들에 맞춰 복장과 용모를 취하시고, 겉치장은 피하셨을 것이다. 혼잡한 군중 틈을 지나셔도 눈에 띄지 않으셨을 것이다. 그러나 예의주시하는 자에게는 용모와 태도로 영적인 아름다움과 두려운 엄위를 드러내셨음에 틀림없다. 이 점은 제자들이 왜 모든 것을 버리고 무한한 경외와 헌신으로 그분을 따랐는지를 설명하는 데 도움이 된다. 예수께는 죄인의 형색이 없었다. 성인(聖人)을 뛰어넘는 기품이 있었다. 그 눈과 용모에 하나님과 화목한 무죄한 영혼의 명경지수와 같은 평화와 천상의 순결이 비쳤다. 그 자태는 경외와 확신과 사랑을 불러일으켰다.

그리스도의 외모에 관한 권위있는 자료가 전무한 상태에서, 기독교 미술은 사람의 자녀들 중 가장 아름다운 자녀를 가시적 형태로 묘사하고 싶은 욕구를 제어하지 못했지만, 결국 이상적인 아름다움을 나름대로의 불완전한 개념으로 소화하는 것으로 그쳤다. 교회가 처음 3세기 동안 박해를 당하던 시절에는 그리스도를 형상으로 묘사하기를 싫어했고, 시편 23장과 이사야 53장의 고난당하는 메시야의 예언적 묘사를 지나치게 문자적으로 받아들여 그분의 낮아지신 상태(높아지신 상태가 아닌)를 흉하다는 개념과 결부시켰다. 콘스탄티누스(Constantine) 이후 승리를 쟁취한 교회는 시편 45장과 아가의 메시야 상(像)에서 출발하여 하늘 영광을 입으신 주님, 곧 "인간의 자녀들보다 아름답고""지극히 사랑스러운" 주님을 보았다. 그럼에도 불구하고 그 차이는 그리 크지 않았다.

이렇게 생각하게 되는 이유는, 심지어 니케아 이전 교부들(특히 알렉산드리아의 클레멘스)조차 낮아지시고 겸손해지신 그리스도의 첫째 외모와, 영광과 엄위를 입으신 둘째 외모를 뚜렷이 구분하면서도, 구주께서 육체로 계신 동안에도 더 높은 차원의 영적 아름다움, "[은혜와 진리가 충만한] 아버지의 독생자의 영광", 곧 인성(人性)의 베일을 뚫고서 찬연히 빛난, 그리고 변화산에서 장래의 영광을 예기(豫期)한 아름다움과 영광을 부인하려 하지 않았기 때문이다. 제롬은 이렇게 말한다: "그 눈에서는 불의 화염과 별의 광채가 빛났고, 그 얼굴에서는 하나님의 엄위가 찬연히 비추었음에 틀림없다."

그리스도를 묘사한 최초의 그림들은 카타콤(Catacombs)들에 남아 있는데, 순전히 상징적인 것들로서 그리스도를 어린양, 선한 목자, 물고기로 묘사한다. 물고기는 예수스 크리스토스 테우 휘오스 소테르('Ιησοῦς Χριστὸς θεοῦ Ὑιὸς Σωτήρ) 곧 "예수 그리스도, 하나님의 아들, 구주"라는 헬라어 단어들의 첫자만 따서 지은 이크튀스(Ichthys)와 관계가 있다. 초대 교회가 그리스도를 실물대로 그렸다면 그 그림은 유대인들에게는 자극이 되었을 것이고, 회심한 이교도들에게는 유혹과 올무가 되었을 것이다.

그리스도의 외모에 대한 최초의 공식적 표현은 비록 신빙성도 없고 시기도 4세기를 거슬러 올라가지 않지만 회화적 묘사에 지대한 영향을 끼친 것으로서, 수신이 로마 원로원 앞으로 되어 있는 묵시적 라틴어 편지에 따르면, 아마도 빌라도와 동시대인이자 "예루살렘 민중의 의장"(그때 그런 직위는 없었다)이라는 이교도 푸블리우스 렌툴루스(Publius Lentulus)가 기록했다고 한다. 이 편지는 12세기에 캔터베리의 안셀무스(Anselm)의 저작들에 실린 사본에서 최초로 발견되었고, 파브리키우스(Fabricius), 카르프조프(Karpzov), 가블러(Garbler) 등에 의해 약간씩 변형된 형태로 출판되었다. 그 내용은 다음과 같다:

"최근에 한 사람이 나타났는데, 그는 아직도 살아 있는 사람으로서 큰 능력을 지니고 있습니다. 사람들은 그를 가리켜 위대한 선지자라고 하고, 제자들은 하나님의 아들이라고 합니다. 그 이름은 예수 그리스도입니다. 그는 죽은 자를 살리고, 각색 병든 자를 고칩니다. 이 사람은 알맞고 기품있는 신장을 갖고 있으며, 얼굴에는 인자가 가득하나 단호함이 서려 있어서 보는 이들로 하여금 사랑과 두려움을 동시에 느끼게 합니다. 머리카락은 포도주 빛이고 모근은 황금빛으로서, 직모에다 광채는 없지만 귀밑으로는 곱슬머리에 윤기가 나며, 나사렛 사람들의 모습대로 가운데 가리마를 탔습니다. 이마는 평평하고 부드럽고, 얼굴에는 주름이나 기미가 없으며, 화사한 빛이 감돕니다. 표정은 솔직하고 친절합니다. 이목구비는 뚜렷합니다. 턱수염은 풍성하고 머리카락처럼 담갈색으로서 길지는 않지만 잘 빗은 상태입니다. 눈은 푸른 색으로서 아주 빛납니다. 그는 책망하고 꾸짖을 때는 아주 무섭습니다. 하지만 권고하고 가르칠 때는 온유하고 상냥합니다. 웃는 모습을 보인 적이 없지만 우는 모습은 자주 보입니다(numquam visus est ridere, flere autem soepe). 키는 크고 자세가 꼿꼿합니다. 손과 발은 아름답고 곧습니다. 말할 때는 신중하고 중후하고, 쓸데없는 말을 하지 않습니다. 아름다움에서 사람의 아들들을 능가합니다."

또 다른 묘사가 8세기 그리스 신학자 다메섹의 요한(John of Damascus. *Epist. ad Theoph. Imp. de venerandis Imag.*, 위조)의 저서들과 14세기 니케포루스 (Nicephorus)의 「교회사」(*the Church History*)에서 발견된다. 이들은 그리스도를 어머니 닮은 분으로 묘사하며, 약간 굽었으나 당당하고, 눈이 아름답고, 머리는 금발에 길고 곱슬거리고, 피부색은 엷은 올리브색이고, 손가락은 길고, 기품이 있고 지혜롭고 인내의 흔적이 역력한 표정으로 묘사한다.

이런 묘사들과, 아브가르(Abgar)와 베로니카(Veronica)의 전설들에 근거하여 그리스도의 다양한 상들이 등장했는데, 그것은 크게 두 부류로 나뉜다. 하나는 살바토르(Salvator:구원자)의 상으로서, 슬픔의 기색은 조금도 없이 명경지수와 같은 차분함과 기품이 있고, 다른 하나는 에케 호모(Ecce Homo:이 사람을 보라)의 상으로서, 가시면류관을 쓴 고난의 구주의 모습이다. 위대한 화가들과 조각가들은 그리스도를 독창적으로 묘사하기 위해서 사용할 만한 자료들은 죄다 사용했다. 그러나 어떠한 물감이나 어떠한 끌이나 어떠한 펜도 하나님의 아들이요 사람의 아들이신 그분의 아름다움과 영광을 아주 희미하게 반영하는 수준을 넘어서지 못한다.

현대 그리스도 전기 작가들 중에서 Sepp 박사(Rom. Cath., *Das Leben Jesu Christi*, 1865, vol. VI. 312 이하.)는 헤롯 가(家) 출신 성 베로니카(St. Veronica) 의 전설과, 가시면류관으로 그녀의 비단 베일에 흔적을 남긴 고난의 구주 상의 진실성에 의존한다. 그는 '참 형상'(vera εἰκών = 베로니카)에서 비롯된 그 전설 의 철학적 설명을 배격하며, φερενίκη(베레니케) 곧 승리자(the Victorious)에서 비롯된 이름을 조롱한다. 그러나 주교 헤펠레(Hefele. *Art. Christusbilder*, in the Cath. *Kirchen-Lexikon* of Wetzer and Welte, II. 519-524)는 그림(Grimm)과 함께, 베로니카를 가이사랴 빌립보에서 그리스도의 상을 세웠다고 전해지는 (Euseb. VII. 18) 베레니케(Berenice)와 동일시하고, 베로니카 전설에서 그리스 교회의 아브가르 전설 라틴판만 보는 쪽으로 기운다. 하제 박사(Dr. Hase, *Leben Jesu*, p. 79)는 그리스도가 남성미와 건강미와 우아하면서도 그리 독특하지 않은 용모를 갖고 계셨다고 본다. 그는 요한복음 20:14과 누가복음 24:16을 인용하는 데, 그 단락들에서는 그리스도의 친구들이 그분을 알아보지 못했다고 말하지만, 다만 부활하신 그리스도의 신비스런 외모만을 언급하는 것이라고 한다.

르낭(Renan, *Vie de Jésus*, ch. XXIV. p. 403)은 소설가의 부허한 문체로 그분

을 조용하고 기품 있는 온화한 갈릴리 사람(doux Galiléen)으로, 여성들, 특히 막달라 마리아에게 깊은 인상을 심어 준 멋진 청년(beau jeune homme)으로 묘사한다. 심지어 콧대높은 로마의 귀부인인 본디오 빌라도의 아내에게도 깊은 인상을 심어 주었다고 하는데, 그녀는 창문으로(?) 그분의 모습을 어렴풋이 보고는 매료당했다가 밤에 꿈을 꾸고 그분이 죽을 것임을 알고는 두려움에 사로잡혔다고 한다. 카임 박사(Dr. Keim, I. 463)는 공관복음서들에 묘사된 그분의 인품을 가지고 추론하기를, 아주 잘 생긴 분은 아니었을지라도 기품이 있고 따뜻하고 남성답고 건강하고 원기왕성하고 선지자 같은 용모에 존경심을 자아내어 그분 앞에 서면 남자든 여자든 어린이든 병든 자든 가난한 자든 모두 행복을 느꼈을 것이라고 한다. 주임 신부 파러(Canon Farrar, I. 150)는 제롬과 아우구스티누스의 견해를 채택하여 그리스도에 관해 말하기를, "만약 슬픔이 슬픔 자체를 아름다움 자체보다 더 아름답게 만들지 않았다면 지극히 아름다웠을 그 얼굴에 엄위와 인자가 고루 충만한 분"이라고 했다.

그리스도에 대한 미술적 묘사에 관해서는 다음을 참조하라. J. B. Carpzov, *De oris et corporis J. Christi forma Pseudo-Lentuli, J. Damasceni et Nicephori prosopographioe, Helmst.* 1777; P. E. Jablonski, *De origine imaginum Christi Domoni*, Lugd. Batav, 1804; W. Grimm, *Die Sage vom Ursprung der Christusbilder*, Berlin, 1843; Dr. Legis Grückselig, *Christus—Archaologie; Das Buch von Jesus Christus und seinem wahren Ebenbilde*, Prag, 1863. 4to; Mrs. Jameson and Lady Eastlake, *The History of Our Lord as exemplified in Works of Art*(with illustrations), Lond., 2d ed., 1865, 2 vols.; Cowper, *Apocr. Gospels*, Lond., 1867, pp. 217—226; Hase, *Leben Jesu*, pp. 76—80(5th ed.); Keim, *Gesch. Jesu von Naz.*, I, 459—464; Farrar, *Life of Christ*, Lond., 1874, I, 148—150, 312—313, II. 464.

III. 세례 요한에 관한 요세푸스의 증언

「유대고대사」(*Antiq. Jud.*) xviii. c. 5, 2. 이미 14에서 논한, 그리스도에 관한 유명한 단락을 학자들이 어떻게 평가하든간에, 그보다 덜 알려진 요한에 관한 단락은 원본 그대로임이 분명하고 대다수 학자들도 그렇게 받아들인다. 이 단락은 요한의 사역과 순교에 관한 복음서들의 기사를 충분히 독자적으로 확증하며,

복음서들이 진술하는 그리스도의 역사적 성격을 간접적으로 뒷받침한다. 요한은 단순히 그 길을 예비한 인물이기 때문이다. 그 단락을 휘스턴(Whiston)의 번역으로 소개한다: "그런데 일부 유대인들은 헤롯 군대의 괴멸이 하나님께로서 기인했고, 세례자라고 불리던 요한에게 헤롯이 행한 일에 대한 매우 공정한 심판이었다고 생각했다. 선인($\dot{\alpha}\gamma\alpha\theta\dot{\partial}\nu$ $\dot{\alpha}\nu\delta\rho\alpha$)으로서, 유대인들에게 서로 의를 행하고 하나님께는 경건을 실행하여 덕을 행하고 그러고서 세례를 받으러 나오라고 명하던 그를 헤롯이 참수했기 때문이다. 요한이 그 씻음[물로써 하는]을 외친 본의는 그저 몇 가지 죄[만] 씻으라는[곧 사함 받으라는] 데 있지 않았고, 영혼이 의(義)로써 완전히 정결케 된 것을 전제해 놓고 몸을 정결케 하라는 데 있었다. 그의 외침을 듣고서 크게 감동하여[혹은 기뻐하여] [많은] 다른 사람들이 그에게 구름처럼 몰려들었을 때, 혹시 요한이 백성에게 행사되는 자신의 영향력을 보고서 세력을 결집하여 반란을 일으키지나 않을까 우려한 헤롯은 (요한이 무슨 조언을 하든 백성이 그대로 따를 태세가 되어 있는 것처럼 보였기 때문에) 요한을 처형하여 재앙의 싹을 미리 잘라버림으로써 곤란한 상황에 빠져들지 않는 것이 상책이라고 생각했다. 그를 살려 두었다가 때를 놓쳐 후회해 봐야 소용이 없으리라는 생각이었다. 헤롯의 이러한 의심많은 성격 때문에 요한은 마침내 체포되어 내가 앞에서 언급한 마케루스(Machaerus) 성으로 이송된 뒤에 그곳에서 처형당했다. 그래서 유대인들은 이 군대의 괴멸이 헤롯에게 내린 징벌이자 하나님이 그를 불쾌히 여기신다는 표적이라는 견해를 가졌던 것이다."

IV. 그리스도에 관한 마라(Mara)의 증언(주후 74년)

그리스도에 관한 이 성경 외적 언급은 1865년에 최초로 알려졌고, 위의 내용 (14)을 다음과 같이 거론했다(Cureton과 Pratten이 시리아어를 영역함):

"지혜로운 자들이 전제 군주들의 손에 강제로 끌려가고, 그들의 지혜가 중상모략으로 그 자유를 박탈당하고, 그들의 [우월한] 지성 때문에 변호[할 기회도] 없이 공격을 당할 때 우리는 무슨 말을 해야 할까? [그런 짓을 자행한 자들은 조금도 동정을 받아서는 안 된다.] 아테네인들이 소크라테스를 죽이고서 무슨 이득을 얻었던가? 오히려 그 벌로 기근과 염병에 시달리지 않았던가? 사모스인들이 피타고라스를 불태워 죽이고서 무슨 이득을 얻었던가? 오히려 그런 짓을 한 뒤 한 시간 안에 온 나라가 모래에 뒤덮이지 않았던가? 유대인들이 자기들의 지혜로운 왕(예수)을 죽이고서 무슨 이득을 얻었던가? 바로 그 순간부터 그들의 왕국이 [그들에게서] 멀리 떠나버리지 않았던가? 하나님은 공의로 세 분[모두]의 지혜에 보상을 해주셨다. 아테네인들은 가뭄으로 죽었고, 사모스인들은 손쓸 틈 없이 바다에 잠겼고, 유대인들은 자기 나라에서 파멸과 추방을 당해 사방 각처로 쫓겨났다. [실은] 소크라테스는 플라톤 때문에 죽지 않았고, 피타고라스도 헤라 신상 때문에 죽지 않았고, 그 지혜로운 왕도 친히 제정하신 새 율법 때문에 죽지 않으셨다."

마라(Mara)의 국적과 지위는 알려지지 않는다. 페인 스미스 박사(Dr. Payne Smith)는 그가 페르시아인이었을 것으로 추정한다. 그는 옥중에서 글을 썼고 "어떠한 형태의 처형도 개의치 않는다"는 자세로 죽음에 대처했다. 편지 서두에서 마라는 이렇게 말한다: "바로 이런 이유로 나는 여러분에게 이 글을 씁니다. 그것은 내가 세심한 관찰로 세상에서 발견한 것입니다. 사람들이 꾸려가는 생활 방식을 나는 예의주시했습니다. 학문의 길을 걸어온 나는 그리스 철학을 연구하고 나서 이 모든 것들을 발견했습니다. 비록 그것들은 생명의 탄생이 발생했을 때 파산했지만 말입니다."

생명의 탄생은 세상에 기독교가 출현한 것을 가리키거나, 아니면 마라 자신의 회심을 가리키는 듯하다. 그러나 그가 그리스도인이었다는 다른 암시는 없다. 그가 자기 아들들에게 하는 조언은 단지 "모든 선한 것들의 원천이자 쇠하지 않는 보화인 지혜에 헌신하라"는 것이었다.

19. 그리스도의 부활

그리스도께서 죽은 자 가운데서 부활하신 것이 역사적 사실이고, 최고의 기적이자 그분 사역 전체에 대한 하나님의 인(印)이고, 신자들의 소망의 샘이며, 그들도 장차 부활한다는 보증이라는 것은 네 복음서가 보고하고, 서신서들이 가르치고, 기독교 세계가 믿으며, "주일"마다 기념한다. 신약성경은 그리스도의 부활을 자기 아들을 죽은 자 가운데서 일으키신 전능하신 아버지의 행위이자(참조. 행 2:24, 32; 롬 6:4; 10:9; 고전 15:15; 엡 1:20; 벧전 1:21) 목숨을 내어주실 권세도 있고 도로 취하실 권세도 있으신 그리스도 자신의 행위로 설명한다(요 2:19;

10:17,18). 승천은 부활의 당연한 귀결이었다. "부활이요 생명"이신 우리 주님의 부활의 생명은 땅에서 또 한 번의 죽음으로 끝날 수 없었고, 하늘에서 영원한 영광으로 지속되는 게 당연하다. 따라서 사도 바울은 이렇게 말한다. "그리스도께서 죽은 자 가운데서 사셨으매 다시 죽지 아니하시고 사망이 다시 그를 주장하지 못할 줄을 앎이로라. 그의 죽으심은 죄에 대하여 단번에 죽으심이요 그가 살아 계심은 하나님께 대하여 살아 계심이니"(롬 6:9, 10).

기독교 교회는 그 설립자의 부활에 터를 둔다. 부활이라는 사실이 없었다면 교회가 태어나지도 않았을 것이고, 설혹 태어났더라도 곧 저절로 소멸했을 것이다. 부활의 기적과 기독교의 존재는 아주 긴밀히 연결되어서 함께 성립하지 않으면 함께 무너진다. 그리스도가 죽은 자 가운데서 부활하신 게 사실이라면 그분이 행한 다른 모든 기적도 사실이고 우리의 믿음도 흔들리지 않는다. 하지만 부활이 사실이 아니라면 그분은 헛된 죽음을 죽으셨고, 우리 믿음도 헛되다. 그리스도의 죽음을 우리의 구속과 칭의와 구원에 효력 있게 만드는 것은 오직 그분의 부활뿐이다. 부활이 없다면 그분의 죽음은 우리 소망의 무덤일 것이다. 우리는 여전히 구속을 받지 못한 채 죄의 세력 아래 있어야 할 것이다. 죽은 구주의 복음이라면 모순이요 비참한 망상이었을 것이다. 이것이 사도 바울의 논리로서, 그 힘이 거역할 수 없이 강하다(참조. 고전 15:13-19; 비교. 롬 4:25).

그러므로 그리스도의 부활은 기독교 신앙이 과연 사실인가 거짓인가를 판가름하는 대단히 중요한 문제이다. 그것은 가장 위대한 기적이거나, 아니면 역사가 기록하는 가장 큰 기만이다.

그리스도는 자신의 십자가와 부활을 모두 예언하셨지만, 제자들에게 전자는 걸림돌이었고 후자는 그 사건 이전에는 도무지 이해할 수 없었던 비밀이었다(참조. 마 16:21-23; 17:9, 22, 23; 20:17-20; 막 8:31; 9:9, 10, 31, 32〈"제자들은 이 말씀을 깨닫지 못하고 묻기도 무서워하더라"〉; 눅 9:22, 44, 45; 18:31-34; 24:6-8; 요 2:21, 22; 3:14; 8:28; 10:17, 18; 12:32). 제자들은 의심할 여지 없이 그리스도가 조만간 지상에 자신의 메시야 왕국을 수립하리라고 기대했다. 그러므로 십자가 사건 뒤에 그처럼 실망하고 상심했던 것이다. 동료 한 사람의 배반, 고위성직자들의 승리, 민중의 변덕, 사랑하던 주님의 죽음과 장례가 불과 몇 시간만에 그들의 메시야 대망을 무참히 날려 보냈고, 그들을 원수들의 경멸과 조롱거리가 되게 했다. 그들은 이틀 동안 절망의 언저리에서 떨며 지냈다. 그러던 그들이 사흩째 되던 날 철저한 혁명을 겪게 되었다. 이제는 좌절에서 소망으로, 비겁에서 용기로, 의심에서 믿음으로 딛고 섰으며, 불신의 세상에서 죽음의 위험을 무릅쓰고서 부활의 복음을 선포하기 시작했다. 이 혁명은 한두 제자만 겪지 않고 모든 제자가 다 겪었다. 그것은 무엇이든 쉽게 믿어서 생긴 결과가 아니라, 의심과 주저하는 상태에서 발생한 결과였다. 피상적이고 일시적이지 않고, 철저하고 항구적이었다. 사도들에게만 영향을 주지 않고 세계의 온 역사에 영향을 주었다. 심지어 박해에 앞장선 다소의 사울에게까지 파급되었다. 명쾌하고 힘있는 지식인이었던 그는 그 영향으로 회심하여 순교하는 순간까지 바로 그 복음을 가장 헌신적이고 신실하게 옹호했다.

이것은 누구나 복음서들의 마지막 장들을 읽으면 분명히 알 수 있는 사실이요, 심지어 가장 유력한 회의주의자들조차 흔쾌히 인정한 사실이다.

이제 제기되는 문제는 제자들의 삶에 발생한 이 내적 혁명을, 인류의 운명에 측량할 수 없는 영향을 끼친 이 혁명을 과연 그리스도의 역사에 발생한 외적 혁명과 따로 떼어 놓고서 합리적으로 설명할 수 있느냐 하는 것이다. 다른 말로 하자면, 부활하신 그리스도께 대한 제자들의 신앙이 참되고 사실인가, 아니면 위선적인 거짓말인가, 아니면 정직한 자기 기만인가 하는 것이 문제가 된다.

네 가지 가능한 이론이 있는데, 모두 거듭해서 논쟁을 거쳤고 동원할 수 있는 모든 지식과 독창성으로 변호되었다. 역사의 문제는 수학 문제와 같지 않다. 기적이란 불가능하다는 철학적 가정을 가지고 시작하는 비판자들에게는 부활을 뒷받침하는 어떠한 주장도 소용이 없으며, 육체의 부활뿐 아니라 영혼의 불멸까지도 부인하는 비판자들에게는 더욱 그러하다. 그러나 사실들은 확고하며, 따라서 비판적 가설이 심리학적·역사적으로 불가능하고 비합리적이라고 증명할 수 있다면 그 결과는 비판적 가설의 토대를 이루는 철학에 치명적인 것이 된다. 역사가가 할 일은 선입견적 개념을 가지고 역사를 구성하고 그것을 자기 취향에 맞추는 게 아니라, 최고의 증거를 가지고 역사를 재구성하고 증거로 하여금 스스로 말하게 하는 것이다.

1. 역사적 견해

복음서들이 제시하고 모든 교단 및 분파의 기독교 교회가 믿는 견해. 그리스도의 부활은 기적적인 사건이긴 하지만 실제 사건으로서, 그분의 이전의 역사와 인격과 일치하며, 그분의 예언이 성취된 것이다. 그 부활은 예수의 영혼이 영계에서 죽은 몸으로 돌아와 다시 살아난 것이고, 육체와 영혼이 무덤에서 새 생명으로 일어난 것으로서, 부활하신 그분은 40일이라는 짧은 기간에 신자들에게 거듭해서 나타나신 다음 하늘로 승천하사 영광으로 들어가셨다. 그렇게 거듭 나타나신 목적은 사도들에게 부활을 확신시키려는 것이었을 뿐 아니라, 그들을 온 세상에 대한 부활의 증인이요 구원의 선구자로 삼으시려는 것이기도 했다(참조. 마 28:18-20; 막 16:15, 16; 눅 24:46-48; 요 20:21-23; 행 1:8).

사실은 복음서 저자들의 기사들을 일치시키는 데에 큰 어려움이 있고, 그리스도의 부활하신 몸의 본질, 즉 하늘과 땅을 자유롭게 다니시고, 40일 동안 살과 피가 있고 흉터도 남아 있으면서도 닫힌 문을 자유롭게 드나드시고 볼 수 있는 방식으로 하늘로 오르신, 자연적인 상태와 초자연적인 상태에 번갈아 계시던 몸의 본질을 일관된 개념으로 수립하는 데에 큰 어려움이 있다는 것을 시인하지 않을 수 없다. 그러나 이런 어려움들은 사실 자체를 부인함으로써 생기는 어려움들보다 크지 않다. 전자는 상당 부분 해결되지만, 후자는 그렇지 못하다.

우리는 사건들의 순서를 명확하게 추적해 갈 수 있게 해주는 모든 구체적인 내용과 정황을 다 알지 못한다. 그러나 모든 변수들 가운데 부활이라는 가장 핵심적인 사실과 그 주된 특징들이 "더욱 확실하게 서 있다." 40일이라는 기간은 사건의 본질상 그리스도의 생애에서 가장 신비스러우며, 모든 보통 그리스도인의 경험을 초월한다. 그리스도의 현현(the Christophanies)은 몇 가지 점에서 극소수 신자들에게 임했으나 그럼에도 전체의 유익을 목적으로 한 구약의 신현(the theophanies)과 비슷하다. 모든 사건들 중에서 오로지 부활 사실만 제자들의 정신과 태도에 급작스럽고 철저하고 항구적인 변화가 일어난 심리학적 문제를 해결할 수 있는 열쇠를 제공한다. 부활은 그 사건을 전후로 펼쳐진 제자들의 역사를 연결하는 띠에서 없어서는 안 될 매듭이다. 제자들이 부활을 믿는 믿음은 너무나 명확하고 강하고 일관되고 효과적이어서 다른 방식으로는 도무지 설명할 수 없다. 그들은 위험이 도사리고 있는 예루살렘으로 곧장 돌아가서 적대적인 산헤드린이 버티고 있는 그곳에 기독교 세계의 모교회를 세움으로써 그 확신이 얼마나 강하고 담대했는지를 보여주었다.

2. 사기설

사도들이 예수의 시신을 훔치고 감추어 놓고는 세상을 속였다는 이론.

별로 인기를 얻지 못한 이 이론은 그 자체에 모순이 있다. 만약 제사장들과 바리새인들의 신신당부를 받고서 무덤을 지키던 로마 군병들이 잠들었다면 도적이 시신을 훔쳐가는 것을 보지 못했을 것이고, 스스로 군법을 어겼다고 떠들지도 않았을 것이다. 하지만 만약 군병들 중 다만 일부라도 깨어 있었다면 도적이 얼씬도 못하였을 것이다. 제자들을 보더라도 당시에 그들은 잔뜩 겁에 질려 있었을 뿐 아니라 좌절에 빠져 있었기 때문에 그런 대범한 행동을 할 수 없었고, 또한 너무 정직하여 세상을 속일 만한 사람들이 못되었다. 그리고 부활이 제자들의 자작극이었다면 생명을 바쳐 부활을 전파할 만한 용기와 일관된 믿음이 생길 수 없었을 것이다. 사기설은 악의에서 나온 거짓말이요 인류의 상식과 존엄에 대한 모욕이다.

3. 기절설

예수의 육체적 생명이 끝나지 않고 기진했을 뿐이고, 친구들과 제자들의 극진한 간호와 혹은 (더러 다음과 같은 터무니없는 주장을 한다) 스스로의 치유 능력으로 소생했고, 얼마 뒤 조용히 자연사했다는 이론이다.

요세푸스와 발레리우스 막시무스(Valerius Maximus), 그리고 심리학과 의학의 권위자들은 혼수 상태나 기절 상태에서, 특히 사느냐 부패하기 시작하느냐가 결정되는 중대한 전환점이 되는 제3일에 뚜렷이 소생한 사례들을 찾아 거기에 호소했다. 그러나 회복 불가능한 신체적 어려움들을 차치하더라도 ― 로마 군병이 옆구리를 창으로 찔러서 상처가 나고 많은 피가 흘렀기 때문 ― 이 이론은 도덕적 영향력을 설명하는 데 조금도 힘을 발휘하지 못한다. 예수께서 입원 치료를 받아야 하는 중환자 상태로 잠시 나타나셨다가 자연사하여 결국 십자가에 달리실 때 나타내셨던 순교의 영광마저 보이지 못한 채 무덤에 묻히셨다면, 사도들은 믿음을 되찾기는커녕 더 깊은 침울과 좌절의 늪에 빠지고 말았을 것이다.

4. 환상설

그리스도가 제자들의 상상 속에서만 살아나셨고, 제자들은 주관적인 환상이나 꿈을 실제 현실로 오인하고서 거기서 용기를 얻어 죽음을 무릅쓰고 부활 신앙을 전파했다는 이론이다. 제자들의 소원에서 신념이 나왔고, 신념에서 사실이 비롯되었으며, 일단 불이 붙은 신념이 일종의 종교적 전염병의 위력으로 이 사람에서 저 사람에게로, 이 지역에서 저 지역으로 확산되었다. 그리고 기독교 공동체는 그리스도께 대한 강렬한 사랑으로 기적을 일으켰다. 따라서 부활은 그리스도의 역사와는 전혀 상관이 없고, 다만 제자들의 내적 삶에만 상관된다. 부활은 단지 제자들의 되살아난 신앙의 구현일 뿐이다. 이것이 환상설의 내용이다.

이 가설은 2세기에 어느 이교도에 의해 고안되었다가 곧 자취를 감추었으나, 19세기에 되살아나 독일, 프랑스, 네덜란드, 영국의 회의주의적 비평가들 사이에 급속도로 퍼졌다.

이 가설을 지지하는 자들은 사도 바울이 다메섹 도상에서 본 환상을 들먹인다. 그 환상은 여러 해 뒤에 발생했는데도 바울은 그것을 주께서 과거에 사도들에게 나타났던 일들과 동일 선상에 놓지 않느냐는 주장이다(참조. 고전 15:8). 다음으로 그들이 호소하는 것은 앗시시의 성 프란체스코(St. Francis), 오를레앙의 소녀 잔다르크, 성 테레사(St. Theresa. 예수님을 육신의 눈으로 볼 때보다 영혼의 눈으로 볼 때 더 분명히 보았다고 믿음), 스베덴보리(Swedenborg), 심지어 마호메트가 개인적으로 본 환상들과, 소아시아의 몬타누스파(the Montanists)와 프랑스의 카미자르파(the Camisards)가 집단으로 본 환상들, 그리고 캔터베리의 토머스 베컷(Thomas Becket)과 피렌체의 사보나롤라의 흠모자들이 흥분된 상상 속에서 본 그 순교자들의 장엄한 부활 장면, 그리고 루르드에서 나타난 무염(無染) 성모(the Immaculate Virgin)의 환영들 같은 종교적 광신주의와 신비주의 역사에 나타난 추정상의 유비들(analogies)이다.

주관적인 환상과 인상은 종종 객관적 실체에 대한 오해일 때가 있다는 것을 부인할 사람은 없을 것이다. 그러나 사도 바울의 경우를 제외해 놓고 생각할 때 — 그에 관해서는 적절한 곳에서 살펴 보겠지만, 그가 본 것은 심지어 회의적 비평주의 지도자들조차 신비설 또는 환상설을 뒤엎는 강력한 주장으로 판명된다 — 이런 추정상의 유비들은 전혀 적절하지 못하다. 이는 다른 차이점들은 차치하고서라도 역사에 아무런 흔적도 남기지 않은 고립되고 일시적인 현상들이었기 때문이다. 이와는 반대로 그리스도의 부활에 대한 신앙은 온 세상에 혁명을 일으켰다. 따라서 그것은 아주 독특한 사례로서 따로 다루어야 한다.

(a) 환상설이 극복할 수 없는, 따라서 부활의 객관적 실재성을 뒷받침하는 첫째 논증은 그리스도의 빈 무덤이다. 그리스도가 부활하지 않았다면 그 시신은

딴 데로 치워졌거나 무덤에 남아 있어야 했다. 제자들이 치웠다면 그들은 부활을 전파할 때 의도적인 거짓말을 한 죄가 있을 것이고, 그러면 환상설은 사기설에 자리를 내주게 된다. 만약 원수들이 그리스도의 시신을 치웠다면 이 원수들이 부활을 부정할 수 있는 최고의 증거였을 것이고, 그 증거로 부활 신앙이 퍼지지 못하도록 충분히 막았을 것이며, 근거없는 환상설 같은 것도 구태여 나오지 않아도 되었을 것이다. 물론 그리스도의 시신이 무덤에 남아 있었더라도 상황은 마찬가지이다. 그리스도를 죽인 자들이 그 혐오스러운 분파를 싹부터 아예 잘라낼 그런 호기를 놓칠 리가 없었을 것이다.

이런 난점을 모면하기 위해서 슈트라우스(Strauss)는 환영(幻影)의 출처를 제자들이 도망친 갈릴리로 멀리 옮겨 놓는다. 그러나 그런다고 해서 문제가 해결되는 것은 아니다. 제자들은 몇 주만에 예루살렘으로 돌아와 오순절에는 모두 모여 있는 모습을 보여주기 때문이다.

이 논증은 최고의 환상설, 즉 그리스도가 하늘에서 영적으로 현현한 것을 인정하되 육체의 부활은 부인하는 가설에까지도 철저한 타격을 가한다.

(b) 만약 그리스도가 정말로 살아나시지 않았다면 그분이 막달라 마리아와 엠마오 제자들과 의심하는 도마와 디베료 바다에서 만난 베드로와 감람산에서 만난 모든 제자들에게 하신 말씀은 한결같이 신앙적 허구였던 셈이다. 그러나 영광의 보좌로 떠나시는 장엄한 순간에 적합한 말씀, 곧 모든 족속에게 복음을 전하고, 아버지와 아들과 성령의 이름으로 세례를 주라는 명령과, 세상 끝날까지 제자들과 항상 함께 계시겠다는 약속 — 교회의 매일의 생활에서 풍성하게 입증되어온 약속 — 같은, 산상수훈이나 대제사장 기도와 같은 위엄과 권위가 있는 말씀을 열광적인 추종자들이나 미친 광신자들이 몽환이나 자기 기만 중에 지어냈다는 주장을 과연 누가 믿을 수 있겠는가! 그리고 역사 의식이 조금이라도 있다면 오순절 이래로 항상 예수의 이름으로 거행되어 왔고 또한 햇빛이 해를 증거하듯이 주의 만찬과 함께 매일 그분을 증거하는 세례를 예수께서 제정하신 적이 없다고 누가 과연 추정할 수 있겠는가!

(c) 예수께서 부활 이후에 나타나신 사례들이 만약 흥분된 상상의 산물이라면, 그런 사례들이 사십 일 이후에는 갑자기 그치고(행 1:15), 그 후에는 "마지막으로" 그리스도를 보았다고 공언하는 바울의 단 한 번의 예외를 제외하고는 어느 제자들에게도 나타나지 않았다는 것을 납득하기 어렵다. 심지어 오순절 당일에

도 그리스도는 그들에게 나타나시지 않았고, 다만 그분의 약속대로 "다른 보혜사"가 그들에게 강림하셨다. 그리고 스데반은 그리스도께서 땅에 계시지 않고 하늘에 계신 모습을 보았다.

(d) 환상설을 뒤엎을 만한 가장 큰 반론은 그 가설 자체가 성립할 수 없다는 것이다. 그 가설은 인간의 경신(輕信)에 가장 크게 호소한다. 많은 사람들이 개인으로 뿐 아니라 집단으로 각기 다른 시간에 예루살렘에서 다메섹에 이르는 각기 다른 장소에서 똑같은 환상을 보고 똑같은 꿈을 꾸었다고 믿으라고 한다. 이른 아침에 열린 무덤에 섰던 여인들, 그뒤에 곧 뒤따라간 베드로와 요한, 부활일 오후에 엠마오로 가던 두 제자, 도마가 없던 저녁에 모인 사도들, 그리고 다음 주일에 사도들과 자리를 함께한 의심 많은 도마, 디베랴 바닷가에서의 일곱 사도, 오백여 형제들(바울이 그 사실을 전할 당시에 대다수가 살아 있었음), 그 다음에는 부활 사건 전에는 믿지 않았던 주님의 동생 야고보, 승천 때 감람산에 모인 모든 사도들, 그리고 마지막에는 명석한 두뇌와 단호한 의지를 가지고 다메섹으로 가던 박해자 ― 이 모든 사람들이 각기 다른 상황에서 육체를 입고 계신 동일한 예수를 보고 들었다고 허황된 상상을 했다고 믿으라고 한다.

그리고 주께서 십자가에 달려 죽은 사건으로 깊은 좌절에 빠져 있던 그들이 이 근거없는 환상에 용기백배하여 딛고 일어나 담대한 믿음과 강한 소망으로 예루살렘에서부터 로마에 이르는 지역에 죽는 날까지 부활의 복음을 전했다고 믿으라고 한다! 그리고 초대 제자들이 보았던 이 환상이 그들의 관점과 행동에 엄청난 혁명을 일으켰을 뿐 아니라, 유대인들과 이방인들 그리고 이후의 인류 역사에 가장 큰 혁명을 일으켰다는 것이다! 이 불신자들이 우리더러 믿으라고 하는 이 환상이 그 무엇보다도 현실적이고 강력한 사실인 기독교 교회를 탄생시켰다는 것이다! 18세기 동안 지속해 왔고 지금도 문명 세계에 두루 퍼져 있으면서 다른 모든 왕국들과 다른 모든 종교들을 한데 합쳐 놓은 것보다 더 많은 신자를 보유하고 있고 더 큰 도덕적 힘을 발휘하고 있는 기독교 교회를 말이다!

환상설은 기적을 말소하는 대신에 그것을 사실에서 허구로 바꾸어 놓는다. 공허한 기만을 진리보다 더 강력하게 만들며, 혹은 역사 자체를 결국 기만으로 바꾸어 놓는다. 역사에서 그리스도의 부활을 추론할 수 있기 전에, 먼저 존재로부터 사도들과 기독교 자체를 추론해야 한다. 기적을 시인하거나, 아니면 우리가 불가해한 신비 앞에 서 있다고 솔직히 자백해야 한다.

제 3 장

사도 시대

20. 사도 시대의 자료와 참고문헌

I. 자료

1. 정경에 속한 신약성경. 신약성경 27권은 고대의 어느 고전보다 더 훌륭한 뒷받침을 받는데, 거의 사도 시대가 끝날 때까지 이어지는 일련의 외적 증거들로도 뒷받침을 받고, 그 27권을 제2세기의 탁월한 저작들보다 훨씬 높이 들어올리는 영적인 깊이와 능력이라는 내적 증거로도 뒷받침을 받는다. 교회는 기독교 정경을 선별하고 최종 결정하는 과정에서 의심할 여지 없이 성령의 인도를 받았다. 그러나 그렇다고 해서 비평이 불필요해지는 것도 아니고 에우세비우스(Eusebius)의 안티레고메나(Antilegomena) 일곱 권의 경우에도 증거가 그만큼 강하다는 것도 아니다. 튀빙겐 학파(the Tübingen School)와 라이덴 학파(the Leyden School)는 처음에는 신약성경 중 다섯 권만, 즉 바울의 서신 네 권 — 로마서, 고린도전후서, 갈라디아서 — 과 요한계시록만 권위를 인정했다. 그러나 연구의 흐름은 점점 더 긍정적인 결과들로 이어져서 오늘날은 바울의 서신 거의 전권이 자유주의 비평가들 사이에서 지지를 받는다. (힐겐펠트⟨Hilgenfeld⟩와 립시우스⟨Lipsius⟩는 위의 다섯권에 데살로니가전서, 빌립보서, 빌레몬서를 덧붙여 일곱 권을 인정하고, 르낭⟨Renan⟩은 데살로니가후서와 골로새서도 바울의 서신으로 인정하며, 그로써 진짜 서신서의 수는 아홉 개로 불어난다.) 사도 시대 기독교의 주요 사실들과 교리들은 현대 비평학의 극좌파도 인정하는 5개의 문서들로도 충분히 보증된다.

초대 기독교에 대해서 사도행전(*The Acts of the Apostles*)은 외적 역사를, 서신서들(*the Epistles*)은 내적 역사를 제공한다. 이 둘은 같은 시대에 독자적으로 기록되었고 서로를 언급하지 않는다. 아마 누가는 바울 서신들을 읽지 못했고, 바울은 비록 누가에게 매우 귀중한 정보를 제공해 주긴 했어도 사도행전을 읽지 못했던 것 같다. 그러나 간접적으로 두 사람은 증거 가치가 큰 여러 일치된 내용들로 서로를 예증하고 확증하는데, 그 일치된 내용들이 의도한 바 없는 우발적인 것이라는 점에서 증거 가치가 훨씬 더 크다. 이 두 부류의 글을 사도 시대 이후의 저자들이 저술했다면 일치된 내용들이 훨씬 더 말끔하게 정리되었을 것이다. 그랬더라면 불일치하는 사소한 점들을 피했을 것이고, 가령 베드로와 바울의 말년 사역과 죽음 같은 사도행전의 공백도 피했을 것이다.

사도행전에는 최고의 정보원(情報源)으로부터 얻어낸, 대부분 개인의 관찰과 체험에서 나온 당대 사건들의 독창적이고 새롭고 신뢰성 있는 기사의 흔적이 곳곳에 나타난다. 사도행전을 바울의 동역자 누가가 썼다는 것은 대다수 현대의 석학들, 심지어 에발트(Ewald)까지도 인정한다. 이 사실만으로도 신빙성이 수립된다. 르낭(*St. Paul*, ch. 1)은 존경하는 어조로 사도행전을 다음과 같이 평가한다. "[사도행전은] 유쾌하고 화창한 열정의 책이다. 호메로스의 시집이 나온 이래로 이처럼 신선한 감동으로 가득 찬 책은 없었다. 감히 표현하자면 아침의 미풍과 바다 내음이 즐겁고 강한 어떤 것을 상기시키면서 책 전체를 관통하며, 이 책을 남양(南洋)에서 옛 유물을 찾아 헤매는 사람에게 뛰어난 compagnon de voyage, 즉 훌륭한 일과서로 만든다. 이 책은 기독교 제2의 목가(牧歌)이다. 제1의 목가는 디베랴 바닷가와 그 위에 떠 있던 고기잡이배들이 이루어냈다. 이제는 더 강한 미풍이, 더 먼 땅을 향한 열망이 우리를 망망대해로 끌어낸다."

2. 속사도들과 교부들의 저서들은 사도들이 쓴 글들에 대한 추억과 언급들로 가득하며, 마치 강이 그 근원에 속하듯이 사도들의 글들에 속해 있다.

3. 외경과 이단 문헌. 무수한 외경의 행전들, 서신서들, 묵시록들이 외경 복음서들과 똑같이 호기심과 교의적 관심이라는 동기들에 자극받아 저술되었고, 비록 역사적 가치는 희박할지라도 외경 복음서들과 마찬가지로 변증에 뜻을 두었다. 이 책들은 아직까지 충분히 조사되지 않았다. 립시우스(Smith와 Wace의 *Dict. of Christ. Biog*, vol. I, p. 27에서)는 외경 행전들을 네 부류로 분류한다: (1) 에비온파의 행전; (2) 영지주의의 행전; (3) 가톨릭의 독창적인 행전; (4) 이단 문서들에 대한 가톨릭의 개작이나 개정. 마지막 부류에 해당하는 저작들이 가장

많고 5세기 이전으로 거슬러 올라가는 것이 희박하지만, 대부분 2세기와 3세기의 문서들에 의존한다.

(a) **외경 행전들**: *Acta Petri et Pauli*(에비온파에서 유래되었으나 개작됨), *Acta Pauli et Thecloe*(2세기 말에 테르툴리아누스가 언급함. 영지주의 기원), *Acta Thomoe*(영지주의 저서), *Acta Matthoei, Acta Thaddoei, Martyrium Bartholomoei, Acta Barnaboe, Acta Andreoe, Acta Andreoe et Matthioe, Acta Philippi, Acta Johannis, Acta Simonis et Judoe, Acta Thaddoei, The Doctrine of Addai, the Apostle*(ed. in Syriac and English by Dr. G. Philips, London, 1876).

(b) **외경 서신서들**: 바울과 세네카가 교환한 편지들(6편은 바울이, 8편은 세네카가 썼다고 함. 제롬과 아우구스티누스가 언급함), *The third Epistle of Paul to the Corinthians, Epistoloe Marioe, Epistoloe Petri ad Jacobum.*

(c) **외경 묵시서들**: *Apocalypsis Johannis, Apocalypsis Petri, Apocalypsis Pauli*(혹은 ἀναβατικὸν Παύλου. 바울이 삼층천에 올라간 일을 언급한 글에 기초함〈고전 12:2-4〉), *Apocalypsis Thomoe, Apoc. Stephani, Apoc. Marioe, Apoc. Mosis, Apoc. Esdroe.*

편집본들과 모음집들:

Fabricius: *Codex Apocalypus Novi Testamenti.* Hamburg, 1703, 2d ed. 1719, 1743, 3 parts in 2 vols. (vol. II.)

Grabe: *Spicilegium Patrum et Hoereticorum.* Oxford, 1698, ed. II. 1714.

Birch: *Auctarium Cod. Apoc. N. Ti Fabrician.* Copenh. 1804 (Fasc. I.). 위작(僞作) 요한계시록을 수록함.

Thilo: *Acta Apost. Petri et Pauli.* Halis, 1838. *Acta Thomoe.* Lips. 1823.

Tischendorf: *Acta Apostolorum Apocrypha.* Lips. 1851.

Tischendorf: *Apocalypses Apocryphoe Mosis, Esdroe, Pauli, Joannis, item Marioe Dormitio.* Lips. 1866.

R. A. Lipsius: *Die apokryph. Apostel geschichten und Apostel legenden.* Leipz. 1883 sq. 2 vols.

4. 유대인 전거들: 필로(Philo)와 요세푸스(Josephus). 참조. 14. 요세푸스는 유대 전쟁사와 주후 70년 예루살렘 멸망사를 이해하는 데 대단히 중요하다. 주

후 70년은 기독교 교회가 유대교 회당과 성전에서 완전히 갈라져 나온 해이기도 하다. 외경 유대인 문학과 탈무드 문학은 사도들이 받은 훈련과 그들의 교수 방식, 그리고 초대 교회의 권징과 예배에 관한 정보와 예화들을 제공한다. 라이트푸트(Lightfoot), 쇠트겐(Schöttgen), 카스텔리(Castelli), 델리취(Delitzsch), 뷘쉐(Wünsche), 지그프리트(Siegfried), 쉬러(Schürer), 그리고 그 밖의 몇몇 사람들은 그 전거들을 해석학자들과 역사가들이 사용할 수 있도록 만들어 놓았다. 비교. 9에 언급된 Jost, Graetz, Geiger의 유대인 저작들; Hamburger's *Real-Encyclopädie des Judenthums(für Bibel und Talmud)*.

5. 이교 저자들: Tacitus, Pliny, Suetonius, Celsus, Porphyry, Julian. 이들은 오로지 단편적이고 대개 우발적이고 왜곡되고 적대적인 정보만 제공하지만, 변증적인 가치는 대단히 크다.

비교. Nath. Lardner(d. 1768): *Collection of Ancient Jewish and Heathen Testimonies to the Truth of the Christian Religion*. 원래 1764–67년에 런던에서 4권으로 출판되었다가, 그뒤 그의 *Works*(vol. VI. 365–649, ed. Kippis)으로 여러 판을 거듭했다.

II. 사도 시대에 관한 역사서들

William Cave(Anglican, d. 1713): *Lives of the Apostles, and the two Evangelists, St. Mark and St. Luke*, Lond. 1675, new ed. revised by H. Cary, Oxford, 1840 (reprinted in New York, 1857). 비교. Cave's *Primitive Christianity*, 4th ed., Lond. 1862.

Joh. Fr. Buddeus (Luth., d. at Jena, 1729): *Ecclesia Apostolica*. Jen. 1729.

George Benson (d. 1763): *History of the First Planting of the Christian Religion*. Lond. 1756, 3 vols. 4to (in German by Bamberger, Halle, 1768).

J. J. Hess (d. at Zurich, 1828): *Geschichte der Apostel Jesu*. Zür. 1788; 4th ed. 1820.

Gottl. Jac. Planck (d. in Göttingen, 1833): *Geschichte des Christenthums in der Periode seiner Einführung in die Welt durch Jesum und die Apostel*. Göttingen, 1818, 2 vols.

* Aug. Neander (d. in Berlin, 1850): *Geschichte der Pflanzung und Leitung*

der christlichen Kirche durch die Apostel. Hamb. 1832. 2 vols.; 4th ed. revised 1847. The same in English (*History of the Planting and Training of the Christ. Church*), by J. E. Ryland, Edinb. 1842, and in Bohn's *Standard Library*, Lond. 1851; reprinted in Philad. 1844; revised by E. G. Robinson, N. York, 1865. 이 책은 신기원을 이룩했고, 여전히 가치를 잃지 않고 있다.

F. C. Albert Schwegler (d. at Tübingen, 1857); *Das nachapostolische Zeitalter in den Hauptmomenten seiner Entwicklung.* Tübingen, 1845, 1846, 2 vols. 사도들의 저작(5권을 제외한)을 속사도 시대로 옮겨 놓으려는 초비평적 시도.

Fred. Christ. Baur (d. 1860): *Das Christenthum und die christliche Kirche der drei ersten Jahrhunderte.* Tübingen, 1853, 2d revised ed. 1860 (536 pp.). 제3판은 제2판을 재인쇄하고 제목만 손질한 것으로서 그의 「보편 교회사」(*General Church History.* 그의 아들이 편집, 5 vols. 1863)의 첫권을 이룬다. 이 책은 튀빙겐 학파의 사도사 재구성 작업 중에서 튀빙겐 학파 수장이 직접 집필한 마지막이자 가장 유력한 작품이다. 참조. Vol. I. pp. 1–174. 영역, Allen Menzies, 2 vols. Lond. 1878 and 1879. 비교. Baur's *Paul,* second ed. by Ed. Zeller, 1866 and 1867, and translated by A. Menzies, 2 vols. 1873, 1875. Baur의 비평적 연구는 사도 시대에 대한 전통적 관념들을 철저히 개정하도록 강요했고, 비록 근본적인 오류들이 있긴 했어도 대단히 유용했다.

A. P. Stanley (Dean of Westminster): *Sermons and Essays on the Apostolic Age.* Oxford, 1847. 3d. 1874.

Heinrich W. J. Thiersch (Irvingite, died 1885 in Basle): *Die Kirche im apostolischen Zeitalter.* Francf. a. M. 1852; 3d ed. Augsburg, 1879, "개정"되었다고 하지만, 아주 약간 손질했을 뿐이다. (The Same in English from the first ed. by Th. Carlyle. Lond. 1852.)

J. P. Lange (d. 1884): *Das apostolische Zeitalter.* Braunschw. 1854. 2 vols.

Philip Schaff: *History of the Apostolic Church,* first in German, Mercersburg, Penns. 1851; 2d ed. enlarged, Leipzig, 1854; English translation by Dr. E. D. Yeomans, N. York, 1853, in 1 vol.; Edinb. 1854, in 2 vols.; 개정 없이 중쇄를 거듭함. (독일어 제2판에 대한 네덜란드어역, J. W. Th. Lublink Weddik, Tiel, 1857.).

G. V. Lechler (Prof. in Leipzig): *Das apostolische und das nachapostolische Zeitalter*. 2d ed. 1857; 3d ed. 철저 개정판, Leipzig, 1885. 영역, Miss Davidson, Edinb. 1887. 보수주의적 관점.

Albrecht Ritschl (d. in G ttingen, 1889): *Die Entstehung der altkatholischen Kirche*. 2d ed. Bonn, 1857. 제1판은 튀빙겐 학파와 일치된 견해를 제시한다. 하지만 제2판은 자료를 중보했고 리츨 학파의 토대를 놓았다.

Heinrich Ewald (d. at Göttingen, 1874): *Geschichte des Volkes Israel*, vols VI. and VII, 2d ed. Göttingen, 1858 and 1859. 이 대작 가운데 제6권은 예루살렘 멸망까지 이르는 사도 시대사를, 제7권은 하드리아누스 재위까지 이르는 속사도 시대사를 다룬다. 영역, *History of Israel*, R. Martineau and J. E. Carpenter, Lond. 1869 sqq. 제6권과 7권에 대한 번역은 의도되지 않았다. Ewald(the "Urvogel von Göttingen")는 전통적인 정통신학과 튀빙겐 학파 — 그는 이 학파를 이교라고 비판했다 — 와 다른 독자 노선을 걸었다. 참조. 제7권 서문.

E. de Pressensé: *Histoire des trois premiers siécles de l' eglise chrétienne*. Par. 1858 sqq. 4 vols. 독일어역, E. Fabrius (Leipz. 1862–65); 영역, Annie Harwood-Holmden (Lond. and N. York, 1870, new ed. Lond. 1879). 제1권은 *Le siècle apostolique*(rev. ed. 1887)라는 제목으로 제1세기를 다룬다.

Joh. Jos. Ign. von Döllinger (Rom. Cath. since 1870 Old Cath.): *Christenthum und Kirche in der Zeit der Gründung*. Regensburg, 1860. 2d ed. 1868. 이 책은 H. N. Oxenham에 의해 영역되었다(London, 1867).

C. S. Vaughan: *The Church of the First Days*. Lond. 1864–65. 3 vols. 사도행전 강의록.

J. N. Sepp (Rom. Cath.): *Geschichte der Apostel Jesu bis zur Zerstörung Jerusalems*. Schaffhausen, 1866.

C. Holsten: *Zum Evangelium des Paulus und des Petrus*. Rostock, 1868 (447 pp.).

Paul Wilh. Schmidt und Franz V. Holtzendorf: *Protestanten-Bibel Neuen Testaments*. Zweite, revid. Auflage. Leipzig, 1874. Bruch, Hilgenfeld, Holsten, Lipsius, Pfleiderer, 그 외 사람들의 기고를 받아 튀빙겐 학파의 견해를 해석학의 견지에서 정리한 유명한 책.

A. B. Bruce (Professor in Glasgow): *The Training of the Twelve*, Edinburgh, 1871, second ed. 1877.

Ernst Renan (de l'Académie Française): *Histoire des origines du Christianisme*, Paris, 1863 sqq. 제1권은 *Vie de Jésus*(1863. 14에 언급함.); 제2권은 *Les Apôtres*(1866); 제3권은 *St. Paul*(1869); 제4권은 *L'Antechrist*(1873); 제5권은 *Les Évangiles*(1877); 제6권은 *L'Églis*(1879); 제7권이자 마지막 권은 *Marc-Aurèle*(1882). 제2, 3, 4, 5권은 사도 시대를 다루고, 마지막 두 권은 이후 시대를 다룬다. 명석한 두뇌와 웅변과 세속 학문을 갖춘 회의주의적 외인이 쓴 저서. 뒤로 갈수록 가치가 커진다. *The Life of Jesus*가 가장 흥미롭고 유명하지만, 지극히 신성한 주제를 가장 속되게 다루기 때문에 가장 논박을 많이 받는 책이기도 하다.

Emile Ferriere: *Les Apôtres*. Paris, 1875.

Supernatural Religion. An Inquiry into the Reality of Divine Revelation. Lond. 1873, (seventh) "complete ed., carefully revised," 1879, 3 vols. 이 익명의 저서는 Baur, Strauss, Zeller, Schwegler, Hilgenfeld, Volkmar 등으로 구성된 튀빙겐 학파의 비평적 사색들을 영어로 소개한 책이다. Schwegler의 *Nachapostolisches Zeitalter*의 확대판이라고 할 수 있다. 제1권은 주로 기적 문제에 대한 철학적 논의를 다룬다. 제1권의 후반부(pp. 212-485)와 제2권은 정경 복음서들의 사도적 기원에 대한 역사적 연구와, 그에 대한 부정적 결과를 싣는다. 제3권은 사도행전, 서신서들, 계시록을 논하고, 부활과 승천의 증거를 다룬 뒤 그것을 환각 또는 신화라고 규정한다. 저자는 믿기 힘든 옛 기적들을 긍정적인 면에서 살피는 데서 출발하여 그것들이 불가능하다는 결론에 도달한다. 이 철학적 결론이 역사적 연구 전체를 결정한다. Dr. Schürer는 "Theol. Literatur-zeitung"(1879, No. 26, p. 622)에서 이 책의 학문적 가치를 부정하지만, 최근 독일의 관련 저서들에 대한 해박한 지식과 사료 수집에 기울인 남다른 노력은 높이 평가한다. Drs. Lightfoot, Sanday, Ezra Abbot, 그리고 그 외 사람들은 이 책의 학문성 결핍과 저자가 사유의 근거로 삼은 그릇된 전제들을 들춰냈다. 이 책이 급속히 판매되었다는 점은 회의주의가 폭넓게 퍼져 있다는 것과 영국-미국의 입장에서 독일-네덜란드와 맞서 신학적 전투를 벌일 필요가 있음을 시사한다. 이 전투에서 더욱 큰 전과가 있기를 기원한다.

J. B. Lightfoot (Bishop of Durham since 1879): *Supernatural Religion*을 비판한 정교한 연속 논문. "Contemporary Review" 1875-1877년에 연재됨. 책의 형태로 재출간되어야 하는 작품이다. 비교. 익명의 저자가 제6판 머리글로 실은 장문의 답신. Lightfoot의 *Commentaries on Pauline Epistles*은 사도 시대에 관한 여러 역사적 질문들에 대한 가치있는 여담들을 싣는다. 특히 *The Com. on the Galatians*에 실린 *St. Paul and the Three*(pp. 283-355).

W. Sanday: *The Gospels in the Second Century*, London, 1876. 이 책은 *Supernatural Religion*의 비평 부분을 논박하는 데 초점을 둔다. 누가복음에 대한 마르키온(Marcion)의 영지주의적 절단과 재구성을 다룬 제8장(pp. 204sqq.)은 책이 출판되기 전 "Fortnightly Review" 1875년 6월호에 실린 적이 있는 글로서, 과거 독일의 토양에서 튀빙겐 학파 내부에서 벌어졌던 논쟁을 영국의 토양에 소개한다. 「마르키온 복음서」가 먼저 집필되었다는 터무니없는 가설은 Ritschl, Baur, Schwegler에게 지지를 받았으나 같은 학파에 속한 Volkmar와 Hilgenfeld에게는 논박을 당했다. 나중에 Baur와 Ritschl은 자기들의 그릇된 견해를 명예롭게 포기했다. *Supernatural Religion*을 쓴 익명의 저자는 그 책 제7판에서 그들의 예를 따랐다. 독일 학자들은 그 논쟁을 주로 그 역사적·교의적 측면에서 벌였지만, Sanday는 누가의 문체와 어휘에 대한 Holtzmann의 분석에 힘입어 철학적 본문적 주장을 가미했다.

A. Hausrath (Prof. in Heidelberg): *Neutestamentliche Zeitgeschichte*, Heildelberg, 1873 sqq. 제2부와 3부(second ed. 1875)는 사도 시대를 다루고, 제4부(1877)는 속사도 시대를 다룬다. 영역, Poynting and Quenzer, Lond. 1878 sqq. Hausrath는 튀빙겐 학파에 속한다.

Dan. Schenkel (Pro. in Heidelberg): *Das Christusbild der Apostel und der nachapostolischen Zeit*. Leipz. 1879. 비교. H. Holtzmann이 Hilgenfeld의 "Zeitschrift für wissensch. Theol."에 기고한 서평. 1879, p. 392.

H. Oort and I. Hooykaas: *The Bible for Learners*, translated from the Dutch by Philip H. Wicksteed, vol. III. (the New Test., by Hooykaas), Book II. pp. 463-693 of the Boston ed. 1879. (In the Engl. ed. it is vol. VI.) 이 책은 라이덴 대학교 신학교수 A. Kuenen 박사의 착상에 힘입어 합리주의적 튀빙겐 학파와 라이덴 학파의 비평을 쉽게 요약한 것이다. 본질적으로 위에 언급한

Protestanten-Bibel과 일치한다.

George P. Fisher (Prof. in Yale College, New Haven): *The Beginnings of Christianity*. N. York, 1877. 비교. 저자의 기존의 저서: *Essays on the Supernatural Origin of Christianity, with special reference to the Theories of Renan, Strauss, and the Tübingen School*, New York, 1865. New ed. enlarged, 1877.

C. Weizsäcker (successor of Baur in Tübingen): *Das Apostolische Zeitalter*. Freiburg, 1886. 비평적이고 매우 뛰어남.

O. Pfleiderer (Prof. in Berlin): *Das Urchristenthum, seine Schriften und Lehren*, Berlin, 1887. (튀빙겐 학파).

III. 사도 시대 연대기

Rudolph Anger: *De temporum in Actis Apostolorum ratione*. Lips. 1833 (208 pp.).

Henry Browne: *Ordo Soeclorum. A Treatise on the Chronology of the Holy Scriptures*, Lond. 1844, pp. 95-163.

Karl Wieseler: *Chronology des apostolischen Zeitalters*, Güttingen, 1848 (606 pp.).

오래되고 특별한 저서들은 Wieseler의 저서(pp. 6-9)에 소개되어 있다. 다음 책들에 실린 사도 시대 연대에 대한 자세한 대조표를 함께 참조하라: Schäffer's translation of Lechler on *Acts* (in the Am. ed. of Lange's Commentary); Henry B. Smith's *Chronological Tables of Church History* (1860); and Weingarten: *Zeittafeln zur K-Gesch.*, 3d ed. 1888.

21. 사도 시대의 일반적 성격

"바울의 가슴에서 울려퍼지는 전쟁의 외침이
수 천의 전장에 메아리치지 않는가?
요한의 현악기가 수천 인의 가슴을 울린

그 평화의 메아리는 과연 어떤 것이었는가!

베드로가 일으킨 불꽃이 다시 살아나

얼마나 많은 불길이 맹렬히 타올랐던가!

그리고 사람들은 안드레가 계속해서 희생자들을

인도하여 오는 것을 본다.

그것은 희생자들이 야고보의 학교에서 자라났기 때문이 아닌가

한 말씀이 있으니 태초부터 영원까지

변화하며 계속 울려퍼지는 문장이다."

— 톨룩(Tholuck)

사도 시대의 범위와 환경

사도 시대는 오순절부터 사도 요한의 죽음까지, 즉 주후 30년부터 100년까지 대략 70년에 해당한다. 활동 무대는 팔레스타인으로서, 점차 시리아, 소아시아, 그리스, 이탈리아로 확대된다. 가장 현저한 중심지는 예루살렘, 안디옥, 로마로서, 이 도시들은 각각 유대인, 이방인, 그리고 이 둘이 연합된 보편 기독교를 상징한다. 그 다음으로 현저한 도시는 에베소와 고린도이다. 에베소는 요한의 거주와 사역으로 특별히 중요한 지위를 얻었는데, 2세기에 폴리카르푸스(Polycarp)와 이레나이우스(Irenaeus)를 통해서 명성을 유지했다. 사마리아, 다메섹, 욥바, 가이사랴, 두로, 구브로(키프로스), 소아시아의 도(道)들, 드로아, 빌립보, 데살로니가, 베뢰아, 아덴(아테네), 그레데(크레타), 밧모(파트모스), 말타, 푸테올리도 기독교 신앙이 심기운 곳들로 역시 시야에 들어온다. 빌립의 전도로 회심한 내시를 통해서 복음은 에디오피아 여왕 간다게에게까지 전파되었다(행 8:27). 주후 58년이라는 이른 시기에 바울은 "이 일로 인하여 내가 예루살렘으로부터 두루 행하여 일루리곤까지 그리스도의 복음을 편만하게 전하였노라"고 말할 수 있었다(행 15:19). 바울은 그 뒤 복음을 가지고 로마로 갔고 — 그곳에는 이미 복음이 전파되어 있었다 — 아마 제국의 서쪽 경계인 서바나(스페인)까지 갔을 것이다(참조. 롬 15:24).[1]

---

1) 참조. Clement of Rome, *Ad. Cor.* c. 5, ἐπὶ τὸ τέρμα τῆς δύσεως ἐλθών. 그러나 이 절은 반드시 스페인을 뜻하지 않으며, 바울의 스페인 전도여행은 그의 제2차 로마 투옥설에 따

제1세기에 복음을 전해들은 민족들은 유대인, 헬라인, 로마인이었고, 복음 전파에 사용된 언어는 히브리어 곧 아람어와 특히 헬라어였는데, 헬라어는 당시 로마 제국의 문화와 국제 교류를 가능케 한 기관(器官)이었다.

당시 세속사는 티베리우스(Tiberius, 디베료)로부터 기독교를 무시하거나 박해한 네로(Nero)와 도미티아누스(Domitian)에 이르는 로마 황제들의 재위 기간에 해당한다. 사도행전을 읽으면 사도 야고보(James the Elder)를 살해한 왕 헤롯 아그립바 1세(Herod Agrippa I. 헤롯 대왕의 손자), 누이 버니게(Bernice. 지독히 타락한 여인)와 함께 바울의 변호를 들은 왕 헤롯 아그립바 2세(Herod Agrippa II. 헤롯가의 마지막 사람), 두 명의 로마 총독 벨릭스(Felix)와 베스도(Festus), 바리새인들과 사두개인들, 스토아(스도이고) 학파와 에피쿠로스(에비구레오) 학파, 에베소의 신전과 극장, 아덴의 아레오바고 법정, 로마의 가이사 궁전을 직접 대면하게 된다.

정보 출처들

사도행전 저자는 복음서 저자들이 예수의 이야기를 전한 방식을 그대로 사용하여 기독교가 지극히 단순하고 명쾌한 믿음으로 유대교의 수도에서 이교의 수도까지 벌인 영웅적인 행진을 기록한다. 기독교를 윤색할 필요도, 변명할 필요도, 주관적으로 해석할 필요도 없다는 것과, 기독교가 그 내면의 영적 능력으로 반드시 승리할 것을 잘 알고서 말이다.

사도행전과 바울 서신들은 63년까지 이르는 신뢰할 만한 정보를 제공한다. 베드로와 바울은 기독교 자체를 삼켜 버린 듯한 네로의 박해라는 무서운 화염 속에서 자취를 감춘다. 권위 있는 자료 중에서 그 사탄적인 장관에 관해서 이교 사가들의 정보를 넘어서는 어떤 뚜렷한 내용도 찾아볼 길이 없다. 그리고 몇 년이 흐른 뒤에는 예루살렘이 멸망했는데, 이 사건은 유대 기독교에 지울 수 없는 큰 인상을 남겼을 것이고, 유대 기독교를 옛 신정정치와 결합시켜온 마지막 끈을 끊어버렸을 것이다. 그 사건은 실로 복음서에 기록된 그리스도의 예언대로 이루어졌으나, 그 예언이 이루어지던 끔찍한 참상에 관해서는 믿지 않은 유대인의 기사에 의존할 수밖에 없다. 그 기사는 적의 증언이라는 점에서 훨씬 더 깊은 인

라 성립하기도 하고 무너지기도 한다.

상을 준다.

제1세기의 나머지 30년은 신비스러운 어둠에 싸여 있는데, 이 어둠에 빛을 비추는 것은 요한의 글들뿐이다. 이 기간은 교회사에서 우리가 가장 무지한 시기요 가장 많이 알고 싶어하는 시기이다. 교회의 각종 전설과 비평적 추측이 가장 왕성한 시기이다. 베드로와 바울의 순교부터 요한의 죽음에 이르는 기간과, 요한의 죽음부터 순교자 유스티누스(Justin Martyr, 저스틴 마터)와 이레나이우스 시대에 이르는 기간의 권위 있는 문서들이 새로 발견된다면 역사가는 쌍수를 들고서 환영할 것이다.

성공의 요인들

제1세기가 끝나갈 무렵 기독교의 세력이 얼마나 왕성했는지는 알 길이 없다. 그 시기에는 풍자적인 보고들도 나오지 않았다. 로마 제국의 백만 명 이상의 인구 중에서 5십만 명이 그리스도인이었다는 추산은 과장인 듯싶다. 하지만 오순절에 예루살렘에서 하루에 3천 명이 회심한 일(행 2:41)과 네로 치하에서 "엄청난 수가" 순교한 일에 비추어 볼 때 그리스도인의 수가 많았다고 짐작하게 된다. 안디옥과 에베소와 고린도의 교회들은 논쟁이 벌어지고 파당이 나뉠 만큼 규모가 컸다(갈 2:1 이하; 고전 3:3 이하). 그러나 대다수 회중들은 틀림없이 규모가 작았고, 소수의 가난한 신자로 구성된 경우가 적지 않았다. 농촌 지방에서는 이교(paganism)가 심지어 콘스탄티누스(Constantine) 시대 이후까지 오래 존속했다. 기독교 회심자들은 어부와 농부와 상인과 무역업자와 자유민과 노예 등 주로 사회의 중하층에 속했다.

사도 바울은 이렇게 말한다: "형제들아 너희를 부르심을 보라. 육체를 따라 지혜 있는 자가 많지 아니하며 능한 자가 많지 아니하며 문벌 좋은 자가 많지 아니하도다. 그러나 하나님께서 세상의 미련한 것들을 택하사 지혜 있는 자들을 부끄럽게 하려 하시고 세상의 약한 것들을 택하사 강한 것들을 부끄럽게 하려 하시며 하나님께서 세상의 천한 것들과 멸시 받는 것들과 없는 것들을 택하사 있는 것들을 폐하려 하시나니 이는 아무 육체도 하나님 앞에서 자랑하지 못하게 하려 하심이라"(고전 1:26-29).

그런데도 이 가난하고 무식한 사람들로 구성된 교회들이 가장 고귀한 선물을 받았고, 가장 심오한 문제들과 가장 고도한 사상에 깨어 있었다. 기독교는 맨바닥에서 자꾸 위로 건축되어 올라갔다. 하류 계층에서 장래에 상류 계층을 이룰 사람들이 나왔고, 이들이 상류 계층을 보강하여 그 계층의 쇠퇴를 막아 주었다.

콘스탄티누스가 회심할 당시인 제4세기 초엽에 그리스도인의 수는 1천만 내지 1천2백만 명에 이르렀던 것으로 추측되는데, 그 수는 제국 전체 인구의 10분의 1에 해당한다. 더러는 그보다 더 높은 비율을 점했다고 추산한다.

기독교가 지극히 열악한 상황에서 급속히 성공했다는 것은 놀라우면서도 자체에 대한 가장 훌륭한 변증이다. 그것은 냉담하거나 적대적인 세상에서 거둔 성공이었고, 무고한 순교자들의 피 외에는 한 방울의 피도 흘리지 않고서 순전히 영적이고 도덕적인 방법으로 거둔 성공이었다. 기번(Gibbon)은 「로마제국 쇠망사」라는 유명한 저서 제15장에서 기독교의 급속한 전파의 요인을 다음 다섯 가지로 지적한다: (1) 그리스도인들이 유대인들에게 물려받은 배타적이면서도 확장된 신앙 열정; (2) 고대 철학자들이 모호하고 막연한 개념으로만 가지고 있던 영혼 불멸에 관한 교리; (3) 초대 교회가 발휘했다고 하는 기적의 능력; (4) 초대 그리스도인들의 순수하면서도 결연한 도덕성; (5) 교회를 제국 심장부에서 점차 연방으로 형성되게 만든 교회의 통일성과 권징.

그러나 기번이 지적한 요인들 하나하나는 제대로 이해하면 기독교라는 종교의 월등한 탁월성과 신적 기원을 가리키는데, 그 이신론적 역사가는 바로 이 중요한 요인을 빠뜨린 셈이다.

사도 시대의 중요성

그리스도의 생애가 기독교 신앙의 신적 · 인간적 원천이라면, 사도 시대는 유대교 회당과 구분되는 독특한 조직 사회로서의 기독교 교회의 원천이다. 성령의 시대요, 차후 모든 시대를 위한 영감과 입법의 시대이다.

여기서 새 창조의 생수가, 본디 신선하고 맑은 그 물이 솟아난다. 기독교는 초자연적 사실로서 하늘로부터 내려오지만, 오래 전부터 예언되고 준비되었고, 인간의 가장 중대한 결핍에 부합하도록 적응되었다. 믿지 않는 유대인들과 이교도들을 회심시키는 데 표적과 기사와 성령의 비범한 역사가 나타나 기독교가 죄악의 세상에 들어가는 일을 도왔다. 기독교는 타락한 우리 인류 곁에 항구적으로 자리잡고서 전쟁이나 유혈 사태 없이 조용하고 누룩과 같은 과정을 따라 인류를 진리와 의의 나라로 점차 변화시킨다. 겉으로는 양순하고 겸손하며, 비천하고 볼품없지만, 그 신적인 기원과 영원한 운명을 한시도 잊지 않는다. 은과 금은 없지만 초자연적 은사와 능력에는 부요롭고, 강한 믿음과 뜨거운 사랑과 가슴벅찬 소망을 지닌다. 질그릇 안에 쇠하지 않는 하늘의 보화를 간직하여서, 역사의 무대에 땅의 모든 민족을 위한 유일하게 참되고 완전한 종교로 제 모습을 드러낸다. 처음에는 현세적인 사람의 눈에 미미하고 경멸스러운 분파로 비쳤고, 유대인들과 이교도들의 미움과 박해를 받았으나, 헬라의 지혜와 로마의 권력을 무색하게 만들고, 곧 십자가라는 표준을 소아시아, 아프리카, 유럽의 대도시들에 심어 놓으며, 자체가 세상의 소망임을 입증한다.

초대 기독교의 이러한 순수함과 열정과 아름다움과 항구적인 승리와, 한 권이면서도 그 내면의 분량은 끝이 없는 정경의 권위, 그리고 성령의 영감을 받는 기관들이자 인류의 무학(無學)한 스승들인 사도들의 인격에 힘입어, 사도 시대는 교회사에서 비류 없는 관심과 주목의 대상이 된다. 사도 시대는 기독교 전체의 확고한 기반이다. 사도들의 영감된 글들이 차후의 모든 기독교 저자들의 글들을 판단하는 척도가 되듯이, 사도 시대도 차후의 모든 교회 발전 방향을 판단하는 척도가 된다.

더 나아가 사도 시대 기독교는 씨앗과 같아서 차후 모든 시대와 개인과 사조를 배태할 살아 있는 세포를 간직하고 있다. 가장 높은 교리와 권징 표준을 견지하고, 모든 진정한 진보를 자극하는 원동력이 되며, 모든 시대에 그 시대가 안고 있는 문제를 해결할 능력을 제시한다. 기독교는 그리스도를 능가할 정도로 자랄 수 없지만, 그리스도 안에서 자란다. 따라서 신학은 하나님의 말씀을 능가할 수 없지만, 하나님의 말씀을 이해하고 적용하는 일에 늘 진보가 있어야 한다. 세 분의 대표적인 사도들은 사도 시대 교회의 세 단계를 대표할 뿐 아니라 여러 시대 여러 유형의 기독교도 대표한다. 그러면서도 모든 시대 모든 유형의 기독교에는 이 세 분의 특성이 항상 공존한다.

대표적인 사도들

베드로와 바울과 요한은 사도 시대의 대업을 완수하고 저서와 본을 통해서 차후 모든 시대에 지배적인 영향력을 행사해온 선택된 세 사람으로 가장 현저하게 서 있다. 이 세 분에게는 각각 예루살렘과 안디옥과 로마라는 유력한 중심지가 해당된다.

우리 주님은 친히 열두 제자 가운데 세 명을 가장 친근한 동역자로 택하셨고, 이 세 명만 변화산에서의 영광과 겟세마네에서의 고뇌를 목격했다. 이들은 주께서 자기들에게 기대하신 바를 모두 성취해 드렸는데, 베드로와 요한은 오랫동안의 성공적인 사역으로, 대(大)야고보(James the Elder)는 일찍이 주님의 쓴 잔을 마시고 열두 제자 중 최초의 순교자가 됨으로써 성취해 드렸다(행 12:2). 주후 44년 야고보가 죽은 뒤부터는 '주의 형제' 야고보가 그를 계승하여 박해 시대 교회의 세 '기둥' 중 한 명이 된 듯하다. 물론 엄격히 말하자면 그는 사도들에 속하지 않았고, 예루살렘 교회 수장으로서 행사한 영향력도 보편적이기보다는 지역적이었다.[2]

바울은 맨 마지막에 정규 절차와는 상관 없이 부르심을 받았다. 하지만 높아지신 주께서 하늘에서 친히 나타나 부르셨으므로, 그는 권위와 중요도에서 세 기둥과 동등한 상태에서 이방인에 대한 독립된 사도라는 자신의 독특한 지위를 차지했다. 그 주위에는 바나바, 실라, 디도, 디모데, 누가 같은 적은 무리의 동역자들과 제자들이 있었다.

12명의 원 사도들 중 유다의 궐석을 메꾸기 위해 선출된 맛디아를 포함한 9명의 사도들도 틀림없이 신실하고 효과적으로 로마 제국 전역과 야만족이 사는 변경에 복음을 전했을 것이다. 하지만 종속적인 지위에 있었고, 그들의 노고도 모호하고 불확실한 전승들을 통해서만 전해진다.[3]

야고보와 베드로의 사역은 사도행전에서 예루살렘 공의회가 열린 주후 50년과 그 얼마 뒤에까지 추적해 볼 수 있고, 바울의 행적은 그가 로마에서 1차로 투옥된 주후 61-63년까지 추적해 볼 수 있다. 요한은 제1세기가 끝날 때까지 살았다. 그들의 마지막 사역에 대해서 신약성경에는 권위 있는 정보가 없으나, 고대

---

2) 갈 2:9. 야고보는 심지어 게바와 요한 앞에 거론되며, 그가 의장 역할을 한 예루살렘 공의회 때부터 사도행전에서 내내 팔레스타인 교회의 가장 유력한 인사로 등장한다. 에비온파 전승에서는 그가 최초의 보편 감독 곧 교황으로 묘사된다.

3) 2세기와 그후의 외경 전승은 베드로, 안드레, 마태, 바돌로매가 팔레스타인 북부와 북서부 지역들(시리아, 갈라디아, 본도, 스구디아, 그리고 흑해 연안)에서, 다대오, 도마, 가나안인 시므온이 동방 나라들(메소포타미아, 파르티아, 특히 에뎃사와 바빌론, 심지어는 멀리 인도에까지)에서, 요한과 빌립이 소아시아(에베소와 히에라볼리)에서 선교 사역을 했다고 전한다.

의 문헌들이 한결같이 증거하는 바로는 베드로와 바울이 네로의 박해 도중이나 이후에 로마에서 순교했고, 요한은 에베소에서 자연사했다고 한다. 사도행전은 바울이 로마에서 죄수의 몸으로 아직 살아서 활동하고 있음을 다음과 같이 전하면서 갑자기 끝난다. "담대히 하나님 나라를 전파하며 주 예수 그리스도께 관한 것을 가르치되 금하는 사람이 없었더라"(행 28:31). 의미심장한 결론이다.

베드로와 바울과 요한 세 사람처럼 기질과 체질이 서로 판이하게 다르면서도 똑같이 위대하고 선하며, 똑같이 은혜로 씻김을 받은 재능을 부여받고, 공동의 주님께 대한 깊고 강한 사랑으로 서로 맺어져 있고, 동일한 대의를 위해 일하는 사람들을 발견하기란 어려울 것이다. 베드로는 초대 교회의 주기둥으로서, 바위 사도로서, 새 예루살렘의 열두 개 초석 중 주요 초석으로서; 요한은 구주의 품에 기댈 만큼 절친한 친구로서, 우레의 아들로서, 날아오르는 독수리로서, 사랑의 사도로서; 그리고 바울은 그리스도의 자유와 전진의 투사로서, "모든 교회를 위한 염려"를 품고 산 가장 위대한 선교사로서, 기독교 교의 체계의 해설가로서, 기독교 신학의 아버지로서 각각 역사에 우뚝 서 있다.

베드로는 행동의 사람인지라 언제나 서두르고 앞장설 준비가 되어 있었고, 최초로 그리스도를 고백하였으며 최초로 오순절에 그리스도를 전파하였다. 바울도 똑같이 말과 행동에 능한 사람이었다. 요한은 신비로운 묵상의 사람이었다. 베드로는 무학하면서도 실제적인 사람이었다. 바울은 학자요 사상가에다 노동자이기도 했다. 요한은 신지학자(神知學者)요 선견자였다. 베드로는 다혈질이고 열정적이고 충동적이고 낙천적이고 마음이 따뜻한 사람으로서, 쉽게 잘 변하여 (아리스토텔레스의 표현을 빌자면) "일관성 있게 일관성이 없는"(consistently inconsistent) 사람이었다. 바울은 조급하고, 열정적이고 대담하고 고결하고 독자적이고 타협할 줄 모르는 사람이었다. 요한은 다소 우울하고 내성적이고 점잖고 그리스도께 대한 사랑과 적그리스도에 대한 미움으로 불타오른 사람이었다. 베드로의 서신들은 따뜻한 감사와 위로로 가득한데, 이것은 깊은 겸손과 풍부한 경험에서 나온 결과이다. 바울의 서신들은 냉정한 사고와 논리적 주장으로 가득하지만, 때로는 숭고한 사랑의 시와 로마서 8장의 승리의 찬가에서 볼 수 있는 천상의 웅변을 발하기도 한다. 요한의 글은 단순하고 명쾌하고 심오하고 직관적이고 숭고하고 깊이가 무궁하다.

이 세 기둥 사도들의 개인 관계를 좀 더 알고 싶지만, 몇 가지 암시로 만족할 수밖에 없다. 이들은 다른 사역지에서 일했고 바삐 사느라 서로 대면한 경우는 거의 없었다. 시간이 너무 소중했고 맡은 사역이 너무 중대했던지라 서로 만나 우정을 나눌 여가가 없었다. 바울은 회심한지 3년 뒤인 주후 40년에 베드로와 교제의 악수를 나누기 위한 분명한 목적을 가지고 예루살렘에 가서 그와 함께 두 주간을 지냈다. 그곳에서 베드로 이외에는 다른 사도들을 만나지 못했고, 다만 주의 형제 야고보만 만났다(갈 1:18, 19).[4] 주후 50년에는 예루살렘 공의회에서 그 기둥 사도들을 만나 역할 분담과 할례 문제에 관해 평화로운 협약을 맺었다. 그 자리에서 기존의 사도들은 그와 바나바에게 형제애와 충성의 표로 "교제의 악수"를 하였다(행 15; 갈 2:1-10). 그러고서 얼마 뒤에 바울은 안디옥에서 베드로를 세 번째로 만났지만, 그리스도인의 자유와 유대인 및 이방인 회심자들의 연합이라는 중대한 문제를 놓고 공적인 자리에서 충돌했다(갈 2:11-21). 그 충돌은 아주 일시적인 것이긴 했지만 사도 시대에 잠복해 있던 동요와 소란을 들춰 낸 의미심장한 것으로서, 훗날 교회에서 일어날 적대와 화해를 예시해 주었다.

여러 해 뒤(주후 57) 바울은 선교 여행을 다니면서 결혼하여 아내를 데리고 다닐 권리에 관해 말하면서, 게바와 주의 형제들에 대해 마지막으로 언급한다(고전 9:5; 비교. 마 8:14). 베드로는 바울이 세운 교회들에게 보낸 자신의 첫 번째 서신에서 바울의 신앙 안에 있는 그들을 승인하고, 자신의 유언에 해당하는 두 번째 서신에서는 "사랑하는 형제 바울"의 서신들을 권하면서도 그의 서신들에는 "알기 어려운 것이 더러" 있다는 — 주석가라면 다 이 말이 사실이라고 시인할 것이다 — 독특한 언급을 덧붙인다(벧후 3:15, 16).[5]

전승에 따르면(전승마다 세부 내용은 상당히 다르다) 로마에 체류하던 유대 기독교와 이방 기독교의 주요 지도자들이 재판을 받고 사형 판결을 받았는데,

---

4) 이 문맥에서 '외에'(εἰ μή)라는 말은 야고보를 열둘이라는 수에서 배제하기보다 그가 넓은 의미에서 사도이자 사도적 위엄과 권위를 지닌 지도자였음을 암시한다. 비교. 눅 4:26, 27; 롬 14:14; 갈 2:16.

5) 이 절과 베드로의 특히 중요한 언급(1:20, "먼저 알 것은 경의 모든 예언은 사사로이 풀 것이 아니니")을 구실로 교황들은 평민의 성경 해석을 금하고 권위 있는 해석의 필요를 종종 주장했다. 위에 언급한 구절들은 구약의 예언들을 가리키는데, 그 예언들은 인간 정신의 산물이 아니라 성령으로 영감된 것이며(21절), 따라서 신적으로 영감된 것으로 이해하지 않고서는 제대로 이해할 수 없다.

로마 시민이었던 바울은 오스티아 가도(the Ostian road)가 지나는 트레 폰타네(Tre Fontane)에서 참수형을 당했고, 갈릴리 출신 사도인 베드로는 야니쿨룸 산(the hill of Janiculum)에서 수치스러운 십자가형을 당했다고 한다. 요한은 자신의 복음서, 특히 부록(요 21:15-23)에서 베드로를 자주 언급하지만 바울에 대해서는 언급하지 않는다. 요한도 바울을 만난 적이 있고 — 아마 예루살렘에서 한 번 만난 듯하다 — 그와 교제의 악수를 했고, 소아시아라는 비옥한 사역지에서 그의 사역을 이어받았고, 그가 세운 기초에 교회를 세웠다.

베드로는 사도 시대 기독교의 첫 단계에서 주된 인물로 활동하면서 자기 이름에 담긴 예언대로 유대인들과 이방인들 사이에 교회의 기초를 놓는 일을 완수했다. 둘째 단계에서는 바울의 왕성한 사역의 그늘에 가려지내지만, 사도 시대가 끝난 뒤에는 다시 교회의 기억 속에 가장 유력한 인물로 등장한다. 로마 가톨릭 교회는 그를 로마 교회의 특별한 수호성인이자 초대 교황으로 삼는다. 그의 이름은 항상 바울 앞에 온다. 대부분의 교회당들이 그의 이름으로 봉헌되었다. 금과 은도 없었고 죄수와 노예처럼 십자가에 달려 죽은 이 갈릴리의 가난한 어부의 이름으로, 삼중 면류관을 쓴 교황들이 왕들을 폐위했고, 제국을 뒤흔들었고, 지상과 연옥에 복과 저주를 내렸고, 심지어 지금도 가톨릭 세계의 기독교 교리와 권징에 관한 모든 문제들을 무오하게 해결할 권세를 주장한다.

바울은 사도 시대 교회 둘째 단계의 주된 활동가로서, 이방인의 사도요, 소아시아와 그리스의 기독교 설립자요, 유대교의 멍에에서 새 종교를 이끌어낸 해방자요, 개혁과 진보의 표준이었다. 그의 지배적인 영향력은 로마에서도 느껴졌고, 베드로보다 그에 관해서 더 많은 이야기를 하는 「클레멘스의 서신」(*Epistle of Clement*)에서 뚜렷이 나타난다. 그러나 그 직후부터는 바울은 거의 잊혀져 간신히 이름으로만 기억된다. 베드로와 함께 로마 교회 설립자로 평가를 받으면서도 2선으로 밀려난다. 그가 로마인들에게 보낸 편지를 오늘날까지도 로마인들은 거의 읽지도 않고 이해하지도 못한다. 그의 교회는 그 영원한 도성 성곽 밖에 자리잡고 있는 반면에 성 베드로 대성당은 이루 말할 수 없이 화려하게 장식되어 있다. 바울은 오로지 아프리카에서만 제대로 평가를 받았는데, 처음에는 조야하고 투박한 테르툴리아누스(Tertullian)에 의해서, 그 뒤에는 종교 체험에서 위와 비슷한 대조를 겪은 심오한 아우구스티누스(Augustine, 어거스틴)에 의해서 높은 평가를 받았다.

　　그러나 아우구스티누스가 가르친 바울의 죄와 은혜 교리는 동방 교회에는 아예 아무런 영향도 끼치지 못했고, 서방 교회에서도 사실상 펠라기우스의 경향에 잠식당했다. 오랜 세월 동안 바울이라는 이름은 지배 계층의 정통신앙과 성직위계제도 바깥에 밀려나 있던 반(反)가톨릭 이단들과 분파들이 전통주의와 의식주의(儀式主義)라는 새로운 멍에에 맞서서 저항할 때 함부로 사용했다. 그러나 16세기에 바울은 자신의 진정한 위상을 되찾고 복음적인 종교개혁에 원기를 불어넣었다. 그때부터 그의 갈라디아서와 로마서가 루터와 칼빈에 의해 재출간되고 그들의 힘있는 음성으로 설명되고 적용되었다. 그때부터 유대교의 편협하고 계율적인 속박으로 되돌아가려는 움직임에 맞섰던 그의 저항이 재개되었고, 그리스도인의 자유가 대대적으로 주창되었다. 교회사에서 아우구스티누스를 제외한다면 한때 옹색한 수사(修士)였다가 자유의 선지자가 된 마르틴 루터만큼 그 이방인의 사도의 가르침과 사역에 애착을 보인 사람은 없었고, 루터에 힘입어 그 뒤로는 바울의 천재성이 프로테스탄트 교회의 신학과 신앙을 지배해 왔다. 그리스도의 복음이 예루살렘에서 쫓겨나 이방인들에게 복을 끼치게 되었던 것처럼, 바울의 로마서도 로마에서 쫓겨나 멀리 북쪽과 서쪽 끝에 있는 프로테스탄트 민족들을 깨우치고 해방시켰다.

　　요한은 예수님의 가장 친근한 제자요, 사랑의 사도요, 뒤로는 세상의 기초로 거슬러 올라가 보고 앞으로는 세상 만물의 종말을 내다본 예언자요, 주의 재림을 기다리는 사도로서, 유대 기독교와 이방 기독교 사이의 논쟁에서 한 발짝 물러나 있었다. 사도행전과 갈라디아서에서는 기둥 사도들 중 한 명으로 두드러지게 나타나지만, 그가 한 말은 한 마디도 전해지지 않는다. 그는 자기가 나서서 일할 때를 신비스러운 침묵과 점잖은 저력으로 기다리고 있었다. 그때는 베드로와 바울이 제 사명을 완수한 뒤에야 비로소 찾아왔다. 그들이 떠난 뒤 요한은 그동안 깊이 감추어온 재능을 그의 경이로운 저작들을 통해서 드러냈다. 사도 시대 교회의 마지막이자 최고봉에 해당하는 저작들이었다. 요한은 그 깊이를 충분히 평가받은 적이 없지만, 그가 주님을 가장 잘 이해하고 묘사했으며, 여전히 갈등의 시대에 종언을 고하고 조화와 평화의 시대를 선도할 수 있다는 것이 모든 시대의 교회들이 한결같이 느껴온 바이다. 바울이 전투의 교회의 영웅적인 지휘관이었다면, 요한은 승리의 교회를 예고하는 신비로운 선지자이다.

　　사도 시대와 차후의 모든 시대를 통틀어 그들을 훨씬 초월한 높은 곳에는 크신 주님 한 분이 계신다. 베드로와 바울과 요한은 그분에게서 영감을 얻었고, 그분께 숭엄한 자태로 경배했으며, 살 때나 죽을 때나 오직 그분만 섬기고 영화롭게 했으며, 저작들을 통해서 지금도 그분을 완전한 하나님의 형상으로, 죄와 사망에서 해방시키신 구주로, 영생을 주시는 분으로, 상충되는 신조들과 학설들의 신적 조정자로, 기독교 신앙의 알파와 오메가로 묘사한다.

22. 사도 시대 역사의 비평적 재구성

"복음은 충분히 들었다. 내게 결핍된 것은 다만 믿음이다." — 괴테

기독교 역사에서 현 세대만큼 전혀 상반된 관점으로 기독교의 기원과 그 원문헌들을 철저히 검토한 적은 없었다. 이 작업에는 많은 수의 유능한 학자들과 비평가들의 시간과 정력이 소모되었다. "온 세상의 지혜가 담긴" 그 작은 책의 중요성과 위력이 그만큼 크기에 매번 새로이 연구하지 않으면 안 되고, 믿는 자든 믿지 않는 자든 마치 그들의 목숨 자체가 그것을 받아들이느냐 배척하느냐에 달려 있는 것처럼 진지하게 생각하게 만든다. 철저히 연구되지 않은 사실이나 교리는 없다. 그리스도의 전생애와 사도들의 사역과 저작, 그리고 그것과 아울러 그들의 경향, 반목, 화해가 학자들 사이에서 이론적으로 재구성되고, 가능한 모든 측면에서 평가된다. 속사도 시대는 사도 시대와의 필연적인 관계에 의해서 연구되고 새롭게 조명되어 왔다.

교부들 가운데 위대한 성경 학자들은 주로 성경에서 보편적인 구원 교리와 거룩한 생활을 위한 교훈을 이끌어 내는 데 관심을 기울였다. 종교개혁자들과 옛 프로테스탄트 성직자들은 로마 교회와는 사뭇 다른 복음적 교의에 대한 특별한 열정을 가지고 성경을 새롭게 연구했다. 그러나 그들 모두가 성경의 신적 영감과 권위에 대한 경건한 믿음이라는 공동의 토대 위에 서 있었다. 현세대는 현저히 역사적이고 비평적이다. 성경이 고대의 여느 문헌과 다름없이 오로지 실제 사실들을 확인하려는 목적으로 조사와 분석의 대상이 된다. 기독교의 정확한 기원과 점진적 발전과 최종 완성을 당대의 사건들 및 사조들과 유기적으로 연관된 하나의 역사 현상으로 알고 싶어한다. 베들레헴의 구유에서부터 골고다 십자가에 이르는, 예루살렘의 다락방에서부터 가이사의 권좌에 이르는 전과정이 정규 역사 발전 법칙에 따라 재현되고 설명되고 이해되어야 한다고 고집한다. 그리고 이 비평적 과정에서 기독교 신앙의 토대 자체가 공격과 훼손을 당해 왔고, 그 결과 이제는 "사느냐 죽느냐" 하는 것이 문제가 되었다. 다음과 같은 괴테(Goethe)의 언급은 사실이면서도 깊은 의미를 담고 있다: "신앙과 불신앙의 투쟁이 세계와 인류 역사의 본격적이고 유일하고 가장 깊은 주제로 남아 있고, 다른 주제들은 다 이 주제에 걸려 있다."

현대 비평 운동은 1830년경에 시작했다고 볼 수 있고, 지금도 왕성히 진행되고 있으며, 마치 사도 시대 교회가 그 자원을 발전시키는 데 70년의 기간을 들였듯이 19세기 말까지 지속될 것 같다. 이 운동은 처음에는 독일에 한정되어 있다가(Strauss, Baur, 튀빙겐 학파), 프랑스(Renan)와 네덜란드(Scholten, Kuenen)로 건너갔고, 마지막으로 영국("Supernatural Religion")과 미국으로 옮겨가 이제는 프로테스탄트권 전역에 전선이 형성되어 있다.

성경 비평에는 문서 비평(verbal criticism)과 역사 비평(historical criticism)이 있다.

본문 비평(textual criticism)

문서 비평 혹은 본문 비평은 가장 오래되고 가장 믿을 만한 자료들, 이를테면 언셜체 사본들(특히 바티칸 사본과 시내 사본), 니케아 이전의 역본들, 교부들의 인용들을 근거로 헬라어 성경의 원문을 될 수 있는 대로 원상으로 복원하는 데 목적을 둔다. 이 점에서 우리 세대는 고대 사본들의 지극히 중요한 발견들에 힘입어 매우 괄목할 만한 성공을 거두어 왔다. 정확한 이론의 길을 개척한 라흐만(Lachmann, *Novum Testament*, Gr., 1831, large Graeco-Latin edition, 1842-50, 2 vols.), 티셴도르프(Tischendorf, 8th critical ed., 1869-72, 2 vols.), 트레겔레스(Tregelles, 1857, 완간 1879), 웨스트코트(Westcott)와 호르트(Hort)(1881, 2 vols.)의 귀중한 노력에 힘입어 지금 우리는 비교적 최근의 것으로서 손을 많이 탄 에라스무스(Erasmus)와 그의 동료들(Stephens, Beza, 그리고 엘제비어가〈家. the Elzevirs〉)의 「공인 본문」(*textus receptus*) — 널리 쓰인 모든 프로테스탄트 역본들의 기초 역할을 한 본문 — 대신에 훨씬 오래되고 제 모습을 많이 간직한, 따라서 모든 개정 역본들의 기초로 삼아야 할 본문을 가지게 되었다.

전통 학파와 진보 학파간의 치열한 투쟁이 끝난 뒤인 지금은 성서학이라는 이 기본적 분과의 비평가들 사이에 상당한 정도의 공감대가 형성되어 있다. 새 본문이 사실은 더 오래된 본문이고, 개혁자들이 이 경우에는 원상 복구자들이다. 그로써 생긴 결과들은 모든 자료들에서 15만 개의 구절들이 점진적으로 수집되어 왔음에도 불구하고 신약성경에 대한 믿음을 뒤흔들기는커녕 본문의 본질적 정직성을 확증했다. 19세기의 대표적인 본문 비평가들이 비록 기계적 혹은 마술적 영감설 — 변호할 수도 없고 변호할 가치도 없는 — 을 믿지는 않았으나 어느 특정인의 영감설보다 훨씬 더 튼튼한 기초에 서 있는 정경 저작들의 신적 기원과 권위는 믿었다는 것은 눈여겨볼 만한 사실이다.

역사 비평(historical criticism)

역사적 혹은 내적 비평(독일인들은 이것을 "고등비평"〈höhere Kritik〉이라 부른다)은 신약성경 저작들의 기원과 정신과 목표, 그 역사적 환경, 그리고 2세기 보편 교회로 하여금 박해를 견디고서 당당히 일어서게 했던 위대한 지적·종교적 과정에서 신약성경이 차지한 유기적 지위를 다룬다. 역사 비평은 베를린에 거점을 둔 네안더 박사(Dr. Neander. d. 1850)와 튀빙겐에 거점을 둔 바우어 박사(Dr. Baur. d. 1860)를 두 축으로 삼는 아주 독특한 형태를 띠었다. 이 두 사람은 서로를 존경했으나 한 번도 직접 대면한 적도 없이 교회사라는 광산에 깊이 틀어박힌 채 일했다. 네안더와 바우어는 재능과 학식, 정직성과 근면성이 비슷한 거장들이었지만, 정신은 사뭇 달랐다. 이 두 사람은 역사 연구에 강한 자극을 일으켰고, 초대 기독교의 역사비평적 재구성 작업을 이행하는 학생들과 독자적 추종자들의 긴 계보를 남겼다. 프랑스와 네덜란드와 영국에서도 그 두 사람의 영향력이 감지된다.

네안더는 1832년에 *Apostolic Age*, 1837년에 *Life of Jesus*(슈트라우스를 논박한 책)를 펴냈다(그의 *General Church History* 첫권은 이미 1825년에 나왔고, 1842년에 개정되었다). 바우어는 1831년에 *Corinthian Parties*라는 논문을, 1844년과 1847년에 정경 복음서들에 대한 비평적 연구 논문들을, 그리고 1845년에 *Paul*(second ed. by Zeller, 1867)을, 1853년에 *Church History of the First Three Centuries*(revised 1860)를 펴냈다. 그의 학생 슈트라우스는 스승을 앞질러 *Leben Jesu*(1835)를 펴냈는데, 이 책은 위에 언급한 어느 책보다 큰 반향을 일으켰다.

이 책의 인기를 능가한 책은 거의 30년 뒤에 출판된 르낭의 *Vie de Jésus*(1863)뿐이었다. 르낭은 자신의 독특한 학문성과 탁월한 재능을 가지고 슈트라우스와 바우어의 학설을 프랑스인들이 쉽게 이해하도록 소개했고, *Supernatural Religion*의 저자는 튀빙겐 학파와 라이덴 학파의 학설들을 영국에 그대로 소개했다.

반면에 보수적 비평학을 이끈 주교 라이트푸트(Bishop Lightfoot)는 최근의 어느 신학자보다 독일의 네안더에게서 많은 것을 배웠노라고 공언했다(*Contemp. Review*, 1875년호, p. 866). 매슈 아널드(Matthew Arnold)는 이렇게 말한다(*Literature and Dogma*, Preface, p. xix): "모든 학문 분야가 그렇지만 특히 신학과 성서학 분야에서는 사료들, 자료를 얻기 위해서 다들 독일로 간다. 독일은 사료들을 조사하여 전시하는 훌륭한 자세를 견지해 왔다. 사료들에 대한 지식 없이는 어떤 것도 공정하거나 명쾌하게 연구할 수 없다. 이 점을 너무 경직되게 경시해서는 안 된다." 그러나 그는 독일 학자들에게 "인식의 기민함과 정교함"이 결여되어 있다고 주장했다. 사료들에서 올바른 결론을 끌어내려면 학문과 인식 이상의 것이 필요한데, 그것은 건실한 상식과 균형잡힌 판단력이다. 그리고 신성하고 초자연적인 사실들을 다룰 때는 무엇보다도 경외심과 초자연적인 것들의 기관(器官)인 믿음이 필요하다. 바로 이 점에서 민족의 차이와 상관없이 두 학파가 갈라진다. 믿음은 민족의 은사가 아니라 개인의 은사이기 때문이다.

두 대립 학파

사도 시대 역사에 관하여 네안더와 바우어가 소개한 두 학설은 원칙과 목표가 크게 대립되고, 오직 정직한 진리 추구라는 도덕적 띠에 의해서만 결합된다. 전자는 보수적이고 재건적인 반면에, 후자는 급진적이고 파괴적이다. 전자는 정경 복음서들과 사도행전을 그리스도의 생애와 사도들의 사역에 관한 정직하고 진실하고 신뢰할 만한 회고록으로 받아들이는 반면에, 후자는 그 내용의 상당 부분을 속사도 시대의 비역사적 신화나 전설로 간주하여 배척하면서도 불공평하게도 제2세기의 조야한 이교적 기담(奇談)들은 인정한다. 전자는 정통 교회가 견지한 진리와 이단 분파들이 주장한 오류 사이에 뚜렷한 구분선을 긋는 반면에, 후자는 그 구분선을 지우고서 이단설을 사도적 교회의 진영에 포함시킨다.

전자(네안더)는 하나님과 그리스도에 대한 신앙, 따라서 충분한 증거가 있을 경우 초자연적이고 기적적인 것들을 믿는 신앙을 토대로 진행하는 반면에, 후자

(바우어)는 초자연적이고 기적적인 것들을 철학적 불가능으로 간주하고 불신하는 데서 진행하며, 복음 역사와 사도들의 역사를 일반 역사와 마찬가지로 순전히 자연적인 요인들을 가지고 설명하려고 한다. 전자는 신약성경에 대해서 도덕적이고 영적이며 지적인 관심을 갖고 있는 반면에, 후자는 순전히 지적이고 비평적인 관심만 갖고 있다.

전자는 마음과 양심으로 신적 진리를 주관적으로 체험하는 태도로 역사 연구에 임하고, 기독교가 죄와 오류에서 구원하는 능력임을 알고 느끼는 반면에, 후자는 기독교가 마침내 이성과 철학의 정상으로 이어지는 많은 종교들 가운데 가장 우수한 종교 쯤으로 본다. 그 논쟁은 '역사 안에서 일하시는 하나님'이 계신가 하는 질문에 달려 있다. 마치 자연과학계에서의 논쟁이 자연에 신이 존재하는가 존재하지 않는가 하는 질문에 달려 있듯이 말이다. 역사와 자연에 편재하시는 전능하고 인격적인 하나님께 대한 신앙은 초자연적 기적적 계시의 가능성을 내포한다.

선입견(Voraussetzungslosigkeit)으로부터의 완전한 자유(슈트라우스가 주장하는)는 절대 불가능하다. "아무것도 무로부터 만들어지지 않는다"(ex nihilo nihil fit)이다. 그 논쟁의 긍정적인 면이든 부정적인 면이든 다 선입견을 갖고 있으며, 역사 자체가 그 둘 가운데서 어느 하나를 결정해야 한다. 사실(史實)이 철학을 주관해야지, 철학이 사실을 주관해서는 안 된다. 그리스도의 생애와 사도 시대 교회는 그분들이 주장하는 초자연적 요소를 인정함으로써만 심리학적으로나 역사적으로 설명할 수 있는 반면에, 여타의 모든 설명은 문제를 어렵게만 만들고 초자연적 기적을 부자연스런 기적으로 만들 뿐임을 입증할 수 있다면, 역사가가 우위를 점해온 것이고, 철학자는 자신의 이론을 역사에 맞춰야 한다. 역사가의 의무는 사실들을 만들어내는 게 아니라 발견하는 것이고, 그런 다음 사실들을 넉넉히 포괄할 만한 이론을 세우는 것이다.

사도 시대 교회에 존재했다고 하는 대립

튀빙겐 학파의 학설은 베드로가 대표한 유대 혹은 초대 기독교와, 바울이 대표한 이방 기독교 혹은 진보적 기독교 사이에 근본적인 대립이 있었다는 가정에서 출발하며, 신약성경의 모든 저작들을 경향 저작들(Tendenzschriften)로 본다. 신약성경 저작들이 애초의 순수한 역사를 전해 주지 않고, 어느 한 집단의 교리적 실천적 목표나 두 집단의 절충적 목표에 맞춰 각색된 역사를 전해 준다는 것이다. 갈라디아서, 로마서, 고린도전후서 — 튀빙겐 학파는 이 서신들을 틀림없는 바울의 저작들로 본다 — 는 바울 자신을 당연히 주요 설립자로 간주해야 하는 반(反)유대적이고 보편적인 기독교를 나타낸다고 한다. 계시록은 주후 69년에 사도 요한이 쓴 것으로서, 할례자들의 "기둥" 사도들 가운데 한 사람이라는 그의 지위에 걸맞게 본래의 배타적인 유대 기독교를 나타내며, 원 사도들의 이름이 붙은 저작들 가운데 신빙성 있는 것은 이것뿐이라고 한다.

바우어(*Gesch. der christl. Kirche*, I., 80 이하)와 르낭(*St. Paul*, ch. x.)은 틀림없는 요한의 글인 이 저작이 바울을 사도 목록에서 제외시키고(계 21:14. 이 구절은 열두 사도 이외에는 더 이상의 여지를 주지 않는다), 간접적으로 바울을 "자칭[거짓] 유대인"(계 2:9; 3:9), "자칭[거짓] 사도"(2:2), "자칭[거짓] 선지자"(2:20), "발람"(2:2, 6, 14, 15; 비교. 유 11; 벤후 2:15)으로 비판한다고 보는 데까지 나간다. 마치 클레멘스 설교들이 대이단 마술사 시몬(Simon the Magician)의 이름하에 바울을 비판했듯이 말이다. 르낭은 야고보의 동생 유다의 서신을 해석하기를, 야고보가 바울에 맞서서 결성한 선교회가 예루살렘에서 공포한 바울에 대한 비판서였다고 한다. 르낭은 이 서신이 바울의 사역을 거의 파멸시켰다고 한다.

튀빙겐 학파의 주장에 따르면, 나머지 신약성경 저작들은 속사도 시대의 산물로서, 2, 3세기의 정통 교회의 결성으로 귀결된 통합 운동의 다양한 면들을 드러낸다고 한다. 사도행전에 대해서는, 베드로에게서 배타적인 성격을 벗겨내고 바울에게 배타적이고 유대적인 색채를 입혀서 둘 사이의 차이를 감추는 방식으로 유대 기독교와 이방 기독교를 조화시키는, 가톨릭 교회의 화해 문서라고 한다. 그리고 사도행전이 비록 누가의 전편에 기초한 것 같긴 하지만, 현재의 모습을 갖춘 것은 1세기가 끝난 뒤의 일이라고 한다. 정경 복음서들도 비록 이전의 어느 기록에 입각해서 썼든간에 사도 시대 이후의 저작이고, 따라서 역사 기록으로서는 신빙성이 없다고 한다. 요한복음은 대단한 종교적 천재성을 지닌 익명의 영지주의자 또는 신비주의자의 순전한 관념적 저작으로서, 그는 마치 플라톤이 「대화」(*Dialogues*)에서 소크라테스를 자유롭게 다루었듯이 역사적 예수를 다루었고, 능란한 문필력으로 하드리아누스 시대에 — 주후 130년 이전은 틀림없이 아님 — 이 연합 과정을 마쳤다고 한다. 바우어는 그 시기를 170년으로 늦춰 잡

고, 힐겐펠트(Hilgenfeld)는 140년으로 잡으며, 카임(Keim)은 130년, 르낭은 하드
리아누스 시대로 잡는다.

이처럼 튀빙겐 학파는 신약성경 전체가 사도 시대와 속사도 시대의 논쟁서들
과 화해를 추구하는 글들의 모음으로서, 한 세기를 두고 보완되었다고 한다. 따
라서 우리가 갖고 있는 신약성경은 그 시대를 그대로 반영한 믿을 만한 역사라
기보다 일련의 지적 운동들과 문학적 허구들인 셈이다. 신적 계시가 주관적 환
상과 망상에 자리를 내주고, 영감(靈感)이 발전으로 대체되며, 진리가 진리와 오
류의 혼합으로 대체된다. 사도 시대 저작이, 많은 논쟁을 일으킨 뒤 니케아 정통
신앙으로 귀결된 니케아 시대의 저작과, 혹은 프로테스탄트 교의 체계 성립으로
이어진 종교개혁 시대의 저작과 동렬에 놓인다.

역사는 자체를 반복하는 법이 없지만, 그럼에도 불구하고 늘 변하는 형태 속
에서 동일한 법칙들과 경향들이 반복해서 등장한다. 현대에 등장한 이 비평은 2
세기의 이단 학파들이 주장한 견해들을 놀라우리 만큼 되살린 것이다. 위(僞)클
레멘스 설교집을 쓴 에비온주의자와 영지주의자 마르키온(Marcion)은 튀빙겐
학파와 마찬가지로 유대 기독교와 이방 기독교간의 철저한 반목을 주장했다. 다
만 에비온주의자가 바울을 대이단이자 베드로의 명예 훼손자로 여겨 배척한 반
면에, 마르키온(140년경)은 바울을 유일하게 참된 사도로 간주하고 기존의 사도
들에 대해서는 기독교를 유대교로 왜곡시킨 자들로 간주했다. 따라서 마르키온
은 구약성경 전체를 배척하고 신약성경에서도 유대교의 색채가 있다고 판단되
는 책들을 배제한 다음, 일부를 잘라낸 누가복음과 바울 서신 10편(목회서신과
히브리서를 배제한)만을 정경으로 간주했다. 현대 비평학의 눈에는 이 조야한
이단들이 차라리 사도행전 저자보다 더 사도 시대를 잘 진술한 역사가들로 비친
다.

대단히 파괴적인 경향을 띠었던 영지주의 이단은 고대 교회에 일종의 추진력
을 주는 역할을 했고, 교부 신학에 그 영향을 남겼다. 마찬가지로 이 현대 영지
주의도 과거의 편견들을 몰아내고, 새로운 사고의 길들을 닦고, 제1세기의 엄청
난 격동을 환히 비추고, 연구를 자극하고, 기독교와 교회의 기원사를 철저히 학
문적으로 재구성하도록 몰아감으로써 성경적·역사적 학문에 크게 봉사한 점을
인정해야 한다. 그 결과는 지식이 우리 믿음을 약하게 만들지 않고 강하게 만드
는 쪽으로 더 깊어지고 풍성해질 것이다.

반응

이 고등 비평의 학자들간에는 상당한 차이가 있어서, 바우어의 학생들 가운데 더러(예를 들면, 슈트라우스와 폴크마르〈Volkmar〉)는 바우어의 견해를 훨씬 넘어선 반면에, 더러는 전통적 견해에 양보했다. 가장 중대한 변화는 바울의 회심 문제를 놓고 바우어 자신에게서 발생했는데, 그는 결국 죽기 직전(1860)에 바울의 회심이 기적에 가까운, 해답을 찾을 수 없는 심리학적 문제라고 고백했다. 리츨(Ritschl), 홀츠만(Holtzmann), 립시우스(Lipsius), 플라이더러(Pfleiderer), 그리고 특히 로이스(Reuss), 바이체커(Weizsäcker), 카임(Keim)(이들은 가장 진보적인 비평가들로서 정통신앙의 편견들로부터 자유로운 자들이다)은 튀빙겐 학파의 극단적 견해들 중 많은 부분을 수정하고 바로잡았다. 심지어 힐겐펠트(Hilgenfeld)는 '진보신학'(Fortschrittstheologie)을 열렬히 옹호하고 '역행신학'(Rückschrittstheologie)을 배척하면서도, 바울 서신 네 권보다 일곱 권을 정본으로 인정하고, 공관복음서들과 히브리서의 저작 연대를 일찍 잡으며(그는 히브리서가 주후 70년 이전에 아볼로가 쓴 것이라고 추정한다), "바우어의 비평은 중용의 한계를 넘어서서 교회의 신앙에 너무 중대한 상처를 입혔다"(*Hist. Krit. Einleitung in das N. T.* 1875, p. 197)고 말한다.

르낭은 아홉 권의 바울 서신 및 사도행전의 신빙성, 그리고 심지어 요한복음의 해설 부분들까지도 인정하는 반면에, 강론 부분들은 과장되고 부풀리고 형이상학적이고 모호하고 지루하다 하여 배척한다! (다음 책에 실린 이 주제에 관한 그의 마지막 주장을 참조하라: *L'église chretienne*, ch. IV. pp. 45 이하.) 매슈 아널드(Matthew Arnold)와 그 밖의 비평가들은 그 주장과는 정반대로 강론 부분들을 "천상의 영광"(himmelische Herrlichkeiten. Keim이 제4복음서만큼은 배척할 때 사용한 표현)으로 가득 찬, 모든 인간 저작 중 최고의 저작으로 받아들인다.

쉔켈(Schenkel. *Christusbild der Apostel*, 1879)은 베드로주의와 바울주의간의 반목을 상당히 완화시키며, 자기가 연구하는 동안 느낀 점을 다음과 같이 토로한다(Preface, p. xi): "사도행전이 현대 비평학계에서 공통되게 취급되는 것보다 더 믿을 만한 정보 자료란 점과, 잘 알려진 우리-자료(Wirquelle)가 제외된 신빙성 있는 옛 문서들이 그 안에 담겨 있다는 점과, 그것을 기록한 바울주의자가 사실들을 의도적으로 왜곡하지 않고 다만 그가 집필을 하던 시대와 상황들에서 대두된 것들의 견지에서 그것을 기록했다는 점을 인정하지 않으면 안 된다는 확신을 갖게 되었다. 내 견해로는 그가 독자들을 호도하기 위해서 바울화한 베드로나 베드로화한 바울을 인위적으로 무대에 등장시켰다기보다는, 자신의 불충분한 정보에 기초하여 실제로 자기가 두 사도에 관해서 생각하고 있던 대로 묘사했던 것 같다."

카임도 자신의 마지막 저서(*Aus dem Urchristenthum*, 1878. 그가 죽기 전 해)에서 비슷한 결론을 내렸고, 바우어, 슈베글러(Schwegler), 첼러(Zeller)와는 다르면서도 자유주의 비평학과는 동일한 견지에서 후대의 삽입을 인정하면서, 사도들의 집담회와 예루살렘 종교회의에 관한 한 사도행전과 갈라디아서가 사실상 일치한다는 것을 입증한다(비평적 논문 *Apostelkonvent*, pp. 64-89). 에발트(Ewald)는 언제나 자신의 독자 노선을 견지하면서 바우어처럼 대담하고 인위적인 비평을 가했지만, 사도행전과 요한복음에 관해서는 바우어를 격렬히 비판하고 그 신빙성을 옹호했다.

이 독일 학자들의 주장에 매슈 아널드의 증거를 덧붙일 수 있다. 그는 광교회 성직자들과 비평가들 가운데 대단히 과감하고 폭넓은 사람으로서, 바우어를 존경하면서도 그를 가리켜 "불안한 안내자"라고 했으며, 바울과 기둥 사도들이 철저히 반목했다는 바우어의 가정에 대해서 바울이 널리 알려진 위대한 신앙인이었고 기둥 사도들이 예수님의 성품을 닮았다는 것과 전혀 모순된 가정이라고 논박한다(*God and the Bible*, 1875, Preface, vii-xii).

오늘날 이 열띤 논쟁의 가장 뜨거운 쟁점인 제4복음서에 대해서 매슈 아널드는 이 복음서를 믿는 자의 시각과 믿지 않는 자의 시각에서 살펴본 뒤에 이 복음서가 "공상류가 아니라 전승과 '주님의 어록'에서 얻은 내용들로 가득한 진지하고도 대단히 값진 문서"(p. 370)이며, "가장 자유로운 비평을 공정하고 엄격히 적용한 뒤에도 제4복음서의 가장 심오하고 가장 중요하고 가장 아름다운 내용을 이루는 권위있는 부분들이 남는다"(p. 372 이하)는 결론을 내린다.

긍정적인 학파

파괴적인 비평 학계에는 분열의 조짐들이 있는데 반해, 신약성경 저작들의 역사적 진실성과 원본성은 네안더, 울만(Ullmann), 슈미트(C. F. Schmid. 튀빙겐 대학교 바우어의 동료 교수), 로테(Rothe), 도르너(Dorner), 에브라르드(Ebrard),

레클러(Lechler), 랑게(Lange), 티르쉬(Thiersch), 비젤러(Wieseler), 호프만(Hofmann of Erlangen), 루타르트(Luthardt), 크리스틀리프(Christlieb), 베이쉴라크(Beyschlag), 울호른(Uhlhorn), 바이스(Weiss), 고데(Godet), 프레상세(Edm. de Pressensé) 등 서로 다른 관점을 가진 역량 있는 학자들에게 변호를 받았다.

영국과 미국의 학자들도 라이트푸트, 플럼트리(Plumptre), 웨스트코트(Westcott), 샌데이(Sanday), 파러(Farrar), 피셔(G. P. Fisher), 에즈라 애보트(Ezra Abbot, *Authorship of the Fourth Gospel*, 1880) 같은 학자들이 제기한 질문들을 놓고 당당하고 자신있게 씨름하기 시작했다. 영국과 미국의 신학은 대륙의 초비평적 사색에 의해 광범위하게 혼탁해질 것 같지 않다. 그만큼 교회의 적극적인 삶과 그리스도인들의 확신과 애정에 뿌리를 굳게 박고 있기 때문이다. 독일과 프랑스 학계는 아테네 사람들처럼 항상 새로운 것을 말하고 듣는 데 치중하는 반면에, 영미 학계는 새것이든 옛것이든 참된 것에 더욱 관심을 기울인다. 그리고 궁극적으로는 진리가 승리할 것이다.

사도 바울이 증거하는 역사적 기독교

다행하게도 현대 비평학의 가장 가혹한 학파조차 기독교의 진실성을 주장할 때 근거로 삼을 수 있는 고정된 지레받침을 남겨 놓는다. 그것은 다름 아닌 네 권의 바울 서신 곧 갈라디아서, 로마서, 고린도전후서로서, 이 책들은 의심의 여지 없는 원본으로 인정되며 신약성경 다른 부분들을 공격할 때 아르키메데스 기점으로 쓰인다. 따라서 여기서는 이 책들만 가지고 논하기로 한다. 이 책들은 교리적으로 뿐 아니라 역사적으로도 대단히 중요하다. 첫 세대 그리스도인들의 모습을 보여주는 이 책들은 54년부터 58년 사이에, 즉 십자가 사건이 있은 지 4분의 1세기만에, 따라서 원 사도들과 그리스도의 생애를 목도한 대다수 증인들이 아직 생존해 있던 때에 집필되었다. 저자 자신이 그리스도와 동시대 사람이었다. 그는 기독교의 입장에서 큰 사건들이 발생하던 때에 예루살렘에서 살았다. 산헤드린과 그리스도의 살해자들과 친했다. 우호적인 편견에 눈 멀지 않고 오히려 가혹한 박해자였으며, 박해를 정당화할 동기를 투철하게 갖고 있었다. 그러나 급격히 회심한 뒤에는(주후 37) 원 제자들과 손을 잡았고 그들의 경험을 직접 그들에게서 들을 수 있었다(갈 1:18; 2:1-11).

사도들 가운데 가장 학문이 깊었던 그의 이 공인된 문서들에서 우리는 초대 기독교가 겪었던 대사건들과 그 진실성을 뒷받침하는 가장 뚜렷한 증거를 얻으며, 오늘날 회의주의가 던지는 주요 반론들과 난제들에 만족할 만한 대답을 얻는다.

이 책들은 다음 사항들을 입증한다.

1. 그리스도의 생애에서 대표적인 사실들, 그리스도의 신적 사명, 여자에게서 나심, 다윗 왕가 출신, 거룩한 생애와 본, 배반당하심, 수난, 세상의 죄를 구속하기 위한 죽음, 제삼일의 부활, 제자들에게 거듭 나타나심, 승천과 하나님 우편으로의 승귀(昇貴), 거기서 인류를 심판하러 재림하실 일, 그리스도를 메시야, 주(主), 죄를 속하신 구주, 영원하신 하나님의 아들로 경배한 일, 열두 제자 선택, 세례와 주의 만찬 제정, 성령의 선교, 교회 설립. 바울은 이 사실들, 그중에서도 특히 십자가와 부활을 자주 인용하는데, 자세한 이야기로 인용하지 않고 구전(口傳) 설교와 교훈으로 이미 세부 내용을 잘 알고 있는 사람들을 대상으로 한 교리 해설과 권면과 관련하여 인용한다. 참조. 갈 3:13; 4:4-6; 6:14; 롬 1:3; 4:24, 25; 5:8-21; 6:3-10; 8:3, 11, 26, 39; 9:5; 10:6, 7; 14:15; 15:3; 고전 1:23; 2:2, 12; 5:7; 6:14; 10:16; 11:23-26; 15:3-8, 45-49; 고후 5:21.

2. 승천하신 구주께서 하늘에서 친히 그에게 나타나심으로써 바울 자신이 회심하고 사도로 부르심을 받은 일. 갈 1:1, 15, 16; 고전 9:1; 15:8.

3. 기독교 교회의 기원과, 예루살렘에서부터 안디옥과 로마에 이르는 로마 제국 전역에서, 유대에서, 시리아에서, 소아시아에서, 마게도냐와 아가야에서 급속히 전파된 일. 그는 로마 교회의 믿음이 "온 세상에" 알려졌고, "각처에" 예수를 주로 경배하는 자들이 있다고 말한다. 이 작은 교회들이 서로 살아있고 활발한 교제를 나누었고, 비록 각기 다른 교사들에 의해 세워졌고 견해와 관습 차이로 소란한 일도 있었지만, 같은 주님을 예배했고 하나의 신자 공동체를 형성했다. 갈 1:2, 22; 2:1, 11; 롬 1:8; 10:18; 16:26; 고전 1:12; 8:1; 16:19 등.

4. 당시에 교회에 있었던 기적의 능력. 바울 자신이 사도로서 표적과 권능을 행했다. 롬 15:18, 19; 고전 2:4; 9:2; 고후 12:12. 그러나 그는 외적이고 감각적인 기적들을 그다지 강조하지 않고, 오히려 썩을 대로 썩은 사회에서 죄인들을 거듭나게 하고 거룩케 하는 데 발휘되는 성령의 권능을 끊임없이 증시하는 일과 내면의 도덕적 기적을 더 많이 언급한다. 고전 12-14장; 6:9-11; 갈 5:16-26; 롬 6-8장.

5. 이 어린 교회들에서 아주 진지한 논쟁이 일어난 일. 이 논쟁은 그들의 신앙이 걸려 있는 큰 사실들에 관한 것이 아니라, 그런 큰 사실로부터 추론한 교리와 의식상의 문제, 특히 할례와 모세 율법을 계속 지켜야 하는가 하는 문제와 바울의 사도권 문제에 관한 것이었다. 유대화주의자들은 원 사도들의 우월성을 주장하면서, 바울에 대해서는 조상들의 경건한 신앙에서 급격히 이탈한 자로 비판했다. 반면에 바울은 그들의 비판에 맞서서, 만약 의(義)가 율법으로 말미암으면 그리스도의 대속의 죽음과 부활이 무익하고 쓸데없게 된다고 주장했다. 갈 2:21; 5:2-4.

6. 바울과 원 사도들이 관점과 사역지의 차이에도 불구하고 교리와 신앙에서는 본질적으로 일치했던 점. 회의주의 학파가 보루로 삼는 갈라디아서 2:1-10의 증거는 그것과 전혀 상반된다. 그러나 바울은 주후 50년 예루살렘 회의에서 할례자들의 "기둥" 사도들인 야고보와 베드로와 요한이 지난 14년간 자기가 전파한 복음을 승인했다는 것과, 그들이 자기에게 새로운 교훈과 새로운 규례와 어떠한 짐도 지우지 않았고, 오히려 자기와 이방인에 대한 자신의 특별한 사명에서 하나님의 은혜를 발견하고 인정했으며, 자기와 바나바에게 형제애와 충성의 증표로 "교제의 악수"를 했다는 것을 분명하게 진술한다. 그는 사도들과 거짓 형제들을 분명하고도 엄격하게 구분한다: "이는 가만히 들어온 거짓 형제 까닭이라. 저희가 가만히 들어온 것은 그리스도 예수 안에서 우리의 가진 자유를 엿보고 우리를 종으로 삼고자 함이로되 우리가 일시라도 복종치 아니하였으니"(갈 2:4). 그가 유대인 사도들에게 사용하는 가장 어려운 표현은 존경의 뜻이 담긴 별명으로서, 그는 그들을 가리켜 교회의 "기둥", "저 유명한 이들"이라고 한다(갈 2:6, 9). 반면에 자신에 대해서는 하나님의 교회를 박해한 자였으므로 "사도 중에 지극히 작은 자"로 여겼다(고전 15:9).

바울의 이 말은 요한이 생시에 형제로 인정했던 바울에 대해서 그가 죽은 뒤에는 계시록에서 거짓 사도요 사탄의 회의 우두머리라고 비난을 하는 모순된 행동과 식언을 했다는 주장(바우어, 슈베글러, 첼러, 르낭)을 불가능하고 불합리한 일로 만들어 버린다. 그런 무모하고 괴팍한 주장은 바울이나 요한을 거짓말쟁이로 만든다. 계시록에 언급된, 온갖 종류의 부도덕하고 음란한 의식에 빠져든 반율법주의적이고 반기독교적인 이단들(계 2:14, 15)은 요한만큼이나 바울에게도 정죄를 당했을 것이다. 그렇다. 바울도 에베소 장로들에게 행한 고별사에서 그런 교사들을 "흉악한 이리"라고 부르면서, 자기가 떠난 뒤에 그런 자들이 그들 가운데 들어오거나 그들 가운데서 일어나서 양 떼를 아끼지 않을 것이라고 예언한 바 있다(행 20:29, 30). 음행의 문제에 관해서 바울은 계시록의 교훈과 철저히 맥을 같이 했고(고전 3:15, 16; 6:15-20), 우상에게 제물로 바친 고기를 먹는 문제에 관해서는 우상이 아무것도 아닌 것을 감안하여 선하지도 악하지도 않은 일로 간주하면서도, 비교적 취약한 유대인 회심자들의 약한 양심에 해를 끼칠 때에는 죄가 된다고 경고했다(고전 8:7-13; 10:23-33; 롬 14:2, 21). 이것은 사도들의 공의회의 법령과 일치한다(행 15:29).

7. 갈라디아서 2:11-14에 언급된, 바울이 베드로와 부딪힌 일. 튀빙겐 학파는 이 점을 자기들 학설의 보루로 삼았지만, 사실은 그렇지 않다. 그것은 원칙과 교리상의 차이가 아니었다. 정반대로 바울은 분명하게 밝히기를, 베드로가 처음에는 이방인 회심자들을 그리스도 안에서 형제된 자들로 여겨 자유롭고 늘 하던 대로(미완료 시제가 쓰인 것을 주목하라. συνήσθιεν, 갈 2:12) 대하다가, 예루살렘의 완고한 유대인 신자들이 파견한 사절들이 다가오자 당황하여 자신이 지녀온 더 훌륭한 확신에 반하는 행동을 했다고 한다. 그 확신은 욥바에서 환상을 본 이래로 지녀온 것으로서(행 10:10-16), 예루살렘 회의에서 담대히 고백하고(행 15:7-11) 안디옥에서 실천한 것이었다. 여기서 우리는 제일 처음으로 주님께 대한 신앙고백을 하고, 제일 처음으로 주님을 부인한 뒤 곧 통렬한 회개와 진실한 겸손으로 돌아간, 예전과 동일하게 충동적이고 감수성이 예민하고 변덕스러운 제자를 본다. 그리스도인의 자유라는 대원칙에 대해 불굴의 열정을 품고 있던 바울이 외식이라는 강한 표현을 써가면서 교회 앞에서 베드로를 공개적으로 책망한 것은 이러한 행동의 불일치 때문이다. 공적인 잘못은 공적으로 바로잡아야 했던 것이다.

튀빙겐 학파의 가설대로라면 베드로의 행동은 전혀 외식이 아니었던 것이 된다. 그 상황에서 베드로가 잠잠히 순복한 것은 후배 동역자를 그만큼 존중했다는 뜻으로서, 그의 약점만큼이나 장점을 잘 말해 준다. 두 사람간의 서먹한 관계가 잠시뿐이었고 그들의 형제 관계를 깨뜨리지 않았다는 것은 그 사건이 있은 지 여러 해 뒤에 두 사람이 서로를 동료 사도로 언급하는 솔직하면서도 존경하는 태도(참조. 갈 1:18, 19; 2:8, 9; 고전 9:5; 벧후 3:15, 16)와 마가와 실라가 두 사람 사이의 연결고리로서 두 사람을 번갈아가며 섬긴 사실에서 잘 볼 수 있다.

그렇다면 갈라디아서는 그 난제를 풀 수 있는 적절한 해결책을 제공하고, 사실상 사도행전 기사를 확증하는 셈이다. 갈라디아서는 바울과 원 사도들간의 차이뿐 아니라 조화도 입증한다. 바울과 원 사도들의 관계가 제2세기의 마르키온주의자들과 에비온주의자들의 관계와 같았다는 가설을 타파한다. 이 두 분파는 사도 시대 이단들, 즉 "가만히 들어온 거짓 형제"(갈 2:14)들의 자손들이지만, 사도들은 베드로를 통해서는 유대인들의 회심에, 바울을 통해서는 이방인들의 회심에 능력있게 역사한 하나님의 동일한 은혜를 인정했고 이런 태도는 그 뒤로도 변하지 않았다. 유대화주의자들이 유대인 사도들을, 반(反)율법주의적 영지주의자들이 바울을 전거로 삼았다는 것은 현대 합리주의자들이 루터와 종교개혁을 전거로 삼은 것과 그다지 다르지 않았다.

지금까지 우리는 오늘날 사도 시대 교회의 역사를 바라보는 두 관점의 근본적 차이를 처음부터 다소 길게 논해 왔고, 이 논쟁에서 우리 자신의 보편적인 견해를 증명해 왔다.

그렇다고 해서 모호한 문제들이 말끔히 정리되었다거나 논쟁의 여지 없이 해결되었다고 속단하는 것은 금물이다. 우리의 믿음을 강하게 하시려고 자연과 역사에 자신을 충분히 계시해 오시되 우리의 믿음을 시험하기에 충분할 정도로 자신을 감추시는 하나님께 대한 믿음의 여지가 남아 있어야 한다. 사도 시대라는 우주에는 별들 사이의 공간이 항상 흑암으로 남아 있어서 별들이 더욱 밝게 빛나며, 그 앞에서 속사도 시대의 저서들은 횃불처럼 사라진다. 제2세기와 3세기의 교회 관련 저작들, 특히 수많은 외경 행전들과 서신서들과 묵시록들을 면밀히 연구해 보면 신약성경이 순결성과 진실성, 단순성과 장엄성에서 무한히 월등하다는 인상을 강하게 받게 된다. 이 월등함은 성령의 특별 사역을 가리킨다. 성령의 사역이 없다면 책 중의 책이라고 하는 성경은 불가해한 신비로 전락한다.

23. 사도 시대 연대기

사도 시대의 연대는 적어도 몇 년간에 한해서 부분적으로는 확실하고 부분적으로는 추측에 맡겨진다. 확실한 연대는 주후 30~70년에 발생한 큰 사건들의 연대이고, 추측에 맡겨지는 연대는 그 사이에 오는 시점들과 제1세기 마지막 30년이다. 이 시대의 연대기 자료는 신약성경(특히 사도행전과 바울 서신들)과 요세푸스와 로마 역사가들의 저서들이다. 요세푸스(37-103)는 예루살렘 멸망까지 이어지는 유대인 역사를 썼기 때문에 여기서 특히 가치가 있다.

아래의 연대는 다소 확실한 것으로서 대다수 역사가들이 인정한다:

1. 주후 30년 5월 오순절에 기독교 교회가 세워짐. 이 연대는 그리스도께서 주전 4년 혹은 5년에 나셔서 주후 30년 4월 서른 살에 십자가에 달리셨다는 가정에 근거한다.

2. 주후 44년에 왕 헤롯 아그립바 1세가 죽음(요세푸스의 증언). 이 연대는 그 이전에 일어난 대(大)야고보의 순교, 베드로의 투옥과 석방(행 12:2, 23)의 연대를 해결해 준다.

3. 주후 50년에 예루살렘 사도 공의회가 열림(행 15:1 이하; 갈 2:1-10). 이 연대는 뒤로는 바울의 회심을, 앞으로는 가이사랴에 투옥된 사건을 기준으로 계산하면 확인된다. 바울은 아마 37년에 회심했고, 그 사건이 있은 뒤부터 공의회가 열릴 때까지는 '십사년'이 지났다. 그러나 연대기 저자들이 기록하는 바울의 회심 연대는 31년부터 40년까지 각각 다르다.[6]

4. 56-58년에 갈라디아서, 고린도전후서, 로마서가 저술됨. 로마서 저작 연대는 로마서 내용과 사도행전의 진술을 연계해서 계산하면 거의 달까지 고정시킬 수 있다. 로마서는 사도가 로마에 가기 전에, 그러니까 유대의 가난한 형제들을 위해 마게도냐와 아가야에서 연보를 다 모은 뒤(롬 15:25-27; 고전 16:1, 2; 고후 8, 9장; 행 24:17) 예루살렘과 로마를 거쳐 서바나로 가려할 시점에 쓴 서신이다(롬 1:13, 15, 22; 15:23-28; 비교. 행 19:21; 20:16; 23:11; 고전 16:3). 사도는 고린도에 있을 때 고린도의 동쪽 항구 도시 교회의 여집사 뵈뵈 편으로 이 서신을 로마에 보냈다(롬 16:1, 23; 비교. 행 19:22; 딤후 4:20; 고전 1:14). 이런 점들은 로마서 저작 연대가 58년 봄이었음을 분명히 가리킨다. 그 해에 예루살렘에서

---

6) 고린도후서 11:32,33의 다메섹 왕 아레다에 관한 언급은 그 시대에 대한 우리의 무지 때문에 확실한 연대를 제공하지 않는다. 그러나 다른 암시들을 종합해 보면 37년이라는 결론이 도출된다. Wieseler는 바울의 회심 연대를 40년으로 잡지만, 이것은 갈라디아서 2:1에 언급된 여행에 대한 그의 그릇된 견해에서 도출된 결론이다. 그는 그 여행을 예루살렘 공의회 참석을 위한 3차 예루살렘 여행과 동일시하는 대신에, 4년 뒤에 있었던 바울의 4차 예루살렘 여행과 동일시한다.

붙잡혀 가이사랴로 이송되었기 때문이다.

5. 주후 58-60년에 바울이 가이사랴에서 옥중 생활을 함. 벨릭스와 베스도가 총독으로 있던 시기로서, 베스도는 60년이나 61년에, 아마 60년에 자리를 옮겼다. 이 중요한 연대는 요세푸스와 타키투스의 여러 단락들을 종합함으로써 확인할 수 있다. 이 연대는 아울러 사도의 생애에서 그 이전에 발생한 사건들의 연대를 잡을 수 있게 해준다.

6. 주후 61-63년에 바울이 로마에서 첫번째 투옥됨. 이 연대는 사도행전 28:30의 진술과 관련된 이전의 연대를 근거로 잡은 것이다.

7. 주후 61-63년에 로마 옥중에서 빌립보서, 에베소서, 골로새서, 빌레몬서를 씀.

8. 주후 64년(타키투스에 따르면 네로의 재위 10년)에 네로의 박해가 발생함. 바울과 베드로는 그 무렵이나 (전승에 따르면) 그로부터 몇 년 뒤에 순교했다. 그들의 순교 연대 문제는 바울의 두번째 로마 투옥 시기에 달려 있다.

9. 주후 70년에 예루살렘이 티투스(Titus)에 의해 멸망함(요세푸스와 타키투스에 따르면).

10. 주후 98년 곧 트라야누스의 즉위 후에 요한이 죽음(보편적인 교회 전승에 따르면).

공관복음서들, 사도행전, 목회 서신서들, 히브리서, 베드로전후서, 야고보서, 유다서의 저작 연대는 이 책들이 예루살렘 멸망 이전에, 주로 60-70년에 저작되었다는 점을 제외하고는 정확히 말할 수 없다. 요한의 저작들은 그 후 제1세기 말엽에 씌어졌는데, 다만 계시록에 대해서는 몇몇 탁월한 학자들이 그 책 내부의 암시들을 근거로 네로의 죽음과 예루살렘 멸망 사이, 즉 68년이나 69년으로 잡는다.

제 4 장

사도 베드로와 유대인들의 회심

24. 오순절의 기적과 기독교 교회의 탄생. 주후 30년

"저희가 다 성령의 충만함을 받고 성령이 말하게 하심을 따라 다른 방언으로 말하기를 시작하니라" — 사도행전 2:4.

"우리 구주의 승천 뒤 제자들이 맞이한 첫 오순절은 하나님의 아들이 땅에 오신 사건을 제외하고는 가장 의미있는 날이다. 이날은 사도 시대 교회가 출범한 날이요, 하나님의 아들에게서 나와서 지금까지 널리 전파되며 발휘된, 그리고 앞으로도 온 인류가 그리스도의 형상으로 변화할 때까지 끊임없이 발휘될 인류의 새로운 영적 생명이 시작된 날이다." — 네안더(Neander, *Geschichte der Pflanzung und Leitung der christlichen Kirche durch die Apostel*., I. 3, 4).

그리스도가 승천하신지 열흘 뒤에 성령이 땅에 강림하시고 기독교 교회가 탄생했다. 오순절 사건은 유월절 사건의 필연적인 귀결이었다. 부활과 승천이 없었다면 절대로 일어날 수 없는 사건이었다. 승천하신 구주께서 하늘에서 중보자의 지위에서 다스리시며 행하신 첫 행위였고, 자기 백성에게 "내가 세상 끝날까지 너희와 항상 함께 있으리라"고 하신 약속이 장차 끊임없이 성취될 일의 시작이었다. 그리스도의 승천은 땅의 어느 한 곳에 가시적으로 존재하시는 방식을 그만두고, 이제는 "그의 몸 … 만물 안에서 만물을 충만케 하시는 자의 충만"인 교회 안에서 영적으로 편재(偏在)하기 시작하신 것일 뿐이기 때문이다. 부활절 기적과 오순절 기적은 기독교 세계 전역에 걸쳐서 중생과 성화라는 일상의 도덕적 기적들로써 지속되고 검증된다.

그 획기적 사건을 전하는 권위있는 기사는 사도행전 2장 하나밖에 없지만, 우리 주님이 제자들에게 행하신 고별사에는 그들을 모든 진리로 인도하실 보혜사에 관한 약속이 크게 두드러지며(요 14:16, 26; 15:26; 16:7), 사도 시대 교회의 역사 전체는 오순절의 불로 환히 빛나고 뜨겁게 달아오른다(참조. 성령의 은사들을 다룬 고전적인 장들. 고전 12, 13, 14장, 롬 12장).

오순절, 즉 유월절 안식일이 지난 뒤 제오십일은 한해 중 기후가 가장 쾌적하고 외국에서 수많은 방문객들이 예루살렘을 향해 몰려드는 기쁨의 절기였다.[1] 모든 남자들이 주님 앞에 나가야 했던 유대인의 3대 절기 중 하나였다. 유월절이 맨 처음에 오고, 장막절이 세번째로 왔다. 오순절은 하루의 절기였지만, 포로기 이후에 외국의 유대인들이 이틀로 연장했다. "추수절 혹은 초실절"이었고, (랍비 전승에 따르면) 시내 산 율법 전수 기념일이기도 했다. 율법이 전수된 날은 속박의 땅에서 탈출한 지 50일째 되는 날로 추정된다.

이 절기는 사도 시대 교회사의 서막을 여는 사건에 맞춰 훌륭하게 탈바꿈했다. 기독교의 첫 추수와 그리스도 안에서의 새로운 신정(神政) 수립을 상징적으로 가리켰다. 마치 유월절 양 제사와 출애굽이 하나님의 어린양께서 십자가에 달려 죽으심으로 세상을 구속하신 일의 그림자였듯이 말이다. 다른 날이었다면 승천하신 구주께서 성령을 부어주신 그 사건이 그처럼 풍성한 결과를 거두고 단번에 널리 알려질 수 없었을 것이다. 이 날은 예루살렘 모교회의 탄생일로 잡을 수 있을 뿐 아니라, 다메섹과 안디옥과 알렉산드리아와 로마 같은 다른 도시들에서 온 방문객들이 회심한 날로, 그로써 먼 고향으로 돌아가 복음을 전할 수 있게 된 날로 잡을 수도 있다. 누가가 그 큰 사건의 증인들로 열거한 나그네들은 사도들의 노고로 기독교가 심긴 거의 모든 나라들에서 온 사람들이기 때문이다.[2]

---

1) 요세푸스는 오순절에 "수만 명의 군중이 성전에 운집했다"고 말한다(*Ant.* xiv. 13,4; 비교. xvii. 10, 2; *Bell Jud.* II. 3, 1). 물론 유월절에는 팔레스타인에서 더 많은 수의 유대인들이 참석했다. 그러나 먼 외국에 사는 유대인들은 이른 봄의 여행길에 따르는 위험 때문에 종종 참석하지 못했다. 바울은 오순절에 두 번 예루살렘을 방문했다(행 18:21; 20:16). 많은 수의 유월절 순례자들은 자연히 둘째 절기까지 예루살렘에 남아있곤 했다.

2) 나라들의 목록(행 2:8-11)은 로마 제국을 남쪽과 동쪽으로 로마에 이르기까지, 그리고 다시 서쪽으로 아라비아에 이르기까지 높이서 관조하게 한다. 구브로와 그리스는 빠져 있다.

그리스도께서 부활하신 해의 오순절은 마지막 유대교적(즉, 예표적) 오순절이자 최초의 기독교 오순절이었다. 죄로부터의 구속이라는 영적 추수의 절기가 되었고, 그리스도의 왕국이 지상에 가시적으로 임한 탄생일이 되었다. 이날로 성령의 시대, 즉 삼위일체 하나님의 계시 역사에서 세번째 시대가 시작되었다. 이전까지는 산발적이면서 일시적으로 사역하셨던 성령께서 이날부터는 진리와 성결의 성령으로서 인류 한가운데 항구적인 거처를 정하시고, 충만한 구원의 은혜를 신자들에게 베푸시고, 마치 그리스도께서 아버지를 계시하시고 영화롭게 하셨듯이 그들의 마음에 그리스도를 계시하시고 영화롭게 하셨다.

대부분 갈릴리 사람들이었을 120명(12명의 10배) 가량 되는 사도들과 제자들이 그 절기의 아침 경건회를 가지려고 모여서 기도로써 약속의 성취를 기다리고 있을 때, 승천하신 구주께서는 하늘 보좌에서 그들에게 성령을 보내시고 땅에 자기 교회를 세우셨다. 시내 산에서 율법이 전수될 때는 "우레와 번개와 빽빽한 구름이 산 위에 있고 나팔 소리가 매우 크게 들리니 진중에 있는 모든 백성이 다" 떨었다(출 19:16). 새 언약의 교회는 구경꾼들을 경이와 두려움으로 가득 채운 깜짝 놀랄 표적들과 함께 존재하게 되었다.

네안더가 주장한 대로 "인류의 내면의 삶에 일어난 가장 큰 기적에는 그것을 보고 만질 수 있는 비범한 외적 현상들이 따라야 했다"는 것은 아주 자연스러운 일이다. 급하고 강한 바람 같은 초자연적 소리가 하늘로서 내려와서 그들이 모인 온 집을 가득 채웠다. 그리고 불의 혀같이 갈라진 것이 잠시 각 사람의 머리 위에 임하여 있었다. 이 현상들은 실제로 바람과 불이었다고 언급되지 않고, 마치 그리스도께서 세례를 받으실 때 성령이 취하신 형태가 비둘기에 비유되었듯이(눅 3:22; 마 3:16; 막 1:10; 요 1:32) 다만 이런 물질들에 비유되었을 뿐이다. 불의 혀는 밝게 빛나고 있었지만 태우지도 사르지도 않았다. 전기 스파크나 유성의 섬광처럼 나타났다가 사라졌다. 그러나 이 듣고 볼 수 있는 표적들은 정결케 하고 밝히 비추고 소생시키는 성령의 능력을 상징하는 데 적절한 것들로서, 새로운 영적 창조를 선언했다. 혀의 형태는 방언을 가리켰고, 사도의 웅변은 영감(靈感)의 은사를 가리켰다.

다메섹에는 바울이 회심하기 전부터 그리스도인들이 있었고(2:9), 로마에도 바울이 서신서를 쓰기 오래 전에 큰 규모의 회중이 있었다(롬 1:8).

"저희가 다 성령의 충만함을 받고." 이것은 실제의 내면적 기적이요, 오순절 기사의 가장 큰 사건이요 중심 개념이다. 사도들에게 그것은 동시에 세례이자 견신례(confirmation)이자 안수로서, 그들은 전에 이런 것들을 받은 적이 없었다(물론 그들은 요한에게 물 세례를 받긴 했으나, 기독교 세례는 오순절에 그들에게 최초로 집례되었다). 사도들에게 이 사건은 훗날 말과 글로써 권위있는 복음 교사들이 될 수 있게 해준 위대한 영감(靈感)이었다. 물론 성령 충만을 받았다고 해서 차후에 지식을 쌓을 필요가 없어졌다거나 특정 주제들에 대한 특별 계시(베드로가 욥바에서 받은 계시와, 바울이 여러 경우에 받은 계시)를 받을 필요가 없어졌다는 뜻은 아니다. 다만 전에는 몰랐던 구원에 관한 그리스도의 말씀과 계획을 제대로 깨닫게 되었다는 것이다. 전에는 캄캄하고 신비에 싸여 있던 것이 이제는 명쾌하고 충만하게 밝혀졌다. 성령께서는 사도들에게 부활과 승천에 비추어 구주의 인격과 사역을 계시하셨고, 그들의 정신과 마음을 온전히 사로잡으셨다. 사실상 그들을 변화산으로 끌어 올리사 천상의 빛 가운데서 모세와 엘리야, 그리고 그들 위에 계신 예수를 대면하게 하셨다. 사도들에게는 이제는 오로지 하나의 욕구, 하나의 생의 목표밖에 없었다. 그것은 그리스도의 증인이 되어 동료 인간들을 구원하는 수단이 되고, 그로써 그들도 "썩지 않고 더럽지 않고 쇠하지 아니하는 기업 … 곧 하늘에 간직하신 것"(벧전 1:3, 4)에 참여할 수 있도록 하는 것이었다.

그러나 성령의 사귐은 열두 사도에게 국한되지 않았다. 주님의 모친과 형제들, 그리고 주님의 사역에 봉사한 경건한 여성들, 오순절에 다락방에 모인 120명의 형제들 전부에게 확대되었다(참조. 행 1:13, 14). 그들은 '다' 성령의 충만함을 받고 방언을 했다(행 2:3). 베드로는 그 사건을 보면서 하나님께서 아들과 딸들, 젊은이들과 늙은이들, 남종들과 여종들을 망라한 '모든 육체'에 자신의 영을 부어 주시겠다고 하신 약속을 생각했다(행 2:3, 4, 17, 18). 교회가 갓 태어난 이 봄날에 여자들이 성전의 분리된 뜰에 따로 모이지 않고 — 회당과 빛바랜 동방 교회들이 오늘날까지 시행하듯이 칸막이로 분리되지도 않은 채 — 남자들과 영적인 복을 동등하게 누릴 자들로서 같은 방에 함께 앉아 있었던 것은 의미심장한 일이다. 시작부터 종말에 대한 예언적 대망이 성취되었고, 신자들이 그리스도 안에서 누구나 제사장이요 형제라는, 즉 그리스도 안에서 유대인이든 이방인이든 종이든 자유인이든 남자든 여자든 모두가 하나라는 사실이 뚜렷이 나타났다.

성령께 조명과 지배와 인도를 받는 이 새로운 영적 생명이 하나님을 향한 방언으로써 맨 처음 나타났고, 다음에는 백성들을 향한 예언적 증거로써 나타났다. 전자는 성령 충만한 기도와 찬송으로 이루어졌고, 후자는 진지한 가르침과 권면으로 이루어졌다. 제자들은 주님과 마찬가지로 병든 자를 고치고 죄인들을 불러 회개시키기 위해서 변화산에서 계곡으로 내려왔던 것이다.

신비스러운 방언 은사는 여기서 최초로 나타나지만, 이후로는 성령의 다른 비범한 은사들과 마찬가지로 사도 시대 교회들, 특히 고린도 교회에서 빈번한 현상이 되었고, 바울에 의해 충분히 묘사된다. 불꽃같이 갈라지는 혀가 제자 각 사람에게 임하여 방언을 말하는 일이 일어났다. 새로운 체험은 언제나 적절한 언어로 자체를 표현하는 법이다. 제자들의 초자연적인 경험은 일상 언어의 담장을 뚫고 하나님이 자기들 가운데 행하신 큰 일들에 감사하고 찬송하는 신비스런 언어로 터져 나왔다. 그들의 입을 여시고, 새로 조율된 하프와 같은 그들의 혀로 땅에 속하지 않은 찬송 가락을 연주하신 분은 성령이셨다.

여기서의 방언은 다른 데서 언급된 방언과 마찬가지로 경배와 찬송의 행위였지, 베드로의 설교에 뒤이어 행해진 가르침과 권면의 행위가 아니었다. 갓 태어난 교회가 부른 최초의 「테 데움」(*Te Deum*)이었다. 이 찬송은 독특하고 시적이고 열광적인 스타일로 특이한 음조로 표현되었다. 설교자와 뜻을 같이하는 사람들만 알아들을 수 있었고, 불신자들은 그것을 듣고서 미쳤다고도 하고 술에 취했다고도 했다. 그럼에도 불구하고 모든 사람들에게 의미심장한 표적이었고, 초자연적 권능으로 그들의 관심을 사로잡았다(비교. 고전 14:22).

이런 점에서 오순절 방언은 가이사랴의 고넬료가 회심한 뒤 — 그것은 이방인의 오순절이라 할 수 있다 — 그의 권속들이 행한 방언과(행 10:46), 에베소에서 세례 요한의 열두 제자들이 예언과 관련하여 행한 방언, 그리고 고린도의 기독교 회중 가운데서 행해진 방언과 동일했다(고전 12, 14장).

그러나 최초의 방언은 듣는 자들에게 각각 자기의 방언으로 들렸다는 점에서 차후의 방언들과 달랐다. 고린도에서는 방언을 통변해야 이해할 수 있었다. 오순절에는 외국의 구경꾼들 가운데 적어도 상당수가 그 무학한 갈릴리인들이 각기 다른 방언으로 알아들을 수 있게 말했다고 믿었다(행 2:8). 따라서 방언을 한 자들이 적어도 일시적으로 신적인 사명을 입증하려는 특별한 목적으로 전에 배우지 않았던 외국어의 은사를 받았거나, 아니면 방언을 하게 하신 성령께서 방언의 통변자로 역사하사 청중이 그들의 말을 알아들을 수 있게 해주셨다고 생각하지 않을 수 없다.

누가의 글을 가장 자연스럽게 해석한 것이 전자이다. 그럼에도 불구하고 나는 다음과 같은 이유에서 후자도 가능하다고 생각한다: 1. 초자연적인 외국어 지식을 일시적으로 받았다고 보는 것은 신약성경 자료와 복음 전파 초기 단계의 사실들에서 확인되지 않는다는 점에서, 항구적으로 받았다고 볼 때 — 오늘날은 일반적으로 이 견해를 부인한다 — 에 따르는 어려운 점들을 거의 그대로 안고 있다. 2. 방언을 시작한 때는 구경꾼들이 몰려들기 전으로서, 외국어를 사용할 동기가 생기기 전이었다(참조. 4, 6절). 3. 성령께서 통변하셨다는 견해는 누가의 기사와 누가 및 바울의 기사, 또는 오순절과 고린도의 방언 기사를 일치시킨다. 이 경우에 남게 되는 유일한 차이점은 고린도에서는 방언의 통변이 사람들에 의해 들을 수 있는 소리로 이루어진 데 반해(고전 14:5, 13, 27, 28; 비교. 고전 12:10, 30), 예루살렘에서는 성령의 내적 조명과 적용으로 이루어졌다는 데 있다. 4. 성령은 틀림없이 말하는 자들뿐 아니라 듣는 자들 가운데서도 역사하시면서 그 잊지 못할 날에 3천 명을 회심시키셨다. 성령께서 베드로의 설교를 적용하시고 효과있게 쓰셨다면 그 이전의 송영과 감사 찬송은 왜 쓰시지 않으셨겠는가? 5. 베드로는 외국어를 썼다는 암시를 남기지 않으며, 그가 인용하는 요엘의 예언도 마찬가지이다. 6. 이 견해는 구경꾼들 사이에 정반대의 결과가 일어난 이유를 가장 잘 설명한다. 그들이 그 기적을 다 이해한 것은 아니고, 오히려 조롱하는 자들은 고린도인들처럼(참조. 고전 14:23) 제자들이 자기들의 본국 방언으로 알아듣지 못할 말을 한다고 생각하지 않고 말도 안 되는 터무니 없는 소리를 한다고 생각했다. 외국어를 하는 것이 술에 취한 증거일 수는 없었다. 이 견해는 청중이 제자들의 방언을 듣고는 마치 그들이 본국 방언들을 사용한 것처럼 오해했다는 의미를 갖고 있다는 근거로 반박될 수 있지만, 그 오해는 사실 자체에 관련된 것이 아니라 다만 형태에 관련되었을 뿐이다. 제자들을 감화하사 방언을 하게 하시고 청중의 마음을 감화하사 그것을 알아듣게 하시며, 양자를 일상적인 차원의 의식에서 끌어 올리신 분은 같은 성령이시다.

세계 각처에서 모인 군중에게 다양하게 적용된 오순절 방언의 이 특별한 성격에 대해서 어떤 견해를 취하든간에 그것은 기독교 신앙의 보편성에 대한 상징적 예기이자 예언적 선포였다. 기독교 신앙은 땅의 모든 언어들로 선포되고 모든 민족을 그리스도의 한 왕국으로 통일시켜야 했던 것이다. 교회의 겸손과 사랑은 바벨의 교만과 미움이 흩어버렸던 것을 한데 끌어모았다. 이런 점에서 오순절에 방언들이 일치했다는 것은 바벨탑 사건으로 언어가 여러 방언들로 혼잡해진 것과 대칭을 이루었다고 말할 수 있다.

방언 사건이 있은 뒤에는 베드로가 일어나 설교를 했다. 그것은 교육 행위로 행한 경건 행위였고, 하나님과 교통을 하는 영혼이 백성의 유익을 위해 일상적이고 침착한 말로 표출해낸 기쁨의 언어였다.

회집한 군중이 이 기적을 보고서 각기 다양한 정서로 놀라워하고 있을 때 바위 사람(the Rock-man)인 사도 베드로가 모든 사도들을 대표하여 일어나 아주 명쾌하고 호소력 있게 연설하였다. 이때 예루살렘 거민들에게 가장 낯익었던 자기 모국어인 아람어를 사용했을 가능성도 있고,[3] 혹은 외국 방문객들이 쉽게 알아들었을 헬라어를 사용했을 가능성도 있다. 베드로는 자기들이 새 술에 취하였다는 비난에 대해서 그때가 주정뱅이조차 정신이 말짱한 대낮이라는 점을 지적하면서 겸손히 대답했고, 요엘의 예언들과 다윗의 시편 16장을 가지고 그 초자연적 현상의 의미를 나사렛 예수가 행한 일이라고 설명했다. 그를 유대인들이 십자가에 못 박아 죽였으나, 예수는 성경의 명백한 예언에 따라 말과 행위로, 죽은 자 가운데서 부활한 일로, 하나님의 우편에 승천한 일로, 성령을 부어 주신 일로 약속된 메시야에 부합한 분이라고 했다. 그런 다음 청중에게 회개하고 하늘 나라의 설립자이자 머리이신 나사렛 예수의 이름으로 세례를 받으라고 외쳤고, 그들이 비록 주이자 메시야이신 그분을 십자가에 못 박았으나 죄 사함과 성령의 선물 ― 그들이 그 능하신 사역을 제자들 가운데서 보고 들은 ― 을 받을 수 있다고 했다.

이것이 사도들의 최초의 독립된 증언이었고, 최초의 기독교 설교였다. 단순 소박했으나 성경 진리로 가득했고 자연스러웠고 적절했고 초점이 있었으며, 후

---

3) 전자가 일반적인 견해이며, 후자는 Stanley, Plumptre, Farrar의 주장이다. 사도행전 22:2에서 바울은 흥분한 예루살렘 군중에게 히브리 방언으로 연설하여 그들을 조용하게 만들었다. 이것은 그들이 헬라어를 이해하지 못했다는 뜻일 수도 있고, 아니면 바울의 연설을 경청했다는 뜻일 수도 있다.

대에 아무리 박학하고 웅변으로 타오르는 설교가 있다한들 이 설교를 능가하지 못했다. 그 결과 3천 명이 회개하고 세례를 받아 교회의 곳간에 첫열매로 거둬들여졌다.

영광을 입으신 구주의 이 첫열매들 안에서, 그리고 의문(儀文)과 율법의 옛 신정 대신에 설립된 성령과 복음의 이 새 경륜 안에서 유대인 오순절의 예표적 의미가 영광스럽게 성취되었다. 그러나 기독교 교회의 이 탄생일은 요엘의 예언이 충만히 이루어져 성령께서 모든 육체에 부어지실 때, 모든 남자들과 여자들이 빛 가운데서 행하게 될 때, 그리고 하나님이 그 놀라운 사랑의 구속 사역의 완성으로 인해 새로운 불의 혀로 찬송을 받으실 때 거행할 훨씬 더 대대적인 영적 추수와 우주적 감사 절기의 시작이자 예표이자 공약일 뿐이다.

25. 예루살렘 교회와 베드로의 사역

"너는 베드로라. 내가 이 반석 위에 내 교회를 세우리니 음부의 권세가
이기지 못하리라" — 마 16:18.

예루살렘 교회는 유대 기독교의 모교회가 되었고, 그로써 온 기독교 세계의 모교회가 되었다. 이 교회는 일찍이 땅에 보이는 교회를 세우는 일에 주께로부터 독특한 지위를 받은 사도들의 직접적인 지도하에 안팎으로 성장했다. 사도들은 여러 장로들(presbyters)과, 가난한 자들과 병든 자들을 보살피도록 임명된 일곱 집사들의 지원을 받았다. 그러나 성령께서는 특정 직위에 얽매이지 않은 채 온 교회에서 역사하셨다. 복음 전파와 예수의 이름으로 일으킨 기적과 믿음과 사랑으로 행하는 거룩한 행보가 전진의 도구들이었다.

그리스도인들 혹은 처음에 그들이 스스로 일컬은 제자들, 신자들, 형제들, 성도들의 수는 곧 5천 명으로 늘었다. 이들은 꾸준히 사도들의 교훈을 받고 사귐을 나누며, 매일 경배하고 아가페(agapae, 애찬)와 함께 성찬을 거행했다. 자신들을 하나님의 한 가족으로, 하나의 머리이신 예수 그리스도께 붙은 한 몸의 지체들로 느꼈다. 이런 사랑의 연합은 심지어 재물을 자발적으로 상통하는 데서도 나타났다. 그것은 사실상 역사의 끝에 이루어질 이상적 상태를 예기하는 것이었지

만, 다른 회중에게 강제력을 갖지는 않았다. 이들은 새 생명이 허락하는 한, 그리고 이스라엘이 민족 차원에서 회심할 소망이 남아 있는 한 성전 예배와 유대인의 관습들을 고수했다. 주께서 그러셨듯이 매일 성전에 가서 가르쳤지만, 경건 집회는 개인의 집에서 가졌다(행 2:46; 3:1; 5:42).

베드로가 백성과 산헤드린 앞에서 행한 연설(행 2:14 이하; 3:12 이하; 5:29 이하; 10:34 이하; 11:5 이하; 15:7 이하)은 그 단순성과 적용성이 매우 뛰어나다. 생기와 열정이 가득하면서도 지혜와 설득도 넘쳐 흐르며, 한순간도 초점이 흐려지지 않는다. 이렇게 실제적이면서도 효과적인 설교는 일찍이 없었다. 불과 몇 주 전만 해도 잔뜩 겁에 질려 있었으나 이제는 대의를 위해서 언제든 고난과 죽음을 당할 태세가 되어 있는 증인의 증거였다. 예수가 살아계신 하나님의 아들이자 구주이신 그리스도라는, 예전에 했던 신앙고백의 연장이었다. 베드로는 정교한 신학 교리를 설교한 게 아니라, 몇 가지 위대한 사실들과 진리들을 설교했다. 그것은 권능의 기사와 표적으로 이미 청중에게 잘 알려져 있던 메시야 예수의 십자가의 죽음과 부활, 전능하신 하나님 우편으로 오르신 일, 성령의 강림과 권능, 예언의 성취, 임박한 심판과 만물의 영광스러운 회복, 예수를 사람이 구원받을 수 있는 유일한 이름으로 믿고 회심하는 일이었다. 쾌청한 기쁨과 승리의 확신이 설교에 가득 흐른다.

기독교 교회의 이 혼례의 계절에 대하여 더 뚜렷한 개념을 생각해 낼 수 없다. 과연 그때는 흙먼지 하나도 그 눈부신 신부 예복을 얼룩지게 하지 않았고, 신부는 하나님이신 주님께 대한 명상과 사랑에 잔뜩 몰입해 있었고, 주님은 하늘 보좌에서 미소를 머금고서 신부를 내려다 보셨으며, 매일 구원받는 자를 더해주셨다. 지속되는 오순절이었고, 회복된 낙원이었다. "믿는 사람이 집에서 떡을 떼며 기쁨과 순전한 마음으로 음식을 먹고 하나님을 찬미하며 또 온 백성에게 칭송을 받으니 주께서 구원받는 사람을 날마다 더하게 하시니라"(행 2:46, 47).

그럼에도 불구하고 이 초대 사도 공동체에는 내적인 부패가 일찍이 나타났고, 아울러 베드로가 위선자 아나니아와 삽비라를 두렵게 정죄함으로써 엄격한 권징과 자기 정화가 따랐다.

처음에는 기독교가 사람들에게 호감을 샀다. 그러나 기독교는 곧 그 신적 설립자가 겪으셨던 박해를 만나게 되었으나, 예전과 마찬가지로 그것을 복과 성장의 수단으로 변화시켰다.

박해는 사두개파라는 회의주의적인 분파에 의해서 시작되었다. 이들은 사도들의 가르침의 핵심이라 할 수 있는 그리스도의 부활 교리에 분개했다.

예루살렘 교회에는 일곱 집사 중 한 사람으로서 믿음과 열정이 가득하고 사도 바울의 선구자 역할을 한 스데반이란 사람이 있었는데, 그가 유대교의 왜곡되고 완고한 정신을 과감히 공격하면서 모세 경륜의 임박한 몰락을 선언하자 바리새인들은 사두개인들과 손을 잡고서 복음을 대적했다. 이때를 기점으로 기독교는 이전까지 적어도 외적으로 유대 관계를 맺어온 유대교의 성전 예배로부터 결별하기 시작했다. 스데반은 모세를 훼방했다는 무고를 당하고나서 탁월한 연설로 자기 변호를 한 뒤 군중에게 돌에 맞아 죽었고(주후 37), 피로써 교회의 토양을 비옥하게 만든 거룩한 순교자들의 지도자에 합당한 사람이 되었다. 그가 순교의 피를 흘린 곳에서 얼마 뒤 저 위대한 이방인의 사도(바울)가 등장했다. 당시에 투철한 박해자였던 그는 스데반의 영웅적인 행동과, 죽어가는 그의 얼굴에 나타난 그리스도의 영광을 직접 보았다.

스데반이 돌에 맞아 죽은 사건을 기점으로 대대적인 박해가 자행되었고, 아울러 이 박해를 기점으로 기독교는 팔레스타인 전역과 그 주변 지역으로 두루 퍼졌다. 얼마 뒤 가이사랴에서 고넬료가 회심했고, 이 사건은 이방인 선교의 문을 열어 놓았다. 이 중요한 사건에서도 베드로가 두드러진 행위자였다.

그 뒤 7년여의 평안을 누린 예루살렘 교회는 헤롯 아그립바 2세에 의해 다시 박해를 당했다(주후 44). 요한의 형제 대(大)야고보가 이때 참수형을 당했다. 베드로도 투옥되어 같은 운명을 언도받았다가 기적으로 풀려난 뒤 교회를 '주의 형제' 야고보의 보호에 맡기고는 예루살렘을 떠났다. 에우세비우스와 제롬과 로마 가톨릭 사가들은 그가 그 이른 시기에 로마로 가서 비록 항구적으로 거주하지는 않았을지라도 적어도 잠시나마 거했다고 주장한다. 그러나 사도행전(12:17)은 "떠나 다른 곳으로 가니라"고만 말한다. 이 불명확한 표현은 바울의 말(고전 9:5)과 연계하여 생각해 보면 그가 그 뒤로는 정착지를 두지 않은 채 대다수 사도들과 마찬가지로 유랑 선교사의 생활을 했었다는 추정으로 가장 잘 설명된다.

베드로의 후기 사역

그 뒤에 베드로를 다시 보게 되는 곳은 사도들의 공의회가 열린 예루살렘(주후 50)과, 바울과 잠시 충돌한 안디옥(51), 그리고 아내와 동행한 선교 여행들 (57. 참조. 고전 9:5), 그리고 그가 서신들을 보낸, 아마 바벨론 또는 소아시아에 흩어진 유대인들 사이에서이다(벧전 1:1). 베드로가 로마에 거주했다는 설에 대해서 신약성경은 교부들과 많은 현대 주석가들의 생각대로 로마가 곧 베드로전서 5:13(계시록에서처럼)에 언급된 신비에 싸인 "바벨론"일 경우를 제외하고는 아무런 흔적도 남기지 않는다. 하지만 다른 이들은 유브라데스 강변 바벨론을 생각하고, 또 다른 이들은 나일 강변 바벨론(콥트 전승에 따르면 오늘날 카이로 근처)을 생각한다. 사도행전 28장이 베드로에 관해 침묵을 지키고, 바울도 로마서에서와 로마에서 옥중 생활을 하면서 쓴 서신서들에서 심지어 인사말에서조차 베드로를 언급하지 않는다는 사실은 베드로가 58-63년에 그 도시에 있지 않았다는 결정적인 증거이다.

58년 이전에 베드로가 로마를 잠시 방문했을 가능성도 있지만, 바울이 독립적으로 사역을 했고 다른 사람들이 터를 닦은 곳에서는 교회를 세우지 않았다는 사실에 비추어 볼 때(롬 15:20; 고후 10:16) 그 가능성은 극히 작다. 따라서 만약 베드로가 어떤 의미에서든 로마 교회의 설립자였다면 바울이 로마서를 쓰면서 그의 이름을 어느 정도 거론하지 않았을 리가 없다. 사도행전이 63년으로 마치기 때문에 63년 이후에는 신약성경에서 아무런 자료를 찾아볼 수 없으며, 베드로전서 말미의 "바벨론"에 대한 해석도 비록 로마를 의미했을 가능성이 있긴 하지만 의심스럽다. 베드로가 십자가에 달려 순교하리라는 것은 우리 주님이 예언하신 것이었지만(요 21:18, 19), 장소는 언급되지 않는다.

그러므로 베드로가 63년 이전에 로마에 있었다는 설은 비록 불가능하지는 않더라도 극히 의심스럽다는 결론을 내리게 된다. 그 이유는 누가와 바울이 로마에 관해 말하고 로마에서 글을 쓰면서도 베드로를 언급하지 않는다는 점과, 그가 63년 이후에 로마에 있었다는 것도 신약성경으로는 긍정도 부정도 할 수 없고 다만 성경 이후의 증언들로 결정해야 한다는 점 때문이다.

동방 교회와 서방 교회의 일치된 전승은 베드로가 로마에서 복음을 전하고 네로의 박해 때 그곳에서 순교를 당했다는 것이다. 1세기 말엽에 로마의 클레멘스 (순교는 언급하되 장소는 언급하지 않음), 2세기에 안디옥의 이그나티우스(불분명하게), 고린도의 디오니시우스, 리용의 이레나이우스, 로마의 카이우스 (Caius), 3세기에 알렉산드리아의 클레멘스와 오리게네스, 히폴리투스, 테르툴리

아누스, 4세기에 락탄티우스, 에우세비우스, 제롬과 그 밖의 사람들이 다소 분명
하되 오류가 배제되지 않은 채 그렇게 말한다. 이런 교부들의 증언에다 위(僞)베
드로와 위(僞)클레멘스 문서들 같은 외경의 증언을 덧붙일 수 있다. 이 외경 증언
들은 베드로의 이름을 안디옥, 알렉산드리아, 고린도, 로마 교회들의 설립과 어
느 정도 연결시킨다. 다양한 사람들과 다양한 나라들에서 유래한 이 증언들은
비록 세부 내용이 아무리 다르든간에 바닥에 깔려 있는 어떤 사실에 대한 추정
에 근거해서만 설명할 수 있다. 이런 증언들은 이단적인 목적이나 정통 교회의
교계 제도적인 목적을 위해서 베드로 전승을 사용하거나 남용했기 때문이다.

디오니시우스와 이레나이우스 때부터 나온 증거들의 주된 오류는 베드로를
로마 교회 '설립자'로서 바울과 결부짓는 것이다. 그러나 이것은 대단히 개연적
인 사실로 설명할 수 있다. 즉, 오순절 기적을 목도하고 베드로의 설교를 들은
"로마로부터 온 나그네"의 일단이, 그리고 스데반의 순교 이후에 발생한 박해를
피해 해외로 흩어진 일부 제자들이 복음의 씨앗을 로마로 가져갔고, 따라서 베
드로의 회심자들이 그 메트로폴리스에서 유대 그리스도인 회중의 진정한 설립
자들이 되었다는 것이다. 이러한 베드로의 간접 사역이 그 스승을 높이기 위해
제자들의 이름은 잊어버린 전승에 의해 직접 사역으로 자연스럽게 탈바꿈하였
다.

베드로가 로마에 도착한 시기와 체류한 기간은 뭐라고 확실하게 말할 수 없
다. 위에서 말한 대로 사도행전과 바울 서신들이 침묵하는 점을 감안할 때 그가
로마에서 사역한 시기는 63년 이후의 짧은 기간에 불과하다. 로마 교회는 베드
로가 로마에서 20년 내지 25년간 주교를 지냈다는 전승을 갖고 있지만, 그것은
의심할 여지 없이 연대기상의 엄청난 실수이다. 또한 베드로가 순교한 연대도
네로의 박해가 시작된 64년 7월 이후(타키투스에 따르면)라는 점을 빼놓고는 딱
히 어느 해라고 고정시킬 수 없다. 보는 입장에 따라서 64년부터 69년까지 매해
가 그의 순교 연대로 주장된다.[4]

---

4) 구체적인 주장들에 대해서는 필자의 *H. Ap. Ch.*(pp. 362-372)를 참조하라. 베드로가
로마에 가 있었다는 것은 종교개혁 때까지 기독교 세계의 보편적인 신념이었고, 로마 가톨릭
권에서는 아직도 그러하다. 이 신념은 초기에는 정통 프로테스탄트 신앙의 견지에서 로마교
를 비판하는 과정에서 부정되었고(U. Velenus<1520>, M. Flacius<1554>, Blondel<1641>,
Salmasius<1645>, 특히 Fr. Spanheim<1679>), 좀 더 최근에는 역사비평학의 견지에서 부

26. 역사의 베드로와 허구의 베드로

신약성경의 어느 인물도 베드로만큼 생생한 색채로, 그의 모든 장단점이 샅샅이 들춰진 채 우리 앞에 나서는 인물은 없다. 그는 정직하고 투명했으며, 언제나 주저하지 않고 자신을 있는 그대로 표현했다.

그의 발전 단계를 셋으로 구분해 볼 수 있다. 복음서들에서는 시몬의 인간적 성격이 가장 두드러지게 나타난다. 사도행전은 베드로가 교회 설립에 맡았던 신적 사명과 안디옥에서 잠시 실족했던 일을 전한다(바울이 기록함). 그의 서신서들에서는 그에 대한 하나님의 은혜가 완전한 승리를 거두신 것을 본다. 그는 열두 제자 중 가장 강하면서도 가장 약한 사람이었다. 다혈질적인 성격이 가질 수 있는 모든 장·단점을 갖고 있었다. 친절하고 성급하고 열정적이고 낙천적이고 충동적이고 쉽게 변하고 이쪽 극단에서 저쪽 극단으로 쉽게 치닫는 그런 사람이었다. 그는 그리스도께 지극히 큰 칭찬과 지극히 가혹한 꾸지람을 받았다. 최초로 그리스도를 하나님의 메시야로 고백했고, 그 일로 교회사에서 그가 차지할 탁월한 지위를 예고하는 베드로라는 새 이름을 받았다.

정되었다(Baur<1831, 1836>, K. Hase<1862, 1877>, Mayerhoff, De Wette, Greenwood<1856>, Lipsius<1869>, Volkmar<1873>, Zeller<1876>). Volkmar는 심지어 바울의 순교도 부정하며, 바울이 로마 근처의 저택에서 조용히 죽었다고 상상한다. 반면에, 베드로가 로마에 있었고 그곳에서 순교했다는 주장은 모든 로마 가톨릭 학자들에 의해서 뿐 아니라, 여러 유력한 개신교 사가들과 비평학자들(Bleek, Credner, Olshausen, Gieseler, Neander, Niedner, Rothe, Thiersch, Krafft, Ewald, Plumptre, 심지어 Hingenfeld)에 의해서도 강변된다. Renan도 베드로가 로마에 갔고(비록 63년 이후이긴 하지만), 64년 네로의 박해 때 순교했다고 주장한다(타키투스는 베드로가 거꾸로 십자가에 달려 죽었다고 기술한다). 그는 베드로전서 5:13의 '바벨론'을 당시 그리스도인들이 로마를 가리킬 때 사용한 은어로 이해한다.

1872년 교황청이 세속 권력을 상실했을 때 로마에서 개신교 성직자들(Gavazzi, Sciarelli, Ribetto)과 로마교 성직자들(Guidi, Fabini) 간에 베드로가 그 도시에 왔었는지에 관해 논쟁이 벌어졌다. 전자는 그것을 부정했고, 후자는 긍정했다. 그 논쟁 내용은 여러 개 언어로 출판되었는데, 그 논쟁은 비록 비평적 가치는 결여되긴 했으나, 교황 무류성을 최초로 공식화한 피우스 9세의 궁으로부터 지근 거리에서 벌어진 논쟁이었다는 점에서 역사적 중요성을 갖는다.

하지만 최초로 그리스도께서 십자가에서 면류관으로 이어지는 길에 들어서지 말도록 권유한 사람이기도 했고, 그 일로 "사탄아 내 뒤로 물러서라"는 꾸지람을 받기도 했다. 교회의 반석이 실족의 반석이자 거침돌이 되었다. 그리스도께서 자기 발을 씻기시려 할 때 주제넘는 겸손으로 거부했다가 갑자기 마음을 바꾸어 발뿐 아니라 손과 머리도 씻어 주시기를 원했다. 주님께 대한 현세적 열정으로 말고의 귀를 잘랐으나, 몇 분 뒤에는 주님을 버리고 도망쳤다. 다른 사람이 다 그리스도를 버려도 자기만은 끝까지 충성하겠다고 약속했으나 바로 그날 밤에 그리스도를 세 번 부인했다. 그는 부정한 이교도에 대한 유대인의 편견을 떨쳐 버리고 가이사랴와 안디옥에서 이방인 회심자들과 교제를 한 최초의 인물이었지만, 아울러 예루살렘에서 온 편협한 유대화주의자들의 눈이 무서워서 이방인 형제들에게서 물러났다가 그 일로 바울로부터 굴욕적인 책망을 당해야 했던 최초의 사람이기도 했다.[5]

그러나 베드로는 제자리에서 벗어날 때처럼 제자리로 돌아올 때도 신속했다. 처음부터 주님을 진정으로 사랑했고, 사죄를 받기 전까지는 안식도 평안도 누리지 못했다. 많은 약점이 있긴 했으나 고귀하고 관대한 영혼이었고, 교회에서 지극히 큰 봉사를 했다. 하나님은 그의 죄와 변덕스러움을 제어하사 겸손케 하시고 영적으로 장성케 하셨다. 그의 서신서들에서 우리는 정결케 하신 충만한 결과로 지극히 겸손하고 온유하고 점잖고 자비롭고 따뜻한 영혼을 발견한다. 복음

---

5) 베드로가 로마의 마메르티네 감옥에서 도망쳤다는 고대의 전설 — 이것은 훗날 교계 제도 확립을 목적으로 베드로를 치켜세우기 이전에 생긴 듯하다 — 이 사실이라면 '일관된 비일관성'이 그의 생애 말기에 다시 한 번 그를 사로잡았음이 입증되는 셈이다. 전하는 바로는, 베드로는 처형을 며칠 앞두고 간수에게 뇌물을 주고 탈옥했지만, 산 세바스티아노의 성문 밖의 한 지점 — 그곳에는 오늘날 예배당이 서 있다 — 에 이르렀을 때 주께서 십자가를 짊어지신 채 그곳에 나타나셨고, 베드로는 놀라서 "주여, 어디로 가시나이까?"(도미네 쿼바디스?)라고 물었다. 예수님은 "나는 다시 십자가에 못 박히러 로마로 간다"(베니오 로맘 이테룸 크루시피기)고 대답하셨다. 그 제자는 황송하여 어쩔 줄 모른 채 로마로 돌아가서 거꾸로 십자가에 못 박도록 간수에게 자신을 내맡겼다. '도미네 쿼바디스'라는 작은 예배당에는 주님의 발자국이 아직도(1841년 내가 그곳을 보았을 당시) 남아있고, 그 예배당 벽에 그려진 조야한 프레스코 벽화는 주님과 베드로의 만남을 묘사한다. 그 전설은 오리게네스에 의해 최초로 인증되었고, 다음에는 외경 「베드로와 바울 행전」(*Acts of Peter and Paul*)에 충분히 소개되었으며, 암브로시우스도 인용했다.

역사에서 베드로와 연관된 거의 모든 말과 사건이 그의 서신서들에는 겸허히 혹은 감사하는 심정으로 회상하고 인용하는 방식으로 인상을 남겨 놓았다. 그의 새 이름인 '반석'은 '모퉁잇돌'이신 그리스도 위에 세워진 하나님의 성전의 다른 산 돌들 가운데 단순히 하나의 '돌'로 나타난다(벧전 2:4-8).

그가 동료 장로들에게 권고하는 것은 그리스도께서 부활하신 뒤 자기에게 권고하신 것과 똑같이 "영혼의 목자와 감독"이신 그리스도 아래서 "하나님의 양무리"를 신실하게 치라는 것이다(벧전 5:2; 2:25). 마치 바울이 교회를 핍박한 일이 사도행전에서 두드러지듯이, 베드로가 그리스도를 부인한 일은 네 복음서에서 다 두드러지고, 특히 그의 제자이자 '해석자'인 마가의 복음서에서 가장 두드러지는데, 마가는 닭이 두 번 운 것만 언급하여 그리스도를 부인한 죄책을 곱절로 부각시키며(막 14:72), 그리스도의 책망의 말씀('사탄')을 기록하면서도 칭찬의 말씀('반석')은 생략한다. [6]

베드로는 바울과 마찬가지로 자기의 대죄를 감추려고 노력하지 않았다. 그것은 그의 육체에 가시 노릇을 했고, 그 일을 기억할 때마다 늘 십자가에 가까이 나가게 했다. 반면에 그가 넘어진 데서 회복된 것은 그리스도의 권능과 자비를 나타내는 역력한 증거이자 늘 감사할 것을 일깨워 주는 자극제였다. 베드로가 그리스도를 부인했다가 회복한 이야기는 기독교 교회에게 그 이래로 늘 마르지 않는 경고와 위로의 샘이 되어 왔다. 그의 믿음이 떨어지지 않기를 기도하신 주님께 다시 돌아간 베드로는 지금도 형제들에게 용기를 주고 있다. [7]

교회의 공적 지위에 관한 한 베드로는 처음부터 유대인 사도들의 우두머리로서 있었다. 파당적인 의미에서 그랬던 것이 아니라 관용과 포용의 관대한 정신에서 그랬다. 그는 결코 편협하고 위축되고 배타적인 분파주의자가 아니었다.

---

6) 비교. 막 8:27-33과 마 16:13-23. "너는 베드로(반석)라"는 유명한 구절이 생략된 것은 베드로의 겸손으로만 만족스럽게 설명할 수 있다. 혹시 원수나 대적이 그 구절을 생략했을 수도 있지만, 그러나 마가는 그의 충실한 제자였고, 따라서 만약 자기 재량으로 글을 썼거나 혹은 교황주의자였다면 틀림없이 그 구절을 언급했을 것이다.

7) 눅 22:31, 32은 베드로가 곧 주님을 부인할 일을 내다보시고 하신 말씀이다. 이것이 바티칸 공의회가 교황 무류설을 위한 논증으로 곡해한 그 단락의 참된 의미이다. 그러한 적용은 논리상 모든 교황이 그리스도를 부인하고 있으며, 형제들에게 힘을 주려면 회개해야 한다는 의미도 함축한다.

욥바에서 환상을 보고 고넬료의 회심을 지켜본 뒤로 그는 할례의 필요성에 관한 기존 관념을 즉시 수정했고, 예루살렘에서 그 변화를 공개적으로 고백하면서 "참으로 하나님은 사람의 외모를 취하지 아니하시고 각 나라 중 하나님을 경외하며 의를 행하는 사람은 하나님이 받으시는 줄 깨달았도다"(행 10:34, 35), "우리[유대인]가 저희[이방인]와 동일하게 주 예수의 은혜로 구원받는 줄을 믿노라"(15:11)고 천명했다. 그 뒤로도 계속해서 유대 기독교 교회의 우두머리로 있었고, 바울도 그를 할례자의 세 '기둥' 사도들 중 첫째로 언급한다(갈 2:8, 9; 비교. 1:18; 고전 15:5). 그러나 그는 보수주의의 우파를 대표한 야고보와 사도 진영의 좌파를 지휘한 바울의 중간에서 중재자 역할을 했다. 이것이 바로 베드로가 그의 서신서들에서 견지한 입장이다. 이 서신서들은 바울과 야고보의 가르침을 상당히 소개하며, 따라서 마치 사도행전이 진리나 사실을 훼손하지 않은 채 역사적 화해주의를 견지했듯이, 교리적 평화주의의 성격을 띤다.

허구의 베드로

성경의 어떤 인물도, 아니 역사의 어떤 인물도 사도들의 우두머리로 서 있는 평범한 갈릴리 어부만큼 교리적·성직위계제도적 목적으로 과장되고 곡해되고 남용된 사람은 없었다. 성경에 나오는 여인들 중에서 동정녀 마리아가 숭배의 목적을 위해 비슷한 변형을 거쳐 하늘의 여왕이라는 존엄한 지위로 격상되었다. 베드로는 그리스도의 대리인으로서, 마리아는 그리스도의 어머니로서 이렇게 이상화한 형태로 기독교 세계에서 가장 큰 교파의 정치와 예배에서 지배 권력이 되었고 지금도 여전히 그런 지위를 누린다.

두 사람의 경우 다 2, 3세기 유대화를 표방한 이단 분파들 사이에서 허구 작업이 시작되었으나, 3, 4세기에 들어서 가톨릭 교회, 특히 로마 교회는 그 작업을 수정하여 진척시켰다.

1. 에비온주의 허구에 나타나는 베드로. 에비온주의가 역사적 근거로 삼는 것은 베드로가 사마리아에서 시몬 마구스를 만난 일과(행 8:9-24), 안디옥에서 바울이 베드로를 책망한 일(갈 2:11-14), 그리고 유대화주의자들이 바울에게 품은 강렬한 불신과 혐오이다. 이 세 가지 틀림없는 사실은 로마에서 시몬 마구스가 고대 로마의 사빈느족(Sabine)의 신 세모 산쿠스(Semo Sancus)와 혼동된 것과 아울러 자료를 제공했고 종교 성향의 소설들이 씌어지도록 자극했다.[8] 이 소설들

은 2세기 중엽과 그 이후에 재능있는 반(半)영지주의적 에비온주의자들에 의해서 익명으로 혹은 베드로의 후계자로 알려지는 로마의 클레멘스의 가공적인 이름으로 저술되었다. 이 저작들에서 시몬 베드로는, 거짓의 사도요 모든 이단의 아비요 귀신들린 사마리아인인 시몬 마구스와 대립하는 위대한 진리의 사도로 등장한다. 베드로는 그를 따라 가이사랴 스트라토니스에서 두로, 시돈, 베리투스, 안디옥, 로마, 그리고 네로의 법정까지 가면서 그와 변론하고 그의 오류들을 논박하는데, 마침내 그 협잡꾼은 감히 그리스도의 승천을 조롱하다가 비참한 최후를 당한다.

위(僞)클레멘스 설교집(the pseudo-Clementine Homilies)에서 시몬이란 이름은 다른 이단들 가운데서도 바울의 자유로운 복음을 대표하는데, 그는 모세 율법의 권위를 무시하는 거짓 사도이자 반역자로서 공격을 받는다. 유대화주의자들(Judaizers)이 바울에게 가했던 동일한 비판이 여기서는 베드로가 시몬 마구스에게, 특히 사람이 은혜로만 구원을 얻을 수 있다는 주장에 대해서 가하는 비판으로 등장한다. 바울이 자신의 회심의 동기로 고백한 그리스도의 환상은 마귀가 보여준 거짓 환상으로 치부된다. 바울이 안디옥에서 베드로를 책망한 것(갈 2:11)은 하나님께 대한 비방으로 인용된다. 한 마디로 시몬 마구스는 적어도 부분적으로는 그 이방인의 사도를 유대화주의의 입장에서 악의로 풍자해 놓은 인물상이다.

2. 교황청이 평가하는 베드로. 부분적으로는 이레나이우스, 오리게네스, 테르툴리아누스, 에우세비우스 같은 교부들의 언급에서 볼 수 있고, 부분적으로는 외경 저작들에서 볼 수 있는 베드로 전설에 대한 정통 교회의 입장은 베드로와 시몬 마구스가 안디옥과 로마에서 대립했다는 일반적인 이야기는 유지하지만, 거기서 반(反)바울적인 독소를 빼내며, 바울이 말년에 베드로와 손을 잡은 점을 강조한다. 바울은 베드로에 버금가는 위치에서이긴 하지만 로마 교회의 공동 설립자로서, 네로의 박해 때 베드로와 함께 같은 날(6월 29일) 같은 해(혹은 연차적

---

8) Justin Martyr(*Apol.* I. c. 26 and 56)는 시몬 마구스가 클라우디우스 때 로마로 갔고, 티베르 강의 섬에 세워진 그의 상(像)이 잘 보여주듯이 신에 해당하는 영예를 얻었다고 보고한다. 그 신상은 실제로 1574년에 발견되었으나, 그 상에는 Semoni Sanco Deo Fidio sacrum(Simoni Deo sancto가 아닌)라는 글귀가 새겨져 있었다.

으로)에 각기 다른 장소에서 다른 방식으로 순교자의 면류관을 썼다고 한다. 베드로는 주님과 똑같이 십자가에 못 박혀 죽었는데(비록 거꾸로 달리긴 했지만), 순교한 장소는 야니쿨룸 언덕이었거나(이곳에는 몬토리오에 있는 성 피에트로 교회가 서 있다), 아니면 좀 더 가능성이 높은 장소인 바티칸 언덕이었다(이곳은 네로의 서커스와 박해의 무대였다).

바울은 로마 시민이었던 관계로 오스티아 가도(the Ostian way)가 지나는 트레 폰타나(三井, the Three Fountains. Tre Fontana)에서 참수를 당했다. 2세기 말의 로마 장로 카이우스(Caius. 혹은 가이우스)는 두 사람의 기념비 혹은 트로피를 바티칸과 오스티아 가도로 지적했다. 리베리우스(Liberius) 시대에 작성된 로마 교회력(the Kalendarium of the Roman church)에 따르면 258년 6월 29일에 베드로의 유골이 산 세바스티아노(San Sebastiano) 카타콤에, 바울의 유골이 오스티아 가도에 엄장(嚴葬)되었다. 백년 뒤 베드로의 유골은 바티칸 성 베드로 성당에 항구적으로 이장(移葬)되었고, 사도 바울의 유골은 포르타 오스티엔시스(오늘날의 포르타 상 파올로) 외곽의 성 바울 대성당으로 이장되었다.

베드로가 25년간 로마 주교직을 지냈다는(안디옥에서 7년간 주교직을 지낸 뒤) 전승은 제4세기(제롬) 이전에는 증거를 찾아볼 수 없고, 앞에서 이미 말했듯이 순교자 유스티누스가 클라우디우스 재위 때(41-54년) 시몬 마구스가 로마에 도착한 일에 관해서 해놓은 의심스러운 진술과 관련한 그릇된 연대 계산에서 비롯되었다. 최고(最古)의 교황 목록서인 "리베리아누스 목록"(Catalogus Liberianus. 366년 이전에 작성된 것으로 추정됨)은 베드로의 교황 재위 기간을 25년 1개월 9일로 확대하고, 그가 죽은 연대를 65년 6월 29일로 표기하는데(네르바〈Nerva〉와 베스티누스〈Vestinus〉가 총독으로 있을 때), 이대로 하자면 베드로는 주후 40년에 로마에 도착한 셈이다.

에우세비우스는 그의 「그리스 연대기」(*Greek Chronicle*)에서 햇수를 꼬집어 말하지는 않지만, 「교회사」(*Church History*)에서는 베드로가 클라디우스 재위 때 전염병처럼 퍼지던 시몬 마구스의 오류를 바로잡아 가르치기 위해서 로마에 왔다고 한다. 그의 연대기의 아르메니아 역본은 '20년'을 언급하고, 제롬은 그 연대기의 번역서 혹은 석의서에서 베드로가 클라우디우스 재위 2년(42년)에 예루살렘을 떠나 안디옥과 로마로 갔고(그러나 사도행전 12:17은 오히려 44년을 가리킨다) 네로 재위 14년, 즉 마지막 해(68년)에 죽었다는 특별한 근거 없는 추정으로 '25년'을 언급한다.

현대 로마 가톨릭 사가들 가운데에는 베드로의 순교 연대에 관한 일치된 의견이 없다. 바로니우스(Baronius)는 69년으로, 파기(Pagi)와 올번 버틀러(Alban Butler)는 65년으로, 묄러(Möhler)와 감스(Gams)와 알초그(Alzog)는 66–68년으로 잡는다. 이런 주장들을 감안할 때 네로의 박해는 64년 이후부터 지속되거나 재개되었다고 추정할 수밖에 없는데, 이를 뒷받침할 만한 역사적 증거는 없다. 또 한 가지 추정하지 않을 수 없는 것은 베드로가 소아시아와 시리아의 교회들을 감독하고, 예루살렘 공의회를 주재하고, 안디옥에서 바울을 만나고, 아내와 함께 전도 여행을 하느라 대부분의 시간을 자기 양무리를 떠나 있었던 게 분명하다는 점과, 바울이 로마에 편지를 보내고 로마에서 편지를 쓰면서 그를 거의 언급하지 않은 58년까지와 심지어 63년까지 로마에 거의 인상을 남기지 않았다는 점이다. 그러므로 이상의 주장들은 연대기적 오류로 엄연한 사실들을 뒤엎는 셈이다. "어떤 교황도 베드로의 재위 기간(25년)을 넘보지 못할 것이다"라는 유명한 말 — 지금까지 거의 법률과 같은 효력을 지녀온 — 은 1846년부터 1878년까지 32년을 재위한 최초의 무오한 교황 피우스 9세(Pius IX)에 의해서 식언으로 입증되었다.

특주

교황청의 주장에 관하여

이 전승과 복음서와 사도행전에 논박의 여지가 없이 나타나는 베드로의 수위성, 특히 그리스도께서 그가 위대한 신앙고백을 한 뒤 그에게 하신 말씀(마 16:18)을 토대로 교황제라는 거대한 구조가 세워졌다. 교황제에는 그리스도 교회에서 존귀의 항구적 수위권과 최고 통치권의 합법적 계승자라는 엄청난 주장들이 따라붙었고, 1870년 이후에는 교리에 관해서든 도덕에 관해서든 모든 공적 발언에서 교황이 무류하다는 부가적인 주장이 따라붙었다. 이 주장이 정당하려면 세 가지 전제를 충족시켜야 한다:

1. 베드로가 로마에서 사역했었는가 하는 점. 이것은 사실(史實)로 받아들일 수도 있지만, 필자의 입장에서는 교황제 같은 확고하고 세계적인 구조가 단순한 거

짓말과 오류라는 모래 위에 설 수 있었다는 것이 믿기지 않는다. 그것이 허구에 그 정당성을 주는 근본 원칙인데, 무릇 오류란 그것이 구현하는 진실의 분량만큼 위험한 법이다. 그러나 베드로가 로마에 1년을 머물렀든 25년을 머물렀든간에 그곳에 머물렀다는 사실 자체가 교황청이 주장하는 것처럼 그런 근본적인 중요성을 띨 수는 없다. 그렇지 않다면 신약성경에 다소나마 그런 언급이 되지 않았을 리가 없다. 더욱이 만약 베드로가 로마에 갔었다면, 로마서에 명백히 나타나는 대로 바울도 동일한 기간에 로마에서 그와 함께 사도로서 로마 회중을 감독한 셈이 된다.

2. 베드로가 수위권을 후계자에게 양도하는 것이 가능했느냐 하는 점. 이것은 그리스도의 말씀을 추론한 데서 기인한다: "너는 베드로[반석]라. 내가 이 반석 위에 내 교회를 세우리니 음부의 권세가 이기지 못하리라"(마 16:17). 마태만 기록하는 이 구절은 로마교의 해석학적 반석이며, 교황들과 교황주의자들이 성경의 다른 절들에 비해 자주 인용한다. 그러나 분명히 베드로를 가리켜 페트라라고 하신 점을 감안할 때, 이 예언적 이름의 의의는 교회의 기초를 모든 시대를 위해 단번에 놓는 데서 베드로가 맡은 독특한 사명을 가리키는 게 분명하다. 그는 오순절에 그리고 고넬료를 회심시킬 때 이 사명을 성취했다. 그리고 이 선구자적 사역에서 베드로는 이방인들을 회심시킨 사도 바울과 사도 교회의 두 지류를 하나로 공고히 한 요한 말고 다른 계승자를 가질 수 없었다.

3. 베드로의 이 대권을 그가 틀림없이 주재했던 예루살렘과 안디옥의 주교들에게 이양하지 않고, 신약성경에서 그가 과연 갔었는지조차 입증할 수 없는 로마의 주교에게 이양했겠느냐는 점. 그런 이양에 관해서 역사는 조금도 알지 못한다. 주후 95년경 최초로 베드로의 순교를 언급한 로마의 클레멘스와 얼마 뒤 로마인들을 권하면서 베드로와 바울을 언급한 안디옥의 이그나티우스는 이양에 관해서 한마디도 하지 않는다. 초기 교황들의 연대기와 계승 자체도 불명확하다.

이렇게 우리가 역사상의 베드로에 관해서 알고 있는 것을 근거로 교황청의 주장들을 입증할 수 없는 반면에, 베드로의 실제 역사에는 그 주장들에 큰 영향을 끼치는 몇 가지 틀림없는 사실들이 있다.

1. 베드로가 결혼을 했고(마 8:14), 선교 여행길에 아내를 동반했으며(고전 9:5), suneklhth(함께 선택을 받은 여성. 한글개역성경, '함께 택함을 받은 … 교회')를 해석하기에 따라 그가 자신의 첫 서신(5:13)에서 아내를 언급했다는 점. 교부 전승은 베드로에게 자녀들 혹은 적어도 딸 하나(페트로닐라)가 있었다고 전한다. 그의 아내는 로마에서 그에 앞서 순교했다고 한다. 이런 예를 감안할 때 교황들은 무슨

권한으로 성직자 결혼을 금하는 것인가? 또한 금과 은이 없이(행 3:6) 살았던 베드로의 청빈한 생활과 중세 이래 세속 권력 상실 때까지 삼중관을 쓴 교황들의 호화스런 치장은 새삼 대조할 필요조차 없다.

2. 예루살렘 공의회(행 15:1-11)에서 베드로가 의장 겸 판결자로 나타나지 않고 (의장은 야고보였다) 단순히 첫 연사 겸 변론자로 나타나며, 판단의 무류성은 고사하고 어떠한 특별한 대권도 갖지 않은 점. 바티칸의 이론에 따르면 할례 문제는 공의회가 아닌 베드로에게 전적으로 위임되었어야 옳았고, 결정도 "사도와 장로 된 형제들"(23절)이 아닌 그에게서 나왔어야 옳았다고 한다.

3. 베드로가 안디옥에서 연하의 사도에게 일관성 없는 행동으로 공개리에 질책을 받은 점(갈 2:11-14). 그 경우 베드로의 행위는 권징에 대한 그의 무류성과 양립할 수 없는 반면에, 바울의 행위는 베드로의 수위권과 양립할 수 없다. 그 정경 전체는 비록 매우 명백하긴 하지만, 로마와 로마화주의 견해들에 마땅치 않기 때문에 교부 시대 저자들과 예수회 저자들은 심지어 사도들이 유대화주의자들을 더욱 효과적으로 논박하기 위해서 의도적으로 연출한 소극(笑劇)이었다고 해석할 만큼 다양하게 왜곡해 왔다.

4. 위대한 레오 1세에서 레오 13세에 이르는 교황들이 모든 주교들과 모든 교회들에 대한 자기들의 권위를 강조하기를 그치지 않은 것과 대조적으로, 베드로는 사도행전에서 행한 연설에서 결코 그렇게 하지 않았다. 그리고 그의 서신들도 자신의 "함께 장로된 자들"에게 주장하는 기색은 전혀 찾아볼 수 없고, 진실한 겸손의 정신이 감돌며, 교황제에 쉽게 따라붙는 더러운 이(利)와 군림하려는 야심에 대해서 예언적 경고를 싣는다(벧전 5:1-3). 돈과 권력에 대한 탐욕은 쌍둥이 자매로서 각각이 "일만 악의 뿌리"이다.

자연인 베드로의 장점들보다 약점들 — 배짱과 허세, 십자가를 두려워함, 세속 영광에 대한 애착, 육체적 열정, 칼을 휘두름, 겟세마네에서 잠에 빠짐 — 이 교황청 역사에서 고스란히 재현된다는 것은 대단히 의미심장하다. 반면에 회개하고 영감을 받은 베드로의 설교들과 서신들은 성직위계제도적 위세와 교황청이 드러낸 세속적 악들을 강력히 비판하고, 복음적 원칙들 — 신자가 누구나 제사장이요 왕이라는 점, 화려한 성전 앞에서 사도들이 보인 청빈, 사람보다 하나님께 대한 순종 — 을 명하되, 그러면서도 국가 권력자들과 명예로운 결혼을 존중하고, 아나니아와 삽비라가 나타낸 정신적 유보, 마술사 시몬이 나타낸 성직 매매 태도를 단죄하고, 이교도 고넬료의 신앙을 후히 평가하고, 율법의 멍에와 예수 그리스도의 이름 외의 다른 이름으로 구원을 받으려는 시도에 반대한다.

27. 주의 형제 야고보

"영혼 없는 몸이 죽은 것같이 행함이 없는 믿음은 죽은 것이니라" — 약 2:26

유대 기독교의 총지도자였던 베드로 다음에는 주의 형제 야고보(속사도 시대 저자들은 그를 '의인 야고보'와 '예루살렘 주교'라고 했다)가 가장 오래된 교회의 지역 수장이자 유대 기독교의 가장 보수적 집단의 지도자로 서 있다. 그는 주후 44년 세베대의 아들 야고보가 순교한 뒤 그의 자리를 대신한 듯하다. 그는 베드로와 요한과 함께 할례자 교회의 세 '기둥' 중 하나가 되었다. 그리고 베드로가 예루살렘을 떠난 뒤에는 죽을 때까지 기독교 세계의 그 모교회를 감독했다. 열두 제자에는 속하지 않았지만 우리 주님과의 형제 관계와 뛰어난 경건에 힘입어 특히 유대와 유대인 회심자들 가운데서 거의 사도에 해당하는 권세를 누렸다. 한번은 베드로까지도 그의 영향력 혹은 그의 대리자들의 영향력에 굴복하고서 이방인 형제들에게 서운한 행동을 하는 잘못을 범했다(갈 2:12).

야고보는 우리 주님이 부활하시기 전까지는 신자가 아니었다. 그는 주님의 네 '형제'(야고보, 요셉, 유다, 시몬) 중 제일 큰 동생이었는데, 요한은 슬픈 어조로 "그 형제들이라도 예수를 믿지 아니함이러라"고 보고한다(막 6:3; 마 13:55; 요 7:5). 우리 주님이 낮아지셨을 때에 일찍부터 끊임없이 괴롭힘을 받은 것은 고향 사람들로부터, 심지어 "자기 친척과 자기 집"에서조차 존경을 받지 못하셨다는 것이다(막 6:4; 마 13:57; 눅 4:24; 요 4:44). 당시에 야고보는 틀림없이 유대인들의 일시적이고 현세적인 그릇된 메시야 사상에 빠져 있었을 것이고, 따라서 신적인 자기 형의 느리고 비현실적인 행동을 인정하지 않았을 것이다. 그렇기 때문에 "당신의 행하는 일을 제자들도 보게 여기를 떠나 유대로 가소서 … 이 일을 행하려 하거든 자신을 세상에 나타내소서" 하고 냉소적이고 거의 무례한 말을 서슴지 않았던 것이다. 주께서 십자가에 달려 돌아가신 사건은 그의 의심과 슬픔만 더 깊게 했을 것이다.

그러나 부활하신 주께서 특별히 그 형제들에게 나타나 주심으로써 야고보는 동생들과 함께 회심하게 되었고, 부활 사건 뒤에는 사도들의 무리에 나타나기 시작한다(행 1:13; 비교. 고전 9:5). 그의 생애에 발생한 이 전환점을 바울은 간략하면서도 의미심장하게 언급한다. 바울 자신도 그리스도께서 친히 나타나 주심으로써 회심했던 것이다(고전 15:7). 「히브리 복음서」(*Gospel according to the Hebrews*. 외경 복음서들 중에서 가장 오래 되고 황당한 내용이 가장 적은 저서들 중 한 권)에는 야고보에 관해서 좀 더 충분히 전하는 흥미로운 부분이 있는데, 그 내용에 따르면 야고보는 회심하기 전부터도 진실하고 근면한 사람이었다고 한다. 이 책에 따르면 그는 "주께서 자신의 잔[고난의]을 마시는 그 순간부터 죽은 자 가운데서 살아나시는 것을 볼 때까지 밥을 먹지 않겠다고" 맹세했다고 한다. 주께서는 의인 야고보(James the Just)에게 나타나 대화를 나누고 떡을 주시면서 "아우여, 이제는 음식을 들라. 인자가 잠자는 자들로부터 일어났도다" 하고 말했다고 한다.

　사도행전과 갈라디아서에서 야고보는 유대인 회심자들 가운데 가장 보수적인 인물로, 극우파의 수장으로 나타난다. 그럼에도 불구하고 바울을 이방인의 사도로 인정했고, 바울 자신이 보고하듯이 그와 교제의 악수를 했으며, 이방 그리스도인들에게 할례의 멍에를 부과하기를 원치 않았다. 그러므로 야고보를 이단적인 유대화주의자들(에비온파의 선구자들), 즉 바울을 혐오하고 대적하며, 할례를 칭의와 교회 가입의 조건으로 만든 자들과 동일시해서는 안 된다. 그는 예루살렘 공의회를 주재했고 교회 분열을 막은 타협안을 제시했다. 그 공의회 서한은 그의 문체와 일치한다는 점과 인사말이 그의 독특한 문구라는 점에서 그가 작성한 것으로 보인다(사도행전 15:23과 야고보서 1:1에는 그리스도인의 독특한 인사말인 χάρις καὶ εἰρήνη〈은혜와 평강이 너희에게 있을지어다〉 대신에 χαίρειν〈문안하노라〉이 쓰였다).

　야고보는 정직하고 양심적이고 대단히 실질적이고 타협적인 훌륭한 유대인 그리스도인으로서, 비록 좁은 사역 반경만큼이나 정신적 비전도 좁긴 했지만 적기 적소에 나타난 적임자였다.

　바울의 간략한 언급에 비추어 볼 때 야고보는 베드로와 주의 다른 형제들처럼 결혼했다고 추론할 수 있다(고전 9:5).

　야고보의 사명은 회당과 교회의 틈바구니에 서서 모세의 제자들을 온유하게 그리스도께 인도하는 것이었다. 그는 거룩한 도성에 심판이 임박해 있는 그 중대한 순간에 그 일을 해낼 수 있는 유일한 사람이었다. 그는 유대인들이 민족 차원에서 회심할 희망이 조금이라도 남아 있는 동안에는 그 일을 위해 기도했고 그 변화를 될 수 있는 대로 쉽게 만들었다. 그 소망이 사라졌을 때 그의 사명은 완수되었다.

요세푸스에 따르면, 야고보는 베스도와 알비누스(Albinus)의 총독 재위 기간 사이에, 즉 63년에 사두개파 출신 대제사장 소(小)아나누스(the younger Ananus) — 요세푸스는 그를 가리켜 "판결을 집행할 때 모든 유대인들 중에서 가장 잔혹했던 자"라고 한다 — 의 사주로 다른 몇 사람과 함께 "율법을 범한 자들로", 즉 그리스도인이라는 죄목으로 돌에 맞아 죽었다고 한다. 그 유대인 역사가는 이 불의한 행위가 율법에 지극히 헌신하는 자들(바리새인들) 사이에 큰 분노를 일으켰다는 내용과, 알비누스와 왕 아그립바로 하여금 아나누스(누가복음 3:2; 요한복음 18:13에 언급된 안나스의 아들)를 폐위하게 했다는 내용을 덧붙인다. 이로써 그는 야고보가 심지어 유대인들 사이에서도 높은 지위를 누렸다는 공정한 증거를 한다.

주후 170년경의 유대 그리스도인 역사가 헤게시푸스(Hegesippus)는 야고보의 순교를 몇년 뒤, 즉 예루살렘 멸망 직전(69년)으로 잡는다. 그는 야고보가 유대인들에 의해 성전 꼭대기에서 땅바닥으로 내동댕이쳐진 다음 돌에 맞아 죽었다고 한다. 야고보의 마지막 기도는 자기 형이자 주님께서 십자가에서 하신 기도의 메아리였다: "하나님 아버지, 저희를 사하여 주옵소서. 자기의 하는 것을 알지 못함이니이다."

헤게시푸스가 전하는 야고보의 드라마틱한 기사는 2세기 중엽에 등장한 과장된 내용으로서, 「야고보 승천기」(*Ascents of James*)와 그 밖의 외경 저서들에서 유래했을 가능성이 큰 유대화주의의 특성들로 채색되었다. 헤게시푸스는 야고보를 유대인 제사장과 나실인(비교. 그가 바울에게 한 조언. 행 21:23, 24), 즉 술과 고기를 입에 대지 않고 삭도를 대지 않고 목욕도 하지 않고 베옷만 입고 지내는 사람으로 묘사한다. 그러나 성경이 말하는 야고보는 에세네파와 금욕주의자라기보다는 바리새적이고 율법주의에 가까운 사람이다. 위(僞)클레멘스 저서들에서는 그가 히브리인들의 거룩한 교회의 수장으로서, "주교들의 주와 주교"로서, "사제들의 장"으로서 심지어 베드로보다 높은 지위에 올라 있다.

에피파니우스가 언급한 전승에 따르면 야고보는 에베소의 사도 요한처럼 이마에 "여호와께 성결"(출 28:36)이라고 새겨진 대제사장의 금패를 둘렀다고 한다. 그리고 「성 야고보 전례서」(*Liturgy of St. James*)에서는 예수의 형제가 "하나님의 형제"($\dot{\alpha}\delta\epsilon\lambda\phi\dot{o}\theta\epsilon o s$)의 지위로 격상된다. 위인들의 기억 주위에는 전설이 모여서 그들이 친구들과 동료들에게 남긴 깊은 인상을 드러내게 마련이다. 이 야고보 전설들을 통해서 환히 비치는 인물은 충성스럽고 열정적이고 경건하고 지조 있는 히브리 그리스도인으로서, 그는 순결과 거룩함으로 주변의 모든 사람들에게 존경과 사랑을 받았다.

그러나 우리는 헤게시푸스의 단편들과 「성 야고보 전례서」에서 보게 되는 야고보에 대한 유대 기독교적이면서도 정통신앙을 견지한 동방 교회의 지나친 평가와, 외경의 허구들에 나타나는 대로 야고보를 바울과 자유의 복음에 대한 대적으로 만든 이단적인 왜곡을 주의해서 구분해야 한다. 여기서 만나는 현상은 베드로와 바울의 경우와 동일하다. 중요한 사도면 누구나 초대 교회에서, 그리고 그 교회 역사에 대한 현대의 비평적 재구성에서 외경의 그림자와 풍자를 갖고 있게 마련이다. 야고보의 이름과 권위는 비록 야고보와 바울이 예루살렘에서 교제의 악수를 나누었는데도 불구하고 유대화주의자들이 바울의 사역을 훼손하는 데 남용했다.[9] 2세기에 에비온주의자들은 야고보와 베드로의 존귀한 이름을 앞세워 바울에 대한 기억에 이런 공격을 그치지 않았다. 한편 특정 부류의 현대 비평학자들도 (대개 바울을 비판하는 관점에 서서) 야고보서에서 그와 동일한 적대적 태도를 입증해 내려고 노력한다(그들이 이 서신을 원본으로 인정하는 한에서).[10]

우리의 정경에 실린 그 서신은 "하나님과 주 예수 그리스도의 종 야고보"가 흩어져 있는 열두 지파에게 보내는 것으로 되어 있으며, 비록 에우세비우스와 제롬 때에는 일반적으로 정경으로 인정을 받지 못했지만, 원본이라는 강력한 내적

---

9) 갈 2:12. 예루살렘에서 야고보가 보낸 익명의 사자들 — 안디옥에서 베드로와 바나바에게 위협감을 준 — 이 어느 정도나 야고보의 권세하에 행동했는지는 분명하지 않다. 그러나 9절과 사도행전에 비추어 볼 때 야고보가 이방인 개종 사역에서 바울과 바나바의 독특한 신적 은사와 성공을 인정한 것은 분명하다. 따라서 야고보는 스스로 큰 모순을 드러내지 않고는 바울의 대적들과 동일한 주장을 할 수 없었다.

10) 심지어 루터도 방심하고 있는 순간에(1524년) 야고보서를 '지푸라기 서신'이라고 했다. 그 서신서를 바울의 이신칭의 교리와 조화시킬 수 없었기 때문이었다.

증거를 갖고 있다. 이 서신은 우리가 바울의 서신들과 사도행전에서 알고 있는 역사적 야고보의 성품과 지위에 꼭 들어맞으며, 에비온주의의 허구들에 그려진 외경적 야고보와는 사뭇 다르다. 이 서신은 팔레스타인을 무대로 한 신정(神政)적 메트로폴리스인 예루살렘에서 울려퍼진다. 기독교 공동체들은 교회들로 나타나지 않고, 부유하고 권력있는 유대인들에게 압제와 핍박을 당하는 가난한 자들로 주류를 이루는 회당들로 나타난다. 이방 그리스도인들이 있었던 흔적이나 그들과 유대 그리스도인들간의 논쟁이 있었다는 흔적이 없다. 이 서신은 아마 마태가 히브리인들을 대상으로 쓴 복음서와 한 짝이었을 것이다. 마치 요한일서가 요한의 복음서와 한 짝이었듯이 말이다.

야고보서는 신약성경 서신들 가운데 가장 오래된 서신인 듯하다. 이 서신은 예언적 진지함과 격언적인 간결함, 신선함, 그리고 탁월한 헬라어로 아주 초기 단계여서 빈약하면서도 매우 실제적이고 필요한 형태의 기독교를 표현한다. 교리서가 아니라 윤리서이다. 세례 요한의 설교와 주님의 산상수훈, 그리고 전도서와 「솔로몬의 지혜서」(*the Wisdom of Solomon*)와 대단히 유사하다. 유대인들을 직접 비판하지 않으며, 사도 바울에 대해서는, 적어도 그의 정순한 교리에 대해서는 비판하지 않는다. 독특하게도 복음을 "자유하게 하는 온전한 율법"(약 1:25)이라 부르며, 그로써 복음을 모세 시대와 아주 긴밀히 관련지으면서도 암시에 의해서 예속되게 하는 불완전한 율법보다 훨씬 높이 둔다. 저자는 그리스도와 구속의 깊은 신비에 관해서는 거의 말하지 않고, 복음 역사에 대한 지식을 분명히 전제하며, 그리스도를 존경하는 어조로 "영광의 주"라 부르고 자신은 겸손히 "그리스도의 종"이라 부른다(2:1; 1:1).

서신서 전체를 통해서 종교를 선행에 의한 믿음의 표시로 설명한다. 그의 교훈은 의심할 여지 없이 바울의 교훈과 크게 다르지만, 그럼에도 불구하고 상충되지 않고 오히려 보완하며, 모든 유형의 정순한 경건을 포괄하는 기독교 진리 체계에서 주요한 자리를 메꾼다. 바울이나 요한의 지고한 경지는 물론이고 야고보의 수준을 넘어서지 못하면서도 진지하고 근실하고 신실한 기독교 사역자들이 허다하다. 기독교 교회는 만약 야고보서가 바울의 교훈과 양립할 수 없다고 느꼈다면 이 서신서를 정경에 포함시키지 않았을 것이다. 심지어 루터교회도 자신의 위대한 지도자의 부정적인 판단을 따르지 않고 야고보서를 여전히 정경에 포함시킨다.

야고보가 순교한 뒤에는 글로바의 아들이자 예수님(그리고 야고보)의 사촌 시므온이 그 자리를 계승했다. 그는 트라야누스의 재위 때까지 예루살렘 교회를 계속 이끌다가 120살이라는 연로한 나이에 순교했다. 그 뒤에 13명의 예루살렘 주교들이 차례로 뒤를 이었으나 계승이 급속히 이루어졌고 유대 민족과 동일한 몰락의 길을 걸었다.

이 기간 내내 예루살렘 교회는 강한 이스라엘 민족의 스타일을 견지했으나 거기에 "그리스도께 대한 정순한 지식"을 접목했고, 가톨릭 교회와 사귐을 가졌는데, 이단적인 유대 기독교 분파인 에비온파는 그 사귐에서 축출되었다. 15명의 할례자 주교로 계승 자원이 고갈되고 예루살렘이 하드리아누스 치하에서 두번째로 침공을 당한 뒤 다수의 유대 그리스도인들은 점차 그리스 정교회로 흡수되었다.

특주

I. 야고보와 주님의 형제들. 신약성경에는 야고보라는 이름을 지닌 유력한 사람이 세 명 혹은 네 명 있다(족장에 대한 기억에서 유래한 이름으로, 유대인들 사이에는 시므온 혹은 시몬, 요셉 혹은 요세보다 더 흔한 이름이다):

1. 세베대의 (아들) 야고보 — 요한의 형제, 주께서 가까이 두신 세 제자 중 하나, 열두 제자 가운데 최초의 순교자(주후 44년에 참수됨. 행 12:2). 이에 반해 그의 형제 요한은 모든 사도들 가운데 가장 오래 살아 남았다. 이들은 '우레의 아들'이라 불렸다.

2. 알패오의 (아들) 야고보 — 마찬가지로 열두 제자 중 한 사람이었고, 네 가지의 사도 목록에 다 언급된다(마 10:3; 막 3:10; 눅 6:15; 행 1:13).

3. 작은(Little) 야고보(막 15:40. E.V.에서처럼 소<小, the Less>가 아님) — 아마 키가 작아서 그렇게 불린 듯하다(삭개오처럼. 눅 19:3). 그는 마리아라는 여성의 아들이자 요셉의 형제였다(마 27:56; 막 15:40, 47; 16:1; 눅 24:10). 그의 어머니 마리아가 요한복음 19:25에 언급된 글로바의 아내였고 글로바가 알패오와 동일인이었다는 추정하에 대개 알패오의 아들 야고보와 동일시된다. 그러나 이렇게 동일시하는 데는 여러 가지 문제가 따른다.

4. 대(大, the Elder) 야고보가 일찍 죽은 뒤 가장 유력하게 대두된, 혹은 주의

형제 야고보라는 명예로운 칭호를 지닌 야고보 — 속사도 시대 저자들은 예루살렘 감독인 의인 야고보라 불렀다. 이 칭호는 그를 복음서들에 자주 언급되는 우리 주님의 네 형제와 이름이 밝혀지지 않은 여동생들과 직접 연결시키는데, 그는 그 남매들 중 맏이였다. 따라서 이 네 이름이 서로 어떻게 관계되는가 하는 복잡한 문제가 생긴다. 이 문제에 관해 최근에 전개되고 있는 논쟁들을 중심으로 몇 가지 중요한 점들을 다음과 같이 간략히 소개한다.

야고보와 예수의 형제들에 대한 세 가지 설이 있다. 필자는 그 세 가지 설을 형제설, 이복형제설, 사촌설이라 부르겠다. 주교 라이프푸트(Lightfoot)와 주교좌성당 참사회원 파러(Farrar)는 그 설들을 그 주된 옹호자들의 이름을 따서 헬비디우스 설(Helvidian, 불쾌감이 담긴 칭호), 에피파니우스 설(Epiphanian), 히에로니무스 설(Hieronymian)이라고 부른다. 첫째 설은 개신교도들에게 국한되고, 둘째 설은 그리스 교회에 국한되며, 셋째 설은 로마교회의 견해이다.

(1) 형제설은 아델포이(adelfoi)라는 용어를 일반적 의미로 사용하며, 형제들을 요셉과 마리아의 차남 이하의 자녀들로, 따라서 법의 시각과 대중의 견해에 비추어 보자면 예수님의 친형제들로 간주한다(물론 예수님의 초자연적 잉태에 비추어 보자면 실은 씨가 다른 형제들에 지나지 않지만). 이것이 해석학적으로 가장 자연스러운 견해로서, 아델포스라는 용어의 의미(특히 항시적 칭호로 쓰일 때)와 이 형제들이 마리아와 늘 같이 있었던 점(요 2:12; 마 12:46; 13:55)에 의해서, 그리고 마태복음 1:25("아들을 낳기까지 동침치 아니하더니." 비교. 1:18, "동거하기 전에")과 누가복음 2:7("맏아들") — 마리아와 예수님의 추후 역사를 충분히 안 터에서 이 용어들을 사용한 복음서 저자들의 관점이 담긴 — 에 의해서 뒷받침된다. 이 견해에 제기된 진지한 반론은 교리적이고 윤리적인 성격을 띤다. 교리적인 성격은 우리 주와 구주의 어머니가 평생 동정녀로 지냈다는 가설에서 볼 수 있고, 윤리적인 성격은 우리 주님이 십자가에서 어머니를 친아들 딸들에게 부탁하지 않고 요한에게 부탁하셨다는 점에서 볼 수 있다(요 19:25). 만약 이 두 가지 장애만 없다면 형제설이 모든 공정하고 정직한 해석학자들에 의해 의해 채택될 것이다. 위에 언급한 두 가지 반론 중 첫째 것은 정절을 지나치게 강조한 속사도 시대 금욕주의에서 유래했고, 따라서 마태와 누가는 그런 점을 느꼈을 리가 없다. 만약 느꼈다면 위에 언급한 그런 모호한 용어들은 피했을 것이다. 두번째 난점은 비록 정도는 다르지만 나머지 두 설에도 부담을 준다. 따라서 이 난점은 다른 근거하에, 즉 요한이 예수님과 마리아에 대해 혈육 관계를 넘어서는 깊은 영적 공감과

친밀성을 갖고 있었다는 점과, 요한이 아마 예수님과 사촌 관계였을 것이라는 점(같은 단락인 요한복음 19:25에 대한 합당한 해석에 기초한 추정), 예수님이 어머니를 부탁하실 당시 친형제들에게 신앙이 없었던 점을 토대로 해결해야 한다.

이 설은 테르툴리아누스이 주장했고(제롬은 그를 한 마디로, 즉 '교회인'이 아닌 분리주의자라고 비판한다), 380년경 로마에서 헬비디우스(Helvidius. 그는 제롬에 의해 이단으로 강력히 비판받았다)와 초기 단계의 성모 마리아 숭배에 반대한 여러 개인들과 분파들이 옹호했다. 최근에는 Herder 이래로 Stier, De Wette, Meyer, Weiss, Ewald, Wieseler, Keim 같은 독일 개신교 해석학자들과 Dean Alford와 Canon Farrar(*Life of Christ*, I. 97 sq.)가 옹호했다. 필자는 독일어 논문에서는 이 설을 옹호했으나, 나중에 *Hist. of Ap. Ch.*(p. 378)에서는 두번째 설에 충분한 비중을 두지 않은 점을 시인했다.

(2) 이복 형제설은 예수님의 형제 자매들을 요셉이 전처를 통해 낳은 자녀들로, 따라서 예수님과 아무런 혈육 관계도 없는 사람들로 간주하며, 단지 요셉이 예수님의 아버지라 불렸으므로 기적에 의한 성육신이란 예외적 사실에 그 용어를 예외적으로 사용하여 그들을 그렇게 불렀다고 본다. 이 설은 우리 주와 구주의 어머니의 영원한 정절을 변호하는 교리적 이점이 있다. 이 설은 요한복음 19:25에 함축된 도덕적 난점을 약화하며, 외경 복음서들과 동방 교회에서 강력한 전승적 뒷받침을 받는다. 아울러 요한복음 7:3, 4에서 형제들이 우리 주님께 행한 후원성 발언을 좀 더 쉽게 설명해 주는 듯하다. 그러나 이 형제들이 마리아와 늘 함께 다닌 점은 자연스럽게 설명하지 못한다. 이 설은 복음서들 어디에도 언급되지 않은 요셉의 결혼 전력을 가정하며, 요셉을 마리아의 남편보다 노인이자 보호자로 만든다. 마지막으로, 마리아의 영원한 처녀성 교리를 향한 초기 단계였던 금욕주의적 왜곡이라는 의심에서도 자유롭지 못하다. 이런 반론들에다 만약 형제들이 요셉의 큰 아들들이었다면 예수님은 다윗 권좌의 법적 후사로 간주할 수 없다는 Farrar의 견해를 덧붙일 수 있다(참조. 마 1:16; 눅 1:27; 롬 1:3; 딤후 2:8; 계 22:16).

이 설은 야고보에 대한 외경 저작들(야고보 원시복음<Protevangelium>, 야고보 승천기<the Ascents of James> 등)에서 맨 처음 발견되고, 그 뒤에는 주도적인 헬라 교부들(알렉산드리아의 클레멘스, 오리게네스, 에우세비우스, 니사의 그레고리우스, 에피파니우스, 알렉산드리아의 키릴루스) 사이에서 발견된다. 그리스, 시리아, 콥트 교회 전례(典禮)에는 이 설이 구체화했는데, 그 교회들의 전례는 여러 야고보들의 축일을 각기 달리 정하여 알패오의 아들 야고보의 축일은 10월 9일,

주의 형제 야고보의 축일은 10월 23일로 정했다. 따라서 이 설은 동방 교회의 설이라고 할 수 있다. 제롬 이전의 몇몇 라틴 교부들(푸아티에의 힐라리우스와 암브로시우스)도 이 설을 주장했고, Plumptre 박사가 그 견해를 따랐다(그의 책 *Com. on the Ep. of James* 서론에서).

(3) 사촌설은 형제들을 다소 먼 친척, 즉 알패오의 아내요 동정녀 마리아의 누이인 마리아의 자녀들로 간주하며, 주의 형제 야고보를 알패오의 아들 야고보 곧 작은 야고보와 동일시하며, 그로써 그를(시몬과 유다와 함께) 사도로 간주한다. 갈라디아서 1:19의 "야고보 외에는"은 이 설을 입증하지 않고, 오히려 야고보를 정규 사도들로부터 배제한다(비교. 갈 2:16; 눅 4:26, 27의 εἰ μή).

이 설은 383년 제롬이 헬비디우스를 비판한 논문에서 최초로 개진한 것으로서, 전승적 근거는 없고, 다만 마리아와 요셉의 정절성을 지켜 주고 그들의 결혼 관계를 명목적이고 무자(無子)한 관계로 축소시키려는 공공연한 교리적·금욕적 목표가 실려 있었다. 그러나 팔레스타인에 정착한 뒤에 내놓은 후기 저작들에서는 그 문제를 다루는 태도에 확신의 강도가 덜하다(참조. Lightfoot, p. 253). 그의 권위와 그보다 훨씬 더 비중이 큰 아우구스티누스 — 그는 처음에는(394년) 둘째 설과 셋째 설 사이에서 흔들리다가 나중에는 제롬의 견해를 받아들였다 — 의 권위에 의해 그 설은 라틴 교회의 정설이 되었고, 서방 전례에 구체화되었다(서방 전례는 야고보라는 이름의 두 성인만 인정한다). 그러나 이 설은 셋 중에서 가장 취약하며, 다음과 같은 이유에서 포기되어야 한다:

(a) 이 설은 신약성경에 사촌을 뜻하는 고유 단어가 있는데다(ἀνεψιός, 골 4:10, 비교. συγγενής, 눅 2:44; 21:16; 막 6:4 등), 예수님의 형제 자매들이 성가족 식구들로 나타나는 단락들의 명백한 의미를 감안할 때 '형제'란 단어의 자연스런 의미에 위배된다.

(b) 이 설은 두 자매가 마리아라는 동명을 갖고 있다고 가정하는데, 그것은 타당성이 희박하다.

(c) 이 설은 글로바와 알패오를 동일인으로 가정하는데, 그것 역시 의심스럽다. 알파이오스는 히브리식 이름인 반면에, 클로파스는 클레오파스(눅 24:18)의 경우처럼 헬라어 클레오파트로스의 약어이기 때문이다. 안티파스가 안티파트로스의 약어인 것과 같은 이치이다.

(d) 이 설은 예수님의 형제들 — 야고보는 그 중 한 명임 — 은 부활 사건 전에는 불신자들이었던 사실(요 7:5)과 절대 양립할 수 없으며, 따라서 이 설이 두세 명

을 사도로 가정하는 것과는 달리 그 중 아무도 사도일 가능성이 없다.

르낭의 설 — 르낭은 둘째 설과 셋째 설을 독창적인 방법으로 결합한다. 그는 예수님의 형제들과 사촌들에 관한 문제를 그의 책 *Les évangiles* 부록(537-540)에서 논한다. 그는 네 명의 야고보를 가정하며, 알패오의 아들과 글로바의 아들을 구분한다. 요셉이 두 번 결혼했고, 예수께 다음과 같은 여러 형제들과 사촌들이 있었다고 주장한다:

1. 요셉이 초혼으로 얻은 자녀들 곧 예수님의 큰 형들:

a. 야고보 — 주님의 형제, 의인 혹은 오블리암 야고보. 이 사람은 다음 구절들에서 언급된다: 마 13:55; 막 6:3; 갈 1:19; 2:9, 12; 고전 15:7; 행 12:17 등; 약 1:1; 유 1:1, 그리고 요세푸스와 헤게시푸스의 글.

b. 유다 — 다음 절들에 언급됨: 마 13:55; 막 6:3; 유 1:1; 에우세비우스의 *Hist. Eccl.* III. 19, 20, 32. 그에게서 두 손자가 났는데, 모두 감독(주교)을 지냈고, 황제 도미티아누스에게 다윗의 후손들이자 예수의 친척들로 소개되었다. Hegesippus in Euseb. III. 19, 20, 32.

c. 알려지지 않은 다른 아들들과 딸들. 마 13:56; 막 6:3; 고전 9:5.

2. 요셉이 마리아와 결혼하여 얻은 자녀들: 예수

3. 글로바의 자녀들과 예수님의 사촌들

헤게시푸스에 따르면 글로바는 요셉의 형제였고, 그도 마리아라는 이름의 여성과 결혼했을 가능성이 있으므로(요 19:25) 부계에 따른 자녀들과 사촌들인 듯함.

a. 작은 야고보 — 동명의 손위 사촌과 구분하기 위해서 그렇게 부른다. 다음 구절들에 언급된다: 마 27:56; 막 15:40; 16:1; 눅 24:10; 그 밖에는 알려지지 않음.

b. 요세 — 마 27:56; 막 15:40, 47. 그러나 오류로(?) 예수님의 형제들 가운데 열거됨: 마 13:55; 막 6:3; 그 밖에는 알려지지 않음.

c. 시므온 — 예루살렘의 2대 감독(Hegesippus in Eus. III. 11, 22, 32; IV. 5, 22)도 마 13:55; 막 6:3에 의해 오류로(?) 예수님의 형제들 틈에 낌.

d. 아마 알려지지 않은 다른 아들들과 딸들.

II. 헤게시푸스가 남긴 야고보에 관한 기록(Eusebius, *H. E.* II. 23). 사도 시대에 가장 가까운 시기에 활동했던 헤게시푸스도 (자신의 책 *Memorials* 제5권에서) 그에 관해 다음과 같이 매우 정확히 기술한다:

"주의 형제로서 주께서 땅에 계실 때부터 오늘 우리 시대까지 모든 이에게 의인 (the Just)이라 불린 야고보는 사도들과 함께(혹은 다른 판에 따르면 '사도들로부 터' ― 이 경우에는 야고보가 사도들과 더욱 뚜렷이 구분되는 셈이다) 교회의 감 독권을 받았다. 이 사람('이 사도'가 아님)은 자기 어머니의 태에서부터 성별되 었다. 그는 포도주나 독주를 마시지 않았고, 고기도 먹지 않았다. 머리털에 삭도 를 대지 않았고, 기름을 바르지도 않았고, 목욕탕(아마 로마의 사치스런 목욕탕. 모든 경건한 유대인들이 시행한 결례(潔禮)는 제외됨)도 이용하지 않았다. 그 홀 로만 성소(지성소가 아니라 제사장의 뜰)에 들어가도록 허락되었다. 양털 옷을 입지 않고 아마포 옷만 입었다. 홀로 성전에 들어가는 습관이 있었고, 그곳에서 무릎을 꿇고 백성의 사죄를 위해 도고(禱告)하는 모습이 사람들의 눈에 종종 띄었 다. 항상 하나님께 무릎꿇고 간구하느라 무릎이 낙타 무릎처럼 딱딱하게 되었다. 그리고 그러한 위대한 경건 때문에 공의와 백성의 보루를 뜻하는 의인(히브리어, 차디크)이자 오블리아스(δίκαιος καὶ ὠβλίας. 아마 '백성의 망대'라는 뜻의 히 브리어 오펠 암이 전와(轉化)된 단어인 듯함)라는 별명으로 불렸다. 유대인의 일 곱 분파 중 어떤 사람들은 그에게 예수의 문(아마 평가 혹은 교리)이 무엇이냐고 묻곤 했다.

그러면 그는 그가 구주이시라고 대답했다. 그리고 이들 중 더러는 예수가 그리 스도이심을 믿었다. 그러나 나머지 사람들은 부활도 믿지 않고 그가 각 사람을 그 행위대로 보응하기 위해 오실 것도 믿지 않았다. 그러나 그것을 믿은 사람들은 많 은 수가 야고보 때문에 믿었다. 그리고 많은 지도자들도 믿었을 때 서기관들과 바 리새인들을 주축으로 한 유대인들은 온 백성이 예수를 메시야로 대망하는 위험에 빠져 있는 게 아니냐고 소동을 피웠다.

그리고는 야고보에게로 몰려가 백성이 예수를 마치 메시야로 착각하고 빗나가 고 있으니 말려달라고 호소했다. 유월절을 지키러 오는 모든 사람들에게 예수에 관해 올바로 설득해 달라고 호소했다. 그러면서 자기들을 위시한 온 백성이 야고 보가 의로우며 사람들을 편파적으로 대하지 않는다는 걸 다 알기 때문이라고 했 다. 온 백성과 함께 야고보를 굳게 신뢰하고 있으니 백성이 예수로 인해 빗나가지 않도록 설득해 달라고 했다. 모든 지파 사람들이 유월절을 지키러 왔고 이방인들 도 더러 왔으니 그들 모두가 쉽게 볼 수 있고 쉽게 들을 수 있도록 성전 꼭대기에 올라가 달라고 했다. 서기관들과 바리새인들은 이렇게 야고보를 성전 꼭대기에 올라가게 한 다음 그에게 외쳤다. '우리가 다 믿어야 마땅한 의로운 야고보여, 백성이 십자가에 달려 죽은 예수 때문에 곁길로 가고 있으니 십자가에 못 박힌 예수의 문이 무엇인지 우리에게 밝히 말하시오.' 그러자 그는 큰 소리로 대답했다. '여러분이 어찌 내게 인자이신 예수께 관해 묻습니까? 그분은 지금 하늘에 큰 권능의 우편에 앉아 계시고, 장차 하늘 구름을 타고 오실 것이오.' 그러자 많은 사람들이 확신을 얻고는 야고보의 이 증거에 대해 하나님께 영광을 돌리면서 '다윗의 자손에게 호산나' 하고 말했다. 서기관들과 바리새인들은 서로 쳐다보면서 '예수에 관해 그런 증거를 하도록 놔둔 셈이니 일을 크게 그릇쳤군. 당장 올라가 저 놈을 땅바닥으로 내동댕이쳐서 아무도 예수를 믿지 못하도록 합시다' 하고 말하고는 '흥, 의인마저 미혹되었군' 하고 외쳤다. 그리고는 이사야에 기록된 말씀을 성취했다. '그 의인은 우리에게 거슬리는 존재이니까 그를 제거하자; 그러므로 그들이 자기 행위의 열매를 먹을 것이요'(사 3:10. 한글개역성경, '너희는 의인에게 복이 있으리라 말하라. 그들은 그 행위의 열매를 먹을 것이요').

그리고는 성전 꼭대기로 올라가서 그 의인을 아래로 밀어 버리고는 자기들끼리 '의인 야고보를 돌로 치자'고 말했다. 야고보가 떨어졌어도 즉사하지 않은 것을 보고서 그들은 돌로 치기 시작했다. 야고보는 주위를 둘러보고는 무릎을 꿇고 이렇게 기도했다. '하나님이요 아버지이신 주시여, 탄원하오니 저들을 사하소서. 저들은 자기가 하는 일을 알지 못함이니이다' 라고 말했다. 그들이 계속 돌팔매질을 하고 있을 때 선지자 예레미야가 말한(35:2) 레갑 족속의 제사장 중 한 사람이 '다들 그치시오. 이게 무슨 짓이오? 저 의인은 여러분을 위해 기도하고 있소' 하고 외쳤다. 돌팔매질을 하던 사람들 중 한 축융(縮絨) 업자가 옷감을 다듬질할 때 쓰던 방망이로 그 의인의 머리를 내리쳤다. 그 의인은 순교했고, 그들은 그를 성전 곁에 장사했는데, 그곳에는 그의 묘비가 오늘날까지 서 있다. 그는 유대인들과 헬라인들에게 예수가 그리스도이시라고 증거한 신실한 증인이 되었다. 이 사건이 있은 뒤 얼마 안 있어 베스파시아누스가 유대를 침공하여 점령했다."

에우세비우스는 이렇게 덧붙인다. "이상이 헤게시푸스의 자세한 증거로서, 그것은 클레멘스의 증거와 온전히 일치한다. 야고보는 이처럼 덕망있고 모든 이들에게 공의로 존경을 받은 인물이었기 때문에 유대인의 지식인 계층조차 그 사건이 예루살렘의 포위 공격을 촉발한 근인(近因)이었다는 견해를 갖고 있었다. 예루살렘이 공격을 받은 원인을 다름 아닌 그에게 저지른 죄악에서 찾았던 것이다. 요세푸스도 저서에 이같은 증언을 덧붙이기를 주저하지 않는다. '이 일들은 그리스도라 하는 이를 그의 매우 고결한 인품에도 불구하고 죽인 뒤 그의 형제인 의인 야고보마저 죽인 유대인들에게 발생했다.' 그 저자는 자신이 「고대사」 (*Antiquities*) 제20권에서도 그의 죽음을 거론한다."

그런 뒤 에우세비우스는 요세푸스의 글을 소개한다.

28. 이방 선교를 위한 준비

이방인들 가운데 교회를 심은 것은 주로 바울의 사역이었다. 그러나 하나님은 이 사도가 그 숭고한 선교의 길에 오르기 전에 먼저 섭리로 여러 단계에 걸쳐 그 길을 닦아 놓으셨다.

1. 반(半)이방인이자 유대인의 철저한 원수인 사마리아인들이 예루살렘 일곱 집사 중 하나인 전도자 빌립의 전도와 세례로, 그리고 사도 바울과 요한의 추인 설교로 회심한 사건. 주께서 야곱의 우물가에서 대화를 나누시면서 이미 예언적으로 암시하신 대로, 복음은 사마리아에 순순히 들어갔다(행 8장; 비교. 요 4장). 그러나 거기서 시몬 마구스(Simon Magus)가 최초로 기독교를 이단적으로 왜곡시키려 한 것을 보게 된다. 그는 위선과 성령의 은사를 훼손하려는 시도로 베드로에게 두려운 질책을 받았다. (그에게서 비열한 성직 매매를 가리키는 시모니〈simony〉라는 용어가 생겼다.) 고대 교회는 사도의 수장과 대이단의 이 만남을 정통신앙과 기만적인 이단의 관계를 예표하는 사건으로 간주했다.

2. 얼마 뒤(37-40년 사이) 고결한 백부장 가이사랴의 고넬료가 회심한 사건이 발생했다. 경건한 '문의 개종자'(proselyte of the gate, 할례를 받지 않고 유대교에 참여한 사람)였던 그를 베드로는 특별 계시로 지시를 받은 뒤 할례를 행하지 않고 세례를 줌으로써 직접 기독교 교회의 사귐 안으로 받아들였다. 이 대범한 조치에 대해서 사도는, 할례를 구원의 조건으로 생각하고 유대교를 기독교에 들어가는 유일한 관문으로 여겼던 예루살렘의 엄격한 유대 그리스도인들 앞에서 변호해야 했다. 이로써 베드로는 이방 기독교 교회의 기초도 놓게 되었다. 그 사건은 베드로의 사고에 혁명을 일으켰고, 유대교의 편협한 편견에서 벗어나게 했다.

3. 훨씬 더 중요한 사건은 거의 동시에 시리아의 수도 안디옥에 교회가 선 일이었다. 이 회중은 구브로의 헬라파 바나바와 다소의 바울의 영향을 받아 결성

되었고, 아마 처음부터 이방인 회심자들과 유대인들로 구성된 듯하다. 그로써 이 교회는 마치 예루살렘이 유대인들의 어머니이자 중심지였던 것처럼 이방 기독교 세계의 어머니가 되었다. 한편 안디옥에서는 '그리스도인'이란 칭호가 처음으로 등장하였고, 신인(神人)으로서 선지자요 제사장이요 왕이신 그리스도의 추종자들의 성격과 사명을 잘 나타내는 칭호로 곧 모든 지역에서 채택되었다(행 11:26; 비교. 26:28, 벧전 4:16).

'그리스도인'이란 칭호가 등장하기 전에는 제자들(유일한 주님이신 그리스도의), 믿는 자들(그리스도를 자기들의 구주로 믿는), 형제들(땅에서 솟아나지도 않고 마르지도 않는 사랑의 띠로 결합된 구속받은 자들의 한 식구들), 성도들(하나님을 섬기도록 깨끗이 씻김을 받아 구별되고 완전한 성결을 이루도록 부르심을 받은 자들)이란 칭호들이 쓰였다.

제 5 장

사도 바울과 이방인들의 회심

"그러나 나의 나 된 것은 하나님의 은혜로 된 것이니 내게 주신 그의 은혜가 헛되지 아니하여 내가 모든 사도보다 더 많이 수고하였으나 내가 아니요 오직 나와 함께하신 하나님의 은혜로라" — 고전 15:10.

"미쁘다 모든 사람이 받을 만한 이 말이여, 그리스도 예수께서 죄인을 구원하시려고 세상에 임하셨다 하였도다" — 딤전 1:15.

"바울의 정신은 기독교의 자유롭고 보편적이고 절대적인 원칙을 취하고 발전시키게끔 자연스럽고도 완전하게 적응되었다" — Dr. Baur (*Paul*, II. 281).

"사도 바울의 생애는 그 자신의 일생으로 끝났던가? … 어떤 의미에서는 크리소스토무스가 [그가 '세계의 심장' 이란 영광스런 칭호를 취했을 때] 꿈꾸었던 것보다 더 숭고한 의미에서 그 강한 심장의 박동이 여전히 세계의 생명의 박동이고, 이 말세에는 예전보다 더욱 강하게 박동하고 있다고 믿는 게 옳지 않은가?" — Dean Stanley (*Sermons and Essays on the Apostolic Age*, p. 166).

29. 사도 바울과 그의 사역에 관한 자료와 참고문헌

I. 자료

1. 권위 있는 자료:

바울 서신들과 사도행전(9:1–30; 13–28장). 바울 서신들 중에서 가장 중요한 네 권 — 갈라디아서, 로마서, 고린도전후서 — 은 가장 엄격한 비평가들조차 원본으로 인정한다. 빌립보서, 빌레몬서, 골로새서, 에베소서는 거의 모든 비평가들이 인정한다. 목회 서신들, 특히 디모데전서와 디도서는 다소 논란이 되지만, 그럴지라도 바울의 특징을 고스란히 담고 있다.

사도행전과 서신서들 사이의 일치하는 점들에 대해서는 사도행전 항목을 참조하라. 비교. 22절

2. 전설과 외경 자료:

Acta Pauli et Theclae, edition in Greek by E. Grabe (from a Bodleian MS. in Spicileg. SS. PP., Oxon. 1698, tom. I. pp. 95–128; republished by Jones, 1726), and by Tischendorf (from three Paris MSS, in *Acta Apost. Apocrypha*, Lips. 1851); in Syriac, with and English version by W. Wright (in *Apocryphal Acts of the Apostles*, Lond. 1871); Engl. transl. by Alex. Walker (in Clark's "Ante-Nicene Christian Library," vol. XVI. 279 sqq.). Comp. C. Schlau: *Die Acten des Paulus und der Thecla und die ältere Thecla-Legende*, Leipz. 1877.

「바울과 테클라 행전」(*Acta Pauli et Theclae*)은 성직자 독신주의를 강력히 주장한다. 이 책은 영지주의에서 기원했고 특정 지역 전승에 기초한 듯하다. 테르툴리아누스에 따르면(*De Bapt*, cap. 17, 비교. Jerome, *Catal*, cap. 7) 아시아의 장로가 "바울을 사랑하는 심정으로" 그리고 테클라의 본을 따라 여성도 설교하고 세례를 줄 권리를 갖는다는 이단적 견해를 지지하기 위해서 이 책을 썼고, 이 책을 펴낸 뒤 면직당했다고 한다. 이 책은 그 뒤 독소적인 내용들이 삭제된 다음 가톨릭 교회에서 널리 쓰였다. (참조. Tischendorf의 *Prolegomena*, p. xxiv에 실린 교부들에 대한 인용.) 이 책에 따르면 테클라는 루가오니아 이고니온의 귀족 가문에서 태어나 타무리스(Thamyris)와 약혼한 뒤 17살에 바울의 전도로 회심하고 영원한 동정녀로 자신을 바쳤으며, 그로 인해 온갖 박해를 받다가 맹수에게 던져졌으나 기적으로 구출된 뒤 셀레우키아에서 90살의 나이로 죽었다고 한다. 그리스 교회는 테클라를 최초의 여성 순교자로 드높인다. 이 책 서두에서 (Tischend. p. 41) 바울은 "대머리에 키가 작고 안짱다리이고 당차고 쌍꺼풀이 있고 코가 긴 용모에, 인자하고 당당하고 천사와 같은 얼굴을 갖고 있는" 모습으로 묘사된다. 르낭(Renan)이 상상으로 그린 바울의 초상화는 이 묘사에서 일부 따온 것이다.

「바울 행전」(*Acta Pauli*): 오리게네스가 사용했고, 에우세비우스가 안티레고 메나(the Antilegomena)와 동렬에 놓은 책. 「베드로 행전」(*Acta Petri*)처럼 정경 사도행전을 영지주의의 입장에서 재구성하고, 저자를 성 리누스(St. Linus)로 밝힌다. 단편들만 현존한다.

「베드로와 바울 행전」(*Acta Petri et Pauli*): 에비온파의 저서를 가톨릭의 입장에서 개작한 책. 그리스어와 라틴어 판은 Thilo가 최초로 완간했고(Halle, 1837-38), 그리스어판은 Tischendorf가 (여섯 편의 사본을 대조하여) 자신의 *Acta Apost. Apoc*(1851, 1-39)에 실어 펴냈으며, 영어판은 Walker의 번역이 *Ante-Nicene Libr.*(XVI. 256 이하)에 실렸다. 이 책은 바울이 로마에 도착한 일과, 베드로와 시몬 마구스를 만난 일과, 그들이 네로 법정에서 재판을 받은 일과, 베드로가 십자가에 달려 순교하고 바울이 참수형으로 순교한 일을 기록한다. 도미네 쿼바디스(Domine quo vadis) 전설은 베드로와 관련지어 기록하고, 페르페투아(Perpetua) 이야기는 바울의 순교기와 뒤섞인다.

2세기 중반이나 그 이후에 집필된 위(僞)클레멘스 설교집(the pseudo-Clementine Homilies)은 바울을 시몬 마구스로 가장해 놓고 유대주의의 입장에서 신랄하게 공격하고 그를 반율법적인 대이단으로 그릇되게 평가한다. 반면에 이 기담(奇談)의 주인공인 베드로에 대해서는 순결한 초대 기독교의 사도로 높이 평가한다.

「바울과 세네카가 주고받은 서신」(*The Correspondence of Paul and Seneca*): 제롬(*De vir. ill.* c. 12)과 아우구스티누스(*Ep. ad Maced.* 153, al. 54)가 언급했고, 비록 다양한 차이가 있긴 하지만 파브리키우스(Fabricius)가 종종 필사 및 편집을 했으며(*Cod. Apocr.* N. Y.), 세네카의 여러 편집본들에 실려 있다. 세네카의 편지 8통과 바울의 편지 6통으로 이루어져 있다. 사상과 문체가 매우 천박하고, 연대기와 역사의 오류가 많으며, 여러 모로 보아 틀림없는 위작(僞作)이다. 세네카의 도덕론과 바울의 도덕론이 상통하는 점에 착안했고 — 이 점은 겉으로 보이는 것보다 더 분명하다 — 그리스도인들에게 그 스토아 철학자를 천거하고, 세네카의 제자들과 스토아 철학에 기독교를 천거하려는 의도로 집필했다. 이 책에 따르면 바울은 고린도에서 세네카의 형제 갈리오(행 18:12-16)에게 보호를 받으며, 그 철학자가 65년에 로마에서 자살하기 전에 그와 친하게 되었을 가능성이 있다고 하지만, 그런 교제의 흔적은 없다. 비교. Amédée Fleury: *Saint-*

Paul et Sénèque (Paris, 1853, 2 vols.); C. Aubertin: *Etude critique sur les rapports supposé entre Sénèque et Saint-Paul* (Par. 1887); F. C. Baur: *Seneca und Paulus*, 1858 and 1876; Reuss: art. Seneca in Herzog, vol. XIV. 273 이하; Lightfoot: *Excursus in Com. on Philippians*, pp. 268-331; art. Paul and Seneca, in "Westminster Review," Lond. 1880, pp. 309 이하.

II. 전기와 비평서

Bishop Pearson (d. 1686): *Annales Paulini.* Lond. 1688. 그의 저서들의 다양한 판본들에서, 그리고 개별적으로: *Annals of St. Paul*, transl. with geographical and critical notes. Cambridge, 1825.

Lord Lyttleton (d. 1773): *The Conversion and Apostleship of St. Paul.* 3d ed. Lond. 1747. 저자가 직접적인 경험을 토대로 기독교의 진실성을 옹호한 변증서.

Archdeacon William Paley (d. 1805): *Horoe Paulinoe: or The Truth of the Scripture History of Paul evinced by a camparison of the Epistles which bear his name, with the Acts of the Apostles and with one another.* Lond. 1790 (and subsequent editions). 변증에는 여전히 가치 있는 책.

J. Hemsen: *Der Apostel Paulus.* Gött. 1830.

Carl Schrader: *Der Apostel Paulus.* Leipz. 1830-36, 5 Parts. 합리주의적인 관점에서 쓴 책.

F. Chr. Baur (d. 1860): *Paulus, der Apostel Jesu Christi.* Tüb. 1845, second ed. by E. Zeller, Leipzig, 1866-67, in 2 vols. Transl. into English by Allen Menzies. Lond. (Williams & Norgate) 1873 and 75, 2 vols. 사도 시대를 철학적 비평학적 견지에서 재구성하려는 학파의 대지도자(그를 가리켜 현대의 마르키온이라 부를 수 있다)의 저서로서, 그는 이 책을 펴내기에 앞서 고린도의 그리스도파에 관하여(1831), 목회 서신서들에 관하여(1835), 로마서에 관하여(1836) 여러 편의 논문들을 썼고, 스데반의 산헤드린 연설 라틴어 요목(1829)을 펴냈다. 이 책은 바울에 관한 참고문헌에 새로운 획을 그었고 새로운 연구의 길을 열어 놓았다. 튀빙겐 비평학파의 표준 저서이다.

Conybeare and Howson: *The Life and Epistles of St. Paul.* Lond. 1853, 2 vols., and N. York, 1854; 2d ed. Lond. 1856, and later editions; also an abridgment in one vol. 바울의 여행 지도에 대해서는 특히 유용하고 잘 알려진 저서. 비교. Dean Howson: *Character of St. Paul* (Lond. 1862; 2d ed. 1864); *Scenes from the Life of St. Paul* (1867); Metaphors of St. Paul (1868); *The Companions of St. Paul* (1871). 이 책들 대부분은 미국에서 출판되었다.

Ad. Monod (d. 1856): *Saint Paul.* 6편의 설교. 참조. 그의 책 *Sermons*, Paris, 1860, vol. II. 121-296. 독일어와 영어로 번역됨.

W. F. Besser: *Paulus.* Leipz. 1861. 영역, F. Bultmann, with Introduction by J. S. Howson. Lond. and N. Y., 1864.

F. Bungener: *St. Paul, sa vie, son oeuvre et ses épîtres.* Paris, 1865.

A. Hausrath: *Der Apostel Paulus.* Heidelb. 1865; 2d ed. 1872. 비교. 그의 저서 *N. T.liche Zeitgeschichte*, Part III.

M. Krenkel: *Paulus, der Apostel der Heiden.* Leipz. 1869.

Ernst Renan: *Saint Paul.* Paris, 1869. Transl. from the French by J. Lockwood, N. York, 1869. 아주 새롭고 흥미롭긴 하지만 공상과 오류가 가득함.

Thomas Lewin ("Fasti Sacri"의 저자): *The Life and Epistles of St. Paul*, new ed. Lond. and N. York, 1875, 2 vols. 370개의 삽화를 수록한, 여러 해의 노고가 담긴 걸작.

Canon F. W. Farar: *The Life and Work of St. Paul.* Lond. and N. York, 1879, 2 vols. 박학하고 웅변적임.

W. M. Taylor: *Paul as a Missionary.* N. York, 1881.

Conybeare, Howson, Lewin, Farar의 저서들은 전기로서 완성도가 높고 교훈적이다. 또한 Neander, Lechler, Thiersch, Lange, Schaff(226-347, 634-640), Pressensé의 사도 시대사 각 부분도 마찬가지이다.

III. 연대기

Thomas Lewin: *Fasti Sacri, a Key to the Chronology of the New Testament.* London, 1865. 주전 70년부터 주후 70년까지의 연표.

Wieseler: *Chronologie des apostolischen Zeitalters.* Göttingen, 1848.

IV. 교리와 해석학

L. Usteri: *Entwicklung des Paulinischen Lehrbegriffs*. Zürich, 1824; 6th ed. 1851.

A. F. Dähne: *Entwicklung des Paulinischen Lehrbegriffs*. Halle, 1835.

Baur: *Paulus*. 위의 내용 참조.

R. A. Lipsius: *Die Paulinische Rechtfertigungslehre*. Rostock, 1868. 이 책에는 다음과 같은 글들이 실려 있다: 1. An essay on the Christusvision des Paulus und die Genesis des Paulinischen Evangelium. 이 글은 과거 1861년에 Hilgenfeld의 "Zeitschrift"에 실린 적이 있지만, 여기서는 Beyschlag에게 보내는 답변이 덧붙었다; 2. Die Messiavision des Petrus (new); 3. An analysis of the Epistle to the Galatians (1859); 4. 바울의 체계에서 σαρξ가 갖는 의미에 관한 논의(1855). 동일 저자: *Das Evangelium des Paulus*. Part I. Berlin, 1880.

Th. Simar (R. C.): *Die Theologie des heil. Paulus*. Freiberg, 1864.

Ernesti: *Die Ethik des Ap. Paulus*. Braunschweig, 1868; 3d ed. 1880.

R. Schmidt: *Die Christologie des Ap. Paulus*. Gött., 1870.

Matthew Arnold: *St. Paul and Protestantism*. Lond. 1870; 3d ed. 1875.

William I. Irons (Episcop.): *Christianity as taught by St. Paul*. Eight Bampton Lectures for 1870. Oxf. and Lond. 1871; 2d ed. 1876.

A. Sabatier: *L'apotre Paul. Esquisse d'une histoire de sa pensee*. Strasb. and Paris, 1870.

Otto Pfleiderer (Prof. in Berlin): *Der Paulinismus*. Leipzig, 1873. 바울의 교리 체계를 그의 회심으로부터 전개하는 점에서 Baur와 Holsten을 따른다. 영역, E. Peters, Lond. 1877, 2 vols. *Lectures on the Influence of the Apostle Paul on the Development of Christianity* (The Hibbert Lectures). Trsl. by J. Fr. Smith. Lond. and N. Y. 1885. Also his *Urchristenthum*, 1887.

C. Weizsäcker: *D. Apost. Zeitalter* (1886), pp. 68–355.

Fr. Bethge: *Die Paulinischen Reden der Apostelgesch*. Göttingen, 1887.

V. 주석

바울 서신들에 대한 (전체로든 부분적으로든) 주석들은 너무 많아서 중요한

몇 권만 언급할 수밖에 없다:

1. 바울 서신들 전체에 관한 주석: Calvin, Beza, Estius(R.C.), Corn. A Lapide(R.C.), Grotius, Wetstein, Bengel, Olshausen, De Wette, Meyer, Lange(Am. ed. enlarged), Ewald, Von Hofmann, Reuss(French), Alford, Wordsworth, Speaker's *Com.*, Ellicott(*Pop. Com.*), Schaff(*Pop. Com.*, vol. III. 1882). 비교. P. J. Gloag: *Introduction to the Pauline Epistles. Edinburgh*, 1874.

2. 바울 서신들 단권에 관한 주석: 로마서: Tholuck(5th ed. 1856), Fritzsche(3 vols. in Latin), Reiche, Rückert, Philippi(3d ed. 1866, English transl. by Banks, 1878-79, 2 vols.), Mos. Stuart, Turner, Hodge, Forbes, Jowett, Shedd(1879), Godet(*L'épitre aux Romains*, 1879 and 1880, 2 vols). — 고린도서: Neander, Osiander, Hodge, Stanley, Heinrici, Edwards, Godet, Ellicott. — 갈라디아서: Luther, Winer, Wieseler, Hilgenfeld, Holsten, Jowett, Eadie, Ellicott, Lightfoot. — 에베소서: Harless, Matthies, Stier, Hodge, Eadie, Ellicott, J. L. Davies. — 기타 서신: explained by Bleek(*Col., Philemon., Eph.*), Koch(*Thess.*), Van Hengel(*Phil.*), Eadie(*Col.,*), Ellicott(*Phil., Col., Thess., Philem.*), Lightfoot(*Phil., Col., Philemon*). — 목회 서신: Matthies, Mack(R.C.), Beck(ed. Lindenmeyer, 1879), Holtzmann(1880), Fairbairn, Ellicott, Weiss(1886), Knoke(1887), Kölling(1887).

3. 사도행전 제2부에 관한 주석: De Wette, Meyer, Baumgarten, Alexander, Hackett, Lechler, Gloag, Plumptre, Jacobson, Lumby, Howson, Spence.

30. 회심 전의 바울

생득적 소양

우리는 이제 이방인의 사도를 살펴보게 되었다. 그는 기독교가 세계 종교가 되는 데 결정적으로 이바지했고, 모든 동역자들보다 말과 행동으로 더 많은 수고를 했고, 탁월하고 영향력 있는 인물로서 역사에서 숭고한 자태로 고고히 서 있다. 그의 청년 시절과 말년은 그가 박해자로 시작했다가 순교자로 마쳤다는 점 외에는 다 같이 베일에 가려져 있지만, 인생의 한창 때는 다른 어느 사도보다 잘 알려져 있고, 절대로 쇠할 수 없는 열정적인 사고와 고귀한 행동으로 가득 차 있으며, 시대마다 나라마다 복음이 전파될수록 더 힘을 얻는다.

사울 곧 바울은 그리스도가 나신 지 몇년 뒤에 엄격한 유대인 부모에게서 태어났다.[1] 태어난 곳은 갈리기아 도(道)에 있는 헬라의 유명한 상업 및 학문 도시 다소였고, 날 때부터 로마 시민권을 물려받았다. 예루살렘에서 힐렐의 손자 바리새파 랍비 가말리엘의 문하에서 유대교 교육을 받았다. 하지만 그리스 학문에도 문외한이 아니었던 것이 그의 문체, 변증 방식, 이교 종교와 철학에 대한 인용, 이교 시인들의 시구 인용에 잘 나타난다. 그러므로 "히브리인 중의 히브리인"(빌 3:5)인 동시에 나면서부터 헬레니즘 문화권 사람이요 로마 시민이었던 그는 고대 세계의 커다란 세 민족의 특성을 한 몸에 지니고 있었고, 보편적인 사도직을 수행할 선천적인 자질을 두루 구비하고 있었다. 아브라함의 자손으로서, 베냐민 지파로서, '율법의 영광'(the Glory of the Law)이란 별명을 지닌 저명한 가말리엘의 제자로서 바리새인들과 변론할 수 있었고, 수려한 언변과 설득력 있는 논리로 헬라인들에게 연설할 수 있었다. 로마인들의 위엄과 권위를 입고서 나는 '로마 시민이다'(Civis Romanus sum)라는 당당한 구호를 가지고 제국 전역을 안전히 여행할 수 있었다.

장래의 사역을 위해 섭리적으로 준비된 이 소양은 잠시 그를 기독교의 지극히 위험한 원수로 만들었지만, 그가 회심한 뒤에는 기독교의 가장 유익한 옹호자로 만들었다. 파괴의 무기들이 건설의 무기들로 바뀐 셈이다. 엔진이 역으로 작동했고, 진행 방향이 바뀌었다. 그러나 엔진은 똑같은 엔진이었고, 동력은 새로운 영감(靈感)에 힘입어 배가되었다.

사울의 지적·도덕적 재능은 최상급이었다. 예리한 사고에 부드러운 정서를 겸비했고, 깊은 정신에 강한 의지를 겸비했다. 셈족의 열정과 그리스인의 구변

---

1) '바울'[little]은 히브리식 이름 '사울'[desired]의 헬라식 혹은 라틴식 형태일 뿐이며, 그의 회심이나 구브로의 서기오 바울의 회심과 아무런 관계도 없다. 당시 유대인들 사이에는 이중 이름을 가진 비슷한 경우가 많은데, 이를테면 힐렐(Hillel)과 폴리오(Pollio), 게바와 베드로, 요한과 마가, 바사바와 유스도, 시므온과 니게르, 실라와 실바누스를 들 수 있다. 바울은 다소에서 어릴 적에 로마 시민으로서 라틴식 이름을 받았을 가능성이 있다. 파울루스는 gens Aemilia, Fabia, Julia, Sergia 같은 여러 유력한 로마 가문의 성(姓)이었다. 바울은 이방인들을 접촉할 때, 그리고 자신의 모든 서신서들에서 그 이름을 사용했다.

과 로마인의 정력이 있었다. 무엇보다도 충일한 영혼의 소유자였다. 토투스 인 일리스(totus in illis), 즉 한 가지 사상과 한 가지 목적을 지닌 사람이었다. 먼저 는 유대인으로서, 나중에는 그리스도인으로서 그랬다. 그의 성격은 강인하고 대 담했다. 두려움을 몰랐다. 다만 하나님을 두려워했고, 그렇기 때문에 사람을 두 려워하지 않았다. 약관의 나이에 벌써 높은 지위에 올랐다. 만약 유대인으로 남 았더라면 힐렐이나 가말리엘보다 더 위대한 랍비가 되었을 것이다. 독창적인 재 능과 사상의 비옥함에서 두 사람을 다 능가했기 때문이다.

바울은 사도들 가운데 유일한 학자였다. 자기의 학문이 그리스도를 아는 지식 의 고상함과 비할 때 아무것도 아니라고 생각하고, 또한 그리스도를 위해서 모 든 것을 다 버렸으므로 그것을 과시하지는 않았지만, 그것을 감출 수는 없었고 회심한 뒤 가장 유용하게 사용했다. 베드로와 요한도 선천적인 재능이 있었으나 학문적인 교육을 받지는 못했다. 바울은 그 둘을 다 겸비했고, 그로써 기독교 신 학과 철학의 창시자가 되었다.

그의 교육

그가 받은 훈련은 구약성경과, 탈무드로 활짝 피어난 장로들의 유전(전승)에 뿌리를 박고 터를 둔, 철저히 유대교적인 훈련이었다(참조. 갈 4:4). 히브리어 성 경과 헬라어 역본을 거의 암기했다. 유대인 회심자들에게 보내는 서신들에서 그 는 모세오경, 선지서, 시편을 때로는 문자적으로 때로는 자유롭게 인용하고, 때 로는 독창적으로 여러 문구나 구전을 통한 기억을 결합하거나, 하나님 말씀의 감춰진 뜻을 파헤치는 대가를 무색케 하는 방식으로 행간을 읽으며, 모호한 단 락에 환한 빛을 가득 비춘다. 그는 모형론적이고 알레고리적인 해석 방법을 익 숙히 알고 있었다. 경우에 따라서는 유대인 독자에게는 절대적이긴 하지만 냉정 한 학자에게는 과장되고 기발하게 비치는 성경의 논지들이나 예화들을 사용했 다(예를 들면, 갈 3:16의 '자손' 〈씨〉을 근거로 한 논리; 4:22 이하의 하갈과 사 라; 고전 10:1-4의 광야에서의 바위에 대한 알레고리적 해석).

그러나 독자적인 주장을 하지 않은 채 그런 예화만 가지고 진리를 전하지는 않았다. "본문의 실오라기들을 가지고 교리적 산들을 달아건다고 자부하는 문자 숭배적인 랍비들"의 경박한 해석 태도에 빠지지 않았다. 그리스도의 말씀을 통 해서 구약성경을 탈무드라는 사막이나 카발라(Kabbala, 유대교 신비주의 전승)

라는 미로에서 잃어버리지 않고, 그것을 복음 구원의 위대한 사실들과 진리들에 관한 예표와 언약으로 가득한 생명의 책으로 삼았다. 아브라함을 믿는 자들의 조상으로 보았고, 하박국을 믿음으로 말미암는 의를 전파한 설교자로 보았고, 유월절 어린양을 세상의 죄를 위해 죽으신 그리스도의 예표로 보았고, 이스라엘이 홍해를 건넌 사건을 기독교 세례의 상징으로 보았으며, 광야의 만나를 주의 만찬에 임하는 생명의 떡의 표상으로 보았다.

바울의 헬레니즘 문화는 더러는 부인하고 더러는 지나치게 드높이는 쟁점이다. 물론 바울은 고향에서 소년기와 청년기에 헬라어 지식을 습득했을 것이다. 당시에 다소는 로마 제국의 대학교 세 곳 중 한 곳이 자리잡고 있었고 — 어떤 점에서는 나머지 두 곳인 아테네와 알렉산드리아를 능가했다 — 제국 전역에 교사들을 배출했다. 그의 스승 가말리엘은 이교 학문을 혐오하고 경멸하던 랍비들의 태도에서 비교적 자유로운 사람이었다. 바울은 회심한 뒤 이교도를 구원하는 데 인생을 바쳤고, 다소와 에베소와 고린도와 그 밖의 헬라 도시들에서 수년간 살면서 그들을 구원하기 위해 헬라인들에게는 헬라인이 되었다. 그처럼 인간을 폭넓게 이해하고 깊은 사상 문제에 깨어 있던 그가 그런 상황 속에서 헬라의 철학과 시와 역사의 방대한 보고(寶庫)를 못본 척하고 지냈을 리가 없다.

오늘날 중국이나 인도에 파송된 선교사가 자기가 유익을 끼쳐야 할 그 민족에 대한 사랑으로, 더욱 유용하게 쓰임을 받으려는 의욕으로 하려는 일을 바울도 틀림없이 했을 것이다. 비록 우발적이긴 하지만 그는 세 차례에 걸쳐서 그리스 시인들의 문구를 인용한다. 거기에는 평범하게 쓰일 수도 있었을 메난드로스(Menander)의 격언(고전 15:33)과 에피메니데스(Epimenides)의 육보격 시(딛 1:12)뿐 아니라, 동향 사람 아라투스(Aratus, 주전 270년경)의 장황한 점성술 시에서 혹은 클레안테스(Cleanthes)가 제우스 신에게 바친 숭고한 찬송 — 두 글에다 그 단락이 나온다 — 에서 읽은 게 틀림없는, 접속사가 딸린 반(半)육보격 시(행 17:28)도 들어 있다.

바울은 그리스의 운동경기에서 따온 은유들을 즐겨 사용한다. 아레오바고에서는 완숙의 경지에 이른 지혜와 임기응변으로 여러 학파의 그리스 철학자들과 변론하고 연설했다. 어떤 이들은 심지어 바울이 "세상의 초등 학문"(갈 4:3, 9)에 관해서 말할 때 스토아 철학의 용어를 인유한다고 추정한다. 그는 헬라어를 구사하되 고전의 순수와 우아를 갖춰 구사하지 않고 거의 창조적인 열정으로 구사했고, 그것을 새 개념을 전달할 매체로 사용했으며, 헬라어의 모순 어법, 언어유희, 곡언법, 그리고 그 밖의 수사법들을 적절히 사용했다. 물론 이 모든 것으로 그리스 문학을 정식으로 공부했다거나 방대한 지식을 쌓았다는 것을 입증할 수는 없지만, 적어도 천부적 재능이 그 정도였다는 것을 잘 드러낸다.

빌레몬서와 빌립보서에는 아티카의 도시풍과 세련미 이상의 것이 숨쉬는데, 그 연원은 교양있는 헬라인들과의 접촉보다는 기독교의 영향으로 거슬러 올라가 찾아야 한다. 그의 헬레니즘 지식은 일시적이고 우발적이었을 뿐, 모두 그의 원대한 목표에 종속되었다. 이 점에서 그는 아티카의 순수한 문체를 즐겨 사용한 박학한 요세푸스나, 모세 종교의 계시된 진리를 헬라 철학이 좌우하고 흐려 놓고 곡해하도록 허용한 필로(Philio)와 사뭇 달랐다. 필로는 문법적 해석 대신에 채택한 알레고리 해석으로 구약성경을 관념화하고 원뜻과 동떨어지게 해석했다. 반면에 바울은 구약성경을 영적으로 해석하여 그 깊은 뜻을 이끌어냈다. 필로의 유대교는 추상적인 사변으로 증발되었지만, 바울의 유대교는 기독교의 실재들로 고양되고 변화되었다.

바울이 유대교에 쏟은 열정

사울은 가장 엄격한 분파인 바리새파 사람이었다. 우리 구주께 책망을 받은 위선적인 부류의 바리새인이 아니라, 니고데모와 가말리엘같이 정직하고 진리를 사랑하고 진리를 추구하는 부류의 바리새인이었다. 그가 박해에 쏟은 열정은 조상들의 신앙에 대한 강렬한 확신과 열정에서 우러나왔다. 무지한 상태에서 박해했고, 그 점이 그의 죄책을 비록 도말하지는 않았으나 줄여 주었다. 다메섹 가는 길에서 예수님이 그에게 나타나시기 전까지 그는 예수님을 보고 들은 적이 없었을 것이다. 십자가와 부활 사건이 일어날 당시에 아마 다소에 있었던 것 같다. 그러나 바리새인 교육에 의거하여 그의 스승들처럼 나사렛 예수를 죽어 마땅한 거짓 메시야, 반란 주동자, 신성모독자로 여겼다. 그리고 자기 확신대로 행동했다. 스데반을 박해하는 데 앞장섰고 그의 죽음을 흡족히 여겼다. 이것으로도 모자라 흩어진 제자들을 박해하고 체포할 권한을 산헤드린으로부터 받았다. 산헤드린에는 모든 회당에 대한 감독권과 율법을 범한 행위에 대한 권징권이 있었다. 이렇게 무장한 그는 회당이 많은 시리아의 수도 다메섹으로 향했다. 하나님의 영광을 위해서 그 위험한 분파를 지면에서 뿌리뽑겠다는 각오가 대단했다.

그러나 박해의 열정이 한창 타오를 때에 기독교로 헌신하기 시작했다.

환경과 외모

바울의 외적 환경과 관계에 관한 구체적인 질문에는 확실한 정보가 없다. 그는 로마 시민이었으므로 사회에서 존경받는 계층에 속했지만, 틀림없이 가난했을 것이다. 랍비의 관습대로 배운 기술에 의존하여 생계를 유지했기 때문이다. 그것은 장막 짓는 기술로서 당시 길리기아에서는 매우 흔한 기술이었으나 대도시 이외의 지역에서는 그리 일거리가 많지 않았다.

예루살렘에는 누이 한 분이 살고 있었고, 조카가 그의 생명을 구하는 데 일익을 했다(행 23:16).

아마 결혼은 하지 않았을 것이다. 더러는 그가 홀아비였을 것으로 추정한다. 유대교와 랍비의 관습, 건실한 도덕적 인격, 그리스도와 교회의 신비한 연합을 반영한 이상적 결혼관, 부부간과 부모 자녀간의 의무에 대한 권면은 그가 가정생활을 경험을 통해 알고 있었음을 시사한다. 그러나 그는 이곳저곳을 떠돌아다녀야 하는 기독교 선교사로서, 온갖 시련과 박해에 노출되어 있는 형편에서 혼자 지내는 것이 자기의무라고 느꼈다.[2] 그리스도의 나라를 증진하기 위해서

---

2) 고린도전서 9:5(57년에 씀)에서 바울은 베드로와 다른 사도들, 그리고 주의 형제들처럼 결혼 생활을 할 권리를 주장한다. 그러나 고린도전서 7:7, 8에서는 자신의 독특한 지위상 독신 생활에 우월성을 준다. 알렉산드리아의 클레멘스, 에라스무스, 그리고 그 외 사람들은 바울이 결혼을 했으리라고 추정했고, 빌립보서 4:3의 쉬쥐게(한글개역성경, 멍에를 같이한 자<여성>)를 그의 아내로 이해했다. Ewald는 그를 회심 전에 아내를 잃은 홀아비로 간주한다(VI. 341). Farrar(I. 80)도 그러한데, 그는 고린도전서 7:8을 근거로 바울이 자신을 홀아비들 속에 넣어 말했다고 추론한다. "내가 혼인하지 아니한 자들과 및 과부들에게 이르노니 나와 같이 그냥 지내는 것이 좋으니라." 그는 유대인들이 어느 시대든 결혼을 도덕적 의무로 크게 중시하고(창 1:28), 조혼(早婚)을 선호한 사실을 강조하며, 바울이 산헤드린 의원이었으므로 (그리스도인들 재판에 표를 던진 데서 확인되는 점, 행 26:10) 게마라(the Gemara)에 따라 당연히 가정을 가진 사람이었을 것이라고도 주장한다(I. 169). Renan은 바울이 빌립보에서 자매 루디아와 영적 결합 이상의 관계를 가졌고, 빌립보 4:3의 "참으로 나와 멍에를 같이한 자"도 루디아를 가리켜 한 말이라고 상상하면서(ch. VI.), 앞 절에서 달리는 알려지지 않았을 두 여집사 유오디아와 순두게를 거론하면서 루디아를 빠뜨렸을 리가 없다는 점을 그 근거로 제시한다. 쉬쥐게라는 명사는 남성형이나 여성형으로 쓰일 수 있으며, 일반적으로 동역자

가정과 친족이 주는 복을 희생했다.

감동적인 명설교를 바라던 고린도인들의 피상적인 판단은 "그 몸으로 대할 때는 약하고 말이 시원치 않다"는 것이었으나, "그 편지들은 중하고 힘이 있다"는 것을 그들도 인정하지 않을 수 없었다(고후 10:10). 이 세상의 위인들 중에도 거목과 같은 인격이 왜소한 체구에 숨고, 지극히 정순한 영혼이 육체에 감추인 예들이 없지 않았다. 소크라테스는 매우 수수하면서도 그리스인들 중에서 가장 지혜로웠다. 회심한 유대인인 네안더(Neander)는 바울처럼 키가 작고 몸이 약하고 외모가 이상하게 생겼지만 대단히 겸손하고 친절했고, 짙고 숱이 많은 눈썹 밑의 얼굴에는 천상의 영감이 환히 비쳤다. 따라서 우리는 바울의 용모에 관한 표현에서 그가 대단히 지적이고 영적인 인상을 풍겼고, "때로는 사람처럼 때로는 천사처럼" 보였다는 전승(외경 「테클라 행전」에 보존됨)이 옳았다고 넉넉히 추론할 수 있다.

바울은 베일에 가린 고통스럽고 자주 재발하고 가시처럼 찌르는 신체적 고통 — 그는 이것을 "육체의 가시"라고 부른다 — 을 겪었는데, 이것이 풍성한 계시를 받았다고 너무 자고하지 않도록 제어해 주었다(고후 12:7-9; 갈 4:13-15; 비교. 살전 2:18; 고전 2:3; 고후 1:8, 9; 4:10).[3] 그는 질그릇에 천상의 보화를 담고 있었고, 그의 능력은 약한 데서 온전하게 되었다(고후 4:7; 12:9, 10). 그러나 더욱 높이 평가해야 할 점은, 그가 약점을 강점으로 전환시켰다는 것과, 고통과 난

─────────────

('멍에를 같이한 자')를 뜻할 수도 있고 인명(人名)일 수도 있다. 인명으로 가정하여 에바브라디도, 디모데, 실라, 누가 등 여러 사람들이 주장되었다. 그러나 바울은 쉬쥐고스라는 남성을 가리킨 듯하며, "이름이 동역자요 행실로도 동역자"라는 뜻으로 언어유희를 사용한 듯하다. 비교. 빌레몬 10, 11에 쓰인 비슷한 언어유희(오네시몬 곧 '도움이 되는').

3) 여러 가지 추측이 있으나, 고질적인 두통, 심한 안질, 간질 중 한 가지일 가능성이 크다. 그의 가까운 친구들은 그것이 무엇인지 분명히 알았겠지만, 시간적으로 멀리 떨어진 우리로서는 모호하다. 테르툴리아누스과 제롬은 고대 전승을 기초로 두통으로 보았다. Lewin, Farrar, 그리고 그외 많은 사람들은 바울이 다메섹 도상에서 밝은 광채를 쏘인 뒤 눈이 상했다고 보았다(참조. 행 9:3, 17, 18; 비교. 22:13; 23:3, 5; 갈 4:15). Ewald와 Lightfoot는 왕 알프레드의 생애를 근거로 간질로 보았다(이런 식 접근이라면 차라리 마호메트가 더 적합한 예일 것이다). 외부적인 혹은 영적인 시련들(박해, 성적 유혹, 나쁜 성격, 의심, 좌절, 마귀의 신성모독적 암시 등)은 신체적 질병임을 분명히 해두는 고린도후서 12장과 갈라디아서 4장이라는 중요한 두 단락에 의해 배제된다.

관과 박해를 무릅쓰고 구원의 복음을 다메섹에서 로마까지 당당하게 전했다는 것이다.

31. 바울의 회심

"그러나 내 어머니의 태로부터 나를 택정하시고 은혜로 나를 부르신 이가 그 아들을 이방에 전하기 위하여 그를 내 속에 나타내시기를 기뻐하실 때에" — 갈 1:15, 16.

바울의 회심은 그의 개인 역사에도 전환점이 되지만, 사도 시대 교회의 역사에서도, 따라서 인류의 역사에도 중요한 획을 긋는다. 그것은 오순절 기적 이래로 가장 풍성한 결실을 맺은 사건으로서, 기독교에게 보편적인 승리를 안겨다 주었다.

기독교의 가장 위험한 박해자가 가장 유능한 선전자가 된 것은 하나님이 은혜로 일으키신 기적이었다. 기독교는 그리스도의 부활이라는 더 큰 기적에 토대를 둔다. 두 사건은 서로 뗄 수 없이 연관된다. 부활이 없으면 회심도 불가능했을 것이고, 그런 사람을 통해 그런 결과를 가져온 회심이야말로 부활의 가장 강력한 증거였다.

바울의 길을 예비했다고도 할 수 있는 스데반이 메시야를 십자가에 못 박은 강팍하고 목이 곧은 유대교를 대담하게 공격하자 이에 자극받은 산헤드린 진영은 예수의 교회를 멸함으로써 그를 다시 십자가에 못 박으려는 단호하고도 체계적인 시도를 하게 되었다. 삶과 죽음을 놓고 벌인 이 투쟁에서 소장파 랍비들 중에서 가장 용감하고 강인했던 바리새인 사울이 가장 적극적이고 두루 인정을 받은 지도자였다.

스데반이 순교하고 예루살렘 회중이 흩어진 뒤 사울은 산헤드린의 위임을 받아 은신해 있는 예수의 제자들을 잡으러 다메섹으로 향했다. 일종의 대종교재판관의 권세를 가지고 기독교 반란을 진압하고 남녀를 무론하고 모든 제자들을 샅샅이 찾아내 결박하여 거룩한 도성으로 끌고가서 대제사장들에게 단죄를 받게 하겠다는 결의가 충일했다.

다메섹은 아브라함 시대에도 알려졌을 만큼 세계적으로 오래된 도시로서, 여행객에게는 풀 한 포기 자라지 않는 뜨거운 사막에 나타나는 오아시스 신기루처럼 불현듯 나타난다. 마르는 법이 없는 아바나 강과 바르바르 강(옛날 나아만이 이스라엘의 모든 강보다 더 좋아했던)이 이 도시를 적시며, 화려한 꽃동산들과 풍성한 야자수들이 이 도시를 품고 있다. 그래서 동방의 시인들은 이 도시를 '사막의 눈'으로 칭송했다.

그러나 이 도시를 향해 가던 사울에게는 이 지상의 낙원보다 더 높은 환상이 준비되어 있었다. 정오에 하늘에서 내린 초자연적 광채가, 시리아의 태양보다 더 밝은 빛이 그의 둘레에 홀연히 비치고, 그가 가련한 제자들을 박해함으로써, 박해한 나사렛 예수가 승귀(昇貴)한 메시야로서 찬란하게 나타나 히브리 방언으로 "사울아 사울아 네가 어찌하여 나를 핍박하느냐"고 그에게 물으셨다(행 9:4). 책망과 사랑이 한데 어우러진 이 질문이 그의 마음을 완전히 녹여 버렸다. 그는 땅에 엎드렸다. 보고 들었고, 두려워 떨고 순종했으며, 믿고 기뻐했다. 털고 일어나보니 아무도 없었다. 그 환한 광채에 눈이 멀어 의지할 데 없는 아이처럼 된 그는 사람들의 손에 이끌려 다메섹으로 갔고, 사흘을 보지 못하고 금식하다가 치유를 받고 세례를 받았다. 그렇게 해준 사람은 베드로도 야고보도 요한도 아니라 그가 멸하러 온 보잘것없는 제자들 중 한 사람이었다. 그 거만하고 자기의(自己義)에 충일하고 관용을 모르고 격노하여 날뛰던 바리새인이 겸손하고 참회하고 감사하고 따뜻한 예수의 종으로 변하였다. 그는 자기의와 학식과 지위와 권세와 전망을 내던지고서 이 작고 멸시받는 분파에 운명을 걸었다. 다소의 사울만큼 확신과 행동이 가장 겸손하고 비이기적이고 급진적이고 효과적으로 변한 사람이 일찍이 없었다. 그는 성령의 창조 행위에 힘입어 "그리스도 예수 안에 … 새로운 피조물"이 되었다(고후 5:17; 갈 6:15).

사도행전에는 이 기사를 충분히 전하는 단락이 세 곳인데, 한 단락은 누가가, 두 단락은 바울이 전한다(행 9, 22, 26장). 세부 내용은 약간씩 다르지만 그것은 본질적인 조화를 확증해 줄 뿐이다. 바울은 이 사건을 서신서들에서도 대여섯 번 언급한다(갈 1:15, 16; 고전 15:8, 9; 9:1; 고후 4:6; 빌 3:6; 딤전 1:12-14). 사도행전의 그 세 단락에서 바울은 그 사건을 예수께서 직접 개입하여 일어난 변화라고 말하면서, 그분이 하늘에서 그 영광을 친히 나타내시고 정오의 빛처럼 환한 확신을 자기 정신에 새겨 주셨다고 했다. 그 사건을 하나님께서 어둠에서 빛이 있으라고 명하실 때 하신 창조 행위와 비교한다(고후 4:6). 자기가 인간 대리자 없이 직접 그리스도에 의해서 회심하고 사도로 부르심을 받았다는 사실과, 값없고 보편적 은혜의 복음을 기존의 사도들에게서 배우지 않고 — 그가 사도들을 본 것은 그 뒤로 3년 뒤였다 — 계시로 배웠다는 사실을 강조한다(갈 1:1, 11, 12, 15-18).

그 회심은 실로 도덕적 강제가 아니라 동의나 반대의 책임을 수반한 것이었다. 하나님은 아무도 강제로나 마술적으로 회심시키지 않으신다. 사람을 자유로운 존재로 만드셨고, 그를 도덕적 존재로 대우하신다. 바울은 "하늘에서 보이신 것"을 거스를 수도 있었다(참조. 행 26:19). "가시채를 뒷발질하기가" 비록 고생스러웠어도 그렇게 할 수도 있었다(참조. 행 26:14). 이런 단어들은 자기가 갈 길에 대한 심리적인 준비 과정이 있었고, 의심과 염려가 있었고, 육체와 영혼 간의 도덕적 투쟁이 있었음을 암시한다. 바울 자신이 20년이 지나 자기 경험을 진술하는 가운데 그런 점을 내비쳤고, "오호라 나는 곤고한 사람이로다. 이 사망의 몸에서 누가 나를 건져 내랴"라는 절망의 외침에서 그런 심정을 피력했다(롬 7:7-25).

예루살렘에서 다메섹은 224km 가량 되므로 걷거나 말을 타고 일주일은 족히 가야 하는 거리였다. 사울은 깊은 생각에 잠긴 채 사마리아를 지나고 갈릴리를 지나고 헬몬 산을 넘으면서 지난날을 되돌아볼 수 있는 충분한 시간을 가졌다. 산헤드린 앞에서 거룩한 천사의 모습으로 섰던, 그리고 최후의 순간에 자기를 죽이는 자들을 위해서 기도하던 순교자 스데반의 환한 얼굴이 마치 유령처럼 그를 괴롭히면서 이 미친 여정을 중단하라고 경고했으리라고 넉넉히 상상해 볼 수 있다.

그러나 이 준비 기간에 지나치게 큰 의미를 두거나, 이 기간이 회심하고 세례를 받기 전의 사흘과 아라비아에서 조용히 명상하며 지낸 3년을 예기했다고 성급히 생각하면 안 된다. 그는 틀림없이 진리와 의를 갈구하고 있었겠지만, 그의 정신적인 눈에는 다른 사람의 손으로라야 걷어낼 수 있었던 두꺼운 수건이 가려져 있었고, 예수께서 친히 부숴 주셔야 했던 편견의 철문이 그의 마음을 단단히 걸어 잠그고 있었다. 그는 다메섹으로 가는 동안에도 "주의 제자들에 대하여 여전히 위협과 살기가 등등"하였고, 자기가 "하나님을 섬기는 예"를 하고 있다고 생각했다.

그 자신의 말을 빌자면 그는 하나님의 교회를 "심히" 핍박하고 잔해하고, 그의 동족 중 여러 연갑자보다 "유대교를 지나치게 믿어 내 조상의 유전에 대하여 더욱 열심이" 있었을 그때에 하나님은 "그 아들을 이방에 전하기 위하여 그를 내 속에 나타내시기를" 기뻐하셨다. 더 나아가 우리는 오직 믿음의 빛에 의해서만 우리 죄의 짙은 흑암을 바라보며, 그리스도의 십자가 밑에서만 무거운 죄책이 멀리 던져졌다는 것을 느끼고, 하나님의 구속의 사랑이 무한히 깊다는 것을 느낀다. 어떠한 주관적인 명상이나 사유로도 그런 짧은 시간 안에 그런 철저한 변화를 일으킬 수 없었다. 예수님이 객관적으로 나타나심으로써 비로소 그 변화가 일어났다.

예수님이 나타나신 이 사건은 그분의 부활과 승천을 뜻했고, 그분이 메시야라는 결정적인 증거이자 하나님이 그분의 사역에 쳐 주신 보증의 인이었다. 그리고 부활은 예수께서 십자가에 달려 죽으신 사건에 새로운 빛을 비춰 주었고, 그것이 세상의 죄를 속하기 위한 구속의 희생이었고, 하나님의 공의의 요구에 걸맞는 사죄와 평화를 획득해 준 수단이었음을 밝히 드러냈다. 이 얼마나 놀라운 계시인가! 두 강도 틈에서 십자가에 달려 마땅히 죽을 죽음을 당한 거짓 선지자로 사울이 혐오하고 핍박하던 바로 그 나사렛 예수가 사울 앞에 부활하고 승천하고 영화롭게 된 메시야로 섰다니 말이다! 그분은 박해자 사울이 받아 마땅한 응징을 가하는 대신에 그를 용서하시고 유대인들과 이방인들 앞에서 자신의 증인이 되도록 부르셨다! 이 계시는 이스라엘의 소망을 기다리던 정통 유대인이 그리스도인이 되도록 하는 데 충분했고, 그런 강직한 성품을 지닌 유대인이 근실하고 결연한 그리스도인이 되도록 하는 데 충분했다. 그의 지성의 논리와 의지의 에너지는 예전에 새로운 신앙을 미워하고 핍박할 때 지녔던 바로 그 열정으로써 그것을 사랑하고 전파하도록 요구했다. 미움이란 전도된 사랑이고, 사랑과 미움이란 애정의 힘과 기질의 열정에 따라 강도가 결정되기 때문이다.

변화가 갑작스럽고 철저하게 일어났음에도 불구하고 바리새인 사울과 그리스도인 바울을 하나로 묶는 띠가 있다. 사람도 같았고 관점도 같았으나 방향이 정반대로 바뀌었다. 바울이 회심하기 전에 세속적이고 무관심하고 냉혈적인 사람이 아니라 강렬히 종교적인 사람이었던 점을 기억해야 한다. 그는 교회를 박해하는 동안에도 율법의 의로는 "흠이 없는" 자였다(빌 3:6). 계명들을 다 지켰으나 한 가지 부족한 것이 있었던 부자 청년과 같았다. 마가는 그 청년에 대해서 예수께서 그를 보시고 "사랑"하셨다고 한다(막 10:21). 바울은 방종에서 신앙으로 회심하지 않고, 저급한 신앙에서 순결한 신앙으로, 모세의 종교에서 그리스도의 종교로, 율법의 신학에서 복음의 신학으로 회심했다. 거룩하신 하나님의 법정에서 죄인이 어떻게 의롭다 하심을 받겠는가? 그것이 그에게는 회심 전뿐 아니라 후에도 가장 중요한 질문이었다. 그건 단지 스콜라주의적인 질문이 아니라 훨씬 더 도덕적이고 종교적인 질문이었다. 히브리 정신에서 의란 계시된 율법에 표현된 하나님의 뜻을 준행하는 것이고, 그 보상으로 영생을 얻는 것이다.

의를 정직하고 근실히 추구하는 것이 바울의 생애에서 두 시기를 잇는 연결고리였다. 먼저는 율법의 행위로써 그 의를 얻으려고 노력했고, 나중에는 믿음의 순종으로 얻으려고 노력했다. 지난날에 유대교 전승을 놓고서 광적인 열정으로 헛되게 추구했던 것을 그리스도의 십자가를 믿음으로써 값없이 단번에 얻었다. 몽학선생인 모세 율법의 훈육으로 율법의 제약들을 넘어서도록 인도를 받았고, 어른의 신분과 자유를 얻을 만한 준비가 되었다. 율법을 통해서 율법에 대하여 죽음으로써 하나님께 대하여 살 수 있었다. 옛사람은 그 정욕과 함께 십자가에 못 박혔고, 그로써 더 이상 자기가 살지 않고 자기 안에서 그리스도께서 사셨다 (갈 2:20; 3:24; 5:24; 6:14; 롬 7:6-13; 골 2:20). 구주와 신비스럽게 연합되었고, 그분과 따로 떨어져서 산다는 게 없었다. 그에게는 기독교 전체가, 삶 전체가 그리스도라는 한 단어로 요약되었다. 그는 예수 그리스도와 우리 죄를 위해 십자가에 달려 죽으시고 우리를 의롭다 하시기 위해 다시 사신 그분 외에는 아무것도 알지 않기로 작정했다(고전 2:2; 갈 6:14; 롬 4:24, 25).

믿음으로 의롭다 하심을 받고, 그리스도께 사죄와 용납을 받은 경험이 그에게는 감사하고 헌신하며 살도록 하는 가장 강한 촉진제였다. 그리스도의 교회를 핍박한 대죄는 그리스도를 부인한 베드로의 죄와 마찬가지로 오히려 그에게 유익하게 작용했다. 그 죄에 대한 기억이 그를 항상 겸손케 했고, 시험에서 지켜주었고, 열심과 헌신을 한층 강하게 해주었기 때문이다. 그는 겸손한 태도로 이렇게 말한다. "나는 사도 중에 지극히 작은 자라. 내가 하나님의 교회를 핍박하였으므로 사도라 칭함을 받기에 감당치 못할 자로라. 그러나 나의 나 된 것은 하나님의 은혜로 된 것이니 내게 주신 그의 은혜가 헛되지 아니하여 내가 모든 사도보다 더 많이 수고하였으나 내가 아니요 오직 나와 함께하신 하나님의 은혜로라"(고전 15:9, 10). 이 고백에는 그의 생애와 사역의 모든 의미가 함축되어 있다.

그리스도 안에서 하나님의 값없는 은혜로 의롭다 하심을 얻는다는 사상, 그리스도와 그의 공로를 우리의 것으로 만들고 성별과 거룩으로 인도하는 그 사상이 바울 서신서들의 핵심 사상이다. 그가 회심할 때 이미 그의 신학과 교리와 윤리과 실천이 마치 씨앗과 같은 형태로 형성되어 있었다. 하지만 그것이 구체적으로 발전한 것은 유대교로 회귀하려는 교사들과의 예리한 논쟁에 의해서였다. 그 교사들은 계속해서 율법에 의지하여 의와 구원을 얻으려 하였고, 그로써 사실상 하나님의 은혜를 무익하게 만들고 그리스도의 죽음을 불필요하고 소용없게 만들었다.

바울은 유대교와 완전히 결별하였고 바리새파의 율법적 의의 개념을 사력을 다해 배척하긴 했지만, 구약성경과 유대 민족을 배척하지는 않았다. 이 점에서 그는 아주 지혜롭고 온건했으며, 마르키온과 바울을 사칭한 혹은 바울을 뛰어넘는 극단적인 개혁자들에 비해 훨씬 우월했다. 그는 이제 구약성경을 복음을 위한 직접적인 준비로, 율법을 그리스도께로 인도하는 몽학선생으로, 아브라함을 신자들의 조상으로 해석한다. 그리고 육체로 동족이 된 자들에 대해서는 이전보다 훨씬 더 사랑의 심정을 품었다. "죄인의 괴수"인 자기를 용서하신 그리스도의 무한한 사랑에 충만한지라 동족을 구원할 수만 있다면 어떤 큰 희생이라도 치를 각오가 되어 있었다. 로마서 9장에 써내려간 놀라운 언어는 수사학적 과장이 아니라 모세의 마음을 가득 채웠고 하나님의 영원하신 아들이 골고다 십자가에서 희생되심으로써 절정에 달한 위대한 자기 부인과 헌신의 간절한 표현이다 (롬 9:2, 3; 비교. 출 32:31, 32).

바울은 회심과 동시에 사도로 부르심을 받았다. 열두 사도 중 한 자리에 부르심을 받은 게 아니라(유다의 공석은 이미 채워졌기 때문이다), 이방인의 사도라는 독립된 지위에 부르심을 받았다. 그 뒤에는 4분의 1세기 이상을 쉬지 않고 사역했는데, 이것은 관심도와 항구적이고 점증하는 유익성에서 교회사에서 유례가 없는 것으로서, 그의 회심과 기독교 진리의 진실성에 명확한 증거를 제공한다.

유사한 회심들

하나님은 사람들을 다루실 때 그들의 독특한 성격과 상황에 따라서 다루신다. 엘리야가 호렙 산에서 본 이상처럼, 하나님은 오늘날도 나무뿌리를 뽑아버리는 급하고 강한 바람 속에 나타나시고, 바위를 조각내 버리는 지진 속에 나타나시고, 무섭게 타오르는 불 속에 나타나시고, 세미한 음성에도 나타나신다. 더러는 갑작스럽게 회심하여 그 장소와 시간을 기억할 수 있는 반면에, 더러는 점진적으로 자기도 알 수 없게 생각과 행동이 변화되며, 또 더러는 어머니의 품에 안겨 유아세례를 받고 그 무릎에서 자랄 때부터 무의식중에 기독교 신앙 안에서 자란다. 옛 자아의 의지가 강하면 강할수록 그 저항을 극복하는 데 더 큰 힘이 필요하며, 그럴수록 변화도 더 철저하고 지속적이게 마련이다. 세상에는 순간적으로 철저히 회심한 사람들이 많이 있지만, 사울만큼 순간적으로 철저히 회심한 사람은 없었다. 사울의 회심은 여러 점에서 사울 자신과 그의 사역만큼 비류 없이 우뚝 서 있다. 그러나 역사에는 희미하나마 그와 비슷한 사례들이 있다. 바울의 정신과 교리 체계에 거의 공감한 성직자들은 그와 비슷한 체험을 했는데, 그때 그의 본과 글들에 많은 도움을 받았다. 그들 중에도 아우구스티누스, 칼빈, 루터가 가장 두드러진다.

아우구스티누스는 경건한 어머니와 이교도 아버지의 아들로 태어나 오류와 악의 길로 빗나가 오랫동안 이단과 회의주의의 미로를 헤맸으나, 마음은 안식을 몰랐고 하나님께 대한 향수에 괴로워했다. 마침내 서른세 살이 되었을 때(386년 9월) 아프리카 고향집에서 멀리 떨어진 밀라노 근처의 어느 정원에서 그 영혼의 열기가 더 이상 주체할 수 없을 정도로 달아올랐다. 그때 성령께서는 모니카(Monica)의 끊임없는 기도와 암브로시우스(Ambrose)의 설교와 성 안토니우스(St. Anthony)의 수행(修行)과, 키케로(Cicero)와 플라톤(Platon), 이사야와 바울에 대한 공부를 사용하셔서 실로 굉장하지는 않지만 — 그리스도가 어떤 형상으로든 볼 수 있도록 나타나시지 않았기 때문에 — 사도 바울이 겪었던 것과 같은 진실하고 지속적인 변화를 일으키셨다. 아우구스티누스가 재에 앉은 심정으로 회개하고 구원 문제를 놓고 기도로 하나님과 씨름을 하고 있을 때 갑자기 하늘에서 다정한 음성이 들리기를 "집어들어 읽으라, 집어들어 읽으라!"고 하였다. 성경을 펴니 바울의 권고가 눈에 들어왔다. "오직 주 예수 그리스도를 옷입고 정욕을 위하여 육신의 일을 도모하지 말라." 그것은 하나님의 음성이었다. 그 음성에 순종했고, 삶의 방향을 철저히 바꾸었으며, 그 결과 당대의 가장 뛰어나고 유익한 교사가 되었다.

칼빈의 회심 경위에 대해서는 알려진 바가 거의 없지만, 본인의 말에 따르면 그것은 교황제의 미신에서 복음적 신앙으로 선회한 급작스런 변화(subita conversio)였다. 이 점에서 그것은 아우구스티누스보다 바울의 회심과 비슷하다. 그는 회의주의자도 아니었고, 이단도 아니었고, 부도덕한 사람도 아니었다. 오히려 우리가 알고 있는 대로는 성경이 그의 정신에 종교개혁의 삶을 환히 비추고 더 좋은 길을 보여줄 때까지 경건한 로마 가톨릭 신자였다. 그는 이렇게 말한다. "우리 영혼들을 위해 남은 구원의 피난처는 오직 하나뿐이다. 그것은 그리스도 안에 나타난 하나님의 자비이다. 우리는 은혜로 구원을 받는다. 우리의 공로로 받는 게 아니고 우리의 행위로 받는 게 아니다."

그는 회심한 직후에 혈과 육에게 조언을 구하지 않았고, 돌아갈 수 있는 다리를 불태워 버렸다. 입신양명의 모든 전망을 포기했고, 박해와 죽음의 위험에 자신을 노출시켰다. 두려워하는 프랑스 프로테스탄트 교도들을 격려하고 용기를 불어넣어 줄 때면 자주 "누가 우리를 그리스도의 사랑에서 끊으리요"라는 바울의 말로 끝을 맺었다. 그는 파리에서 개혁에 대한 활활 타오르는 연설을 준비했지만, 당국은 그 연설문을 압수하여 불태워버렸다. 그는 박해를 피해 마치 바울이 다메섹에서 그랬듯이 창문을 통해 광주리를 타고 도망하여 2년간 이곳저곳을 떠돌아 다니며 난민 전도자 생활을 하다가 제네바에서 사역지를 찾았다. 그가 회심하면서 그의 바울 신학도 태동했는데, 그것은 마치 제우스의 머리에서 나온 미네르바처럼 그의 두뇌에서 솟아나왔다. 바울은 일찍이 존 칼빈보다 더 논리적이고 신학적인 주석가를 둔 적이 없었다.

그러나 역사상 바울을 가장 닮은 사람은 독일 종교개혁의 지도자이다. 루터는 깊은 정신, 강한 의지, 온유한 마음, 열정적인 기질을 매우 고르게 갖춘 인물로서, 비록 자기 절제와 일관성과 균형잡힌 성격에서 아우구스티누스와 칼빈(바울은 말할 것도 없고)보다 뒤지긴 했으나, 복음으로 말미암는 자유를 가장 강력하게 외친 선구자였다. 루터의 갈라디아서 주석은 문법적이거나 논리적인 강해는 아니지만, 자기의와 교황제의 속박에 맞서 그 복음서를 신선하게 재현하였다. 루터는 스물한 살(1505년)에 첫 회심을 했다. 에르푸르트 대학교 법학과를 다닐 때 부모를 뵙고 돌아오는 길에 천둥을 동반한 무시무시한 폭풍우와 번개를 만나서 너무 놀란 나머지 "성 안나(St. Anna)여 구원하소서! 살려주시면 수사(修士)가 되겠나이다!" 하고 외쳤다. 사람들은 그 회심을 사도 바울의 회심과 종종 비교하지만, 그것은 바울 사상과 프로테스탄트 사상과는 전혀 관계가 없었다. 그 사건은 그를 경건한 가톨릭교도로 만들었고, 영혼 구원을 받으러 세상을 등지고 수도원에 들어가게 만들었다. 그 뒤로 그는 매우 겸손하고 유순하고 자기를 부인하는 수사가 되었다. 마치 바울이 매우 근실하고 열정적인 바리새인이었듯이 말이다.

루터는 이렇게 말한다. "만약 수사가 고행으로 하늘에 들어간다면 나는 당연히 그곳에 들어갔을 것이다." 그러나 금욕주의적 자기 부인과 고행으로 의와 평안을 추구하면 할수록 고통스럽게도 죄와 하나님의 진노는 더 무겁게만 느껴졌다. 자기 고해 신부에게 딱히 무슨 죄를 지었는지 말할 수 없었으면서도 말이다. 율법의 권징은 그를 절망의 벼랑으로 몰고갔다. 그럴 때 슈타우피츠(Staupitz)의 친절한 조언에 힘입어 그는 자아로부터 벗어나 사죄와 평안의 유일한 근원인 그리스도의 십자가로 나아갔고, 그리스도의 충분한 공로를 확고히 믿음으로써 자기가 스스로의 노력으로 얻고자 헛되게 추구했던 의를 발견했다.

그의 두번째 회심이라고 할 만한 이 사건은 여러 해 뒤에 갑자기라기보다 점진적으로 발생했고, 그를 복음대로 그리스도 안에서 자유를 찾은 사람으로 만들었으며, 로마 가톨릭 신앙과의 일전을 앞두고 그를 준비시켜 주었다. 그 일전은 면죄부 판매를 비판하는 95개조를 공표함으로써 본격적으로 시작되었다(1517년). 그때까지의 기간은 바울이 아라비아에서 체류한 기간과, 제1차 전도 여행에 앞서 기울인 노력들에 비교할 수 있다.

거짓 설명들

고대 이단들과 현대 합리주의자들은 바울의 회심을 순전히 자연적인 방법으로 설명하려고 많은 시도를 해왔으나, 변변한 성과를 거둔 적이 없었고, 오히려 이런 실패로 사도 자신이 피력하고 기독교 교회가 대대로 주장해온 참된 견해만 간접적으로 확증해 주었을 뿐이다.

1. 사기설. 이단적이고 중상모략적인 유대화주의 집단(Judaizers)은 바울의 회심을 이기적인 동기나 악령들의 영향 탓으로 돌리려 했다.

에비온파(the Ebionites)는 바울이 이교도 부모에게서 태어나 예루살렘 대제사장의 딸과 사랑에 빠진 뒤 그녀를 차지하기 위해서 유대교로 개종하고 할례를 받았으나 뜻을 이루지 못하자 복수를 하기 위해서 할례와 안식일과 모세 율법 전체를 비판하고 다녔다는 거짓말을 퍼뜨렸다.

유대화주의의 사변적 형태를 띠고 있는 위(僞)클레멘스 설교집은 반(反)율법적인 이교 사상을 교회에 은밀히 끌어들인 대이단 시몬 마구스를 바울 대신 내세워 공박을 당하게 한다. 그리스도가 바울에게 나타나신 것은 진노를 나타내신 것이거나 바울이 고의적으로 퍼뜨린 거짓말이라고 한다. [4]

2. **천둥과 번개에 관한 합리주의적 이론.** 이 이론은 바울의 회심을 물리적 원인들, 즉 격한 폭풍과 시리아의 뜨거운 지열 탓에 바울이 미신에 빠져 천둥을 하나님의 음성으로, 번개를 천상의 환상으로 착각한 것으로 돌린다. 그러나 기록에는 뇌우와 지열이 전혀 언급되어 있지 않은 데다, 설혹 뇌우와 지열이 있었다 하더라도 지각 있는 사람에게, 더 나아가 세계 역사에 그런 영향을 끼칠 수 없었을 것이다. 도대체 천둥이 히브리어나 다른 어떤 언어로 말하는 것을 누가 듣는단 말인가? 바울과 누가가 우리와 똑같이 평범한 자연 현상을 초자연적 환상과 구분할 눈과 귀와 상식을 갖고 있지 않았단 말인가?

3. **환상설**은 바울의 회심을 자연적인 심리 과정으로, 정직한 자기 기만으로 변형시킨다. 이것은 다른 모든 설명들을 비웃으면서, 바울의 지적·도덕적 순수함과 위대함을 가장 크게 부각시키는 현대 합리주의자들이 애호하는 이론이다.

---

4) *Clem. Hom.*, XVII, ch. 19 (p. 351, ed. Dressel)에서 시몬 베드로는 시몬 마구스에게 이렇게 말한다: "만약 우리 예수님이 환상 중에 네게 나타나 자신을 나타내시고, 너와 대화하셨다면, 대적에게 격노하시는 분으로서 그러신 것이다. 예수께서 계시와 꿈으로 나타나신 것이 다 그런 이유 때문이며, 그렇지 않았다면 외부의 계시를 통해 네게 말씀하셨을 것이다. 그러나 누가 과연 환영(幻影)을 가지고 교훈할 수 있겠는가? … 주께서 네게 나타나셨다는 네 말을 우리가 어찌 믿을 수 있겠는가? 네가 그분의 교훈을 거스르는 생각을 하고 사는데 어찌 그분이 네게 나타나셨겠는가? 그러나 만약 네가 그분을 뵙고 그분에게 배우고 단 한 시간이라도 그분의 제자가 되었다면, 그분 말씀을 증거하고 해석하고 그분의 사도들을 사랑하는 데 힘쓸 것이지, 그분을 수종했던 나와 논쟁하려 하지 말라. 너는 교회의 기초요 견고한 반석인 나와 정반대 입장에 서 있기 때문이다(참조. 마 16:18). 만약 네가 나와 반대되지 않는다면 나를 비난하거나 내가 전한 진리를 헐뜯어서, 내가 주님께 직접 들었다고 말할 때 마치 내가 정죄를 받은 사람이요 시험을 견디지 못한 사람인 양 사람들이 나를 믿지 못하도록 만드는 짓을 하지 않을 것이다. 그러나 만약 내가 정죄를 받았다고 네가 말한다면(참조. 갈 2:12), 너는 그리스도를 내게 계시하신 하나님을 비난하는 것이고, 그 계시 때문에 나를 복되다고 선언하신 분을 욕하는 것이다(참조. 마 16:17). 그러나 만약 네가 정녕 진리의 편에 서서 내 동역자가 되고 싶다면 먼저 우리에게 우리가 그분으로부터 배운 것을 배운 다음 진리의 제자가 되고 내 동역자가 되라."

물론 이 가설은 그 강력한 변화를 곧 사라질 외적이고 우발적인 현상 탓으로 보지 않고 내적인 요인들 탓으로 본다는 점에서 둘째 가설보다 합리적이고 신뢰할 만하다. 이 가설에 따르면, 바울의 정신에는 한동안 지적이고 도덕적인 열정이 지속되다가 마침내 논리적 필연성에 의해 확신과 행동마저 철저히 변했으나, 초자연적 영향은 전혀 없었고, 그 뒤 바울이 자연적인 발전 과정을 걸었다는 것과 초자연적 영향은 모순되므로 그 가능성 자체가 부정된다. 이 경우에서 굳이 기적이라고 한다면 사도가 정신적으로 예수의 위압적인 임재를 신비주의적이고 상징적으로 반추한 것이었다고 한다.

바울은 자기 입으로 환상을 보았다고 말한다. 하지만 그것은 물론 실재적이고 객관적이고 인격적으로 그리스도께서 하늘로서 나타나셨다는 뜻이고, 나타나신 그분을 자기 눈으로 볼 수 있었고 그 음성을 귀로 들을 수 있었고, 동시에 그 사건은 자기 정신에 오감의 매체를 통한 계시였다는 뜻이다. 내면의 영적 현현(顯現)이 외적인 현현보다 더 중요하긴 했지만, 둘 다 확신을 일으켰다. 그러나 환상설은 그리스도께서 나타나신 일을 순전히 주관적 상상으로, 사도가 객관적 사실을 착각한 것으로 바꾸어 놓는다.

바울처럼 정신이 건실하고 명쾌하고 예리한 사람이 주관적 상념들을 자기가 핍박한 예수의 객관적인 현현과 아주 엉뚱하게 혼동하고, 조금만 생각해도 금방 자기 생각 속에서만 이루어진 일이라고 알았을 것을 초지일관 신적 자비의 행위로만 언급했다는 것은 믿을 수 없는 일이다.

이 이론의 옹호자들은 부활하신 주님이 원 제자들에게 나타나신 일과 훗날 베드로가 환상을 본 일과, 주께서 빌립에게 나타나신 일과, 계시록에서 요한에게 나타나신 일을 신경이 극도로 예민해진 종교적 열광 상태 속에서 발생한 똑같은 주관적 망상의 범주에 넣는다. 바울이 광적이었고, 환상과 계시를 좋아했다고 하며(비교. 고후 12:2; 행 18:9; 22:17), 부활하신 그리스도께서 나타나신 모든 사례들을 자기가 경험한 사례와 동일 수준에 놓음으로써 — 예루살렘과 갈릴리에서의 사례들과 다메섹 도상에서의 사례 사이에 벌써 여러 해가 흘러갔는데도 — 부활 자체의 실재성에 관한 의심을 오히려 정당하게 만들어 준다고 그럴듯하게 주장한다.

그러나 환상설에만 통하는 이 가설은 전혀 유지될 수 없다. 바울은 "맨 나중에 만삭되지 못하여 난 자 같은 내게도 보이셨느니라"고 말할 때 그리스도께서 친히 나타나신 일들과 나중에 자기가 본 환상들을 뚜렷이 구분하며, 전자를 자기가 회심할 때 임한 것과 연관짓는다(참조. 고전 15:8). 그는 한 번, 오직 한 번만 주님을 보이는 모습으로 뵈었고 그 음성을 들었다고 주장한다. 마지막에, 실로 맨 마지막에 체험한 일이긴 하지만 원 사도들이 체험한 것만큼이나 참되고 실재적이었다고 한다. 한 가지 차이점은 그들이 부활하신 구주께서 아직 땅에 머무실 때 뵌 반면에, 바울은 승천하신 구주께서 하늘에서 내려오신 모습 ― 마지막 날에 모든 사람들에게 나타나실 모습 ― 을 뵈었다는 것이다. 바로 이것이 그로 하여금 "나는 사도 중에 지극히 작은 자라. 내가 하나님의 교회를 핍박하였으므로 사도라 칭함을 받기에 감당치 못할 자로라"고 자신의 무자격함을 늘 기억하게 만든 그 환상의 위대성이다. 그는 그리스도의 부활의 실재성을 장차 있을 신자들의 부활에 관한 경이로운 논의의 기초로 삼는데(고전 15:12 이하), 만약 그리스도께서 죽은 자 가운데서 실제로 살아나지 않으셨다면 그 논의는 설득력을 모두 잃어버리게 된다.

더욱이 그는 회심하는 순간에 사도로 부르심을 받았다. 전자가 망상이었다면 후자도 망상이었음에 틀림없다. 그는 자신의 권위를 훼손하려는 유대화주의 대적들에 맞서서 자기가 이방인의 사도로 부르심을 받은 것은 어떤 인간도 개입하지 않은 채 그리스도께서 친히 나타나셔서 직접 주신 것임을 강조한다(갈 1:16; 고전 9:1; 15:8; 행 22:10, 14).

바울이 그렇게 변한 데에는 지적·도덕적으로 오랫동안 내면 깊숙이 준비가 있었다는 추정은 증거도 없을 뿐 아니라, 바울 자신의 거듭된 고백대로 당시에 기독교를 열렬히 핍박하고 있었던 사실을 제쳐 놓을 수도 없다. 바울의 회심은 다른 제자들의 회심과는 달리 누적된 원인, 주변 상황, 개인적 동기를 가지고는 제대로 설명할 수 없다. 원 사도들은 예수의 헌신적인 친구들이었지만, 바울은 예수의 원수였고, 선봉에 서서 잔혹한 박해를 자행하던 바로 그 시점에 큰 변화를 겪었으며, 따라서 정신 상태가 당시 그의 당면 과제와 장래의 삶에 그렇게 치명적인 영향을 준 환상을 스스로 지어낼 가능성이란 거의 희박했다. "주의 제자들을 대하여 여전히 위협과 살기가 등등하여" 기독교를 광적으로 박해하던 자가(행 9:2; 비교. 갈 1:13; 고전 15:9; 빌 3:6; 딤전 1:13) 어떻게 자기가 멸하려고 힘쓰고 있는 바로 그 종교를 세우는 발상으로써 자가당착적인 모순에 빠질 수 있었겠는가!

그러나 설혹 (르낭의 주장대로) 바울의 정신이 지나친 흥분 탓으로 일시적인 착란에 빠졌다고 가정하더라도 그는 곧 건강과 이성을 되찾았을 것이고, 자신의 오류를 바로잡을 기회도 얼마든지 있었을 것이다. 게다가 예수를 죽인 자들과 친했기 때문에 만약 부활이 발생한 적이 없었다면 부활을 반박할 만한 뚜렷한 증거를 얼마든지 확보할 수도 있었을 것이다. 그리고 오랫동안 생각을 정리한 뒤에 예루살렘으로 가서 베드로와 밤을 지새우며 그와 예수님의 동생 야고보에 게서 그들의 경험을 듣고 자신의 경험과 비교해 볼 수 있었을 것이다. 이 경우에 모든 것이 시적인 상상과 허구가 조성되는 데 환경의 변화와 시간의 경과를 필 요로 하는 신화와 전설 가설에 배치된다.

마지막으로, 다메섹 가는 길에서 회심할 때부터 로마에서 순교할 때까지 바울 이 행한 평생의 사역은 이 가설을 논박하고 그의 회심이 하나님의 은혜로 말미 암은 실제 사건이었음을 입증하는 데 최고의 증거가 된다. "그의 열매로 그들을 알리라." 공허한 꿈에서 어찌 그런 효력있는 변화가 나올 수 있었겠는가? 망상 이 역사의 흐름을 바꾸어 놓을 수 있는가? 바울은 기독교라는 분파에 가입함으 로써 그리스도를 위해 모든 것을, 마지막에는 목숨까지도 희생했다. 그는 자기 에게 계시된 진리에 대한 확신이 조금도 흔들리지 않았고, 이 계시에 대한 믿음 으로 모든 세대들에게 복의 근원이 되었다.

환상설은 객관적인 기적들을 부정하고 기적들을 주관적인 상상 탓으로 돌리 며 거짓을 진리보다 더 효과적이고 유익한 것으로 만든다.

바울의 회심에 관한 합리주의적이고 자연적인 모든 해석은 비합리적이고 부 자연스러운 것으로 판명된다. 결국 바울 자신에 대한 초자연적인 해석이 가장 합리적이고 자연스러운 해석이다.

32. 바울의 사역

"고향과 동족을 등지고
낙(樂)을 비웃고 가시밭길을 걸을 수 있는 사람이
수고와 고통을 지나 천상의 면류관을 받을 수 있다.
욕했던 사람이 따뜻한 사랑으로 갚을 수 있고,

때렸던 사람이 원수를 위해 기도할 수 있다.

대장의 명령에 곧 대답하고 일어나

선한 싸움을 싸우고, 마침내 격한 시련의 날이 올 때

고귀하게 스러질 수 있다.

그러한 — 아니 그 이상의 — 성인이 있었다. 바로 거룩한 바울이다!"

— 익명의 저자.

바울의 회심은 커다란 지적·도덕적 혁명이었으면서도 그의 동질성을 파괴하지는 않았다. 그의 고귀한 재능들과 업적은 그대로 남아 있으면서 이기적인 동기들이 말끔히 씻겨나갔고, 새 원칙에 영감을 받았고, 신령한 목적을 위해 구별되었다. 자기를 구원하신 그리스도의 사랑이 이제는 모든 것을 흡수하는 열정이었고, 어떠한 희생도 그분께 감사를 표하기에는 미미했다. 폐허의 건축자가 하나님이 거하실 전을 짓는 건축자가 되었다. 열정과 정신의 깊이와 정확함은 그대로였으나 성령의 비취심을 받았다. 기질과 타오르는 열정도 그대로였으나 깨끗이 씻김을 받고 지혜와 중용으로 진압되고 조절되었다. 활력과 대범함은 그대로였으나 친절과 온유가 겸비되었다. 이 모든 것 위에 가장 큰 은혜의 선물인 사랑과 겸손, 자애와 섬세함이 더하였다. 자부심이 강하고 외향적이고 장부다운 성격에서는 좀처럼 발견할 수 없는 면모들이다. 빌레몬서라는 짧은 서신은 원래 고귀했으나 은혜로 폭이 두 배나 넓어진 완벽한 기독교 신사(紳士)의 모습을 보여준다. 고린도전서 13장은 믿음의 신비로운 사닥다리를 타고서 사랑의 하나님의 박동하는 심장에까지 올라가본 사람이나 품을 수 있는 내용이지만, 바울조차도 성령의 감화를 받지 않았다면, 모든 것을 참으며 모든 것을 믿으며 모든 것을 바라며 모든 것을 견디고 언제까지든지 떨어지지 않으며 '믿음, 소망, 사랑,' 이 세 가지 천상의 은혜들 가운데 가장 큰 그 덕(德)을 그처럼 고결하게 묘사할 수 없었을 것이다.

사울은 회개한 즉시 선교사 바울이 되었다. 자기가 구원을 받은 뒤에는 남들을 구원하는 일을 일생의 사역으로 삼았다. 그는 "즉시로" 회당들에서 그리스도를 전파했고, 나사렛 예수가 하나님의 아들 메시야임을 증명하여 다메섹 유대인들을 혼동에 빠뜨렸다. 그러나 이것은 첫 사랑의 열정으로 한 예비적인 증거였을 뿐이다. 그리스도께서 나타나신 일과, 사흘 밤낮을 기도하고 금식하면서 영혼이 번뇌한 일 — 그는 이때 사실상 영적 죽음과 영적 부활을 체험했다 — 은 그의 육체와 정신의 틀을 너무 심하게 흔들어 놓았기 때문에, 그는 소란하고 혼란한 세상에서 훌쩍 떠나 평정을 얻을 필요를 느꼈다. 그 밖에도 그가 회심했다는 깜짝 놀랄 소식이 예루살렘에 알려지자마자 그의 목숨도 크게 위태로워졌을 것이다.

따라서 그는 아라비아 사막으로 가서 3년을 지냈다. 그곳에서 선교 활동을 한 게 아니라(크리소스토무스의 생각처럼) 주로 기도와 묵상을 했고, 히브리 성경을 나사렛 예수의 인격과 사역을 통해 성취된 견지에서 연구했다. 이 휴식 기간은 열두 제자들이 그리스도의 학교에서 준비한 3년에 해당했다. 아마 시내 산까지 갔을는지도 모르고, 하갈과 이스마엘의 자손들이 사는 곳을 둘러 보았는지도 모른다(비교. 갈 4:25. 거기서 '아라비아'는 시내 반도를 뜻한다). 이스라엘의 대입법자가 섰던 그 연단에 올라 여호와의 두려운 엄위가 서린 죽음과 고독의 파노라마를 둘러보면서 엘리야의 심정으로 천둥과 지진, 그리고 세미한 음성을 들을 수 있었고, 죽이는 의문(儀文)과 살리는 영 간의 차이를, 죽이는 직분과 살리는 직분 간의 차이를 연구할 수 있었다(고후 3:6-9). 사막은 대양처럼 나름대로 장엄함과 숭엄함을 갖고 있으며, 명상하는 자에게 하나님과 영원만 남겨 놓는다.

"바울은 독특한 임무에 독특한 적임자였다"(Godet). 그의 임무는 실천적인 것과 이론적인 것 두 가지였다. 그는 다메섹부터 로마까지 자유와 보편적 은혜의 복음을 전파했고, 로마 제국 곧 당대의 문명 세계에서 복음의 승리를 쟁취했다. 동시에 서신서들로써 복음을 해설하고 변호함으로써 안으로도 교회를 세웠다. 아래로는 교회 사역과 권징에 관련된 지극히 세세한 사항들까지 내려갔고, 위로는 지극히 숭고한 신학적 사색까지 올라갔다. 이 장에서는 그의 선교 활동만 다루고, 이론 작업은 다음 장에서 다루기로 한다.

먼저 바울의 선교 정신과 정책을 살펴보자.

그의 충일한 동기는 그리스도와 동료 인간들에 대한 사랑이었다. 그는 이렇게 말한다. "그리스도의 사랑이 우리를 강권하시는도다. 우리가 생각건대 한 사람이 모든 사람을 대신하여 죽었는즉 모든 사람이 죽은 것이라. 저가 모든 사람을 대신하여 죽으심은 산 자들로 하여금 다시는 저희 자신을 위하여 살지 않고 오직 저희를 대신하여 죽었다가 다시 사신 자를 위하여 살게 하려 함이니라." 그는 자신을 사람들에게 하나님과 화목하라고 설득하는 그리스도의 종이자 사신으로 여겼다. 이 정신으로 원기를 얻은 그는 "몇몇 사람들을 구원코자 유대인에게는 유대인이 되었고 이방인에게는 이방인이 되었으며 여러 사람에게 여러 모양이 되었다."

그는 시리아(시리아)의 수도이자 이방 기독교 세계의 모교회인 안디옥을 선교 여행의 출발점과 귀착지로 삼았고, 아울러 예루살렘과의 관계도 유지했다. 그리스도의 독립된 사도였지만 최초의 대선교 여행을 떠나기 전에 안디옥에서 엄숙한 위임을 받았다. 역사와 무역과 문명의 흐름을 따라 동쪽에서 서쪽으로, 아시아에서 유럽으로, 시리아에서 소아시아, 그리스, 이탈리아, 그리고 아마 서바나(스페인)까지 갔다. 크고 영향력 있는 도시들인 안디옥, 에베소, 고린도, 로마에서는 상당 기간 머물렀다. 이 중요한 거점들에서는 제자들과 동역자들을 시켜 주변 도시들과 마을들에 복음을 전하게 했다. 그러나 다른 사도들과 부딪치지 않으려고 항상 조심했고, 다른 사람이 터를 닦아 놓은 곳에 교회를 세우지 않기 위해서 그리스도가 전파되지 않은 새로운 사역지를 개척했다. 이것이 선교사가 지녀야 할 진정한 독립이고 예절이다. 유감스럽게도 선교회들이 그리스도인의 열정보다 교파의 열정에 사로잡혀 그런 태도를 저버리는 일이 얼마나 많은가!

아나니아 편으로 전달된 그리스도의 메시지에 따르면 바울의 주 선교 대상은 이방인들로서, 유대인들도 배제되지 않았다: "이 사람은 내 이름을 이방인과 임금들과 이스라엘 자손들 앞에 전하기 위하여 택한 나의 그릇이라." 바울은 시간상으로는 유대인들이 복음에 우선권을 갖고 있다는 것과(롬 1:16), 이교 도시들에 있던 회당들이 기독교 선교를 위한 전초 기지라는 점을 고려하고서 자연스럽게 먼저 유대인들과 유대교 개종자들을 찾아가 회당의 관습대로 구약성경을 강론하면서 그것이 나사렛 예수 안에서 성취되었음을 증명했다. 그러나 가는 곳마다 거의 어김없이 반(半)유대인들 곧 "문의 개종자들"(proselytes of the gate)이 동족들보다 복음을 더 환영하는 것을 발견했다. 그들은 참 종교를 정직하고 근실하게 찾던 자들로, 이교도들에게 자연스러운 교량이자 바울이 세운 교회들의 중추 역할을 했는데, 그 교회들은 일반적으로 양 종교들에서 개종한 사람들로 구성되었다.

바울은 자기를 부인하는 고결한 태도로 장막 짓는 기술을 살려 손수 생계를 유지했다. 자기 회중들(대부분 하층민들로 구성된)에게 짐을 지우지 않기 위함이었고, 독립성을 유지하여 대적들의 입을 막기 위함이었고, 완고하고 광적인 박해자였던 자신을 지극히 고귀한 사도의 직분으로 부르신 그리스도의 무한한 자비에 감사하는 태도를 입증해 보이기 위함이었다. 그는 자기를 위해 연보를 거둔 적이 없고, 다만 팔레스타인의 가난한 유대 그리스도인들을 위해서 연보를 거두었다. 딱 한 번 빌립보의 회심자들에게 선물을 받은 적이 있었는데, 그에게 몹시 소중한 사람들이었다. 그러면서도 교회들에게는 영생의 떡을 떼어 주는 교사들을 이 땅의 재물로 후하게 지원하라고 거듭 당부했다. 세상의 구주가 목수이셨다! 가장 위대한 복음 전도자가 장막 짓는 사람이었다!

바울이 유대인들과 이교도들과 거짓 형제들에게서 받은 무수한 어려움과 위험과 고통에 대해서 일정한 개념을 세우기가 쉽지 않다. 사도행전은 아주 압축된 기록일 뿐이기 때문이다. 바울은 다른 글에서 그런 내용을 우발적으로 털어놓는다. "유대인들에게 사십에 하나 감한 매를 다섯 번 맞았으며 세 번 태장으로 맞고 한 번 돌로 맞고 세 번 파선하는데 일 주야를 깊음에서 지냈으며 여러 번 여행하면서 강의 위험과 강도의 위험과 동족의 위험과 이방인의 위험과 시내의 위험과 광야의 위험과 바다의 위험과 거짓 형제 중의 위험을 당하고 또 수고하며 애쓰고 여러 번 자지 못하고 주리며 목마르고 여러 번 굶고 춥고 헐벗었노라. 이 외의 일은 고사하고 아직도 날마다 내 속에 눌리는 일이 있으니 곧 모든 교회를 위하여 염려하는 것이라. 누가 약하면 내가 약하지 아니하며 누가 실족하게 되면 내가 애타지 않더냐"(고후 11:24-29).

자기를 비방하는 자들에 대해서 자기를 변호하느라 고린도인들에게 마지못해서 이렇게 썼는데, 때는 57년으로서 그가 가이사랴와 로마의 옥에서 가장 길고 가장 어려운 시련을 당하기 전이요, 순교당하기까지는 적어도 7년 전이었다. 그는 "사방으로 우겨쌈을 당하여도 싸이지 아니하며 답답한 일을 당하여도 낙담하지 아니하며 핍박을 받아도 버린 바 되지 아니하며 거꾸러뜨림을 당하여도 망하지 아니"하였다(고후 4:8, 9). 그의 공적 사역은 하나같이 전쟁이었다. 그는 전투하는 교회(the church militant) 곧 "전진하고 정복하는 기독교"를 대표한다. 그는 대 아타나시우스(Athanasius the Great)가 아리우스 이단과 배교자 황제 율리아누스(Julian the Apostate)의 이교에 대립할 때 말했던 것보다 훨씬 더 고결한 의미에서의 '외곬적 도구'(unus versus mundum)였다.

그런데도 그는 불행하지 않고 기쁨과 평안이 가득했다. 로마 옥중에서 빌립보인들에게 권면하기를 "주 안에서 기뻐하라. 내가 다시 말하노니 기뻐하라"고 했다. 외부의 대적들과 내부의 대적들과 투쟁하면서 그에게 충족한 하나님의 은혜에 힘입어 '정복자 이상의' 면모를 보여주었다. 그는 로마인들에게 편지하면서 안에서 솟아오르는 승리의 찬가를 주체하지 못한 채 이렇게 썼다. "내가 확신하노니 사망이나 생명이나 천사들이나 권세자들이나 현재 일이나 장래 일이나 능력이나 높음이나 깊음이나 다른 아무 피조물이라도 우리를 우리 주 그리스도 예수 안에 있는 하나님의 사랑에서 끊을 수 없으리라"(롬 8:37-39). 유언도 승리의 확신으로 가득 차 있다. "관제와 같이 벌써 내가 부음이 되고 나의 떠날 기약이 가까왔도다. 내가 선한 싸움을 싸우고 나의 달려갈 길을 마치고 믿음을 지켰으니 이제 후로는 나를 위하여 의의 면류관이 예비되었으므로 주 곧 의로우신 재판장이 그 날에 내게 주실 것이니 내게만 아니라 주의 나타나심을 사모하는 모든 자에게니라"(딤후 4:6-8).

33. 바울의 선교 사역

바울의 공생애는 회심할 때부터 순교할 때까지인 주후 40-64년까지 거의 4분의 1세기 동안 지속되었다. 그동안 세 차례의 대대적인 선교 여행과 소소한 전도 방문들을 했고, 예루살렘을 다섯 차례 방문했으며, 가이사랴와 로마에서 적어도 4년간의 옥고를 치렀다. 더러는 이 기간을 주후 67년이나 68년으로 늘려잡는다. 이 기간은 다음과 같이 다섯이나 여섯 시기로 구분할 수 있다.

1. **주후 40-44년.** 준비 기간으로서, 시리아와 고향 길리기아에서 혼자서 혹은 먼저 이방인의 사도가 된 바나바와 손잡고 사역했다.

바울은 아라비아 칩거 생활을 마치고 돌아온 뒤 자기가 회심하고 부르심을 받은 다메섹에서 그리스도를 전파함으로써 공사역을 근실히 시작했다. 바울의 증거에 격분한 유대인들은 아라비아 왕의 신하들을 부추겨 그를 해하려고 했으나, 장래에 유용하게 쓰이기 위해 구원을 받은 바울은 형제들의 도움으로 광주리를 타고 성벽 창문을 통해 도피했다(행 9:23-25). 회심한 지 3년 뒤에 예루살렘에 올라가 베드로를 만나 그와 두 주간을 지냈다. 베드로 말고도 주의 형제 야고보도 만났다. 바나바가 바울을 제자들에게 소개시켜 주었는데, 제자들은 처음에는 그를 두려워하다가 그의 경이로운 회심 이야기를 듣고는 한때 믿음을 진멸하려고 노력하던 박해자가 이제는 전파하고 다니는 것으로 인해 "영광을 하나님께" 돌렸다(갈 1:18-24; 행 9:26, 27). 그가 예루살렘에 간 것은 복음을 배우기 위함이 아니었다. 이미 계시로 복음을 받았기 때문이다. 또한 인준이나 안수를 받기 위함도 아니었다. "사람들에게서 난 것도 아니요 사람으로 말미암은 것도 아니요 오직 예수 그리스도"께 부르심을 받았기 때문이다.

그럼에도 불구하고 그가 베드로와 야고보를 접견한 일은 별 언급이 없긴 하지만 틀림없이 큰 관심을 불러 모았을 것이다. 베드로는 친절하고 관대한 인물이므로 자연히 기쁨과 감사로 그를 맞아주었을 것이다. 바울이 불신앙 가운데 무지로 제자들을 박해했듯이, 베드로 자신도 한때는 악의가 있어서가 아니라 연약했기 때문에 주님을 부인한 적이 있었다. 두 사람 다 자비로 사죄를 받았고, 두 사람 다 주님을 보았고, 두 사람 다 지극히 높은 직위에 부르심을 받았고, 두 사람 다 마음 저변에서부터 "주여 모든 것을 아시오매 내가 주를 사랑하는 줄을 주께서 아시나이다" 하고 말할 수 있었다. 두 사람은 만나서 각자의 경험을 교환하고 공동의 신앙으로 서로를 인정했을 것이다.

아마 이 방문 때 바울은 성전에서 환상을 통해 속히 이방인에게로 가라는 주님의 분명한 명령을 받았을 것이다(행 22:17-21). 산헤드린의 좌소에 더 오래 머물렀다면 순교자 스데반과 동일한 운명을 맞이했을 것이다.

바울은 클라우디우스(글라우디오) 재위 때인 44년에 가뭄이 들었을 때 예루살렘을 두 번째 방문했다. 바나바와 동행한 이번 방문은 안디옥 그리스도인들이 유대의 형제들을 구제하기 위해 모은 연보를 전하는 데 목적이 있었다(행 11:28-30; 12:25). 이번에는 야고보가 참수를 당하고 베드로가 투옥되는 등 박해 때문에 사도들 중 아무도 만나지 못했던 것 같다.

이 4년 중 상당 기간은 다소와 안디옥에서 전도를 하는 데 보냈다.

2. **주후 45-50년.** 제1차 전도여행. 45년에 바울은 안디옥 교회의 선지자들을 통해 임한 성령의 지시로 바나바 및 마가와 함께 제1차 전도 여행 길에 올랐다. 구브로 섬과 소아시아 여러 지방들을 두루 다녔다. 바보에서 로마 총독 서기오 바울(Sergius Paulus)을 회심시켰고, 유대인 박수 엘루마를 꾸짖고 벌하였고, 비시디아에서 복음을 전해 큰 성과를 거둔 반면 믿지 않는 유대인들의 큰 반대를 받았고, 루스드라에서 앉은뱅이를 기적으로 고쳤고, 미신에 찌든 이교도들에 의해 바나바와 함께 신으로 숭배를 받을 뻔했고, 숭배를 거부하자 태도가 돌변한

이교도들에게 원수로 취급을 당했고, 돌에 맞았으나 가까스로 죽음을 면한 뒤에 전도 여행을 성공리에 마치고 안디옥으로 돌아온 것이 이번 여행의 굵직굵직한 사건들로서, 그 내용이 사도행전 13-14장에 자세히 기록되어 있다.

이 기간은 주후 50년 예루살렘에서 열린 사도들의 중요한 집담회로 끝난다. 그 집담회에 대해서는 다음 항에서 따로 다룰 것이다.

3. **주후 51-54년.** 제2차 전도 여행. 예루살렘 공의회를 마치고 교회 내의 유대인계와 이방인계 사이의 차이를 일시적으로 조정한 뒤에, 바울은 51년에 제2차 여행길에 올랐다. 그리스에 복음을 전파한 중대한 여행이었다. 이번에는 실라와 동행했다. 먼저 지난번에 세운 교회들을 둘러본 뒤 실라와 젊은 회심자 디모데의 도움을 받아 브루기아와 갈라디아 전역에 새 교회들을 세웠는데, 이곳에서는 보잘것없는 외모에도 불구하고 하나님의 사자처럼 큰 환영을 받았다.

드로아 — 호메로스의 트로이에서 남쪽으로 몇 마일 떨어져 있고 헬레스폰트의 관문인 — 까지 간 바울은 "건너와서 우리를 도우라"고 하는 마게도냐인의 외침에 응하여 그리스로 건너갔다. 그곳에서 복음을 전하여 큰 성공을 거두었는데, 먼저 빌립보에서는 자주장사 루디아와 간수를 회심시켰고, 실라와 함께 옥에 갇혔으나 기적으로 구출되고 명예롭게 풀려났다. 그 뒤 데살로니가에서는 유대인들에게 핍박을 받았으나 장차 크게 번성할 교회를 세우고 떠났다. 베뢰아에서는 그의 전도를 받은 사람들이 성경을 상고하는 데 모범적인 열심을 나타냈다. 고전 문학의 메트로폴리스인 아덴(아테네)에서는 스토아 학파와 에피쿠로스 학파의 철학자들과 변론하였고, 군신의 언덕(아레오바고)에서 아주 뛰어난 기지와 지혜를 발휘하여 — 비록 당장 큰 성과를 거두지는 못했지만 — "알지 못하는 신"의 정체를 그들에게 벗겨 주었다. 존재하는 모든 신들에게 합당한 대우를 해 주려고 노심초사하던 미신적인 아덴 사람들은 그 신이 누군지 모른 채 제단을 세웠었다. 아울러 그들에게 예수 그리스도를 알려 주면서, 하나님이 그를 통해 세상을 의로 심판하실 것이라고 말했다.[5] 동방과 서방의 상업적 교량 역할을 하

---

5) Farrar(I. 550 sq.)는 이렇게 말한다: "바울은 조롱을 받은 채 쓸쓸히 아덴을 떠났다. 그럼에도 불구하고 그의 방문은 헛되지 않았다 … 그는 아덴에 교회를 세우지 않았으나 그곳에서는 교회가 자라났다(아마 회심한 아레오바고 관원이 그 일을 담당한 듯하다). 다음 세기에 그 교회는 기독교 진영에 순교자 감독들과 뛰어난 변증가들을 배출했다(Publius, Quadratus, Aristides, Athenagoras). 3세기에는 평화롭고 순결하게 번성을 누렸다. 4세기

는 부와 문화의 융성한 중심지요 죄악과 부패의 온상이기도 하던 고린도에서는 헤아릴 수 없이 많은 어려움을 겪으면서 교회를 세웠는데, 이 교회는 복음의 영향하에 그리스인들의 온갖 장점과 단점을 그대로 드러냈다. 바울은 이 교회에 자신의 가장 중요한 서신서들 가운데 두 권을 썼다.

54년 봄에 바울은 에베소와 가이사랴와 예루살렘을 거쳐 안디옥으로 돌아갔다.

이 기간에 그는 데살로니가 교회에 보내는 두 권의 서신을 썼는데, 이 서신들은 사도행전에 보존된 전도 연설들을 제외하고는 현존하는 그의 저작들 중에서 가장 오래된 것들이다.

4. **주후 54-58년.** 제3차 전도 여행. 54년 말엽에 바울은 에베소로 갔다. 아시아 도 총독의 주재와 아데미 숭배로 유명한 이 수도에서 바울은 3년간 거점을 고정시킨 채 선교 사역을 했다. 그 뒤 마게도냐와 아가야에 세웠던 교회들을 둘러보았고, 고린도와 그 근방에 3개월 이상을 머물렀다.

이 기간에 위대한 교리 서신들인 갈라디아서와 고린도전후서와 로마서를 썼다. 왕성한 사역과 성과 면에서 가장 두드러진 기간이었다.

5. **주후 58-63년.** 이 기간에 바울은 두 번 투옥되었고, 그 중간에 가이사랴에서 로마까지 겨울 항해를 했다. 58년 봄에 다섯 번째이자 마지막으로 예루살렘을 방문했다. 이번에는 빌립보와 드로아와 밀레도(여기서 에베소 장로-감독들에게 감동적인 고별사를 했다)와 두로와 가이사랴를 경유했으며, 이번에도 그리스 그리스도인들이 유대의 가난한 형제들을 위해 모은 연보를 전달하고, 이 감사와 사랑의 증표로써 사도 시대 교회의 두 지류를 더욱 공고히 결합시키는 데 목적을 두었다.

에 그 교회는 니케아 공의회에 대표를 보냈고, 바실리우스와 나지안주스 그레고리우스라는 고귀한 기독교 수사학자들이 그곳의 기독교 학교들에서 훈련을 받았다. 여러 세기가 지나기 전에 나무 십자가에 못 박힌 손을 감당할 수 없던 허다한 신들이 낡은 신화 속으로 도망쳤고, 그 수호 여신은 호메로스가 예찬한 섬광 같은 눈과 마라톤의 트로피들을 녹여 만든 강한 창을 갖고 있었으면서도 나사렛 목수와 한 지붕 밑에서 살았던 온유한 갈릴리 여성 곧 주님의 동정녀 어머니에게 내실(內室)을 내주었다." 그럼에도 불구하고 아덴은 로마 제국에서 우상 숭배를 마지막으로 버린 도시들 가운데 하나였고, 교회사에서 유력한 지위에 오른 적도 없다. 그 도시의 종교는 그리스도보다 고대 그리스인들의 천재성에 초점이 있었다.

그러나 그를 배교자이자 백성의 유혹자로 철저히 미워하던 일부 광적인 유대인들은 오순절에 그를 해치려는 소요를 일으켰다. 바울이 할례받지 않은 헬라인 드로비모를 성전에 데리고 들어갔다는 이유로 그에게 성전 모독죄를 뒤집어 씌운 뒤 그를 성소에서 끌어냈다. 성소를 피로 더럽히지 않기 위해서였다. 만약 인근에 살던 천부장 글라우디오 루시아가 신속히 그 지점에 군대를 파견하지 않았더라면 그들은 틀림없이 바울을 죽였을 것이다. 천부장은 바울이 로마 시민인 것을 확인하고서 격노한 군중에게서 보호했고, 다음 날 산헤드린 앞에 세웠으며, 산헤드린 회의가 격하기만 했지 무익하게 끝난 뒤 바울의 목숨을 노리는 음모가 발각되자 그를 중무장한 군대의 호위하에 무죄 증명서를 첨부하여 가이사랴에 있는 총독 벨릭스에게 보냈다.

이곳에서 사도는 두 해(58-60년)를 구금된 채 산헤드린 앞에서 받을 재판을 기다렸고, 무죄 인정을 받았고, 이따금씩 벨릭스 앞에서 말했고 — 비교적 점잖은 대접을 받았음에 분명하다 — 그리스도인들의 방문을 받았으며, 우리로서는 알 수 없는 방법으로 하나님의 나라를 전파했다.

전임자보다 더 나은 신임 총독 베스도가 부임하자 — 그는 60년에 벨릭스의 자리를 물려받았다고 한다 — 바울은 로마 시민으로서 가이사의 법정에 항소했고, 그로써 세계의 메트로폴리스에서 세상의 구주를 전하는, 오래 품어온 꿈을 성취할 길이 열렸다. 다시 한 번 무죄를 입증받고 베스도와 왕 헤롯 아그립바 2세(헤롯가의 마지막 인물)와 그의 누이 버니게, 그리고 가이사랴의 유력 인사들 앞에서 자기 변호를 하면서 그리스도를 탁월하게 증거한 뒤 60년 가을에 황제에게 이송되었다. 항해 중에 풍랑을 만나 난파를 당하는 바람에 멜리데(몰타)에서 겨울을 보내게 되었다. 그 항해는 누가가 목격자의 입장에서 자세하고 정확한 항해 지식으로 기록한다.

61년 3월에 사도는 몇몇 신실한 동역자들과 함께 로마에 도착했다. 비록 그리스도의 죄수의 몸으로 도착했으나 권좌에 앉은 황제보다 더 자유롭고 능력이 있었다. 때는 네로의 재위 제7년으로서, 그는 이미 1년 전에 어머니 아그리피나(Agrippina)를 살해한 일과 그 밖의 잔혹한 행위들로 파렴치한 성격을 드러냈다.

로마에서 바울은 63년 봄까지 적어도 2년을 "자기 셋집에서" 느슨한 연금 상태에서 재판을 기다리면서 친구들과 동역자들의 방문을 자주 받았다. 자기를 감시하던 시위대 군인들에게 복음을 전했고, 멀리 떨어진 소아시아와 그리스의 교회들에 서신들과 전갈들을 보냈고, 그들의 영적 상태를 돌보았으며, 이로써 갇힌 상태에서 사도로서 주님과 자기 교회들에 대한 충성을 완수하였다(행 28:30, 31).

로마의 옥중에서 골로새서, 에베소서, 빌립보서, 빌레몬서를 썼다.

6. **주후 63-64년.** 누가의 기사는 바울이 로마에서 2년째 투옥된 상황에서 다소 갑작스럽기는 하지만 적절하고도 총괄적으로 끝을 맺는다. 바울은 로마에 도착함으로써 기독교에 승리를 안겨다 주었다. 이런 의미에서 "로마가 한 번 말하면 소송은 끝난다"(Roma locuta est, causa finita est)는 말은 참이었다. 그리고 로마에서 말한 그는 죽지 않았다. 여전히 살아서 "담대히 하나님 나라를 전파하며 주 예수 그리스도께 관한 것을 가르치되" 금하는 사람이 없었다(행 28:31).

그러나 두 해가 지난 63년 봄에는 그의 신상에 어떤 일이 일어났을까? 그렇게 오래 지연된 재판은 어떻게 끝났을까? 바울은 사형 판결을 받았을까? 아니면 네로의 법정에서 풀려나 다시 한 번 사역할 기회를 얻었을까? 이 의문은 학자들 사이에 여전히 쟁점으로 남아 있다. 어떤 희미한 전승은 바울이 산헤드린의 고소에 대해 무죄 판결을 받고 석방된 다음 다시 동방을 여행하고 아마 서바나까지 간 뒤에 로마에서 두 번째로 투옥되어 사형 판결을 받았다고 한다. 로마에서 두 번째 투옥되었다고 추정하면 목회 서신서들에서 만나는 어려운 점들이 해결된다. 목회 서신서들의 내용대로라면 로마에서 첫번째 투옥과 두번째 투옥 사이에 잠시 자유를 맛본 일과, 사도가 석방될 경우를 예상하여 생각한 동방에 대한 방문(빌 1:25; 2:24; 몬 22) — 사도행전에는 기록되지 않은 — 이 필요한 듯하기 때문이다. 그 추정이 옳다면 바울이 의도했던 서바나 방문도 비록 개연성은 작지만 얼마든지 가능하다. 만약 그가 풀려났다면 그 기간은 64년 7월의 참혹한 박해 이전이었음에 틀림없다. 그 대박해가 자행될 때 기독교의 대지도자가 목숨을 부지할 수 없었을 것이다. 바울이 연금 생활을 한지 2년이 다 되어갈 무렵 저명한 유대인 역사가 요세푸스 — 당시 그의 나이는 27살이었다 — 가 로마에 와서 포파이아(Poppaea. 네로의 아내로서 유대교의 절반 개종자)의 영향력을 통해 벨릭스가 로마에 죄수들로 이송했던 특정 유대교 제사장들을 석방하는 데 기여했다는 것은 쉽게 지나치기 어려운 우연의 일치이다. 바울이 유대인 죄수들에 대한 일반 사면의 혜택을 입었을 가능성도 배제할 수 없다.

바울이 네로 치하에서 순교했다는 것은 고대의 일관된 증언으로 확증된다. 그는 로마 시민이었던지라 베드로처럼 십자가에 달리지 않고 칼로 죽음을 당했다. 전승에 따르면, 그는 로마에서 4.8km 떨어진 오스티아 가도(the Ostian way) 변의 목초지에서 순교했다고 한다. 이곳은 과거에는 아쿠외 살비외(Aquoe Salvioe)라 불리다가 후에는 트레 폰타네(Tre Fontane)라 불리었는데, 이곳에 흐른 순교자 사도의 피에서 기적으로 세 개의 샘이 솟았다고 전해진다. 바울의 유골은, 388년 테오도시우스(Theodosius)와 발렌티니아누스(Valentinian)가 세웠고 최근에 복원된 산 파올로-푸오리-레-무라 대성당(the basilica of San Paolo-fuori-le-Mura)으로 이장되었다. 그는 로마 바깥에 누워 있고, 베드로는 안에 누워 있다. 그의 기억은 베드로의 기억과 함께 6월 29일과 30일에 기념된다.

그가 죽은 연대에 관해서는 주후 64년부터 69년에 이르기까지 견해가 분분하다. 순교 장소와 방법에 관한 견해 차이는 그가 바티칸 언덕에서 그리스도인들에게 대대적으로 참혹한 학살이 자행되기 직전이나 한두 해 뒤에 정규 재판으로 사형 판결을 받았음을 시사한다. 그 대박해 때 순교했다면 로마 시민이라는 점이 존중되지 않았을 것이다. 만약 그가 63년 봄에 풀려났다면 네로의 박해(64년 7월 이후)가 발발하기 전에 동방을 다시 한 번 방문하고 서바나를 방문할 1년 반의 시간이 있었던 셈이다. 하지만 전승은 그 이후의 연대를 선호한다. 프루덴티우스(Prudentius)는 베드로의 순교와 바울의 순교를 1년 차이로 구분한다. 그 박해가 있은 뒤 그리스도인들은 제국 전역에서 위험에 노출되었다.[6]

바울이 석방되어 동방을 다시 한 번 방문했다고 가정한다면, 디모데전서와 디도서의 저작 시기는 로마에서의 첫번째 투옥과 두번째 투옥 사이에 두어야 하고, 디모데후서의 저작 시기는 두번째 투옥에 두어야 한다. 디모데후서는 임박한 순교를 확실히 내다보고서 썼음에 틀림없다. 이 서신은 연로한 사도가 사랑하는 디모데에게 주는 인자한 작별 인사이고, 위에 있는 승리의 교회에서 받을 쇠하지 않는 면류관을 기쁨으로 바라보면서 아래에 있는 전투하는 교회에게 주

---

6) Ewald(VI. 631)는 바울이 네로의 박해 소식을 듣고는 서둘러 로마로 가서 그리스도를 증거했고, 그곳에서 체포되어 다시 재판을 받고 주후 65년에 사형 판결을 받았을 것으로 추정한다. Ewald는 바울이 그 중간에 서바나를 방문했으나 동방은 방문하지 못했을 것으로 추정한다.

는 유언이다(딤후 4:6-8).

이렇게 해서 이 열방의 위대한 교사요 승승장구하는 믿음과 복음의 자유와 그리스도인의 전진을 전파한 이 사도의 인생 역정은 끝을 맺었다. 그의 생애는 불멸의 영혼들을 정복하여 그리스도께 바치고, 그들을 죄와 사탄을 섬기던 데서 살아계신 하나님을 섬기는 데로, 율법의 속박에서 복음의 자유로 돌이키게 하고, 영원한 생명의 샘으로 인도한 영웅적인 생애였다. 다른 사도들보다 더 많이 수고하였지만, 그럼에도 불구하고 하나님의 교회를 핍박한 전력이 있었기 때문에 스스로에 대해서 아주 겸손하게 "사도 중에 지극히 작은 자"요 "사도라 칭함을 받기에 감당치 못할 자"로 여겼다(주후 57년). 몇 년 뒤에는 "모든 성도 중에 지극히 작은 자보다 더 작은 나"라고 고백했고(주후 62년), 죽기 전에는 "죄인 중에 내가 괴수니라"고 고백했다(주후 63 혹은 64년).

그는 하나님의 자비를 체험하고 하늘에 합당한 자로 무르익어가면서 겸손도 더욱 깊어졌다. 이 세상을 나그네와 객으로 지나갔고, 당대의 권력자들과 현자들에게 주목을 받지 못했다. 그럼에도 불구하고 군사 정복자들의 위풍당당한 행진보다 얼마나 더 고귀하고 유익하고 항구적인 생애와 업적이었던가! 그들은 야심에 이끌려 무수한 보물과 인명을 탈취하다가 마침내 바벨론에서 알콜중독으로 경련을 일으키며 죽거나, 세인트 헬레나의 바위에서 절망에 빠진 채 죽었다! 그들의 제국들은 오래 전에 짓밟혀 흙먼지가 되었으나, 사도 바울은 여전히 인류에게 크나큰 유익을 끼친 자로 남아 있으며, 그 강한 심장의 박동이 기독교 세계 전역에서 갈수록 더 강하게 느껴지고 있다.

34. 예루살렘 공의회, 유대 기독교와 이방 기독교 간의 타협

할례 문제, 즉 이방인들을 기독교 교회로 받아들이는 조건 문제가 사도 시대의 뜨거운 쟁점이었다. 그것은 모세 율법의 구속력에서부터 기독교와 유대교의 관계에 이르는 폭넓은 쟁점이었다. 회당의 할례는 교회의 세례와 마찬가지로 사람이 하나님과 맺는, 하나님이 정하신 언약의 표와 인으로서, 거기에는 특권들과 의무들이 따랐고, 할례받은 자로 하여금 모든 율법을 순종하도록 — 순종하지 않으면 약속된 복에서 제외되는 고통을 감수하도록 — 강제하였기 때문이다.

이 문제가 어떻게 결정되느냐 하는 데에 교회가 내적으로 평화를 누리고 외적으로 힘있게 복음을 전파할 수 있는지의 여부가 달려 있었다. 할례를 교회 가입의 필수 조건으로 결정한다면 기독교는 영원히 소수의 '문의 개종자들'이나 절반의 그리스도인들이 딸린 유대 민족에 국한될 것이지만, 반대로 할례를 폐지하고 그리스도 신앙의 우월성과 충족성을 천명하면 이교도의 회심과 기독교의 보편성이 보장될 것이었다. 그런 상황에서 바울이 이방인들 가운데서 선교를 벌여 큰 성공을 거둠으로써 그 쟁점의 해결책이 무엇인지를 분명히 보여주었고, 결국 대대적인 해방이 이루어지게 되었다. 물론 그러기까지 큰 갈등과 일시적인 반작용이 없었던 것은 아니었지만 말이다.

첫 세대 그리스도인들은 모두 유대교나 이교로부터 개종한 사람들이었다. 그런 사람들이 어릴 때부터 체득한 종교 교육의 영향을 단번에 씻어 버리고 당장 뒤섞여 통일을 이룬다는 것은 기대할 수 없었다. 따라서 사도 시대 내내 교회 생활, 선교, 교리, 예배, 교회 정치 등 모든 분야에서 유대 기독교와 이방 기독교 사이에 다소 눈에 띄는 차이점들이 나타났다. 한쪽 진영의 맨 앞에는 할례자의 사도 베드로가 서 있었고, 다른 쪽 진영의 맨 앞에는 무할례자의 사도로 위임받은 바울이 서 있었다. 동일한 차이가 심지어 기독교 세계의 다른 지류들 사이에서도 형태를 달리하여 나타났다. 가톨릭 교회는 성격상 유대 기독교 혹은 베드로의 기독교인 반면에, 개신 교회는 이방 기독교 혹은 바울의 기독교라고 할 수 있다. 두 지류의 구성원 개개인은 이 지도자 유형들 가운데 어느 한 쪽에 기댄다. 생명력과 활기가 있는 교단이나 분파라면 반드시 적어도 두 가지 경향의 사고와 행동이 있게 마련이다. 그 둘은 구파와 신파로 불리거나, 고교회와 저교회로 불리거나, 그 밖의 다른 집단명으로 불린다. 정당들이 없으면 자유로운 정치 활동도 없는 것과 마찬가지이다. 괴어 있는 물은 흐르지도 넘치지도 않으며, 시체는 움직이지 않는다.

사도 시대 기독교의 이 두 가지 근본적인 형태간의 관계는 일반적으로 권위와 자유, 율법과 복음, 보수와 진보, 객관과 주관의 관계이다. 이 상반된 요소들은 반드시 서로를 배격하지만은 않는다. 서로를 보완하고, 온전한 삶을 위해서는 공존하고 협력해야 한다. 그러나 현실적으로는 둘이 종종 양 극단으로 치닫고, 그 결과 양립할 수 없는 모순으로 떨어진다. 배타적인 유대 기독교는 에비온주의로 가라앉는다. 배타적인 이방 기독교는 영지주의로 가라앉는다. 이 두 이단들은 사도 시대와 속사도 시대에만 국한되지 않았다. 가짜 베드로의 오류와 가짜 바울의 오류가 아주 다양한 양상으로 교회사를 면면히 흘렀다.

유대인 회심자들은 처음에는 아주 자연스럽게 조상들의 거룩한 전승에 될 수 있는 대로 가까이 집착했다. 하나님이 친히 계시하신 구약성경의 종교가 사라진다는 것을 그들은 믿을 수 없었다. 그들은 예수님을 유대인뿐 아니라 이방인의 구주로도 간주했다. 하지만 유대교를 기독교로 들어가기 위한 필수적인 관문으로 생각했고, 할례와 모세 율법 준수를 메시야의 구원의 유일한 조건으로 생각했다. 그런데 유대교가 이교도들에게 매력있는 종교라기보다는 거부감을 주는 종교였기 때문에, 이 원칙이 채택되었더라면 이방 세계의 허다한 사람들이 회심하는 일은 아예 일어나지 않았을 것이다. [7] 사도들도 고넬료의 회심 전에 베드로에게 임한 특별 계시에 힘입어 더 잘 배우기 전까지는 이 유대교의 편견에 사로잡혀 있었다(행 10, 11장).

그러나 할례받지 않은 백부장이 세례를 받고 베드로가 예루살렘 교회 앞에서 그 사실을 변호한 뒤에도 과거에 엄격하고 배타적인 바리새파에 속했던 일부 유대 그리스도인들 속에서 여전히 묵은 누룩들이 발효하고 있었다(행 15:1, 5). 그들이 유대에서 안디옥으로 와서 바울과 바나바의 회심자들에게 "너희가 모세의 법대로 할례를 받지 아니하면 능히 구원을 얻지 못하리라"고 가르쳤다. 그들은 틀림없이 모세오경, 유대교의 보편적 전승, 그리스도께서 할례를 받으신 점, 유

---

7) Renan(*St. Paul*, ch. III. p. 67)은 이렇게 말한다: "할례는 어른들에게는 고통스러운 의식으로서, 위험이 따르지 않는다고 보장할 수 없었고, 매우 혐오감을 주었다. 이런 이유 때문에도 유대인들은 다른 민족들 사이에서 자유롭게 활보하지 못했고, 자연히 일종의 카스트로 구별되어 지냈다. 고대 세계에서 중요한 곳이었던 목욕탕과 체육관에서 유대인들은 할례 때문에 온갖 모욕을 당했다. 헬라인들과 로마인들의 관심이 이 문제에 쏠릴 때마다 희롱이 잇달았다. 유대인들은 이 점에 매우 민감했고, 잔인하게 앙갚음했다. 많은 유대인들이 조롱을 면하고 헬라인 행세를 하기 위해서 외과 수술로 할례 자국을 없애려고 했는데, 이 점을 켈수스는 자세한 기록으로 전한다. 이 입교 의식을 받아들인 개종자들로서는 처신 방법이 한 가지밖에 없었는데, 그것은 조롱을 면하기 위해 할례 자국을 드러내지 않는 것이었다. 세상에 자신을 그런 처지에 둔 사람은 그들 말고는 아무도 없었다. 아마 유대교 개종자들이 남성들보다 여성들 가운데서 더 많았던 것도 이런 이유 때문이었을 것이다. 문헌상 유대인 여성들이 이교도들과 결혼한 사례는 많지만, 유대인 남성이 이교도 여성과 결혼한 사례는 찾아볼 수 없다."

대인 사도들의 관행을 제시하면서 심각한 혼란을 일으켰을 것이다. 과거에 바리새인들이었던 이들은 바울이 변론의 열기 속에서 "가만히 들어온 거짓 형제"라고 더욱 신랄하게 지적한 바로 그 사람들이었다. 이들은 그리스도인의 자유에 대한 정탐이자 대적으로 그리스도인의 사귐에 들어온 자들이었다(갈 2:4).

이들은 소수였지만 매우 적극적이고 열정적이었고 술책으로 가득했다. 개종자 한 사람을 얻으려고 바다와 육지를 누비고 다녔다. 물 세례는 받았지만 성령 세례는 받지 못했다. 명목상으로는 그리스도인들이었지만 사실상 정신과 마음이 편협한 유대인들이었다. 주도면밀하고 현학적이고 엄격하되 악의를 품은 형식주의자들이자 의식주의자들이자 전통주의자들이었다. 그들에게는 육체의 할례가 마음의 할례보다 더 중요하거나 구원의 필수적인 조건이었다.[8]

그런 사람들이었던지라 당연히 바울을 이해하거나 높이 평가할 수 없었고, 오히려 그를 위험한 급진주의자와 반역자로서 미워하고 두려워했다. 시기와 질투가 종교적 편견과 뒤섞여 있었다. 그들은 복음이 교회의 토양과 순결성을 위협하는 부정한 이방인들 사이에 급속히 전파되는 것에 경각심을 가졌다. 능력이 예루살렘에서 안디옥으로, 유대인들에게서 이방인들에게로 신속히 이동하고 있다는 사실을 주목할 수 없었고, 오히려 섭리에 거슬러 질서와 정통신앙이란 이름으로 그 추세에 저항하고 선교 활동을 규제하고 교회 가입 조건을 예루살렘에서, 즉 기독교 세계의 그 거룩한 중심지이자 메시야가 재림한 뒤 주재하실 곳에서 자기들의 손으로 정하기로 결정하였다.

마태복음 23장과 교회사의 그 부분을 공부한 사람이면, 그리고 인간 본성을 아는 사람이면 대단히 경건하고 대단히 정통적인 이 광신도 계층을 잘 이해할 수 있을 것이다. 그들은 아직도 사라지지 않았고, 앞으로도 사라지지 않을 것 같다. 그러나 그들은 본의 아니게 복음적 자유를 증진시키는 데 일익을 하고 있다.

---

8) 엄격한 샴마이 학파에 속한 일부 유대인 랍비들이 어느 정도나 할례를 과대 평가했는지는 Farrar가 인용한 다음 글에서 엿볼 수 있다(I. 401): "할례가 얼마나 위대한가 하면, 거룩하신 이 — 그에게 영광을 돌릴지어다 — 께서 할례가 없었다면 세상을 창조하시지도 않았을 정도였다. 성경은 이렇게 말하기 때문이다(렘 33:25): '내 약정[할례]이 없었다면 나는 낮과 밤을 짓지도 않았고 천지의 규례도 제정하지 않았으리라' (한글개역성경, 나의 주야의 약정이 서지 아니할 수 있다든지 천지의 규례가 정한 대로 되지 아니할 수 있다 할찐대)." "아브라함은 할례를 받기 전까지는 '완전하다' 는 말을 듣지 못했다."

이 유대화주의 집단과 열심당(zealots)의 선동으로 기독교 교회는 설립 20주년이 된 상황에서 앞으로의 전진에 중대한 타격을 주고 그 최후 승리를 위협할 만한 분열의 벼랑에 몰리게 되었다.

예루살렘에서 열린 회의들

이런 재앙을 면하고 진압하기 힘든 이 갈등을 가라앉히기 위해서 예루살렘 교회와 안디옥 교회는 예루살렘에서 공적 사적 모임을 갖기로 결정했다. 안디옥 교회는 이방인 회심자들을 대표하는 사절들로 바울과 바나바를 보냈다. 이 위기의 심각성을 충분히 알고 있던 바울은 동시에 내면적이고 더 고상한 동기에 따라 움직였다. 아울러 성령께서 할례 없이 성취하실 수 있었던 것을 생생히 보여주는 증거로서 본토 헬라인인 디도를 데려갔다. 공의회는 주후 50년 혹은 51년에 열렸다(바울이 회심한 지 14년 뒤의 일이다). 이 공의회는 비록 후대의 공의회들과 사뭇 다르긴 하지만, 역사상 기독교 세계에서 열린 공의회나 교회회의로는 최초에다가 어떤 점에서는 가장 중요했다. 사도행전 중간에 기록되어서 사도 시대 교회의 두 지류와 선교 역사의 중대한 두 시대 사이에서 연결고리 역할을 한다.

예루살렘 공의회의 목적은 두 가지였다. 첫째는 유대인의 사도들과 이방인의 사도들 간의 인간 관계를 공고히 다지고, 사역지를 구분하는 것이었고, 둘째는 할례 문제를 결정하고 유대 그리스도인들과 이방 그리스도인들의 관계를 규명하는 것이었다. 이 공의회는 첫째 목적에 대해서는 (바울의 글에서 알게 되듯이) 철저하고 최종적인 영향을 끼쳤고, 둘째 목적에 대해서는 (누가의 글에서 알게 되듯이) 부분적이고 일시적인 해결책을 제시했다. 사안의 성격상 온 교회가 참여한 공적 회의가 먼저 열렸고 그 다음에 사도들의 사적 협의회가 따로 열렸다(누가는 전자를 보고하고 후자를 암시하는 반면에〈참조. 5,6절〉, 바울은 사적 협의회를 보고하고 공적 회의를 암시한다〈갈 2:2〉).

1. 사도들의 승인. 유대 교회의 기둥들인 야보고와 베드로와 요한이 — 전에는 어떤 견해를 갖고 있었든간에 — 그간 진행된 사건들 속에서 섭리의 손길을 확인하고서 바나바와 바울이 대단히 성공적인 사역으로 과연 하나님께 이방인의 사도로 부르심을 받았음을 입증했다는 점을 충분히 확신했다. 그들은 바울이 전한 복음에 일점일획도 빼거나 더하지 않았다. 정반대로, 하나님께서 베드로에

게는 할례자의 사도가 될 만한 은혜와 능력을 주셨고, 바울에게는 무할례자를
회심시킬 만한 은혜와 능력을 주셨음을 확인하고는 바울과 바나바에게 교제의
악수를 청했다. 그들과 바울은 실천할 수 있는 범위 안에서 사역지를 크게 나누
자는 것과, 바울이 박해와 가뭄으로 종종 타격을 입는 유대의 가난한 형제들을
지원하여 형제 사랑을 나타내고 통일을 공고히 해야 한다는 것을 공동으로 이해
했다. 바울은 이 구제 사역을 전에도 즐겁게 한 적이 있고, 그 후에도 그리스의
교회들에서 연보를 거두어 그것을 직접 예루살렘에 가져옴으로써 즐겁고 신실
하게 했다(갈 2:7-10; 비교. 행 11:30; 24:17; 고전 16:1-3; 고후 8, 9장; 롬
15:25-27). 사도들 사이에 그러한 형제로서의 교감이 있었음을 바울은 직접 자
기 입으로 분명하게 증거한다. 공의회 서신도 "우리의 사랑하는" 바나바와 바울
을 "우리 주 예수 그리스도의 이름을 위하여 생명을 아끼지 아니하는 자"로 정
식으로 인정한다(행 15:26). 사도 교회의 통일을 말하는 이 이중 증거는 바울과
베드로 사이에 화해할 수 없는 적대감이 있었다는 현대의 가설을 일축하고도 남
는다.

2. 할례와 이방 그리스도인들의 위상 문제에 관해서는 사도들의 그늘하에
벌어진 공개 논쟁에서 예리한 견해차가 있었다. 양 진영은 각각 강한 확신과 정
서가 있었고, 그럴듯한 주장을 펼쳤고, 비판과 역비판을 주고받았고, 비위를 거
스르는 간섭을 했으며, 심각한 결과가 초래될 것이라고 위협했다. 그러나 성령
께서는 제자들이 그리스도의 이름으로 모이는 곳이면 어디든지 계시므로 그곳
에 임재해 계셨고, 교회회의에 나타나게 마련인 인간 본성의 약점들을 제어해
주셨다.

시범 케이스였던 디도의 할례는 물론 바리새적 율법주의자들이 강력히 요구
했지만 바울도 강력하게 거절함으로써 시행되지 않았다(갈 2:3-5). 이 문제에서
한 발짝이라도 물러나면 그리스도인의 자유에 치명타가 가해졌을 것이고, 이방
인 회심자들이 대대적으로 할례를 받아야 했을 텐데, 그것은 불가능한 일이었
다.

그러나 훗날 바울은 어떻게 디모데에게 할례를 행할 수 있었을까(행 16:3)? 대
답은 그가 디모데를 이방인으로서가 아니라 유대인으로서 할례를 행했다는 것
과, 디모데를 유대인들 가운데서 좀 더 유익하게 쓰임을 받게 하려는 목적으로
편의상 그렇게 했다는 것이다. 유대인들은 유대인 어머니에게서 난 그에게 할례

를 요구할 권리를 갖고 있었고, 만약 유대인인 이 증표가 없다면 회당에서 가르치는 것을 허락하지 않았을 것이다.

반면에 순수한 헬라인이었던 디도의 경우에는 할례가 원칙으로서, 칭의와 구원의 조건으로서 요구되었다. 바울은 거짓 형제들의 요구는 단호히 거절했지만, 약한 형제들 편에는 언제든지 함께 서 줄 용의가 있었고, 유대인과 이방인을 다 구원하기 위해서 유대인들에게는 유대인이, 이방인들에게는 이방인이 되어 줄 용의가 있었다(참조. 롬 14, 15장; 고전 9:19-3; 행 21:23-26). 진정한 그리스도인의 자유를 중시한 바울은 단순한 의식이나 외적 조건으로서의 할례나 무할례는 하나님의 계명을 지키는 일과 그리스도 안에서 새로운 피조물이 되었다는 사실과 비교할 때 아무것도 아니라고 생각했다(갈 5:6; 6:15; 고전 7:19).

논쟁에서 베드로가 유대인 사도들의 수장으로서 — 비록 당시에는 더 이상 예루살렘에 거하지 않았지만 — 주도적인 역할을 했고, 과거에 고넬료의 집에서 직접 겪고 시행한 일과 차후에 바울의 교훈을 인정한 일에서 조금도 벗어나지 않은 고귀한 연설을 했다(행 15:7-11; 비교. 10:28 이하; 벧전 1:12; 5:12; 벧후 3:15, 16). 그는 논리학자도 랍비 학자도 아니었지만 탁월한 분별력과 실질적인 기지가 있었던지라 진정한 천진과 의무의 노선을 즉시 인식했다. 연설할 때 공적 수장의 어조로 말하지 않고, 개인적이고 도덕적인 권위가 실린 어조로 말했다. 이방 그리스도인들의 목에 감당할 수 없는 의식법의 멍에를 지우는 것에 반대했고, 바울만큼 분명하게 "유대인뿐 아니라 이방인도 동일하게 주 예수의 은혜로 구원 받는다"는 근본 원칙을 피력했다.

이 대담한 연설로 좌중이 물끼얹은 듯 조용해진 상태에서 바나바와 바울은 가장 실제적인 논증으로서 하나님이 자기들을 쓰셔서 이방인들 가운데 행하신 표적과 기사를 보고했다.

마지막이자 가장 비중이 있었던 연사는 주님의 동생 야고보였다. 그는 유대 기독교 교회의 지역 수장이자 예루살렘 감독으로서 그 공의회를 주재한 듯하다. 그는 사실상 유대인 교회에서 유대화주의 집단과 근접해 있던 극우파를 대표했다. 이 소란을 일으킨 장본인들인 바리새인들이 회심하게 된 것은 주로 그의 영향 때문이었음은 의문의 여지가 없다. 그는 아주 독특한 연설로 시몬 — 그는 베드로를 그의 유대식 이름으로 부르기를 좋아했다 — 이 이방인들의 회심을 선지자들의 예언과 하나님의 작정에 따른 일로 본 것에 동의했으나, 한 가지 절충안을 제시했다. 그것은 할례 문제로 이방의 제자들에게 고통을 주지 않는 대신에 경건한 유대인들에게 특히 거부감을 주는 특정 행위들, 즉 우상에게 바친 고기를 먹는 것과 피를 먹는 것과 목매어 죽인 짐승을 먹는 것과 온갖 형태의 육체적 불결을 금하도록 하자는 것이었다. 유대 그리스도인들에 대해서는 그들이 율법을 통해 자기들의 의무를 아니까 오래된 관습을 계속 준수할 것임을 전제하였다.

야고보의 연설은 베드로의 연설과 상당히 다르고 자유뿐 아니라 규제도 담겨 있지만, 어쨌든 쟁점이 되었던 주요 문제, 즉 할례 없는 구원을 인정했다. 이 연설은 복음을 비록 "자유하게 하는 온전한 율법"이긴 하나 율법으로 표현하는 그의 서신서의 정신과 용어, 훗날 그가 바울에게 나실인 서약을 하여 유대인 회심자 다수의 편견을 씻으라고 조언할 때 내보인 태도, 그를 경건한 유대인들과 그리스도인들에 의해 "백성의 보루"(Obliam)로 존경을 받은 금욕주의 성자의 모범으로 소개하고, 이스라엘의 회심과 임박한 멸망의 철회를 위해 성전에서 끊임없이 기도한 이스라엘의 중보자로 소개하는 유대 기독교 전승과 철저히 일치한다(비교. 행 15:13-21; 21:18-25; 약 1:25; 2:12). 그의 정신은 예수님의 정신보다는 옛 선지자나 세례 요한의 정신에 더 가까웠지만(그는 예수께서 부활하시기 전까지는 그분을 믿지 않았다), 바로 이 이유 때문에 유대 그리스도인들에게 가장 큰 권위를 행사했고, 그들 대다수를 바울의 진보적인 정신과 화해시킬 수 있었다.

야고보의 절충안은 사도들에 의해 채택되어 이방인 교회들에 보내는 간략하되 사랑이 담긴 목회 서신으로 작성되었다. 이것이 사도 시대의 가장 오래된 문서로서 야고보의 문체의 흔적들을 갖고 있다.

"그 편에 편지를 부쳐 이르되 사도와 장로된 형제들은 안디옥과 시리아와 길리기아에 있는 이방인 형제들에게 문안하노라. 들은즉 우리 가운데서 어떤 사람들이 우리의 시킨 것도 없이 나가서 말로 너희를 괴롭게 하고 마음을 혹하게 한다 하기로 사람을 택하여 우리 주 예수 그리스도의 이름을 위하여 생명을 아끼지 아니하는 자인 우리의 사랑하는 바나바와 바울과 함께 너희에게 보내기를 일치 가결하였노라. 그리하여 유다와 실라를 보내니 저희도 이 일을 말로 전하리라. 성령과 우리는 이 요긴한 것들 외에 아무 짐도 너희에게 지우지 아니하는 것이 가한줄 알았노니 우상의 제물과 피와 목매어 죽인 것과 음행을 멀리 할지니라. 이에 스스로 삼가면 잘되리라. 평안함을 원하노라"(행 15:23-29).

이 법령은 네 명의 특사 편으로, 즉 안디옥 교회를 대표한 바나바와 바울 두 사람과, 예루살렘 교회를 대표한 유다 바사바와 실라(혹은 실바누스) 두 사람 편으로 전달되어 그 논쟁으로 분란이 일어난 시리아와 길리기아 교회들에서 낭독되었다(행 16:4). 이 규제안들은 적어도 8년은 효력을 충분히 유지했다. 왜냐하면 바울이 58년에 예루살렘을 마지막으로 방문했을 때 야고보가 이 규제안들을 상기시켰기 때문이다(행 21:15). 유대 그리스도인들은 의심할 여지 없이 우상숭배가 몰락할 때까지 예외없이 그것을 준수했을 것이고, 동방 교회는 심지어 오늘날까지 피와 목매어 죽은 짐승을 먹지 않는다. 그러나 서방 교회는 법령의 이 부분에 얽매인 적이 없었고, 곧 그중 일부를 포기했다.

이로써 평화와 형제애의 정신으로 서로 타협함으로써 뜨거운 논쟁은 가라앉았고 분열도 막았다.

법령 분석

공의회 법령은 일종의 절충안으로서 해방시키는 면과 구속하는 면이 있었다.

(1) 이 법령은 이방의 제자들을 할례와 의식법의 속박에서 해방시켰다. 이 점이 논쟁의 주요 쟁점이었으며, 그런 의미에서 이 법령은 자유롭고 진보적이었다. 이 법령은 원칙 문제를 단번에 해결했다. 바울이 승리를 거두었다. 그 뒤로 할례를 받아야 구원을 얻는다는 유대화주의의 교리는 이단이요 거짓 복음이요 참복음의 왜곡이었고, 바울도 갈라디아서에서 그렇게 비판한다.

(2) 이 법령은 편의(expediency)의 문제에 대해서는 구속적이고 보수적이었고, 이방 그리스도인들에 대해서 비교적 무관심했다. 이런 면으로는 사도 시대에, 특히 유대교적 요소가 우세했던 동방에서 지혜롭고 필요한 조치였지만, 보편적이고 항구적인 용도는 고려하지 않았다. 앞에서 언급했듯이 서방 교회에서는 이 법령이 점차 구속력을 잃게 되었다. 이런 점을 아우구스티누스에게서 확인하게 된다. 이 법령은 이방 그리스도인들에게 우상에게 바친 고기의 피와 목매어 죽인 짐승을 먹지 말라고 했다. 마지막 두 사항은 같은 내용이다. 이 세 가지 규제안은 우상 숭배와 그것에 관련된 모든 것에 대한 유대인의 혐오와 레위기의 금령에 토대를 두었다(출 34:15; 레 17:7). 이런 단서들이 없었다면 유대의 교회들은 그 협약에 동조하지 않았을 것이다. 그러나 이방인이 다수 혼합되어 있거나 순수히 이방인들로만 구성된 교회들에서는 그 법령을 지키기가 거의 불

가능했다. 이방 그리스도인들로서는 회심하지 않은 친족과 친구들과 사회적 교제를 포기하지 않을 수 없고, 조금이라도 우상 숭배에 관여하게 될까봐 절대로 시장에서 고기를 사지 않는 유대인들처럼 가내 도살장을 설치하지 않으면 안 될 것이기 때문이다.

바울은 이 문제에 관해서 좀 더 자유로운 견해를 취하는데, 이 점에서는 야고보와 조금 다른 게 틀림없다. 즉, 바울은 우상이 아무것도 아니라는 점에 비추어 볼 때 우상에게 바친 고기를 먹는 일이란 그 자체로는 선하지도 악하지도 않은 일이라고 보았다. 그럼에도 불구하고 고린도인들에게 분부하기를, 여리고 약한 양심을 가진 형제들을 위해서 그런 고기 먹는 것을 삼가라고 하면서, 황금률을 내놓는다: "모든 것이 가하나 모든 것이 유익한 것이 아니요 모든 것이 가하나 모든 것이 덕을 세우는 것이 아니니 누구든지 자기의 유익을 구치 말고 남의 유익을 구하라"(고전 10:23-33; 참조. 고전 8:7-13; 롬 14:2, 21; 딤전 4:4).

현대의 독자에게는 이런 의식적 금령에 음행에 대한 엄격한 도덕적 금령이 붙은 것이 이상하게 보인다. 그러나 성 접촉에 관한 이교도의 양심이 대단히 느슨해서 그것을 먹고 마시는 것처럼 가치 중립적인 문제로 보았고, 다만 남편의 권리가 침해를 당하는 간음의 경우에만 죄악으로 여겼던 점을 기억할 필요가 있다. 소크라테스든 플라톤이든 키케로든 이교의 어떤 도덕론자도 음행을 철저히 단죄하지 않았다. 고린도와 바보에서는 아프로디테 숭배에 의해 음행이 인정을 받았는데, 창기와 다름없는 수많은 여사제들이 그 여신을 기리기 위해 그런 행위에 앞장섰다! 우상 숭배 혹은 영적 매춘은 육체적 타락과 뗄래야 뗄 수 없다. 솔로몬의 경우에도 다신교와 일부 다처제가 병행되었다. 따라서 계시록 저자도 우상에게 바친 고기를 먹는 일과 음행을 밀접히 연관지으면서 그 행위들을 함께 단죄한다(계 2:14, 20). 바울은 고린도 회중에 만연해 있는 이런 도덕적 이완에 맞서 싸우지 않을 수 없었고, 육체적 불결을 하나님의 전을 범하고 훼손하는 행위로 단죄한다(고전 6:13-20; 비교. 5:9; 살전 4:4, 5; 엡 5:3, 5; 골 3:5).

성적 불결에 대한 이 철저한 금령에서 우리는 기독교의 중생과 성화의 능력을 현저히 보게 된다. 속사도 시대 저자들은 재혼을 "점잖은 간음"(εὐπρεπὴς μοιχεία)이라 비난하고 독신을 건실한 결혼보다 더 고상하고 훌륭한 것으로 추켜 세웠는데, 심지어 이런 극단적인 금욕주의도 이교 세계에 만연했던 극단적인 방종에 대한 건강하고 당연한 반작용이었다고 보면 존경심이 우러난다.

그렇다면 이방 그리스도인에 관한 한 문제가 해결된 셈이다.

유대 그리스도인들의 위상은 쟁점이 아니었으므로 그 공의회 법령은 그들에 대해서 입을 다문다. 다만 조상의 유전과 관습을 그리스도께 대한 충성과 일치하는 한도에서 잘 유지할 것을 바라는 기대가 깔려 있다. 그들이 신앙 의무에 관해서 굳이 훈계를 받지 않아도 된다는 논리도 깔려 있다. 그 이유에 대해서 야고보는 공의회 연설에서 이렇게 말한다. "이는 예로부터 각 성에서 모세를 전하는 자가 있어 안식일마다 회당에서 그 글을 읽음이니라"(행 15:21; 비교. 13:15; 고후 3:14, 15). 그리고 8년 뒤 야고보는 장로들과 함께 바울에게 넌지시 강요하기를, 그도 유대인이므로 의식법을 지켜야 하고, 의식법 준수 의무가 면제되는 것은 오직 이방인뿐이라고 했다(행 21:20-25).

그러나 그 법령은 바로 이 점에 결핍이 있었다. 우선 급한 문제를 해결하는 데는 충분했고, 유대인 교회는 그 정도까지만 가기를 원했지만, 그리스도인의 통일과 자유가 정당하게 발전하는 데는 턱없이 부족했던 것이다.

35. 보수 진영의 반발과 자유 진영의 승리
―안디옥에서 베드로와 바울

절충안이란 게 대개 그렇듯이 예루살렘의 절충안은 자칫하면 이중 해석이 가능했고, 그 안에 분쟁의 씨앗을 품고 있었다. 최종 평화라기보다는 일종의 휴전이었다. 원칙들이란 시간이 가면 제모습을 드러내기 마련이어서 이편이 아니면 저편이 승리하게 된다.

그 법령의 정신을 넓게 해석하면 유대 그리스도인들이 할례받지 않은 이방인 형제들과 충분한 사귐을 명하는 것처럼 보인다. 그들의 공동의 주와 구주이신 그리스도께 대한 동질의 구원 신앙에 입각하여 심지어 주의 만찬과 매주 혹은 매일 거행하는 애찬도 함께 하는 사귐을 말이다. 그러나 엄격히 해석하면 그 서신은 일반 그리스도인의 성격을 이방인 개종자들로 인식하는 데서 멈추었고, 할례와 안식일과 월삭 같은 의식법과 부정한 고기에 관한 다양한 규례들 ― 사실상 부정한 이방인들과의 사회적 접촉을 금하는 ― 에 꾸준히 순종해야 하는 유대교 개종자들의 의무에 입각하여 이방 그리스도인들과의 융합을 경계했다.

보수적인 견해가 정통이었다. 이 견해를 유대화주의 이단과 혼동해서는 안 된다. 그 이단은 유대인뿐 아니라 이방인에게도 할례를 요구했고, 할례를 교회 가입과 구원의 조건으로 삼았다. 이 교리는 예루살렘 합의에 의해 단번에 정죄되었고, 그 이후로는 유대화주의자들의 바리새적 집단만 주장했다.

주로 유대교 개종자들로 구성된 예루살렘 교회는 자연히 보수적인 견해를 취한 반면에, 이방인 신자들이 주류를 이루었던 안디옥 교회는 자연히 궁극적인 승리의 확실한 전망을 갖고 있던 자유로운 해석을 선호했다. 팔레스타인 바깥을 나가본 적이 없었던 것으로 보이는 야고보는 이방인 회심자들이 그리스도인들임을 절대로 부정하지 않았지만, 그들을 경원했다. 반면에 성격이 충동적이고 관대했던 베드로는 자신의 좀 더 보편적인 소명과 일치하게 자신이 예루살렘에서 그토록 담대하게 고백했던(주후 51년) 확신을 실행에 옮겨 이방인 형제들과 공개적이고도 일상적으로 한 상에 둘러 앉아 식사를 했다(갈 2:12). 그는 "하나님은 사람의 외모를 취하지 아니하시고 각 나라중 하나님을 경외하며 의를 행하는 사람은 하나님이 받으시는 줄" 깨닫고서 이미 가이사랴에서 할례받지 않은 고넬료의 집에서 함께 식사를 한 적이 있었다(행 10:27-29, 34, 35; 11:3).

그러나 야고보가 보낸 사절들(갈 2:12)이 예루살렘에서 와서 베드로에게 그 행위에 대해서 항의하자, 베드로는 할례받지 않은 그리스도의 제자들과 사귐을 나누고 있다가 두려워서 물러남으로써 사실상 그들을 저버렸다. 무의식 중에 사람을 두려워하여 주님을 다시 한 번 부인했으나, 이번에는 이방인 제자들 앞에서 부인했다. 비일관성이 그의 충동적인 기질의 특징으로서, 그로 하여금 순간적인 인상에 따라 소심하게 만들기도 하고 대담하게 만들기도 했다. 이 사절들이 단순히 야고보의 지시를 시행하고 말았는지 아니면 그 정도를 초월하였는지는 언급되지 않는다. 우리가 야고보에 관해서 알고 있는 바에 의하면 전자가 더 가능성이 있으며, 베드로의 행동을 좀 더 쉽게 설명해 준다.

베드로는 그들이 우연히 비공식적으로 그곳을 방문한 사람들이었다면 그토록 영향을 받지 않았을 것이다. 그들은 아마 예루살렘 교회의 직원들이었던 것 같다. 어쨌든 비중있는 사람들로서, 바리새인들은 아니었을지라도 기독교 세계의 존경스런 모교회의 순결성과 정통성을 위협할지도 모를 잡다한 무리들을 두려워한 극히 보수적이고 신중한 사람들이었다. 이들은 물론 이방 그리스도인들에게 할례를 요구하지는 않았으나 — 그랬다면 공의회 법령을 직접 위반한 경우가 되었을 것이다 — 베드로에게 누구보다도 그 자신이 주도면밀히 지켜야 하는 유대 그리스도인의 의무에 관한 예루살렘 회의의 정신을 상기시켰음에 분명하다. 그들은 베드로에게 그의 행위가 매우 경솔하고 때이른 것으로서, 여전히 자기들의 가장 고귀한 소망과 뜨거운 기도 제목인 유대 민족의 회심에 중대한 장애가 되고 있다고 주장했다. 그들의 압력은 대단히 강했음에 틀림없다. 이는 예루살렘에서 이방 그리스도인들의 권리를 변호할 때 바울 곁에 섰던 바나바조차 두려워서 사도들의 수장을 따라 자리를 떴기 때문이다.

그 뒤 사도행전 저자가 솔직히 진술한 대로 바울이 바나바와 마가와 갈라선 데에는 인간의 연약함을 드러낸 이 사건과도 필시 어느 정도 관련이 있었을 것이다.

베드로는 그 죄 때문에 바울의 불 같은 성격을 격동시켰고, 예전에 주님께로부터 받은 것보다 더 신랄한 질책을 받았다. 예수님은 불쌍히 여기시는 표정만으로도 비통한 회개의 눈물을 흘리게 만드셨다. 바울은 예수님이 아니었다. 그가 항의하는 방식이 너무 지나친 게 아니었느냐고 생각할 수도 있지만, 그는 우리보다 베드로를 더 잘 알았고, 쟁점을 올바로 지적했으며, 어쨌든 위대하고 훌륭한 사람들이 사적인 논쟁에서 보였던 것보다 훨씬 더 온건한 태도를 보였다. 사도들의 수장과 이방 선교의 신실한 동역자에게 버림을 받은 바울은 단호한 용기만이 침몰하는 자유의 배를 구조할 수 있다고 느꼈다.

치명적으로 중요한 원칙이 기로에 서 있었고, 만약 세상이 구원을 받고 기독교가 유대교의 일개 분파로서 한쪽 구석으로 밀려나지 않으려면 이방인 회심자들의 그리스도인으로서의 지위가 어떤 경우에든 유지되어야 했다. 이교 회심자를 거의 찾아볼 수 없는 예루살렘에서는 어떤 일을 행하든간에, 그리스도 안에서 형제된 자들에게 행한 이런 공개적인 모욕은 바울 자신이 심고 헬라주의자와 이방인들이 가득한 안디옥 교회에서는 한순간도 용납될 수 없었다. 공적인 추문이었으므로 공적으로 바로잡아야 했다. 그런 식으로 바울은 베드로를 세워놓고 온 회중 앞에서 행한 노골적인 위선에 대해서 질책했다. 베드로가 감히 대답할 수 없을 만큼 야무진 논리로 그의 우행(愚行)을 들춰냈다(갈 2:14-21).

그것은 사실상 다음과 같은 말과 똑같았다: "만약 당신이 국적과 훈련에 의한 유대인으로서 의식적 금령을 무시한 채 이방인들과 함께 식사를 하고 있다면, 어찌하여 지금은 열두 사도의 수장으로서 일거수 일투족이 갖는 도덕적인 힘으로써 이방인 회심자들에게 유대교로 회귀하도록, 다시 말해서 초보적인 종교의 의식적 규례를 준봉하도록 강요하는 것입니까? 혈통으로 유대인이자 이교도들처럼 상스러운 죄인이 아닌 우리는 칭의가 율법의 행위로서 오지 않고 그리스도를 믿음으로 오는 줄로 알고 있습니다. 우리가 율법의 칭의보다 값없는 칭의를 추구함으로써 그리스도를 죄의 조장자로 만든다고 반박할 수도 있을 것입니다. 이런 괴이하고 신성모독적인 결론을 버리십시오! 정반대로 그리스도를 믿기 위해서 율법을 포기한 뒤에 다시 칭의를 얻기 위해 율법으로 돌아간다면 거기에 죄가 있습니다. 만약 내가 허물어 버린(과거에 당신이 했던 대로) 그 율법을 다시 세운다면(지금 당신이 하고 있는 대로), 그로써 내 과거의 행위를 정죄한다면 나는 내 죄의 올무에 걸려 있는 셈입니다. 율법 자체가 내게 가르치는 것은 율법이 그리스도를 목표로 삼고 있으므로 율법을 내주고 그리스도를 얻으라는 것입니다. 나를 그리스도 안에서의 자유로 인도하는 몽학선생으로서의 모세 율법을 통해서 나는 모세 율법에 대해서 죽었고 그로써 하나님께 대해 순종하고 감사하는 새 생활을 할 수 있게 되었습니다. 나는 그리스도와 함께 십자가에 못 박혔고, 이제 사는 것은 나의 옛 자아가 아닙니다. 내 안에 사는 이는 그리스도이십니다. 지금 내가 회심한 뒤 이 육체 안에서 사는 것은 그리스도의 새 생명이요, 나는 나를 사랑하사 나를 위해 자기 목숨을 버리신 하나님의 아들을 믿는 믿음으로 삽니다. 나는 하나님의 은혜를 저버리지 않습니다. 모세 율법을 지키거나 다른 어떤 인간의 행위가 칭의와 구원을 가져다줄 수 있다면 그리스도의 죽음은 아무런 보람도 없었습니다. 그러면 그분이 십자가에서 치른 구속의 희생은 불필요하고 무익했습니다."

이런 결론을 들은 베드로의 영혼은 두려움으로 움츠러들었다. 그리스도의 죽으심이 죄 사함을 위해 갖는 필요성과 효과를 부인한다는 건 그로서는 꿈도 꾸지 못할 일이었다. 베드로와 바나바는 그 시험의 순간에 두 개의 불 중간에 섰다. 유대인이었던 그들은 야고보가 보낸 사람들이 주장했던 예루살렘 회의의 규제안에 얽매여 있었던 것 같다. 그러나 유대인들의 비위를 맞추느라 이방인들을 모욕했고, 유대교의 배타성으로 돌아감으로써 그들의 더 나은 확신에 훼손을 입혔으며, 스스로의 양심에 죄책감을 느꼈다(갈 2:11). 두 사람은 그 뒤 좀 더 자유로운 이전의 관행으로 돌아갔음에 틀림없다.

사도들의 소외감은 일시적인 것이었을 뿐이다. 그들은 증오를 품고 지내기에는 너무 고귀하고 너무 거룩했다. 바울은 훗날 베드로와 바나바 그리고 그 세 사람 사이에서 연결고리 역할을 한 마가에 대해서도 존경의 뜻을 담아 언급한다. 베드로는 자신의 서신들에서 "사랑하는 형제 바울"의 교훈을 인정하며, 자신의 행동을 몹시 꾸짖은 서신이 포함된 바울의 서신들에 담긴 지혜를 권했으나, 그 안에는 "그 중에 알기 어려운 것이 더러 있으니 무식한 자들과 굳세지 못한 자들이 다른 성경과 같이 그것도 억지로 풀다가 스스로 멸망에 이르느니라"는 의미심장한 말을 덧붙인다(벧전 5:12; 벧후 3:15, 16).

안디옥의 배경에는 이단과 정통 모두의 편견과 무지에 의해 종종 오해되고 왜곡된 이런 점들이 있었다. 이때의 기억이 안디옥 교회를 두 명의 주교 에보디우스(Evodius)와 이그나티우스(Ignatius)를 축으로 삼는 두 교구로 나눈 전승 — 한쪽은 베드로가 세우고, 다른 한쪽은 바울이 세웠다고 하는 — 에 의해 지속되었다. 켈수스(Celsus)와 포르피리오스(Porphyry), 그리고 현대의 기독교 대적들은 그 전승을 사도들의 도덕적 성격과 영감을 비판하는 논거로 사용했다. 바울의 행동은 유대인 집단에 강렬한 서운함과 증오를 남겨 놓았고, 그런 감정이 심지어 백년 뒤에도 위(僞)클레멘스의 「설교집」(Homilies)과 「승인록」(Recognition)에서 바울을 시몬 마구스로 변장시켜 신랄한 공격을 퍼붓는 것으로 표출되었다.

가톨릭 교회의 취향에는 두 사도의 행동이 다 마음에 들지 않았기 때문에 몇몇 교부들은 베드로를 게바라고 하는 정체 불명의 인물로 대체했다(알렉산드리아의 클레멘스를 비롯한 교부들과, 예수회의 하르두인〈Harduin〉이 그렇게 했다). 반면에 다른 교부들은 그 정경을 사도들이 무지한 회중에게 극적인 영향을 심어 주려고 기획한 가설적 소극(笑劇)으로 해석한다(성경에 대한 이 기괴한 곡해를 심지어 오리게네스, 제롬, 크리소스토무스 같은 교부들이 옹호했다. 이 문제를 놓고 아우구스티누스는 제롬과 논쟁을 벌였다).

역사의 진실을 따르자면 사도 시대 교회의 도덕적 완벽성을 옹호하기 위해 등장한 정통 진영의 허구를 희생시키지 않을 수 없다. 그러나 우리로서는 잃는 것보다 얻는 게 더 많다. 사도들 자신이 그런 완벽성을 주장한 적이 없고, 오히려 명백히 부인했기 때문이다(참조. 고후 4:7; 빌 3:12; 약 3:2; 요일 1:8; 2:2). 그들은 하늘의 보화를 질그릇에 담아 다녔고, 그로써 그 보화를 우리에게 더 가깝게 전달해 주었다. 성경에는 성인들의 결점들이 솔직하게 드러나 있어서 우리를 겸손케 할 뿐 아니라 격려도 해준다. 바울이 대담하게 비판한 데서는 기독교 진리와 원칙이 위협을 당할 때는 아무리 높은 교권에 대해서라도 저항할 권리와 의무가 있음을 배운다. 베드로가 묵묵히 복종한 데서는 그가 기둥 사도들 가운데 수장이라는 높은 지위에 비해서 얼마나 겸손하고 온유한 사람이었는지 높이 평가하지 않을 수 없게 한다. 두 사도의 행동은 교황의 수위(supremacy)과 무류(infallibility)라는 로마 교회의 허구를 산산조각 낸다. 그 전체 정경은 장차 전개될 베드로 중심의 가톨릭 신앙과 바울 중심의 프로테스탄트 신앙 간의 장엄한 역사적 투쟁의 전조가 되는데, 우리는 이 투쟁이 마침내 요한 중심의 대화해로 막을 내릴 것으로 믿는다.

베드로와 바울은 우리가 아는 한에는 세계의 수도에서 예수를 증거하기 위해 피를 흘릴 때까지 다시는 서로 만나지 않았다.

바울의 용감한 항의는 야고보와 그의 장로들에게 중용의 영향을 끼쳤겠지만, 예루살렘에서 펼쳐지던 그들의 관행을 바꾸어 놓지는 못했다(참조. 행 21:17-20). 더욱이 극단적인 유대화주의 분파를 입다물게 하지 못하고 오히려 그들을 격분케 했다. 그들은 패배했으나 패배를 인정하지 않고 이전보다 더 격렬하게 대들었다. 대립 선교회를 조직하여 바울의 거의 모든 사역지를, 특히 고린도와 갈라디아를 따라다니며 바울을 괴롭혔다. 그들은 비록 바울의 육체에 박혔던 그 가시는 아니었더라도 가시는 가시였다.

바울은 데살로니가 전후서와 빌레몬서를 제외한 자신의 모든 서신서들에서 그들을 염두에 둔다. 이 사실을 모르고서는 바울 서신서들의 역사적 의미를 제대로 이해할 수 없다. 거짓 사도들은 아마 최초의 문제를 일으킨 바리새인들이나, 어쨌든 같은 정신을 지닌 사람들이었던 것 같다. 그들은 주님이 육체로 계실 때 주님과 개인적인 안면이 있었던 점과 초창기의 제자들이었다는 점을 자랑했다. 따라서 바울은 이 "거짓 사도들"을 비꼬아서 "지극히 큰 사도들"이라고 한다(고후 11:5).

그들은 바울의 사도권을 정식 절차를 밟지 않은 위조 직위라고 비판했고, 그의 복음에 대해서는 급진적이고 혁명적이라고 비판했다. 그의 이방인 회심자들에 대해서는 반드시 할례를 주고 의식법을 지키게 해야 한다고 과감히 주장했다. 다른 말로 하자면, 구원을 보장하려면 그리스도인이 되어야 할 뿐 아니라 유대인이 되어야 하고, 어쨌든 성전 바깥뜰에 있는 문의 개종자 이상의 현저한 지위를 차지해야 한다는 것이었다. 그들은 아무런 근거 없이 야고보와 베드로와 그리스도께 호소했으며, 자기들의 편협한 분파주의의 목적을 달성하기 위해서 그분들의 이름과 권위를 남용했다. 마치 성경 자체를 온갖 이단설과 변덕의 온상으로 만들 듯이 말이다. 그들은 켈트족의 특징들을 두루 갖추고 있던 충동적이고 가변적인 갈라디아인들을 다수 미혹했다. 고린도 교회를 여러 파로 갈라놓아 사도를 깊이 걱정하게 했다. 골로새에서와 브루기아와 아시아의 교회들에서는 율법주의가 에세네적 신비주의와 금욕주의의 온건한 형태를 취했다. 로마 교회에서는 율법주의자들이 거짓 형제라기보다 연약한 형제들이었고, 바울의 개인적 원수들은 아니어서 갈라디아의 오류론자들보다 그를 훨씬 더 온건하게 대했다.

이 편협하고 고집스러운 유대화주의 반발은 올바른 방향으로 진압되었다. 그 반발은 바울의 웅대한 정신으로부터 죄와 은혜 교리에 대한 가장 철저하고 가장 심오한 변증과 해설을 이끌어냈다. 이 율법주의자들과 의식주의자들의 음모와 간계가 없었다면 갈라디아서, 고린도전후서, 로마서 같은 귀중한 서신서들을 우리는 갖지 못했을 것이다. 오류가 많은 곳에 진리가 훨씬 더 넘쳤던 것이다.

마지막으로 승리가 찾아왔다. 네로 치하의 참혹한 박해와 그보다 더 참혹한 예루살렘 멸망이 기독교 교회 내부의 할례 논쟁을 매장해 버렸다. 그리스도께서 오시기 전에는 "살았으나 생명을 주지 못했고", 그리스도 이후로 예루살렘 멸망까지는 "죽었으나 완전히 죽지 않은" 의식법은 예루살렘 멸망 뒤에는 "죽되 완전히 죽었다"(아우구스티누스). 유대화주의 이단은 2세기에 에비온파에 의해 보편 교회 바깥에서 명맥을 유지했다. 반면에 교회 내부에서는 형식주의(formalism)와 편협성이, 기독교 예배와 의식이 모세 시대의 예표적 그림자를 대체함으로써 새로운 형태를 취했다. 그러나 이런 경향이 언제 어디서 제 모습을 드러내든간에 그 가장 좋은 예는 바울 서신들에서 찾아볼 수 있다.

36. 로마의 기독교

로마 시

로마 시와 로마 제국의 관계는 파리와 프랑스, 영국과 런던의 관계와 같이 통치의 머리요 박동하는 심장이었다. 오히려 사해동포주의적 성격은 파리와 런던

같은 현대 도시들보다 훨씬 더 컸다. 세계의 축소판(orbis in urbe)이었다. 로마는 당시 문명 세계의 거의 모든 민족을 정복했고, 그 인구를 동방과 서방과 남방과 북방에서부터 끌어들였다. 정복당한 속주(屬州)들의 모든 언어와 종교와 관습이 그곳에서 자리를 잡았다. 로마 시 거주자의 절반이 헬라어를 사용했고, 본토인들은 알렉산더의 정복 이래로 동방과 문명 세계의 언어가 된 이 외국어의 우월성에 대해 불평했다. 황제의 궁전은 동방과 그리스의 삶에 중심지 역할을 했다.

외국인들 중 많은 수가 자유민 곧 해방 노예들로서, 이들은 대개 원주인의 성(姓)을 지녔다. 그들 중 다수가 부자, 심지어는 백만장자가 되었다. 그 시대에 부유한 자유민은 천박하고 건방지고 거드름 피우는 졸부들이었다. 타키투스에 따르면 "온갖 사악하고 수치스런 것들"이 공동 하수구처럼 제국의 모든 지역에서 로마로 흘러들었다고 한다. 그러나 최고의 요소들의 경우도 마찬가지였다. 대단히 풍족한 토산품들과 대단히 진귀한 공예품들이 이곳에 모였다. 야심에 찬 젊은이들과 수재들과 학자들과 온갖 장인(匠人)들이 로마에서 가장 광활한 활동 무대와 자기들의 재능에 대한 가장 풍성한 보상을 발견했다.

아우구스투스(Augustus)와 더불어 호화로운 건축 시대가 시작되었다. 평화와 번영을 구가한 긴 재위 기간에 그는 로마 시를 벽돌의 도시에서 대리석의 도시로 바꿔 놓았다. 좁고 구불구불한 티베르 강 양둑의 도로에서부터 확장된 로마 시는 오늘날 한적하고 뜨거운 캄파냐를 지나 알바니아 산지 기슭까지 뻗어나갔고, 땅과 바다로 땅끝까지 그 팔을 뻗쳤다. 당시에 로마 시는 세계에서 가장 배울 게 많고 흥미로운 도시였다(심지어 오늘날도 그 폐허들을 가지고 그런 면모를 보인다). 시인들과 웅변가들과 역사가들이 이 영원한 도시(urbs aeterna)를 칭송하는 데 미사여구를 아끼지 않았다.

제국의 수도 로마 시의 인구에 대해서는 여러 가지 추산이 있으나 모두 추측일 뿐으로서 1백만 명에서 4백만 명에 이르기까지 다양하다. 그러나 아우구스투스 시대에 1백만 명이 넘었을 가능성이 크며, 후임 황제들의 재위 기간에 급속히 증가했다가 주후 79년 하루에 1만 명씩 여러 날을 희생시킨 두려운 전염병 때문에 한풀 꺾였다. 훗날 이 도시의 인구는 다시 증가하여 하드리아누스(Hadrian)와 안토니누스(Antonines) 때에 최고를 기록했다.

로마의 유대인들

사도 시대에 로마에 거주한 유대인 수는 2만내지 3만으로 추산된다.[9] 이들은 모두 강한 히브리어 억양을 가지고 헬레니즘 시대 헬라어를 사용했다. 우리가 아는 한 이들은 7개의 회당과 3개의 묘지를 갖고 있었다. 묘지들에는 그리스어 비문들과 소수의 라틴어 비문들이 남아 있는데, 때로는 라틴 문자로 헬라어 단어를 표기했거나 헬라어 문자로 라틴 단어를 표기했다. 유대인들은 티베르 강 건너(Trastevere) 야니쿨룸 산 기슭의 제14구역에 살았고, 아마 티베르 강의 섬과 대원형 경기장(the Circus Maximus) 쪽의 왼쪽 제방 부분, 그리고 오늘날 유대인 지구의 근처에 있는 팔라티누스 언덕에서도 살았던 듯하다.

이들은 대개 폼페이우스(Pompey), 카시우스(Cassius), 안토니우스(Antony)의 노예와 포로의 후손들이었다. 지금도 그렇지만 당시에도 이들 가운데는 헌옷가지와 이빠진 그릇을 팔아 먹고 사는 사람들도 있었고, 가난한 신분에서 은행가와 의사와 점성학자와 점술가 같은 부유하고 유력한 지위에 오른 사람들도 있었다. 적지 않은 유대인들이 황실을 드나들었다. 유대인 배우 알리티루스(Alityrus)는 네로에게 최고의 인기를 누렸다. 사마리아인으로서 티베리우스의 자유민이었던 탈루스(Thallus)는 유대인 왕 헤롯 아그립바에게 백만 데나리온을 빌려줄 만큼 부유했다. 헤롯가(家)와 율리우스가(家) 및 클라우디우스가(家) 황제들 간의 관계는 매우 친밀했다(요세푸스).

할례, 안식일 준수, 돼지고기와 우상 ― 그들은 우상을 악령으로 여겨 혐오했다 ― 에게 바친 고기를 먹지 않는 관습 등 유대인들의 이상한 생활 방식과 제도들은 로마 역사가들과 풍자가들에게 놀라움과 경멸과 조롱이 뒤섞인 반응을 일으켰다. 무엇이든 이교도들에게 성스러운 것은 유대인들에게는 속된 것이었다(타키투스). 따라서 유대인들은 인류의 원수들로 간주되었다. 그러나 이것은 어쨌든 피상적인 판단이었다. 유대인들에게는 친구들도 있었다. 쉴 줄 모르는 근면과 우직함, 절제, 근실, 충직, 박애, 율법 엄수, 전사(戰死)에 대한 초탈, 하나님

---

9) Renan, Friedländer, Harnack이 그렇게 추산한다. 그러나 Hausrath는 로마의 유대인 수가 아우구스투스 때 4만, 티베리우스 때 6만이었다고 추정한다. 요세푸스는 헤롯 왕이 아우구스투스에게 사절을 보낼 때 유대인 8,000명이 동행했다고 전하며(*Ant.* XVII, 11, 1), 티베리우스 때 4,000명의 유대인이 사르디니아 광산으로 추방되었다고 한다(XVIII. 3, 5; 비교. Tacitus, *Ann.* II. 85). 그러나 이 자료들은 아주 정확한 추산을 입증해 주지 않는다.

께 대한 흔들리지 않는 신뢰, 인류의 영광스런 미래에 대한 소망, 예배의 단순함과 정순함, 전능하고 거룩하고 자비로운 한 분 하나님께 대한 지고하고 장엄한 사상은 사려깊고 진지한 사람들에게, 특히 여성들(할례라는 혐오스런 의식을 피할 수 있었던)에게 깊은 인상을 심어 주었다.

따라서 로마 시와 다른 곳에서는 유대인 개종자들의 수가 많았다. 요세푸스뿐 아니라 호라티우스(Horace), 페르시우스(Persius), 유베날리스(Juvenal)도 많은 로마인들이 안식일에는 모든 일을 쉬었고, 금식하며 기도했고, 등불을 켰고, 모세 율법을 배웠고, 예루살렘 성전에 기금을 보냈다고 증언한다. 심지어 황후 포파이아(Poppaea)도 자기 방식으로 유대교에 마음을 기울였고, 요세푸스에게 큰 호감을 보여서 요세푸스로부터 '경건한' 혹은 '하나님을 경외하는' 사람이라는 말을 들었다(실제로는 잔인하고 후안무치한 여자였는 데도 말이다).[10] 유대인들을 혐오한 세네카(그는 유대인들을 저주받은 종족〈sceleratissima gens〉이라 불렀다)는 이 정복당한 민족이 정복자들에게 법을 주었다고 말하지 않을 수 없었다.

유대인들은 티베리우스와 클라우디우스 때 각각 로마에서 추방당했으나, 곧 티베르 강 건너편의 자기들의 구역으로 돌아가서 이교 황제들이 그들에게 부여한 합법 종교(religio licita)의 특권을 누렸다. 그러나 훗날 기독교 교황들은 그 특권을 인정하지 않았다.

바울은 로마에 도착했을 때 자신의 호의와 복음을 전할 의도로 회당 지도자들을 초대했으나, 그들은 영리하게 보류하는 태도로 바울의 설명에 답변하였고,

---

10) "오토(Otho)의 아내 포파이아 사비나는 당시에 가장 아름다운 여성으로서, 미모에 권모술수의 수완을 겸비했다. 로마 제국의 방탕한 여성들 가운데 포파이아는 전형적인 인물로서 있다. 원래 크리스피누스(Rufius Crispinus)와 결합했던 포파이아는 오토의 유혹을 뿌리치지 않았고, 그와 결혼하기 위해 이혼했다. 이 결혼에 힘입어 네로와 정을 통한 뒤 신분 상승을 꾀했다. 그러나 남편이 질투하여 자신을 철저히 감시하자 밀고 당기는 능숙한 방식으로 젊은 황제를 유혹했고, 결국 황제는 욕정에 눈이 멀어 친구를 루시타니아 총독으로 멀리 파견해 버렸다. 포파이아는 오토가 뒤도 돌아보지 않고 떠날 정도로 그를 괴롭혔다. 남편이 없는 틈을 타서 정부(情夫)에게 더욱 밀착했고, 자기도 남편과 이혼하고, 황후 옥타비아도 이혼을 하게 하거나 심지어 죽여서라도 그 자리를 꿰차려고 노골적으로 노력했다." Merivale, *Hist. of the Romans*, VI. 97. 네로는 포파이아가 임신했을 때 고의로 걷어차 죽게 한 뒤(65년), 발코니에 서서 그녀를 기리는 찬가를 불렀다. 원로원은 그녀에게 신의 칭호를 부여했다.

기독교가 어디서든 반대를 받는 분파라는 것 외에는 기독교에 관해서 알려는 뜻을 비치지 않았다. 그들로서는 될 수 있는 대로 기독교를 모른 척하고 놔두는 게 최선의 정책이었음에 분명하다. 그럼에도 불구하고 많은 수가 정한 일자에 사도의 말을 들으러 와서 더러는 믿었으나 유대인들이 대개 그랬듯이 다수는 그의 증거를 배척했다(행 28:17-29).

로마의 기독교

이 독특한 민족으로부터 로마 권력의 경쟁 상대 이상임이 입증된 종교의 첫번째 회심자들이 나왔다. 유대인들은 수비대일 뿐이었고, 그리스도인들은 십자가라는 멸시받는 군기를 들고 나갔음에도 불구하고 정복군이었다.

로마 교회의 정확한 기원은 꿰뚫을 수 없는 신비에 싸여 있다. 예루살렘 교회와 바울이 세운 대다수 교회들은 기원이 다 알려져 있지만, 로마에 누가 최초로 복음을 전했는지는 알려지지 않는다. 세계를 개종시키려는 왕성한 선교 열정을 가졌던 기독교는 사도들이 팔레스타인을 떠나기 전 아주 이른 시기에 세계의 수도에서 뿌리를 내렸음에 틀림없다. 안디옥 회중은 바나바와 바울에 의해 결합하고 온전한 조직을 갖추기 전에 예루살렘에서 온 이민과 난민 제자들을 중심으로 자라났다.

복음의 첫 파도가 로마에 도착한 것은 오순절에 예루살렘에서 교회가 탄생한 직후에 그 기적을 목격한 증인들 — 그들 중에는 "로마로부터 온 나그네 곧 유대인과 유대교에 들어 온 사람들"이 있었다(행 2:10) — 에 의해서였다는 것은 증명할 도리가 없긴 하지만 불가능한 일은 아니다. 이 경우라면 오순절 설교를 행한 베드로가 로마 교회를 설립하는 데 간접적인 역할을 했다고 얼마든지 말할 수 있었을 것이다. 실제로 로마 교회는 베드로를 그 교회를 떠받치고 있는 바위라고 주장한다. 물론 그가 초기에 로마를 방문하고(42년) 20년 내지 25년을 그곳에 머물렀다는 전승은 오래 전에 무너진 전설이긴 하지만 말이다. 바울은 로마에 있는 형제들 가운데 자기보다 먼저, 즉 37년 이전에 회심한 몇몇 친척들을 언급한다. 바울이 문안을 하는 로마의 형제들의 목록 중 몇몇 이름이 — 황후 리비아의 해방노예 가운데 있던 — 아피아 가도(the Appian Way)에 있는 유대인 묘지 가운데 발견된다. 팔레스타인, 시리아, 소아시아, 그리스에서 온 그리스도인들이 방문객으로든 정착민으로든 제국의 수도에 온 데에는 다양한 이유가 있을 것이다.

클라우디우스의 칙령

기독교가 로마에 남긴 최초의 역사적 자취는 이교 역사가 수에토니우스(Suetonius)의 언급에 남아 있고 누가에 의해 확증되는 것으로서, 클라우디우스(글라우디오)가 주후 52년에 '크레스투스'(Chrestus. 'Christus'의 오기)의 사주하에 반란과 소요를 모의한 이유로 유대인들을 로마에서 추방했다는 것이다.

이 소요는 당시에 아직 뚜렷이 구분되지 않은 유대인들과 그리스도인들 사이에 벌어진 메시야 논쟁을 가리킬 가능성이 크다. 그리스도가 이스라엘의 진정한 왕이라는 선포는 안디옥과 비시디아와 루스드라와 데살로니가와 베뢰아에서 그랬듯이 그곳에서도 자연히 유대인들 사이에 큰 소요를 일으켰을 것이다. 정확한 내막을 모르는 이교 행정관들은 자연히 그리스도가 지상 왕권을 노리는 정치적 야심가라고 추론했을 것이다. 참 메시야를 배척한 유대인들은 로마의 멍에를 벗어던지고 예루살렘에 다윗의 신정(神政)을 회복할 상상의 메시야를 더욱 갈망했다. 그들의 현세적 천년왕국 사상은 심지어 일부 그리스도인들에게도 영향을 주었고, 바울은 반란과 혁명을 사전에 경고할 필요를 발견했다. 클라우디우스의 칙령에 의해 추방된 자들 가운데는 아굴라와 브리스길라가 있었는데, 이들은 바울의 따뜻한 친구들로서 아마 고린도에서 바울을 만나기 전에 회심했던 듯하다(행 18:2; 롬 16:2).

그러나 유대인들은 로마로 곧 돌아왔고 유대 그리스도인들도 그러했으나, 두 집단은 로마 당국으로부터 감시를 받았다. 타키투스가 기독교라는 미신이 한동안 진압되었다가(클라우디우스의 칙령으로) 다시 발흥했다고(네로의 치하에서. 그는 54년에 즉위했다) 말한 것은 바로 이 사실을 가리킬 가능성이 있다.

바울의 서신

네로의 재위 초반(54–68년)에 로마 교회는 이미 기독교 세계 전역에서 잘 알려져 있었고, 여러 집회소와 상당수의 교사들을 보유하고 있었다(롬 1:8; 16:5, 14, 15, 19). 바울은 이 사실을 염두에 두고서, 또한 장차 그 교회가 지닐 중요성을 예언적 시각에서 바라보고서 고린도에서 자신의 가장 중요한 교리서신을 썼다(주후 58년). 아울러 이 서신은 그가 오랫동안 바라던 방문이 실현되도록 길을 예비하는 역할을 하게 된다. 바울은 3년 뒤 로마 방문길에 보디올(푸테올리. 오늘날 나폴리 만에 있는 푸추올로)에서 그리스도인들을 발견했고, 그들의 간청으로 이레를 함께 유했다(행 28:13). 로마 시에서 4.8km 내지 6.4km 떨어진 압비오 저자(아피우스 광장〈Appii Forum〉)와 삼관(三館, Tres Tabernae. 즉, 세 채의 여관)에서 바울은 자기가 그 훌륭한 서신의 저자인지 보고 싶어 달려온 로마 형제들의 배웅을 받았고, 그들의 이 따뜻한 마음의 증표를 보고서 큰 위로를 받았다(행 28:15).

로마에서의 바울

바울은 61년 초에 로마에 도착했다. 그리고 아마 2년 뒤에는 베드로가 방문하여 그 교회의 성장에 자연스럽게 큰 충격을 주었다. 바울은 약속한 대로 "그리스도의 충만한 축복"(롬 15:29)을 가지고 갔다. 그는 자신의 거처에서 군대의 호위를 받아가며 자유롭게 복음을 전파했으니 그가 결박당한 것은 오히려 복음의 진보를 위해 섭리로 된 것이었다(빌 1:12-15; 행 28:30). 그는 제1차 로마 투옥 기간 내내 혹은 일부 동안 신실한 제자들과 동역자들을 곁에 두었다. 우선 "사랑을 받는 의원"이자 역사가 누가가 있었고, 바울의 가장 소중한 영적 아들 디모데, 제1차 전도 여행 때 중도에 바울을 떠났다가 로마에서 만나 그와 베드로 사이에서 중재 역할을 한 요한 마가, 끝까지 바울에게 신실하게 남은 유대 그리스도인으로서 유스도라 하는 예수, 데살로니가에서 온 함께 갇힌 자 아리스다고, 에베소에서 온 두기고, 골로새에서 온 에바브라와 오네시모, 빌립보에서 온 에바브라디도, 그리고 옥중서신서들에서 존귀하게 언급되는 데마, 부데, 리노, 으불로 외 여러 사람들이 있었다(골 4:7-14; 엡 6:21; 몬 24; 빌 2:25-30; 4:18; 비교. 딤후 4:10-12).

이들은 고귀한 전도단을 형성하여 로마와 해외에서 사역하는 연로한 사도를 지원했다. 반면에 바울의 대적인 유대화주의 집단도 이에 자극을 받아 방해 활동에 나서 시기과 질투로 그리스도를 전파했다. 그러나 바울은 자기를 부인하는 고상한 태도로 유치한 분파주의를 딛고 일어섰으며, 그 높은 시각에서 그리스도께서 전파되고 그의 나라가 전진한다면 오직 그것으로 인해 진정으로 기뻐하였다. 갈라디아서에서는 기독교 율법주의에 맞서 그리스도인의 자유를 감연히 변호했으나, 아무리 편협한 기독교일지라도 로마에 난무하는 이교주의보다는 애착을 가졌다(빌 1:15-18).

　이런 다양한 사역자들을 통해서 회심한 사람들의 수는 비록 그 메트로폴리스의 방대한 이교도들 속에 두면 흔적을 찾아보기 힘들 만큼 미미했고 2만 명의 유대인들보다 틀림없이 소수였겠지만, 그럼에도 상당했음에 분명하다. 타키투스는 64년 네로의 박해 때 죽은 '허다한 무리'의 그리스도인에 관해서 말하고, 클레멘스도 같은 박해를 거론하면서 "선택자들의 허다한 무리"를 언급하기 때문이다. 클레멘스는 이들이 바울과 베드로와 동시대 사람들이었고, "많은 치욕과 고문을 통해서 우리들 사이에서 가장 존귀한 모범이 된" 사람들이라고 한다.

로마 교회의 조성과 터닦기

　로마 교회의 조성 경위는 많은 학문 논쟁과 사색의 쟁점이 되어 왔다. 팔레스타인 바깥의 대다수 교회들과 마찬가지로 이 교회도 유대인과 이방인이 섞이되 이방인의 비율이 유대인의 비율보다 틀림없이 높았겠지만, 두 요소가 서로에 대해서 지녔던 수적인 힘과 정확한 관계를 추산하기란 불가능하다.

　로마 교회가 단번에 충분히 조성되어 하나의 공동체로 터를 닦았다고 추정할 만한 이유가 없다. 그 넓은 도시에 그리스도인들은 두루 흩어져 살았고, 지역별로 모여 따로 예배를 드렸다. 유대인 회심자들과 이방인 회심자들이 각기 구별된 공동체, 혹은 그보다는 하나의 기독교 공동체에 속한 두 집단을 결성했을 가능성도 있다.

　바울과 베드로가 만약 로마에서 만났다면(63년 이후) 예루살렘 합의에 따라 자연스럽게 실행 가능한 범위 안에서 감독 범위를 나누는 동시에 통일과 조화를 위해 힘썼을 것이다. 이것이 두 사람이 로마 교회의 공동 설립자였다는 초기의 보편적인 전승에 깔려 있는 사실일는지 모른다. 두 사람의 주재와 순교가 유대인 집단과 이방인 집단의 결속을 공고히 했음은 물론이다. 그러나 두 집단이 최종적으로 하나의 유기적 연합체로 굳어진 것은 예루살렘 멸망 이후였을 것으로 추정된다.

　이 터닦기는 로마 시내 한 교회의 상임 장로로 등장하는 클레멘스가 주로 이룩한 작업이었다. 베드로와 바울에게 다 영향을 받은 — 비록 바울에게 더 큰 영향을 받긴 했지만 — 그는 베드로와 바울의 제자들 사이에서 중재자로서 탁월한 역량을 발휘했다. 그가 고린도 교회에 보낸 서신은 바울과 베드로와 야고보의 서신들의 독특한 특징들을 두루 지니고 있으며, "로마 연합 교회에 깊은 인상을 남긴 포괄적인 원칙들과 넓은 공감대를 반영하는 전형적인 문서"라고 불리었다.

2세기에 접어들면 이중 공동체의 흔적이 더 이상 나타나지 않는다. 그러나 정통 교회 바깥에서는 유대인과 이방인의 이단 학파들도 세계의 이 집결지에서 일찍이 터를 잡았다. 로마를 배경으로 한 시몬 마구스의 우화가 이 사실을 반영한다. 발렌티누스(Valentinus), 마르키온(Marcion), 프락세아스(Praxeas), 테오도투스(Theodotus), 사벨리우스(Sabellius), 그리고 그 밖의 대이단들이 이곳에서 가르쳤다. 기독교 이단들과 분파들은 이교 로마에서는 관용을 누렸으나, 훗날 기독교 로마에서는 ─ 1870년에 로마가 교황에 대항한 통일 이탈리아의 수도가 될 때까지 ─ 탄압을 받았다.

언어

당시 로마 교회가 사용한 언어는 헬라어였고, 이런 관행은 3세기까지 내리 지속되었다. 바울은 이 언어로 로마에 편지를 썼고, 로마에서 다른 곳에 편지를 썼다. 로마서 16장에 언급되는 회심자들의 이름과 초기 감독들의 이름도 대부분 헬라어이고, 초기 로마 교회의 모든 문헌도 헬라어였으며, 심지어 로마 교회가 견지한 형태의 이른바 사도신경(the Apostle's Creed)도 원래는 헬라어로 기록되었다. 최초의 라틴어역 성경은 로마를 위해 제작되지 않고 속주들, 특히 북아프리카를 위해서 제작되었다. 헬라인들과 헬라어권 동방인들은 로마의 중류층 가운데서 가장 학력이 높고 사업 수완이 뛰어나고 열정적인 사람들이었다. "장사해서 큰 돈을 번 사람들, 유능한 기능공들, 귀족 가문들의 신용있는 노예들과 가신들은 거의 다가 헬라인들이었다"(Lightfoot).

사회 상황

로마 그리스도인들의 대다수는 제2세기 말엽에 이르기까지도 하류 계층에 속했다. 주로 기능공들, 자유민(해방 노예)들, 노예들이었다. 재산과 권력과 학벌이 높은 로마의 거만한 귀족 계층은 복음을 천박한 미신으로 천시했다. 당대의 저자들은 복음을 아예 거들떠보지도 않거나 우연히 그것도 노골적인 경멸조로 언급했을 뿐이다. 기독교 정신과 유서깊은 로마의 정신은 아주 예리하고도 양립할 수 없이 대립해 있었고, 조만간 큰 충돌이 불가피했다.

그러나 아덴과 고린도에서처럼 로마에서도 소수의 상류 계층 신자들이 있었다.바울은 자신이 시위대와 황제의 가문에서 거둔 성과를 언급한다(빌 1:13; 4:22).

개연성이 높지는 않지만, 바울이 네로의 스승이자 부루스(Burrus)의 친구인 스토아 철학자 안나이우스 세네카(Annaeus Seneca)와 잠시 만났을 가능성이 있다. 그렇게 생각하는 이유는 바울이 세네카의 형제이자 고린도의 — 다음에는 로마의 — 총독 안나이우스 갈리오(Annaeus Gallio)를 틀림없이 알았고, 시위대장 부루스 — 바울은 죄수로서 그의 관할권에 속해 있었다 — 와 아마 공적인 관계를 나누었을 것이기 때문이다. 그러나 세네카가 회심했다는 설은 그가 바울과 편지를 주고받았다는 설과 마찬가지로 신자들이 지어낸 허구임에 틀림없으며, 만약 사실이더라도 기독교에는 아무런 득이 되지 못했을 것이다. 왜냐하면 세네카는 영국의 베이컨 경(Lord Bacon)과 마찬가지로 탐욕과 저급함으로 바울의 고상한 도덕 원칙을 부정했기 때문이다.

브리타니아 정복자 아울루스 플라우티우스(Aulus Plautius)의 아내 폼포니아 그라이키나(Pomponia Graecina)는 57년이나 58년경 '외국 미신'에 빠졌다는 이유로 고소를 당하고(비록 남편에 의해 무죄 판결을 받긴 했지만) 83년에 죽을 때까지 슬픈 생애를 보낸 여성으로서, 아마 로마 귀족 가운데 최초의 그리스도인 귀부인이었을 것이다. 훗날 제롬의 동역자들인 금욕주의자 파울라(Paula)와 유스토키움(Eustochium)은 폼포니아 그라이키나를 자기들의 선조로 삼았다. 바울이 문안을 하는 글라우디아(Claudia)와 부데(Pudens)(딤후 4:21)는 기발한 추측에 의해 그 이름을 지닌 부부 — 마르티알리스(Martial)가 자신의 경구집에서 존경조로 언급하는 — 와 동일인들로 여겨져 왔지만, 좀 의심스럽다.

한 세대 뒤에 황제 도미티아누스(Domitian. 81-96)의 사촌들인 집정관(95년) 플라비우스 클레멘스(T. Flavius Clemens)와 그의 아내 플라비아 도미틸라(Flavia Domitila)가 "무신론" 곧 기독교의 혐의로 고소를 당한 뒤 남편은 사형을, 아내는 유배형을 받았다(주후 96년). 최근에 칼리스투스 근처의 도미틸라 카타콤을 발굴한 결과 플라비우스 가문 전체가 기독교 신앙을 받아들였다는 사실이 드러났다. 기독교가 로마에 들어간 지 오륙십 년이 채 안 돼서 이런 변화가 일어났던 것이다.

제 6 장

대환난(마 24:21)

37. 로마 대화재와 네로의 박해

"또 내가 보매 이 여자가 성도들의 피와 예수의 증인들의 피에 취한지라. 내가 그 여자를 보고 기이히 여기고 크게 기이히 여기니" — 계 17:6.

바울과 베드로가 로마에서 전도한 일은 교회사에 큰 획을 긋는 중대한 사건이었다. 이 일은 기독교의 성장에 자극제가 되었다. 종국에는 그 두 사람의 순교가 훨씬 더 큰 영향을 끼쳤다. 유대인 회심자들과 이방인 회심자들 간의 통일을 공고히 했고, 이교 메트로폴리스의 토양을 거룩하게 만들었다. 예루살렘은 주님을 십자가에 못 박아 죽였고, 로마는 주님의 주요 사도들을 목베어 죽이고 십자가에 달아 죽였으며, 로마 교회 전체에 피의 세례를 베풀었다. 로마는 좋게든 나쁘게든 기독교 세계의 예루살렘이 되었고, 바티칸 언덕은 서방의 골고다가 되었다. 베드로와 바울은 마치 새로운 로물루스(Romulus)와 레무스(Remus)처럼 카이사르(가이사)들의 제국보다 더 방대하고 영구한 영적 제국의 터를 닦았다. 십자가가 칼 대신에 정복과 권세의 상징이 되었다.

그러나 이러한 변화는 고귀한 피를 대가로 일어났다. 로마 제국은 처음에는 기독교의 본질을 간파하지 못한 채 정의의 법으로 기독교의 보호자가 되었고, 바울을 수 차례 위기의 순간에서 구출해 주었다. 고린도에서 총독 안나이우스 갈리오를 통해서 그랬고, 예루살렘에서 천부장 루시아를 통해서 그랬으며, 가이사랴에서 총독 베스도를 통해서 그랬다. 그러나 이제는 그 새로운 종교와 처절한 투쟁에 돌입했고, 우상숭배와 애국심의 미명하에 간헐적인 박해를 시작했는데, 이 박해는 (콘스탄티누스가) 밀비아 다리(the Milvian bridge)에서 십자가 군기로 승리를 얻은 뒤에야 비로소 종식되었다. 전에는 적그리스도가 출현하지 못하도록 막는 세력이었던 제국이(살후 2:6, 7) 이제는 불과 칼로써 적그리스도의 성격을 공공연하게 띠었다.[1]

네로

제국의 박해들 중에서 교회 전승이 베드로와 바울의 순교와 관련짓는 최초의 박해는 네로의 재위 10년째인 주후 64년에 바울이 유대인 법정에서 항소한 바로 그 황제의 사주에 의해서 발생했다. 그러나 그것은 차후의 황제들이 자행한 박해들과는 달리 엄격히 말해 종교적 박해가 아니었다. 로마에 대참화가 일어났는데, 엉뚱하게도 그 책임이 무고한 그리스도인들에게로 돌아감으로써 발생한 박해였다.

지극히 순결하고 고귀한 바울과 지극히 저급하고 사악한 군주인 네로만큼 더 극명한 대조를 상상하기 어렵다. 세네카와 부루스의 지혜로운 자문하에 훌륭한 치적을 남긴 네로의 재위 첫 5년(54-59년)은 나머지 9년(59-68년)을 더욱 가증스럽게 만든다.

그의 전기를 읽으면 그의 어리석음에 대한 경멸감과 사악함에 대한 두려움이 교차한다. 세상은 그에게 희극과 비극이었고, 거기서 그는 주인공이 되었다. 그는 대중의 인기에 광적인 열정을 갖고 있었다. 수금을 연주했고, 만찬 때 자기가 지은 서정시를 읊었고, 원형경기장에서 직접 마차를 몰았고, 연극에 광대로 등장했으며, 연극이나 활인화(活人畫, tableaux)에서 귀족들에게 그리스 신화의 추잡한 장면을 연기하도록 강요했다. 그러나 희극배우보다는 비극배우의 성격이

---

1) 데살로니가후서 2:6, 7에서 τὸ κατέχον은 로마 제국이고 ὁ κατέχων은 제국의 대표자인 황제이다. 이것은 현대의 몇몇 주석가들이 다시 받아들인 교부들의 해석이다. 중세의 분파들과 많은 프로테스탄트 저자들은 교황청에서 큰 배교를, 독일 제국에서 막는 세력을 발견한 반면에, 로마교 주석가들은 배교의 죄를 종교개혁 진영에 두고 교황청을 막는 힘으로 해석함으로써 응수했다. 필자는 이 예언과 다른 예언들이 사도 시대와 고대 로마 제국의 역사 무대에서 거듭해서 갈수록 명료하게 성취되었다고 믿는다.

더 강했다.

죄악에 죄악을 쌓다가 고대의 속담에 오르내리는 극악무도한 사람이 되었다. 자기 형제(브리타니쿠스)와 어머니(아그리피나)와 아내들(옥타비아와 포파이아)과 스승(세네카)과 로마의 많은 유력 인사들을 살해하더니 결국에는 서른두 살의 나이에 자기 목숨마저 끊었다. 그와 함께 율리우스 카이사르의 가문은 수치스럽게 몰락했고, 제국은 무공이 뛰어난 군인들과 모험가들의 전리품이 되었다.

로마 대화재

인간의 탈을 쓴 그 악마에게 다수의 무고한 그리스도인들을 살해하는 것은 즐거운 오락이었다. 로마 대화재는 지옥을 연상케 하는, 역사상 가장 파괴적이고 참혹한 사건이었다. 이 대화재는 7월 18일 밤과 19일 새벽 사이에 팔라티누스 언덕 근처의 원형경기장 남동쪽 끝에 자리잡은 목조 상점가에서 발생했다. 바람을 타고 급속도로 번진 불길이 소방수들과 군인들의 진화 노력에도 아랑곳없이 일곱 밤과 여섯 낮을 맹렬한 기세로 타올랐다. 전혀 다른 곳인 군신의 들판(the field of Mars)에서도 화재가 발생하여 사흘 동안 로마 시의 다른 구역들을 잿더미로 만들었다.

피해액을 산정할 수조차 없는 대참화였다. 로마 시를 구분하는 열네 구역 중 참화를 면한 구역은 네 곳뿐이었다. 피해 지역 중 원형경기장에서 에스퀼린 언덕(the Esquiline hill)에 이르는 도심을 포함한 세 구역은 형체를 알아볼 수 없을 정도로 심하게 파괴되었다. 나머지 일곱 구역도 각기 다른 정도로 파괴되어, 공화정과 제정 시대에 건립된 신전들과 황제들의 기념 건물들, 수 세기 동안 수집한 그리스의 독창적인 예술품들이 먼지와 재로 변했다. 불길 속에서 사람들과 짐승들이 함께 죽었고, 세계의 메트로폴리스가 수백 만의 조문객이 운집하여 둘도 없는 보물들을 잃은 것을 애도하는 묘지가 되어 버렸다.

요한이 계시록에서 제국 로마의 멸망을 애도하는 장송곡을 쓸 때 염두에 둔 것이 바로 이 두려운 참화였음에 틀림없다(18장).

대화재의 원인은 신비에 싸여 있다. 항간에는 네로가 불을 지르게 했다는 소문이 나돌았다. 검붉게 타오르는 트로이의 장관을 구경하고 싶어서, 로마 시를 더욱 웅장하게 건축하고 싶은 야망을 채우기 위해서, 그 도시를 네로폴리스(Neropolis)라 부르고 싶어서 그 짓을 했다는 것이다. 화재가 났을 때 네로는 자기 출생지인 안티움의 해변에 가 있었다. 불길이 자기 궁전에 접근하자 곧 귀환하여 불길을 저지하는 데 극력 노력했고, 진화가 된 뒤에는 잿더미가 된 피해 지역을 복구하는 데 힘썼다(이 복구 사업은 그가 죽은 뒤에도 계속되었다). 복구 사업을 벌일 때 부분적으로 훼손된 자신의 일시 거처(domus transitoria)를 '황금집'(domus aurea)으로 바꾸어 놓는 것을 잊지 않았다. 이 건물은 웅장함과 사치스러움으로 입이 다물어지지 않게 만드는 불가사의이다.

그리스도인들에 대한 박해

항간에서 방화의 의혹이 자기에게 쏠리는 것을 면하기 위해서, 동시에 자신의 악마적 잔인성을 새로 향유하기 위해서, 네로는 미움을 받던 그리스도인들에게 책임을 떠넘겼다. 그동안 그리스도인들은 특히 로마에서 벌어진 바울의 재판과 그의 성공적인 사역 때문에 유대인들과 구분되어 제3의 인종(genus tertium)으로 혹은 그 민족에서 유래한 위험하기 짝이 없는 집단으로 인식되었던 것이다. 이들이 로마의 신들을 경멸하는 자들이었고, 카이사르보다 더 높은 왕의 충성스런 백성이었다는 것은 틀림없는 사실이었지만, 은밀한 범죄를 저지른다는 의혹은 잘못된 것이었다. 경찰과 민중은 두려운 참화로 조성된 혼돈에 휩쓸려 최악의 중상 모략이라도 믿고 희생양을 요구할 준비가 되어 있었다.

타키투스와 수에토니우스와 플리니우스 같은 지식인들조차 기독교를 천박하고 전염성 있는 미신으로 비난한 판국에 무지한 군중에게서 무엇을 기대할 수 있었겠는가? 그들에게는 기독교가 유대교보다 더 악하게 보였다. 그래도 유대교는 최소한 유서깊은 민족의 종교이지만, 기독교는 진기하고 어느 특정 민족과도 관계가 없이 세계 지배를 꿈꾸고 있다고 비쳤다.

타키투스는 일부 그리스도인들이 체포되고 자기들의 신앙을 고백한 뒤 "방화죄보다는 인류를 미워한 죄로 기소되었다"고 말한다. 이들이 유대교에서 파생되었다는 점과, 정치와 공공 행사에 무관심하고 이교 관습을 혐오했다는 점이 이교도들에게 '인류에 대한 혐오'(odium generis humani)로 해석되었고, 이들이 도시를 파괴하려 했다는 소문이 유죄 판결을 정당화할 만한 충분한 심증으로 작용했다. 흥분한 군중이란 생각하기 위해 멈추지 않으며, 하나가 되어 미쳐 날뛰기 십상이다.

그리스도인들이 방화를 자행했다는 이런 근거 없는 고소에다 인간을 혐오하고 순리를 거스르는 죄악을 범한다는, 역시 근거 없는 고소가 뒷받침되어 이교 로마가 이전이나 이후에 본 적이 없는 피의 향연이 시작되었다.[2] 그것은 이교 세계를 중심에서부터 뒤흔든 두 사도의 강력한 전도에 대한 지옥 권세의 응수였다. '허다한 무리'의 그리스도인들이 대단히 충격적인 방식으로 사형에 처해졌다. 더러는 십자가에 달려 죽었고 — 아마 그리스도께서 당하신 형벌을 조롱하는 뜻이 담긴 듯하다 — 더러는 원형경기장에서 들짐승의 가죽을 둘러쓴 채 미친 개들에게 찢겼다.

이 사탄적인 참극은 바티칸 언덕(오늘날 성 베드로 궁전과 성당 터를 포함한 듯하다)에 자리잡은 황궁 정원에서 밤에 극치를 이루었다. 그리스도인 남녀들이 몸에 콜타르나 기름이나 송진을 덮어쓰고 소나무 기둥에 못박힌 채 점화되어 횃불처럼 타오르는 동안 군중들은 여흥을 즐겼다. 그동안 네로는 환상적인 복장을 하고서 경마에 참여하여 전차 기수로서의 기량을 자랑했다. 산 채로 불태우는 것은 주로 방화범들에게 가한 형벌이었다. 그러나 황제의 자리에 앉은 이 괴물의 잔인한 발상만이 마귀의 영감을 받아 그런 끔찍한 조명 시설을 창안할 수 있었다.

이것은 가장 위대한 이교 역사가가 매우 자세하게 전하는 기사이다. 마치 예루살렘 멸망에 관한 가장 자세한 기사가 유대인 역사가의 펜에서 나왔듯이 말이다. 이로써 원수들이 기독교의 진리를 증거하는 셈이다. 타키투스는 이와 관련하여 우연히 티베리우스 재위 때 본디오 빌라도 치하에서 발생한 그리스도의 십자가형을 언급한다. 그는 소문과 글을 통해서만 안 그리스도인들을 로마인의 입장에서 아주 거만한 태도로 경멸하면서도 그들이 방화에 대해서 무죄하다고 확신했고, 자신의 차가운 스토아주의에도 불구하고 그리스도인들에 대한 동정심을 억누를 수 없었다. 왜냐하면 그들은 공공의 선을 위해 희생된 게 아니라 사악한 전제 군주의 만행에 희생되었기 때문이다.

이에 대해서 일부 역사가들은 의문을 품어 왔다. 그들이 의심한 것은 이 참혹

---

2) 대학살이 자행된 정확한 시점을 우리는 알지 못한다. Mosheim은 주후 64년 11월로, Renan은 8월로 잡는다. 아무튼 대화재 이후에 여러 주 혹은 여러 달이 지난 뒤였음에 틀림없다. 베드로가 십자가에 달린 사건을 전하는 전승상의 날짜가 정확하다면 대화재가 발생한 64년 7월 19일과 그의 순교일인 6월 29일 사이에는 거의 1년의 간격이 있었을 것이다.

한 박해의 사실 여부가 아니라, 유대인들보다 그리스도인들이 혹은 오로지 그리스도인들만 박해를 당했는가 하는 것이었다. 세네카와 플리니우스와 루카누스(로마 시인)와 페르시우스(스토아 시인) 같은 당대의 저자들이 유대인들은 눈여겨 보면서도 별로 관심을 두지 않았던, 무해하고 평화를 도모하는 그리스도인들이 그처럼 빠른 시간 내에 대중의 분노의 화살을 집중해서 맞은 자들이 되었다는 것은 이해하기 어렵다. 그래서 그 사건이 일어난 지 50년 가량 뒤에 집필한 타키투스와 수에토니우스가 로마인들에게 대체로 미움을 받았고 티베르 강 건너편에 있는 주거 지역이 화재를 면한 사실로 방화범이라는 의혹을 스스로 입증한 유대인들을 그리스도인들과 혼동했다고 추정하는 사람들도 있다.

그러나 그 잔인한 행동은 너무나 공개적으로 자행되었기에 그런 실수를 범할 여지가 없었다. 타키투스와 수에토니우스는 모두 그 두 종파에 관해서 아는 바는 별로 없었어도 두 종파를 구분한다. 게다가 타키투스는 그리스도인이라는 칭호가 그 새로운 종교의 창시자 그리스도에게서 유래했다고 분명히 언급한다. 더욱이 앞에서도 말했듯이 네로는 유대인들을 혐오하지 않았고, 그의 둘째 아내 포파이아 사비나는 대화재가 발생하기 1년 전에 요세푸스에게 특별한 호의를 보이고 선물을 하사했다. 요세푸스는 네로의 죄악들을 말하면서도 동료 종교인들의 박해에 대해서는 한 마디도 하지 않는다. 이 점만으로도 결정적인 단서를 잡을 수 있다. 즉, 기독교의 급속한 성장을 질시하던 광적인 유대인들이 대화재 사건이 발생하자 그 혐의가 자기들에게 돌아올 것을 우려한 나머지 일반 유대인들을 선동하여 그 혐오스런 갈릴리인들을 적대시하게 만들었고, 이 소문을 들은 이교 로마인들은 동족들에게 버림을 받은 이 반(半)유대인들에게 갑절이나 분노를 쏟아 부었을 가능성이 없지 않은 것이다.

박해의 범위

이교 역사가들이 침묵하는 것으로 판단하자면 그들은 그 박해를 로마 시로 한정하는 듯하지만, 후대의 기독교 저자들은 그 범위를 속주들로 확대한다. 황제가 수도에서 보인 시범이 속주들에 아무런 영향을 끼치지 않았을 리가 없었고, 대중의 혐오를 자극했을 가능성이 얼마든지 있다. 계시록이 네로 치하나 네로가 죽은 직후에 기록되었다면 요한이 밧모 섬에 유배된 이유도 틀림없이 이 박해와 관계가 있었을 것이다. 계시록은 서머나에서 발생한 투옥 사례들과 버가모에서 안디바가 순교한 일을 언급하며, 선지자들과 성도들 그리고 땅에서 죽음을 당한 모든 자들의 살해자에 관해서 말한다(2:9, 10, 13; 16:6; 17:6; 18:24).

이탈리아에서 아마 64년에 집필된 듯한 히브리서도 피의 박해와(10:32-34) 디모데가 옥에서 풀려난 일(13:23)을 언급한다. 베드로도 아마 같은 해, 즉 박해가 시작된 직후이자 그가 죽기 직전에 집필되었을 가능성이 있는 그의 첫 서신서에서 소아시아 그리스도인들에게 그들을 시험할 불시험과, 죄를 범해서가 아니라 '그리스도'의 이름을 위해 이미 견뎠거나 앞으로 견뎌야 할 고난을 경고한다(벧전 2:12, 19, 20; 3:14-18; 4:12-19). '바벨론'이란 명칭이 로마를 가리킨다는 것은 저작 시기와 상황으로 매우 쉽게 설명된다(벧전 5:13).

기독교가 창시자의 나이에 겨우 도달한 시기에 로마에서 전멸하는 듯했다. 베드로와 바울과 함께 첫 세대의 그리스도인들이 땅에 묻혔다. 두려움에 가슴 졸이던 제자들에게 흑암이 짓눌렀을 것이고, 34년 전 주께서 십자가에 달리시던 저녁처럼 깊은 좌절이 그들을 엄습했을 것이다.

그러나 부활의 아침이 아주 멀지 않았고, 사도 베드로가 순교한 바로 그 지점이 장차 기독교 세계에서 가장 큰 교회당 자리가 되고, 그의 저명한 계승자들의 웅장한 관저 자리가 될 것이었다.

네로의 박해에 대한 계시록의 언급

사도들 가운데 살아 남아 그 두려운 대학살을 기록한 사람은 요한밖에는 없었다. 아마 그는 에베소에서 그 소식을 들었거나, 아니면 베드로를 따라 로마로 갔다가 네로의 정원에서 처참한 죽음을 간신히 모면했을 것이다. 그가 바티칸 언덕에서 동료 그리스도인들과 함께 산 채로 불에 타 그 지옥의 조명이 될 상황에서 기적으로 살아남는 고대의 전승을 믿자면 그렇게 추측할 수 있다. 어쨌든 요한 자신도 예수의 이름을 위해 박해받은 희생자였고, 외로운 밧모 섬에 유배되었을 때 계시록의 환상을 보고서 그 처참함을 묘사했다.

이 신비로운 책 — 68년과 69년 사이에 집필되었거나 95년에 도미티아누스 때 집필된 — 은 미래 시대들뿐 아니라 그 시대 교회를 위해서도 집필되었음에 틀림없고, 따라서 불시험을 당하고 있는 첫 독자들에게 실질적인 도움과 위로를 주기 위해서 그들이 처한 구체적인 조건과 상황에 충분히 맞게끔 기록되었음에 틀림없다. 계시록에 언급된 사건들의 친숙성 때문에 그들은 이 책의 실질적인 목적을 후세대 독자들보다 훨씬 더 잘 이해했을 것이다. 물론 요한은 역사의 최종 완성을 바라보긴 하지만, 시초의 관점에서 종말을 바라본다. 마치 이스라엘의 선지자들이 본 이상들이 다윗 왕국이나 바벨론 유수 시대를 출발점으로 삼았듯이, 요한은 자기가 살던 옛 로마 제국의 역사적 토대에 자신의 관점을 설정한다.

그는 당대의 이교 로마를 무저갱으로부터 올라오는 짐승으로(계 11:7), 바다에서 나온, 뿔이 열이요 머리가 일곱인 짐승으로(13:1), 많은 물 위에 앉은 큰 음녀로(17:1), 몸에 참람한 이름들이 가득하고 일곱 머리와 열 뿔을 가진 붉은 빛 짐승을 탄 여자로(17:3), 땅의 음녀들과 가증한 것들의 어미인 바벨론으로(17:5) 묘사한다. 그 선견자는 일곱 산에 앉은 여자를 가리켜 "성도들의 피와 예수의 증인들의 피에" 취했다고 하고(17:6) 그 여자의 멸망을 "성도들과 사도들과 선지자들"이 즐거워할 일로 예언할 때(18:20) 네로의 박해를 염두에 두었음에 틀림없다.

최근의 주석가들은 심지어 네로가 직접 암시되어 있는 것을 발견한다. 네로가 신비로운 숫자 666에 해당하는 히브리 철자로 표현되었고(네론 케사르〈Neron Kesar〉), 짐승의 일곱 머리 중에서 죽음을 당하였다가 장차 무저갱에서 적그리스도로 다시 돌아올 다섯째 머리도 네로를 가리킨다는 것이다. 그러나 이 해석은 불확실하며, 네로가 문자적으로 죽은 자 가운데서 적그리스도로 다시 살아날 것이라는 신앙을 요한이 갖고 있었다고 말할 수 없다. 요한의 의도는 다만 기독교 교회의 박해자 네로가 (안티오쿠스 에피파네스처럼) 지옥 세계로부터 똑같이 잔인한 정신에 고취될 적그리스도의 선구자였다는 것뿐이다. 로마가 두번째 바벨론이었고, 세례 요한이 또 다른 엘리야였다는 것과 비슷한 이치이다.

특주

I. 네로의 박해에 관한 기록들

1. 이교 사가들의 기록

우리는 제국 최초의 박해 사건에 관한 기록을 주로 그 사건 발생 8년 전에 태어나 아마 트라야누스(d. 117) 때까지 살았던 타키투스(Tacitus)와, 주후 120년경 「12명의 황제들」(*XII. Caesares*)을 쓴 수에토니우스(Suetonius)에게서 얻는다. 디오 카시우스(Dio Cassius, 주후 155년경 태어남)는 아이네아스의 도착부터 주후 229년까지 다룬 「로마사」(*History of Rome*)(단편들과 수사 시필리누스 <Xiphilinus>의 요약으로 현존)에서 로마의 대화재는 언급하지만 그리스도인들에 대한 박해는 무시한다.

타키투스의 기록은 간결하고 함축적이고 생생한 문체로 되어 있으며, 삽입의 의혹은 없지만 모호한 점들이 더러 있다. 「연대기」(*Annal*)(XV. 44)에서 그 내용을 자세히 소개한다:

"그러나 아무리 사람들을 안심시키고 황제가 하사품을 내리고 신들에게 위로제를 드렸어도 그[네로]가 방화를 지시했다는 항간의 의혹을 씻을 수 없었다. 네로는 그런 소문을 진정시키기 위해서 그리스도인이라 하는 이 사람들에게 죄책을 덮어 씌우고 극단적인 고문으로 처형했다. 그 이름의 창시자인 크리스투스는 티베리우스 때 유대 총독이었던 본디오 빌라도에 의해 처형을 당했으나, 한동안 진압되었던 이 유해한 미신은 이 악의 토양인 유대 전역에서 뿐 아니라 도시[로마] 전역에서도 다시 고개를 들었고, 온갖 사악하고 수치스런 것들이 사방에서 유입되어 권장되고 있다. 따라서 우선 자백하는 자들만 체포되었다. 그 다음에 그들이 제공한 정보에 근거하여 허다한 다수가 방화죄보다는 인류를 혐오한 죄로 유죄 판결을 받았다. 그리고 그들은 처형될 때 스포츠의 대상이 되었다. 들짐승 가죽을 쓰고서 개들에게 찢겨 죽거나 십자가에 못 박히거나 불에 타 죽었고, 날이 저물면 조명 시설 역할을 했기 때문이다. 네로는 이 행사를 위해 [바티칸에 있는] 자신의 정원들을 제공했고, 전차 경주를 개최하여 전차병의 복장을 하고 직접 고삐를 잡고서 군중 틈에 들어가 전차를 몰았다. 그쯤 되면 박해당하는 자들에 대해 동정심이 조성되었다. 그들은 비록 악하다는 말을 들어 싸지만, 공공의 선을 위해 처형되기보다 광포한 개인에 의한 희생자들로 비쳤기 때문이다.

수에토니우스(Suetonius)의 기록(Nero, c. 16)은 매우 짧고 만족스럽지 못하다. 그는 박해를 화재와 관련짓지 않고 경찰의 규제와 관련짓는다.

풍자 시인 유베날리스(Juvenal)는 아마 목격자의 입장에서 네로의 박해를 전하는데, 그의 글에는 타키투스와 마찬가지로 박해를 받는 그리스도인들에 대한 경멸과 동정이 뒤섞여 있다(*Sat.* I. 155):

"당신은 감히 티겔리누스(Tigellinus)의 죄에 관해 말하는가?
당신도 우리가 본 사람들처럼 밝히 타오를 것이다.
목이 꿰인 채 기둥에 서서
연기를 내며 타오르던 사람들처럼."

2. 그리스도인들의 기록.

로마의 클레멘스. 그는 1세기 말엽에 "시기의 희생자들이 되어 숱한 모욕과 고문"을 당한 "허다한 선택자 무리"에 관해서 쓸 때 틀림없이 네로의 박해를 가리키고 있다. 그는 '다나이스들'(Danaides. 그리스 신화에 나오는 다나오스의 50명의 딸. 그중 49명이 각각 남편을 죽인 죄로 지옥에서 밑빠진 독에 영원히 물을 채워야 하는 벌을 받음)과 '디르케'(Dirce. 그리스 신화에 나오는 테베의 왕 리코스의 아내. 리코스의 조카딸을 학대한 죄로 황소 뿔에 결박된 채 끌려다니다가 죽음)로 명명된 여성 그리스도인들에 관해서도 말한다(*Ad. Corinth.*, c. 6). 필자는 본문에 이 내용을 언급하지 않았다. 르낭은 이 내용을 박해에 관한 생생한 묘사로 확대해서 엮어낸다(*L'Anterchrist*, pp. 163 sqq. 그의 *Hibbert Lectures*에도 거의 그대로 재소개된다). 그 전설에 따르면, 디르케는 성난 황소에 묶여 끌려다니다가 죽었다고 한다. 그 광경은 나폴리 박물관에 소장된 유명한 대리석 조각들로 묘사되어 있다. 그러나 다나이스에 해당하는 적절한 기독교 순교자들은 없다.

테르툴리아누스(220년경 죽음)는 *Ad Nationes*(I. ch. 7)에서 이렇게 언급한다. "우리가 갖고 있는 이 이름은 아우구스투스 때 생겼다. 티베리우스 때 이 이름은 분명하게 공적으로 가르쳐졌다. 네로 때 이 이름은 무자비한 단죄를 받았는데, 그 박해자의 인품과 대어 보면 그 가치와 성격을 잘 가늠해 볼 수 있을 것이다. 만약 그 군주가 경건한 사람이라면 그리스도인들은 불경건한 자들인 셈이다. 만약 그가 공의로우면, 만약 그가 순결하면, 그리스도인들은 불의하고 불순한 셈이다. 만약 그가 공적(公敵)이 아니라면 우리가 우리나라의 적인 셈이다. 우리가 어떤 유의 사람인가 하는 것은 우리의 박해자 자신이 잘 보여준다. 왜냐하면 그는 자신에게 적대감을 일으키는 것을 처벌했기 때문이다. 지금은 네로 치하에 존재하던 다른 모든 제도는 다 사라졌지만, 우리의 이 이름만큼은 [그 박해를 낸] 장본인과 다르므로 확고히 의롭게 남아 있다."

술피키우스 세베루스(Sulpicius Severus)는 *Chron.* II(28, 29)에서 꽤 자세하게 기록을 남기지만, 대부분 타키투스에게서 인용한 내용이다. 그와 오로시우스

(Orosius, *Hist.* VII. 7)는 네로가 박해를 속주들로 확대했다고 최초로 분명하게 주장한다.

II. 네로가 적그리스도로 돌아오리라는 소문

네로는 젊고 준수하고 당당하고 방탕한데다 아주 새로운 형태로 자신의 악을 과시했기 때문에 로마의 저속한 계층에게 어느 정도 인기를 얻었다. 따라서 그가 자살한 뒤에 이교도들 사이에서는 그가 실제로는 죽지 않고 파르티아로 도망했으며, 군대를 끌고 로마로 돌아와 그 도시를 파괴할 것이라는 소문이 널리 나돌았다. 오토, 티투스, 도미티아누스 때 그의 이름을 사칭한 세 명의 협잡꾼들이 이런 신념을 이용하여 지지 세력을 얻었다. Tacit., *Hist.* I. 2; II. 8, 9; Sueton., *Ner.* 57; Dio Cassius, LXIV. 9; Schiller, *l.c.*, p. 288.

그리스도인들 사이에서는 그 소문이 네로에게 적대적인 형태를 띠었다. 락탄티우스(Lactantius, *De Mort. Persecut.*, c. 2)는 네로가 첫 박해자였으므로 마지막 박해자가 될 것이고, 적그리스도 출현 전에 등장할 것이라는 시빌(Sibylline)의 내용을 언급한다. 아우구스티누스(*De. Civit. Dei*, XX. 19)는 그 당시 교회에 네로에 관해 두 가지 견해가 여전히 유행했다고 말한다. 어떤 이들은 네로가 죽은 자들 가운데서 적그리스도로 살아날 것이라고 주장한 반면에, 다른 이들은 그가 죽지 않고 숨어 있으며, 자신을 드러내고 자기 나라를 회복할 때까지 살아있을 것이라고 주장했다고 한다. 전자는 기독교적 신념이고, 후자는 이교적 신념이다. 아우구스티누스는 둘 다 배척한다. 술피키우스 세베루스(Sulpicius Severus, *Chron.*, II. 29)도 네로가 치명적인 상처를 치유받은 뒤 세상 끝에 바울이 예언한 "불법의 비밀"(살후 2:7)을 실현하기 위해서 돌아올 것이라는 신념을 언급한다.

일부 주석가들은 계시록이 이 허황된 소문과 거짓 신념에 빌미를 주었다고 주장하는 반면에, 다른 주석가들은 계시록 저자가 그 신념을 동시대 이교도들과 공유했었다고 주장한다. 인용되는 구절은 17:8이다: "네가 본 짐승은 전에 있었다가 지금은 없으나 장차 무저갱으로부터 올라와 멸망으로 들어갈 자니"; 17:11: "전에 있었다가 지금 없어진 짐승은 여덟째 왕이니 일곱 중에 속한 자라. 그가 멸망으로 들어가리라"; 13:3: "그의 머리 하나가 상하여 죽게 된 것 같더니 그 죽게 되었던 상처가 나으매 온 땅이 놀랍게 여겨 짐승을 따르고."

그러나 이것은 짐승 곧 로마 제국에 관한 내용으로서, 이것은 시종일관 일곱 머리 곧 황제들과 현저히 구분된다. 다니엘서에서도 짐승은 집단적 성격을 띤다. 더욱이 한 군주(네로)의 죽음과 짐승 곧 제국이 입었다가 나은(베스파시누스 때) 치명적 상처는 구분해야 한다.

38. 유대인 전쟁과 예루살렘 멸망

역사에서 네로의 박해와 예루살렘 멸망 사이의 6년만큼 악과 부패와 재앙으로 가득 찬 시기도 없었다. 우리 주님이 종말에 관해서 예언적으로 묘사하신 말씀이 그 말씀을 들은 세대가 사라지기 전에 성취되기 시작했고, 심판 날이 가까이 온 것처럼 보였다. 그리스도인들은 그렇게 믿었고 또 그렇게 믿을 만한 충분한 이유가 있었다. 그 시대를 산 정직한 이교도들조차 그 시대를 한밤중처럼 캄캄하게 보았다. 우리는 앞에서 세네카가 자신의 제자이자 살인자인 네로의 치하에서 두렵도록 부패하고 쇠퇴한 도덕상을 묘사한 글을 인용한 바 있다.

타키투스는 네로가 죽은 이후의 로마사를 다음과 같은 말로써 시작한다: "이제 다룰 시대는 온갖 재앙으로 가득하고, 참혹한 전쟁과 반목과 반란이 끊이지 않은, 실로 평화로울 때조차 공포가 깔렸던 시대이다. 네 명의 황제(갈바〈Galba〉, 오토〈Otho〉, 비텔리우스〈Vitellius〉, 도미티아누스〈Domitian〉)가 칼에 살해를 당했고, 세 번의 내전과 여러 번의 대외 전쟁이 일어났다. 이 모든 것이 동시에 터졌다. 동방에서는 유리한 사건들이 일어났지만[유대인들의 굴복], 서방에서는 불행한 사건들이 일어났다. 일루리아는 혼란했고, 갈리아도 평온치 못했다. 브리타니아가 정복되었다가 곧 포기되었다. 사르마티아와 수에비아 민족들이 우리에게 반기를 들었다. 파르티아 족이 거짓 네로의 기만에 흥분했다. 이탈리아도 새롭거나 해묵은 재난들에 휘청거렸다. 도시들이 매몰되거나 불에 타 잿더미가 되었다. 로마는 대화재로 폐허가 되었고, 옛 신전들이 전소되었고, 심지어 카피톨(유피테르의 신전)마저 시민들에 의해 불탔으며, 성소들이 훼손되었고, 강간이 허다히 자행되었다. 바다는 유배자들로 가득했고, 바위섬은 살인으로 더럽혀졌다. 이런 것들보다 훨씬 더 공포스러웠던 것은 도시에서 들끓은 광기였다. 귀족과 부자와 고관 — 은퇴했든 현직에 있든 — 이 범죄자들로 간주되었고, 도덕성은 멸망의 증표였다."

임박한 멸망

그 시기에 가장 불행한 지역은 팔레스타인이었다. 이곳에서 유서깊고 존귀한 민족이 이루 말할 수 없는 고통과 파멸을 자초했다. 예루살렘의 비극은 최후 심판의 축소판이었고, 이런 점에서 그 사건은 처음부터 종말을 내다보신 그리스도의 종말론 강설에 반영되어 있다.

하나님이 자기 백성에 대해서, 구주를 십자가에 못 박은 그 백성에 대해서 보이신 관용은 마침내 그 한계에 도달했다. 정상적인 방법으로 구원을 받을 수 있었던 사람들이 많이 구출되었다. 그러나 대다수 사람들은 완고하게 일체의 개선을 거부했다. 유대인들을 설득하여 기독교로 이끄는 일에 누구보다도 적임자였던 의인 야고보(James the Just)는 그 전에 이미 자기가 날마다 성전에서 중보 기도를 해주던 바로 그 완악한 형제들에 의해 돌에 맞아 죽었다. 그의 죽음으로 예루살렘의 기독교 공동체는 더 이상 그 도시에 남아 있을 이유를 잃어버렸다. '대환난'과 두려운 심판의 시각이 가까이 다가왔다. 주님의 예언이 문자적으로 성취될 순간이, 즉 예루살렘이 폐허가 되고, 성전이 불타고, 돌 하나도 돌 위에 남지 않을 순간이 임박했다(마 24:1, 2; 막 13:1; 눅 19:43, 44; 21:6).

유대인 전쟁이 터지기 얼마 전, 그러니까 예루살렘이 포위되기 7년 전(주후 63년)에 여호수아 혹은 예수라 하는 농부가 장막절에 그 도성에 나타나 입신 경지에 들어간 선지자의 음성으로 밤낮 거리에서 사람들에게 이렇게 외쳤다. "아침에 들려오는 음성이라, 저녁에 들려오는 음성이라! 사방 바람에서 들려오는 음성이라! 예루살렘과 그 성전을 질타하는 비의 음성이라! 신랑과 신부에게 경고하는 음성이라! 온 백성에게 경고하는 음성이라! 화, 화 있을진저, 예루살렘아!"

이 저주에 겁을 집어먹은 당국자들은 그 선지자를 체포하여 뼈가 드러날 정도로 채찍질했으나 그는 자기를 변호하는 말은 한 마디도 하지 않았다. 원수들에게도 한 마디 저주의 말도 하지 않고서 채찍이 자기 몸을 때릴 때마다 애도하는 음성으로 그냥 "화, 화 있을진저, 예루살렘아!"라고만 외쳤다. 신원을 묻는 총독의 질문에도 아무 대답을 하지 않았다. 마침내 그들은 그를 미친 사람으로 단정하고서 풀어 주었다.

그러나 그는 전쟁이 터질 때까지 7년 5개월 동안 특히 세 번의 큰 절기에는 더욱 힘써서 예루살렘의 임박한 멸망을 외쳤다. 예루살렘이 포위당한 동안에는 성 벽에 서서 최후의 순간까지 자기가 지은 장송곡을 불렀다. 그러다가 갑자기 "내 게도 화, 화가 있을지로다!"는 말을 덧붙였을 때 로마 군인이 던진 돌이 그의 머 리를 때려 그의 예언적 애가를 그치게 했다.

유대인 반란

마지막 총독들인 벨릭스, 베스도, 알비누스, 플로루스 치하에서 해를 거듭할 수록 도덕이 부패하고 모든 사회 기강이 느슨해졌을 뿐 아니라 로마의 학정도 도를 더해갔다. 벨릭스가 부임한 뒤부터 단검으로 무장한, 그리고 어떤 범죄에 도 청부 가능한 '시카리'(Sicarians. '단검' 이란 뜻의 시카〈sica〉에서 유래)라고 하 는 자객단이 도시와 시골의 안전을 위협하며 팔레스타인 전역에서 출몰했다. 그 외에도 유대인들간의 파벌 의식과 이교 압제자들에 대한 적개심이 오만한 정치 적 · 종교적 열광주의로 발전했으며, 거짓 선지자들과 메시야들 — 요세푸스에 따르면 그중 한 명은 3만 명을 거느렸다고 한다 — 에 의해 꾸준히 타올랐다. 이 로써 우리 주님이 예언하신 것이 성취되기에 이르렀다: "거짓 그리스도들과 거 짓 선지자들이 일어나서 … 택하신 백성을 미혹케 하려 하리라."

마침내 주후 66년 5월에 마지막 총독 게시우스 플로루스(Gesius Florus. 65년 부터 재위) 치하에서 — 요세푸스에 따르면 그는 행악자들을 손수 처형한 포악 하고 잔인한 자였다 — 로마에 대한 체계적인 반란이 일어났고, 동시에 반란자 들의 각기 다른 파벌, 특히 열심당(the Zealots)과 온건파(the Moderates) 혹은 급 진파와 보수파 사이에도 참혹한 내전이 벌어졌다.

잔인했던 열심당은 종교적 애국적 열광주의가 품을 수 있는 모든 열정과 에너 지를 갖고 있었다. 이들은 프랑스 대혁명 때의 몽타냐르(Montagnards:프랑스 대 혁명기의 국민 공회에서 최좌익에 섰던 혁명적 부르주아의 당파 — 역주)와 제대로 비견 되어 왔다. 전쟁 초기에 이들은 주도권을 잡고서 예루살렘 성과 성전을 장악한 뒤 공포 정치를 실시했다. 민중에게 메시야 대망을 고취시켰고, 멸망으로 이어 지는 모든 수순을 구원으로 나가는 수순으로 호도했다. 혜성과 운석과 온갖 두 려운 징조들과 불가사의한 조짐들을 메시야의 도래와 이교도에 대한 그의 지배 를 예시하는 징조들로 해석했다. 로마인들은 베스파시아누스(Vespasian)와 티투 스(Titus)를 메시야로 생각했다.

당시에 단 하나의 동맹국도 없이 로마에 도전한다는 것은 무력으로 온 세계에 도전하는 것과 마찬가지였다. 그러나 마카베오 가문의 위대한 업적에 대한 기억에 고무된 종교적 열광주의는 유대인들의 눈을 멀게 하여 이 정신나간 절망적인 반란이 가져올 필연적인 파멸을 보지 못하게 했다.

로마의 침공

반란 소식을 들은 황제 네로는 자신의 가장 유명한 장군 베스파시아누스에게 대병력을 붙여 팔레스타인으로 파견했다. 베시파시아누스는 67년 시리아의 항구 도시 프톨레마이스(돌레마이. 악고)에서 원정을 개시하여 6만 명의 병력을 투입하여 완강한 저항을 분쇄하고 갈릴리를 점령했다. 그러나 로마에서 벌어진 사건 때문에 승리를 마무리하지 못한 채 그곳에서 철수했다. 네로가 자살한 것이다. 갈바, 오토, 비텔리우스가 그 뒤를 이어 잠깐씩 황제의 권좌에 올랐다. 그중 비텔리우스는 술 취한 상태에서 로마의 개구멍으로 끌려나가 거리에서 질질 끌려다니다가 치욕스럽게 죽었다. 69년 베스파시아누스는 전세계에 황제로 선포된 뒤 질서와 번영을 회복했다.

그 뒤에 그의 아들 티투스 — 그는 10년 뒤에 황제가 된 인물로서, 온건함과 인간미가 뛰어났다 — 가 유대인을 응징할 임무를 떠맡았고, 거룩한 도시와 성전을 파괴하는 일에 하나님의 손에 들린 도구가 되었다. 그는 8만 명의 정예 부대를 이끌고 가서 스코푸스 산과 그 산에 연결된 감람산에 진을 쳤다. 예루살렘 성과 성전이 훤히 내려다 보이는 유리한 고지였다. 기드론 골짜기가 포위한 측과 포위당한 측을 구분했다.

주후 70년 4월 유월절 직후에 예루살렘이 방문객들로 꽉 차 있을 때 포위 작전이 개시되었다. 열심당은 티투스의 거듭된 제의와 그가 통역관 겸 중재자로 대동한 요세푸스의 간청을 거만한 태도로 일축했고, 누구든 항복이란 말을 꺼내기만 하면 살려두지 않았다. 기습적으로 기드론 시내로 내려가거나 산으로 올라가서 로마군에게 적지 않은 타격을 입혔다. 어려움이 가중되면 될수록 용기도 불어났다. 로마군이 수백 명의 포로를 십자가에 달아 죽인 것은(하루에 5백 명이나) 그들을 더욱 격노케 할 뿐이었다. 기근이 심각해져서 하루에 수천 명씩 쓰러지고 여자들이 자기 아기를 잡아먹는 일이 생기고 어머니와 아기들이 절규를 하는 등 주변에서 이루 말할 수 없는 참혹한 광경이 벌어져도 미친 광신도들은 꿈

쩍도 하지 않았다. 역사는 그처럼 완고한 저항, 그처럼 필사적인 용맹과, 죽음을 경멸한 사례를 다시 기록하지 않는다. 유대인들은 정치적 자유, 삶, 조국을 위해서 싸웠을 뿐 아니라, 민족의 자긍심과 영광을 구성하고 자기들의 전 역사에 의미를 부여하는 것을 위해서도 싸웠다. 그것은 다름 아닌 그들의 종교로서, 이렇게 끔찍히 타락한 상태에서도 그들에게 거의 초인적인 인내력을 불어넣어 주었다.

도성과 성전의 파괴

마침내 7월에 로마군은 야음을 타고 안토니아 요새를 기습 탈취했다. 참극이 절정에 달할, 성전 파괴를 위한 교두보가 마련되었다. 7월 17일이 되자 성전을 지키는 데 한 사람이라도 아쉬웠기 때문에 매일의 제사가 중단되었다. 번제단에서 드려진 마지막이자 가장 유혈 낭자한 제사는 그 주변에 밀집했던 수천 명의 유대인들의 살육이었다.

요세푸스에 따르면, 티투스는 처음에는 그 웅장한 건축물을 전승 기념물로 남겨둘 의도로, 그리고 아마 어떤 미신적인 두려움에서 보존할 계획이었다. 그래서 불길이 지성소로 번질 기미를 보이자 그는 불꽃과 연기를 뚫고 시체와 부상자들을 밟고 돌진해 들어가 불길을 잡았다.[3] 그러나 더 높은 칙령에 의해서 파괴 쪽으로 결정했다. 유대인들의 완강한 저항에 바짝 흥분해 있던 데다 황금에 눈이 멀어 있는 병사들이 마구 덤벼들어 성전을 파괴하는 것을 티투스로서는 막을 수 없었던 것이다.

처음에는 성전 둘레의 집회소들에 불이 붙었다. 다음에는 금문 너머로 횃불이 던져졌다. 불길이 치솟자 유대인들은 극도의 괴성을 지르면서 불길을 잡으려고 애썼다. 그러는 동안 나머지 유대인들은 메시야 대망을 필사적으로 붙들고서 어떤 거짓 선지자의 선언, 즉 성전이 불타고 있을 때 하나님이 자기 백성을 구원하실 신호를 주실 것이라는 선언을 잔뜩 믿었다. 로마 군단은 서로 먼저 불길을 번

---

3) 그러나 요세푸스의 글은 일관성이 없다. 그는 처음에는 티투스가 외국 성전을 보존하려다가 병력 손실이 커지자 문들에 불을 지르도록 명령했고(VI. 4, 1), 다음 날 그 불을 끄라고 명령했다고 전한다(3, 6, 37). Sulpicius Severus(II. 30)는 티투스가 성전 파괴로써 유대교와 기독교를 동시에 종식시킬 줄로 생각하고서 성전을 파괴했다고 말한다(II. 30).

지게 하느라 경쟁했고, 그것을 본 그 불행한 백성은 분노를 주체할 길이 없어 치를 떨었다. 곧 그 거대한 건물이 온통 불길에 휩싸여 하늘을 밝혔다. 성전이 불탄 날은 주후 70년 8월 10일로서, 전승에 따르면 첫번째 성전이 느부갓네살에 의해서 파괴된 바로 그 날이었다고 한다.

요세푸스는 이렇게 말한다: "성전이 불타는 동안 사방에서 울려퍼진 비명보다 더 크고 소름끼치는 것은 아무도 감히 생각할 수가 없다. 이제 산 위에서 도시 전역에서 불과 칼에 포위당한 백성의 통곡 소리를 뚫고 승리와 해방을 외치는 로마 군단의 함성이 들렸다. 주변의 모든 산들에, 심지어 페레아까지(?) 날아가 부딪히고 돌아온 메아리가 그 함성을 고막이 찢어질 듯한 굉음으로 만들었다. 그러나 이런 혼돈보다 더 무서웠던 것은 그 참상이었다. 성전이 서 있던 산은 뜨겁게 타올랐고, 그 엄청난 불길에 바닥까지 녹아버릴 것 같았다. 피에 적셔진 면적이 불에 탄 면적보다 넓었고, 죽인 자들보다 죽은 자들의 수가 더 많았다. 맨땅은 어디에도 보이지 않았다. 온통 시체로 뒤덮였다. 이 시체더미를 밟고서 군인들이 도망자들을 추격했다."

로마 군인들은 형체를 알아볼 수 없는 폐허 위에 동문 쪽으로 독수리 기장을 세워 놓고 거기다 제사를 드리고는 열광적인 기쁨의 함성으로 티투스 임페라토르(Titus Imperator, 황제 티투스)를 외쳤다. 이로써 멸망의 가증한 것이 거룩한 곳에 서리라는 예언이 성취되었다(단 9:27; 마 24:15; 비교. 눅 21:20).

예루살렘은 바닥까지 파괴되었다. 오직 헤롯 궁전의 세 탑 — 히피쿠스(Hippicus. 오늘날도 서 있음), 파사엘(Phasael), 마리암네(Mariamne) — 이 서쪽 성벽의 일부와 함께 기념물로 남아, 한때 유대인 신정 정치의 중심지이자 기독교 교회의 요람이었던 정복된 그 도시의 옛 영화를 말해 주고 있다.

심지어 이교도 티투스조차 하나님이 특별한 섭리로 로마 군대를 도우사 유대인들을 그 난공불락의 요새에서 쫓아내셨다고 공개적으로 선언했다고 전해진다. 요세푸스는 처음부터 끝까지 그 전쟁을 겪은 사람으로서 — 처음에는 갈릴리 행정장관 겸 유대인 군사령관으로, 다음에는 베스파시아누스의 포로로서, 마지막에는 티투스의 친구이자 유대인들과 로마인들 간의 중재자로서 — 이 비극적인 사건에서 하나님의 심판을 식별했고, 동족들의 타락상을 인정했다. 그렇지 않았다면 그는 끝까지 동족들과 한 편에 섰을 것이다: "나는 내게 고통을 주는 게 무엇인지 주저없이 말할 것이다. 만약 로마인들이 이 악인들을 벌하기를 지체했더라면 그 도성은 땅에 삼키웠거나 홍수에 엄몰되었거나 아니면 소돔처럼 하늘에서 내린 불에 전소되었을 것이다. 그 도성에 있던 세대는 과거에 이런 형벌들을 당한 사람들보다 훨씬 더 불경건했기 때문이다. 민족 전체가 그 광기에 의해 파멸되었다."

이렇게 해서 탁월했던 로마 황제들 가운데 한 사람이 오랫동안 경고되어온 하나님의 심판을 집행하고, 당대의 가장 학식있는 유대인이 그것을 자세히 기록함으로써, 무의식 중에 예수 그리스도의 예언이 참이었고 그 사역이 신적인 것이었으며, 그분을 거역함으로써 이 패역한 민족에게 이 모든 일과 차후의 모든 재앙이 임한 것이었음을 증거한 셈이다.

예루살렘 멸망은 기독교의 호메로스 같은 천재가 나타나 한번 연구해 볼 만한 주제이다. 그 사건은 "고대사를 통틀어 영혼을 가장 뒤흔들어 놓은 투쟁"이라고 일컬어져 왔다(Merivale). 그러나 다윗과 솔로몬의 도성이 멸망할 때 그 도성을 위해 애가를 지어 부른 예레미야 같은 사람은 없었다. 계시록은 이미 집필되었고, 이교도들이 "거룩한 성을 마흔두 달 동안 짓밟으리라"고 이미 예언했었다(계 11:2; 비교. 눅 21:24).

현대 미술계의 거장인 카울바흐(Kaulbach)는 그 사건을 베를린 미술관에 소장된 그의 걸작들 가운데 한 편의 주제로 삼았다. 화폭에는 성전이 불타고 있다. 앞뜰에서는 대제사장이 칼로 자기 가슴을 찌르고 있고, 그의 둘레에는 가슴을 에이는 고통이 널려 있고, 위에서는 옛 선지자들이 자기들이 행한 예언이 성취되는 광경을 지켜보고 있고, 그들 밑에서는 티투스가 로마 군대와 함께 하나님의 진노를 무의식 중에 집행한 자로 서 있고, 왼쪽 아래에서는 중세 전설에 등장하는 방랑하는 유대인 아하수에루스(Ahasuerus)가 분노에 사무쳐 영원한 미래로 내달리고 있고, 오른쪽에서는 그리스도인 집단이 멸망의 장소를 평안히 떠나고 있으며, 유대인 어린이들이 그들에게 보호를 간청하고 있다.

살아 남은 자들의 운명과 로마에서의 승리

다섯 달간의 포위 뒤에 도성 전체가 승리자들의 수중에 들어갔다. 이 기간에 살해된 유대인 숫자는 시골에서 그 도성으로 몰려 들어온 모든 사람들을 포함하여 엄청난 규모였는데, 약간 과장된 듯하긴 하지만 요세푸스는 그 규모를 백십만 명이었다고 진술한다. 그중 만천 명은 포위가 끝난 직후에 굶어 죽었다. 9만7

천 명은 생포되어 노예로 팔려가거나 광산으로 끌려가거나 가이사랴와 베리투스와 안디옥과 그 밖의 도시들의 검투장에서 희생되었다. 강인하고 잘생긴 남자들은 로마에서 벌일 개선 행진을 위해 선발되었는데, 그중에는 가장 앞장서서 반란을 주장하고 주도한 지도자들인 시몬 바르기오라(Simon Bar-Giora)와 기샬라의 요한(John of Gishala)이 있었다.[4]

베스파시아누스와 티투스는 그 값진 승리를 함께 축하했다(71년). 그 축하 행사를 위해 비용을 아끼지 않았다. 두 정복자는 월계관을 쓰고 자색 겉옷을 입고서 각각 전차를 타고, 도미티아누스(Domitian)는 화려한 마차를 타고 환호하는 군중과 귀족들을 헤집으며 천천히 유피테르 카피톨리누스 신전까지 행진을 벌였다. 그들 앞에는 축제 복장을 한 군인들과 7백 명의 유대인 포로들이 행진을 벌였다. 각종 신상(神像)들과 성전의 거룩한 집기들 — 진설병 상, 일곱 가지가 달려 있는 촛대, 희년에 불었던 나팔들, 향로, 율법 두루마리 — 도 행렬 속에서 선보인 뒤 새로 건립된 평화의 신전(the Temple of Peace)에 보관되었다. 다만 율법과 성소의 자색 휘장만큼은 베스파시아누스가 자기 궁전에 보관했다. 시몬 바르기오라(Simon Bar-Giora)는 타르페이아 바위(the Tarpeian Rock)에 내동댕이쳐졌다. 기샬라의 요한은 무기징역에 처해졌다. 전설에 따르면, 유대아 카프타, 유대아 데빅타(Judaea capta, Judaea devicta)라는 글귀가 새겨진 주화가 발행되었다고 한다. 그러나 베스파시아누스나 티투스 모두 유대우스(Judaeus)라는 승리의 칭호를 취하지 않았다. 그들은 조국을 잃어버린 민족을 경멸했던 것이다.

요세푸스는 자기 민족이 굴욕을 당하고 대규모로 십자가형을 당하는 엄청난 장관을 목격하고도 눈물 한 방울 흘리지 않은 채 그것을 묘사했다.[5] 사려깊은 그리스도인이라면 포로로 잡혀온 유대인들이 가져온 성전 기물들의 형상이 티투

---

4) *B. Jud.* VI. 9, 2-4. Milman(II. 388)은 요세푸스가 여기저기에 해놓은 진술들을 정리한 뒤 전쟁 시작부터 끝까지 죽은 사람들의 수를 1,356,460명으로, 포로들의 수를 101,700명으로 계산한다.

5) *Jud.*, VII. 5, 5-7. 요세푸스는 배반한 대가로 풍성한 보상을 받았다. 베스파시아누스는 그에게 로마의 저택, 연금, 로마 시민권, 유대의 많은 부동산을 주었다. 티투스와 도미티아누스도 계속해서 호의를 베풀었다. 그러나 동족들은 그의 생애를 증오했고 그의 기억을 저주했다. Jost를 비롯한 유대 사가들은 그에 관해 경멸조로 말한다.

스의 개선문에 새겨진 것을 보고서 — 이 개선문은 아직도 콜로세움과 광장 사이에 서 있다 — 하나님의 예언이 문자 그대로 성취된 데에 잔뜩 경외심을 품지 않을 수 없다.

팔레스타인이 정복됨으로써 유대인 국가는 와해되었다. 베스파시아누스는 그 땅을 자기 사유 재산으로 남겨 두거나 제대 군인들에게 나눠 주었다. 그곳 민중은 5년 전쟁 통에 극빈자들로 전락했고, 행정관도(유대인의 입장에서) 성전도 나라도 없어졌다. 거짓 메시야 바르 코크바(Bar-Cocheba)의 주도로 반란이 재개되었으나 하드리아누스(Hadrian, 132-135)의 군대에 의해 예루살렘은 더욱 철저히 파멸되고 팔레스타인은 황무지로 변했다.

그러나 유대인들은 여전히 율법과 선지서들과 거룩한 전승들을 간직했고, 오늘날까지도 흐트러짐 없는 지조와 위대한 미래에 대한 소망을 고수하고 있다. 온 지면에 흩어져 발붙인 곳이 다 고향이되 참된 고향은 없고, 다른 민족과 혈통을 섞기를 거부한 채 따로 공동체를 이루어 살면서 독특한 용모와 독특한 종교 의식으로 특이한 민족 취급을 받고, 참고 냉정하고 근면하여 벌이는 사업마다 성공하고, 압제를 받으면서도 번성하고, 조롱을 받으나 두려움의 대상이 되고, 탈취를 당하나 부유하고, 학살을 당하나 다시 일어선 그들은 수세기의 박해를 견디고 살아남은 것으로 미루어 역사의 종말까지 세상의 경멸과 질시와 경이의 대상으로 계속 존속할 것 같다.

39. 예루살렘 멸망이 기독교 교회에 끼친 영향

예루살렘의 그리스도인들은 주님의 훈계를 기억하고서 멸망이 임박한 그 도성을 적기에 버리고 데가볼리에 있는 펠라(Pella)라는 도시로 피난했다. 요단 동편 페레아 북쪽에 자리잡은 이곳에서 한때 바울의 변호를 들었던 왕 헤롯 아그립바 2세가 그들에게 안전한 피난처를 제공해 주었다. 옛 전승에 따르면 하나님의 음성 혹은 천사가 그곳 지도자들에게 난민들을 받아들이도록 계시했다고 한다. 주로 이방인들이 모여 살던 그곳에서 할례자들의 교회가 재건되었다. 불행하게도 그 교회의 역사는 우리에게서 가려져 있다. 하지만 그뒤로 예루살렘 교회는 과거의 중요한 지위를 되찾은 적이 없다. 예루살렘이 기독교 도시로 재건되었을 때 예루살렘 주교가 동방의 네 명의 총대주교 중 하나로 격상되긴 했으나, 그것은 실권이 없는 명예직이었고, 이슬람의 침공 이후에는 희미한 그림자로 전락했다.

유대 신정정치의 멸망이라는 두려운 재앙은 그리스도인들 사이에서 대단히 심각한 물의를 빚었음에 틀림없었겠지만, 그에 관한 구체적인 정보가 없는 우리로서는 그 진상을 파악할 길이 없다. 그것은 유대교에게는 가장 큰 참화였고 기독교에게는 커다란 유익이었다. 그 사건을 계기로 유대교에게는 비난이, 기독교에게는 옹호와 해방이 찾아왔다. 신앙에 강한 자극을 주었을 뿐 아니라, 두 종교 집단간의 관계의 역사에 중요한 획을 그었다. 물론 그 이전까지 사도 바울이 자신의 교의 체계에 근거한 기독교의 보편성을 가지고 이 구분을 내면적으로 완료했던 게 사실이다. 하지만 외면적으로는 다양한 방식으로 유대교에 자기를 맞추려고 노력했고, 종교적인 목적으로 성전도 여러 번 방문했다. 혁명주의자로 비치기를 원치도 않았고, 팔짱을 끼고 역사의 순리를, 섭리의 길을 구경하고 있기를 원치도 않았다(참조. 고전 7:18 이하; 행 21:26).

그러나 이제는 전능하신 하나님이 내리신 벼락으로 유대교와 기독교 간의 균열은 겉으로도 회복 불가능할 정도로 심해졌다. 하나님께서 그토록 오랫동안 거해오신 전을, 예수님이 백성을 가르치셨고 사도들이 모여 기도하던 그 전을 친히 무너뜨리신 것이다. 하나님은 자기의 특별한 백성이 메시야를 완고히 배척하자 그들을 버리셨다. 모세 율법에 터를 둔 그들의 신정(神政) 체제 전체를 와해시켜 버리셨다. 그들의 예배 체계는 성격상 처음에는 오로지 성막과, 그 뒤에는 오로지 성전과만 관련되어 있었다. 하지만 하나님은 그들을 버리시면서 당시까지 연결되어 있던 가닥들을, 즉 어린 교회를 유기적 발전 법칙에 따라 구약의 외적인 경륜과 그 중심지로서의 예루살렘에 묶어 주어온 그 가닥들을 끊어버리셨다. 그 뒤로는 이교도들이 기독교를 더 이상 유대교의 한 분파 쯤으로 볼 수 없게 되었고, 새롭고 독특한 종교로 간주하고 다루지 않으면 안 되었다. 그러므로 예루살렘 멸망은 기독교 교회가 본격적으로 유대교라는 누에고치를 영원히 뚫고 나와 자신의 성숙을 깨우치고, 정치와 예배로 세상 앞에 단번에 독립된 자태를 드러낸 중대한 분기점이 된다.

그러나 이렇게 강퍅한 유대교와 그 종교 형식에서 떨어져 나왔다고 해서 구약 계시의 정신마저 버린 것은 아니다. 정반대로 교회는 이스라엘의 유업에 참여했다. 그리스도인들은 모세 종교의 내면의 흐름을 따라 율법과 선지자의 완성이신 그분을, 옛 언약의 완전한 열매이자 새 언약의 살아 있는 싹이신, 새로운 도덕적 창조의 시작이자 원칙이신 그분을 발견한 참 유대인들로서, 아브라함의 영적 자녀들로서 나타났다.

이제 남은 것은 이렇게 바뀐 정황에서 교회를 공고히 하고, 전제들을 그 결과들과 결합하고, 유대 기독교 교회와 이방 기독교 교회에 각각 나타난 베드로의 보수적 경향과 바울의 진보적 경향을 취합하여 항구적인 유기체 안에서 제3의 더 고등한 경향으로 융합하고, 다양한 두 언약의 통일성과 통일된 두 언약의 다양성을 함께 제시하며, 이런 방식으로 사도 시대 교회의 역사를 충실히 마감하는 작업뿐이었다.

이것이 바로 완결의 사도인 요한이 해낸 작업이었다.

제 7 장

사도 요한과 사도 시대의 마지막 경기장.
유대 기독교와 이방 기독교의 통합

"말씀이 육신이 되어 우리 가운데 거하시매 우리가 그 영광을 보니 아버지의 독생자의 영광이요 은혜와 진리가 충만하더라" — 요 1:14.

40. 요한 문헌

I. 자료

1. 복음서, 서신서들, 요한 계시록. 공관복음서들과 사도행전과 갈라디아서 2:9에 실린 요한에 관한 언급들. (참조. Young의 *Analytical Concordance*의 관련 단락들.)

2. 교부 전승들. 이레나이우스(Irenaeus): *Adv. Haer.* II. 22, 5 (요한이 트라야누스 시대까지 살았다고 함); III. 1, 1 (에베소에서의 요한); III. 3, 4 (요한과 케린투스〈Cerinthus〉); V. 30, 3 (요한과 계시록). 알렉산드리아의 클레멘스 (Clemens Alex): *Quis dives salvus*, c. 42 (요한과 젊은 강도). 에베소의 폴리카르푸스 (Polycarp) in *Eus. Hist. Eccl.*, III. 31; V. 24. 테르툴리아누스(Tertullian): *De praescr. haer.*, c. 36 (요한이 로마에서 기름에 잠겨 순교할 뻔하다가 기적으로 생존했다는 전설). 에우세비우스(Eusebius): *Hist. Eccl.*, III. chs. 18, 23, 31; IV. 14; V. 24 (유월절 논쟁). 제롬(Jerome): *Ad. Gal.* 6:10 (요한의 유언); *De vir. ill.*, c. 9. 아우구스티누스(Augustin): *Tract.* 124 in *Evang. Joann.* (Opera III. 1970,

ed. Migne). 니케포루스 (Nicephorus Cal.): *Hist. Eccl.*, II. 42.

II. 외경 전승들

Acta Johannis, ed. Const. Tischendorf, in his *Acta Apost. Apocr.*, Lips., 1851, pp. 266–276. 비교. Prolegg. LXXIII. sqq. 여기에는 요한의 묵시 행전(the apocryphal Acts)에 대한 교부들의 증언이 수집되어 있다.

Acta Joannis, unter Benutzung von C. v. Tischendorf's Nachlass bearbeitet von Theod. Zahn. Erlangen, 1880 (264쪽과 서론의 clxxii쪽).

*Acta*에는 자신이 칠십 문도 중 한 사람이었고, 예루살렘 일곱 집사 중 한 사람이었으며(행 6:5), 사도 요한의 제자였다고 고백하는 프로코루스(Prochorus, 브로고로)의 이야기가 실려 있다. 그리고 요한의 친구이자 제자인 류키우스 카리누스(Leucius Charinus)가 쓴 「요한 방랑기」(*the Wanderings of John*)의 단편들이 실려 있다. 앞의 저서는 요한이 죽은 지 약 400년 뒤에 집필된 종교적 로망(전기〈傳奇〉)인데 반해, 나중 저서는 잔(Zahn)이 160년 이전에, 혹은 140년 이전에 소아시아의 어느 저자가 썼다고 하는 작품으로서, 공관복음뿐 아니라 제4복음서도 사용하며, 그런 한도에서 변증적 가치를 지닌다. 참조. p. cxlviii.

프랑스 문헌학자 막스 보네(Max Bonnet)는 「요한 행전」에 대한 새로운 비평적 편집본을 약속한다. 참조. E. Leroux's "Revue critique," 1880, p. 449.

Apocalypsis Johannis, in Tischendorf's *Apocalypses Apocryphae Mosis, Esdrae, Pauli, Johannis, item Mariae Dormitio.* Lips., 1866, pp. 70–94.

이 위조 요한계시록은 그리스도께서 승천하신 직후 사도 요한이 다볼 산에서 쓴 것으로 되어 있다. 제9세기의 사본으로 현존하며, 1804년 A. Birch가 최초로 편집했다.

사도 요한에 관한 전설들에 대해서는 다음을 참조하라: Mrs. Jameson, *Sacred and Legendary Art*, I. 157–172, fifth edition.

III. 전기와 비평서

Francis Trench: *Life and Character of St. John the Evangelists.* London, 1850.

Dean Stanley (d. 1881): *Sermons and Essays on the Apostolic Age.* Oxford and London, 1847, third ed., 1874, pp. 234–281.

Max Krenkel: *Der Apostel Johannes.* Leipzig, 1871.

James M. Macdonald: *The Life and Writings of St. John. With Introduction by Dean Howson.* New York, 1877 (new ed. 1880).

Weizsäcker: *Das Apost. Zeitalter.* 1886, pp. 493–559.

참조. 20에 언급된, 사도 시대 교회 관련 저서들에 대한 전기적 개략; Lücke, Meyer, Lange, Luthardt, Godet, Westcott, Plummer가 쓴 주석들의 서론들.

IV. 교리서

요한의 교리 형태는 다음 학자들에 의해 해석되었다: Neander (in his work on the Apost. Age, 4th ed., 1847; E. transl. by Robinson, N. York, 1865, pp. 508–531); Frommann (*Der Johanneische Lehrbegriff*, Leipz., 1839); C. Reinh. Köstlin (*Der Lehrbegriff des Ev. und der Briefe Johannis*, Berlin, 1843); Reuss (*Die johann. Theologie*, in the Strasburg "Beiträge zu den theol. Wissenschaften," 1847, in *La Theologie johannique*, Paris, 1879, and in his *Theology of the Apost. Age*, 2d ed. 1860, translated from the third French ed. by Annie Harwood, Lond. 1872–74, 2 vols.); Schmid (in his *Bibl. Theol. des N. T.*, Stuttg. 1853); Baur (in *Vorlesungen ber N. T. Theol.*, Leipz. 1864); Hilgenfeld (1849 and 1863); B. Weiss (*Der Johanneische Lehrbegriff*, Berlin, 1862, and his *Bibl. Theol. des N. T.*, 4th ed. 1884). 그 밖에도 Weizsäcker(1862), Beyschlag(1866), 그리고 그외 저자들이 쓴 요한의 로고스 교리와 기독론에 관한 특별한 논문들이 있다.

V. 요한복음 주석들

1792–1875년에 나온 요한복음과 그 진정성에 관한 참고문헌들(Evanson부터 Luthardt에 이르기까지)은 Caspar Ren Gregory 박사가 Luthardt의 *St. John, the Author of the Fourth Gospel*에 대한 번역서 부록에 아주 풍부하고 정확하게 수록한다(Edinb. 1875, pp. 283–360). 참조. Ezra Abbot 박사가 *John, Gospel of*(in the Am. ed. of Smith's "Dict. of the Bible," I. 1437–1439)란 논문에 수록한 매우 자세한 목록(1869년까지 다룸).

Origen(d. 254); Chrysostom(407); Augustin(430); Cyril of Alexandria(444);

Calvin(1564); Lampe(1724, 3 vols.); Bengel(*Gnomon*, 1752); Lücke(1820, 3d ed. 1843); Olshausen(1832, 4th ed. by Ebrard, 1861); Tholuck(1827, 7th ed. 1857); Hengstenberg(1863, 2d ed. 1867; Eng. transl. 1865); Luthardt(1852, 2d ed. entirely rewritten 1875; Eng. transl. by Gregory, in 2 vols., and a special volume on the Authorship of the Fourth Gospel, 1875); De Wette-Brückner(5th ed. 1863); Meyer(5th and last ed. of Meyer, 1869; 6th ed. by Weiss, 1880); Ewald(1861); Alford(6th ed. 1868); Wordsworth(5th ed. 1866), Godet(1865, 2 vols., 2d ed. 1877, Eng. transl. in 3 vols.; 3d edition, Paris, 1881, transl. by T. Dwight, 1886); Lange(as translated and enlarged by Schaff, N. Y. and Edinb. 1871); Watkins(in Ellicott's "N. T. Com. for English Readers," 1878); Westcott(in "Speaker's Commentary," 1879, and separately); Lilligan and Moulton(in "Schaff's Popul. Com.," 1880); Keil(1881); Plummer(1881); Thoma(*Die Genesis des Joh.-Evangeliums*, 1882); Paul Schanz(Tübingen, 1885).

VI. 제4복음서의 진정성과 신빙성을 다룬 특별 논문들

지면상 주석들 서론에 실린 도서명이나 면수를 다 소개할 수 없어서 Abbot와 Gregory의 목록들을 언급한다.

a. 진정성에 반대하는 저자들:

E. Evanson (*The Dissonance of the Four generally received Evangelists*, Gloucester, 1792). K. G. Bretschneider (*Probabilia de Ev. et Ep. Joh. Ap. Indole et Origine*, Leips. 1820, refuted by Schott, Eichhorn, Lücke, and others; retracted by the author himself in 1828). D. F. Strauss (in his *Leben Jesu*, 1835; withdrawn in the 3d ed. 1838, but renewed in the 4th, 1840; and in his *Leben Jesu für das deutsche Volk*, 1864); Lützelberger (1840); Bruno Bauer (1840). — F. Chr. Baur (first in a very acute and ingenious analysis of the Gospel, in the "Theol. Jahrb cher," of Tübingen, 1844, and again in 1847, 1848, 1853, 1855, 1859). 그는 제4복음서를 문학 발전 혹은 진화의 완숙한 결과로 설명하면서, 이 발전이 헤겔의 방식에 따라 정(正)에서 반(反)과 합(合)으로, 즉 유대화주의의 베드로주의에서 반유대적 바울주의와 (거짓) 요한의 화해로 진행되었다고 한다.

그의 주장을 튀빙겐 학파 전체가 따른다: Zeller (1845, 1847, 1853); Schwegler (1846); Hilgenfeld (1849, 1854, 1855, 1875); Volkmar (1870, 1876); Schenkel (1864 and 1873); Holtzmann (in Schenkel's "Bibellexikon," 1871, and Einleitung, 1886). — Keim (*Gesch. Jesu v. Nazara*, since 1867, vol. I., 146 sqq.; 167 sqq., and in the 3d ed. of his abridgement, 1875, p. 40); Hausrath (1874); Mangold (in the 4th ed. of Bleek's Introd., 1886); Thoma (1882). 네덜란드, Scholten (Leyden, 1865, and again 1871). 영국, J. J. Tayler (London, 1867); Samuel Davidson (in the new ed. of his *Introduction to the N. T.*, 1868, II. 323 sqq. and 357 sqq.); *Supernatural Religion*을 쓴 익명의 저자 (vol. II. 251 sqq., of the 6th ed., London, 1875); and E. A. A. (Edwin A. Abbot, D.D., of London, in art. *Gospels*, "Encycl. Brit.," vol. X., 1879, pp. 818–843).

제4복음서의 진정성을 부정하는 이 학자들이 추정하는 저작 연대는 110년에서부터 170년에 이르기까지 다양하지만, 그중 탁월한 학자들은 갈수록 170년(Baur가 추정하는 연대)에서 130년(Keim)으로, 혹은 2세기 시초(110년)로 물러선다. 이것은 그들의 이론에 치명적인 타격으로 작용한다. 왜냐하면 그 당시라면 요한의 친구들과 제자들 중 많은 수가 살아 있었으므로 문학적 허구가 교회에서 사도의 원 저작으로 보편적으로 인정되는 일이 일어날 수 없었기 때문이다.

Reuss(in his *Theologie johannique*, 1879, in the sixth part of his great work, "La Bible" and the sixth edition of his *Geschichte der heil. Schriften N. T.*, 1887, pp. 249 sqq.)는 그 질문에 대해서 비록 요한의 저작성을 부정하는 쪽으로 기울긴 하지만 뚜렷한 판단을 내리지 않는다. Sabatier는 한때 그 복음서의 권위를 옹호했다가(in his *Essai sur les sources de la vie de Jésus*, 1866) 지금은 Reuss의 견해를 따르며, 부정적인 결론을 내린다(in his art. *Jean* in Lichtenberger's "Encycl. des Sciences Relig.," Tom. VII., Paris, 1880, pp. 173 sqq.).

Weiss(1836), Schweizer(1841), Weizsäcker(1857, 1859, 1862, 1886), Hase(in his *Geschite Jesu*, 1875, 반면에 초기 저서들에서는 진정성을 옹호했다), Renan(1863, 1867, 1879)은 제4복음서에서 원본에 해당하는 부분들을 인정하지만, 그 범위에 관해서는 서로 견해가 엇갈린다. 더러는 강론들의 진정성은 인정하되 기적들은 배척한다. 이와는 반대로 Renan은 역사 부분들은 인정하되 그리스도의 강론들은 부정한다(in a special discussion in the 13th ed. of his *Vie de*

Jésus, pp. 477 sqq.). 하지만 *L'église chrétienne*(1879, pp. 47 sqq.)에서는 다시 견해를 수정했다. 그는 저자를 에베소에서 사도 요한의 제자였던 "장로 요한"(존재 자체가 의심스러운)과 아리스티온 두 사람으로 보려는 의향을 비친다. 요한복음에 실린 강론들의 성격을 규명하면서, 자기로서는 그 정신을 제대로 평가할 능력이 전혀 없음을 보여준다. Mattew Arnold(*God and the Bible*, p. 248)는 에베소 장로들이 요한이 제공한 자료들에 힘입어 그 복음서를 작성했을 것으로 추정한다.

Baur와 그의 추종자들, 그리고 Renan이 제4복음서의 권위를 배척하면서도 계시록에 대해서는 확실한 사도 시대의 문서에다 저자가 요한임을 강력히 옹호하는 것을 주목해야 한다. 그러나 Keim은 요한이 에베소에 체류했다는 전승 자체를 부정함으로써 Baur의 이론의 토대를 무너뜨린다.

b. 진정성을 옹호하는 저자들:

Jos. Priestley (Unitarian, against Evanson, 1793). Schleiermacher and his school, especially Lücke (1820 and 1840), Bleek (1846 and 1862), and De Wette (after some hesitation, 1837, 5th ed., by Brückner, 1863). Credner (1836); Neander (*Leben Jesu*, 1837); Tholuck (in *Glaubwürdigkeit der evang. Geschichte*, against Strauss, 1837); Andrews Norton (Unitarian, in *Evidences of the Genuineness of the Gospels*, 1837–1844, 3 vols., 2d ed. 1846, abridged ed., Boston, 1875); Ebrard (1845, against Baur; again 1861, 1868, and 1880, in Herzog's "Encykl."); Thiersch (1845, against Baur); Schneider (1854); Hengstenberg (1863); Asti (1863); Hofstede de Groot (Basilides, 1863; Germ. transl. 1868); Van Oosterzee (against Scholten, Germ. ed. 1867; Engl. transl. by Hurst); Tischendorf (*Wann Wurden unsere Evangelien verfasst?* 1865, 4th ed. 1866; also translated into English, but very poorly); Riggenbach (1866, against Volkmar). Meyer (Co,., 5th ed. 1869); Weiss (6th ed. of Meyer, 1880); Lange (in his *Leben Jesu*, and in his *Com.*, 3d ed. 1868, translated and enlarged by Schaff, 1871); Sanday (*Authorship and Historical Character of the Fourth Gospel*, London, 1872); Beyschlag (in the "Studien und Kritiken" for 1784 and 1875); Luthardt (2d ed. 1875); Lightfoot (in the "Contemporary Review," 1875–1877,

Against *Supernatural Religion*); Geo. P. Fisher (*Beginnings of Christianity*, 1877, ch. X., and art. The Fourth Gospel, in "The Princeton Review" for July, 1881, pp. 51–84); Godet (*Commentaire sur l' Évangile de Saint Jean*, 2d ed. 1878; 3d ed. "complètement revue," vol. I., *Introduction historique et critique*, Paris, 1881, 376 pages); Westcott (*Introd. to the Gospels*, 1862, 1875, *Com.* 1879); McClellan (*The Four Gospels*, 1875); Milligan (in several articles in the "Contemp. Review" for 1867, 1868, 1871, and in his and Moulton's Com., 1880); Ezra Abbot (*The Authorship of the Fourth Gospel*, Boston, 1880; republished in his *Critical Essays*, Boston, 1888; conclusive on the external evidences, especially the important testimony of Justin Martyr); George Salmon (*Historical Introd. to the N. T.*, London, 1866; third ed. 1888, pp. 210 sqq.). 참조. A. H. Franke: *Das Alte Test. bei Johannes*, Göttingen, 1885.

VII. 요한 서신들에 대한 주석들

Oecumenius (1000); Theophylact (1071); Luther; Calvin; Bullinger; Lücke (3d ed. 1856); De Wette (1837, 5th ed. by Brückner, 1863); Neander (1851, Engl. transl. by Mrs. *Conant*, 1852); Düsterdieck 1852–1856, 2 vols.); Hutter (in Meyer's *Com.*, 1855, 4th ed. 1880); F. D. Maurice (1857); Ebrard (in Olshausen's *Com.*, 1859, transl. by W. B. Pope, Edinb. 1860); Ewald (1861); Braune (in Lange's *Com.*, 1865, Engl. ed. by Mombert, 1867); Candlish (1866); Erich Haupt (1869, Engl. transl. by W. B. Pope, Edinb., 1879); R. Rothe (posthumous ed. by K. Mühlhäuser, 1879); W. B. Pope (in Schaff's *Pop. Com.*, 1883); Westcott (1883).

VIII. 요한계시록 주석들

Bullinger (1535, 6th ed. 1604); Grotius (1644); Jos. Mede (*Clavis Apocalyptica*, 1682); Bossuet (R. C. 1689); Vitringa (1719); Bengel (1740, 1746, and new ed. 1834); Herder (1779); Eichhorn (1791); E. P. Ellicott (*Horae Apocalypticae, or, a Com. on the Apoc.*, 5th ed., Lond., 1862, 4 vols.); Lücke (1852); Ewald (1828 and 1862); Züllig (1834 and 1840); Moses Stuart (1845, 2 vols.); De Wette (1848, 3d ed. 1862); Alford (3d ed. 1866); Hengstenberg (1849 and 1861); Ebrard (1853); Auberlen (*Der Prophet Daniel und die Offenbarung Johannis,* 1854; Engl. transl. by Ad. Saphir, 1856, 2d Germ. ed. 1857); Düsterdieck (1859, 3d ed. 1877); Bleek (1820 and 1862); Luthardt (1861); Volkmar (1862); Kienlen (1870); Lange (1871, Am. ed., with large additions by Craven, 1874); Cowles (1871); Gebhardt (*Der Lehrbegriff der Apocalypse,* 1873; Engl. transl., *The Doctrine of the Apocalypse,* by J. Jefferson, 1878); Klieford (1874); Lee (1882); Milligan (in Schaff's *Internat. Com.,* 1883, and in *Lectures on the Revel.,* 1886); Spitta (1889). Völter(1882)와 Vischer(1886)는 요한계시록의 통일성을 부인한다. Vischer는 이 가설을 논박하는 22:18, 19의 경고에도 불구하고, 요한계시록이 어떤 그리스도인에 의해 개작된 유대인 묵시록으로 본다.

41. 요한의 생애와 인격

새는 끝없이 날아들어
어떤 복점관도 없는 곳으로
높이 날아갔다.
지금까지 채워진 만큼 앞으로도 채워져야 할
더 순결하고 비밀스러운 것을
순결한 사람일지라도 볼 수 없다.
(Volat avis sine meta,
Quo nec vates nec propheta
Evolavit altius:
Tam implenda quam impleta,
Numquam vidit tot secreta
Purus homo purius.)

　　　　　　　　　　　　　　　　　　　　－ 생 빅토르의 아담(Adam of St. Victor)

요한의 사명

유대인의 권위의 사도 베드로와 이방인의 자유의 사도 바울은 예루살렘이 멸망하기 전에 땅에서 자기들의 사역을 완수하였다. 자기들의 시대뿐 아니라 장차 올 시대를 위해서도 완수하였다. 완수했을 뿐 아니라 저작의 영향력에 의해서 다른 것으로 대체될 수 없는 방식으로 여전히 행하고 있다. 두 사람 다 지옥의 문(음부의 권세)이 이길 수 없는 그리스도 교회의 건축자들이었다. 한 사람은 터를 닦았고, 한 사람은 상부 구조를 세웠다.

그러나 가장 중요한 작업이 남아 있었다. 그것은 교회를 하나로 통일하고 공고히 하는 작업이었다. 이 작업은 사랑의 사도를 위해서, 예수의 품에 기댈 정도의 절친한 친구를 위해서 남겨져 있었다. 그는 인간이 신인(神人)의 순결과 거룩의 이상형을 글로 담아낼 수 있는 한도에서 그분을 글로써 가장 완벽하게 담아냈다. 요한은 베드로와 바울처럼 선교사도 행동가도 아니었다. 우리가 알고 있는 한 기독교의 외적 전파에 이바지한 바가 거의 없었지만, 기독교가 일단 터를 닦고 난 뒤의 내면 생활과 성장에는 누구와도 견줄 수 없을 만큼 크게 이바지했다. 가시적 교회의 정치와 형태와 의식에 관해서 아무런 할 말도 갖고 있지 않았지만(그의 복음서와 첫번째 서신서에는 심지어 교회 명칭조차 나오지 않는다), 교회의 영적 실재에 관해서, 신자들과 그리스도 사이의 생명의 연합과 신자들 상호간의 형제적 사귐에 관해서는 누구보다 할 말이 많았다. 그는 새 언약의 사도이자 복음서 저자이자 선견자였다. 1세기 말엽까지 산 덕분에 사도 시대의 터 전과 건물 위에 새 하늘의 광채로 치장한 장엄한 돔(dome)을 놓을 수 있었다.

요한은 교회가 자신의 지고한 가르침을 수용할 만큼 완숙하게 될 때까지 조용히 묵상하면서 기다려야 했다. 이 점은 우리 주님께서 베드로에게 요한에 관해 언급하신 신비로운 말씀에 넌지시 비쳐있다: "내가 올 때까지 그를 머물게 하고자 할지라도 네게 무슨 상관이냐"(요 21:22, 23).[1] 의심할 여지 없이 주님은 예루

---

1) Milligan과 Moulton은 이렇게 말한다. "주께서 베드로와 요한에게 각각 해주신 말씀의 차이점은 순교에 의한 거친 죽음과 평화로운 죽음의 차이가 아니라, 거친 죽음으로 끝나는 격정적이고 투쟁적인 사도직과, 하늘의 안식으로 평화롭게 옮겨지는 것으로 끝나는 재림에 대한 조용하고 사려깊고 사색적인 기다림의 차이이다. 베드로도 요한 자신도 단순한 개인이 아니다. 각자가 예수님을 세상 끝날까지 전하는 사도적 사역의 각 측면을 예표한다."

살렘에 두려운 심판이 임할 때 오셨다. 요한은 그때까지 살아 있었고, 그의 교리와 성격은 교회사의 초기 단계(베드로와 바울이 예기하고 상징한)를 넘어서서 주께서 최후에 오실 때까지 존속할 것이다. 그런 광범위한 의미로 볼 때 그는 심지어 지금까지 머물고 있고, 그의 저서들은 어떠한 해석으로도 고갈되지 않는 깊이와 높이로 여전히 진정한 해석자를 기다리고 있다. 가장 좋은 것은 맨 마지막에 오는 법이다. 엘리야가 호렙 산에서 본 이상에서 산을 가르고 바위를 부순 강한 바람과 지진과 불이 먼저 온 다음에 여호와의 세미한 소리가 있었다(왕상 19:11,12). 지혜의 여신인 미네르바의 올빼미는 황혼이 질 때에야 비로소 날기 시작한다. 격렬한 전쟁이 평화의 잔치를 위한 길을 예비한다. 사도 시대의 위대한 전사(戰士)는 이미 기독교 세계의 두 집단을 일치시킬 사랑의 요지를 언급해 놓았다. 요한은 가장 심오한 정의 — "하나님은 사랑이심이라" — 로 지존자의 깊은 속을 드러냈을 때 바울의 말에 화답했을 따름이다(고전 13장; 요일 4:8, 16).

복음서들에 나타나는 요한

요한은 세베대와 살로메의 아들이자(아마 막내 아들이었을 것이다) 사도들의 첫 순교자인 큰 야고보의 형제였다. 예수님보다는 열살 아래였던 듯하며, 고대의 익명의 증거에 따르면 트라야누스(Trajan)의 재위 때까지, 즉 98살이 넘어서까지 살았다고 하므로 90살이 넘도록 살았음에 틀림없다. 직업은 어부였고, 아마 갈릴리 벳새다에서 일했을 것이다(베드로, 안드레, 빌립처럼). 부모는 넉넉한 환경에서 지낸 듯하다. 아버지는 하인들을 두고 있었고, 어머니는 귀족 부인들, 즉 예수님을 따라다니면서 재산으로 후원했고, 장사할 향유를 구입했고, 마지막에 십자가 곁에 있었고, 열린 무덤을 처음으로 발견한 여인들 틈에 끼여 있었다. 요한은 대제사장을 개인적으로 잘 알고 있었고, 예루살렘이나 갈릴리에 가옥을 소유하고 있어서 그곳에서 우리 주님의 어머니를 모셨다(막 1:20; 15:40 이하; 눅 8:3; 요 19:27).

---

2) 요한복음 19:25에 대한 정확한 해석에 따르면 여기에는 네 여인(세 여인이 아닌)이 언급되어 있다. 그것이 오늘날 Wieseler, Ewald, Meyer, Lange 같은 주석가들의 주장이다. 제4복음서 저자는 특유의 민감함으로 자기 이름이나 자기 어머니의 이름을 언급하지 않으

혈통으로는 마리아의 누이였던 어머니쪽으로 예수님과 사촌이었다.[2] 이러한 관계가 청년 시절의 열정과 본래 열정적인 성격과 함께 주님과 친밀할 수 있었던 기반을 조성했다.

바울처럼 랍비 훈련을 받은 적이 없었고, 따라서 유대인 학자들의 눈에는 베드로와 다른 갈릴리 제자들처럼 "본래 학문 없는 범인(凡人)"으로 비쳤다(행 4:13). 그러나 그는 세례 요한의 예비 학교를 나왔다. 그 학교에서 세례 요한이 예수를 가리켜 "세상 죄를 지고 가는 하나님의 어린 양"이라고 증거함으로써 자신의 사명을 요약하는 것을 들었는데, 훗날 그는 그 증거를 자신의 저서들에서 확대 설명한다. 그는 바로 이 증거를 듣고서 요단 강 둑에서 예수께 나갔는데, 워낙 인상적인 만남이었던지 50년이 지난 뒤에도 만난 시각을 잊지 않고 있었다(요 1:35-40). 그는 열두 제자 가운데 그냥 한 제자가 아니라 선택된 세 제자 중에서도 선택된 제자였다. 베드로가 메시야의 친구로서 공중 앞에서 여느 제자보다 현저하게 섰다면, 요한은 사적인 자리에서 예수의 친구로 알려졌다. 베드로는 언제나 그리스도의 공적인 특성을 바라보고 자기와 다른 제자들이 마땅히 여쭈어야 할 것을 여쭌 반면에, 요한은 그리스도의 인격을 집요하게 응시했고, 주님께서 말씀하시는 본의를 깨우치려는 데 관심을 기울였다. 두 사람의 차이를 굳이 비교하자면 섬기느라 노심초사 바삐 움직인 마르다와 배우는 데 만족한 사색적인 마리아의 차이로 비교할 수 있겠다.

요한은 베드로와 자기 형제 야고보하고만 변화의 광경과 겟세마네의 광경 — 우리 주님이 지상 생애에서 지극히 높아지신 순간과 지극히 낮아지신 순간 — 을 목도했다. 최후의 만찬 때는 예수님의 품에 기대어 훗날 사용할 그 놀라운 고별 강론을 마음에 고이 간직했다. 주님을 따라 가야바의 법정까지 갔다. 모든 제자들 중에서 오직 그만이 십자가 곁에 있었고, 세상을 떠나시는 구주께 그 어머니를 보살펴 달라는 부탁을 받았다. 아주 미묘하고 감동적인 정경이었다. 슬픔의 성모(Mater dolorosa)와 사랑받은 제자가 십자가에서 자기들을 모자(母子)의 애정으로 결합시키시는, 죽어가는 아들과 주님을 응시하고 있었다. 그것은 하늘

며, 우리 주님의 어머니의 이름도 언급하지 않는다. 그럼에도 불구하고 공관복음에 따르면 그의 어머니는 십자가 곁에 틀림없이 있었고, 그도 여기서 어머니를 생략하려고 하지 않는다.

로서 말미암은 영적 관계의 전형으로서, 혈연과 이익의 관계보다 깊고 강하다. 요한은 마지막까지 십자가에 남았듯이, 부활의 아침에도 막달라 마리아 다음으로, 제자들 가운데서는 처음으로 — 베드로보다 앞서 달음질하여 — 빈 무덤을 들여다 보았다. 그리고 주께서 갈릴리 호숫가에서 제자들에게 나타나셨을 때도 제자들 가운데 처음으로 부활하신 주님을 알아보았다(요 20:4; 21:7).

요한은 다른 사도들보다 오래 살았던 점으로 미루어 사도들 가운데 가장 연소했던 것으로 보인다. 아울러 가장 큰 은사를 받았고 사랑도 가장 많이 받았음에 틀림없다. 그는 아주 탁월한 종교적 천재성을 갖고 있었다. 그것은 실로 심기 위한 것이 아니라 물을 주기 위한 것이었고, 외적인 행동과 적극적인 사역을 위한 것이 아니라 자기 안에 있는 그리스도의 인격과 영생의 신비를 내적으로 묵상하고 통찰하기 위한 것이었다. 정순하고 소박한 성격, 깊이와 향취가 있는 애정, 보기 드문 영적 지각과 직관이 그의 대표적인 특징으로서, 이것이 하나님의 은혜로 고상하고 거룩하게 다듬어졌다.

요한의 역사에는 급격한 변화가 없다. 소리없이 아무도 모르게 주님과 점점 더 깊은 사귐에 들어갔고, 점점 더 그분을 닮아갔다. 이 점에서 바울과 정반대였다. 다른 제자들보다 더 많이 듣고 더 많이 보았으나 말은 더 적게 했다. 다른 제자들이 무심코 흘려 버리는 주님의 심오한 말씀을 마음에 간직했다. 처음에는 그도 그 말씀을 다 이해하지는 못했지만, 성령께서 조명해 주실 때까지 마음에 두고서 묵상했다. 마리아와 친밀히 지냈던 점이 주님의 정신과 마음을 좀 더 깊이 이해하는 데 틀림없이 도움이 되었을 것이다. 그는 시종일관 주님과 가장 친밀하고 가장 뜻이 잘 통하는, 사랑받는 제자로 나타난다.

우레의 아들과 사랑받은 제자

공관복음서가 말하는 요한과 요한의 저작들이 말하는 요한 사이에는 현격한 차이가 있다. 마치 계시록과 제4복음서 사이에 차이가 있듯이 말이다. 그러나 자세히 살펴 보면 그 차이란 동일인의 이중적 측면에 불과하다는 것을 알 수 있다. 복음서들에 나오는 베드로와 그의 서신서들에 나오는 베드로가 좋은 예가 된다. 전자는 젊고 충동적이고 성급하고 가변적인 데 반해서, 후자는 하나님의 은혜로 성숙하고 침착하고 원숙하고 세련된 면모를 보인다.

마가복음에서 요한은 우레의 아들(보아너게)로 나타난다(막 3:17). 이 별명은 구주께서 그와 그의 형에게 붙여 주신 것으로서, 시몬에게 붙여 주신 베드로라는 이름처럼 명예로운 뜻이 담겼고 그의 훗날 사명을 예시해 주었다. 히브리인들에게 우레는 하나님의 음성이었다(참조. 출 9:3; 삼상 7:10; 12:17,18; 욥 26:14; 시 77:18; 81:7; 104:7; 사 29:6). 우레라는 말은 기질이 열정적이고, 동기와 목표가 좋든 나쁘든 그것에 대해서 힘과 활기가 넘치는 성격이라는 개념을 전달한다. 두려움을 심어 주는 바로 그 천둥이 소나기를 동반함으로써 공기를 맑게 하고 땅을 비옥하게 한다. 불 같은 성격은 통제력을 잃고 방향이 비뚤어질 때는 파괴적인 힘을 발휘하지만, 이성의 통제를 받고 진리를 존중할 때는 큰 건설적인 힘을 발휘한다. 요한의 불타는 열정과 헌신이 만대의 교회에 복과 영감이 되는 데에는 다만 훈련과 분별력만 필요했다.

초창기에 세베대의 아들들은 율법과 복음의 차이를 오해한 때가 있었다. 어느 사마리아 고을이 예수를 영접하기를 거부하자 의분이 폭발하여 옛날의 엘리야처럼 하늘에서 불이라도 내려 그 고을을 태워버리고 싶어했던 것이다(눅 9:54-56). 그러나 그러던 요한이 세월이 흘러서 새 회심자들을 굳게 할 목적으로 사마리아로 내려갔을 때는 그들에게 신적인 생명과 빛의 불 곧 성령의 선물이 내리게 했다(행 8:14-17). 그가 제자의 무리에 들지 않은 채 그리스도의 이름으로 선한 일을 행하는 자들에게 분개하던 그 밑바탕에는 본질은 같되 방향이 비뚤어진, 주님께 대한 열정이 깔려 있었다(막 9:38-40; 비교. 눅 9:49-50). 두 형제가 어머니와 함께 메시야의 왕국에서 높은 지위를 차지하려는 욕심을 냈던 일도 그들의 장점과 약점을, 즉 비록 불과 칼 곁에 있게 될지라도 그리스도 곁에 가까이 있으려는 고귀한 야망과 그러면서도 이기심과 교만을 벗지 못한 야망을 동시에 드러냈다. 그런 그들을 주님은 당연히 책망하셨고, 피의 세례가 목전에 다가왔음을 그들에게 일러 주셨다(마 20:20-24; 비교. 막 10:35-41).

이 모든 것은 요한의 글들과 아주 일치한다. 거기에 나타나는 그의 성격은 유약하고 감상적이지 않고 적극적이고 단호하다. 그는 틀림없이 온유하고 상냥했지만, 동시에 감수성이 예민하고 가슴이 뜨겁고 확신에 차 있었다. 이런 특징들이 공존하지 말라는 법이 없다. 그는 절충이나 양다리 걸치기 같은 것을 몰랐다. 속에서 거룩한 불이 타올랐다. 비록 표면으로 타오르지 않고 깊은 속에서만 타올랐지만 말이다. 계시록에는 그리스도의 원수들에게 천둥이 크고 강하게 울리는 장면이 나오는 반면에, 안식의 장면과 평화와 기쁨의 찬송, 그리고 하늘에서 내려오는 예루살렘에 관한 묘사도 나오는데, 이런 것은 예수께서 사랑하시는 제자 외에는 다른 사람에게서 나올 수 없었다. 요한의 복음서와 서신서들에서도 비록 절제되긴 했으나 동일한 힘을 느끼게 된다. 그는 구주께서 진리의 대적들에게 말씀하시거나 제자의 무리에게 말씀하신 가장 혹독한 강론들뿐 아니라 가장 인자한 강론들도 보고한다. 다른 어떤 복음서 저자도 그리스도와 유대인 고위 성직자들 간의 팽팽한 대립을, 마침내 피의 음모로 비화한 그 반감의 발전을 그처럼 내면 깊이 꿰뚫어 보지 못한다.

다른 어떤 사도도 요한만큼 빛과 어둠, 진리와 거짓, 그리스도와 적그리스도 사이의 경계선을 명확하게 긋지 못한다. 그의 복음서와 서신서들은 이런 양립 불가능한 대립 사이에서 움직인다. 그는 하나님과 바알 사이에 타협이란 게 없음을 알았다. 배반자에 대해서는 거룩한 두려움으로, 자기들의 메시야를 대적하는 바리새인들에 대해서는 끓어오르는 분노로 말한다. 살해 음모를 품은 믿지 않는 유대인들을 주님의 말을 빌어 마귀의 자녀라고 비판했으니 얼마나 신랄한 비판을 퍼부은 셈인가! 그리고 서신서들에서도 누구든 그리스도인으로서 행한 신앙고백을 욕되게 하는 자는 거짓말쟁이이고, 형제를 미워하는 자는 살인자이고, 고의적으로 죄를 범하는 자는 마귀의 자녀라고 단정한다. 그리고 성육신의 신비를 부정하는 교사들을 적그리스도들이라고 진지하게 경고하며, 그들에게는 인사도 하지 말라고 당부한다(요 8:44; 요일 1:6, 8, 10; 2:18 이하; 3:8, 15; 4:1 이하; 요이 10, 11). 그리스도를 사랑하는 만큼 적그리스도를 미워하는 것이다. 미움이란 전도된 사랑이기 때문이다. 사랑과 미움은 방향만 반대로 표출될 뿐 동일한 열정이다. 동일한 해가 살아 있는 자들에게는 빛과 열을 주고, 죽은 자들에 대해서는 부패를 가속화한다.

기독교 미술은 요한의 이중적인 면을 정확히 이해하고서 얼굴은 순결하고 온유한 — 하지만 유약하지는 않은 — 얼굴로 묘사했고, 독수리가 날개를 펴고 구름 위로 힘껏 치솟아 올라가는 상징을 그에게 주었다.

계시록과 제4복음서

위와 같이 요한의 성격을 제대로 이해하면 계시록과 제4복음서를 동일 저자의 작품으로 인정하는 데 따르는 큰 어려움이 제거된다. 두 책 다 성격은 동일하다. 즉, 사랑과 미움을 강렬히 표출할 능력이 있는 고귀하고 열정적인 성격이지만,

원기 왕성한 청년과 원숙한 노인의 차이가, 전쟁 함성과 평화스런 안식의 차이가 있다. 신학도 기독론과 구원론의 거의 모든 특징들을 포함하여 동일하다. 다른 사도는 그리스도를 로고스라고 부르지 않는다. 제4복음서는 "영화(靈化)한" — 혹은 이상화한 — "계시록"이다. 문체의 차이조차 처음에는 두드러지지만, 자세히 살펴보면 곧 사라진다. 계시록에 사용된 헬라어는, 그리스 고전이 견줄 만한 작품을 내놓지 못한 히브리 예언과 아주 밀접하다는 점으로 예상할 수 있는 대로 신약성경 가운데 히브리적인 성격이 가장 강한 데 반해서, 제4복음서에 쓰인 헬라어는 정순할 뿐 아니라 불규칙한 점들을 찾아볼 수 없다. 그럼에도 불구하고 복음서 저자 요한도 히브리 종교에 대해 가장 친밀함과 가장 깊은 통찰을 보여주며, 히브리 종교의 가장 정순하고 고귀한 요소들을 보존한다. 문체도 구약성경의 단순간결함을 유지한다. 몸만 헬라일 뿐 영혼은 히브리에 감화를 받은 책이다.[3]

요한의 다른 저서들과 계시록 간의 차이를 설명하려 할 때 또 한 가지 고려해야 할 점은 직접적인 영감(靈感)을 받아 작성된 예언적 저작과 역사적이고 교훈적인 저작 간의, 그리고 20여 년이라는 세월로 인한 불가피한 차이이다. 계시록은 예루살렘 멸망 전에, 제4복음서는 1세기 말경에 극히 연로한 나이에 집필되었다. 그토록 연로한 나이에 호메로스(Homer)와 소포클레스(Sophocles)와 밀턴(Milton)과 괴테(Goethe) 같은 몇몇 대시인들의 경우와 마찬가지로 독수리처럼 젊음을 되찾았던 것이다.

42. 요한이 사도로서 기울인 노력

사도행전에 나타나는 요한

---

3) 이런 식으로 두 명의 유력한 히브리 학자들의 상반된 견해와 문체에 대한 평가를 조화시킬 수 있다. Renan은 표면을 염두에 두고서 제4복음서에 관해 "요한의 문체는 히브리적인 것도, 유대적인 것도, 탈무드적인 것도 없다"고 말한다. Ewald는 반대로 핵심을 간파하고서 "그 진정한 정신과 영감에서 어떠한 언어도 요한의 언어보다 더 히브리적일 수 없다"고 주장한다. Godet는 Ewald에 동조하여 "옷만 헬라어이지, 몸은 히브리어이다"라고 말한다.

사도 시대 기독교의 첫 경기장에서 요한은 베드로와 주의 형제 야고보와 함께 할례자 교회의 세 기둥 중 한 사람으로 등장한다. 반면에 바울과 바나바는 이방인 교회를 대표했다(갈 2:9). 이것은 당시에 요한이 아직 보편 구원과 복음의 자유를 충분히 이해하는 데까지 자라지 못했음을 암시한다. 그러나 그는 세 사람 중 가장 자유스러운 사람으로서, 한편으로는 야고보와 베드로와, 다른 한편으로는 바울 사이에 서 있었고, 이미 유대 기독교와 이방 기독교 간의 화해를 내다보고 있었다(갈 2:12). 게바파와 야고보파가 있었듯이 요한파가 있었던 흔적은 없다. 그는 갈등과 분열에서 초연해 있었다.

사도행전 초반에서 요한은 새 종교의 주요 사도로서 베드로 다음으로 등장한다. 베드로와 함께 성전 문에서 앉은뱅이를 고치고, 베드로와 함께 산헤드린 앞에서 그리스도를 증거하고, 베드로와 함께 사도들에 의해 예루살렘에서 사마리아로 파견되어 그곳 기독교 회심자들에게 성령이 임하게 하여 그들을 인준하고, 베드로와 함께 예루살렘으로 돌아온다(행 3:1 이하; 4:1, 13, 19, 20, 41, 42; 8:14-17, 25). 그러나 언제나 먼저 거론되는 사람은 베드로로서, 그가 말과 행동으로써 주도한다. 요한은 신비스러운 침묵 속에 그를 따르며, 장차 어느 땐가 표출될 능력을 유보하고 있다는 인상을 준다. 그도 주후 50년에 열린 예루살렘 사도 공의회에 참석했음이 분명하지만, 할례와 교회 가입 조건에 관한 대논쟁에서 아무런 연설도 하지 않았고 적극적인 역할도 하지 않았다.[4] 이 모든 것은 복음서들이 그를 겸손하고 조용한 성격으로 묘사하는 것과 아주 잘 들어맞는다.

주후 50년 이후에 그는 예루살렘을 떠났다. 사도행전은 그도 베드로도 더 이상 언급하지 않는다. 바울은 그 거룩한 도성을 다섯번째이자 마지막으로 방문했을 때(주후 58년) 야고보는 만났으나 사도들은 아무도 만나지 못했다(행 21:18).

에베소에서의 요한

요한이 말년에 벌인 가장 중요한 사역은 그의 저서들에 고스란히 간직되어 있다. 이 저서들은 뒷 장에서 자세히 살펴볼 것이다. 그의 저서들은 철저히 내면적

---

4) 그는 그때 예루살렘에 모인 '사도들' 가운데 포함되며(행 15:6, 22, 23), 바울도 동일한 공의회를 언급하는 갈라디아서 2장에서 그는 세 명의 기둥 사도 중 한 사람으로 분명히 언급된다.

이고 영적이되 측량할 수 없이 부유하고 중요한 역사를 보여준다. 그 어디에도 요한이 어디에 살았고 언제 글을 썼는지 언급되어 있지 않다. 그러나 계시록은 그가 소아시아 교회들의 수장이었음을 시사한다(계 1:4, 9, 11, 20). 이것은 모든 합리적 의심을 초월하는 고대의 한결같은 증거로 확증되는데, 그 증거에 따르면 그는 말년에 에베소에서 거주했다고 한다. 그리고 98년에 시작된 트라야누스의 재위 동안 아주 고령으로 그곳에서 죽었다고 한다. 그의 무덤도 2세기에 그곳에 있었다고 한다.

그가 언제 소아시아로 이주했는지 알 수 없지만, 아마 63년 이전에는 그곳으로 이주했을 가능성이 없다. 왜냐하면 바울은 에베소 장로들에게 행한 고별사와 에베소서와 디모데후서에서 요한을 일절 언급하지 않으며, 소아시아 교회의 감독의 권위를 가지고 말하기 때문이다. 아마 요한은, 베드로와 바울의 순교를 접하고서 심각한 위험과 시험에 노출된 고아와 같은 교회들을 맡을 결심을 했던 것 같다.[5]

총독령 아시아의 수도 에베소는 그리스 문화, 상업, 종교의 중심지였고, 옛부터 호메로스, 아나크레온(Anacreon), 밈네르무스(Mimnermus)의 시가(詩歌)와 탈레스(Thales), 아낙시메네스(Anaximenes), 아낙시만드로스(Anaximander)의 철학과, 아데미(아르테미스)의 화려한 숭배와 신전으로 유명했다. 이곳에서 바울은 3년간(54-57년) 사역하면서 주변 이교 세계의 흑암에 횃불을 비춘 유력한 교회를 세웠다. 이곳을 거점 삼아 여러 속주들에 세운 수많은 교회들과 원활히 소식을 주고 받을 수 있었다. 이곳에서 독특한 기쁨과 시련을 겪었고, 내부에서 이단들이 발생할 큰 위험을 내다보았다(참조. 그가 밀레도에서 행한 고별 연설. 행 20:29, 30, 디모데전후서). 정통 기독교와 이단 기독교의 모든 세력이 그곳에 결집되었다. 예루살렘은 멸망을 목전에 두고 있었다. 로마는 아직은 제2의 예루

---

5) Godet(I. 42)는 이렇게 말한다. "당시에 복음 진리를 보존하려면 강력한 도움이 필요했다. 그러므로 사도들 가운데 마지막 생존자였던 요한이 그 나라들에서 이방인의 사도 역할을 수행하고, 전에 고린도에서 아볼로가 그랬듯이 바울이 심은 터에 물을 주어야겠다는 소명을 느꼈다는 것은 이상한 일이 아니다." 프레상세(*Apost. Era*, p. 424)는 이렇게 말한다. "에베소만큼 교회들을 감독하고 이단의 추세를 면밀히 관찰할 중심지로 선정할 만한 도시가 없었다. 에베소에서 요한은 바울의 선교지 중심에 있었고, 그리스(희랍)도 그곳에서 그리 멀지 않았다."

살렘이 아니었다. 에베소는 바울과 요한의 수고로 1세기 후반과 2세기 상당 부분에 해당하는 교회사의 주요 무대가 되었다. 순교자 교부 폴리카르푸스와 이레나이우스는 영지주의와 맞서 싸운 주요 신학자들로서, 요한의 정신을 대단히 잘 반영하고 그의 영향력을 잘 증거한다. 요한만이 바울과 베드로의 사역을 마무리하고서 교회로 하여금 외부의 박해와 내부의 이단과 부패로부터 스스로를 보호하는 데 필요한 탄탄한 통일을 견지하도록 해줄 수 있었다.

요한의 저서들이 없었다면 1세기의 마지막 30년은 거의 공란으로 남을 뻔했다. 이 30년이란 기간은, 주께서 사실상 하늘과 땅을 오가시되 분명하게 땅을 밟으시면서도 제자들에게 마치 다른 세상에서 온 영혼처럼 나타나셨던 부활과 승천 사이의 40일이라는 신비로운 기간과 비슷하다. 그러나 2세기와 3세기의 신학은 분명히 요한의 저서들을 전제로 삼으며, 바울의 인간론과 구원론 — 이것은 아프리카에서 아우구스티누스가 되살려 놓기 전까지는 거의 사장되어 있었다 — 보다는 요한의 기독론에서 출발한다.

밧모 섬에서의 요한

요한은 에베소 남서쪽 에게 해에 있는 바위 투성이인 고적하고 황량한 밧모 섬(오늘날의 파트모스 혹은 팔모사)으로 유배당했다. 이 점은 계시록 1:9의 증거에 기초를 둔다: "나 요한은 너희 형제요 예수의 환난과 나라와 참음에 동참하는 자라. 하나님의 말씀과 예수의 증거를 인하여 밧모라 하는 섬에 있었더니"(διά를 '인하여' 라기보다 '위하여' 로 해석하여 요한이 환상 중에 밧모로 옮겨졌다고 해석하는 사람들도 있다. 이를테면, Bleek, Lücke, De Wette, Reuss, Düsterdieck). 그 섬에서 요한은 "주의 날에", "성령에 감동하여" 기독교의 투쟁과 승리에 관한 놀라운 계시를 받았다.

요한이 밧모로 유배당했다는 사실은 고대의 한결같은 증언으로 확증된다(이를테면, 이레나이우스, 알렉산드리아의 클레멘스, 오리게네스, 테르툴리아누스, 에우세비우스, 제롬 등). 그 섬에 전래되는 전승들도 그 사실을 확증하는데, 별다른 중요성은 없다. "요한 — 그는 밧모의 사상이고, 그 섬은 요한에게 속해 있다. 그의 성소이다. 그곳 돌들은 지금도 그에 관해 설교하고, 모든 이의 가슴에 그가 살아 있다"(Tischendorf).

유배 시기는 불분명하며, 논란이 되어온 계시록 저작 연대에 따라 좌우된다.

외적 증거는 도미티아누스(Domitian)의 재위 기간인 주후 95년을 가리키고, 내적 증거는 네로의 재위 기간이나 그가 죽은 직후인 주후 68년을 가리킨다.

170년경 증거 가치가 큰 이레나이우스의 증언으로 시작하는 우세한 — 유일하게 뚜렷하다고 할 수 있는 — 전승은 유배 시기를 도미티아누스의 재위(81-96년) 말년으로 잡는다. 도미티아누스는 로마 황제 가운데 기독교를 박해한 두번째 황제로서, 그가 애용한 형벌 방식 중 하나가 추방이었다. 이 두 가지 사실은 이 전승을 뒷받침한다. 많은 사람들의 기대를 안고 황제가 된 그는 네로처럼 잔인하고 피에 굶주린 사람이 되었고, 위선과 신성모독적인 자기 신격화(神格化)에서는 네로를 능가했다. 그는 편지를 "우리 주와 하나님이 명하시되"라는 문구로 시작했고, 신하들에게도 자기에게 편지할 때는 그런 문구를 사용하도록 요구했다. 자기를 위해 금과 은 신상을 만들어 신전의 가장 성스러운 곳에 두도록 명령했다. 가장 우호적으로 보일 때가 가장 위험했다. 자신의 음침한 의심에 걸려들거나 자신의 야망에 장애가 되면 원로원 위원이든 총독이든 살려두지 않았다. 다윗의 후손들과 예수의 친족들이 야망을 품고 있을까봐 두려워서 그들을 색출했으나 가난하고 순박한 사람들임을 발견했다. 그의 재위 기간에 많은 그리스도인들이 무신론자라는 죄목으로 순교를 당했는데, 그중에는 총독의 지위에 있던 그의 사촌 플라비우스 클레멘스(Flavius Clemens) — 처형됨 — 와 그의 아내 도미틸라(Domitilla) — 나폴리 근처 판다테리아 섬으로 유배됨 — 가 있었다. 전승의 연대에 유리하게 덧붙일 수 있는 것은 계시록이 그 성격상 정경을 마감하고 최후 완성 때까지의 마지막 일들을 다루므로 당연히 맨 마지막에 기록되어야 했다는 점이다.

그럼에도 불구하고 계시록 자체의 내적 증거와 제4복음서와의 비교를 토대로 생각해 보면 예루살렘 멸망 이전이자 네로의 죽음 직후의 공위(空位) 기간인 68년 — 로마 제국을 뜻하는 짐승이 상처를 입었으나 곧 회복한(베스파시아누스〈Vespasian〉의 즉위로) 때 — 이라는 이른 연대쪽이 유리하다. 만약 요한이 로마나 에베소에서 기름으로 순교를 당했다고 전하는 초기 전승이 어느 정도 근거가 있다면 그 시기는 자연히 그리스도인들이 가연성 있는 물질을 뒤집어 쓰고 횃불처럼 타 죽은 네로의 박해를 가리킬 것이다. 제국의 박해들을 가리키는 명백한 언급들은 도미티아누스보다는 네로에게 훨씬 더 잘 들어맞는다. 계시록의 히브리적 색채와 격렬한 활기와 제4복음서의 순수한 헬라어와 차분한 분위기 — 앞에서 이미 언급한 바 있는 — 는 전자가 대략 20년 전에 기록되었을 경우 더욱 쉽게 설명된다. 이 견해는 고대 전승에서 약간의 뒷받침을 받았고, 현대의 대다수 비평적 역사가들과 주석가들이 채택하였다.

따라서 우리가 취할 수 있는 가장 유력한 견해는 요한이 네로 치하에서 밧모 섬으로 유배되었고, 그곳에서 네로가 죽은 직후인 주후 68년이나 69년에 계시록을 썼고, 그 뒤에 에베소로 돌아가 몇년 뒤에 제4복음서와 서신서들을 썼으며, 트라야누스의 재위 때인 주후 98년 이후에 평안히 눈을 감았다는 것이다.

역사적 예수를 그의 신인적(神人的) 인격을 충분히 살려 모든 신자에게 영원한 생명의 구현이자 근원으로서 신실히 기록하고, 서신서를 통해서 그 내용을 충분히 적용한 것이 예수의 사랑하시는 제자가 2세기의 문턱에서 사도 시대의 황금빛 석양을 받으며 남긴 마지막 메시지였다. 오랜 경험으로 무르익고 성령으로 변화를 받고 천상의 진리와 성결의 빛으로 환히 비추인 청년 시절의 회억들이 마지막 사도가 만대의 교회에게 남긴 가장 고귀한 유산이다.

43. 요한에 관한 전승들

요한의 기억은 교회의 가슴에 깊이 가라앉았고, 다소 독특하고 개연성 있는 적지 않은 사건들이 초기 교부들에 의해서 보존되었다.

2세기 말엽에 알렉산드리아의 클레멘스는 요한을 신실하고 헌신적인 목회자로 소개하면서, 요한이 노년에 심방 여행을 하던 도중 한때 자신의 전도를 받고 회심했다가 강도로 전락해 버린 사람을 만나 사랑으로 설득한 끝에 교회로 다시 인도했다는 이야기를 한다.

이레나이우스는 폴리카르푸스의 입을 빌어 요한의 일화를 소개하면서 그의 성격이 과연 "우레의 아들"이었음을 증거한다. 그 일화에 따르면, 요한은 에베소의 대중목욕탕에서 우리 주님의 성육신을 부인하는 영지주의 이단 케린투스 (Cerinthus)를 만나자 목욕탕 지붕이 무너져 내릴까봐 그와 한 지붕 아래 있기를 거부했다고 한다. 이 일화는 누가복음 9:49에 기록된 사건과 사도가 요한이서 10, 11절에서 던진 준엄한 경고를 생각나게 한다. 그가 진리를 극진히 사랑하고 오류와 도덕적 악을 준열히 비판했을 가능성을 입증해 주는 일화이다.

제롬은 요한을 사랑의 제자로 묘사하면서, 요한이 노년에 제자들의 부축을 받고 강단에 올라가서 "자녀들이여, 서로 사랑하시오"라는 말을 몇 번이고 한 다음 "이것은 주님의 명령이고, 이것만 지켜도 족합니다" 하고 말했다고 한다. 요한에 관한 모든 전승들 중에서 이것이 가장 신빙성 있고 가장 유익한 전승이다.

그리스 교회에서 요한은 그리스도의 신성(τήν θεότητα τοῦ λόλου)을 가장 명확하게 가르쳤다는 이유에서 "신학자"(θεολόγος)라는 별명을 갖고 있다. 정절과 독신으로 지냈을 가능성 때문에 "동정"(παρθένος)이라고도 불린다(이 단어는 주로 처녀를 가리켰으나, 여자를 가까이한 적이 없는 남자들을 가리키는 데도 쓰였다). 아우구스티누스는 요한이 독신으로 정절을 지키며 지냈기 때문에 그가 예수님과 더욱 친밀할 수 있었다고 추정하는 사람들도 있다고 말한다.

5세기의 수사(修士) 카시아누스(Cassian)가 전하는 요한과 사냥꾼들 이야기에 따르면, 요한은 메추라기를 손에 넣고 점잖게 장난을 치고 있다가 그 모습을 보고서 놀라는 사냥꾼에게 이렇게 말했다고 한다: "이렇게 잠시 정신의 긴장을 푸는 모습을 보고 놀라지 않기를 바라오. 이렇게 하지 않으면 정신이 과로로 흔들려서 정작 힘써 생각해야 할 일이 생길 때 제대로 하지 못하게 되지요." 어린아이 같은 단순함과 장난기가 위대한 정신과 결합하는 경우가 종종 있는 것이다.

에베소의 감독 폴리카르푸스는 2세기 말엽에 말하기를(에우세비우스에 따르면), 요한이 니산 월 14일에 주일과 관계없이 부활절을 지키는 유대 관습을 소아시아에 도입했다고 한다. 이 사실은 2세기의 유월절 논쟁에 큰 몫을 했고, 요한복음의 진정성에 관한 현대의 논쟁에도 한 몫을 했다.

바로 그 에베소의 폴리카르푸스가, 요한이 유대인 대제사장의 패 혹은 띠(출 28:36, 37; 39:30, 31)를 관(冠) 위에 착용했다고 묘사한다. 그것은 아마 요한이 모든 참된 신자들에 대해서 인정한 제사장적인 성결을 회화적으로 표현한 것인 듯한데(참조. 계 2:17), 하지만 이 점에서 그는 총대주교에 해당하는 지위를 누렸음을 드러낸다.

예수께서 요한복음 21:22에 하신 수수께끼 같은 말씀을 오해한 데서 요한이 무덤에서 단지 잠을 자고 있고, 그가 숨을 쉴 때마다 봉분이 조금씩 움직이며, 그곳에서 주님의 최후 강림을 기다리고 있다는 전설이 생겼다. 또 다른 형태의 전설에 따르면, 그가 죽었으나 곧 살아나 엘리야처럼 곧 승천하였고 그리스도의 재림 전에 그 소식을 알리기 위해 엘리야와 함께 돌아올 것이라고 한다.

제 8 장

사도 교회에서 이루어진 그리스도인의 삶

44. 기독교의 영적 능력

실제적인 기독교는 새 생명을 증시한다. 그것은 (지적이고 도덕적인 생명과 구분하자면) 영적 생명이고, (자연적 생명과 구분하자면) 초자연적 생명이고, 성결과 평안의 생명이고, 성부·성자·성령 하나님과의 연합과 사귐의 생명이며, 중생(重生)으로 시작하여 부활로 만개할 영원한 생명이다. 인간 인격의 내밀한 중심을 붙잡으며, 그를 죄의 지배에서 해방시키고 그리스도 안에서 하나님과 생명의 연합으로 들어가게 한다. 인간의 이 중심에서 인간의 모든 기능들 — 정서와 의지와 지성 — 을 정결케 하고 고귀하게 하고 절도 있게 하는, 심지어 육체까지도 성령의 전으로 변화시키는 힘으로 작용한다.

기독교는 덕(德)과 경건의 이론과 실제에서 다른 모든 종교를 훨씬 능가한다. 하나님과 인간에 대한 가장 지고한 표준을 제시한다. 추상적인 교리나 노력과 소망의 목표로서만 그러는 게 아니라, 삶과 본으로 모든 현자와 입법자의 격언과 법령보다 더 큰 힘과 영향을 발휘하시는 예수 그리스도라는 인격 안에서 살아 있는 사실로서 그러하다. 행위는 말보다 더 크게 말하는 법이다. 아무리 정교한 도덕 철학 체계도 세상을 거듭나게 하고 정복할 수 없었다. 그리스도의 복음은 이 일을 해냈고, 지금도 계속해서 이 일을 하고 있다. 그리스와 로마의 현자들은 노예제, 일부다처제, 축첩제, 압제, 복수, 유아 살해를 재가했거나, 자신의 고결한 격언을 스스로의 행위로 저버렸다. 유대인들의 윤리 표준은 그리스와 로마의 현자들의 표준보다 훨씬 더 높았지만, 유대인 족장들과 왕들과 선지자들

중 그 어느 누구도 완전을 주장한 적이 없으며, 성경도 아브라함과 야곱과 모세와 다윗과 솔로몬의 약점들과 죄들을 솔직하게 보고한다.

그러나 그리스도의 인격은 구유에서부터 십자가에 이르기까지 한 점 얼룩이나 흠도 없었다. 책망과 의심을 초월해 계셨고, 친구와 대적에게 땅에 태어난 사람 가운데 가장 지혜로울 뿐 아니라 순결하다고 인정받았다. 하나님이 사람을 가까이 하시고, 사람이 하나님을 가까이 할 수 있는 가장 근접한 분이었다. 이상과 실재, 신성과 인성을 가장 충만하고 훌륭하게 조화시킨 분이었다. 기독교 교회는 죄인들의 손아귀에서 타락할 가능성이 있지만, 그 설립자의 교훈과 삶은 다함이 없는 정결의 샘이다.

하나님과 화목하고 인류의 안녕을 위해 헌신한 완벽한 삶이 그리스도에게서 동료 인간들에게로 옮겨갈 것이었다. 교회에서 실천되고 지배하는 그분의 말씀과 정신으로부터 끊임없이 흐르는 구속과 성화와 영화의 능력의 강물이 18세기 동안 개인과 가정과 민족에게 솟구쳐 내렸고, 세계가 하늘 나라로 변화되고 하나님이 만유의 주가 되실 때까지 계속 솟구쳐 내릴 것이다.

기독교의 초자연적인 유래를 입증하는 대단히 강력한 증거는 그 최초의 고백자들이 자연적 문화와 도덕 표준 위로 우뚝 솟았었다는 것이다. 기독교의 가장 완벽한 교리와 삶을 기술한 이들은 다름 아닌 갈릴리의 무학한 어부들로서, 이들은 팔레스타인 바깥을 나가본 적이 없었고 읽고 쓸 줄조차 모르던 사람들이다! 그 이유에 대해서 성경은 이렇게 말한다: "형제들아 너희를 부르심을 보라. 육체를 따라 지혜로운 자가 많지 아니하며 능한 자가 많지 아니하며 문벌 좋은 자가 많지 아니하도다. 그러나 하나님께서 세상의 미련한 것들을 택하사 지혜 있는 자들을 부끄럽게 하려 하시고 세상의 약한 것들을 택하사 강한 것들을 부끄럽게 하려 하시며 하나님께서 세상의 천한 것들과 멸시 받는 것들과 없는 것들을 택하사 있는 것들을 폐하려 하시나니 이는 아무 육체도 하나님 앞에서 자랑하지 못하게 하려 하심이라. 너희는 하나님으로부터 나서 그리스도 예수 안에 있고 예수는 하나님으로부터 나와서 우리에게 지혜와 의로움과 거룩함과 구원함이 되셨으니 기록된 바 자랑하는 자는 주 안에서 자랑하라 함과 같게 하려 함이니라"(고전 1:26-31).

사도 시대 교회의 도덕적 분위기를 주변의 유대교와 이교 세계의 실제 상황과 비교해 보면 마치 생수 솟는 샘들과 높다란 야자수들이 있는 푸른 오아시스와 모래와 돌투성이인 황무지 사막을 비교하는 것처럼 실로 그 차이는 현격하다. 유대교는 율법에 가장 충실한다고 할 때 세상의 구주를 십자가에 못 박는 범죄 중의 범죄를 저지르고 멸망으로 치달았다. 이교 세계는 티베리우스와 칼리굴라와 네로와 도미티아누스 같은 괴물과 같은 황제들에 의해 대표되었고, 사도 바울뿐 아니라 당대의 이교도로서 가장 지혜로웠다고 하는 스토아 학파의 도덕주의자로서 네로의 스승이자 그의 희생자에 의해서도 칠흑 같은 어두운 색채로 묘사된, 절망적인 부패와 쇠퇴의 자태를 드러냈다.

45. 신령한 은사들

(참조. 로마서 12:3-9와 고린도전서 12-14장에 대한 주석들)

사도 시대 교회는 오순절부터 세계를 도덕으로 거듭나게 하는 데 필요한 모든 신령한 은사들을 받았다. 이 은사들이 사실상 유대인과 이방인의 적대 행위에 맞설 수 있도록 신부의 예복이자 갑옷이 되었다. 이 은사들은 자연적 재능들과 구분하여 — 비록 대치되지는 않지만 — '카리스마' 들($\chi\alpha\rho\acute{\iota}\sigma\mu\alpha\tau\alpha$) 혹은 은혜의 선물들이라 불린다. 신자들 안에서 공동의 유익을 끼치기 위한 성령의 특별한 능력들과 현시들이다(참조. 고전 12:7; 14:12). 그러므로 그 기원이 초자연적이다. 하지만 자연적 덕성들과 상응하며, 발휘될 때는 인간의 모든 정신적 · 도덕적 기능들을 따르며, 그것들을 더욱 고등한 행위로 끌어올리며, 그리스도를 섬기도록 구별한다. 그 모든 것이 "은사들의 은사"인 믿음에 달려 있다.

신령한 은사들은 세 종류로 구분할 수 있다. 첫째, 지적 은사들로서, 성격상 주로 이론적이고, 교리와 신학에 관련된다. 둘째, 정서적 은사들로서, 주로 예배와 직접적인 건덕(建德)에서 나타난다. 셋째, 의지의 실제적인 은사들로서, 교회 조직, 정치, 권징에 관련된다. 그러나 은사들은 추상적으로 구분되지 않고, 그리스도의 몸을 세우는 공동의 목적을 위해서 조화롭게 함께 작용한다.

신약성경에는 열 가지 카리스마들이 특별히 언급된다. 처음 네 가지는 주로 — 비록 절대적이지는 않지만 — 교리와 관련되고, 다음 두 가지는 예배와 관련되며, 나머지 네 가지는 정치와 실제적인 문제들과 관련된다.

1. 지혜와 지식의 은사, 즉 기독교의 구원에 관한 하나님의 말씀과 교리의 본

질과 체계를 꿰뚫는 깊은 통찰의 은사.

2. 가르침의 은사, 즉 지식의 은사를 실제적으로 적용하는 은사이자, 사람들을 훈계하고 세우기 위해 성경을 명쾌히 해석하는 능력.

3. 예언의 은사. 앞의 두 은사와 비슷하지만, 사변보다는 경건한 정서를 대상으로 삼으며, 논리적 해석과 증명보다 주로 더 높은 각성을 일으키는 언어를 사용한다. 미래 사건들을 예고하는 데 한정되지 않으며, 하나님의 감추인 뜻, 성경의 더 깊은 의미, 마음의 은밀한 상태, 죄의 나락, 구속 은혜의 찬란함을 밝혀 내는 것으로 이루어진다. 특히 창의적인 시기에, 강력한 부흥의 때에 나타난다. 이에 반해 가르침의 은사는 교회에서 자연스럽게 성장하는 차분한 상태에 더 적합하다. 두 은사 다 교리와 신학 분야에서 뿐 아니라 예배에서도 작용하며, 이런 점에서는 정서의 은사들에 포함시켜 생각할 수도 있다.

4. 영들을 분변하는 은사는 참 예언자들과 거짓 예언자들을 분변하고, 성령의 영감과 단순히 인간 혹은 사탄의 열광을 분변함으로써 주로 세번째 은사의 길잡이 역할을 한다. 넓은 의미에서 이 은사는 진리와 오류를 구분하고 도덕적·종교적 특성을 판단하는 깊은 통찰력이다. 기독교 교리의 순수성을 지키고 교회 권징을 집행하는 데는 여전히 거룩한 비평이 늘 필요하다.

5. 방언 은사는 무의식적 입신 상태에 들어간 화자(話者)에게서 흘러나온 발언으로서, 통역 없이는 알아들을 수 없으며, 이런 점에서 예언과 다르다. 예언은 정서가 대단히 고양된 상태에 올라가 있으면서도 자의식이 요구되며, 회중에게 직접 유익을 끼치며, 그런 이유에서 바울은 방언보다 예언을 좋아했다(고전 14:1-5). 방언을 할 때는 성령의 감동을 받아 영적인 황홀경 상태에서 특별한 언어를 사용하여 무의식적으로 시편 같은 기도나 노래를 한다. 영혼은 지극히 수동적이고, 성령이 천상의 곡조를 연주하시는 도구가 된다. 그러므로 이 은사는 교회가 외국인들 사이에 외국 언어들로 퍼져 나간 것과 하등 관계가 없으며, 다만 방언하는 자 자신의 유익을 위해서, 간접적으로는 통역을 통해 듣는 자들의 유익을 위해서 행하는 순전한 예배 행위이다. 이 은사는 오순절에 최초로 나타났지만, 본격적인 전도 설교라 할 수 있는 베드로의 연설이 있기 전에 나타났다. 나중에는 고넬료의 집과 고린도 교회에서 다시 나타나는데, 이때는 적어도 직접적으로는, 믿지 않는 청중이 아닌 믿는 자들을 위한 건덕(建德)의 수단이었다. 물론 믿는 자들에게 교회에 임하는 초자연적 권능을 주목하게 함으로써 중요한 표

적 역할도 했다.

6. 통역의 은사는 방언을 보완하며, 영혼이 입신 상태의 언어로 발언한 기도와 노래를 냉철한 의식으로 이해할 수 있도록 해석함으로써 방언 은사를 회중에게 유익하게 만든다. 사고의 우월성을 고려하면 상급 은사에 포함시켜도 손색이 없다.

7. 봉사와 조력의 은사는 주로 남녀 집사 직분이나 가난한 자와 병든 자를 교회 차원에서 정규적으로 돌보는 일, 그리고 넓은 의미에서는 모든 종류의 기독교 자선과 박애 활동을 위한 특별한 자격이다.

8. 교회를 다스리고 영혼을 보살피는(gubernationes) 은사는 사도들과 사도적 인물들은 말할 것도 없고 모든 목사와 장로에게 사역지의 규모에 걸맞게 반드시 있어야 한다. 베드로는 동료 장로들에게 성직위계제도를 등에 업고 교만하거나 신자 위에 군림하지 말라고 경고하며 — 얼마나 많은 사제들과 주교들과 총대주교들과 교황들이 이 경고를 무시해 왔던가! — 아울러 그들에게 무한한 사랑으로 양떼를 위해 자기 목숨을 버리신 목자장이시요 대감독의 지고한 본을 상기시킨다(벧전 5:1-4).

9. 기적의 은사는 사도들과 스데반처럼 사도적 인물들이 비범한 에너지나 믿음에 힘입어 예수의 이름과 그분의 영광을 드높이는 말과 기도와 안수로써 온갖 신체적 질병을 고치고, 귀신을 쫓아내고, 죽은 자를 일으키고, 그와 비슷한 기사를 행하기 위해 소유한 능력이다. 이 기적들은 믿음이 생기기 위해 그런 감각적인 도움을 받아야 했던 시대와 사람들 속에서 사도들이 과연 하나님께 보내심을 받았음을 입증하는 신임장이자 인(印)이었다. 그러나 기독교가 세상에 굳게 뿌리를 내림에 따라 지속적으로 발휘되는 도덕적 감화력을 그 진실성에 대한 최고의 증거로 제시할 수 있었고, 따라서 외적이고 물리적인 기적들의 필요성은 중단되었다.

10. 마지막으로, 가장 크고 가장 고귀하고 가장 유익하고 가장 필요하고 가장 오래가는 사랑의 은사가 있는데, 사도 바울은 고린도전서 13장에서 친히 무한한 사랑이신 하나님을 뵙고 즐기는 천사의 펜을 가지고 이 은사를 묘사하고 드높인다. 사랑은 거룩하게 되어 영적 영역까지 승화된 자연적 친절과 애정, 혹은 그보다도 그리스도 안에서 하나님의 구원의 사랑을 체험함으로써 영혼 속에 새로 생긴 천상의 애정이다. 믿음이 모든 은사들의 바닥에 깔려 있듯이, 사랑도 따로 존

재하는 은사가 아니라 모든 은사들의 영혼으로서, 다른 은사들이 이기적이고 야심적인 목적으로 남용되지 않도록 막아 주고, 공동의 유익을 위해 쓰이도록 만들어 주며, 다른 은사들을 주관하고 통일시키고 온전케 한다. 다른 은사들은 사랑이 있어야 진정한 가치를 지니며, 사랑이 없으면 천사의 말을 하고 산을 옮길 만한 믿음이 있을지라도 하나님 앞에서는 아무것도 아니다. 사랑은 하늘과 땅을 감싸안는다. 사랑은 "모든 것을 믿으며", 믿음이 떨어질 때도 "모든 것을 바라며", 소망이 떨어질 때도 "모든 것을 견디며", 반면에 사랑 자체는 "언제까지든지 떨어지지" 아니한다. 사랑은 지상의 모든 은사들에 가장 필요하듯이, 다른 모든 은사들보다 오래 남을 것이고, 천상에서 성도들의 장식과 기쁨이 될 것이다. 사랑은 하나님의 가장 내밀한 본질이요 심장이며, 그분의 모든 속성의 기초요 모든 행동의 동기이기 때문이다. 사랑은 창조와 구속과 성화의 시작이요 마침이다. 우리를 삼위일체 하나님과 연결시키는 고리요, 기독교의 가장 중요한 덕이요, 율법의 완성이요, 완전의 띠요, 지복의 근원이다.

46. 개인의 삶으로 나타난 기독교

사람을 변화시키는 기독교의 영적 능력은 맨 처음 개인들의 삶에 나타난다. 사도들과 초대 그리스도인들은 이교 세계의 도덕론자들보다 훨씬 뛰어난, 심지어 유대인 신자들을 훨씬 능가하는 도덕과 경건의 자리에 올랐다. 그들의 매일의 행보는 하나님의 영광과 사람들의 구원을 추구하는 그리스도와의 생명의 연합이었다. 여러 중요한 덕들 가운데 겸손과 원수에 대한 사랑은 기독교 시대 이전에는 알려진 적이 없었다.

베드로와 바울과 요한은 기독교 신학뿐 아니라 기독교 경건에 대해서도 다양한 형태를 대표한다. 그들이라고 해서 결점이 없었던 것이 아니고, 실로 그들도 무죄한 분은 그들의 주님밖에 없다고 인정하고 자신들의 부족을 자백했다. 그럼에도 불구하고 그들은 죄악 세상에서 도달할 수 있는 거의 완벽한 상태에 도달해 있었다. 그리고 그들이 삶과 글로써 만대의 교회에 끼친 도덕적 영향은 이루 헤아릴 수 없이 크다. 세 사람은 독특한 방식으로 그리스도의 정신과 삶을 보여 준다. 이렇게 되는 이유는 복음이 사람의 자연적 재능과 기질을 멸하지 않고 구속하고 거룩케 하기 때문이다. 복음은 베드로의 불 같은 성격과 바울의 정력과 요한의 소심함을 거룩케 하여 똑같이 하나님을 위해 쓰이게 했다. 복음이 재창조 능력을 가장 현저히 발휘한 사례는 이방인의 사도를, 교회에 가장 위험한 원수로부터 가장 유능한 친구로 급격히 회심시킨 사건이었다. 성령께서는 바울에게는 압도적인 폭풍으로 임하셨고, 요한에게는 부드럽고 신선한 미풍으로 임하셨다. 그러나 두 사람에게는 다 동일한 새롭고 초자연적이고 신적인 생활 원칙이 자리잡았다. 두 사람 다 진리를 사랑하는 마음이면 그 힘을 거역할 수 없을 정도로 생생한 기독교의 변증가들이다.

신약성경에 등장하는 여성들에게서도 복음의 도덕적 영향력을 엿보게 된다. 당시에 유대교와 이교 세계를 막론하고 노예의 지위에 있던 여성들을 기독교는 본연의 도덕적 존엄성과 중요성의 지위로 끌어올리고, 남성들과 동일한 구원의 후사로 만들고(벧전 3:7; 갈 3:28), 고상하고 훌륭한 덕을 발휘할 수 있는 장을 열어 주되, 현대의 박애주의를 가장한 여성해방운동 방식으로 여성을 본연의 가정 생활에서 떠밀어내어 가장 아름다운 장식과 독특한 매력을 박탈하는 일을 하지 않는다.

동정녀 마리아는 여성의 역사에서 전환점이 된다. 둘째 아담이신 그리스도의 어머니로서, 하와에 해당하며, 영적인 의미에서 모든 산 자의 어미이다(창 3:20). 여자 중에서 복된 마리아 안에서 모든 남녀가 복을 받았고, 타락 시대 전체에 걸려 있던 저주가 제거되었다. 로마 교회는 1854년 12월 이래로 최소한의 성경적 근거도 없이 마리아의 무죄를 가르치고 있지만, 실은 그와 달리 마리아도 원죄와 자범죄에서 벗어나지 못했다. 아담의 딸로서 다른 모든 사람들과 마찬가지로 무죄한 성결의 유일한 근원이신 그리스도를 통해 구속과 성화를 받을 필요가 있었고, 본인도 하나님을 분명히 자신의 구주라고 부른다(눅 1:47). 그러나 세상의 구주를 낳고 길러낸 어머니를 우리는 비록 경배는 하지 않더라도 여성 그리스도인의 모범으로서, 순결과 자애와 소박과 겸손과 하나님께 대한 완전한 순종과 그리스도께 대한 거리낌 없는 순복의 모범으로서 얼마든지 존경할 수 있고 또 존경해야 한다.

마리아 다음으로는 주님을 따라다녔던 여성 제자들과 친구들의 정겨운 무리가 있다: 글로바의 아내 마리아, 야고보와 요한의 어머니 살로메, 예수님의 발치에 앉았던 베다니 마리아, 예수님을 대접하느라 분주했던 그녀의 언니 마르다,

주께서 귀신들렸던 상태에서 고쳐 주신 막달라 마리아, 참회의 눈물로 주님의 발을 씻기고 머리털로 닦아드린 죄인, 지상의 재물과 사랑의 선물로 인자를 섬겼고(눅 8:3; 마 27:55; 막 15:41), 주께서 십자가에 달리셨을 때 그곳에 남았고(요 19:15), 부활의 아침에 주님의 열린 무덤에 제일 먼저 찾아간(마 28:1; 요 20:1) 모든 고귀한 여성들.

따라서 여성이 더 이상 남성의 노예나 욕정의 도구가 아니라 남편의 긍지요 기쁨이며, 자녀에게 도덕과 신앙을 가르치는 다정한 어머니이며, 가족의 장식이자 보물이며, 신실한 자매이며, 기독교의 구제 활동에 빠지지 않는 열성적인 신자이며, 긍휼을 아는 자매이며, 초인적 용기를 지닌 순교자이며, 평화를 지키는 천사이며, 순결과 겸손과 온유와 인내와 사랑과 정절의 본이라는 것을 발견한다. 그 전에는 그러한 여성들이 있다고 알려지지 않았다. 고대 그리스 문화를 열광적으로 찬양한 이교도 리바니우스(Libanius)는 크리소스토무스의 어머니를 지켜보고서 자기도 모르게 기독교를 추켜 세우는 말을 해버렸다: "그리스도인들은 정말로 대단한 여성들을 갖고 있구나!"

47. 기독교와 가정

이렇게 여성을 진정한 자유와 존엄으로 끌어올린 기독교는 가정 생활 전체를 변화시키고 성결케 한다. 일부다처제를 폐지하고, 일부일처제를 올바른 결혼 형태로 정한다. 온갖 형태의 부정(不貞)과 불결과 함께 축첩 제도를 단죄한다. 남편과 아내, 부모와 자녀의 상호 의무를 그 본연의 견지에서 제시하고, 결혼을 그리스도와 그의 신부인 교회의 신비한 연합의 모형으로 묘사함으로써 결혼에 신성한 성격과 천상의 목표를 부여한다(참조. 엡 5:22-23; 6:1-9; 골 3:18-25).

따라서 가정은 전과 다름없이 자연의 토양에, 성애(性愛)의 신비에 뿌리를 박고 있으면서도 신령하게 되고, 가장 순결하고 고귀한 덕(德)들의 온상 곧 축소판 교회가 된다. 이러한 가정에서 아버지는 목자로서 가족을 매일 하나님의 말씀이라는 풀밭으로 인도하고, 제사장으로서 가족 공동의 간구와 중보와 감사와 찬송의 제사를 주께 드린다.

결혼한 상태와 마찬가지로 독신도 복음에 의해서 하나님 나라를 섬기는 일에 구별된다. 그런 예를 바울과 바나바와 요한 같은 사람들(참조. 마 19:10-12; 고전 7:7 이하; 계 14:4)과 선교와 금욕적 경건의 역사에서 찾아볼 수 있다. 고대 교회에 급속히 퍼져나간 독신에 대한 열정은 비록 이교 세계의 부패와 가정 생활의 비참상에 대한 자연스럽고 유익한 반응이긴 하였으나, 한 편으로 치우친 것으로 간주해야 한다.

48. 기독교와 노예 제도

인류는 노예 제도가 점진적으로 사라진 데에 대해서 기독교에 은덕을 입고 있다. 이 악은 온 민족에게 저주로 임해왔고, 그리스도 당시에 인류의 상당 부분이 짐승 취급을 당하고 있었다. 심지어 문명 사회인 그리스와 로마에는 노예들의 숫자가 자유인과 해방 노예들의 숫자보다 더 많았다. 고대의 위대한 철학자들은 노예 제도를 자연스럽고 필요한 제도라고 옹호했다. 아리스토텔레스는 야만인들이 모두 나면서부터의 노예들로서, 오직 복종하는 데만 적합하다고 공언했다. 로마법에 따르면 "노예들은 국가에서 대표권도, 이름도, 직함도, 호적도 없었다." 결혼할 권리도 간음에서 보호받을 권리도 없었다. 사유 재산으로 매매나 증여를 할 수 있었다. 주인의 재량으로 증거를 찾기 위해 고문할 수 있었고, 심지어 죽일 수도 있었다. 어느 저명한 민법 저자의 말을 빌자면, 로마 제국의 노예들은 "여느 가축보다 훨씬 더 비참한 처지에 있었다"고 한다.

카토(Cato the elder)는 늙고 병든 자기 노예들을 집 밖으로 쫓아냈다. 황제들 가운데 인간적인 면모로 손꼽힌 하드리아누스는 연필로 자기 노예들의 한쪽 눈을 멀게 했다. 로마의 귀부인들은 여종들이 화장실에서 옷을 반쯤 벗은 채 시중을 들고 있을 때 하찮은 잘못을 저질러도 날카로운 쇠붙이로 체벌했다. 이런 법적 모멸과 학대는 노예들의 성격에 대단히 악한 영향을 끼쳤다. 고대의 저자들은 노예들이 저급하고 비겁하고 야비하고 거짓말을 잘하고 탐욕스럽고 무절제하고 호색적이고 남들을 관리하는 지위에 오르면 엄격하고 잔인했다고 기록한다. 로마 제국에는 "노예들을 많이 둔 만큼 원수들을 많이 둔 셈이다"라는 격언이 유행했다. 이렇게 상존하는 노예 폭동의 위험이 — 실제로 그런 폭동으로 제국이 한 번 이상 파멸의 위기로 내몰린 적이 있었다 — 자기 방어 차원에서 노예를 혹독하게 다루는 것을 정당화한 듯하다.

이것에 비하면 유대교는 실로 한 차원 높은 곳에 서 있었다. 그럼에도 불구하고 유대교도 노예 제도를 관용했다. 비록 학대를 금지하는 지혜로운 예방책을 두었고, 신정(神政)의 혁신을 예표한 희년(禧年)에는 모든 히브리 노예들을 자유롭게 풀어주도록 규정한 중대한 법령을 두긴 했지만 말이다(레 25:10; 비교. 사 41:1; 눅 4:19).

이런 항구적인 압제와 도덕적 열등화를 조장하는 제도에 대해서 복음은 어떤 특별한 법에 의해서라기보다는 그 정신 전체로 반대했다. 성경 어디에도 폭력과 혁명으로 노예 제도에 맞서라는 교훈을 찾아볼 수 없다. 당시에 그런 조치들은 무익한 차원을 넘어서서 큰 해악을 가져왔을 것이다. 성경은 오히려 내면의 근본적인 치유를 제공한다. 먼저 그 악을 약화시키고, 그 독소를 제거한 다음 마지막으로 그 전체를 폐지해 버린다. 기독교는 무엇보다도 사람을 그 지위나 조건에 구애받지 않고 최악의 속박인 죄의 저주에서 구속하고 참된 영적 자유를 주는 것을 목표로 삼는다. 만민이 하나님의 형상 안에서 본래 하나라는 점을 확증하고, 만민이 그리스도로 말미암아 하나님 앞에서 공동으로 구속되고 영적인 평등을 누린다고 가르친다(갈 3:28; 골 3:11). 사랑을 가장 지고한 의무와 덕으로 내세우며, 그것 자체가 사회의 온갖 불평등을 내면적으로 고르게 한다. 복음의 위로와 안식을 주되, 특히 가난한 자들과 핍박받는 자들과 압제받는 자들에게 준다. 바울은 도망친 노예 오네시모를 그리스도께 회심시키고 본연의 의무를 자각하게 한 다음 잃었던 그의 특성을 회복시켜 주기 위해서 원래의 주인에게 되돌려 보냈다. 그러나 동시에 빌레몬에게 그 노예를 이후로는 사도 자신의 심정처럼 그리스도 안에서 사랑하는 형제로 맞아들이고 대하라고 분명하게 당부했다. 법과 관습의 울타리가 엄존하던 그 당시에 노예 제도라는 악을 그만큼 급진적으로 치유하리란 것은 아무도 생각할 수 없었다. 아울러 고대 문헌에서 가련한 노예를 불쌍히 여길 뿐 아니라 점잖고 섬세하게 대한 점에서 빌레몬서라는 짧은 서신에 견줄 만한 작품을 발견한다는 건 불가능하다.

신약성경에 고루 스며 있는 기독교의 이러한 사랑과 겸손과 공의와 자유의 정신은 문명화한 거의 모든 민족들에서 노예 제도를 사실상 점진적으로 폐지해 왔고, 장래에도 모든 죄와 비참의 사슬이 끊어질 때까지, 그리스도에 의해 구속된 인간 개인의 영원한 존엄성이 보편적으로 인정을 받을 때까지, 복음으로 말미암은 인간의 자유와 형제애가 완전히 뿌리내릴 때까지 그러한 정신은 쉬지 않을 것이다.

특주

그리스와 로마에 있었던 노예들의 수효와 형편

크테시클레스(Ctesicles)에 따르면 데메트리우스(Demetrius the Phalerian)가 총독으로 있을 때(주전 309년) 아티카에는 노예가 400,000명, 외국인이 10,000명이 있었던 반면, 자유 시민은 21,000명에 불과했다고 한다. 스파르타에는 그 불균형이 더욱 심했다.

기번(Gibbon)은 로마 제국에 대해서 클라우디우스 때 노예 수가 전체 인구 곧 6천만 명의 절반에 못 미쳤다고 계산한다(I. 52, ed. Milman, N. Y., 1850). 로버트슨(Robertson)에 따르면 노예 수가 자유민의 두 배였다고 하며, 블레어(Blair. 로마의 노예 제도에 관한 책, Edinb. 1833, p. 15)는 그리스 정복(주전 146년)과 알렉산더 세베루스(Alexander Severus)의 재위(주후 222-235) 사이에 한 사람의 자유민 당 세 명의 노예가 있었다고 계산한다. 그 비율은 물론 도시들과 농촌 지역들마다 크게 달랐다. 도시인들의 대다수는 가난하여 노예를 둘 능력이 없었다. 게다가 도시에서는 노예들의 생계 부양비가 시골에서보다 훨씬 비쌌다. 마르크바르트(Marquardt)는 로마의 노예와 자유민의 비율이 3대2였다고 추정한다. 프리드랜더(Friedländer, *Sittengeschichte Roms*. I. 55, fourth ed.)는 부유한 가정이 얼마나 되었는지를 모르기 때문에 총괄적인 정확한 계산이 불가능하다고 생각한다. 그러나 우리는 주후 24년 로마가 노예 반란 때문에 공포의 도가니에 빠졌다는 것을 안다(Tacit. *Ann*. IV. 27). 기번의 인용(I. 51)에 따르면, 아테나이우스(Athenaeus)는 실제 용도를 위해서가 아닌 과시용으로 노예를 열 명에서 많게는 스무 명까지 소유한 로마인들을 자기가 많이 알고 있다고 힘주어 주장한다. 당시 로마 시의 법무관이었던 페다니우스 세쿤두스(Pedanius Secundus)의 궁전 한 곳에만 4백 명의 노예가 있었는데, 주인의 살해를 막지 못했다는 이유로 모두 처형되었다(Tacit. *Ann*. XIV. 42, 43).

노예들의 법적 지위에 대해서 테일러(Taylor, *Civil Law*)는 다음과 같이 묘사한다(Cooper의 *Justinian*, p. 411에 인용): "사람들은 노예들을 어느 누구를 위해서도 아니고, 죽은 사람들을 위해, 네 발 달린 짐승 대신에 소유했다. 뿐만 아니라 노예들은 가축보다 훨씬 못한 생활을 했다. 국가에 어떤 대표자도, 이름도, 직함도 호적도 없었다. 손상당할 명예도 없었고, 매입이나 유증(遺贈)으로 무엇을 소유할 수도 없었고, 상속자도 없었고, 따라서 유언을 할 수도 없었다. 결혼할 권리도 생각할 여지도 없었다. 또한 정식으로 친족 혹은 인척 관계는 맺을 수 없고 유사 관계만 맺을 수 있었다. 동산이나 부동산처럼 매매, 양도, 담보가 가능했다. 실제로 그들은 재산이었기 때문에 그 가치로 평가를 받았다. 증거 확보를 위해 고문을 당할 수 있었고, 주인의 재량으로 처벌될 수 있었고, 심지어는 주인의 권위로 처형될 수도 있었다. 그 밖에도 법적으로 무능력한 점들이 허다하지만 지면 관계상 다 열거할 수 없다." 기번(I. 48)은 이렇게 생각한다. "그러한 내부의 적들에 대해서 — 그들의 필사적인 반란으로 공화국은 한 번 이상 벼랑 끝까지 몰렸었다 — 가장 가혹한 규제와 가장 잔인한 취급이 자기 방어라는 큰 법에 의해 지극히 당연시되었다."

노예 개개인의 처우는 주인의 인격에 좌우되었다. 대체로는 주인들로부터 거칠고 모진 대우를 받았다. 원형극장에서 자행된 유혈극은 심지어 여성들의 고상한 감수성마저 둔하게 만들었다. 유베날리스는 어느 로마 여인이 자기 몸종을 자기가 보는 앞에서 채찍이 다 닳을 때까지 무자비하게 때리도록 명한 일을 전한다. 오비디우스(Ovid)는 귀부인들에게 그들을 경모하는 종들의 얼굴을 할퀴거나 맨 팔을 바늘로 찌르지 말라고 경고한다. 하드리아누스 앞에서 그의 정부(情婦)는 이유를 대지 않고 노예에게 십자가 형을 언도할 수 있었다.

그러나 1, 2세기의 철학자들인 세네카, 플리니우스, 플루타르크는 고대 저자들에 비해 훨씬 온건한 노예관을 갖고 있었고, 노예들을 인간적으로 대우할 것을 권했다는 점을 지적하고 넘어가야 한다. 또한 안토니누스 피우스와 마르쿠스 아우렐리우스 황제들은 노예들의 여건을 어느 정도 향상시켰고, 노예들에 대한 불합리한 생살여탈권을 개인에게서 빼앗아 관리들에게 맡겼다. 그러나 당시에는 이미 기독교적 원칙들과 정조(情操)가 제국 전역에 널리 유포되었고, 교육받은 이교도들에게 소리 없이 영향력을 행사했다. 이 보이지 않는 영향력이 기독교에 의해서 주변 세계로 꾸준히 확대되었는데, 이런 영향력이 없었다면 노예들은 훨씬 더 열악한 대우를 받았을 것이다.

49. 기독교와 사회

기독교는 누룩과 같은 덕(德)으로 사회에 고루 스며들었고, 사회를 진정한 문화로 전진하는 길에 세워 놓았다. 복음은 실로 어디서도 특정 정부 형태를 규정하지 않고, 정치적·세속적 문제에 부당하게 간섭하는 것을 세심히 금지한다. 군주제든 공화제든 그 체제에 적응하며, 처음 3세기의 역사가 넉넉히 보여주듯이 심지어 국가로부터 압제와 박해를 받을 때라도 융성할 수 있다. 그러나 복음은 모든 정부의 참된 본질과 목표, 그리고 군주들과 백성들의 의무를 가르치고, 악법과 악한 제도는 폐지하고 선한 것은 세우도록 장려한다. 기독교는 원칙상 독재와 무정부 상태를 모두 반대한다. 어떤 형태의 정부하에서도 질서와 번영과 정의와 인간애와 평화를 지향한다. 군주에게는 최고의 왕과 재판장에 대한 책임감을 심어 주고, 백성에게는 충성과 덕과 경건의 정신을 심어 준다.

마지막으로 복음은 이질적인 민족과 인종 사이를 가로막고 있는 편견과 미움의 담을 허물어뜨림으로써 국제 관계를 개혁한다. 한때 그토록 구분되어 적대시하던 유대인들과 이방인들조차 한 성찬상에 둘러 앉게 하여 형제로서의 사귐과 조화로 연합시킨다. 참으로 보편적인 기독교 정신은 민족을 구분하는 모든 특성들 위에 초연히 솟아 있다. 예루살렘 회중처럼 사도 시대 교회는 "한 마음과 한 뜻"이 되었다(행 4:32). 때때로 우발적인 문제가 발생했고, 베드로와 바울 사이에, 유대 그리스도인들과 이방 그리스도인들 사이에 일시적인 충돌이 발생하기도 했지만, 우리는 이런 점들을 기이하게 여기기보다는 조화와 사랑의 정신이 옛 본성과 기존 질서를 고집하는 잔존 세력에 대해서 항상 승리를 거둔 사실에 경탄해야 한다. 바울이 그리스에 세운 교회들에 속한 가난한 이방 그리스도인들은 팔레스타인의 가난한 유대인 그리스도인들을 위해 구제 연보를 했고, 이로써 모교회로부터 받은 복음과 그 사귐에 감사를 표시했다(갈 2:10; 고후 9:12-15; 롬 15:25-27).

그리스도인들은 모두가 자신들을 '형제'로 느꼈고, 공동의 기원과 공동의 목적지를 항상 의식했고, "평안의 매는 줄로 성령의 하나 되게 하신 것"을 힘써 지키는 것을 신성한 의무로 여겼다(갈 3:28; 엡 4:3). 유대인들은 영적인 자만과 "인류에 대한 증오"(odium generis humani)로써 이방인들을 혐오했고, 헬라인들은 야만인들을 절반 인간들로 멸시했고, 로마인들은 그 탁월한 권력과 정치로 피정복 민족들을 영혼 없는 거대한 몸과 같은 기계적인 집합체로 전락시킬 수 있었지만, 기독교는 순전히 도덕적인 힘에 의해서 보편적인 영적 제국과 하나의 성도의 사귐을 건설했던 바, 이것이 오늘날까지 흔들리지 않고 서 있으며, 장차 지상의 모든 민족을 살아 있는 지체로 포용하고 만민을 하나님과 화목시킬 때까지 퍼져나갈 것이다.

50. 교회의 영적 조건 — 아시아의 일곱 교회

복음서 저자들과 사도들이 교리와 본에 설정한 높은 성결의 표준이 그들의 교회에서 충분히 실현되었다고 생각해서는 안 된다. 사도 시대 교회의 무흠한 순결과 완전에 대한 꿈은 사도들의 저서에서 아무런 뒷받침을 받지 못한다. 그 꿈은 다만 항상 우리의 목전에서 우리의 분발을 자극하는 하나의 이상으로 서 있을 뿐이다. 영감을 받은 사도들 자신이 완전을 자신있게 주장하지 못했다고 한다면, 그들의 전도로 회심한 사람들, 즉 유대인 사회와 이교 사회의 오류와 부패에서 이제 막 돌이킨 까닭에 기적이 일어나지 않는 한 도덕적 성장의 일반 법칙을 깨뜨리면서 당장 변화될 수 없었던 사람들에게서 완전을 기대하기란 더욱 어렵다.

실제로 서신서마다 나름대로의 어려움과 위험을 언급하고 있는 것을 발견하게 된다. 바울의 어떠한 서신도 그의 회중의 현실적인 불완전을 인정하지 않고서는 제대로 이해할 수 없다. 바울은 교인들에게 교묘한 정신적인 죄뿐 아니라 천박한 육체적인 죄에 대해서까지 경고해야 할 필요를 발견했다. 그들의 미덕에 대해서는 기쁘고 감사하는 마음으로 칭찬했고, 그들의 오류와 악에 대해서는 솔직하고 대범하게 책망했다.

공동서신서들의 수신자인 교회들과 요한계시록에 나오는 교회들도 예외가 아니다.

계시록 2장과 3장에 나오는 일곱 편지는 사도 시대의 마지막 단계가 지녔던 명암에 비추어 그 교회를 어렴풋이 바라보게 한다. 주로 소아시아 교회들을 보게 되지만, 그 교회들을 통해서 다른 지역 교회들도 보게 된다. 이 편지들은 목적이 거의 한결같고, 아주 훌륭하게 질서 잡혀 있다.

벵겔(Bengel)은 그 편지의 체계를 다음과 같이 잘 지적해 놓았다: (1) 교회의 '사자'(使者)에게 편지하라는 그리스도의 명령. (2) 예수께 붙인 장엄한 칭호. 일반적으로 그분의 장엄한 외모에 관계되며(1:13 이하), 그 뒤에 나오는 약속들과 경고들의 근거와 보증 역할을 한다. (3) 각 교회의 사자 혹은 책임자 — 단일 감독이든 목사와 교사 집단이든 — 에게 하는 말씀. 사자들은 아무튼 자기들에게 맡겨진 사람들의 대표자들이었고, 그들이 들은 말씀은 동시에 교회들에게도 적용된다.

이 말씀 곧 편지 본문은 항상 다음과 같은 내용으로 구성된다: (a) 회중의 도덕상에 대한 간략한 스케치 — 장점과 결점을 동시에 지적하며, 경우에 따라 칭찬이나 책망이 따른다; (b) 교회의 전반적인 성격에 따른 회개나 신실 혹은 인내에 대한 권고; (c) 이기는 자에 대한 약속과 그에 따른 훈계: "귀 있는 자는 성령이 교회들에게 하시는 말씀을 들을지어다." 혹은 처음 세 편지의 경우와 마찬가지로 순서만 바뀐 동일한 내용.

이 마지막 차이는 일곱 교회를 두 그룹으로 나누어, 마치 일곱 인(印), 일곱 나팔, 일곱 대접이 나뉘듯이, 첫째 그룹은 처음 세 편지에 해당하고 둘째 그룹은 나머지 네 편지에 해당하게 한다. 자주 반복되는 "귀 있는 자는 … "이라는 훈계는 헬라어로 열 단어로 이루어져 있다. 이것은 무의미한 언어 유희가 아니라 구약성경의 숫자 상징 체계를 적용한 것으로서, 구약성경에서 '3'은 하나님을 상징했고, '4'는 세상 혹은 인류를 상징했고, '3'과 '4'의 합이자 나눌 수 없는 수인 '7'은 하나님과 사람간의 나눌 수 없는 언약을 상징했으며, '10'(7과 3의 합)은 충만수로서 충만과 완성을 상징했다.

편지들에 따르면 교회들과 그 사자들은 그들의 도덕과 신앙 상태에서 다음 세 계층으로 분류된다:

1. 대단히 선하고 순결한 사람들, 즉 서머나와 빌라델비아의 교인들. 따라서 이 두 교회에 보내는 편지들에는 회개하라는 권고가 없고, 다만 고난 속에서도 견고하고 인내하고 즐거워하라는 격려만 있다.

서머나 교회(서머나⟨스미르나⟩는 고대에 건설된 도시로서, 지금도 스미르나 만에 자리잡은 아름다운 상업 도시이다)는 지극히 가난한 상태에서 큰 박해를 받고 있었고, 앞으로 더 큰 박해가 기다리고 있었으나, 생명의 면류관을 바라보고서 기뻐했다. 이 교회는 2세기에 요한의 제자이자 신실한 순교자 폴리카르푸스의 지도를 받았다.

빌라델비아(왕 아탈루스 필라델푸스〈Attalus Philadelphus〉가 건설한 뒤 자기 이름을 따서 명칭을 붙인 도시. 오늘날은 알라-스캐르)는 포도주 생산이 많으나 지진이 자주 발생한 지역인 로마 제국의 루디아 속주에 속한 도시였다. 이곳 교회는 겉으로는 가난하고 보잘것없었지만, 매우 신실하고 영적으로 번성했고, 땅에서는 장차 온갖 환난과 적대를 당할 것이었으나 하늘에서 풍성한 상을 받을 교회였다.

2. 대단히 열악하고 위험한 상황에 있던 교회들, 즉 사데와 라오디게아 교회. 따라서 여기서는 준엄한 책망과 회개의 권고를 보게 된다.

사데 교회(크로이소스〈Croesus〉 때까지는 루디아 제국의 융성한 수도였으나, 지금은 목동들이 사는 보잘것 없는 마을이다)는 기독교의 이름과 외형은 있었으나 믿음과 생명으로 발휘되는 내면의 능력은 없었다. 따라서 영적 죽음의 벼랑에 서 있었다. 그럼에도 불구하고 그 편지(3:4 이하)는 부패한 다수로부터 행보를 더럽히지 않은 소수의 영혼들을 구분했다. 이들은 그러면서도 분리주의자들처럼 회중으로부터 떨어져 나가지도 않았고, 자기들만의 분파를 세우지도 않았다.

라오디게아 교회(브루기아의 부유한 상업 도시로서, 골로새와 히에라볼리에서 그리 멀지 않았다. 오늘날 이곳에는 에스키-히사르라는 한적한 마을만 있다)는 영적으로 부유하고 무흠하다고 자부했으나 실상은 가난하고 눈멀고 벌거벗었으며, 무관심하고 미지근한 대단히 위험한 상태에 있었다. 그런 상태에서 과거의 결단과 열정으로 돌아가기란 자연적인 냉랭함에서 믿음으로 나아가기보다 한결 어려웠다. 그러므로 "내 입에서 너를 토하여 내치리라"는 두려운 경고를 듣게 되었다. (물이 미지근하면 구토를 일으킨다.) 그럼에도 불구하고 라오디게 아인들조차 절망으로 내몰리지 않았다. 주께서는 사랑으로 그들의 문을 두드리시면서 철저히 회개하면 어린양의 혼인 잔치에 참여시키겠다는 약속을 하신다 (3:20).

3. 혼합된 성격의 교회들, 즉 에베소 교회, 버가모 교회, 두아디라 교회. 이 교회들의 경우에는 칭찬과 책망과 약속과 경고가 혼합되었다.

당시 아시아 교회의 메트로폴리스였던 에베소 교회는 바울이 예고했던 영지주의 이단들을 잘 막아냈고, 주께로부터 받은 교훈을 순수하게 끝까지 지켰다. 그러나 첫 사랑의 열정을 잃어버렸고, 그 이유에서 회개하라는 진지한 훈계를 듣는다. 에베소 교회는 이런 식으로 우리에게 많은 교회들이 종종 빠지는 냉랭하게 굳어 버린 정통신앙의 상태를 잘 보여준다. 교리를 순결하게 지키려는 열정이 대단히 중요한 건 사실이지만, 경건과 적극적인 사랑을 실천하지 않으면 아무 쓸모 없게 된다. 에베소 교회의 사자에게 보낸 편지는 후대의 그리스 교회 전체가 특히 귀담아 들었어야 할 내용이다.

무시아에 자리잡은 버가모(이 일곱 도시들 가운데 최북단에 자리잡고 있고, 과거에는 아탈리아 왕조의 아시아 왕들이 살았으며, 200,000권의 서적을 소장한 대형 도서관과 양피지 생산으로 유명했다. 버가모 종이〈charta Pergamena〉라는 명칭은 그래서 붙었다. 오늘날은 터키인, 그리스인, 아르메니아인이 섞여 사는 마을이다)는 시련 속에서 큰 충성을 보였으나 위험한 영지주의 이단설을 지닌 사람들을 관용한 교회가 있었다. 엄격한 권징을 하지 못한 이런 이유로 버가모 교회는 회개하라는 경고를 받는다.

두아디라 교회(두아디라는 루디아에 있는 융성한 산업과 상업 도시로서, 오늘날 이곳에는 9채의 이슬람교 사원과 1채의 그리스 정교회가 있는 아크-히사르, 즉 '흰 성'이라는 상당 규모의 터키 도시가 자리잡고 있다)는 자기 부인과 적극적인 사랑과 인내로 매우 호의적인 평가를 받았지만, 버가모 교회와 마찬가지로 이교의 원칙과 관습으로 기독교를 부패시킨 오류들을 지나치게 관용했다.

마지막 두 교회, 그중에서도 특히 두아디라 교회는 에베소 교회와 정반대의 경우에 해당하며, 이론적 관용주의와 함께 열정적이고 실천적인 경건이 두드러진다. 교리는 언제나 실천에 다소 영향을 끼치게 마련이며, 이것도 위험한 상태이다. 오직 두아디라 교회만 참으로 견고하고 융성한 가운데, 그 안에서 교리의 순결과 생활의 순결, 이론적 정통신앙과 실천적 경건이 조화롭게 결합되어 서로를 증진한다.

모든 시대의 신학자들이 소아시아의 이 일곱 교회를 모든 기독교 교회의 축소판으로 간주해온 것은 상당한 일리가 있다. "선하든 악하든, 그 둘이 혼합되어 있든, 이 편지들이 본으로 제시하지 않고 적절하고 온전한 방향을 제시하지 않는 상태는 없다."

다른 데서와 마찬가지로 이 편지들에서도 하나님의 말씀과 사도 시대 교회의 역사는 모든 시대 모든 상황에 적용할 수 있다는 것과, 신앙 생활의 모든 상태와 모든 단계에 교훈과 경고와 격려를 무궁 무진하게 해줄 수 있다는 것을 입증한다.

제 9 장

사도 시대의 예배

51. 회당

기독교 교회가 역사적으로 유대인 교회에 의존해 있듯이, 기독교 예배와 회중 조직도 회당에 의존해 있으며, 회당을 빼놓고는 제대로 이해할 수 없다.

회당은 예나 지금이나 대단히 보수적인 힘을 지닌 기관이다. 예루살렘 성전이 유대 민족의 삶에 중심이었듯이, 회당도 각 지역 유대인들의 종교적 · 사회적 삶의 중심이었다. 교회이자 학교였고, 이 독특한 민족이 지닌 모든 독특한 것의 온상이자 보호자였다. 기원은 아마 포로 시대와 에스라 시대로 거슬러 올라가는 듯하다.[1] 그리스도와 사도 시대에 충분한 조직을 갖추었고, 그리스도와 사도들에 의해서 공사역의 발판으로 사용되었다. 성전이 무너진 뒤에도 존속했고, 유대 민족성과 종교의 주요 온상이자 보호소로서의 핵심적인 특성은 변하지 않은 채 오늘날까지 존속한다.

'회당' 이란 용어는 (오늘날 교회라는 용어처럼) 우선은 회중을 의미하고, 다음으로 회중이 공예배를 위해 모이는 건물도 의미한다. 그러나 아무리 작은 마을이라도 회당이 있거나, 아니면 적어도 개인 집이나 야외에 기도처 한 군데쯤은 있었다(대개 결례〈潔禮〉 때문에 강가나 바닷가에 자리잡았다). 장정 열 사람이면 하나의 회중을 구성하는 데 충분했다. "예로부터 각 성에서 모세를 전하는 자가

---

1) 유대 전승은 그 기원을 선지자 학교들로, 심지어는 창세기 25:27; 삿 5:9; 사 1:13을 확대 해석하여 족장 시대까지로 거슬러 올라가 찾는다.

있어 안식일마다 회당에서 그 글을 읽음이니라"(행 15:21). 회당 건립은 경건하고 사회적으로 유익한 일로 간주되었다(눅 7:5). 알렉산드리아와 로마 같은 대도시들에는 회당이 많았고, 예루살렘에는 다양한 구역에 사는 거민들과 각 나라에서 온 헬라파 유대인들을 위해 약 4백 개의 회당이 있었다(행 6:9).

1. 건물. 특별한 건축 양식이 없는 평범한 직사각형 집회소였고, 내부는 다소 성막과 성전과 비슷했다. 긴의자들이 있었고, 원로들과 부유한 회원들을 위한 높은 의자(상석)들이 있었고,[2] 독서대 혹은 강단이 있었으며, 성경 두루마리를 보관하는 목재함이나 벽장이 있었다('코페레트'⟨Copheret⟩ 혹은 속죄소⟨Mercy Seat⟩ 혹은 '아론'⟨Aaron⟩이라 불리었다). 마지막 것은 성막과 성전의 지성소에 해당했다. 성전의 조명을 모방하여 하나님의 법을 상징하는 신성한 조명을 항상 밝혀 두었으나, 탈무드에는 그것에 관한 언급이 없다. 다른 등불들은 경건한 예배자들이 안식일이 시작되는 시간(금요일 저녁)에 가지고 들어왔다. 성전에서처럼 문 곁에 구제함 두 개를 두었는데, 하나는 예루살렘의 가난한 자들을 위한 것이었고, 다른 하나는 해당 지역의 구제 활동을 위한 것이었다. 바울은 그 본을 따서 예루살렘의 가난한 그리스도인들을 위해 연보를 모았다.

(식물을 제외하고는) 예술적 장식이 없었다. 둘째 계명이 모든 신상(神像)을 우상 숭배로 여겨 엄격히 금하기 때문이었다. 다른 많은 점에서도 그렇지만 이 점에서도 이슬람교 사원은 성상(聖像) 면에서 지극히 간소한 태도를 보인다는 점에서 회당의 재판이다. 회당 건물은 인근 지역에서 가장 높은 지대에 세웠고, 가옥을 그것보다 높이 짓는 것을 허용하지 않았다. 고지대가 없을 경우에는 회당 지붕에 높은 장대를 세워서 얼른 눈에 띄게 만들었다.

2. 조직. 회당마다 회당장 한 명(눅 8:49; 13:14; 막 5:36, 38; 행 18:8, 17; 눅 8:41; 마 9:18), 같은 서열의 여러 원로들(Zekenim), 독서자(reader) 겸 해석자 한 명,[3] '사자'(messenger, Sheliach)라 부른 사절 혹은 서기 한 명, 하찮은 봉사를 위한 사찰 혹은 관리인(Chazzan) 한 명이 있었다. 돈과 현물로 연보를 모아 관리하

---

2) 마 23:6; 비교. 약 2:2,3. 알렉산드리아 회당에는 산헤드린 의원수에 따라 71개의 금의자가 있었다. 상석은 법궤 곁에 있었다.

3) 바벨론 유수 뒤에는 해석자(Methurgeman)가 대개 히브리어 교훈을 갈대아어나 헬라어 혹은 다른 지역어들로 번역하는 일에 기용되었다.

는 집사들(Gabae zedaka)도 있었다. 바틀라님이라고 하는 열 명 이상의 부유하고 여가가 많은 남자들이 예배 때마다 회당을 대표했다. 회당마다 독립된 공동체를 형성했으나 다른 회당들과 정규적인 교류를 유지했다. 회당은 세속 및 종교 법정 역할도 했고, 범법자들을 출교하고 징계할 권한이 있었다(마 10:17; 23:34; 눅 12:11; 21:12; 요 9:34; 16:2; 행 22:19; 26:11).

3. 예배. 예배는 단순했으나 다소 길었고, 경배와 가르침과 의식이라는 세 요소를 포괄했다. 기도와 찬송과 성경 낭독과 성경 강해와 할례와 결례(潔禮)를 포함했다. 피흘리는 제사는 성전에 국한되었고, 성전 멸망과 함께 중단되었다. 제사는 십자가에서 드려진 영원한 제사로 성취되었다. 기도와 찬송은 최초의 전례(典禮)이자 찬송가라고 할 수 있는 시편 본문을 주로 사용했다.

개회 기도는 쉐마(Shema) 혹은 케리아트 쉐마(Keriath Shema)라 불리었고 두 개의 도입적 축복 기도(benediction)와 십계명 낭독(훗날에는 생략됨)과 모세오경 여러 부분(이를테면 신 6:4-9; 11:13-21; 민 15:37-41) 낭독으로 구성되었다. 그 다음에는 열여덟 번의 기도와 축복 기도(베라코트〈Berachoth〉)가 따랐다. 다음은 그중 하나이다: "저희와 주의 백성 온 이스라엘에게 평화와 행복과 복락과 은혜와 자비와 긍휼을 베푸소서. 저희 아버지시여, 아버지의 얼굴 빛으로 저희 모두에게 한결같은 복을 주옵소서. 주 우리 하나님은 생명의 법이시요 인자하시고 공의로우시고 복되시고 자비로우시고 생명이시고 평화이십니다. 주의 백성 이스라엘에게 언제나 어느 순간에나 평강으로 복을 베푸시는 것이 주께 기쁨이 되기를 원하옵나이다. 주의 백성 이스라엘에게 평강으로 복을 베푸시는 주시여, 주는 복되시나이다."

이 강복들은 미쉬나(the Mishina)에서 대회당(the Great Synagogue)에 속한 120명의 원로들이 작성했다고 한다. 물론 일부는 마카베오 전쟁 이후에, 일부는 로마 제국의 등장 이후에 작성되는 등 점진적으로 살이 붙었던 게 틀림없다. 기도는 낭독자가 드렸고, 회중은 "아멘"으로 응답했다. 이 관습은 기독교 교회로 전래되었다(고전 14:16).

예배 중 교육과 설교 부분은 히브리 성경에 기초를 두었다. 율법에서 고른 교훈(파라샤〈parasha〉라고 함) 하나와 선지서(하프타라〈haphthara〉)에서 고른 교훈 하나가 히브리어로 낭독된 다음(행 13:15), 아람어나 헬라어를 사용한 석의(釋義) 혹은 주석과 설교(미드라쉬)가 뒤따랐다. 그런 뒤 축복 기도와 회중의 '아멘'

으로 예배가 끝났다.

예루살렘 밖에서는 정규 제사장이 없었으므로 일정한 나이가 된 유대인은 누구나 일어나서 교훈을 읽고 기도를 드리고 회중에게 설교할 수 있었다. 예수님과 사도들은 이런 민주적인 특권을 활용하여 율법과 선지자의 완성인 복음을 전파했다(눅 4:17-20; 13:54; 요 18:20; 행 13:5, 15, 44; 14:1; 17:2-4, 10, 17; 18:4, 26; 19:8). 유대교의 예배를 이교의 모든 예배 형태와 구분지은 강력한 교육적 요소가 모든 계층의 유대인들, 심지어 어린 여종까지도 그들의 종교를 친숙히 알게 하고 그로써 이교도들보다 훨씬 우월한 자리에 이르도록 영향을 끼쳤다. 동시에 좀 더 순수하고 영적인 예배를 바라던 개종자들을 끌어들였다.

공예배를 드리는 날은 안식일과 월요일과 화요일이었고, 기도 시간은 제삼시(오전 9시), 제육시(정오), 제구시(오후 3시)였다(참조. 시 55:17; 단 7:11; 행 2:15; 3:1; 10:30. 각각 샤카리트(Shacharith), 민카(Minchah), 아라비트('Arabith)라고 불렀다).

회중석은 낮은 담이나 가림막으로 구분되어 남자는 이쪽에, 여자는 저쪽에 앉았다(동방에서는 아직도 그렇게 하고, 유럽의 일부 지역에서도 그렇게 한다). 기도할 때는 회중이 얼굴을 예루살렘 쪽으로 돌린 채 서서 기도한다.

52. 기독교의 예배

기독교 예배는 그리스도의 이름으로 하나님께 드리는 공적 경배이며, 하나의 회중을 이룬 신자들이 주님의 영광을 위해서, 영적 생활의 증진과 기쁨을 위해서 천상의 머리이신 주님과 사귐을 나누는 의식이다. 목표는 주로 교회 자체가 신앙으로 튼튼히 서 가는 데 있지만, 동시에 바깥 세상을 교회로 끌어들이는 선교적인 성격도 있다. 기독교 예배가 자체의 독특한 성격을 처음으로 드러냈던 오순절의 예배가 그러했다.

우리 주께서 어렸을 때와 장년이 된 뒤에 회당과 성전에서 예배를 드렸듯이, 초창기 제자들도 관용되는 동안에는 그렇게 했다. 바울도 다메섹과 구브로와 비시디아 안디옥과 암비볼리와 베뢰아와 아덴과 고린도와 에베소의 회당에서 그리스도를 전파했다. "안식일마다 회당에서 강론"했는데, 그곳이 그에게 강단과 청중을 제공했다.

유대 그리스도인들은 적어도 팔레스타인에서는 될 수 있는 대로 조상들의 훌륭한 예배 형태를 그대로 따르려고 했다. 그것은 사실상 신적으로 제정된 것으로서, 기독교 예배의 분명한 형태였다. 우리가 아는 한, 그들은 안식일과 유대인 연중 절기들, 매일 기도 시간들, 모세 율법의 모든 의식을 꼼꼼히 지켰고, 그 외에도 기독교의 일요일, 주께서 죽으신 날과 부활하신 절기를 지켰고, 성만찬을 거행했다. 그러나 이러한 결합은 유대인들의 완강한 반대에 부닥쳐 점차 약해지다가 결국에는 성전 파괴로 인해 에비온파와 나사렛파를 제외하고는 완전히 무산되었다.

바울이 세운 이방 기독교 회중들 사이에서는 예배가 처음부터 비교적 독립된 형태를 띠었다. 구약 예배의 본질적인 요소들이 그대로 넘어왔으나 유대 민족의 율법적 성격이 제거되었고 복음의 정신으로 변형되었다. 이렇게 하여 유대교의 안식일이 기독교의 일요일로 전환되었고, 전형적인 절기인 유월절과 오순절이 그리스도의 수난절과 부활절, 그리고 성령 강림절로 바뀌었으며, 피흘리는 제사는 그리스도가 십자가에서 치르신 단번의 영원하고 충분한 제사에 대한 감사 예배와, 개인의 기도, 중보, 구주께 대한 헌신으로 대체되었다. 폐허가 된 성전 위에는 전능하신 하나님께 신령과 진정으로 드리는, 결코 중단되지 않는 예배가 우뚝 솟았다(참조. 요 2:19; 4:23, 24).

사도 시대가 끝날 아주 이른 시기부터 이렇게 비교적 자유롭고 영적인 기독교 예배가 거의 보편화했음에 틀림없다. 그럼에도 불구하고 특히 동방 교회에서는 적지 않은 유대교의 요소들이 오늘날까지 그대로 남아 있다.

53. 예배의 여러 부분들

사도 시대의 공예배는 다음과 같이 여러 부분으로 이루어졌다:

1. 복음 전파. 초기에는 주로 회심하지 않은 사람들에게 전하는 전도 연설의 형식을 띠었다. 즉, 예수의 생애에 관한 주요 사실들을 간단하면서도 생생하게 소개하고, 돌이켜 회심하라는 실질적인 권고를 하는 형식을 띠었다. 십자가에 못 박혔다가 부활하신 그리스도가 환히 빛나는 중심을 차지했고, 거기서 비취는

성화의 빛이 삶의 모든 관계들에 비추었다. 이 설교는 진실한 마음에서 우러나와서 마음으로 전달되었고, 내면의 삶에서 솟아나와 민감히 듣는 회중들 속에 새롭고 신적인 생명의 불을 붙였다. 가장 순수한 의미에서의 부흥 설교였다. 이러한 초기 기독교 설교 중에서 베드로와 바울이 행한 여러 설교들이 사도행전에 보존되어 있다.

넓은 의미에서는 서신서들도 설교로 간주할 수 있지만, 그 대상은 신자들이었고, 목적은 이미 뿌리내린 그리스도인의 삶을 자라게 하는 데 있었다.

2. **구약성경 부분들 낭독**(그 부분들은 Parashioth와 Haphtaroth라 불리었다). 성경 낭독 뒤에는 구체적인 강해와 적용이 따랐고, 이러한 유대교 회당의 의식이 기독교 교회로 전래되었다(참조. 행 13:15; 15:21). 얼마 뒤에는 이 의식에 신약성경, 즉 정경 복음서들과 사도 서신서들에서 간추린 교훈들이 덧붙었다. 이 교훈들은 대부분 전체 회중에게 전달되었고, 원래 공적인 용도로 의도된 것들이다(살전 5:27; 골 4:16). 사도들이 죽은 뒤 그들의 저작들은 교회에 구전(口傳) 교훈과 훈계의 대체물로서 갑절이나 중요하게 되었고, 예배 때 구약성경보다 훨씬 더 많이 사용되었다.

3. 기도. 다양한 형태의 간구, 중보, 감사로 이루어졌다. 기도도 유대교에서 유래했고, 사실상 모든 이교들에도 기도가 있다. 그러나 기독교 교회에서는 어린아이와 같은 확신으로 사람과 화목하신 아버지께 예수의 이름으로 기도를 드리기 시작했으며, 모든 계층과 상황을 위해서, 심지어는 원수들과 박해자들을 위해서까지 기도를 드렸다. 초대 그리스도인들은 공적 사적 생활에서 중요한 행동을 할 때마다 이 거룩한 의식을 행했고, 바울은 독자들에게 "쉬지 말고 기도하라"고 권했다. 그들은 중대한 문제가 생겼을 때는 신심(信心)에 도움을 얻기 위해 금식하면서 기도했다(참조. 마 9:15; 행 13:3; 14:23; 고전 7:5). 물론 신약성경 어디서도 금식하며 기도하라고 분명히 명하는 곳은 없지만 말이다.

그들은 특별한 필요와 상황에 따라 성령께서 감화하시는 대로 자유롭게 마음으로 기도했다. 사도행전 4장에서 그런 예를 볼 수 있다. 획일적이고 독점적인 기도문이 있었던 흔적이 없다. 그것이 있었더라면 사도 시대 교회들의 생명력과 자유와 걸맞지 않았을 것이다. 아울러 시편과 짧은 기도문(이를테면 주기도문)을 자주 사용한 것은 틀림없이 유대교의 관습과, 주께서 친히 기도의 본을 제시하시면서 하신 지시(마 6:9; 눅 11:1, 2), 초대 그리스도인들 사이의 강력한 유대감, 그리고 마지막으로 옛 교회의 예배 정신에서 유래한 듯하며, 만약 사도들과 속사도들의 선례가 없었다면 동방과 서방에서 그처럼 널리 시행될 수 없었을 것이다. 가장 오래된 기도문은 「디다케」(*Didache*)의 성찬 기도들과 「클레멘스 일서」(*the first Epistle of Clement*)에 실린 군주들을 위한 기도로서, 후자는 네로와 도미티아누스의 잔인한 적대 행위와 지극히 아름다운 대조를 이룬다.

4. 기도 형식을 띤 찬송. 절기의 분위기가 깔린 시(詩)와 신앙에 깊이 도취된 언어가 쓰였고, 회중을 지극히 높은 신심(信心)으로 끌어올리고 천상에서 성도들이 부르는 찬송에 참여하게 했다. 이 찬송은 영적 체험과 깨달음과 위로로 구성된 닳지 않는 보화인 구약성경 시편들과 함께 성전과 회당에서 곧장 기독교 교회로 전래되었다. 주께서는 성찬을 제정하여 새 언약을 세우신 뒤 친히 시편 찬송을 하셨고(참조. 마 26:30; 막 14:26), 바울은 서로 덕을 세우는 방편으로서 "시와 찬미와 신령한 노래들"을 부르라고 분명히 당부했다(엡 5:19; 골 3:16). 그러나 신약 계시의 빛을 받은 교회는 과거의 이 소중한 유산의 그 풍성한 의미를 최초로 깨닫고는 첫 사랑의 열정을 가지고 거기에다 독창적인 기독교의 시와 찬미와 송영과 강복 찬송(benediction)을 보탰는데, 이것은 그 뒤 여러 세기에 걸쳐 종교시와 음악의 풍성한 자료를 제공했다.

그 예를 들면 다음과 같다: 구주께서 나실 때 천군이 부른 찬송(Gloria, 눅 2:14); 시므온의 찬송(Nunc dimittis. 눅 2:29); 동정녀 마리아의 찬송(Magnificat, 눅 1:46 이하); 사가랴의 찬송(Benedictus, 눅 1:68 이하), 베드로가 기적으로 구출된 뒤에 드린 감사(행 4:24-30; 비교. 시 2); 사도 시대 교회들의 방언 — 찬송이든 기도든 언제나 신앙 열정으로 뜨겁게 달아오른 상태에서 행해졌다; 서신서들에 흩어져 있는 찬송의 단편들(엡 5:14; 딤전 3:16; 딤후 2:11-13; 벧전 3:10-12); 계시록의 서정적이고 전례적인 단락들, 송영들과 교송(交誦)들(계 1:5-8; 3:7, 14; 5:9, 12, 13; 11:15, 17, 19; 15:4; 19:6-8).

5. 신앙 고백. 위에 언급한 모든 예배 행위들은 신앙의 행위이기도 하다. 최초의 신앙 고백은 베드로의 증거, 즉 예수께서 그리스도시요 살아계신 하나님의 아들이라는 증거이다. 그 다음의 신앙 고백은 세례 때 고백한 삼위일체 고백서이다. 이런 고백서들에서 점차 이른바 사도신경(the Apostle's Creed)이 자라났다. 사도신경도 삼위일체적인 구조를 갖고 있지만, 그리스도께 대한 고백에 중심이자 가장 많은 부분을 할애한다. 현재의 형태를 4세기 이전으로 거슬러 올라

가 찾을 수 없고, 2세기와 3세기에는 길거나 짧은 형태로 되어 있었으나, 그럼에도 불구하고 본질상 사도적인 신앙고백으로서, 세계 창조로부터 육체의 부활에 이르는 삼위일체 하나님에 대한 계시를 놓고 중요한 사실들을 대단히 탁월하게 요약한다. 게다가 모두가 쉽게 알 수 있고 공예배와 요리문답 용도에 아주 적합한 형태로 되어 있다. 이것은 제2기에서 좀 더 자세히 다룰 것이다.

6. 마지막으로, 성례, 즉 그리스도께서 제정하신 거룩한 의식들. 적절한 상징과 가시적 표징을 지닌 성례들로써 영적 은사들과 불가시적 은혜가 합당한 참여자들에게 표현되고 인쳐지고 적용된다.

구약의 할례와 유월절에 해당하는 세례와 성찬이라는 두 성례는 그리스도께서 새 언약의 은혜의 효과적인 표징과 담보와 방도로 제정하셨다. 각기 중생과 성화에, 혹은 그리스도인의 삶의 시작과 장성에 관련된다. 견신례(confirmation)와 안수(ordination) 같은 신약성경에 언급된 그 밖의 종교 의식들은 그리스도께서 명하시지 않았기 때문에 성례들과 같은 등급을 매길 수 없다.

54. 세례

1. 세례의 개념. 세례는 그리스도께서 승천하시기 직전에 성부와 성자와 성령의 이름으로 집행하도록 엄숙히 제정하셨다. 교회 가입의 표징과 인으로서 할례를 대신했다. 그리스도의 제자가 되었다는 외적인 표지이자, 은혜 언약에 들어가는 의식이었다. 성령의 권능을 힘입은 회개(회심)와 죄 사함과 중생의 성례였다(막 1:4; 마 3:11; 눅 3:16; 요 1:33; 행 2:38; 8:13; 11:16; 18:8; 갈 3:27). 이것은 성격상 단 한 번만 받아야 한다. 참회하는 죄인을 가시적 교회에 연합시키고, 그에게 신자의 모든 특권을 부여하며, 이 사귐에 따르는 모든 의무들을 명한다. 회개와 믿음의 상태가 결핍되어 있으면 축복(성찬과 하나님 말씀 선포의 경우처럼)이 저주로 바뀌며, 하나님이 생명에 이르는 생명의 향기로 계획하신 것이 인간의 불신실함에 의해 죽음에 이르는 죽음의 향기가 된다.

세례가 구원에 필수적이라는 개념은 요한복음 3:5과 마가복음 16:16에서 추론한 것이지만, 사람이 하나님의 율례를 지키는 한에는 하나님께서 누구든 무슨 방법을 사용하시든 기뻐하시는 대로 자유롭게 구원하실 수 있다. 교회는 단지 세례를 받지 않은 것이 저줏거리가 아니라 모욕거리라는 원칙을 항상 견지해 왔다. 그렇지 않다면 세례받지 못한 채 죽은 유아들은 다 유기될 것이기 때문이다. 이 두려운 교리는 실제로 성 아우구스티누스와 로마 교회가 세례를 절대 필요한 것으로 상정하고서 추론해낸 것이지만, 복음의 정신과 아이들을 대하신 그리스도의 태도 — 그리스도께서는 천국이 그들의 것이라고 하셨다 — 와 정면으로 상치된다.

이 성례가 기독교적 의미로 최초로 집행된 것은 교회가 탄생한 날 사도들이 최초로 독자적인 설교를 한 뒤였다. 요한의 세례는 비교적 부정적인 성격을 띠었고, 성령 세례를 예비하는 것일 뿐이었다. 이론상으로는, 기독교 세례는 회심 — 즉, 인간이 죄에서 돌이켜 회개와 믿음으로 하나님께 나아가는 행위 — 뒤에 오고, 중생 — 즉, 죄 사함의 신적 행위와 내면적 씻음과 쇄신 — 뒤에 온다. 그렇지만 실제로는 외적인 표징과 내면의 상태와 효과가 반드시 동시에 발생하지만은 않는다.

마술사 시몬(시몬 마구스)은 성령 세례를 받지 않은 채 물 세례를 받았고, 고넬료는 물 세례를 받기 전에 성령과 의사 전달을 했다. 유아들의 경우에는 의지의 의식적 행위인 회심이 불가능하고 불필요하다. 어른들의 경우에는 그 엄숙한 예식을 행하기 전에 복음 전파나 복음의 기본 도리에 대한 간단한 교육을 행하고, 그 다음에는 사도적 교리를 좀 더 철저히 가르친다. 훗날 개종자들을 받아들일 때 큰 경계가 필요하게 되었을 때에는 요리문답 교육과 시험 기간이 상당히 길어졌다.

2. 세례의 일반적 형식은 침수(浸水)였다. 이것은 헬라어 밥티제인(βαπτίζειν)과 밥티스모스(βαπτισμος)의 본래 의미에서, 요한이 요단 강에서 세례를 베푼 사실에서, 사도들이 세례를 기적으로 홍해를 건넌 일과 언약궤가 요단 강을 건넌 일, 씻고 새롭게 하는 목욕, 그리고 장례와 부활과 비교한 사실에서, 마지막으로 동방에서 오늘날까지 널리 퍼진 고대 교회의 일반적 관습에서 추론할 수 있다.[4] 그러나 물을 뿌리는 혹은 붓는 형식도 일찍부터 병자와 죽어가

---

4) 동방 교회들과 러시아 정교는 심지어 삼위일체의 성호로 행하는 삼중 침례를 요구하며, 다른 어떤 방식의 세례도 부정한다. 그들은 로마의 교황을 세례받지 않은 이단으로 폄하하며, 침례교의 단일 침례를 인정하지 않는다. 러시아 대요리문답은 세례를 이렇게 정의한

는 사람들에게, 그리고 전체로든 부분으로든 침수가 불가능한 모든 경우에 시행되었다. 어떤 저자들은 오순절에 3천 명에게 세례를 베푼 최초의 경우에도 후자의 형식이 사용되었을 것으로 추정한다. 왜냐하면 예루살렘은 급수와 개인 목욕시설이 변변치 않았기 때문이다. 기드론 시내는 작은 냇가인데다 여름에는 마른다. 그곳에는 연못과 저수지가 많다. 세례를 뜻하는 헬라어의 용례는 씻음, 목욕, 뿌림, 의식적(儀式的) 씻음 등 때로는 폭넓은 의미를 포괄한다(참조. 왕하 5:14〈칠십인역〉; 눅 11:38; 막 7:4; 히 6:2; 9:10). 물을 붓거나 뿌리는 것보다 침수가 전인(全人)을 정결케 하고 혁신케 한다는 세례의 개념에 더욱 부합한다는 것은 의심할 여지 없는 사실이지만, 성령의 역사를 물의 종류나 양 혹은 그것의 사용 방식으로 제한하는 것은 복음의 정신과 일치하지 않는다. 물은 성령의 정결케 하고 중생케 하는 에너지에 적합한 상징으로서 세례에 절대로 필요하지만, 물이 많든 적든, 차갑든 뜨겁든, 신선하든 짜든, 강물이든 저수지 물이든 샘물이든 그것은 중요하지 않으며, 예식의 유효성에 영향을 줄 수 없다.

3. 세례의 대상에 대해서. 유아 세례가 사도 시대부터 유래했다는 설은 침례 교도들뿐 아니라 유아 세례를 옹호하는 많은 성직자들도 부정한다. 침례교도들은 유아 세례가 성례 자체의 개념에 위배되며, 따라서 비성경적인 타락이라고 주장한다. 그들에 따르면 세례란 교회 측에서는 복음 전파를, 세례 지원자 측에서는 회개와 믿음을 필연적으로 전제하는데, 유아들은 설교를 이해하지 못할 뿐더러 회개하지도 믿지도 못하므로 오직 어른 회심자들을 위해서만 의도된 세례의 적합한 대상이 아니라고 한다.

물론 사도 시대 교회는 선교 교회였고, 우선 모교회를 세우는 게 급선무였으며, 그 품안에서 비로소 기독교 교육에 의해서 세례의 은혜가 향상될 수 있었다.

다. "믿는 사람이 성부, 성자, 성령의 이름으로 자기 몸을 물에 세 번 잠근 뒤 육체적 죄의 생활에 대해서 죽고 성령으로 신령하고 거룩한 생명으로 거듭나는 성례." Marriott(in Smith and Cheetham, I., 161)는 "삼중 침례, 즉 물에 서 있는 채 머리를 세 번 물에 잠그는 침례는 초기 교회의 보편적 규율이었다"고 말하면서, 테르툴리아누스, 예루살렘의 키릴루스, 크리소스토무스, 제롬, 레오 1세 등의 글을 증거로 인용한다. 그러나 그는 168쪽 이하에서 관수(灌水)와 살수(撒水)도 특히 병자 세례 때 예외적으로 사용되었고, 그 유효성에 대해 키프리아누스가 변호했다는 점(*Ep.* 76 혹은 69 *ad Magnum*)을 인정한다. 이런 세례 방식은 이미 *Didache*(ch. 7)에서 유효하다고 언급된다.

옛 언약하에서도 할례는 우선 어른인 아브라함에게 행해졌으며, 오늘날도 이교 지역의 기독교 선교사들은 모두 전도를 하고 어른들에게 세례를 주는 것으로 사역을 시작한다. 또한 신약성경에는 유아들에게 세례를 주라는 뚜렷한 명령이 없다. 그런 명령은 복음의 자유로운 정신에 부합하지 않을 것이다. 게다가 교회와 국가가 연합하기 전에는 강제적인 혹은 보편적인 유아 세례가 없었다. 최초의 기독교 황제 콘스탄티누스(Constantine)는 임종할 때까지 세례받기를 미루었다 (오늘날 많은 사람들이 회개하기를 미루듯이). 콘스탄티누스가 죽은 뒤에도 나지안주스의 그레고리우스우스(Gregory Nazianzen), 아우구스티누스, 크리소스토무스 같이 신앙의 어머니를 두었으면서도 장년 초반에 회심할 때까지 세례를 받지 않은 저명한 교사들이 있었다.

그러나 신약성경이 유아 세례를 금하는 사례는 더욱 찾아보기 힘들다. 이것은 난지 팔일만에 할례를 베풀어 옛 언약의 사귐 안으로 받아들인 유대인들의 보편적인 관습으로 미루어 볼 때 넉넉히 짐작할 수 있는 일이다.

오히려 유아 세례가 사도 시대에서 유래했고 사도적 성격을 갖고 있다고 추정할 만한 근거들이 여럿 있다: 먼저, 유월절이 성찬을 예표했듯이 할례가 세례를 예표했다; 다음으로, 그리스도인 부모들이 자녀들과 맺었던 관계는 유기적 관계였다; 새 언약의 성격은 옛 언약보다 훨씬 더 포괄적이었다; 그리스도는 모든 성(性)과 계층과 연령의 구주로서 보편적인 덕을 갖고 계신다; 예수님의 유아기는 그 연령기를 구속하고 성화했다는 의미를 지닌다; 그리스도께서 친히 어린아이들을 데려오게 하사 천국이 그들의 것이라고 하셨고, 따라서 그들에게 천국 자녀의 표와 인을 주시지 않은 채 돌려보내지 않으셨을 것이다; 세례를 제정하실 때 단순히 개인들을 염두에 두시지 않고 온 민족의 복음화를 염두에 두었고, 온 민족에는 당연히 어린이들이 포함된다; 베드로는 세례를 최초로 집례하면서 이 죄 사함과 성령의 약속이 유대인들과 그들의 '자녀'를 위한 것이라고 뚜렷이 밝혔다; 신약성경은 온 가족이 세례를 받은 경우를 다섯 번 기록하는데, 대부분 아이들이 있었을 가능성이 없었을 가능성보다 훨씬 크다; 마지막으로 초기 교회의 보편적 관행에 대해서 테르툴리아누스가 홀로 저항했으나, 그런 태도는 자신의 괴팍한 행동과 몬타누스주의적인 특성들을 입증해 줄 뿐이다. 오히려 그렇게 격렬히 저항했다는 것은 당시에 유아 세례의 관습이 널리 퍼져 있었음을 반증한다. 테르툴리아누스는 사리를 분별할 수 있는 나이까지 세례를 미루어 세례받은 자가 다시 죄를 범함으로써 이 성례가 주는 유익을 영구히 저버리지 않도록 해야 한다고 조언했다. 그러나 그러면서도 조기 세례의 사도적 기원을 아무데서도 부인하지 않는다.

그러나 덧붙여서 말하지 않을 수 없는 것은, 그리스도인이 부모로서 혹은 보호자로서 유아를 지도하고 교육한다는 보장이 없다면 유아 세례가 무의미하고 그 관행도 속되다는 것이다. 유아 세례는 본인의 헌신으로써 완료되어야 한다. 즉, 복음으로 제대로 교육을 받은 뒤 자유로운 분위기에서 똑똑히 그리스도를 고백하고 그분을 섬기는 일에 자신을 헌신하고 그 터 위에서 교회의 충분한 사귐과 성찬에 참여하도록 엄숙히 허락을 받는 일이 있어야 하는 것이다. 견신례(confirmation)의 최초의 흔적들은 사도 시대에 세례를 베푼 뒤 안수를 하거나 상징적으로 성령을 받게 하는 의식에서 찾아볼 수 있는 듯하다(행 8:15; 19:6; 히 6:2).

55. 성찬

성찬은 그리스도께서 세상을 구원하시기 위해 자기를 제물로 바쳐야 하는 대단히 숙연한 상황에서 제정하신 성례이다. 그 구속의 죽음과, 그로써 그리스도와 생명의 관계에 들어가고 신자들과 사귐에 들어가게 된 것을 감사함으로 기억하고 자기 것으로 삼는 잔치이다. 유월절이 속박의 땅에서 기적으로 건짐을 받은 일을 생생한 기억으로 간직하고 하나님의 어린양을 기대했듯이, 성찬도 이미 완료된 죄와 죽음으로부터의 구속을 세상 끝날까지 표현하고 인치고 적용한다. 여기서 기독교의 가장 깊은 신비가 늘 새롭게 구현되고, 십자가의 내력이 재현된다. 여기서 기적으로 5천 명을 먹이신 일이 영적으로 지속된다. 여기서 하나님의 우편에 앉아 계시되 세상 끝날까지 자기 교회에 임재해 계신 그리스도께서 우리를 위해 희생하신 자신의 살과 피, 곧 자기 자신, 자기 생명과 구속의 죽음으로 얻으신 덕을 모든 사람들, 즉 자기를 살피고 하늘의 양식을 갈망하여 나오는 사람들에게 영적 양식으로, 하늘로서 내린 참된 양식으로 주신다. 그러므로 성찬은 언제나 기독교 예배의 가장 깊은 내면에 자리잡은 성소로 여겨져 왔다.

사도 시대에는 성찬을 단촐한 교제의 식사(아가페, 애찬)와 연계하여 매일 거행했는데, 이때 그리스도인들은 공동의 구주와 하나가 되어 모든 계급과 재산과 문화의 차이를 잊고 스스로를 하나님의 한 가족에 딸린 식구들로 느꼈다. 그러나 교회가 늘어나면서 이렇게 형제간의 유대를 어린아이같이 표시하고 살기가 점점 더 어려워졌고, 오히려 바울이 고린도 교회를 책망하는 데서 볼 수 있는 것과 같은 온갖 남용 사례들이 생겼다. 그러므로 예루살렘 교회가 유무상통을 한 것과 마찬가지로 법으로 명령된 적이 없는 애찬은 점차 성찬과 단절되었고, 제2, 3세기를 지나면서 점차 자취를 감추었다.

사도는 그리스도인들에게 성찬에 참여할 때는 자기가 회개와 믿음의 생활을 하고 있는지 근실히 살필 것을 요구하며, 그렇게 살피지 않고는 성찬으로 말미암는 복을 받을 수 없고 오히려 하나님의 심판만 자초할 것이라고 경고한다(고전 11:28). 이 경고로 인해서 성찬을 위한 특별한 예비 의식을 행하는 적절한 관습이 생겼다.

시간이 지나면서 이 거룩한 사랑의 의식은 세례와 그리스도 자신의 위격과 마찬가지로 치열한 논쟁 쟁점이 되었다. 상충되는 세 가지 이론 — 화체설(transubstantiation), 공재설(共在說, consubstantiation), 그리스도의 영적 임재설(spiritual presence of Christ) — 이 간단한 성찬 제정의 말씀("이것은 내 몸이니")에 관한 여러 해석들에서 연역되었다. 사도들이 그 말씀을 들을 때 주님이 친히 곁에 계셨고, 또한 주께서 자기 살을 먹는 것에 관해 강론을 하신 뒤 그것을 현세적으로 곡해해서는 안 된다고 경고하신 말씀(요 6:63)을 기억하고 있었기 때문에 그 말씀을 오해할 수가 없었다. 중세와 16세기에 벌어진 성찬 논쟁은 기독교 역사에서 대단히 비생산적이고 무익한 논쟁이었다. 그럼에도 불구하고 전혀 헛되었던 것은 아니다. 상이한 이론들은 스콜라주의적 난해함으로 모호하게 되거나 왜곡된 진리의 요소들을 반영하지만, 정제하여 한데 묶을 수 있다.

성찬은 다음과 같이 정의할 수 있다: (1) 그리스도께서 십자가에서 치르신 구속의 희생을 함께 기억하고 기념하는 성례이다; (2) 신자들이 구주와 생명의 연합을 하고, 그로써 영적으로 그리고 믿음으로 그리스도를 영접하고 그로 인한 모든 유익을 받으며, 그의 생명으로 자양을 공급받아 영원한 생명으로 들어가는 의식이다; (3) 신자들이 동일한 그리스도의 신비한 몸에 연합된 지체들로서 서로 사귐을 갖는 의식이다; (4) 우리가 그리스도를 위해 살도록 하시려고 우리를 위해 죽으신 그리스도께 우리 자신과 봉사를 감사함으로 바치는 의식이다.

다행히도 성찬의 복은 제정의 말씀에 대한 학문적 해석과 이해에 달려 있지 않고, 주님의 약속과 그분께 대한 어린아이 같은 믿음에 달려 있다. 그러므로 지금도 그리스도인들은 서로 교단이 다르고 견해가 다를지라도 공동의 주와 구주의 식탁 둘레에 함께 모일 수 있고, 그분과 함께 그분 안에서 하나됨을 느낄 수 있다.

56. 거룩한 장소들

하나님은 무소부재하신 영이시므로 자신의 전(殿)인 우주의 모든 장소에서 예배를 받으실 수 있지만, 우리의 본성이 유한하고 감각적인 점과 합해서 예배를 드려야 할 필요성 때문에 하나님을 예배하기 위해 구별해 놓은 특별한 지역들이나 성소들이 필요하다. 초대 그리스도인들은 모세 경륜과의 관계가 허용되는 동안에는 주님의 본을 따라 예루살렘 성전과 회당들을 자주 찾아갔다. 그러나 그 외에도 처음부터 개인 집들에서 모였는데, 특히 성찬과 애찬을 거행할 때는 그렇게 했다. 교회 자체가 오순절에 보잘것없는 가옥의 다락방에서 세워졌다.

초대 회심자들로서 유력한 교인들, 이를테면 예루살렘에 살던 요한 마가의 어머니 마리아, 가이사랴의 고넬료, 빌립보의 루디아, 데살로니가의 야손, 고린도의 유스도, 에베소의 브리스길라, 골로새의 빌레몬 같은 사람들은 공예배를 위해 자기 집을 흔쾌히 제공했다. 로마와 같은 대도시들에서는 기독교 공동체가 여럿으로 나뉘어 개인 집들에서 모였는데(롬 16:5; 고전 16:19), 그러면서도 회람 서신을 통해서 하나의 단위로 존재했다.

사도 시대 그리스도인들이 예배를 위한 특별한 건물을 세웠을 가능성은 그들이 전반적으로 가난했다는 것은 말할 것도 없고 유대인들과 이방인들에게 박해를 받았다는 점으로 미루어 보더라도 대단히 희박하다. 아울러 어느 회당 전체가 새로운 믿음으로 전환한 경우도 의심할 여지 없이 거의 희박했다. 세상의 구주가 구유에서 나시고 승천하실 때도 그냥 산에서 승천하셨듯이, 그분의 사도들과 그들의 후계자들도 제3세기에 이르도록 거리와 시장과 산과 배와 묘지와 동굴과 광야와 회심자들의 집에서 말씀을 전파했다. 그러나 그 이후로 얼마나 화려한 교회당들과 소예배당들이 세계 도처에 건축되었고, 지금도 계속 건축되어 십자가에 못 박혀 죽은 구주를, 낮아지셨을 때는 머리 둘 곳조차 없었던 그분을 기리고 있는가(눅 9:58)!

57. 거룩한 시간들 — 주의 날

모든 장소와 마찬가지로 모든 날과 시간도 다 하나님께는 거룩하다. 하나님은 모든 공간과 시간을 채우고 계시므로 모든 곳에서 언제든지 예배를 받으실 수 있기 때문이다. 그러나 우리의 지상 생활에 따르는 필연적인 제약들 때문에, 아울러 공예배의 본질 때문에 거룩한 시간들을 정해 사용하는 일이 생겼다. 사도 교회는 일반적으로 유대인의 관례를 따르되 미신적 요소들을 제거하고 그 자리에 믿음과 자유의 정신을 채워 넣었다.

1. 따라서 유대인의 매일 기도 시간, 특히 아침과 저녁을 관습으로 지켰고, 그 외에도 시간 제약을 받지 않고서 개인의 엄격한 경건 시간을 가졌다.

2. 주의 날은 공예배일로서 유대인의 안식일을 대체했다. 실재는 남았으나 형식은 바뀌었다. 매주일이 육체와 영혼이 쉬는 날로 제정된 것은 우리의 육체적·도덕적 본성에 뿌리를 둔 것으로서, 결혼과 마찬가지로 낙원에서 제정되었

---

5) 창 2:3. 이 절은 때로 선취(先取)적인 의미로 설명된다. 그러나 종교적 휴일들(dies feriati)은 대다수 고대 민족들에서 발견되며, 최근의 앗수르와 바벨론의 발견물들은 안식일이 모세 시대 이전에 존재했음을 확증한다. 참조. Sayce가 개정한 George Smith의 *Chaldean Account of Genesis*(Lond. and N. York, 1881, p. 89): "타락에 관한 언급들은 극히 드물고 불분명하지만, 안식일이 일곱 행성 숭배와 긴밀히 연관된 아카디애초기 갈대애의 제도였다는 데에는 의심의 여지가 없다. 점성술 서판들은 7일 단위의 주(週)가 아카디아에서 유래한 것으로서, 그 하루하루가 태양, 달, 다섯 행성에 봉헌되었고, 안식일이라는 단어 자체도 Sabattu라는 형태로 앗수르인들에게 알려졌으며, 그들에 의해 '마음의 안식을 위한 날'로 설명되었음을 보여준다. 윤달 엘룰의 성인 축일력(曆)은 7일, 14일, 19일, 21일, 28일을 어떠한 노동도 허락되지 않는 안식일들로 규정한다. 안식일 개념을 표시하는 아카디아의 단어들은 문자적으로 '노동이 불법인 날'이란 뜻이며, 2개 언어 서판들에서 '노동의 휴지 혹은 완성의 날'이란 뜻으로 해석된다." Smith는 그 뒤 이 달력이 매 안식일에 대해서 왕에게 제시하는 엄격한 명령들을 소개한다. 참조. *Transactions of Soc. for Bibl. Archael.*, vol. V., 427.

으니 인간의 역사만큼이나 역사가 깊다.[5] 이것이 우리 주님의 "안식일은 사람을 위하여 있는 것이요"(막 2:27)라는 심오한 말씀에 함축되어 있다.

안식일은 그리스도께서 멸하러 오시지 않고 완성하러 오신, 그리고 사람이 어느 한 계명을 어기면 나머지 전체를 어기게 되는 도덕법인 십계명에 들어 있다.

동시에 유대교 안식일은 여러 민족적 의식적 제약들로 둘러져 있었다. 그 제약들은 항구적인 것으로 의도된 것이 아니었으나, 점차 본래의 큰 도덕적 목표를 가릴 정도로, 또한 안식일이 사람을 위해 있는 게 아니라 사람이 안식일을 위해 있도록 만들 정도로 크게 부각되었다. 포로기 이후에 안식일은 바리새인들의 손에 의해 특권과 복보다는 계율적 멍에가 되었다. 안식일의 주인이신 그리스도께서는 이러한 기계적인 의식주의에 반대하시고, 안식일이 제정된 참된 정신과 자비의 목적을 회복해 놓으셨다(마 12:1 이하; 10 이하; 마가와 누가의 병행 단락; 요 5:8 이하; 6:23; 9:14, 16). 노예적이고 미신적이고 자기의를 내세우는 바리새인의 안식일주의가 갈라디아 교회에 침투하여 칭의의 조건으로 대두되었을 때, 바울은 그것을 유대교로 후퇴하는 행위로 규정하고 질책했다(갈 4:10; 비교. 롬 14:5; 골 2:16).[6]

기독교 교회에서는 안식일이 한 주간의 일곱째 날에서 첫째 날로 바뀌었다. 특별한 계명 때문에 그렇게 된 것이 아니라, 복음의 자유로운 정신과 기독교 교회 설립의 바탕을 이루는 위대한 사실들의 힘 때문에 그렇게 된 것이다. 그리스도께서 죽은 자 가운데서 살아나신 날이 그날이었고, 그 뒤 마리아와 엠마오 제자들과 모인 사도들에게 나타나신 날도 그날이었다. 성령을 부어 주시고 교회를 세우신 날도 그날이었으며, 사랑하는 그 제자에게 장래의 비밀들을 계시해 주신 날도 바로 그날이었다. 따라서 주간의 첫날은 이미 사도 시대에 '주의 날'로 존

---

6) 그리스도와 바울이 바로잡아야 했던 바리새적 안식일 엄수 정신은 심지어 바울의 스승이자 대단히 지혜롭고 자유로웠던 랍비 가말리엘조차 안식일에 나귀에게서 짐을 부리는 것을 죄로 생각했기 때문에 그냥 죽게 내버려 두었던 사실에서 추론할 수 있다. 다른 랍비들은 안식일에 나귀가 구덩이에 빠질 경우 끌어 올리는 것은 금하고, 대신 널판지를 놔주어 나귀 스스로 목숨을 건질 기회를 주는 것은 허락했다. 샴마이 학파와 힐렐 학파가 벌인 격렬한 논쟁 가운데는 안식일에 낳은 달걀을 먹는 것이 율법에 가한가 하는 문제가 있었는데, 지혜자 힐렐이 그것을 부정했다! 그렇다면 불행하게도 안식일에 났거나 죽은 닭을 먹는 것은 훨씬 더 큰 죄일 것이다.

귀하게 일컬어졌다. 그날에 바울은 드로아에서 제자들을 만나 늦은 밤까지 강론했다. 갈라디아와 고린도의 그리스도인들에게 힘 닿는 대로 구제 연보를 하라고 — 의심할 여지 없이 공예배 시간에 — 당부한 것도 그날이었다. 따라서 신약성경만 보더라도 일요일을 예배일로, 그리고 구속 사역을 완수케 한 부활을 특별히 기념하는 날로 지켰다는 것을 알 수 있다(요 20:19, 26; 행 20:7; 고전 16:2; 계 1:10).

제2세기에 교회가 일요일을 보편적으로 한결같이 안식일로 지켰다는 것은 그것이 사도 교회의 관습에 뿌리를 두고 있었다는 사실로써만 비로소 설명할 수 있다. 그 관습은 콘스탄티누스 시대 이전에는 세속법으로 아무런 뒷받침도 받지 못했다는 점과, 대다수 그리스도인들이 사회적 지위가 낮았고 이교도 주인과 고용주에게 종속되어 있었던 것을 감안할 때 틀림없이 많은 불편이 따랐을 것이라는 점을 생각하면 더욱 잘 이해할 수 있다. 이로써 일요일은 쉽고 자연스러운 전환에 의해서 기독교 안식일 혹은 주간의 휴일이 되면서, 유대교 안식일의 예표적 의미에 단번에 대답을 해주었고, 그 자체가 다시 하늘의 가나안에서 하나님의 백성이 누릴 영원한 안식의 예표가 되었다(참조. 히 4:1–11; 계 4:13).

복음 시대에 안식일은 이레 중 하루로 의미가 축소되지 않고 모든 시간 모든 노동을 주께 바치는 것을 상정하는, 더 중요한 날로 격상된다. 이제는 안식일이 계율적이고 의식적인 속박이 아니라, 귀중한 은혜의 선물이요, 특권이요, 안식이 없는 세상 중에 하나님 안에서 누리는 거룩한 안식이요, 하나님과 성도들과 함께 사귐을 갖는 영적 쇄신의 날이요, 영원히 끝나지 않을 하늘의 안식일에 대한 예기이자 담보이다.

이 날을 올바로 지키면 — 이 점에서는 잉글랜드와 스코틀랜드와 미국의 교회들이 유럽 대륙의 교회들보다 뛰어났고, 그로써 헤아릴 수 없는 유익을 얻었다 — 그것은 그리스도인들에게 온전한 권징의 학교이자 은혜의 방도가 되고, 공동체의 도덕과 신앙의 보루가 되고, 불신을 막아주는 요새가 되고, 교회와 국가와 가정에 막대한 복의 근원이 된다. 교회와 성경 다음으로 주의 날이 기독교 사회의 주된 기둥이다.

유대 그리스도인들은 예루살렘이 멸망할 때까지는 기독교 일요일 외에도 옛부터 지켜온 안식일도 지켰다. 그 사건이 일어난 뒤에는 유대인의 이 관습이 에비온파와 나사렛파에서만 존속했다.

일요일이 구주의 부활을 기념하는 날이자 감사와 기쁨의 날로 지켜졌듯이, 적어도 제2세기 초반에는 금요일이 기도와 금식으로 그리스도의 고난과 죽음을 기념하는 참회의 날로 지켜지게 되었다.

3. 연례 절기들. 사도들의 저작에는 연례 절기에 대한 명령이 직접적으로든 간접적으로든 언급되어 있지 않다. 십계명에 절기들에 대한 언급이 없기 때문이다. 그러나 그리스도께서는 절기들을 지키셨고, 그중에서 유월절과 오순절은 유대교의 안식일이 기독교의 안식일로 쉽게 전환되었던 것처럼 기독교의 절기로 쉽게 전환되었다. 제2세기의 보편적이고 일관된 관습에 비추어 볼 때 서신서들에 실린 몇몇 암시들(고전 5:7, 8; 16:8; 행 18:21; 20:6, 16)을 근거로 그리스도의 죽음과 부활, 그리고 성령 강림을 기념하는 연례 절기들이 사도 시대부터 시작되었다고 추론할 수 있다.

실제로 십자가에 달렸다가 부활하시고 교회에 살아 계신 그리스도가 초대 그리스도인들이 가장 골똘히 생각한 대상이었다. 이 생각이 매주 일요일을 안식일로 지키는 것으로 표출되었듯이, 구약의 두 가지 큰 전형적인 절기가 기독교의 부활절과 성령강림절로 전환된 것은 지극히 자연스러운 결과였다. 제2세기에 벌어졌던 유월절 논쟁들은 부활 사실 자체에 관련된 것이 아니라 부활절 날짜에 관련된 것이었으며, 서머나의 폴리카르푸스와 로마의 아니케투스(Anicet)는 당시 교회의 상이한 관습의 연원을 사도들의 관습에 있었던 중요하지 않은 차이로 돌렸다.

그 밖의 구약의 절기들에 관해서 신약성경은 아주 희미한 흔적조차 갖고 있지 않다. 성탄절은 제4세기에 교회력 사상이 자연스럽게 발전하면서 일종의 연대기적 신조로서 대두되었다. 니케아 시대와 그 이후에 성인들에 대한 숭배가 확산되면서 점차 마리아, 사도들, 성인들, 순교자들의 축일들이 생겼고, 마침내는 거의 모든 날이 처음에는 그냥 거룩한 날이 되었다가 나중에는 정규 축일이 되었다. 성인들이 주님의 빛을 가렸듯이, 성인들의 축일들이 주의 날의 빛을 가렸다.

제 10 장

사도 교회의 조직

58. 참고문헌

I. 자료

사도행전은 사도 교회 정치의 첫째 국면을, 목회 서신서들은 둘째 국면을 보여준다. 디모데전후서와 디도서의 저자를 바울로 인정하지 않는 Baur(*Die sogenannten Pastoralbriefe des Ap. Paulus*, 1835), Holtzmann(*Die Pastoralbriefe*, 1880, pp. 190 sqq.), 그리고 그외 사람들은 위의 저작들에 언급된 조직의 기원을 속사도 시대로 잡지만, 사실은 주후 60–70년의 시기에 속한다. 고린도전후서(고전 12:28)와 에베소서(4:11)와 계시록의 편지들(계 2,3장)에는 교회 직분들에 대한 중요한 암시들이 담겨 있다.

참조. the *Didache*, and the Epp. of Clement and Ignatius.

II. 총괄서

Neander, Thiersch(pp. 73, 150, 281), Lechler, Lange, Schaff(Amer. ed., pp. 495–545)가 쓴 *Histories of the Apostolic Age*의 각 부분.

III. 개별서

17세기와 좀 더 최근의 감독교회와 장로교회의 저자들은 일반적으로 자신들이 교회정치론을 변호하는 입장에서 이 장에 큰 관심을 기울였다.

Richard Hooker("명철자"⟨the Judicious⟩라고 불린 온건한 영국 국교도

moderate Anglican, d. 1600): *Ecclesiastical Polity*, 1594, and often since, best edition by Keble, 1836, in 4 vols. 영국 국교도 성직자들을 위한 표준서.

Jos. Bingham(영국 국교도, d. 1668): *Origines Ecclesiasticae; or, The Antiquities of the Christian Church*, first published 1710-22, in 10 vols. 8vo, and often since, Books II-IV. 여전히 중요한 저서.

Thomas Cartwright(잉글랜드 장로교의 아버지, d. 1603): *Dictionary of Church Government anciently contended for*, 1583년 집필, 1644년 장기 의회 (the Long Parliament)의 권위에 의해 출판.

장기 의회와 웨스트민스터 회의에서 논쟁이 벌어졌을 때 주교 홀(Hall)과 대주교 어셔(Ussher)가 주교제를 옹호한 가장 학식있는 사람들이었다. 반면에 다섯 명의 스멕팀누스파(Smectymnians. 그들이 1641년 홀〈Hall〉에게 답장으로 보낸 유명한 소책자 Smectymnuus 때문에 그렇게 불렸다), 즉 Stephen Marshall, Edmund Calamy, Thomas Young, Matthew Newcomen, William Spurstow는 "성경에 언급된 감독과 장로의 동등성과, 치리 장로들의 고대성을 증명하기 위해서" 노력한 가장 유력한 장로교 성직자들이었다. 참조. *A Vindication of the Presbyterian Gorverment and Ministry*, London, 1650, and *Jus Divinum Ministerii Evangelici, or the Divine Right of the Gospel Ministry*, London, 1654, both published by the Provincial Assembly of London. 이 책들은 역사적인 면에만 관심을 보인다.

Samuel Miller(장로교도, d. 1850): *Letters concerning the Constitution and Order of the Christian Ministry*, 2d ed., Philadelphia, 1830.

James P. Wilson(장로교도): *The Primitive Government of Christian Churches*. Philadelphia, 1833 (a learned and able work).

Jos. Adam Möhler(로마가톨릭교도, d. 1848): *Die Einheit der Kirche, oder das Princip des Katholicismus, dargestellt im Geiste der Kirchenväter der drei ersten Jahrhunderte*. Tübingen, 1825(new ed. 1844). 속사도 시대를 다룬 내용으로 더욱 중요함.

Rich. Rothe(d. 1866): *Die Anfänge der christlichen Kirche u. ihrer Verfassung*, vol. I. Wittenb., 1837, pp. 141 sqq. Möhler의 논문에 대칭을 이루는 프로테스탄트 저서. 유능하고 박식하고 정확하지만, 교회와 국가 문제와 부

분적으로 주교제의 기원 ─ 그는 그 제도의 기원을 사도 시대로 거슬러 올라가 잡는다 ─ 에 대해서 오류를 범한다.

F. Chr. Baur: *Ueber den Ursprung des Episcopates in der christl. Kirche*, Tübingen, 1838. Rothe에 대한 논박서.

William Palmer(영국 가톨릭교도): *A Treaties on the Church of Christ*. London, 1838, 2 vols., 3d ed., 1841. Amer. ed., with notes, by Bishop Whittingham, New York, 1841.

W. Löhe(루터교도) *Die N. T. lichen Aemter u. ihr Verhältniss zur Gemeinde*, Nürnb. 1848. Also: *Drei Bücher von der Kirche*, 1845.

Fr. Delitzsch(루터교도): *Vier Bücher von der Kirche*, Leipz., 1847.

J. Köstlin(루터교도): *Das Wesen der Kirche nach Lehre und Geschichte des N. T.*, Gotha, 1854; 2d ed., 1854.

Ralph Wardlaw(독립교회주의자): *Congregational Independency, in contradistinction to Episcopacy and Presbyterianism, the Church Polity of the New Testament*, London, 1848.

Albert Barnes(장로교도, d. 1870): *Organization and Government of the Apostolic Church*, Philadelphia, 1855.

Charles Hodge(장로교도, d. 1878)와 그외: *Essays on the Primitive Church Offices*, reprinted from the "Princeton Review," N. York, 1858. Also Ch. Hodge: *Discussions in Church Polity*. Selected from the "Princeton Review," and arranged by W. Durant. New York, 1878.

Bishop Kaye(영국 국교도): *Account of the External Discipline and Government of the Church of Christ in the First Three Centuries*, London, 1855.

K. Lechler(루터교도): *Die N. Testamentliche Lehre vom heil. Amte*, Stuttgart, 1857.

Albrecht Ritschl: *Die Entstehung der altkatholischen Kirche*, 2d ed., thoroughly revised, Bonn, 1857(605 pp.). 순전히 역사적이고 비평적인 저서.

James Bannerman(장로교도): *The Church of Christ. A Treatise on the Nature, Powers, Ordinances, Discipline, and Government of the Christian*

Church, Edinburgh, 1868, 2 vols.

John J. McElhinney(영국 국교도): *The Doctrine of the Church. A Historical Monograph*, Philadelphia, 1871. 사도 시대 이후부터 시작하지만, 주후 100년부터 1870년까지 나온 교회론 저서들의 유용한 목록을 싣고 있다.

G. A. Jacob(영국 국교회 저교회파): *Ecclesiastical Polity of the New Testament: Study for the Present Crisis in the Church of England*, London, 1871; 5th Amer. ed., New York(Whittaker), 1879.

J. B. Lightfoot(영국 국교회의 복음주의적 광교회파, 더럼의 주교, 매우 학식있고 유능하고 공정함): *The Christian Ministry*. 자신의 *Commentary on Philippians*에 대한 여담. London, 1868, 3d ed., London, 1873, pp. 179-267; also separately printed in New York(without notes), 1879.

Charles Wordsworth(영국 국교회 고교회파, 세인트앤드루스의 주교): *The Outlines of the Christian Ministry*, London, 1872.

Henry Cotterill(에든버러의 주교): *The Genesis of the Church*, Edinburgh and London, 1872.

W. Beyschlag: *Die chlistliche Gemeindeverfassung im Zeitalter des N. Testaments*(Crowned prize essay), Harlem, 1876.

C. Weizsäcker: *Die Versammlungen der ältesten Christengemeinden*. In the "Jahrbücher für Deutche Theologie," Gotha, 1876, pp. 474-530. His *Apost. Zeitalter*(1886), pp. 606-645.

Henry M. Dexter(회중교회주의자): *Congregationalism*. 4th ed., Boston, 1876.

E. Mellor: *Priesthood in the Light of the New Testament*, Lond., 1876.

J. B. Paton: *The Origin of the Priesthood in the Christian Church*, London, 1877.

H. Weingarten: *Die Umwandlung der ursprünglichen christl. Gemeindeorganisation zur Katholischen Kirche*, in Sybel's "Histor. Zeitschrift" for 1881, pp. 441-467.

Edwin Hatch(영국 국교회 광교회파): *The Organization of the Early Christian Churches*. Bampton Lectures for 1880. Oxford and Cambridge, 1881.

— 속사도 시대 교회 조직(감독, 집사, 장로, 성직자와 평신도, 공의회 등)을 논한다. 학문적이고 독자적인 저서로서, 교회의 조직이 점진적으로 발전했다는 점과, 그 조직의 구성 요소들이 이미 인간 사회에 있었다는 점과, 본래는 민주적인 형태였다가 상황에 의해 군주적인 형태가 되었다는 점과, 기독교 교회가 시대의 흐름에 따라 그 형태를 재조정함으로써 그 생명력과 신성을 나타냈다는 점을 증명하는 데 주력한다. 독일어역, Ad. Harnack, Giessen, 1883.

Arthur P. Stanley(영국 국교회 광교회파, d. 1881): *Christian Institutions*, London and New York, 1881. Ch. X. on the Clergy.

Ch. Gore: *The Ministry of the Church*, London, 1889(영국 가톨릭교도).

Sanday, Harnack, Milligan, Gore, Simcox, Salmon, 그리고 그외 저자들이 Christian Ministry라는 주제로 "The Exposistor"(London, 1887, 1888)에 기고한 기사들.

59. 기독교 사역, 그리고 그것과 기독교 공동체의 관계

기독교는 이 세상에 세력이나 원칙으로만 존재하지 않고, 세상을 (방해하지 않고) 보존하고 지키기 위해 의도된 제도적이고 조직된 형태로도 존재한다. 그리스도는 공인된 교사들과 다스리는 자들인 사도들과, 세상 끝날까지 지키도록 제정한 두 가지 성례인 세례와 성찬으로 가시적 교회를 세우셨다(참조. 마 16:18; 18:18; 28:18-20; 막 16:15; 눅 22:19; 요 20:21-23; 엡 2:20 이하; 4:11 이하).

동시에 그리스도는 세부 내용은 지시하지 않으시고, 다만 간단하고 필요한 조직의 요소들만 지시하셨으며, 세부 내용들은 교회가 각기 다른 시대와 나라에서 발생하는 변화와 필요에 맞춰 정해가도록 지혜롭게 남겨 두셨다. 이 점에서 성령의 시대를 사는 기독교는 의문(儀文)의 시대에 펼쳐졌던 모세적 신정(神政)과는 사뭇 다르다.

목회자 직은 주께서 승천하시기 전에 제정하시고, 최초의 기독교 오순절에 성령을 부어 주심으로써 땅에서 교회를 세우고 유지하고 확장하는 그리스도의 왕권의 정규 기관으로 엄숙히 출범시킨 직분이다. 신약성경에서 이 직분은 '말씀

사역자', '성령의 사역자', '의의 사역자', '화목의 사역자' 등 다양한 기능을 묘사하는 여러 가지 칭호들로 나타난다. 목회자 직분에는 복음 전파, 성례 집행, 교회 권징, 열쇠의 권세, 천국의 문을 여닫는 권세, 달리 표현하자면 그리스도의 이름과 권위에 힘입어 참회자에게는 죄 사함을, 불의한 자에게는 출교를 선포하는 권세가 따른다. 복음 사역자들은 주된 의미에서는 하나님의 종들이고, 그런 자격하에 그리스도의 본을 받아 자기를 부인하는 고귀한 사랑의 정신을 지닌 교회의 종들이다. 영혼을 영원히 구원하는 임무가 그들에게 위임되었기 때문이다. 그들은 세상의 빛, 세상의 소금, 하나님의 동역자, 하나님의 비밀을 맡은 청지기, 그리스도의 사자라고 불린다. 이런 존귀함에는 그것에 상응하는 책임이 따른다. 바울조차도 신자에게는 생명으로 좇아 생명에 이르는 냄새요 회개치 않는 자에게는 죽음으로 좇아 죽음에 이르는 냄새인 직분의 영광스러움을 묵상하면서 "누가 이것을 감당하리요" 하고 감탄하고는(고후 2:16), 자기가 그 직분을 성공적으로 감당한 것이 하나님의 조건 없는 은혜 덕분이라고 밝힌다.

이 거룩한 직분에 대한 내적 소명과 그것에 부합한 도덕적 자격은 성령께로부터 와야 하며(행 20:28), 교회가 적절한 기관들을 통해서 확인하고 재가해야 한다. 물론 사도들은 직접 그리스도께 교회를 세우는 사역으로 부르심을 받았다. 하지만 신자들의 공동체가 등장하면서 회중이 모든 종교 업무에 적극적으로 가담했다. 그 과정에서 그리스도와 그분의 교회로부터 내적 · 외적으로 부르심을 받은 사람들이 안수라는 상징적인 행위로 엄숙히 구별되어 목회자 직무에 임했다. 즉, 사도들이나 그들을 대표하는 자들의 기도와 안수로 적합한 영적 은사들을 부여하거나 권위 있게 확증하고 인쳤다(행 6:6; 딤전 4:14; 5:22; 딤후 1:6).

이 거룩한 직분은 이렇게 그 신적 기원과 중요성에서 대단히 숭엄한 것인데도 불구하고 신자들의 몸과 따로 구분되지 않았다. 유대교와 후대의 가톨릭 교회는 성직자와 평신도를 대립시켰으나, 사도 시대에는 이런 정신이 발 붙일 곳이 없었다. 한편으로 사역자들은 회중의 구성원들과 다름없이 죄인들이요 구속의 은혜에 의존해 있다. 다른 한편으로 회중의 구성원들은 사역자들과 똑같이 복음으로 말미암는 복들에 참여하고, 은혜의 보좌에 나아갈 자유를 똑같이 누리고, 몸 전체의 머리이신 그리스도와 똑같이 직접 사귐을 갖도록 부르심을 받는다. 교회의 사명 자체가 모든 사람을 하나님과 화목하게 하고, 그리스도의 참 제자들로 만드는 것이다. 이 영광스러운 목표는 긴 역사 과정을 통해서야 비로소 얻을 수 있지만, 중생 자체에 이미 최후 완성의 씨앗과 담보가 담겨 있다. 신약성경은 새 생명의 원칙과 그리스도인의 고귀한 부르심을 바라보고서 모든 신자를 '형제', '성도', '신령한 성전', '그의 소유된 백성', '왕 같은 제사장들이요 거룩한 나라'로 표현한다. 주목할 점은 특히 베드로가 모든 신자를 제사장으로 보는 사상을 제시하고, 클레루스(clerus)라는 용어를 평신도와 구분되는 성직 계급에 적용하지 않고 공동체에 적용하여, 모든 기독교 회중을 영적 레위 지파, 주님의 소유된 백성, 주님께 거룩한 백성으로 간주한다는 점이다(벧전 2:5, 9; 5:3; 비교. 계 1:6; 5:10; 20:6).

가시적 교회의 잠정적 조직은 모든 그리스도인이 선지자와 제사장과 왕이 되는, 그래서 하나님 찬송으로 모든 시간과 모든 공간을 채우게 되는 때에 하나님의 이상적인 나라를 실현하기 위한 수단이 되어야 한다(종종 그렇듯이 장애가 되어서는 안 된다).

특주

1. 주교 라이트푸트(Lightfoot)는 다음과 같은 광범위하고 자유로운 진술로써 기독교 사역에 관한 가치 있는 논의를 시작한다. "그리스도의 나라는 이 세상 나라가 아니므로 정치적이든 종교적이든 다른 사회 단체들을 구속하는 규제들에 제약을 받지 않는다. 그 나라는 자유롭고 포괄적이고 보편적이다. 인종이나 계급이나 성별을 초월하여 가입 허가를 바라고 찾아오는 모든 이들을 받아들이는 데서 뿐 아니라, 이미 가입한 사람들을 가르치고 다루는 데서도 이런 특성을 드러낸다. 모든 시간, 모든 장소가 다 거룩하기 때문에 거룩한 날들이나 절기들이나 특별한 성소들이 따로 없다. 무엇보다도 그 나라는 사제 제도가 없다. 하나님과 사람 사이에 제사를 전담하는 지파나 계층을 두어 그들에 의해서만 하나님의 진노를 달래고 사람을 사죄하게 하는 일이 없다. 각 개인이 하나님과 개인적인 사귐을 갖는다. 개인은 하나님께 직접 책임을 지며, 하나님께로부터 사죄와 힘을 얻는다."

그러나 그는 즉시 이 진술을 수정하고서 이것이 이상적인 견해일 뿐이라고 말한다 ─ "거룩한 절기는 한 해 전체로 확대되고, 성전은 거주 가능한 세계의 울타리로써만 한정되며, 사제직의 범위도 인류와 동일하다" ─ 그리고는 그리스도의 교회가 다른 사회 단체와 마찬가지로 관리자들과 감독과 제도가 없이는 통일을

유지할 수 없다고 말한다. "지정된 날과 지정된 장소가 교회의 효율성에 필수적이
듯이, 교회는 다스리는 자들과 가르치는 자들이 없이는, 화해의 사역이 없이는,
간단히 말해서 어떤 의미에서 사제로 명명될 수 있는 사람들의 위계(位階)가 없이
는 존재 목적을 제대로 이행할 수 없다. 이런 점에서 기독교의 윤리는 정치에 유
추를 제공한다. 이 점에서도 이상적인 개념과 실제적인 실현은 어울리지 않으며,
어떤 점에서는 서로 모순된다."

2. 거의 모든 교단이 자기들의 교회 정치의 기원을 신약성경으로 돌리는데, 옳
고 그른 점에서 대동소이하다. 로마교회는 베드로의 수위권(primacy)에, 어빙파
(the Irvingites)는 사도들과 선지자들과 복음 전도자들과 기적적 은사들에, 주교
제 교파들은 주교들, 천사들, 그리고 예루살렘의 야고보에, 장로교는 장로들과 그
들이 곧 감독들이었다는 주장에, 회중교회는 지교회의 독립성과 중앙 권력의 부
재에 각각 호소한다. 포괄적으로 말하자면 사도 시대 교회는 차후에 발달한 다양
한 교회 조직들을 위한 왕성한 씨앗들을 갖고 있지만, 그 어떤 교회 조직도 모두
에게 공통된 복음 사역을 제외하고는 신적 권위를 주장할 수 없다.

수석사제 스탠리(Stanley)는 어떠한 기성 교회도 그 정치의 형태나 발판을 1세
기에서 찾을 수 없다고 주장하며, 사도 시대의 조직들과 속사도 시대의 조직들을
뚜렷이 대조한다. "사도 시대든 그 뒤 어느 시대든 교회의 직분자들은 우리 종교의
창시자께서 내신 본래의 제도의 일부가 아닌 것이 분명하다. 감독(주교), 장로, 집
사(부제), 더 나아가 수도대주교, 총대주교, 교황은 네 복음서들에서 그 흔적을 조
금이라도 찾을 수 없다. 이런 직분들은 유대교 회당이든 로마 제국이든 그리스의
도시 정부든 기존의 기관들을 본따 점차적으로 발생했거나, 지역의 긴급한 필요
에 따라 발생한 것이 틀림없다. 1세기 전체와 2세기 초반에, 즉 사도행전 마지막
장들과 사도들의 서신들과 클레멘스와 헤르마스의 저작들을 통틀어서 감독과 장
로는 번갈아 쓸 수 있는 용어였다는 것과, 이른바 남자들의 단체가 초기 교회의
다스리는 자들 — 다스리는 항구적 직분이 존재하게 될 때까지 — 이었다는 것이
틀림없다. 시대의 필요에 따라 처음에는 예루살렘에서, 그 뒤에는 소아시아에서
한 명의 장로를 나머지 장로들 위로 격상시키는 것이 거의 보편적 규례가 됨에 따
라 '감독'(주교)이라는 단어는 점차 그 의미가 변했고, 2세기 중반에는 해당 지역
의 수석 장로라는 뜻으로 굳어지게 되었다. 사도들이 '장로'와 '집사'라고 불린
경우가 없었던 것처럼 '감독'이라고 불린 경우도 없었던 게 틀림없다. 3세기 초
이전에 이교 혹은 유대교 사제의 직함이나 기능이 기독교 목회자들에게 적용된

사례가 없었던 것도 틀림없다 … 1세기 말 전에 오늘날과 같은 주교제가 존재하지 않았던 것이 확실한 것처럼, 2세기 초 이후부터 오늘날과 같은 장로제가 존재하지 않았던 것도 확실하다. 한때 신학자들에게 고르디우스 왕의 매듭이었던 것이 적어도 이 경우에서는 박해의 칼에 의해서가 아니라 그것을 풀려는 학자들의 인내에 의해서 풀렸다."

60. 사도, 선지자, 복음 전도자

교회가 처음에는 예루살렘 회중과 하나였듯이, 목회직도 원래는 사도직과 하나였다. 복음서들과 사도행전의 처음 다섯 장에는 사도 이외의 다른 직임자들이 언급되지 않는다. 그러나 신자들의 수가 수천 명으로 늘어나면서 사도들은 설교와 예배 인도와 권징 집행의 모든 기능을 충분히 수행할 수 없게 되었다. 따라서 회중의 일상적인 필요를 채워 주기 위한 새로운 직분을 제정하지 않으면 안 되었고, 그러는 동안 자신들은 총괄적인 감독과 복음 전파에 전념했다. 이로써 기독교 교회의 필요에 따라 — 비록 기존의 회당 조직에서 부분적으로 착상을 얻긴 했으나 — 교회의 다양한 직분들이 생겨나게 되었다. 이 모든 직분이 사도직에 공동의 뿌리를 두고 있듯이, 각기 정도는 다르지만 신적 기원과 권위와 특권과 책임도 동질의 것이었다.

우선 눈에 띄는 것은 그 직분들이 어느 한 회중에게 제한되지 않고 온 교회로 혹은 적어도 교회의 상당 부분으로 확대되었다는 점이다. 그 직분들은 사도와 선지자와 복음 전도자의 직분들이었다. 바울은 이 순서로 그 직분들을 함께 언급한다(엡 4:11; 고전 12:28). 그러나 예언은 직분이라기보다 은사와 기능이었으며, 전도자들은 사도들의 지시로 특별한 사명을 부여받은 한시적인 직임자들이었다. 이 세 직분은 대개 특별한 직분으로 간주되었고, 사도 시대에만 국한되었다. 그러나 때때로 하나님은 비범한 선교사들(패트릭〈Patrick〉, 콜룸바〈Columba〉, 보니파키우스〈Boniface〉, 안스가르〈Ansgar〉 등)과 부흥 설교자들(베르나르〈Bernard〉, 녹스〈Knox〉, 백스터〈Baxter〉, 웨슬리〈Wesley〉, 횟필드〈Whitefield〉 등)을 일으키셨는데, 이들은 그 시대와 민족의 사도와 선지자와 복음 전도자라고 능히 부를 수 있을 만한 사람들이다.

1. 사도. 사도들은 원래 이스라엘의 열두 지파에 상응하게 열두 명이었다. 훗날 승천과 오순절 사이에 배반자의 자리에 유다 맛디아가 제비뽑기로 선출되었다.[1] 성령께서 강림하신 뒤 바울이 승천하신 구주의 직접적인 부르심으로 열세 번째 사도로 추가되었다. 그는 이방인들을 위한 독자적인 사도였고, 훗날 자기 주변에 여러 종속된 조력자들을 끌어모았다. 이들 외에도 바나바와 주의 형제 야고보 같은 사도적 인물들이 있었는데, 이들의 지위와 영향력은 정규 사도들과 거의 동일했다. 열두 사도(맛디아를 제외한. 하지만 그도 부활을 목도한 사람이었다)와 바울은 인간의 간섭 없이 땅에서 그리스도를 대표하는 자들로, 성령의 영감을 받은 기관들로, 온 교회의 설립자들과 기둥들로 그리스도께 직접 부르심을 받았다. 그들의 직무는 보편적인 것이었고, 그들의 저서는 오늘날까지 모든 기독교 세계를 위한 무오한 믿음과 의식의 준칙으로 남아 있다. 그러나 그들은 자기들의 신적 권위를 인위적이고 독재적인 스타일로 사용하지 않았다. 언제나 자기들이 보호하는 불멸의 영혼들의 권리와 자유와 존엄을 존중했다. 신자 한 사람 한 사람을, 심지어 오네시모 같은 가련한 노예까지도 자기들과 동일한 몸의 지체로, 구속의 참여자로, 그리스도 안에서 사랑을 받은 형제로 인정했다. 그들은 교회를 감독할 때 온유와 사랑, 자기 부인과 백성의 영원한 안녕을 위한 흔쾌한 헌신으로 수고했다. 사도들의 우두머리인 베드로는 겸손하게 자신을 "함께 장로된 자"라고 부르며, (교회의 고위 성직자들을 아주 쉽게 사로잡아 그들을 회중으로부터 이간시키는) 성직위계제도(hierarachy)적 정신에 대해서 예언적인 경고를 가한다.

2. 선지자. 이들은 성령의 감화를 받아 하나님의 비밀을 전파하는 교사이자 설교자였다. 기도와 금식을 하는 동안 성령께서 자기들에게 지목해 주시는 사람들을 선교 사역이나 그 밖의 교회 사역의 적임자로 지명함으로써, 직임자를 결정하는 데 특별한 영향력을 행사한 듯하다. 사도행전에 언급된 선지자들로는 아가보, 바나바, 시므온, 루기오, 마나엔, 다소의 사울, 유다와 실라가 있다(행 11:28;

---

1) 어떤 주석가들은 오순절의 조명이 있기 전에 치러진 맛디아 선출이 베드로의 성급하고 가치없는 행위였고, 그리스도만 직접적인 부르심으로 궐석을 채울 수 있으셨는데 그것은 바울에게 돌아갈 것이었다고 그릇되게 주장한다. 그러나 바울은 자신을 열두 사도에 속한 자로 언급한 적이 없고, 자신을 동등한 사도로서 그들과 구분한다. 참조. 갈 1, 2장.

21:10; 13:1; 15:32). 넓은 의미에서 예언 은사는 모든 사도들에게 있었고, 특히 새 언약의 선견자요 계시록 저자인 요한에게는 더욱 두드러졌다. 그것은 직분이라기보다는 기능이었다.

3. 복음 전도자, 순회 설교자, 사절, 사도들의 동역자 — 마가, 누가, 디모데, 디도, 실라, 에바브라, 드로비모, 아볼로 같은 사람들(딤전 1:3; 3:14; 딤후 4:9, 21; 딛 1:5; 3:12; 벧전 5:12). 이들은 오늘날의 선교사들과 비교할 수 있다. 특별한 사역을 위해 사도들로부터 위임을 받은 사람들이었다. "디모데를 에베소 감독으로, 디도를 그레데 감독으로 표현하는 것은 후대의 개념이다. 사도 바울 자신의 말은 그들이 맡은 직위가 한시적인 것이었음을 시사한다. 어느 경우든 그들의 임기는 사도가 글을 쓸 당시에는 다 끝나가고 있었다"(Lightfoot).

61. 장로 혹은 감독. 일곱 교회의 사자들. 예루살렘의 야고보

이제는 사도들과 그 대리자들이 시작한 사역을 특수한 지역에서 지속시킬 임무를 받은 지역 회중의 직임자들을 살펴 보기로 하자. 이들에게는 장로 혹은 감독과, 집사 혹은 조력자라는 두 부류가 있었다. 기독교가 확장되는 만큼 이들의 수도 증가했지만, 사도들은 하나 둘씩 죽음으로써 그 수가 감소했고, 사안의 본질상 그리스도의 생애와 부활의 증인들로 궐석을 채울 수도 없었다. 특별 직임자들은 당연히 교회의 설립과 존속의 임무를, 보통 직임자들은 교회의 보존과 안녕의 임무를 맡았다.

신약성경에서 장로(Presbyter 혹은 Elder)라는 용어와 감독(Bishop 혹은 Overseer, Superintendent)이란 용어는 하나의 동일한 직분을 가리키는데, 다만 차이가 있다면 전자가 회당에서 차용한 것인 반면에 후자는 헬라 사회의 공동체들에서 차용한 것이라는 점과, 전자가 위엄을 뜻하는 반면에 후자는 임무를 뜻한다는 점이 있다.

1. 이 직임자들의 정체(identity)는 다음 사실들로써 아주 분명해진다:

a. 이들은 언제나 하나의 동일한 회중 안에서, 심지어 빌립보와 같은 소도시들 안에서조차 복수로 또는 집단으로 나타난다.

b. 에베소 교회의 이 직임자들은 장로와 감독이란 칭호로 번갈아 불리운다.

c. 바울은 빌립보의 "감독들"과 "집사들"에게 문안을 하면서 장로들은 빠뜨리는데, 그 이유는 장로가 감독이란 용어에 포함되었기 때문이다. 감독이란 용어가 복수로 쓰인 것도 그 점을 시사한다(빌 1:1).

d. 목회서신서들에서 바울은 교회의 모든 직임자의 자격을 언급하면서, 이번에도 감독과 집사라는 두 직분만 언급하지만, 뒷부분에 가서는 감독 대신에 장로라는 용어를 사용한다(딤전 3:1-13; 5:17-19; 딛 1:5-7).

베드로는 "장로들"에게 "하나님의 양무리를 치되" 이익을 바라지 말고 사명감으로 하고, "맡기운 자들에게 주장하는 자세를 하지 말고 오직 양무리의 본이 되라"고 당부한다(벧전 5:1,2).

e. 로마의 클레멘스가 쓴 서신들(95년경)과 「디다케」(*Didache*)에서 잘 나타나듯이, 두 용어는 1세기 말까지 계속해서 번갈아 쓰였고, 2세기 말까지도 이런 용례가 완전히 사라지지 않았다.[2]

2세기가 시작되면서 이그나티우스(Ignatius) 때부터는 두 용어가 구분되어 두 직분을 가리켰다. 감독(bishop, 주교)은 장로 협의회의 보좌를 받는 회중의 우두머리로 간주되었고, 나중에는 교구의 우두머리와 사도들의 계승자로 간주되었다. 감독직은 장로들의 선임직에서 발전했거나, 주교 라이트푸트(Lightfoot)가 잘 표현한 대로, "감독직(주교직)은 사도들의 체제가 지역에 정착함으로써 생긴 게 아니라, 장로들 가운데 승진이 이루어짐으로써 생긴 것이다. 감독이라는 직함도 원래는 모든 장로들에게 공통된 것이었으나, 나중에는 장로들 가운데 선임자에게만 쓰이게 되었다."

그럼에도 불구하고 본래의 감독직에 대한 기억이 제롬(그는 감독직이 일종의 분열 방지책으로 장로직에서 생겼다고 가르쳤다)과 크리소스토무스와 테오도레투스(Theodoret) 같은 교부들 가운데서도 가장 성경적인 학자들에 의해서 보존되었다.

장로가 아닌 감독이라는 직함이 훗날 선임 직임자에게 부여된 이유는, 최근에

---

2) Clem., *Ad. Cor.* c. 42("감독들과 집사들"), c. 44("감독직……장로들"). *Didache*(ch. 15)는 지교회의 직원들을 감독과 집사로만 소개하는데, 전자는 장로와 동일시한다. 이레나이우스도 여전히 감독을 때로 '장로'라고 부르며, '감독직 승계'를 '장로직 승계'와 동의어로 사용하지만, 감독제 정체(政體)를 분명히 인정한다. 고위 직분은 하위 직분을 포함하지만, 그 역은 성립하지 않는다.

발견된 기념비의 비명(碑銘)들에 따르면 그 직함이 신전의 재정 책임자들을 의미했다는 사실과, 빈부차가 현저했던 시대에 주로 과부와 고아, 외인과 나그네, 노인과 불구자를 구제하기 위해 마련된 교회의 모든 기금을 감독이 맡았다는 사실로써 설명할 수 있다.

2. 장로-감독직의 기원은 신약성경에 기록되어 있지 않지만, 주후 44년 예루살렘 회중 가운데서 최초로 언급되었을 때는 이미 제도로 정착해 있었던 듯하다(행 11:30). 유대인 회당이 모두 장로들에 의해 운영되었듯이, 유대 기독교 회중도 모두 이런 정치 형태를 즉시 채택했다는 것은 매우 자연스러운 일이었다. 아마 그래서 사도행전 저자는 장로직의 기원을 구태여 밝힐 필요가 없다고 생각했는지 모른다. 그는 집사직이 특별한 긴급 현안 때문에 생겼다고 보고하면서도 그 모체가 되는 회당 조직에 관해서는 자세히 언급하지 않는다. 이방인 교회들은 감독이라는 이미 친숙한 용어를 취함으로써 그 본을 따랐다. 바울과 바나바가 소아시아에서 복음을 전파한 뒤에 맨 먼저 한 일은 장로들을 임명하여 교회를 조직하는 것이었다(행 14:23).

3. 장로-감독직은 자기들에게 맡겨진 회중을 가르치고 다스리는 것이었다. 이들은 정규 "목사와 교사"였다(엡 4:11). 공예배를 인도하고, 권징을 시행하고, 영혼들을 보살피고, 교회 재정을 관리하는 임무가 이들에게 맡겨졌다. 이들은 대개 제1대 회심자들 중에서 선출되고 회중의 승인을 얻어 사도들이나 그 대리자들에 의해 임명되었거나, 자발적인 연보로 그들을 후원하는 회중 자체에 의해 선출과 임명을 받았다. 이들은 사도들이나 동료 장로들의 기도와 안수로써 엄숙히 취임했다(행 14:23; 딛 1:5; 딤전 5:22; 4:14; 딤후 1:6).

장로들은 예루살렘과 에베소와 빌립보와 디모데의 임직에서 보듯이 언제나 장로의 회라는 집단이나 회의체를 이루었다(행 11:30; 14:23; 15:2, 4, 6, 23; 16:4; 20:17, 28; 21:18; 빌 1:1; 딤전 4:14; 약 5:14; 벧전 5:1). 이들은 틀림없이 동역자로 동등한 관계를 유지했을 것이다. 신약성경은 장로들간의 역할 분담이나 선임 장로의 성격과 임기에 관해서 아무런 정보도 주지 않는다. 장로회 구성원들이 각자의 재능과 성향과 경험과 편의에 따라 다양한 임무를 나눠 맡았을 가능성이 매우 크다. 아울러 한시직이든 종신직이든 선임 장로를 가리켜 구체적으로 감독이라고 했을 가능성도 크다. 이것이 사실이라면 세월이 흐르면서 이런 관행에서 감독직과 장로직이 쉽게 분화되었을 것이다. 그러나 교회 정치 전반이 사도들과 그 대리자들의 손 안에 있는 동안에는 감독들의 권한도 한 회중이나 작은 지역에 속한 회중들에게로 국한되었다.

'가르치는 장로'(teaching presbyters) 곧 본래의 의미에서의 목회자와 '다스리는 장로'(ruling presbyters) 곧 평신도 장로의 구분은 종교개혁 교회들이 편의상 해놓은 것이지만, 그 근거로 제시된 한 단락(딤전 5:17)이 동일 직분의 두 기능을 말하고 있을 뿐이기 때문에 사도가 재가한 것이라고 보기가 어렵다. 역할 분담과 교체가 어찌 되었든지간에, 바울은 감독 혹은 장로의 자격 조건들 중에서 가르치는 능력을 분명하게 언급한다(딤전 3:2).

4. 소아시아 교회의 일곱 사자(使者)들은 장로-감독들 혹은 지역 목회자들로 보아야 한다. 이들은 하나님의 뜻을 회중에게 책임있게 전달하는 사자들로서, 선임 장로이거나 정규 직임자들의 단체를 뜻한다. 바울과 베드로가 네로 치하에서 죽은 뒤에는 장로들의 회가 회중들을 다스렸고, 만약 오늘날 대다수 비평적 주석가들의 주장대로 계시록이 70년 이전에 집필되었다면 교회 조직이 공화제에서 군주제로 급격히 바뀔 시간 여유가 거의 없었다. '사자'를 개인으로 보더라도 그들은 분명히 개교회에 국한되었고, 사도 요한의 권위에 종속되었다. 따라서 후대의 교구 주교들이 주장하듯이 사도들의 계승자들은 아니었던 셈이다. 최대한도로 말할 수 있는 것은 사자들이 교구 주교들과 달리 회중에 국한된 사람들로서, 초대의 장로들로부터 이그나티우스 시대의 주교들로 향해 한 걸음 진보했다는 것이다. 이그나티우스 시대의 주교들도 마찬가지로 회중에 터를 둔 직임자들이었지만 군주적인 의미에서 장로회의 수장들이었고, 교부의 지위에서 회중과 관계를 맺었고, 회중의 영적 상태에 큰 책임을 졌다.

5. 고대 가톨릭 교회의 주교직 개념에 가장 가까이 접근한 것은 주님의 형제 야고보의 독특한 지위에서 발견할 수 있을 것이다. 야고보는 사도들과는 달리 사역 무대를 예루살렘 모교회로 한정했다. 제2세기 유대 기독교 전승에서 그는 보편 교회의 주교이자 교황으로 등장한다. 그러나 실제로는 프리무스 인테르 파레스(primus inter pares, 동일한 이들중 첫번째 사람)였을 뿐이다. 바울은 예루살렘을 마지막으로 방문했을 때 장로들의 영접을 받았고, 그들에게 자신의 선교 활동을 보고했다(행 21:18; 비교. 11:30; 12:17; 15장). 더욱이 야고보가 사도가 아니면서도 행사한 이 예외적인 권위는 주로 주님과의 밀접한 관계와, 심지어 회심치 않은 유대인들에게까지 존경을 받은 거룩한 인격 때문에 생긴 것이다.

본격적인 감독제(주교제)의 기원은 문헌적 증거로 보자면 사도 시대로 거슬러 올라가 찾을 수 없지만, 2세기 중반에는 아주 뚜렷하고 보편적인 형태를 띤다. 그 기원과 발전은 다음 시기를 다룰 때 자세히 살펴볼 것이다.

62. 남녀 집사들

집사 혹은 조력자는 예루살렘 교회에서 일곱 명으로 맨 처음 등장한다.[3] 사도행전(6장) 저자는 이 직분의 기원을 언급하는데, 이 직분은 장로직보다 먼저 언급된다. 이 직분은 회당에서 구제 연보를 모으고 나눠주는 임무를 맡은 직임자들에 그 선례를 둔다. 기도와 말씀 전파에만 주력하기를 바라던 사도들에게서 막중한 짐을 덜어 주기 위해서 처음 생긴 것이 이 직분이다. 그 발단은 헬라파 그리스도인들이 히브리파 혹은 팔레스타인의 형제들에 대해서 자기들의 과부들이 매일의 양식(그리고 아마 돈) 배분에서 제외되는 것을 불평한 데서 이루어졌다. 예루살렘 회중은 진정한 형제 의식을 발휘하여 히브리파 대신에 일곱 명의 헬라파를 선출했다. 그들이 헬라파였다는 것은 거명된 이름들이 헬라식 이름들이라는 점에서 그렇게 판단할 수 있다. 물론 당시 유대인들 가운데서도 헬라식 이름이 드물지는 않았지만 말이다. 그들이 집사로 선출된 뒤 사도들은 그들에게 안수했다.

다른 모든 회중들은 숫자에 특별한 의미를 부여하지 않은 채 모교회의 본을 따랐다. 그러나 로마 교회는 여러 세대에 걸쳐 일곱이라는 숫자까지도 그대로 존속시켰다. 빌립보에서는 집사의 서열이 장로 다음이었고, 바울의 서신에서는 장로들과 함께 인사를 받는다.

사도행전 기사에 따르면 집사의 직분은 매일의 애찬(love-feasts)상을 준비하고 가난한 자들과 병든 자들을 돌보는 것이었다. 초대 교회들은 과부와 고아를 보살피고, 외인을 환대하고, 가난한 자를 구제하는 구제 단체들이었다. 구제 기

---

3) Cornelius의 편지에 따르면 251년 로마 교회에는 46명의 장로들이 있었지만 집사는 7명뿐이었다고 한다(Euseb., *H. E.*, VI. 43). 필요한 자리들은 부집사(차부제, subdeacon)로 충원되었다. 콘스탄티노플에서 유스티아누스는 1백 명의 집사 임명을 허가했다.

금을 장로들은 관리하고 집사들은 모으고 배분했다. 이 일에는 영혼을 목회적으로 보살피는 작업이 자연스럽게 결합되었는데, 이는 가난과 질병이 신앙적인 권고와 위로를 전하기에 가장 좋은 기회이고 가장 시급한 상황이기 때문이다. 따라서 살아 있는 믿음과 본이 되는 행동이 집사직에 필요한 자격 조건이었다(행 6:3; 딤전 3:8 이하).

예루살렘의 집사들 중 두 사람인 스데반과 빌립은 설교자와 전도자로서도 활동했으나, 그것은 공적 의무를 수행한 것이라기보다는 개인의 은사를 발휘한 것이다.

속사도 시대에 감독(주교)의 지위가 장로보다 높아지고, 장로가 사제가 되고, 집사가 레위인으로 간주될 때, 집사의 주 기능인 가난한 자를 보살피는 기능은 사라지고 공예배와 성례 때 사제를 보좌하여 돕는 기능이 중시되었다(이런 이유에서 로마 가톨릭 교회는 집사를 부제〈副祭〉라고 부른다). 부제직은 목회의 삼중 직분 중 첫번째 직분이자 사제직의 디딤돌이 되었다. 동시에 부제는 주교의 대리인 겸 전령으로서 주교와의 친분에 힘입어 사제보다 유리한 위치를 확보했다.

여집사 곧 여성 조력자는 여신도들 중 가난한 자와 병든 자를 돌보는 비슷한 임무를 맡았다. 이 직분은 당시에 특히 헬라인들과 동방인들 사이에서 성별을 엄격히 구분하던 관습 때문에 더욱 필요했다. 이 직분은 경건한 여성들과 동정녀들, 그리고 주로 과부들에게 교회의 복지를 위해 이타적인 자선과 헌신의 특별한 은사를 공적으로 발휘할 가장 적합한 장을 열어 주었다. 이 직분을 통해서 그들은 가정 생활의 자연스런 영역을 침범하는 일 없이 가정 생활의 가장 사적이고 미묘한 관계에 복음의 빛과 위로를 전할 수 있었다. 바울은 뵈뵈를 고린도의 항구 겐그레아에 자리잡은 교회의 여집사로 언급하며, 바울이 주 안에서 행한 수고로 칭찬한 브리스가(브리스길라)와 마리아와 드루배나, 드루보사, 버시 같은 사람들도 로마에서 같은 지위에 있었던 여성들일 가능성이 매우 크다(롬 16:1; 비교. 16:3, 6, 12).

여집사는 대개 연로한 과부들 가운데서 선출되었다. 동방 교회들에서는 이 직분이 12세기 말까지 존속했다. [4]

---

4) 로마 교회에서는 구제 사역을 위한 자매회가 지교회의 여집사들을 대신했다. 모라비아

63. 교회 권징

거룩성은 통일성과 보편성과 마찬가지로 친히 만민의 유일하고 거룩한 구주이신 그리스도의 교회가 지니는 본질적인 표징이다. 그러나 땅에서 그 지체들 안에서 완전히 실현된 적은 없었고, 많은 장애와 시행착오를 거치면서 점진적으로 장성해 간다. 한 몸을 이루고 있는 전투의 교회는 그리스도인 개개인과 마찬가지로 긴 성화(聖化)의 과정을 지나야 한다. 그것은 주님의 재림 때까지 완성될 수 없다.

일반 그리스도인들 위에 우뚝 솟아 있고 구원에 필요한 모든 교훈을 주는 일에 무오한 사도들조차 지상 생애에서는 인격이 죄 없이 완전하다고 주장하지 못했고, 오히려 많은 약점으로 압박감을 느꼈고 항상 사죄와 씻음의 필요를 느꼈다.

사도들의 교회에서는 더더욱 완전한 도덕적 정결성을 기대할 수 없다. 사실상 신약성경의 모든 서신서들에는 덕과 경건에서 진보하라는 권고와, 불충과 배도에 대한 경고와, 신자들 사이에 있는 부패한 행위들에 대한 책망이 실려 있다. 유대교와 이교의 묵은 누룩이 단번에 제거될 수 없었고, 회심자들도 물과 성령으로 거듭난 뒤에도 칠흑 같은 많은 죄들에 노출되었다. 갈라디아 교회에서는 많은 사람들이 은혜와 복음의 자유로부터 유대교의 율법적 속박과 "세상의 초등학문"으로 뒷걸음질쳤다.

고린도 교회에서 바울은 현세적인 분파 정신과, 지혜에 대한 병적인 욕구와 이교도의 우상 제사에 참여하는 행위와 불결한 경향과 성찬과 그에 연결된 애찬을 속되게 만드는 행위를 책망해야만 했다. 바울의 서신들과 계시록에 따르면 소아시아의 대다수 교회들은 성령께서 사도들을 통해서 경고와 책망을 하시지 않을 수 없을 정도로 이론적 오류와 실천적 부패에 심하게 감염되어 있었다.

이런 사실들은 교회와 범법자들 모두에게 권징이 얼마나 필요한지를 보여준다. 권징은 교회에게는 자기 정화의 과정이요, 본질상 교회에 속한 거룩함과 도덕적 존엄을 주장하는 행위이다. 범법자에게는 유익한 징계요 회개와 개혁의 방도이다. 그리스도와 그 교회의 일꾼에게 궁극적인 목적은 영혼들을 구원하는 것이다. 따라서 바울은 교회 권징을, 대단히 혹독한 표현을 써서 타락한 자를 "사

교, 루터교, 성공회 등에도 비슷한 기관들이 설립되었다(독신 서약 없이). 참조. Schaff의 *Rel. Cyclop*(vol. I, 1882) pp. 613 이하에 실린 Deacon과 Deaconess 항목.

탄에게 내어 주었으니 이는 육신은 멸하고 영은 주 예수의 날에 구원 얻게 하려 함이라"고 말한다(고전 5:5).

권징의 수단은 그 엄격함의 정도가 다양하다. 먼저 개인적으로 훈계하고, 다음에 공적으로 바로잡은 다음, 이런 조치들이 아무 소용이 없을 때 출교, 즉 은혜의 모든 방도들과 그리스도인과의 사귐에서 잠시 축출한다(참조. 마 18:15-18; 딛 3:10; 고전 5:5). 범법자가 진지하게 회개하면 교회의 사귐으로 회복된다. 권징은 그리스도의 이름으로 온 회중이 행하는 행위이다. 따라서 바울은 고린도 교회를 떠나 있으면서도 그 교회 회중과 영적으로 연합되어 있었기 때문에 회중의 동의를 얻어 간음을 범한 자를 출교했다.

우리 주님은 에클레시아라는 용어를 오직 두 단락에서만 사용하시는데, 그중 한 단락에서는 그것을 유대인 회당처럼 소송을 판결하고 권징을 행사하는 권위를 지닌 법정으로 말씀하신다(마 18:17). 회당에서는 장로의 회가 행정 절차뿐 아니라 법 절차에 대해서도 지방 법원을 구성했으나, 온 회중의 이름으로 권위를 행사했다.

사도 교회에서 두 가지 가장 가혹한 권징 사례는 예루살렘 교회가 첫 사랑 안에서 결속해 있던 시절에 그 안에서 저지른 거짓말과 위선에 대해서 베드로가 아나니아와 삽비라에게 내린 두려운 징벌(행 5:1-10)과, 바울이 간음과 음행을 범한 고린도 교회 교인을 출교시킨 일이었다(고전 5:1 이하). 후자의 경우는 회복의 사례도 제공한다(고후 2:5-10).

64. 예루살렘 공의회

사도 교회가 교육과 입법체였음을 가장 현저하게 드러낸 사건은 주후 50년에 예루살렘에서 모세 율법의 권위에 대해 결정을 내리고, 유대 기독교와 이방 기독교 간의 차이를 조정하기 위해 열린 공의회였다(행 15장; 갈 2장).

여기서는 예루살렘 공의회를 교회 조직과 관련하여 간단하게 살펴 본다.

이 공의회는 사도들만으로 구성되지 않고 사도들과 장로들과 형제들로 구성되었다. 베드로와 바울과 요한과 바나바와 디도가 참석했고, 아마 다른 모든 사도들도 참석했을 것이다. 야고보 — 열두 사도 중 한 사람이 아닌 — 가 지역 감독으로서 회의를 주재했고, 타협안을 제출하여 채택되었다. 회의 진행은 회중 앞에서 공개리에 이루어졌고, 형제들이 심의 과정에 참여했고, 예리한 변론이 있었으나 사랑의 정신이 견해에 걸린 자존심보다 우세했고, 사도들은 장로들과 "온 교회"를 배제하지 않고 그들과 함께 법령을 통과시키고 문안을 작성했으며, 사도들이 회람 서신을 보내되 자기들만의 이름으로 보내지 않고 "장로된 형제들" 혹은 "연로한 형제들"의 이름도 함께 적어 할례 문제로 시달리는 회중들의 "형제들"에게 보냈다(행 15:6, 12, 22, 23).

이 모든 것은 그리스도인들이 예배 행위에 참여하듯 교회 정치에도 일정한 방식으로 참여할 권리가 있었음을 입증한다. 사도들의 정신과 행동은 일정 형태의 회중 자치와, 교회의 서로 다른 분자들의 조화롭고 우애있는 협력을 지지했다. 성직자와 평신도를 추상적으로 구분하는 것을 지지하지 않았다. 신자라면 누구나 그리스도 안에서 선지자와 제사장과 왕의 직분으로 부르심을 받는다. 따라서 권위와 권징권을 지닌 책임자들은 자기들이 해야 할 큰 일이 회중을 자유와 독립에 이르도록 훈련하고, 다양한 영적 직분들에 의해서 그들을 믿음과 지식의 통일에 이르도록, 그리스도의 장성한 분량에 이르도록 세우는 것임을 잊어서는 안 된다.

그리스와 로마의 교회들은 점차 사도들의 정책에서 이탈하여 평신도뿐 아니라 하위 성직자들까지도 입법 공의회에 참여하지 못하도록 배제했다.

예루살렘 공의회는 비록 구속력 있는 선례는 아니었지만 기독교 공동체의 모든 계층이 공적 문제를 다루고 믿음과 권징에 관한 논쟁을 해결하는 데 참여하는 교회회의적인 정치 형태에 대해 사도적 재가를 제공한 중요한 본보기이다. 이 공의회가 통과시킨 법령과 이 공의회가 발송한 목회 서신은 역사의 오랜 과정을 통해 교회 당국자들이 발행한 법령(decrees)과 교회법(canons)과 회칙(encyclicals)의 맨 처음 사례이다.

그러나 중요한 것은 이 최초의 법령이 비록 의심할 여지 없이 성령의 인도하에 채택되고 유대인 회심자들과 이방인 회심자들이 뒤섞여 있던 시대와 상황에 맞춰 지혜롭게 조정되었으나, 결국에는 "일시적인 긴급 현안에 대한 일시적인 방편"에 지나지 않았고, 따라서 항구적인 구속력을 지닌 무오한 법령의 선례로 인용될 수 없다. 예루살렘 타협안에 깔려 있는 양보와 조화의 정신이 법령 자체보다 더욱 중요하다. 그리스도의 나라는 율법 시대가 아닌 영과 생명의 시대에 서 있다.

65. 교회와 그리스도의 나라

　그러므로 사도 교회는 자유롭고 독립되고 완전한 유기체로, 인간의 몸 안에 있는 초자연적이고 신적인 생명의 체제로 등장한다. 그 안에는 그 목적들을 이루는 데 필요한 모든 직분들과 능력들이 담겨 있다. 그 자유로운 정신으로 외적인 필요를 공급한다. 자급자족적이고 자치적인 제도로서, 세상 국가 밖에 있지 않고 안에 있다. 국가와 연합하는 문제에 관해서 처음 3세기는 — 교회 우월적인 방식으로든, 에라스투스(Erastus)의 (국가에) 종속적인 방식으로든 — 아무런 흔적을 남기지 않았다.

　사도들은 세속 권력을 생명과 재산을 보호하기 위한, 선인에게 상을 주고 행악자에게 벌을 주기 위한 신적 제도로 여겨 존중한다. 그리고 심지어 클라우디우스와 네로 같은 황제들의 치하에서도 모든 국가적 관심사들에 대해 국가에 엄격히 순종하라고 당부한다. 하늘에 계신 그들의 주께서도 친히 세속 문제에 대해서는 헤롯과 빌라도에게 순복하셨고, 가이사에게 속한 것은 가이사에게 주셨기 때문이다. 그러나 사도들은 영적인 부르심에 관한 한 국가 권력자가 지시하고 금하는 대로 복종하도록 허용하지 않았다. 그들의 원칙은 "사람보다 하나님을 순종하는 것이 마땅하니라"는 것이었다. 이 원칙을 위해서, 자기들의 왕중 왕께 충성하기 위해서, 그들은 언제든 투옥과 모욕과 박해와 죽임을 당할 준비가 되어 있었고, 물리적인 무기에 의존하거나 반란과 혁명을 선동하는 일은 절대로 하지 않았다. 바울은 말하기를 "우리의 싸우는 병기는 육체에 속한 것이 아니요 오직 하나님 앞에서 견고한 진을 파하는 강력이라"고 한다. 불과 칼로 저항하는 것보다 순교하는 것이 훨씬 더 고귀한 용기로서, 훨씬 더 큰 확실성을 가지고 마침내 철저하고 항구적인 승리로 인도한다.

　사도 교회는 그 구성원들에 관한 한 불결함에서 해방되지 못했고, 차후에 들어온 유대교와 이교와 자연인의 세력에서 자유롭지 못했다. 그러나 주께서 부여해 주신 권위에 힘입어 엄격한 권징을 시행했고, 그로써 그 위엄과 거룩성을 일관되게 주장했다. 완전하지는 않았으나 그리스도의 장성한 분량에 도달하기 위해서 근실히 노력했고, 주께서 영광 중에 다시 나타나사 자기 백성을 높이 드실 날을 고대하고 소망했다. 아직은 사실상 보편적인 경지에 이르지 못했고, 오히려 적대적인 이교도와 유대인 무리에 비교할 때 적은 양무리에 불과했다. 그럼에도 불구하고 참된 보편성의 원칙과, 다른 모든 종교에 대해 승리를 거둘 능력과 보증, 그리고 마침내 지상의 모든 민족들과 사회의 모든 계층에 널리 퍼질 잠재력을 내포하고 있었다.

바울은 교회를 예수 그리스도의 몸으로 정의한다(롬 12:5; 고전 6:15; 10:17; 12:27; 엡 1:23; 4:12; 5:23, 30; 골 1:18, 24; 2:17). 그로써 교회를 다양한 구성원들과 능력들과 기능들로 구성된 살아 있는 유기체적 체제이자, 아울러 그리스도의 거처와, 세상에 그분의 구속과 성화의 영향력을 행사하는 기관으로 설명한다. 그리스도는 한편으로는 이 몸을 다스리는 머리시요, 다른 한편으로는 이 몸 전체에 스며 있는 영혼이시다. 교회 없는 그리스도는 몸 없는 머리요 냇물 없는 샘이요 백성 없는 왕이요 졸병 없는 대장이요 신부 없는 신랑이다. 그리스도 없는 교회는 영혼이나 정신이 없는 몸이요 생기 없는 시체이다. 교회는 오로지 그리스도께서 그 안에서 살아 계시고 움직이시고 일하시기 때문에 생명을 유지한다. 마치 몸이 영혼에 의존하듯, 가지가 포도나무에 의존하듯, 교회는 존재하는 매 순간마다 그리스도께 의존한다.

그러나 그리스도의 입장에서 볼 때 그분은 교회에 끊임없이 천상의 은사와 초자연적 능력을 베푸시고, 끊임없이 교회 안에 자신을 계시하시고, 교회를 자기 나라를 확장하고 세계를 기독교화하는 기관으로 쓰시기를, 모든 정사들과 권세들이 그분에게 굴복하고 그분을 거듭난 인류의 영원한 선지자와 제사장과 왕으로 경배할 때까지 하신다. 이 작업은 역사의 점진적인 과정임에 틀림없다. 몸이라는 개념은, 그리고 모든 유기적 생명체라는 개념은 발전, 즉 확장과 터닦기의 개념을 포함한다. 따라서 바울은 "우리가 다 하나님의 아들을 믿는 것과 아는 일에 하나가 되어 온전한 사람을 이루어 그리스도의 장성한 분량이 충만한 데까지" 그리스도의 몸이 장성하고 건실히 세워질 일에 대해서도 말한다(엡 4:13).

바울이 사슬에 묶인 죄수의 몸으로 이교도 군병의 감시를 받고 지낼 때 고린도전서와 에베소서에 펼친 이 숭고한 교회관은, 농부들과 해방 노예들과 노예들과 저급하고 문화의 혜택을 받지 못한 사람들이 주로 구성하고 있는 사도 시대 회중들의 적은 양무리의 현실 상황을 높이 솟아 오른다. 고대 철학자들과 정치가들이 꿈꾸었던 사회적 이상향에도 그것과 견줄 만한 것이 없었다. 그것은 오직 신적 영감에서만 그 유래를 찾을 수 있다.

교회를 그리스도의 몸으로 보는 이 숭고한 사상과, 기껏해야 전체의 일부일 뿐이고 이상형을 향한 불완전한 접근일 뿐인 어느 특정 교회 조직을 혼동해서는 안 된다. 또한 이 교회관을 훨씬 더 숭고한 하나님 나라 혹은 하늘 나라 사상과 혼동해서도 안 된다. 수많은 추정과 편협한 사상과 불관용이 그런 혼동에서 파생했다. 눈여겨 볼 만한 점은 그리스도께서 교회를 유기적인 혹은 보편적인 의미에서 말씀하신 경우가 딱 한 번뿐이라는 점이다(마 16:18).

그러나 하나님 나라에 관해서는 아주 자주 말씀하셨고, 그분이 베푸신 거의 모든 비유가 이 광대한 사상을 예시한다. 교회 개념과 하나님 나라 개념은 밀접히 연관되어 있으면서도 구분된다. 성경의 많은 단락에서 전자를 후자와 대체하려고 할 때 명백한 오류에 빠지지 않을 도리가 없다.[5] 교회는 외적이고 가시적이고 다양하고 일시적이지만, 하나님 나라는 내적이고 영적이고 하나이고 영원하다. 하나님 나라가 더 연륜이 깊고 더 포괄적이다. 땅과 하늘, 그리스도 이전과 이후, 교회들과 분파들 안과 밖의 하나님의 모든 참된 자녀들을 포괄한다. 다양한 분파로 진행되어 온 역사적 교회는 하늘 나라를 위한 교육적 기관 내지 훈련 학교로서, 제 사명을 다하면 그 외형은 사라질 것이다. 그 나라는 그리스도 안에서 왔고, 계속해서 오고 있으며, 왕께서 영광 중에 가시적으로 나타나실 때 완숙한 능력과 아름다움을 가지고 최종적으로 올 것이다.

하나님 나라가 온갖 투쟁과 승리를 거치면서 가시적 교회 안에서 그리고 가시적 교회를 통해서 도래하는 것을 연구하는 것이 교회사의 주된 목적이다. 그 나라의 도래는 더디지만 확실하고 착실하게 진행되어 왔고, 비록 숱한 장애와 지체와 우회로와 바람이 가로막지만, 배의 조타석에 앉아 비와 폭풍과 뜨거운 햇볕을 극복하고 배를 더 나은 저 세상의 항구로 항해해 가시는 그분의 임재가 항상 나타난다.

---

5) "교회가 임하옵시며"라거나(참조. 마 6:9), "교회가 이런 자(어린이)의 것이니라"거나(참조. 막 10:14), "교회는 너희 안에 있느니라"거나(참조. 눅 17:21), "탐람하는 자……는 교회를 유업으로 받지 못하리라"거나(참조. 고전 6:10), "교회는 먹는 것과 마시는 것이 아니요 오직 성령 안에서 의와 평강과 희락이라"고(참조. 롬 14:17) 말할 수 없다. 반면에 하나님 나라를 '그리스도의 몸'이라거나 '어린양의 신부'라고 하는 것도 적합지 않을 것이다.

제 11 장

사도 교회의 신학

66. 참고문헌

I. 신약성경 전체의 신학에 관한 저서들.

August Neander (d. 1850): *Geschichte der Pflanzung und Leitung der christl. Kirche durch die Apostel.* Hamburg, 1832; 4th ed., 1847, 2 vols. (in the second vol.); Engl. transl. by J. A. Ryland, Edinb., 1842; revised and corrected by E. G. Robinson, New York, 1865. Neander와 Schmid가 사로 다른 형태의 사도적 교리(야고보, 베드로, 바울, 요한)에 대한 역사적 분석을 주도한다.

Sam. Lutz: *Biblische Dogmatik,* herausgeg. von R. Rüetschi. Pforzheim, 1847.

Christ. Friedr. Schmid (an independent co-laborer of Neander, d. 1852): *Biblische Theologie des Neuen Testaments.* Ed. By Weizsäcker. Stuttg., 1853, 2d. 1859. 2 vols. (G. H. Venables〈Edinb., 1870〉의 영역본은 단순한 축약본이다.)

Edward Reuss(스트라스부르 대학교 교수): *Histoire de la théologie chrétienne au siècle apostolique.* Strassb., 1852. 3d ed., Paris, 1864. 2 vols. English translation from the third French ed. by Annie Harwood, London, 1872. 2 vols.

Lutterbeck(로마 가톨릭 자유주의 학자): *Die N. T. lichen Lehrbegriffe, oder Untersuchungen über das Zeitalter der Religionswende.* Mainz, 1852. 2 vols.

G. L. Hahn: *Die Theologie des Neuen Testaments.* Bd. I. Leipzig, 1854.

H. Messner: *Die Lehre der Apostel.* Leipz., 1856. Neander의 노선을 따름.

F. Chr. Baur (d. 1860): *Vorlesungen über neutestamentliche Theologie.* Leipz., 1864. 사후에 아들이 출판함. 튀빙겐 학파 설립자의 대담한 비평적 사색들을 요약함. 바울의 체계를 다룬 부분이 가장 중요하다.

W. Beyschlag: *Die Christologie des Neuen Testaments,* Berlin, 1866 (260쪽).

Thomas Dehaney Bernard: *Progress of Doctrine in the New Testament.* 뱀프턴 재단(the Bampton Foundation) 초청 강연록. London and Boston, 1867.

H. Ewald: *Die Lehr der Bibel von Gott oder die Theologie des alten und neuen Bundes.* Leipzig, 1871–76, 4 vols. (신약보다는 구약을 연구하는 데 더 중요함.)

A. Immer: *Theologie des neuen Testaments,* Berlin, 1877.

J. J. Van Oosterzee: *Biblishe Theol. des N. T.* (네덜란드어판에 대한 번역.) Elberf., 1868. Engl. transl. by Prof. G. E. Day, New Haven, 1870. Another English translation by Maurice J. Evans: *The Theologie of the New Test.,* etc, London, 1870.

Bernh. Weiss: *Bibl. Theologie des Neuen Testaments,* Berlin, 1868; 4th ed., 1884. Engl. translation, Edinb., 1883, 2 vols.

II. 여러 사도들의 교리 형태에 대한 개별적 저서들

야고보 — W. G. Schmidt, and Beyschlag; 베드로 — Mayerhoff, Weiss, and Morich; 바울 — Usteri, Pfleiderer, Holsten, Leathes, Irons; 히브리서 — Riehm; 요한 — Frommann, Köstlin, Weiss, Leathes.

III. 사도 교회에 관한 역사서들에 다뤄진 교리 부분들

Lange, Lechler, Thiersch, Stanley, Schaff(pp. 614–679), Neander. 참조. Charles A. Briggs: *The idea, history and importance of Biblical Theology,* in the "Presbyterian Review," New York, July, 1882.

IV. 사도 신학과 랍비 신학을 대조한 저서들:

Fred. Weber(유대인들에게 복음을 전한 선교사, d. 1879): *System der altsynagogalen palästinsichen Theologie, aus Targum, Midrasch, und Talmud dargestellt*. Nach des Verf. Tode herausgeg. von Frz. Delitzsch und G. Schnedermann. Leipz., 1880.

67. 사도적 교훈의 통일성

기독교의 요체는 단지 교리가 아니라 삶이요 새로운 도덕적 창조요 구원의 사실이다. 이것은 맨 처음 육신이 되신 말씀 곧 신인(神人)이신 예수 그리스도 안에 구현되었다가 그분에게서 퍼져나가 점차 인류 전체를 포용하고, 인류를 하나님과의 구원의 사귐 안으로 인도한다. 기독교가 개인 안에서 주관적으로 존재할 때에도 마찬가지이다. 기독교 신앙은 종교관과 개념만으로 시작하지 않는다. 물론 적어도 이런 요소들이 씨앗 형태로 담겨 있긴 하지만 말이다. 기독교 신앙은 새로운 삶으로, 중생과 회심과 성화로, 경험을 통한 새로운 사실로 다가오며, 사람 전체를 그의 모든 기능과 역량과 함께 받아들이고, 그를 죄책과 죄의 세력에서 해방시키고, 하나님과 화목시키고, 영혼과의 조화와 평안을 회복시키며, 마침내 육체마저도 영화롭게 만든다. 이처럼 그리스도의 생명이 자기 백성 안에 심어져 은혜의 방도들과 믿음과 사랑의 끊임없는 발휘를 통해서 점진적으로 장성하다가 부활 때 완숙한 경지에 이른다.

그러나 새 생명에는 반드시 교리, 즉 진리에 대한 지식이 포함된다. 그리스도께서는 자신을 가리켜 "길이요 진리요 생명"이라고 하신다. 구원의 진리와 하나님과 인간의 정상적인 관계를 자신의 존재와 삶으로써 친히 계시하신다. 그럼에도 불구하고 이 교리의 요소가 신약성경에 나타날 때는 추상적 이론, 사색의 산물, 논리적이고 수학적인 증명을 받아야 하는 학문적 사상 체계의 형태를 띠지 않고, 실천적이면서도 이론적이고, 정신뿐 아니라 마음과 의지와 양심에도 신적인 권위로 다가가서 사로잡아 오는 초자연적이고 신적인 생명, 즉 생명을 주는 능력이 실린 새롭고 직접적인 발언의 형태를 띤다.

그리스도 안에서 얻는 하나님에 관한 지식이 곧 영생이다(요 17:3). 진리와 교리를 혼동해서는 안 된다. 진리는 신적 본질(the divine substance)이요, 교리 혹은 교의는 그것에 대한 인간의 이해와 진술이다. 진리는 살아 있고 생명을 주는 능력이요, 교리는 논리적 공식이다. 진리는 무한하고 불변하고 영원하지만, 교리는 유한하고 가변적이고, 완성의 여지가 남아 있다.

그러므로 성경은 지식인들만의 책도, 주로 그들을 겨냥하여 쓴 책도 아니고, 모든 사람을 위한 생명의 책이며, 성령께서 인류에게 보내신 편지이다. 그리스도의 말씀과 사도들의 글에는 지극히 높고 거룩한 영적 능력이 숨쉰다. 그것은 생명을 불어넣는 하나님의 숨결로서, 뼈와 골수를 꿰뚫고 마음과 양심을 흔들어 놓고 죽은 자를 소생시킨다. 창세 전에 아버지와 함께 계시던 그 생명 곧 영원한 생명이 우리에게 나타나시고, 우리에게 임하되 강한 폭풍처럼 세미한 미풍처럼 사실상 느낄 수 있게 임하신다. 그 생명이 우리를 압도하여 겸손과 참회의 잿더미에 던지고, 믿음과 평안의 기쁨으로 소생시키시고 일으켜 올리시되, 창조 때에 "빛이 있으라" 하시던 권능의 말씀처럼 언제나 새로운 피조물로 만들어 놓으신다. 실로 이곳이 거룩한 땅이다. 여기에 영원으로 들어가는 문이 있고, 여기에 하나님의 천사들이 쉬임없이 오르락내리락하는, 하늘에 닿은 사닥다리가 있다. 그러므로 기독교 신앙과 도덕의 체계가 아무리 다양하고 또 그것이 교회와 신학의 학문적 목적에 없어서는 안 되는 것이라 할지라도 그것으로는, 단어 하나하나가 영과 생명인 성경의 자리를 대신할 수 없다.

신약성경이 논리적으로 배열된 교리와 법령 체계가 아니라고 말할 때는 거기에 내적인 질서와 일관성이 없다는 뜻이 결코 아니다. 정반대로 신약성경은 외부의 창조 세계처럼, 참으로 훌륭한 예술 작품처럼 지극히 아름다운 조화를 드러낸다. 이 감취인 생생한 질서를 드러내 보이고, 그것을 논리적이고 과학적인 형태로 내놓는 것이 바로 역사가, 특히 신학자가 해야 할 과업이다. 이 과업을 위해서 사도들 가운데 유일하게 학문을 했던 바울은 특히 로마서에서 최초의 충만한 제안들을 제시한다. 로마서는 형태까지도 논리적 순서로 배열되어 있으며, 성경에 필수적이고 모든 기독교 세계를 위한 사도들의 대사명과 떼어 놓을 수 없는 열정적이고 직접적이고 실제적이고 대중적인 정신과 문체로써 거의 학위 논문에 접근한다.

모든 사도들이 가르친 내용의 실질은 그리스도에 관한 증거인 복음과, 하나님이 값없이 베푸신 사랑과 구원의 메시지이다. 그것은 그리스도의 인격에 나타났고, 그분의 사역으로 인류에게 베풀어졌고, 지상의 하나님 나라에서 점진적으로 실현되고 있고, 영광 중에 이루어질 그리스도의 재림으로 완성될 것이다. 이 구원은 율법과 선지자의 완성이자, 구약성경의 모든 예표와 그림자의 실체로서 유대교와도 밀접한 관계를 맺고 있다.

이 사도적 설교에 본질적으로 실려 있는 여러 교리들은 사도신경이라 부르는 신앙고백서 안에 가장 아름답고 단순하게 배열되고 제시되어 있다. 사도신경은 비록 현재의 형태로는 기독교 첫 세대에서 유래했다고 보기 어렵지만, 그 안에 다뤄진 내용만큼은 거기서 유래했음에 틀림없다. 그 안에 담긴 모든 중요한 논점들 중에서 약속된 메시야로서의 예수의 인격, 그분의 거룩한 생애, 구속의 죽음, 부활과 하나님 우편으로의 승천, 세상을 심판하시기 위한 재림, 신적 제도인 교회의 설립, 신자들의 사귐, 하나님의 말씀, 세례와 성찬으로 이루어진 성례, 성령의 사역, 회개와 회심의 필요, 중생과 성화의 필요, 예수 그리스도의 날에 최종적으로 이루어질 구원, 육체의 부활, 영원한 생명 — 이 모든 논점들에 대해서 우리 시대까지 전승되어 온 사도들의 저서들에 관한 한 그들의 견해는 완벽하게 통일되어 있었다.

사도들은 십자가에 달리셨다가 부활하신 구주의 신인(神人)으로서의 역사를 직접 접촉하고, 자기들에게 그리스도의 인격과 사역을 계시하시고 그리스도의 말씀과 행위를 깨닫도록 문을 열어 주시는 성령의 내적 조명을 받는 데서 자기들의 교리를 공동으로 이끌어 냈다. 이 신적 깨우침은 거룩한 저작들의 작성뿐 아니라 그 저자들의 구두 교훈도 주관했다. 그것은 단지 한 번의 행동이 아니라 항구적인 상태이다. 사도들은 진리의 요소들 안에서 살았고 끊임없이 행동했다. 진리의 정신을 가지고 말하고 쓰고 행동했다. 수동적인 도구로서 이렇게 한 게 아니라 의식적이고 자유로운 기관으로서 이렇게 한 것이다. 성령께서는 하나님이 정해 주신 개인의 은사들과 독특성들을 박탈하지 않으시고, 오히려 하나님 나라를 위해 쓰이도록 그것들을 거룩하게 하시기 때문이다. 그러나 영감(inspiration)은 도덕적이고 종교적인 진리들과, 구원에 필요한 것을 전달하는 일에만 관련된다. 지리와 역사와 고고학에 관련된 우발적인 문제들과, 단지 개인적인 관심사에 속한 문제들은 실제로 종교적 진리에 영향을 끼친 한도에서만 영감의 지도를 받았다고 간주할 수 있다.

구원에 필수적인 기독교 진리 체계에 대한 계시는 그 범위가 공인된 신약 정경과 일치한다. 기독교 교회는 끊임없이 성장 발전하여서 그 생명력과 열정의 정도에 맞게 안팎으로 진보를 이룩하였으나, 그것은 하나님의 의사전달이나 계시의 진보가 아니라 인간의 깨달음과 적용의 진보이다. 하나님이 이따금씩 일으키시는 비범한 사람들의 2차적인 영감을 말할 수도 있지만, 그들의 저서들은 유일하게 무오한 표준, 즉 그리스도와 사도들의 교훈으로 평가되어야 한다. 그리스도인의 지식과 삶의 진정한 진보는, 하나님의 모든 뜻과 구원의 길을 먼저 친히 전파하시고 다음에는 사도들을 통해서 전파하신 그리스도의 정신과 영혼을 더욱 깊이 헤아리는 데서 비로소 가능해진다.

그러므로 신약성경은 하나의 정신 곧 그리스도의 정신을 가르치는 한 권의 책이다. 그리스도는 아버지께로부터 받은 생명의 말씀을 제자들에게 주셨고, 자신의 영광을 그들에게 알리시려고 진리의 영으로 그들을 감화하셨다. 여기에 신약성경을 구성하는 스물일곱 권의 통일과 조화가 있다. 이 스물일곱 권은, 기록되고 인쇄된 말씀이 육신이 되신 말씀의 재림과 성도들의 지복직관(至福直觀, the beatific vision)으로 대체될 때까지 위급한 용도와 항구적인 용도에 쓰일 것이다.

68. 사도적 교훈의 상이한 형태들

신약성경에 나타난 기독교 교리는 이러한 조화를 간직하고 있으면서도 그 형태는 여러 거룩한 저자들의 독특한 인격과 교육과 생활 반경에 따라 사뭇 다르다. 복음 진리는 그 자체로는 무한하지만, 모든 계층, 모든 성격, 모든 재능, 모든 사고 습관에 적응할 수 있다. 태양 광선처럼 그것은 부닥치는 물체의 성격에 따라 다양한 색채를 드러낸다. 보석처럼 볼 때마다 새로운 광채를 발산한다.

이레나이우스(Irenaeus)는 4중 '복음'에 관해서 말한다. 우리도 마찬가지로 4중 '사도' 혹은 4가지 상응하는 형태의 사도적 교훈을 구분할 수 있다. 야고보서는 마태복음과 상응하고, 베드로의 서신들과 사도행전에 기록된 그의 설교는 마가복음과 상응하고, 바울의 서신들은 누가복음과 누가의 사도행전과 상응하며, 요한의 서신들은 그의 복음서와 상응한다.

그러나 복음서들과 서신서들을 망라한 이러한 구분은 유대 기독교와 이방 기독교라는 더 광범위한 차이에 귀속된다. 이 차이가 사도 시대 역사 전체를 흐르고, 심지어 교회의 교리와 정치와 예배와 실제 생활에까지 영향을 미친다. 이 차이는 그리스도 이전과 당시 세상의 종교적인 큰 구분에 달려 있고, 유대 그리스도인들이 첫 세대 회심자들의 자리를 차지할 때까지 지속되었다. 유대인들은 자연히 기독교 신앙을 신적으로 계시된 옛 언약의 종교와 밀접히 연결시켰고, 될 수 있는 대로 자기들의 신성한 제도와 의식에 묶어 두었다. 반면에 이교의 회심 자들은 모세의 율법을 몰랐기 때문에 즉시 자연의 상태에서 은혜의 상태로 옮겨 갔다. 전자는 역사적 · 전통적 · 보수적 원칙을 대표한 반면에, 후자는 자유와 독 립과 진보의 원칙을 대표했다.

따라서 우리는 두 부류의 교사들을 두고 있는 셈이다. 한 부류는 유대인 곧 할 례자의 사도들이고, 다른 한 부류는 이방인 곧 무할례자의 사도들이다. 이 구분 이 단순히 선교지에만 국한되지 않고 양측의 모든 교리적 견해와 실제 생활까지 확대되었다는 점을, 모세 율법의 권위에 관한 견해차를 조정하려는 분명한 목적 으로 열린 사도 공의회의 기록에서 보게 된다.

그러나 이런 대립은 비록 때로는 충돌을 빚기도 했지만 상대적인 것에 지나지 않았고, 바울과 베드로가 안디옥에서 보여 주었던 것처럼 일시적인 이격(離隔)에 지나지 않았다(갈 2:11 이하). 기독교의 두 형태는 이방인과 유대인 모두의 구주 이신 그리스도의 충만한 삶에 공동의 뿌리를 두고 있듯이, 함께 통일된 보편 교 회로 점차 장성해 갔다. 그리고 베드로가 유대 교회를 대표하고 바울이 이방 교 회를 대표하듯이, 요한도 사도 시대가 끝날 무렵에 한 차원 더 높은 두 교회의 연합을 구현한다.

이런 관점의 차이와 관련되는 것이 성격과 문체와 태도의 차이 같은 사소한 차이들이다. 야고보는 행위의 율법의 사도로, 베드로는 소망의 사도로, 바울은 믿음의 사도로, 요한은 사랑의 사도로 구분되어 왔다. 야고보는 그리스도인으로 성화된 상태의 냉정한 성격으로, 베드로는 낙천적인 성격으로, 바울은 성급한 성격으로, 요한은 우울한 성격으로 평가되어 왔다. 그러나 이런 분류는 극히 제 한된 의미에서만 허용될 수 있는 것이다. 네 복음서도 이와 비슷한 차이를 드러 낸다. 첫째 복음서는 야고보, 둘째 복음서는 베드로, 셋째 복음서는 바울, 넷째 복음서는 그 교리적 요소가 요한의 정신과 비슷한 면모를 지닌다.

유대 기독교와 이방 기독교간의 차이를 분류의 근거로 삼는다면, 신약성경의 책들을 세 가지 유형의 교리로 줄여 말할 수 있다. 첫째 유형은 유대 기독교의 교리이고, 둘째 유형은 이방 기독교의 교리이며, 셋째 유형은 이상적인 혹은 일 치된 기독교의 교리이다. 첫째 유형은 주로 베드로가, 둘째 유형은 바울이, 셋째 유형은 요한이 대표한다. 야고보는 보수파인 예루살렘 지역 우두머리로서 첫째

유형에 포함시켜야 하는 반면에, 베드로는 할례자 교회 전체의 보편적 우두머리였다.[1]

69. 유대 기독교의 신학 — I. 야고보와 율법의 복음

유대 기독교 유형은 야고보와 베드로와 유다의 서신들과 마태와 마가의 복음서들, 그리고 어느 정도는 요한계시록을 포괄한다. 요한은 비록 후기 저서들에서는 유대인과 이방인의 구분을 초월하는 독립된 입장을 취하긴 하지만, 바울이 할례자 교회의 "기둥"으로 포함시켜 말했기 때문에 이 유형에 포함된다. 주로 — 비록 절대적으로 그렇지는 않지만 — 유대 기독교 독자들을 염두에 두고 집필된 이 책들에서 기독교는 구약의 완성으로서 구약과 통일성을 갖고 있는 모습으로 소개된다. 이 책들은 산상수훈(마 5:17)의 근본 사상, 즉 그리스도가 율법과 선지자를 폐하러 오시지 않고 "완성"하러 오셨다는 사상을 표명한다. 복음서들, 특히 마태복음은 예수가 메시야, 입법자, 선지자, 제사장, 이스라엘의 왕이시라는 것을 역사적으로 입증한다.

이런 역사적 기반에 서서 야고보와 베드로는 실제적인 교훈을 하는데, 다만 차이가 있다면 전자(야고보)가 주로 복음과 율법의 일치성을 입증하는 반면에, 후자(베드로)는 복음과 선지서들의 일치성을 입증한다는 것이다.

주의 형제 야고보는 예루살렘에서 평생 행한 수고와 공의회에서 행한 연설과 공의회 서신과 일치하게 모세 종교를 굳게 붙들고, 복음 자체를 율법으로 표현하되 "자유하게 하는 온전한 율법"으로 표현한다(약 1:25). 이런 태도에는 두 시

---

1) Schelling이 기독교 역사에서 베드로 시대(가톨릭), 바울 시대(프로테스탄트), 요한 시대(미래)라는 세 시대에 관해 주장한 호방한 사상은 잘 알려져 있다. 필자는 1854년 8월 스위스 라가츠의 한 호텔에서 임종 직전에 있던 그 연로한 철학자를 보았는데, 그는 시체처럼 창백한 모습으로 침대에 누워 있었으나 정신은 맑았고 눈도 총기가 있었다. 교회사의 그 구조를 여전히 주장하느냐고 묻자, 그는 그렇다고 힘주어 말했으나, 나중에 좀 더 깊이 생각한 끝에 야고보에게 로마 곧 베드로 교회와 구분되는 그리스 교회의 대표가 될 여지를 주었노라고 덧붙여 말했다. 필자는 이것을 전에 알려지지 않았으나 일말의 진리를 담고 있는 그의 이론의 흥미로운 수정으로 언급한다.

대의 통일성뿐 아니라 차이에 대한 인식도 깔려 있다. "율법"은 조화를 가리키고, 수식어로 붙은 "온전한"과 "자유하게"는 기독교의 우월성을 가리키며, 유대교가 불완전하고 율법이 속박인 반면에, 그리스도께서 그것들에서 우리를 해방시키셨음을 암시한다.

반대로 바울은 자유로서의 복음과 노예제도로서의 율법을 구분한다(갈 5:1; 고후 3:6). 하지만 자유의 기초 위에 율법을 재수립하며, 그리스도인의 삶 전체를 하나님과 이웃을 사랑하라는 율법의 성취로 요약한다. 이런 견해 안에서 아주 상반된 방향에서 야고보와 일치를 이룬다(참조. 갈 6:2; 롬 13:8 이하; 8:2).

기독교 율법주의자 야고보는 율법이 요구하는 선한 행위들을 크게 강조하지만, 실은 그리스도를 믿는 믿음의 열매인 행위를 요구한다. 그리스도의 종이었던 그는 그리스도를 "영광의 주"라고 존경스럽게 부르며, 마태가 전하는 그리스도의 말씀을 권고의 기초로 삼는다(약 1:1; 2:1). 더욱이 그 믿음은 신생(新生)의 결과로서, 야고보는 그 근원을 "진리의 말씀" 곧 복음의 능력을 통해 발휘되는 "하나님의 뜻"으로 거슬러 올라가 찾는다(약 1:18).

믿음과 행위의 관계, 그리고 그 둘이 하나님의 법정에서 받는 칭의와 맺고 있는 관계에 대해서, 야고보는 믿음과 행위에 의한 칭의 교리를 가르치는 듯하다. 반면에 바울은 오직 믿음에 의한 칭의 교리를 가르치며, 선행은 믿음의 필연적인 증거로서 믿음에 따라온다고 한다. 위와 같이 진술된 그 두 견해는 로마 가톨릭 신앙고백과 복음주의적 프로테스탄트 신앙고백으로 구현되며, 주요 쟁점들 가운데 하나를 이룬다. 그러나 야고보와 바울의 차이는 논리와 교리상의 차이라기보다는 표현상의 차이로서, 살아 있는 믿음과 선행 혹은 칭의와 성화 간의 뗄 수 없는 연관성에 깔려 있는 화해를 인정하며, 그로써 서로를 보완하고 확증하는데, 전자는 참된 토대를 인격에 놓고, 후자는 실질적인 증거를 요구한다. 야고보는 아마 바울의 서신들을 읽어 보기 오래 전에, 따라서 바울의 교리를 논박하거나 심지어 그것을 반(反)율법주의의 남용으로부터 보호할 의도를 갖지 않은 채 서신서를 썼을 것이다. 그럴 필요가 전혀 없었기 때문이다. 바울은 이미 그 점을 스스로 명백히 밝힌 데다, 황량한 율법주의의 위험에 노출되어 있되 거짓 바울의 자유주의와 반(反)율법주의의 위험에는 노출되지 않았던 유대 기독교 독자들에게 그럴 필요가 전혀 없었던 것이다.

야고보와 바울은 '의롭다 하다', '믿음', '행위'라는 세 가지 용어 중 어느 것을 다른 의미로 사용하여 정확히 같은 것을 말할 수 없었다. 오히려 그들은 서로 다른 관점에서 글을 쓰면서 서로 다른 오류들을 비판했고, 그로써 동일한 진리에 따르는 두 가지 독특한 측면을 제시했다. 야고보는 행위 없는 믿음이 죽은 것이라고 말한다. 바울은 믿음 없는 행위가 죽은 것이라고 말한다. 전자는 행동하는 믿음을 주장하고, 후자는 믿음으로 말미암는 행위를 주장한다. 둘 다 옳다.

야고보는 유대교의 죽은 정통에 반대했고, 바울은 자기의를 내세우는 율법주의에 반대했다. 야고보는 믿음 없는 행위를 요구하지 않고 믿음으로 말미암는 행위를 요구한다(약 2:22). 반면에 바울은 사랑이 없는 믿음은 아무리 산을 옮길 만한 것일지라도 소용이 없다고 주장하며(고전 13:2), 아마 단순히 하나님의 존재를 믿는 믿음, 즉 야고보가 귀신도 믿고 떤다고 말하는 그런 믿음(약 2:19)에 칭의의 능력을 부여하지 않았을 것이다.

그러나 야고보는 주로 열매를 보고, 바울은 뿌리를 본다. 전자는 증거에 관심을 보이고, 후자는 원칙에 관심을 보인다. 전자는 실질적이고 경험적인 견해를 취하고, 결과로부터 원인을 추론하는 데 반해서, 후자는 행동의 내면에 솟는 샘으로 깊이 들어가되 동일한 결과에 도달한다. 그것은 참된 믿음이 내놓는 필연적인 증거인 사랑과 순종의 거룩한 생활이다. 그리고 어쨌든 이것이 야고보뿐 아니라 바울에게도 칭의의 궁극적인 표준이다(참조. 롬 2:6; 고후 5:10; 갈 6:7; 비교. 마 12:37; 25:35 이하). 바울은 이 난제의 해답을 "사랑으로써 역사하는 믿음"이라는 한 문장으로 제시한다(갈 5:6). 이것이 다투는 사도들과 다투는 교회들의 화해 문서이다.[2]

------

2) 갈 5:6. 주교 Lightfoot는 이렇게 말한다. "이 구절은 바울의 언어와 야고보의 언어를 갈라놓는 듯 보이는 간격에 다리를 놓는다. 두 사람 다 메마르고 비활동적인 이론과 대조되는 실질적 에너지의 원칙을 주장한다." 그 구절에 대한 필자의 주석을 인용한다(1882). "'사랑으로써 역사하는 믿음'이란 구절은 바울의 교리를 야고보의 교리와 일치시킨다; 비교. 6:15; 살전 1:3; 고전 13장; 딤전 1:5; 약 2:22. 여기에 칭의 교리에 관한 논쟁이 최종적으로 해결되기 위한 토대가 있다. 로마 교회는 (오로지 야고보의 언어만 따라서) 믿음 그리고 행위에 의한 칭의를 가르치고, 프로테스탄트 교회는 (바울의 권위에 근거하여) 오직 믿음에 의한 칭의를 가르치지만, 사랑으로써 역사하는 믿음에 의한 칭의와 구원으로 바울과 야고보가 결합된다. 인간은 믿음만으로 의롭다 함을 받지만, 믿음은 홀로 남지 않는다. 그것은 하나님 사랑과 인간 사랑으로 요약되는 선행을 풍부히 낳는 어머니이다. 믿음과 사랑은 태양의 열과 빛처럼 분리할 수 없다. 그리스도의 공로는 칭의의 객관적이고 가치 있는 근거이고, 믿음은

야고보서는 이른바 공동 서신서들의 선두에 서서 기독교 지식의 맨 처음이자 가장 아랫 단계를 대표한다. 교리적으로는 매우 빈약하지만, 대단히 실제적이고 대중적이다. 고아와 과부를 둘러보고 자신을 지켜 세속에 물들지 아니하는 단순하고 정결한 경건을 당부한다(1:27; 비교. 5:13 이하).

야고보서와 마태복음의 밀접한 관계는 둘 다 유대 기독교와 팔레스타인에서 유래했다는 점에서 자연스럽게 형성된다.

70. II. 베드로와 소망의 복음

베드로는 야고보와 바울 중간에 서 있으며, 전자의 극단적 보수주의로부터 후자의 진보적 자유주의로 이행(移行)하는 길에 서 있다. 그의 교리 체계의 씨앗이 예수께서 메시야요 살아계신 하나님의 아들이시라는 그의 위대한 고백에 담겨 있다(마 16:16; 비교. 요 6:68, 69). 한 조항으로 이루어진 실로 짧은 신조이지만, 근본적이고도 모든 것을 포괄하는, 기독교 교회의 초석이 되는 조항이다. 그러므로 베드로의 체계는 기독론적이며, 야고보의 인간론적 유형을 보완한다. 그가 사도행전과 서신서들에서 행한 연설들은 그리스도와의 개인적 접촉이 자신의 고상하고 열정적이고 충동적인 성격에 끼친 신선한 인상들로 가득하다. 기독교는 메시야에 관한 모든 예언들의 성취이다. 그러나 동시에 그 자체가 주님의 영광스러운 재림에 관한 예언이기도 하다. 이 미래의 영광스런 현시는 너무 명백하기 때문에, 이미 이 땅에서 종말을 대비하여 거룩히 살아가도록 힘을 주는 산 소망에 힘입어 복된 기쁨으로 그것을 예기한다. 따라서 베드로는 "소망의 사도"라고 불릴 자격이 충분히 있다.

I. 베드로는 예수 부활과 성령 강림이란 역사적 사실들을 선포함으로써 증거를 시작하고, 이 사실들을 그분이 옛 선지자들의 증거, 즉 그의 이름을 통해서 누구든 믿으면 죄 사함을 얻을 것이라는 증거에 따른 메시야라는 신적 인(印)으

(사용의 기관으로서) 주관적 조건이며, 사랑 혹은 선행은 반드시 따라나오는 증거이다. 야고보에 따르면 사랑이 없으면 믿음은 죽은 것이고, 바울에 따르면 믿음이 아예 없는 것이다. 이 점과 그 밖의 신학 논쟁들에서 생긴 많은 오해는 용어들을 달리 사용하는 데서 기인했다."

로 제시한다. 하나님이 죽은 자 가운데서 일으키시고, 자기 우편에 주와 구주로서 높이 들어올리신 바로 그 예수께서 장차 다시 오사 자기 백성을 심판하고, 친히 임재하사 갱신의 시대를 가져 오시고, 만물을 아포카타스타시스(총괄갱신), 즉 본래의 정상적이고 완전한 상태로 회복하사, 메시야에 관한 예언들을 온전히 성취하실 것이다. 주 예수 그리스도 밖에서는 구원이 없다. 이 구원의 조건은 예수께서 메시야이심을 인정하고 마음과 행실을 바꾸어 더 이상 죄를 섬기지 말고 거룩한 생활을 하는 것이다(참조. 베드로의 오순절 설교 — 행 2:14 이하; 백성에게 행한 말 — 3:12 이하; 산헤드린 앞에서 행한 연설 — 4:8 이하; 5:29 이하; 고넬료에게 행한 설교 — 10:34 이하).

이런 견해들은 베드로가 어떻게 그처럼 기독교의 초기 단계에 다른 사도들과 사뭇 다르게 그리고 더욱 효과적으로 설교할 수 있었는지 이해가 가지 않을 정도로 매우 단순하고 원초적이고 적절하다. 그의 오순절 설교를 듣고서 3천 명의 영혼들이 회심한 사실에 놀랄 필요가 없을 정도이다. 그의 지식은 기독교의 확장과 고넬료의 회심을 겪으면서 점차 넓어지고 깊어졌다. 할례 문제에 관한 특별 계시를 받은 그는 "각 나라 중 하나님을 경외하며 의를 행하는 사람은 하나님이 받으시는" 것과, 유대인들과 이방인들이 아무도 질 수 없는 의식법의 멍에를 지지 않고서도 똑같이 믿음을 통해 그리스도의 은혜로 말미암아 구원을 받는다는 것을 확연히 깨달았다(행 10:35; 15:7-11).

II. 베드로전후서는 그의 지식이 이렇게 완숙한 경지에 이른 단계를 나타낸다. 그 내용은 본질상 바울의 가르침과 일치한다. 주된 사상은 사도행전에 기록된 연설 내용, 즉 그리스도께서 메시야 예언들을 성취하신 분이고 그리스도인들의 소망이라는 내용과 일치한다. 베드로의 기독론에는 사변적인 요소가 없으며, 단순히 역사적이고 부활하신 예수께 대한 인상에서 이끌어온 것이다. 그는 이전에 행한 연설들과 마찬가지로 베드로전서에서도 부활을 강조하면서, 그 부활로 말미암아 하나님이 "우리를 거듭나게 하사 산 소망이 있게 하시며 썩지 않고 더럽지 않고 쇠하지 아니하는 기업을 잇게" 하시는데 그것은 "하늘에 간직하신 것"으로서 "목자장이 나타나실 때에" 우리가 받을 "시들지 아니하는 영광의 면류관"이라고 한다(벧전 1:3-5; 5:4; 벧후 3:13). 이로써 그리스도의 부활과 그것의 확실한 담보가 되는 최후의 완성을 연관짓는다.

그러나 부활 외에도 그리스도의 죽음이 갖고 있는 구속의 효력을 바울만큼 강력하고 명확하게 제시한다. 그리스도는 "한번 죄를 위하여 죽으사 의인으로서 불의한 자를 대신하셨으니 이는 우리를 하나님 앞으로 인도하려 하심"이었고, "친히 나무에 달려 그 몸으로 우리 죄를 담당하였으니 이는 우리로 죄에 대하여 죽고 의에 대하여 살게 하려 하심"이었으며, 우리를 구속하신 것은 "은이나 금 같이 없어질 것으로 한 것이 아니요 오직 흠 없고 점 없는 어린양 같은 그리스도의 보배로운 피로 한 것"이었다(벧전 1:18 이하; 2:24; 3:18 이하).

베드로에게 그리스도는 유일하신 구주시요 주이시요 생명의 왕이시며 세상의 재판장이시다. 다른 모든 사람들보다 훨씬 높은 장엄한 위치에 계시며, 비록 영원하신 여호와께 종속되긴 하시지만 그분과 대단히 밀접한 관계를 맺고 계신다. 베드로가 그리스도에 대해서 "창세 전부터 미리 알리신 바 된 자나 이 말세에 … 나타내신 바" 되었다고 말하고, 성령에 대해서 옛 선지자들 안에 거하시면서 그리스도께서 장래에 받으실 고난과 영광을 그들에게 가르쳐 주셨다고 말한 내용에는 선재(先在) 교리가 비록 명시되지는 않았을지라도 암시되고 함축되어 있는 듯하다(벧전 1:20).

III. 베드로는 그리스도의 설교와 심판과 구원 행위를 십자가와 부활 사이의 신비로운 사흘 동안 지옥에 있는 죽은 영들의 영역에까지 확대한다(벧전 3:19; 4:6; 비교. 행 2:27). 그리스도가 지옥에 내려가셨다는 것은 바울도 가르치는 교훈이다(엡 4:9, 10).

IV. 이 개념은 실제적인 권고와 일치한다. 주관적인 기독교가 역사적 그리스도에 대한 믿음과 그분의 영광스런 재림에 대한 살아 있는 소망으로 표현되는데, 이것이 그리스도인들로 하여금 주와 구주의 본을 받아 시험과 박해 속에서도 즐거워하게 만든다.

71. 이방 기독교 신학, 바울과 믿음의 복음

복음의 이방 기독교적 형태는 바울과 누가의 글들과 저자 미상의 히브리서에 구체적으로 나타난다.

바울 신학의 근원은 사도행전에 기록된 그의 연설들(특히 아레오바고 연설)과 13권의 서신서, 즉 데살로니가전후서(최초의 서신서들이지만 주로 실제적임),

네 권의 긴 서신들인 고린도전후서와 갈라디아서와 로마서(그가 유대화주의와 맞서 싸우면서 완숙하게 무르익은 결과), 네 권의 옥중 서신, 그리고 목회 서신들이다. 이 여러 군(群)들은 바울의 신학 체계가 발전해온 여러 국면들을 보여주며 서로 다른 질문들을 적절히 변형된 문체들로 논하지만, 동일한 정신에서 비롯되었고, 동일하게 심오하고 포괄적인 역량의 흔적들을 드러낸다.

바울은 기독교 신학의 개척자이다. 사도들 가운데 그만 정통 랍비 교육을 받았고 논리력과 변증력을 연마했다. 그러나 그의 논리는 생명력이 있고 뜨겁다. 그의 신학은 두뇌뿐 아니라 마음에서도 나온다. 그것은 회심의 결과로서, 그리스도께 대한 사랑으로 뜨겁게 달아오른다. 그의 스콜라주의는 신비주의로 데워지고 깊어지며, 그의 신비주의는 스콜라주의로 격식과 냉철함을 갖춘다. 종교적 · 도덕적 요소들, 교의적 · 윤리적 요소들이 하나의 조화로운 전체로 혼합되어 있다. 그는 여러 가지 심오한 체험들을 하면서, 그리고 복음을 모순으로 만드는 유대화주의와, 복음을 무의미하게 만드는 영지주의와 맞서 싸우면서 지금 우리가 사도들의 글을 통해 갖고 있는 온전한 기독교 교의 체계를 정교하게 다듬었다. 그의 신학 체계는 본질상 구원론적이다. 즉, 구원의 도에 관한 체계이다. 그것은 야고보와 베드로의 가르침을 훨씬 초월하면서도 복음서들에 기록된 예수님의 가르침을 일관되게 발전시킨다.

중심 사상

바울의 개인적 체험은 유대교를 위한 강렬한 열정과 기독교를 위한 더욱 강렬한 열정을 포괄했다. 그것은 처음에는 율법의 행위로 말미암아 인간의 의를 이루려는 율법주의의 무모한 투쟁이었다가, 나중에는 그리스도를 믿음으로 하나님의 의를 얻는 것이 되었다. 이 이중성이 그의 신학에 반영된다. 의(義) 곧 하나님의 거룩한 뜻에 부합함이 유대인 사울과 그리스도인 바울을 연결시키는 고리이다. 율법과 행위가 자기의를 내세우는 모세의 학생이었을 때 품은 좌우명이었던 데 반해, 복음과 믿음이 예수의 겸손한 제자가 된 뒤 품은 좌우명이었다. 바울은 그리스도의 양심을 율법주의와 편협성의 압제에서 해방시키고, 자유와 보편성을 확보해 준 인물이다.

바울의 복음은 특히 그리스도의 인격과 사역에 중심을 두고 그리스도와의 연합을 조건으로 삼는 구원의 신앙의 복음, 복음으로 말미암는 자유의 복음, 보편주의(universalism)의 복음이다. 그는 십자가에 달리신 그리스도밖에는 아무것도 알지 않기로 작정했다. 그러나 '십자가에 달리신 그리스도' 라는 말에는 모든 것이 포함되었다. 그것이 그의 신학의 영혼이다. 죽으신 그리스도가 다시 살아나사 주와 구주로서 항상 살아계시고, 우리에게 하나님께로서 온 지혜와 의로움과 거룩함과 구속함이 되신 그리스도이시다(고전 1:30; 2:2). 죽고 만 그리스도라면 우리의 모든 소망의 무덤이 될 것이고, 죽은 구주에 관한 복음이라면 비참한 조롱거리가 될 것이다. "만일 죽은 자의 부활이 없으면 그리스도도 다시 살지 못하셨으리라"(고전 15:13). 그리스도의 죽음은 부활을 통해서만 유익하게 된다. 바울은 "예수는 우리 범죄함을 위하여 내어줌이 되고 또한 우리를 의롭다 하심을 위하여 살아나셨느니라"(롬 4:24)라는 포괄적인 진술로써 이 두 사실을 한데 엮는다.

바울은 조건적인 보편주의자이다. 보편 구원의 필요와 보편 구원을 위한 하나님의 의지와 마련을 가르치지만, 아울러 각 사람의 실제 구원은 각 사람의 신앙 곧 그리스도를 자기의 주와 구주로 영접하는가의 여부에 달려 있다고 가르친다. 그 다음에 그의 교리 체계는 죄와 은혜라는 큰 대립으로 전환한다. 그리스도 이전과 그리스도 밖은 죄와 죽음이 지배하는 영역이다. 그리스도 이후와 그리스도 안은 의와 생명이 지배하는 영역이다.

이제는 바울의 저서들 중에서 가장 조직적이고 완벽한 로마서의 순서를 따라 제시된 그의 신학의 주된 특징들을 개관해 보기로 하자. 로마서에 제시된 그의 중심 사상은 복음이 만민 곧 유대인과 이방인을 구원하는 하나님의 능력이라는 것이다(1:16. 바울이 자신의 교의와 윤리를 요약하여 제시하는 구절들은 롬 1:16, 17; 3:21-26; 4:25; 11:32; 고전 15:22; 갈 3:22; 딛 3:3-7이다).

I. 구원의 보편적 필요. 이 필요는 아담과 온 인류의 타락에서 비롯된다. 마치 나무가 그 씨앗에 포함되어 있듯이 온 인류는 아담 안에 포함되어 있었고, 따라서 그의 한 불순종의 행위가 온 후손에게 죄와 죽음을 초래했다. 바울은 이방인들과 유대인들이 절대로 의에 도달할 수 없고 따라서 스스로를 구원할 수 없을 정도로 철저히 부패했음을 입증한다. "의인은 없나니 하나도 없으며." 모두가 죄의 지배 아래 있고 사형 선고 아래 있다(롬 1:18; 3:20). 물론 바울은 이교도들 중에서도 이성과 양심의 선한 요소들이 남아 있어서(롬 1:18-21; 2:14-16; 비교. 행 17:28), 그 요소들이 하나님의 은혜로 말미암는 중생 사역에 연결고리 역

할을 한다고 인정하긴 하지만, 바로 그런 요소들이 남아 있다는 이유에서, 즉 더 나은 지식을 거역하여 죄를 짓기 때문에 핑계할 수 없다고 한다.

인간의 고등한 본성과 저급한 본성 사이에는 갈등이 있으며(하나님을 향하는 성향을 지닌 누스⟨νοῦς⟩와 죄를 향하는 성향을 지닌 사륵스⟨σάρξ⟩), 이 갈등은 하나님의 율법에 의해서 촉진되고 위기를 조성한다. 그러나 이 갈등은 우리의 육체적이고 타락하고 부패한 본성의 연약함 때문에 패배로 끝나고, 새롭게 하시는 그리스도의 은혜가 우리를 죄의 저주와 압제에서 해방시키고 자유와 승리를 가져다주시기 전에는 그 패배에서 벗어날 길이 없다. 로마서 7장에서 바울은 개인의 체험을 토대로 자연인 혹은 이교도의 현세적 안전감(율법이 없음으로써 느끼는, 7-9절)에서부터 율법, 즉 마음의 후미진 구석에서 죄를 불러내고 그 본성을 들춰내고 죄의 노예가 되었다는 비참한 느낌을 일깨우는(10-25절) — 하지만 바로 그 방법으로 그리스도인의 자유의 상태에 이르는 길을 예비하는(24절과 8장) — 율법 아래 있는 유대인의 상태에 이르기까지 인간의 종교적 역사를 놀라울 만큼 사실대로 묘사한다.

II. 보편적 구원을 위한 하나님의 의지와 마련. 하나님은 모든 사람, 심지어 죄인 중의 괴수라도 구원을 받고, 자신을 모든 사람을 위해 대속물로 바치신 그리스도를 통해서 진리를 아는 지식에 이르기를 원하신다(θέλει. 딤전 1:15; 2:4, 6; 딛 2:11). 그리스도의 의와 생명이 미치는 범위는 아담의 죄와 죽음이 미치는 범위처럼 보편적이며, 그 능력은 훨씬 더 크다. 첫 아담과 둘째 아담은 인류를 대표한다는 점에서 완전한 평행선을 이루지만, 둘째 아담 그리스도께서 죄와 죽음을 잡아 멸하고 생명의 왕으로서 영원히 살아 계신다는 점에서 훨씬 더 강하고 야전의 승자로 남아 계신다. 죄가 넘치는 곳에 은혜가 더욱 넘친다. 첫 아담을 통해서 죄(널리 퍼지는 세력으로서)가 세상에 들어왔고, 죄를 통해서 죽음이 들어왔고, 그로써 모든 사람이 죄를 지었기 때문에(아담 안에서는 포괄적이고 잠재적으로, 개인적으로는 실제 범죄로써) 죽음이 모든 사람에게 이르른 것처럼, 둘째 아담을 통해서는 훨씬 더 의가 세상에 들어왔고, 의를 통해서 생명이 들어왔으며, 그로써 우리가 그 의를 얻는 수단이 되는 믿음을 조건으로 하여 의가 모든 사람에게 이르렀다(롬 5:12-21).

하나님은 모든 사람에게 긍휼을 베푸시기 위해서 모든 사람을 순종치 아니하는 가운데 가두어 두셨다(롬 11:32; 갈 3:22).

(1) 이 구원을 위한 준비가 구약의 약속이자 율법이었다. 아브라함과 족장들에게 내린 언약이 율법보다 먼저이며, 따라서 그 언약이 율법으로 무산되지 않는다. 그 언약에는 구원의 씨앗과 보증이 담겨 있었고, 아브라함은 할례를 표와 인(印)으로 받기 전에 이미 믿음으로 의롭다 함을 받는 신자들의 조상으로 우뚝 서 있다. 율법은 여분으로, 즉 죄라는 질병을 발전시키고, 하나님의 뜻을 짓밟은 그 본성을 들춰내고, 그로써 구원을 받지 않으면 안 된다는 의식을 일깨울 목적으로 율법과 복음 사이에 왔다. 율법은 자체로는 거룩하고 선하지만 생명은 주지 못한다. 명령하고 위협하지만 지킬 능력은 주지 못한다. 육체 곧 부패하고 죄에 물든 인간 본성을 새롭게 하지 못한다. 의롭다 하지도 못하고 거룩하게 만들지도 못한다. 그러나 죄를 깨닫게 하고, 마치 몽학선생이 어린이를 독립된 성인으로 준비시키듯이 그 권징으로써 사람들을 그리스도의 자유에 이르도록 준비시킨다(롬 3-7장; 갈 2-4장; 특히 롬. 3:20; 5:20; 갈 3:24).

(2) 구원 자체는 그리스도의 인격과 사역 안에서 깨달을 수 있다. 그것은 때가 찼을 때 죄 있는 육체의 모양으로, 죄를 위한 제물로 나타나사 우리에게 사죄와 평안과 화목을 얻어 주신 하나님의 영원하신 아들 그리스도의 무죄한 삶, 구속의 죽음, 영광스러운 부활로써 성취되었다. 하나님은 "자기 아들을 아끼지 아니하시고 우리 모든 사람을 위하여" 내어주셨다. 이것이 성부께서 영원한 사랑으로 자기 피조물들에게 내리신 가장 큰 선물이다. 성자께서도 이와 똑같은 무한한 사랑을 발휘하사 하나님으로서의 영광과 존재 양식을 버리시고 자기를 비워 하나님의 형상 대신 종의 형상을 취하사 자기를 낮추시고 복종하시되 십자가에 달려 죽기까지 복종하셨다. 하나님과 동등하시므로 부요한 분이셨지만, 우리를 위해서 가난하게 되셨다. 친히 가난하게 되심으로 우리를 부요케 하시기 위함이었다. 그분의 능동적이고도 수동적인 순종에 대한 보상으로, 하나님은 그를 높이사 모든 이름 위에 뛰어난 이름을 주셨고, 그로써 모든 사람이 예수의 이름 앞에 무릎을 꿇고 모든 혀가 그분을 주로 고백하게 하셨다(롬 8:3, 32; 빌 2:6-11; 고후 8:9).

전에는 그리스도의 십자가가 다른 유대인들뿐 아니라 바울의 현세적 메시야 대망과 자기의에 가장 큰 걸림돌이었고, 이교도의 세상 지혜에도 지극히 어리석은 것이었다(갈 5:11; 6:12; 고전 1:23). 그러나 다메섹 가는 길에서 나타난 예수의 천상적 영광이 이 비밀을 이해하는 자물쇠를 열어 주었고, 이 비밀은 사도들의 초대 전승(고전 15:3)에 의해서, 그리고 율법이 번민하는 양심에 주지 못한 평안을 복음으로부터 받는 직접적인 체험에 의해서 확증되었다. 이제 바울에게는 그리스도의 죽음이 의를 획득하기 위해 하나님이 작정하신 방도로 나타났다. 그것은 공의와 자비의 상충되는 요구를 화해시키기 위한 무한한 지혜와 사랑의 방책으로서, 이것에 힘입어 하나님은 죄인을 의롭다 하시면서도 스스로도 의롭게 남으실 수 있었다(롬 3:26). 죄를 모르시는 그리스도께서 자기 안에서 우리를 하나님의 의로 만드시기 위해서 우리를 위해 죄가 되셨다. 죄인들과 원수들을 대신해서 그리고 그들의 유익을 위해서(ὑπέρ, περί) 죽으셨고, 그로써 그 죽음은 보편적인 의미를 띤다. 한 사람이 모든 사람을 대신하여 죽었은즉 모든 사람이 죽은 것이다(고후 5:14). 그리스도는 자신의 무흠하고 거룩한 생명을 우리 죄를 위한 속전(贖錢, λύτρον) 혹은 대가(τιμή)로 바치셨고, 그로써 마치 전쟁 포로들을 그에 상응하는 값을 치르고 되찾아오듯이 우리를 구속하셨다(ἀπολύτρωσις). 그러므로 그리스도의 죽음은 온 세상의 죄를 위한 대속의 희생, 구속, 속죄, 혹은 화목 제물(ἱλασμός, ἱλαστήριον, sacrificium expiatorium)로서, 하나님과 사람 간의 충분하고 최종적인 용서(ἄφεσις)와 화해(καταλλαγή)를 얻어 주었다.

이 일을 모세 율법과 제사는 해낼 수 없었다. 속죄가 필요하다는 의식을 더욱 생생하고 깊게 만들어 줄 수밖에 없었다. 만약 의가 율법으로 말미암아 온다면 그리스도의 죽음은 소용없고 무익했을 것이다. 그리스도의 죽음은 죄책을 제거할 뿐 아니라 죄의 세력과 지배까지도 파쇄한다. 따라서 바울은 십자가의 도를 크게 강조했고, 그 안에서만 자랑하려고 한다(롬 3:21-26; 5:6-10; 8:32; 고전 1:17, 18; 2:2; 6:20; 7:23; 11:24; 15:3; 고후 5:15, 18, 19, 21; 갈 1:4; 2:11 이하; 3:13; 6:14).

바울 서신들 전체에 깔려 있는 이 부요한 속죄 교리는 그리스도의 말씀, 곧 자기 목숨을 죄인들을 위한 대속물로 주려 하고 죄 사함을 위해 자기 피를 흘린다는 말씀의 적법한 확장일 뿐이다.

(3) 그리스도가 구원을 성취하셨다고 한다면, 성령께서는 구원을 신자에게 적용하신다. 성령은 새 생명의 종교적 · 도덕적 원리이다. 성령은 하나님께로서 나오사 그리스도인들 안에 거하시면서 그들을 쇄신하고 성화하고 위로하는 능력과, 더 고등한 양심으로서, 신적인 안내자와 감독자가 되신다. 그리스도께서 하

나님과 세상 사이에서 중보하셨듯이, 성령께서는 그리스도와 교회 사이에서 중보하신다. 성령은 개인의 양심에 그리스도를 계시하시는 분이고, 새 생명이 드러나게 하는 모든 은혜들(χαρίσματα)의 원천이시다. "우리 안에 계신 그리스도"란 말은 "그리스도의 영"과 동의어이다. 우리가 그리스도를 우리 주와 구주로 부르고, 하나님을 우리 아버지라고 부를 수 있는 것은 오로지 성령의 내적 계시에 힘입을 때만 가능하다. 성령으로 말미암아 하나님의 사랑이 우리의 마음 전체에 두루 비추고, 성령으로 말미암아 우리 속에서 믿음과 모든 덕(德)이 발휘되고, 성령으로 말미암아 심지어 신자의 육체가 거룩한 성전으로 변화한다. 성령에 이끌림을 받는 이들이 하나님의 아들들이요 구원의 후사들이다. 우리가 죄와 사망의 법에서 해방되어 새 생명으로 걸을 수 있는 것은 그리스도 예수 안에 있는 생명의 성령의 법 때문이다. 하나님의 영이 계신 곳에는 참 자유가 있다(참조. 롬 5:5; 7:6; 8:2, 5, 9, 11, 14, 15, 16, 26; 고전 2:4 이하; 3:16; 6:11, 17, 19; 12:3-16; 고후 1:12; 2:7; 갈 4:6; 5:16, 22, 25; 엡 1:17; 2:2; 4:23, 30; 5:18; 살전 1:5, 6; 4:8; 5:19, 23; 살후 2:2, 8, 13; 딤후 1:7,14; 딛 3:5).

(4) 그렇다면 우리의 구원에는 삼중 원인, 즉 자기 아들을 보내시는 아버지, 구원을 성취하시는 아들, 그리고 구원을 신자에게 적용하시는 성령이 계신 셈이다. 이 삼중 원인이 하나님의 모든 복을 포괄해서 찬미하는 축도(the benediction)에 진술된다: "주 예수 그리스도의 은혜(χάρις)와 하나님의 사랑(ἀγάπη)과 성령의 교통하심(κοινωνία)"(고후 13:13). 이것이 복음으로 계시된 성삼위 하나님에 대한 바울의 실질적인 관점이다. 그리스도의 은혜가 처음 언급된 이유는 그 은혜 안에서 아버지의 사랑이 구원의 능력이라는 지극히 고귀한 양상으로 우리에게 나타나기 때문이다. 성령께 교통하심이 적용된 이유는 아버지와 아들 사이에서, 그리스도와 신자 사이에서, 그리고 구속된 한 권속의 지체들인 신자들 사이에서 연합의 띠가 되시기 때문이다.

이 신적인 삼위일체에 기독교 은혜들의 인간적 삼위일체인 믿음과 소망과 사랑이 해당한다(고전 13:13).

Ⅲ. 구원의 순서. (1) 구원은 하나님의 영원한 섭리와 예지(豫知, πρόγνωσις)와 예정(προορισμός, πρόθεσις)에 뿌리를 둔다. 전자는 전지(全知)하신 지성의 행위요, 후자는 전능하신 의지의 행위이다. 논리상으로 예지가 예정보다 앞서지만, 실제로는 전과 후가 따로 없는 하나님의 정신에서 동시에 발생한다(롬 8:29).

바울은 분명히 하나님의 주권적 은혜에 의한 영원한 선택을 가르친다. 그 선택은 하나님이 자기 아들 예수 그리스도 안에서 그리고 그를 통해서 자기 자녀들에게 거룩함과 구원을 베풀기로 하신 무조건적이고 불변하는 예정이다(엡 1:4). 이로써 바울은 인간의 모든 공로를 뿌리뽑은 뒤 요동하지 않는 바위에 구원을 심는다. 그러나 그렇다고 해서 인간의 자유와 책임을 배제하는 것은 아니다. 정반대로 인간의 자유와 책임을 하나님의 작정에 들어 있는 요소들로 포함시키며, 그 둘을 대담하게 하나로 묶는다(빌 2:12, 13). 따라서 마치 구원이 행위 여하에 따라 얻을 수도 있고 잃을 수도 있는 것인 듯이 격려하고 경고한다. 멸망하는 자들은 자기들의 불신앙 때문에 멸망한다. 멸망은 회개하지 않고 고집한 죄에 대한 의로운 심판이다. 바울을 숙명론자나 특정설(particularism, 선민 구원설)주의자로 보는 것은 어색한 오해이다. 바울은 맹목적 필연과 유대교의 특정설을 강렬히 비판한 인물이다. 심지어 유대인들에 관해서 논하는 로마서 9장에서도 그런 입장을 견지한다. 그러나 인간의 유한한 이해로 해결할 수 없는 문제를 철학적으로 해결하려고 시도하지 않는다. 그 문제의 신적 인간적 양상들, 종교적 윤리적 견해, 하나님의 절대 주권과 인간의 상대적인 자유, 값없이 제시된 구원의 선물과 그것을 무시하는 자에 대한 공의로운 심판을 주장하는 것으로 만족한다. 그리스도인은 경험을 통해 이 양면을 다 이해하며, 따라서 만사가 하나님께 달려 있다는 식으로 기도하고, 또한 만사가 인간의 행동에 달려 있다는 식으로 행동하는 데에 아무런 모순도 발견하지 못한다. 이것이 바울의 신학이요 실천이다.

예지와 예정은 구원의 영원한 배경이다. 구원이 개인에게 집행되고 적용되는 시간에 따라 소명, 칭의, 성화, 영화가 점진적인 단계를 이룬다(롬 8:30).

(2) 소명(κλῆσις)은 만민에게 진지하게 전달된 구원의 복음을 통해서 성부 하나님께로부터 나온다. 믿음은 전도에서 나오고, 전도는 전파자에게서 나오며, 전파자는 그를 보내신 하나님께로서 나온다(롬 10:14, 15).

하나님의 부르심에 응답하는 인간의 행위는 죄인의 회심(conversion, μετάνοια)이다. 회심은 말씀을 통해서 역사하시는 성령의 영향하에서 이루어지는 회개 곧 죄에서 돌이키는 행위와 믿음 곧 그리스도께 향하는 행위를 포함한다(롬 2:4; 고후 7:9, 10; 딤후 2:25). 성령은 그리스도인이 누리는 새 생명의 주관적인 원리이다. 믿음은 하나님의 값없는 선물로서, 동시에 인간의 최고의 행위이다. 그리스도께 대한 무제한의 신뢰이고, 우리가 그리스도와 그분의 생명과 그분이 주시는 유익들을 이해하고 그분과 일체가 되는 혹은 신비한 연합을 이루게 되는 기관이다.

(3) 칭의(δικαίωσις)가 그 다음 단계이다. 이것은 바울의 체계에서 핵심 교리로서, 그의 생애에 유대인으로 살던 시기와 그리스도인으로 살던 시기 사이의 구분선일 뿐 아니라 연결고리이기도 하다. 바울에게 칭의는 언제나 뜨거운 생명의 문제였다. 유대인으로 살던 시기에 그는 율법의 행위로써 의를 얻으려고 정직하고 근실하게 노력했지만 허사였다. 그리스도인이 된 다음 그것이 그리스도를 믿는 믿음으로써 값없이 임하는 은혜의 선물이라는 것을 발견했다. 의(δικαιοσύνη)가 인간에게 적용될 때는 계시된 율법으로 표현된 하나님의 거룩한 뜻 — 하나님을 경외하고 이웃을 사랑하기를 요구하는 — 과 인간의 정상적인 관계이다. 도덕적이고 종교적인 이상(理想)으로서, 하나님의 호의와 지고의 행복을 수반한다. 그것이 인간이 지음을 받은 목적이다. 인간은 절대 거룩하시고 의로우신 하나님을 닮도록 지음을 받은 것이다. 하나님을 닮는 것이 인간의 완전과 지복(至福)의 지고한 개념이다.

그러나 두 종류의 의, 혹은 의를 추구하는 두 가지 방법이 있다. 하나는 율법으로 말미암는, 그리고 율법의 행위로써 추구하는 의다. 그러나 이것은 가상적이고 잘해야 결핍된 의로서, 이것을 가지고는 하나님 앞에 설 수 없다. 그리스도께서 주시는 의 곧 믿음으로 말미암는 의는 신자에게 값없이 전달되는 것으로서, 하나님께서 받으시는 의다. 칭의는 하나님께서 회개하는 죄인을 그리스도의 의의 과정에 집어넣으시는 행위이다. 정죄의 정반대에 해당한다. 죄의 용서와 그리스도의 의의 전가(轉嫁)를 함축한다. 그리스도의 속죄의 희생에 기초를 두며, 그리스도와 그분이 주시는 모든 유익들을 이해하고 받는 주관적인 기관인 믿음을 조건으로 삼는다. 그러므로 우리는 오직 믿음을 통해서 오직 은혜로 말미암아 의롭다 함을 받는다. 그럼에도 불구하고 믿음은 홀로 남지 않고 늘 선행을 열매로 내놓는다.

칭의의 결과는 하나님과의 화평(εἰρήνη)과 양자됨(υἱοθεσία)이며, 양자가 됨으로써 또한 영원한 생명을 유업으로 받는 후사(κληρονομια)가 된다. "성령이 친히 우리 영으로 더불어 우리가 하나님의 자녀인 것을 증거하시나니 자녀이면 또한 후사 곧 하나님의 후사요 그리스도와 함께한 후사니 우리가 그와 함께 영광을 받기 위하여 고난도 함께 받아야 될 것이니라"(롬 8:16-17; 참조. 롬 5:1; 8:15; 갈 4:5-7).

바울의 칭의론의 뿌리는 그리스도의 교훈에서 발견할 수 있다. 그리스도는 제자들에게 서기관과 바리새인의 율법적 의를 훨씬 능가하는 의를 요구하시면서, 그것을 천국에 들어가는 조건으로, 즉 하나님의 의를 얻는 조건으로 제시하신다. 이 하나님의 의를 가장 먼저 추구해야 할 목표로 세우시며, 이 의는 오직 믿음으로 얻을 수 있다고 가르치신다. 그리고 어디서나 이 의를 인간 측에서 구원을 얻을 수 있는 유일한 조건으로 제시하신다(마 5:20; 6:33; 9:22,29; 17:20; 막 11:22; 16:16; 눅 5:50; 18:10-14; 요 3:16,17; 6:47).

(4) 성화(ἁγιασμός. 참조. 롬 6:19, 22; 고전 1:30; 살전 4:3, 4, 7; 살후 2:13). 칭의라는 신적 행위는 죄인의 회심과 쇄신과 떼어 놓을 수 없다. 칭의는 정서뿐 아니라 의지와 행동에까지 영향을 준다. 비록 값없이 임하는 것이긴 하지만 그렇다고 해서 아무런 조건도 없는 것은 아니다. 칭의는 필연적으로 성화의 시작이다. 장년으로 온전히 장성할 새 생명으로 태어나는 것이다. 칭의는 그리스도 밖에서 받는 게 아니라 살아 있는 믿음으로 그리스도 안에서만 받으며, 이것이 우리를 그리스도가 죄에 대해서 죽으시고 성결에 대해서 부활하신 데에 참여하여 연합하게 한다. 믿음은 사랑으로 역사하며, 그 필연적인 존재 증거로서 선행을 내놓아야 한다. 사랑이 없으면 아무리 위대한 기독교 은사도 아무리 강한 믿음도 "소리나는 구리와 울리는 꽹과리"밖에 되지 않을 것이다(고전 13:1, 2).

성화는 칭의처럼 단회적인 행위가 아니라 과정이다. 거룩함을 입은 속사람 전체가 회심하고 의롭다 함을 받은 순간부터 예수 그리스도께서 영광 중에 다시 오실 때까지 지속적으로 이뤄가는 성장이다(살전 5:23). 하나님 측에서 볼 때 성화는 확고히 보장된다. 하나님은 신실하시고 한 번 시작하신 선한 일을 반드시 완수하실 것이기 때문이다. 그러나 인간 측에서 볼 때 성화는 걸려 넘어지지 않도록 끊임없이 깨어 있을 것을 요구한다. 한편으로 보자면 오로지 하나님의 은혜에 달려 있고, 다른 한편으로 보자면 인간의 노력 여하에 달려 있다. 두 동인 사이에는 신비스러운 협력이 있는데, 이것이 다음과 같은 심오한 역설에 잘 표현되어 있다: "두렵고 떨림으로 너희 구원을 이루라. 너희 안에서 행하시는 이는 하나님이시니 자기의 기쁘신 뜻을 위하여 너희로 소원을 두고 행하게 하시나니"(빌 2:12, 13).

신자는 회심(세례로 인을 친)하는 순간부터 그리스도와 신비스럽게 연합한다. 더 이상 죄를 짓지 않을 정도로 그리스도와 함께 죄에 대해서 죽었다. 그리고 하나님을 위해 살 정도로 그리스도와 함께 하나님께 대해서 새 생명으로 살아났다. 신자는 세상에 대해서 십자가에 못 박히고 세상은 신자에 대해서 십자가에 못 박힌다. 그는 그리스도 안에서 새로운 피조물이다. 죄의 옛 사람은 죽고 장사지낸 바 되고, 새 사람이 거룩함과 의로움 안에서 산다. "이제는 내가[죄악된 자아] 산 것이 아니요 오직 내 안에 그리스도께서 사신 것이라. 이제 내가 육체 가운데 사는 것은 나를 사랑하사 나를 위하여 자기 몸을 버리신 하나님의 아들을 믿는 믿음 안에서 사는 것이라"(갈 2:20).

이것이 그리스도인의 삶에 관한 교리의 전부이다. 즉, 그리스도께서 우리 안에 사시고, 우리가 그리스도 안에서 사는 것이다. 이 삶은 십자가에 달렸다가 부활하신 구주, 곧 신자에게 내주(內住)하시고 그의 삶을 주관하시는 그리스도와의 생명의 연합으로 이루어진다. 그러나 이 연합은 범신론적인 혼동이나 흡수가 아니다. 신자는 끊임없이 똑똑한 의식과 개성을 가지고 살아간다. 신자에게는 "사는 것이 그리스도니 죽는 것도 유익"하다. "우리가 살아도 주를 위하여 살고 죽어도 주를 위하여 죽나니 그러므로 사나 죽으나 우리가 주의 것이로라"(참조. 갈 3:27; 엡 5:30; 고전 1:9; 고후 1:3, 5; 5:17; 13:4; 골 3:4; 빌 1:21; 롬 6:4-8; 14:8; 살전 5:10).

로마서 12장에서 바울은 자신의 윤리관을 '자신을 즐거이 희생하여 우리 구원의 하나님을 섬기는 생활로 나타나는 감사' 라는 개념으로 요약한다.[3]

(5) 영화(δοξαζειν)는 신자 안에서 시작된 은혜 사역의 최종 완성으로서, 우리 주님의 파루시아 때 나타날 것이다. 이것은 현재나 장래나 보이거나 보이지 않는 어떤 세력에 의해서도 방해를 받을 수 없다. 하나님과 그리스도께서는 우리의 모든 원수들보다 더 강하시고, 우리를 믿음의 투쟁에서 정복자들보다 능하게 하실 것이기 때문이다.

최후 승리에 대한 이 고도의 확신이 로마서 8장을 마무리하는 승리의 찬가에서 가장 열정적으로 표현된다.

---

3) 따라서 하이델베르크 요리문답은 로마서의 순서에 따라 3부와 마지막 부분에서 그리스도인의 삶을 '감사' 라는 제목으로 다룬다.

IV. 유대인에게서 이방인에게로 진행되었다가 다시 유대인에게로 되돌아가는 구원 복음의 역사적 과정.[4] 구원은 먼저 유대인들을 위해 예비되고 베풀어졌다. 그들은 수세기 동안 율법과 약속으로써 구원을 얻도록 준비되었고, 그들 가운데서 구주께서 나시고 사시고 죽으셨다가 다시 사셨다. 그러나 민족 차원에서는 그리스도와 그의 사도들을 배척했고, 불신앙으로 마음을 강퍅하게 했다. 이 사실은 사도 바울을 이루 말할 수 없이 슬프게 했고, 자기 동족의 구원을 위해서라면 자신의 구원마저 희생할(그것이 가능하다면) 마음을 먹게 했다.

그러나 그는 이 어두운 신비에서 빛을 본다. 무엇보다도 하나님은 친히 지으신 모든 피조물들의 주재(主宰)이시며, 자신의 지혜로운 계획을 실행해 가시는 역사의 매 단계마다 자비와 의를 나타내신다. 그의 언약은 무위로 끝나지 않는다. 그것은 아브라함과 이삭의 모든 혈손들에게 베풀어지지 않고, 오직 영적 자손들 곧 아브라함의 신앙을 지닌 참 이스라엘 자손들에게만 베풀어졌고, 그들이 대대로 구원을 받았고 지금도 개인적인 유대인으로서 구원을 받고 있기 때문이다. 그리고 불신앙과 배은망덕으로 스스로 멸망에 적합하다고 입증한 멸망의 그릇들에 대해서도 하나님은 오래 참으시기 때문이다.

다음으로, 유대인의 주류가 떨어져 나간 진정한 이유는 그들 스스로 그리스도를 배척했기 때문이다. 그들은 믿음으로 하나님의 의를 받지 않고 율법의 행위로 자기의를 구했다.

마지막으로, 유대인들이 떨어져 나간 것은 역사의 큰 드라마에서 오직 일시적이고 우발적인 현상에 지나지 않는다. 이 현상은 이방인들이 더 신속히 회개하

---

4) 이것이 로마서 9—11장의 주제이다. 이 세 장은 신정론(theodicy)과 교회사 철학의 개요를 담고 있다. 이 부분은 로마서의 주된 부분도 아니고(Bauer), 단순한 에피소드나 부록도 아니며(De Wette), 로마서 주제절의 후반 — 1:16, "첫째는 유대인에게요 또한 헬라인[혹은 이방인]에게로다" — 을 해석하는 필수적인 부분이다. 9장은 하나님의 주권을 다루고, 10장(9:30에서 시작해야 함)은 인간의 책임을 다루며, 11장은 이 큰 문제에 대한 미래의 해결을 다룬다. 이 세 장은 하나의 단위로 취급해야 한다. 9장만 떼어 놓으면 칼빈주의와 심지어 극단적인 타락전 선택설(supralapsarianism)을 증명하는 데 사용될 소지가 있고 또 실제로 그렇게 사용되어 왔고, 10장만 떼어 놓으면 아르미니우스주의에, 11장만 떼어 놓으면 보편구원론(만인구원론)에 사용될 소지가 있다. 그러나 바울은 교리적 의미에서 칼빈주의자도 아르미니우스주의자도 보편구원론자도 아니다.

도록 작용했고, 반대로 이방인의 충만한 수 곧 유기적 전체(모든 이방인 개개인이 아닌)의 회심은 궁극적으로 이스라엘의 회심으로 이어질 것이다. "이방인의 충만한 수가 들어오기까지 이스라엘의 더러는 완악하게 된 것이라. 그리하여 온 이스라엘이 구원을 얻으리라."

멀리 동떨어져 있는 듯하지만 성취를 향해 꾸준히 접근하고 있고 장차 하나님이 정하신 때와 방법으로 실현될 이 소망스러운 예언으로써 사도는 로마서의 교리 부분을 마감한다. "하나님이 모든 사람을 순종치 아니하는 가운데 가두어 두심은 모든 사람에게 긍휼을 베풀려 하심이로다. 깊도다 하나님의 지혜와 지식의 부요함이여, 그의 판단은 측량치 못할 것이며 그의 길은 찾지 못할 것이로다. 누가 주의 마음을 알았느뇨. 누가 그의 모사가 되었느뇨. 누가 주께 먼저 드려서 갚으심을 받겠느뇨. 이는 만물이 주에게서 나오고(ἐξ αὐτοῦ) 주로 말미암고(δι᾽ αὐτοῦ) 주에게로 돌아감이라(εἰς αὐτόν). 영광이 그에게 세세에 있으리로다. 아멘"(롬 11:32, 33, 36).

그러나 이 영광스러운 절정이 임하기 전에 적그리스도 곧 "불법의 사람"과 치를 두려운 전쟁과, 지금은 제재를 받고 있는 불법의 비밀이 온전히 드러날 일이 있을 것이다. 그 뒤에야 비로소 주께서 전장(戰場)에서 정복자로 나타나사 죽은 자들을 살리시고 세상을 심판하시고 마지막 원수를 멸하시고 나라를 아버지께로 되돌리사 하나님이 만유의 주로서 만유 안에 계시도록(τὰ πάντα ἐν πᾶσιν) 하실 것이다(살후 2:3-12; 고전 15:28).

72. 요한과 사랑의 복음

일반적 성격

유대 기독교 신학과 이방 기독교 신학의 일치점이 요한의 저작들에서 우리를 만나준다. 요한은 제1세기의 마지막 몇 십년 대에 사도 시대가 치러온 당당한 투쟁의 최종 결과들을 취합하여 후대에 넘겨준 인물이다. 바울은 유대교와 전면전을 벌여 그 뒤에 올 모든 세대에게 복음의 자유와 보편성에 대한 인식을 확보해 주었다. 요한은 이 문제를 다음 한 문장으로 처리한다: "율법은 모세로 말미암아 주신 것이요 은혜와 진리는 예수 그리스도로 말미암아 온 것이라"(요 1:17). 요한의 신학은 사도 시대가 하나님에 관한 지식에 대해서 도달한 최고의 절정에 해당한다. 독수리 — 그를 적절히 가리킨 상징 — 보다 더 높이 날아 오를 수는 없다.

요한의 견해는 주님의 말씀과 너무나 많이 동화되어 있어서 — 요한은 여느 제자들보다 주님과 밀접한 관계를 유지했다 — 그 두 가지를 구분해 내기란 어렵다. 그러나 그의 복음서 서론에는 그의 주된 사상이 담겨 있고, 그의 첫 서신서에는 실제적인 적용이 담겨 있다. 계시록의 신학도 저자가 동일인임을 확증할 정도로 본질상 동일하다.

요한은 논리가가 아니라 선견자였다. 철학적 사유자가 아니라 신비가였다. 따라서 논쟁하지 않고 주장한다. 직관에 의해서 한 번에 결론에 도달한다. 은혜와 진리가 충만하신, 아버지의 독생자의 영광에 관해서 개인 체험을 가지고 말하며, 눈으로 보고 귀로 듣고 손으로 만진 것을 증거한다(요 1:14; 요일 1:1-3).

요한의 신학은 꾸밈없는 단순함과 영적 깊이가 두드러진다. 훌륭한 예술 작품일수록 인위를 감추는 법이다. 시(詩)에서와 마찬가지로 종교에서도 가장 자연스러운 것이 가장 완전하다. 요한은 바울과는 달리 작은 개념들의 범주에서 맴돌지만, 이 개념들이란 근본적이고 모든 것을 포괄하는 것들이다. 그는 제1원칙들로 거슬러 올라가며, 곁가지들이나 예외의 경우들에 눈길을 주지 않고 핵심을 바라본다. 그리스도와 적그리스도, 신자들과 불신자들, 하나님의 자녀들과 마귀의 자녀들, 진리와 거짓, 빛과 어둠, 사랑과 미움, 생명과 사망 — 이런 큰 대조들을 놓고서 신앙 세계를 바라본다. 바로 이런 것들을 장엄한 단순성을 가지고 거듭 제시한다.

요한과 바울

요한의 교리는 바울의 교리보다 덜 발전하고 덜 공고하지만 더 이상적이다. 요한은 정신이 바울처럼 풍부하지도 강하지도 않았지만 훨씬 높이 솟아 올라 지복직관(至福直觀, the beatific vision)을 예기했다. 바울은 학자로서는(그리고 실천적인 사역자로서는) 요한보다 훨씬 우월했으나, 그럼에도 불구하고 고대 그리스 교회는 요한을 이상적인 신학자로 보았다. 요한의 정신과 문체는 태양과 달과 별들의 잔상을 비추는 산기슭의 조용한 호수로 비유할 수 있는 반면에, 바울의 정신과 문체는 절벽을 타고 흘러내리면서 앞에 있는 모든 것을 휩쓸고 지나가는 산의 급류를 닮았다.

그럼에도 불구하고 요한에게서도 전쟁의 나팔 소리가 들리고, 바울에게서도 평화의 찬미가 들린다. 전자는 정상에서 하나님과 로고스와 더불어 시작하고, 후자는 인간의 죄와 비참이라는 질곡에서 시작하지만, 둘 다 하나님을 인간에게로 내려오시게 하고 인간을 하나님께로 끌어올리는 신인(神人) 안에서 만난다. 요한은 사색적이고 고요하며, 바울은 적극적이고 논쟁적이지만, 둘 다 믿음의 승리와 다함 없는 사랑의 지배에서 손을 잡는다.

요한의 신학은 기독론적이고 바울의 신학은 구원론적이며, 요한은 그리스도의 인격에서 시작하고 바울은 그리스도의 사역에서 시작하지만, 그들의 기독론과 구원론은 본질상 일치한다. 요한의 이상은 영원한 생명이고, 바울의 이상은 의(義)이다. 그러나 둘 다 그것을 동일한 샘 곧 그리스도와의 연합에서 길으며, 이 인간 최고의 행복에서 발견한다. 요한은 그의 시대와 우리 시대의 교회를 승리의 교회(the church triumphant)로 표현하고, 바울은 전투의 교회(the church militant)로 표현하지만, 마지막 원수에게까지도 최후 승리를 거둘 것을 온전히 확신한다.

중심 사상

요한의 기독교는 사랑과 생명이라는 사상에 중심을 두는데, 그 둘의 뿌리는 동일하다. 그의 교의학은 '하나님이 먼저 우리를 사랑하셨다' 는 말로 요약되고, 그의 윤리학은 '그러므로 하나님과 형제를 사랑하자' 는 말로 요약된다. 요한은 사랑의 사도라고 불릴 만하다. 다만 이 사랑이라는 단어를 감상적인 의미로 이해하지 말고, 지고하고 지순한 도덕적 의미로 이해해야 한다. 요한이 변화되어 가는 과정에서, 하늘에서 불이 떨어지기를 바라며 드러냈던 우레의 아들의 격한 정신을, 계시록에서 그리스도의 원수들에게 진노의 대접을 쏟아붓는 선견자에게서 그대로 볼 수 있고, 중간 지대라는 걸 모르고 주님께 향한 나뉘지 않은 충성과 온전한 헌신을 당부하는 예수의 사랑하시는 제자에게서도 그대로 볼 수 있다. 그에게서는 최고의 지식과 최고의 사랑이 동시에 발생한다. 그에게 지식은 사랑의 눈이요 사랑은 지식의 심장으로서, 둘 다 영생을 구성하고, 영생은 행복의 충만이다(요 17:3; 15:11; 16:24; 요일 1:4).

요한이 핵심으로 파악한 진리와 기독교 자체의 핵심 사실은 하나님의 사랑을 세상에 나타내신 영원하신 로고스의 성육신이다. 이 진리를 부인하는 것이 적그리스도를 분별하는 척도이다(참조. 요 1:14; 3:16; 요일 4:1-3).

핵심 교리들

I. 신론(神論). 하나님은 영($\pi\nu\epsilon\hat{\upsilon}\mu\alpha$)이시고, 빛($\phi\hat{\omega}\varsigma$)이시며, 사랑($\dot{\alpha}\gamma\acute{\alpha}\pi\eta$)이시다(요 4:24; 요일 1:5; 4:8,16). 이런 것들이 모든 존재들 가운데 무한하신 그 존재께 드릴 수 있는 가장 간결하면서도 가장 심오한 정의이다. 첫째 정의는 그리스도의 입을 빌어서 표현되고, 둘째와 셋째 정의는 요한의 펜에서 나온다. 첫째는 하나님의 형이상학적인 완전을, 둘째는 하나님의 지적 완전을, 셋째는 도덕적 완전을 표현하지만, 모두가 하나로 혼합된다.

하나님은 영이시고, 충만한 영이시며, 절대적인 영이시다(모든 물질적인 개념과 제약과 반대되게). 따라서 무소부재하시며, 예루살렘에서든 그리심 산에서든 다른 여타의 장소에서든 신령과 진정으로 예배를 받으셔야 마땅하다.

하나님은 빛이시고, 한 점 어둠도 없는 충만한 빛이시며, 모든 빛, 즉 진리와 순결과 성결의 근원이시다.

하나님은 사랑이시다. 요한은 사랑을 하나님의 다른 모든 속성(attribute)을 발산하고 감독하고 통합하는 하나님의 내밀한 도덕적 본질로 보고서 그 말을 두 번 반복한다. 하나님의 사랑은 하나님으로 하여금 자신을 계시하시게 만드는 원동력이요, 그분의 길과 사역의 시작이자 마침이요, 그리스도 안에서 나타나신 그분 모습의 정수(精髓)이다.

II. 그리스도의 인격론. 그리스도는 영원하신 분이고 성육신하신 로고스 곧 하나님의 계시자이다. 아무도 하나님을($\theta\epsilon\acute{o}\nu$. 관사 없이 쓰임. 하나님의 본질 혹은 하나님으로서의 하나님) 본 사람이 없으되, 오직 아버지 품에 계신 하나님의 독생자(혹은 독생하신 하나님)께서만($\dot{\epsilon}\kappa\hat{\epsilon}\hat{\iota}\nu\sigma\varsigma$), 하나님의 존재에 관해 베일에 싸였던 비밀을 단번에 영원히 드러내셨다.

아버지에 관한 이 완전한 지식을 그리스도께서는 마태복음의 현저한 단락(11:27)에서 친히 나타내셨다(그 단락은 요한복음과 공관복음이 그리스도를 본질상 동일하게 묘사한다는 것을 확증한다).

요한(오직 그 혼자서만)은 그리스도를 하나님의 '로고스' 곧 하나님의 구현이자 그의 모든 계시의 기관이라 부른다(요 1:1, 14; 요일 1:1; 계 19:13). 인간 이성이나 사고가 말로 표현되고, 말이 우리 생각을 남에게 알리는 매체이듯이, 하나님도 인격인 말씀이신 그리스도 안에서 그리스도를 통해서 자신과 세상에 알려지신다. '로고스'가 형이상학적이고 지적인 관계를 가리키는 반면에, '아들'은 그리스도와 하나님간의 도덕적 관계를 사랑의 관계로 가리키며, '독생' 혹은 '독생하신'(μονογενής)이란 칭호는 그리스도의 아들로서의 신분을 다른 모든 아들의 신분(그것은 그리스도의 아들의 신분에 대한 반영일 뿐이다)보다 높고 독특하게 끌어 올린다. 그것은 무한한 지식과 무한한 사랑이 결합된 영광스러운 관계이다. 로고스는 영원하시고, 인격적이시고, 신적이시다.[5] 그분은 창세 전에 혹은 영원부터 계셨다. 반면에 하나님과는 구분되며, 하나님과 가장 가까운 사귐(πρὸς τὸν Θεόν)을 나누신다. 하지만 본질상 신(神)이시며, 따라서 '하나님'(Θεός. 하지만 ὁ Θεός가 아님)이라 불리신다.[6]

이 선재(先在)하신 로고스께서 보이고 보이지 않는 만물을 창조하셨다(요 1:3). 모든 사람에게 생명(ἡ ζωή. 참되고 불멸하는 생명. 자연적이고 필멸의 생명인 βίος와 구분됨)과 빛(τὸ φῶς. 지적 도덕적 진리, 이성과 양심을 포함하는)의 충만함과 근원이시다. 이교 세계의 캄캄한 밤하늘에서 별들과 운석들처럼 빛나는 어떠한 진(眞)과 선(善)과 미(美)의 요소들을 발견하든지 간에, 그 근원은 온 우주

---

5) 이 세 가지 개념은 복음서 첫 절에 담겨 있는데, 그것은 오리게네스와 아우구스티누스로부터 셸링과 괴테에 이르는 심오한 지성들을 자극하고 부심하게 했다. 세 절이 얼마나 단순하고 투명하게 결합되어 있는지, 그 깊이가 얼마나 원대한지, 그 균형이 얼마나 완벽한지를 눈여겨 보라. 주어(λόγος)와 동사(ἦν)가 세 번 반복된다. "세 절은 말씀이 시간과 존재 양태와 성격과 관련하여 갖고 있는 필수적 본질에 대해 인식할 수 있는 모든 것을 포함한다. 그분은 (1) 태초에 계셨고, (2) 하나님과 함께 계셨으며, (3) 하나님이셨다. 동시에 이 세 절은 14절에 선포된, 말씀이 성육신하신 세 가지 위대한 시점들에 상응한다. '하나님이셨던' 그분이 육신이 되셨다. '하나님과 함께 계시던' 그분이 우리 가운데 거하셨다(비교. 요일 1:2). '태초에 계시던' 그분이 (시간 안에서) 되셨다"(Westcott<Speaker's *Com.*에서>). Lange도 비슷한 해석을 한다. Beyschalg는 로고스의 인격(personality)을 부정한다.

6) 여기서 우리는 본질의 단일성과 위격(휘포스타시스)의 삼위성을 구분한, 그리고 아울러 내재적이고 영원한 삼위일체와 경세적(economical) 삼위일체 — 시간 안에서 (창조, 구속, 성화의 사역으로써) 계시된 — 를 구분한 정통신학의 싹(그러나 싹만이 아님)을 보게 된다. 히브리 유일신론자는 한 분 하나님 외에 존재하는 다른 본질(ἑτεροούσιος)의 영원하고 독립된 존재를 생각할 수 없었다.

에 생명을 주시고 빛을 비추시는 로고스께 거슬러 올라가 찾아야 한다.

여기서 바울과 요한은 다시 만난다. 둘 다 그리스도께서 창조에 참여하셨다고 가르치되, 요한은 성육신 이전에 있었던 모든 예비적 계시들을 그리스도와 더욱 밀접히 연관짓는다. 몇몇 그리스 교부들이 헬라 철학, 특히 플라톤 철학을 이교도의 정신을 그리스도께 향하도록 훈련시킨 학교라고 높이 평가한 데에는 로고스 계시에 대한 이러한 넓은 이해가 주로 작용했다.

로고스는 자신을 모든 사람에게 계시하셨지만, 친히 선택하신 자기 백성에게 특별한 방법으로 하셨다. 바로 이 계시가 세례 요한에게서 절정에 도달했다. 그는 율법과 선지자의 의미를 자기 자신으로 요약했고, 나사렛 예수를 가리켜 "세상 죄를 지고 가는 하나님의 어린양"이라고 했다.

마침내 로고스가 육신이 되셨다(1:14). 그분은 죄를 제외한 모든 일에서 사람과 단번에 영원히 연합하심으로써 자신에 관한 계시를 완성하셨다. 히브리화한 용어 '육신'은 로고스께서 자신을 낮추사 우리의 타락한 상태에 임하신 것과, 그분의 불멸의 신성(神性)과 뚜렷이 대조되게 느끼고 보고 만질 수 있는 대상이 되는 인성(人性)의 온전한 실재를 가장 잘 표현한다. 그 용어는 육체($\sigma\hat{\omega}\mu\alpha$)뿐 아니라 인간 영혼($\psi\upsilon\chi\acute{\eta}$)과 이성적 정신($\nu o\hat{\upsilon}s$, $\pi\nu\epsilon\hat{\upsilon}\mu\alpha$)까지도 포함한다. 요한은 그것 모두를 그리스도께 돌리기 때문이다. 나중 용어를 사용하자면 성육신 ($\acute{\epsilon}\nu\sigma\acute{\alpha}\rho\kappa\omega\sigma\iota s$, incarnatio)은 인성을 입으신 점($\acute{\epsilon}\nu\alpha\nu\theta\rho\acute{\omega}\pi\eta\sigma\iota s$, Menschwerdung)을 좀 더 강조하는 것에 지나지 않는다. 로고스가 인간이 되시되 부분적으로가 아니라 철저히, 외견상으로가 아니라 실제로, 일시적으로가 아니라 영원히, 하나님의 지위를 포기하심으로써도 아니고 인간으로 변화하심으로써도 아니라, 인간과의 지속적이고 인격적인 연합으로써 되셨다.

따라서 로고스는 신인(the Godman)이시다. 참된 쉐키나(Shekinah)로서 지상에 장막을 펴셨고, 제자들에게 자신의 인성의 베일을 뚫고서 찬란히 비치는 독생자의 영광을 나타내셨다(1:14). 이것이 선재(先在)하시던 상태에서 누리던 신적 영광과 대조되는, 그리고 높아지신 상태에서 나타내실 최종적이고 완전한 영광, 제자들도 참여할 그 영광과 대조되는, 낮아지신 상태에서 지니신 신인의 영광이다(요 17:5, 24; 요일 3:2).

제4복음서는 그 복음서 서론에 담긴 사상들에 대한 주석이다. 이 복음서는 독자들이 "예수께서 하나님의 아들 그리스도이심을 믿게 하려 함이요 또 … 믿고 그 이름을 힘입어 생명을 얻게 하려"고 기록되었다(요 20:31).

Ⅲ. 그리스도의 사역(구원론). 이 사역은 죄와 사탄에 대한 정복과 영원한 생명의 획득을 포함한다. 그리스도는 마귀의 사역을 멸하시기 위해서 죄 없이 나타나셨다. 마귀는 역사의 시초부터 거짓말쟁이요 살인자로서, 처음부터 진리를 떠났고 그 뒤에는 인류에게 죄와 죽음을 가져다 주었다(요 3:5, 8). 그리스도는 자기 양들을 위해서 자기 목숨을 내놓으시고 피를 흘리셨다. 죽음으로 자기를 구별하여 바친 이 행위로써 신자들의 죄와 온 세상의 죄를 위한 화목제물(ἱλασμός)이 되셨다(요 6:52–58; 10:11, 15; 요일 2:2). 그 피가 모든 죄책과 죄의 오염을 씻어낸다. 그분은 세상 죄를 지고 가시는 하나님의 어린양이시다. 그리고 (가야바가 무의식중에 예언한 대로) 자기 백성을 위해서 죽으셨다(요일 1:10; 요 1:29; 11:50; 비교. 18:14). 제사장이신 동시에 제물이시다. 그리고 여전히 제사장 직무를 행하시며, 하늘에서 우리의 대언자가 되셔서 우리가 죄를 짓고 진정으로 회개하면 용서해 주실 준비가 되어 있다(요일 2:1).

우리를 하나님께로부터 분리시킨 장애물을 제거하는 것이 그리스도의 사역에 포함된 소극적인 부분이다. 적극적인 부분은 아버지를 계시하는 것으로, 영원한 행복을 함축한 영원한 생명을 주시는 것으로 구성된다. 그리스도 자신이 세상의 생명이요 빛이시다. 친히 자신을 가리켜 길이요 진리요 생명이라고 하신다. 그분 안에 참되고 영원한 생명이 있는데, 이 생명은 처음부터 아버지와 함께 계시다가 인간의 형상으로 친히 나타나셨다. 이 생명을 사람들에게 전하기 위해서 오셨다. 그분은 하늘에서 오신 떡으로서, 마치 떡 다섯 덩이로 5천 명을 물리적으로 먹이셨듯이, 모든 곳에 있는 신자들을 영적으로 먹이시되 다시 주리지 않게 하신다. 그 기적은 그리스도가 자기 백성에게 전하신 신비로운 자기 계시로써 계속된다. 그를 믿는 자는 누구든 영생을 얻는데, 이 생명은 이 땅에서 신생(新生)으로 시작하여 장차 육체의 부활로써 완성될 것이다(요 6:47).

이 점에서도 계시록은 제4복음서와 요한의 서신들과 잘 일치한다. 계시록은 그리스도를 마귀를 이긴 분으로 표현한다(계 12:1–12; 20:2). 그분은 유다 지파에서 나온 정복하는 사자(the conquering Lion)인 동시에 우리를 위해 죽으신 고난의 어린양이기도 하시다. 어린양의 표상은 그것이 유월절 양을 가리키든, 메시야 단락 중 이사야 53:7의 어린양을 가리키든, 그리스도의 죽음으로 온전히 실현된 속죄의 희생 사상을 나타낸다. 그는 "피로 우리 죄에서 우리를 해방하시고”, “각 족속과 방언과 백성과 나라 가운데서 사람들을 피로 사서 하나님께 드리시고 저희로 … 우리 하나님 앞에서 나라와 제사장을” 삼으셨다. 셀 수 없이 많은 구속된 자들이 “어린양의 피에 그 옷을 씻어 희게” 하였다. 이것은 깨끗케 함과 거룩케 함(성화)를 모두 함축한다. 흰옷은 거룩함의 상징이기 때문이다(참조. 계 1:6; 5:6, 9, 12, 13; 7:14; 비교. 요 1:29; 17:19; 19:36; 요일 1:7; 2:2; 5:6). 그분이 자기 백성을 위해 자기 목숨을 버리시게 된 동기는 사랑이었다(계 1:5). 계시록도 제4복음서와 마찬가지로 — 거기서 그리스도는 부활이요 생명으로 일컬어진다 — 부활을 크게 강조한다. 높이 들리우신 로고스-메시야는 사망과 음부의 열쇠를 갖고 계시다(계 1:5, 17, 18; 2:8; 비교. 요 5:21, 25; 6:39, 40; 11:25). 하나님의 우주 통치에 참여하신다. 세상의 중재적 통치자시요, “땅의 임금들의 머리”시요, “만주의 주시요 만왕의 왕”이시다(계 1:5; 3:21; 17:14; 19:16). 계시록의 선견자는 제4복음서에서와 마찬가지로 그리스도께 대한 믿음의 보상이라는 그 지고한 의미에서의 생명 사상을 전달한다. 이기는 자들에게, 죽도록 충성하는 자들에게 그리스도께서는 “생명의 면류관”을 주시고 보좌에 함께 앉도록 해주실 것이다. “생명수 샘으로 인도하시고 하나님께서 저희 눈에서 모든 눈물을 씻어 주실 것”이다(계 2:10; 3:21; 7:17; 14:1-5; 21:6, 7; 22:1-5).

IV. 성령론(pneumatology). 성령에 관한 교리는 요한만 전하는 우리 주님의 고별사에 가장 충분히 제시된다. 그리스도께서 아버지께로 돌아가신 뒤에 보내기로 약속하신 성령은 신자들을 위해서 간구하시고 그들을 지도하시고 지원하시고 위로하시는 분으로서, 보혜사(the Paraclete) 곧 대언자(the Advocate) 혹은 상담자(the Counsellor), 조력자(the Helper)라고 불린다(요 14:16, 26; 15:26; 16:7; 비교. 요일 2:1). 성령은 ‘다른 보혜사’ (ἄλλος παράκλητος)이시다. 그리스도께서 신자들의 영원한 대제사장으로서 아버지의 보좌에서 그들을 위해 간구하시는 첫째 보혜사이시기 때문이다. 성령은 성부로부터 (영원히) 나오시며, 오순절에 성부와 성자에 의해서 보내심을 받았다. 사람의 마음에 그리스도를 계시하시고 영화롭게 하시며(ἐμὲ δοξάσει), 그리스도를 증거하시고(μαρτυήσει περὶ ἐμοῦ), 그리스도의 가르침을 생각나게 하시고 설명하시며(ὑμᾶς διδάξει πάντα καὶ ὑπομνήσει ὑμᾶς πάντα ἃ εἶπον ὑμῖν εγώ), 제자들을 온전한 진리 가운데로 인도하시고(ὁδηγήσει ὑμᾶς εἰς τὴν ἀλήθειαν πᾶσαν), 그리스도의 충만하심을 가져다가 그들에게 보이신다(ἐκ τοῦ ἐμοῦ λαμβάνει καὶ ἀναγγελεῖ ὑμῖν). 그리스도가 하나님과 세상의 중재자이시듯이, 성령은 그리스도와 신자 사이의 중재자이자 중보자이시다. 진리와 성결의 영이시다. 세상 곧 자기의 영향력 아래 들어오는 모든 사람들을 죄에 대해서(περὶ ἁμαρτιας), 의에 대해서(δικαιοσύνης), 심판에 대해서(κρίσεως) 책망하신다 (ἐλέγχει). 이 책망은 죄인의 회개로 귀결되든지 완고로 귀결되든지 할 것이다. 성령은 말씀 전파와 함께 역사하시며, 언제나 마음과 양심의 영역에서 일하신다. 세 증인 가운데 한 증인으로서, 땅에서 그리스도를 증거하는 나머지 두 증인인 세례(τὸ ὕδωρ)와 그리스도의 속죄의 죽음(τὸ αἷμα)에 효력을 주신다(요일 5:8).

V. 그리스도인의 생명. 이 삶은 위로부터 혹은 성령께로부터 오는 신생(新生)과 더불어 시작한다. 신자들은 하나님의 자녀들로서 "혈통으로나 육정으로나 사람의 뜻으로 나지 아니하고 오직 하나님께로서 난 자들"이다(요 1:13). 모태에서 난 것과 비교하면 '새로운' 탄생이고, 사람에게서 난 것과 비교하면 '하나님께로서' 말미암은 탄생이고, 혈통적 탄생과 비교하면 '영'(성령)으로 말미암은 탄생이며, 땅에서의 탄생과 대조하면 '하늘로서' 말미암은 탄생이다. 신자의 생명은 타락한 본성의 통로로 내려오지 않으며, 복음 전파를 통해서 역사하시는 성령의 창조적 행위를 필요로 한다. 거듭난 자의 생명은 죄의 원칙과 세력에서 벗어나 있다. "하나님께로서 난 자마다 죄를 짓지 아니하나니 이는 하나님의 씨가 그의 속에 거함이요 저도 범죄치 못하는 것은 하나님께로서 났음이라"(요일 3:9). 그에 대해서 마귀는 아무런 힘도 발휘하지 못한다(요일 5:18).

새 생명은 영혼에 있는 그리스도의 생명이다. 내재적이고, 기간에 관한 한 영원하다. 사람 안에 있는 영생은 유일하고 참되신 하나님과 예수 그리스도를 아는 지식에 있다. 그것은 사랑을 충분히 공감하고 그 안에 참여하는 것을 포함하는 지식이다(요 17:3). 영생은 땅에서 믿음으로 시작한다. 따라서 그리스도를 믿는 자는 영생이 있다는 말씀이 거듭 선포된다(요일 5:12, 13. 비교. 요 3:36; 5:24; 6:47, 54). 그러나 그 충분히 만개한 모습은 그리스도가 영광스럽게 나타나사 우리가 그와 같게 되고 그의 계신 그대로 보게 될 때에야 비로소 나타날 것이다(요일 3:2). 믿음은 그리스도와 의사전달을 하는 매체요 그분과 하나로 묶어 주는 띠다. 믿음은 세상을 이긴 것으로서 원칙으로는 이미 이 땅에 있다(요일 5:4).

요한의 영생 사상은 바울의 의(義) 사상에 해당하지만, 두 사람 다 믿음을 의이신 동시에 영생이신 그리스도와 우리를 연합시킴으로써 영생과 의를 얻게 하는 유일하고 필수불가결한 조건으로 보는 데 일치한다.

더욱이 그리스도인의 생명은 성령 안에서 그리스도와 아버지와 나누는 사귐이다. 우리 주님은 고난을 당하시기 전에 마치 자신과 아버지가 하나이시듯이 당대와 장차 모든 세대의 신자들이 자신과 하나가 되게 해주시고 그들도 자신의 영광을 누릴 수 있게 해주시라고 기도하셨다. 요한이 서신서를 쓴 목적은 독자들에게 아버지와 그 아들 예수 그리스도와 사귐을 갖게 하고 그로써 기쁨이 충만케 되도록 하기 위함이다(요 17:22-24; 요일 1:3, 4). 이 사귐은 사랑의 또 다른 표현으로서, 하나님 사랑과 형제 사랑은 뗄래야 뗄 수 없다. "하나님이 이같이 우리를 사랑하셨은즉 우리도 서로 사랑하는 것이 마땅하도다." "하나님은 사랑이시라. 사랑 안에 거하는 자는 하나님 안에 거하고 하나님도 그 안에 거하시느니라." 형제를 사랑하는가가 실질적인 기독교를 가름하는 진정한 시험이다(요일 4:11, 16; 참조. 3:11, 23; 4:7; 비교. 요 13:34, 35; 15:12, 17). 이 형제간의 사귐이 교회 — 교회에 대해서는 요한복음과 요한일서에는 아무데서도 언급조차 되지 않는다 — 의 참된 본질이다(에클레시아라는 단어는 요한삼서에 나오지만 지역 회중이란 뜻으로 쓰인다. 교회의 외적 조직에 관해서 요한은 침묵한다. 심지어 성례들의 제정에 관해서 보고조차 하지 않는다. 물론 세례의 영적 의미에 관해서 말하고〈요 3:5〉, 성찬의 영적 의미에 관해서 간접적으로 말하긴 하지만 말이다〈6:53-56〉).

하나님 사랑과 형제 사랑은 단순한 감정이 아니라 적극적인 능력이며, 하나님의 계명을 지키는 것으로 제 모습을 드러낸다(요일 2:3, 4; 3:22, 24; 4:7, 11; 5:2, 3; 요이 6; 비교. 요 14:15, 21).

이렇게 사랑에 대한 사상에서도 요한과 바울은 일치한다. 사랑은 믿음이 현실로 흡수되고, 소망이 성취로 흡수될 때도 영원히 남아 있을, 그리스도인의 은사들 중에서 가장 좋은 은사이다(롬 13:7-10; 고전 13:1-13).

73. 사도들의 교훈에 대한 이단들의 곡해

앞에서 잠시 살펴본 교리의 세 가지 유형은 기독교가 발휘한 충만한 생명력을 여실히 보여주며, 차후 세대들의 교회의 다양한 면모를 이해하기 위한 주제가 된다. 그리스도가 으뜸음으로서 모든 불협화음을 일치시키고, 그 나라 역사의 모든 비밀들을 풀어낸다.

그러나 이 사도적 진리의 천상적 체계는 이단의 유령과 맞부닥친다. 마치 모세의 기적들이 사탄의 사주를 받은 애굽의 술객들의 도전을 받은 것처럼, 그리고 그리스도께서 귀신들린 자들을 만나신 것처럼 말이다. 진리의 영이 더욱더 강하게 일어날수록 거짓의 영도 더욱 활발히 역사했다. "하나님이 교회를 세우시는 곳에 마귀도 곁에 예배당을 세운다." 그러나 온갖 오류들도 섭리의 손에 들리면 진리가 확연하고도 최종적으로 승리하는 데 틀림없이 이바지한다. 오류들은 연구를 자극하고 방어를 강요한다. 사탄 자신이 "항상 악한 일을 도모하면서 선한 일을 이용하는 세력"이다. 혼란한 세상에서 이단들은 상대적으로 말하자면 피하기 어렵고, 소극적으로 말하자면 있을 수 있는 일이다. 물론 그 교사들은 죄책이 작지 않지만 말이다. "실족케 하는 일들이 있음을 인하여 세상에 화가 있도다. 실족케 하는 일이 없을 수는 없으나 실족케 하는 그 사람에게는 화가 있도다"(마 18:7; 고전 11:19, "너희 중에 편당이 있어야 너희 중에 옳다 인정함을 받은 자들이 나타나게 되리라"; 비교. 행 20:30; 딤전 4:1; 벧후 2:1-3).

사도 시대의 이단들은 참된 교리의 여러 유형들을 제각각 모방한 것들이다. 따라서 근본적으로 세 가지 유형의 이단들을 식별하게 되는데, 이 이단들은 차후의 거의 모든 세대에서 다양하게 수정된 형태로 재등장한다. 다른 점들에서도 그렇지만 이 점에서도 사도 시대는 미래 전체의 예표로 서 있다. 신약성경이 거짓 교리에 대해서 해놓은 여러 권고들과 경고들은 모든 시대에 설득력을 갖고 있다.

1. 유대화주의(유대주의는 유대교이며, 유대화주의는 유대적 기독교이다:역주) 경향은 유대 기독교에서 발생한 이단이다. 이 이단은 기독교와 유대교의 통일성을 주장하되, 전자를 후자에 함몰시키고 복음을 율법을 개선하거나 완전하게 손질한 것쯤으로 이해하는 노선을 취한다. 그리스도를 일반 선지자로, 둘째 모세로 간주한다. 그리고 그리스도의 신성과 제사장과 왕의 직분을 부정하거나 적어도 송두리째 간과한다. 유대화주의자들은 사실상 유대교인들이었고, 오직 허울과 이름으로만 그리스도인들이었다. 할례와 도덕법 및 의식법 전체가 여전

히 구속력을 갖고 있으며, 그것들을 지켜야 구원을 얻을 수 있다고 주장했다. 새롭고 자유롭고 보편적인 종교로서의 기독교에 관해서는 아무런 개념도 갖고 있지 않았다. 따라서 바울을 자유분방한 이방인의 사도로, 위험한 배교자이자 혁명가로 간주하고서 미워했고, 그의 동기들을 비난했으며, 모든 곳에서 특히 갈라디아와 고린도의 교회들에 형성되어 있던 그의 권위를 훼손하려고 힘썼다. 바울의 서신들, 특히 갈라디아서는 이 유대화주의 거짓 기독교를 일관성 있게 바라보지 않고서는 제대로 이해할 수 없다.

좀 더 충분히 발전한 동일한 이단이 2세기에 에비온주의라는 이름으로 등장한다.

2. 정반대의 극단은 이방의 거짓 기독교로서, 이교화주의 혹은 영지주의 이단이라고 부를 만한 것이다. 유대화주의가 위축되고 반동적이라면 이 이단은 급진적이고 혁명적이다. 유대화주의 이단이 완고하게 과거를 고집한 데 반해, 이 이단은 과거로부터 급격히 단절한다. 기독교를 유대교와 구분하는 바울의 견해를 과장하고, 기독교를 그 역사적 기반으로부터 단절시키고, 구주의 참 인성을 도케투스파의 가현(假顯)으로 해석하고, 복음의 자유를 반(反)율법주의의 방종으로 곡해한다. 기독교 고대사의 한결같은 증언에 따르면, 이 세례받은 이교의 창시자 혹은 최초의 대표자는 시몬 마구스(Simon Magus)로서, 그는 이교 사상과 관습으로 기독교를 훼손했고, 자신을 하나님께로부터 범신론적 형태로 발출된 능력으로 가장했다(행 8:10). 이 오류가 걸어온 발자취는 바울의 후기 서신들(골로새서, 디모데전후서, 디도서)과 베드로후서, 요한의 처음 두 서신서, 유다서, 계시록의 일곱 교회에 대한 편지들에 뚜렷이 나타나 있다. 이 이단은 2세기에 다양한 영지주의 학파로 동방과 서방의 온 교회에 두루 퍼졌다.

3. 그리스도 이전에도 필로(Philo)와 테라퓨타이파(the Therapeutae) 그리고 에세네파 등에 의해서 유대 종교와 이교 철학, 특히 피타고라스와 플라톤의 철학을 혼합하려는 시도가 이미 있었듯이, 그리스도 이후에도 기독교의 이름으로 이 양극단의 체계를 혼동스럽게 뒤섞은 집단들이 유대교의 요소나 이교의 요소 중 어느 한쪽에 편중한 채 이교화주의 유대교 곧 영지주의적 에비온주의나, 유대화주의 이교 곧 에비온주의적 영지주의의 형태를 띠고서 등장했다. 이런 혼합적(syncretistic) 이단은 유대 기독교와 이방 기독교를 그리스도의 인격과 사역이라는 지고한 개념으로 참되게 화해시킨 요한 신학을 모방한 것이다. 신약성경 후

반의 책들에서 논박되는 오류들은 거의 이렇게 혼합된 유형이며, 그것이 유대교에서 나왔는지 아니면 이교에서 나왔는지 종종 의심스럽다. 이 오류들은 대개 공허한 신비주의로 위축되거나 인위적으로 조성한 금욕주의적 성결의 후광에 둘러싸였지만, 때로는 정반대의 극단인 반율법주의적 방종으로 전락했다.

그러나 그 오류들의 차이가 어떤 것이었든간에, 이 세 가지 근본적 이단들은 복음의 핵심 진리, 즉 하나님의 아들이 세상을 구원하시려고 육신이 되셨다는 진리를 다소간에 뚜렷하게 부정하는 데서 일치된 모습을 보인다. 그 오류들은 그리스도를 단순한 사람으로 혹은 단순한 초자연적 환영(幻影)으로 해석한다. 어쨌든 구주의 인격 안에 신성과 인성이 실제로 그리고 항구적으로 연합했다는 점을 인정하지 않는다. 바로 이 점을 요한은 벌써 자기 시대에 다양한 형태로 존재하던 적그리스도의 표징으로 제시한다(요일 2:23; 4:1-3).

이 오류가 교회의 기초를 훼손한다는 것은 두말할 나위가 없다. 만약 그리스도가 신인(神人)도 아니고 하나님과 사람들간의 중보자도 아니시라면, 기독교는 이교나 유대교로 가라앉게 된다. 결국 모든 것이 "너희는 나[그리스도]를 누구라 하느냐"는 근본적인 질문에 어떻게 대답하느냐에 달려 있다. 이 질문의 참된 해답은 모든 오류를 철저히 논박하는 것이다.

제 12 장

신약성경

74. 참고문헌

I. Lachmann의 헬라어 신약성경에 대한 비평적 편집본들(1842-50, 2 vols.); Tischendorf (ed. octava critica major, 1869-72, 2 vols., with Prolegomena by C. R. Gregory, Part I., Leipz., 1884); Tregelles (1857-79); Westcott and Hort (1881, with a vol. of Introd. and Appendix. Cambridge and New York, revised ed. 1888).

Lachmann은 터를 닦았고, Tischendorf와 Tregelles는 비평적 기구들을 크게 확대하고 세심하게 걸러냈다. Westcott와 Hort는 수집 가능한 최고(最古)의 자료들로부터 가장 순수한 본문을 회복했다. 실질적으로 모두가 원칙과 결과가 일치하며, 중세의 흘림체 본문 대신에 고대의 언셜체를 제공한다.

최근에 개정된 루터역과 흠정역(the King James's version)과 관련하여 2개 국어 편집본들도 특별히 언급할 가치가 있다. Oskar von Gebhardt의 *Novum Testamentum Graece et Germanice*(Lips., 1881)는 Tischendorf의 마지막 본문 (Tregelles, Westcott, Hort의 이문〈異文〉들이 수록됨)과 루터역의 개정판을 싣는다. 그의 헬라어 본문은 2개 국어판에 수록되지 않고, "Adnotatio critica"와 함께 별권으로 발행되었다. *The Greek-English New Testament, containing Westcott and Hort's Greek Text and the Revised English Version on opposite pages*, with introduction by Schaff. New York (Harper & Brothers), 1882, revised ed. 1888.

II. 신약성경의 역사비평적 서론들 혹은 문학사들: Hug, De Wette, Credner,

Guericke, Horne, Davidson, Tregelles, Grau, Hilgenfeld, Aberle(R. Cath.), Bleek(4th ed. by Mangold, 1886), Reuss(6th ed. 1887), Holtzmann(2d ed. 1886), Weiss(1886), Salmon(3d ed. 1888).

III. Thiersch: *Herstellung des historischen Standpunktes für die Kritik der neutestamentl. Schriften*, Erlangen, 1845. (Baur와 튀빙겐 학파에 대한 비판서.); Edward C. Mitchell: *Critical Handbook to the New Test.*(신빙성, 정경 등의 쟁점을 다룸), Lond. and Andover, 1880, 프랑스어역(Paris, 1881); J. P. Lange: *Grundriss der Bibelkunde*, Heidelberg, 1881; Philip Schaff: *Companion to the Greek Testament and the English Version*, N. Y. and Lond., 1883, 3d ed., revised 1888; G. D. Ladd: *The Doctrine of Sacred Scripture*, N. York, 1883, 2 vols. The same, abridged, 1888.

IV. 복음서들과 서신서들에 관해서 아래에 인용한 저서들.

V. 신약성경 정경에 관하여: Kirchhofer (*Quellen sammlung*, etc. Zürich, 1844, Engl. transl. enlarged by Charteris: *Canonicity*, etc. Edinb., 1881); Credner (*Zur Gesch. des Canon*, Halle, 1847; *Geschichte des Neutest. Kanon*, herausg. von Volkmar, Berlin, 1860); Gaussen (Engl. transl., London, 1862; abridges transl. by Kirk, Boston, 1862); Tregelles (*Canon Muratorianus*, Oxford, 1867); Sam. Davidson (Lond., 1878, 3d ed., 1880); Westcott (Cambridge and London, 1855; 6th ed., 1889); Reuss (*Histoire du canon des S. Écritures*. Strasb., 2d ed., 1864); Ad. Harnack (*Das muratorische Fragment und die Entstehung einer Sammlung apost. –katholischer Schriften*, in Brieger's "Zeitschrift f. Kirchengeschichte," 1879, III, 358 sqq.; comp. 595 sqq.); F. Overbeck (*Zur Geschichte des Kanons*. Chemnitz, 1880); Réville (French, 1881); Theod. Zahn (*Forschungen zur Geschichte des neutestamentl. Kanons, Part I–III, 1881–84; and Geschichte des kanons d. N. T.*, Leipz., 1888 sqq., 3 vols). Comp. Harnack: *Das N. T. um das Jahr.* 200, Freiburg, 1889 (against Zahn), and Zahn's reply, Leipz., 1889.

75. 사도 시대 문학의 등장

그리스도는 모두가 읽어야 할 생명의 책이다. 그분의 종교는 모세 율법처럼 외적인 의문(儀文)이 아니라 자유롭고 생명을 주는 영(靈)이고, 문학 작품이 아니라 도덕적 창조이고, 지식인들을 위한 새로운 신학이나 철학 체계가 아니라 온 세상을 구속하기 위한 신적 생명의 전달이다. 그리스도는 하나님의 말씀 곧 영원하신 로고스로서, 육신이 되사 참 쉐키나(Shekinah)로서 아버지의 독생자의 영광을 가리신 채 땅에 거하셨으며, 은혜와 진리가 충만했다. 그분은 말씀하셨고, 그 입에서 나온 모든 말씀은 예나 지금이나 영(靈)이요 생명이다. 인간의 마음이 갈망하는 분은 학문적이고 문학적인 그리스도가 아니라, 기사(奇事)를 행하시고 십자가를 지시고 부활하시고 하늘 보좌에 앉으사 세상을 다스리시며, 그럼으로써 인간들과 천사들에게 다함이 없는 묵상과 대화와 찬미의 주제가 되시는 구주이시다.

따라서 주님은 사도들을 택하실 때도 바울 한 사람을 제외하고는 아무도 지식인 계층에서 택하지 않으셨다. 택하신 뒤에도 그들에게 문필 훈련을 시키지 않으셨고, 땅에 사시는 동안 내내 그런 방향으로 힘쓰라는 명령을 단 한 차례도 하시지 않았다. 갈릴리의 보통 어부들로서 이 세상의 지혜로 훈련을 받지는 못했으나 장차 올 세상의 진리와 권능의 성령으로 충만했던 사도들은 전능하신 성부 하나님의 우편에 앉으사 세상 끝날까지 함께 하시겠다고 약속하신, 영화롭게 된 주님의 능력과 이름으로 모든 민족에 구원의 복음을 전하라는 명령을 받았다.

따라서 맨 처음에 복음이 전파되고 교회가 선 것은 사도들과 그 제자들의 말을 통한 가르침과 권고로, '전도', '증거', '말', '전승'을 통해서였다. 사실은 오늘날까지도 살아 있는 말씀이 기독교의 전진에 필수불가결한 혹은 적어도 중요한 방도가 된다. 신약성경의 거의 모든 책들이 50년에서 70년 사이에, 그러니까 그리스도께서 부활하시고 교회가 선 지 20년 뒤에 집필되었다. 요한의 복음서와 서신서들은 좀 더 늦게 나왔다.

사도들의 사역 무대가 확장되면서 사도들이 직접 관할하기에는 너무 넓어졌고, 따라서 회람(回覽) 서신이 필요했다. 기독교에 대한 관심이 활발해지고 후세대들이 등장하면서 그리스도의 생애와 교훈을 절대 신뢰할 수 있는 증인들이 충실한 기록으로 남길 필요가 생겼다. 구전 전승은 타락한 사람들 사이에서 전승되는 동안 우발적인 변화를 많이 겪을 가능성이 있고, 그로써 본래의 샘에서 멀어질수록 확실성과 신뢰성이 떨어져 마침내 첨삭과 변형을 더 이상 명확히 구별해 낼 수 없게 될 우려가 있었기 때문이다. 이미 사도들의 생시에 고개를 들고 일어난 유대화주의와 이교화주의 오류들에 의해 기독교의 역사와 교리가 의도적으로 곡해될 위험도 못지않게 컸다. 따라서 예수님과 제자들의 언행을 권위 있게 기록하는 작업이 절대적으로 필요했다. 교회를 창시하기 위해서가 아니라, 교회를 부패로부터 보존하고 믿음과 권징의 순결한 표준을 제공하기 위해서였다.

이렇게 해서 사도들과 사도적 인물들은 성령의 특별한 감화와 인도하에 스물 일곱 권을 기록하게 되었다. 이 책들은 초대 기독교의 역사와 신앙과 관습을 "교훈과 책망과 바르게 함과 의로 교육하기에 유익"하게(딤후 3:16) 진실히 전해 준다.

이 책들을 한편으로는 외경(外經) 곧 사도들의 이름을 도용한 책들과, 다른 한편으로는 내용은 정통이되 단순한 인간의 저작들인 책들과 구분하여 한 권의 정경(正經, canon)으로 취합한 것은 초기 교회가 해낸 작업이었다. 이 작업을 행하는 동안 초기 교회도 진리에 대한 건실한 이해와 성령의 인도를 받았다. 이 작업은 4세기 말 이전에는 모든 사람이 만족할 만하게 마무리되지 못했는데, 그때까지 신약성경의 일곱 권(에우세비우스의 안티레고메나⟨*Antilegomena*⟩), 즉 베드로후서, 요한이서와 삼서, 저자 미상의 히브리서, 야고보서와 유다서, 그리고 어떤 의미에서는 요한계시록마저 일부 사람들에게 저자와 가치를 의심받았다.

그러나 취합 작업은 1세기에 구약 정경의 본을 따서 착수되었음에 틀림없다(참조. 벧후 3:16). 그리고 중요한 책들, 즉 복음서들, 사도행전, 바울의 서신서 13권, 베드로전서, 요한일서는 2세기 중반부터 한 권의 책으로 보편적으로 사용되었고, 유대인 회당의 방식대로 교인들의 신앙 함양을 위해서 공예배 때에 전체로든 부분으로든 낭독되었다.

전승의 외적 증거만 가지고는 어느 책의 사도적 기원과 정경성을 판단할 수 없고(프로테스탄트 교회의 입장에서는), 책 자체의 내적 증거에 의해서 판단해야 한다. 그러나 그런 증거가 없지 않았으므로, 기독교 세계는 1800년을 지내오면서 우리가 신약성경이라고 부르는 작은 책을 인간의 정신과 마음에 끼치는 영적 능력과 영향력이 특출하고 고대와 현대를 망라한 모든 고전들보다 더 가치 있고 중요한 책으로 인정하는 데 한 목소리를 냈다. 만약 하나님께서 사람에게 말씀하셨고 지금도 말씀하신다면 바로 이 책 안에서 하신다.

76. 신약성경의 성격

이 영감된 책들은 그리스도와 그 사도들이 면전에서 말로써 가르친 교훈과 똑같지는 않겠지만, 신뢰할 수 있는 대체물이다. 기록한 단어는 입으로 한 말과 형태만 다르다. 내용은 동일하며, 따라서 권위와 생명력은 처음에 그 말씀을 직접 들은 사람들이나 우리나 다를 바 없다. 이 책들은 비록 특별하고 우발적인 상황을 전제로 씌어진 것이고 주로 특정 저자들을 염두에 둔 것이긴 하더라도, 영원하고 불변하는 진리를 살아 있는 형태로 전하기 때문에 모든 상황 모든 조건에 잘 맞는다. 시대를 위한 소책자들이되 모든 시대를 겨냥한다. 1세기 유대인들과 헬라인들을 염두에 두었으면서도, 19세기 영국인들과 미국인들도 똑같이 염두에 둔다. 오늘날까지 초대 기독교에 관한 유일하게 신뢰할 수 있고 순수한 샘일 뿐 아니라, 기독교 신앙과 관습의 무오한 준칙이다. 이 샘에서 교회는 50세대가 넘게 생명수를 길어 마셨으며, 세상 끝날까지 이 샘에서 길어 마실 것이다. 교회는 영원히 이 준칙으로 자기의 모든 잘못을 바로잡으며, 모든 오류를 막아낸다. 신학 체계들은 왔다가 사라지고, 이 보고(寶庫)에서 크고 작은 보화들을 꺼내어 진리에 관한 지식의 큰 줄기에 덧붙이지만, 영원히 남아 있는 하나님의 무오한 말씀과 감히 견줄 수 없다.

> "우리의 작은 체계들은 수명이 있어서
> 자기 수(壽)를 누리고는 소멸합니다.
> 주께로부터 비취는 빛의 굴절들에 지나지 않습니다.
> 주 하나님, 당신은 그것들보다 크십니다."

신약성경은 문체 자체로 그 보편적 구도를 표명하는데, 문체만으로도 이전과 이후의 모든 문학 작품들과 구분된다. 몸은 헬라요 영혼은 히브리로서, 기독교 정신이 그 둘을 주관한다. 언어는 헬레니즘 시대 헬라어(the Hellenistic idiom)이다. 즉, 그리스도 당대에 세계 각처에 흩어져 살던 유대인들이 쓰던 마게도냐 그리스어(the Macedonian Greek)로서, 고대 세계의 거대한 두 적대적인 민족과 종교를 기독교라는 거듭난 형태로써 결합시켰다. 이교 세계의 지극히 아름다운 언어와 히브리인들의 유서깊은 언어가 여기서 결합되고, 기독교 정신으로 세례를 받으며, 복음의 영원한 진리라는 금빛 사과를 그려놓은 은빛 그림이 된다. 성경의 문체는 일반적으로 문화의 모든 계층, 모든 등급의 사람들에게 탁월하게 맞춰져서, 아이라도 신앙에 필요한 간단한 자양을 공급받을 수 있고, 대단히 심오한 사상가라도 다함이 없는 연구 자료를 공급받는다. 성경은 단순히 대중적인 책이 아니라 모든 민족의 책이며, 모든 사회, 모든 계층, 인간의 모든 상황을 위한 책이다. 단순한 책의 차원을 넘어서서 기독교 세계를 다스리는 일종의 제도이다.

신약성경은 그리스도의 인격과 동일한, 신성과 인성의 결합을 나름의 방식으로 제시한다. 이런 의미에서도 말씀은 육신이 되어 우리 안에 거하신다(참조. 요 1:14). 그리스도께서 죄가 없으시다는 점만 빼놓고는 육체와 영혼과 정신이 우리와 똑같으셨듯이, 그분을 증거하는 성경도 내용과 형식에서는, 그리고 등장하고 편집되고 보존되고 전수되는 방식에서는 철저히 인간적이지만(물론 교리적 윤리적 오류는 없지만), 생각과 말에서는, 그리고 기원과 생명력과 에너지와 효과에서는 철저히 신적이다. 신앙의 눈은 문자라는 인간의 도구의 형식에서 "은혜와 진리가 충만"한 "아버지의 독생자의 영광"을 식별한다.

사도들의 글에는 역사적인 글, 변증적인 글, 예언적인 글이라는 세 종류가 있다. 첫째 종류에는 복음서들과 사도행전이 속하고, 둘째 종류에는 서신서들이 속하며, 셋째 종류에는 계시록이 속한다. 이들은 중생과 성화와 영화의 관계로, 기초와 건물과 지붕의 관계로 서로 맺어져 있다. 예수 그리스도가 모든 것의 시작이요 중간이요 마침이다. 복음서들에서 그리스도는 인간의 형상으로 땅 위를 걷고, 구속 사역을 성취하신다. 사도행전과 서신서들에서는 교회를 세우시고, 자신의 영으로써 교회를 채우시고 인도하신다. 그리고 마지막으로 계시록의 환상들에서는 영광중에 다시 오사 자기 신부인 성도들의 교회와 더불어 새 땅에 세워진 하나님 나라에서 영원히 다스리신다.

이 순서가 기독교 계시의 자연적인 진보와 일치하며, 서신서들의 배열상의 차이만 제외하고는 교회에 의해서 보편적으로 채택되었다. 신약성경은 완성된 한 권으로 전해지지 않고 여러 권의 책이 내적 적합성의 법칙에 따라 인정되고 사용됨으로써 한 권으로 발전했다. 대다수 고대의 사본들, 번역본들, 목록들은 그 책들을 다음 순서로 배열한다: 복음서들, 사도행전, 공동 서신서들, 바울 서신서들, 계시록. 더러는 바울 서신서들을 공동 서신서들 앞에 둔다.[1] 오늘날의 영어 성경은 라틴 불가타(the Latin Vulgate)의 순서를 따른다.[2]

77. 복음서들에 관한 참고문헌

I. 복음서들의 조화

이런 견해는 Tatian의 *Diatessaton*(주후 170년)과 더불어 시작한다. 참조. 다음 책들에 소개된 옛 저서들의 목록: Fabricius, *Bibl. Gr.*, III, 212; Hase, *Leben Jesu*, pp. 22–31 (fifth ed.); Robinson, *Harmony*, pp. v and vi; Darling, *Cyclopaedia Bibliog.* (I. Subjects, cols. 761–767); and McClintock and Strong (*Cyclop.*, IV. 81). 여기서는 Griesbach부터 Rushbrooke까지 이르는 주요 저서들을 소개한다.

Griesbach(*Synopsis*, Halle, 1774, etc., 1822); Newcome(Dublin, 1778 and often; also Andover, 1834); Jos. Priestley(in Greek, London, 1778; in English, 1780); Jos. White(*Diatessaron*, Oxford, 1799, 1803); De Wette and Lücke(1818, 1842); Rödiger(1829, 1839); Greswell(*Harmonia Evangelica*, 1830, 5th ed., Oxford, 1856; *Dissertations upon an Harmony*, etc., 2d ed., Oxford, 1837, 4 vols.); Macbride(*Diatessaron*, Oxford, 1837); Wieseler(*Chronolog. Synopse*, Hamb., 1843); Krafft(d. 1845; *Chronologie u. Harmonie der 4 Evang.*, Erlangen, 1848; edit. by Burger); Tischendorf(*Synopsis Evang.*, Lips., 1851,1854; 4th ed., 1878); Rud. Anger(Lips., 1852); Stroud(comprising a Synopsis and a Diatessaron, London, 1853); E. Robinson(*A Harmony of the*

---

1) 시내 사본은 바울 서신들을 사도행전 앞에, 히브리서를 데살로니가후서와 디모데전서 사이에 둔다.

2) 이 순서는 무라토리 단편(the Muratorian Fragment), 에우세비우스의 목록(*H. E.*, III. 25), 카르타고 교회회의의 목록(주후 397), 바실리엔시스 사본(the Codex Basiliensis) 과 일치한다. 루터는 자기 재량으로 히브리서를 바울 서신에서 제외하고(그 서신을 사도들의 저작으로 돌렸다), 그 서신과 야고보서(그가 싫어한)를 공동 서신(유다서를 제외한) 끝에 두었다.

Four Gospels in Greek, according to the text of Hahn, Boston, 1845,1851; revised ed., 1862; in English, 1846); James Strong(in English, New York, 1852; in Greek, 1854); R. Mimpriss(London, 1855); Douglas(1859); Sevin(Wiesbaden, 1866); Fr. Gardiner(*A Harmony of the Four Gospels in Greek, according to the text of Tischendorf, with a Collation of the Textus Receptus*, etc., Andover, 1876; also his *Diatessaron, The Life of our Lord in the Words of the Gospels*, Andover, 1871); J. R. Gilmore and Lyman Abbot(*The Gospel History: being a Complete Chronological Narrative of the Life of our Lord*, New York, 1881); W. G. Rushbrooke(*Synopticon: an Exposition of the Common Matter in the Synoptic Gospels*, Cambridge, 1880–81, 2 parts; the Greek text of Tischendorf, corrected from Westcott and Hort). 맨 뒤에 소개한 저서는 독특한 양장본으로 인쇄되었다. 기사의 차이를 글자 형태와 색깔로 구분한다. 즉, 모든 복음서 저자들이 공통으로 다루는 부분은 붉은 글자로, 두 저자가 공통으로 다루는 부분은 검정 글자로 행간을 띄우거나 대문자로, 각 저자가 독특하게 다루는 부분은 일반적인 검정 글자로 표기한다. 자세한 비교와 비평적 분석에 최상의 기초를 제공한다.

II. 비평적 논의들

Nathaniel Lardner(1684–1768, 학식이 탁월한 비국교도 목사): *The Credibility of the Gospel History*. First published in 17 vols., 8vo, London, 1727–1757, and in his collected *Works*, ed. by A. Kippis, London, 1788(in 11 vols.), vols. I–V. 정직하고 건실한 학문성에서 타의 추종을 불허하며, 여전히 가치가 있다.

J. G. Eichhorn(d. 1827): *Allgem. Bibliothek der bibl. Liter.*, vol. V.(1794), pp. 759 sqq. *Einleitung in das N. Testament.*, 1804, vol. I, 2d ed., 1820. 이 책에서 자신의 Urevangelium이라는 새로운 개념을 제시한다.

Herbert Marsh(피터버러의 주교, d. 1839): *An Illustration of the Hypothesis proposed in the Dissertation on the Origin and Composition of our Three First Canonical Gospels*, Cambridge, 1803. Also his translation of J. D. Michaelis: *Introduction to the New Test., with a Dissertation on the Origin and Composition of the Three First Gospels*, London, 1802. Eichhorn의 가설에 대한

수정.

Fr. Schleiermacher: *Kritischer Versuch über die Schriften des Lucas*, Berlin, 1817(Werke I. 2, pp. 1-220); trans. by Thirwall, Lond., 1825. Comp. his *Einleitung in das N. Testament.*(사후 출판.)

J. C. L. Gieseler: *Historisch-kritischer Versuch über die Entstehung und die frühesten Schicksale der schriftlichen Evangelien*, Leipz., 1818.

Andrews Norton(보수적인 유니테리언주의자. 1853년 케임브리지에서 죽음): *The Evidences of the Genuineness of the Gospels*, Boston, 1837; 2d ed., Cambridge, Mass., 1846-1848, 3 vols. Abridged ed. in 1 vol., Boston(Am. Unitar. Assoc.), 1867 and 1875. By the same: *Internal Evidences of the Genuineness of the Gospels*(사후 출판), Boston, 1855. Strauss에 대한 특별한 언급이 수록됨.

Fr. Bleek(d. 1859): *Beiträge zur Evangelien-Kritik*, Berlin, 1846.

F. Chr. Baur(d. 1860): *Kritische Untersuchungen über die kanonischen Evangelien*, 1847. Comp. the first volume of his *Church History*(Germ. ed., pp. 22 sqq., 148 sqq.).

Isaac da Costa: *The Four Witnesses: being a Harmony of the Gospels on a New Principle*. Transl.(from the Dutch) by David Scott, 1851; New York ed., 1855. Strauss에 대한 비판.

Ad. Hilgenfeld(튀빙겐 학파): *Die Evangelien nach ihrer Entstehung und geschichtl. Bedeutung*, Leipz., 1854. His *Einleitung*, 1875.

Canon Westcott: *Introduction to the Study of the Gospels*, London and Boston, 1860; 7th ed., London, 1888. 매우 유용한 책.

Const. Tischendorf(d. 1874): *Wann wurden unserer Evangelien verfasst?*, Leipz., 4th ed., 1866(Engl. transl. by W. L. Gage, Boston, 1868).

H. Jul. Holtzmann: *Die synoptischen Evangelien, ihr Ursprung und geschichtl. Charakter*, Leipz., 1863. See also his art., Evangelien in Schenkel's "Bibel-Lex," II. 207, and two articles on the Synoptic Question in the "Jahrbücher für Protest. Theol.," 1878, pp. 145 sqq. and 533 sqq.; but especially his *Einleitung in das N. T.*, 2d ed., 1886.

C. Weitzsäcker(Dr. Baur의 후계자, 하지만 덜 급진적임): *Untersuchungen über die evang. Gesch., ihre Quellen*, etc. Gotha, 1864.

Gustave d' Eichthal: *Les Évangiles*, Paris, 1863, 2 vols.

L. A. Sabatier: *Essai sur les sources de la vie de Jésus*, Paris, 1866.

Andrew Jukes: *The Characteristic Differences of the Four Gospels*, London, 1867.

Edward A. Thomson: *The Four Evangelists; with the Distictive Characteristics of their Gospels*, Edinburgh, 1868.

C. A. Row: *The Historical Character of the Gospels Tested by an Examination of their Contents*, 1865–67. *The Jesus of the Evangelists*, London, 1868.

Karl Wieseler: *Beiträge zur richtigen Würdigung der Evangelien und der evangel. Geschichte*, Gotha, 1869.

Supernatural Religion(저자 미상), London, 1873, 7th ed., 1879, vol. I, Part II, pp. 212 sqq., and vol. II. Comp. the careful review and refutation of this work by Bishop Lightfoot in a series of articles in the "Contemporary Review," 1875, sqq.

F. Godet: *The Origin of the Four Gospels*. In his "Studies on the New Test," 1873. Engl. transl. by W. H. Lyttelton, London, 1876. See also his *Commentary on the Gospel of St. Luke*, Introd. and Appendix, Eng. trans. from 2d French ed., Edinb., 1875.

W. Sanday: *The Gospels in the Second Century*, London, 1876.

Bernard Weiss(베를린 대학교 교수): *Das Marcusevangelium und seine synoptischen parallelen*, Berlin, 1872. *Das Mattäusevangelium und seine Lucas–Parallelen erklärt*, Halle, 1876. Two very thorough critical works. Comp. also his reply to Holtzmann in the "Jahrbücher für Protest. Theologie," 1878; and his *Einleitung in's N. T.*, 1886.

D. S. Gregory: *Why Four Gospels? or, the Gospels for all the World*, New York, 1877.

E. Renan: *Les évangiles et la seconde génération Chrétienne*, Paris, 1877.

Geo. P. Fisher(뉴헤이븐 대학교 교수): *The Beginnings of Christianity*, New York, 1877. Chs. VIII–XII. Also several articles on the Gospels in the "Princeton Review" for 1881.

Wm. Thomson(요크의 대주교): *The Gospels*. General Introduction to Speaker's "Com. on the New Test," vol. I., pp. xiii–lxxv, London and New York, 1878.

Edwin A. Abbot(Head Master, City of London School): *Gospels*, in the ninth edition of the "Encyclopedia Britannica," vol. X, pp. 789–843. Edinburgh and New York, 1879.

Fred. Huidekoper(Unitar. Theol. Seminary, Meadville, Pa.): *Indirect Testimony of History to the Genuineness of the Gospels*, New York, 2d ed., 1879.

John Kennedy(D.D.): *The Four Gospels: their Age and Authorship. Traced from the Fourth Century into the First*, London; Am. ed., with an introduction by Edwin W. Rice. Philadelphia, 1880(Am. Sunday School Union).

J. H. Scholten: *Das Paulinischen Evangelium*. Transl. from the Dutch by E. R. Redepenning, Elberfeld, 1881.

C. Holsten: *Die drei ursprünglichen, noch ungeschriebenen Evangelien*, Leipz., 1883(79 pages). 바울의 경향 가설(tendency–hypothesis)에 대한 수정. Holsten은 원(原) 구전 복음의 세 가지 형태를 바울의 복음, 베드로의 복음, 유대 교적 복음으로 추정한다.

Norton, Tischendorf, Wieseler, Ebrard, Da Costa, Westcott, Lightfoot, Sanday, Kennedy, Thomas, Godet, Ezra Abbot, Fisher는 보수적이고 건설적이 면서도 비평적이다. Baur, Hilgenfeld, Holtzmann, Keim, Renan, Scholten, Davidson, 그리고 "Supernatural Religion"의 저자는 급진적이긴 하지만 자극을 주고 부정적인 면으로 유익하다. 특히 Baur, Keim, Renan이 그러하다. Bleek, Ewald, Reuss, Meyer, Weiss는 독자적인 중간 입장에 서 있지만, Reuss를 제외 하고는 모두가 요한복음의 진정성을 변호한다.

III. 주석들

1. 고대의 주석들: Origen(in Math., Luc., etc., fragmentary); Chrysostom(*Hom. in Matth.*, ed. Fr. Field, 1839); Jerome(in Matth.; in Luc.); Augustin(*Quaestionum Evangeliorum libri* II); Theophylact(*Comment. in 4 Evang., Gr. et Lat.*); Euthymius Zigabenus(*Com. in 4 Evang., Gr. et Lat.*); Thomas Aquinas(Catena aurea in Evang.; English edition by Pusey, Keble, and Newman, Oxford, 1841–45, 4 vols.).

2. 종교개혁 이후의 주석들: Calvin(*Harmonia*, and *Ev. Joa.*, 1553; Engl. ed., Edinb., 1846, 3 vols.); Maldonatus(R. Cath., *Com. in quatuor Evang.*, 1615); Pasquier Quesnel(Jansenist; *The Four Gospels*, French and English, several editions); John Lightfoot(*Horae Hebraiae et Talmudicae in quatuor Evangelistas, and Harmonia quatuor Evangelistarum tum inter se, tum cum Veteri Testamento*, in his *Opera*, London, 1684; also Leipz., 1675; Rotterdam, 1686; London, 1825); J. Macknight(*Harm. of the Four Gospels, with Paraphrase and Notes*, London, 1756; 5th ed., 1819, 2 vols.); George Campbell(d. 1796; *The Four Gospels, with Dissertatin and Notes*, Aberdeen, 1814, 4 vols.; Andover, 1837, 2 vols.).

3. 19세기의 주석들: Olshausen(d. 1839; 3d ed., 1837 sqq.; revised and completed by Ebrard and others; Engl. transl., Edinb. and New York); De Wette(d. 1849; *Exeget. Handbuch zum N. T.*, 1837; 5th ed. by Brückner and others, 1863 sqq.); Bleek(d. 1859; *Synopt. Erklärung der 3 ersten Evang.*, 1862, 2 vols.); Meyer(d. 1874; 6th ed., 1876–80, Matthew by Meyer, Mark, Luke, and John revised by Weiss); Lange(Am. ed. enlarged, New York and Edinb., 1864 sqq., 3 vols.); Alford(d. 1871; 6th ed., 1868; new ed., 1877); Wordsworth(5th ed., 1866); Jos. A. Alexander(d. 1859; *Mark* and *Matthew*, the latter unfinished); McClellan(*The Four Gospels, with the Chronological and Analytical Harmony*, London, 1875); Keil(*Matthew, Mark, Luke, John*, 1877–1881); Morison(*Matthew* and *Mark*, the Latter in a third ed., 1882); Godet(*Luke* and *John*, French and English), Strack and Zöckler(1888). For English readers: Speaker's *Com.*, Ellicott's *Com.*, Schaff's *Revision Com.*, 1882, etc.

Comp. a list Com. on the Gospels in the English transl. of Meyer on

Matthew(Edinb., 1877, pp. xxiv–xliii).

78. 네 복음서

복음서들의 일반적 성격과 목적

기독교는 기쁨의 종교이며, 하늘의 기쁨과 평강을 땅에 전한다. 신약성경은 역사 중 가장 중요한 역사에 대한 권위 있는 기록과 함께 복음으로, 즉 예수 그리스도의 삶과 죽음과 부활로 말미암는 구원의 좋은 소식으로 시작한다. 정경의 네 복음서는 같은 주제의 변형들, 즉 같은 성령의 감화를 받은 같은 복음에 대한 4중적 소개일 뿐이다. 본격적인 전기(傳記)가 아니고(참조. 요 20:30; 21:25), 각 복음서 저자가 깊은 인상을 받아 자신의 목적과 독자층에 가장 알맞게 저술한, 그리스도의 생애와 사역의 큰 특징들의 회고록 혹은 모음일 뿐이다. 한 가지 행동에 담긴 순간적인 이미지만을 전하는 사진이 아니라 거듭된 행동으로 이루어진 활동 사진으로서, 그리스도의 인격의 다양한 표현들과 양상들을 재현한다.

문체는 자연스럽고 꾸밈이 없고 직설적이고 객관적이다. 작위가 들어 있지 않은 그 솔직한 단순성이 구약성경에 기록된 최초의 역사 기록들과 비슷하며, 모든 계층 사람들과 모든 등급의 문화에 독특하고도 지속적인 매력을 지닌다. 저자들은 겸손히 자신을 드러내지 않는 고귀한 태도로 개인의 견해와 느낌을 억누르고, 자기들이 다루는 큰 주제 앞에서 예배자의 숙연한 태도를 견지하며, 그 주제가 발휘하는 힘만을 제시하려고 노력한다.

첫째 복음서와 넷째 복음서는 사도들이자 목격자들인 마태와 요한이 집필했고, 둘째 복음서와 셋째 복음서는 베드로와 바울의 영향하에 그들의 제자들인 마가와 누가가 집필했으며, 그로써 간접적으로 위의 두 복음서들과 마찬가지로 사도적 기원과 정경의 권위를 지니고 있다. 그런 이유에서 마가복음은 종종 베드로 복음서라 불리고, 누가복음은 바울의 복음서라 불린다.

복음서 저자들이 내건 공동의 실제적인 목표는 독자에게 나사렛 예수를 약속된 메시야이자 세상의 구주로 믿는 구원의 신앙으로 인도하는 것이다(요 20:30, 31).

공동의 기원

복음서들은 저자들 중 두 사람이 그리스도를 직접 대면한 것과, 사도들과 그 밖의 목격자들의 구전 전승을 공동의 원천으로 삼는다. 갈릴리의 보통 어부들로서는 예수께서 가능하게 만드시지 않았더라면 예수님의 초상을 그렇게 그릴 수 없었을 것이다. 예수 같은 인물을 창안해 내려면 예수 이상의 인물이 필요할 것이다. 그들은 신적 기원을 창안하지 않고 자기들에게 주어진 그것을 신실하게 보존하고 재현했다.

복음 이야기는 공적 전도와 사적 전도로 끊임없이 되풀이되는 과정에서 고정된 형태를 띠게 되었다. 그것이 더욱 수월하게 이루어질 수 있었던 것은 제자들이 신적인 주님의 말씀 한 마디 한 마디를 경외하는 자세로 귀담아 들었기 때문이다. 따라서 놀라우리 만큼 서로 일치하는 처음 세 복음서 곧 공관복음서들은 내용과 형식에서 같은 주제의 변형들일 뿐이다. 누가는 본인 스스로 진술하듯이 구전 전승 외에도 예수님의 생애 중 특정 부분들에 관한 기록된 문서들도 사용했는데, 그 문서들은 일찍이 첫 제자들 사이에서 등장했음에 틀림없다.

베드로의 막역한 동료 마가가 기록한 복음서는 이 사도가 전파하고 전달한 복음의 충실한 사본이다. 아마 베드로가 사건들을 통해 새로운 인상을 받으면서 때때로 남겨둔 히브리어 기록들을 사용했을 것이다.

개별적 특성들

그러나 이렇게 내용과 문체가 비슷하면서도 각 복음서, 특히 제4복음서는 저자의 개성과 특별한 구상과 독자들의 상황에 상응하는 독특한 성격들을 갖고 있다. 여러 복음서 저자들이 예수의 생애와 인격의 무한한 충만함을 각기 다른 측면에서 각기 다른 인간 관계를 바탕으로 소개하며, 그로써 서로를 보완한다. 교회에 전래된 상징 시(詩)는 그들을 낙원에서 발원한 네 강과 비교하고, 피조계를 대표하는 네 그룹(cherub)과 비교하여 마태는 사람으로, 마가는 사자로, 누가는 황소로, 요한은 독수리로 묘사한다.

네 복음서의 뚜렷한 차이점들은 면밀히 조사해 보면 모든 중요한 점들을 스스로 충분히 해결하며, 저자들의 정직성과 공정성과 신뢰성을 입증하는 데 도움이 될 뿐이다. 아울러 유사점들과 상이점들의 현저한 조화는 면밀한 관찰과 세밀한 비교를 자극하고, 그로써 그리스도의 생애에 일어난 사건들을 단일 기사가 해낼 수 있는 것보다 독자들의 정신과 마음에 더욱 생생하고 깊은 인상을 심어 준다. 복음서들의 상대적 특성들을 추려내고 불일치점들을 조화하려는 후대의 폭넓은 노력은 헛되게 끝나지 않아서, 각 복음서가 독자적인 가치를 갖고 있고 서로를 보완해 준다는 더욱 큰 확신을 남겨 놓았다.

마태는 유대인들을 위해서, 마가는 로마인들을 위해서, 누가는 헬라인들을 위해서, 요한은 진보된 그리스도인들을 위해서 썼다. 첫째 복음서는 나사렛 예수를 우리의 순종을 요구하는 메시야이자 천국 율법의 전수자로 나타내고, 둘째 복음서는 우리의 놀라움을 자아내는 강한 정복자이자 기적 행위자로 나타내고, 셋째 복음서는 우리의 신뢰를 일으키는 인간의 다정한 친구이자 구주로 나타내며, 넷째 복음서는 우리를 구원하시려고 육신이 되셨고 우리의 경외와 경배를 요구하사 그를 믿으므로 우리가 영생을 얻을 수 있도록 하시는 영원하신 하나님의 아들로 나타낸다. 이 4중 복음을 계획하고 대리인들을 쓰시되 그들 상호간의 공적인 합의 없이, 그러나 그들의 재능과 취향과 유익한 영역이 적절하게 조화를 이루도록 사용하신 분은 인자(the Son of Man)인 동시에 하나님의 아들(the Son of God)이자 우리 모두의 구주이신 그 주님의 영이시다.

저작 시기

저작 시기에 대해서 현대의 비평적 사색이 무효로 만들지 못한 외적 증거와 내적 증거는 공관복음서들이 1세기의 70년대에 저작되었고, 요한복음이 90년대에 저작되었음을 지적한다.

공관복음서들은 틀림없이 주후 70년 이전에 기록되었다. 예루살렘 멸망을 비록 임박하긴 하나 아직 장래에 속한 사건으로 표현하고, 그것을 당시 세대가 살아 있을 동안에 일어날 것으로 생각된 우리 주님의 영광스러운 도래와 직결시키기 때문이다. 물론 그 정확한 날짜는 어디에도 명시되지 않았고, 주께서도 그 날짜는 심지어 자기도 모른다고 친히 밝히셨긴 하지만 말이다. 복음서 저자들이 그 두려운 재앙이 일어난 뒤에 글을 썼다면 자연히 그 사건을 어느 정도 언급을 했거나, 아니면 독자가 우리 주님의 종말론 강설(마 24장; 막 13장; 눅 21장)을 독자들이 예루살렘 심판과 그것이 상징적으로 예표하는 세상의 최후 심판을 뚜렷이 구분할 수 있도록 배열해 놓았을 것이다.

반면에 그 저작 시기는 부활 이후에 상당한 세월이 경과한 시점이었음에 틀림없다. 이것은 여러 번 복음 역사를 기록으로 남기려다가 무산된 일이 과거에 있었다는 사실과(눅 1:1), "오늘날까지"(마 27:8; 28:15) 같은 표현이 암시한다.

그러나 정확한 저작 연대를 고정하기란 거의 불가능하다. 서신서들이 복음서들에 대해서 침묵을 지키고 있는 것은 공관복음 저자들이 야고보와 베드로와 바울의 죽음 이후에 글을 썼다는 결정적인 증거가 되지 못한다. 사도행전도 바울의 서신서들에 대해 침묵을 지키고, 그 서신서들도 사도행전에 대해 침묵을 지키기 때문이다. 사도들은 서로의 글을 인용하지 않았다. 단 한 번의 예외가 있다면 그것은 베드로가 바울의 서신서들을 언급한 것뿐이다. 복음서 저자들은 만약 노력이 중첩되었다면 현존하는 복음서들을 준비하는 데 여러 해를 소모했을 것이다. 그리스도의 생애에 관한 저작은 깊이 파고들수록 많은 세월을 필요로 할 것이다.

히브리어 마태복음이 아마 가장 먼저 기록되었을 것이고, 다음으로 마가복음이 기록되었을 것이며, 헬라어 마태복음과 누가복음은 그리 동떨어진 시기에 기록되었을리가 없다. 바울이 로마에서 구금된 것(61–63년)으로 갑자기 끝나는 사도행전이 만약 그 사도가 죽기 전에 기록되었다면, "먼저 쓴 글"(행 1:1)로 언급되는 제3복음서는 주후 65년이나 64년이 되기 전에 아마 가이사랴에서, 즉 바울이 58–60년에 투옥된 시기에 누가가 자신의 자료를 수집할 수 있는 최적의 기회를 맞이했을 그곳에서 집필되었음에 틀림없다. 그러나 출판은 수년 뒤에야 비로소 되었을 것이다. 후대의 공관복음서 저자들이 이전의 저자들의 글을 알고 사용했는지의 여부는 다음 부분에서 논할 것이다.

내적 증거에 일치하는 고대의 보편적 증거에 따르면, 요한은 복음서를 맨 나중에, 예루살렘이 멸망하고 그리스도인들과 유대인들이 최종적으로 구별된 뒤에 썼다고 한다. 그는 틀림없이 공관복음서들을 전제로 삼고 있으며(비록 그 책들을 언급하는 일은 없지만), 종말론 강설들과 그 밖의 많은 강설들과 기적들, 심지어 성례 제정마저 생략한다. 왜냐하면 그런 것들은 이미 교회 전체에 충분히 알려져 있었기 때문이다. 그러나 이 경우에도 저작 연대를 고정하기란 불가능하다. 요한은 여러 해 동안 자신의 복음을 마음과 기억에 담아 두고 지내다가 노년에, 즉 주후 80년에서 100년 사이에 점차 기록으로 옮겼다. 1세기가 끝날 때까지 살았고, 따라서 아마 2세기가 동트는 것을 보았을 것이기 때문이다.

신빙성

복음서들은 순수한 마음으로 책을 대하는 사람이면 누구에게나 절대 정직하다는 인상을 준다. 수사적인 윤색 없이, 놀라거나 경탄하는 기색 없이, 주해와 논평 없이 이야기를 해나간다. 자기들도 포함해서 제자들이 보인 연약한 모습들과 실패 사례들을 솔직하게 기록하고, 그들의 현세적 오해와 믿음의 부족에 대해서, 그리고 가장 중대한 순간에 겁을 먹고 도망친 일에 대해서, 십자가 사건 이후에 큰 절망에 빠진 일에 대해서, 요한과 야고보가 야심을 품고 청탁을 한 일에 대해서, 베드로의 부인와 유다의 배반에 대해서 주께서 책망하신 일들을 있는 그대로 기록한다. 심지어 열두 제자의 지도자가 저지른 큰 죄를 대단히 상세하게 보고하는데, 특히 상세한 내력을 베드로 자신의 입에서 얻어냈음에 틀림없는 마가의 복음서가 더욱 그러하다. 아무것도 감추지 않고, 아무것도 변명하지 않으며, 아무것도 과장하지 않는다. 그 저자들은 자기들의 명예에 대해서 아무런 관심도 없으며, 자기들의 이름조차 표기하기를 삼간다.

그들이 펜을 든 유일한 목적은 예수의 이야기를 하려는 것이고, 그 거역할 수 없는 힘과 매력을 진리를 사랑하는 모든 독자의 마음에 심어 주려는 것뿐이다. 세부 내용에서 불일치점들이 생긴다는 사실은 확신을 더해 주고, 공모(共謀)의 의혹을 배척한다. 증인들의 증언에 나타나는 사소한 차이는 그 증언의 실질적 일치를 확증해 준다는 것이 널리 인정되는 법적 증거의 원칙이기 때문이다. 고대의 역사 저서에서 이 복음서들처럼 그 표면에 진실성의 도장이 찍힌 것은 없다.

정경 복음서들의 신빙성은 여러 외경 복음서들로부터도 소극적인 확증을 받는다. 외경 복음서들은 대단히 열등하고 유치한 내용을 가지고서도 정통이든 이단이든 인간의 상상력을 가지고서는 나사렛 예수와 같은 역사적 인물을 고안해 낼 수 없음을 역력히 입증하는 것이다.

사도 시대 이후의 어느 저자도 정경 복음서들을 집필할 수 없었을 것이고, 사도들 자신들도 그리스도의 영의 영감을 받지 않았다면 그 책들을 집필할 수 없었을 것이다.

79. 공관복음

공동의 문제

제4복음서는 독자적으로 서 있고, 나머지 복음서들과 내용과 문체가 사뭇 다르고 저작 시기도 멀리 떨어져 있다. 1세기가 저물어 갈 때에 펜을 든 저자가 이미 기록된 세 복음서들을 알고 있었다는 데에는 의심의 여지가 없다.

그러나 처음 세 복음서들은 내용과 문체 양면에서 현저히 일치하면서 동시에 현저히 불일치하는 독특한 현상을 드러낸다. 같은 주제를 기록한 여느 세 저자에게서도 찾아볼 수 없는 현상이다. 따라서 그 세 복음서는 공관(共觀, Synoptic or Synoptical) 복음서라고 하며, 세 복음서 저자는 공관복음서 저자들(Synoptists)이라고 한다. 이 사실은 복음서들이 모든 본질적인 점들에서는 조화를 이루되 세세한 많은 점들에서는 조화를 이룰 수 없도록 만든다. 일치하는 부분은 심지어 표현까지 똑같으며, 불일치하는 부분은 모순되게 ― 하지만 본질적인 조화를 깨뜨리지 않은 채 ― 보이기까지 한다.

마태와 마가와 누가의 상호 관계는 문학사에서 가장 복잡하고 당혹스런 비평의 문제일 것이다. 그 문제가 대단히 중요한 이유는 그리스도의 생애와 밀접한 관계를 갖고 있기 때문이며, 따라서 현대 학자들 가운데 박학하고 예리하고 재능있는 학자들이 거의 한 세기 동안 이 문제를 연구해 왔다. 그들이 내놓은 가설들의 범위는 거의 무제한하지만, 그러면서도 어떠한 조화로운 결론에도 도달하지 못했다.

관계

공관복음 저자들이 일반적으로 일치하는 점은 다음과 같다:

1. 그리스도의 성품에 관한 조화로운 묘사. 그들이 묘사하는 인상은 동일하되, 다만 세 가지 면에서만 다르다. 모두가 그리스도를 인자이자 하나님의 아들이요, 약속된 메시야이자 구주로서, 순결한 교훈을 가르치고, 한 점 흠 없이 사시고, 기적을 일으키시고, 세상의 죄를 위해 고난과 죽음을 당하시고, 진리와 의의 나라를 세우기 위해 당당하게 살아나신 분으로 묘사한다. 세 기록이 묘사한 주인공의 독특한 인격이 이렇게 일치한다는 건 세속 혹은 종교 역사서나 전기에서 그 유례를 찾아볼 수 없으며, 그 진실성을 입증해 주는 최고의 보증이다.

2. 복음 역사의 구도와 배열. 다만 각각 현저히 독특한 요소들을 갖고 있다.

(a) 마태복음 1, 2장과 누가복음 1, 2장, 3:23-38은 그리스도의 족보와 유아기로부터 시작하지만, 각기 다른 출처에서 이끌어낸 다른 사실들을 가지고 시작한다. 마가는 세례자의 설교를 가지고 즉시 시작하지만, 제4복음서 저자는 로고스의 영원한 선재로 거슬러 올라간다. 그리스도가 사적으로 지내신 30년의 세월과 그동안 대업을 위해 조용히 쌓으신 훈련에 관해서 그들은 한결같이 침묵을 지키며, 다만 누가가 그리스도의 유년 시절에 성전에서 있었던 희미한 일을 전한다 (2:42-52).

(b) 그리스도의 공사역을 위해 길을 예배한 요한의 설교와 세례는 모든 공관복음 저자들이 병행 단락들에서 언급한다: 마 3:1-12; 막 1:1-8; 눅 3:1-18.

(c) 그리스도의 세례와 시험, 메시야로서의 임직과 메시야로서의 시험: 마 3:13-17; 4:1-11; 막 1:9-11, 12, 13(매우 간략히); 눅 3:21-23; 4:1-13. 이 주제에서 마태와 누가가 드러내는 차이들은 둘째 시험과 셋째 시험의 순서 정도로 매우 사소하다. 요한은 세례자가 그리스도에 대해 증언한 내용을 전하며, 그리스도가 세례를 받으신 일을 전하되(1:32-34) 공관복음 저자들과는 다르게 전한다.

(d) 갈릴리에서 시작된 그리스도의 공사역: 마 4:12-18:35; 막 1:14-9:50; 눅 4:14-9:50. 그러나 마태복음 14:22-16:12과 마가복음 6:45-8:26은 누가복음에는 없는 갈릴리 사역과 연관된 일련의 사건들을 전한다. 반면에 누가복음 9:51-18:14은 누가만 전하는, 예루살렘을 향한 마지막 여행과 연관된 일련의 사건들과 비유들을 전한다.

(e) 예루살렘을 향한 여행: 마 19:1-20:34; 막 10:1-52; 눅 18:15-19:28.

(f) 마지막 유월절 전 주에 이루어진 예루살렘 입성과 그곳에서의 활동: 마 21-25장; 막 11-13장; 눅 19:29-21:38.

(g) 병행 단락들에 소개되는 고난과 십자가의 죽음과 부활. 하지만 차이는 거의 없으며, 특히 베드로의 부인과 부활의 역사에서는 거의 차이가 없다: 마 26-28장; 막 14-16장; 눅 22-24장.

마지막 주간에 일어난 사건들, 즉 입성부터 부활에 이르는 사건들은 전체 기사의 약 4분의 1에 해당하여 가장 많은 지면을 차지한다.

3. 동일 자료의 선정과 표현의 일치. 이를테면 그리스도의 종말론 강설들은 횟수가 거의 비슷하고 차이도 별로 없다. 중풍병자를 고치신 일(마 9:1-8, 그리

고 병행 단락들), 오천 명을 먹이신 일, 변화하신 일 — 이 세 가지 기사는 표현
까지도 거의 일치한다. 경우에 따라 공관복음 저자들은 동일한 사건을 다루면서
희귀하고 까다로운 단어와 문장 형식을 똑같이 사용한다. 예를 들면
ἐπιούσιος(주기도에서), ὠτίον(말고의 작은 귀, 마 26:51, 그리고 병행 단락들),
δυσκόλως(어려운. 부자가 천국에 들어가기가 어렵다는 말에서, 마 19:23, 등).
이런 우연의 일치들은 우리 주께서 주로 아람어를 사용하셨다는 점에서 더욱 현
저하다. 그러나 그 단어들은 팔레스타인 방언들이었는지도 모른다.

표현이 가장 두드러지게 일치하는 부분 — 거의 8분의 7 가량이 일치한다 —
은 다른 사람들의 말, 특히 그리스도의 말씀에서 발견되며, 가장 불일치하는 부
분은 저자들의 해설 부분이다. 이 사실은 상호 의존설을 배격하며, 한편으로는
공관복음 저자들이 위대하신 주님의 교훈을 존숭하는 태도로 대했다는 것과, 다
른 한편으로는 그들이 사실들을 해설하면서 자유롭고 독자적인 관찰과 판단을
했다는 것을 입증한다. 말이란 입에서 나올 때의 그 한 가지 형태로 전달할 때
정확히 전달할 수 있지만, 사건들은 다른 말을 사용하더라도 정확하게 전달할
수 있다.

일치와 불일치에 대한 수적 추산

일치하는 범위와 불일치하는 범위는 단락과 절과 단어로 대략 추산할 수 있
다. 어느 경우든 분량의 차이를 유념해야 한다. 누가가 72쪽으로 가장 많고
(Westcott과 Hort의 헬라어 성경을 기준으로), 마태가 68쪽으로 그 다음으로 많
고, 마가가 42쪽으로 가장 적다. (요한은 55쪽이다.)

1. 단락에 의한 추산

마태복음은 모두 78단락이고, 마가복음은 67단락, 누가복음은 93단락이다.

로이스 박사(Dr. Reuss)의 방식대로 공관복음 본문을 124단락으로 나누어 보
자.

복음서 저자들이 다 공통으로 다루는 단락	47단락
마태와 마가만 다루는 단락	12단락
마태와 누가만 다루는 단락	2단락

마가와 누가만 다루는 단락	6단락
마태만 다루는 단락	17단락
마가만 다루는 단락	2단락
누가만 다루는 단락	38단락

노턴(Norton)과 스트라우드(Stroud)와 웨스트콧(Westcott)도 다른 방식으로 단락에 의해 배열을 했다. 복음서 전체의 내용을 100개로 본다면 아래와 같은 결론을 얻을 수 있다:

마가는 7개의 독자적 내용과 93개의 공통된 내용을 다룬다.
마태는 42개의 독자적 내용과 58개의 공통된 내용을 다룬다.
누가는 59개의 독자적 내용과 41개의 공통된 내용을 다룬다.
요한은 92개의 독자적 내용과 8개의 공통된 내용을 다룬다.

공통된 내용을 100개로 본다면 그 비율은 아래와 같다:

마태, 마가, 누가는 53개의 공통된 내용을 다룬다.
마태와 누가는 21개의 공통된 내용을 다룬다.
마태와 마가는 20개의 공통된 내용을 다룬다.
마가와 누가는 6개의 공통된 내용을 다룬다.

웨스트콧은 이렇게 말한다. "마가복음에는 마태복음과 누가복음에 병행 절이 없는 절수가 24개를 넘지 않는다. 마가가 다른 복음서에서는 찾아볼 수 없는 세세한 내용을 복음서 전체에서 생생히 기록한다는 흔적을 보이긴 하지만 말이다."

2. 절(verse)에 의한 추산

로이스의 계산에 따르면,

마태는 독자적인 330절을 기록한다.

마가는 독자적인 68절을 기록한다.

누가는 독자적인 541절을 기록한다.

마태와 마가는 누가에게서 찾아볼 수 없는 170-180절을 공유한다.

마태와 누가는 마가에게서 찾아볼 수 없는 230-240절을 공유한다.

마가와 누가는 마태에게서 찾아볼 수 없는 50절을 공유한다.

세 공관복음 저자들에게 공통된 총 절수는 330-370절뿐이다. 그러나 제2복음서의 절수가 상대적으로 적기 때문에 절수로 정확한 수학적 계산을 하기란 불가능하다.

3. 단어에 의한 추산

좀 더 정확한 테스트는 단어 수를 가지고 할 수 있다. 내가 알기로는 이 방법은 아직 시도되지 않았으나, 계산의 기초는 루쉬부르케(Rushbrooke)가 양장본으로 인쇄된 자신의 저서 「시놉티콘」(*Synopticon*⟨1880⟩)에서 제공한다. 이 책에서 그는 세 공관복음 저자들이 공통되게 사용하는 단어들, 두 저자가 공통되게 사용하는 단어들, 그리고 각 저자가 독자적으로 사용하는 단어들을 각기 다른 글꼴과 색채로 구분한다. 세 복음서에 다 사용되는 단어들은 "삼중 전승"(triple tradition)을 구성하며, 세 복음서가 직접으로든 간접으로든 이끌어낸 공동의 헬라어 자료에 가장 근사(近似)한 내용을 형성한다.

이 「시놉티콘」에 기초하여 다음과 같은 추산이 이루어졌다:

A.	단어 수	모두에게 공통으로 쓰인 단어 수	공통으로 쓰인 단어의 비율
마태	18,222	2,651	14 1/2
마가	11,158	2,651	23 3/4
누가	19,209	2,651	13 3/4
	48,589	7,953	16 1/3

B. 공통으로 쓰인 그 밖의 단어 수 공통으로 쓰인 단어의 전체 비율

마태			마가와 함께 29+
마가	}	2,793 (도합 5,444)	마태와 함께 48+
마태			누가와 함께 27+
누가	}	2,415 (도합 5,066)	마태와 함께 26+
마가			누가와 함께 34+
누가	}	1,174 (도합 3,825)	마가와 함께 20+

C. 마태에게 독특한 단어 수　　　10,363, 혹은 56 + 퍼센트

마가에게 독특한 단어 수　　　 4,540, 혹은 40 + 퍼센트

누가에게 독특한 단어 수　　　12,969, 혹은 67 + 퍼센트

27,872

D. 이상의 숫자들은 다음과 같은 결과들을 내놓는다:

(a) 공관복음서들에 독특하게 쓰인 단어들의 비율은 4,800개 중에서 2,800개로서, 절반이 넘는다.

마태복음에서 ⋯ 100개의 단어 당 56개가 독특하다.

마가복음에서 ⋯ 100개의 단어 당 40개가 독특하다.

누가복음에서 ⋯ 100개의 단어 당 67개가 독특하다.

(b) 세 복음서 모두에 동시에 쓰이는 단어 수는 다르게 쓰이는 단어 수보다 작다.

마태복음은 단어 7개 중 1개 꼴로 다른 두 복음서들과 일치한다.

마가복음은 단어 4.5개 중 1개 꼴로 다른 두 복음서들과 일치한다.

누가복음은 단어 8개 중 1개 꼴로 다른 두 복음서들과 일치한다.

(c) 그러나 복음서들을 둘씩 비교해 보면, 마태와 마가는 대부분 공통되고, 마태와 누가는 대부분 다르다는 것이 분명해진다.

마가복음의 1/2이 마태복음에서 발견된다.

누가복음의 1/4이 마태복음에서 발견된다.

마가복음의 1/3이 누가복음에서 발견된다.

(d) 이상의 숫자들에서 끌어낼 수 있는 총괄적인 결론은 세 복음서 모두가 공동의 자료 혹은 삼중 전승과 폭넓은 차이를 보이는데, 그중에서 마가복음이 가장 적은 차이를, 누가복음이 가장 큰 차이를(마가복음의 거의 두 배) 보인다는 것이다. 반면에 마태복음과 누가복음은 서로에게보다 마가복음에 더 가깝다.

문제의 해답

공관복음 문제를 푸는 데는 세 가지 길이 열려 있다. 첫째로, 공관복음 저자들이 서로에게 의존해 있거나, 둘째로, 그들 모두가 옛 자료들에 의존해 있거나, 셋째로, 서로에게 의존하는 동시에 옛 자료들에도 의존해 있는 것이다. 이 가설들에는 각각 다시 여러 가지 수정안이 따라붙는다.

그 문제에 대한 만족할 만한 해답은 일치에 대해서뿐 아니라 차이에 대해서도 설명이 될 만한 것이어야 한다. 이 테스트를 적용해 보면 첫째와 셋째 가설은 그 다양한 수정안과 함께 만족스럽지 못한 것들로 배제해야 하고, 둘째 가설을 그래도 가장 가능한 해답으로 받아들이게 된다.

서로에게서 독립되어 있는 정경 복음서들

세 공관복음 저자들이 상대방의 글을 보고 사용했다는 직접적인 증거는 없다. 아울러 기존 자료들을 가지고 세 복음서를 더 쉽고 훌륭하게 설명할 수 없다는 주장에 합의가 이루어진 바도 없다. 상호 의존설 혹은 '차용' 설의 옹호자들 간에도 견해가 폭넓게 달라서, 두 복음서 혹은 적어도 그중 한 복음서의 전거를 마태복음으로 보는 사람들도 있고, 마가복음으로 보는 사람들도 있고, 누가복음으로 보는 사람들도 있다. 반면에 공관복음서들의 현존하는 형태의 근원을 원(原)마가(Urmarkus), 원 마태(Urmattaeus), 원 누가(Urlukas) 혹은 그 밖의 가상적인 정경(正經) 문서들로 거슬러 올라가 찾는 사람들도 있다. 이렇게 해서 차용설의 불충분성을 암암리에 솔직하게 시인한다.

공관복음 저자들 가운데 상대방을 언급하는 저자는 없다. 그럼에도 불구하고 누가는 이전에 복음 역사를 기록하려고 붓을 든 사람이 많았다고 분명하게 말한다. 파피아스(Papias)와 이레나이우스(Irenaeus)와 그 밖의 고대 저자들은 공관복음 저자들이 독자적으로 글을 썼다고 추정한다. 마가를 마태의 사본가로 주장한 최초의 인물은 아우구스티누스인데, 그의 견해는 현대의 연구에 의해 철저히 뒤집혔다. 그의 견해는 공관복음 저자들 중 한두 사람을 표절가로 뿐 아니라 노예적이면서도 자의적인 편집자로 전락시킨다. 의존성과 남의 영향을 받은 독창성을 이상하게 혼합시킨 견해이다. 공관복음 저자들의 사기(史記)가 갖는 독립성을 약화시키며, 가장 중요한 내용이 생략된 점들과 공동의 내용을 다루면서 보이는 많은 차이점들을 제대로 설명하지 못한다. 공관복음 저자들은 당연히 일치하리라고 기대되는 부분에서 차이를 보이는 경우가 많기 때문이다. 만약 마가가 마태복음 1, 2, 5-7, 13장을 자료로 갖고 있었다면 왜 예수님의 유아기 역사와 산상수훈(그리스도 왕국의 대헌장) 전체 내용과 주기도와 중요한 비유들에 관해서 침묵을 지키는 것일까?

베드로의 제자였던 그가 왜 주께서 베드로를 심하게 꾸짖으신 일은 기록하면서(8:27-33) 마태복음에서 그 앞에 기록된 큰 칭찬(16:16-23)은 기록하지 않는 것일까?: "너는 베드로라 내가 이 반석 위에 내 교회를 세우리니." 누가는 왜 산상수훈의 상당 부분과, 부활하신 주께서 갈릴리에 나타나신 일들을 모두 생략하는 것일까? 왜 베다니에서 주께 향유를 부은 감동적인 장면을 무시하여 이 신앙의 행위가 "온 천하에 어디서든지 이 복음이 전파되는 곳에는" 마리아를 기념하여 언급될 것이라는 주님의 예언(마 26:13; 막 14:9)이 성취되도록 돕지 않는 것일까? 왜 바울의 제자이자 동역자인 그가, 유대인의 복음서 저자인 마태가 매우 뚜렷이 기록하는 동방 박사의 경배와 가나안 여인의 이야기와 이방인들에게 복음을 전하라는 명령(2:1-12; 15:21-28; 24:14; 28:19)을 기록하지 않는 것일까?

왜 누가와 마태는 그리스도의 족보를 서로 다르게 소개하는 것이며, 왜 우리 주님이 기도 모범으로 주신 내용을 기록하면서도(송영을 제외하고도 — 송영은 최상의 마태복음 사본들에도 빠져 있다) "뜻이 하늘에서 이룬 것같이 땅에서도 이루어지이다"라는 간구와 결론적인 간구인 "다만 악에서 구하옵소서"를 빠뜨리고, '부채'(debt)를 '죄'(sins)로 대체하고(한글개역성경에는 모두 '죄'로 번역됨), '하늘에 계신 우리 아버지' 대신 '아버지'로 대체하는 것일까? 세 공관복음 저자들은 왜 심지어 십자가의 명패에 기록된 간단한 공적 직함조차 달리 기록하

며, 바울이 주후 57년에 누가와 일치하게 주께로부터 받은 계시라고 언급하는
성찬 제정의 말씀(고전 11:23)을 달리 기록하는 것일까?

만약 공관복음 저자들이 상대방의 글을 미리 보았다면 이런 차이점들을 쉽게
조정하고 모순된다는 인상을 주는 것을 피했을 것이다. 그들이 표절을 은폐하기
위해서 고의적으로 달리 기록했다고 추정하는 것은 도덕적으로 불가능하다. 제3
복음서 저자가 기존에 두 권의 복음서가 있는 줄을 알면서도 다시 복음서를 쓰
게 되었다면, 그런 경우란 그 두 복음서에 중대한 결함들이 있거나(실은 그런 결
함들이 존재하지 않는다. 마가복음과 비교할 때 마태복음과 누가복음은 확실히
그렇다), 아니면 저자들의 겸손한 어조와 이름마저 써넣지 않는 겸손한 태도와
어긋나는 추정을 하는 경우가 아니라면 합리적인 동기가 될 수 없다.

차용설의 유력한 옹호자들은 이런 난점들을 느꼈기 때문에 삭제든 첨가든 배
열이든 간에 현저한 차이점들과 독자성의 증거들을 해명해 줄, 정경 복음서 이
전에 존재한 한 권 이상의 복음서들에 도움을 청한다. 그러나 이런 정경 이전의
복음서들이란 유실된 히브리어 마태복음을 제외하고는 아이히호른(Eichhorn)의
시리아어–갈대아어 「원(原) 복음」(Urevangelium)처럼 가공적인 것이며, 흔들리
는 순환설을 유지하기 위해 고안한 옛 점성가들의 주전원(周轉圓, epicycles)과
비교되어 왔다.

누가에 관해서 생각하자면, 우리는 앞에서 그가 비록 마지막으로 복음서를 썼
고, 그가 정경 마태복음을 사용하지 않았다는 것이 오늘날 보편적인 견해이긴
하지만, 삼중 전승으로부터 거의 이탈해 있다는 것을 입증했다. 그가 히브리어
마태복음과 헬라어 마가복음을 사용했는지 아니면 유실된 원(原) 마가복음을 사
용했는지는 쟁점으로 남아 있으며, 적어도 매우 의심스럽다. 누가는 자신의 독
자적인 구도를 따른다. 마가복음 6:45–8:26에 기록된 사건들을 통째로 무시한
다. 마가와 같은 내용을 다루면서도 마가의 생생한 표현들을 생략하고, 그 대신
에 다른 생생한 표현들을 사용한다. 훨씬 탁월한 헬라어 지식을 갖고 있으면서
도 마가보다 히브리주의의 요소들을 더 많이 싣는다. 왜냐하면 주로 히브리어
자료들을 전거로 삼았기 때문이다.

마태에 관해서 생각하자면, 그는 가장 오래된 복음서 저자라는 인상을 주며,
그 독창성과 철저성 때문에 아우구스티누스부터 그리스바하(Griesbach)와 카임
(Keim)에 이르는 유력한 옹호자들을 얻었다. 마가에 관해서 생각하자면, 압축적

인 그의 복음서는 어느 모로 보나 필사자(筆寫者)의 작품이 아니라 자신의 독자
성을 넉넉히 입증하는 새롭고 생생한 여러 세부 내용들이 실린 원 저자의 작품
으로서, 단지 빨리 써 내려갔을 뿐이다. 반면에 마태나 누가보다 오히려 그가 더
충분하고 자세한 기사들도 많다(비교. 중풍병자를 고치신 일 — 막 2:3-12과 마
9:2-8; 세례 요한의 죽음 — 6:14-29과 마 14:1-13, 눅 9:7-9; 귀신들린 소년을
고치신 일 —9:14-29과 마 17:14-21, 눅 9:37-43; 베드로가 주를 부인한 일). 마
가의 독자성은 왕성하고 상세한 조사와 비교로써 충분히 입증되어 왔다. 따라서
많은 학자들이 그를 마태와 누가가 다같이 사용한 원(原) 복음서 저자로 간주하
지만, 그의 복음서가 정경의 마가복음인지 아니면 원(原) 마가복음인지에 대해
서는 그들 사이에도 의견이 엇갈린다. 둘중 어느 한 경우라도 마태와 누가는 표
절의 비판을 면하지 못할 것이다. 하지만 만일 우리 시대의 어느 역사가가 과연
다른 역사가의 저서를 도용하여 자기 책의 1/3이나 1/2을 메꾸면서 직접적으로
나 간접적으로 감사의 뜻을 표하지 않는다면 사람들이 그를 어떻게 생각하겠는
가? 복음서 저자들에 대해서 도덕성의 기초인 최소한의 정직성을 인정해 주기
로 하자.

공관복음 저자들의 주된 자료인 사도들의 가르침

그 문제를 해결하기 위한 가장 확실한 기초가 누가복음 서론에 제시된다. 누
가는 자기 복음서의 기초가 된 두 가지 자료를 언급한다. 하지만 그 자료들은 물
론 다른 두 공관복음서들이 아니고, "처음부터 말씀의 목격자 되고 일꾼 된 자
들"(사도들, 전도자들, 그 밖의 초대 제자들)의 구전 전승과 '많은' 사람들의 '저
술'이다. 이 자료들은 그가 진상을 정확히 조사하여 "우리 중에 이루어진 사실"
에 관한 정식 역사를 써야겠다고 마음먹게 할 정도로 미흡하고 단편적인 것들이
었음에 틀림없다. 이 중요한 암시 외에도 파피아스(Papias)가 히브리어 마태복음
과 헬라어 마가복음 — 그는 마가를 베드로의 통역자로 소개한다 — 에 관해서
해놓은 유명한 진술로도 도움을 얻을 수 있다.

공관복음 저자들이 복음서를 쓰기 위해서 참조한 주된 공동의 자료는 말할 것
도 없이 사도들의 생생한 전승 혹은 가르침이었다. 바로 그것을 누가는 맨 처음
에 언급한다. 이 가르침은 정직하고 똑똑한 목격자들이 전한 그리스도의 언행에
관한 충실한 보고였다(눅 1:2). 그리스도는 제자들에게 복음을 기록하라고 하지

않고 전파하라고 하셨다. 물론 기록을 금하신 것은 아니었고, 오히려 나중에는 복음을 순수하게 보존하기 위해서 기록이 필요하게 되었다. 율법과 선지자들은 독자들을 두고 있었던 반면에, 제자들은 처음에는 '청중' 밖에 두고 있지 않았다.

유대인들과 아랍인들은 경전의 내용과 사실을 정확히 반복하고 암기하는 특별한 기억력 훈련을 받았다. 미쉬나(the Mishina)만 해도 2-3백년 동안 기록되지 않았다. 동방은 서방에 비해서 모든 것이 정착되고 안정되어 있으며, 따라서 그곳을 여행해 보면 마치 마술적으로 사도 시대와 족장 시대의 주변 환경뿐 아니라 예절과 관습으로 되돌아간 듯한 느낌을 받게 된다. 기억은 그 자체에 의존하거나 아니면 적어도 책들에 의존할 때 가장 강한 법이다.

사도들의 전승 혹은 가르침은 주로 십자가와 부활이라는 최고의 사건들에 중심을 둔 나사렛 예수의 놀라운 공생애에 관한 역사적 회고이다. 사도행전에 간략히 소개되는 설교들만 봐도 이 점을 분명히 알 수 있다. 그 가르침은 날마다 안식일마다 반복되었다. 사도들과 초대 전도자들은 신적인 주님에게서 보고 들은 바를 경외하는 태도로 굳게 붙들었고, 그들의 제자들도 그 증거를 충실하게 되살렸다. "저희가 사도의 가르침을 받아 … 오로지 기도하기를 힘쓰니라"(행 2:42). 경외심 때문에 그 가르침을 함부로 변경하지 못했다. 그럼에도 불구하고 어떤 개인이라도, 심지어 베드로나 요한이라도 그리스도에 관한 것을 하나도 빠짐없이 전할 수는 없었다. 어떤 이는 복음 내용의 이 부분을 회상했고, 다른 이는 저 부분을 회상했다. 어떤 이는 그분의 말씀을 잘 기억했고, 다른 이는 사실들을 잘 기억했다. 이런 차이들이 역량과 기억력의 차이에 따라 자연스럽게 나타났을 것이고, 공동의 전승은 복음의 본질을 건드리지 않은 채 특정 청중 계층들 — 처음에는 팔레스타인의 히브리인들, 다음에는 헬라의 유대인들과 유대교 개종자들과 이방인들 — 에게 알맞은 형태를 띠게 되었을 것이다.

복음서들은 이 사도들의 전도와 가르침에 대한 포괄적인 요약에 다름 아니다. 마가가 그것을 가장 단순하고 간략한 형태로 소개하는데, 우리가 사도행전에서 아는 한도에서 그의 복음서가 베드로의 가르침과 가장 가깝다. 마가복음은 비록 제작은 가장 오래 전에 이루어지지 않았을지라도 내용 자체는 가장 오래된 것이다. 마태와 누가는 확대되고 좀 더 성숙한 형태로 동일한 전승을 소개하는데, 전자는 히브리 혹은 유대 그리스도인에게 적합한 세부 내용을, 후자는 헬라 혹은 바울 타입의 세부 내용을 싣는다. 마가는 "요한의 세례부터 … 올리워 가신 날까지"에 해당하는 그리스도의 공생애에 관한 주된 사실들을 최초에 자연스럽게 회중에게 전달되었을 방식대로 생생하게 진술한다(행 1:22). 마태와 누가는 유아기 역사와 좀 더 충분한 교육 과정을 통해서 전달되었을 많은 강설들, 사실들, 세부 내용들을 덧붙인다.

기록된 문서들

그 전승의 부분들이 정경 복음서들에 언급된 사건들이 발생할 때부터 복음서들이 완성될 때까지의 중간 기간에 해당하는 30년 동안에 기록되었다고 보는 것이 가장 자연스럽다. 어떤 복음서 저자는 자기가 개인적으로 쓸 양으로 주요 사건들만 간략하게 기록했고, 다른 저자는 산상수훈을, 다른 저자는 비유들을, 다른 저자는 십자가와 부활의 역사를, 또 다른 저자는 마리아에게서 들은 유아기 역사와 족보를 기록했을 것이다. 초대 청중들 가운데 더러는 신선한 인상을 받아가며 특정 사건들과 가르침들을 기록해 두었을 것이다. 사도들은 물론 무학한 사람들이었지만 문맹자들은 아니어서 읽고 쓸 줄을 알았으며, 정상적인 작문을 할 만큼의 기초 교육은 받은 사람들이었다. 이들이 초기에 남긴 메모들은 상당한 분량이었으나 지금은 하나도 남아 있지 않다. 아마 그 자료들을 책으로 엮을 의도가 없었던 것 같다. 혹시 책으로 엮었다 하더라도 정경 복음서들로 대체되었을 것이다. 따라서 여기에는 사색과 추정상의 비평을 위한 여지가 많다.

누가는 이렇게 말한다: "우리 중에 이루어진 사실에 대하여 … 내력을 저술하려고 붓을 든 사람이 많은지라"(눅 1:1). 그가 당시에는 아직 집필되지 않은 외경 복음서들을 두고 그렇게 말했을 리가 없고, 또한 정경의 마태복음과 마가복음을 두고 그렇게 말했을 리도 없다. 정경의 그 두 복음서를 두고서 말한 것이라면 많은 수고를 덜었을 것이고, 한 마디 감사의 말도 없이 자신이 개선한 글로써 앞의 두 글을 감히 대체하려고 하지도 않았을 것이다. 그가 말한 것은 현존하지 않는 원(原) 정경 기록들이다. 이 기록들은 "말씀의 목격자 되고 일꾼 된 자들"에게서 나온 것이지만, 누가가 더 만족스럽고 잘 연결되는 역사를 쓸 생각을 정당히 품을 정도로 단편적이고 미흡했다. 누가는 팔레스타인과 안디옥과 그리스와 로마에서 그런 문서들을 수집할 가장 좋은 기회를 누렸다. 본인이 직접 목격자였던 마태와, 베드로의 동역자였던 마가는 기존의 문서가 그다지 필요하지 않았고,

주로 자신의 기억과 아직 생생한 초기의 전승에 의존할 수 있었다. 이들은 아마 복음서를 집필하기 오래 전에 개인의 용도로 초록이나 메모를 기록해 두었을 가능성이 있다. 그런 중대한 과업은 오랫동안 꾸준히 노력하고 관심을 쏟지 않고서는 제대로 준비할 수 없기 때문이다. 좋은 책은 나무처럼 점진적으로 조용히 자라는 법이다.

결론

그렇다면 다음과 같이 결론을 내리게 된다. 즉, 공관복음 저자들은 비슷한 시기에(대략 주후 60년부터 69년 사이) 다른 장소에서 주로 그리스도와 첫 제자들의 생생한 가르침에 의거하고 부분적으로는 초기의 단편 문서들에 의거하여 독자적으로 복음서를 준비했다. 이들은 복음 진리를 독자적으로 증거한다. 일치와 불일치는 구도의 결과가 아니라, 원래의 내용을 각자가 받고 이해하고 소화하고 각기 다른 청중들과 독자들의 다른 상황, 다른 계층에 적용하는 과정에서 생긴 통일성과 풍부성과 다양성의 결과이다.

전통적인 순서

널리 인정되는 고대 전승이 뒷받침하는 정경의 순서는 집필 순서를 정확히 반영하고 있음을 의심할 정당한 이유가 없다.[3] 사도 마태는 첫 복음서를 개인의 관찰과 경험을 토대로 전승의 도움을 받아 팔레스타인에서 아람어로 썼다. 마가는

---

3) Irenaeus, III. 1, 1; Origen in Euseb., *H. E.*, VI. 25; Tertullian과 그외 사람들. 이레나이우스는 이 순서를 대략적 연대와 함께 제시한다: "마태는 히브리인들을 대상으로 그들의 방언으로 기록된 복음을 발행한 반면에, 베드로와 바울은 로마에서 설교하면서 교회의 기초를 놓았다. 그들이 떠난 뒤 베드로의 제자이자 통역자인 마가가 전에 베드로가 설교했던 내용을 기록으로 남겼다. 바울의 동역자인 누가도 그가 전한 복음을 책으로 기록했다. 훗날 주님의 제자로서 그분 품에 기대었던 요한은 아시아 에베소에 거하는 동안 직접 복음서를 발행했다." 알렉산드리아의 클레멘스는 마가복음을 마태복음과 누가복음 뒤에 두되 마가복음의 저작 연대를 베드로가 죽기 전으로 잡아 견해 차이를 보인다. 그의 말에 따르면(in Eus., *H. E.*, VI, 14) 베드로가 로마에서 복음을 전할 때 마가가 청중들의 요청으로 그것을 기록으로 남겼으며, 베드로는 그 일을 말리지도 권장하지도 않았다고 한다. 이 견해에 따르면, 공관복음 저자들은 모두 64년 전에 기록을 마친 셈이다.

로마에서 베드로의 설교를 충실히 되살렸고, 누가는 전승과 다양하고 신빙성 있으나 단편적인 문서들에 의존했다. 그러나 모두가 위에서 베푸신 영감(靈感)을 받아 썼고, 모두가 똑같이 정직하고 신뢰성 있다. 모두가 상당수의 초대 목격자들이 살아 있을 때에, 그리스도인의 첫 세대가 사라지기 전에, 신화와 전설이 끼여들 기회가 생기기 전에 썼다. 신실성을 보장하지 못할 정도로 뒤늦게 쓰지도 않았고, 왜곡을 예방할 만큼 아주 일찍 쓰지도 않았다. 그들의 복음서들은 외경의 뒷궁리와 허구의 혼탁한 냇물을 내놓지 않고, 역사적 진실을 솟구쳐 내는 맑은 샘물을 내놓는다.

복음 기사는 일단 이 완성된 틀에 고정된 뒤에는 그 뒤에 온 모든 시대 동안 변함 없이 남아 있었다. 하나도 유실되지 않았고 하나도 덧붙지 않았다. 복음서 초록(初錄)들이나 원(原) 정경 복음서 단편들은 사라졌고, 모든 목적들에 더도 덜도 없이 충분한, 하나의 복음을 다룬 네 가지 정경 기록들이 외경의 풍자들에 의해서도, 회의주의적인 사변들에 의해서도 밀려나지 않을 만큼 그 분야를 독점했다.

개방적 전승과 신비적 전승

공관복음서들로 구현된, 대다수 사람들이 공유한 갈릴리 전승 외에도, 그리스도께서 유대에서 행하신 사역과 사도들의 내밀 그룹과 사적으로 나누신 관계, 그리고 아버지와의 신비로운 관계를 다룬 신비적인 전승이 있었다. 이 전승을 기록한 사람은 주님의 품에 기대어 그 심오한 말씀을 깊이 간직한, 사랑을 받은 제자였다. 그는 그 가르침을 기억 속에 고이 간직했다가 교회가 더 고등한 계시를 소화할 만큼 성숙했을 때 그것을 제4복음서에 담아 내놓았다.

80. 마태복음

마태의 생애

한때 레위라고 불리었고(마 9:9) 열두 사도중 하나인 마태는 원래 가버나움의 세리였고, 따라서 갈릴리에서 혼용되던 헬라어와 히브리어를 잘 알았고, 무엇을 기록해 두는 습관이 몸에 배어 있었다. 세리라는 직업이 복음을 두 가지 언어로 주제별로 기록할 수 있는 역량을 길러 주었다. 공관복음에 실린 사도들의 목록에서 그는 도마와 관련되며, 그와 함께 넷째 쌍을 이룬다. 마가복음과 누가복음에서는 도마 앞에 소개되고, 자신의 복음서에서는 도마 뒤에 소개된다(아마 겸양의 결과였을 것이다. 참조. 마 10:3; 막 3:18; 눅 6:15). 그런 이유에서 그가 도마(디두모, 즉 쌍둥이)와 쌍둥이 형제였다거나, 함께 사역했다는 추론이 생겼다. 도마는 정직하고 근실한 의심자요 성격이 우울한 사람이었으나, 결국에는 부활하신 주님을 뵙고서 온전한 확신을 가졌다. 마태는 강인하고 결단력 있는 신자였다.

마태가 사도로서 행한 노력에 관해서는 확실한 정보가 남아 있지 않다. 팔레스타인, 에디오피아, 마게도냐, 유프라테스 강 인근 지역, 페르시아, 메디아 등 다양한 지역이 그의 선교지로 지목된다. 가장 오래된 전승에 따르면 그가 자연사했다고 하나, 후대의 전승들은 순교했다고 한다.

제1복음서가 그의 불후의 저서로서, 오랜 세월을, 참으로 오랜 세월을 살아 남을 가치가 있는 책이다. 세리 마태는 마치 그리스도의 은혜로 여러 귀신에게서 풀려난 막달라 마리아가 처음으로 부활의 소식을 전했듯이, 시간상으로 복음서 저자들 가운데 맨 앞자리를 차지한다. 그의 기록이 가장 훌륭하다거나 가장 중요해서가 아니라 — 가장 훌륭한 것은 맨 뒤에 온다 — 기초가 상층 구조보다 먼저 놓이듯이 다른 복음서들보다 자연스럽게 앞섰을 뿐이다.

마태는 자신의 기록된 복음서로써 모든 민족을 그리스도의 학교로 인도하라는 대사명(마 28:19)을 수행하고 있다.

마태복음과 관련하여 마태의 인적 사항과 생애에 관한 정보가 빈약한 이유에 대해서는 다음과 같이 추론해 볼 수 있다:

1. 마태는 히브리인중의 히브리인이면서도 다메섹에서 온 상인들과 자주 접촉을 한 세리였기 때문에 비교적 자유분방한 사람이었다. 세리라는 직업은 유대인들의 눈에 대단히 거슬리고, 민족의 메시야 대망에 역행하는 직업이었다. 그러나 가버나움은 헤롯 안디바스와 헤롯가(家)의 분봉왕령에 속해 있었다. 헤롯가는 이교 로마에 온갖 방법으로 굴종했으면서도 아직까지는 어느 정도 유대 민족으로 간주되었다.

2. 마태는 어느 정도 유복하고 사회적 지위도 상당한 사람이었다. 돈이 많이 생기는 직위에 있었고, 집이 있었고, '많은' 옛 동료들을 초대해 예수님을 주빈

으로 삼아 고별 잔치를 벌였다. 그것은 세상과 그 부(富)와 그 쾌락과 명예와 고별하는 잔치이기도 했다. "마태가 그 잔치석상에서 예수님의 말씀과 행동을 지켜보고, 영감을 받고 아울러 사무관으로서의 역량을 발휘하여 만대의 교회를 교훈하기 위한 글을 쓰게 될 광경과 대화를 자신의 기억 속에 간직했을 것을 생각할 때 그것이 마태에게 얼마나 가슴 벅찬 잔치였는지 짐작할 수 있다"(Carr, *Com.*, p. 6). 바로 그 자리에서 예수님은 마태로서는 특히 가슴에 와닿고 동석한 바리새인들로서는 특히 비위에 거슬리는 말씀을 하셨다: "내가 의인을 부르러 온 것이 아니요 죄인을 부르러 왔노라." 속사도 시대에 마태복음에서 최초로 인용된 내용이 바로 이 구절과, 이것과 매우 비슷한 구절이었다는 점을 눈여겨 볼 만하다(아래 참조).

3. 마태는 소신을 위해서라면 큰 희생이라도 치를 수 있는 결단력 있는 사람이었다. 동방의 방식대로 세금 수납소에 앉아 있을 때 예수께로부터 따라오라는 부르심을 받았을 때 즉시 그분을 이스라엘의 참된 왕으로 알아보고 신뢰하고서 "모든 것을 버리고 일어나" 좇았다(눅 5:28; 막 2:14; 마 9:9). 사람은 적든 많든 자기의 '모든 것'을 버리는 것보다 더 큰 일을 할 수 없다. 더 나아가 그리스도를 좇는 것보다 더 훌륭한 일을 할 수 없다.

마태복음의 성격과 목적

첫째 복음서는 가장 오래된 복음서라는 인상을 준다. 예루살렘 성, 성전, 제사장직과 제사 제도, 유대교의 전체 종교 및 정치 체계가 여전히 건재하고 있긴 하지만 급속히 무너져 가고 있다는 암시를 준다(5:35; 23:1; 23:16; 16:28; 24:15). 그리스도가 율법과 선지자를 폐하러 오신 게 아니라 완성하러 오셨다는 말씀과, 오직 이스라엘 집의 잃어버린 양들에게만 보내심을 받았다는 말씀은 이 복음서만 전한다(5:17; 15:24; 비교. 10:6). 따라서 비평가들은 저작 연대를 예루살렘이 멸망하기 수년 전으로 잡는다.

마태의 복음서는 분명히 히브리인들과 히브리 그리스도인들을 대상으로 나사렛 예수가 약속된 메시야이시고, 마지막이자 가장 위대한 이스라엘의 선지자, 제사장, 왕이심을 증명할 목적으로 기록되었다. 이 복음서는 유대인의 관습과 팔레스타인의 지형에 대한 지식을 전제로 한다(이런 것들을 다른 복음서들은 따로 설명한다. 비교. 마 15:2과 막 7:3, 4). 이 복음서는 옛 언약과 새 언약을 이어

주는 연결고리이다. 대대로 잘 말해온 대로, "여호와께서 자기의 옛 백성에게 하신 다음과 같은 최후통첩이다: 믿든가 멸망할 준비를 하라! 예수를 메시야로 인정하든가 그가 너희의 심판자로 오실 날을 기다리라!" 그런 이유에서 마태는 "이루려 하심이라" 혹은 "이루어졌느니라"라는 특유의 문구로써 복음 역사에서 메시야 예언이 성취되었음을 그처럼 자주 지적하는 것이다(1:22; 2:15, 17, 23; 4:14; 8:17; 12:17; 13:35; 21:4; 26:56; 27:9, 35).

이런 구도와 일치하게 마태는 예수의 족보로 글을 시작하면서, 그분이 언약을 받은 유대인들의 조상 다윗 왕과 아브라함의 자손이요 후사임을 입증한다. 동방의 현자들이 새로 태어난 유대인의 왕께 경배하러 원방에서 찾아온다. 헤롯의 음침한 의심과 시기가 발동되고, 훗날 메시야께 가해질 박해를 예고한다. 피난의 땅이자 예속의 땅인 애굽으로 피신했다가 그곳에서 돌아오신 일은 이스라엘의 전형적인 역사를 성취하신 일이다. 세례 요한이 그리스도의 길을 예비함으로써 예언의 사명을 완수한다. 예수님은 메시야직에 임직하시고 시험을 받으신 뒤에 산상수훈으로 공사역을 시작하시는데, 그것은 시내 산에서 율법이 내린 일에 해당하는 사건으로서, 그 나라의 근본적인 법이 선포된다. 산상수훈과 복음 전체의 기조는 그리스도께서 율법과 선지자를 완성하러 오셨다는 것으로서, 그것은 두 종교의 조화와 기독교의 초월적 우월성을 다 함축한다. 그리스도의 사명은 그분이 세상에 세우러 오신 천국 안에서 조직적이고 제도적인 형태를 띤다. 마태는 이 용어(천국, ἡ βασιλεία τῶν οὐρανῶν)를 32번이 넘게 사용하는데 비해, 다른 복음서 저자들과 바울은 '하나님 나라'(ἡ βασιλεία τοῦ θεοῦ)를 말한다. 복음서 저자 중에 마태만큼 그리스도와 그의 나라가 이스라엘의 모든 소망과 대망의 성취라는 사상을 충분히 발전시키고, 이스라엘 역사의 이같은 기로에서 두려운 위기감을 생생하게 던져 주는 사람은 없다.

그러나 마태는 비록 유대 그리스도인의 관점에서 글을 쓰긴 했지만, 유대화주의와는 전혀 상관이 없다. 그는 가장 폭넓은 반경의 예언을 기록한다. 복음서 저자들 가운데서 가장 민족적이면서도 가장 장래를 많이 내다본다. 다름아닌 아기 예수의 구유에서 예수께 경배하러 먼 동방에서 찾아온 박사들을 "동서로부터 많은 사람이 이르러 아브라함과 이삭과 야곱과 함께 천국에 앉으려니와 나라의 본 자손들은 바깥 어두운데 쫓겨나 거기서 울며 이를 갊이 있으리라"는 말씀을 이룰 허다한 믿는 이방인들의 선구자들로 소개한다. 예수께서 이스라엘에서 찾아보지 못한 믿음을 이방 백부장과 이방 가나안 여인이 나타낸다. 메시야가 갈릴리와 유대에서 자기 백성에게 배척과 박해를 받으신다. 메시야께서 권능을 행하셨으나 회개하지 않은 고라신과 벳새다와 가버나움을 책망하신다. 자기에게로 오지 않는 예루살렘을 보고서 눈물을 흘리신다. 유대 성직자들에 대해서 저주를 발하시고, 그들의 신정(神政)이 멸망하리라는 두려운 예언들을 선포하신다. 마태는 이 모든 것을 자세히 기록하며, 모든 민족에게 두루 복음을 전하라는 명령과 그리스도께서 세상 끝날까지 자기 백성과 항상 함께 계시겠다는 약속으로써 대단히 적절하고도 숭엄하게 결론을 맺는다(참조. 2:1-12; 8:11, 12; 11:21; 12:41; 15:21-28; 23-24장; 28:19, 20).

주제별 배열

배열 형태는 뚜렷하고 질서 정연하다. 연대별이라기보다는 주제별이다. 그리스도의 강화를 자세히 기록한다는 점에서 마가와 누가를 훨씬 능가하는 반면에, 사건들의 시순(時順)에 대해서는 두 사람에게 보충을 받아야 한다. 마태는 그리스도의 가르침을 크게 중시하여 비슷한 말씀들과 행위들을 함께 그룹지어 놓으며, 따라서 파피아스(Papias)는 그의 복음서를 가리켜 주님의 계시 모음(a collection of the Oracle of the Lord)이라고 올바로 불렀다.

가르침의 첫째 군(群)은 산상수훈으로서, 그 안에는 그리스도의 나라의 법이 담겨 있고, 심령이 가난하고 마음이 청결한 사람들에게 대단히 부요로운 약속을 하시면서 온 백성에게 그 나라에 들어오라고 초대하는 말씀이 담겨 있다(5-7장). 둘째 군은 제자들을 보내 전도하도록 하시면서 베푸신 교훈이다(10장). 셋째 군은 하나님 나라의 성장과 투쟁과 가치와 완성을 예시하는 그 나라에 관한 비유 모음이다(13장). 넷째 군은 바리새인들을 책망하신 내용이고(23장), 다섯째 군은 예루살렘 멸망과 세상 종말에 관한 예언이다(24, 25장).

이 다섯 가지 큰 군(群) 중간중간에 다음과 같은 주제로 행하신 그리스도의 짧은 강화들이 소개된다: 그리스도와 세례 요한의 관계(11:1-19); 회개하지 않는 갈릴리 고을들에 대한 경고(11:2-24); 계시를 마음이 어린아이 같은 사람들에게 허락하신 데 대한 감사(11:25-27); 수고하고 무거운 짐 진 자들에 대한 초대(11:28-30); 안식일을 지키는 문제와, 그리스도의 기적을 사탄의 권능으로 치부하는 용서받을 수 없는 죄를 짓고 있는 바리새인들에 대한 경고(12장); 장로의 유전과 바리새인들의 외식에 대한 비판(15-16장); 베드로의 위대한 신앙고백 뒤에 행하신 교회를 세우겠다는 예언과 승리의 길로 이어지는 수난에 대한 예언(16장); 성직위계제도에 따른 교만의 유혹을 경계하시기 위해 어린아이를 놓고 그들의 단순과 겸손을 배우라고 하신 강화; 천국에서 용서의 의무와 용서하지 않은 종의 비유(18장); 이혼에 대한 강화와 바리새인들을 책망하시는 말씀; 어린아이들에게 축복하신 일; 부(富)의 위험에 대한 경고; 포도원 일꾼들의 비유와 미래의 상급의 본질(19, 20장); 바리새인들과 서기관들이 던진 시험의 질문을 압도해 버린 주님의 대답(22장).

이 강화들이 그리스도의 큰 기적들과 그 생애에서 발생한 사건들을 다룬 기사들과 연결된다. 기적들도 함께 무리지어 놓거나(8, 9장에서처럼), 간략하게 요약해 놓았다(4:23-25에서처럼). 변화 사건(17장)은 능동적인 생애에서 수동적인 생애로 넘어가는 전환점이다. 하늘을 땅에 드러낸 사건이자, 그리스도의 장래의 영광을 예기(豫期)하는 사건이자, 부활의 보증으로서, 십자가에서 절정에 달했다가 부활로 끝날 위기를 앞두고 예수님과 선택된 세 제자를 굳게 붙들어 주었다.

독특한 부분들

마태복음은 독창적인 부분을 여럿 가지고 있다:

1. 우리 주님의 열 가지 강설, 즉 산상보훈의 상당 부분(5-7); 어린아이들에게 계시해 주신 데 대한 감사(11:25-27); 요한의 필치와 비슷한, 무거운 짐 진 자들에 대한 감동적인 초대(11:28-30); 무익한 말에 대한 경고(12:36, 37); 베드로에 대한 축복과 교회를 세우시겠다는 약속(16:17-19); 겸손과 용서에 관한 강설의 상당 부분(18장); 유대인들의 쫓겨남(21:43); 서기관들과 바리새인들에 대한 비판(23장); 최후 심판에 대한 묘사(25:31-46); 대사명과 세상 끝날까지 항상 함께 하시겠다는 약속(28:18-20).

2. 열 가지 비유 ― 가라지; 감취인 보화; 값진 진주; 그물(13:24-50); 자비를 베풀지 않은 종(18:23-35); 포도원 일꾼들(20:1-16); 두 아들(21:28-32); 왕의 아들의 혼인(22:1-14); 열 처녀(25:1-13); 달란트(25:14-30).

3. 두 가지 기적 ― 두 소경의 치유(9:27-31); 물고기 입에서 발견한 금화(17:24-27).

4. 사실들과 뜻밖의 사건들 ― 동방 박사들의 경배; 무고한 아기들의 학살; 애

굽으로 피신함; 애굽에서 나사렛으로 돌아옴(모두 2장에 기록됨); 바리새인들과 사두개인들이 요한에게 세례를 받으러 나옴(3:7); 베드로가 바다 위를 걸으려고 함(14:28-31); 성전세 바치는 문제(17:24-27); 유다의 흥정과 후회와 자살 (26:14-16; 27:3-10); 빌라도 아내의 꿈(27:19); 죽었던 성도들이 예루살렘에 나타남(27:52); 무덤을 굳게 지킴(27:62-66); 산헤드린의 거짓말과 군병들에게 뇌물을 줌(28:11-15); 부활의 아침에 일어난 지진(28:2. 27:51에 묘사된 진동의 반복으로서, 무덤을 막고 있던 돌이 굴러내린 일과 연관됨).

문체

마태의 문체는 단순하고 꾸밈이 없고 차분하고 품위가 있고 장엄하기까지 하다. 마가의 문체보다는 생생함과 현실감이 좀 떨어지지만, 누가의 문체보다는 고르고 일관되다. 기록된 자료들에 의존하지 않았기 때문이다. 히브리적인 특징을 많이 드러내지만 마가복음보다 심하지는 않으며, 누가복음의 처음 두 장보다 심하지도 않다. 자기가 관찰하지 못한 몇몇 사소한 내용은 생략하지만, 그것을 마가는 베드로에게 들어서 기록하고, 누가는 목격자들에게 배우고 자신이 수집한 단편 문서들에서 발견하여 기록한다. 마태의 독특한 표현은 그가 항상 사용하는 '천국'(kingdom of heaven) 외에도 하나님을 '하늘에 계신 우리 아버지' 라고 부르는 것과, 예루살렘을 '거룩한 성'과 '큰 임금의 성'으로 부르는 것이다. 그리스도의 가르침을 풍성하게 전하는 점에서 그는 요한을 제외한 다른 저자들을 능가한다. 천지가 없어져도 없어지지 않을 그 생명과 능력의 말씀을 전하는 그의 글보다 더 엄숙하고 인상적인 글이 있을 수 없다(24:34). 하늘에서 번개의 섬광이 연속해서 터지듯이, 압도적인 힘으로 문장에 문장이 이어진다.

교부들이 언급하는 마태복음

제1복음서는 「사도들의 교훈집」(*Didache of the Apostles*)의 저자에게 잘 알려졌다. 80년부터 100년 사이에 그 책을 쓴 그는 마태복음, 그중에서도 특히 산상수훈을 많이 사용했다.

이 복음서에 대한 그 다음으로 뚜렷한 언급은 「바나바서」(*the Epistle of Barnabas*)에서 행해지는데, 이 서신서의 저자는 헬라어 마태복음에서 두 단락을 인용하면서 — 그중 한 단락은 22:14("청함을 받은 자는 많되 택함을 입은 자는 적으니라") — 영감된 저작들에만 사용되는 의미심장한 문구인 "기록되었으되"를 사용한다. 이것은 2세기 초반에 — 비록 그 이전은 아닐지라도 — 마태복음의 권위가 교회에서 인정을 받았음을 뚜렷이 보여주는 증거이다. 요한복음도 많은 내용을 생략함으로써 공관복음서들이 모두 존재했음을 간접적으로 전제한다.

히브리어 마태복음

다음으로 듣게 되는 것은 히에라폴리스(히에라볼리)의 감독 파피아스(Papias)가 "요한과 폴리카르푸스의 동역자에게서" 듣고 전하는 히브리어 마태복음이다. 그는 사도들과 그 제자들에게서 다양한 사도 전승들을 모아 다섯 권으로 된 「주님의 계시에 대한 강해」(*Exposition of Oracles of the Lord*)를 기록했다. 에우세비우스(Eusebius)가 보관한 이 유실된 저서의 단편에서 파피아스는 분명히 다음과 같이 말한다: "마태가 히브리어로 [주님의] 계시들을 기록했는데, 누구나 그 계시들을 훌륭히 해석했다."

불행하게도 히브리어 마태복음은 존재했다 하더라도 사라졌고, 그 결과 이 유명한 단락을 놓고 "계시들"(λόγια)의 정확한 의미와 그 보고 전체의 진실성에 관해 큰 견해차가 생기게 되었다.

1. 더러는 "계시들"을 우리 주님의 강설들을 뜻하는 것으로만 이해하고, 더러는 해설 부분들도 포함하는 것으로 이해한다. 그러나 어느 경우든 히브리어 마태복음은 주로 강설들을 순서로 모아놓은 것이었음에 틀림없다. 이것이 로기아의 자연스럽고 일상적인 의미와 가장 잘 일치하며, 현존하는 정경 마태복음에 기록된 교리 부분이 현존하는 마가복음의 그 부분보다 실제로 우월함을 의미한다(A parte potiori fit denominatio).

2. 히브리 원어에 대한 보고를 파피아스의 실수로 보아온 사람들이 있다. 파피아스가 그것을 단편으로만 현존하는 에비온파의 「히브리 복음서」(*Gospel according to the Hebrews*)와 혼동했다는 것이다. 파피아스는 경건하긴 했으나 남의 말을 쉽게 믿고 정신력이 약한 사람이었다고 한다. 그러나 이 점이 그의 정직성을 훼손하거나 단순한 역사적 발언을 무효화하지는 못한다. 아울러 헬라어의 보편적인 보급이 히브리어 복음서를 큰 의미가 없게 만들었다는 말도 있다. 그러나 아람어는 여전히 유대인의 자국어로서 팔레스타인과 유프라테스 강변

나라들에서 널리 쓰이고 있었다(참조. 행 21:40; 22:2).

기독교의 초기 단계에 히브리어로 기록된 복음서가 있었을 가능성이 농후하다. 그리고 히브리어 마태복음의 존재 여부가 파피아스의 증언에만 의존해 있는 것은 아니다. 그것은 이레나이우스(Irenaeus), 판타이누스(Pantaenus), 오리게네스(Origen), 에우세비우스(Eusebius), 예루살렘의 키릴루스(Cyril), 에피파니우스(Epiphanius), 제롬(Jerome) 같은 대단히 존경스러운 교부들의 독자적인 증언들로도 확증된다.

이 히브리어 마태복음은 유대화주의 성격을 띤 「히브리 복음서」(*Gospel according to the Hebrews*)와 동일 저서로 보아서는 안 된다. 후자는 외경 복음서들 가운데 가장 탁월한 저서로서, 모두 33개의 단편들이 현존한다. 제롬과 그 밖의 교부들은 그 둘을 분명히 구분한다. 후자는 에비온파와 나사렛파의 용도를 위해 전자를 개작한 것인 듯하다. 마치 진짜 화폐가 위조 화폐보다 앞서고 진짜 인물이 초상화보다 앞서듯이, 진리란 언제나 이단보다 앞서는 법이다. 쿠레톤(Cureton)과 트레겔레스(Tregelles)는 쿠레톤 시리아역 단편(the Curetonian Syriac fragment)이 사실상 히브리어 마태복음을 번역한 것으로서, 페쉬토 역본(the Peshito version)보다 앞선다고 주장한다. 그러나 에발트(Ewald)는 그것이 현존하는 헬라어 마태복음에서 유래한 것임을 입증했다.

파피아스는 누구나 히브리어 마태복음을 자기보다 더 잘 "해석했다"고 말한다. 그가 말하는 것은 물론 그 복음서가 헬라의 청중 앞에서 공적 강화에 사용된 것을 가리키며, 우리로서는 알 길이 없는 기록된 번역본들의 숫자를 가리키는 것이 아니다. 더욱이 과거 시제(ἡρμήνευσε)를 사용한 점으로 미루어 그가 그 글을 쓸 당시에는 그럴 필요가 더 이상 존재하지 않았음을 함축하는 듯하다. 다시 말하자면, 당시에는 이미 권위 있는 헬라어 마태복음이 나타나서 아마 완성도가 덜한 아람어(히브리어) 마태복음을 대체한 듯하다. 따라서 파피아스는 자기 시대에, 즉 2세기 초반에(주후 약 130년경) 헬라어 마태복음이 쓰였음을 전하는 간접적인 증인인 셈이다. 「디다케」와 「바나바서」(이 두 책은 120년 이전에, 아마 100년 이전에 기록된 듯하다)에 인용된 내용들에서 분명히 알 수 있듯이, 어쨌든 헬라어 마태복음은 그 당시 이전에도 공적으로 사용되었다.

헬라어 마태복음

지금 우리가 가지고 있는 헬라어 마태복음은 히브리어 마태복음의 번역본이 아니라 직접 헬라어로 집필한 흔적이 있다. 이런 흔적은 히브리어에 동의어가 없는 헬라어 단어들과 숙어들이 사용된 데서, 그리고 이야기 과정에서 칠십인역을 자유롭게 인용하되, 그것이 메시야 예언들을 전하고 "너희가 성경에 … 읽어본 일이 없느냐"는 엄숙한 문구로 이어질 경우 히브리 성경을 따르는 식의 구약 성경 인용 방식에서 나타난다.

만약 히브리어 마태복음에 관한 고대 교회의 거의 일치된 전승을 신뢰한다면, 헬라어 마태복음은 원문을 어느 정도 자유롭게 옮긴 어떤 알려지지 않은 번역자의 번역이거나, 아니면 그보다 더 가능성이 있는 것으로서, 마태 자신이 각기 다른 시기에 팔레스타인에서 먼저 히브리어로 복음서를 쓴 다음 훗날 헬라어로 다시 썼음에 틀림없다. 그렇게 하는 과정에서 자기 책을 문자 그대로 옮기지 않고 다른 역사가들처럼 자유롭게 재현하고 개선했을 것이다. 요세푸스도 「유대 전쟁사」(*the Jewish War*)에 대해서 동일한 작업을 했는데, 그 결과는 헬라어로만 현존한다. 헬라어 마태복음이 일단 교회에서 통용되었을 때는, 특히 완성도가 더 높았을 경우에는 자연스럽게 히브리어 마태복음을 대체했다.

정경의 첫째 복음서가 실제상의 혹은 추정상의 부정확한 점들 때문에 마태의 저작이 아니라는 반론들이 제기되지만, 기껏해야 하찮은 반론들이고, 마태가 그리스도의 말씀에 더 치중했고 아마 사실들보다는 사상을 더 잘 기억했을 것이라는 사실로써 쉽게 설명된다.[4]

그러나 정경의 첫째 복음서의 정확한 기원에 대해서 어떤 견해를 취하든간에 고대 교회에서는 그것이 마태의 저작이라고 보편적으로 인정되었다. 주후 146년이라는 이른 시기에 "복음 회고록" 중에서 순교자 유스티누스(Justin Martyr)가 비록 느슨하게나마 자주 인용하는 본문은 바로 현존하는 마태복음이다. 그의 제자 타티아누스(Tatian)가 연결된 「디아테사론」(*Diatessaron*)을 편집할 때 사용한

---

4) Meyer와 Weiss는 예수께서 십자가에 달려 죽으셨을 때 죽은 자들이 많이 일어났다는 보고와 시간에 관한 언급(참조. 27:52, 62-66)을 사도 시대 이후에 발생한 전설로 간주한다. 그러나 전자는 나사로의 소생(蘇生)보다 더 어려운 문제가 아니며, 후자도 개연성이 충분하다. Meyer는 마태복음의 십자가 사건 날짜가 요한복음에 기초하여 수정되었음이 틀림없다고 근거 없이 추정하지만, 공관복음의 날짜와 요한복음의 날짜 사이에는 실질적인 모순이 없다. 참조. 제2장, 16. 그리스도의 생애 연표, V. 주께서 죽으신 날짜.

네 복음서 중 한 권도 바로 현존하는 마태복음이다. 그리고 이레나이우스와 그 뒤에 온 모든 교부들이 사용한 것도 이 마태복음뿐이다.

81. 마가복음

마가의 생애

둘째 복음서 저자는 이름뿐 아니라 사명으로도 히브리인들과 로마인들을 한데 엮으며, 베드로와 바울을 한데 잇는 연결고리이되, 특히 베드로의 제자이자 동역자이며, 따라서 그의 복음서는 베드로의 복음서라고 해도 틀린 말이 아니다. 원명은 요한 혹은 요하난(Johanan. 즉, "여호와는 은혜로우시다"), 성(姓)은 마가(즉, Mallet)였다. 생애 후반에는 성(姓)이 히브리어 이름을 대체했다. 베드로가 시몬을, 바울이 사울을 대체한 것과 같다. 그 변화는 기독교가 유대인들에게서 이방인들에게로 전환했음을 표시했다. 그는 사도행전과 서신서들에 자주 언급된다(행 12:12, 25; 13:5, 13; 15:37; 골 4:10; 딤후 4:11; 몬 24; 벧전 5:13).

그의 어머니 마리아는 예루살렘에 살면서 박해가 극심하던 시기에 틀림없이 큰 모험을 무릅쓰고서 기독교 제자들에게 예배 집회 장소로 집을 제공했다. 베드로는 옥에서 구출된 뒤에 그 집을 찾아갔다(주후 44년). 이것은 마가가 베드로와 친밀했음을 말해 준다. 마가는 아마 베드로를 통해서 회심했고, 그의 영적 '아들'이라 불린 것도 그런 이유 때문이었을 것이다(벧전 5:13). 마가는 그리스도와 피상적인 면식을 갖고 있었던 것 같다. 그 자신의 보고에 따르면 '한 청년이' 주께서 배반당하시던 밤에 겟세마네에서 "벗은 몸에 베 홑이불을 버리고 도망"했다고 하는데(14:51), 그가 바로 자신이었을 가능성이 있기 때문이다. 그 사건이 자기 인생에서 전환점으로서 특별한 의미가 없었다면 그런 하찮은 사건을 언급했을 리 만무하다. 랑게(Lange)는 그의 어머니가 겟세마네 동산 소유자였거나 동산 근처의 가옥 소유자였다는 독창적인 추측을 한다.

마가는 바울과 바나바가 제1차 전도여행을 떠날 때 그들의 수종자(ὑπηρέτης)로서 동행했으나, 아마 사역이 너무 힘겨워 좌절하고는 도중에 예루살렘에 있는 어머니에게로 돌아갔다. 이런 이유로 바울은 다음 번 여행에 그를 데리고 가기를 거부했으나, 바나바는 그가 잠시 보인 연약함을 대수롭지 않게 여기려고 했다(행 15:38). 그 일로 두 사람간에는 심한 다툼이 있었는데, 그것은 아마 안디옥에서 바울과 베드로간의 충돌보다 더 심각한 충돌이었을 것이다(갈 2:11, 이하). 바울은 엄격한 의무감으로 충일해 있었고, 바나바는 사촌에 대한 자애로운 느낌이 앞섰다. 그러나 그 갈등은 잠시뿐이었다.

약 10년 뒤(63년) 바울은 로마에 있는 마가를 "하나님 나라를 위하여 함께 역사하는 자들" 중 한 사람으로 말하고, 그가 옥중 생활을 하고 있는 자신에게 '위로'가 되었다고 말하며, 소아시아의 형제들에게 그가 방문할 때 영접하라고 천거한다(골 4:10, 11; 몬 24). 바울은 마지막 서신에서 디모데에게 당부하기를, 마가가 자신의 사역에 유익하므로 로마로 올 때 데려오라고 한다(딤후 4:11). 마가가 '바벨론'에서 — 그곳이 유프라테스 강변이었든 좀 더 타당하게 로마였든 — 베드로와 함께 있는 것을 다시 한 번 보게 된다(벧전 5:13).

이상의 사항들이 신약성경의 마가에 관한 마지막 언급들이다. 교회의 전승은 두 가지 중요한 사실을 덧붙이는데, 하나는 그가 로마에서 베드로의 통역관으로서 복음서를 썼다는 것이고, 다른 하나는 훗날 그가 알렉산드리아 교회를 세웠다는 것이다. 콥트 교회의 총대주교는 자신이 마가의 후계자라고 주장한다. 마가가 네로 재위 제8년에 순교했다는 전설은 낭설이다. 827년에 그의 유골은 이집트에서 베네치아로 이장되었는데, 베네치아 당국은 그를 위해서 총독 궁전(the Doge's palace) 곁에 있는 성 마가 광장(the Place of St. Mark)에 다섯 개의 돔(dome)이 딸린 웅장한 대성당을 건축했고, 그의 상징을 사자로 정한 뒤 그를 베네치아 공화국의 수호성인으로 선정했다.

마가와 베드로의 관계

마가는 비록 사도는 아니었지만 어머니의 집에서, 그리고 베드로와 바울과 바나바와 그 밖의 유력한 제자들과 맺은 관계에 힘입어 복음 역사에 관한 가장 권위 있는 정보를 수집할 수 있는 더할 나위 없는 기회를 얻었다.

마가복음에 관한 최초의 언급은 2세기 초반 히에라폴리스에서 사역한 파피아스(Papias)에게서 발견된다. 그는 자신이 수집한 초대의 전승들 가운데 마가복음에 관해 이렇게 말한다: "마가가 베드로의 통역관이 되었고, 자기가 기억한 것을 무엇이든 정확하게 기록하되, 그리스도께서 말씀하셨거나 행동하신 바를 순서대로 기록하지는 않았다. 직접 주께로부터 듣지도 않았고 따르지도 않았기 때문이다. 그러나 내가 말한 대로 베드로를 따랐던 바, 베드로는 [자기 청중의] 필요에 맞춰 가르치되 주님의 강화를 연계성 있게 전달하는 방식을 취하지는 않았다. 따라서 마가는 자기가 기억한 자세한 내용을 기록할 때 아무런 오류도 범치 않은 셈이다. 그는 자기가 들은 내용 중 사소한 것이라도 빠뜨리거나 그릇되게 전하지 않는 것을 일차적인 목표로 삼았기 때문이다."

마가는 과연 어떤 의미에서 베드로의 "통역자"였을까? 베드로의 아람어 복음서를 헬라어로 옮긴 번역자라는 의미에서는 아니었다. 아람어 원문이 있었다는 흔적도 없거니와, 베드로가 (그의 서신서들을 놓고 판단하건대) 헬라어를 더 잘 구사했기 때문이다. 아울러 베드로의 강설들을 라틴어로 옮긴 번역자였기 때문도 아니었다. 마가가 라틴어를 이해했는지 알 길이 없고, 심지어 로마에서조차 헬라어를 사용하는 유대인들과 로마인들에게는 라틴어가 필요 없었기 때문이다. 또한 좀 더 넓은 의미에서 베드로가 불러 주는 것을 받아 적은 단순한 서기나 필사자도 아니었다. 오히려 마가는 자신의 영적 아버지이자 스승이 전해 준 구전 복음을 문헌으로 편집하고 출판해낸 사람이었다. 헤르메스 신도 필멸의 인간들에게 신들의 메시지를 전해 주었기 때문에 신들의 통역관이라 불리었다. 그러나 베드로가 주요 사건들을 최초에 받은 인상을 가지고 자국어로 간단히 기록해 두었을 가능성과, 그 간단한 메모가 존재했을 경우 마가가 그것을 자연스럽게 사용했을 가능성이 매우 크다.

우리는 파피아스에게서 마가가 베드로의 강설을 직접 듣고서, 그러니까 베드로가 청중의 당면의 필요에 맞춰 전한 강설을 직접 듣고서 자기 복음서를 썼다는 것과, 그 복음서가 완전하지도 않고(특히 마태나 요한과 비교할 때 교훈부에서) 엄격히 연대순을 따르지도 않았다는 것을 배운다.

알렉산드리아의 클레멘스(Clement)는 로마인들이 베드로의 설교를 너무나 좋아한 나머지 베드로의 비서인 마가에게 그 설교를 기록으로 남기도록 청했고, 그것에 대해 베드로는 권장하지도 가로막지도 않았다고 한다. 다른 고대 교부들은 마가와 베드로가 대단히 친밀했음을 강조하며, 마가의 복음서를 베드로의 복음서라고 부른다.

복음서

이 전승은 그 책에 의해서 확증된다. 즉, 이 책은 사도 베드로의 가르침에 터를 두고 있으며, 복음서들 가운데 가장 간략하고 그런 만큼 가장 덜 완전하지만, 중요한 사실들로 가득하다. 베드로의 낙천적이고 충동적인 기질과, 급한 동작과 열정적인 행동이 반영되어 있다. 이 점에서 이 책에 즐겨 쓰이는 '곧'이란 단어는 대단히 특징적이다. 밤빌리아에서 마가가 돌아감으로써 바울에게 질책을 받은 것은 베드로가 주를 부인하고 모순된 행동을 한 것과 유사하다. 그러나 베드로가 그랬듯이 마가도 곧 재정비하여 다음번 전도 여행에는 바울을 따라갈 태세를 갖추었고, 끝까지 신실하게 인내했다.

마가는 첨삭으로써 베드로에게 직접 영향을 받았음을 무심코 드러낸다. 베드로의 집이 "시몬과 안드레"의 집이었음을 알려 준다(1:29). 그리스도의 공사역을 이 두 형제를 부르신 일로 시작하여(1:16) 베드로가 분부를 받는 것으로 끝내며(16:7), 거의 베드로 자신의 말로 마무리한다(16:19; 비교. 벧전 3:22). 변화산에서 베드로가 장막 셋을 짓자고 제안하면서 "무슨 말을 할는지 알지" 못했다고 전한다(9:6). 베드로가 주를 부인한 일을 가장 상세히 전하며, 복음서 저자들 가운데 유일하게 베드로가 몸을 덥히기 위해 불을 쬐는 바람에 신분이 노출되었다는 것과(14:54), 닭이 두 번 울어서 그에게 두번째 경고를 했다는 것(14:72)을 기록한다. 그 사실을 기억했다가 겸손과 감사를 일깨울 의도로 보고할 만한 사람이 베드로말고 또 누가 있겠는가.

반면에 마가는 예수님이 베드로를 칭찬하신 "너는 베드로라. 내가 이 반석 위에 내 교회를 세우리니"라는 말씀은 생략한다. 그러면서도 그 뒤에 하신 "사탄아 내 뒤로 물러가라"는 책망은 기록한다(8:27-33). 서신서에서 성직위계제도의 남용을 진지하게 경고하는 그 사도의 겸손이 이 분명한 생략의 이유를 가장 자연스럽게 설명해 준다. 에우세비우스는 "베드로가 이 점을 아예 말하지 않았고, 따라서 마가도 침묵을 지켰던 것 같다"고 한다.

마가복음의 성격과 목적

제2복음서는 그 내적 증거로 뒷받침되는 고대 교회의 일관된 주장에 따르면 로마에서 주로 로마 독자들을 위해서, 아마 베드로가 죽기 전에, 어쨌든 예루살렘이 멸망하기 전에 기록되었다고 한다.

이 복음서는 마가가 틀림없이 되풀이해서 들었을 베드로의 설교에 대한 충실한 기록이다. 베드로가 로마 군인 고넬료에게 행한 다음과 같은 설교를 역사적으로 풀어 진술한 설교이다: "하나님이 나사렛 예수에게 성령과 능력을 기름붓 듯 하셨으매 저가 두루 다니시며 착한 일을 행하시고 마귀에게 눌린 모든 자를 고치셨으니 이는 하나님이 함께 하셨음이라"(행 10:38). 유아기 역사를 생략하며, 곧장 우리 주님의 공사역으로 들어가서 베드로처럼 요한의 세례로써 시작하여 승천으로 끝난다. 그리스도를 생명력이 충만한 하나님의 아들로, 백성을 크게 놀라게 하여 영적 정복자처럼 그들을 거역할 수 없이 자기 앞으로 끌어오는 강력한 기사(奇事) 행위자로 표현한다. 이런 측면은 정복하고 다스리기 위해서 태어났다고 하는 로마인들의 진취적인 정신에 큰 인상을 주었을 것이다. 교사의 모습은 그 나라의 설립자의 그늘에 가려진다. 영웅적인 요소가 예언적인 요소를 압도한다. 귀신들린 자들을 고친 데서 나타난 사탄의 권세에 대한 승리가 매우 두드러진다. 이 복음서는 그리스도 안에 나타난 신적 능력의 복음이다. 예수를 유다 지파의 사자로 묘사하는 이 전도자에게 사자의 상징은 조금도 부적절하지 않다.

마태가 신적 계시들로 이루어진 복음을 전한다고 한다면, 마가는 사실들로 이루어진 복음을 전한다. 마가는 강설들은 별로 기록하지 않는 대신에 기적들을 많이 기록한다. 우리 주님의 짧은 공생애를 사진 같은 또렷한 묘사로 짧게짧게 연결지어 소개한다. 내면을 설명하고 드러낼 시간이 없다. 그 위대한 인격이 군중에게 다가갔을 때 발생한 외적인 측면에 머문다. 마태와 그리고 특히 요한과 비교할 때 마가는 피상적이지만, 부정확하거나 덜 유용하고 덜 필요해서 그런 것은 아니다. 누가와 요한이 우주적(보편적) 그리스도관을 취했다고 한다면 마가는 마태처럼 신정(神政)적 그리스도관을 취한다. 그러나 유대인 독자들을 위해서 글을 쓴 마태가 그리스도의 족보를 다윗 왕으로부터 시작하고 자주 예언의 성취를 상기시키는 데 반해, 이방인들을 위해 펜을 잡은 마가는 독립된 인격을 지닌 "하나님의 아들"로써 시작한다. 예언을 인용하는 경우가 거의 없고, 정반대로 자신의 로마 독자들을 위해서 아람어 단어들과 유대인 관습 및 사고 방식을 설명한다(3:17; 5:41; 7:1-4; 12:18; 15:6, 35). 강력한 권능을 지닌 하나님의 아들을 묘사하고, 독자들이 그 권세에 순복하기를 기대한다.

마가만 전하는 기적이 두 가지 있는데, 하나는 데가볼리의 귀먹고 벙어리된 자를 고치신 기적으로서, 이 기적은 사람들을 "심히" 놀라게 하여 "그가 다 잘하였도다. 귀머거리도 듣게 하고 벙어리도 말하게 한다"고 탄복하게 만들었다

(7:31-37). 또 하나의 기적은 벳새다에서 소경을 고치신 것으로서, 점진적인 치유라는 독특한 성격을 띠었다. 그 소경은 그리스도가 맨 처음 손을 대자 주위에서 걸어다니는 사람들을 보되 마치 나무가 걸어다니는 듯이 희미하게 보았고, 두번째 손을 대자 "만물을 밝히" 보았다(8:22-26). 마가는 중요한 비유들을 빠뜨리되, 씨가 은밀히 자라 처음에는 싹을 내고 다음에는 이삭을 내고 그 다음에는 이삭이 충분히 자란다는 흥미로운 비유를 혼자서 전한다(4:26-29).

랑게 박사(Dr. Lange)가 최초로 주목한 흥미로운 특징이 있는데, 그것은 마가가 "그리스도께서 성취하신 여러 차례의 큰 승리들 중간중간에 흐름이 끊어지지 않고 이어진" 정지와 휴식의 시기들을 크게 강조한다는 것이다. 그리스도는 나사렛에서 은거(隱居)하시다가 나오셨다. 공생애 때에도 매번 새롭게 나오신 다음에는 물러나셨고, 물러나신 다음에는 새롭고 더 위대한 승리를 이루셨다. 사색적인 휴식과 열정적인 활동간의 대조가 두드러지며, 그 은밀한 샘이 하나님과의 사귐과 자기 자신과의 대화에 있음을 드러냄으로써 그 강한 효과를 설명한다.

다음과 같은 사례들에서 그런 면을 볼 수 있다: 세례를 받으신 뒤 갈릴리에서 전도하시기 전에 유대 광야로 물러가신 일(1:12); 바다로 물러가신 일(3:7); 갈릴리 바다 동쪽 해안의 광야로 물러가신 일(6:31); 산으로 물러가신 일(6:46); 두로와 시돈의 접경으로 물러가신 일(7:24); 데가볼리로 물러가신 일(7:31); 높은 산으로 물러가신 일(9:2); 베다니로 물러가신 일(11:1); 겟세마네로 물러가신 일(14:34); 부활하시기 전에 무덤에서 쉬신 일; 세상에서 물러가셨다가 제자들이 복음을 전파할 때 나타나사 승리를 거두게 하신 일. "주님의 승천은 마지막으로 물러나신 일로서, 그 뒤에는 최종적인 행동 개시와 절대 승리가 따를 것이다"(Lange).

교리적 입장

마가는 독특한 유형의 교리를 갖고 있지 않지만, 사도 교회 안에서 일어난 쟁점들에 대해서 보편적이고 평화적이고 비(非)분파적이고 중립적인 입장을 취한다. 그러나 이것은 계산된 행위도 아니고, 엄존하는 차이들을 무시하고 화해시키려는 경향의 산물도 아니다. 마가는 기독교 교회가 설립된 뒤 20년 뒤에 예루살렘에서 사도 공의회를 열리게 만든 할례 논쟁이 일어나기 전에 단순히 기독교의 초기 형태를 소개한다. 그의 복음서는 반(反) 바울적이지 않은 채 베드로적이고, 반(反) 베드로적이지 않은 채 바울적이다. 교리의 기조가 사도행전에 기록된 베드로의 설교와 동일하다. 대단히 실천적이다. 신학을 전하지 않고 기독교를 전한다.

다른 복음서들도 마찬가지이다. 다만 차이가 있다면 마태는 유대인들에게, 누가는 이방인 독자들에게 특별한 관심을 갖는다는 것과, 둘 다 성령의 인도하에 자기들의 독특한 은사와 목적에 따라 쓸 내용을 선정하되, 사실들을 변경하거나 윤색하지 않는다는 것이다. 마가는 마치 베드로가 야고보와 바울 사이에 섰듯이, 그 두 저자 사이에 제대로 서 있다.

문체

마가의 문체는 고전적이지도 우아하지도 않고 조야하고 수수하고 어휘가 빈약하고 중복되지만, 독창적이고 새롭고 생생하며, 흥미로운 터치와 흔들림으로 생동감이 넘친다. 마가는 수사법에 문외한이었고 작법의 기술이 없었지만, 실제 사건들을 예민하게 듣고 주의깊게 관찰하고 충실하게 기록한다. 히브리적인 성격을 강하게 띠며, 히브리어의 연결 접속사(and)는 자주 쓰면서 논증을 위한 접속사(for)는 거의 쓰지 않는다. 라틴어 단어들을 여럿 삽입한다. 물론 이 단어들은 마태복음과 누가복음, 그리고 탈무드에도 대부분 나오지만 말이다. 마가는 '곧'(forthwith, straightway)이라는 단어를 다른 복음서 저자들이 사용한 횟수를 합한 것보다 더 많이 사용한다. 이것은 그가 아끼는 단어로서, 그가 사건에서 사건으로, 정복에서 정복으로 급하고 신속하게 옮겨가는 것을 잘 나타낸다.

'아바', '보아너게', '달리다굼', '고르반', '에바다', '엘리 엘리' 같은 아람어 이름들과 구절들을 헬라어 번역과 함께 인용한다. 역사적 필치를 좋아하고 (1:21, 40, 44; 2:3, 10, 17; 11:1; 14:43, 66), 간접화법보다는 직접화법을 좋아하고(4:39; 5:8, 9, 12; 6:23, 31; 9:25; 12:6), 생생한 분사(participle)를 좋아하며, 애칭을 좋아한다. 중요한 사건들이 일어난 시간과 장소를 관찰한다(시간: 1:35; 2:1; 4:35; 6:2; 11:11, 19; 15:25; 16:2. 장소: 2:13; 5:20; 7:31; 12:41; 13:3; 14:68; 15:39; 16:5). 신약성경 다른 책에서는 찾아볼 수 없는 독특한 표현들을 많이 사용한다.

독특한 세부 내용

마가는 틀림없이 최초의 목격자들에게서 들었을 인물들과 사건들에 관해서 섬세한 색채와 흥미로운 삽화들을 삽입한다. 이런 것들은 상상이나 역사가의 견해에서 나온 필치가 아니라, 직접 받은 인상을 회상한 것이다. 장마다 그런 것들이 나온다. 마가는 마태 및 누가와 공유하는 거의 모든 기사들에 그다지 기여하는 바가 없다. 예수의 말씀과 기적, 그리고 그분의 자태가 사람들과 제자들에게 준 경외와 놀라움과 기쁨의 압도적인 인상을 눈여겨 본다(1:22, 27; 2:12; 4:41; 6:2, 51; 10:24, 26, 32). 예수께서 만지사 병을 고쳐 주시기를 바라고 몰려온 군중이 밀고 매달리는 바람에 서 있을 공간도 식사할 겨를도 없던 상황을 주목한다(3:10, 20, 32; 4:1; 5:21, 31; 6:31, 33). 한번은 예수님의 친족들이 군중들 틈에서 예수님을 억지로 데려가려고 한 적도 있다. 마가는 우리 주님이 어떻게 동정과 놀라움과 슬픔과 분노와 분개로 마음이 동요하셨는지 그 인간적인 정서와 열정을 주목한다(6:34; 6:6; 3:5; 8:12; 10:14). 주님의 태도와 외모와 몸짓을(1:31; 3:5, 34; 5:32; 7:33, 34; 8:12, 33; 9:35; 10:23, 32; 11:11), 주무시는 모습과 시장해하시는 모습을 눈여겨 본다(4:38; 6:31; 11:12).

예수께서 젊은 부자 관원을 "보시고" "사랑"하셨다고 전하며, 그 관원이 가진 것을 다 판 다음 예수를 좇으라는 말씀을 듣고서 "슬픈 기색"을 띠었다고 전한다. 마가 — 혹은 그보다는 베드로 — 는 우리 주님의 눈과 표정에서 그 청년에 대한, 곧 자기의와 현세성에도 불구하고 사랑스러운 점들을 갖고 있고 하늘 나라에서 그리 멀지 않았던 그 청년에 대한 특별한 관심을 읽었음에 틀림없다(10:21, 22).

주께서 변화산 기슭에서 귀신들린 간질병자를 고치신 기사는 다른 공관복음 저자보다 마가가 더 생생하고 극적으로 전한다. 그는 예수께서 병자의 아버지와 나누신 감동적인 대화를 전하는데, 그 아버지는 이 대화에 힘입어 약하고 갈등하는 믿음을 딛고 강하고 승리하는 믿음을 달라고 진실히 기도하게 되었다: "내가 믿나이다. 나의 믿음 없는 것을 도와 주소서"(9:24). 신앙고백자 베드로가 이 기도를 얼마나 절실하게 마음에 담아 두고 자기 자신의 연약과 시험을 생각하고서 설교할 때 그 말을 반복했을는지 넉넉히 상상해 볼 수 있다.

공관복음 저자들은 모두 그리스도께서 어린아이들에게 남다른 사랑을 나타내신 두 번의 경우를 기록하지만, "어린아이 하나를 데려다가 그들 가운데 세우시고 안으시며"라고 전하는 저자는 마가뿐이다(9:36; 10:16; 비교. 마 18:2; 19:13;

눅 9:48; 18:16).

다른 복음서들에 나오지 않는 여러 사소한 사례들은 그 자체가 아무리 중요하지 않은 것들이라 하더라도 구술자(베드로)의 검증(autopticity)의 표지들로서 중요한 의미를 지닌다. 그런 사례들을 예로 들자면 다음과 같다: 예수께서 "야고보와 요한과 함께 시몬과 안드레의 집에" 들어가신 일(1:29); 바리새인들이 헤롯당과 함께 모의한 일(3:6); 변화산에서 예수님의 옷이 "세상에서 빨래하는 자가 그렇게 희게할 수 없을 만큼" 심히 희어진 일(9:3); 소경 바디매오가 "겉옷을 내어버리고 뛰어 일어나 예수께" 나온 일(10:50); 감람산에서 "베드로와 야고보와 요한과 안드레가" 장차 일어날 사건들에 관해 조용히 물은 일(13:3); 오천 명이 "떼로 혹 백씩, 혹 오십씩" 앉은 일(6:40); 그리스도의 십자가를 지고 간 시몬이 "구레네 사람"이자 "알렉산더와 루포의 아비"였던 점(15:21. 그 두 사람은 아마 로마에서 잘 알려진 두 제자일 것이다. 참조. 롬 16:13).

마가가 독특하게 전하고 배후에 베드로가 있음을 암시하는 내용들을 덧붙이자면 다음과 같다: 그리스도를 '목수'라고 칭한 점(6:3); 여리고의 거지 소경의 이름이 '바디매오'라는 점(10:46); 예수께서 배에서 주무실 때 베개를 베셨던 점(4:38); 봄철 산기슭에 돋아난 '푸른 잔디'(6:39); 배에 남겨둔 떡 한 개(8:14); "문 앞 거리에 매여" 있던 나귀 새끼(11:4); 야이로의 딸에게 그 지방의 방언으로 하신 말씀(5:41); 겟세마네에서 기도를 드리시면서 "아바 아버지"라고 두 개 언어로 말씀하신 점(14:36; 비교. 롬 8:15; 갈 4:6).

결론

이 모든 독특한 점들에서 자연스럽게 얻게 되는 결론은 마가의 복음서가 과거에 제기되었던 주장과는 달리 마태나 누가 혹은 그 둘에서 간추린 글이 아니라, 철저히 독자적이고 독창적인 글이라는 것으로서, 이 결론은 서로 다른 목적을 표방한 여러 비평 학파들의 상세한 조사에 의해서 입증되었다. 마가복음은 아주 중요한 부분들에서 정직하고 연로한 베드로의 입에서, 그리고 항상 그의 곁에서 수종들던 제자의 펜에서 나온, 복음 역사의 인물들과 사건들에 관한 신선하고 생생하고 신뢰성 있는 기록이다. 4세기에 제롬이 지적했고, 19세기의 왜곡되지 않은 비평가들이 확증하는 것은, 제2복음서는 베드로가 구술자이고 마가가 저자였다는 것이다.

어떤 이들은 한 걸음 더 나아가 '베드로의 통역관' 인 마가가 단지 스승의 히브리어 복음서를 번역했을 뿐이라고 주장한다. 그러나 전승에는 히브리어 마태복음은 있어도 히브리어 베드로복음은 없다. 그리고 책은 저자의 이름을 따르는 법이지 번역자의 이름을 따르는 경우는 없다. 베드로가 설교자였고 마가가 기록자이자 편집자였다고 말하는 것으로 족하다.

이 사실이 공관복음의 그리스도 생애 기록의 신빙성에 대해 갖는 의미는 자명하다. 이 사실은 신화설이나 전설설에 아무런 여지도 남기지 않는다.

마가복음의 무흠성

마가복음은 부활과 승천이라는 기적들과, 그리스도의 사자들이 만민에게 복음을 전파할 때 끊임없이 따르는 권능의 표징들을 빠른 필치로 기록하면서 끝난다(16:9-20). 이런 방식의 결말은 마가복음 전체의 특징과 부합한 것으로서, 복음을 세상에 충일하여 세상을 변화시키는 신적 권능으로 설명하지만, 다음과 같은 독특한 특징들을 갖고 있다: (1) 그리스도의 승천을 다룬 세 가지 독특한 기사들 가운데 하나로서(19절, "하늘로 올리우사"; 나머지 두 기사는 누가복음 24:51과 사도행전 1:9-11이다), "하나님 우편에 앉으시니라"라는 진술을 덧붙인다(비교. 벧전 3:22의 비슷한 진술); (2) 구원에 세례가 필요하다는 것을 강조하며("믿고 세례를 받는 사람은 구원을 얻을 것이요"), 불신앙(즉, 복음이 제시하는 구원을 배척하는 행위)을 정죄("믿지 않는 사람은 정죄를 받으리라")하는 부정적인 진술이 덧붙는다(16절)[5]; (3) 사도들이 주께서 부활하신 뒤에 자기들에게 직접 나타나시기 전까지 막달라 마리아의 보고를 믿지 않았던 사실(11-14절; 그러나 요

---

5) 이 선언은 마태복음 28:19의 세례 명령에 해당한다. 이것은 회심한 신자들에게만 적용되며, 신앙과 불신앙의 능력이 없는 어린이들에게는 적용되지 않으나, 그럼에도 불구하고 믿는 부모들에게 부여되는 언약의 복에 포함된다(참조. 고전 7:14). 따라서 정죄의 대상은 세례를 받고 안 받고를 떠나 적극적인 불신앙뿐이다. 대개는 믿고 세례를 받아 구원을 받지만, 세례를 받지 않고 구원받는 예외적인 경우도 있다. 그렇지 않다면 회개한 강도, 퀘이커 교도들, 그리고 세례받지 않은 모든 유아들을 정죄하지 않으면 안 될 것이다. 아우구스티누스는 이 절과 요한복음 3:5에서 구원을 얻는 데 물 세례가 절대적이고도 보편적으로 필요하다는 교리를 끌어냈다. 그리고 이 교리를 토대로 히포의 그 위대하고 선한 주교는 달갑지 않은 심정으로 추론을 발전시키되(그러나 신학적이지 않고 논리적인), 세례 받지 않은 채 유아기에 죽은

한도 20:8, 9에서, 특히 25절에서 도마와 관련하여 같은 사실을 암시하며, 마태는 28:17에서 의심하는 자도 더러 있었다고 언급한다; 비교. 눅 24:37-41); (4) 믿는 자들에게 따를 초자연적 권능과 표적에 관한 권위 있는 약속(17, 18절). 이 중에는 오순절의 방언이 새 방언을 말한다는 독특한 표현으로 언급된다.

이 결말 부분의 진정성은 뜨거운 쟁점이 되어 있으며, 본문 비평 중에서 대단히 어려운 문제에 해당한다. 양측의 주장은 거의 똑같이 강하지만, 설혹 이 부분을 마가복음 원본의 일부로 증명하지 못한다 할지라도 다음 두 가지는 분명한 사실로 보인다: (1) 이 부분은 초기 전승에 속해 있다(논란이 되는 요한복음 8장의 간음한 여인에 관한 부분과 마찬가지로); (2) 마가는 좀 더 적절한 결론을 의도하지 않은 채 자신의 복음서를 8절(γάρ)로 끝냈을 리가 없다. 이 부분은 원본이 아니거나 마가가 기록하지 않았을지라도 내용 자체는 권위가 있을 수 있다. 즉, 정확할 수 있다. 올바로 이해할 때 이 부분에는 사도의 가르침과 조화를 이루지 않는 내용은 하나도 없다.

특주

쟁점인 마가복음 16:9-20에 대한 주해

I. 진정성이 비판받는 이유

1. 이 부분은 가장 오래되고 가장 가치있는 두 언셜체 사본인 시내 사본(א)과 바

모든 유아들은 실제 죄악을 범할 수 있기 전에 단지 아담의 죄 때문에 영원히 저주를 받는다고(혹은 적어도 천국에서 배제된다고) 했다. 이것은 오늘날까지 로마 교회의 교리이다. 17세기의 몇몇 칼빈주의 목사들은 유기된 유아들에 관해 동일한 주장을 폈지만, 선택된 유아들의 수를 기독교 세계의 한계를 넘어서 무한대로 확장하는 것을 허용했다. 츠빙글리는 유아 때 죽은 모든 유아들이 구원을 받는다고 주장했다. 다행히도 인류의 구주는 (세례 받지 않은) 어린이들에게 보이신 행동과, 천국이 그들의 것이며 우리 천부께서 아무도 멸망하는 것을 원치 않으신다는 분명한 말씀으로써 유아 저주라는 끔찍한 교리를 정죄하셨다(참조. 마 18:2-6; 19:13-15; 막 10:13-16; 눅 18:15-17). 크게 오해되어 온 요한복음 3:5과 마가복음 16:16은 이런 단락들에 비추어 설명해야 한다.

티칸 사본(B)에 다 빠져 있다. 물론 바티칸 사본에는 복음서가 8절과 카타 마르콘이라는 서명으로 끝난 뒤 나머지 셋째 세로단(column)을 공란으로 남겨놓는데, 이것은 열두 절이 들어가기에 충분한 공란이다. 이 사실은 버전(Burgon) 박사와 스크리브너(Scrivener) 박사에 의해 소상히 설명된다. 그러나 필자는 동일 사본의 복사본을 면밀히 검토한 끝에 적게는 몇 줄에서 많게는 한 세로단의 3분의 2와 4분의 3까지 공란으로 있는 것을 발견했다. 예를 들면 마태복음, 요한복음, 사도행전, 베드로전서(200쪽<양면을 한 쪽으로 표기>), 요한일서(208쪽), 유다서(210쪽), 로마서(227쪽), 에베소서(262쪽), 골로새서(272쪽)의 끝부분에도 공란이 있다. 애버트(Abbot) 박사가 최초로 언급했듯이(1872년), 바티칸 사본의 구약성경에는 느헤미야에는 세로단이 두 개나 비어 있으며, 토빗 말미에는 한 개 반이 비어 있다. 어쨌든 공란은 바티칸 사본 필사자가 그 부분에 반대해서 필사하지 않았거나, 그가 사용한 이전 사본에 그 부분이 없었음을 지적한다.

애버트 박사의 다음과 같은 사견을 소개한다. "알렉산드리아 사본에는 마가복음 끝에 세로단의 1과 3분의 1이 공란으로 비어 있고, 요한복음 끝에 한 페이지의 절반이 비어 있으며, 바울 서신들의 끝에 한 페이지 전체가 비어 있다(대조. 마태복음과 사도행전의 끝). 이 사본의 구약성경에서는 특히 레위기, 이사야, 예레미야의 서한(the Epistle of Jeremiah)을 눈여겨 볼 필요가 있는데, 각 권 끝에는 한 페이지의 절반이나 그 이상이 공란으로 비어 있다(대조. 예레미야, 바룩, 애가). 룻기, 사무엘하, 다니엘의 끝에도 비슷한 공란이 있지만, 그 책들의 마지막 페이지는 사본에서 한 절(折, quaternion 혹은 quire<넉 장을 둘로 접어 여덟 장으로 만든 용지>)을 끝낸다. 시내 사본에서는 바울 서신들 끝에 두 개 이상의 세로단과 다음 페이지 전체가 공란으로 남아 있다(물론 다음 두 페이지는 동일한 절 <quaternion>에 속하긴 하지만). 마찬가지로 사도행전 끝에도 세로단 1과 3분의 2와 다음 페이지 전체가 공란으로 남아 있고, 바나바서 끝에도 세로단 1과 2분의 1이 공란으로 남아 있다. 이런 예들은 쟁점인 그 문제가 주로 사본 필사자의 재량에 좌우되었다는 것과, 바티칸 사본의 필사자가 마가복음의 다른 형태의 맺음말을 알고 있었다고 확신있게 추론할 수 없다는 것을 보여준다."

2. 에우세비우스와 제롬은 그 부분이 거의 모든 헬라어 복음서 사본들에 빠져 있다고 분명히 진술한다. 안디옥의 빅토르(Victor)가 사용한 사본에도 들어있지 않았다. 그것과는 상반된 교부들의 증거도 있는데, 특별한 경우에 그 부분을 인용한 예루살렘의 키릴루스, 테르툴리아누스, 키프리아누스에게서 특히 강하게 나타

난다(참조. Westcott and Hort, II., *Apend.*, pp. 30-38). 그러나 제롬의 진술은 그가 에우세비우스에게 의존하는 듯한 인상을 준다는 사실과, 그 자신이 그 단락을 번역하여 불가타에 수록했다는 사실에 의해 약화된다.

3. 그 부분은 구 라틴 역본의 아프리카 본문을 대표하는 중요한 k 사본에 빠져 있고(그 사본에는 L 사본과 마찬가지로 다른 내용의 결론이 실려 있다), 아르메니아 역본의 몇몇 양호한 사본들에도 빠져 있다. 반면에 다른 사본들에서는 그 부분이 서명 뒤에 이어진다. 바티칸 도서관에 소장된 미간행 아랍 역본(헬라어 본문을 토대로 번역함)에도 빠져 있는데, 이 역본은 디모데후서 3:16에 ὅς를 표기한 점에서도 주목할 가치가 있다.

4. 그 부분이 시작하는 방식과 그 안에서 막달라 마리아를 언급한 점은 다른 자료에서 끌어낸 결론이라는 인상을 준다. 이 부분은 7절의 약속이 성취된 것을 기록하지 않는다. 16:2의 히브리식 τῇ μιᾷ τῶν σαββάτων(16 : 2, '안식후 첫날') 대신 πρώτῃ σαββάτου(9절)를 사용한다. 마가복음 다른 곳에서는 찾아볼 수 없는 단어들이나 구들을 많이 사용하는데(예. πορεύομαι가 세 번 쓰인다), 이것은 다른 저자의 글이라는 강한 인상을 준다. 또한 마가가 주로 사용하는 생생하고 자세한 표현도 발견할 수 없다. 그러나 문체와 어휘의 차이를 근거로 한 주장은 과장되어왔고, 그 자체를 결정적인 증거로 간주할 수는 없다.

II. 진정성을 지지하는 주장들

1. 그 부분은 A C D X Γ Δ Σ등 후기 언셜체로 기록된 대다수 언셜체 사본들에서 발견되며(L 자료에서는 부기<附記>로), 많은 필기체 사본들(1, 33, 69 등을 포함한)에서도 발견된다(비록 많은 흘림체 사본들이 그 부분에 별표를 하거나 다른 사본들에 빠져 있음을 언급하지만). 따라서 에우세비우스와 제롬의 진술들은 어느 정도 수정할 필요가 있는 듯하다. 22에서는(Burgon 박사가 최초로 지적한 대로) 낭독용 교훈의 끝을 가리키는 전례 단어인 τέλος가 8절과 20절 끝에 삽입되어 있지만, 다른 복음서들의 끝에는 그런 단어가 표기되어 있지 않다. 이것은 마가복음의 두 형태의 맺음말이 각기 다른 사본들로 존재했음을 보여준다.

2. 그 부분은 대다수 고대 판본들에도 실려 있다(예. the Itala<콜룸바누스가 사용한 'k' 혹은 the codex Bobbiensis>, the Vulgate, the Curetonian Syriac<마지막 부분>, the Peshito, the Philoxenian, the Coptic, the Gothic<첫 부분>, the Aethiopic). 그러나 여러 사본들에는 위조된 간략한 맺음말 뒤에 실린다. 이 판본

들 중에서 the Itala, the Curetonian과 Peshito Syriac, the Coptic은 현존하는 여느 헬라어 사본들보다 오래된 것들이지만, the Coptic 사본들은 12세기나 10세기보다 오래되지는 않았으며, 따라서 헬라어 사본들처럼 수정되었을 가능성이 있다. 그리고 the Aethiopic 사본들은 모두 근대에 필사된 것들이다. 구 라틴 사본들 중 최고의 사본들은 이 부분이 절단되고 없다. the Curetonian Syriac에서 유일하게 현존하는 마가복음의 그 부분은 17-20절이며, 따라서 9-20절이 8절 바로 다음에 왔는지, 아니면 L 사본과 같았는지는 단언할 수 없다. 그러나 Aphraates는 그것을 인용한다.

3. 예배 시 낭독용 성경 교훈집들인 현존하는 모든 헬라어 독서성구집 혹은 복음서 독서집과 4복음서 대조 독서집에도 그 부분이 실려 있다. Burgon 박사는 그 자료들의 증거를 크게 강조하지만, 그 자료들의 고대성을 지나치게 과대 평가했다. 독서 성구집 체계의 기원은 전례에 대대적인 변화가 발생한 4세기 중반 이전으로는 거슬러 올라가 찾을 수 없다. 당시에는 논란이 되는 그 부분이 널리 유포되었고, 부활과 승천에 대한 적합한 교훈으로 받아들여졌다.

4. 리용의 이레나이우스는 2세기 후반에 19절을 마가복음의 일부로 분명히 인용한다(*Adv. Hoer.*, III. 10, 6). 그보다 훨씬 전에 나온 순교자 유스티누스의 증거(*Apol.*, I. 45)는 모호하다. (사도헌장<the Apostolic Constitutions>의 8권 1장에 실린 17, 18절 인용문은 히폴리투스의 인용으로 와전되어 있다.) 마르티누스, 마카리우스 마그네스(혹은 적어도 그가 인용하는 이교 저자), 디디무스, 크리소스토무스(?), 에피파니우스, 네스토리우스, 외경 Gesta Pilati, 암브로시우스, 아우구스티누스, 그리고 그 밖의 후기 교부들도 그 부분에서 인용한다.

5. 강한 내적 주장은 마가가 의도적으로 그의 복음서를 ἐφοβοῦντο γάρ(16:8)로 결론지었을 리가 없다는 사실에서 유래한다. 그는 마지막 절들 혹은 다른 결론을 썼거나(그것이 우발적으로 유실되었고, 그렇게 유실된 채 필사자에 의해 필사되었을 것이다), 아니면 뜻하지 않은 일로 책을 완성하지 못했고, 결론을 친구가 구전 전승이나 다른 기록 자료를 참고하여 보충했을 것이다.

III. 문제의 해결책

모두 추정에 지나지 않는다. 이 경우에는 확실한 해결책을 제시하기가 불가능하다.

1. 로마에서 16:8까지 썼다가 베드로의 투옥과 순교에 의해서 혹은 질병이나

어떤 사고에 의해서 중단했던 마가가 아마 알렉산드리아에서 직접 후기 편집본에 그 부분을 덧붙인 뒤 그곳에서 펴냈다. 그가 복음서를 완성하기 전에 불완전한 형태의 사본들이 회람되었다. Michaelis, Hug 등의 주장.

2. 마가복음 원래의 결론은 어떤 사고에 의해 유실되었는데, 그 부분은 마가 자신이 썼던 것으로서(원본에서 따로 개별적인 낱장에 기록되었을 가능성이 있다), 현재의 단락은 2세기에 익명의 편집자나 수집자에 의해 대체되었다. Griesbach, Schulthess, David Schulz의 주장.

3. 누가가 그 부분을 썼다. Hitzig(Johannes Marcus, p. 187)의 주장.

4. Godet(*Com. on Luke*, p, 8 and p. 513)는 제3자가 부분적으로는 그 중간에 발행된 누가복음을, 부분적으로는(17, 18절) 다른 자료를 참조하여 맺음말을 보충했다는 주장으로 위 가설을 수정한다. 그는 마가가 64년에 예기치 않은 네로의 박해를 만나 집필을 중단한 채 제국 수도에서 도망쳐 나오면서 미완성 복음서를 두고 나왔는데, 훗날 누가복음이 발행되었을 때 완성되었을 것이라고 추정한다. 이런 식으로 Godet는 마가복음 16:8까지는 누가가 마가복음에 아무런 영향을 끼치지 못했지만, 결론부에서는 그의 영향이 역력한 점을 설명한다.

5. 그 부분은 누가가 사용한 유실된 복음의 단편들 중 하나(1:1)의 끝부분으로서, 마지막 편집자에 의해 마가복음에 첨가되었다. Ewald의 주장.

6. 그 부분은 마가가 썼지만, 3세기에 성직위계제도적 편견을 가진 몇몇 필사자에 의해 고의적으로 삭제되었다. 왜냐하면 그 부분은 부활 사건 뒤에 주께서 "저희에게 나타나사 저희의 믿음 없는 것과 마음이 완악한 것을" 꾸짖으셨다는 말(14절)로 그들을 비호의적으로 묘사하기 때문이다. Lange(*Leben Jesu*, I. 166)의 주장. 그러나 타당성은 없다.

7. 그 단락은 원본이다. 그러나 종종 8절 다음에 필기체로 발견되는 τέλος라는 단어에 대한 오해로 몇몇 가치있는 사본에서는 삭제되었다. Burgon의 주장. 그러나 이 전례(典禮)상의 부호는 א, B, 그리고 에우세비우스와 제롬의 사본들에 그 단락이 삭제된 이유를 설명할 만큼 오래 전 것이 아니다.

8. 그 단락은 사도적 권위를 주장할 수 없다. 그러나 사도 시대의 전승에 기초를 두고 있음이 분명하다. 저자와 구체적 저작 연대는 미상으로 남아 있지만, 정경의 복음서들이 보편적으로 받아들여졌던 때보다 오래된 것만은 분명하다. 이는 이 단락이 나머지 복음서들과 접촉점들을 갖고 있으면서도 사건 경위에 관한 다양한 진술들을 조화하려는 어떤 시도도 담고 있지 않기 때문이다. Hort 박사의 주장

(II., *Appendix*, 51).

82. 누가복음

누가의 생애

마가가 베드로와 불가분의 관계를 맺고 있듯이, 누가도 바울과 그런 관계를 맺고 있다. 두 경우 모두 사도와 역사가 혹은 동역자 간에 예정된 교감과 일치가 있었다. 그런 거룩하고 유익한 우정을 교회사의 큰 획을 긋는 시기들에서 보게 되는데, 종교개혁 시대에 루터(Luther)와 멜란히톤(Melanchthon); 츠빙글리(Zwingli)와 오이콜람파디우스(Oeclampadius); 칼빈(Calvin)과 베자(Beza); 크랜머(Cranmer)와 래티머(Latimer), 리들리(Ridley)의 관계가, 그리고 후대에는 두 웨슬리 형제(Weslyes)와 휫필드(Whitefield)의 관계가 두드러졌다.

갈릴리의 어부에 대한 히브리 출신 로마의 '통역관'이었던 마가가 복음서들에서 가장 짧고 신선하긴 하지만 세련미와 문학성은 가장 뒤지는 문체를 남겼다고 한다면, 고등 교육을 받은 헬라인이자 "사랑을 받는 의원"이자 다소의 사울의 신실한 동역자였던 누가는 가장 길고 문학성이 가장 뛰어난 복음서를 저술했고, 그 내용을 아우구스투스(Augustus)와 그 후계자들 치하의 세속사에서 일어난 큰 사건들과 연관지었다. 전자가 고대인들에 의해 베드로의 복음서라고 불리웠다면, 후자는 바울 곧 이방인들의 사도의 교훈과 정신이 일치하기 때문에 바울의 복음서라 부름직하다. 바울과 누가가 전하는 성찬 제정의 말씀은 표현마저 동일하여 정보의 출처가 같았음을 지적한다. 두 사람간에는 틀림없이 잦은 대화가 있었겠지만 서로 상대방의 글에 대해서 언급하지 않는데, 그것은 그들이 같은 시기에 혹은 그리 멀리 떨어져 있지 않은 상태에서 독자적으로 글을 썼음을 입증하는 경향을 띤다.[6]

---

6) 오리게네스, 에우세비우스, 제롬은 바울이 "내 복음"(롬 2:16; 16:25; 딤후 2:8)이라고 할 때 '기록된 누가복음'을 뜻했다고 그릇 추정했다. 신약성경에서 복음이란 단어는 사도 시대 이후에 붙은 제목들을 제외하고는 기록된 문헌이란 의미로 쓰이지 않는다. 아울러 누가복음 서론은 그가 다른 사람의 지시를 받아 글을 썼다는 생각과 일치하지 않는다.

누가는 고대 전승이 한결같이 그의 저작으로 인정하고 내용상으로도 동일 저자의 흔적이 충분한 두 권에서 자신의 이름을 밝히지 않는다. 다만 제3복음서의 연속에 다름없는 사도행전의 큰 부분에서 "우리"라는 주어 밑에 겸손히 숨는다. 바울은 옥에 갇혀 지내는 동안 누가를 존경과 사랑이 담긴 어조로 세 번 언급하는데, 한 번은 "사랑을 받는 의원"(골 4:14)으로, 다른 한 번은 자신의 "동역자"로(몬 24), 마지막 한 번은 친구들이 하나씩 자기를 떠난 뒤에도 자기 곁에 남은 가장 신실한 친구로(딤후 4:11) 언급한다. 그의 의사라는 직업은 비록 당시에는 우수한 노예들이 자주 맡긴 했으나, 그가 어느 정도의 고등 교육을 받았음을 암시하며, 의료 용어들과 질병에 관한 기술이 정확한 이유를 설명해 준다. 그는 의사라는 직업에 힘입어 특히 의사가 희귀했던 동방에서 사회적 지위가 높은 많은 가문들과 교제를 나누었다. 바울로서는 병약한데다 진력을 다해 사역을 했던 까닭에 누가가 더욱 요긴한 사람이었다(참조. 갈 4:13; 고후 1:9; 4:10, 12, 16; 12:7).

누가는 이방인으로 태어났으나, 혹시 문의 개종자(proselyte of the gate)가 되었을는지 모른다. 민족과 조상에 관해서는 알려진 바 없다. 아마 시리아 안디옥 사람으로서 이방 기독교의 모교회에서 가장 먼저 회심한 사람들 중 하나였을 것이다. 이런 추측은 그가 안디옥 교회에 관해서 많은 정보를 제공한다는 사실과 (행 11:19-30; 13:1-3; 15:1-3, 22-35), "그리스도인"이란 이름의 기원을 그 도시로 밝힌다는 사실(11:19), 그리고 예루살렘의 일곱 집사를 열거하면서 다른 사람의 민족 배경은 언급하지 않은 채 니골라에 대해서만 안디옥 사람이라고 전한다는 사실로(6:5) 확증된다.

우리가 누가를 가장 먼저 발견하게 되는 것은 드로아에서 바울의 동역자가 되어 있는 모습이다. 드로아에서 바울은 환상 중에 마게도냐인으로부터 "건너와서 우리를 도우라"는 부름을 받은 뒤 제2차 전도여행 길에 그리스에도 복음을 전할 참이었다. 그 중요한 시점부터 누가는 1인칭 복수형을 사용한다: "바울이 환상을 본 후에 우리가 곧 마게도냐로 떠나기를 힘쓰니 이는 하나님이 저 사람들에게 복음을 전하라고 우리를 부르신 줄로 인정함이러라"(행 16:10). 누가는 바울을 따라 빌립보에 갔고, 바울과 실라가 고린도로 간 뒤에 그곳에 남아 있으면서 (주후 51년) 어린 그 교회를 맡았던 것 같다. 그뒤부터 '우리'가 갑자기 '저희'로 바뀌기 때문이다(17:1).

7년 뒤(주후 58년) 누가는 사도가 빌립보를 지나 마지막 예루살렘 여행길에 오를 때 일행과 다시 합류하여 드로아에서 한 주간을 머물렀다(행 20:5, 6). 그 순간부터 누가는 기사를 다시 '우리'라는 주어로 진행한다. 그는 예루살렘에서 그리고 2년간 가이사랴에서 바울과 함께 혹은 바울 근처에 있었고, 로마로 향한 위험한 여행에 바울을 동반하여 그 항해에 관해 대단히 정확한 기사를 전했고, 로마에서의 제1차 구금이 풀릴 때까지 그와 함께 있었으며, 그것으로써 자신의 기록을 마감한다(주후 63년). 그러나 바울이 갇혀 지내던 4년 동안 잠시 바울 곁을 떠나 있었거나 선교 사역을 수행했을 가능성도 있다. 63년 이후에 바울이 작정한 서바나와 동방 방문에 그가 동행했는지 우리로서는 알 길이 없다. 누가에 관한 마지막 언급은 바울이 순교를 앞둔 시점에서 한 다음과 같은 말이다: "누가만 나와 함께 있느니라"(딤후 4:11).

성경은 누가가 최고의 일행 속에서 바울과 함께 세계의 메트로폴리스에서 복음을 전한 일을 전함으로써 그를 대단히 유용한 인물로 부각시킨다.

속사도 시대 전승 — 사도 시대 이후의 전승은 신약성경의 건실하고 확실한 어조보다 훨씬 못 미치며, 대단히 모호하고 모순되며, 신뢰할 수가 없는 경우가 많다 — 은 누가가 여든네 살까지 살면서 여러 나라에서 사역했고, 예수님과 마리아와 사도들의 초상화를 그렸으며, 그리스 엘라이아에 있는 감람산에서 십자가에 못 박혀 죽었다고 덧붙인다. 진짜인지 가짜인지 모르나 그의 유골은 사도 안드레의 유골과 함께 아가야의 파트라이에서 콘스탄티노플의 사도들의 교회(the Church of the Apostles)로 이장되었다.

교회 미술은 그에게 제물에 쓰일 황소라는 상징을 부여한다. 그러나 그보다는 사람의 상징이 더 적절하다. 그의 복음은 대단히 탁월한(par exellence) 인자(the Son of Man)의 복음이기 때문이다.

정보의 출처

누가는 서론에 직접 고백한 말에 따르면 복음 역사를 직접 목격한 증인이 아니라, 원(原) 제자들의 구두 보고와 당시에 이미 회람되던 여러 단편 문서들에서 정보를 얻었다. 복음서는 자기가 듣고 읽은 것을 가지고 썼고, 사도행전은 보고들은 것을 가지고 썼다. 그는 기독교의 기원을 "처음부터" 거슬러 올라가 추적했다.

그는 더할 나위 없이 좋은 기회들을 만났다. 예루살렘과 로마 사이에 있는 사도의 중요한 교회들을 방문했고, 교회들의 설립자들과 지도자들을 직접 접촉했다. 안디옥에서 베드로와 마가와 바나바를 만났고, 예루살렘에서(바울의 마지막 방문 때) 야고보와 그의 장로들을 만났고, 가이사랴에서 빌립과 그의 딸들을 만났으며, 그리스와 로마에서 초기의 회심자들을 만났다. 그 밖에도 바울이 계시로 받거나 동료 사도들과 그 밖의 초대 제자들을 만나 수집한 모든 정보를 접하는 유익을 누렸다. 유아기 역사를 위한 자료들은 유대 기독교의 자료와 아람어 자료였다(처음 두 장이 히브리적인 색채를 강하게 띠는 것은 그런 이유 때문이다). 그리스도께서 사마리아에서 사역하신 것에 관한 정보는 훗날 그곳에서 전도자로 일하다가 나중에 가이사랴로 간 빌립에게서 얻었을 것이다. 그러나 누가와 같이 역사적인 본능과 의식을 지닌 사람이라면 그리스도의 사역으로 잊을래야 잊을 수가 없게 된 갈릴리의 각 지역들을 직접 찾아가 보았을 것이다. 그는 예루살렘이나 가이사랴에서 사나흘 만에 그곳 전지역을 둘러볼 수 있었을 것이다.

누가가 다른 공관복음서 중 한 권이나 두 권 다 사용했는지의 여부는 앞에서 이미 논의한 바 있다. 그가 서론에서 언급한 단편적인 자료들에 두 복음서를 포함시켜 말했을 가능성은 희박하다. 그는 현존하는 헬라어 마태복음에 관해서 몰랐던 것이 분명하다. 그가 유실된 히브리어 마태복음과 마가복음을 사용했는지의 여부에 대해서는 역량 있는 학자들 사이에 의견이 엇갈린다. 마가복음과의 유사성은 비록 몇몇 부분에서는 아주 현저하긴 하지만(눅 8:22-25과 막 4:35-41; 눅 20:9-19과 막 12:1-12), 기존의 구전 전승이나 검증된 회고록을 가지고 설명할 수 없는, 심지어 더 잘 설명할 수 없는 정도의 유사성은 아니다. 특히 그 유사성을 셀 수 없이 많은 차이점들과 생략들로 중립화할 경우에는 더욱 그러하다. 히브리어든 헬라어든 원(原) 마가복음 — 그것에 관해서 알려진 바는 하나도 없다 — 을 상정한다고 해도 문제가 해결되지는 않는다.

누가는 독창적이고 대단히 가치있는 자료를 상당히 많이 갖고 있는데, 그것은 그의 독자성과 출처의 다양성을 입증한다. 그는 구주께 관한 지식에 많은 살을 보태며, 충분성과 정확성과 연대순 — 이 세 가지는 그가 서론에서 목적으로 밝힌 것들이다(1:3) — 에서 마태와 마가를 능가한다. 때로 그리스도의 말씀을 기사의 본래 위치에 넣어 특정 상황과 연계시킴으로써 그 말씀을 아주 적합하고 아름답게 만든다. 그러나 충분성 면에서 마태에 뒤지고, 연대순 면에서 마가에 뒤지는 예외적인 경우들도 몇몇 있다. 그 사건들이 발생한 지 약 30년이 경과했다는 사실을 감안한다면, 몇몇 사실과 말씀이 다른 데 가서 있는 것과, 누가가 그렇게 정직한 열정을 기울였는데도 반드시 연대순을 유지하지만은 못했다는 것을 의아하게 생각할 필요가 없다.

누가복음만의 독특한 부분들은 나머지 부분들과 잘 일치한다. 그 부분들은 외경의 경이로운 이야기들과 우화들뿐 아니라 속사도 시대의 정통 전승들과 전설들과도 비슷한 점이 조금도 없으며, 다른 복음서들과 서신서들에 환히 비치는 그리스도의 상(像)과 완전한 조화를 이룬다. 그의 정확성은, 특히 세속 군주들과 사건들을 자주 언급하는 사도행전에 대해서는 대단히 엄격한 시험을 거쳐왔지만, 비록 구레뇨의 인구 조사와 같은 몇몇 연대기적인 난제들이 아직도 만족스럽게 해결되지 않았으나 대체적으로는 그리고 심지어 세세한 내용들에서까지도 신실하고 신뢰할 만하고 정보를 충분히 지닌 역사가로 입증되어 왔다.

누가는 기독교 교회사의 아버지이며, 자료 연구 방식과 정확하려는 의지와, 진리를 가르치고 확증하려는 겸손하고도 고상한 목표에서 닮을 만한 좋은 모범이다.

헌사(獻辭)와 목적

사도행전뿐 아니라 제3복음서도 데오빌로(Theophilus, 즉 '하나님의 벗')라는 사람에게 헌정된다. 그는 사회적 지위가 높은 사람으로서, '각하'라는 칭호에서 나타나듯이 공직에 몸담고 있었던 것 같다(눅 1:4). 회심자였거나 아니면 적어도 교회 가입을 준비하고 있던 교리문답자(catechumen)로서, 이 책들의 후원자와 보호자가 될 의지를 갖고 있었다. 책을 군주들과 부유한 글벗들에게 헌정하는 관습은 과거에는 매우 흔했고, 아직도 다 사라지지는 않았다. 데오빌로의 인종과 거주지에 관해서는 그가 안디옥의 헬라인이었으리라고 추측할 수밖에 없다. 자신이 아마 안디옥 사람이었을 누가는 그곳에서 전에 자유민이나 의사로 있을 때 그를 알았을 것이다. 위(僞) 클레멘스 승인록(*the pseudo-Clementine Recognitions*)은 동명의 안디옥 귀족이 베드로의 전도로 회심한 뒤 자신의 궁전을 교회와 사도들의 거처로 개조했다고 전한다.

누가복음의 목적은 데오빌로를 (그리고 그를 통해서 모든 독자들을) 과거에 구전으로 배운 바 있는 믿음으로 굳게 세우고, 기독교가 기초로 삼고 있는 사실들의 부정할 수 없는 확실성을 확신케 하려는 것이었다(1:4).

누가는 이방 그리스도인들, 특히 헬라인들을 위해서 책을 썼고, 마태는 유대인들을 위해서, 마가는 로마인들을 위해서, 요한은 민족의 구분 없이 진보한 신자들을 위해서 글을 썼다. 누가는 이방인 독자들을 위해서 나사렛, 가버나움, 아리마대 같은 팔레스타인 성읍들과, 예루살렘으로부터 감람산과 엠마오의 거리를 간략하게 설명한다(1:26; 4:31; 23:51; 24:13 〈행 1:12〉). 그는 마태와는 달리 나사렛 예수가 약속된 메시야임을 입증할 목적으로 과거를 돌아보면서 과거의 예언이 성취된 것을 지적하지 않으며, 오히려 그리스도가 만민의 구주로서 모든 사람이 마음으로 열망하던 것을 성취한 구주라는 보편적 견해를 취한다. 아우구스투스의 방대한 제국에서 진행된 세속사의 사건들과 접촉하고, 조상을 아담에게로 거슬러 올라감으로써 온 인류와 접촉한다.

이런 특징들은 헬라인들뿐 아니라 로마인들까지도 망라하는 이방인 독자들 전체에게 적합했을 것이다. 그러나 누가가 그리스에 오래 거주했다는 것과 그가 그곳에서 사역하다가 죽었다는 전승은 그가 주로 그곳 독자들을 염두에 두었다는 견해에 힘을 실어 준다. 제롬에 따르면 누가복음은 아가야와 베뢰아에서 기록되었다고(완성되었다고) 한다. 책 전체가 의심할 여지 없이 그리스의 취향에 맞춰져 있다. 이 복음서는 헤로도토스(Herodotos)와 투키디데스(Thucydides)의 서론들을 닮은 고전적 구조를 지닌 역사적 서론으로써 세련된 헬라인들의 귀를 즉시 사로잡았다. 그 두 사람을 누가와 비교하는 것은 자못 흥미로운 일이다.

누가는 이렇게 시작한다: "처음부터 말씀의 목격자 되고 일꾼 된 자들의 전하여 준 그대로 내력을 저술하려고 붓을 든 사람이 많은지라. 그 모든 일을 근원부터 자세히 미루어 살핀 나도 데오빌로 각하에게 차례대로 써 보내는 것이 좋은 줄 알았노니 이는 각하로 그 배운 바의 확실함을 알게 하려 함이로다."

헤로도투스: "이 글은 할리카르나수스의 헤로도투스가 연구한 결과로서, 이 글을 펴내는 목적은 인간들의 과거 행적에 대한 기억이 사라지지 않도록 보존하고, 그리스인들과 야만인들의 크고 위대한 행위들에 정당한 찬사를 돌리며, 아울러 그들이 반목하게 된 원인들을 기록으로 남겨두기 위함이다."

투키디데스: "아테네 사람 투키디데스는 펠로폰네소스인들과 아테네인들 간

의 전쟁사를 썼다. 그는 그들이 맨 처음 무장을 하는 순간부터 그것이 과거의 어느 전쟁보다 더 기억에 남을 만한 큰 전쟁이 될 것이라고 믿고서 글을 쓰기 시작했다. 그가 그렇게 믿은 이유는, 그의 주장대로 두 국가가 당시에 군사력이 절정에 달해 있었고, 나머지 헬라인들도 이편이나 저편으로 기울어져 있었기 때문이다. 이 전쟁만큼 헬라인들을 깊숙이 뒤흔들어 놓은 사건은 없었다. 많은 이민족들도 참가한 이 전쟁은 온 세계에 영향을 주었다고까지 말할 수 있다."

이 서문들은 모두 간결함과 풍취와 기지가 뛰어나지만, 다음과 같은 독특한 차이가 있다: 복음서 저자는 이름을 밝히기를 겸손히 삼가고, 순전히 진리에 대한 관심을 가지고 모든 사람들의 영적 안위를 위해서 평화의 복음을 기록하는 반면에, 이교의 위대한 역사가들은 명예에 대한 애착으로 붓을 들고, 파괴적인 전쟁들과 그리스인들과 이민족들 간의 반목을 불멸하게 만드는 데 목적을 둔다.

누가복음의 내용

누가는 사기(史記)에 필요한 서문을 쓴 뒤 세례 요한과 예수의 탄생과 유아기의 역사를 먼저 진술한다. 히브리어 자료들에 준거했고, 구주의 소년기에 일어난 사건 하나를 병기한다(1, 2장). 그런 다음에는 주께서 요단 강에서 세례를 받으실 때부터 부활 승천하실 때까지의 공사역 역사를 연대순으로 진술해 간다. 여기서는 다른 복음서들에서 찾아볼 수 없는 사실들과 강화들만 지적하면 되는데, 그 내용은 우리 주님의 생애의 초반과 중반과 후반에 대한 공관복음의 사기(史記)를 완전하게 보충한다.

누가는 다른 공관복음서에 없는 다음 단락들을 기록한다:

I. 요한과 그리스도의 유아기 역사:

주의 천사가 성전에서 사가랴에게 나타나 요한의 탄생을 고지함(1:5-25).

동정녀 마리아에게 그리스도의 탄생을 고지함(1:26-38).

동정녀 마리아가 엘리사벳을 방문함; 엘리사벳의 인사(1:39-45).

동정녀 마리아의 찬송(1:46-56).

세례 요한의 탄생(1:57-66).

사가랴의 기도(1:67-80).

베들레헴에서 예수님이 탄생함(2:1-7).

천사들이 베들레헴의 목자들에게 나타남; "지극히 높은 곳에서는
하나님께 영광"(2:8-20).

예수님이 할례를 받고 성전에서 봉헌됨(2:21-38).

예수께서 열두살 때 유월절에 예루살렘에 올라가시고, 성전에서 유대
인 학자들과 대화를 나누심(2:41-52).

여기에 반드시 덧붙여야 할 점은 아브라함부터 아담에게까지 거슬
러 올라가는 그리스도의 족보이다; 반면에 마태는 순서를 바꾸어
아브라함으로부터 시작하며, 병행 단락에서 여러 차이점을 드러
내어 서로 독자적으로 글을 썼음을 입증한다(눅 3:23-38; 비교. 마 1:1-17).

II. 우리 주님의 공생애 역사:

각기 다른 시점에, 하지만 주로 가버나움에서 사마리아와 베뢰아를 지나 예루
살렘으로 이어지는 우회 여행 과정에서 발생한 중요한 사건들과 강화들과 부수적
인 일들(9:51-18:14).

다음 사항들이 이 부분에 포함된다:

1. 다음과 같은 기적들과 사례들:

기적으로 물고기를 잡음(5:4-11).

나인 성 과부의 아들이 살아남(7:11-18).

예수의 발 아래에서 우는 죄인 여성이 사죄를 받음(7:36-50).

이름이 명기된 경건한 여성들이 그리스도를 후원함(8:2, 3).

사마리아 고을에서 우레의 아들들이 책망을 받음(9:51-56).

칠십 문도에 대한 교육과 파송(10:1-6).

마르다와 마리아의 집에서 열린 잔치; 한 가지로도 족함(10:38-42).

어떤 여인이 "당신을 밴 태와 당신을 먹인 젖이 복이 있도소이다"하고 외침(11:27).

고창병 든 사람(14:1-6).

열 문둥병자(17:11-19).

예수께서 삭개오를 찾아가심(19:1-10).

예수께서 예루살렘을 내려다 보고서 눈물을 흘리심(19:41-44).

베드로가 시험을 당함(22:31, 32).

말고를 고쳐주심(22:50, 51).

2. 누가만 전하는 비유들:

두 빚진 자(7:41-43).

선한 사마리아인(10:25-37).

성가시게 졸라대는 친구(11:5-8).

어리석은 부자(12:16-21).

열매 없는 무화과나무(13:6-9).

잃어버린 드라크마(15:8-10).

탕자(15:11-32).

불의한 청지기(16:1-13).

부자와 나사로(16:19-31).

성가시게 졸라대는 과부와 불의한 재판관(18:1-8).

바리새인과 세리(18:10-14).

열 므나(19:11-28. 마 25:14-30에 기록된 달란트 비유와 혼동해서는 안 됨).

III. 십자가와 부활:

그리스도께서 십자가를 메고 가실 때 여인들이 슬피 욺(23:27-30).

그리스도께서 자기를 죽이는 자들을 위해 기도하심(23:34).

참회하는 강도와 대화를 나누시고 낙원에 있게 해주시겠다고 약속하심(23:39-43).

부활하신 주께서 엠마오로 가던 두 제자에게 나타나심(24:13-25);

논란이 되는 마가복음 결론부에도 간략히 언급됨(16:12, 13).

승천 기사(24:50-53); 비교. 막 16:19, 20; 행 1:3-12.

누가의 독특한 특징들

제3복음서는 만민에게 값없이 주는 구원의 복음서이다. 이것은 바울의 교리 체계에서 두 가지 핵심 사항, 즉 구원의 무조건성과 보편성과 일치한다.

1. 이 복음서는 믿음을 통해 은혜로 말미암아 값없이 주는 구원의 복음서임이 현저하게 드러난다. 그리스도께서 죄인을 구하러 오셨다는 것이 그 좌우명이다.

'구주'와 '구원'이 가장 두드러지는 개념이다(σωτήρ란 단어는 1:47; 2:11; 요 4:42과 사도행전, 그리고 바울의 서신서들에 자주 쓰이지만 마태복음과 마가복음에는 쓰이지 않는다. σωτηρία는 눅 1:69, 77; 19:9; 요 4:22과 사도행전, 그리고 서신서들에 자주 쓰인다. σωτήριος는 눅 2:30; 3:6; 행 28:28; 엡 6:17; 딛 2:11에 쓰인다). 마리아는 자기 아들의 탄생을 기대하면서 하나님 안에서 자신의 '구주'(1:47)를 기뻐한다. 천사들은 베들레헴의 목자들에게 "온 백성에게 미칠 큰 기쁨의 좋은 소식"(2:10), 즉 예수가 만민의 '구주'로(유대인들의 그리스도로뿐 아니라) 탄생하셨다는 소식을 전한다. 복음서 내내 예수님은 죄인들의 자애로운 친구로, 병든 자들을 고쳐 주는 이로, 상심한 자들을 위로하는 이로, 길잃은 양들의 목자로 표현된다. 누가만 전하는 비유들 — 탕자의 비유, 잃어버린 돈의 비유, 성전에 올라간 세리의 비유, 선한 사마리아인의 비유 — 은 바울도 자신의 서신서들에 충분히 제시한 이 위대한 진리를 드러낸다. 바리새인과 세리의 비유는 자기의(自己義)를 뿌리째 뽑으며, 이신칭의(以信稱義) 교리의 토대가 된다. 중풍병자와 죄인 여성은 오직 믿음으로 사죄를 얻는다. 오직 누가만 그리스도가 십자가에서 자기를 죽이는 자들을 위해서 드리신 기도와, 회개하는 강도에게 낙원을 약속하신 말씀을 기록하며, 구주께서 승천하시기 직전에 손을 들어 제자들을 축복하시는 장면으로 글을 맺는다.

물론 다른 복음서 저자들도 그리스도의 이러한 면을 전하는 데 소홀히 하지 않는다. 마태복음 11장에서 그리스도가 죄인들을 초대하시는 말씀이나 요한복음에서 제자들과 작별하며 하신 말씀처럼 더 다정하고 위로를 주는 말씀은 찾아볼 수 없다. 그러나 누가는 독특한 기쁨을 가지고 이 면을 일관되게 부각시킨다. 그는 구주 그리스도(Christus salvator)와 위로자 그리스도(Christus Consolator)를 그린 화가이다.

2. 누가복음은 보편적 구원의 복음서이다. 특히 이방인들을 위한 복음서이다. 따라서 그리스도의 족보를 아브라함뿐 아니라 (마태복음처럼) 하나님의 아들이자 모든 사람의 조상인 아담(3:38)에게로 거슬러 올라가 기록한다. 그리스도는 하늘에서 오신 둘째 아담이요, 구속받은 인류의 머리시다 — 이것은 바울이 더 충분히 발전시키는 사상이다. 아기 구주께서 시므온에게 "이방을 비추는 빛이요 주의 백성 이스라엘의 영광"이라는 말로 인사를 받으신다(2:32). 세례자는 광야에서 외치는 소리에 관한 이사야의 예언을 적용하면서(2:40) "모든 육체가 하나

님의 구원하심을 보리라”는 말씀(사 52:10의 인용)을 덧붙인다(3:6). 열두 제자가 이스라엘 열두 지파를 대표하듯이, 이방 민족들을 대표하는 칠십 문도가 파송받은 일을 기록하는 저자는 누가뿐이다. 엘리야가 사렙다의 이교도 과부에게 보내심을 받고, 엘리사가 시리아의 나아만을 깨끗하게 한 일을 언급하는 저자도 누가뿐이다(4:26, 27). 그는 사마리아의 문둥병자의 감사와 아홉 명의 유대인 문둥병자의 배은망덕을 대조한다(17:12-18). 하나님이 사마리아인들과 이방인들에게 자비를 베푸신다는 것을 보여주는 강화들과 비유들을 선정한다(4:25-27; 9:52-56; 10:33; 15:11 이하; 17:19; 18:10; 19:5). 그러나 다른 저자들과 모순되지는 않는다. 유대인 복음전도자 마태의 복음서에서도 그리스도께서 이방인들에게 긍휼을 베푸시고 교만한 유대인들을 낮추신다는 것을 강하게 보여주는 단락들을 찾아볼 수 있기 때문이다. 제3복음서가 이방의(바울의) 사도직을 미화하고, 열두 사도, 그중에서도 베드로를 질투하여 비판한다는 주장은 현대의 극단적 비평가들이 날조한 허구이다.

3. 누가복음은 그리스도의 인성(人性)을 정순하고 자세히 다룬 복음서이다. 유아기에서 소년기를 지나 장년기에 이르는 예수님의 실제 역사를 구성하는 데 토대가 되어 준다. 누가는 그리스도를 사람의 아들들 가운데 가장 순결하고 공정한 분으로, 매사에 우리와 한결같이 되셨으나 죄는 없으신 분으로 묘사한다. 그리스도를 성장 단계를 따라 기술한다. 오직 그만 아기 예수가 신체뿐 아니라 ‘지혜’도 자라며 강하여졌다고 전한다(2:40); 성전에서 벌어진 기이한 장면, 즉 예수께서 열두살 때에 학습자의 자격으로 “선생들 중에 앉으사 저희에게 듣기도 하시며 묻기도” 하신 장면을 전하는 저자도 누가뿐이다(2:46). 또한 심지어 그 뒤에도 예수께서 “그 지혜와 그 키가 자라가며 하나님과 사람에게 더 사랑스러워 가시더라”고 전하는 이도 누가뿐이다(2:52). 공관복음 저자들은 모두 광야의 시험을 기록하며, 마가는 그리스도께서 “들짐승과 함께”(1:12) 계셨다는 말로써 그 정경에 공포스러움을 더해 준다. 그러나 누가는 마귀가 시험을 마친 뒤 “얼마 동안”만 예수님에게서 떠났다는 독특한 언급을 한다. 예수님이 예루살렘을 내려다 보고서 우신 일과, 겟세마네에서 “땀이 땅에 떨어지는 핏방울같이” 된 일과, 천사가 번민하는 예수님에게 힘을 북돋워 준 일을 전하는 저자는 누가뿐이다. 그는 예수님의 성장 과정과 복음의 전파 과정을 나사렛에서 가버나움으로, 가버나움에서 예루살렘으로 진행시키듯이, 교회의 성장 과정도 예루살렘에서 안디

옥으로, 안디옥에서 에베소와 고린도로, 그리스에서 로마로 이어지는 경로를 따라 기록한다. 그의 복음서는 역사 발전의 맥을 잡는 복음서이다. 복음 사실들과 당시의 세계 역사를 연결시키는 거의 모든 암시들은 누가에게서 얻는다.

4. 누가복음은 보편적 인간애의 복음서이다. 인류의 구주에게서 발산되는, 그러나 대적 마귀에게 자주 방해를 받는 박애와 자유와 평등의 숨결을 내쉰다. 인간의 동정심을 구성하는 현들 중에서 가장 부드러운 현을 건드린다. 병든 자, 신분이 낮은 자, 멸시받는 자, 심지어 기생과 탕자에 대한 그리스도의 사랑과 긍휼을 즐거운 필치로 기록한다. 가난하고 주린 자들에게 선포된 지복(至福)들, 병신들과 저는 자들과 소경들에 대한 초대, 십자가에서 사악한 살인자들을 위해 드리신 기도, 죽어가는 강도에게 낙원을 약속하시는 말씀을 언급한다. 선한 사마리아인의 비유로 유대인들이 사마리아인들에게 품었던 편협과 불관용의 정신을 질책한다. 우레의 아들들이 하늘에서 불을 내려 사마리아 고을에 떨어지게 하자고 했을 때, 자신이 세상에 온 목적은 멸하기 위함이 아니라 구원하기 위함이라는 그리스도의 말씀을 상기시킨다. 상대가 어떠한 분파에 속했든 속하지 않았든 "너희를 반대하지 않는 자는 너희를 위하는 자니라"는 말씀을 전해 준다.

5. 누가복음은 여성들을 위한 복음서이다. 다음과 같이 가장 정결한 타입의 여성들로 복음 이야기라는 옷감을 짠다: 구주께서 나시기 전에 인사를 드린 엘리사벳; 만대의 사람들이 복되다고 일컫는 마리아; 오랜 세월을 성전을 떠나지 않고 살았던 연로한 여선지자 안나; 손님을 대접하느라 바빴던 마르다와 조용하고 사색적인 동생 베다니의 마리아; 재물을 가지고 하나님의 아들과 사도들의 일시적 필요를 충당해 준 고귀한 여성 제자들.

이 복음서는 고통받는 하와의 모든 딸들에게 그리스도께서 베푸신 자상한 긍휼을 드러낸다: 외아들의 시신 앞에서 슬피 울던 나인 성 과부; 눈물로 예수님의 발을 씻긴 타락한 여인; 병 고치는 데 전재산을 탕진한 가난하고 병든 여인 ― 주께서는 그 여인에게 "딸아" 하고 부르셨다; 울면서 예수님을 따라 골고다로 가던 "예루살렘의 딸들." 그리스도의 신적인 자애, 그 순결과 사랑, 위엄과 자비가 완벽히 결합된 모습을 가장 잘 보여주는 것은 예수께서 여성들과 어린이들에게 취하신 행동이다. "서기관들과 바리새인들은 거리와 회당에서 여자와 닿지 않으려고 겉옷을 말아쥐었고, 베일을 쓰지 않고 다니는 여자를 쳐다만 봐도 죄악으로 여겼지만, 우리 주님은 일곱 귀신을 쫓아내 준 여성이 자신을 섬기려고 할 때 마다하지 않으셨다.”

6. 누가복음은 어린이들을 위한 복음서이며, 어린이와 같은 심성을 가진 모든 사람들을 위한 복음서이다. 죄악된 세상에서 순진무구한 낙원을 영속시키려는 듯 예수님의 유아기 위에 신성한 후광과 천상의 아름다움을 비춘다. 오직 누가만 세례 요한의 출생과 성장, 그리스도의 탄생과 관련된 독특한 사건들, 그리스도가 성전에서 할례를 받고 봉헌되신 일, 부모에게 순종하신 일, 유아에서 소년으로 성장하신 일, 소년에서 장년으로 성장하신 일을 기록한다. 누가복음의 처음 두 장은 언제나 어린이들과, 베들레헴 구유에 모이기를 좋아하고 들판에서 목자들과 하늘의 천사들과 함께 기뻐하기를 좋아하는 모든 사람들이 아끼는 장들일 것이다.

7. 누가복음은 시(詩)의 복음서이다. 물론 신앙 시, 예배 시, 기도와 감사의 시, 허구가 아닌 사실들과 영원한 진리에 터를 둔 시를 뜻한다. 그런 시에는 일상의 산문보다 더 깊은 진리가 담긴다. 책 전체가 극적인 생생함과 흥미진진함으로 가득하다. 감사와 찬미로 시작하고 끝난다. 처음 두 장은 잔치의 기쁨과 흥분으로 넘쳐 흐른다. 향기로운 꽃이 만발한 낙원이요, 공중은 히브리 시와 기독교 시의 달콤한 가락으로 울려퍼진다. 엘리사벳의 인사(Salute, ‘Ave Maria’), 마리아의 ‘찬송’(Magnificat), 사가랴의 ‘감사 찬송’(Benedictus), 천사들의 ‘대영광송’(Gloria in Excelsis), 시므온의 ‘찬송’(Nunc Dimittis)은 대대로 모든 신자들이 불러왔고, 그리스도의 영광을 찬미하는 새 노래에 끊임없는 영감의 원천이 되었다.

순전히 문학적이고 인간적인 견지에서 볼 때 제3복음서가 지금까지 기록된 책들 중 가장 아름다운 책으로 평가를 받아왔다는 것이 조금도 이상하지 않다.

문체

누가는 복음서 저자들 중에서 헬라어를 가장 능숙하게 구사한다. 그의 문체는 그가 습득한 문화가 어떤 것인지를 보여준다. 문법에서 어긋나는 경우가 없고, 어휘가 풍부하며, 문장에는 운율이 살아 있다. 그러나 역사가의 냉철하고 세밀한 눈으로 볼 때 그는 주제에 따라, 다루는 문서의 성격에 따라 상당한 문체의 차이를 보인다.

마태는 독특하게 히브리의 세페르 톨레도트(Sepher toledoth, 참조. 창 5:1;

2:4)를 되돌아보는 '세계'(世系, Book of generation) 혹은 '족보'(Geneology)로 시작하고, 마가는 독자를 현재의 무대로 즉시 인도하는 "복음의 시작"이란 말로 시작하며, 누가는 고전의 인상을 풍기는 역사적 서문으로 시작하는데 간결과 겸손과 위엄에서 능가할 만한 글이 없다. 그러나 유아기 역사로 들어오면 — 틀림없이 아람어 전승들 혹은 문서들에 기초했을 것이다 — 언어가 신약성경 그 어느 부분보다 히브리적인 색채가 더욱 강해진다. 사가랴, 엘리사벳, 마리아, 시므온의 찬송들과 천군의 찬송은 히브리의 마지막 시편이자 기독교의 첫 찬송이다. 이 찬송들은 본래의 아름다움을 잃지 않은 채 히브리어로 고스란히 번역할 수 있다. 문체상의 차이는 사도행전의 특징이기도 하다. 첫 부분은 히브리 색채가 농후한 헬라어이고, 둘째 부분은 순수한 헬라어이다.

누가는 다른 복음서 저자들보다 상당히 많은 어휘를 사용한다. 복음서에서 자기만 사용하고 신약성경 다른 부분에서는 찾아볼 수 없는 용어를 180개나 사용한다. 이와 대조적으로 마태는 70개, 마가는 44개, 요한은 55개의 독특한 용어를 사용한다. ἅπαξ λεγόμενα라는 용어만 보자면 누가복음에서 55번, 사도행전에서 135번 쓰이는데, 전문용어로 쓰이는 경우는 거의 없고 대부분 동사 합성어들이다.

"사랑을 받는 의원" 누가는 의사로서 훈련을 받고 활동을 하는 과정에서 의료 용어들을 친숙히 익혔는데, 그런 용어들이 전문 지식을 자랑하는 기색이 전혀 없이 질병들과 치유 기적들을 기술하는 과정에서 대단히 자연스럽게 나타나며, 고대 의학 저자들이 사용한 어휘와도 일치한다. 베드로의 장모가 앓던 "중한 열병"도 중한 열병과 사소한 열병을 구분하여 말한(Galen에 따르면) 그런 경우에 해당하며(4:38), 멜리데에 살던 보블리오의 부친이 "열병(fevers. 히포크라테스 〈Hippocrates〉가 열병을 복수형으로 쓴 것과 같음)과 이질"에 걸렸다가 나았다고 말한 것도 같은 경우에 해당한다(행 28:8).

항해 지식도 풍부한데, 그 지식은 직업 항해사로서 쌓은 것이 아니라 오랜 여행 경험과 정확한 관찰력을 통해 얻은 것이다. 항해 용어를 적어도 17번이 넘게 완벽할 정도로 정확하게 사용한다. 그가 사도행전 마지막 두 장에서 바울의 항해와 난파를 기술해 놓은 내용은 어떤 학자 선원이 설명하고 확증한 것처럼 그 책 저자의 역량과 신빙성을 확고하게 뒷받침해 준다.

누가는 희열과 기쁨의 단어들을 좋아한다(눅 1:14; 2:10; 8:13; 10:17; 15:7, 10;

24:41, 51). 종종 성령을 언급하며, 유일하게 오순절 기적을 글로 전한다(1:15, 34, 35, 41, 67; 2:25, 26, 27; 3:16, 22; 4:1, 14, 18; 12:10, 12). 사소한 특징들로는 갈릴리 호수를 가리키는 단어를 θάλασσα보다 좀 더 정확한 λίμνη로 쓰는 것과, γραμματεύς 대신 νομικός와 νομοδιδάσκαλος를, ῥηθέν을 인용할 때 τὸ εἰρημένον을, ἄρτι 대신 νῦν을, ὀψία 대신 ἑσπέρα를 쓰는 것, 그리고 관계대명사와 분사 문형을 자주 쓰는 것이 있다.

누가의 문체와 바울의 문체는 매우 비슷한데, 그것은 그들의 영적 교감과 오랜 친분과 잘 부합한다. 두 사람은 성찬 제정에 관해 일치된 보고를 하는데, 그것이 현존하는 최고(最古)의 기록이다(주후 57년부터). 두 사람 다 "이것은 내 (새) 언약의 피니"를 "이 잔은 내 피로 세우는 새 언약이니"로 대체하며, "이를 행하여 나를 기념하라"는 말씀을 덧붙인다(눅 22:19, 20; 고전 11:24, 25). 두 사람 다 복음 구원의 자유로움과 보편적 지향성을 특징화하는 단어들을 좋아한다. 두 사람 다 신약성경 다른 부분에서는 쓰이지 않는 많은 용어들을 공통되게 쓴다. 두 사람은 두 저자가 지니는 친밀한 관계와 상호 독립성을 동시에 보여주는 방식으로 생각과 표현이 일치한다.

진정성

누가복음의 진정성은 이성적 회의의 범주를 넘어선다. 이 복음서의 성격은 우리가 사도행전과 서신서들에서 이 복음서 저자에 관해 알고 있는 범위 안에서 기대할 수 있는 내용과 완벽하게 일치한다. 그런 묘사에 부합할 만한 다른 저자는 없다.

외적 증거는 마태복음과 마가복음만큼 오래되고 뚜렷하지가 않다. 파피아스는 누가를 언급하지 않는다. 아마 누가 자신이 서문에서 자기 책의 기원과 목적을 밝히기 때문에 굳이 그럴 필요를 느끼지 못했던 것 같다. 바나바(Barnabas), 로마의 클레멘스(Clement), 헤르마스(Hermas)의 글에 실린 언급은 모호하고 불확실하다. 그러나 그 밖의 증거들은 누가복음의 진정성을 충분히 뒷받침할 만큼 풍성하다. 갈리아의 이레나이우스(Irenaeus)는 "바울의 동역자 누가는 바울이 전파한 복음을 기록으로 남기는 데 헌신했다"고 말한다.

정경(canon)에 관한 이탈리아의 전승들을 싣는 무라토리 단편(the Muratori fragment)은 누가의 복음서에 관해 이렇게 언급한다: "의사 누가는 바울이 의에 열심인 자로 여겨 동역자로 삼은 인물로서, 주님을 육신으로 뵙지 못했으나 될 수 있는 대로 시초로 거슬러 올라가 탐문을 하다가 요한의 출생을 기점으로 삼아 복음 역사를 쓰기 시작했다." 순교자 유스티누스(Justin Martyr)는 누가의 이름을 거론하지는 않지만 그의 글을 수 차례 인용한다. 주후 140년 혹은 130년 때의 일이다. 누가복음은 모든 고대 사본들과 역본들에서 발견된다.

140년부터 등장하는 마르키온(Marcion)의 이단적 증거도 누가복음의 진정성을 뒷받침하는 데 결정적인 역할을 한다. 마르키온이 유일하게 인정한 그 자신의 복음서는 누가복음을 개작한 것으로 늘 추정되어 왔는데, 이러한 추정은 잠시나마 마르키온의 모작(模作)을 누가복음 원본으로 입증하여 정경의 질서를 뒤바꾸려고 힘썼던 바로 그 학파의 조사와 수긍으로 오늘날은 정설로 확립되었다. 위(僞) 클레멘스의 「설교집」과 「승인록」(Recognitions)은 누가복음을 인용한다. 바실리데스(Basilides)와 발렌티누스(Valentinus)와 그의 추종자들은 네 복음서를 다 사용했고, 누가복음 1:35을 자신들의 목적으로 삼았다고 전해진다.

켈수스(Celsus)는 그리스도의 족보를 아담까지 거슬러 올라가 말했을 때 누가를 염두에 두었음에 틀림없다.

신빙성

누가복음의 신빙성은 그가 교회 안에서 대립되어 있던 베드로파와 바울파, 혹은 유대 그리스도인들과 이방 그리스도인들을 조화시키려는 동기와 목적으로 인위적으로 역사를 썼다는 이유로 공격을 받아 왔다. 그러나 공격을 하는 당사자들이 정반대로 누가복음에서 강력한 유대화주의적인, 심지어 에비온주의적인 요소들을 발견함으로써 스스로 모순을 드러내고, 그로써 누가복음을 온건한 바울주의와 에비온주의의 두서없는 모자이크나 서툰 짜깁기로 만들거나, 각기 다른 수정이 가해져서 일관된 구도 없는 형색이 되었다고 독단적인 주장을 편다.

이 곡해에 대해서 우리는 다음과 같이 말하지 않으면 안 된다: (1) 평화주의적 정신 — 누가의 글에 그런 정신이 있다고 얼마든지 인정할 수 있다 — 이 사실들의 변경이나 고안을 뜻하지는 않는다. 정반대로 그것은 진리를, 오직 진리를 향한 비분파적이고 보편적인 정신으로서, 그것이 역사가의 첫째 의무이자 덕목이다. (2) 누가는 경탄할 만한 비유들과 강설들을 고안하여 경향설(the tendency hypothesis)에 맞도록 짜맞추지 않았다. 만약 그렇게 했다면 누가는 예수님과 동일한 최고의 독창력을 갖고 있었던 셈일 텐데, 본인은 실제 사실들을 충실히 수집했을 뿐이라고 겸손하게 고백한다. (3) 바울 자신도 자신의 교리 체계를 창안하지 않고, 본인이 엄숙하게 주장하듯이 자기를 이방인의 사도로 부르신 예수 그리스도로부터 계시로 그것을 받았다. (4) 사도 교회의 두 가지 유형과 파벌 사이에 차이가 있었다는 튀빙겐 학파의 가설은 지나친 주장이라는 게 오늘날 보편적인 평가로서, 바울이 갈라디아서에서 해놓은 증언에 의해 일축된다. 그의 증언은 기둥 사도들에 대해서 평화주의적이고 화해적인 입장을 보이는 만큼이나 '거짓' 형제들 혹은 이단적 유대화주의자들에 대해서는 비타협적인 신랄함을 보인다. (5) 그리스도의 강력한 반(反) 유대적이고 친(親) 이방적인 증언들이 마태복음에서는 발견되고 누가복음에서는 생략된다.

누가의 정확성은 이미 언급했거니와, 고데(Godet)가 여러 세목들을 들어 르낭(Renan)을 비판하는 과정에서 잘 입증되었다. "누가복음은 나머지 세 복음서들과 아주 독립된 위치에 남아 있으면서도 그 세 복음서 전체에 의해 확증되고 뒷받침된다."

저작 시기

제3복음서가 58년과 63년 사이에, 그러니까 바울의 로마 구금이 끝나기 전에 저작되었다는(출판되지는 않았더라도) 강한 암시들이 있다. 자료를 수집하여 소화하기 위해서는 틀림없이 여러 해가 걸렸을 것이며, 따라서 이 책과 이 책의 제2부를 이루며 동일 후원자에게 헌정한 사도행전도 바울이 죽은 뒤에야 비로소 출판, 즉 필사되고 배부되었을 것이다. 알렉산드리아의 클레멘스와 이레나이우스의 상충되는 진술은 이런 방식으로 일치시킬 수 있을 것이다.

1. 누가는 바울이 가이사랴와 로마에 구금되어 지낸 4년 동안 집필에 몰두할 최적의 여가를 얻었다. 가이사랴에 있을 때는 복음 역사에 대한 목격자들과 역사적인 지점들을 쉽게 접할 수 있는 환경에 있었는데, 그가 그 기회를 소홀히 대했다고 생각할 수가 없다.

2. 복음서는 사도행전 이전에 썼다. 사도행전은 복음서를 데오빌로라는 동일인에게 보낸 첫 권으로 분명히 언급하기 때문이다(1:1). 사도행전은 바울이 로마 옥에 갇힌 지 2년째 되는 해까지 기록하기 때문에, 주후 63년 전에는 완성되었을 가능성이 없다. 그러나 바울의 석방이나 순교를 일절 언급하지 않기 때문에 사

도의 운명이 이쪽으로로든 저쪽으로로든 결정되기 전에 마무리되었을 가능성이 매우 크다. 그렇지 않으면 저자가 마가처럼 특정 사건(아마 네로의 박해) 때문에 책을 자연스럽게 마무리하지 못했을 가능성도 있다. 사도행전은 현존하는 형태로는 독자들에게 큰 호기심을 불러일으킨다. 이 호기심은 만약 사도가 피로써 자신의 증거에 인을 쳤다든지, 아니면 사도가 동방과 서방으로 새로운 전도 여행을 감행하여 마침내 로마에서의 2차 투옥으로 모든 여정을 마쳤다는 몇 마디의 말만 남겼어도 충분히 해소되었을 것이다. 내가 덧붙이고 싶은 말은, 사도행전에 바울 서신에 관한 언급이 일절 없는 점은 바울과 누가가 거의 같은 시기에 글을 썼을 것이라는 추정으로 쉽게 설명할 수 있지만, 10년이나 20년의 차이를 두고서 글을 썼다고 추정한다면 거의 설명할 길이 없다는 것이다.

3. 누가가 마태와 아마 마가에 대해서도 언급하지 않는 것은 마찬가지로 그만큼 일찍 글을 썼다는 것을 가리킨다. 누가처럼 꼼꼼한 조사자가 주후 70년 이후에 글을 썼다면 자기가 수집한 여러 자료들 가운데 최고의 비평가들이 저작 시기를 주후 70년 이전으로 잡는 마태복음 같은 중요한 문헌을 간과했을리 만무하다.

4. 알렉산드리아의 클레멘스는 족보를 실은 복음서들, 즉 마태복음과 누가복음이 먼저 기록되었다는 전승을 보존했다. 이레나이우스는 제3복음서의 저작 시기를 마태복음과 마가복음 뒤로, 그리고 베드로가 바울이 죽은 뒤인 64년 이후로 잡는다(하지만 분명히 70년 이후로는 잡지 않는다). 만약 공관복음서들이 거의 같은 시기에 저작되었다면 전승에서 발생하는 이런 차이점들을 쉽게 설명할 수 있다. 이레나이우스는 저작 연대에 관해서 클레멘스보다 더 나은 정보를 갖고 있지 못했고, 그리스도의 나이와 계시록의 저작 연대에 관해서 틀림없이 오류를 범했다. 그러나 출판 연대를 염두에 두었는지도 모르는데, 그것을 저작 연대와 혼동해서는 안 된다. 오늘날도 책들이 인쇄업자의 손을 거친 뒤에도 어떤 이유에서 몇 개월이나 몇 해 동안 서점에 나오지 않는 경우가 많다.

그런 이른 저작 시기에 대해 제기된 반론들은 그 기반이 썩 탄탄하지 못하다.[7]

---

7) Dr. Abbott(in "Enc. Brit.", X. 813, of the ninth ed., 1879)는 누가복음이 후대에 기록되었다고 보게 되는 이유를 열 가지나 제시하는데, 그 중 여덟 가지는 서론에서만 끌어온 것이다. "(1) '확실히 믿어진' 것들의 내력을 기록하려고 '시도'한 일들이 미리 있었으나 실

여러 단편 복음들이 이미 존재했다고 1:1에 암시된 것을 의아하게 생각할 필요가 없다. 나사렛 예수에 관한 이야기를 듣고서 아주 일찍부터 붓을 들었을 사람들이 틀림없이 많았을 것이기 때문이다. 랑게(Lange)는 이렇게 말한다: "설혹 저작 기술이 존재하지 않았다 하더라도 그런 주제 앞에서는 그런 기술이 창안되었을 것이다."

좀 더 비중있는 반론은 누가가 포위하는 군대(로마군)를 삽입함으로써, 그리고 "이방인의 때"를 예루살렘 멸망과 세계 종말 중간에 삽입함으로써 그리스도의 종말론적 예언을 성취에 맞게끔 각색했다는 것이다(19:43, 44; 21:20-24). 이 반론대로라면 누가복음의 저작 시기는 예루살렘의 멸망 이후, 즉 70년과 80년 사이(그 이후는 아닐지라도)가 될 것이다. 그러나 우리 주님의 말씀을 그렇게 의도적으로 변경하는 행위는 그 역사가의 명백한 정직성과 신적 스승의 말씀에 대한 경외심과 일치하지 않는다. 더욱이 그것은 사실들로 뒷받침을 받지 못한다. 왜냐하면 다른 공관복음 저자들도 유대인 전쟁과 로마군의 독수리 기장을 가리키는 전쟁과 거룩한 곳에 선 '멸망의 가증한 것'을 말하기 때문이다(마 24:15;

패로 끝났음이 암시된 점; (2) 말씀의 목격자들과 사역자들의 '전승'을 현재가 아닌 과거의 것으로 언급한 점(1:2); (3) 기독교 진리로 '문답교육을 받은' 것으로 보이는 상류층 사람(가공적 인물이든 실제 인물이든)에게 복음을 헌정한 점; (4) 공동 전승을 자세히 살피고 체계적으로 기술하려고 한 점; (5) 기독교 찬송학의 시작과 같은 어떤 것을 작시한 점; (6) 족보를 발전시키고, 성육신 기사를 더 고급스런 어조로 기술한 점; (7) 우리 주님을 강설 부분이 아닌 설명 부분에서 ὁ κύριος로 언급한 점; (8) 예루살렘 멸망과 최후 강림 간에 더 분명해진 구분; (9) 성취를 보고난 뒤에 기록했다는 인상을 주는 예루살렘 멸망에 관한 자세한 예언; (10) 예수께서 부활하신 뒤에 나타나신 사례들을 크게 발전시킨 점. 이런 증거들로부터 끄집어낸 추론은 누가복음이 주후 80년 이전에는 기록되지 않았다는 것이다. 만약 누가가 외경 저서(예를 들면 유딧서)를 사용했다는 것을 증명할 수 있다면, 그리고 만약 문제의 그 책이 특정 연대 이후에 기록되었음을 증명할 수 있다면(르낭은 유딧서가 주후 80년에 기록되었을 것으로 추측한다), 누가복음의 저작 시기를 당연히 훨씬 뒤로 잡아야 할 것이다. 그러나 아직까지 그런 증명이 제시된 적이 없다." 그러나 이런 논증들 대부분은 1:2에 쓰인 ἡμῖν에 의해 일축된다. 그 단어는 그리스도의 생애 목격자들의 복음 이야기를 전해들은 자들 속에 저자도 포함시키기 때문이다. 아울러 사도행전을 감안할 때 제3복음서 저자와 동일시되는 저자가 바울의 친밀한 동역자였고 따라서 첫 세대의 제자들 곧 오순절부터 예루살렘 멸망 때까지 사도들의 전도로 개종한 모든 사람들을 포함하는 제자들에 속했다는 것이 분명하기 때문이다.

막 13:14).

누가는 다음과 같이 주님의 말씀을 전한다: "예루살렘은 이방인의 때가 차기까지 이방인들에게 밟히리라"(21:24). 그러나 마태도 그리스도께서 천국 복음이 온 세계에 전파한 뒤에야 비로소 종말이 올 것이라고 예언하시면서 복음 전파를 명하신 말씀을 전하면서 같은 견해를 드러낸다(마 24:14; 28:19; 비교. 막 16:15). 심지어 바울도 예루살렘 멸망 12년 전에 누가와 거의 동일한 단어를 사용하여 이렇게 말했다: "이방인의 충만한 수가 들어오기까지 이스라엘의 더러는 완악하게 된 것이라"(롬 11:25). 이렇게 말했다고 해서 로마서의 저작 시기를 주후 70년으로 잡아야 한단 말인가? 반면에 누가는 마태와 마가처럼 분명하게 "이 세대가 지나가기 전에 모든 일이 다 이루리라"는 그리스도의 말씀(이른바 초기 전승에 실린 예언들)을 전한다(21:32). 만약 그가 예루살렘 멸망과 세계 종말 사이에 상당 기간의 세월을 삽입할 의도였다면 왜 이 단락을 삭제하지 않았을까?

그렇다면 우리 주님의 종말론 강설들은 본질상 모든 공관복음서들에 똑같이 실려 있고, 똑같은 난제들을 던져 주는 셈인데, 이 난제들은 다음과 같은 추정으로만 해결할 수 있다: (1) 주님의 종말론 강설들은 예루살렘의 멸망과 세계 종말을 두 개의 비슷한 사건으로, 전자가 후자의 예표가 되는 방식으로 동시에 언급한다; (2) 시간상으로 멀리 떨어져 있는 그 두 사건은 예언적 이상(異像)이 파노라마처럼 펼쳐지는 방식으로 아주 가까운 공간에 배치되었다. 또 한 가지 기억해야 할 점은 세계 종말의 정확한 시점을 낮아지신 지위에 계시던 하나님의 아들조차 모른다고 분명히 밝히셨고(마 24:36; 막 13:32), 따라서 인간의 지식과 계산으로는 그 시점을 알 수 없다는 점이다. 유일한 차이가 있다면 누가가 예언적 강설들을 구분하여 각기 다른 상황에 배열함으로써 그 두 사건을 좀 더 뚜렷이 구분한다는 것뿐이다(17:20-37과 21:5-33). 그리고 다른 경우들에서와 마찬가지로 여기서도 누가가 좀 더 정확한 듯하며, 예루살렘의 재앙과 세계의 최후의 대재앙 사이에 상당한 기간이 경과해야 한다는 우리 주님의 여러 가지 암시들과 조화를 이루고 있는 듯하다.

저작 장소

제3복음서는 저작 장소에 관해 아무런 암시도 하지 않는다. 고대 전승은 불확실하며, 현대 비평가들은 그리스, 알렉산드리아, 에베소, 가이사랴, 로마 사이에서 의견이 엇갈린다. 아마 저자가 빌립보, 가이사랴, 로마에서 오래 체류하고 있으면서 여러 지역들에서 기록한 듯하지만, 어디서 완료하여 출판했는지는 알 길이 없다.

83. 요한복음

가장 좋은 것이 가장 나중에 오는 법이다. 제4복음서는 복음서들의 복음서이며, 신약성경의 지성소이다. 그리스도께 사랑을 받은 제자, 그 품에 의지해 기댈 정도로 가까운 친구, 그 어머니의 후견자, 사도 시대를 마감한 장본인인 그 저자는 일찍이 지상을 거닐어 본 사람들 중에서 가장 놀라운 그분의 내면을 들여다보는 시각을 교회에 줄 만한 탁월한 역량을 자연과 은혜에 의해서 부여받았다. 그는 젊었을 때 주님의 심오한 말씀을 흡수하여 마음에 충실하게 간직해 두었다가, 극도의 노년에 그러나 여전히 장년의 뜨거운 열정을 잃지 않은 채, 다른 제자들에게와 마찬가지로 자기 속에도 거하시면서 "모든 진리" 가운데로 인도하신 성령의 감화하에 그 말씀을 고스란히 꺼내 놓았다.

그의 복음서는 영감(靈感) 시대의 황금빛 석양과 같아서, 그 광채를 2세기와 그 뒤 모든 세기들의 교회에 비춘다. 에베소에서 기록되었고, 기록될 당시에 예루살렘은 이미 파멸되었고, 교회는 회당과 최종적으로 갈라졌고, "유대인들"과 그리스도인들이 별개의 인종이었으며, 유대인 신자들과 이방인 신자들은 하나의 동질의 기독교 공동체로, 적대적인 세상 속에서도 강한 믿음과 충만한 소망과 기쁨, 그리고 승리의 확신을 지닌 적은 무리로 융합되어 있었다.

이 복음서와 관련된 난제들과 이 복음서와 공관복음서들간의 현저한 대조를 만족스럽게 논의하기 위해서는 그리스도께서 사도들을 떠나시기 전에 뿐 아니라 후에도 그들과 사귐을 나누셨고, 아버지께로부터 그들에게 보내신 "다른 보혜사"를 통해서 그들에게 말씀하셨으며, 그 보혜사로 하여금 이전에 그들에게 말씀하신 모든 것을 생각나게 하셨다는 사실을 유념해야 한다(요 14:26; 16:13; 비교. 마 10:19, 20; 눅 12:12; 행 4:8). 어떠한 인간 미술가도 신적 영감을 받지 않고는 그릴 수 없었던 그림의 진실성에 대한 보증이 바로 여기에 있다. 다른 견해로는 제4복음서와 실로 신약성경 전체가 문학사에서 가장 풀기 어려운, 어떠한 합리적인 해답도 없는 수수께끼가 되어 버린다.

요한과 공관복음 저자들

만약 요한이 공관복음 저자들보다 오랜 뒤에 글을 썼다면 그 세 독자적인 증인들이 그처럼 훌륭하게 전한 이야기를 반복하지 않으리라는 것은 당연히 예상할 수 있는 일이다. 그러나 놀라운 것은 그가 맨 마지막에 글을 쓰면서도 모든 복음서들 가운데 가장 독창적인 글을 내놓는다는 사실이다.

마태에서 마가로, 마가에서 누가로 전환하기란 쉽고 자연스럽다. 그러나 공관복음서에서 제4복음서로 넘어가자면 분위기가 확 바뀌어 마치 비옥한 계곡에서 아름답고 장엄한 새 정경이 펼쳐진, 탁 트인 산봉우리로 올라가 있는 듯한 느낌을 받는다. 예수의 족보도 없고, 탄생 기사도 없고, 세례 요한의 설교도 없고, 광야에서 시험을 받는 기사도 없고, 요단 강에서 세례를 받는 기사도 없고, 산에서 변화하시는 기사도 없고, 열두 제자의 명단도 없고, 귀신들린 자들을 기적으로 치유하시는 기사도 없다. 요한은 교회와 성례의 제정에 관해서 한 마디도 하지 않는다. 교회의 본질인 신비한 연합과 사귐은 충분히 이야기하고, 세례와 성찬의 영적 의미를 진술하긴 하지만 말이다(3, 6장). 승천도 비록 막달라 마리아가 받은 약속을 기록하긴 하지만(20:17) 본격적인 기사는 생략한다. 산상수훈에 속한 말씀과 주기도를 기록하지 않고, 천국에 관한 탁월한 비유도 하나도 기록하지 않으며, 바리새인들의 복선 깔린 질문에 대한 대답도 기록하지 않는다. 예루살렘 멸망과 세계 종말에 관한 예언을 생략하며, 공관복음 저자들이 반짝이는 허다한 다이아몬드들처럼 한 줄로 엮어 놓은 격언적이고 도덕적인 문장들, 지혜가 번득이는 공리들을 대부분 생략한다.

그러나 요한은 이런 공관복음 기록들의 자리에 흥미와 중요도가 (비록 더 크지는 않더라도) 동일한 새로운 내용을 풍성하게 전달한다. 문지방에서부터 깜짝 놀라게 된다. "태초에 말씀이 계시니라"는 영원 깊은 곳에서 울려퍼지는 천둥소리 탓이다. 조금씩 진행하면서 세계 창조에 관해서, 참빛이 어둠에 비췬 일에 관해서, 예비적인 계시들에 관해서, 로고스의 성육신에 관해서, 세례자가 하나님의 어린양에게 하는 증거에 관해서 듣게 된다. 갈수록 도를 더해가는 놀라움을 가지고 성령으로 말미암는 새 생명, 생명수, 하늘로서 내려온 생명의 떡에 관한, 그리고 영원한 독생자가 아버지와 세상과 신자들과 맺고 계신 관계에 관한 신비로운 강설들과, 성령의 역할, 하늘에 거할 곳이 많다는 약속, 제자들에게 하신 고별사, 마지막으로 우리를 하나님의 보좌와 박동하는 심장으로 가장 가까이 데리고 가는 제사장 기도를 듣게 된다. 주께서 니고데모, 사마리아 여인, 헬라인들과 나누신 대화를 기록하는 이는 요한뿐이다.

그는 공관복음 저자들이 언급하지 않는 여섯 가지 기적을 기록하는데, 그중에서 가장 큰 두 가지는 물을 포도주로 바꾸신 기적과 나사로를 무덤에서 살리신 기적이다. 그리고 오천 명을 먹이신 기적같이 공관복음 저자들과 같은 내용을 기록할 때도 그때 이래로 줄곧 지속되어 온, 생명의 떡으로 신자들을 영적으로 먹이시는 일에 관한 신비로운 강설을 덧붙인다. 배반, 베드로의 부인, 종교 법정과 세속 법정에서 치러진 재판, 십자가와 부활에 관한 마지막 장들에서는 공관복음 저자들에게 가장 가까이 접근하지만, 여기서조차 당시의 상황을 더욱 정확하고 현실감 있게 전하며, 직접 목격한 흔적을 보여주는 흥미로운 세부 내용들을 덧붙인다.

요한은 그리스도께서 유대 땅에서 예루살렘의 종교 지도자들과 민중 속에서 행하신 사역을 집중해서 다루고 이곳 사역을 3년으로 확대한다. 반면에 공관복음 저자들은 이곳 사역을 1년으로 한정하고 주로 갈릴리의 농민들 사이에서 행하신 사역을 주로 다루는 듯하다. 그러나 자세히 관찰해 보면 요한은 갈릴리 사역에, 공관복음 저자들은 유대 사역에 넉넉한 공간을 제공하는 것을 알 수 있다. 어느 복음서도 완벽한 전기(傳記)가 아니다. 요한은 이 점을 분명히 밝힌다(20:31). 마태는 그리스도의 다음과 같은 외침을 전하면서 그분이 그 거룩한 성을 여러 번 방문하셨음을 암시한다: "예루살렘아 예루살렘아 … 암탉이 그 새끼를 날개 아래 모음 같이 내가 네 자녀를 모으려 한 일이 몇 번이냐"(23:37; 비교. 27:57). 반면에 요한은 가나에서 행하신 여러 차례의 기적을 기록하는데, 기록된 것은 더 많은 기적들 가운데 전형적인 기적들이었을 뿐임에 분명하다(2:1 이하; 4:47 이하; 6:1 이하). 그러나 예루살렘에서는 빛과 어둠, 신앙과 불신앙 사이의 큰 투쟁이 충분히 발전하다가 최후의 위기로 무르익었다. 이것이 요한이 기록하려고 한 주된 주제들 가운데 하나였다.

요한과 공관복음 저자들 간의 차이점은 많고 크지만, 모순점은 없다.

저작 동기

소아시아 출신에다 요한의 영적 손자로서 특별히 고려할 가치가 있는 이레나이우스는 이렇게 말한다: "이후에[즉, 마태와 마가와 누가 이후에] 주님의 제자이자 주님의 품에 의지하여 기대었던 요한은 소아시아의 에베소에 거주할 때 복음서를 직접 펴냈다." 다른 책에서 그는 영지주의 이단의 대두가 요한이 복음서를 쓰게 된 동기였다고 밝힌다.

일말의 진리는 담고 있으나 진위가 의심스러운 어떤 전승은 요한이 에베소의 동료 제자들과 장로들의 청을 받아 복음서를 썼다고 한다. 「무라토리 단편」(170)에 따르면 요한은 이렇게 말했다고 한다: " '이 시간부터[복음서를 집필해달라는 청을 받은 순간부터] 사흘간 나와 함께 금식합시다. [내가 복음서를 집필하는 일에 관해서] 우리 중 누구에게든 계시가 임하면 그것을 서로에게 알립시다.' 그날 밤 계시가 사도 중 한 사람인 안드레에게 임했다. 요한이 모든 사람의 교정에 힘입어 자기 이름으로 모든 것을 진술해야 한다는 계시였다 … 그럼에도 불구하고 요한이 심지어 서신서에서도 '태초부터 있는 생명의 말씀에 관하여는 우리가 들은 바요 눈으로 본 바요 주목하고 우리 손으로 만진 바라 … 우리가 보고 들은 바를 너희에게도 전함은' 이라고 강조해 가면서 세세한 내용 하나하나를 적어가는 것은 하나도 이상하지 않다. 왜냐하면 요한은 자기가 주께서 행하신 모든 놀라운 일들을 눈으로 보았을 뿐 아니라 귀로도 듣고 더 나아가 역사 순으로 기록한 사람이라고 고백하기 때문이다."

이 단편에 안드레가 언급된 것은 주목할 만하다. 그는 요한과 함께 세례 요한의 제자였고 그리스도의 학교에도 맨 먼저 부르심을 받았기 때문이다(요 1:35-40). 그는 다른 방식으로도 두드러졌고, 사도들의 명단에 주께 사랑을 받은 세 제자 다음에, 심지어 자기 형제 베드로 다음에 거론되었다(마 10:2; 눅 6:14; 막 3:16; 13:3; 요 1:41; 12:22; 행 1:13).

페타우의 빅토리누스(Victorinus of Pettau, d. 304년경)는 「계시록 주석」(the *Scholia on the Apocalypse*)에서 요한이 계시록을 쓴 뒤에 영지주의 이단의 확산을 막기 위해서, 그리고 "이웃 속주들의 모든 감독들"의 요청을 받아들여 복음서를 썼다고 말한다.

제롬(Jerome)은 비슷한 전승을 기초로 보고하기를, 요한이 형제들의 간청을 이기지 못해서 모두가 하나님께 금식하며 기도하는 것을 전제로 복음서 집필을 승락했으며, 금식을 한 뒤 계시에 흠뻑 젖은 채(revelatione saturatus) 하늘이 내

린 서문을 썼다: "태초에 말씀이 계시니라."

요한에게 복음서를 쓰도록 강권한 이 동료 제자들은 아마 훗날 복수 주어를 사용하여("우리는 그의 증거가 참인 줄 아노라," 21:24) 그 책의 진정성의 증거를 보탠 당사자들이었던 듯하며, 그중 한 사람은 서기 역할을 맡았던 것 같다("[내 생각에] 부족할 줄 아노라," 25절).

물론 외적 동기가 성령의 내적 권고를 배제하지는 않는다. 이 전승에는 사실상 성령의 내적 권고가 함축되어 있다. 그러나 이 전승은 고대 교회가 사도의 저작에 인간적·자연적 요인들의 작용을 무시하거나 부정하는 기계적 영감설에서 얼마나 멀리 떨어져 있었는지를 여실히 보여준다. 누가의 서문도 바로 그 점을 입증한다.

목적

제4복음서는 그리스도의 완벽한 전기에 목적을 두지 않고, 예수께서 "이 책에 기록되지 아니한 다른 표적도 많이 행하셨으나" 하고 분명하게 밝힌다(20:30; 비교. 21:25).

저자는 자신의 목적을 독자들로 "예수께서 하나님의 아들 그리스도이심을 믿게 하려 함이요 또 … 믿고 그 이름을 힘입어 생명을 얻게 하려 함이니라"고 밝히며(20:31), 여타의 다른 목적들은 이 목적에 종속되어야 한다. 이 진술에는 세 가지 점이 담겨 있다: (1) 예수께서 메시야이심 — 이것은 유대인들에게 가장 중요한 점이었고, 유대인의 복음서 저자 마태의 유일한 혹은 적어도 주된 목적이었다; (2) 예수께서 하나님의 아들이심 — 이것은 이방인들과 공유해야 할 점이었고, 이방인의 복음서 저자 누가도 유념했던 점이었다; (3) 영원한 생명의 인격적 구현이자 원천이신 그분 안에서 그리고 그분을 통해서 참되고 영적인 영생을 얻는 데 그러한 믿음이 주는 실제적인 유익.

다른 모든 목적들은 이러한 역사적·교육적 목적에 종속되어야 한다. 이 책은 논쟁서와 변증서도 아니고, 보충서도 아니고, 우발적이고도 무의식적으로 평화주의의 색채를 나타내지만 평화주의를 내세우려는 책도 아니다. 비록 이런 목적들을 고루 성취하긴 하지만 말이다. 저자는 1세기가 저물어 갈 무렵 교회의 상황과 필요를 충분히 파악한 상태에서 글을 썼고, 따라서 기존의 복음서들에 관한 전반적인 지식을 기정사실화하고 사실들과 진리들을 진술하여 당시의 오류들을 간접적으로 논박하는 방식으로 기록의 윤곽을 잡았다. 이 책의 부수적인 목적을 주된 혹은 유일한 목적으로 삼아온 이론들에도 일말의 진리가 담겨 있는 것은 그런 이유 때문이다.

1. 반(反) 이단설은 이레나이우스에 의해 시작되었다. 그 자신이 영지주의와의 논쟁에 몰두했고 요한에게서 가장 강력한 무기를 발견했던 그는 요한의 동기가 "세상을 지으신 분과 또 한 분 곧 주님의 아버지가 계신 게 아니라, 만물을 말씀으로 지으신 한 분 하나님만 계신다"는 것을 입증함으로써 케린투스(Cerinthus)의 오류와 니골라당(Nicolaitans)의 오류를 뿌리뽑는 것이었다고 생각했다. 제롬은 정반대의 오류인 에비온주의를 덧붙이고, 에발트는 세례 요한의 제자들의 오류를 덧붙인다.

제4복음서는 진리에 대한 적극적인 진술로써 1세기가 저물 무렵에 소아시아에서 고개를 내밀기 시작한 영지주의 이원론과 가현설을 논박하는 데 가장 효과적인 책이었음에 분명하다. 이 책은 고대와 현대의 영지주의 학파들이 한 개인으로 통일시키지 못하는 신앙상의 이상적 그리스도와 역사상의 실제 그리스도의 조화를 입증한다. 그러나 이 책은 그런 이유로 논쟁적 논문이지는 않으며, 심오한 사색에 힘입어 심지어 바실리데스(Basilides)로부터 바우어(Baur)에 이르는 영지주의자들과 철학적 합리주의자들에게 특별한 매력을 발휘했다. 고대 영지주의자들은 이 복음서를 주로 사용했고, 서문에서, 즉 "참빛 곧 세상에 와서 각 사람에게 비취는 빛이 있었나니"(1:9)라는 구절을 아무런 제약을 받지 않은 채 인용했다.

논쟁 목적은 요한일서에서 더 뚜렷이 드러난다. 이 서신서는 당시 교회를 위협하던 반(反)기독교적 오류들을 직접 경고하며, 따라서 요한복음에 붙은 교리적·실천적 후기라고 할 만하다.

2. 보충설. 알렉산드리아의 클레멘스(200년경)는 "전 세대 장로들"의 권위에 근거하여 요한이 친구들의 간청과 성령의 권고에 따라 외적 사실들을 제시한 이전의 육체적 복음서에다 영적인 복음서를 덧붙였다고 진술한다. 아주 기발한 구분이다. 요한은 공관복음 저자들보다 더 신령하고 이상적이며, 교회의 일반 전승과는 다른 내밀한 전승을 전한다. 에우세비우스(Eusebius)는 당시에 유행하던 견해, 즉 요한이 다른 복음서 저자들에 의해 생략된 그리스도 사역의 초기 기사를 보충하기 위해서 복음서를 썼다는 견해를 기록한다. 의심할 여지 없이 요한

은 물질과 영혼 양면에 걸쳐 가장 자유분방한 보충자이며, 부분적으로 공관복음서들을 충분히 이해하기 위한 열쇠를 제공하지만, 그럼에도 불구하고 특히 마지막 몇 장에서는 다른 복음서들이 다룬 많은 중요한 사건들을 반복하며, 따라서 그의 복음서는 여느 복음서 못지않게 온전하다.

3. 평화주의적 경향설은 현대 튀빙겐 학파가 창안한 이론이다. 이 이론은 제4복음서가 순전히 사변적 혹은 신학적이며, 유대 기독교와 이방 기독교의 통합 과정을 완료하고 그 둘을 2세기의 하나의 보편 교회로 융합한 마지막 절정의 문학적 산물이라고 추정한다.

의심할 여지 없이 이 복음서는 말 그대로 교회의 화해 문서이며, 과거와 현재의 기독교 세계에 존재하는 모든 불화를 그리스도인들과 그리스도의 완전한 연합 — 그것이 그리스도가 제사장으로서 드린 마지막 기도 제목이다 — 으로 일치시킬 장래 교회에 관한 예언이다. 그러나 진리와 사실들을 희생시키면서 존재하는 화해 문서는 아니다.

튀빙겐 비평학자들은 자기들의 가설을 제기하는 과정에서 매우 조야한 허구들에 의존해 왔다. 그들은 제4복음서 저자가 모세 시대를 폄하하고 베드로를 질시했다고 한다. 그러나 도대체 이런 태도로 어떻게 평화를 증진하려고 할 수 있었단 말인가? 그것은 오히려 목적을 훼손한다. 그런 주장을 입증할 증거는 그림자도 보이지 않는다. 저자는 믿지 않는 유대인들을 배척하긴 하지만, 구약성경을 대단히 귀중히 여기고, 구원이 유대인들에게서 유래한다고 말한다. 베드로를 질시하기는커녕 그가 예수님을 처음 만나는 장면에서 그의 새 이름을 붙여 주고(1:42), 그의 위대한 신앙고백을 심지어 마태보다 충분히 보고하고(6:68, 69), 그의 이름을 사도 명단의 맨 위에 기록하며(21:2), 부활하신 주께서 그에게 자기 양들을 치도록 분부하시던 마지막 접견 때까지 내내 그에게 돌아갈 현저한 지위를 그에게 돌린다(21:15-19).

이 곡해는 르낭(Renan)이 채택한 튀빙겐 학파의 또 다른 신화, 즉 실제 요한은 계시록에서 바울을 논박하는 데 초점을 맞추며 의도적으로 그를 열두 사도의 명단에서 배제한다는 주장과 맥을 같이한다. 그럼에도 불구하고 바울 자신은 진정성을 인정받는 갈라디아서에서 요한을 세 기둥 사도 중 한 사람으로 소개하며, 그가 이방인의 사도로서 자신이 받은 독특한 은사를 인정했고 자기와 교제의 악수를 했다고 쓴다.

분석

요한이 붓을 든 목적이 자료 선정과 배열을 결정했다. 그의 구도는 공관 복음 저자들의 구도보다 더 명확하고 체계적이다. 신앙과 불신앙, 빛과 어둠 사이에 점증하는 대립을 끄집어 내며, 십자가의 대위기와 "나의 주시며 나의 하나님이시니이다"라는 도마의 결론적인 외침을 향해 한 걸음씩 나아간다.

다음의 분석에서 요한만 독특하게 기록하는 부분에는 별표(*)를 해두었다.

I. 서론. 요한복음의 주제: 하나님의 영원한 계시자 로고스:

(1) 하나님과의 관계(1:1, 2).

(2) 세상과의 관계. 일반 계시(1:3-5).

(3) 세례 요한과 유대인들과의 관계. 특별 계시(1:6-13).

(4) 로고스의 성육신, 그 사건이 제자들에게 끼친 영향(1:14-18).

II. 적극적인 말씀과 행위로 자신을 공적으로 드러내신 성육신한 로고스(1:19-12:50).

*(1) 예수를 약속되고 대망되어온 메시야로, 세상 죄를 지고 가는 하나님의 어린양으로 가리키는 세례 요한의 예비적 증거(1:19-37).

*(2) 첫 제자들을 모으심(1:38-51).

*(3) 최초의 표적: 갈릴리 가나에서 물을 포도주로 바꾸심(2:1-11). 가버나움에서의 첫 체류(2:12). 공사역 기간에 맞이하신 첫 유월절과 예루살렘을 향한 여행(2:13).

*(4) 성전을 개혁 차원에서 정결케 하심(2:14-22. 공관복음 저자들도 기록하지만, 공사역 말기에 기록함). 예루살렘에서 유대인들 사이에서 사역하심(2:23-25).

*(5) 유대인의 상류 계층에 있던 소심한 제자들을 대표하는 니고데모와의 대화. 하나님 나라에 들어가기 위한 조건인 거듭남(3:1-15). 세상을 구원하려고 자기 아들을 보내신 하나님의 사랑(3:16-21).(예루살렘)

*(6) 유대 지방에서의 사역. 세례 요한의 증거: 그는 흥하여야 하겠고 나는 쇠하여야 하리라(3:22-36). (요한이 투옥된 뒤 갈릴리로 떠나심〈4:1-3; 비교. 마 4:12; 막 1:14; 눅 4:14)

*(7) 유대에서 갈릴리로 여행하는 길에 사마리아에서 사역하심. 사마리아 여인; 야곱의 우물; 생수; 신령과 진정으로 드리는 영적 예배; 추수를 기다리는 들판(4:1-42).

*(8) 갈릴리 가나를 다시 방문하시고, 가버나움에서 귀인의 아들을 고치심(4:46-54).

*(9) 어느 절기(유월절?)에 예루살렘을 두번째 방문하심. 안식일에 벳새다 못에서 병자를
　　　고치심(5:1-18). 유대인들이 적대감을 품기 시작함. 그리스도께서 아버지와의 관계
　　　와 세상을 심판할 자신의 권세에 관해 강론하심(5:19-47).

(10) 오천 명을 먹이심(6:1-14). 풍랑을 잔잔케 하심(6:15-21).

* 가버나움에서 생명의 떡에 관해서 행하신 신비로운 강화; 제자들이 많이 떠남; 베드
　　로의 신앙고백: "우리가 뉘게로 가오리이까"; 유다의 배반에 관한 암시(6:22-71).

*(11) 장막절에 세번째로 예루살렘을 방문하심. 예수를 믿지 않던 그분의 형제들의 성급
　　　한 요청. 성전에서 강론하셨으나 정반대의 효과를 거두심. 대두하는 유대인들의 적
　　　개심과, 예수를 백성을 호도하는 거짓 교사로 몰아 체포하려는 고위 성직자들의 헛
　　　된 시도(7:1-52).

[*(12a) 간음하다 잡혀온 여인과 예수님의 용서(7:53-8:11). 예루살렘. 권위 있고 진실되
　　　긴 하나 요한의 펜에서 나오지 않은 구전 전승의 삽입인 듯함. 이런 부분은 말미
　　　에도 나오고, 누가복음 21장에도 나온다.]

*(12b) 세상의 빛에 대한 강론. 하나님의 자녀들과 마귀의 자녀들. 예수를 돌로 치려는
　　　시도(8:12-59).

*(13) 나면서 소경된 자를 안식일에 고치시고, 바리새인들 앞에서 증거하심(9:1-41).

*(14) 선한 목자의 비유(10:1-21). 수전절에 솔로몬 행각에서 연설하심(10:22-39).　요단
　　　강 동편으로 떠나심(10:40-42).

*(15) 베다니의 나사로를 살리신 기적과 그것이 위기를 앞당기는 데 끼친 영향. 가야바의
　　　조언. 예수께서 예루살렘에서 에브라임으로 물러가심(11:1-57).

(16) 베다니에서 마리아가 예수께 기름을 부음(12:1-8). 대제사장들의 모의(12:9-11).

(17) 예루살렘 입성(12:12-19. 비교. 마 21:1-17; 막 11:1-11; 눅19:29-44).

*(18) 헬라인들의 방문. 열매를 맺기 위해 죽어야 하는 밀알에 관한 예수님의 강설; 하늘
　　　에서 들려온 음성; 십자가로써 많은 사람을 이끄시겠다는 말씀; 정반대의 효과; 복
　　　음서 저자의 회상; 예수님의 연설들을 정리함(12:20-50).

III. 제자들에게 자신을 은밀히 계시하시는 그리스도. 네번째이자 마지막 유월절 주간에 일어난 일들. 예루살렘(13:1-17:26).

*(1) 예수께서 유월절 식사 전에 제자들의 발을 씻기심(13;1-20).

(2) 반역자가 있을 것을 알리심(13:21-27). 유다가 떠남(13:27-30).

*(3) 사랑하라는 새 계명(13:31-35). (이곳이 성찬 제정의 말씀에 가장 적합한 장소로서, 요한은 생략하지만, 모든 공관복음 저자들과 바울은 보고한다.)

(4) 베드로가 부인할 것을 예언하심(13:36-38).

*(5) 제자들에게 하신 고별사; 보혜사와 재림에 관한 약속(14:1-16:33).

*(6) 대제사장 기도(17:1-26).

IV. 십자가와 부활로 영화롭게 되신 그리스도(18:1-20:31).

(1) 기드론 시내를 건너심, 배반(18:1-11).

(2) 예수께서 대제사장들인 안나스와 가야바 앞에 서심(18:12-14, 19-24).

(3) 베드로의 부인(18:15-18, 25-27).

(4) 예수께서 로마 총독 본디오 빌라도 앞에 서심(18:28-19:16). 일부분은 요한만 전하는 내용임(19:4-16).

(5) 십자가(19:17-37).

(6) 장사(19:38-42).

(7) 부활. 막달라 마리아와 베드로와 요한이 빈무덤을 찾아감(20:1-10).

(8) 그리스도께서 막달라 마리아에게 나타나심(20:11-18).

*(9) 그리스도께서 부활하신 날 저녁에 도마가 빠진 사도들에게 나타나심(20:19-23).

*(10) 그리스도께서 다음 번 주의 날에 도마가 포함된 사도들에게 나타나심(20:26-29).

*(11) 복음의 목적(20:30,31).

* V. 부록과 후기(21:1-25).

(1) 그리스도께서 갈릴리 호수에서 일곱 제자들에게 나타나심. 제자들에게 세번째로 나타나심(21:1-14).

(2) 시몬 베드로와 나누신 대화: "네가 나를 사랑하느냐" "내 양을 먹이라" "나를 따르라"(21:15-19).

(3) 예수의 사랑하시는 제자에 관한 신비로운 말씀(21:21-23).

제4복음서의 특성들

요한복음은 문학을 통틀어 가장 독창적이고 가장 중요하고 가장 영향력 있는 책이다. 거장 오리게네스(Origen)는 복음서들이 모든 거룩한 책들의 면류관이듯이, 요한복음은 복음서들의 면류관이라고 했다. 이 책은 현저히 영적이고 관념적이면서도 가장 실제적인 복음서요 가장 참된 필사본이다. 지성소의 휘장을 걷고, 아버지께로부터 오신 독생자의 은혜와 진리가 충만한 영광을 드러낸다. 그리스도의 가장 깊은 지식과 가장 순수한 사랑을 조화롭게 결합한다. 우리는 실제로 그분의 심장 박동을 듣는다. 손으로 그분의 흉터를 만지며 의심하던 도마와 함께 "나의 주시며 나의 하나님이시니이다"라고 외친다. 이렇게 평이하면서도 깊고, 이렇게 자연스러우면서도 신비로 가득 찬 책은 없다. 어린아이처럼 단순하고 스랍(천사)처럼 지고하고, 어린양처럼 온유하고 독수리처럼 담대하며, 바다처럼 깊고 하늘처럼 높다.

이 복음서는 "천사의 손으로 쓴" "독특하고 자상하고 진실한 복음서"로, "하나님이 세상에 보내신 연애 편지" 혹은 "그리스도가 교회에 보내신 연애 편지"로 찬사를 받아 왔다. 이집트의 오리게네스, 아시아의 크리소스토무스, 아프리카의 아우구스티누스, 독일의 루터, 프랑스의 칼빈, 시인 헤르더(Herder), 비평학자 슐라이어마허(Schleiermacher), 그리고 모든 학파의 덜 알려진 허다한 저자들 같은 기독교 세계의 수많은 강하고 고귀한 지성들에게 거역할 수 없는 매력을 발휘해 왔다. 심지어 요한 사도의 저작권을 의심하고 부정하는 사람들 중 다수가 지상의 수준을 넘어서는 이 책의 아름다움에 감탄을 금하지 못한다.

그러나 요한의 강론을 단조롭고 지루하고 모호하고 무의미하고 어렵게 받아들이고, 원래의 청중처럼 그 강론에 큰 실망감을 느끼는 회의론자들도 있다.

이 책이 공관복음서들과 구별되는 주요 특징들을 지적해 보자.

1. 제4복음서는 성육신의 복음서이다. 즉, 나사렛 예수 안에서 신성과 인성이 완전한 결합을 이루었고, 바로 이런 이유에서 그가 세상의 구주시요 영생의 샘임을 전하는 복음서이다. "말씀이 육신이 되어." 이것이 이론적 테마이다. 저자는 로고스의 영원한 선재(先在)로 시작하여 "나의 주시며 나의 하나님이시니이다"라는, 의심하던 도마의 외침을 빌려 그 성육신의 신성을 경배함으로 마친다. 누가의 서론이 역사 기술로서 단지 자기 정보의 근원을 지적하는 데 반해, 요한의 서론은 형이상학적이고 교리적이며, 그 뒤에 전개할 역사의 으뜸음을 울린다. 공관복음 저자들은 인간 예수로 시작하여 그분이 메시야시고 하나님의 아들

이심을 깨닫는 데로 올라간다. 하지만 요한은 선재하신 하나님의 아들로부터 내려가기 시작하여 그분의 성육신과 십자가에 대한 예비 계시들을 지나서 다시 그분이 창세 전에 지녔던 영광을 되찾는 데로 올라간다. 전자가 하나님이 되신 인간의 역사를 제시한다면, 후자는 인간이 되신 하나님의 역사를 제시한다. 그분이 자신을 하나님(ὁ θεός)으로 밝히셨다는 뜻이 아니다. 정반대로 아들과 아버지를 뚜렷이 구분하시며, 자신을 위엄에 있어서 아버지보다 못하다고 인정하신다("아버지는 나보다 크심이니라"). 그러나 아들이 '하나님'(θεός), 즉 신적 본질 혹은 본성을 지니신 분이라고 공언하신다.

그럼에도 불구하고 여기에는 신성과 인성이 한 인격에 결합하는 게 불가능하다고 생각하는 자들을 제외하고는 복음서 저자들 사이에 아무런 모순도 없다. 기독교 교회는 언제나 공관복음이 그리는 그리스도와 요한복음이 그리는 그리스도가 동일한 한 분이되, 다만 다른 시각에서 그릴 뿐이라고 느꼈다. 그리고 오리게네스 때부터 현대에 이르기까지 대단히 위대한 학자들과 예리한 비평가들도 이러한 판단에 동의해 왔다.

그 이유는 한편으로는 요한의 그리스도가 공관복음 저자들의 그리스도와 똑같이 실제의 참 인간이시기 때문이다. 그분은 자신을 하나님의 아들이요 '사람'(8:40)이라고 하신다. "심령에 통분히" 여기셨고(11:33), 친구의 무덤에서 우셨으며(11:35), 십자가에 달려 범죄자의 죽음을 죽을 어두운 시간을 기다리며 '마음'(영혼)이 '민망' 하셨다(12:27; 13:1). 복음서 저자는 자기가 직접 눈으로 본 것에 의지하여 예수께서 정말로 고난과 죽음을 당하셨다고 엄숙하게 주장한다(19:33-35).

다른 한편으로, 공관복음의 그리스도도 요한의 그리스도와 마찬가지로 보통 필멸의 인간들 위에 우뚝 솟아 계시다. 물론 요한복음에서 만큼(1:1; 6:62; 8:58; 17:5, 24) 그리스도의 선재를 여러 말로 주장하지는 않지만, 그 사실을 함축하거나 당연한 결론으로 전제한다. 이를테면, 그리스도는 죄 없이 태어나셨고, 다윗의 자손이시지만, 그러면서도 다윗의 주(主)시다(마 22:41); 죄를 사할 권세를 주장하시고, 그것 때문에 유대인들에게 참람하다는 비판을 받으신다(그들의 불신앙의 관점에서는 아주 당연한 비판이었다);

자기 목숨을 세상을 구속하기 위한 대속물로 주신다; 장차 영광을 입고 오사 모든 민족을 심판하실 것이다; 모든 합리주의 학파들도 그분의 가르침으로 인정하는 바로 그 산상수훈에서조차 자신을 세상의 심판자라고 선언하시며(마 7:21-23; 비교. 25:31-46), 세례 고백문(28:19, 대사명)에서 자신과 성령을 영원하신 아버지와 연관짓되 두 분을 잇는 연결고리로 말씀하셔서 다름아닌 하나님의 보좌의 자리를 취하신다. 더 이상 높이 오르실 곳이 없다. 따라서 유대인 복음서 저자 마태는 서슴없이 그분에게 임마누엘, 즉 "하나님이 우리와 함께 계시다"라는 이름을 적용한다(1:23).

마가는 베드로의 복음을 전하는데, 베드로는 예수께서 공적 지위상 '그리스도'이실 뿐 아니라 "살아계신 하나님의 아들"이기도 하시다고 고백한 최초의 사람이다. 그 고백은 그분이 그냥 보통 사람을 훨씬 초월하여 하나님과 맺고 계신 독특한 인격적 관계를 가리키며, 그분의 역사적 메시야 신분을 뒷받침하는 영원한 기초가 된다(마 16:16; 비교. 26:63). 두 칭호는 서로 구분되는 것으로서, 대제사장이 참람하다고 비판한 칭호(26:65)는 후자에만 적용될 수 있었다. 거짓 메시야라면 참람한 자라고 하지 않고 사기꾼이라고 했을 것이다. 세례 고백문에서 아들을 메시야로 대체할 수 없는 것이다.

베드로와 마가와 마태는 철저한 정통 유일신교에서 자라났으므로 최소한의 우상숭배적인 행동도 본능적으로 두려워했을 텐데, 그런데도 자기들의 주님을 경배의 심정으로 바라보았다. 그리고 누가의 경우에도 예수를 죄인들의 무죄한 구주로 그리기를 기뻐하며, 복음서들이 기록되기 혹은 출판되기 여러 해 전에 그리스도의 선재와 신성을 틀림없이 가르쳤을(롬 1:3, 4; 9:5; 고후 8:9; 골 1:15-17; 빌 2:6-11) 자기 형뻘 되는 바울의 신학에 충분히 동조했다.

2. 요한복음은 사랑의 복음서이다. 그 실질적인 좌우명은 "하나님은 사랑이시다"라는 것이다. 영원하신 말씀이 육신이 되신 데서, 아들의 역사적 사명에서, 하나님은 인류를 사랑하신다는 가장 큰 증거를 제시해 오셨다. 제4복음서에서만 기독교의 정수가 담긴 고귀한 문장을 읽게 된다: "하나님이 세상을 이처럼 사랑하사 독생자를 주셨으니 이는 저를 믿는 자마다 멸망치 않고 영생을 얻게 하려 하심이니라"(3:16). 이 복음서는 양들을 위해 자기 목숨을 버리시는 선한 목자의 복음서이다(10:11); "서로 사랑하라"는 새 계명의 복음서이다(13:34). 그리고 바로 이것이 "예수의 사랑하시는" 제자가 지긋한 나이에 마지막으로 권고한 교훈이다.

그러나 그리스도가 하나님께서 세상에 주시는 가장 큰 선물이라는 바로 이 이유에서 불신앙은 그 선물로 인해 정죄를 당하는 가장 큰 죄요 가장 큰 배은망덕이다. 불신앙의 죄, 신앙과 불신앙의 대조가 제4복음서에서만큼 강하게 부각된 곳이 없다. 이 복음서는 그리스도의 모든 대적들을 사르는 불이다.

3. 요한복음은 신비한 상징의 복음서이다. 여기에 기록된 여덟 가지 기적은 그리스도의 특성과 사명을 상징하는 의미심장한 '표적들'(signs, σημεῖα)로서, 그분의 영광을 나타낸다. 그 기적들은 사람이 일상의 일을 수행하듯이 쉽게 행하신 '일들'(works, ἔργα)로서, 그 기이하신 인격을 자연스럽게 드러낸다. 물로 포도주를 만드신 기적은 그분의 변화시키시는 권능을 예시하며, 공사역을 시작하는 순간에 적합한 기적이다; 오천 명을 먹이신 기적은 그분이 수많은 신자들을 영적으로 먹이실 생명의 떡임을 가르치고, 나면서 소경된 자를 고치신 기적은 그분이 세상의 빛이심을 가르친다; 나사로를 살리신 기적은 그분이 부활이요 생명임을 가르친다. 물고기를 잡게 하신 기적은 제자들이 사람을 낚는 어부들이 될 것을 보여주며, 기독교 사역이 세상 끝날까지 풍성한 결실을 거둘 것을 보증한다. 광야에서 들린 뱀은 십자가를 예표했다. 세례 요한은 그분을 가리켜 세상 죄를 지고 가는 하나님의 어린양이라고 한다. 그분은 자신을 문, 선한 목자, 포도나무 같은 의미심장한 상징들로 표현하시는데, 이 상징들은 기독교 예술과 시에 영감을 불어넣어 왔고, 교회의 묵상을 인도해 왔다.

구약 전체는 신약의 예표(type, 모형)이자 예언이다. "율법은 모세로 말미암아 주신 것이요 은혜와 진리는 예수 그리스도로 말미암아 온 것이라"(1:17). 여기에 기독교의 월등한 우월성이 놓여 있지만, 그럼에도 불구하고 유대교가 구속의 구도에서 중요한 부분으로서 차지하고 있는 큰 중요성이 사라지지는 않는다. 요한은 믿지 않는 유대인들을 뚜렷하고도 강하게 반대했지만, 그렇다고 해서 구약성경을 배척하거나 폄하하는 영지주의의 극단으로도 치우치지 않는다. 정반대로 "구원이 유대인에게서 남이니라"고 말한다(그리스도께서 사마리아 여인에게 하신 말씀, 4:22).

그리스도께서 성경의 문자는 열심히 연구하되 그 정신은 무시하는 서기관들과 바리새인들을 성경의 논지를 가지고 책망하시면서, 그들이 소망을 둔 모세의 권위를 가지고 그들을 책망하신다. "모세를 믿었더면 또 나를 믿었으리니 이는 그가 내게 대하여 기록하였음이라. 그러나 그의 글도 믿지 아니하거든 어찌 내 말을 믿겠느냐"(5:46). 요한은 구약성경의 도처에서 그리스도를 바라본다. 유대인들이 종교 지도자들의 인도하에 왜곡시킨 메시야 사상을 질책하면서, 그 참된 사상을 드러낸다.

요한과 공관복음 저자들이 전하는 그리스도의 강화들

4. 요한은 그리스도의 인격과 그분이 아버지와 세상과 제자들과 맺으신 관계에 관해서 행하신 초월적인 강화들을 부각시킨다. 그분 말씀은 그 내면의 영광을 드러내는 증거로서, 영이요 생명이다.

마태복음도 마찬가지로 가르침을 중시한다. 그러나 예수님의 강화에 관해 공관복음과 요한복음 사이에는 내용과 문체상 엄연한 차이가 있다. 전자는 메시야 왕국의 본질, 율법의 성취, 거룩한 순종의 의무를 논하며, 대중적이고 실천적이고 명쾌하고 예리하고 간결하고 비유적이고 격언적이다. 반면에 후자는 신학과 기독론의 심오한 신비를 건드리고, 형이상학적이고 장황하고, 현세적으로 오해될 소지가 있으며, 복음서 서론과 요한일서에 사용된 요한 자신의 문체와 좀처럼 구분하기 힘들고 세례 요한의 문체와도 구분하기 힘들다. 3:16과 3:31 간의 문체상의 차이를 거의 구분할 수 없다.

여기서 요한복음이 안고 있는 중요한 난제를 만나게 된다. 회의적 비평학자들이 목청을 높이는 곳이 바로 이곳이다. 우리는 요한이 주님의 말씀을 무의식적으로 자신의 생각과 표현 방식으로 진술할 정도로 깊이 소화했다는 점을 처음부터 흔쾌히 인정하지 않으면 안 된다. 요한은 주님의 말씀을 마음에 끊임없이 되새겼고, 매일의 양식으로 삼았으며, 주일마다 교회들에 끊임없이 가르쳤다. 그럼에도 불구하고 그 말씀을 번역하고 압축하고 확대하고 적용하지 않을 수 없었다. 그 과정에서 자신의 사색이 말씀에 대한 기억과 다소 뒤섞이는 것은 불가피한 일이었다. 그의 기억력이 아무리 강했더라도 그토록 오랜 세월이 흐른 상태에서(사건들이 일어난 지 오륙십 년 뒤) 모든 강설을 문자 그대로 기록하기란 불가능했다. 본인도 그런 주장은 하지 않고, 다만 선별하고 요약했음을 시사한다.

이것이 자연스러운 견해이며, 거룩한 저자들을 생각 없는 기계로 만드는 마술적 영감설을 주장하지 않고 정반대로 누가의 서론에서처럼 저자 자신의 분명한 진술을 주장하면서 요한의 저자성을 옹호하는 현대의 모든 학자들이 바로 그러한 양보에 동조한다. 그러나 이렇게 양보한다고 해서 역사의 진실이나 그리스도의 형상 중 어느 한 윤곽이라도 희생시키는 것은 아니다. 여기서 제기된 난제는 주로 비평학자들이 침소봉대한 것으로서, 그리스도에 관한 식견이 높아질수록 난제들을 바른 관계에 놓고 세밀히 관찰할수록 점점 더 작아진다. 아래의 생각이 그 문제를 공부하는 학생들에게 도움이 될 것이다:

(1) 우선 요한복음뿐 아니라 공관복음에도 나타난 그리스도의 지성의 기이한 높이와 깊이와 넓이를 기억해야 한다. 그리스도는 신앙과 윤리의 모든 영역을 관조하셨다. 여느 사람처럼 말씀하지 않으셨고, 사람들은 그 가르침을 듣고서 크게 놀랐다(마 7:28, 29; 막 1:22; 6:2; 눅 4:32; 요 7:46). 자기 세대에게만 말씀하시지 않고, 그 세대를 통해서 모든 세대 모든 계층 사람들에게 말씀하셨다. 따라서 당대의 청중이 그분의 말씀을 종종 오해한 것은 하나도 이상한 일이 아니다. 요한뿐 아니라 공관복음 저자들도 그렇게 오해한 사례들을 소개한다(비교. 막 8:16). 그런데 누가 그 가르침의 내용과 형식으로 그분의 권능과 교육적 지혜를 제한하려는 것인가? 공관복음에서처럼 갈릴리의 평민들에게 설교하실 때와 요한복음에서처럼 고등교육을 받은 예루살렘의 거만한 고위 성직자들에게 설교하실 때 당연히 형식을 바꾸시지 않았겠는가? 그리고 사역 초기에 산 위에서 군중을 메시야 왕국으로 초대하시며 말씀하실 때와, 큰 희생을 앞두고서 방에서 제자들과 작별하며 말씀하실 때 당연히 형식을 바꾸시지 않았겠는가? 소크라테스는 크세노폰과 플라톤의 글에서 사뭇 다른 모습으로 등장하지만, 양쪽 모두에서 그를 볼 수 있다. 그러나 소크라테스보다 훨씬 크신 분이 여기 계시다.

(2) 요한의 정신은 가장 유연하고 융통성 있던 시기에 그리스도의 가르침을 생각과 말로 신실히 담아낼 정도로 주님의 정신을 철저히 따랐다. 세상에서 예수께서 사랑하시고 자기 어머니를 의탁하신 제자와 예수님만큼 영적 교감과 친화력이 더 컸던 관계는 없었다. 요한은 여느 그리스도인이나 공관복음 저자들보다 주님께 훨씬 더 가까이 서 있었다. "요한은 자기 복음서의 예수님에 자신의 모습을 비치도록 하기보다 예수님의 모범에 맞춰 자신을 형성해 가지 않았겠는가? 과연 예수님의 창의적인 지성이 그 제자로 하여금 그것을 닮도록 형성해 갔는지, 아니면 그 제자의 수용 정신이 그 자체의 노력으로 인간이 창안해 낼 수 있는 가장 고상한 이미지를 무한히 능가하는 구주의 개념을 배태해 냈는지 양자택일을 하는 일은 모든 정직한 사람들에게 남겨져야 할 몫이다."

(3) 요한은 자기 안에 내주하신 그리스도의 영에 충만하여 그 강화들을 재현했고, 그러므로 본래의 정신에서 조금도 일탈하지 않았다. 전체의 복음 역사는 그

리스도께서 땅에 계시는 동안 사역을 완성하지 않으시고 다만 시작하셨을 뿐이며, 택하신 사람들을 통해서 하늘에서 여전히 그 사역을 수행하고 계시며, 그 사람들에게 언변과 지혜를(눅 21:15; 마 10:19), 그리고 끊임없는 임재를(마 19:20; 28:20) 약속하셨다고 진술한다. 제자들은 사실과 사고의 거역할 수 없는 논리에 의해서 그리스도의 초인적 성격을 더욱더 확신하게 되었다. 그들은 그리스도의 지상 생애가 아버지와 함께 영광을 누리시던 선재의 상태에서 잠시 낮아지신 상태였다는 것과, 그 뒤에는 부활과 승천으로 영원한 영광의 상태에 계시다는 것을 깨닫게 되었다. 그리스도는 영광을 입으시기 전에는 제자들이 감당할 수 없기에 많은 것을 그들에게 일러 주시지 않았다(요 16:12). 베드로에게 말씀하시기를, "나의 하는 것을 네가 이제는 알지 못하나 이후에는 알리라"고 하셨다(13:7). 제자들이 처음에는 제대로 이해하지 못했던 심오한 말씀들 가운데 일부(2:22; 12:16)는 부활로, 그리고 그 뒤에는 성령 강림으로 조명되었다. 성령께서 그리스도의 충만하심 가운데 그 말씀들을 취하사 제자들에게 깨우쳐 주셨던 것이다(16:13, 14). 그렇기 때문에 고별사는 제자들의 마음에 그리스도를 영화롭게 하실 진리의 성령께 대한 약속으로 가득하다. 그러한 성령의 인도하에서 우리는 요한의 기록이 본질상 신실하다는 것을 온전히 확신할 수 있다.

(4) 그리스도의 언어와 그 제자의 언어는 일견 비슷하면서도 상당한 차이가 있다. 요한은 서론과 요한일서에서 그처럼 현저하게 사용한 로고스라는 칭호를 그리스도께서 직접 쓰신 것처럼 기록하지 않는다. 이것은 아주 중대한 사실로서, 그가 염두에 두고서 주의했음을 보여준다. 요한은 로고스라는 용어를 필로(Philo)에게서 차용했든(이 가설은 증명할 수 없다), 아니면 구약성경에 나타나는 감취인 하나님과 계시된 하나님 간의 차이점들과 그리스도께서 아버지와 자기의 관계에 관해서 하신 증거들을 반추한 뒤에 직접 만들었든 간에, 자신의 신학과 주님의 가르침을 구분했다. 요한일서는 요한복음의 메아리이지만, 나름대로의 주제와 당대의 반(反)기독교적 오류에 대한 비판이 실려 있다. 웨스트코트(Westcott)는 이렇게 말한다: "그 복음서의 문구들은 분명한 역사적 연관성을 갖고 있다. 그 자체를 설명하는 상황들에 속해 있다. 그 서신서의 문구들은 부분적으로는 일반적인 것들이고 부분적으로는 그리스도께서 성취하신 사역과 교회가 터득해온 경험에 비추어 이전의 용어를 해석한 것들이다."

제4복음서에 실린 세례 요한의 발언들은 그 복음서 저자가 전하는 바로는 구약성경이 설정한 한계를 엄격히 고수한다. "그가 그리스도에 관해 자발적으로 말하는 내용은 '어린양'과 '신랑'이라는 두 가지 상(像)으로 요약되는데, 그 둘은 메시야의 고난과 기쁨, 구속적이고 성취적인 사역을 예언적 이미지로 포괄적으로 바라보게 한다. 둘 다 계시록에서 다시 나타난다. 그러나 제4복음서에 기록된 주님의 가르침이나 요한일서에는 나타나지 않는다."

(5) 요한복음과 공관복음, 특히 마태복음에 실린 강화들 사이에는 사고와 유형이 놀라울 만큼 비슷한 예들이 적지 않으며, 이것은 양립할 수 없는 두 가지 유형의 가르침이 있다는 주장을 일축하고도 남는다. 공관복음 저자들은 요한복음에 나오는 다른 유형의 가르침에 전혀 낯설지 않았다. 그들도 때로는 요한처럼 높은 영적 경지에 올라가 그의 복음서에 삽입해도 전혀 무리가 생기지 않을 예수님의 간결한 어록들을 기록한다. 마태복음 11:25-30에 기록된 감사의 기도와 수고하고 무거운 짐 진 자들에 대한 감동적인 초대를 생각해 보라. 누가(10:22)와 마태(11:27)가 기록하는 숭고한 선언을 생각해 보라: "아버지 외에는 아들이 누군지 아는 자가 없고 아들과 또 아들의 소원대로 계시를 받는 자 외에는 아버지가 누군지 아는 자가 없나이다." 이 문장은 요한이 파악한 그리스도와 철저히 일치하며, 바로 이러한 개념이 요한이 복음서 서론에서 진술한 내용의 기초가 된다: "본래 하나님을 본 사람이 없으되 아버지 품 속에 있는 독생하신 하나님이 나타내셨느니라"(1:18). 요한복음에서 예수께서 다음과 같이 주장하신 것은 마태복음에서 주장하신 수준을 넘어서지 않는다: "하늘과 땅의 모든 권세를 내게 주셨으니"(28:19). 거의 비슷한 말씀을 요한복음에서도 하신다: "아버지께서 아들에게 주신 모든 자"(17:2).

반면에 요한은 공관복음 강설들의 특징을 이루는 동방의 격언 방식의 간결하고 함축성 있는 말씀을 적지 않게 기록한다(요 1:26, 43; 2:19; 4:44; 6:20, 35, 37; 12:13, 25, 27; 13:16, 20; 20:19, 23).

요한복음의 문체

제4복음서의 문체는 2세기 교회 저자들의 문체와 사뭇 다르며, 사도 시대의 문체에 속한다. 속사도 시대의 논쟁에 쓰인 전문 신학 용어들도 없고, 교회의 상황과 교회 정치 및 예배에 관한 언급도 없으며, 다만 초대 기독교 세대의 분위기에서 진행된다. 그러면서도 공관복음 저자들의 문체와는 사뭇 다르고, 세속 및 종교 문학사에서도 비류가 없이 요한의 재능이 유감없이 발휘된다. 그만큼 명쾌하고 깊고, 어린아이처럼 단순하고, 성인(聖人)처럼 성숙하고, 슬프면서도 화창하며, 영생과 사랑의 햇볕이 따스히 비친다. 제4복음서는 어휘와 문법으로는 순수한 헬라적 작품이지만, 기질과 정신으로는 철저히 히브리적 작품이되 다른 책들보다 더 그러하며, 본연의 호소력이나 아름다움을 하나도 잃지 않은 채 히브리어로 직역할 수가 있다. 어린아이 같은 단순함과 꾸밈없는 소박함, 풍부한 상상, 직설적인 문체, 정황을 알리는 데 나타나는 세밀함, 구약성경 저서들의 특징인 운율체 대구법이 살아 있다.

문장은 간결하고 무게가 있으며, 종속되지 않고 병렬된다. 구조도 대단히 단순하다. 복잡한 연대도 없고, 연결고리도 없고, 논리적 변증도 없고, 다만 직관을 통해 선언된 자명한 진리들이 연속될 뿐이다. 히브리 시의 대구법이 다음과 같은 이중 문장들에 아주 명확히 드러난다: "평안을 너희에게 끼치노니 곧 나의 평안을 너희에게 주노라"; "종이 상전보다 크지 못하고 보냄을 받은 자가 보낸 자보다 크지 못하니"; "만물이 그로 말미암아 지은 바 되었으니 지은 것이 하나도 그가 없이는 된 것이 없느니라." 대조의 대구법도 자주 나온다: "빛이 어두움을 비취되 어두움이 깨닫지 못하더라"; "그가 세상에 계셨으며 세상은 그로 말미암아 지은 바 되었으나 세상이 그를 알지 못하였고"; "요한이 드러내어 말하고 숨기지 아니하니"; "내가 저희에게 영생을 주노니 영원히 멸망치 아니할 터이요."

저자는 어휘수에서 일정한 한계를 갖고 있지만, 강조를 위한 반복을 좋아하며, 단순한 문장으로 숙연하고 강렬한 인상을 준다. 대단히 심오한 뜻이 담긴 핵심 단어들, 이를테면 말씀, 생명, 빛, 진리, 사랑, 영광, 증거, 이름, 표적, 기사, 알다, 보다, 믿다 같은 단어들을 사용한다. 이 단어들은 추상적 개념들이 아니라 구체적인 실재들이다. 그는 세상이 포괄적인 대립하에, 즉 생명과 사망, 빛과 어둠, 진리와 거짓, 사랑과 미움, 하나님과 마귀, 그리고 (요한일서에서) 그리스도와 적그리스도 간의 대립하에 있다고 본다.

저자는 기원문과 모든 논쟁적인 불변화사를 피하고, 대신 καί, δέ, οὖν, ἵνα 같은 단순한 불변화사들을 자주 사용한다. 해설부에서 가장 두드러지는 불변화사는 '그러므로'(οὖν)로서, 이것은 그에게 삼단논법상의 결론이 아니라(ἄρα와 그 합성어들처럼), 단순히 지속과 회상으로 이루어진 직설체('따라서'⟨so⟩와

'그렇다면'〈then〉, 혹은 독일어 'nun' 처럼)이지만, 그러면서도 아무것도 원인 없이는 발생하지 않는다는 생각을 포함한다. 반면에 '하기 위해서'(ἵνα)라는 불변화사는 아무것도 목적 없이는 발생하지 않는다는 뜻을 암시한다. 요한은 관계대명사를 피하고 명사의 반복 사이에 오는 연결 접속사(and)를 선호한다. 예를 들면 다음과 같다: "태초에 말씀이 계시니라. 그리고(한글개역성경에는 생략됨) 이 말씀이 하나님과 함께 계셨으니(and가 함축됨) 이 말씀은 곧 하나님이시니라 … 그 안에 생명이 있었으니(and가 함축됨) 이 생명은 사람들의 빛이라." 때로는 '그리고'(and)가 '그러나'(but)를 대신한다: "빛이 어두움에 비취되(and가 함축됨) 어두움이 깨닫지 못하더라"(1:5).

교회와 복음과 회개(μετάνοια) 같은 중요한 단어들은 아무리 찾아도 없지만, 그 실재는 다른 형태들로 존재한다. 그는 심지어 공관복음 저자들과 바울이 자주 사용하는 '믿음'(πίστος)이라는 명사조차 사용하지 않지만, '믿다'(πιστεύειν)라는 동사는 98번, 그러니까 세 공관복음서에 쓰인 용례를 모두 합친 횟수의 약 2배 가량을 사용한다.

그는 로고스(Logos, ratio and oratio)라는 중요한 용어를 하나님의 계시자이자 해석자인 그리스도께 적용하되(1:18) 오직 서문에서만 사용하며, '세상의 빛', '생명의 떡', '선한 목자', '포도나무', '길', '진리', '생명' 같은 상징적인 표현들을 사용한다. 오직 그만 주님의 강화를 기록하면서 '진실로'란 말을 중복해서 사용한다. 그는 성령을 이 땅에서 신자들을 위해 간구하시는 신자들의 '보혜사'(Paraclete) 혹은 '대언자'(Advocate)라고 부른다. 마치 그리스도께서 하늘 보좌에서 그 일을 하고 계시듯이 말이다. 이 복음서 면면에는 하늘의 영원한 거처에서 온 듯한 차분하고 화창한, 평화롭고 안식하는 분위기가 감돈다.

이런 문체가 속사도 시대에 사도의 이름을 도용하여 쓴 허구라는 가설에 적합한가? 허구적인 복음서들이 많지만, 그 책들은 마치 자정의 흑암과 정오의 광채가 다르듯이 정경의 제4복음서와 크게 다르다.

저자

거의 18세기 동안 모든 교파의 기독교 교회는 제4복음서가 사도 요한의 작품이라는 것을 조금도 의심하지 않은 채 유익을 받아 왔다. 그러나 19세기에 그 성채는 점증하는 세력으로 공격을 받았고, 공격자들과 방어자들 간의 전투는 최고의 역량을 지닌 학자들 사이에서 갈수록 치열해지고 있다. 건설적 비평주의와 파괴적 비평주의 사이에는 그것이 생사가 걸린 문제이다. 제4복음서가 예수께 사랑을 받은 제자 요한의 순수한 작품으로 입증된다면 그것은 신화와 전설을 재수립하고 그리스도의 생애와 사도 시대 역사를 파괴하는 진영에 치명타가 된다. 궁극적인 결과는 의심할 여지가 없다. 대적들은 제4복음서가 교회에 알려져 사용된 시점을 170년으로 주장하던 입장에서 점차 후퇴하여 2세기가 갓 동트기 시작한 때로 주장하지 않을 수 없는 처지가 되었다. 그때는 요한의 많은 제자들과 친구들 그리고 그 밖에 그리스도의 생애를 목격한 사람들이 살아 있던 때였다.

I. 제4복음서 저자가 요한이라는 **외적 증거**는 고대의 여느 고전 작가가 지닌 증거보다 강하면 강했지 결코 못하지 않으며, 요한이 살아 있던 때와 대단히 가까운 2세기 초에 이미 나타난다. 그 증거에 관련된 자들에는 보편교회의 저자들과 이단들과 이교의 대적들이 포함된다. 다른 목소리는 하나밖에 없었고, 그나마 대단히 변변찮은 것이었다. 다름 아닌 알로고스파(the Alogi)라는 미미한 분파의 주장이었는데, 그들은 요한의 로고스 교리를 반대했고(따라서 그 집단의 명칭도 '불합리한'과 반〈反〉로고스 이단이라는 이중적 의미를 갖고 있다), 요한복음과 계시록의 저자를 부당하게도 요한의 대적인 영지주의자 케린투스(Cerinthus)로 주장했다. 요한을 저자로 보는 중요한 증거들을 간략히 살펴 보자.

1. **보편교회의 증거들**. 우선 4세기에서 시작하여 점차 요한의 시대로 거슬러 올라가 보자. 2세기의 사본들을 기초하여 콘스탄티누스 시대에 제작된 시내 사본과 바티칸 사본을 포함한 신약성경에 대한 모든 고대 헬라어 사본들과, 2세기와 3세기에 제작된 시리아어역과 옛 라틴어역을 포함한 모든 고대 역본들은 예외 없이 요한복음을 싣는다. 비록 페쉬타(the Peshitta)는 요한이서와 삼서 그리고 계시록을 제외하지만 말이다. 이 사본들과 역본들은 교회들의 보편적 소리를 반영한다.

다음으로는 2세기 중반까지 거슬러 올라가도록 이질적인 목소리나 의심을 찾아볼 수 없는 모든 그리스와 라틴 교부들의 공인된 개별적 증거들이 있다: 니케아 이전의 문헌을 모두 보유했던 제롬(d. 419)과 에우세비우스(d. 340); 당대의 가장 위대한 학자로서 요한의 주석가였던 이집트의 오리게네스(d. 254); 교리로는 보편교회에 속했고 권징으로는 몬타누스파(Montanist)였으며 요한이 선언한 보혜사 시대를 열정적으로 옹호한 북아프리카의 테르툴리아누스(테르툴리아누

스. 200년경); 그리스와 이탈리아와 시리아와 팔레스타인을 두루 여행하면서 각
처에서 종교적 교훈을 찾으려 애쓴 교양있는 철학자 알렉산드리아의 클레멘스
(190년경); 소아시아 태생으로서 178년부터 리용의 주교(감독)를 지냈고 폴리카
르푸스의 제자이자 요한의 손자뻘 되는 제자였던 이레나이우스 — 그는 영지주
의와 맞서기 위한 가장 큰 무기를 제4복음서에서 얻었고, 네 권의 정경 복음서들
— 더도 아니고 덜도 아닌 — 을 당대 교회들이 보편적으로 인정한 책으로 밝힌
다; 분명히 요한의 이름하에 제4복음서에서 인용하는 안디옥의 데오빌루스
(Theophilus, 180); 요한이 복음서를 쓰게 된 동기를 친구들과 제자들의 간청으
로 보고하는 무라토리 정경(the Muratorian Canon, 170); 「그리스인들에게 보내
는 인사말」(*Address to the Greeks*)에서 비록 저자의 이름은 밝히지 않지만 제4복
음서를 거듭해서 인용하고, 「디아테사론」(*Diatessaron*, 네 복음서 대조 성경) —
저자가 다소 영지주의적 경향이 있었는 데도 한때 교회에 널리 보급되었고 시리
아의 에프라임(Ephraem)이 주석을 달았다 — 을 요한복음 서론으로 시작하는
시리아의 타티아누스(Tatian, 155-170년).

그에게서 그의 스승 순교자 유스티누스(Justin Martyr)에게로 가는 데는 한 걸
음밖에 걸리지 않는다. 유스티누스는 팔레스타인 태생으로서(103-166), 하드리
아누스(Hadrian)와 안토니누스 황제들(the Antonines)의 재위 때 신앙을 담대하
고 고귀한 정신으로 변호했다. 그는 두 권의 변증서와 유대인 「트리포와의 대
화」(*Dialogue with Trypho*)에서 네 권의 복음서들을 사도들의 "회고록"
(Memoirs) 혹은 "사도들이 기록한 중대 사건들"(Memorabilia of the Apostles)이
라는 제목으로 종종 자유롭게 인용하는데, 이 복음서들은 그의 시대에 공예배
때 낭독되었다. 그는 마태복음을 가장 많이 인용하지만, 요한복음에만 기록된,
그리스도께서 니고데모와 거듭남에 관해서 대화를 나누시는 단락을 적어도 한
번은 인용한다. 유스티누스가 그 밖에도 요한복음을 여러 차례 인용하는 것이
틀림없으며, 성육신 이전에 유대인들과 이방인들 사이에 고귀한 진리의 씨앗을
뿌리신 선재(先在)의 로고스에 관한 그의 전체 교리도 요한에게서 얻은 것이 분
명하다. 그 관계를 뒤바꾼다면 그것은 달에서 햇빛을 얻으려 하거나 강물에서
샘을 얻으려 하는 것과 다름없다.

그러나 그보다 훨씬 더 거슬러 올라갈 수 있다. 이른바 사도 교부들(the
Apostolic Fathers)의 빈약한 저서들에는 신약성경이 거의 언급되지 않으며, 초

대의 구전 전승의 분위기가 감돈다. 「디다케」(Didache)의 저자는 마태를 잘 알고 있었다. 「클레멘스 제1서」(*the first Epistle of Clement*)는 바울과 강한 유사성을 갖고 있다. 이그나티우스(Ignatius)의 짧은 서신들은 요한의 기독론으로부터 받은 영향을 보여준다. 요한에게 직접 배운 폴리카르푸스(Polycarp. 주후 155년 극도로 연로한 나이에 순교함)는 요한일서를 사용했고, 그로써 제4복음서에 대한 간접적인 증거를 제공한다. 왜냐하면 이 두 권은 반드시 함께 서지 않으면 함께 무너지기 때문이다.

파피아스(Papias. 150년경 죽음)의 경우도 마찬가지이다. 그는 폴리카르푸스에게 배웠고, 아마 요한의 설교를 직접 들었던 듯하다. 그는 "요한일서에서 끌어낸 증거들을 사용했다"(Eusebius). 청년 시절부터 사도들의 생생한 어록을 수집한 그는 사도들을 열거하면서 요한을 동료 복음서 저자 마태와 나란히 본래의 앞 서열에서 배제하며, "안드레, 베드로, 빌립"을 요한과 같은 서열에 둔다(1:40–43). 이 점을 근거로 그가 제4복음서를 알고 있었다는 것도 추론되어 왔다. 간음하다 붙잡혀 온 여자에 관한 논란이 되는 부분을 요한이 8:15의 실례로 기록했다고 추정할 만한 이유가 있다. 왜냐하면 에우세비우스에 따르면 그는 그의 상실된 저서에서도 비슷한 이야기를 언급하기 때문이다. 이런 사실들을 종합해 보면 파피아스가 요한을 친밀히 알았을 가능성이 대단히 커진다. 폴리카르푸스와 파피아스의 공동 증거는 요한의 말기 사역지의 요한 학파를 대표하는데, 요한의 사역은 에베소에서 폴리카르푸스를 통해서, 사데에서 멜리토(Melito)를 통해서, 히에라볼리에서 클라우디우스 아폴리나리스(Claudius Apollinaris)를 통해서, 갈리아 남부에서 포티누스(Pothinus)와 이레나이우스를 통해서 계승되었다. 위조 복음서가 그들이 존경하던 영적 부친이자 영적 조부의 이름하에 교회들에 몰래 들어왔다는 것은 믿을 수 없는 이야기이다.

마지막으로 부록의 결론절(21:24)은 요한의 여러 친구들과 제자들이 남긴 그보다 훨씬 오래된 증거로서, 그들은 아마 전승에 나오는 복음서를 쓰도록 요한에게 강권한 사람들인 듯하다. 요한복음은 원래 "이 일을 증거하고 이 일을 기록한 제자가 이 사람이라"는 문장으로 끝났을 것이다. 이 문장에 그 장로들은 복수형으로 자기들의 주장을 덧붙인다: "우리는 그의 증거가 참인 줄 아노라." 문학적 허구였다면 익명의 후기가 붙는 유익을 얻지 못했을 것이다. 이 문장 자체는 거짓 요한의 거짓 증거이거나, 아니면 맨 처음 그 책을 받아 요한이 죽기 전이나 후에 출판한 실제 요한의 친구들의 참된 증거이다.

전체 보편교회의 목소리는 그 주제에 관한 한 요한이 저자임을 지지한다. 단한 가지 예만 빼놓고는 정반대 견해가 있었다는 증거가 조금도 없으며, 그 한 가지 예도 순전히 부정적이고 불확실하다. 바우어(Baur)는 마지막 순간까지 2세기의 복잡한 유월절 논쟁을 요한이 제4복음서를 썼을 리 없다는 증거로 대단히 강조하면서, 그 이유를 당시 교회가 요한의 진술을 니산 월 14일에 성찬을 거행하기 위한 근거로 인용했기 때문이라고 설명한다. 반면에 제4복음서는 공관복음서들과는 약간 다르게 그날을 그리스도께서 십자가에 달리신 날로 진술하고(15일 대신), 그리스도를, 예표 역할을 한 유대인 유월절 양이 죽은 바로 그 시간에 죽은 참 유월절 양으로 제시한다. 그러나 첫째, 몇몇 유력한 학자들은 요한의 날짜와 니산 월 15일로 잡는 공관복음 저자들의 날짜를 조화시키는 법을 알고 있다. 둘째, 사도 요한이 십사일교도들(the Quartodecimans)과 함께 니산 월 14일에 부활절을 성찬 기념일로 지켰다는 증거가 전혀 없다. 그 논쟁의 초점은 기독교 유월절 날짜를 그 달의 날로 잡느냐, 즉 유대교 연대기에 맞춰 잡느냐, 아니면 그리스도께서 죽으신 그 주간의 날로 잡느냐 하는 것이었다. 전자로 잡았다면 유월절을 좀 더 편리하게 유대교 유월절처럼 고정된 절기로 만들었을 것이지만, 후자 혹은 로마 교회의 관습은 그것을 유동적인 절기로 만들었고, 이 관습이 니케아 공의회에서 승리를 거두었다.

2. **이단의 증거들.** 그들이 보편 교회의 교리에서 이탈한 점을 감안할 때 그들의 증거는 대단히 중요하다. 이단들이 심지어 보편교회 저자들보다 앞서서 제4복음서를 사용하고 주석한 듯하다는 것은 주목할 만한 점이다. 「클레멘스 설교집」(*the Clementine Homilies*)은 요한복음을 수 차례 언급하는 것 외에도 그 복음서 9:2, 3에 나오는 나면서 소경된 자의 이야기를 아주 분명하게 인용한다. 2세기의 영지주의자들, 특히 발렌티누스파(the Valentinians)와 바실리데스파(the Basilidians)는 제4복음서를 풍부하게 사용하는데, 이 복음서는 그 역사적 사실주의로 그들을 당혹하게 하기도 했고, 관념론과 신비주의로 그들을 사로잡기도 했다. 발렌티누스의 제자 헤라클레온(Heracleon)은 요한복음 주석을 썼고, 오리게네스는 이 주석의 발췌본을 상당 부분 보존했다. 발렌티누스 자신은 (테르툴리아누스에 따르면) 요한복음을 설명하거나 자신의 견해를 주입하려고 했다. 주후 125년 경에 활동한 바실리데스는 요한복음에서 "참 빛 곧 세상에 와서 각 사람

에게 비취는 빛이 있었나니"(1:9)와 "내 때가 아직 이르지 못하였나이다"(2:4) 같은 구절들을 인용했다.

이러한 이단들의 증거들은 그 자체로서도 결정적이다. 영지주의자들은 마르키온(Marcion)이 실제로 그랬듯이 교리가 다르다는 이유로 제4복음서를 아예 배척할 만도 했다. 보편교회가 영지주의자들의 교리를 받아들이지 않으려 했듯이, 그들도 보편교회로부터 그 복음서를 받아들이지 않으려고 했다. 그런데도 그렇게 이른 시기에 양 진영에서 그 복음서를 동시에 받아들였다는 것 자체가 그 진정성을 입증하는 결정적인 증거이다. 애보트 박사(Dr. Abbot)는 이렇게 말한다: "그 시대 영지주의자들은 어쩔 도리가 없었기 때문에 그 복음서를 받아들였다. 만약 그 진정성을 부정함으로써 그 권위를 무너뜨릴 수 있었다면 매우 억지스런 해석에 의해서만 자기들의 교리와 조화를 이룰 수 있었던 그 책의 권위를 인정하지 않았을 것이다. 당시에는 그 책의 진정성을 쉽게 확인할 수 있었다. 에베소는 동방 세계의 큰 도시로서 방대한 상업 중심지이자 소아시아의 메트로폴리스였다. 사도 요한을 알았던 사람들이 수천 명까지는 아닐지라도 수백 명은 그 도시에 살고 있었다. 주께 사랑을 받은 제자 요한이 주님의 생애와 가르침에 대한 회고를 기록했는지의 여부는 대단히 흥미로운 문제이다. 그토록 이른 시기에 서로 격렬히 반대하던 진영들이 제4복음서를 받아들였다는 사실은 그 진정성의 증거가 확고했음을 입증한다. 이 점은 후대의 몬타누스파 논쟁과, 부활절 날짜에 관한 논쟁에서 서로 대립하던 두 진영이 모두 그 복음서를 사용한 것으로 더욱 확증된다."

3. **이교도들의 증거**. 켈수스(Celsus)는 주후 178년경에 쓴 기독교 비판서에서 (카임〈Keim〉에 따르면 그는 오리게네스의 논박서에 보존된 단편들을 가지고 그 복음서를 재구성했다고 한다) 비판을 위한 자료를 네 복음서들에서 ― 비록 그 저자들의 이름은 밝히지 않지만 ― 끌어온다. 그리고 여러 가지 중에서 예수께서 십자가에 달리실 때 흘리신 피(요 19:34)와, 그리스도께서 "죽으신 뒤에 살아나사 형벌 당하신 흔적과 손의 못자국을 보이셨다"는 사실(참조. 20:25, 27) 같은, 요한이 독특하게 전하는 여러 세세한 내용들을 언급한다.

제4복음서의 독특한 흔적은 2세기의 마지막 25년 이전에는 발견할 수 없다는 바우어의 급진적인 주장은 철저히 무너져 왔고, 그의 대표적인 제자들도 타티아누스(Tatian)의 「디아테사론」에 대한 시리아어 주석인 위(僞) 클레멘스 「설교집」

의 마지막 권인 「필로소푸메나」(*the Philosophumena*)에서 연속해서 발견된 영지주의 인용문들이 2세기 중반과 처음 몇 년에, 즉 사도의 이름을 도용한 허구를 사도 시대의 거목이 남긴 원작으로 잘못 받아들일 가능성이 전혀 없던 때에 사용되고 남용되었다는 엄연한 사실을 드러냄에 따라 자기들의 주장을 하나씩 철회하지 않을 수 없었다.

II. 내적 증거. 이 증거는 훨씬 더 강하며, 최종적으로 진실인가 사기인가라는 양자택일밖에 남겨 놓지 않는다.

1. 제4복음서의 **문체**를 가지고 시작한다면, 이 복음서는 앞에서 이미 살펴 보았듯이 속사도시대 문학에 비견할 만한 것이 없는 아주 독특한 저서로서, 사고와 표현 형태에서, 이미지와 상징에서, 문장의 대칭 구조에서, 기사의 단순함과 현장감에서 대단히 히브리적인 성격을 드러내고, 구약성경의 정신을 반영하고 있다. 그러면서도 헬라인들 사이에서 오래 살아서인지 순수한 헬라어에도 친숙하다. 이것이 바로 에베소의 요한에게서 기대하게 되는 문체이다. 그는 바울처럼 랍비 교육을 받은 학자는 아니었지만, 히브리어 성경을 친숙히 알았고, 칠십인역에 의존하지 않았다. 그는 구약성경을 모두 14번을 인용한다(요 1:23; 2:17; 6:31, 45; 7:38; 10:34; 12:14, 38, 40; 13:18; 15:25; 19:24, 36, 37). 그중 네 가지는 히브리어 성경과 칠십인역에 모두 일치하고, 세 가지는 칠십인역과는 다르고 히브리어 성경과 일치하며(6:45; 13:18; 19:37), 나머지는 중립적이어서 양자와 일치하거나 양자와 다르거나, 인용이라기보다는 자유로운 각색이다. 그러나 히브리어 성경과 다르고 칠십인역과 일치하는 것은 하나도 없다.

속사도시대 저자들 가운데는 혹시 헤게시푸스(Hegesippus)를 제외하고는 기독교로 개종한 유대인이 한 사람도 없다. 히브리어를 읽고 히브리어적인 헬라어를 쓸 수 있는 사람이 아무도 없었다. 예루살렘의 멸망 후 교회는 최종적으로 회당과 갈라섰고, 양자는 서로에게 비타협적으로 적대적인 태도를 취했다.

2. 요한복음 저자는 **팔레스타인의 유대인**이었다. 그는 별다른 노력을 하지 않고 무심결에 예루살렘 멸망 전의 성지와 그 거민들을 아주 상세히 알았다는 뚜렷한 증거를 보여준다. 거룩한 도성과 그 주변의 지리를 훤히 알고 있었다. 베데스다를 다섯 행각이 딸린 양문 곁의 못으로(5:2), 실로암을 "번역하면 보냄을 받았다는 뜻"을 가진 못으로(9:7), 솔로몬 행각이 "성전 안"에 있었던 것으로(10:23), 기드론 시내에 동산이 있었던 것으로(18:1) 표현한다. 관정(praetorium)

의 위치를 알고 있고(18:28), 가바다(19:13)와 골고다(19:17)라는 곳의 의미를 알고 있고, 예루살렘에서 베다니의 거리가 "한 오리 쯤" 되는 것을 알고 있으며(11:18), 그곳과 요단 강 건너에 있는 베다니를 구분한다(1:28). 헤롯이 성전 건축을 시작한 연대를 제시한다(2:19). 팔레스타인 다른 지역도 똑같이 잘 알고 있으며, 외국인들이 자주 범하는 그런 실수를 범하지 않는다. 가나를 다른 지방의 가나와 구분하기 위해서 갈릴리 가나라고 밝히고(2:1; 4:26; 21:2), 애논도 "살렘 가까운" 곳이라고 하면서 그곳에 물이 많은 점을 밝힌다(3:23). 사마리아 수가도 "야곱의 우물" 근처로서 그리심 산이 보이는 곳임을 밝힌다(4:5). 디베랴 바다의 규모를 알고 있고(6:19), 벳새다를 "안드레와 베드로"의 동네라고 밝혀(1:44) 요단 강 동쪽 연안에 자리잡은 벳새다 율리아스와 구분한다. 나사렛이 속담에 오르내릴 정도로 미미한 곳이었음을 알린다(1:46).

요한은 유대인들의 복잡하게 뒤얽힌 정치적 교회적 메시야 사상과 대망을 잘 알고 있고(1:19-28, 45-49; 4:25; 6:14, 15; 7:26; 12:34, 그 밖의 구절들), 유대인들과 사마리아인들의 적대 관계를 잘 알고 있고(4:9, 20, 22; 8:48), 세례(1:25; 3:22, 23; 4:2), 결례(潔禮. 2:6; 3:25 등), 의식적(儀式的) 부정(18:28), 절기들(2:13, 23; 5:1; 7:37 등), 할례와 안식일(7:22, 23) 같은 유대인의 의식과 관습을 잘 알고 있다. 또한 혼례와 장례를 알고 있고(2:1-10; 11:17-44), 바리새인들의 성격과 산헤드린에 대한 그들의 영향력, 그리고 안나스와 가야바의 관계도 잘 알고 있다. 브레트슈나이더(Bretschneider)는 요한이 대제사장직을 당년 직으로 진술한다는 점을 들어 실정을 제대로 몰랐다고 주장하지만, 그것은 "그 해"라는 표현(11:49, 51; 18:13)을 오해한 것으로서, 요한의 의도는 그리스도께서 백성의 죄를 위해 돌아가신 그 기념할 만한 해라고 말하려는 것이다.

3. 저자는 복음서에 진술된 거의 모든 사건들의 **목격자**였다. 이것은 그가 세례 요한, 베드로, 안드레, 빌립, 나다나엘, 도마, 가룟 유다, 빌라도, 가야바, 안나, 니고데모, 마르다와 마리아, 막달라 마리아, 사마리아 여인, 소경으로 난 남자 같은 등장 인물들을 현실감 있게 소개하는 데서, 그리고 현장에서 목격했음을 은연중 드러내는 상세한 특징들과 생생한 묘사들에서 잘 나타난다. 그는 우발적으로 공관복음 저자들이 생략하는 사항들을 언급하는데, 이를테면 배반자가 "시몬의 아들"이었다는 것과(6:71; 12:4; 13:2, 26), 도마가 "디두모"라고 불리었다는 것(11:16; 20:24; 21:2) 등이다. 반면에 그는 세례자를 소개할 때 공관복

음 저자들이 세베대의 아들과 구분하기 위해서 여러 차례 덧붙인 독특한 칭호를 생략한 채 그냥 "요한"(그 자신은 다른 요한임)이라고 부른다. 특정 사건들이 일어난 날짜와 시간을 표기하고(1:29, 35, 39, 43; 2:1; 4:6, 40, 43, 52; 6:22; 7:14, 37; 11:6, 17, 39; 12:1, 12; 13:30; 18:28; 19:31; 20:1, 19, 26; 21:4), 사람이나 물건을 언급할 때 정확한 혹은 대략적인 숫자를 밝힌다(1:35; 2:6; 4:18; 6:9, 10, 19; 19:23, 39; 21:8, 11). 특정 상황에 제자들의 생각과, 그들이 주님의 말씀을 흘려듣고 오해하는 것과, 심지어는 주님의 의도와 느낌까지도 간파한다(2:24, 25; 4:1-3; 5:6; 6:6, 15; 7:1; 11:33, 38; 13:1, 3, 11, 21; 16:19; 18:4; 19:28).

어떠한 문학가도 그리스도께서 영적 거듭남의 신비에 관해 니고데모와 나누신 대화(3장)나, 사마리아 여인과 나누신 대화(4장)나, 유대인 고위 성직자들의 교만과 냉정한 편협성, 그리고 소경과 그 부모의 뛰어난 정직과 상식을 대단히 자연스럽게 드러낸, 소경으로 난 자가 받은 구체적인 심문(9:13-34)을 창안해 낼래야 창안해 낼 수 없었을 것이다. 4장에 기록된 야곱의 우물이라는 무대는 매우 사실적이면서도 인간과 자연이 꾸밈 없이 어우러진 정경을 연출한다. 이 우물이 비록 쇠락하긴 했으나 아직도 그리심 산과 에발 산 기슭에 남아 있기에 그러하다. 비옥하고 물이 넉넉한 분지에 야곱의 우물이 있고, 그리심 산 꼭대기에 사마리아인의 성소가 있고, 추수를 기다리는 곡식이 물결치는 들판이 있다. 오늘날의 나블루스(Nablus, 고대의 세겜)에 남아 있는 유대인들과 사마리아인들의 해묵은 반감을 거기서 만난다. 거기서 비록 일에는 지치시지 않았으나 "행로에 곤하여" 앉으신 예수님의 참 인성을 보며, 여자와 대화를 나누는 것에 대해 랍비들이 가진 편견을 뛰어넘으시는 모습을 보며, 초인적인 지식과 위엄을 본다. 사마리아의 막달라의 호기심과 민첩한 기지를 본다. 야곱의 우물에서 긷는 물에서 생명수로 전환하는 과정이 얼마나 자연스러우며, 예배 장소에 관한 열띤 논쟁이 무소부재의 영이신 하나님께 대한 지고한 개념으로, 그분께 신령과 진정으로 드리는 참 예배로 전환하는 과정이 또한 얼마나 자연스러운가.

4. 저자는 **자신이** 그리스도의 생애의 **목격자**라고 분명히 밝힌다. 이 점에서 공관복음 저자들과 다르다. 그들은 1인칭 명사를 사용하지 않고 기사에 주관적 감정을 뒤섞지도 않는다. 요한은 모든 사도들과 초대 제자들이 성육신하사 자기들 가운데 거하시는 로고스에게서 전체가 받은 인상을 진술하면서 그들의 이름으로 "우리가 그 영광을 보니"라고 말한다(1:14). 그리고 제4복음서와 뗄 수 없는

짝을 이루는 요한일서의 병행 단락에서 요한은 자기가 육신이 되신 생명의 말씀을 직접 알되, 그분을 자기 귀로 들었고, 자기 눈으로 보았고, 자기 손으로 만졌다고 엄숙히 주장한다(요일 1:1-3).

이 주장은 보편적인 것으로서, 우리 주님의 공생애 전체를 덮는다. 그러나 바로 그것을 그리스도의 인성의 실재성에 대한 각별한 관심사로 만들기도 한다. 예를 들어, 그리스도의 상하신 허리에서 피와 물이 쏟아진 것을 기록하면서, 다음과 같이 강조의 표현을 덧붙인다: "이를 본 자가 증언하였으니 그 증언이 참이라. 그가 자기의 말하는 것이 참인 줄 알고 너희로 믿게 하려 함이니라"(19:35). 여기서 우리는 저자를 자신이 기록한 내용을 정말로 목격한 증인으로 인정하거나, 아니면 의도적인 거짓말을 적어내려간 거짓 증인으로 여겨야 하는 양자택일의 기로에 서게 된다.

5. 마지막으로 저자는 자기가 **열두 사도** 중 한 사람이라는 것과, 각별한 사랑을 받은 **세 사도** 중 한 사람이라는 것과, 자기가 베드로도 아니고 야고보도 아니라는 것과, 자기가 다름 아닌 주님의 품에 기대었던, 주께 사랑을 받은 요한이라는 것을 암시한다. 그는 자기 이름이나 형 야고보의 이름이나 어머니 살로메의 이름을 적지 않고, 자신을 간접적으로 알리는 매우 겸손하고 의도적이면서도 아주 독특한 방식을 사용한다. 마치 신비로운 인물처럼 복음서 배후에서 베일을 쓰고 그것을 끝내 들어올리지 않는다. 독자들이 조합의 방식으로 자기 이름을 추론하도록 남겨 둔다.

요단 강 둑에서 세례 요한의 증거를 듣고서 안드레와 함께 예수를 찾아간 무명의 제자(1:35-40), 최후의 만찬 때 "예수의 품에 의지하여" 누웠던 제자(13:23-25), 베드로와 함께 대제사장 집 뜰 안까지 예수를 따라간 "또 다른 제자"(18:15, 16), 십자가 곁에 서서 임종하시는 주님께 어머니를 보살펴 달라고 부탁 받은 제자(19:26, 27), 부활의 아침에 베드로와 함께 빈 무덤으로 달려가 수의와 수건이 한 곳에 저절로 개켜져 있는 장면을 보고 그 장엄한 사실을 확신한 "예수의 사랑하시던 그 다른 제자"(20:2-28)는 요한이었음에 의심할 여지가 없다.

이 모든 기사들이 자서전 같은 상세함으로 직조되어 있다. 그는 자신을 가리켜 "예수의 사랑하시던 제자"라고 하는데, 이것은 공허감 때문에 그런 것이 아니라(어떤 비평학자들이 이런 아주 이상한 주장을 해왔다), 그로써 요한난

(Johanan, '여호와는 은혜로우시다')이란 이름에 담긴 예언을 성취시키신 신적 주님의 무한한 자비를 복되고 감사한 심정으로 기억하고서 그런 것이다. 자기를 그토록 전폭적으로 사랑하신 주님의 사랑이 그에게는 인생의 의미 전부였다.

이렇게 자기를 표시하는 방식이 자기 식구들을 표시하는 방식과도 일치한다. 십자가 곁에 서 있던 예수님의 '이모'는 아마 그의 어머니였을 것이다(요 19:25). 이렇게 생각하는 이유는 공관복음 저자들에 따르면 살로메가 그곳에 있었다고 하는데, 요한이 그 사실을 빠뜨렸을리 만무하기 때문이다. 그리고 예수께서 갈릴리 바다에서 자기를 나타내신 제자들의 명단에는 "세베대의 아들들"이 맨 나중에 언급되는데(21:2), 공관복음 저자들은 사도들의 명단을 기록할 때 한결같이 그 형제들이 베드로와 안드레와 함께 열두 제자의 앞자리를 차지한다. 이 차이는 겸양 때문으로밖에 설명할 수 없다.

저자의 이런 태도는 2, 3세기에 남의 이름을 도용하여 위조 저서를 쓴 자들과 얼마나 큰 대조를 이루는가. 그들은 자기들의 저작이 공허한 매력과 권위를 얻게 할 양으로 몰염치하게도 사도들이나 그 밖의 위인들의 이름을 도용했다. 아무리 그랬어도 장마다 새나오는 거짓을 막을 길이 없다.

결론

이상과 같은 외적 증거들과 내적 증거들 보노라면 제4복음서가 사도 요한의 저작이라는 결론을 내리지 않을 수 없다. 이 견해는 명쾌하고 일관되고 그 복음서의 성격과 사도 시대 역사 전체와 훌륭한 조화를 이룬다. 반면에 문학적 허구와 신앙적 동기의 도용 가설은 모순되고 불합리하고 스스로 정죄한다. 2세기의 저자치고 그런 기이한 책을 쓸 만한 역량을 갖춘 사람은 없었다. 그 책은 순교자 유스티누스, 이레나이우스, 테르툴리아누스, 클레멘스, 오리게네스, 그리고 그 밖의 교부나 스콜라학자나 종교개혁자의 저서들 위에 훨씬 우뚝 솟아 있다. 1세기의 어떤 저자도 사도 외에는, 사도들 중에도 요한 외에는 이 책을 쓸 수 없었고, 요한 자신도 성령의 영감이 없었다면 쓸 수 없었을 것이다.

84. 요한의 문제에 관한 비평적 개관

지금까지 제4복음서에 대한 최근의 반론들을 계속 곁들여 가며 우리 자신의 견해를 제시했지만, 그럴지라도 그 주제의 중요성을 감안할 때 한 장을 따로 할애하여 그 복음서에 대한 비판을 다루는 것이 당연하다.

제기된 문제

요한의 문제는 신약성경의 토양 위에 형성된 현대 비평학의 뜨거운 쟁점이다. 그 문제는 한편으로는 요한과 공관복음 저자들 간의 차이에서 비롯되고, 다른 한편으로는 제4복음서와 계시록 간의 차이에서 비롯된다.

I. 그 문제의 공관적 측면에는 그리스도의 사역 무대와 기간, 그리스도 상(像), 그분 강설들의 성격과 부피, 그 밖의 여러 사소한 문제들에 관해 처음 세 복음서 저자와 넷째 저자 사이에 차이점들이 있다. 이 측면에는 다음과 같은 가능성들이 있다:

(1) 공관복음 저자들과 요한은 모두 역사 사실을 기록하고, 그리스도라는 동일인의 인격과 사역을 각기 각도를 달리하여 묘사하면서, 중요한 점마다 서로를 보완하고 뒷받침한다. 이것이 교회의 신앙이고, 거의 모든 보수적 비평가들과 주석가들의 확신이다.

(2) 제4복음서는 요한의 저서이며, 그가 예수님과 친밀했던 덕분에 공관복음 저자들보다 더 정확하고 신뢰할 만하다. 공관복음 저자들은 구전 전승에서 끌어온 전설적 윤색과 심지어 오류까지도 싣고 있으며, 따라서 요한에 의해서 수정되어야 한다. 이것은 슐라이어마허(Schleiermacher), 뤼케(Lücke), 블리크(Bleek), 에발트(Ewald), 마이어(Meyer), 바이스(Weiss)를 비롯한, 전체 복음 역사 내용을 사실로 인정하고 그리스도를 인류의 주와 구주로 받아들이는 상당수 자유주의 비평가들과 해석가들의 견해이다. 이 학자들과 교회 전승 간의 차이는 근본적이지 않으며, 조정을 용인한다.

(3) 공관복음 저자들은 (주로) 역사의 그리스도를 묘사하고, 제4복음서 저자는 믿음과 허구의 이상적 그리스도를 묘사한다. 이것은 바우어(Baur), 튀빙겐 학파(슈베글러〈Schwegler〉, 첼러〈Zeller〉, 쾨스틀린〈Köstlin〉, 힐겐펠트〈Hilgenfeld〉, 폴크마르〈Volkmar〉, 홀츠만〈Holtzmann〉, 하우스라트〈Hausrath〉, 쉔켈〈Schenkel〉, 만골트〈Mangold〉, 카임〈Keim〉, 토마〈Thoma〉)와 그들의 추종자들, 그리고 그 사상에 동조하는 프랑스 학자들(니콜라스〈Nicolas〉, 데쉬탈〈d'

Eichthal〉, 르낭〈Renan〉, 레빌〈Rëville〉, 사바티에〈Sabatier〉)과 영국 학자들(「초
자연적 종교」〈*Supernatural Religion*〉를 쓴 익명의 저자, 데이비드슨〈Sam.
Davidson〉, 에드윈 애보트〈Adwin A. Abbott〉)의 견해이다. 그러나 이 비평가들
은 심지어 공관복음의 그리스도에게서조차 기적적인 요소들을 될 수 있는 대로
제거하며, 제4의 가설에 접근한다.

(4) 공관복음과 요한복음은 모두 허구적이며, 신화와 전설 혹은 경건한 거짓말
로 이해된다. 이것은 현대 비평학에서 주로 슈트라우스〈Strauss〉로 대표되는 극
좌파의 입장이다. 공관복음의 그리스도뿐 아니라 요한복음의 그리스도에게서도
뗄 수 없는 초자연과 기적을 부정한 데서 도달한 당연한 귀결이다. 하지만 역사
전체를 전복시키며, 엄연한 사실들과 결과들 앞에서 그 무게를 지탱할 수 없다.
따라서 급진적 비평가들 사이에서는 좀 더 역사적 입장을 선호하는 상당한 반발
이 있어 왔다. 카임〈Keim〉의 「나사렛 예수의 역사」(*History of Jesus of Nazara*)
는 슈트라우스의 「예수의 생애」(*Leben Jesu*)를 딛고 대단한 진보를 이룩한 책이
다. 비록 둘 다 비평적이고 학문적이며, 그가 저작 연대를 주후 66년으로 보는
마태복음에 진술된 공관복음 전승의 견지에서 보면 어정쩡한 정통 견해이긴 하
지만 말이다.

II. 요한 문제의 계시록적 측면은 당연히 계시록에 대한 사고에 속하긴 하지
만, 최근에는 복음서 문제와 분리할 수 없게 얽혀져 왔다. 이 측면에도 네 가지
독특한 견해가 있다:

(1) 제4복음서와 계시록은 둘 다 사도 요한의 펜에서 나왔지만, 주제의 성격,
저자의 상황, 그리고 기질과 문체의 현저한 차이를 설명할 만한 적어도 이삼십
년의 간격으로 구분된다. 요한은 주후 50년 예루살렘에서 바울을 만날 때 유대
기독교의 세 "기둥 사도" 중 한 사람이었지만(갈 2:9), 아마 나이가 사십이 못 되
었던 듯하고, 자제력을 발휘하여 침묵을 지키면서 바울의 사상에 충분히 동조하
여 그에게 교제의 악수를 나누었다. 계시록을 쓸 때, 즉 주후 68-70년에는 나이
가 육십이 채 못 되었고, 복음서를 쓸 때는 팔십이 넘었다. 더욱이 두 책의 차이
는 그 밑에 깔린 조화에 의해 단순히 균형을 이루는 차원을 넘어선다. 이것은 제
4복음서를 영해(靈解)한 계시록이나 계시록의 변형이라 부르는 튀빙겐 학파의
수장조차 인정했다.

(2) 요한은 복음서는 썼으나 계시록은 쓰지 않았다. 온건한 학파에 속한 많은

비평가들이 계시록을 포기하고 그것을 사도 요한과 동시대 사람인 "장로 요한" (Presbyter John)이라는 다소 의심스럽고 신비로운 인물의 저작으로 돌린다. 슐라이어마허, 뤼케, 블리크, 네안더, 에발트, 뒤스터디크(Düsterdieck) 같은 학자들이 그런 주장을 편다. 이들은 두 권 중에서 한 권을 고르라면 의심할 여지 없이 복음서가 더 강한 이유가 있다고 본다.

(3) 요한은 계시록을 썼지만, 바로 이런 이유 때문에 제4복음서를 썼을 리가 없다. 바우어, 르낭, 데이비드슨, 애보트, 그리고 거의 모든 급진적 비평가들(카임을 제외한)이 이런 주장을 편다.

(4) 제4복음서와 계시록은 다 위조 저서로서, 영지주의자 케린투스(Cerinthus)의 저서이거나(알로고스파의 주장대로) 익명의 날조자의 저서이다. 이 견해는 너무 터무니없고 건실치 못하여서 학문성과 판단력으로 유명한 비평가 중에서 감히 변호하려고 하는 자가 없다.

요한 문제의 양측면에 대한 네 가지 가능한 견해와, 그 견해를 옹호하는 진영들 간에는 서로 일치하는 점이 있다.

이러한 대립은 증거라는 새로운 근거들을 토대로 네 복음서 전부를 원본이자 역사적인 저서로 인정하고, 계시록과 제4복음서를 요한의 저서로 인정하는 교회의 신앙이 실질상 승리를 거두는 쪽으로 귀결될 것이다.

제4복음서에 쏟아진 공격들

비평학은 그 문제의 양면에 대한 태도를 철저히 바꾸어 왔다. 매우 괄목할 만한 변화이다. 루터교 총감독(the General Superintendent)이자 학자 브레트슈나이더(Bretschneider)는 (1820년에) 제4복음서의 원본성을 최초로 진지하게 비판하고서 올하우젠(Olhausen)과 톨룩(Tholuck) 같은 복음주의 성직자들뿐 아니라 슐라이어마허와 뤼케와 크레드너와 쇼트(Schott)에게도 비판을 받았는데, 비판의 강도가 워낙 드센 바람에 그는 몇 년 뒤에(1824년과 1828년) 자신의 배패를 솔직하게 인정하지 않을 수 없었다. 그리고 슈트라우스 박사가 「예수의 생애」 (*Leben Jesu*, 1835)에서 제4복음서의 원본성을 다시 부정했을 때, 기존의 옹호자들뿐 아니라 새로운 옹호자들까지 벌떼같이 들고 일어나 강력한 비판을 쏟아붓자 슈트라우스 자신의 회의마저 흔들렸다(1838년의 제3판에서 고백하듯이). 특히 네안더의 비중과 솔직성 때문에 더 흔들렸으나, 결국에는 자신을 변호하기 위해서 자신의 회의를 신화설에 필수적인 요소로 재확증하지 않으면 안 된다는 강박 관념을 느꼈다(「예수의 생애」 1840년 제4판과, 널리 유행한 1864년 판에서).

그러나 그러는 동안에 그의 스승이자 튀빙겐 학파의 주창자인 바우어 박사가 중무장을 하고 있다가 요한의 요새에 2차로 매우 대담하고 열렬하고 효과적인 공격을 퍼붓는 데 앞장섰다(1844년 이후로). 독일과 다른 나라들의 여러 유능하고 정교한 비평가들이 비록 세부 내용에는 상당한 수정을 거치긴 했지만 그 뒤를 따랐다. 그는 제4복음서를 2세기 중반 이후에 영지주의, 몬타누스주의, 유월절 논쟁에서 파생하고, 완숙의 경지에 이른 기술과 재주로 보편 신앙의 다양한 요소들을 조정한 순전히 관념적인 작품이라 평가했다. 원래 역사서로 기록되지 않고, 역사의 겉옷을 입은 신학 체제로 기록되었다고 했다. 이 '경향'(tendency) 가설은 의식적 구도를 배제하는 슈트라우스의 신화설에 사실상 치명타였다.

세번째 큰 공격은 바우어에게 영감을 받은 것이긴 하지만 독립된 학문과 판단을 가지고 한 것으로서, 카임 박사(Dr. Keim)가 가한 것이었다(*Geschichte Jesu von Nazara*, 1867). 그는 한 가지 점에서 바우어를 넘어섰다. 즉, 요한이 에베소에 체류했다는 전승 자체를 이레나이우스의 실수로 규정하여 부정했고, 그로써 계시록을 요한의 저작으로 볼 만한 근거 자체를 제거하고 튀빙겐 학파가 그 책에서 끌어온 공격력을 중립화했다. 반면에 계시록의 저작 시기를 170년(바우어)에서 트라야누스의 재위 때로, 즉 그 사도가 죽은 뒤 몇 년 내로 거슬러 올라가 잡음으로써 전통적 견해에 접근했다. 그는 에베소 전승을 부정하여 오히려 튀빙겐 비평가들로부터 인기는커녕 드센 반박을 받았다. 그들은 이 전승을 부정하는 것이 계시록의 원본성에 중대한 뒷받침이 된다고 보았던 것이다. 그러므로 카임의 행보가 끼친 영향은 오히려 공격 진영을 분열시키고 사기를 저하시키는 쪽으로 발휘되었다.

그럼에도 불구하고 이런 지속적인 공격의 효과는 대단히 강해서 세 명의 유력한 학자 곧 예나의 하제(Hase, 1876), 스트라스부르크의 로이스(Reuss)와 파리의 사바티에(1879)가 방어 진영을 이탈하여 공격 진영에 가담하게 되었다. 「예수의 생애」(*Vie de Jesus*, 1867) 제13판에서 제4복음서를 적어도 부분적으로는 변호했던 르낭도 이제는(1879년 *L'Église chrétienne*을 저술한 이래로) 그런 입장을 완전히 포기했다.

제4복음서에 대한 변호

바우어와 그의 학파의 예리한 비평은 문제 전체를 철저히 재조사하도록 강요했고, 이 면에서는 진리의 진영에 대단히 크게 이바지했다. 제4복음서의 저자가 요한이라는 것과 그 책이 진술하는 역사가 정확하다는 것을 유력하게 방어하게 된 것은 그들의 비평 덕분이다. 최근의 공격들에 맞선 이들 방어자들 가운데 유력한 학자들로는 독일에서 블리크(Bleek), 랑게(Lange), 에브라르드(Ebrard), 티에르쉬(Tiersch), 슈나이더(Schneider), 티셴도르프(Tischendorf), 리겐바하(Rigenbach), 에발트(Ewald), 슈타이츠(Steitz), 아베를레(Aberle), 마이어(Meyer), 루타르트(Luthardt), 비젤러(Wieseler), 바이슐라크(Beyschlag), 바이스(Weiss), 프랑스에서 고데(Godet), 프레상세(Pressensé), 아스티에(Astié), 네덜란드에서 니어마이어(Niermeyer), 반 우스터지(Van Oosterzee), 호프스테데(Hofstede), 드 흐로오트(de Groot), 영국에서 앨퍼드(Alford), 밀리건(Milligan), 라이트푸트(Lightfoot), 웨스트코트(Westcott), 샌데이(Sanday), 플러머(Plummer), 미국에서 피셔(Fisher), 애보트(Abbot)가 있었다.

부정적 비평학파가 요한에 대해서 학문적 주석을 한 권도 남기지 않았다는 것은 의미심장하다. 제4복음서에 대한 최근의 주석들은 모두 그 원본성을 지지한다(뤼케, 에발트, 랑게, 헹스텐베르크, 루타르트, 마이어, 바이스, 앨퍼드, 워즈워스〈Wordsworth〉, 고데, 웨스트코트, 밀리건, 모울턴〈Moulton〉, 플러머 등).

반(反) 요한설이 갖는 난제들

부정적인 비평학자들의 지배적인 이론은 이러하다. 즉, 그들은 공관복음서들을 그 가운데 기적들을 제외하고서 정순한 역사로 받아들이되, 바로 이 이유에서 요한을 배척한다. 그리고 계시록을 사도 요한 — 공관복음 저자들이 우레의 아들로 표현하고 바울이 보수적 유대 기독교의 세 기둥 중 하나로 표현한(갈 2장) — 의 원작으로 받아들이되, 바로 이 이유에서 그가 문체와 정신에서 계시록과 사뭇 다른 복음서를 쓸 수 있었다는 점을 부정한다. 그들은 이러한 입장을 견지하기 위해서 공관복음과 계시록이 똑같이 내외적인 증거로 뒷받침을 받으며, 적어도 20년 이전의 전승을 진술한다는 사실에 호소한다.

그러나 그렇다면 제4복음서는 어떻게 되는가? 그들은 실제 요한이 자기 주님의 역사를 그릇되게 전했다는 것은 믿을 수 없는 일이라고 한다. 따라서 그의 이름으로 된 복음서는 속사도 시대의 허구이자 종교 시(詩) 혹은 성육신한 로고스라는 주제로 쓴 전기 소설이라고 본다. 그것은 필로의 알렉산드리아 철학에 강한 영향을 받은 기독교 영지주의의 복음서라고 한다. 그렇지만 사기라기보다는 문학적 허구라고 한다. 마치 플라톤이 소크라테스를 다루면서 그를 단순히 자신의 지고한 사색의 기초로 삼고 그가 말한 적이 없는 연설을 그의 입에 넣어 준 것처럼, 이름이 밝혀지지 않는 저자가 공관복음에 나타나는 역사적 예수를 다루었다고 한다.

그 기독교 플라톤이 누구였단 말인가! 영지주의자 이단으로서 요한의 대적인 케린투스가 제4복음서를 썼다는 터무니없는 알로고스파의 견해를 부활시킨 르낭을 제외하고는 어떤 비평가도 그 이름을 대지 못한다! 르낭과 같은 추측을 하려면 상상력의 특별한 비약과 어이없을 정도의 경신(輕信)이 필요하다. 비평가들 사이에 더 냉정한 사람들은 저자가 요한의 제자이자 역량이 대단히 걸출한 에베소 사람으로서, 요한이 죽은 뒤에 그의 구전 교훈을 자유롭게 재현하고 수정했다고 추정한다.

그러나 그보다 훨씬 덜 중요한 폴리카르푸스와 파피아스와 요한의 그 밖의 제자들이 우리들에게 전해 내려오는 판국에 어찌 그런 위인의 이름이 철저히 알려지지 않았을 수가 있을까? "그 위대한 무명 인사"라니 참 신비스러운 일이다. 어떤 비평가들은 튀빙겐 학파에 절반쯤 동조하여 요한 자신이 역사 기술이든 강설이든 그 책의 일부를 썼다고 인정할 용의를 보이지만, 이런 절충안 중 그 어느 것도 정당하지 못하다. 왜냐하면 그 책은 하나의 단위이며, 전부가 원본이든가 아니면 전부가 허구이기 때문이다.

아울러 부정적인 비평가들은 저작 시기에 관해서도 일치하지 않는다. 논리와 증거의 점증하는 압력하에 그들은 2세기 마지막 25년에서 한 발짝씩 후퇴하여 처음 25년으로 밀려나더니, 심지어는 요한이 죽은 지 몇 년 안, 그의 청중이 수백 명이나 살아 있던 시기까지 밀려났다. 그때는 요한의 이름을 도용한 책이 일반적으로 순순히 통용된다는 게 불가능한 때였다. 바우어 박사와 슈베글러 (Schwegler)는 저작 연대를 주후 170년 혹은 160년으로 잡았다. 폴크마르는 155년으로, 첼러는 150년으로, 숄텐은 140년으로, 힐겐펠트는 130년경으로, 르낭은 125년경으로, 쉔켈은 120년이나 115년으로 잡다가, 급기야 카임은 (1867년에) 110년 혹 심지어는 100년까지 거슬러 올라갔는데, 너무 이른 시기로 잡다보니 자기 방어의 필요를 강하게 느끼게 되어 다시 130년으로 늦춰 잡았는데, 순교자 유스티누스와 초기 영지주의자들의 공인된 증거들이 엄연히 있는데도 불구하고 그렇게 했다. 비평학의 이런 동요는 제4복음서의 저작 시기를 2세기로 잡는 게 불가능하다는 것을 드러낸다.

만약 제4복음서를 포기한다면 그 대신에 무엇을 얻게 될 것인가? 사실 대신에 허구를, 떡 대신에 돌을, 가장 영광스러운 진리 대신에 영지주의의 허망한 꿈을 얻게 될 것이다.

다행히도 요한의 저자성을 부정하는 모든 가설은 매 단계에서 타파되었다. 가 설로 상정한 교리 체계에 들어맞지 않고 입증하기 어려운 역사 기억들에 의존하 는 허다한 세부 내용들 때문에 무참한 공격을 받고 좌초했다.

게다가 그런 가설은 난제들을 푸는 대신 오히려 더 큰 난제들을 만들어 놓는 다. 온갖 재능을 동원하더라도 풀 수 없는 뚜렷한 모순들이 있다. 만약 "그 위대 한 무명 인사"가 자신의 관념적 그리스도를 창안해낸 대가라면, 전무후무한 그 숭고한 강설들을 창작해낸 대가라면, 그는 틀림없이 단테(Dante)나 셰익스피어 (Shakespeare)보다 뛰어난 천재이고, 가장 위대한 분인 자신의 주인공보다 더 위 대한 인물이었을 것이다. 이것은 심리학적으로 불가능하고 논리적으로 불합리 한 이야기이다. 더욱이 만약 그가 요한이 아닌데 요한으로 알려지기를 바랐다면 그는 사기꾼이요 거짓말쟁이이다.

이것은 도덕적으로 있을 수 없는 일이다. 플라톤의 경우는 매우 다르며, 그와 소크라테스와의 관계는 널리 이해된다. 공관복음서들은 익명으로 기록되었으나 독자들을 속이지 않는다. 누가와 히브리서 저자는 정직하게 자기들이 단순히 사 도들의 제자들일 뿐이라고 밝힌다. 정작 비교가 될 만한 것은 거짓말이라는 게 노골적으로 드러나는 외경 복음서들과 위(僞) 클레멘스의 저작들로서, 그 내용 은 비교가 되지 못할 정도로 제4복음서보다 현저히 떨어진다. 문학적 허구들이 고대 교회에 드물지는 않았지만, 당시 사람들도 현대인들과 마찬가지로 사실과 허구, 진리와 거짓을 구분할 수 있는 상식과 도덕의식을 갖고 있었다. 고대 교회 가 그렇게 중요한 책을 주께 사랑받은 제자가 거의 죽은 때부터 그의 책으로 한 결같이 받아들이는 데로 철저히 기만을 당했다거나, 그리스 정교회, 라틴 교회, 프로테스탄트 교회, 그리고 허다한 학자들이 18세기 동안 어떤 영지주의자의 망 상을 인류의 구주의 정순한 역사로 오해하고, 거짓이라는 흙탕물을 생명수인 줄 알고 마시는 등 철저한 기만에 빠져 왔다는 것은 한 마디로 있을 수 없는 일이다.

누가 뭐라해도 제4복음서는 하늘에 떠있는 태양처럼 자체의 최고의 증거를 여전히 비추고 있고 앞으로도 비출 것이며, 크고 작은 구름들이 사라질 때는 그 광채가 훨씬 더 찬란할 것이다.

85. 사도행전

사도행전과 제3복음서

사도행전은 비록 고대 교회가 '복음서' 난에 두지 않고 '사도' 난에 두긴 했지만, 제3복음서 저자가 사회적 지위가 높았던 기독교 개종자로 추측되는 데오빌로라는 동일인을 위해서 쓴 복음서의 연작이다. 전권에서는 자기가 듣고 읽을 것을, 후권에서는 듣고 본 것을 보고한다. 전권은 그리스도의 생애와 사역을, 후권은 매단계에서 식별되는 성령의 사역을 기록한다. 영(the Spirit) 혹은 성령(the Holy Spirit)이란 단어는 신약성경의 다른 어떤 책보다 사도행전에 더 자주 나온다. 사도행전은 '성령복음'이라 해도 무방하다.

고대 교회의 보편적 증거는 그 두 권의 기원을 동일 저자에 둔다. 이것은 문체의 일치, 기사의 연속, 구도의 일치로 확증된다. 신약성경 다른 책에서 발견되지 않는 50여개의 단어가 두 권에 공통되게 쓰인다.

목적과 내용

사도행전은 제3복음서처럼 유쾌하고 용기를 주는 책이다. 선교 열정과 소망으로 충일하다. 전진에 전진을, 정복에 정복을, 박해와 순교마저 기뻐하고 감사할 일로 기록한다. 이 책은 초대 교회사이다. 예루살렘에서 시작하여 로마에서 마친다. 한 장을 더 추가했다면 네로의 참혹한 박해와 바울과 베드로의 영웅적인 순교를 기록했을 것이다. 그러나 그러면 비극의 책이 되어 버렸을 것이다. 그러기보다 시작할 때의 유쾌하고 당당한 분위기로 마친다.

사도행전은 기독교가 유대교의 본산에서 시작하여 이교의 본산에까지 전진하는 역정(歷程)을 그린다. 베드로가 유대인들 가운데 교회를 심고, 바울이 이방인들 가운데 교회를 심는 역사이다. 그 주제는 부활하신 그리스도께서 제자들에게 하신 약속(1:8)에 잘 나타난다: "오직 성령이 너희에게 임하시면 너희가 권능을 받고(2장) 예루살렘과(3-7장) 온 유대와 사마리아와(8-12장) 땅끝까지 이르러(13-28장) 내 증인이 되리라." 바울적인 복음서인 누가복음은 유대인들에게서 나왔으나 유대인들에게 배척을 받는 구원이 사마리아인들과 이방인들을 포함한 만민을 위해 예비된 것임을 보여 줌으로써 사도행전의 터를 닦았다. 사도행전은 교회가 베드로의 사역과 그 뒤 스데반의 사역과 그 뒤 빌립의 사마리아 사역과 그 뒤 고넬료를 회심시킨 베드로의 사역과, 마지막으로 바울과 그 동역자들의 노고에 의해서 유대인들에게서 그리고 그들 사이에서 시작하여 이방인들에게로 전진해 간 자취를 보여준다.

사도행전은 그리스도가 승천하시고 혹은 보좌에 앉으시고 성령을 부어주시어 그 나라를 세우신 일로써 시작하고, 이방인들의 사도가 당시 알려진 세계의 수도에서 힘있게 복음을 전파하는 것으로 마친다.

교회의 전진을 객관적으로 진술하는 것이 이 책의 주된 목표이며, 주관적이고 전기적인 특징들은 이 목표에 종속된다. 기독교의 첫째 부분 곧 유대 기독교의 주인공인 베드로와 둘째 부분 곧 이방 기독교의 주인공인 바울 앞에서 다른 사도들은 뒤로 물러나며 요한을 제외한 사도 야고보(the elder James), 스데반, 주의 형제 야고보의 이름이 단 한 차례만 언급된다. 기둥 사도들의 생애조차 이 책의 역사에는 그들이 선교 사역에 관련되는 한도에서만 언급된다. 이런 점에 비추어 볼 때 오랫동안 받아들여진 이 책의 제목 — 다름 아닌 저자가 붙인 — 은 고대의 용례에 따른 것이긴 하지만 정확하지 못하다(외경 저서들의 경우를 보자면 「빌라도 행전」, 「베드로와 바울 행전」, 「빌립 행전」 등의 제목이 붙는다). 이 책은 5분의 3 이상의 내용이 바울에게, 특히 저자가 경험을 토대로 말할 수 있었던 바울의 후기 사역과 여행에 할애된다. 기독교 수립 혹은 교회 시작(Origines Ecclesiae)과 관련한 베드로와 바울의 전기적 회고들을 선별한 책이다.

자료

바울의 신실한 제자이자 동역자인 누가는 초대 교회사를 쓰기에 적임자였다. 전반부에서 그는 복음서를 준비할 때와 마찬가지로 구전 전승뿐 아니라 팔레스타인 문헌들에서도 도움을 얻었다. 사도행전 처음 몇 장에 히브리적 색채가 짙은 것은 그런 이유 때문이다. 반면에 그 뒤로는 자기 복음서의 고전적 서론에서와 마찬가지로 순전히 헬라적인 색채를 띤다. 후반부에 기록된 대부분의 사건들은 저자가 직접 관찰한 것들이다. 따라서 겸손히 자신을 포함시켜서 주어를 복수형으로 쓰는 경우가 종종 있다. 주어가 "우리"인 부분은 16:10부터, 즉 바울이 드로아에서 마게도냐로 건너갈 때(주후 51년)부터 시작한다. 일행은 바울이 빌립보에서 고린도로 떠날 때 갈라졌다가(17:1), 바울이 7년 뒤 마게도냐를 다시 방문할 때 결합한 다음(20:5, 6), 그 뒤부터 기사가 끝날 때(주후 63년)까지 계속 함께 있는다. 누가는 아마 빌립보에서 바울이 돌아올 때까지 여러 해 남아 있으면서 선교 사역에 힘썼던 듯하다. 잠시잠시 떨어져 있었던 때를 포함하여 적어도 12년 이상을 바울의 일행과 행보를 같이했다. 바울이 순교 직전에 치렀던 마지막 옥중 생활 때에도 가장 신실하고 헌신적인 동역자로 그의 곁에 남아 있었다(딤후 4:11).

저작 시기

누가가 사도행전을 집필하기 혹은 초록을 작성하기 시작한 때는 바울과 함께 마게도냐를 전도하며 여행하는 동안, 특히 빌립보에서 일행과 떨어져 여러 해 체류하는 동안이었을 것이다. 가이사랴에서도 이 작업을 계속했는데, 이곳에서는 예루살렘으로부터, 그리고 가이사랴에 살던 고넬료와 그의 친구들, 빌립과 그의 딸들에게서 과거의 역사에 관한 신빙성 있는 정보를 수집할 더없이 좋은 기회를 얻었다. 그런 뒤 바울이 로마에서 첫번째 투옥된 직후에, 그러니까 64년 여름의 참혹한 박해가 일어나기 전에 집필을 마쳤다. 집필의 범위를 그 이후까지 포함했다면 그때의 일을 언급하지 않고 놔두었을 리가 없다.

사도행전에서는 아무리 자세히 살펴봐도 이때의 박해와 바울 혹은 베드로의 순교나 그들의 서신들이나 예루살렘 멸망이나 후세대 교회의 조직이나, 감독이 장로보다 우월하게 된 일이나(비교. 20:17, 28), 영지주의 이단들 — 예언적인 경고를 통한 방법을 제외하고는(20:30) — 에 관한 언급을 찾아볼 수 없다. 이른바 역사서가 이런 점들에 침묵을 지키는 것은 이 책이 주후 70년 이후나 심지어 64년 이후에 저작되었을 것이라는 추정을 가지고서는 도무지 설명할 수 없다. 그러나 저작 시기를 바울의 순교 이전으로 잡는다면 사도행전의 마지막 구절은 예루살렘부터 로마까지 이어진 기독교 선교 역사에 대한 적절한 결론인 셈이다. 이방인의 사도가 문명 세계의 심장부에서 담대하고 자유롭게 복음을 전했다는 것은 승리의 상징이자 담보였기 때문이다.

사도행전과 복음서들

사도행전은 복음서들과 서신서들 간의 연결고리이다. 교회 설립의 터가 된 그리스도의 생애에서 발생한 중요한 사건들을 전제하고 확증한다. 사도들을 증인들로 만든 부활 사실이 책 전체에 기쁨의 전율과 승리의 분위기를 전달한다. 하나님은 예수를 죽은 자 가운데서 일으키시고 그가 메시야요 생명의 주요 이스라엘의 구주라고 강하게 선포하셨다. 이것이 바로 얼마 전에 자기 주님을 부인했던 베드로의 설교 요지이다.

그는 오순절 설교에서, 산헤드린 앞에서 행한 연설에서, 그리고 고넬료 앞에서 이 사실을 사람들 앞에서 담대하게 증거한다. 바울도 비시디아 안디옥과 데살로니가에서 행한 연설과 아테네 철학자들을 앞에 두고서 아레오바고에서 행한 연설에서, 그리고 가이사랴에서 베스도와 아그립바에게 행한 증거에서, 부활이 없었다면 자신의 회심도 발생할 수 없었다는 것을 말하면서 부활을 강조한다.

사도행전과 서신서들

사도행전이 사도 교회의 외적 역사를 진술한다면, 서신서들은 동일 교회의 내면적 삶을 보여준다. 둘 다 모든 중요한 점들에 한결같이 일치함으로써 서로를 보완하고 확증한다. 이런 일치점들은 계획되지 않은 것들이고 사소한 내용에서 경미한 차이점들을 보인다는 점에서 더욱 확고히 부각된다. 대부제(Archdeacon) 페일리(Paley)는 「바울의 시대」(*Horae Paulinae*)에서 그 일치점들을 논의 주제로 삼았는데, 이 책은 제임스 스미스(James Smith)의 「사도 바울의 항해와 난파」(*Voyage and Shipwreck of St. Paul*)와 나란히 고전적인 논문의 지위를 잃지 않을 것이다. 건실한 상식과 편협하지 않은 판단력을 가진 독자들로서는 이 두 저서에 제시된 논증들만으로도 사도행전의 신빙성에 대한 비평가들의 대다수 공격을 충분히 잠재울 수 있다.

누가가 바울의 서신서 13권 중 어느 한 권이라도 읽었다는 흔적이 조금도 없고, 바울이 사도행전을 한 줄이라도 읽었다는 흔적도 없다. 이 두 부류의 저서들은 동시에 독자적으로 집필된 것으로서, 그러면서도 동일한 정신이 흐른다. 물론 누가가 바울의 아라비아 여행, 안디옥에서 베드로와 충돌한 일, 그의 숱한 시련과 박해를 생략하는 것이 사실이다. 그러나 그가 목표로 삼은 것은 자세한 전기가 아니었다. 아래는 구도되지 않은 게 분명한 이런 일치점들 몇 가지를 연대순으로 배열해 놓은 것이다:

바울의 회심

비교. 행 9장, 22장, 26장; 사소한 점에서만 다른 세 가지 기사.

갈 1:15-17; 고전 15:8; 딤전 10:13-16.

바울이 다메섹에서 박해를 당하고 피신한 일

행 9:23-25. 여러 날이 지나매 유대인들이 사울 죽이기를 공모하더니 그 의 제자들이 밤에 광주리에 사울을 달아 성에서 달아 내리니라.

고후 11:32, 33. 다메섹에서 아레다 왕의 방백이 나를 잡으려고 다메섹 성을 지킬쌔 내가 광주리를 타고 들창문으로 성벽을 내려가 그 손에서 벗어났노라.

바울이 예루살렘을 방문한 일

9:26, 27. 사울이 예루살렘에 가서 … 바나바가 데리고 사도들에게 가서

15:2 바울과 바나바와 저희 사이에 적지 아니한 다툼과 변론이 일어난지라 형제들이 이 문제에 대하여 바울과 바나바와 및 그 중에 몇 사람을 예루살렘에 있는 사도와 장로들에게 보내기로 작정하니[할례 문제를 확정하기 위한 사도 공의회를 가리킴].

갈 1:18 그 후 삼 년만에 내가 게바를 심방하려고 예루살렘에 올라가서 저와 함께 십오 일을 유할새

갈 2:1 십사 년 후에 내가 바나바와 함께 디도를 데리고 다시 예루살렘에 올라갔노니 계시를 인하여 올라가[물론 이 내적인 동기에는 누가가 언급하는 교회의 임명이 배제되지 않는다].

홀로 아덴에 남은 바울

17:16. 바울이 아덴에서 저희[실라와 디모데]를 기다리다가.

살전 3:1. 우리만 아덴에 머물기를 좋게 여겨 … 디모데를 보내노니.

비교. 7절

직접 노동하여 생계를 유지한 바울

18:3 [아굴라가] 업이 같으므로 함께 거하여 일을 하니 그 업은 장막을 만드는 것이더라 비교. 20:34.

살전 2:9 형제들아 우리의 수고와 애쓴 것을 너희가 기억하리니 너희 아무에게도 누를 끼치지 아니하려고 밤과 낮으로 일하면서 너희에게 하나님의 복음을 전파하였노라 고전 4:11, 12.

고린도를 두 차례 방문한 바울

18:1; 20:2   고전 2:1; 4:19; 16:5.

아볼로의 고린도 사역

18:27, 28.   고전 1:12; 3:6.

유대인들에게 유대인이 된 바울

16:3; 18:18; 21:23–26   고전 9:20.

그리스보와 가이오에게 준 세례

18:8.   고전 1:14–17.

가난한 형제들을 위해 연보를 모음

18:23.   고전 16:1.

바울의 마지막 예루살렘 여행

20:6; 24:17.   롬 15:25, 26.

로마를 방문하려는 소원

19:21.   롬 1:13; 15:23.

사슬에 매인 사신인 바울

28:16–20.   엡 6:19, 20.

사도행전과 세속사

사도행전은 기독교를 주변 세계와 접촉시키며, 우발적이고 또한 목적에 필요한 한도 내에서이긴 하지만 다양한 지역과 세속 인명들과 사건들을 많이 인증한다. 이런 인증들은 드다(Theudas)만 제외하고는 요세푸스와 이교 저자들이 기록한 역사와 충분한 조화를 이루며, 누가가 자신을 충분한 정보를 가진 정직하고 신뢰할 만한 역사가로 밝힌 것을 확증해 준다. 주교 라이트푸트(Lightfoot)는 고대의 저서 중 그렇게 정직성에 대한 많은 시험을 넉넉히 견뎌낸 책이 없었다고 주장하면서, 사도행전만큼 유대든 그리스든 로마든 당대의 역사와 정치와 지형과 모든 방향에서 그렇게 많은 접촉점을 가진 책이 없었기 때문이라고 그 이유를 밝힌다. 가말리엘, 헤롯, 아그립바 1세, 버니게, 벨릭스, 베스도, 갈리오 같은 등장 인물들에 대해서 사도행전이 진술하는 내용은 우리가 확인할 수 있는 범위 내에서 당대의 자료들과 철저히 일치한다. 시리아와 소아시아와 그리스와 이탈리아의 나라들과 도시들과 섬들에 대한 언급들은 예외없이 정확하며 경험이 많은 여행자의 글임을 드러낸다. 이제 몇 가지 중요한 점들을 언급하겠는데, 그중 더러는 사도행전의 신빙성을 묻는 중요한 시험들이다.

1. 드다의 반란(5:36). 주후 33년에 행해진 가말리엘의 연설 가운데서 인증됨. 이 점에서는 요세푸스와 분명히 상충된다. 요세푸스는 이 사건의 시점을 클라우디우스(글라우디오)의 재위 때이자 주후 44년 쿠스피우스 파두스(Cuspius Fadus)가 총독으로 재위하던 때, 즉 가말리엘이 연설한 지 10년 내지 12년 뒤의 시점에 둔다. 그러나 요세푸스는 헤롯 대왕이 죽은 직후에 일어난 반란을 세 가지만 언급하며 — 그 중 한 번은 유다의 주도로 일어났다(그가 드다 혹은 다대오였을 가능성도 있는데, 이 두 이름은 서로 바꿔 사용할 수 있다. 비교. 마 10:3; 눅 6:16) — 그 밖에도 가도(街道)에, 왕의 이름을 사칭한 강도들과 살인자들이 많았다는 말을 덧붙인다. 따라서 누가에게 연대 착오의 비판을 가하기를 삼가야 한다. 누가는 요세푸스만큼 좋은 정보를 갖고 있었고, 오히려 더욱 신뢰할 만하다. 이 점과 누가복음 2:2에 기록된 인구 조사의 경우를 제외하고는 두 사람 사이에 상충되는 부분이 없으며, 그 구절의 경우에도 구레뇨가 두 차례에 걸쳐 총독을 지낸 사실이 발견됨으로써 그 연대상의 난제도 해결 범위 안에 들어오게 되었다.

2. 갈릴리 유다의 반란(5:37). 가말리엘의 연설에 호적(구레뇨의 인구조사)할 때 발생했다고 언급됨. 이것은 요세푸스에 의해 확인된다. 이 유다의 반란은 대전쟁 이전에 로마의 멍에를 벗어버리려는 가장 열정적인 시도였다.

3. 에디오피아 여왕 간다게(8:27). 스트라보(Strabo)는 그 이름을 지닌 에디오피아의 메뢰(Meroe)라는 여왕을 언급하는데, 간다게는 바로처럼 어느 왕조의 호칭이었던 것 같다.

4. 클라우디우스 때에 든 가뭄(11:28). 그의 재위(주후 41-54)는 잦은 가뭄으로

지장을 받았는데, 요세푸스에 따르면 그 중 한 번은 주후 45년 쿠스피우스 파두스가 총독으로 있던 유대와 시리아에 큰 타격을 주었고, 예루살렘에 큰 고통을 안겨 주었다고 한다.

5. 왕 헤롯 아그립바 1세(헤롯 대왕의 손자)의 죽음(12:20-23). 요세푸스는 그 왕이 교회를 박해한 일은 전혀 언급하지 않지만, 재위 7년만에(주후 44년) 가이사랴의 극장에서 이교의 형식으로 신하들에게 신의 호칭과 찬사를 받은 지 닷새만에 혐오스런 질병으로 죽었다고 보고함으로써 사실상 누가와 일치한다.

6. 구브로가 서기오 바울 휘하의 총독령이었는가 하는 문제(13:7). 이 점에서 누가는 오랫동안 심지어 그로티우스(Grotius)에게조차 부정확했다는 평가를 받았으나, 현대의 조사에 의해 매우 정확했다고 확증되었다. 아우구스투스(아구스도)는 최고 권력을 잡고나서(주전 27년) 속주들에 대한 통치권을 원로원과 양분한 다음 황제령 속주들의 통치자 — 여러 군단들 거느린 사령관으로서 황제에게 직접 군사적인 명령을 받음 — 를 프로프라이토르(propraetor, ἀντιστράτηγος) 혹은 레가테(legate, πρεσβύτης)라고 불렀고, 원로원령 속주들의 통치자를 프로콘술(proconsul, ἀνθύπατος)이라고 불렀다. 그 이전에는 이 용어들이 이 직위를 가진 자가 프라이토르(praetor, στρατηγός 혹은 ἡγεμών)나 콘술(consul, ὕπατος)이었음을 의미했었지만, 아우구스투스 때에 이르러서는 속주들의 행정상 대표를 의미하게 되었다.

그러나 이런 세분은 잦은 변화를 겪었기 때문에 당시에는 정확한 정보를 가진 사람만이 그 차이를 구분할 수 있었다. 구브로는 원래는(주전 27년) 황제에게 할당된 구역이었으나, 주전 22년 이래로 그리고 바울이 클라우디우스 때 그곳을 방문할 당시에는 원로원령 속주였다. 따라서 서기오 바울을 원로원 파견 총독(proconsul)이라고 부른 것은 올바르다. 클라우디우스 재위 때 주조된 주화들이 이 진술을 뒷받침해 준다. 뿐만 아니라 (서기오) 바울(Sergio Paulus)이라는 바로 그 이름이 솔리(구브로 섬에서 살라미〈살라미스〉 다음으로 중요한 도시였음)에서 케스놀라 장군(General di Cesnola)에 의해 훼손된 비명(碑銘)에 새겨진 "파울루스가 총독으로 재위할 때"라는 문구에도 들어 있었다. 하드리아누스 때에는 그 섬이 황제가 파견한 총독(propraetor)에 의해 통치되었다가 세베루스 때에는 다시 원로원 파견 총독에 의해 통치되었다.

7. 아가야가 갈리오 휘하의 총독령이었는가 하는 문제(18:12). 마게도냐 남쪽

으로 펼쳐친 그리스 전체를 포괄한 아가야는 원래 원로원령 속주였다가, 티베리우스 때에는 황제령 속주가 되었고, 다시 클라우디우스 때에는 원로원령 속주가 되었다. 53-54년에 바울이 고린도에 갔을 때 철학자 안나이우스 세네카(L. Annaeus Seneca)의 형제인 안나이우스 노바투스 갈리오(M. Annaeus Novatus Gallio)가 아가야 총독(proconsul)이었고, 아마 온순한 성격 때문에 "상냥한 갈리오"(dulcis Gallio)로 명성을 얻은 듯하다.

8. 바울과 바나바가 루가오니아에서 제우스(Zeus, 쓰스)와 헤르메스(Hermes, 허메)로 오인된 문제(14:11). 오비드(Ovid)가 기록한 신화에 따르면 제우스와 헤르메스가 사람의 모습으로 루가오니아 지방에 나타나 바우키스(Baucis)와 필레몬(Philemon)에게 호의의 증표를 남기고 떠났다고 한다. 그들이 거했던 장소는 독실한 순례자들의 발길과 예물이 끊이지 않았다. 그렇다면 이 우상 숭배자들이 그 기적을 보고서 웅변가 바울을 헤르메스로, 좀 더 근엄하게 보였을 바나바를 제우스로 오인한 것이 얼마나 자연스러운 일이었겠는가.

9. 마게도냐의 빌립보가 식민지로서의 지위를 갖고 있었는가 하는 문제(16:12. "로마의 식민지" ; 비교. 21절, "로마 사람인 우리"). 아우구스투스는 브루투스(Brutus)와 공화정주의자들(the Republic)이 최후를 마친 그 유명한 전장(戰場)에 식민단(植民團)을 보내고, 그 지역 주민들에게 이탈리아 혹은 로마 시민(jus Italicum)에 해당하는 중요한 지위와 특권을 부여했다.

10. "두아디라 성의 자주 장사 … 루디아"(16:14). 소아시아 리쿠스 계곡에 자리잡은 두아디라(오늘날의 아키사르〈Akhissar〉)는 염색 산업, 특히 자주색 혹은 심홍색 염색 산업으로 유명했다.

11. 데살로니가의 "읍장들"(politarchs. 17:6,8). 이것은 행정관들을 가리키는 아주 드문 직함으로서, 좀 더 일반적인 직함인 "폴리아르크스"(poliarchs)과 쉽게 혼동되었을 가능성이 있다. 그러나 데살로니가에 있는 아치의 통로에 읽기 쉽게 새겨진 비명(碑銘)에는 바울의 방문 이전에 다스린 일곱 명의 "폴리타르크스"의 명단이 새겨져 있어서 누가의 정확성을 대대로 확증해 주고 있다.

12. 17장에 나오는 아덴과 아레오바고와 철학 학파들과 아덴 사람들의 한가한 호기심(이 점은 데모스테네스〈Demosthenes〉도 언급한다)과 알지 못하는 신에게 바친 제단에 관한 묘사와 아라투스(Aratus) 혹은 클레안테스(Cleanthes)의 인용문은 고전의 권위자들에 의해 충분히 지지를 받는다.

13. 19장의 에베소 관련 기사는 존 우드(John T. Wood)가 1863-1874년에 영국 정부의 지원을 받아 발굴에 착수하여 거둔 괄목할 만한 결과에 의해 대단히 정확한 것으로 입증되었다. "큰 여신 아데미(아르테미스〈Artemis〉)" 곧 디아나(Diana)에 대한 지나친 숭배, 신전에 관련된 은장색, 종종 군중 집회장으로 쓰인 극장(2만5천 명의 수용력이 있었음), 로마 총독(proconsul, ἀνθύπατος), 서기장(γραμματεύς), 아시아 관원들('Ασιαρχαί) 혹은 운동 경기와 종교 행사를 관장한 책임자들 등이 유적지들과 비명들에서 고스란히 다시 나타났는데, 이런 사항들은 오늘날 대영박물관에 가면 연구할 수 있다. 라이트푸트는 이렇게 말한다: "이런 사실들을 감안할 때 고대의 문헌 중에서 제정(帝政) 시대의 에베소 — 우드 선생(Mr. Wood)의 식견과 인내로 발굴된 에베소 — 를 진실하고도 현실감 있게 소개한 점에서 사도행전에 실린 사도 바울의 체류기에 비견할 만한 문헌은 없다."

14. 27장에 기록된 바울의 항해와 난파. 이 장은 그리스나 로마의 여느 저서보다 고대 항해술에 관한 많은 정보를 싣고 있으며, 비록 직업적 선원은 아니었으나 자세한 관찰을 통해 항해 용어들을 아주 친숙히 알았던 이지적인 목격자의 정확한 식견을 드러낸다. 그는 선박 가동과 관리를 묘사하는 데 적어도 16개의 전문 용어 — 그 중 더러는 희귀한 것들이다 — 를 사용하는데, 대부분이 매우 적절하게 쓰인다. 그리고 그레데(크레타), 살모네, 미항(Fair Havens), 가우다, 라새아와 뵈닉스(오늘날 한 지명으로 통하는 작은 두 곳), 멜리데(몰타) 같은 지명들을 아주 정확하게 기록하고, 유라굴로(A. V. Euroclydon)라고 하는 지중해의 사나운 북동풍의 진로와 세력도 정확하게 기록한다. 이 모든 사항이 스코틀랜드의 노련한 선원 겸 학자 제임스 스미스(James Smith)에 의해서 철저히 고증되었는데, 그는 그 조사 결과를 이미 언급한 고전적 논문에 실어 펴냈다. 고고학적이고 학문적인 증거가 비평가들의 추측들보다 훨씬 더 비중이 있으며, 누가의 역사적 정확성과 신빙성을 거역할 수 없이 확고하게 변호한다.

화해 문서로서의 사도행전

그러나 어떤 비평가들은 사도행전이 교회 내에 조성된 베드로파와 바울파를 화해시킬 목적으로 역사를 의도적으로 조작했다고 비판해 왔다. 그들은 사도행전을 교회의 두 유력한 사도를 제휴하게 함으로써, 즉 베드로를 바울의 수준으로 끌어올리고 바울을 베드로의 수준으로 끌어내려 유대화주의의 편협과 이방인들의 자유 간의 절충에 복속시킴으로써 유대인 집단과 이방인 집단을 화해시킬 목적으로 작성한 가톨릭 화해 문서로서, 이 문서가 누가의 기사를 토대로 삼았겠으나 1세기가 저물 때까지 완성되지 않았다고 말한다.

이 가설이 토대로 삼는 주된 논지들은, 사도행전이 바울과 베드로가 안디옥에서 충돌한 일을 생략한다는 것과, 바울이 야고보와 우호적인 관계를 맺는 것으로 — 특히 마지막 접견 때 — 기록한다는 것이다. 그들은 사도행전 15장이 갈라디아서 2장과 양립시킬 수 없을 만큼 대립된다고 추정한다. 그러나 튀빙겐 학파 내부에서 그런 견해에 대한 반론이 제기되었고, 오늘날은 바울주의와 베드로주의간의 대립이 바우어에 의해 지나치게 과장되었다는 것과, 사도행전이 바우어가 인정하려 했던 것보다 훨씬 더 신빙성 있는 기사라는 것이 몇몇 유력한 비평가들에 의해서 인정된다. 갈라디아서 자체도 사도행전을 뒷받침하는 가장 훌륭한 증거이다. 이 서신은 바울과 유대의 기둥 사도들 간의 진실한 일치를 분명히 말하기 때문이다. 사도행전에 베드로와 바울이 안디옥에서 충돌한 일이 생략된 이유도 그것이 누가에게 알려지지 않은 극히 우발적인 사건이었기 때문이거나, 아니면 누가 자신이 기록하는 사건들의 흐름에 큰 의미를 갖지 않았기 때문일 것이다. 반면에 누가는 바울과 바나바 간의 심한 다툼을 언급하는데, 이는 그 일이 선교 사역의 흐름을 양분해 놓았기 때문이다. 즉, 그 일로 인해 바울과 실라는 시리아와 길리기아로 갔고, 바나바와 마가는 구브로를 향해 배를 탔던 것이다(15:39-41). 이 일에 대해서 바울은 아무 말도 하지 않는다. 그 일이 갈라디아인들에게 가르칠 내용과 하등 상관이 없었기 때문이다. 사도행전에 나타나는 바 야고보와 유대인들에 대한 바울의 유화적인 태도는 바울 자신의 서신들로써 확인되는데, 그 서신들에서 바울은 자기가 유대인과 이방인을 다 얻기 위해서 유대인들에게는 유대인이 되었고 이방인들에게는 이방인이 되었다고 말하며, 육체를 따른 동족의 구원을 위해서라면 어떠한 큰 희생도 치를 각오가 되어 있음을 드러낸다(고전 9:20; 롬 9:3).

사도행전의 진실성

사도행전은 편파적이지 않은 모든 사기(史記)와 마찬가지로 일종의 화해 문서임에 틀림없지만, 일반 화해 문서 차원을 넘어서서 갈라디아서에 기록된 바울 자신의 증거대로 기둥 사도들에 의한 협약과 예루살렘 공의회의 정신이 잘 반영된 진실한 화해 문서이다. 물론 선별 원칙에 따라 많은 수의 사실들과 사건들을 생략하지 않으면 안 되었다. 선별은 모든 측면에서 공정하고 정당하게 이루어졌다. 누가의 공정성과 진실성이 사도 교회의 완전한 면모들에 관한 그의 정직한 기록에 아주 명확하게 나타난다. 그는 요람기의 기독교를 독살할 뻔한 아나니아와 삽비라의 위선과 저급한 이기심을 숨기지 않는다(5:1 이하). 집사직을 제정하게 된 연원이 히브리파 유대인들이 매일의 구제에서 헬라파 과부들을 빠뜨리는 데 대해서 헬라파 형제들이 불평한 데서 비롯되었다고 알린다(6:1 이하). 바울과 바나바를 남들과 같은 성정을 가진 사람들로 표현하며(14:15), 고된 선교사 생활에 좌절하여 예루살렘의 어머니 집으로 돌아간 마가의 인간적 연약함(13:13)과, 바나바의 생질인 마가의 이런 행동 때문에 잠시 다툰 바울과 바나바의 연약함(15:39)을 있는 그대로 전한다. 아울러 바울이 의분이 타올라 대제사장더러 "회칠한 담"이라고 하여 격한 기질을 터뜨린 일에 대해서도 그냥 입 다물고 지나가지 않는다(23:3). 심지어 성령의 인도를 받은 사도들 가운데서도 심각한 논쟁과 타협이 오간 일을 말하는데, 이 모든 것은 우리를 겸손케 하는 것으로서, 위로와 격려뿐 아니라 경고도 된다.

헤로도토스(Herodotos)부터 매콜리(Macaulay)에 이르는 세속사가들과, 에우세비우스(Eusebius)부터 네안더(Neander)에 이르는 교회사가들을 검토하고 비교하더라도 누가는 결코 모자람이 없다. 그 누구도 사도행전 저자처럼 30년의 역사를 그토록 진실하고 공정하게, 그토록 중요하고 흥미롭게, 그토록 건강한 어조와 소망스러운 정신으로, 그토록 진리와 평안의 복음을 전파하는 사역을 위한 지혜와 격려의 교훈으로 충만하게, 그러면서도 소박하고 겸손하게 기록하지 못했다. 이 책은 교회사의 최초이자 최고의 지침서이다.

86. 서신서들

사도행전에 기록된 스데반과 사도들의 설교(바울이 에베소 장로들에게 한 고별사를 제외한)는 외인들을 기독교 신앙으로 개종시킬 목적으로 행한 선교 설교이다. 반면에 서신서들의 대상은 세례받은 회심자들이고, 목적은 그들을 그들의 믿음과 형제로서 주는 교훈과 권고와 책망과 위로로 강하게 하고, 그리스도의 가르침과 본이라는 역사적 터에 기독교의 모든 은혜들로 교회를 세우는 것이다. 구약의 선지자들이 백성에게 하나님의 계시를 전했다고 한다면, 신약의 사도들은 그리스도의 지체들로서 자기들과 동질의 믿음과 신앙을 지닌 형제들에게 편지를 썼다.

서신서 독자들은 이미 "그리스도 안에" 있는 자들로서, "그리스도 안에서" 구원을 받아 거룩하게 되었고, 그리스도인들로서 사회적 가정적 관계를 유지하면서 "그리스도 안에서" 자기들의 의무를 수행하고 있던 자들이었을 것이다. 그들은 그리스도의 죽음과 장사와 부활에 참여하여 그리스도와 연합했고, 그리스도와 함께 영원히 영광 중에서 왕 노릇하게 될 사람들이다. 하나님 은혜의 창조적 행위로 성립되고 세례로 인(印)쳐진 이 새로운 계시에 기초하여 그들은 모든 죄에 대해 경고를 받고 모든 덕에 대해 격려를 받는다. 신앙고백과 부르심을 떠난다면 죄도 배나 커지고 최후에 멸망할 위험도 배나 커진다.

그 시대 교회에는 서신서를 쓸 기회와 필요가 많았고, 기독교가 로마 제국 전역에 전파되면서 그런 기회와 필요도 더욱 증가했다. 사도들은 무소부재할 수 없었기에 먼 곳에 있는 교회들에게는 사자들과 편지들을 보낼 수밖에 없었다. 사도들은 아마 현존하는 것보다 더 많은 편지를 썼을 것이다. 물론 현존하는 편지들이 가장 중요하고 항구적으로 보관할 가치가 있다고 생각할 만한 충분한 이유가 있긴 하지만 말이다. 바울이 고린도인들에게 기존에 편지를 보냈다는 것이 고린도전서 5:9에 암시되어 있다: "내가 너희에게 쓴 것에." 그리고 그 후에도 여러 번 편지했던 흔적이 고린도전서 16:3; 고린도후서 10:9; 에베소서 3:3에서 발견된다. 골로새서 4:16에 언급된 "라오디게아로서 오는 편지"는 에베소인들에게 쓴 회람 서신인 듯하다.

신약의 서신서들은 고대 문학에서 비류(比類)가 없고, 중요도에서는 더 우뚝 솟아 있는 복음서들에게만 — 그리스도께서 사도들보다 높이 서 계시기 때문 — 뒤진다. 이 서신들은 회중들이나 개인들에게 쓴 목회 서신들로서, 제목과 인사로 시작하여 교리 해설과 실천적 권고와 위로로 진행되다가 개인적 정보와 문안과 축복으로 끝난다. 모든 서신서들이 복음 역사를 전제하며, 종종 그리스도의 죽음과 부활을 교회의 터요 그리스도의 소망으로 언급한다. 모두가 끊임없이 선교를 하고 보살피는 가운데, 시련과 박해 속에서 집필되었고, 몇 권은 옥중에서 집필되었으나 그럼에도 불구하고 기쁨과 감사가 넘친다. 서신서들은 거의 다 특별히 긴급한 사안들 때문에 집필되었지만, 그럼에도 불구하고 모든 상황에 다 맞는다. 그 시대를 위한 소책자들이면서도 아울러 모든 시대를 위한 소책자들이다. 덧없는 한 순간의 자녀들이면서도 무한한 시간에 해당하는 진리를 담고 있다. 복음서들을 제외하고는 다른 어떤 저작들보다 적은 단어들로 더 많은 사상을 압축해서 전한다. 불멸의 정신에 도전을 던질 수 있는 지고한 주제들 — 하나님, 그리스도, 성령, 죄와 구속, 성육신, 구속, 중생, 회개, 믿음과 선행, 거룩한 생활과 죽음, 세상의 회심, 보편 심판, 영원한 영광과 복 — 을 논한다. 그리고 이 모든 주제를 가난하고 문화 수준이 높지 못한 노동자들, 해방 노예들과 노예들로 구성된 비천하고 보잘것없는 공동체들 앞에서 베푼다! 그럼에도 불구하고 오리게네스로부터 슐라이어마허에 이르는 모든 신학 체계보다, 실로 모든 신앙 고백서들보다 더 실제적이고 보편적인 가치를 갖고 있다. 1천8백 년 동안 이 서신서들은 기독교 세계의 신앙에 자양을 공급했고, 세상 끝날까지 계속해서 그러할 것이다. 이것이 신적으로 영감되었다는 가장 훌륭한 증거이다.

서신서들은 보편 서신과 바울 서신 두 군(群)으로 구분된다. 전자는 좀 더 보편적인 데 반해, 후자는 그 이방인들의 사도의 강렬한 개성의 흔적이 뚜렷하다.

87. 공동 서신(보편 서신 혹은 일반 서신)

야고보서, 베드로전후서, 요한일이삼서, 유다서 이렇게 일곱 편의 서신들은 고대 사본들에서는 대개 사도행전 다음에 오고, 바울보다 먼저 사도가 된 이들의 서신들이라서 그런지 바울 서신들 앞에 오며, 적어도 부분적으로는 기독교의 유대적 유형을 대표한다. 이 서신들은 좀 더 일반적인 성격을 갖고 있으며, 수신자가 바울 서신서들처럼 개인들이나 단일 회중들이 아니라 한 지역이나 세계 도처에 흩어진 많은 수의 그리스도인들이다. 따라서 오리게네스와 에우세비우스 때부터 공동 서신(the Catholic Epistles, 가톨릭 서신)이라 불린다. 보편(가톨릭) 교회라는 뉘앙스가 실려 있으니 반 이단적인 서신들인가 하는 생각을 할는지 모르지만(오히려 그리스 가톨릭 혹은 로마 가톨릭의 색채가 훨씬 덜하다), 그런 게 아니라 회칙적(回勅的, encyclical) 혹은 회람적(回覽的, circular) 서신들이라는 뜻이다. 그러나 '공동 서신'이란 명칭은 그리 정확한 게 아니고, 일곱 서신들 중 다섯 권에만 적용된다. 요한이서와 삼서는 수신자가 개인들이다. 반면에 히브리서는 회칙적 서신으로서 마땅히 보편 서신 군에 넣어야 하지만, 대개 바울 서신들 뒤에 붙인다. 에베소서도 한 회중 이상의 수신자를 의도했다. 회칙적 성격을 가진 최초의 기독교 문헌은 예루살렘 사도 공의회(주후 50년)가 시리아와 길리기아의 이방인 형제들에게 보낸 목회 서신이다(행 15:23-29).

공동 서신들은 좀 더 일반적인 내용과 개인이나 지역에 관한 언급이 없다는 점에서 바울 서신들과 구분된다. 본질적으로는 바울 서신들과 조화를 이루지만 그 서신들과는 다른 유형의 교리와 그리스도인의 삶을 대변한다. 야고보와 베드로와 요한의 개성이 이 짧은 서신들에 대단히 현저하게 나타난다. 이 서신들은 학문이 깊은 랍비인 바울의 서신들처럼 신학 논의에 들어가지 않고 진리를 아주 단순하게 진술하지만, 바울이 골로새서와 목회 서신들에서 그랬듯이 당시에 고개를 들고 있던 금욕주의와 반율법주의의 오류들에 맞서 싸운다. 각 권이 독특한 성격과 목적을 갖고 있으며, 그중 한 권이라도 신약성경 전체의 아름다움과 완전성을 훼손하지 않은 채 제외시킬 만한 책이 없다.

저작 시기는 확실하게 고정할 수 없지만, 아마 야고보서는 주후 50년, 베드로전서(아마 베드로후서와 유다서도)는 주후 67년 이전, 요한의 서신들은 주후 80년부터 100년 사이인 듯하다.

그 중 두 권, 즉 베드로전서와 요한일서만 고대 교회가 보편적으로 영감된 정경으로 받아들인 에우세비우스의 호모로구메나(Homologumena)에 속해 있다. 나머지 다섯 권은 정경의 기원에 관해 4세기 말엽까지 다소 의심을 받았다. 그리고 정경의 범위에 관한 모든 논쟁은 종교개혁 때까지 잠잠해졌다. 그럼에도 불구하고 그 서신들도 사도 시대의 일반적인 흔적을 갖고 있으며, 더 강력한 전승의 증거가 없는 것은 부피가 작고 사용 빈도가 적었기 때문이기도 하다.

야고보서

주의 형제 야고보의 서신은 의심할 여지 없이 고대 신정정치와 유대 기독교의 메트로폴리스 예루살렘에서 기록되었다. 저자는 이곳에서 사역하다가 기독교 세계 모교회의 수장으로서 그리고 옛 시대와 새 시대를 이어 주었던 마지막 연결고리로서 순교의 죽음을 맞이했다. 수신자는 70년 최후 멸망이 임하기 전의 유대인들과 흩어진 유대 그리스도인들이다.

이 서신은 마태복음을 강하게 닮았고, 동방의 지혜가 어린 신선하고 열정적이고 함축성 있고 격언적이고 교훈적인 문체로 산상수훈의 메아리를 들려 준다. 독자들에게 믿음으로 말미암는 선행을 권하고, 죽은 정통과 시기와 교만과 세속성을 경고하며, 현재와 장래의 시련과 박해를 내다보면서 그들을 위로한다. 대단히 실제적인 책으로서, 미묘한 신학적 질문들에서 벗어나 있다. 하나님과 모든 선한 사람들의 인정을 받는 선행의 신앙을 설교한다. 기독교 교리의 초기 단계를 대변한다. 할례 논쟁과 예루살렘 타협과 사도 시대 후기의 갈등들을 조금도 언급하지 않는다. 이 서신의 칭의 교리는 바울의 칭의 교리를 비판한 게 아니라 그 전 단계를 진술한 것으로서, 그 주제를 덜 발전된 형태로 제시하면서도 아주 실천적인 면을 제시하며, 바울이 염두에 두고 비판했던 바리새적 율법주의보다 열매가 없는 유일신론의 오류를 비판한다. 이 서신서는 신약성경 가운데 가장 오래된 책인 듯하며, 교리적으로는 미미하지만 "영광의 주" 예수 그리스도께 대한 믿음에 기초한 거룩한 삶에 관한 위로와 교훈으로는 더할 나위 없이 풍성하다. 여느 사도보다 그리스도의 말씀을 더 많이 회상한다. 주된 사상은 "자유하게 하는 온전한 율법" 혹은 그리스도 안에 계시된 사랑의 율법이다.

루터가 이 서신서에 대해 내린 성급하고 부당하고 지혜롭지 못한 판단은 그 자신의 교회에 의해서 비판을 받았고, 그가 로마 교회의 오류에 맞서 벌였던 급진적인 전쟁의 자연스러운 결과였던 그의 이신칭의 교리 사상에 들어 있던 한 가지 결점을 드러낸다.

베드로전후서

바벨론에서 기록된 베드로전서는 그 사도의 말년에, 그러니까 젊었을 때의 열정적인 기질이 은혜의 역사로 매우 겸손해지고 유순해지고 성화되었을 때 쓴 서신이다.[8] 유대 그리스도인들과 이방 그리스도인들로 함께 구성되었고, 주로 바

---

8) 5:13의 바벨론의 의미를 놓고 주석가들은 견해가 갈린다. 계시록에서 박해 세력인 이교 로마의 상징으로 쓰인 바벨론으로 보는 사람도 있고(교부들, 로마 가톨릭 학자들, Tiersch, Baur, Renan), 유프라테스 강변의 바벨론 혹은 이집트의 바벨론(옛 카이로)으로 보는 사람도 있다. 이 문제는 베드로가 로마에 거주했었는가 하는 문제와 관련된다. 저작 시기에 관해서도 주석가들은 베드로서가 로마서, 에베소서, 야고보서와 맺고 있는 관계를 어떻게 보는

울과 그 동역자들에 의해 세워진 소아시아의 여러 속주들에 자리잡은 교회들에게 썼으며, 과거에 바울의 동역자였던 실바누스 편에 그들에게 전달되었다. 내용은 고귀한 위로들과, 그리스도를 본받아 거룩하게 살고, 이미 기세등등한 혹은 목전에 다가온 박해들을 인내하라는 권고들로 이루어져 있다. 풍부한 영적 체험의 결실을 우리에게 주며, 영혼들의 목자장이신 그리스도의 지도를 받아 하나님의 양무리를 치는 베드로와 그의 사명에 매우 합당한 서신이다.

이 서신은 아울러 베드로가 독자들이 이미 배운 이방인 사도의 교훈에 본질상 동의했다는 것을 입증한다(5:12). 이것은 베드로가 예루살렘 공의회에서 언명한 원칙(행 15:11), 즉 우리가 율법의 멍에를 메지 않고 "주 예수의 은혜로" 구원을 받는다는 원칙과 맥을 같이한다. 그러나 그의 교리 체계는 바울의 체계보다 먼저 확립된 것으로서, 바울에게서 독립되어 있고, 야고보와 바울 사이에 자리잡는다. 그의 독특한 교리는 그리스도가 지옥에 내려가셨다는 것으로서(3:19; 4:6; 비교. 행 2:32), 구원의 보편적 의도라는 중요한 진리를 담고 있다. 그리스도는 만민을 위해서, 즉 자신의 성육신 이후의 사람들뿐 아니라 그 이전에 살던 사람들을 위해서 죽으셨다. 아울러 베드로는 자신의 이름과 자신이 사도들 가운데서 지닌 수위성(首位性)을 남용할 일을 예언적으로 바라보고서 교계 제도의 야망에 대해서도 경고한다.

베드로후서는 저자가 죽기 직전에 일종의 유언과 언약의 형태로 먼젓번과 동일한 교회들에게 쓴 서신이다. 여기에는 자기가 "우리 사랑하는 형제 바울"과 사상이 같음을 재확인하는 내용이 담겨 있다. 그는 바울의 서신들을 존경조로 언급하면서도 그 서신들에는 "알기 어려운 것이 더러" 있다는 의미심장한 언급을 남긴다(3:15,16). 이 서신들 중 한 권에 자기가 안디옥에서 일관되지 못한 행동 때문에 심한 추궁을 당한 일이 기록되어 있는 것을 감안할 때(갈 2:11. "알기 어려운 것"에 그 부분도 포함시켰을는지 모른다), 이렇게 애정을 담아 언급을 했다는 것은 그리스도의 성령께서 베드로를 경험으로 얼마나 겸손하고 온유하고

지, 이 서신에 언급된 박해의 성격을 어떻게 보는지에 따라 견해가 엇갈린다. 베드로가 바울 서신들을 사용하지 않았다고 주장하는 Weiss는 그 저작 연대를 54년이라는 이른 시기로 거슬러 올라가 잡는다. 튀빙겐 비평학자들은 트라야누스 때까지(Volkmar는 심지어 140년까지) 늘려 잡는다. 그러나 대다수 비평학자들은 63년에서 67년 사이로 잡는데, Renan은 네로의 박해 직전인 63년으로 잡는다. 이 점만큼은 필자도 Renan의 견해에 동조한다.

자기를 부인하도록 훈련하셨는지를 여실히 입증한다. 베드로후서는 독자들에게 근면과 덕과 절제와 인내와 경건과 형제 우애와 형제 사랑을 권하며, 저자가 그리스도의 엄위를 직접 목격한 변화산에서의 변형을 언급하며, 성령께 영감을 받은 예언의 말을 언급하며, 반(反)율법주의의 오류를 경고하며, 재림에 관한 오해를 바로잡으며, 의가 거하는 새 하늘과 새 땅을 바라보며 거룩한 생활을 하여 주의 날을 예비하라고 권고하며, 다음과 같은 말로 마친다: "오직 우리 주 곧 구주 예수 그리스도의 은혜와 저를 아는 지식에서 자라 가라. 영광이 이제와 영원한 날까지 저에게 있을지어다."

에우세비우스는 베드로후서를 일곱 권의 안티레고메나(*Antilegomena*)에 포함시키며, 많은 현저한 신학자들이 이 서신에 대한 베드로의 저작권을 전체적으로나 부분적으로 의심하거나 부정하지만, 역량 있는 비평가들은 옹호한다. 베드로의 저작권을 부정하는 자들이 내세우는 주된 논거는 초기에 저작된 증거가 없고, 바울 서신 모음집에 관한 언급이 있고, 영지주의 오류들에 대한 논박이 있고, 베드로와 어울리지 않는 몇몇 독특한 문체들이 있고, 특히 2장이 유다서에 현저히 의존한다는 것들이다.

반면에 이 서신서는 적어도 1장과 3장만큼은 베드로가 쓰지 않았다고 볼 만한 어떠한 내용도 없으며, 변화산 사건에 관한 언급은 이 서신을 베드로가 썼든가 아니면 날조자가 썼을 두 가지 가능성밖에 용인하지 않는다. 날조자가 이렇게 영적 아름다움과 열정이 가득하고 일체의 간교한 조작을 뚜렷이 정죄하는 이런 편지를 썼다는 것은 도덕적으로 불가능해 보인다. 베드로가 죽은 뒤에 편집자가 증보했을 가능성도 있다. 그러나 서신 전체에는 사도의 정신이 숨쉬며, 신약성경에서 배제할 합당한 이유가 없다. 이 서신은 순교를 기다리고 있는 연로한 사도의 귀중한 고별사이며, 거짓 기독교에서 생기는 내부의 위험들에 대한 여전히 유효한 경고들을 가지고, 이교와 유대교 박해자들 때문에 외적 위험에 처한 그리스도인들을 위로하는 첫 번째 서신을 적절히 보충한다.

유다서

"야고보[의인]의 형제" 유다의 서신은 매우 짧고 베드로후서 2장과 매우 비슷하지만, 외경의 에녹서와 미가엘이 모세의 시체를 놓고 마귀와 논쟁을 벌였다는 전설을 언급한다는 점에서 그 서신과 다르다. 수신자는 베드로후서와 동일한 교회들이고, 목적도 마찬가지로 영지주의 이단들을 배척하려는 것인 듯하다. 주후 60-70년에 모습을 드러낸 반율법주의와 방종의 경향들을 엄숙히 경고하는 서신이다. 오리게네스는 이 서신이 "비록 행수는 몇 안 되지만 단어들에 천상의 지혜가 풍성하게 담겨 있다"고 말한다. 문체는 신선하고 열정적이다.

유다서도 에우세비우스의 안티레고메나에 속해 있고, 속사도 시대에 집필된 흔적들이 있지만, 그럼에도 불구하고 사도들과 밀접한 관계를 맺긴 했으나 사도는 아니었던 유다가 썼을 가능성이 크다. 이름을 도용한 저자라면 그리스도의 형제나 사도라고 하지 않고 "야고보의 형제"의 이름으로 썼을 리가 없다.

저작 시기와 장소는 알려지지 않는다. 튀빙겐 비평가들은 트라야누스의 재위 때로 거슬러 내려가지만, 르낭은 이 서신이 야고보서와 함께 바울의 값없는 은혜 교리에 맞서는 대립 헌장이었다고 잘못 추정하고서 54년까지 거슬러 올라가 잡는다. 그러나 바울은 야고보와 유다 못지않게 반율법주의를 신랄하게 단죄했다(참조. 롬 6장. 사실상 그의 모든 서신들에서 그러했다). 블리크(Bleek)의 말대로 예루살렘 멸망 직전에(서신에 이 사건이 언급되지 않는다. 비교. 14, 15절) 집필되었다고 보는 것이 가장 안전하다.

요한의 서신들

요한일서는 서신 전체의 사고와 문체를 통해서 제4복음서의 저자임을 드러낸다. 제4복음서의 후기이거나, 그리스도의 생애가 주는 교훈을 1세기 말기의 교회에 실제적으로 적용한 글이다. 그 존경스러운 사도가 소아시아의 사랑하는 자녀들에게 쓴 회람 서신으로서, 그리스도께 대한 믿음과 사랑으로 거룩한 생활을 하라고 권하며, 성육신의 신비를 부정하고 신앙과 윤리를 단절하고 반율법주의 관행으로 치닫는, 기존하는 혹은 장차 나타날 영지주의적 "적그리스도들"에 대해 근실히 경고한다.

요한이서와 삼서는 바울의 빌레몬서처럼 짤막한 개인 서신으로서, 전자는 퀴리아(Cyria)라는 그리스도인 여성(한글개역성경, "부녀")에게, 후자는 소아시아 어느 교회의 직원인 듯한 가이오에게 쓴다. 두 서신은 일곱 권의 안티레고메나에 포함되며, 더러는 사도 요한과 동시대 인물인 "장로 요한" — 그의 존재 여부는 쟁점으로 남아 있다 — 의 저작으로 돌린다. 그러나 요한이서는 일서와 비슷하되 같은 말을 반복하는 것까지 비슷한데(참조. 요이 4-7과 요일 2:7, 8; 4:2,

3), 그러한 반복은 지긋한 나이에 회중에게 서로 사랑하라고 늘 권하던 사랑의 사도에 관한 제롬의 낯익은 전승과 잘 일치한다. 고대 교회에 두 서신에 관한 의견 차이가 난 것은 두 서신의 사적인 성격과 간결성 때문이기도 하고, 저자가 자신을 다소 특이하게 "장로"(the elder)라고 표시하는 사실 때문이기도 한 듯하다. 그러나 이 용어는 공식적인 의미로 받아들이기보다는 나이와 위엄을 뜻한 본래의 의미대로 받아들여야 할 것 같다. 왜냐하면 당시에는 요한이 사실상 그리스도 안에서 존경받는 교부였고, 자기 "자녀들" 중에서 총대주교(patriarch)로 존경과 사랑을 받았음에 틀림없다.

88. 바울 서신들

일반적 성격

바울은 선교사로서 뿐 아니라 저자로서도 사도들 가운데 가장 위대한 사역자였다. "모든 사도보다" 더 많이 수고하였다(참조. 고전 15:10). 이 "모든"이란 말에 그 이후에 온 모든 신학자들을 포함시켜도 무방할 것이다. 바울처럼 가장 지고한 주제들을 가장 심오하고 풍성하게 다룬 사람을 찾아볼 수 없기 때문이다. 그의 서신들 가운데 열세 권만 현존하는데, 얼마나 더 많은 서신들이 유실되었는지 우리로서는 추측할 길이 없다. 그 중 가장 중요한 네 권은 가장 예리하고 회의적인 비평가들에게조차 원본으로 인정을 받는다. 바울의 개성이 그만큼 뚜렷하게 각인되어 있고 그 시대와 주변 상황들의 증표들이 가득 담겨 있기 때문에 정신이 온전한 사람이라면 저자가 누군지 혼동할 수 없는 것이다. 그의 저작권을 부정한다면 루터의 「바벨론 유수」(*The Babylonian Captivity*)와 부피가 작은 요리문답의 원본성을 부정하는 것과 다름없다. 2세기 초반의 이단 마르키온은 자신의 개념에 맞지 않는 목회서신 3권을 제외한 10권을 인정했다.

바울 서신들은 자기가 직접 세운 교회들(로마 교회를 제외한. 아마 자기 제자들이 세운 골로새 교회도 제외할 수 있을 것이다)이나 개인들(디모데, 디도, 빌레몬)에게 쓴 목회 교서(敎書)들이다. 그 중 여러 권은 옥중에서 쓴 것인데도 다른 서신들과 동일한 믿음과 소망과 기쁨의 정신이 숨쉬며, 마지막 권은 승리의 외침으로 끝난다. 깊은 동요 가운데서 나온 것인데도 평온하고 침착하다. 사도는 갓 세워진 교회들이 시련과 위험과 오류에 처해 있는 것을 보고서 그들의 영적 안전을 보살피고 걱정하여 서신들을 썼다. 그들을 이교의 우상 숭배와 유대교의 편협한 종교라는 흑암에서 기독교 진리와 자유라는 빛으로 이끌어냈으며, 악취 나는 쓰레기더미에서 구원의 은혜와 거룩한 생활이 있는 청결한 데로 일으켜 올렸다. 친인척의 유대를 모두 버리고 자신의 모든 정을 회심자들에게 쏟아부었고, 마치 어머니가 자식을 사랑하듯이 그들을 자애롭게 사랑했다(참조. 살전 2:7; 4:9). 이렇게 영적 자녀들을 사랑한 것은 그리스도의 사랑에 감화를 받았기 때문이다. 그가 그리스도를 사랑한 것은 그리스도께서 그를 사랑하신 것에 대한 보답이었다. 그의 사랑은 형제들에게만 국한되지 않았다. 그는 믿지 않고 박해를 일삼는 동료 유대인들을 위해 어떤 희생이라도 치를 각오가 되어 있었다. 그리스도께서 대적들을 위해 자기 목숨을 희생하셨듯이 말이다.

바울의 서신들은 기독교 종교의 모든 중요한 진리와 의무를 건드리며, 지식과 경험의 가장 높은 경지에서 그것들을 조명하되, 모든 것을 완벽하게 가르친다는 교만한 기색은 찾아볼 수 없다. 그의 서신들은 교의학과 윤리학 체계에 최고의 자료를 제공한다. 바울은 창세 전이라는 가장 먼 시작을 돌아보며, 죽음과 부활 너머의 가장 먼 미래를 내다본다. 위임받은 사도와 영감받은 교사의 권위를 가지고 글을 쓰되, 편의상의 문제들에 대해서는 주의 명령과 개인적 판단을 구분한다. 큰 압박감을 가지고 서둘러서 글을 쓰고 초안을 고치지 않은 듯하다. 이 19세기를 사는 우리가 베드로처럼 그의 서신들에서 "알기 어려운 것이 더러" 있는 것을 발견하게 된다면, 바울 본인도 끝없는 대양 같은 하나님의 진리 앞에 경외심으로 엎드리고, 부분적으로만 알 뿐이고 거울을 통해서 희미하게 보는 것 같다고 겸손히 고백했던 것을 기억해야 한다. 이 세상에 있는 모든 지식은 "신비로 끝난다"(Geibel). 최고라고 자부하는 이 시대의 신학 체계들은 계시의 빛에 대한 희미한 반영일 뿐이다. 무한한 진리들은 우리의 유한한 정신을 초월하며, 비둘기집 같은 논리 공식들에 억지로 집어넣을 수가 없다. 그러나 좋은 주석은 이 서신들의 항구적인 가치를 좀 더 폭넓고 힘있게 깨닫게 한다.

정경상의 순서

바울의 서신들은 주후 52년이나 53년부터 64년이나 67년 사이에, 즉 그의 영향력과 권세가 절정에 달했던 12년 사이에 저술되었다. 예루살렘 공의회 전에 저술된 것은 없다. 그가 회심한 때부터 제2차 전도여행 때에 해당하는 시기(주후 37-52년)에 집필한 문헌을 우리는 갖고 있지 않다. 그 서신들의 연대기는 복음서들이나 보편 서신들의 연대기보다 더 정확히 확인할 수 있다. 이를테면 갈리오가 아가야 총독으로 재위한 연대와 벨릭스와 베스도가 유대 총독으로 재위한 연대 같은 서신들 내부의 내용들을 사도행전과 당대 사건들을 대비해 보는 방법이 있기 때문이다.

로마서의 경우는 저작 장소와 연대와 계절까지도 파악이 가능하다. 바울은 고린도의 신자들이 전하는 안부를 대신 전하고(16:23), 고린도의 항구 도시 겐그레아의 여집사(일꾼) 뵈뵈를 천거하고(16:1), 아직 로마에 가지 못했으나(1:13) 예루살렘을 한 번 더 방문한 뒤에 그곳에 가고 싶다는 뜻을 전한다 ─ 이때 마게도냐와 아가야 교회들이 유대의 가난한 형제들을 위해 모은 연보를 가지고 갈 뜻을 밝힌다(15:22-29; 비교. 고후 8:1-3). 그리고 사도행전에서 배우는 것은 그가 아가야를 마지막으로 방문했을 때 고린도에서 석 달을 머물렀고, 유월절과 오순절 중간에 시리아로 돌아왔다는 것이다(행 20:3, 6, 16). 이것이 예루살렘을 다섯 번째이자 마지막으로 방문한 것으로서, 그는 그곳에서 붙잡혀 가이사랴의 벨릭스에게 이송된 뒤 2년 동안 구류되었다가 베스도에게 인계되었다. 이 모든 내용을 정리하면 그때가 주후 58년 봄이라는 결론이 나온다.

서신들의 연대순은 다음과 같다: 데살로니가전후서가 가장 먼저인 주후 52년 혹은 53년에 저술되었고, 그 다음으로 갈라디아서, 고린도전후서, 로마서가 56-58년에 저술되었고, 옥중서신들이 골로새서, 에베소서, 빌레몬서, 빌립보서의 순서로 61-63년에 저술되었으며, 마지막으로 목회서신들이 저술되었지만, 그 연대는 ─ 디모데후서가 순교를 코앞에 두고서 쓴 작별 서신이라는 점을 제외하고는 ─ 확실치가 않다.

바울의 서신들을 사도행전의 도움을 받아 연대순으로 공부하여 다메섹에서 로마까지 사도를 따라 전도 여행길을 되짚어보고, 데살로니가전후서의 기록자료식의 진리로부터 로마서의 완숙한 경지에 이르는 그의 교리 체계 발전 과정을 추적하고, 그 다음에는 골로새서, 에베소서, 빌립보서에 기록된 특정 주제들과 목회서신들에 담긴 작별의 권고들을 통해서 그 발전 과정을 추적한다면 퍽 유익을 얻을 것이다.

교리에 따른 배열

연대순보다 더 중요한 것은 목적과 중심 사상에 따른 주제순이다. 주제순으로 배열해 보면 다음과 같은 군(群)으로 나뉜다:

1. 인간론적이고 구원론적: 갈라디아서와 로마서.

2. 윤리학적이고 교회론적: 고린도전후서.

3. 기독론적: 골로새서와 빌립보서.

4. 교회론적: 에베소서(부분적으로는 고린도전후서도 여기에 포함됨).

5. 종말론적: 데살로니가전후서.

6. 목회적: 디모데전후서와 디도서.

7. 사회적이고 개인적: 빌레몬서.

문체

"문체가 그 사람의 어떠함을 드러낸다"는 말이 있다. 특히 바울에게 잘 어울리는 말이다. 바울의 문체는 "기존의 어떤 것보다 스스럼 없는 문체"라고 불리어 왔다. 그의 문체는 그의 정신의 힘과 열기, 그리고 마음의 따뜻한 정을 적절히 반영한다. 그는 고전의 격조를 버렸고, 스스로 "말에는 졸하나" 지식에는 그렇지 않다고 말한다. 질그릇에 천상의 보화를 담는다. 그러나 결점들은 탁월한 점들로 벌충이 되고도 남는다. 그가 가장 약한 데서 그리스도의 능력이 완전케 되었다. 우리는 단지 문장 형식에 감탄하지 않고, 문장의 배후에 깔려 있으면서 표현의 위력을 무색케 하는 내용의 엄청난 중요성과 진리의 감춰진 깊이를 눈여겨 본다.

바울의 문체는 남성답고 대담하고 시원시원하고 공세적이고 호전적이면서도 간간이 온유하고 섬세하고 점잖고 마음을 사로잡는다. 몰입하고 불규칙적이고 거칠면서도 항상 힘이 있고 명쾌하며, 로마서 8장 말미의 승리의 찬가와 고린도전서 13장의 사랑의 송가에서처럼 시적 아름다움의 경지에 우뚝 솟아오르는 경우가 적지 않다. 강렬한 진지성과 주체하지 못할 정도로 넘쳐 흐르는 사상이 일상적인 문법 규칙을 뚫고 나온다. 그의 논리는 타오르는 불과 같다. 세련된 논증과 과감한 대조와 격렬한 공격과 급작스런 전환과 지그재그식의 행보와 깜짝 놀랄 만한 질문과 경탄이 그의 문체에 가득하다. 그는 변증적이고 논리적이다. 논리 불변화사들, 역설적 표현들, 언어유희들을 즐겨 쓴다. 성경으로부터, 전제들로부터, 결론들로부터 사유한다. 대적을 사정없이 벽에 몰아붙여 불합리성을 밝혀내지만, 체면에 연연하지 않는다. 조롱과 반어와 풍자라는 예리한 무기들을 잘 알고 있지만, 억제하고 거의 사용하지 않는다. 그의 어조는 마음을 녹이는 호소에서부터 천사의 사자후에 이르기까지 다양하다. 메마르거나 둔한 법이 없고 말을 낭비하는 법도 없다. 간결하고 야무지며, 정곡을 찌른다. 간결하여서 때로는 의미가 불명확하게 되기도 하는데, 이것은 투키디데스, 타키투스, 테르툴리아누스의 경우도 마찬가지이다. 그가 쓰는 용어들은 승리와 평화를 향해 진군하는 허다한 전사(戰士)들 같다. 절벽으로 포말지으며 요란하게 떨어지다가 푸른 초원 위를 조용히 흐르는 산악의 급류 같고, 신선한 소나기와 찬란한 햇빛으로 끝나는 폭풍우 같다.

바울은 학문적 신학의 어휘를 만들었고, 종교와 도덕 용어들에 이전보다 더 심오한 의미를 부여하였다. 유대인 랍비들과 기독교 교사들 중에서 가장 위대한 그가 기독교 세계의 언어에 끼친 지울 수 없는 영향을 드러내지 않은 채 죄, 육체, 은혜, 자비, 평안, 구속, 구원, 칭의, 영화, 교회, 믿음, 사랑을 말할 수가 없다.

89. 데살로니가전후서

마게도냐의 크고 부유한 상업 도시였던 데살로니가는 마게도냐 제2구역(Macedonia secunda)의 수도이자 로마 총독(proconsul) 겸 재판관의 좌소로서 유대인들이 많이 모여 살았다. 바울은 이곳을 제2차 전도여행 때인 주후 52년이나 53년에 방문하여 몇 주만에 많은 박해를 무릅쓰고 교회를 세우는 데 성공했다. 주로 이방인들로 구성된 이 교회는 후에 크게 번성했다. 이곳을 중심으로 교회가 주변으로 퍼져나갔고, 중세 때는 투르크인들에게 함락되기 전까지(주후 1430년) 비잔틴 제국과 동방 기독교 세계의 보루였으며, 슬라브인들과 불가리아인들을 개종시키는 데 견인차 역할을 했다. 이런 이유로 "정통신앙의 도시"(the Orthodox City)라는 칭호를 얻었다. 학식있는 많은 대주교들을 배출했으며, 그리스의 여느 도시보다 고대 교회의 유물을 많이 보존하고 있다. 비록 그곳의 대성당은 이슬람교 사원이 되었지만 말이다.

이 교회에 대해서 바울은 영적 아버지로서 아직 경험이 없는 그 어린 자녀들에 대한 진한 애정을 가지고 특유의 논쟁적 문체로 두 권의 편지를 썼다. 고린도를 첫 번째 방문했을 때 그곳에서 이 편지들을 썼으며, 목적은 시련에 처한 그들을 위로하고, 자기가 그리스도의 영광스런 재림과 "불법의 사람" 곧 적그리스도의 징후와 당시에 이미 활동하고 있었으나 어떤 막는 힘에 의해 제재를 받고 있던 "불법의 비밀"에 관해 가르쳤던 내용 중 그들이 오해한 몇 가지를 바로잡으려는 것이었다. 임박한 재림에 대한 소망이 매일의 삶을 도덕적으로 영위할 수 없게 만든 광신적 재림주의로 타락했던 것이다. 이제 그는 데살로니가인들에게 주께서 그들의 기대만큼 일찍 오시지 않을 것이고, 여하한 경우라도 그 기대 때문에 근면과 열심이 지장을 받아서는 안 되며, 오히려 더 근면하고 열심을 내는 동기가 되어야 한다고 가르쳤다. 그렇기 때문에 깨어서 규모있고 근면하게 기도하는 정신으로 살라고 권고하는 것이다.

바울의 첫 서신들이 신학 체계의 마지막 주제를 다루고 시초부터 종말을 예기한다는 것은 주목할 만한 일이다. 그러나 그리스도의 신속한 재림에 대한 소망은 예루살렘 멸망 전에도 시련과 박해에 처해 있던 유아 교회에게 가장 큰 위로거리였던 바, 데살로니가 교회는 이런 유아기에 심한 시련을 당했고 바울 자신도 쫓겨났었다. 또 한 가지 주목할 만한 것은 로마의 교회가 아닌 그리스의 어린 교회가 저 반기독교적 불법의 비밀의 시작을 맨 처음 계시받았다는 점이다. 그 반기독교적 불법은 당시에는 아직 제재를 받았지만, 장차 로마에서 그 세력이 봇물 터지듯 터져나올 것이었다.[9]

바우어는 이 서신들, 특히 후서의 원본성을 비판하지만, 최고의 비평가들의

---

9) 데살로니가후서 2:1–12이라는 까다로운 단락은 다니엘서(제4제국)와 계시록의 예언들과 결부시켜 설명해야 한다. 여러 현대 해석학자들은 교부의 해석을 채택하여 '막는 세력'이 로마 제국이고, '막는 자'가 당시의 황제(클라우디우스)이며, '불법의 사람'은 그의 계승자 네로라고 해석한다. 그러나 마지막 것은 매우 의심스럽다. 단락 전체가 고대 로마 제국 시대를 훨씬 넘어서는 예언적 기조를 띠고 있는 게 틀림없다. 시대가 계속되는 동안 '많은 적그리스도'가 있고, 많은 막는 세력들과 막는 자들이 있지만, 그 끝은 아직 멀리 떨어져 있음에 틀림없다. "분명한 점은 그 단어들이 무엇을 뜻하든간에 바울 당시부터 우리 시대에 이르기까지 존재해온 어떤 것, 즉 역사 내내 악을 제어하는 효과를 끼친 어떤 것을 뜻한다는 것이다"(Dods, in Schaff's *Com. on the N. T.*, III. 535).

판단에 비추어 볼 때 하찮은 비판이다.

90. 고린도전후서

아가야의 수도 고린도는 두 바다를 잇는 가교이자 동방과 서방 간의 교역 중심지로서, 부유하고 사치스럽고 예술을 사랑하고 아프로디테를 극진히 숭배했다. 이곳에서 바울은 그리스에서 가장 중요한 교회를 세우고, 짧은 방문을 통해 처음에는 18개월 동안 그리고 나중에는 3개월 동안 사역했다(고후 12:14; 13:1). 이 교회는 그리스인들의 민족성이 복음의 영향을 받고서 드러낸 모든 빛과 그림자를 여실히 보여주었다. "모든 구변과 모든 지식"에 풍족하고 "모든 은사에" 부족함이 없었으나, 세상적 지식과 웅변에 대한 병적인 욕구에, 회의주의와 도덕적 경박함에 감염된 분열과 파벌 정신으로 고통을 당했다. 뿐만 아니라 저급한 죄들이 그들 가운데 있어서 주의 만찬과 애찬이 무절제로 더럽혀질 정도였으므로, 사도는 자신이 부재 중에 기독교 신앙고백을 더럽힌 특정 교인들을 출교하지 않으면 안 된다는 판단을 내렸다. 이 교회는 게바와 야고보와 아볼로와 심지어 그리스도의 이름을 분파적 목적에 남용한 유대화주의자들과 그 밖의 문제 야기자들에 의해 혼란을 겪었다. 여러 윤리적 결의론(結疑論)적 문제들이 그 활발하고 사변적이고 다혈질적인 공동체에 생겨서, 사도는 두 번째(혹은 세 번째)와 마지막 방문 전에 먼 거리에서 그 문제들에 대답해 주지 않으면 안 되었다.

따라서 이 서신들은 다양한 주제들로 가득하며, 저자의 비범한 다재다능한 정신을 보여주며, 미묘하고 복잡한 문제들과 무절제한 대적들을 다루는 그의 실천적 지혜를 드러낸다. 그는 모든 탈선에 대해서 심한 책망을, 모든 위험에 대해서 경고를, 모든 연약에 대해서 격려와 동정을, 회개하는 모든 범죄자들에 대해서 용서와 격려를 한다. 이 서신들은 갈라디아서와 로마서를 특징짓는 구도의 통일성이 결핍되어 있다. 교리적이고 신학적이기보다 윤리적이고 교회적이고 목회적이고 개인적이다. 물론 부활 같은 몇몇 대단히 중요한 교리들을 다른 서신들에서보다 충분히 다루긴 하지만 말이다.

I. 고린도전서는 바울이 그리스를 향해 출발하기 직전인 주후 57년 봄에 에베소에서 썼다. 그 전에 쓴 다른 편지가 있었지만 현존하지 않는다(5:9). 고린도전

서는 그 교회의 평화를 깨뜨리고 순결을 얼룩지게 한 다양한 논쟁들과 악들에 관한 까다로운 문제들에 대한 대답이었다. 사도는 복음의 어리석은 지혜와 인간 철학의 지혜로운 어리석음을 대조하고, 분파주의를 꾸짖고, 그리스도의 교회의 영적 일치성과 조화로운 다양성, 직분들과 은혜의 은사들 — 그 중에서 제일은 사랑 — 을 알려 주고, 육체의 부정을 하나님의 전을 더럽히는 것으로 경고하고, 양심에 매이지 않는 결혼과 독신에 관한 조언을 하고("내가 주께 받은 계명이 없으되", 7:25), 유대 그리스도인들과 이방 그리스도인들, 소심한 형제들과 자유스러운 형제들 사이에 틈을 냈던 우상들에게 바친 고기에 관한 문제를 논하고, 사역자에 대한 물질적 지원을 더 큰 영적 긍휼을 얻은 데 대한 그리스도인의 당연한 감사의 의무로 규정하여 명하고, 적합하지 않은 복장을 경계하고, 성찬의 목적을 설명하고 그 남용을 바로잡으며, 그리스도의 부활과 제자들에게 — 마지막으로 바울의 회심 때 — 친히 나타나신 일들에 기초하여 부활 교리를 충분히 강해한다. 스탠리(Dean Stanley)는 이 서신에 관해서 이렇게 말한다: [이 서신은] "신약성경 다른 어떤 부분보다 사도 시대 초기의 교회 설립, 교회 분위기, 교회에 있던 의견들을 가장 명확히 들여다볼 수 있게 한다. 모든 점에서 기독교 교회사의 가장 초기에 해당하는 부분이다." 그러나 마지막 말은 정확하지 않다. 고린도 부분이 있기 전에 먼저 예루살렘과 안디옥 부분들이 있었다.

핵심 사상: 그리스도께서 어찌 나뉘었느뇨. 바울이 너희를 위하여 십자가에 못 박혔으며 바울의 이름으로 너희가 세례를 받았느뇨(1:13). 하나님께서 전도의 미련한 것으로 믿는 자들을 구원하시기를 기뻐하셨도다(1:21). 우리는 십자가에 못 박힌 그리스도를 전하니 유대인에게는 거리끼는 것이요 이방인에게는 미련한 것이로되 오직 부르심을 입은 자들에게는 유대인이나 헬라인이나 그리스도는 하나님의 능력이요 하나님의 지혜니라(1:23, 24). 내가 너희 중에서 예수 그리스도와 그의 십자가에 못 박힌 것 외에는 아무것도 알지 아니하기로 작정하였음이라(2:2). 육에 속한 사람은 하나님의 성령의 일을 받지 아니하나니(2:14). 이 닦아 둔 것 외에 능히 다른 터를 닦아 둘 자가 없으니 이 터는 곧 예수 그리스도라(3:11). 너희가 하나님의 성전인 것과 하나님의 성령이 너희 안에 거하시는 것을 알지 못하느뇨. 누구든지 하나님의 성전을 더럽히면 하나님이 그 사람을 멸하시리라(3:16, 17). 사람이 마땅히 우리를 그리스도의 일꾼이요 하나님의 비밀을 맡은 자

로 여길지어다(4:1). 하나님의 나라는 말에 있지 아니하고 오직 능력에 있음이라(4:20). 묵은 누룩을 내어버리라(5:7). 모든 것이 내게 가하나 다 유익한 것이 아니요 모든 것이 내게 가하나 내가 아무에게든지 제재를 받지 아니하리라(6:12). 너희 몸이 그리스도의 지체인 줄을 알지 못하느냐(6:15). 음행을 피하라(6:18). 너희 몸으로 하나님께 영광을 돌리라(6:20). 할례 받는 것도 아무것도 아니요 할례 받지 아니하는 것도 아무것도 아니로되 오직 하나님의 계명을 지킬 따름이니라(7:19). 각 사람이 부르심을 받은 그 부르심 그대로 지내라(7:20). 너희는 값으로 사신 것이니 사람들의 종이 되지 말라(7:23). 너희 자유함이 약한 자들에게 거치는 것이 되지 않도록 조심하라(8:9). 만일 식물(食物)이 내 형제로 실족케 하면 나는 영원히 고기(혹은 술)를 먹지 아니하여 내 형제를 실족치 않게 하리라(8:13). 이와 같이 주께서도 복음 전하는 자들이 복음으로 말미암아 살리라 명하셨느니라(9:14). 만일 복음을 전하지 아니하면 내게 화가 있을 것임이로라(9:16). 약한 자들에게는 내가 약한 자와 같이 된 것은 약한 자들을 얻고자 함이요 여러 사람에게 내가 여러 모양이 된 것은 아무쪼록 몇몇 사람들을 구원코자 함이니(9:22). 그런즉 선 줄로 생각하는 자는 넘어질까 조심하라(10:12). 모든 것이 가하나 모든 것이 유익한 것이 아니요 모든 것이 가하나 모든 것이 덕을 세우는 것이 아니니 누구든지 자기의 유익을 구치 말고 남의 유익을 구하라(10:23,24). 누구든지 주의 떡이나 잔을 합당치 않게 먹고 마시는 자는 주의 몸과 피를 범하는 죄가 있느니라. 사람이 자기를 살피고 그 후에야 이 떡을 먹고 이 잔을 마실지니 주의 몸을 분변치 못하고 먹고 마시는 자는 자기의 죄를 먹고 마시는 것이니라(11:27-29). 은사는 여러 가지나 성령은 같고(12:4). 그런즉 믿음, 소망, 사랑, 이 세 가지는 항상 있을 것인데 그 중에 제일은 사랑이라(13:13). 사랑을 따라 구하라(14:1). 모든 것을 덕을 세우기 위하여 하라(14:26). 나의 나 된 것은 하나님의 은혜로 된 것이니(15:10). 그리스도께서 다시 사신 것이 없으면 너희의 믿음도 헛되고 너희가 여전히 죄 가운데 있을 것이요(15:17). 아담 안에서 모든 사람이 죽은 것같이 그리스도 안에서 모든 사람이 삶을 얻으리라(15:22). 하나님이 만유의 주로서 만유 안에 계시려 함이라(15:28). 육의 몸이 있은즉 또 신령한 몸이 있느니라(15:44). 이 썩을 것이 썩지 아니함을 입고 이 죽을 것이 죽지 아니함을 입을 때(15:54). 그러므로 내 사랑하는 형제들아 견고하며 흔들리지 말며 항상 주의 일에 더욱 힘쓰는 자들이 되라(15:58). 매주일 첫날에 너희 각 사람이 이를 얻은 대로 저축하여 두어서 내가 갈

때에 연보를 하지 않게 하라(16:2). 깨어 믿음에 굳게 서서 남자답게 강건하여라. 너희 모든 일을 사랑으로 행하라(16:13, 14).

Ⅱ. 고린도후서는 같은 해인 57년 여름이나 가을에 저자가 아가야의 수도를 방문하기로 결심하기 직전에 마게도냐 어느 지역에서 집필했다(고후 7:5; 8:1; 9:2). 저자가 아주 격앙된 상태에서 쓴 게 분명하며, 사도 개인의 인격과 감정, 공적인 시련과 기쁨, 고귀한 자부심과 깊은 겸손, 거룩한 진심과 뜨거운 사랑을 아주 자유롭게 엿보게 한다. 사도의 마음을 아주 깊숙이 들여다보게 하며, 거의 자서전에 가깝다. 사도는 편지를 쓰기 전에 디도 편으로 고린도 교회의 상태와 그의 첫째 편지가 일으킨 결과와, 가는 곳마다 그를 따라다니면서 그의 사역을 훼방하려고 한 유대화주의 집단의 사절들의 계교를 충분히 전해 들었다. 이 비기독교적인 반대에 접한 그는 자기를 변호하기 위해서 자신의 사역과 개인 체험에 관해서 힘이 넘치는 웅변으로 말하지 않을 수 없었다. 아울러 회중에게 가난한 자들을 위한 연보의 의무를 다시 한 번 촉구한다. 이 서신은 목회의 지혜가 무진장 묻혀 있는 광맥이다.

핵심 사상: 그리스도의 고난이 우리에게 넘친 것같이 우리의 위로도 그리스도로 말미암아 넘치는도다(1:5). 너희가 고난에 참예하는 자가 된 것같이 위로에도 그러할 줄을 앎이라(1:7). 우리가 너희 믿음을 주관하려는 것이 아니요 오직 너희 기쁨을 돕는 자가 되려 함이니(1:24). 누가 이것을 감당하리요(2:16). 너희가 우리의 편지라. 우리 마음에 썼고 뭇사람이 알고 읽는 바라(3:2). 우리가 무슨 일에든지 우리에게서 난 것같이 생각하여 스스로 만족할 것이 아니니 우리의 만족은 오직 하나님께로서 났느니라(3:5). 의문은 죽이는 것이요 영은 살리는 것임이니라(3:6). 주는 영이시니 주의 영이 계신 곳에는 자유함이 있느니라(3:17). 우리가 우리를 전파하는 것이 아니라 오직 그리스도 예수의 주 되신 것과 또 예수를 위하여 우리가 너희의 종 된 것을 전파함이라(4:5). 우리가 이 보배를 질그릇에 가졌으니 이는 능력의 심히 큰 것이 하나님께 있고 우리에게 있지 아니함을 알게 하려 함이라(4:7). 우리의 잠시 받는 환난의 경한 것이 지극히 크고 영원한 영광의 중한 것을 우리에게 이루게 함이니(4:17). 만일 땅에 있는 우리의 장막 집이 무너지면 하나님께서 지으신 집 곧 손으로 지은 것이 아니요 하늘에 있는 영원한 집이 우리에

게 있는 줄 아나니(5:1). 이는 우리가 믿음으로 행하고 보는 것으로 하지 아니함이로라(5:7). 우리가 다 반드시 그리스도의 심판대 앞에 드러나 각각 선악간에 그 몸으로 행한 것을 따라 받으려 함이라(5:10). 그리스도의 사랑이 우리를 강권하시는도다. 우리가 생각하건대 한 사람이 모든 사람을 대신하여 죽었은즉 모든 사람이 죽은 것이라(5:14). 그가 모든 사람을 대신하여 죽으심은 산 자들로 하여금 다시는 그들 자신을 위하여 살지 않고 오직 그들을 대신하여 죽었다가 다시 사신 자를 위하여 살게 하려 함이니라(5:15). 그런즉 누구든지 그리스도 안에 있으면 새로운 피조물이라. 이전 것은 지나갔으니 보라 새것이 되었도다(5:17). 하나님께서 그리스도 안에 계시사 세상을 자기와 화목하게 하시며 저희의 죄를 저희에게 돌리지 아니하시고 화목하게 하는 말씀을 우리에게 부탁하셨느니라(5:19). 우리가 … 그리스도를 대신하여 간구하노니 너희는 하나님과 화목하라(5:20). 하나님이 죄를 알지도 못하신 자로 우리를 대신하여 죄를 삼으신 것은 우리로 하여금 저의 안에서 하나님의 의가 되게 하려 하심이니라(5:21). 너희는 믿지 않는 자와 멍에를 같이 하지 말라(6:14). 내가 우리의 모든 환난 가운데서도 위로가 가득하고 기쁨이 넘치는도다(7:4). 하나님의 뜻대로 하는 근심은 후회할 것이 없는 구원에 이르게 하는 회개를 이루는 것이요 세상 근심은 사망을 이루는 것이니라(7:10). 우리 주 예수 그리스도의 은혜를 너희가 알거니와 부요하신 자로서 너희를 위하여 가난하게 되심은 그의 가난함을 인하여 너희로 부요케 하려 하심이니라(8:9). 적게 심는 자는 적게 거두고 많이 심는 자는 많이 거둔다(9:6). 하나님은 즐겨 내는 자를 사랑하시느니라(9:7). 자랑하는 자는 주 안에서 자랑할지니라(10:17). 옳다 인정함을 받는 자는 자기를 칭찬하는 자가 아니요 오직 주께서 칭찬하시는 자니라(10:18). 내 은혜가 네게 족하도다. 이는 내 능력이 약한 데서 온전하여짐이라(12:9). 우리는 진리를 거슬러 아무것도 할 수 없고 오직 진리를 위할 뿐이니(13:8). 주 예수 그리스도의 은혜와 하나님의 사랑과 성령의 교통하심이 너희 무리와 함께 있을지어다(13:13).

91. 갈라디아서

갈라디아서와 로마서는 죄와 구속의 교리와, 율법과 복음의 관계를 논한다.

두 서신은 값없는 은혜로 말미암는 구원과, 믿음으로 말미암는 칭의를 가르치고, 유대교의 선민 구원설에 반대하여 보편구원설을, 율법주의의 속박에 반대하여 복음으로 말미암는 자유를 가르친다. 그러나 갈라디아서가 급히 그린 스케치요 깊은 감정의 산물이라면, 로마서는 정교한 논문이요 차분한 반추를 거친 성숙한 산물이다. 전자가 외국의 개입자들과 유혹자들을 비판하는 논쟁서라면, 후자는 화해적인 글이고 차분한 정신의 틀을 가지고 쓴 글이다. 전자가 포말지으며 급히 흐르는 산악의 급류 같다면, 후자는 끝없는 평원을 가로질러 흐르는 장엄한 강물과 같다. 그러나 둘은 마치 급류로 흐르는 상류와 카이로 아래의 하류로 이루어진 나일 강처럼, 스위스 그리슨에서 발원하여 독일과 네덜란드의 저지를 흐르는 라인 강처럼, 나이아가라 폭포와 몬트리올과 퀘벡을 흘러 그곳에서 장엄하게 갈라져 대양으로 흘러들어가는 세인트로렌스 강처럼 동일한 강이다.

이 서신들의 독자들이 대표하는 두 종족 — 켈트 족과 라틴 족 — 이 자기들에게 전파된 교리들을 멀리 떠나고, 복음의 자유를 율법의 속박으로 바꿔버리고, 그로써 다혈질적이고 통이 크고 민감하고 경박하고 변덕스러운 이 갈라디아인들이 배교를 반복했다는 것은 눈여겨 볼 만한 대목이다. 바울의 복음은 수 세기 동안 등한시되고 오해되고 (아우구스티누스가 변호했음에도 불구하고) 마치 기독교 자체가 예루살렘에 의해 버려졌듯이 마침내 로마에 의해 버려졌다. 그러나 만사를 주관하시는 하나님의 지혜는 마치 유대인들의 불신앙을 이방인들의 회심으로 돌려 놓으셨듯이, 교황청의 규율을 북부와 서부의 게르만 족으로 하여금 자유를 배우는 학교로 삼으셨다. 이 서신들은 신약성경의 여느 책들 이상으로 16세기 종교개혁에 영감을 불어넣었고, 오늘날까지 복음주의 프로테스탄트권의 지브롤터 역할을 하고 있다. "교회의 바벨론 유수"에 맞서 전쟁을 벌인 루터(Luther)는 이차적 영감하에 갈라디아서를 재현했다. 그로써 그리스도인의 자유를 위한 전투는 한 번 더 승리를 거두었고, 그 열매는 바울도 루터도 들어보지 못한 민족들이 오늘날 받아 누리고 있다.

갈라디아서(갈라디아인들은 원래 라인 강과 모젤 접경의 갈리아〈Gaul〉 사람들로서 일찍이 소아시아로 이주했다)는 바울이 그들을 두 번째로 방문한 뒤에 기록되었는데, 그 시기는 바울이 에베소에 오래 체류하고 있던 동안이거나(주후 54-57년), 아니면 고린도를 두 번째로 방문한 직후였으며, 고린도에서 로마서에 앞서 기록된 듯하다. 서신을 쓰게 된 계기는 유대화주의 교사들의 계교 때문이었다. 그들은 바울의 사도로서의 권위를 훼손하고 그의 개종자들을 값없는 은혜의 복음에서 율법적 속박의 거짓 복음으로 빠지는 배교의 길로 그릇 인도하고, 할례를 칭의와 교회 가입 조건으로 요구했다. 따라서 갈라디아서는 "아폴로기아 프로 비타 수아"(Apologia pro vita sua), 즉 개인적이고 교리적인 자기 변호서이다. 바울은 자신의 독립된 사도권(1:1~2:14)과 자신의 가르침(2:15~4:31)을 변호하며, 그리스도인의 자유를 남용하지 말고 굳게 붙들며, 거룩한 생활로 믿음의 열매를 보이라는 권고로 글을 맺는다(5, 6장).

이 서신은 뚜렷하고 강한 색채로 유대인 사도들과 이방인 사도의 차이와 조화를 동시에 드러낸다. 옛 정통신앙은 그들의 조화만 보고 차이는 무시한 반면에, 현대 비평학은 오직 차이만 바라보고 그것을 강조했다. 이 서신은 그 근본적인 요지로써 역사상 견해가 다른 교회들 사이에 이따금씩 재개된, 그리고 가장 큰 규모로서는 베드로적인 로마 교회와 바울적인 프로테스탄트 교회 사이에 벌어진 투쟁을 예기한다. 안디옥에서 두 핵심 사도들간에 일시적으로 빚어진 충돌이 종교개혁이라는 전투의 예표가 되는 것이다.

동시에 갈라디아서는 화해 문서로서 모든 교리적 의식적 논쟁들을 최후로 조정하는 으뜸음을 울린다. "그리스도 예수 안에서는 할례나 무할례가 효력이 없되 사랑으로써 역사하는 믿음뿐이라"(5:6). "무릇 이 규례를 행하는 자에게와 하나님의 이스라엘에게 평강과 긍휼이 있을지어다"(6:16).

주제: 복음으로 말미암는 자유.

핵심 사상: 그리스도께서 우리로 자유케 하려고 자유를 주셨으니 그러므로 굳세게 서서 다시는 종의 멍에를 메지 말라(5:1). 사람이 의롭게 되는 것은 율법의 행위에서 난 것이 아니요 오직 예수 그리스도를 믿음으로 말미암는 줄 아는고로 우리도 그리스도 예수를 믿나니(2:16). 내가 그리스도와 함께 십자가에 못 박혔나니 그런즉 이제는 내가 산 것이 아니요 오직 내 안에 그리스도께서 사신 것이라(2:20). 그리스도께서 우리를 위하여 저주를 받은 바 되사 율법의 저주에서 우리를 속량하셨으니(3:13). 형제들아 너희가 자유를 위하여 부르심을 입었으나 그러나 그 자유로 육체의 기회를 삼지 말고 오직 사랑으로 서로 종 노릇 하라(5:13). 너희는 성령을 따라 행하라. 그리하면 육체의 욕심을 이루지 아니하리라(5:16).

92. 로마서

바울은 예루살렘을 다섯 번째이자 마지막으로 방문하기 몇 주 전에 자신의 방문 의사를 밝히는 표시로 세계의 수도(로마)에 사는 그리스도인들에게 편지를 보냈다. 그곳은 섭리에 의해 장차 기독교 세계의 예루살렘이 될 곳이었다. 사도는 그곳이 장래에 차지할 중요성을 내다보고서 편지의 주제를 다음과 같이 정했다: 모든 믿는 자에게, 첫째는 유대인에게 또한 헬라인에게 구원을 주시는 하나님의 능력인 복음(1:16, 17). 철학적인 헬라인들에게 편지를 쓸 때는 하나님의 지혜와 사람의 지혜를 대조하는 그가, 세계를 지배하는 로마인들에게는 기독교를 영적 무기로써 심지어 정복 세력인 로마까지도 정복할 하나님의 능력으로 표현한다. 이런 대범한 사상은 로마 정치인이 들었다면 몽상가나 미친 사람의 넋나간 꿈이라고 생각했겠지만, 제국이 3세기간의 박해 뒤에 결국 개종함으로써 성취되었고, 여전히 더 큰 성취를 향해 전진하고 있다.

사도는 자신의 주제를 해설하면서 다음 사항들을 제시한다: (1) 모든 사람이 죄의 권세 아래 있고 의로우신 하나님의 심판에 노출되어 있어서 다 구원을 받아야 할 처지에 놓여 있다. 이방인들만 그런 게 아니라(1:18~32), 기록된 율법과 특권들을 거슬러 죄를 지어 죄책이 더 큰 유대인들도 그러하다(2:1~3:20); (2) 구원은 예수 그리스도께서 속죄의 죽음과 승리의 부활로써 성취하시고, 믿음이라는 유일한 조건하에 만민에게 값없이 내미시고, 칭의와 성화와 영화로 이어지는 순차적인 행위로써 적용된다(3:21~8장 끝); (3) 구원은 먼저 유대인들에게 제시되었다가 그들이 불신앙으로 거절하자 이방인들에게 넘어갔지만, 장차 이방인의 충만한 수가 들어온 뒤에는 다시 유대인들에게 돌아갈 것이다(9~11장); (4) 그 큰 구원을 받은 우리는 우리 자신을 하나님을 섬기는 데에 드려서 — 그것이 참자유이다 — 감사를 표시해야 한다(12~16장).

마지막 장의 인사, 15:33; 16:20, 24, 27에 대한 사본들간의 큰 차이, G 사본(Codex G) 1:7,15의 "로마에 있어"라는 구절 생략은 편지 사본들이 결론만 적절하게 바꾸어 에베소에도 전달되었고(당시에 그곳에는 아굴라와 브리스길라가 와 있었고〈고전 16:19〉, 몇 년 뒤에 다시 한 번 와 있었다〈딤후 4:19〉). 다른 교회들에도 전달되었는데, 그 사본들이 현재의 형태로 보존되었다는 추측으로 가장 잘 설명된다.

이 서신은 당연히 바울 서신들의 맨 앞에 온다. 다른 서신들보다 더 포괄적이고 체계적이며, 세계의 여왕이자 장차 서방 기독교 세계의 여왕이 될 그 도시의 실정이 훌륭하게 감안되었다. 대가가 내놓을 수 있는 최고의 걸작이다. 그의 심장이다. 그가 위해서 살고 죽은 그의 이론 신학과 실천 신학을 싣고 있다. 죄와 은혜 교리를 가장 명쾌하고 가장 풍성하게 제시하고, 둘째 아담에 의한 보편 구속으로 죄와 사망의 보편적 지배에 대한 가장 유력한 해결책을 제시한다. 이 구속이 없다면 타락은 가장 캄캄한 수수께끼요 하나님의 공의와 자비 사상과 도저히 양립할 수 없다. 바울은 마침내 하나님의 지혜와 자비의 승리요 인류의 가장 큰 유익으로 끝날, 역사의 구부러진 길에 내재한 영원한 예지(豫知)와 예정과 하나님의 영광스러운 계획의 신비들에 가려진 베일을 숭엄한 심정으로 벗겨낸다. 루터는 로마서를 가리켜 "신약성경에서 가장 중요한 책이자 가장 순결한 복음"이라 했고, 콜리지(Coleridge)는 "현존하는 책 가운데 가장 심오한 책"이라고 했고, 마이어(Meyer)는 "사도들의 저작 가운데 가장 위대하고 가장 풍성한 책"이라 했으며, 고데(Godet)는 가장 적절하게 "기독교 신앙의 대성당"이라고 했다.

주제: 믿음을 조건으로 삼는, 자유롭고 보편적인 구원의 능력인 기독교.

핵심 사상: 유대인이나 헬라인이나 다 죄 아래 있다(3:9). 율법으로는 죄를 깨달음이니라(3:20). 사람이 의롭다 하심을 얻는 것은 율법의 행위에 있지 않고 믿음으로 되는 줄 우리가 인정하노라(3:28). 그러므로 우리가 믿음으로 의롭다 하심을 얻었은즉 우리 주 예수 그리스도로 말미암아 하나님으로 더불어 화평을 누리자(ἔχωμεν. 혹은 누린다〈ἔχομεν〉, 5:1). 이러므로 한 사람으로 말미암아 죄가 세상에 들어오고 죄로 말미암아 사망이 왔나니 이와 같이 모든 사람이 죄를 지었으므로 사망이 모든 사람에게 이르렀느니라(5:12): [이러므로 한 사람으로 말미암아 의가 세상에 들어오고 의로 말미암아 생명이 왔나니 이와 같이 모든 사람이 그리스도를 믿고 믿음으로 말미암아 그 의에 참여하는 자가 되는 조건으로 생명이 모든 사람에게 이르렀느니라.] 율법이 가입한 것은 범죄를 더하게 하려 함이라. 그러나 죄가 더한 곳에 은혜가 더욱 넘쳤나니 이는 죄가 사망 안에서 왕 노릇 한 것같이 은혜도 또한 의로 말미암아 왕 노릇 하여 우리 주 예수 그리스도로 말미암아 영생에 이르게 하려 함이니라(5:20, 21). 너희 자신을 죄에 대하여는 죽은 자요 그리스

도 예수 안에서 하나님을 대하여는 산 자로 여길지어다(6:11). 그리스도 예수 안에 있는 자에게는 결코 정죄함이 없나니(8:1). 하나님을 사랑하는 자 곧 그 뜻대로 부르심을 입은 자들에게는 모든 것이 합력하여 선을 이루느니라(8:28). 하나님이 미리 아신 자들로 또한 그 아들의 형상을 본받게 하기 위하여 미리 정하셨으니 이는 그로 많은 형제 중에서 맏아들이 되게 하려 하심이니라. 또 미리 정하신 그들을 또한 부르시고 부르신 그들을 또한 의롭다 하시고 의롭다 하신 그들을 또한 영화롭게 하셨느니라(8:29, 30). 만일 하나님이 우리를 위하시면 누가 우리를 대적하리요(8:31). 누가 우리를 그리스도의 사랑에서 끊으리요(8:35). 이방인의 충만한 수가 들어오기까지 이스라엘의 더러는 완악하게 된 것이라(11:25). 하나님이 모든 사람을 순종치 아니하는 가운데 가두어 두심은 모든 사람에게 긍휼을 베풀려 하심이로다(11:32). 이는 만물이 주에게서 나오고 주로 말미암고 주에게로 돌아감이라(11:36). 너희 몸을 하나님이 기뻐하시는 거룩한 산 제사로 드리라(12:1).

93. 옥중 서신

주후 61-63년에 로마에서 연금을 당하면서 "천하에 퍼진 유대인을 다 소요케 하는 자요 나사렛 이단의 괴수"(행 24:5)라는 죄목으로 재판을 기다리고 있는 동안 연로한 사도는 네 권의 서신 곧 골로새서, 에베소서, 빌레몬서, 빌립보서를 썼다. 이로써 감옥을 강단으로 삼아 먼 곳에 있는 자기 회중들에게 영감과 위로를 보냈고, 직접적인 사역으로 해낼 수 있었던 것보다 더 큰 봉사를 후세대들을 위해서 했다. 그는 "그리스도의 죄수"인 것을 자랑했다. 의를 위해 핍박당하는 것이 얼마나 복된 일인지를 체험했고(마 5:10), "모든 지각에 뛰어난 하나님의 평강"(빌 4:7)을 체험했다. 자기가 결박당한 것을 종종 언급하는데, 그것은 이중 사슬이나 쇠고랑($\alpha\lambda\upsilon\sigma\iota\varsigma$)으로서, 로마 관습에 따르면 바울은 그 결박에 의해 오른쪽 팔목이 밤낮 로마 군인 한 사람에게 묶여 있었던 셈이다. 이렇게 군인들이 돌아가면서 사도를 감시하고 있었으므로 그의 연금 생활은 복음이 "온 시위대 안"에 전파되는 수단이 되었다(빌 1:7, 13, 14, 17; 엡 3:1; 4:1; 골 4:3, 18; 몬 10, 13; 비교. 행 28:17, 30). 사도는 자기 셋집에서 지내며(아마 로마 시 북동쪽에 있던 시위대의 담 밖에 붙은 집이었을 것이다), 동료들과 멀리서 온 교인들을 자유롭게 만나는 특권을 누렸다.

바울은 자기가 연금된 장소를 언급하지 않는데, 그 기간은 4년 반이나 지속되었다(2년은 가이사랴에서, 2년은 로마에서, 6개월은 풍랑을 만난 항해와 멜리데에서 보냈다). 전통적인 견해는 위의 네 서신의 저작 시기를 로마에서 갇혀 지낼 때로 잡으며, 이 견해를 부정할 적절한 이유가 없다. 현대의 여러 비평가들은 한 권 이상을 가이사랴에서 쓴 것으로 추정한다. 그곳에서 바울이 한가히 있었을 리가 없고, 소아시아의 교회들은 그곳에서 더 가까웠으니 말이다. 그러나 가이사랴에서 바울은 로마와 서바나로 갈 일을 기대하고 있었던 반면에, 옥중 서신들에서는 골로새와 빌립보를 곧 방문하려는 소망을 표시한다. 바울은 로마에서 먼 곳에 사는 친구들에게 편지를 주고 받을 수 있는 최적의 기회를 누렸고, 가이사랴에서는 누리지 못했던 상당한 정도의 자유를 누렸다. 빌립보서에서 그는 "가이사집"에서 회심한 몇 사람의 문안을 대신 전하는데(4:22), 이것은 자연히 로마를 가리킨다. 그 밖의 다른 서신들의 상황과 환경도 거의 다를 바 없다.

에베소서, 골로새서, 빌레몬서는 거의 같은 시기에 저술되어 동일한 인편(두기고와 오네시모)으로 소아시아로 보내졌다. 아마 로마에서 연금 생활이 끝나갈 무렵이었던 것 같다. 이렇게 생각하게 되는 이유는 빌레몬서 22절에서 자신이 곧 풀려나 동방을 방문할 것을 예상하고서 골로새에 처소를 예비하라고 쓰기 때문이다.

빌립보서에 대해서 우리는 저술순으로는 맨 마지막에 둔다. 아니면 저술 시기를 적어도 로마에서 연금된 지 2년째 되던 해로 본다. 복음이 "온 시위대 안"에 전파되기까지는(빌 1:13) 바울이 로마에 도착한지 상당 시간이 흘렀을 것이기 때문이다. 그리고 빌립보인들이 로마에서 1,120km나 떨어진 곳에서 에바브로디도 편으로 바울에게 소식을 받고 그에게 쓸 것을 보내고 이 서신 이외의 다른 편지들을 보낼 수 있기까지는 오랜 세월이 흘렀을 것이다.

반면에 빌립보서가 맨 먼저 저술되었다는 주장이 순전히 내적 증거를 토대로, 즉 이 서신의 교리가 반(反)유대주의 서신들과 친밀하다는 점을 토대로 최근부터 제기되어 왔다. 이 주장을 한 사람들은, 반면에 골로새서와 에베소서는 영지주의 이단의 등장을 전제하고, 그로써 옥중 서신과 목회 서신 ─ 동일한 이단이 좀 더 발전한 형태로 나타나는 ─ 간의 연결고리가 된다고 주장한다. 그러나 에베소서도 사고와 언어가 이신칭의 면에서 로마서와 매우 비슷하고(비교. 엡 2:8),

교회론에서 로마서(12장)와 고린도전서(12, 14장)와 매우 비슷하다. 이단에 관해서는 바울은 에베소 장로들에게 고별사를 하기 여러 해 전에 소아시아에서 그 등장을 예언한 바 있다. 그리고 마지막으로, 빌립보서의 감사와 기쁨의 어조는 에베소서에 제시된 숭고하고 영광스러운 그리스도의 교회관과 가장 자연스럽게 어울린다.

94. 골로새서

브루기아의 교회들

골로새서 마지막 장에는 골로새, 라오디게아, 히에라볼리 같은 도시들이 기독교 교회의 좌소들로 함께 언급되는데, 이 서신서는 이 모든 도시의 교회들에게 전달된 것으로 간주할 수 있다. 사도는 라오디게아 교회에서도 이 서신을 읽게 하라고 당부하기 때문이다(4:13-16). 이 도시들은 루디아(리디아) 접경에 자리잡은 브루기아의 리쿠스 계곡(매안더 강의 지류가 흐름)을 중심으로 서로 불과 몇 km 내에 자리잡았고, 로마의 지배하에 소아시아의 원로원 총독령 속주에 속했다.

라오디게아가 셋 중에 가장 중요한 도시로서, 주도의 지위를 누렸다. 이 도시는 주후 61년 혹은 65년에 발생한 대지진으로 파괴되었다가 로마로부터 관례적인 원조를 받지 않은 채 자력으로 복구했다. 라오디게아 교회는 계시록에 언급된 일곱 교회 중 마지막 교회이며(3:14-22), 부유하고 거만하고 미지근하다고 표현된다. 4세기 중반(344년 이후)에 공의회가 이곳에서 열렸는데, 이 공의회는 "정경에 속한 신구약 성경"(그 목록은 후대에 첨가되었다)을 제외한 어떤 책도 공적으로 낭독하지 못하도록 금지하는 정경에 관한 중요한 법령을 통과시켰다. 이 법령은 후대에 동방과 서방에서 열린 공의회들에 의해 확증되고 채택되었다.

히에라볼리는 아름다운 정경에 둘러싸인 유명한 상수원(上水源)으로서, 세네카(Seneca)와 마르쿠스 아우렐리우스(Marcus Aurelius)와 함께 초기의 이교 도덕론자들의 서열에 들어간 절뚝발이 노예 에픽테토스(Epictetus)의 출생지였다. 에픽테토스는 신약성경의 숭고한 어록과 비슷한 말을 많이 남겼기 때문에 어떤 저자들은 역사적 근거가 없는데도 그가 바울이나 바울의 제자 골로새의 에바브라를 잠깐이나마 만났을 것으로 추정해 왔다.[10] 히에라볼리 교회는 속사도 시대에 파피아스(폴리카르푸스의 친구)와 아폴리나리스(Apollinaris)의 주교좌로 떠오른다.

한때 히에라볼리만큼 유명했던 골로새는 바울 당시에는 인근의 세 도시 중 가장 작은 도시였고, 지금은 지상에서 거의 사라지다시피 했다. 이와는 반대로 웅장한 신전들과 극장들과 목욕탕들과 수로들과 체육관들과 무덤들의 폐허들은 여전히 지난날 라오디게아와 히에라볼리의 부와 번영을 증거한다. 골로새 교회는 바울이 서신을 보낸 교회들 가운데 중요도가 가장 떨어졌고, 속사도 시대에는 거의 언급되지 않는다. 그러나 이곳에서는 2세기 교회를 뒤흔든 이단이 등장했던 바, 이 서신은 그 이단에 대한 최상의 치유책을 미리 제공한다.

브루기아에는 대 안티오코스(Antiochus the Great)가 바빌로니아와 메소포타미아의 유대인 2천 가구를 그 지역으로 강제 이주케 한 이래로 유대인 인구가 많았다. 그러므로 이곳은 브루기아인들의 감각적이고 신비적인 성향과 맞물려 종교적 다원주의와 다양한 형태의 광신주의의 온상이 되었다.

바울과 골로새인들

바울은 2차와 3차 여행 때 브루기아를 두 번 통과했지만(행 16:6; 18:23), 리쿠스 계곡을 통과하지는 않은 듯하다. 누가는 그가 이곳에 교회를 세웠다고 말하지 않으며, 바울 자신도 골로새인들과 라오디게아인들을 육신으로 자기를 보지 못한 사람들에 포함시키는 듯하다(골 2:1; 비교. 1:4, 8, 9). 바울은 "함께 종 된"

---

10) Epictetus(혹은 에픽테토스)는 에바브라디도(그 자신이 네로의 해방 노예였던)의 노예였다가 자유민이 된 사람으로서, 바울보다 상당히 나이가 적었고, 처음에는 로마에서 가르쳤으며, 도미티아누스가 철학자들을 추방한 뒤에는 에피로스의 니코폴리스에서 가르쳤는데, 거기서 그의 지침서(*Enchiridion*)는 Arrian에 의해 기록되었다. Lightfoot가 말하듯이 그가 바울이나 에바브라를 한 번이라도 만났다면 "한 가지 이상의 수수께끼가 풀릴 것"이다. 그러나 그는 기독교를 알고 있었던 흔적을 세네카만큼이나 드러내지 않는데, 세네카와 바울은 비록 네로 치하에 로마에서 살긴 했으나 그가 바울과 나누었다고 하는 서신은 위조 문서이다. 한 세기 뒤의 사람인 마르쿠스 아우렐리우스는 그리스도인들을 박해했고 자신의 *Meditations*(XI. 3)에서 그들을 단 한 번만 언급할 뿐인데, 거기서 그는 그들의 영웅적인 순교 열정을 완고 탓으로 돌린다. 이 철학자들의 자신만만한 스토아적 도덕성은 비록 숭고하긴 하지만 그들이 기독교를 받아들이는 데에 도움이 되기보다 장애가 되었을 것이다. 기독교는 회개와 겸손에 터를 두고 있기 때문이다.

"예수의 종"인 골로새의 에바브라를 그곳 그리스도인들의 스승이자 신실한 사역자로 언급한다(골 1:7; 4:12; 비교. 몬 23). 그러나 그는 에베소에 오래 체류하고 있는 동안에(주후 54-57년) 그리고 옥중에서 아시아의 모든 교회들을 전반적으로 감독하였다. 바울이 죽은 뒤 아시아 교회들은 요한의 감독을 받았고, 2세기에는 영지주의, 유월절, 천년왕국, 몬타누스주의 등의 논쟁들로 부각되었다.

바울은 제자 에바브라와 도주 노예 오네시모 편으로 골로새 교회의 사정을 전해 들었다. 두기고 편으로(4:7) 그 교회에 편지를 보냈는데, 이 편지는 라오디게아 교회도 읽으라고 쓴 편지였다(4:16). 동시에 오네시모 편으로 그의 주인이자 골로새 교회의 교인 빌레몬에게 사적인 천거의 편지를 보냈다. 아울러 골로새인들에게 "라오디게아로서 오는 편지"를 받아 읽으라고 당부했는데, 이 편지는 아마 두기고 편으로 전달된 복음적인 에베소서였을 가능성이 매우 크다. 바울이 골로새인들과 빌레몬에게 편지를 쓴 것은 특별한 이유 때문이었고, 에베소 지역의 모든 교회들에게는 쓴 것은 일반적인 이유 때문이었다. 그리고 두기고의 사역을 십분 활용하여 두 가지 목적을 다 이루었다. 세 권의 서신서는 이런 방식으로 시기와 목적이 서로 밀접하게 연관되어 있다. 서로를 설명해 주고 확증해 준다.

골로새의 이단

바울이 골로새서를 쓰지 않을 수 없었던 특별한 이유는 그들 사이에 새로운 이단이 등장했기 때문이었다. 그 이단은 마치 현대에 합리주의가 그랬듯이 고대 교회에서 조만간 강력하고 위험한 이단으로 확산되었다. 이 이단은 마치 에세네파가 바리새파와 다르듯이 혹은 율법주의가 신비주의와 다르듯이 바울이 갈라디아서와 고린도전후서에서 비판했던 유대화주의 이단과 달랐다. 골로새 이단은 에세네적이고 금욕주의적인 형태의 영지주의였다. 의식적이고 실천적인 요소들은 유대교에서 끌어왔고, 사변적인 요소들은 이교에서 끌어왔다. 할례와 안식일 및 월삭 준수와 고기와 음료에 대한 구분을 그대로 유지했다. 그러나 거기에는 동방의 신비주의와 신지학(theosophy)의 요소들, 악의 원칙에 관한 이교의 개념, 종속된 영들의 숭배, 물질의 지배에서 해방되기 위한 금욕주의적 투쟁이 뒤섞여 있었다. 신(神)과 물질간의 대립을 가르쳤고, 그 둘 사이에 숭배 대상들인 천사적 중재자들을 끼어넣었다. 이로써 영지주의의 본질적 특징들을 갖고 있으

면서도 그 초기이자 초보적인 형태에는 영지주의로 전환되고 있던 상태의 기독
교 에세네주의를 갖고 있었던 셈이다. 이 이단은 금욕적 성향으로는 로마 교회
의 연약한 형제들의 성향을 닮았다(롬 14:5, 6, 21). 요한 시대에 케린투스
(Cerinthus)는 좀 더 발전된 단계를 대표하며, 골로새 이단과 속사도 시대 영지주
의 간의 연결고리 역할을 한다.

논박

바울은 하나님과 사람 사이의 유일한 중보자로서 그 안에 신성의 충만함이 육
체로 거하시는 그리스도의 위격에 대한 참 교리를 가지고 이 거짓 철학을 차분
하고 조심스럽게 논박한다. 그리고 이원론에 터를 둔 이 거짓 금욕주의를 모든
도덕적 악의 효과적인 치유제인 믿음과 사랑으로 말미암는 마음의 정결 원칙을
가지고 논박한다.

영지주의와 바울의 플레로마

'플레로마'(pleroma) 곧 '충만함'은 골로새서와 에베소서의 중요한 용어이다.
바울은 영지주의자들과 공동으로 이 단어를 쓰며, 이 점 때문에 두 서신서를 속
사도 시대의 저작으로 주장하는 자들이 생겼다. 물론 바울은 이 용어를 영지주
의자들에게서 차용하지는 않았다. 다른 서신들에서도 조금씩 바꿔가며 이 용어
를 거듭 사용하기 때문이다. 이 용어는 따로 설명되지 않는 점으로 미루어 고정
된 신학적 의미를 갖고 있었음에 틀림없다. 필로(Philo)가 비록 '로고스'란 용어
를 신적 권능의 충만을 뜻하는 비슷한 의미로 사용하긴 하나, 이 용어의 기원을
그에게 거슬러 올라가 찾을 수는 없다.

바울이 '플레로마'를 사용한 용례를 살펴 보자: "땅의 플레로마"(한글개역성
경, "땅과 거기 충만한 것." 고전 10:26, 28. 시 24:1 인용); 사랑은 "율법의 플레
로마(완성 곧 성취)"(롬 13:10); 그리스도의 축복의 플레로마("그리스도의 충만한
축복." 롬 15:29); "때의 플레로마"("때가 차매." 갈 4:4; 비교. 엡 1:10; 막 1:15;
눅 21:24); "이방인의 플레로마"("이방인의 충만한 수." 롬 11:25); "신성의 모든
플레로마(충만)"(즉, 모든 신적 속성들과 에너지들의 충만 혹은 풍성. 골 1:19;
2:9); "그리스도의 플레로마(충만한 분량)"(그리스도의 몸으로서의 교회. 엡
1:23; 비교. 3:19; 4:13).

영지주의 체계에서, 특히 발렌티누스(Valentinus)의 체계에서 '플레로마'는 모든 신적 권능들 곧 아이온(aeon)들을 포함하는 지적 영적 세계를 뜻하며, '케노마'(kenoma) 곧 공허한 것들, 빈 것들, 물질 세계와 대립된다. 그 차이는 영과 물질간의 영원한 대립을 상정한 이원론적 원칙에 근거한 것으로서, 비교적 진지한 영지주의자들을 극단적인 금욕주의로, 경박한 영지주의자들을 조야한 반율법주의로 이끌고 갔다. 영지주의자들은 무한한 것들과 유한한 것들 사이에 연결고리를 형성하는, 신적 심연에서 차례로 유출된 것들(emanations)을 플레로마에 포함시켰는데, 그리스도를 단순히 그러한 매개적 아이온들 중 최고의 존재로 규정함으로써 그분의 위엄을 폄하했다. 영지주의의 사변에서 항상 짐이 되었던 것은 세상은 어디서 왔으며 악은 어디서 유래했는가 하는 질문이었다. 영지주의는 정신과 물질, 플레로마와 케노마 간의 이원론에서 해답을 찾았지만, 그것은 결코 해답이 아니었다.

이 오류에 맞선 바울은 철저히 유일신론적 기반에 서서 그리스도가 "보이지 아니하시는 하나님의 형상"(1:15; 비교. 고후 4:4 — 필로가 로고스와 의인화된 지혜를 묘사할 때 종종 사용한 표현⟨*Wisd.* 7:26⟩)이라고 가르쳤고, 그리스도가 선재(先在)하시고 성육신하신 플레로마 혹은 신적 권능과 속성의 충만이라 가르쳤고, 마치 영혼이 인간 육체에 거하듯이 그리스도 안에서 신성(the Godhead) 곧 하나님의 본성 자체의 충만이 육체로($\sigma\omega\mu\alpha\tau\iota\kappa\hat{\omega}\varsigma$) 거하신다고 가르쳤고, 그분이 우주적이고 완전하신 한 분 중재자로서, 그분을 통해서 보이는 것들과 보이지 않는 것들로 구성된 온 우주가 창조되었고, 그분 안에서 만물이 하나로 결합하며($\sigma\upsilon\nu\acute{\epsilon}\sigma\tau\eta\kappa\epsilon\nu$), 그분을 통해서 아버지께서 만물을 자신과 화목케 하기를 기뻐하신다고 가르쳤다.

골로새서의 기독론은 요한의 기독론에 매우 근접한다. 요한은 그리스도를 성육신하신 '로고스' 곧 "은혜와 진리가 충만"한 채 우리 가운데 거하시고, 우리가 다 그의 신적인 "충만"($\pi\lambda\acute{\eta}\rho\eta\varsigma$)한 데서 은혜 위에 은혜를 받는 하나님의 계시자로 설명하기 때문이다(요 1:1, 14, 16). 바울과 요한은 그리스도가 영원히 선재하시며, 세상을 창조하시고 보존하신다고 가르치는 데 완벽히 일치한다(골 1:15-17; 요 1:3). 바울에 따르면, 그리스도는 모든 창조물보다 "먼저 나신 자"($\pi\rho\omega\tau\acute{o}\tau o\kappa o\varsigma$ $\pi\acute{\alpha}\sigma\eta\varsigma$ $\kappa\tau\acute{\iota}\sigma\epsilon\omega\varsigma$, 골 1:15, 먼저 지음을 받은 자라는 뜻의 $\pi\rho\omega\tau\acute{o}\kappa\tau\iota\sigma\tau o\varsigma$와 구분됨), 즉 전체 피조계보다 앞서고 우월하신 분이다. 요한에 따르면, 그리스도는 창조된 모든 하나님의 자녀들보다 앞서고 우월하신 아버지의 "독생하신 아들"(요 1:14, 18; 비교. 3:16, 18; 요일 4:9)이시다. 앞의 용어는 그리스도가 세상과 맺으신 독특한 관계를, 뒤의 용어는 아버지와 맺으신 독특한 관계를 가리킨다.

바울이 골로새서의 저자라는 점은 다음 부분에서 에베소서와 연관지어 논할 것이다.

주제: 그리스도가 만유시요 만유 안에 계신다. 참 그노시스(지식)와 거짓 그노시스. 참 금욕주의와 거짓 금욕주의.

핵심 사상: 그는 보이지 아니하시는 하나님의 형상이요 모든 창조물보다 먼저 나신 자니(1:5). 그 안에는 지혜와 지식의 모든 보화가 감취어 있느니라(2:3). 그 안에는 신성의 모든 충만(τὸ πλήρωμα)이 육체로 거하시고(2:9). 그러므로 너희가 그리스도와 함께 다시 살리심을 받았으면 위엣 것을 찾으라 거기는 그리스도께서 하나님 우편에 앉아 계시느니라(3:1). 우리 생명이신 그리스도께서 나타나실 그 때에 너희도 그와 함께 영광 중에 나타나리라(3:4). 그리스도는 만유시요 만유 안에 계시니라(3:11). 이 모든 것 위에 사랑을 더하라 이는 온전하게 매는 띠니라(3:14). 또 무엇을 하든지 말에나 일에나 다 주 예수의 이름으로 하고 그를 힘입어 하나님 아버지께 감사하라(3:17).

95. 에베소서

내용

바울은 58년 봄에 밀레도에서 에베소 장로들과 작별할 때 그들 내부에서 위협적인 방해 세력들이 나타날 것을 내다보고서, 스스로 삼가고 "하나님이 자기 피로 사신 교회를" 치라고 진실하게 애정을 실어 그들을 권고했다(행 20:28).

이것이 에베소서의 기조이다. 이 서신은 교회관에 대한 교리적 실천적 강해서로서, 교회를 하나님의 집(2:20-22), 그리스도의 흠 없는 신부(5:25-27), 그리스도의 신비로운 몸(4:12-16), "만물을 충만케 하시는 자의 충만"(1:23)으로 표현한다. 신성의 충만이 그리스도 안에서 육체로 거하신다. 따라서 그리스도의 플레로마 곧 그 은혜와 에너지의 풍성함이 그의 몸인 교회 안에 거한다. 그리스도의 충만은 하나님의 충만이요, 교회의 충만은 그리스도의 충만이다. 하나님은 그리스도 안에서 비치시고, 그리스도는 교회 안에서 비치신다.

이것은 장차 완전한 상태에 도달할 때의 교회에 대한 이상적 개념이요 천상적 시각이다. 바울 자신은 현실의 교회를 그리스도의 장성한 분량의 충만한 데까지 자라는 과정에서 전투하는 교회로 묘사한다(4:13-16). 현실에서 티나 주름잡힌 것이나 흠이 없는 교회(5:27)를 찾아보려 해도 찾을 길이 없다. 심지어 사도 교회도 신약성경의 모든 서신서에서 배울 수 있듯이 온갖 결점들을 안고 있었다. 교회는 그리스도인 개개인들로 구성되므로 그들이 완성되기 전까지는 완성될 수 없다. 몸은 여러 지체들과 함께 자라고 성숙하는 것이다. "장래에 어떻게 될 것은 아직 나타나지 아니하였으나"(요일 3:2).

그럼에도 불구하고 바울의 교회는 플라톤의 이상적 국가나 토머스 모어 경(Sir Thomas More)의 유토피아 같은 사변이나 허구가 아니다. 절대 거룩하시며, 영혼이 몸의 지체들에 있듯이 영적으로 역동적으로 자기 교회에 항상 임재해 계신 그리스도 안에서의 실재이다. 그리고 그 교회는 항상 주시해야 할 높은 표준과 목표를 우리 앞에 세워 놓는다. 하늘에 계신 우리 아버지가 온전하신 것처럼 우리 각 개인도 온전하라고 그리스도께서 권고하시듯이 말이다(마 5:48).

이러한 교회관은 바울의 심오하고 결실이 풍성한 가정관과 밀접히 연관된다. 그는 그리스도와 그 교회의 관계를 큰 신비라 부르며(5:32), 교회를 한 남자와 한 여자가 한 육체를 이루는 결혼 관계의 원형(archetype)으로 표현한다. 이로써 가정을 새롭고 거룩한 터에 두며, 교회의 축소판 혹은 하나님의 권속으로 만든다. 따라서 남편들은 자기 아내를 그리스도께서 자기 신부인 교회를 사랑하사 자신을 주신 것처럼 사랑해야 하고, 아내들도 교회가 머리이신 그리스도께 순종하듯 자기 남편에게 순종해야 한다. 부모들도 그리스도와 교회가 그리스도인 개개인을 사랑하듯이 자기 자녀를 사랑해야 하고, 자녀들도 그리스도인 개개인이 그리스도와 교회를 사랑해야 하듯이 자기 부모를 사랑해야 한다. 이러한 가정의 이상이 충만하고 편만하게 성취된다면 그것이 곧 땅에 있는 하늘나라일 것이다. 그러나 이러한 표준에 도달할 만한 가정이 몇이나 될까.

에베소서와 요한의 저작들

바울은 골로새서에서 그리스도의 위격을 강조하고, 에베소서에서는 성령의 위격과 사역을 강조한다. 성령께서는 교회에서 그리스도의 사역을 수행하시기 때문이다. 그리스도인들은 구속의 날까지 약속의 성령으로 인치심을 받는다(1:13; 4:30). 지혜와 계시의 영께서는 그리스도를 아는 지식을 주신다(1:17; 3:16). 그리스도인들은 성령에 충만해야 하고(5:18), 성령의 검 곧 하나님의 말씀을 가져야 하며, 무시로 성령 안에서 기도해야 한다(6:17, 18).

골로새서의 기독론이 요한의 기독론과 비슷하듯이, 에베소서의 성령론도 요한의 성령론과 비슷하다. 그분은 그리스도의 "충만"한 데서 취하여 신자에게 주시는 분이고, 아들을 영화롭게 하고 신자를 진리 가운데로 인도하시는 성령이시다(요 14:17; 15:26; 16:13-15 등). 로마서, 갈라디아서, 고린도전후서, 사도행전에서도 성령이 강하게 부각된다.

요한은 교회와 그 외적 조직을 말하지 않지만(계시록을 제외하고는), 그리스도를 제자 개인개인과 — 바울은 몸 전체와 — 밀접한 생명의 관계로 묶는다. 두 사도 다 교회의 통일성을 기정 사실로, 그리스도인들의 노력으로 더욱더 실현해야 할 목표로 가르치며, 두 사도 다 통일의 중심을 성령 안에 둔다.

서신의 의도

에베소서는 소아시아의 대도시 에베소의 교회만이 아닌 그 지방의 모든 교회들을 위해서 쓴 서신이다. 그런 이유로 가장 오래되고 최고의 몇몇 사본들에는 "에베소에 있는"(1:1)이라는 문구가 빠져 있다. 개인과 지역에 대한 언급이 없는 것도 그 때문이다. 이 회람 서신의 수신자는 골로새서 4:16에 언급된 라오디게아 교회에 보낸 편지를 가지고도 추론할 수 있는데, 그 편지는 골로새 교인들이 받아 읽으라고 당부를 받은 것으로서, 아마 우리가 가지고 있는 정경의 에베소서일 것이다.

에베소서의 성격과 가치

에베소서는 신약성경에서 가장 교회적인 책이다. 그러나 그것은 바울의 서신들 중에서 가장 그리스도적인 골로새서를 전제로 삼는다. 이 서신의 교회적 성격은 그리스도적 성격에 뿌리와 터를 두며, 이 뿌리에서 분리되면 아무런 의미도 없게 된다. 그리스도가 없는 교회는 기껏해야 기도 집단밖에 되지 않을 것이다(실제로 그런 교회들이 있다). 바울은 고위 성직자들 가운데 최고의 성직자였고, 복음주의자들 가운데 최고의 복음주의자였고, 폭 넓은 사람들 가운데 폭이 가장 넓은 사람이었다. 깨달음이 누구보다 깊으면서도 분파나 파벌의 모든 현학성과 편협성에서 가장 멀리 떨어져 있었기 때문이다.

에베소서는 어떤 점에서는 그의 서신들 중 가장 심오하고 어려운 서신이다(물론 가장 중요하다는 말은 아니지만). 정신이 초월적인 경지로 고양된 상태에서 쓴 가장 영적이고 밀도 있는 서신으로서, 신학이 경배로, 묵상이 설교로 도약한다. 천상에 속한 것들(τὰ ἐπουράνια)을 쓴 서신이요, 엄숙한 예배서요, 그리스도와 그의 흠 없는 신부에게 바치는 찬가요, 신약의 아가(雅歌)이다. 연로한 사도는 지상의 온갖 것들로부터 보이지 않고 영원한 천상의 실재들로 높이 날아올라 갔다. 우울한 연금 생활을 잠시 뒤로 한 채 변화산으로 올라갔다. 이교도 군인 한 사람에게 사슬로 붙들려 있던 죄수가 하나님의 전신갑주를 입고 승리의 찬가를 부르는 정복자로 변화되었다.

문체는 운율감 있게 흐르다 흘러 넘치며, 간간이 웅장한 오르간과 같은 소리를 낸다. 대단한 밀도와 비류 없는 조화를 나타내지만, 이것은 사상의 무게와 장엄함에서 기인한 것이다. 그 밖에도 이 서신이 만연체와 많은 삽입을 허용하는 헬라어로 씌어졌다는 점을 기억해야 한다. 1:3–14은 관계절이 무려 일곱 개나 되는 한 문장으로서, 마치 짙은 구름을 뚫고서 하나님의 보좌를 향해 높이 더 높이 올라가는 듯한 인상을 준다.

루터는 에베소서를 "신약성경에서 가장 훌륭하고 가장 고귀한 책"으로 간주했다. 비치우스(Witsius)는 그리스도인의 사랑의 불길과 거룩한 빛의 광채로 환히 빛나는 신적 서신으로 특징지었다. 브라운(Braune)은 이렇게 말한다: "이 서신서가 모든 시대에 갖는 지고한 의미는 다음과 같은 근본 사상에 놓여 있다: 예수 그리스도의 교회가 아버지께서 성령 안에서 아들을 통해 지으신 창조물로서, 영원 전부터 작정되었고, 영원을 위해 예정되었다; 교회는 윤리적 우주이다; 세상과 역사에서 모였고 장래에도 계속해서 모일 하나님의 가족이며, 시간과 영원 속에서 하나님의 양육과 보호의 대상이다."

이것이 대륙 학자들이 내린 판단이다. 영국의 성직자들도 이 서신을 같은 강도로 높이 평가한다. 콜리지(Coleridge)는 이 서신을 "인간이 내놓을 수 있는 가장 숭엄한 저작"이라고 한다. 앨퍼드(Alford)는 "생각이 천상의 것들로 가득 찬

사람의 가장 위대하고 가장 천상적인 저작"이라고 한다. 파러(Farrar)는 "이방 세계에 그 충만함 그대로 전하도록 맨 처음 바울에게 맡겨진 복음의 비밀을 가장 지고하고 가장 심오하고 가장 진보되고 최종적으로 진술한 승천의 서신서"라고 한다.

주제: 하나님의 가족이자 그리스도의 충만함인 그리스도의 교회.

핵심 사상: 창세 전에 그리스도 안에서 우리를 택하사 우리로 사랑 안에서 그 앞에 거룩하고 흠이 없게 하시려고(1:4). 우리가 그리스도 안에서 그의 은혜의 풍성함을 따라 그의 피로 말미암아 구속 곧 죄 사함을 받았으니(1:7). 하늘에 있는 것이나 땅에 있는 것이 다 그리스도 안에서 통일되게 하려 하심이라(1:10). 교회는 그의 몸이니 만물 안에서 만물을 충만케 하시는 자의 충만이니라(1:23). 긍휼에 풍성하신 하나님이 우리를 사랑하신 그 큰 사랑을 인하여 허물로 죽은 우리를 그리스도 예수와 함께 살리셨고 (너희가 은혜로 구원을 얻은 것이라) 또 함께 일으키사 그리스도 예수 안에서 함께 하늘에 앉히시니(2:4-6). 너희가 그 은혜를 인하여 믿음으로 말미암아 구원을 얻었나니 이것이 너희에게서 난 것이 아니요 하나님의 선물이라. 행위에서 난 것이 아니니 이는 누구든지 자랑치 못하게 함이니라(2:8, 9). 그는 우리의 화평이신지라 둘로 하나를 만드사 중간에 막힌 담을 허시고(2:14). 그러므로 이제부터 너희가 외인도 아니요 손도 아니요 오직 성도들과 동일한 시민이요 하나님의 권속이라. 너희는 사도들과 선지자들의 터 위에 세우심을 입은 자라 그리스도 예수께서 친히 모퉁잇돌이 되셨느니라(2:19, 20). 모든 성도 중에 지극히 작은 자보다 더 작은 나에게 이 은혜를 주신 것은 측량할 수 없는 그리스도의 풍성을 이방인에게 전하게 하시고(3:8). 믿음으로 말미암아 그리스도께서 너희 마음에 계시게 하시옵고 너희가 사랑 가운데서 뿌리가 박히고 터가 굳어져서 능히 모든 성도와 함께 지식에 넘치는 그리스도의 사랑을 알아 그 넓이와 길이와 높이와 깊이가 어떠함을 깨달아 하나님의 모든 충만하신 것으로 너희에게 충만하게 하시기를 구하노라(3:17-19). 평안의 매는 줄로 성령의 하나되게 하신 것을 힘써 지키라(4:3). 몸이 하나요 성령도 한 분이시니 이와 같이 너희가 부르심의 한 소망 안에서 부르심을 입었느니라. 주도 하나요 믿음도 하나요 세례도 하나요 하나님도 한 분이시니 곧 만유의 아버지시라 만유 위에 계시고 만유를 통일하시고 만유 가운데 계시도다(4:4-6). 그가 어떤 사람은 사도로, 어떤 사람은 선지자

로, 어떤 사람은 복음 전하는 자로, 어떤 사람은 목사와 교사로 삼으셨으니 이는 성도를 온전케 하며 봉사의 일을 하게 하며 그리스도의 몸을 세우려 하심이라 (4:11, 12). 오직 사랑 안에서 참된 것을 하여 범사에 그에게까지 자랄지라 그는 머리니 곧 그리스도라(4:15). 하나님을 따라 의와 진리의 거룩함으로 지으심을 받은 새 사람을 입으라(4:24). 그러므로 사랑을 입은 자녀같이 너희는 하나님을 본받는 자가 되고 그리스도께서 너희를 사랑하신 것 같이 너희도 사랑 가운데서 행하라 그는 우리를 위하여 자신을 버리사 향기로운 제물과 희생제물로 하나님께 드리셨느니라(5:1, 2). 아내들이여 자기 남편에게 복종하기를 주께 하듯 하라(5:22). 남편들아 아내 사랑하기를 그리스도께서 교회를 사랑하시고 위하여 자신을 주심 같이 하라(5:25). 이 비밀이 크도다 내가 그리스도와 교회에 대하여 말하노라(5:32). 자녀들아 너희 부모를 주 안에서 순종하라 이것이 옳으니라(6:1). 마귀의 간계를 능히 대적하기 위하여 하나님의 전신 갑주를 입으라(6:11).

96. 골로새서와 에베소서를 비교하고 변호함

비교

골로새서와 에베소서는 같은 시기에 똑같이 두기고 편으로 전달되었다. 두 서신은 갈라디아서와 로마서의 관계만큼 서로 밀접하다. 그리스도와 교회라는 같은 주제를 다룬다. 갈라디아서와 로마서가 값없는 은혜와 믿음으로 말미암는 의라는 동일한 주제를 논하듯이 말이다.

그러나 골로새서가 갈라디아서처럼 긴박한 상황 때문에 씌어졌으며, 간략하고 명쾌하고 논쟁적인 반면에, 에베소서는 로마서처럼 길고 차분하고 화해적이다. 갈라디아서가 유대화주의 이단을 겨냥하여 씌어졌듯이, 골로새서는 초기 영지주의(이교화주의) 이단을 겨냥하여 씌어졌다. 골로새서가 반(反)에세네적이고 반금욕주의적이라면, 갈라디아서는 반바리새적이고 반율법주의적이다. 전자가 기독교의 사색적인 팽창과 공상적인 소멸을 다룬다면, 후자는 편협한 위축을 다룬다. 그럼에도 불구하고 이 두 가지 경향은 마치 모든 양극단이 다 그렇듯이 접촉점을 갖고 있으며, 낯선 융합을 허용한다. 실제로 골로새서와 갈라디아서에 등장하는 오류론자들은 할례와 안식일의 의식적 준수라는 점에서 교차한다. 에베소서는 로마서와 마찬가지로 적극적인 진리에 대한 독립된 해설로서, 다른 서신서들에 비판된 이단은 그 진리에 대한 왜곡이나 풍자이다.

하지만 골로새서와 에베소서는 공동의 주제를 수정하고 적용하는 데서는 서로 다르다. 골로새서는 성격이 기독론적이며, 그리스도를 신성의 참된 플레로마 곧 충만함으로, 신적 속성과 권능의 총합으로 묘사한다. 에베소서는 성격이 기독론적이며, 이상적인 교회를 그리스도의 몸으로, 그리스도의 반사된 플레로마로, "만물 안에서 만물을 충만케 하시는 자의 충만"으로 나타낸다. 그리스도께서 교회에 앞서시듯이, 체계의 순서상 기독론이 교회론을 앞선다. 저술 순서로도 골로새서가 에베소서를 앞설 가능성이 매우 크다. 개관이 전모보다 앞서듯이 말이다. 그러나 아주 동떨어져 있지는 않으며, 둘 다 동일한 선상의 묵상에서 나왔다.

이러한 닮음과 차이의 관계는 두 서신이 동일 저자가 동일한 저작 시기에 동일한 이교적 사고 형태에 위협을 받던 동일한 교회들에게 쓴 것이라고 추정할 때에만 만족스럽게 설명할 수 있다. 바울을 두 서신의 저자로 상정해야만 모든 것이 명쾌해진다. 그렇지 않으면 모든 것이 어둡고 불확실하다. 에라스무스는 이렇게 말한다: "Non est cuiusvis hominis, Paulinum pectus effingere; tonat, fulgurat, meras flammas loquitur Paulus."(아무도 바울의 마음을 진정시키고 무마하지 못한다. 그의 마음은 천둥치듯 두근거리고 번갯불처럼 타오른다. 바울은 순결하게 타오르는 불꽃을 말한다.)

저자

동종의 두 서신의 진정성은 최근에 의심과 부정을 당했지만, 부정적인 비평가들도 자기들끼리 견해가 일치하지 않는다. 어떤 이들은 에베소서를 부정하되 골로새서를 인정하고, 다른 이들은 그 반대의 입장을 보인다. 반면에 전임자들보다 항상 더 대담하고 일관성을 보인 바우어는 두 서신의 진정성을 다 부정한다.

두 서신은 함께 서지 않으면 함께 무너진다. 그러나 함께 설 것이다. 두 서신이 사도 시대의 기독론적 교회론적 지식의 진보된 상태를 반영하는 건 사실이지만, 그 뿌리는 앞서 기록된 바울의 서신들에 있으며, 바울의 정신이 가득 담겨 있다. 두 서신은 새로운 국면의 오류에 대처하기 위해서 집필되었고, 각 경우에 맞춰 사용한 새로운 단어들과 구(句)들로 진리를 새롭게 진술했다. 바울이 기존 서신들과 일관성 있게 쓸 수 없었던 것은 하나도 담겨 있지 않으며, 바울의 제자 중 알려진 사람들 가운데는 그토록 지적이고 영적인 편지를 그의 이름으로 위조하고 비록 바울을 능가하지는 않더라도 동등한 수준을 보일 수 있었던 사람은 아무도 없었다. 외적 증거들은 저자를 바울로 인정하는 데 일치하며, 순교자 유스티누스, 폴리카르푸스, 이그나티우스, 그리고 두 서신을 자신의 삭제된 정경에 포함시킨 이단 마르키온(140년경)에게까지 거슬러 올라간다.

두 서신, 특히 에베소서의 저자가 바울임을 부정하는 자들이 제시하는 난점들은 다음과 같다:

1. 두 서신이 너무 비슷하고, 에베소서가 골로새서를 명백히 반복하고 의존하는데, 이것은 바울 같은 독창적인 사상가에게는 적합하지 않다는 점. 그러나 이 비슷함은 교리 부분보다는 실천 부분에서 더 두드러지는 것으로서, 저자와 모방자 간의 비슷함이 아니라 대략 같은 시기에 두 개의 밀접한 주제들을 가지고 동일 저자가 쓴 두 편의 저작 간의 비슷함이다. 하지만 비슷함 못지않게 사고와 언어가 그만큼 현저한 다양함이 있다.

2. 에베소서에 개인과 지역에 관한 언급이 없다는 점. 이것은 앞에서도 말했지만 그 서신서가 회칙으로서 갖는 성격으로 충분히 설명된다.

3. 다른 바울 서신들에서는 발견되지 않는 여러 독특한 단어들이 쓰인다는 점. 그러나 이 단어들은 새로운 개념들에 훌륭하게 각색되며, 바울처럼 정신의 폭이 넓은 사람에게서 얼마든지 기대할 수 있는 일이다. 서신서마다 나름대로의 독특한 어구들(hapaxlegomena)이 있다. 다소 놀라운 점이 한 가지 있다면 사도가 "거룩한 사도들과 선지자들"(엡 3:5)에 관해서 말한다는 점인데, 그러나 "거룩한"(ἅγιοι)이라는 용어는 신약성경에서 하나님께 구별되었다는 뜻으로(ἡγιασμένοι, 요 17:17) 모든 그리스도인들에게 적용되되 영적 귀족이라는 뜻의 후대의 개념으로는 쓰이지 않았다. 이 단어는 저자가 자신을 가리켜 "모든 성도 중에 지극히 작은 자"라고 일컫는 에베소서 3:8과 모순되지 않는다(비교. 고전 15:9, "나는 사도 중에 지극히 죽은 자라").

4. 조금이라도 비중이 있는 논거는 영지주의 이단이 바울 이후에 대두했다는 것인데, 골로새서가 논박하는 것은 틀림없이 이 이단이라는 점(에베소서는 적어도 직접적으로는 이런 면모를 보이지 않는다). 그러나 어째서 주후 50년 이전에 대두하여 바울이 가는 곳마다 따라다닌 유대화주의 이단처럼 이 이단도 사도 시

대에 대두했다고 보아서는 안 되는 것인가? 가라지들은 거의 동시에 밀밭에서 솟아난다. 오류는 진리의 그림자이다. 베드로와 동시대에 활동한 시몬 마구스와, 요한과 동시대에 활동한 영지주의자 케린투스는 틀림없이 역사상에 존재했던 사람들이다. 바울은 교만하게 하는 "지식"(그노시스)에 관해서 말하고, 58년이라는 이른 시기에 에베소 장로들에게 그들 가운데 혼란케 하는 오류론자들이 일어날 것을 경고한다. 그리고 튀빙겐 비평가들이 저작 연대를 68년으로 잡는 계시록은 명백히 반율법주의 형태의 영지주의 곧 니골라당의 오류를 비판하는데(2:6, 15, 20), 초기 교부들은 그것의 유래를 예루살렘 초대 일곱 집사들 가운데 한 사람으로 보았다. 영지주의의 모든 요소들 — 에비온주의, 플라톤주의, 필로주의(Philoism), 혼합주의, 금욕주의, 반율법주의 — 은 그리스도 이전에도 존재했고, 다만 타기 쉬운 자료에 불을 붙이기 위해 기독교 진리를 필요로 했을 뿐이다. 이레나이우스와 순교자 유스티누스와 폴리카르푸스까지 거슬러 올라가 찾아볼 수 있는 교부들의 보편적 정조는 영지주의의 기원을 사도 시대에서 발견했고, 시몬 마구스를 그 아버지 혹은 할아버지라고 불렀다.

그들의 증거와 반대되는 헤게시푸스(Hegesippus)의 고립된 글귀 — 부정적 비평가들이 종종 인용하는 — 는 전혀 무게를 갖고 있지 않다. 에우세비우스에 따르면, 이 경솔하고 부정확하고 편협한 유대 기독교 저자는 교회가 트라야누스 때, 즉 사도들이 죽은 뒤에 "거짓되이 일컫는 지식"이 공개적으로 고개를 들고 일어나기 전까지는 깊은 평화를 누렸고 예수의 형제들과 친척들에 의해 다스림을 받은 "순결하고 타락하지 않는 처녀"였다고 말했다고 한다. 그러나 그가 말하는 것은 소아시아 교회가 아닌 팔레스타인 교회이며, 절대 순결과 평화를 구가한 시대에 관한 이 몽상으로 그가 실수를 범한 것이 틀림없다. 튀빙겐 학파는 이와 정반대 견해를 견지한다. 사도행전뿐 아니라 모든 서신서는 사도들 자체가 최초로 대격론을 벌였던 예루살렘을 포함하여 교회가 심각한 분란과 파벌과 악들을 겪었음을 증거한다. 그러나 헤게시푸스는 자신의 견해를 바로잡아 이단의 은밀한 역사와 공개적이고 뻔뻔스러운 현시를 구분한다. 그가 넌지시 말하는 바로는, 전자는 사도 시대에 시작했고, 후자는 후대에 대두했다. 영지주의는 현대의 합리주의와 마찬가지로 백 년간 성장한 끝에 만개하기에 이르렀다. 속사도 시대 저자가 골로새서와 에베소서를 썼다면 충분히 발전한 바실리데스(Basilides), 발렌티누스(Valentinus), 마르키온의 체계들을 사뭇 다르게 다루었을 것이다. 하지만 이 두 서신은 이 오류의 뿌리를 건드리며, 심지어 논박서로서도 이그나티우스가 영지주의를 비판한 다섯 권과 히폴리투스(Hippolytus)가 쓴 열 권의 「필로소푸메나」(*the Philosophumena*)보다 더 가치 있게 만드는 독창성과 열정과 깊이로 적극적인 진리를 가르친다. 이 분명한 사실이 두 서신을 사도가 썼음을 말해 주는 최고의 증거이다.

97. 빌립보서

빌립보 교회

빌립보는 알렉산더 대왕의 아버지 필립이 건설하고 이름붙인 마게도냐의 도시이다. 이곳은 가까이에 금은 광산이 있는 비옥한 지대로서 작은 강과 아시아와 유럽을 잇는 가도를 끼고 있으며, 해안으로부터 16km 떨어져 있다. 이 도시는 로마 공화정을 무너뜨리고 제국이 태어나게 한 브루투스(Brutus)와 마르쿠스 안토니우스(Mark Antony) 간의 전투(주전 42년)로 불후의 명성을 얻었다. 그 사건 이후로 "아우구스투스 율리우스의 식민지 빌립보"(Colonia Augusta Julia Philippensis)라는 거창한 칭호와 함께 로마의 군사 식민지의 지위를 얻었다.[11] 따라서 이 도시 인구는 원주민들인 그리스인들이 당연히 가장 큰 비율을 차지했고, 다음으로 로마의 이민들과 관리들이 차지했으며, 그 다음으로 제한된 수의 유대인들이 차지했는데 이들은 강가에 기도처를 갖고 있었다. 이곳은 52년에 제2차 전도여행 중이던 바울과 실라, 디모데, 누가의 방문을 받았고, 그리스의 고전적 토양에 최초로 세워진 기독교 교회의 좌소가 되었다. 두아디라의 자주 장사이자 유대교의 절반 개종자인 루디아와, 점하는 귀신이 들려 그것으로 주인들에게 돈을 벌어다 주던 본토인 노예 소녀, 그리고 로마인 간수가 첫 회심자들이었는데, 이들은 기독교에 의해 특별한 유익을 얻은 세 민족(유대인, 헬라인, 로

---

11) 아우구스투스는 빌립보 시에 "이탈리아의 권한"을 부여했는데, 그 조치는 빌립보 시를 '법무관'(praetor), '릭토르'(lictor, 하급관리), 그리고 그 밖의 로마 정무관들(magistrates)의 관직들이 있는 로마의 축소판으로 만들었다. 빌립보 시는 이런 성격을 지닌 채 사도행전 기사(16:12 이하)에 등장한다. 그곳은 "로마 시민의 긍지와 특권이 사방에서 느껴지는" 곳이었다(참조. Lightfoot, pp. 50 sqq., Braune, and Lumby).

마인)과 계층을 적절히 대표했다. "빌립보의 복음 역사에는 전체 교회사와 마찬가지로 기독교의 대공리이자 사도가 가르친 핵심 진리, 즉 '유대인이나 헬라인이나 종이나 자주자나 남자나 여자 없이 다 그리스도 예수 안에서 하나이니라'는 진리가 반영되어 있다"(Lightfoot). 아울러 이곳에는 식구 전체(루디아의 식구와 간수의 식구)가 세례를 받고 교회로 모이며, 가정이 교회의 묘판이 된 최초로 기록된 사례들도 있다. 이곳 교회는 감독들(장로들)과 집사들을 중심으로 충분한 조직을 갖추었다(빌 1:1).

이곳에서 사도는 심한 박해를 받은 뒤 기적으로 구출되었다. 이곳에서 자신의 "기쁨이요 면류관"이라 할 만한 가장 충성되고 헌신적인 회심자들을 얻었다. 이들에게 가장 강한 애착을 느꼈고, 오직 이들에게만 쓸 것을 지원받았다. 첫 방문 뒤 5년을 다른 곳에 가 있는 동안 인편으로 빌립보 교회와 항상 접촉을 유지한 바울은 57년 가을에 이곳을 두번째로 방문했다. 이듬 해 봄에 마지막 예루살렘 여행길에 오른 그는 사랑하는 형제들과 유월절을 함께 지내기 위해서 이곳에 잠시 머물렀다. 그들은 유대의 교회들을 구제하기 위해서 가난한 중에서도 후한 연보를 했다. 바울이 로마에 도착했다는 소식을 들었을 때는 다시 에바브로디도 편으로 때 맞춰 쓸 것을 보냈고, 에바브로디도 개인도 건강과 거의 목숨까지도 희생해가면서까지 주님의 그 죄수에게 봉사했다. 바울은 바로 이 신실한 동역자 편에 빌립보인들에 대한 감사 편지를 보내면서, 자기가 풀려난 뒤에 다시 한 번 직접 방문하고 싶다는 소망을 피력했다.

서신

이 서신은 낯익은 편안함으로, 그리스도의 사랑에 터를 둔 바울과 이 사랑하는 양무리 간의 관계를 반영한다. 체계적이거나 논쟁적이거나 변론적이지 않고 개인적이고 자서전적인 서신으로서, 이 점에서는 데살로니가전서와 비슷하며, 어느 정도는 고린도후서와도 비슷하다. 사랑과 감사가 흘러넘치고, 삶과 죽음 앞에서 기쁨과 유쾌함으로 가득하다. 빌립보 감옥에서 바울이 한밤중에 부른 찬송과도 같다. "주 안에서 항상 기뻐하라. 내가 다시 말하노니 기뻐하라"(4:4). 이것이 이 서신의 기조이다. 이 서신은 건강한 기독교 신앙이란 마음을 좌절시키거나 슬프게 하지 않고 옥중에서라도 정말로 행복하고 만족하게 한다는 것을 입증한다. 사도의 성격을 엿보게 하는 데 아주 중요한 서신이다. 사도는 빌립보인

들이 보낸 선물에 감사를 표하면서 강인한 독립성과 감사의 뜻을 부드럽게 드러
낸다. 이 교회에는 갈라디아와 고린도 교회들과는 달리 책망할 교리적 오류도
실천적인 악도 없었다.

약간 튀는 어조는 "개들"(κατατομή)을 삼가라는 경고로서, 이것은 어디서든
자신의 밀밭에 가라지를 뿌리고, 당시에 믿음의 의를 율법의 의로 대체함으로써
자신이 로마에서 활발히 벌이고 있던 사역을 가로막으려고 하던 할례주의자들
(περιτομή)을 풍자적으로 부른 말이다. 그러나 그는 독자들에게 반율법주의적
방종이라는 정반대의 극단에 대해서도 똑같이 진지하게 경고한다(3:12-21). 빌
립보인들 가운데 나타난 개인적 사회적 경쟁과 논쟁 정신을 지적하면서, 그리스
도께서 보이신 자기 부인의 모범을 상기시킨다. 그리스도는 지극히 높으신 분이
었는데도 신적 엄위를 버리고 자신을 낮추시되 심지어 십자가에 죽기까지 낮추
시어 가장 낮은 자가 되셨다가 그 순종의 대가로 모든 이름 위에 뛰어나게 되셨
다는 사실을 일깨운다(2:1-11).

이 부분이 이 서신에서 가장 중요한 교리 부분으로서(고후 8:9과 함께) 기독론
역사에서 그토록 두드러지게 부각되었던 케노시스(kenosis)의 본질과 범위에 대
한 사색들의 풍성한 씨앗들이 담겨 있다. 사도가 대단히 심오한 발언을 아주 우
발적인 경우에 행한 현저한 예다. "플라톤의 대화들과 키케로의 편지들처럼 점
잖은 부주의(1:29)가 눈에 많이 띄는 단락들을 가진 이 서신은 훌륭한 웅변이 실
린 단락들을 갖고 있으며, 외적 관계와 특수 상황에서부터 보편적인 사고와 장
엄한 사상으로 진행한다"(Dr. Braune).

몇몇 극단적 비평가들이 제기한 진정성에 대한 반박은 신중하게 논박할 만한
가치가 없다.

후대의 역사

빌립보 교회가 걷게 된 후대의 역사는 바울이 세운 동방의 다른 교회들과 마
찬가지로 다소 실망스럽다. 이 교회는 이그나티우스의 편지들에 다시 나타나는
데, 로마에서 순교를 당하러 가는 길에 그곳을 통과하게 된 그는 형제들에게 따
뜻한 환대와 전송을 받았다. 폴리카르푸스가 빌립보인들에게 보낸 편지에서도
나타나는데, 그는 "초창기에 널리 알려진 그들의 억센 믿음의 뿌리가 여전히 건
재하여 우리 주 예수 그리스도께 열매를 맺어 드리는 것"을 기뻐하고, 그들 사이

에서 "복되고 영광스러운 바울"이 행한 수고를 언급한다. 테르툴리아누스은 빌립보 교회를 지목하면서 사도의 교리가 여전히 유지되고 있고 그의 서신이 공예배에 낭독되고 있다는 것을 증거한다. 그 교회 주교의 이름은 공의회 기록들에서 산발적으로 언급되는데, 그러나 그것이 전부이다. 중세에는 이 도시가 빈한한 마을로 전락했고, 주교좌로서의 지위도 유명무실해졌다. 현재에는 옛 터에마을 하나 없고, 다만 극장 한 채와 부러진 대리석 기둥들과 두 개의 높은 문, 그리고 성곽의 일부가 덩그러니 남아 있는 폐허와 거기서 2km 남짓한 곳에 대상로 숙박소가 있을 뿐이다. "사도가 세운 모든 믿음과 사랑의 공동체들 중에서 가장 우뚝 섰었던 그 교회가 문자 그대로 돌 하나에 다른 돌 하나도 얹혀 있지 않다고 말할 수 있다. 그 교회의 역정은 처음부터 끝까지 하나님의 신묘막측한 섭리를 상징적으로 말해 주는 기념비이다. 가장 찬란한 약속을 받아 세상에 태어난 빌립보 교회는 역사 하나 남기지 못한 채 연명하다가 기념비 하나 없이 사라졌다"(Lightfoot).

그러나 바울의 서신에서는 그 소수의 고귀한 그리스도인들이 아직 살아서 먼 나라들에 있는 교회에 복을 끼치고 있다.

주제: 신학적: 우리의 구원을 위한 그리스도의 자기 비하(케노시스. 2:5-11). 실천적: 그리스도인의 기쁨.

핵심 사상: 너희 속에 착한 일을 시작하신 이가 그리스도 예수의 날까지 이루실 줄을 우리가 확신하노라(1:6). 무슨 방도로 하든지 전파되는 것은 그리스도니 이로써 내가 기뻐하고 또한 기뻐하리라(1:18). 이는 내게 사는 것이 그리스도니 죽는 것도 유익함이라(1:21). 너희 안에 이 마음을 품으라 곧 그리스도 예수의 마음이니: 자기를 비어(2:5 이하). 너희 안에서 행하시는 이는 하나님이시니 자기의 기쁘신 뜻을 위하여 너희로 소원을 두고 행하게 하시나니(2:13). 주 안에서 항상 기뻐하라; 내가 다시 말하노니 기뻐하라(4:4; 3:1; 4:1). 또한 모든 것을 해로 여김은 내 주 그리스도 예수를 아는 지식이 가장 고상함을 인함이라(3:8). 푯대를 향하여 그리스도 예수 안에서 하나님이 위에서 부르신 부름의 상을 위하여 달려가노라 (3:14). 끝으로 형제들아 무엇에든지 참되며 무엇에든지 경건하며 무엇에든지 옳으며 무엇에든지 정결하며 무엇에든지 사랑 받을 만하며 무엇에든지 칭찬 받을 만하며 무슨 덕이 있든지 무슨 기림이 있든지 이것들을 생각하라(4:8). 그리하면

모든 지각에 뛰어난 하나님의 평강(4:7).

98. 빌레몬서

바울이 긴 생애를 살면서 틀림없이 썼을 여러 편의 사적 서론과 천거의 편지 중에서 한 편만 현존하는데 아주 짧지만 비중은 대단하다. 이 편지는 골로새에 사는 열정적인 그리스도인 빌레몬에게 쓴 것으로서, 그는 바울의 개종자요 틀림없이 평신도로서, 자기 집을 형제들의 예배 처소로 내어 주었다.[12] 그의 이름은 동일한 속주인 브루기아에서 부지중에 신들을 환대했다가 그 소박한 친절과 부부애에 대한 보상을 받은 빌레몬과 바우키스(Baucis)라는 신실한 노부부의 감동적인 전설을 생각나게 한다. 이 서신은 골로새서와 같은 시기에 기록되고 전달되었다. 골로새서에 대한 사적인 후기로 볼 수도 있다.

이 서신은 오네시모('유익한'이라는 뜻)를 천거하는 편지이다. 그는 빌레몬의 종이었다가 어떤 죄(아마 노예들이 가장 흔히 저질렀던 죄인 도둑질인 듯함)를 저지르고 도망친 뒤 로마에서 바울을 알게 되었다. 골로새에 있을 때 아마 매주 집회에 참석해서 혹은 동향 사람 에바브라를 통해서 바울에 관해서 들었던 그는 바울의 전도로 기독교 신앙으로 회심한 뒤에 이제는 참회하는 심정으로 돌아가기를 바랐고, 골로새서를 전달한 두기고와 함께 돌아갔다(골 4:9).

바울과 노예 제도

빌레몬서는 순전히 개인적이면서도 대단히 의미심장한 서신이다. 바울은 자신의 공식 직함을 생략하고 "그리스도 예수를 위하여 갇힌 자"라는 감동적인 칭호를 사용하여 친구의 마음으로 직접 들어간다. 이 서신은 어느 그리스도인의 가정 속으로 우리를 데리고 들어가는데, 이 가정은 아버지(빌레몬)와 어머니(압

---

12) 별로 가치 없는 어떤 전승은 그를 골로새의 감독이자 네로 박해 때의 순교자로 만든다. 오네시모와 사도 교회에서 중요한 거의 모든 사람이 감독과 순교자로 소개된다. 그 서신에 등장하는 이름들에 관해서는 다음을 참조하라: Lightfoot's *Com. on Col. and Philem*(pp. 372 sqq.).

비아), 아들(아킵보, 그는 바울의 "동료 군사", 즉 기독교 사역자였다), 그리고 노예 한 사람(오네시모)으로 구성되었다. 이 서신은 이교 신앙이 전혀 무력하던 시기에 기독교가 사회에 어떤 영향을 끼쳤는지를 잘 보여준다. 전체 이교 세계를 몽마(夢魔)처럼 짓누른 채 가정과 사회 생활의 전체 구조에 직조되어 있던 노예 제도를 건드린다.

기독교가 이 거대한 사회악에 끼친 영향은 인간이 한 뿌리에서 났고 평등하며, 믿는 자들이 함께 구속을 받아 한 형제가 되었다고 가르침으로써, 그들을 노예 상태에서 해방시켜 그리스도 안에서의 영적 자유와 평등과 형제 관계로, 유대인이나 헬라인이나 종이나 자주자나 남자나 여자 없이 다 그리스도 예수 안에서 하나인 상태(갈 3:28)로 들어가게 함으로써 안으로부터 평화롭고 점진적인 치유를 받게 한 것이다. 이 원칙과 그에 따른 실천은 우선 개선을 가져왔고, 궁극적으로는 노예 제도 철폐를 가져왔다. 그 과정은 돈과 권력에 대한 애착과 인간의 모든 죄악적 열정이라는 대립적 영향력 때문에 매우 더디게 진행되었다. 하지만 그 과정은 확실했고 오늘날은 기독교 세계 전역에서 거의 완성에 이르렀다. 반면에 이교 세계와 이슬람교는 노예 제도를 정상적인 사회 상태로 간주하며, 따라서 그것을 철폐하려는 시도조차 하지 않는다. 노예 제도라는 사회악을 평화롭고 점진적으로 치유하는 것이 사도들로서는 그 문제에 대처하기 위한 유일하게 지혜로운 방법이었다. 만약 사도들이 노예 해방을 선포했다면 그것은 허세에 불과했을 것이고, 설혹 효과가 있었더라도 사회의 유혈 혁명으로 이어지고 기독교 자체가 그 속에 묻히고 말았을 것이다.

따라서 바울은 오네시모를 그의 의로운 주인에게 되돌려 보냈는데, 하지만 이제는 더 이상 그를 파렴치한 도둑이나 도망자가 아니라 중생한 사람이요 "사랑받는 형제"로 규정한 터에서 빌레몬에게 바울 자신을 영접하듯 그를 영접하라고 간곡히 부탁한다(16, 17절). 실로 노예 제도에서 독소를 제거해낸 권고였다. 이로써 껍데기는 남았으나 알맹이는 제거되었다. 얼마나 대조적인가! 이교 철학자들(심지어 아리스토텔레스조차)의 눈에는 오네시모가 여느 노예들과 다름없이 살아 있는 가재도구에 지나지 않았다. 그러나 바울의 눈에는 구속받은 하나님의 자녀요 자유보다 월등히 나은 영생의 후사였다.[13]

---

13) Lightfoot는 이렇게 말한다(p. 389): "복음은 노예 제도 자체를 직접 공격하지 않는다.

신약성경은 이 서신의 결과에 관해서는 침묵한다. 빌레몬이 오네시모를 용서하고 그리스도인의 온유로 그를 대했으리라는 것은 의심할 여지가 없다. 오히려 바울의 부탁을 넘어서서 해방을 암시하는 바울의 속마음을 헤아려 조치를 취했을 가능성이 크다. 전승에 따르면, 오네시모가 자유를 얻고 마게도냐 베뢰아의 감독이 되었다고 한다. 간혹 그는 이름 때문에 2세기 에베소의 감독, 스페인의 선교사, 로마의 순교자, 보디올의 순교자와 혼동된다.

바울과 빌레몬

빌레몬서는 바울의 면면을 아는 데 대한히 유익한 자료이기도 하다. 그가 흠잡을 데 없는 기독교 신사(紳士)였음을 암시한다. 겸양과 섬세함과 자상함이 두드러진다. 이 연로한 사도는 감옥에 갇혀 지내면서도 가난한 도주 노예를 극진히 사랑하고 동정했고, 그를 그리스도 예수 안에서 자유인으로 만들어 주었으며, 마치 그가 자기 자신인 양 그를 천거했다.

바울과 플리니우스

그로티우스(Grotius)와 그 밖의 주석가들은 총독 플리니우스(Pliny)가 도주 노예를 위해서 친구 사비니아누스(Sabinianus)에게 쓴 유명한 편지를 인용한다. 그 편지는 바울이 죄수의 몸으로 로마에 도착한 해에 태어난 플리니우스를 매우 명예롭게 만든 편지로서, 자연스런 친절과 관대가 그 비인간적 제도에 의해서조차 소멸될 수 없었음을 보여준다. 플리니우스는 비록 아시아 총독으로 재직할 때 기독교를 경멸하고 그 무고한 신자들을 박해하긴 했지만, 고급 문화와 고상한 품성을 지닌 로마의 신사였다. 빌레몬서와 플리니우스의 편지는 몇 가지 점에서 아주 비슷하다. 도주 노예가 등장하고, 그가 죄책감을 느끼고 반성하고 원래 위

사도들은 노예 해방을 절대적 의무로 명하지 않는다. 바울이 이 서신에서 어떠한 적극적 명령도 하지 않는다는 것은 주목할 만한 사실이다. 그는 '해방'이라는 단어가 입에서 맴돌았겠지만 그것을 발설하지는 않는다. 빌레몬에게 도주 노예 오네시모를 다시 한 번 신용할 것과, 애정을 가지고 그를 받아줄 것과, 그를 더 이상 노예로 간주하지 말고 형제로 간주할 것과, 사도를 대할 때와 동일한 배려와 사랑으로 대할 것을 권한다. 사실상 노예를 해방하라는 말과 다름없었지만, 그 표현을 직접 사용하지는 않는다. 바울이 개인을 다룬 이 예는 기독교가 전반적으로 노예 제도를 어떤 태도로 대했는지를 잘 보여주는 사례이다."

치로 돌아갈 마음을 품는다. 무사기한 심정으로 정중하고 섬세하고 진지하게 용서하고 다시 받아줄 것을 호소하는 일이 있다. 그러나 기독교의 자선이 자연인의 인류애와 다르듯이, 기독교 신사가 이교 신사와 다르듯이 두 서신도 다르다. 이교 신사가 자기 친구의 온유한 기질과 자부심에 호소할 수밖에 없었다면, 기독교 신사는 그리스도의 사랑과 의무감과 감사에 호소한다. 전자가 자신의 피보호자의 일시적인 위로에 관심을 두었다면, 후자는 그의 영원한 안녕에 관심을 두었다. 전자가 기껏해야 그를 노예라는 이전의 지위로 되돌려 보낼 수 있었다면, 후자는 그를 주인과 함께 공동의 주와 구주의 동일한 성찬상에 앉힘으로써 그리스도인 형제라는 고귀한 지위로 격상시킨다. "세련된 연설로는 그 로마인이 앞설지 모르나, 고결한 어조와 따뜻한 마음으로는 옥에 갇힌 사도에 현저히 못 미친다."

빌레몬서는 노예 제도가 로마 제국의 존립 근간이던 고대의 교회에서는 제대로 이해되지 못했다. 4세기에는 마치 이 서신이 사도의 글로서는 전혀 부적합하다는 듯이 이에 대한 편견이 지배적이었다. 제롬과 크리소스토무스를 포함하여 이 서신의 궁극적 사회적 의미를 명쾌히 깨닫지 못한 주석가들은 바울이 형이상학적 교리를 가르치고 교회 권징을 강화하지 않고 오히려 가련한 도주 노예에게 너무 큰 관심을 쏟은 것에 대해서 독자들 앞에서 유감을 표시했다. 그러나 종교개혁 이래로 그 서신의 의미가 제대로 평가를 받게 되었다. 에라스무스(Erasmus)는 "키케로도 이보다 더 우아한 어조로 글을 쓸 수 없었다"고 말한다. 루터와 칼빈은 이 서신에 대해 매우 높은 평가를 내리는데, 특히 루터는 이 서신의 고귀하고 그리스도를 닮은 정조를 깊이 이해했다. 벵겔(Bengel)은 "지극히 우아한 책"(mire ἀστεῖος)이라고 말한다. 에발트(Ewald)는 "이 서신처럼 우정에서 우러난 예민함과 따뜻함이 숭엄하고 당당한 정신과 간략하면서도 충만하고 의미심장하게 아름다운 조화를 이루는 서신도 없다"고 한다. 마이어(Meyer)는 "위대한 인격의 소중한 유물로서, 아티카의 세련미와 도시풍으로만 보더라도 고대의 걸작 서신들에 속한다." 바우어(Bauer)는 이 서신을 속사도 시대의 글로 일축해 버리면서도, "그 매력적인 형태가 공감을" 일으키고 "숭고한 기독교 정신"이 숨쉰다고 고백한다. 홀츠만(Holtzmann)은 이 서신을 가리켜 "기지와 세련미와 호감의 전형"이라고 한다. 로이스(Reuss)는 "기지와 인간애의 모범이요, 그리스도인의 의무와 온유와 따뜻한 유머를 제대로 이해한 글"이라고 한다. 르낭

(Renan)은 문학적·미학적 장단점을 간파하는 예리한 눈으로 이 서신을 "서간 문학의 작고 진실한 걸작"으로 칭송한다. 라이트푸트(Lightfoot)는 노예 제도 문제에 대해 이 서신이 갖고 있는 의미를 훨씬 더 높이 평가함과 아울러 그 문학적 탁월성에 대해서도 이렇게 평가한다: "수수한 위엄, 세련된 겸양, 깊은 동정, 따뜻한 인간애에 관하여 빌레몬서를 능가하는 서신은 없다. 문체가 보기 드물게 느슨하기 때문에 그 탁월함이 더욱 돋보인다. 수사학의 미사여구에 조금도 덕을 보지 않는다. 이 서신의 호소력은 오로지 저자의 정신에서 나온다."

99. 목회 서신

내용

두 권은 디모데에게, 한 권은 디도에게 보낸 목회 서신 세 권은 자체로 하나의 군(群)을 이루며, 사도가 죽음을 앞두고 사랑하는 제자들과 동역자들에게 주는 권고들로서 사도의 생애와 사역의 마지막 단계를 대표한다. 사도 교회가 초기의 단순한 형태에서 좀 더 분명한 교리 체계와 정치 형태로 이행(移行)하는 모습을 보여준다. 이것은 이 서신들의 저술 시기를 바울의 제1차 로마 투옥 이후와 계시록 집필 이전으로 보았을 때 예상할 수 있는 내용이다.

이 서신들은 개교회들에게 쓴 것이 아니라 개인들에게 쓴 것이며, 따라서 다른 서신들에 비해 더욱 사적이고 내밀한 성격을 띤다. 이 사실을 알면 여러 가지 독특한 점들을 이해하는 데 도움이 된다. 이교도 아버지와 유대인 어머니에게서 난 디모데와 회심한 헬라인 디도는 바울이 대단히 아끼는 제자들이었다. 아울러 특별한 경우에 바울을 대신하여 사절과 위임자로 파견되었고, 이 서신서들에도 이러한 공적 지위로 등장하였으며, 이런 이유에서 '목회 서신'이라는 명칭이 붙었다.

이 서신들은 바울의 목회 신학과 교회 정치론을 담는다. 교회를 세우고 가르치고 다스리며, 노인과 청년, 과부와 처녀, 배교자와 이단 등 신자 개인들을 올바로 대하기 위한 지침을 제시한다. 실천적 지혜가 풍성하고, 위로가 가득하다.

디모데후서는 내용이 다른 두 서신보다 더 사적이며, 바울의 자서전을 마무리 짓는다는 부가적인 중요성을 지닌다. 이 서신은 바울이 장래의 모든 그리스도의 사역자들과 군사들에게 남긴 유언이자 언약이다.

바울의 저자성

19세기에 이르기까지 2세기의 몇몇 영지주의자들을 제외하고는 이 서신들의 저자가 바울임을 심각하게 의심한 사람들은 없었다. 언제나 일곱 권의 안티레고메나(Antilegomena), 즉 신약성경에서 논란이 되는 책들과 구분되어 호모레구메나(Homolegumena)로 간주되었다. 외적 증거에 관한 한 이 서신들은 여느 서신 못지않은 확고한 터에 서 있다. 에우세비우스, 테르툴리아누스, 알렉산드리아의 클레멘스, 이레나이우스가 이 서신들을 정경으로 인용한다. 여러 속사도 교부들의 글에서 이 서신들에 대한 기억이 때로는 단어까지 똑같이 발견된다. 이 서신들은 고대 사본들과 역본들에, 그리고 무라토리 정경 목록에도 포함되어 있다. 마르키온(140년경)은 열 권의 바울 서신들로 구성된 자신의 정경에서 이 서신들을 배제하지만, 복음서들(절단된 누가복음을 제외한)과 공동 서신들과 계시록도 배제한다.

그러나 이 서신들에는 여러 현대 비평가들로 하여금 전부 또는 적어도 디모데전서의 저자를 바울 이후의 저자나 바울의 이름을 도용한 저자로, 즉 바울의 원본들을 후대 교회의 상태에 맞게 고치고 각색하거나 가톨릭 정통 신학을 위해 전체를 아예 위조한 저자로 생각하게 만든 내적인 난점들이 있다. 어느 경우든 저자의 선의는 의심할 여지가 없으며, 현대의 문학적 정직성과 문학적 특징에 따라 판단해서는 안 된다. 목회 서신은 교리적으로는 바울의 사상과 요한의 로고스 철학 사이의 연결고리 역할을 한다. 교회적으로는 초기의 장로제와 보편 교회의 감독제(주교제) 사이의 연결고리 역할을 한다. 이 두 가지 점에서 이 서신들은 제2세기의 정통 보편 교회의 형성 과정에서 필연적인 요소가 된다.

바울의 저자성에 대한 반론 가운데 신중히 고려할 만한 것들은 다음과 같다: (1) 바울 생애의 기록에서 이 서신들의 위치를 잡을 수 없다는 점; (2) 영지주의 이단을 비판한다는 점; (3) 교회 조직이 함축된다는 점; (4) 문체와 기질의 독특한 점들. 만약 이 서신들이 바울의 원본이 아니라면 디모데후서가 이런 반론들에 저촉되는 점들이 가장 적기 때문에 가장 오래된 서신인 셈이다. 그리고 디모데전서와 디도서는 후대의 발전을 반영한다고 보게 된다.

저술 시기

목회 서신서들의 연대는 불확실하며, 이 점 때문에 진정성이 비판을 받아 왔다. 그 연대는 다른 곳에서 이미 논한 제2차 로마 투옥설과 밀접하게 연관된다.

디모데후서는 원본이든 아니든 로마 감옥에서 쓴 것이며, 바울 서신들 중 마지막 서신인 듯하다. 당시에 그는 시간시간마다 믿음의 싸움을 끝내고 자기 주님으로부터 의의 면류관을 받을 일을 기대하고 있었기 때문이다(딤후 4:7, 8). 제2투옥설을 부정하면서도 디모데후서를 바울의 서신으로 인정하는 이들은 이 서신을 첫 번째 투옥 말기에 쓴 것으로 설명한다.

디모데전서와 디도서는 내용으로 보건대 바울이 풀려나 있는 동안에, 그리고 사도행전에 기록되지 않은 몇 번의 여행을 한 뒤에 기록되었음이 분명하다. 두 가지 길이 열려 있다:

1. 두 서신서는 56년과 57년에 기록되었다. 바울은 에베소에서 3년을 체류하던(참조. 행 19:8-10; 20:31) 주후 54-57년에 에베소를 디모데에게 맡겨 두고 마게도냐를 두 번째로 쉽게 방문할 수 있었을 것이다(딤전 1:3). 또한 바다를 건너 그레데 섬을, 즉 교회들을 돌보도록 디도를 남겨두고 온 그 섬을 방문할 수 있었을 것이다(딛 1:5). 사도행전 기록이 완전하지 못하다는 점과 고린도후서(2:1; 12:13, 14, 21; 13:1)에 사도행전에는 언급되지 않은 고린도에 대한 2차 방문이 언급된 점을 감안할 때 이 두 여행은 가능성의 범주에 들어간다. 그러나 저술 시기를 그렇게 일찍 잡으면 설명되지 않은 다른 난점들이 남게 된다.

2. 상당한 정도의 가능성을 매길 수 있는 제2차 로마 투옥 전승은 바울이 63년 봄과 네로의 박해가 시작된 64년 7월 중간에(타키투스에 따르면), 혹은 3, 4년 뒤에(에우세비우스와 제롬에 따르면) 새로 몇 차례 여행을 하고 사역을 했을 여지를 남겨 둠으로써, 뿐만 아니라 이 서신들에 함축되어 있는 영지주의 이단과 교회 조직의 발전에 대한 여지를 남겨 둠으로써 난점을 제거한다. 따라서 진정성을 견지하는 대다수 저자들은 디모데전서와 디도서의 저술 시기를 1차 로마 투옥기와 2차 로마 투옥기 중간에 둔다.

바울은 틀림없이 로마에서 서바나로 여행할 의도를 품었고(롬 15:24), 동방을 방문할 의도도 품었던 바(몬 22; 빌 1:25, 26; 2:24), 설혹 타키투스의 연대로 한정해서 보더라도 바울은 네로의 박해 이전에도 자기의도를 실행할 충분한 시간을 갖고 있었다.

연대기적 어려움을 강조하는 이들은, 위조자가 이 서신들을 사도행전 기사와 아주 쉽게 일치시킬 수 있었다는 점과, 여러 차례의 여행과 다양한 상황들과 바울이 서둘러 여행길에 나서는 바람에 드로아에 놓고 온 겉옷과 책과 양피지를 가져오라고 부탁하는 일 따위를 새삼스럽게 창안하지 않았을 것이라는 점을 잊어서는 안 된다(딤후 4:13).

영지주의 이단

목회 서신서들은 골로새서와 마찬가지로 바울의 1차 로마 투옥 때 소아시아에서 일어난 영지주의 이단(γνῶσις ψευδώνυμος, 딤전 6:20)을 반박한다. 이 이단은 요한과 동시대 사람인 케린투스에게서 훨씬 더 충분히 발전된 모습으로 나타난다. 목회 서신서들이 영지주의를 반박한다는 것은 이 서신들을 당시의 영지주의를 비판한 바울의 증언들로 사용한 이레나이우스와 테르툴리아누스 같은 초기 교부들이 인정한 사실이다.

여기서 생기는 문제는 다양한 면을 가진 다양한 유형의 영지주의들 가운데 이 서신서들이 반박하는 것은 과연 어떤 것이냐 하는 점이다. 분명히 유대화주의 유형일 것이다. 이것은 골로새에 등장한 영지주의와 비슷하면서도 더 진보되고 악의적인 유형이었고, 따라서 더욱 강하게 비판을 받았다. 그 이단들은 "할례당"이었고(딛 1:10), "율법의 선생"(딤전 1:7, 반율법주의자들과 정반대편에 선 사람들)이라 불렸고, "유대인의 허탄한 이야기"(딛 1:14)를 좇았고, "율법에 대한 다툼"(딛 3:9)을 벌였고, "어리석고 무식한 변론"을 즐겼다(딤후 2:23). 더욱이 그들은 에세네파처럼 지나친 금욕주의자들로서, 결혼을 금하고 식물을 폐했다(딤전 4:3, 8; 딛 1:14, 15). 부활을 부정했고 "어떤 사람들의 믿음을" 무너뜨렸다(딤후 2:18).

바우어는 이 이단들을 마르키온 학파(140년경)에 속한 반유대교적, 반율법주의적 영지주의자들로 단정했고, 그 결과 이 서신서들의 저작 시기를 2세기 중엽으로 잡는다. "족보"(딤전 1:4; 딛 3:9)라는 말에서 영지주의의 아이온들(the aeons)의 발출을 발견하고, "변론"(antitheses, 딤전 6:20) 혹은 이단 교사들의 반복음적 주장들에서 마르키온이 구약과 신약 간의 추정적 모순들을 제시한 "대립"(antitheses, antilogies)에 대한 인용을 발견한다. 그러나 이것은 극단적인 오해로서, 좀 더 최근에 들어서 진정성을 비판하는 자들은 그 오류론자들이 유대주의 성격을 띠고 있음을 어쩔 수 없이 수긍하며, 그들을 마르키온보다 수십 년 앞서 활동한 케린투스(Cerinthus), 배사교(the Ophites), 사투르니누스 (Saturninus)로 규명한다.

튀빙겐 학파가 하드리아누스 시대로 잡으려고 하는 영지주의 이단의 기원에 관해서 우리는 이미 그것이 그 반대에 해당하는 에비온 이단과 마찬가지로 사도 시대부터 시작되었으며, 바울의 후기 서신들, 베드로전후서, 요한복음, 유다서, 계시록, 그리고 교부 전승이 한결같이 증거하는 게 바로 그것이라는 점을 살펴 보았다.

교회 조직

목회 서신들은 다른 바울 서신들보다 충분히 발전된 교회 조직을 전제하는 듯 하며, 사도 시대의 단순한 형태 혹은 그리스도 중심적인 민주적 형태 — 이런 용어를 사용하는 게 허락된다면 — 에서 2세기의 감독제(주교제)의 교계 제도로 이행하던 시기에 속하는 듯하다. 예루살렘이 멸망한 뒤 교회는 그리스도의 신속한 재림에 대한 신앙이 엷어지는 정도와 비례하여 이 세상에 정착하고 고정된 신조와 조밀한 조직으로 항구적인 터를 잡을 준비를 하기 시작했다. 그 과정에서 이교도의 박해와 이단의 부패에 대항할 만한 통일성과 힘을 기르게 되었다. 단순하면서도 융통성 있던 이 조직은 장로직과 집사직, 그리고 과부와 고아를 위한 구제 기관들이 예하에 딸린 감독제(주교제)였다. 바로 그런 조직을 목회 서신서들에서 보게 되는데, 이 서신서들은 바울의 이름으로 기록되어서 초기 교계 제도에 대한 그의 권위에 무게를 실어 준다.

그러나 자세히 관찰해 보면 목회 서신서들의 교회 구조와 2세기의 교회 구조 사이에는 현저한 차이가 있다. 주교제가 하나님께로서 유래했다는 말이 한 마디도 없고, 이그나티우스의 서신들에서 보게 되는 회중교회적 주교제(감독제)의 흔적도 없으며, 이레나이우스와 테르툴리아누스 때의 교구 주교제(감독제)의 흔적은 더더욱 없다. 감독과 장로는 사도행전에서처럼(20:17, 28), 진정성을 의심할 여지가 없는 빌립보서에서처럼(1:1) 여전히 동일하다. 심지어 디모데와 디도도 특수한 사명을 맡은 사도의 대리인들 정도로 나타난다.[14] 감독에게 요구되는

---

14) 참조. 딤전 1:3; 3:14; 딤후 4:9, 21; 딛 1:5; 3:12. 그 사실은 수석사제 Alford, 주교

자격과 기능은 잘 가르치고 인격에 흠이 없는 것이고, 그들의 권위는 그들의 직위보다 도덕적 성품에 달려 있다. 감독도 결혼을 하여 자기 가정을 다스리는 일에 좋은 모범을 보이도록 요구를 받는다. 디모데가 받은 안수(딤전 4:14; 5:22)는 사도행전 앞 부분에 언급된 집사와 장로의 안수와 굳이 다를 필요가 없다(6:6; 8:17; 비교. 14:23; 19:6). 플럼트리 박사(Dr. Plumptre)는 주교제 신봉자이면서도 "이 서신들에서 가장 두드러지는 특징은 상위 교계 제도 체제가 전혀 없다는 것이다"라고 말한다. 비평가들이 저술 연대를 자신 있게 68년으로 잡는 계시록은 일곱 교회의 "사자들"로써 통일된 감독제에 더욱 접근한 면모를 보여준다. 그러나 계시록의 "사자들"로부터라도, 살아 있는 계시요 성직위계제도상의 우상으로 떠받들여진 이그나티우스와 위(僞)클레멘스의 주교들에게 이르기까지는 먼 거리가 남아 있었다.

문제

목회 서신의 언어는 바울의 느낌을 주지 않는 단어들과 구들을 많이 보여주는데, 특히 보기 드문 합성어들, 그중 몇몇은 신약성경을 통틀어, 심지어는 그리스 문학을 통틀어 아무데서도 발견할 수 없는 합성어들이 쓰인다.

그러나 우선 세 서신 중 각각에 독특한 단어 수가 세 서신 모두에게 공통된 독특한 단어 수보다 훨씬 많다. 따라서 만약 이 점을 중시하자면 세 명의 다른 저

Lightfoot, 수석사제 Stanley, 수석사제 Plumptre 같은 편견 없는 성공회 저자들에 의해 인정된다(in Schaff's *Com. N. T.*, III. 552). Canon Farrar의 글을 인용한다(*St. Paul*, II. 417): "만약 목회 서신들이 2세기의 주교(감독) 제도를 분명히 옹호하는 내용을 싣고 있다면 그것만으로도 그 서신들의 위조성을 입증하는 충분한 증거가 될 것이다. 그러나 그것과 조금이라도 유사한 내용이 전무하다는 점은 그 서신들이 사도 시대에 속한다는 강력한 증거 중 하나이다. 감독과 장로는 신약성경 전체와 마찬가지로 여전히 동의어이다 … 디모데와 디도는 오늘날 주교에 해당하는 기능을 했으나, '주교'라고 불리지 않는다. 그들의 기능은 한시적인 것으로서, 그들은 다만 이방인 사도의 권위 있는 대리자로서 행동했을 뿐이다. 아울러 그들이 임명한 감독자들이 높은 직분을 주장했다는 흔적도 없다. 그들에게 요구된 자격은 철저히 윤리적인 것이다." 비교. the Speaker's *Com. on the New Test.*(III. 764)에 실린 Wace 교수의 적절한 언급. 그 글에서 그는 목회 서신들에 나타나는 교회 정치가 사도 시대 초기의 장로제적 주교제와 속사도 시대의 주교제 사이의 중간 단계를 드러낸다고 올바로 말한다.

자가 목회 서신을 썼다는 결론에 도달하게 된다(목회 서신의 진정성을 공격하는 자들도 이 서신의 전반적인 통일성을 감안하여 그런 결론을 인정하지 않으려 한다). 다음으로, 바울의 서신 각권은 심지어 짧은 빌레몬서조차 독특한 단어들을 여럿 가지고 있다. 새로 다룰 화제와 논박할 이단의 성격에 따라 아주 특징있는 단어들을 쓸 필요가 있었던 것이다. 그 예를 들자면, "거짓되이 일컫는 지식"(딤전 6:20), "바른 교훈"(딤전 1:10), "유대인의 허탄한 이야기"(딛 1:14), "족보"(딛 3:9), "헛된 말"(딤후 2:16) 등이다. 바울의 정신은 대단히 비옥하여 다양한 상황에 적응할 능력이 있었고, 어느 정도는 기독교 용어를 새로 만들어낼 필요가 있었다. 튀빙겐 비평가들은 바울의 천재성을 대단히 존경한다고 하면서도 그의 어휘를 매우 좁은 반경에 가두려고 한다. 마지막으로, 문체의 독특성들은 그보다 더 큰 유사성들과 바울이 저자임을 입증하는 틀림없는 증거들에 의해 상쇄된다. "가장 깊은 정서에서 번득이는 것들이 있고, 가장 강렬한 표현에서 터져 나오는 것들이 있다. 송영들에는 운율적인 진행과 탁월한 위엄이 있으며, 단호한 필치에서 나오지 않고 이후의 천년 세월 동안 그 누구도 감히 따라잡지 못한 아름다움과 충만함과 소박함에서 나온 기독교의 이상적인 목회자상이 있다"(Farrar).

다른 한편으로, 우리는 대적들에게 어쩌서 위조자가 바울의 다른 서신들에 쓰인 어휘들만 쉽게 골라 쓸 수 있었는데도 굳이 그렇게 많은 새 단어들을 골라 써야 했는지, 어째서 그가 인사말에 일상적인 형식 대신에 "긍휼"이란 말을 집어넣어야 했는지, 어째서 그가 바울을 "죄인 중에 내가 괴수"라고 부르고(딤전 1:15), 사도로서의 높은 권위보다 겸손의 어조를 사용했는지 정당한 이유를 제시해 보라고 얼마든지 요구할 수 있다.

그 밖의 반론들

목회 서신서들은 논리적 연결성이 부족하고, 비약이 심하고, 단조롭고, 같은 말을 반복하는 점으로 미루어 바울처럼 독창적인 사상가이자 저자의 글로 보기 어렵다는 비판을 받아 왔다. 그러나 이런 특징은 사적 서신이 갖는 매력이자 결점인 편안하고 낯익은 문체일 뿐이다. 더욱이 아무리 위대한 저자라도 인생의 각 시기마다, 상황과 분위기에 따라 다소 문체가 달라지는 법이다.

만약 이 서신서들의 신학을 바울의 공인된 저작들과 상충되게 만들 수 있다면 좀 더 심각한 반론이 될 것이다. 그러나 상황은 그렇지 못하다. 흔히들 견고한 교리와 선행이 더 강조된다고 한다. 그러나 갈라디아서에서 바울은 순수한 복음에서 이탈하는 행위를 엄숙하게 단죄하며(1:8, 9), 그의 모든 서신서들에서 성결을 믿음의 필수적인 증거로 놓고 명한다. 반면에 구원은 로마서뿐 아니라 목회 서신에서도 오직 하나님의 은혜로 말미암는 것이라고 분명히 가르친다(딤전 1:9; 딛 3:5).

결론적으로, 우리는 몇몇 난점들에 눈을 감을 수 없고, 저자의 구체적인 상황을 모르는지라 그 난점들을 만족스럽게 설명할 수 없지만, 대부분의 증거는 이 서신서들의 진정성을 뒷받침한다는 점을 주장하지 않을 수 없다. 이 서신서들은 바울의 교리 체계와 일치한다. 바울의 번뜩이는 천재성이 비친다. 바울의 강렬한 개성의 흔적이 있다. 희귀한 보석 같은 영감된 진리가 있고, 대단히 건강한 훈계와 조언이 있어서 오늘날 숱한 목회 신학과 교회 정치 관련 저서들보다 훨씬 더 가치가 있다. 이 서신들에는 교리 면에서나 실천 면에서 바울의 저작 중 최고 수준에 해당하고, 기독교 세계의 경험과 애착에 깊이 내재해 있는 적지 않은 단락들이 있다(이를테면, 딤전 1:15, 17; 2:1, 4-6, 8; 3:2, 16; 4:1, 4, 7, 10, 15; 5:8, 17, 18, 22; 6:6, 9-12; 딤후 1:6; 2:11, 12, 19, 22; 3:12, 16, 17; 4:2, 6-8; 딛 1:7, 15; 2:11; 3:5, 6).

이 믿음의 거장이 순교를 목전에 두고서 마지막 서신에 기록한 다음과 같은 마지막 말처럼 숭엄하고 아름다울 뿐 아니라 적절한 피날레가 어디에 다시 있겠는가?: "관제와 같이 벌써 내가 부음이 되고 나의 떠날 기약이 가까왔도다. 내가 선한 싸움을 싸우고 나의 달려갈 길을 마치고 믿음을 지켰으니 이제 후로는 나를 위하여 의의 면류관이 예비되었으므로 주 곧 의로우신 재판장이 그 날에 내게 주실 것이니 내게만 아니라 주의 나타나심을 사모하는 모든 자에게니라"(딤후 4:6-8).

100. 히브리서

욥기와 마찬가지로 저자 미상인 이 "히브리인들에게" 쓴 서신은 — 제사장의 기품과 왕의 위엄을 겸비하되 "아비도 없고 어미도 없고 족보도 없고 시작한 날도 없고 생명의 끝도 없어 하나님 아들과 방불하여 항상 제사장으로 있는" — 멜

기세덱(7:1-3)의 반차에 속한다. 기원은 모호하나 그리스도께 대한 지식은 명쾌하고 깊다. 2세대 그리스도인들에게서 들려온 내용이라서 그런지(2:3) 오순절의 영감으로 가득하다. 어느 사도의 글로도 단정하기 힘든 이 서신은 사도의 권위와 권세를 가지고 가르치고 권고하고 경고한다. 바울의 펜에서 나오지 않았을지라도 다소 그의 재능과 영향력의 인상을 남기며, 정경에서 그의 서신들 뒤에 혹은 그의 서신들과 공동 서신들 중간에 자리잡을 가치가 있다. 정신은 바울에게 가까우며, 목적은 보편적 혹은 회람용이다.

내용

히브리서는 그냥 평범한 서신이 아니다. 물론 서신이 갖추어야 할 개인의 직접적인 호소와 매듭말과 인사를 갖추고 있긴 하나, 독자들을 기독교 신앙으로 강화하고 배교의 위험에서 보호하는 데 목표를 둔 설교 혹은 그보다는 신학 강론이다. 그리스도께서 천사들보다, 모세보다, 레위 계열의 제사장들보다 우월하시고, 둘째 언약의 완성이시라는 것을 심오하게 논증한다. 여느 책보다 그리스도의 영원한 제사장직과 세상 구원을 위해 단번에 드려진 제사에 관한 위대한 사상을 충분히 드러내되, 모세가 제정한 제사장직과 늘 반복해서 드린 성막과 성전의 제사에 딸렸던 민족적이고 일시적인 성격과 구분되게 드러낸다. 저자는 자신의 논지를 구약성경에서 이끌어 오며, 구약 전체의 성격과 명확한 선언들을 근거로 구약이 복음 구원을 위한 예비적 경륜이고, 기독교의 의미심장한 예표이자 예언이며, 따라서 실체의 일시적인 그림자처럼 사라지게끔 되어 있다고 논증한다. 모세적 경륜이 제사장들과 매일의 제사로써 여전히 존재하고 있었으나 소멸 과정에 있었음을 암시하며, 몇 년 뒤에 성전을 영원히 멸해 버린 두려운 심판을 내다본다(9:9). 감동적인 훈계와 고귀한 위로를 교리 강해와 배합하며, 새로운 권고를 할 때마다 새로운 강해를 한다. 이와는 달리 바울은 격려의 내용을 대개 말미에 둔다.

저자는 옛 언약과 새 언약 간의 큰 구분을 강조한, 그러면서도 여전히 옛 언약의 신적 기원과 교훈적 용도를 충분히 인정한 바울 학파에 속한 사람임에 틀림없다. 그러나 저자는 그리스도의 제사장직과 제사가 모세의 제사장직과 제사보다 우월하다고 말하는 반면에, 바울은 주로 율법과 복음을 구분하는 것으로 그친다. 저자는 믿음을 강조하되, 하나님께 대한 신뢰라는 그 일반적 측면으로, 장래와 보이지 않는 것들에 대한 전망적인 언급으로, 고난 속에서의 소망과 인내와 결부시켜 제시한다. 반면에 바울은 믿음을 묘사하되 그리스도와 그 구속의 공로를 진심으로 신뢰하는 그 구체적인 복음적 성격으로, 의롭다 하심을 받게 하는 효과로, 행위에 대한 율법주의적인 의존에 반대되게 묘사한다. 저자는 믿음을 "바라는 것들의 실상(assurance)이요 보지 못하는 것들의 증거(conviction)"로 정의 혹은 적어도 묘사한다(11:1). 이것은 신약뿐 아니라 구약에도 적용되며, 따라서 믿음의 싸움을 싸우는 기독교 신자들을 격려하는 족장들과 선지자들의 목록을 적절하게 연다. 그러나 그들이 더욱 바라봐야 할 대상은 "믿음의 주요 또 온전케 하시는" 예수님으로서(12:2), 그분은 우리 믿음의 변함없는 대상이요 "어제나 오늘이나 영원토록 동일"하시다(13:8).

히브리서는 기독론적인 성격이 현저하다. 이 점에서 골로새서와 빌립보서와 비슷하며, 요한의 기독론으로 올라가는 층계가 된다. 그리스도의 승귀(昇貴)와 엄위를 숭엄하게 묘사한 1:1-4(비교. 골 1:15-20)로부터 요한복음서의 서론까지는 불과 한 계단 차이밖에 나지 않는다. 그리스도의 대제사장직에 관한 강해는 대제사장 기도(요 17장)를 생각나게 한다.

구약성경에서 이끌어낸 증거 본문들을 사용한 것은 때로는 해당 단락의 분명한 역사적 취지와 상반되게 보이지만, 언제나 독창적이고, 틀림없이 유대인 독자들에게 확신을 심어 주었을 것이다. 저자는 예표적 예언과 직접적 예언을 구분하지 않는다. 장막과 그 제사의 예표적(typical, 모형적) 혹은 그보다는 대형적(對形的, antitypical) 성격을 모세가 산에서 본 원형(archetype)의 반영으로 인식하되, 모세적인 모든 예언은 직접적으로 설명된다(1:5-14; 2:11-13; 10:5-10). 저자는 서신 전체를 통해 그리스 문화의 높은 수준, 헬라어 성경에 대한 심오한 지식, 모세적 예배의 상징적 의미를 드러낸다. 아울러 필로(Philo)의 알렉산드리아 신지학(theosophy)을 잘 알고 있었지만, 필로가 알레고리적 해석을 사용하여 했던 것과는 달리 외국의 사상을 성경에 도입하지 않았다. 그의 권고와 경고는 도덕적 감수성의 급소에 가서 박힌다. 그러면서도 그의 어조는 기쁨과 격려로 충일하다. 권고와 위로에서 최고 수준의 카리스마를 갖고 있다. 아울러 그는 믿음과 성령의 사람이었고, 불 같은 혀의 은사를 받았다.

문체

히브리서는 누가가 기존의 문헌에 의존하지 않고 독자적으로 쓴 부분을 제외하고는 신약성경의 어느 책보다 더 순수한 헬라어로 기록되었다. 이 서신은 누가복음서와 마찬가지로 부유하고 세련된 고전적인 문장으로 시작한다. 믿음의 용사들을 묘사한 11장은 종교 문학사를 통틀어 가장 웅변적이고 숭고하다. 저자는 종종 작은 것에서부터 큰 것을 사유해 간다. 신약성경 아무데서도 쓰이지 않은 희귀하고 빼어난 용어들을 많이 쓴다.

명백한 바울의 서신들과 비교할 때 히브리서의 문체는 열기와 힘이 덜하지만, 더 부드럽고 정확하고 수사적이고 운율적이며, 파격적인 문장이 덜하다. 일반 규율들을 통해 터져나오는 저돌성과 격정이 없고, 연설의 흐름이 조용하고 규칙적이다. 문장들은 능숙하게 구성되고 잘 다듬어져 있다. 바울은 주로 사상에 치우치지만, 히브리서 저자는 형식에도 큰 주의를 기울인다. 그의 문체는 엄격히 말해서 고전적인 문체는 아니지만 헬라 방언만큼 순수하고 칠십인역과 매우 비슷하다.

이런 점들을 두루 고려할 때 히브리서가 가상의 히브리어 원본을 번역한 책이라는 생각은 설 땅을 잃는다.

독자들

히브리서는 히브리 그리스도인들, 즉 히브리인들과 헬라인들 간의 일반적 구분에 따르면(행 6:1; 9:27) 팔레스타인의 회심한 유대인들, 그중에서도 주로 예루살렘의 회심한 유대인들에게 쓴 서신이다. 그들의 상황에 맞도록 각별한 주의를 기울였다. 그들은 성전을 보며 살았고, 유대교 고위성직자들의 박해와 배교의 유혹에 노출되어 있었다. 이것이 크리소스토무스 때로부터 블리크(Bleek) 때에 이르기까지 지배적인 견해였다. 이 서신이 획일적으로 칠십인역만 가지고 구약성경을 인용한다는 반박은 결정적이지 않다. 왜냐하면 팔레스타인에서는 칠십인역과 함께 히브리어 구약성경을 사용했음에 틀림없기 때문이다.

다소 개연성이 덜한 그 밖의 견해들은 그냥 소개만 하고 넘어가도 된다: (1) 이방 그리스도인들과 구분되는 모든 유대 그리스도인들; (2) 오직 예루살렘에서 사는 유대인들; (3) 알렉산드리아의 유대인들; (4) 안디옥의 유대인들; (5) 로마의 유대인들; (6) 동방에 흩어진 몇몇 유대인 공동체(하지만 예루살렘은 아님).

동기와 목적

이 서신은 시련과 박해에 처한 독자들에게 힘을 주고 위로하려는 의도로, 그러나 특별히 그들을 유대교로의 배교의 위험을 경고하기 위해서 기록되었다(2:2, 3; 3:6, 14; 4:1, 14; 6:1-8; 10:23, 26-31). 그리고 이 일은 기독교의 무한한 우월성과, 그 큰 구원을 등한시하는 게 얼마나 두려운 죄인가를 입증함으로써 가장 잘 해낼 수 있었다.

부활과 오순절 성령 강림이 있은 지 불과 30년만에 다름 아닌 기독교 세계의 모교회에서 배교의 위험이 있었다는 것은 참으로 이상한 일이다. 그렇지만 60-70년의 정황을 이해하면 그다지 이상한 일이 아니다. 예루살렘의 그리스도인들은 대단히 보수적인 신자들이었고, 조상들의 유전을 될 수 있는 대로 고수하려고 했다. 초보적인 교리들을 가지고 논쟁을 벌였고, 따라서 "완전한 데"로 나아가도록 할 필요가 있었다(5:12; 6:1-4). 야고보서는 그들의 교리적 관점을 대변한다. 바울이 예루살렘을 마지막으로 방문했을 때 그가 형제 바울에게 해준 이상한 조언은 그들의 소심하고 편협한 상태를 비추어 준다. 그들은 비록 숫자가 "수만 명"을 헤아렸지만, 대사도를 광적인 유대인들의 손에서 구출해야 하는 그 중대한 순간에 팔짱을 끼고 있었다. 그들은 "다 율법에 열심 있는 자"였고, 바울이 흩어진 유대인들에게 "모세를 배반하고 아들들에게 할례를 행하지 말고 또 관습을 지키지 말라"고 가르치고 있다는 소문을 듣고는 그의 급진주의를 우려했다(행 21:20, 21).

그들은 자기 민족의 회심을 소망할 수 없는 상황에서도 소망했다. 그 소망이 점차 사라져 갔을 때, 자기들의 교사 중 몇몇이 순교를 당했을 때(13:7), 존경하는 지도자 야고보가 유대인들에게 돌에 맞아 죽었을 때(62년), 팔레스타인을 이교도 로마인들의 혐오스런 멍에에서 구출하려는 애국적인 운동이 점점 더 고조되어 마침내 공개적인 반란으로 분출되었을 때(66년), 그 소심한 그리스도인들이 가난하고 박해받는 분파에서 여전히 마음으로 기독교의 최상의 부분으로 믿고 있던 민족의 종교로 배교하려는 유혹을 강하게 느낀다는 것은 지극히 자연스러운 일이었다. 엄숙한 성전 예배, 아론의 반차를 따른 제사장들이 거행하는 장엄하고 화려한 의식, 매일의 제사, 과거의 모든 성스러운 기억들이 그들에게는 여전히 큰 매력을 갖고 있었고, 그들을 포용하겠다고 유혹하고 있었다. 그 위험이 너무나 컸고, 따라서 히브리서의 경고는 두려울 정도로 엄숙하다.

역사의 중대한 시기에도 그와 비슷한 위험들이 거듭해서 발생했다.

저술 시기와 장소

히브리서는 이탈리아의 어느 지역에서 문안을 한다. 때는 바울의 제자 디모데가 석방되어서 저자가 그와 함께 독자들을 방문할 계획을 세우고 있을 때였다 (13:23, 24). "자기도 몸을 가졌은즉 학대 받는 자를 생각하라"(13:3)는 구절은 반드시 저자 자신이 옥중에 있었음을 암시하지는 않는다. 실제로 23절은 그의 자유를 암시하는 듯하다. 이런 언급들은 자연히 바울의 1차 로마 투옥이 63년 봄에 혹은 그 직후에 끝났음을 시사한다. 이는 디모데와 누가가 그와 함께 그곳에 있었기 때문인데, 저자 자신도 친구들과 동역자들의 무리에 속해 있었음이 분명하다.

그밖에도 이 서신이 예루살렘 멸망(70년) 전에, 유대인 전쟁 발발 전에(66년), 네로의 박해 전에(64년 7월), 바울의 순교 전에 기록되었다는 내적인 증거가 있다. 이 중요한 사건들 중 어느 하나도 언급조차 되지 않는 데다, 정반대로 이미 언급했듯이 성전이 아직 서 있었고, 매일의 제사도 규칙적으로 드려지고 있었고, 신정(神政)의 붕괴도 아직 미래의 일이었기 때문이다. 하지만 "저주함이 가까"웠고, "낡아지고 쇠하는 것은 없어져" 가고 있었다. 이스라엘의 신정은 흔들렸고 제거될 운명에 놓여 있었으며, 두려운 심판의 날이 가까이 다가오고 있었다.

저술 장소는 로마였거나, 만약 저자가 이미 동방을 향한 여행길에 올랐다고 추정할 경우에는 이탈리아 남부의 어느 지역이었다. 그곳을 알렉산드리아나 안디옥이나 에베소로 잡는 이들도 더러 있다.

저자

저자 문제는 여전히 쟁점으로 남아 있으며, 아마 절대 확실한 결정은 앞으로도 내릴 수 없을 것이다. 히브리서는 기원이 불분명하기 때문에 니케아 이전 교회는 일곱 권의 안티레고메나에 포함시켰다. 저자를 둘러싼 논쟁은 397년에 전통적인 전승이 채택된 뒤에 그쳤으나, 종교개혁 때 다시 고개를 들었다. 세 가지 설을 세 가지 제목으로 배열할 수 있다: (1) 바울 한 사람의 저작; (2) 바울의 제자 한 사람의 저작; (3) 바울과 그의 제자 한 사람의 공동 저작. 제자들을 놓고도 누가, 바나바, 로마의 클레멘스, 실바누스, 아볼로로 견해가 갈린다.

1. 바울의 저작이라는 견해는 4세기부터 18세기까지 종교개혁자들만 빼놓고는 교회의 전반적인 견해였고, 한때는 신앙의 조항인 적도 있었으나 오늘날은 학자들 가운데 지지자가 극히 드물다. 이 설은 다음과 같은 주장들에 터를 둔다:

(a) 동방 교회의 일치된 전승. 그 교회가 히브리서의 수신자일 가능성이 매우 크다. 그러나 이 전승의 증거력을 약화시키는 중요한 제약이 있는데, 그것은 문체의 차이에 대한 폭넓은 인식과 그에 따른 히브리어 원서에 대한 추정 — 비록 역사적 증거는 전무하지만 — 이다. 알렉산드리아의 클레멘스는 헬라어 저작을 누가에게로 돌렸다. 오리게네스는 히브리어 히브리서를 상정했을 경우라도 헬라어 문체가 더 순수하다고 주장하고, 바울 외에도 누가와 클레멘스가 저자일 가능성이 있다고 언급하지만, 자신의 무지를 고백한다.

(b) 디모데에 대한 언급과 석방에 대한 언급(13:23)은 바울의 경향을 띤다. 꼭 그렇지 않을지라도 오직 바울의 사람들에게만 해당된다. 10:34이 바울 자신의 투옥을 가리킨다는 주장은 그릇된 해석(오늘날 널리 받아들여지는 "갇힌 자들"보다는 "나의 갇힌 것"으로 보는 해석)에 근거한다. 또한 13:18의 요청도 저자가 서신을 쓸 당시에 갇혔다는 것을 함축하지 않는다. 23절은 저자가 디모데와 함께 독자들을 속히 보기를 기대하므로 그가 자유로운 상태에 있었음을 시사하기 때문이다.

(c) 히브리서가 바울의 교리 체계, 사도의 권위가 실린 어조, 깊이와 열정과 일치하는 것은 이 서신서를 바울의 저작들과 동렬에 올려 놓는다. 그러나 이 훌륭한 서신을 추켜 세울 수 있는 어떠한 찬사로도 그 영감성과 정경성밖에 입증할 수 없는데, 따라서 이 서신의 저자는 사도들의 범위를 넘어서서 누가와 마가와 야고보와 유다의 저작들을 포괄하는 무리로 확대되어야 한다.

2. 저자가 바울이 아니라는 설은 다음과 같은 논리에 뒷받침을 받는다:

(a) 아우구스티누스까지 거슬러 내려가는 로마와 북아프리카를 망라한 서방 전승은 바울을 저자로 보는 견해와 철저히 상반된다. 이 점은 히브리서의 최초의 흔적들이 로마 교회에서 발견되었고, 1세기가 끝나기 전에 그 교회에 알려져 있었다는 사실에서 더 비중을 얻는다. 로마의 클레멘스는 이 서신을 매우 폭넓게 사용하지만, 아무데서도 바울의 이름으로 사용하지 않는다. 무라토리 정경은 바울의 열세 권의 서신만 열거하고 히브리서는 삭제한다. 로마의 장로 가이우스

도 3세기 초에 그렇게 했다. 테르툴리아누스은 히브리서를 바나바의 저작으로 돌렸다. 에우세비우스의 증언에 따르면, 그 시대의 로마 교회는 이 서신을 바울의 저작으로 간주하지 않았다고 한다(그는 340년에 죽었다). 브레스키아의 필라스드리우스(Philastrius, 387년경 죽음)는 6:4-6이 노바티아누스파의 이설과 극단적인 권징을 두둔한다는 이유로 바울을 저자로 보기를 거부하지만, 자기는 바울의 저작으로 믿으며, 밀라노의 암브로시우스(Ambrosius)도 견해가 같다고 언급한다. 제롬(419년 죽음)은 양 진영에서 인용할 수 있는 견해를 내놓았다. 그는 어느 쪽을 확정하지 못했지만 "라틴의 관습(Latina consuetudo)은 이 서신을 정경으로 받아들이지 않는다"고 분명히 말하며, 다른 곳에서는 "모든 그리스인들은 히브리서를 받아들이며, 라틴인들도 더러는 그러하다(et nonnulli Latinorum)"고 말한다. 심오한 성직자였으나 언어학자도 비평가도 아니었던 아우구스티누스도 마찬가지로 흔들렸지만, 바울의 저작으로 믿는 쪽으로 크게 기울었다. 서방 교회의 지배적인 견해는 13권의 서신만 바울에게로 돌렸다. 히포 교회회의(393)와 제3차 카르타고 교회회의(397)는 아우구스티누스의 강력한 영향하에 바울의 서신을 14권으로 보는 쪽으로 선회했다. 이 견해는 에라스무스와 종교개혁자들이 초기 교부들의 의심을 되살릴 때까지 지배적인 위치를 차지했다. 트렌트 공의회는 이 견해를 재가했다.

(b) 관례적인 이름과 인사말이 없다. 이 점은 바울이 유대인들보다 이방인들에게 보내심을 받았으므로 유대인들에게 겸손한 태도를 취했다는 주장으로(판타이누스〈Pantaenus〉), 혹은 바울에게 강한 편견을 갖고 있던 유대인들에게 더 잘 읽히도록 하려는 지혜와 의욕으로 그랬다는 주장으로(알렉산드리아의 클레멘스) 설명되어 왔다. 이런 견해들은 서신에 깔려 있는 권위있는 어조를 감안할 때 매우 불만족스럽고 설득력을 잃는다.

(c) 2:3에서 저자는 자신과 사도들을 분명히 구분하며, 자신을 처음에 주의 말씀을 "들은 자들이 우리에게 확증한" 바를 들은 2세대 그리스도인으로 밝힌다. 이와는 반대로 바울은 자신을 다른 사도들과 동렬에 놓으며, 자신의 교리를 어느 인간의 중재 없이 그리스도께로부터 직접 끌어온다(갈 1:1, 12, 15, 16). 이 단락만으로도 결정적이어서, 루터, 칼빈, 베자로 하여금 바울의 저작권을 부정하게 만들었다.

(d) 교훈과 변론의 실재가 아닌 형식과 방법상의 차이.

(e) 문체의 차이(이것은 이미 논의했다). 이 주장은 독특하게 쓰인 단어 수에 근거하지 않는다. 그런 단어들은 신약성경 모든 책에서 발견되기 때문이다. 그보다는 오히려 문체의 순결성, 정확성, 수사학적 세련성에 근거한다.

(f) 구약성경 인용구들의 차이. 히브리서 저자는 히브리어 성경과 다를지라도 일관되게 칠십인역을 따른다. 반면에 바울은 독자적인 성격이 더욱 강하고, 종종 히브리어 성경을 가지고 칠십인역을 바로잡는다. 블리크(Bleek)는 그것과 아울러 히브리어 저자가 알렉산드리아 사본(Codex Alexandrinus)을 사용한 데 반해 후자는 바티칸 사본(Codex Vaticanus)을 사용했다는 중요한 사실을 밝혀냈다. 바울이 예루살렘 교회에 편지를 쓰면서 성경을 인용할 때 히브리어와 랍비적 지식을 사용하지 않았다는 것은 믿을 수 없다.

3. 개연성 있는 저자들에 관한 추측들. 바울의 네 제자 겸 동역자들이 단독 저자로 혹은 바울과의 공동 저자로 추측되어 왔는데, 그중 세 사람 — 바나바, 누가, 클레멘스 — 은 전승의 지지를 받는 반면에 한 사람 — 아볼로 — 은 어떠한 지지도 받지 못한다. 실바누스를 저자로 추측하는 사람들도 더러 있다.

(a) **바나바**. 그는 취향이 아프리카 교회 전승(적어도 테르툴리아누스과)에 가깝다는 점과, 레위인 교육을 받았다는 점과, 바울과 친했다는 점과, 예루살렘 교회와 밀접한 관계가 있었다는 점과, 거의 사도에 해당하는 권위가 있었다는 점에서 그를 이 서신의 저자로 추측하는 사람들이 있었다. 그는 권위자($\upsilon\iota\grave{o}\varsigma$ $\pi\alpha\rho\alpha\kappa\lambda\acute{\eta}\sigma\epsilon\omega\varsigma$, 행 4:36)로서 권면의 말($\lambda\acute{o}\gamma o\varsigma$ $\pi\alpha\rho\alpha\kappa\lambda\acute{\eta}\sigma\epsilon\omega\varsigma$, 히 13:22)을 기록했을 가능성이 얼마든지 있다. 그러나 이 경우에 그는 그의 이름으로 통하는, 그리고 비록 바울적인 그리고 반유대화주의적인 경향에 속하긴 하면서도 정신과 지혜 면에서는 히브리인들에 크게 못 미치는 이 서신의 저자일 수 없다. 더욱이 바나바는 초대의 제자이므로 2세대에 포함시킬 수 없다(2:3).

(b) **누가**. 그는 2:3의 범위에 해당하고, 순수한 헬라어로 쓰며, 문체상 비슷한 점을 많이 갖고 있다. 그러나 그를 저자로 보기 어렵게 만드는 것은 히브리서 저자가 틀림없는 본토 유대인인 반면에 누가는 이방인이었다는 사실이다(골 4:11, 14). 그러나 이 반론은 누가가 바울의 이름으로 그의 지시하에 썼을 경우에는 어느 정도 상쇄된다.

(c) **로마의 클레멘스**. 그는 완벽한 히브리어를 구사하고, 그 서신서에서 인용한 여러 단락들에 자신의 사상을 뒤섞지만, 단순히 모방자로서 그렇게 하며, 독

창성과 설득력은 크게 못 미친다.

(d) **아볼로**. 루터가 사도행전에 기록된 아볼로에 관한 묘사(18:24-28)와 바울의 언급(고전 1:12; 3:4-6, 22; 4:6; 16:12; 딛 3:13)에 암시받아 내놓은 기발한 추측. 아볼로는 알렉산드리아의 유대인으로서, 해박한 성경 지식과 열정적인 정신과 뛰어난 웅변술에 힘입어 유대인들과 능력 있게 변론했고, 바울의 친구이자 독자적인 사역자로서 바울과 같은 목적으로 에베소와 고린도와 그레데에서 사역했다. 이런 점들을 보면 그를 히브리서 저자로 보는 데 손색이 없는 듯하다. 그러나 이 가설은 전승으로부터 조금도 뒷받침을 받지 못한다. 아볼로가 히브리서 저자였다면 전승이 서너 명의 유력한 저자들 가운데 아볼로를 빼놓았을 리가 없다. 클레멘스는 바나바를 한 번 언급하는데, 그러나 자신이 그토록 자유롭게 사용하던 히브리서의 저자로 언급하지는 않는다. 또한 아볼로가 로마에 갔었던 흔적과, 팔레스타인의 히브리 그리스도인들과 그토록 친밀한 관계를 가졌다는 흔적이 없다.

현대 신학자들의 학문적인 논의는 분명하고 일치된 결론에 도달하지 못했으나, 그럼에도 불구하고 매우 가치가 있으며 각기 다른 방향에서 빛을 비춰 준다. 아래의 사항들은 확실하거나 개연성이 매우 높다고 간주할 만한 것들이다: 히브리서 저자는 태생으로 유대인이었다; 팔레스타인이 아닌 헬레니즘 문화권에서 살았다; 헬라어 성경을 친숙히 알았다(히브리어 성경은 그만큼 많이 몰랐다); 알렉산드리아 유대인 신학을 잘 알았다(팔레스타인의 랍비적 지식은 그만큼 많이 몰랐다); 사도들의 제자였다(자신은 사도가 아니었다); 바울의 독립된 제자이자 동역자였다; 디모데의 친구였다; 팔레스타인의 히브리 그리스도인들과 친밀한 관계가 있었고, 서신을 쓸 때에는 그들을 방문할 계획을 세워놓고 있었다; 사도의 통찰과 권세와 권위에 영감을 받은 사람이었고, 따라서 정경에서 "미지의 위인"의 지위를 차지할 자격이 있었다.

이런 사항들을 넘어서는 주장에 대해서는 뭐라 확실하게 말할 수 없다. 저자는 의도적으로 자기 이름을 밝히지 않는다. 저자를 바나바나 누가나 아볼로로 보는 주장뿐 아니라 그들을 반대하는 주장도 똑같이 강한 데다가, 그들보다 덜 알려진 사도 시대의 사역자들은 말할 것도 없고 그들 가운데서도 택일할 아무런 자료도 우리는 갖고 있지 못하다. 우리는 여전히 오리게네스와 마찬가지로 하나님께서만 히브리서 저자가 누군지를 아신다고 고백하지 않을 수 없다.

101. 요한계시록

계시록의 일반적 성격

요한의 "계시" 혹은 그보다는 요한을 통한 "예수 그리스도의 계시"(1:1)는 신약성경을 적절하게 마무리짓는다. 신약성경에서 유일한 예언서이지만, 우리 주님께서 예루살렘의 멸망과 세상 종말, 그리고 재림에 관해서 하신 강설들(마 24장)에 터를 둔다. 한쪽으로는 과거의 예언들을 돌아보고, 다른 한쪽으로는 장래를 내다본다. "알파와 오메가"이신 그분 안에서 시작과 종말을 결합시킨다. 대 피라미드 아래서 눈을 부릅뜬 채 끊임없이 경계하고 있는 신비로운 스핑크스들 중 하나를 생각나게 한다. "많은 단어들만큼이나 많은 신비들"이라고 제롬은 말하고, "이 안에 무엇이 들어 있는지 아무도 모른다"고 루터는 덧붙인다. 이 책보다 더 오해되고 남용된 책도 없었다. 이 책보다 더 해석상의 겸손과 자제를 요구하는 책도 없다.

처음과 마지막 장들은 햇빛처럼 밝고 명쾌하며, 평범한 그리스도인들에게 영적 자양과 격려를 제공한다. 그러나 중간에 소개되는 이상(異像)들은 대다수 독자들에게 한밤중처럼 캄캄하지만, 그러면서도 많은 별들과 환한 달이 어둠을 비춘다. 일곱 교회들에 보낸 편지들, 천상의 예루살렘에 관한 묘사, 신비로운 이상들 사이에 군데군데 자리잡고서 검정 융단에 박힌 찬란한 보석들처럼 밝게 빛나는 찬송들과 송영들(4:11; 5:8-14; 7:12-17; 11:15; 14:13; 15:3; 19:1, 2, 6, 7)은 성경 가운데 가장 아름답고 숭고하고 유익하고 영감을 주는 부분이며, 우리가 이해할 수 없는 장들을 성급히 판단하지 못하도록 가로막아 준다. 구약의 예언들은 성취로써 그 위에 빛이 비칠 때에야 비로소 명쾌히 이해되었으나, 그럼에도 불구하고 경고와 위로와 장차 오실 메시야에 대한 소망의 책으로서 대단히 유익한 역할을 하였다. 계시록은 새 하늘과 새 땅이 임할 때에야 비로소 충분히 계시될 것이다.

데베테(De Wette)는 자신의 마지막 저서인 계시록 주석에서 다음과 같이 말한다: "선지자란 본질적으로 영감을 받아 하나님의 뜻을 해석하는 사람으로서, 구약에서는 모세를 통해서, 신약에서는 그리스도를 통해서 이미 계시된 신적 진리에 부합하게 그리고 그 한계 안에서 하나님의 말씀을 사람들에게 선포한다

($\dot{\alpha}\pi o\kappa \dot{\alpha}\lambda \upsilon\psi\iota s$ $\mu\upsilon\sigma\tau\eta\rho\acute{\iota}o\upsilon$, 롬 16:25). 예언은 하나님께서 온 세상을 다스리시
되, 이스라엘과 그리스도의 교회는 모세와 그리스도를 통해 계시된 도덕법에 따
라, 특별히 보응법에 따라 특별한 효과를 가지고 다스리시는 지속적인 섭리를
믿는 믿음에 터를 둔다. 세속의 관점에 따르면, 인간사에서 일어나는 모든 변화
가 인간의 능력과 예지에서도 생기고, 우발적이고 미지의 숙명에서도 생긴다.
그러나 예언의 관점에 따르면, 모든 일은 하나님의 역사를 통해서 영원하고 불
변한 공의의 계획과 조화를 이루어 발생하며, 인간은 하나님의 뜻을 순종하거나
배척함으로써 자신의 운명을 이루어간다."

성경의 예언은 장래를 알고 싶은 자연스런 욕구에 부응하며, 이 욕구는 두려
움과 소망이 공재하는 아주 중대한 시기에 가장 강렬하게 일어난다. 그러나 성
경의 예언은 이교 세계의 신탁(神託, oracle)이나 멀리 내다보는 자들의 추측과
사뭇 다르다. 성경의 예언은 인간의 지혜와 추측이 아닌 계시에 근거한다. 단순
한 개연성이 아닌 확실성을 제시한다. 구체적이지 않고 일반적이다. 호기심을
충족시키지 않고 신앙을 세우고 향상시키는 데 의도가 있다. 선지자들은 단순히
비밀의 계시자들이 아니라, 죄를 책망하고 믿음을 강하게 하고 소망을 북돋우는
회개의 설교자들이요 부흥가들이요 위로자들이다.

신약에서 계시록은 구약에서 다니엘서의 위치를 차지하며, 신약이 구약과 다
르듯이 다니엘서와 다르다. 두 권 다 장래에 이 땅에 세워질 하나님 나라에 관한
하나님의 뜻을 예언적으로 전한 책이다. 두 권 다 전투하는 교회에 관한 책으로
서, 하늘과 땅, 하나님과 인간과 사탄의 권세를 생사를 건 전장에 몰아 넣는다.
두 권은 "기치를 벌인 군대"처럼 행진한다. 뇌성벽력으로 진동하고 보좌에서 발
하는 번개로 번뜩인다. 그러나 다니엘이 장차 올 세계 대국의 후사인 메시야의
초림을 내다보는 데 반해, 요한은 그리스도의 재림과 새 하늘과 새 땅을 내다본
다. 요한은 그 예언들을 한데 모아 살을 풍성히 붙여 미래로 보낸다. 우리 시조
가 타락한 직후에 캄캄한 죄의 밤 속에서 인도하는 소망의 별로서 받은, 뱀의 머
리를 밟을 분에 대한 예언이 최종적으로 성취될 것을 요한은 우리에게 확언한
다. 창조와 구속의 영광을 하늘에서 내려오는 새 예루살렘의 피날레에 뒤섞는
다.

계시록은 문체로 볼 때 다니엘서처럼 산문으로 기록되었지만, 성경의 독특한
예언 시에 속하며, 성경에서 그리스인들의 서사시의 자리를 차지한다. 이 시에

서는 하나님께서 친히 인간의 운명을 다스리시는 주인공이시다. 계시록은 영감
된 예술 작품이므로 이해할 때도 시적인 정신이 필요한데, 이런 정신을 주석가
들과 비평가들에게서 좀처럼 찾아보기 힘들다. 그러나 시적 정신도 냉정한 판단
에 제재를 받아야 하며, 그렇지 않을 경우 그 자체에 다시 주석을 달아야 하는
가상적인 주석으로 빠지기 쉽다. 계시록의 이상(異像)은 성경의 예언 시의 최종
적이고 가장 완전한 형태이다. 계시록은 다니엘, 에스겔, 스가랴와 매우 비슷하
며, 이 구약 선지서들이 없다면 계시록도 이해할 수 없다.

그러나 계시록은 시적 형태와 배열에 관한 한 욥기와도 비교할 수 있다. 두 권
다 보이지 않는 천상의 권력들에 의해 조종되는 지상의 투쟁을 묘사한다. 욥기
에서 그 투쟁은 하나님의 종 개인과 인간의 대중상자요 박해자인 사탄과의 투쟁
으로서, 사탄은 하나님의 허락을 받아 재물 상실, 신체적 고통, 정신적 번뇌, 정
처 없는 의심, 가정의 불화, 거짓되고 매정한 친구들을 이용하여 욥을 멸하려고
한다. 계시록에서는 그리스도와 그의 교회가 반기독교적 세상과 투쟁을 벌인다.
두 권 모두 배경은 천상에서 시작된다. 그리고 전쟁이 승리로 끝난다. 그러나 욥
기에서는 고통을 당한 개인의 장수와 현세적 부가 보상인 반면에, 계시록에서는
새 하늘과 새 땅에서 구속된 인류가 보상이다. 두 권 다 세 부분, 즉 서론과 연속
적인 전투, 그리고 후기로 배열된다. 두 권 다 인간 행위를 주재하는 보이지 않
는 권세는 하나님의 지혜와 자비의 섭리로서, 이것이 그리스 희곡에 등장하는
어둡고 비인격적인 운명의 자리를 차지한다.

계시록과 거짓 유대교 및 기독교 묵시문학 — 「에스드라 4서」(*the Fourth Book
of Esdras*), 「에녹서」(*the Book of Enoch*), 「열두 족장의 언약서」(*the Testaments
of the Twelve Patriarchs*), 「바룩의 묵시록」(*the Apocalypse of Baruch*), 「시빌의
계시」(*the Sibylline Oracles*) — 을 비교하자면 계시록의 울타리를 훨씬 넘어서지
않고는 들어갈 수 없는 광활한 들판이 열린다. 우리가 말할 수 있는 것은 그 관
계가 정경의 복음서들과 외경의 거짓 복음서들, 실제 역사와 우화의 이상향, 하
나님의 진리와 인간의 허구 간의 관계와 동일하다는 것뿐이다.

계시록의 주제는 "내가 진실로 속히 오리라"이며, 교회가 이 말씀을 대하는 올
바른 자세는 그 말씀의 화답("아멘 주 예수여 오시옵소서", 22:20)으로 기록된 대
로 신부가 신랑을 기다리듯 거룩하게 기다리는 것이다. 이 말씀은 그리스도께서
모든 중대사 때마다 오셔서 자기 나라의 궁극적 승리를 위해 만사를 다스리시고

지배하신다는 확신을 주며, 지상에서 교회가 처한 상태가 적대 세력과 끊임없이 투쟁하는 상태이되 교회가 끊임없이 승리를 거두고 마침내 모든 대적에게 철저하고도 최종적인 승리를 거두고 주님과 말할 수 없이 복된 사귐을 누리게 될 것이라는 확신을 준다. 기독교 시(詩)는 계시록의 결론 장들에서 풍부한 영감을 끌어왔으며, 성도들의 천상 본향에서 울려퍼지는 지극히 훌륭한 찬송이 새 예루살렘을 묘사한 요한의 글에 메아리로 울려 퍼진다. 이 책의 전체 분위기는 분발케 하는 것으로서, 무저갱에서 나온 마귀와 짐승들 앞에서 겁내지 않고 소망을 갖게 한다. 복음서들이 믿음에 터를 두고, 사도행전과 서신서들이 그 터에 거룩한 삶을 건축한다면, 계시록은 투쟁하는 그리스도인들과 전투하는 교회에게 소망을 주고, 최후 승리와 안식을 보장한다. 이것이 계시록의 임무였다. 아울러 주께서 작정하신 때에 오실 때까지 임무가 될 것이다.

내용 분석

계시록은 서론, 계시, 후기로 구성된다. 이 배열을 제4복음서와 비교할 수 있는데, 제4복음서도 1:1-18은 서론을, 21장은 후기를, 중간의 장들은 제자들을 불러 모으는 데서부터 부활에 이르는 복음 역사를 다룬다.

I. 서론과 일곱 교회에게 보내는 편지(1-3장). 서론적 언급; 요한이 소아시아 일곱 교회에게 주는 인사와 헌사; 영광 중에 나타나신 그리스도의 이상(異像)과 일곱 교회; 그들에게 그리고 그들을 통해서 다양한 상태에 처해 있는 온 교회에 보내는 일곱 서신.

II. 계시 혹은 장래 교회에 관한 예언적 이상(4:1-22:5). 주로 일곱 이상들로 이루어지고, 이 이상들은 다시 대칭적인 계획에 따라 세분되는데, 이 안에서는 일곱, 셋, 넷, 열둘이라는 숫자가 상징적 의미를 지닌 채 사용된다. 중간중간에 안식과 승리의 장면들이 나온다. 간혹 이상이 처음으로 되돌아가 새로 출발하기도 한다.

(1) 천상을 배경으로 한 서막(4, 5장). (a) 하나님의 보좌의 등장(4장). (b) 봉인된 책을 취하사 여시는 어린양의 등장(5장).

(2) 일곱 인에 관한 이상. 여섯째 인과 일곱째 인 사이에 발생하는 두 가지 일화(6:1~8:1).

(3) 보복을 알리는 일곱 나팔의 이상(8:2~11:19).

(4) 여인(교회)과 그녀의 세 원수의 이상(12:1~13:18). 세 원수는 용(12:3-17)과 바다에서 올라온 짐승(12:18~13:10)과 땅에서 올라온 짐승 혹은 거짓 선지자(13:11-18)이다.

(5) 14장에 기록된 예언들: (a) 시온 산에 선 어린양의 이상(1-5절); (b) 심판을 알리는 세 천사의 이상(6-11절)과 그 뒤에 따르는 일화(12, 13절); (c) 땅의 추수와 수확에 관한 이상(14-20절).

(6) 진노의 일곱 대접에 관한 이상(15:1~16:21).

(7) 최후의 승리에 관한 이상(17:1~22:5): (a) 바벨론의 멸망(17:1~19:10); (b) 사탄의 패배(19:11~20:10)와 천년간의 통치(20:1-6); (c) 보편적 심판(20:11-15); (d) 새 하늘과 새 땅, 천상의 예루살렘의 영광(21:1~22:5).

III. 후기(22:6-21). 하나님의 증명과 경고와 약속.

저자와 정경의 문제

저자 문제는 이미 요한복음과 관련하여 논의한 바 있다. 계시록은 아시아 교회들을 감독하는 지위에 있는 요한의 저작임을 공언한다. 역사는 그런 사람을 오직 한 사람 곧 사도이자 복음서 저자인 요한밖에 알지 못하며, 저자의 많은 친구들과 제자들이 살아 있을 때로 거슬러 올라가는 최초이자 가장 신뢰성 있는 증인들도 계시록을 그의 저작으로 돌린다.

그럼에도 불구하고 계시록은 난해함 때문에 일곱 권의 안티레고메나 중에서도 가장 논란이 된다. 이 내적인 어려움 때문에 "장로 요한"을 저자로 보는 가설이 등장했는데, 그는 존재 여부가 의심스러우며(파피아스의 다소 모호한 글에 근거한다), 요한이라는 거장이 살아 있을 동안에 아시아 교회들을 감독하는 경쟁적 지위에 있었을 가능성은 전무하다. 계시록은 알렉산드리아 교부들의 유심론(spiritualism), 종교개혁자들(적어도 루터와 츠빙글리)의 사실주의(realism), 그리고 적지 않은 현대의 유력한 신학자들에게 거침돌이었다. 그럼에도 불구하고 거듭해서 경건한 학자들의 강렬한 호기심을 끌었고, 가장 끈기있는 연구의 대상이 되었다. 반면에 모든 시대의 겸손한 그리스도인들은 계시록의 영웅적인 어조와 천상의 예루살렘을 향한 순례가 장엄하게 끝나는 것에 기쁨을 얻는다. 많은 이들에게 비사도적이고 비정경적인 저작으로 배척을 당하고, 장로 요한이라는 신화적 인물의 저작으로 간주되었던 계시록은 오늘날은 가장 신랄한 비평학에 의해서 틀림없는 사도 요한이라는 역사적 인물의 저작으로 간주된다.

만약 그렇다면 이런 이유만으로도 우리는 계시록을 깊이 존경할 만하다. 우리 주님이자 구주인 분의 품에 기대었던 친구보다 과거의 역사가요 미래의 선견자에 더 적합한 사람이 어디 있었겠는가? 정통 신학계뿐 아니라 합리주의 신학계에서도 유능한 학자들은 철저하고 끈기있는 조사를 통해서 계시록의 시적 아름다움과 장엄함, 계획과 실천에 나타나는 완숙한 기교를 발견 혹은 충분히 확인했다. 그들은 물론 이 책의 모든 신비들을 말끔히 밝혀낼 수는 없었지만, 이 책이 신약의 정경에 포함된 이래로 지녀온 지위에 대한 주장을 약화시키지 않고 강화했다.

물론 계시록의 사도적 기원을 확신있게 옹호하는 회의적 비평가들은 이 사실 자체를 강력한 무기로 삼아 제4복음서의 사도적 기원을 비판하는 게 사실이다. 그러나 그들이 주장한 언어와 정신의 차이점들은 결코 양립할 수 없는 것들이 아니며, 신학과 기독론, 심지어 두 권의 문체상의 더 강력한 유사점들로 상쇄된다. 요한의 인격을 올바로 평가하면 그가 단지 두 권을 쓸 역량을 갖고 있었을 뿐 아니라 매우 적임자였다는 것을 볼 수 있다. 특히 중간에 오는 이삼십 년의 간격을 고려한다면 주제의 차이(한 권은 앞을 내다보는 예언, 다른 한 권은 뒤를 돌아보는 역사)와, 정신 상태의 차이(한 권은 황홀경 속에서⟨ἐν πνεύματι⟩ 이상에서 이상을 따라다니면서 성령께서 지시하는 것을 기록하고, 다른 한 권은 충분하고 명쾌한 자의식을 가지고⟨ἐν νοΐ⟩ 과거의 기억들을 조용히 수집한다)를 이해할 수 있다.

저술 시기

전통적인 저술 시기인 도미티아누스 재위 말기(95년 혹은 96년)는 이레나이우스의 뚜렷하고 비중있는 증언에 근거하며, 에우세비우스와 제롬에 의해 확증되며, 여전히 학자들 사이에 옹호자들을 두고 있지만, 내적 증거는 네로의 죽음(68년 6월 9일)과 예루살렘 멸망(70년 8월 10일) 사이라는 이른 연대에 매우 가깝다. 이 점은 계시록의 불같은 열정과 극히 연로한 시기에 집필한 제4복음서의 차분한 평정 간의 차이를 좀 더 쉽게 설명할 수 있게 해준다. 계시록은 공관복음서들로부터 제4복음서로 이어지는 자연스러운 이행을 형성한다. 일곱 교회들의 상황은 바울이 에베소서를 썼던 몇년 전의 상태와 사뭇 달랐다. 그러나 사도 시대에 시작된 움직임은 매우 신속하게 진행되었다. 그런 변화가 있기 위해서는 6-7년의 세월이 흘렀을 것이다. 히브리서도 63년이나 64년에 그 독자들 사이에 비슷한 영적 쇠퇴가 있었음을 암시한다. 이런 세속성과 무관심에 대한 반발로 신앙 대부흥이 속히 일어날 가능성이 매우 농후한 상태에 있었다.

계시록의 저작 시기를 이르게 보는 주장들은 다음과 같다:

1. 예루살렘이 아직 서 있었고, 예언자가 성전과 제단을 척량하라는 지시를 받지만(11:1), 멸망은 임박한 것으로 예고된다. 이방인들이 "거룩한 성을 마흔두 달 동안 짓밟으리라"고 하며(11:2. 비교. 눅 21:24), "저희 시체가 큰 성길에 있으리니 그 성은 영적으로 하면 소돔이라고도 하고 애굽이라고도 하니 곧 저희 주께서 십자가에 못 박히신 곳이니라"(8절)고 한다. 열두 지파의 존재도 7:4-8에 전제되어 있는 듯하다. 전통적 연대 옹호자들은 이런 단락들을 상징적인 의미로 이해한다. 그러나 십자가에 대한 언급은 역사적 예루살렘을 생각하지 않을 수 없게 한다.

2. 계시록은 제5대 로마 황제 곧 네로가 죽은 지 그리 오래지 않아서, 즉 그 황제가 상하여 죽게 되었을 때 기록되었다(참조. 13:3, 12, 14). 이것이 17:10에 대한 자연스러운 해석이다. 거기서 자줏빛 옷을 입은 짐승 곧 이교 로마의 일곱 머리는 "일곱 왕이라. 다섯은 망하였고 하나는 있고 다른 하나는 아직 이르지 아니하였으나 이르면 반드시 잠시 동안 머무르리라." 처음 다섯 황제는 아우구스투스, 티베리우스, 칼리굴라, 클라우디우스, 네로로서, 이들과 함께 율리우스가(家)는 불명예스럽게 망했다. 다음 황제 갈바(Galba)는 단순한 권력 찬탈자(73살의 노인)로서, 68년 6월부터 69년 1월까지 극히 짧은 기간을 다스리다가 다른 두 명의 찬탈자 오토(Otho)와 비텔리우스(Vitellius)에게 자리를 내주었고, 마침내 70년 베스파시아누스(Vespasian)가 2년간의 공백기간을 마감하고 제국을 회복한 뒤 자기 아들 티투스(Titus)에게 유대인 정벌과 예루살렘 파괴 작업을 완수케 했다. 그러므로 세 찬탈자를 계산에 넣지 않을 경우 베스파시아누스는 여섯번째 머리로 간주할 수 있다. 이렇게 볼 때 계시록 저술 시기는 70년 봄(아마 부활절)에 해당할는지 모른다. 이것은 짐승의 죽게 된 상처가 이미 치유된 것으로 언급하는 13:3, 12, 14로 확증된다. 그러나 찬탈자들을 계산에 넣는다면 갈바가 여섯번째 왕이고, 계시록은 68년에 씌어진 셈이다. 어느 경우든 율리우스 카이사르는 황제 명단에서 배제되어야 한다(요세푸스와 대조적으로).

어떤 비평가들은 일곱 번째 머리를 네로로 보며, 요한이 어이없게도 네로가 적그리스도로서 돌아올 것을 예상했다고 주장한다. 그들은 17:11을 이런 식으로 이해한다: "전에 있다가 지금 없어진 짐승은 여덟째 왕이니 일곱 중에 속한 자라. 그가 멸망으로 들어가리라." 그러나 요한은 짐승들의 머리를 뚜렷하게 구분하는데, 네로가 그 중 하나였고, 짐승 자체는 로마 제국이다. 필자는 요한이 네로가 소생할 것이라는 이교도의 망상을 가질 수 있었다는 것이 불가능한 일이라고 생각한다. 그렇지 않다면 요한은 영감을 받은 선지자로서의 모든 신용을 잃게 되는 셈이다. 그는 네로를 적그리스도의 적합한 예표이자 선구자로 간주했겠지만, 옛 바벨론이 이교 로마의 예표였다는 상징적 의미에서만 그렇게 했을 것이다.

3. 이른 저술 시기는 계시록의 성격과 목적에 가장 잘 부합하며, 그 역사적 이해를 쉽게 만든다. 그리스도께서는 종말론 강설 중에 예루살렘 멸망과 그 전에 있을 대환난을 신정 역사의 큰 위기이자 세계 종말의 예표로 지적하셨다. 그보다 더 놀라운 사회 상황이 없었다. 프랑스 대혁명의 공포도 한 나라에 국한되었지만, 예루살렘 멸망 앞에 온 6년간의 환난은 로마 제국 전체로 확대되었고, 전쟁과 반란, 잦은 대화재와 지진과 가뭄과 전염병, 그리고 알려지지 않은 온갖 재난과 참화를 포괄했다. 실로 세상의 중심이 흔들려 종말로 다가가고 있는 듯했고, 그리스도인이면 누구나 그리스도의 예언들이 목전에서 성취되고 있는 것을 느꼈을 것이다.

바로 이러한 인류 역사의 독특한 순간에 사도 요한은 로마의 대화재와 네로의 박해가 이루어낸 지옥의 광경을 뒤로 하고, 유대인 전쟁과 로마의 통치 공백을 곁에 두고, 예루살렘과 유대인 신정정치의 재앙을 목전에 둔 상태에서 기독교 교회의 임박한 투쟁과 최후 승리를 알리는 그 놀라운 이상들을 받았다. 그의 계시록은 실로 당대와 장차 올 시대에 관한 책이었고, 박해받는 형제들에게 유일하고 충분한 위로를 주었다: 마라나타! 마라나타!

해석

영어권 저자들이 예언의 성취에 따른 세 가지 체계로 축소시킨 서로 다른 예언들은 과거와 현재와 미래로 발견된다.

1. 과거주의(the Preterist system)는 계시록을 예루살렘 멸망과 이교 로마에 적

용한다. 이런 주장을 하는 학자들은 로마 가톨릭권에서는 알카사르(Alcasar, 1614), 보쉬에(Bossuet, 1690)가 있고, 개신교권에서는 휴고 그로티우스(Hugo Grotius, 1644), 하몬드(Hammond, 1653), 클레리쿠스(Clericus, 1698), 베트슈타인(Wetstein, 1752), 아바우지트(Abauzit), 헤르더(Herder), 아이히호른(Eichhorn), 에발트(Ewald), 뤼케(Lücke), 블리크(Bleek), 데베테(DeWette), 로이스(Reuss), 르낭(Renan), 모리스(F. D. Maurice), 사무엘 데이비드슨(Samuel Davidson), 모세스 스튜어트(Moses Stuart), 카울스(Cowles), 데이프레이(Desprez) 등이 있다. 더러는 계시록을 주로 유대 신정 정치의 붕괴로 언급하고, 더러는 주로 로마 제국과의 투쟁으로 언급하며, 더러는 둘 다로 언급한다.

그러나 그 책에 기록된 실제 예언과 항구적 진리를 실제로 인정하는 과거주의자들과, 그 책을 환상가의 꿈으로 여기는 합리주의적 과거주의자들 간에는 현저한 차이가 있다. 후자는 그 환상가의 꿈이 실제 사건들에 의해 빗나가고 말았다고 보는데, 이를테면 예루살렘은 성도들의 도성이 되기는커녕 폐허더미로 남은 반면, 로마는 이교가 타파된 뒤 라틴 기독교 세계의 수도가 된 점을 지적한다. 이 견해는 예루살렘을 문자적으로 곡해한 데에 터를 둔다.

2. 지속(또는 역사)주의: 계시록은 교회사에 대한 예언적 개관으로서 최후의 절정까지 모든 기독교 세기들을 포괄한다. 과거와 현재와 미래의 일들을 말하며, 예언들 중 더러는 성취되었고, 더러는 성취되고 있으며, 더러는 알지 못하는 미래에 성취될 것을 기다리고 있다. 대다수 정통 개신교 주석가들과 논쟁가들이 이 견해를 취하는데, 이들은 짐승과 비밀스런 바벨론, 성도의 피에 취한 음녀들의 어미를 오로지 혹은 주로 로마 교회에 적용한다. 그러나 이들은 연대기와 세부 내용의 적용에서 서로간에 의견이 크게 엇갈린다. 루터(Luther), 불링거(Bullinger), 콜라도(Collado), 파레우스(Pareus), 브라이트먼(Brightman), 미드(Mede), 로버트 플레밍(Robert Fleming), 휘스턴(Whiston), 비트링거(Vitringa), 벵겔(Bengel), 아이작 뉴턴(Issac Newton), 비숍 뉴턴(Bishop Newton), 파베르(Faber), 우드하우스(Woodhouse), 엘리엇(Elliott), 벅스(Birks), 가우젠(Gaussen), 오벌린(Auberlen), 헹스텐베르크(Hengstenberg), 앨퍼드(Alford), 워즈워스(Wordswoth), 리(Lee).

3. 미래주의: 4장부터 끝까지 이어지는 계시록의 사건들은 그리스도의 재림 이후를 배경으로 한다. 이 구도는 대개 이스라엘, 성전, 숫자(세 때 반, 마흔두

달, 일천 이백 육십 일, 삼일 반)를 문자적으로 해석한다. 이렇게 해석하는 학자들은 다음과 같다: 리베라(Ribera, 예수회, 1592), 라쿤자(Lacunza, 예수회. 그는 벤에즈라〈Ben-Ezra〉라는 이름으로 「영광과 엄위로 이루어질 메시야의 도래에 관하여」를 썼고, 전천년왕국의 도래, 고대 시온의 문자적 회복, 로마 교회 성직자들이 적그리스도 진영으로 넘어갈 장래의 배교를 가르쳤다), 메이틀랜드(S. R. Maitland), 드 버거(De Burgh), 토드(Todd), 아이작 윌리엄스(Isaac Williams), 켈리(W. Kelly).

역사적 해석가들은 그 밖에도 20장에 예언된 천년을 과거나 미래로 간주하는 데 따라 후천년주의자들(Post-Millennarians)과 전천년주의자들(Pre-Millennarians)로도 구분된다. 아우구스티누스는 천년을 계시록 때부터 혹은 기독교 시대의 초창기부터 계산하는 근본적인 오류를 범했으며(선지자가 그 사건을 계시록 거의 끝부분에서 언급했는데도), 그럼에도 그의 견해는 큰 영향력을 발휘하여서 기독교 교회가 첫 천년을 맞이할 무렵에 세계 종말에 대한 기대가 확산되었었다. 후천년설 해석가들 중에서도 다른 이들은 천년을 콘스탄티누스 대제의 즉위로 기독교가 로마에서 이교를 누르고 승리한 때(311년)부터 계산하고, 또 다른 이들(이를테면, 헹스텐베르크)은 게르만 민족들이 회심할 때 혹은 샤를마뉴(Charlemagne) 시대부터 계산한다. 이런 계산들은 다 사건들로써 논박된다. 계시록의 천년은 미래에 두어야 하며, 여전히 소망의 사항이다.

계시록을 다른 책과 마찬가지로 문법적이고 역사적으로 해석하는 것이 적법한 영적 실천적 적용을 위한 유일하게 안전한 토대이다. 최근의 많은 박학한 주석가들이 이런 방향으로 계시록을 해석했다. 계시록은 저자의 견지에서 그의 주변 여건들을 고려하여 설명해야 한다. 그는 자기 시대에 서서 곧 일어날 자기 시대의 일들을 썼고(1:1, 3; 22:20), 자기 시대 사람들이 읽고 이해하기를 바랐다(1:3). 그렇지 않다면 그의 글은 허공을 쳤을 것이고, 말미의 엄숙한 경고(22:18, 19)도 무슨 뜻인지 분명하지 않게 될 것이다. 몇 가지 점에서는 그 시대 독자들이 우리보다 계시록을 더 잘 이해할 수 있었을 것이다. 그들은 격심한 박해를 함께 겪은 자들이요 계시록에 묘사된 두려운 심판들을 목격한 자들이기 때문이다. 저자는 그 시대에 기독교의 두 큰 원수인 예루살렘과 이교 로마의 전복을 염두에 두었음에 틀림없다. 그 큰 투쟁을 무시하고 넘어갈 수 없었을 것이다.

그러나 그의 이상은 이런 중대한 사건들에 국한되지 않았다. 그것은 사망과 음부가 더 이상 존재하지 않고, 새 하늘과 새 땅이 도래할 가장 먼 미래에까지 확대된다. 그리고 그는 성취가 임박한 것처럼 예언하긴 하지만, 천년과 그 사이에 잠시 있을 투쟁을 사탄과 짐승과 거짓 선지자가 최종적으로 무너지기 이전의 시점에 둔다. 구약의 예언과 우리 주님의 종말론 강설들에는 계시록을 이해하는 데 열쇠가 되는 유추거리가 있다. 저자는 예루살렘 멸망과 보편 심판을 마치 하나의 지속적인 사건인 것처럼 목전에 임박한 것으로 묘사한다. 처음부터 종말을 바라본다. 첫째 재앙을 마지막 재앙에서 빌려온 색채로 채색하며, 마지막 재앙도 첫째 재앙을 광범위하고 보편적인 스케일로 반복한 것으로 나타난다. 먼 장래의 사건들을 파노라마를 보듯이 매우 임박한 것으로 보는 것이 예언적 시각의 방식이다. 하나님께는 천년이 하루와 같다. 더욱이 참된 예언은 확대 성취를 용인하는 법이다. 역사는 동일한 방식으로 반복하지는 않지만 항상 자체를 반복한다. 해 아래는 옛 것이 없으며, 다른 의미에서 해 아래는 새 것이 없다.

계시록의 세부 내용을 역사적으로 해석할 때는 인위적이고 상상적인 방식과 수학적 계산을 경계해야 한다. 이런 방식은 게으른 호기심을 만족시키고 책의 품위를 떨어뜨리고, 건실한 정신에 불신을 일으킨다. 계시록은 특정 인물, 연대, 사건에 대한 예고라는 뜻에서의 교회사와 연대기의 예언 지침서가 아니다. 이 책은 초대 독자들이 없었다면 기록되지도 않았을 것이고, 오늘날도 허다한 그리스도인들이 없다면 별 의미가 없을 것이다. 이 책은 상징적 숫자들을 사용하여 신자들을 신앙으로 세우기 위해서 신적 통치의 일반 원칙들과 항상 변하는 형태로 지속되고 있는 그리스도의 왕국과 대적들 간의 투쟁을 이끌어가는 주된 세력들을 제시한다. 이 책은 이런 방식으로 복음서들과 서신서들의 모든 예언적 언급들처럼 모든 시대를 향한 경고와 격려의 교훈들을 가르친다. 우리는 그리스도의 영적 도래와 그분의 직접적 도래 곧 파루시아(parousia)를 구분해야 한다. 전자는 점진적이고, 후자는 즉각적이다. 그분의 도래는 그분이 하늘로 오르신 때부터 시작했고(참조. 마 26:64: "이후에 인자가 권능의 우편에 앉은 것과 하늘 구름을 타고 오는 것을 너희가 보리라"), 심판과 복락들의 끊임없는 연속으로 진행된다("세계 역사란 세계 심판"이기 때문이다). 그렇기 때문에 활동과 휴식, 공포의 정경과 기쁨의 정경, 전투와 승리가 반복된다. 신랑이 오실 일은 여전히 미지의 미래의 일로서 교회의 자발적인 활동에 의해 가속될 수도 지연될 수도 있지만, 그 확실성은 그리스도의 초림과 다름없다. 교회의 소망은 꺾이지 않을 것이다. 그 소망은 "아멘이시요 충성되고 참된 증인"이신 그분의 약속에 터를 두고 있기 때문이다(3:14).

특주

666이란 숫자

계시록에 대한 역사적 이해는 그 자체 진술에 따르자면 주로 13장에 나오는 숫자 수수께끼를 푸는 데 달려 있다. 이 숫자는 2세기의 이레나이우스 때부터 오늘날까지 주석가들의 기지를 시험해 왔고, 지금도 여전히 쟁점으로 남아 있다. 그것의 해결을 시도해온 역사가 곧 계시록 전체의 해석사이다. 여기서는 가장 중요한 견해들을 정리한다. 우선 몇 가지 예비적인 사항들을 살펴본다.

1. 본문, 요한계시록 13:18: "지혜가 여기 있으니 총명 있는 자는 그 짐승의 수를 세어 보라. 그 수는 사람의 수니 그의 수는 육백 육십 육이니라."

이것이 헬라어 본문에 실린 정확한 표기이며(ℵ, A, B (2), P (2), 오리게네스, 프리마시우스 등의 사본들과 여러 역본들에 의해 지지를 받는다. 이레나이우스(*Adv. Hoer.* v. 30)는 그것이 "가장 인정을 받는 모든 고대 사본들에" 들어 있는 것과, "요한을 직접 대면했던 사람들에 의해 입증되는 것"을 발견했다. 그러나 당시에는 이레나이우스도 알고 있었으나 인정하지 않은 아주 현저한 변형 곧 616이 C 사본과 '몇몇' 사본들에 들어 있었다. RSV에는 난하주에 이 표기가 언급되어 있다.

2. "사람의 수"는 개인의 수나 집단의 수 혹은 인간의 수(Menschenzahl), 즉 보통 사람의 계산에 따른 수(Bleek의 주장. 그는 이것을 21:17과 사 8:1의 "사람의 척량"과 비교한다)일 가능성이 있다. 그 수는 통상적인 방법으로 헤아릴 수 있기 때문에, 저자는 독자가 그 의미를 파악할 것을 기대할 수 있었다. 그는 실로 풀기 어렵게 만들었지만 전혀 풀 수 없게 만들지는 않았다. Lee 박사(p. 687)는 그것이 영감설 곧 요한 자신도 그 수의 의미를 몰랐다는 설과 불일치하지 않는다고 간주한다. 하지만 자기도 모르면서 어떻게 자기보다 더 모르는 독자들에게 그 수를 세어 보라고 할 수 있었겠는가?

3. 신비주의적 숫자 사용법(랍비들의 Ghematria)은 바벨론의 유대인들에게 친

숙했고, 그들로부터 아시아의 헬라인들에게 전해졌다. 그것은 카발라(the Cabbala), 시빌의 서(the Sibylline Books, I. 324-331), 바나바 서신에 나오며, 영지주의 분파들 사이에서도 매우 흔히 쓰였다(예. '낳음을 입지 않은 아버지'를 뜻하는 Abrasax 혹은 Abraxas와, 일년의 날수에 따른 삼백 육십 오 개의 하늘들; α=1, β=2, ρ=100, α=1, ξ=60, α=1, ς=200; 모두 합하면 365. 'Abraxas-gems'라고 하는 방대한 수가 부조된 돌이 현존한다. Abraxas의 기원은 대개 바실리데스나 그의 추종자들에게로 돌려진다). 이런 신비주의적 숫자는 히브리어와 헬라어 알파벳을 숫자를 가리키는데 사용한 데서 생겼다. 히브리어 알렙은 1, 베트는 2, 요드는 10을 가리켰지만, 카프(열한 번째 문자)는 20, 레쉬(열두 번째 문자)는 200을 가리키는 등의 방식이었다. 헬라어 문자들은 애큐트 액센트(예, aj bΔ)가 덧붙을 경우 시그마까지는 동일한 수값(200)을 갖는다. 히브리어 알파벳은 타우(=400)로 끝나고, 헬라어는 오메가(=800)로 끝난다. 천 이상의 수를 표기할 때는 문자 밑에 액센트를 표기한다(예. α=1,000; β=2,000; ι=10,000).

4. 계시록의 그 난제에 대한 대다수 해석은 이 사실에 기초를 둔다. Bleek, DeWette, Wieseler와 그외 학자들은 666이란 수를 헬라어 알파벳을 토대로 해독해야 한다고 주장하면서, 그 이유로 계시록은 헬라어로 헬라인 독자들을 위해 기록되었고, 처음이요 나중이신 그리스도를 가리키기 위해 헬라어 알파와 오메가를 거듭 사용하는 점을 제시한다(1:8; 21:6; 22:13). 반면에 Ewald와 Renan, 그리고 네로설을 지지하는 모든 사람들은 이 주장에 반대하여 계시록의 강한 히브리적 정신과 색채, 그리고 유대 그리스도인들이 히브리어 알파벳을 잘 알고 있었던 점에 호소한다. 더욱이 저자는 부분적인 은폐를 목적으로 이 방법을 선호했을 가능성이 있다. 로마 대신 바벨론이란 용어를 썼듯이 말이다(비교. 벧전 5:13). 그러나 어쨌든 앞의 견해가 더 자연스럽다. 요한은 히브리어를 모르던 이방인 개종자들이 주류를 이루던 소아시아 교회들에게 이 글을 썼다. 팔레스타인의 그리스도인들에게 썼다면 그 상황은 달라졌을 것이다.

5. 계시록 전체를 통해 흐르는 숫자 상징을 감안한다면 666이란 수는 그 자체가 중요한 수임에 틀림없다. 예수라는 이름의 수값이 888로서, 짐승의 수뿐 아니라 거룩한 수 세 개(777)도 뛰어넘는다는 점은 주목할 만하다(I=10 + η=8 + σ=200 + ο=70 + υ=400 + σ=200; 합계 ἰησουσ=888).

6. 바다에서 올라와 일곱 개의 머리와 열 개의 뿔을 지닌 '짐승'(13:1-10)은 그리스도의 교회와 전쟁을 벌이는 반 기독교적 세계 권력이다. 그것은 다니엘서에서

처럼 이교 국가의 야수적 성격을 적절히 표현한 이미지이다. 그것은 교회와 투쟁할 때 세속적 혹은 정치적 적그리스도이다. 반면에 기사를 행하고 짐승 숭배자들을 미혹하는 '거짓 선지자들'(16:13; 19:20; 20:10)은 전자와 밀접한 동맹을 이루는 지적·영적 적그리스도요 그의 대제사장이자 종교 지도자로서, 세속적 제국주의를 부추기고 지지하는 사교를 대표한다. 좀 더 넓게 적용하자면, 거짓 선지자는 세상을 곁길로 인도하는 모든 거짓 교리와 이설의 구현으로 받아들일 수 있다. "많은 적그리스도"가 있듯이 많은 거짓 선지자들이 있기 때문이다. 그러나 '적그리스도'라는 이름은 계시록에는 나오지 않고 요한의 서신들에서만 나오며(5번), 거기서도 예수 그리스도가 육체로 오신 사실을 부인하는 '거짓 선지자들' 혹은 이단 교사들이란 의미의 복수형으로 쓰인다(요일 4:1-3). 바울은 적그리스도를 "불법의 사람" 곧 "범사에 일컫는 하나님이나 숭배함을 받는 자 위에 뛰어나 자존하여 하나님 성전에 앉아 자기를 보며 하나님이라" 하는 "멸망의 아들"이라고 지칭한다(살후 2:3, 4). 그러나 그는 로마 제국을 당시에 이미 활동하고 있던 "불법의 비밀"이 본격적으로 터져나오는 것을 적어도 한동안 막는 힘으로 간주한 듯하다(6-8절). 따라서 그는 네로의 즉위 한두 해 전에, 그리고 계시록 저작 약 16년 전에 그 서신을 쓴 셈이다.

그 짐승은 이교 로마를, 일곱 머리는 일곱 황제를 가리키는 것이 틀림없다. 이 것은 17:9에 여인이 앉은 일곱 산 곧 일곱 언덕의 도시가 인유된 점에서 볼 때 분명하다. 그러나 적지 않은 주석가들은 그 의미를 더 광범위하게 받아들여, 머리들을 세계의 여러 군주들 — 다니엘 시대의 군주들을 포함하고 종말 때까지로 확대되는 — 로 이해한다. Auberlen, Gaussen, Hengstenberg, Von Hofmann, Godet, 그리고 여러 영국 신학자들이 이 견해를 취한다.

7. 짐승의 신비로운 수에 대한 허다한 해석들은 다음 세 부류로 압축할 수 있다:

(a) 666이란 수는 그리스도와 그분의 교회에 맞서 투쟁하는 역사적 권력 혹은 개인의 이름을 구성하는 문자들을 상징한다. 여기에는 다음과 같은 설명들이 속한다: 라티누스(Latinus), 카이사르-아우구스투스(Caesar-Augustus), 네로(Nero), 그리고 디오클레티아누스(Diocletian)까지 내려오는 그외의 로마 황제들. 그러나 심지어 배교자 율리아누스(Julian the Apostate), 게네세릭(Geneseric), 마호메트, 루터, 요아네스 칼비누스(Joannes Calvinus), 베자 안티테오스(Beza Antitheos), 루이 14세(Louis XIV), 나폴레옹 3세(Napoleon III)도 이상하게 배열하면 여섯 개의 6을 이루는 것이 발견되었다.

(b) 그 수는 연대기적인 것으로서, 그것이 이교든 이슬람교든 천주교든 짐승이 살아 있는 기간을 가리킨다.

(c) 그 수는 적그리스도와 적그리스도의 세력의 상징이다.

이제는 주요 해석들을 살펴보자.

라티누스 혹은 로마 제국

라테이노스(라티누스), 즉 라틴 혹은 로마 제국. 666을 헬라어 수값으로 표시하면 이와 같다: λ=30 + α=1 + τ=300 + ε=5 + ι=10 + ν=50 + ο=70 + σ=200 = 합계 666. 헬라어 형태 Λατεῖνος는 유효한 반론이 되지 못한다. ει는 다음 경우처럼 종종 라틴어의 장음 i에 해당하기 때문이다. J. E. Clarke는 '라틴 제국'도 666이란 수를 이룬다는 것을 입증한다.

이 해석은 우리가 알고 있는 것 가운데 가장 오래된 해석으로서, 교부들 가운데 최초로 이 문제를 조사한 이레나이우스가 이미 언급한 것이다. 그는, 요한의 가까운 친구로서 주께 사랑받은 그 제자의 학교로부터 전승들을 직접 배운 증인으로 특별히 주목할 가치가 있는 서머나의 감독 폴리카르푸스(d. 155)의 제자였다. 그는 세 가지 해석을 언급하는데, 모두 헬라어 알파벳에 터를 둔 것으로, Εὐανδας(별로 중요하지 않음), Λατεινος(그가 가능하다고 여김), Τειταν, 즉 티투스(그가 대체로 선호함)이다. 그러나 그는 적극적인 결론을 삼가는데, 이는 성경이 짐승 혹은 적그리스도의 이름을 명확히 밝히지 않기 때문이다.

라티누스(Latinus)라는 해석이 셋 중에서 유일하게 사리에 맞는 해석으로서, 다음과 같은 사람들이 채택했다: Hippolytus, Bellarmin, Eichhorn, Bleek, DeWette, Ebrard, Düsterdieck, Alford, Wordsworth, Lee 등.

라티누스는 라틴 제국 왕의 이름이지만, 로마 황제들 중에는 그런 이름이 없다. 따라서 여기서는 총칭적인 의미로 받아들여 이교 로마 제국 전체에 적용해야 한다.

로마 가톨릭 학자들은 여기서 멈춘다. 만약 그들이 더 나간다면 교황청과 대립했던 중세 독일(이른바 '신성 로마') 제국, 나폴레옹의 제국주의, 러시아의 차르주의, 근대 독일 제국(반 교황적인 문화 투쟁<비스마르크가 교황청과 벌였던 투쟁>), 사실상 로마 성직위계제도의 이익에 반대하고 "카놋사로 가려고 하지 않는" 모든 세속 권력에서 반 기독교적 짐승을 발견하게 될 것이다. 그러나 많은 프로테스탄트 주석가들은 그 이름을 부차적인 의미에서 라틴 교회 혹은 로마 교회에 적용한다. 13:11-17에 땅에서 올라오고 새끼양같이 두 뿔이 있고 용처럼 말하고 첫째 짐승 앞에서 그의 모든 권세를 행하는 것으로 묘사된 둘째 짐승이 교황청을 가리 킨다고 본다. 거짓 선지자에 대해서도 비슷한 적용을 가한다. Luther, Vitringa, Bengel, Auberlen, Hengstenberg, Ebrard, 그리고 그 밖의 많은 영국 신학자들이 이런 주장을 한다.

수석 사제 Alford는 자신의 주석에서 이러한 이중 적용을 옹호한다: "이 이름은 과거의 이교 로마 제국의 군주들이 공통으로 지녔던 성격을 묘사한다 — 'Latini sunt qui nunc regnant' (Iren.). 그리고 이레나이우스가 간파할 수 없었던 것으로 서, 그 이름은 그 거짓 선지자 곧 사제직에 의해 되살아나고 유지된 후대의 교황 청 로마 제국의 성격도 포괄한다. 라틴 제국, 라틴 교회, 라틴 기독교는 어느 시대 나 공통된 명칭을 지녀왔다. 그 언어는 사회에서든 교회에서든 언제나 라틴어였 고, 그 예배식은 공예배를 위한 가장 분명한 조건을 무시하고 전 세계에 걸쳐 늘 라틴어로 집례되었다. 고금을 통틀어 이 언어만큼 한 단어로 두 짐승의 옛 특성과 현대의 특성을 잘 결합시키는 것이 없다. 사도 요한이 염두에 둔 것은 두말할 나 위 없이 이 단어였기 때문에, 나는 다른 어떤 것도 그만큼 완벽한 해결책에 근접 할 수 없다고 강하게 확신한다." 주교 워즈워스(Wordsworth)도 짐승을 똑같이 반 교황적 성격으로 해석하며, 온갖 종교적인 무리한 공상에 빠져든다. 참조. 그 의 주석(13:18에 대한)과 계시록에 대한 그의 저서.

네로

계시록은 네로의 박해에 대한 기독교의 대응이며, 네로는 적그리스도로 돌아올 무저갱의 짐승으로 묘사된다. 666이란 수는 다음과 같은 수값을 갖는 히브리 문자 네론 카이사르로써 황제의 탈을 쓴 이 괴물의 이름을 상징한다: 즉, נ(n)=50, ר(r)=200, ו(o)=6, נ(n)=50, ק(k)=100, ס(s)=60, ר(r)=200, 모두 합하면 666. 아시 아에서 발행된 네로의 주화에는 Νερων Καισαρ라는 글귀가 새겨져 있다. 그러 나 카이사르에서 '이 빠진 것(그 글자를 넣게 되면 666에 10을 더해야 한다)에 대 해서 Ewald(*Johanneische Schriften*, II. 263)는 그것이 빠져 있는 시리아어 단어 를 가지고 설명하며, 이 견해는 3세기의 Palmyra의 비명(碑銘)들의 증거로 확증 된다; 참조. Renan(*L'Antechrist*, p. 415).

그러므로 그 우연의 일치는 인정하지 않을 수 없고, 어쨌든 대단히 주목할 만한 것이다. 왜냐하면 네로는 기독교를 박해한 모든 황제들 중에서 최초이자 가장 극악한 사람으로서 무저갱에서 올라올 짐승으로, 그리고 적그리스도의 예표와 선구자로 묘사할 가치가 충분하기 때문이다.

더욱이 이 해석은 한 사람 곧 특정인의 수를 제시하는 이점이 있고(라테이노스의 경우와 달리), 616이라는 다른 표기에 대해서도 만족스러운 설명이 된다. 왜냐하면 이 수는 Nero Caesar라는 라틴어 형태에 정확히 상응하는데, 아마 그 수값을 계산한 라틴어 필사자가 Neron에서 마지막에 붙은 n(=50)을 빼고 표기했을 것이기 때문이다(666에서 50을 빼면 616).

이 설명에 따르면 로마 황제들의 목록(율리우스 카이사르를 빼면)은 다음과 같다: 아우구스투스, 티베리우스, 칼리굴라, 클라우디우스, 네로, 갈바. 이 목록에서 네로(68년 6월 9일에 죽음)는 다섯 번째이고 갈바는 여섯 번째인데, 이것은 17:10과 정확히 부합하는 듯하다: "다섯[짐승의 일곱 머리 중]은 망하였고 하나[갈바]는 있고 다른 이[일곱번째 황제]는 아직 이르지 아니하였으나 이르면 반드시 잠깐 동안 계속하리라." 이것은 계시록이 갈바의 짧은 재위 기간에, 즉 68년 6월 9일부터 69년 1월 15일 사이에 집필되었다는 결론으로 이어진다. 더 나아가 11절("전에 있었다가 지금 없어진 짐승은 여덟째 왕이니 일곱 중에 속한 자라. 저가 멸망으로 들어가리라")을 근거하여 추론할 때 선견자의 견해와 민간에 퍼진 소문은 일곱 황제 중 하나인 네로가 적그리스도의 성격을 띠고 여덟째 황제로 돌아왔다가 곧 멸망한다는 것이었음을 짐작하게 된다.

이 그럴듯한 설명은 1831년부터 1837년 사이에 여러 독일 학자들에 의해 거의 동시에 그러면서도 독자적으로 제시되었다. C. F. A. Fritzsche, F. Benary, F. Hitzig, E. Reuss, Ewald가 각각 독창적인 견해임을 전제로 제시했고, Baur, Zeller, Hilgenfeld, Volkmar, Hausrath, Krenkel, Gebhardt, Renan, Aubé, Réville, Sabatier, Sam. Davidson이 채택했으며, 미국 주석가들 중에는 Stuart와 Cowles가 채택했다. 오늘날 이 견해는 가장 폭넓은 지지를 받으며, 그 옹호자들에 의해 절대적인 해답으로 간주된다.

그러나 본문에서 이미 진술했듯이 네로설에는 중대한 반론들이 있다:

(1) 계시록의 언어와 독자들은 숫자 수수께끼에 대한 히브리적 설명보다 헬라적 설명을 암시한다.

(2) 선견자는 로마 제국을 가리키는 집단적 이름으로서의 짐승과 일곱 머리 곧 왕들 혹은 황제들을 뚜렷이 구분한다. 네로는 계시록 저작 전에 다스린 다섯 머리 중 하나이다. 그는 망하였고(자살했고) 제국은 2년간 무정부 상태에 빠져 있다가

베스파시아누스에 의해 회복되었고, 따라서 죽게 되었던 상처가 나음을 받았다 (13:3). 네로와 베스파시아누스 중간에 재위한 세 황제(갈바, 오토, 비텔리우스)는 탈취자들로서 짐승의 공백기와 죽게 된 상처를 상징한다. 이것이 적어도 더 나은 해석이며 실제 사실들과도 일치한다.

그러나 주목해야 할 점은 요세푸스(*Ant.* XVIII. 2, 2; 6, 10)가 황제들의 목록에 아주 분명히 율리우스 카이사르를 포함시키고, 아우구스투스를 둘째, 티베리우스를 셋째, 카이우스 칼리굴라를 넷째 로마 황제로 부른다는 점이다. 수에토니우스는 자신의 *Lives of the Twelve Caesar*를 율리우스부터 시작하여 도미티아누스에서 마치는데, 그 중간에 갈바, 오토, 비텔리우스의 생애를 포함시킨다. 이 사실은 어쨌든 네로설의 근거를 약화시키는 경향을 띤다.

(3) 네로가 죽은 마당에 그의 혐오스런 이름을 왜 굳이 감추려 했는지 그 동기를 파악하기가 어렵다. 이런 이유로 Cowles는 네로를 여섯 번째 황제로 계산하며(황제 목록을 율리우스 카이사르에서 시작함으로써), 저작 시기를 그가 박해하던 때로 잡는다. 그러나 이것은 짐승의 상처와 "전에 있었다가 지금 없어진"이란 진술을 설명하지 못한다.

(4) 네로의 귀환에 관한 허황한 이교 전설에 대한 신념처럼 중대한 오류는 계시록의 숭엄한 성격과 심오한 지혜와 양립할 수 없으며, 만약 그런 신념이 옳다면 그 책에 담긴 모든 확신은 다 무너지고 말 것이다. 만약 그런 저자들이 주장하듯이 요한이 68년에 계시록을 썼다면 그는 자기 생각이 틀렸음을 깨달을 때까지 산 셈이므로 그 중대한 실수를 바로잡거나 그 책의 회람을 중단시켰을 것이다.

(5) 그러한 손쉬운 문제 해결이 18세기 동안 알려지지 않고 독일의 경쟁적인 합리주의자 대여섯 명의 기지에 의해 풀리도록 남겨져 왔다는 것은 가당치 않은 말이다. 진리는 진리이며, 어느 지역 어느 순간에든 감사한 태도로 받아야 한다. 그럼에도 불구하고 계시록은 네로 시대 사람들을 위해서 쓰였으므로 그런 해답이 그 시대 사람들을 비켜갔으리라고 생각해서는 안 된다. 이레나이우스는 그 점에 관해서 아무런 언급도 하지 않는다.

로마의 황제

קסר רומה에서 끌어낸 Caesar Romae. Ewald가 과거에 그런 주장을 했다(1828년에 출판된 그의 첫 주석에서). 그러나 이렇게 하면 616이란 수가 나오는데, 이것은 666을 지지하는 탁월한 비평가들에 의해 배척된다. Ewald는 후기 저작에서는 네

로설을 채택한다(*Die Johanneischen Schriften*, Bd. II, 1862, p. 202 sq.).

칼리굴라

Γύιος Καῖσαρ에서. 그러나 이것도 616이란 수를 내놓는다.

티투스

헬라어 Τεῖταν에서. 이레나이우스는 이것을 가장 타당한 해석으로 간주한다. 왜냐하면 그 단어는 여섯 자로 구성되었고, 전제 군주에 해당하기 때문이다. 만약 마지막 자인 ν(n)를 빼면 다른 표기(616)를 얻게 된다. 이에 대한 반론은 예루살렘 파괴자인 티투스가 훌륭한 황제들 가운데 한 사람이었고, 그리스도인들의 박해자가 아니었다는 점이다.

베스파시아누스, 티투스, 도미티아누스

Wetstein은 그 문자들을 티투스 플라비우스 베스파시아누스, 아버지와 아들들(티투스와 도미티아누스)에게 적용한다. 그는 요한이 초판에서는 616을, 재판에서는 666을 사용했다고 한다.

디오클레티아누스

황제 디오클레티아누스를 로마 문자로 Diocles Augustus라고 표기한 다음 그중 몇 자만 계산한다: 즉, DIo CLes aVg Vst Vs(D=500 + I=1 + C=100 + L=50 + V=5 + V=5 = 666). 디오클레티아누스는 기독교를 박해한 마지막 황제이다(d. 313). Bossuet의 주장. 그의 무가치한 추측에 근거하여 위그노들은 '대군주'이자 프로테스탄트 교도들의 박해자의 이름인 루이 14세(Louis XIV)에 반대했다. 그의 이름도 동일한 결론을 이루어낸다(LVDo VICVs).

아우구스투스부터 베스파시아누스에 이르기까지의 로마 황제들

Märker("Studien und Kritiken" for 1868, p. 699)는 옥타비아누스(아우구스투스)에서부터 티투스에 이르는 10명의 로마 황제들(세 명의 탈취자들인 갈바, 오토, 비텔리우스를 포함한)의 이름 첫 자를 모으면 666이란 수값이 나온다는 것을 발견했다. Düsterdieck(p. 467)는 이것을 가리켜 "기발한 말장난"이라고 한다.

카이사르 아우구스투스

Καισαρσεβαστον, 즉 '카이사르 아우구스투스 계열의' 짐승의 수값은 다음과 같다: 20+1+10+200+1+100+200+5+2+1+6+70+50, 도합 666). 로마 황제들의 공식 칭호는 Καίσαρ Σεβαστός(Caesar Augustus)였는데, 그 칭호에 그들의 신성모독적 숭배가 절정에 달한다. 이 설을 뒷받침하는 데 "그 머리들에는 참람된 이름들이 있더라"(13:1)는 구절을 인용할 수 있다.

이것은 Wieseler 박사가 그의 책 *Zur Geschichte der Neutest und des Urchristenthums*(1880, p. 169)에서 제안한 추론이다. 이것은 틀림없이 독창적이고 네로설보다 계시록의 성격에 더 부합한다. 본질적으로 라테이노스설과 일치한다. 그러나 마지막 자를 s 대신 n 로 대체한 것은 קסר에서 '요드'를 생략한 것보다 중대하지는 않지만, 결점이다.

연대기적 해법 — 적그리스도의 존속 기간

666이란 수는 짐승 혹은 기독교에 반대하는 세계 권력, 그리고 짐승과 결탁한 거짓 선지자의 존속 기간을 상징한다.

(1) 이교의 존속 기간. 그러나 기독교를 박해한 이교 로마는 콘스탄티누스의 회심 이후인 주후 311년에 기독교화했다. 이교의 다른 형태들과 차후 역사는 계시록의 이상 밖에 있다.

(2) 이슬람교. 교황 인노켄티우스 3세는 서유럽에 새로운 십자군 운동을 일으킬 때 사라센족을 짐승으로 규정했고, 마호메트를 거짓 선지자로 규정한 다음 그의 권세가 666년간 존속할 것이라고 주장했다. 참조. 그의 1213년 교서. 그는 이 교서에서 제4차 라테란 공의회를 소집했다(Hardouin, *Conc.*, Tom. VII. 3). 그러나 666년은 헤지라(622)부터 계산하거나 심지어 제4차 라테란 공의회(1215)부터 계산해도 벌써 지나갔다. 그런데도 이슬람교는 여전히 콘스탄티노플의 권좌에 앉아 있으며, 1억 6천만의 양심들을 다스리고 있다.

(3) 반(反) 기독교적 교황청. 이 해석은 로마에 적대적인 중세의 분파들이 주장했고, 16-17세기의 정통 프로테스탄트 성직자들이 교황청에 의해 직접 사주되거나 승인을 받은, 그리고 잔인성과 범위에서 이교 로마의 박해를 능가하는 두려운 박해들에서 새로운 인상을 받아 발전시켰다. 주장되는 바로는 알바의 잔인한 공작은 혼자서 불과 몇년만에 네로부터 디오클레티아누스에 이르는 모든 이교 황제들이 죽인 신자 수보다 더 많은 네덜란드 프로테스탄트 교도들을 죽였다고 한다.

그리고 스페인 종교재판소의 희생자 수(Torquemada의 집행하에 18년 안에 105,000에 달했음)는 고대의 순교자 수를 능가했다고 한다. 그 시대에는 음녀들의 어미로서 성도들의 피와 예수의 순교자들의 피에 취한 채 짐승을 탄 여자 곧 신비적인 바벨론(계 17:5 이하)은 다름아닌 유사 기독교적이요 반 기독교적 로마 교회라는 것이 거의 프로테스탄트 교회의 신조가 되었는데, 이 견해는 오늘날도 특히 영국과 북아메리카에서 널리 퍼져 있다.

루터는 이 반 교황적 해석의 핵심을 건드렸다. 그는 처음에는 계시록을 매우 낮게 평가하고서 그것을 사도 혹은 선지자의 글로 인정하지 않으려 했으나(1522년), 나중에는 이 책을 논쟁의 목적으로 활용했다(1530년 자신의 신약성경 번역판 서문에서). 그는 아우구스티누스의 견해에 동조하여 천년(20:7)을 계시록 작성 연대부터 계산하고, 666년을 교황청 설립자로 추정되는 그레고리우스 7세부터 계산하며, 곡과 마곡을 입에도 담기 싫은 터키인들과 유대인들로 이해한다. 그의 생각대로라면 그레고리우스 7세는 1073년에 교황에 선출되었으므로 반 기독교 시대는 주후 1739년에 끝나야 옳았다. 그러나 그 해는 교황청 역사에 아무런 변화도 일으키지 않은 채 지나갔다.

루터의 견해는 Chytraeus(1563), Selnecker(1567), Hoe v. Honegg(1610, 1640), 그리고 그 밖의 루터교 주석가들이 추종했다. 칼빈과 베자는 지혜롭게도 예언에 대한 주해를 삼갔지만, 다음과 같은 그 밖의 종교개혁 성직자들은 많은 학문을 동원하여 반 교황적 해석을 가하였다: Bibliander(1549, 1559), Bullinger(1557), David Pareus(1618), Joseph Mede(독창적인 대조 역사 연표를 소개한 인물. *Clavis Apocalyptica*, 1627), Coccejus(1696), Vitringa(매우 박식하고 유용한 주석가, 1705, ed ed. 1721), Joh. Albrecht Bengel(1741, 1740). Bengel이라는 거장은 연대기적 해석 구도를 발전시켰고, 반 기독교적(교황청의) 통치의 끝을 1836년으로 못박았으며, 그를 존경하던 뷔르템부르크의 많은 신자들은 그 해에 천년왕국이 임하기를 초조하게 기다렸다. 그러나 그 해는 별다른 중대한 변화 없이 지나갔고, 이 실패는 그의 구도에 중대한 오류가 있었음을 지적한다. 후대의 저자들도 교황청의 붕괴와 천년왕국의 시작을 거듭해서 예언했다. 그러나 그렇게 제시된 1848년과 1870년도 그냥 지나갔고, 교황은 여전히 건재한 채 황금기를 누리고 있고, 게다가 무류의 영예를 얻고 있다. 교부들도 들어보지 못하고, 심지어 사도 베드로도 주장하지 않았으며, 사도 바울도 안디옥에서 비판한 그런 내용의 영예를 말이다. 재림에 관한 모든 수학적 추산은 실패로 끝나게 마련이며, 우리 복되신 주님이 땅에 육신으로 계실 때 아셨던 것보다 더 많이 알고자 하는 자들은 실망을 겪어도 싸다. "때와 기한은 아버지께서 자기의 권한에 두셨으니 너희의 알 바 아니요"(행 1:7). 이 말씀이 그 질문을 해결해 준다.

신비적 · 상징적 해석들

그 수는 알파벳에 관련된 것이나 연대에 관련된 것이 아니라, 장차 올 적그리스도에 대한 신비적 · 상징적 이름이다. 여기서도 서로 다른 견해들을 만나게 된다.

아프리카의 계시록 주석가 Primasius(아우구스티누스의 생도)는 적그리스도의 일반적 특성들을 나타내는 두 가지 이름을 거론한다: Ἀντεμος와 ἀρνουμε. 전자는 honori contrarius(존경받는 적대자)라는 뜻이고, 후자는 ἀρνέομαι(부정하다)에서 파생한 단어로서, 이 단어들을 가지고 적그리스도를 올바로 묘사할 수 있다고 한다. 전혀 무가치한 주장이다. Züllig는 그 숫자에서 Bileam이란 이름을 발견한다. Hengstenberg의 설명도 더 나을 게 없다: Adonikam, 즉 "주께서 일어나신다!"(적그리스도에 대한 호의적인 이름, 살후 2:4). 그는 이 주장의 근거를 에스라 2:13로 삼는다: "아도니감 자손이 육백 육십 육명이요." 에스라는 스룹바벨의 인도 하에 포로 생활을 마치고 돌아온 이스라엘 자손의 목록을 열거한다. 이것이 적그리스도와 무슨 상관이 있는지 이해하기 어렵다.

Von Hofmann과 Füller는 그 수가 적그리스도의 개인적 이름을 암시한다고 생각한다.

또 다른 견해는 이와 같다: 그 수는 계시록에 나오는 다른 모든 수들과 마찬가지로 상징적인 것으로서, 이교 로마 때부터 종말 때까지 온갖 형태로 등장하는 반기독교적 세계 권력을 상징한다. 따라서 "많은 적그리스도들"이 있으므로 적용도 많을 수밖에 없다. 7이 신적 안식의 수이듯이, 6은 인간의 노동과 수고의 수(주간의 6일)이다. 아니면 6은 12(교회의 수)의 절반으로서, 세속 권력이 분할된 상태를 가리킨다. 세 개의 6은 권력의 정점에 오른 세속성(세상적 영광, 세상적 지혜, 세상적 문명)을 상징하는데, 허풍이 섞인 그 모든 권력이란 약하고 어리석을 뿐이며, 7과 12로 상징되는 신적 완전에 못 미친다. 이 견해와 이와 비슷한 견해들은 Herder, Auberlen, Rösch, Hengstenberg, Burger, Maurice, Wordsworth, Vaughan, Carpenter 등이 주장했다.

사탄의 메시야

신비적 해석에는 뇌샤틀 대학교 교수 Godet의 최근 견해가 속하는데, 이것은 따로 언급할 가치가 있다. 이 탁월한 주석가는 666에서 신적 메시야에 대적하는 사탄의 메시야의 상징적 이름을 발견한다. 그 수는 원래 χξϛ로 표기되었다. 첫자와 마지막 자는 그리스도의 이름의 약자로서 606의 수값을 갖고(χ=600 + ς=6), 중간의 ξ는 그 형태와 치찰음 때문에 사탄의 상징이며, 암호로서 60의 수값을 갖는다. 사탄은 계시록에서 시험의 역사(창 3장)를 인유하여 옛 뱀이라 불린다. 이 설명은 처음에는 Heumann와 Herder에 의해 제시되었고, Godet에 의해 원래의 설, 즉 적그리스도 혹은 불법의 사람이 참 메시야에 대적하는 현세적 이스라엘을 수립하고 보편 제국을 얻기 위해 이 세상의 임금을 경배할 유대인일 것이라는 설의 토대가 되었다. Renan은 이렇게 말한다. "유대인의 악을 능가할 악이 없다. 동시에 인류 가운데 최고의 민족은 유대인이었다. 이 민족에 관해서는 진실을 훼손하지 않고서도 얼마든지 좋게든 나쁘게든 내키는 대로 말할 수 있다." 유대인들은 신앙에서뿐 아니라 신성모독에서도 인류의 첨단에 서 있다. 배교자만 전심으로 신성을 모독할 수 있다. 이방인 볼테르는 그리스도와 그분의 교회를 모욕한 점에서 유대인들에 비하면 새끼양에 불과하다. 오직 이스라엘만 유다를 낳을 수 있었고, 오직 배교자 이스라엘만 적그리스도를 낳을 수 있다. 이스라엘은 짐승에 관한 계시록의 묘사에 정확히 부합한다. 이스라엘이야말로 전에 있었다가 지금 없어진 짐승이요(17:11), 죽게 되었던 상처를 입은 짐승이요, 여덟째 머리로서 적그리스도의 일부로 활약하기 위해 기적으로 나은 짐승이 될 것이다. Godet는 경제와 정치와 학문계에서 부상하는 유대인들의 세력과, 특히 그들이 기독교 국가들에서 벌이는 반(反) 기독교적 출판 활동을 이 예언의 성취가 임박한 징후들로 지적한다.

Godet는 계시록이 늦게 도미티아누스 때 저작되었다고 주장하며, 짐승의 일곱 머리를 로마 황제들에게 적용하는 데 반대한다. 그는 Auberlen, Hengstenberg, 그리고 그외 학자들과 마찬가지로 일곱 머리를 그리스도 이전과 이후의 많은 제국들에 적용하지만, 거기에 로마 권력에 종속되었던 헤롯 왕조라는 새로운 요소를 도입한다.

그의 견해에 따르면, 첫째 머리는 요람기의 이스라엘을 멸하려고 한 고대 이집트이고, 둘째 머리는 열 지파의 왕국을 멸한 뒤 예루살렘을 멸한 앗수르-바벨론 제국이고, 셋째 머리는 회복된 이스라엘을 자기 권위하에 둔 페르시아 제국이고, 넷째 머리는 이스라엘에서 하나님 경배를 말살하고 제우스 숭배를 수립하려고 한

안티오쿠스 에피파네스 치하의 헬라 군주국이고(다니엘 8장의 작은 뿔, 구약성경
의 적그리스도), 다섯째 머리는 구주를 십자가에 못 박고 그의 교회를 멸하려고
한 헤롯가(家)와 안나와 가야바의 대제사장가(家) 치하의 유대국이고, 여섯째 머
리는 오늘날까지 유럽의 모든 정치 권력을 장악하고 있는 것으로 추정되는 로마
제국이고, 일곱째 머리는 유럽의 정치 체제를 송두리째 멸하고 유대교의 품에서
이루어질 적그리스도의 도래를 준비할 짧은 기간의 권력이다. Godet는 이런 식으
로 계시록과 로마 제국의 막는 힘 — 장차는 적그리스도의 온전한 지배에 길을 터
주기 위해 전복될 — 에 관한 바울의 교훈을 조화시킨다. 여덟째 머리는 현세적
메시야를 머리로 삼을 회복된 이스라엘로서, 그 현세적 메시야는 인간 숭배를 전
하고 유대인들의 옛 원수인 로마를 전복하겠지만(계 18장), 결국에는 그리스도의
손에 멸망할 것이다(19장, 살후 2:8). 그런 다음 천년 왕국이 올 것이다. 이 왕국은
오랜 노동의 주간 끝에 땅에 올 인류의 안식일로서, 반드시 그리스도의 가시적 통
치는 아닐지라도 성령의 통치이다. 이 기간의 끝에 그때까지 결박되어 있던 사탄
이 다시 한 번 하나님의 일을 멸하려 하겠지만, 결국 자신의 최종적 패배를 예비
하고 우주적 심판을 알릴 따름이다(20장). 창조의 날에 수립된 지상의 나라가 이
제는 새 하늘과 새 땅에 자리를 내주며(21장), 이곳에서 하나님이 만유 안에서 만
유가 되실 것이다. 이 엄청난 광경을 내다본 요한은 부복한 채 모든 성도에게 성
령과 신부와 더불어 "주 예수여 오시옵소서"(22장) 하고 외치자고 권한다. 얼마나
호방한 드라마인가! 창세기와 함께 열렸던 성경에 대한 얼마나 웅장한 결론인가!
첫 창조는 사람을 자유롭게 만들었지만, 둘째 창조는 사람을 거룩하게 만들 것이
고, 그 뒤에는 하나님의 역사가 완성될 것이다.

결론

Godet의 견해는 많은 가치있는 진리가 담긴 매우 독창적인 해석이지만, 그럼에
도 불구하고 이 신비로운 책에 대한 마지막 말은 아니며, 숫자 문제를 푸는 데서
도 매우 의심스러운 면을 갖고 있다. 이미 언급했듯이 짐승의 주된 의미는 기괴한
군주요 박해자요 사탄의 악을 구현한 네로로 상징되는 이교 로마이다. 이미 사도
요한의 손자뻘 되는 생도에게 이미 알려졌던 가장 오래된 해석(라테이노스)도 훌
륭한 해석이며, 훨씬 더 타당성이 있다. 왜냐하면 666에 대한 알파벳적 값을 제시
하는 다른 해석들, 즉 네로설과 카이사르 아우구스투스설도 마찬가지로 기독교를
3백년간 피로써 박해한 동일한 로마 제국을 가리키기 때문이다. 그러나 정치적 짐

승과 그 지적인 동조자인 거짓 선지자는 역사에 거듭해서 나타나고, 옛 로마 제국의 영역 안팎에서 그리스도의 교회와 진리에 대해서 전쟁을 일으킨다. 계시록의 신비스런 교훈들에 대해서는 그것이 최종 완성되기 전에 만약 풀린다면 앞으로도 그것을 풀기 위해서 이전에 제시된 것들보다 더욱 놀라운 해석 능력과 역사 지식이 동원될 것이다. 그러는 동안에도 계시록은 생명의 면류관을 얻기 위해 신앙의 싸움을 싸우는 모든 그리스도인들에게 위로와 격려를 주는 실질적인 사명을 꾸준히 성취해 나갈 것이다.

102. 결론적 단상. 신앙과 비평

계시와 이성 혹은 신앙과 철학 사이에 갈등이 필요 없듯이 신앙과 비평 사이에도 갈등이 필요 없다. 하나님은 둘을 다 내신 분이시므로 스스로 모순되실 수 없다. 진짜 철학과 이른바 가짜 철학이 있듯이, 비평 없는 신앙과 신앙 없는 비평이 있다. 그러나 이것은 신앙이나 비평 그 자체를 무시하는 말이 아니다. 좋은 은사일수록 쉽게 남용되고 왜곡되며, 좋은 예술 작품일수록 모방되기 때문이다. 신앙의 사도는 "범사에 헤아려[논증하여] 좋은 것을 취하라[굳게 잡으라]"고 권고한다. 우리는 이해하기 위해서 믿으며, 참 신앙이란 지식의 어머니이다. 하나님이 인류에게 주신 최고이자 마지막 신앙인 기독교의 합리적 신앙은 자체가 터를 삼고 있는 토대를 검증할 책임을 지닌다. 그리고 온갖 형태의 오류로부터 진리를 변호하려는 뿌리칠 수 없는 충동을 느낀다. 기독교는 변명을 필요로 하지 않는다. 자체의 초자연적 능력을 알고 있으므로 담대히 모든 대적을 만나 그를 동맹자로 회심시킬 수 있다.

사도 시대사를 되돌아보면 마치 대립된 사조들과 학파들이 대치하여 싸우는 방대한 전장(戰場)처럼 보인다. 한 뼘의 땅을 놓고도 분쟁이 일어나고 조금이라도 잃었으면 되찾지 않고는 못 배긴다. 모든 사실뿐 아니라 계시에 관한 모든 교리에 의문이 제기되고, 모든 가설이 검증을 받으며, 모든 지식과 통찰과 독창성의 자원이 기독교 신앙이라는 성채를 향해 포위 배열된다. 하지만 그 성채는 난공불락의 요새인지라 승리는 확정적이지만, 무지하거나 거만해서 공격군의 능력을 얕잡아 보는 자들에게는 그렇지 못하다. 16세기에 그 공방은 로마 가톨릭 신앙과 복음적 프로테스탄트 신앙 간에 치러졌으나, 19세기의 쟁점은 기독교인가 불신앙인가 하는 것이다. 그때(16세기)는 양 진영이 다 신약성경의 영감성과 정경의 범위를 믿었고 다만 해석에서만 달랐지만, 지금은 영감성이 부정되고 너댓 권을 뺀 나머지 모든 책들의 사도성이 공격을 받는다. 그때는 전승이 있든 없든 하나님의 말씀이 종교 논쟁의 최종적 중재자였지만, 이제는 인간의 이성이 궁극적 재판관이다.

우리는 발견과 발명과 조사와 의심의 시대에 살고 있다. 회의주의가 사유 세계에 편만하게 퍼져 있다. 이것이 분위기를 장악하고 있다. 옛 교부들이 자기들 시대의 영지주의적 사변을 무시할 수 없었듯이, 우리도 이 회의주의를 더 이상 무시할 수 없다. 이제는 당연히 여겨지는 것이 하나도 없다. 단순히 권위를 토대로 믿어지는 것이 하나도 없다. 모든 게 적절한 증거로 뒷받침되어야 하고, 모든 게 씨에서 열매에 이르는 자연적 성장 과정으로 설명되어야 한다. 로마 가톨릭 교도들은 바티칸에서 선포하는 신탁(oracle)을 믿는다. 그러나 그 신탁이 무엇을 명하든간에 지구는 움직이고 앞으로도 계속해서 태양 둘레를 돌 것이다. 개신교도들은 홍해를 안전히 건넜으므로 속박의 땅의 고기 가마로 돌아갈 수 없고, 이제는 약속의 땅을 바라봐야 한다. 속담대로 밤에는 모든 가축이 검게 보이지만, 햇빛은 다른 색깔들을 드러내는 법이다.

마호메트(Mohammed)가 코란(the Koran)을 썼듯이 그리스도께서는 왜 신약성경을 직접 쓰지 않으셨을까? 쓰는 것이 그분의 품위를 떨어뜨리는 것은 아니었다. 그분도 한때는 모래에 무엇을 쓰셨으나, 무엇을 쓰셨는지 우리는 알지 못한다. 하나님께서는 두 개의 돌판에 십계명을 기록하셨다. 그러나 이스라엘 백성이 시내 산의 뇌성이 귓가에서 채 사라지기도 전에 금송아지를 숭배하는 것을 보고서 모세는 그 돌판들을 깨뜨렸다. 그들은 돌판들을 얼마든지 우상으로 만들 수 있는 자들이었다. 하나님은 그 위대한 율법 전달자를 백성의 시야에서 사라지게 하시고 그로써 우상 숭배의 가능성을 미리 막으셨다. 복음은 율법에 비해 말 못하는 우상이 될 가능성이 현저히 적었다. 복음은 죽이는 의문(儀文)이 아니라 살리는 영이다. 죽은 자에게 생명을 주는 영이다. 육은 무익하지만 그리스도의 말씀은 "영이요 생명"이다. 설령 그리스도의 무오한 손에서 나온 책일지라도 만약 지속적인 기적으로 보호를 받지 못했다면 그 제자들의 책과 다를 바 없이 유오한 필사자들과 인쇄자들의 손에 똑같은 변화와 변질을 겪었을 것이고, 설령 자서전을 쓰셨다 할지라도 수명이 짧은 파피루스와 함께 사라졌을 것이다. 회의적이고 불신앙적인 비평가들에 의한 가차 없는 공격과 주석가들과 설교자들의 곡해도 면하지 못했을 것이다. 그리스도 자신이 자기 백성의 손에, 그들의 교계 제도에 의해 십자가에 못 박히셨다. 하물며 그분의 책에 무슨 더 나은 운명이 기다릴 수 있었겠는가? 물론 그 책은 믿지 않는 자들의 의심과 추측과 거짓에도 불구하고 죽은 자 가운데서 살아났을 것이다. 하지만 허다한 사본들이 이교도들과 거짓 그리스도인들의 손에 불태워졌던 사도들의 글들도 마찬가지이다. 도마는 부활하신 주님의 상흔에 손을 넣을 수 있었지만, "보지 못하고 믿는 자들은 복되도다."

우리는 교회 안에서 거하시고 일하시면서 기록되고 인쇄된 말씀 배후에서 보이지 않게 역사하시는 성령을 믿어야 한다.

기독교의 권위 있는 기록들이 다양함과 난제들과 함께 우리에게 전수된 형태는 연구와 조사의 의지를 일으키는 끊임없는 자극제이며, 인간의 모든 지적·도덕적 기능들을 다 동원하도록 요구한다. 사람은 누구나 자신의 기회와 특권을 충실하게 사용하여 진리를 가장 잘 이해하려고 노력해야 하는데, 그 기회와 특권은 세대가 갈수록 더 많아진다.

신약성경은 신앙에 대한 영적이고 영원한 진리의 계시이며, 신앙은 비록 인간의 가장 깊은 필요와 열망에 뿌리를 박고 있긴 하지만 성령께서 일으키신 결과이다. 불신앙의 세계를 지나면서 자신의 길을 쟁취해야 하는 게 신앙이다. 그 싸움은 승리가 가까워올수록 점점 더 뜨거워진다. 19세기 후반에 사도들의 글들은 책이 겪을 수 있는 가장 뜨거운 비평이라는 풀무를 통과했다. 반박은 그 자체가 그 글들의 생명력과 중요성을 입증하는 강력한 증거이다.

두 유형의 회의주의가 있다. 하나는 도마로 대표되는 정직하고 진실하고 구도적인 회의주의로서, 마침내 진리를 발견하지만, 다른 하나는 사두개인들과 본디오 빌라도로 대표되는 피상적이고 세속적이고 경솔하고 진리에 무관심한 회의주의로서, 마침내 좌절로 끝난다. 후자에게는 "심지어 신들이 나서서 변론한들 소용이 없다." 성경을 공격할 때는 조소와 조롱으로 성경을 취급하기 때문에 아무런 진지한 대답도 용인치 않는다. 불신앙의 뿌리는 이성과 지성보다는 마음과 의지에 있고, 진리를 고의적으로 반대하려고 들면 무슨 말을 해도 듣지 않는다. 그러나 정직하고 진리를 사랑하는 회의주의는 언제나 존중과 동정을 받을 가치가 있으며, 기독교의 기원에 관한 문제에 얽혀 있는 실제적이거나 가상적인 난제들을 끈기있게 조사할 것을 요구한다. 차라리 교회에는 아무런 생각도 사유도 없는 정통신앙보다 이런 형태의 회의주의가 더 유익할 수도 있다. 19세기의 대단히 유능하고 순수한 회의주의적 비평가 데베테(De Wette)는 다음과 같은 슬프면서도 존경스러운 고백을 했다:

> "나는 의심과 투쟁의 시대를 살았다.
> 어린아이 같은 신앙이 질 수밖에 없는 그런 시대를;
> 나는 생명이 다하도록 싸웠다.
> 아, 그러나 고지를 점령하지 못했다."

그러나 그는 결국에는 고지를 점령했다. 죽기 몇 달 전에 다음과 같은 의미심장한 문장을 기록하여 펴냈기 때문이다: "나는 십자가에 달려 죽으신 예수 그리스도의 이름 외에 구원을 찾을 수 있는 다른 이름을 알지 못한다. 그분 안에서 실현된 신인성(神人性, Gottmenschheit)과 그분이 심어 놓으신 하나님 나라보다 인류를 위해 더 고상한 것은 없다." 진리를 찾는 자들에게는 복이 있나니, 저희가 찾을 것이요.

비평적 역사적 합리주의는 19세기에 루터의 땅에서 태어나 양육되었고, 스위스, 프랑스, 네덜란드, 잉글랜드, 스코틀랜드, 미국에 퍼졌으며, 학문의 깊이와 넓이뿐 아니라 진지성으로도 예전의 모든 형태의 불신앙과 이단을 능가한다. 18세기 합리주의처럼 피상적이거나 하찮지 않다. 진리에 무관심하지 않고 오히려 실제 사실을 확인하고 기독교의 기원과 발전 과정을 큰 역사적 현상으로서 추적하는 데 강한 관심을 갖는다. 그러나 고대 교회의 영지주의가 지식에 대해 독점권을 갖고 있는 체했듯이, 거만하게도 자체를 비류 없는(par excellence) 비평이라고 주장한다. 비역사적이고 급진적이고 파괴적인 비평이 있는가 하면, 역사적이고 보수적이고 창조적인 비평이 있다. 하나님의 진리가 모든 오류를 이길 것이듯이, 후자가 반드시 싸움에서 이겨야 한다. 이처럼 불신앙적이고 반(反. 혹은 거짓) 기독교 영지주의가 있듯이 신앙적이고 기독교적인 영지주의가 있는 것이다.

현 세대의 부정적 비평학은 그리스도의 생애와 사도 시대에 온 힘을 기울였고, 그 역사의 세세한 내용에까지 놀라울 만큼 집요한 조사를 벌였다. 그리고 그 노력은 헛되지 않았다. 정반대로 해악도 많이 끼쳤지만 유익도 많이 끼쳤다. 비평학의 강점은 성경의 인간적 · 문학적 측면을 조사하는 데 있고, 약점은 그 신적 · 영적 성격을 무시하는 데 있다. 이로써 비평학은, 인간의 역할을 기계적 집필로 축소할 정도로 영감설을 위축시켰던 과거 정통신학과 정반대의 것으로 자리를 잡는다. 비평학을 대할 때는 이 두 가지 면을 모두 바라봐야 한다. 성경은 하나님의 말씀이자 과거의 거룩한 사람들의 말이다. 하나님의 계시일 뿐 아니라 인간의 계시이다. 인간을 계시하되 천상적 순결에서 사탄적 악독에 이르기까지 인격의 다양한 면을 드러내며 발전해온 모든 단계들로 — 무죄, 타락, 구속 — 인간의 모든 장점과 단점들과 함께 모든 형태의 경험 속에서 계시하며, 시인과 예술가와 역사가와 성직자에게 늘 흘러 넘치는 영감의 샘이 된다. 성육신의 신비를 비춰 주고 영속화한다. 성경은 자신을 하나님의 아들로서 뿐 아니라 인자(the Son of Man)로도 선포하신 분의 말씀이다. "사람들이 성령의 감동을 받아 하나님의 입장에서 말했다." 여기서는 모든 것이 신적이고 모든 것이 인간적이다.

신약성경은 의심할 여지 없이 점진적 발전과 이질적 세력들간의 투쟁의 결과로서, 그것이 기독교 본래의 사상에 포함되어 있다가 그리스도께로부터 제자들에게, 유대인들로부터 이방인들에게, 예루살렘에서부터 안디옥과 로마로 전달되면서, 그리고 주도적인 사도들의 정신 속에서 성숙하면서 겉으로 드러났다. 복음서들과 서신서들은 의심할 여지 없이 특정인들에 의해서 특정 시간에 특정 장소에서 특정 상황하에 그리고 구체적인 목적을 위해 기록되었다. 이 모든 질문들은 적법한 연구 대상이요 늘 새롭게 조사할 만한 가치가 충분하다. 파괴하려고 나섰다가 세우는 데 이바지한, 바로 이 비평학자들 덕분에 많은 불명확한 점들이 명확해졌다.

사도 시대의 문학사는 선교 과정과 마찬가지로 특별 섭리에 의해 인도 받았다. 그리스도께서는 땅에 계시는 동안 자신의 사역 중 일부만을 완성하셨을 뿐이다. 더 큰 사역을 위해서 제자들을 세우시고, 부활하신 뒤 그들로 하여금 자기의 이름과 권세로써 그들이 그 일을 이루도록 하셨다. 그들에게 세상 끝날까지 함께 하시겠다고 약속하셨고, 다른 보혜사로써 그들을 모든 진리로 인도하시고 자신의 모든 말씀을 기억나게 하실 성령의 선물을 약속하셨다. 사도행전은 성령의 역사, 혹은 그리스도께서 부활하신 뒤에 땅에 자기 왕국을 세워가신 역사이다. 성령에 충만한 사도들과 전도자들은 적대적인 세상으로 나아가 살아 있는 말씀으로 세상을 그리스도께로 회심시켰고, 자기들의 기록된 말씀으로써 지금도 여전히 정복 사역을 해나가고 있다.

불신앙적인 비평학은 역사에 일어난 가장 위대한 운동의 표피밖에 보지를 못하며, 내면에서 발휘되는 영적 세력을 보지 못하거나, 그 세력을 정말로 신적인 것으로 인정하기를 거부한다. 마찬가지 방법으로 유물론적이고 무신론적 과학자들은 자연 법칙만 생각하지 그 법칙을 내신 분을 생각하지는 않는다. 창조 세계만 생각하지 창조주는 생각하지 않는다. 결과에서 멈추고, 결과에 대한 합리적 설명을 내놓는 원인까지 거슬러 올라가지를 않는다.

그리고 여기서 우리는 모든 유형의 합리주의의 가장 깊은 수원(水源)을 만지며, 합리주의를 초자연주의와 영원히 갈라놓는 심연을 만진다. 불신앙적 비평학은 초자연과 기적에 상반된다. 자연에 나타나신 하나님, 역사에 나타나신 하나님을 부정하며, 그 궁극적인 귀결로서 하나님의 존재 자체를 부정한다. 이신론(Deism)과 무신론은 기적에 아무런 자리도 갖고 있지 못하다. 그러나 보이고 보이지 않는 만물을 지으신 전능한 창조주요, 자연과 역사에 나타난 모든 현상의 궁극적이고 충족한 원인이신 분의 존재를 믿는다는 것은 언제라도 기적의 가능성을 내포한다. 기적은 창조주께서 친히 내신 법칙을 위반하는 게 아니라 정상적인 사건들의 질서 위에서(대립해서가 아니라) 자신의 입법과 창조 능력을 현시하시는 행위이다. 기적의 실재는 어느 특정한 경우라도 역사적으로 연구할 만한 문제가 된다. 단순히 선험적인 철학적 편견으로 치부해서는 안 되고, 공정하게 조사해야 하고, 안팎의 증거로 충분히 확증된다면 반드시 인정해야 한다. 그리스도의 기적은 그분의 인격과 가르침과 떼어 놓을 수 없다. 그분의 말씀은 행위만큼 기적적이다. 말씀과 행위가 다 함께 조화로운 전체를 이루며, 함께 서든지 함께 무너진다. 그리스도의 인격은 위대한 기적이며, 그분의 기적들은 자연스런 활동의 결과일 뿐이다. 그리스도의 말씀과 행위가 범인(凡人)들의 말과 행위보다 뛰어나시듯이 그분의 인물됨도 다른 사람들보다 크게 뛰어난다. 죄로부터의 절대 자유로 모든 필멸의 존재들과 구분된다. 그리스도께서 친히 자신의 초인적 기원과 초자연적 권능을 주장하신다. 그것들을 부정한다는 것은 그분을 거짓말쟁이와 사기꾼으로 만드는 것이다. 모든 덕망있는 합리주의자들이 시인하고 심지어 강조까지 하는 그리스도의 인간적 완전성을 주장하면서 그분이 자신에 관해서 하신 증거를 거절한다는 것은 불가능하다. 슈트라우스가 본 그리스도와 르낭이 본 그리스도는 모든 인간들 중에서 가장 모순된 인간이며, 모든 수수께끼 중에서 가장 난해한 수수께끼이다. 순전히 인본주의적인 그리스도관과, 그리스도를 기독교 세계가 처음부터 경배해 왔고 지금도 세상의 주와 구주로 경외하는 하나님의 아들로 믿는 신앙을 서로 연결시켜 줄 학문적 중재란 있을 수 없다.

아울러 사도 교회의 삶 자체를 파괴하고 그것을 거대한 망상으로 치부하지 않고서는 사도 교회에서 초자연적인 요소를 제거할 수 없다. 바울의 회심을 부정한다면 그는 어떻게 되겠으며, 부활과 승천이 없고서야 어찌 그의 회심을 설명할 수 있겠는가? 아무리 현대 회의주의의 거장이라 할지라도 그 문제 앞에서는 입을 다물었고, 그 회심의 유일한 합리적 해명으로서 실제적인 기적을 시인하지 않을 수 없는 강박 관념까지 느꼈다. 성령은 사도 시대에 영감을 주고 독려하는 힘이셨고, 그 힘이 갈릴리 어부들을 사람 낚는 어부들로 만들었다.

가슴에 복음의 능력을 체험한 그리스도인이라면 초자연적인 것을 받아들이는 데 어려움을 느낄 수 없다. 그는 자신의 존재를 확신하듯이, 성령의 중생 및 회심 사역과 그리스도의 구원의 효력을 확신한다. 그는 그 약의 효험을 맛보고 치유를 받았다. 날 때부터 소경 되었다가 보게 된 사람과 같은 입장에서 "내가 … 한 가지 아는 것은 내가 소경으로 있다가 지금 보는 그것이니이다"라고 말할 수 있다. 이것은 짧은 신조이다. 그러나 어떤 논식보다 더 강력하다. 개인의 체험이라는 요새는 어지간해서는 함락되지 않는다. 엄연한 사실들에서 형성된 논리는 이성의 논리보다 더 설득력이 있다. 죄에서 성결로 옮긴 진정한 회심마다 다소의 사울의 회심 못지않은 심리적 기적이다.

초자연에 대한 은밀하거나 노골적인 적대감이 불신앙적 비평학을 선동하는 셈이다. 우리는 복음서들과 서신서들의 저작 연대와 장소, 그리고 그밖의 사소한 사항들에 관한 난제들이 만족스럽게 풀리지 않고 아마 그렇게 풀릴 수 없으리라는 것을 흔쾌히 인정한다. 하지만 그럼에도 불구하고 그 저작들은 학자들이 의심하지 않고 인정하는 위대한 그리스 · 로마의 고전들이나 필로와 요세푸스의 저작들보다 내외적 증거로 훨씬 더 신빙성이 뒷받침된다. 2세기 초반에, 그러니까 사도 요한이 죽은 지 50년 뒤에, 그와 안면이 있는 제자들과 친구들 중 다수가 틀림없이 살아 있었을 무렵에 다른 책들은 그만두더라도 정경의 네 복음서는 시리아, 소아시아, 이집트, 이탈리아, 갈리아의 교회들에서 인정을 받아 공예배 때 낭독되었다. 복음서들이 그토록 보편적으로 인정을 받았고, 유대인들과 이방인들의 적대감과 이단의 곡해 앞에서도 권위를 유지했다는 것은 이미 오래 전부터 알려졌고 사용되었다는 터에서만 설명할 수 있다. 그 중 마태복음과 요한복음은 2세기 초반에 정통교회 저자들과 영지주의 저자들에 의해 인용되고 사용되었다.

위(僞) 클레멘스 「설교집」의 마지막 권과 히폴리투스의 「필로소푸메나」 (*Philosophumena*)와 타티아누스의 「디아테사론」(*Diatessaron*) 같은 모든 새로운 발견물과, 순교자 유스티누스의 「복음 회고록」(*Gospel Memoirs*)과 마르키온이 누가복음과 관련지어 쓴 「복음」(*Gospel*)에 대한 모든 깊은 연구는 역사적 · 보수적 비평학 진영에 힘을 북돋워 주었고, 파괴적인 비평학에는 치명적인 상처를 안겨 주었다. 1세기 말과 2세기 초의 인용문들이 매우 드물다 하더라도, 우리가 갖고 있는 그 시대의 문헌들이 얼마 안 된다는 점과, 2세대 그리스도인들이 학자와 서기관과 비평가의 무리가 아니라, 겸손하고 무학한 고백자들이자 순교자들로서, 사도들과 전도자들의 생생한 가르침과 인간적인 추억들을 그대로 간직하고 있던 사람들이었다는 점을 잊어서는 안 된다.

그러나 공관복음서들은 예루살렘이 멸망(주후 70년)하기 전에 저술되었다는 강력한 내적 흔적들을 갖고 있다. 거기서 그 사건은 그리스도께 의해서 장래의 사건으로, 빠르게 다가오는 세상 심판의 예표로 예언되되, 오직 그런 초기 저작과 일치하는 방식으로 예언되어 있다. 히브리서도 성전이 아직 서 있고 매일 제사가 드려질 때에 저술되었다. 그럼에도 불구하고 이러한 이른 저술 연대는 모두가 다 동의하지 않으므로 히브리서는 논외로 두기로 한다. 요한계시록은 바우어와 르낭 같은 이들이 68년이나 69년으로 확신있게 잡는데, 그들은 복음서들에 대해서는 훨씬 후대로 잡으려 한다. 아울러 그들은 갈라디아서, 로마서, 고린도전후서 같은 강력한 반유대적 서신들을 바울의 저작으로 인정하며, 과장되거나 순전히 가상적인 차이점들에 근거하여 그 서신들을 부피가 작은 바울 서신서들과 사도행전을 공격하는 기반으로 삼는다. 그 바울 서신들은 예루살렘 멸망 12-14년 전에 기록되었다. 그렇다면 그리스도의 부활과 기독교 교회 탄생 이후 30년이 채 지나지 않은 시점인 셈이다.

가장 예리하고 신랄한 비평학파가 사도성을 인정하는 이 다섯 권만 놓고 보더라도, 이 서신들만으로도 역사적 신앙의 터를 닦기에 충분하다. 이 서신들은 기록된 복음서들을 언급하지 않은 채 직접적인 진술이나 인용으로 복음 역사에 나오는 모든 중요한 사실과 교리를 확증하기 때문이다. 저자들 — 바울과 요한 — 의 기억과 개인적 체험은 다메섹의 환상으로, 십자가와 부활의 정경으로, 요단 강 둑과 갈릴리 해변에서 제자들이 최초로 부르심을 받던 상황으로 거슬러 올라간다. 비평학은, 지각이 있는 사람들이 복음서들의 한 장이라도 포기하기를 기대하기 전에 우선 바울과 요한을 역사에서 배제하거나, 아니면 그들이 한 줄이라도 썼다는 것을 부정하지 않으면 안 된다.

외적 증거도 강하지만, 사도들의 저작들의 진실성과 신빙성을 뒷받침하는 내적 증거는 더욱 강하며, 오늘날까지 학자들뿐 아니라 무학한 사람들도 얼마든지 감지할 수 있다. 사도들의 저작은 속사도 시대의 저작들과 문체와 정신이 크게 다르며, 최고의 양서들 가운데서도 독보적인 지위를 차지한다. 이 지위를 지구의 문명화된 대다수 민족들 사이에서 18세기 동안 차지해 왔고, 앞으로도 이 지위를 잃을 것 같지 않다.

우리는 사람들과 사건들을 그 자체로써 해석하지 말고 후대 역사에 비추어서 해석해야 한다. "그의 열매로 그들을 알지니." 기독교는 다른 어느 종교보다, 어느 철학 체계보다 이 시험을 잘 견뎌낼 수 있다.

사도 시대 말기에 자리를 잡고서 그 원천을 되돌아보고 차후 세대들을 내다보면 나사렛 예수의 짧은 공사역이 끼친 막대한 영향 앞에서 놀라지 않을 수 없다. 그 사역은 끊임없이 늘 뻗어나가는 생명의 강처럼 수 세기 동안 그 복을 흘러 보낸다. 인류의 연대기들에 이것과 감히 비교할 만한 것은 없다. 그리스도께서 탄생하실 때 로마 제국은 무력으로 정복한 1억이 넘는 인구를 보유했으나, 3백 년 동안 그의 종교를 박해한 뒤에는 소생의 가능성마저 상실한 채 사라져 버렸다. 오늘날 기독교 교회는 그리스도의 사랑으로 정복된 4억이 넘는 인구를 보유하고 있고, 그 수는 갈수록 늘어만 간다. 제1세기는 역사의 생명이자 빛이요, 만대의 분기점이다. 하나님께서 사람에게 자신을 계시하신 적이 있다면, 하늘이 땅에 나타난 적이 있다면, 그것은 바로 나사렛 예수의 인격과 사역을 통해서였다. 예수는 의심의 그늘이 조금도 없이, 회의주의자들과 불신자들도 마지못해 동의하듯이, 가장 지혜롭고 가장 순결하고 가장 강력한 분이시다. 그분의 십자가는 모든 민족에게 생명의 나무가 되었고, 그분의 가르침은 여전히 신앙 진리의 가장 지고한 표준이고, 그분의 본은 누구도 능가할 수 없는 이상적인 성결이며, 그분의 갈릴리 제자들이 남긴 복음서들과 서신들은 여전히 책 중의 책이요 인간의 지혜와 재능이 남긴 모든 고전들보다 더 강력하다. 어떤 책도 이 책만큼 그렇게 많은 주목을 받지 못했고, 그렇게 많은 반대를 일으키지 못했고, 그렇게 많은 박해에도 살아남지 못했고, 그렇게 많은 존경과 감사를 일으키지 못했고, 그렇게 많은 고귀한 생각과 행동을 감화하지 못했고, 모든 계층과 모든 상황에 처한 인간들에게 무덤에서 요람까지 그렇게 많은 위로와 평강을 끼치지 못했다. 성경은 평범한 책을 넘어서서 제도요 모든 것을 꿰뚫는, 두루 퍼져 있는 힘이요, 회심케 하고 거룩케 하고 변화시키는 능력이다. 성경은 강단과 의자에서 통치한다. 모든 가정의 제단을 주관한다. 모든 가족의 신성한 언약궤요, 모든 그리스도인의 기록된 양심이요, 순례의 인생 길에 낮의 구름 기둥과 밤의 불 기둥이다. 인류는 악할 대로 악하며, 인간 생명은 어두울 대로 어둡다. 그러나 성경이 없다면 얼마나 더 악하고 얼마나 더 어두울까? 기독교는 신약성경의 문자 없이는 살 수 있지만, 그것이 기록하고 가르치는 사실들과 진리들 없이는 살 수 없다. 성경을 세상에서 추방하는 게 가능하다면, 우리 문명의 해가 빛을 잃을 것이고, 한밤중의 흑암에 떨어진 채 인류는 꿈도 없고 끝도 없는 열반(구원)을 지루하게 기다릴 것이다.

그러나 지상이나 지옥의 어떠한 권력도 그 해를 소멸시킬 수 없다. 해는 낮의 왕인 지평선을 비추고, 간혹 크고 작은 구름에 가려지지만, 그것을 거듭해서 뚫고 나와 동에서 서로 빛과 생명을 비추기를, 지구의 가장 어두운 구석들이 환히 드러나기까지 한다. 과거는 안전하다. 하나님은 미래를 보호하실 것이다.

진리는 크고 창궐할 것이다(Magna est veritas et praevalebit).

● 독자 여러분들께 알립니다!

'CH북스'는 기존 '크리스천다이제스트'의 영문명 앞 2글자와
도서를 의미하는 '북스'를 결합한 출판사의 새로운 이름입니다.

교회사전집1

사도적 기독교

1판 1쇄 발행 2004년 5월 25일
1판 중쇄 발행 2019년 12월 16일

발행인 박명곤
사업총괄 박지성
편집 신안나, 임여진, 이은빈
디자인 구경표, 한승주
마케팅 김민지, 유진선
재무 김영은
펴낸곳 CH북스
출판등록 제406-1999-000038호
전화 031-911-9864 **팩스** 031-944-9820
주소 경기도 파주시 회동길 37-20
홈페이지 www.chbooks.co.kr **이메일** ch@chbooks.co.kr
페이스북 | 인스타그램 @chbooks1984
네이버 밴드 @chbooks

ⓒ CH북스 2004